KRÖNERS TASCHENAUSGABE BAND 301

Elisabeth Frenzel

Motive der Weltliteratur

Ein Lexikon
dichtungsgeschichtlicher Längsschnitte

6., überarbeitete und ergänzte Auflage

ALFRED KRÖNER VERLAG STUTTGART

Elisabeth Frenzel
Motive der Weltliteratur
Ein Lexikon dichtungsgeschichtlicher Längsschnitte
Nachdruck der 6., überarbeiteten und ergänzten Auflage
Stuttgart: Kröner 2015
(Kröners Taschenausgabe; Band 301)
ISBN 978-3-520-30107-9

Gesamtherstellung: Friedrich Pustet, Regensburg

Inhalt

Lexikonteil

Vorwort zur 1. Auflage

Im Vorwort zu meinem Buch »Stoffe der Weltliteratur« habe ich die Meinung vertreten, daß sich für die lexikographische Erfassung von Motiven die statistisch registrierende Verzettelung nahezu aufdränge. Die Erfassung dieser im Verhältnis zu den Stoffen kleineren, keimträchtigeren und beweglicheren stofflichen Einheiten und ihres sehr verzweigten Bezugssystems mittels kurz gefaßter Darstellung sei problematisch. Daher solle ein nicht nur registrierendes, sondern beschreibendes Lexikon sich schon aus methodischen Gründen auf die größere Einheit der Stoffe beschränken.

Wenn jetzt trotzdem versucht wird, auch die Motive der Weltliteratur so wie früher die Stoffe zu erfassen und darzustellen, und wenn damit eine wohl etwas zaghafte, vielleicht aber auch weise Beschränkung aufgegeben wird, so ist das sicher zum Teil der Beredsamkeit des ehemaligen unermüdlichen Lektors des Kröner-Verlages, Herrn Gero von Wilpert, zuzuschreiben. Zum andern Teil aber lag eine Verlockung darin, auch der zweiten Hälfte der einst von Julius Petersen gestellten Aufgabe nachzukommen, nämlich im zusammenfassenden Überblick »für jeden Stoff und für jedes Motiv die dichterischen Bearbeitungen« zusammenzustellen. Dieses Ziel dürfte ja von einem um die Wesensklärung der einzelnen stofflichen Kategorien so bemühten Gelehrten wie Petersen nicht leichtfertig angegeben worden sein. Vor allem aber war inzwischen auf Grund der immer erneuten theoretischen Beschäftigung mit der Funktion des Motivs und seiner Abgrenzung gegen benachbarte Begriffe die Überzeugung gewachsen, daß durch eben solche überlegte Grenzziehung die Möglichkeit erwachse, Motivgeschichte zu betreiben, ohne, wie Eberhard Sauer befürchtete, Menschheitsgeschichte betreiben zu müssen.

Die Problematik eines literarhistorisch orientierten Motivlexikons drängte sich seinerzeit vor allem angesichts der Motivindizes der Volksliteraturforschung auf. Die dort mit dem – volkskundlichen Erkenntnissen dienenden – Ziele der Stammbaumerstellung und der Nachzeichnung der Wanderwege von Motiven geübte lexikographisch-kompendiöse Erfassung von Motiven und Motivpartikeln kann von der Kunstliteraturforschung nicht nachvollzogen werden. Sie birgt nach der schon 1928 von Helmut de Boor geäußerten Kritik die Gefahr der atomisierenden Betrachtung des Kunstwerks in sich und fordert eine mechanistische Vorstellung von seiner Entstehung. Von einem einzelnen Forscher wäre sie ohnedies nie durchzuführen, und endlich würde sie auch an den Aufgaben einer um Interpretation und Wesenserkenntnis bemühten Erforschung des Kunstwerks vorbeiführen.

Der Zwang zu solcher Registrierung besteht auch nur, wenn Motivforschung sich nicht »nach unten« hin abgrenzt und kleinste, folglich unzählige Stoffteilchen in die Untersuchung einbezieht. Kehrt man zu der Definition zurück, mit der sogar ein Märchenforscher wie Max Lüthi einer Begriffsausweitung Grenzen setzte, daß ein Motiv nämlich »das kleinste Element der Erzählung« sei, »das die Kraft hat, sich in der Überlieferung zu erhalten«, oder gar zu Z. Czernys »unité-limite structurale et expressive … une ›idée-force‹ significative … l'unité indissoluble du penser et de l'agir«, so kommt man gar nicht auf den Gedanken einer Erfassung von Partikeln, die irgendwie und irgendwo mit im Strom der Stoffe schwimmen und in literarischen Kunstwerken mit verbaut werden.

Der Stoff bietet eine ganze Melodie, das Motiv schlägt nur einen Akkord an. Der Stoff ist an feststehende Namen und Ereignisse gebunden und läßt nur gewisse weiße Flecken im bunten Ablauf des Plots stehen, jene Rätsel oder Lücken entfaltungsfähiger Stoffe, die immer wieder neue Autoren zu Lösungsversuchen locken, während das Motiv mit seinen anonymen Personen und Gegebenheiten lediglich einen Handlungsansatz bezeichnet, der ganz verschiedene Entfaltungsmöglichkeiten in sich birgt. Der Brutus-Stoff oder der Lorenzaccio-Stoff haben die Geschichte eines geglückten Tyrannenmordes zum Inhalt, bei dem der Mörder in einem engen, freundschaftlichen Verhältnis zu seinem Opfer steht – diese Beziehung und ihre Zerstörung psychologisch zu durchleuchten und dadurch die Tat zu begründen, ist Hauptanliegen der Bearbeiter dieser beiden Stoffe. Das Tyrannenmord-Motiv dagegen stellt sich lediglich als Keimzelle eines Plots dar, als erste geknüpfte Schlinge eines Konflikts, deren weiteres Verweben nach den verschiedensten historisch vorgegebenen oder auch erdachten Mustern erfolgen kann. Zum Wesen des Motivs gehört, daß es nach zwei Seiten festgelegt ist, nach der formalen und der geistigen. In Formulierungen wie »Der Mann zwischen zwei Frauen« oder »Die selbstlose Kurtisane« wird der situationsmäßige, bildhafte Charakter des Motivs erkennbar, der es von Begriffen wie »Thema« und »Problem« abrückt. An ihnen zeigt sich aber auch, daß das Motiv nicht nur-bildhaft ist, sondern seelisch-geistige Spannung besitzt, kraft deren es movierend, handlungsauslösend wirkt. Diese innere Spannkraft schließt jene oben erwähnten zahllosen, solcher Spannung nicht teilhaftigen Partikeln aus der Betrachtung aus, die der Forschungszweig der Stoff- und Motivgeschichte oder, um einen sich vom Ausland her einbürgernden Terminus zu gebrauchen, der Thematologie im allgemeinen als »Zug« zu bezeichnen pflegt. Ein Zug wie etwa Hamlets Verständnis für die Schauspielkunst oder die sich von der Fausts unterscheidende Wissenschaftsauffassung des Famulus Wagner ist kein die innere Spannung tragendes konstitutives Element der jeweiligen Dichtung, sondern ein additives, das charakterisiert, schmückt und Stimmung erzeugt. Doch besteht eine Wechselbeziehung zwischen Zug und Motiv, weil ihr Unterschied kein absoluter, sondern ein Unterschied der Funktion und des Stellenwertes ist, wie er auch auf das Verhältnis von Haupt- oder Zentralmotiven zu Neben- oder Randmotiven zutrifft. Ein stoffliches Element kann in dem einen Werk als Hauptmotiv fungieren, in dem anderen als stützendes Nebenmotiv, in dem dritten lediglich als ornamentaler Zug. So trägt etwa das Motiv »Die verschmähte Frau« die Haupthandlung von Euripides' »Hippolytos« und Racines »Phèdre«, bildet in Schillers »Don Karlos« ein wichtiges, in das tragische Schicksal des Helden eingebundenes Nebenmotiv, aber gibt in Kleists »Das Käthchen von Heilbronn« nur einen fast heiteren Zug für die märchenhafte Schlußlösung her: Die Racheschwüre der verschmähten Kunigunde haben keine handlungsauslösende Bedeutung mehr. Viele in der Literatur auftauchende Züge sind jedoch nicht keim- und spannungskräftig genug für eine Aufwertung zum Hauptmotiv, und die meisten tragenden Motive besitzen wiederum zuviel Dynamik, um zum Zug abgewertet werden zu können; eine funktionelle Vergewaltigung stofflicher Substanzen würde eine innere Disproportion des betreffenden Kunstwerkes nach sich ziehen.

Mit diesen Erkenntnissen über die Funktion von Motiv und Zug hängt die Stichwortauswahl des vorliegenden Bandes zusammen. Nicht Bestandteile, Elemente, sondern komplexere Strukturen, künstlerische Gebilde, sind darstellbar und darstellenswert. Wenn man daher die umfangreiche Liste zunächst möglich scheinender Motive ordnet, die verwandten unter ihnen, die sich häufig nur durch den unterschiedlichen Standort des Betrachters und Beurteilers unterscheiden, zusammenfaßt und sich von inhaltlichen Zufälligkeiten und auswechselbaren Einzelheiten löst, beginnt der Motivbestand zu schrumpfen und erscheint schließlich auf eine übersehbare Zahl reduziert. Es ergibt sich auch, daß nicht nur Motive, deren Spannkraft für eine zentrale Stellung im Kunstwerk nicht ausreicht, sondern auch solche, die zwar für einen einzelnen Dichter aus dessen Erlebnisfundus heraus Bedeutung haben und von einer psychoanalytisch orientierten Motivinterpretation gern zum Untersuchungsgegenstand gewählt werden, die aber für das Gesamt der Dichtung und ihre Geschichte keine Rolle spielen, in einem zusammenfassenden Überblick wie dem vorliegenden fehlen müssen: Man denke etwa an das Motiv des Gartenraums in Goethes Dichtung und an das der Fermate bei E. T. A. Hoffmann. Auf der anderen Seite darf diese Reduktion nicht so weit führen, daß vom spezifisch Inhaltlichen, Situationsgebundenen abstrahiert wird und man zu allgemeinen Themen wie »Liebe« oder »Haß« bzw. einem Typus wie »Der Liebhaber« gelangt, deren Zahl zwar klein wäre, deren Darstellung aber Buchformat annehmen würde und wahrscheinlich im Psychologischen oder Ideengeschichtlichen zerflösse. Um das Motiv vom Thema abzuheben, bedarf es eines einschränkenden und präzisierenden Zusatzes: Nicht »Freundschaft«, aber »Freundschaftsbeweis« ist ein Motiv. Durch die einschränkende Präzisierung werden die Personenkonstellation und der durch sie gekennzeichnete Handlungsansatz sichtbar, die funktionellen Möglichkeiten, die in der Formulierung »Die verfeindeten Brüder« oder »Die verleumdete Gattin« das Motiv unmittelbar charakterisieren und auch aus Bezeichnungen für Typenmotive wie »Amazone« und »Einsiedler« sprechen.

Der Unterschied zu dem Überblick über die Stoffe der Weltliteratur ist schon an dem veränderten Verhältnis von Zahl und Umfang der Artikel erkennbar. Der Vielfalt der Stoffe, von denen mehrere oft Ausformungen von Varianten eines einzigen Motivs sind, stehen weit weniger wirklich tragende und traditionsbildende Motive gegenüber, auch wenn in beiden Bänden nur eine repräsentative Auswahl geboten wird. Da jedes einzelne Motiv sich aber nach verschiedenen Richtungen entfalten kann, mehrere Varianten bildet und auch in unterschiedlichen Motivkomplexen auftaucht, ist die Darstellung zu einer umgreifenderen, ausholenderen und andererseits stärker ins Einzelne gehenden Methode gezwungen als bei den sich mehr einsträngig entwickelnden Stoffen. So füllen 54 motivgeschichtliche Längsschnitte bei allerdings weniger kompressem Satz einen annähernd gleich umfangreichen Band wie die 298 stoffgeschichtlichen Artikel.

Wenn auch nicht in bezug auf die Vielzahl der Motive, so doch in bezug auf den geistigen Raum, den sie abstecken, bleibt etwas Wahres an Sauers Bemerkung, Motivforschung betreiben heiße

Menschheitsgeschichte treiben. Für Goethe waren poetische Motive »Phänomene des Menschengeistes, die sich wiederholt haben und wiederholen werden und die der Dichter nur als historische nachweist«. Sie manifestieren sich in menschlichen Grundsituationen, wie sie sich bereits im »Gilgamesch-Epos« niedergeschlagen haben, in Grundtypen des Menschseins, wie sie in der griechischen Komödie und in altorientalischen Erzählungen erfaßt waren, und – da es sich um Phänomene des Geistes handelt – auch immer wieder in Gebilden der Einbildungskraft, Verkörperungen von Wunsch- und Angstträumen – es seien nur Motive wie »Arkadien«, »Teufelsbündner« und »Unterweltsbesuch« genannt. Der französische Philosoph Gaston Bachelard erklärt die seltsame Erscheinung, daß Motive, die in der Realität gar nicht oder höchst selten vorkommen, eine solche Macht auf die Einbildungskraft ausüben, damit, daß Dichtung die Phänomenologie der Seele sei, deren Grundvorstellungen und Bilder älter seien als das Denken. Man ist versucht, den Begriff des Archetyps zu verwenden, ohne ihn deshalb mit dem, was er bei Jung bedeutet, gleichzusetzen.

Stoffgeschichte hat einen fast immer deutlich erkennbaren oder doch erschließbaren Anfangspunkt, und der spätere Bearbeiter eines Stoffes greift entweder auf diesen Beginn oder auf eine spätere Fixierung des Stoffes zurück. Motivgeschichte kennt einen solchen einmaligen Ausgangspunkt der Entwicklung nicht, das erste Auftauchen eines dichterischen Motivs wäre schon mit den frühesten Gebilden dichterischer Phantasie und an verschiedenen Orten denkbar, es kann daher nicht festgestellt werden. Wenn bei der vorliegenden Auswahl dichterischer Motive versucht worden ist, möglichst frühe Zeugnisse zu erfassen, so soll das nur das hohe Alter eines Motivs nachweisen und nicht etwa einen Ausgangspunkt festsetzen, von dem alle weitere Entwicklung abhängig wäre. Denn im Fall der Motivgeschichte ergibt sich nicht wie bei der Stoffgeschichte zwangsläufig eine Abhängigkeitskette. Der späte Gestalter eines Motivs braucht keinen seiner Vorgänger gekannt zu haben, er kann allein aus dem persönlichen Erlebnis und der persönlichen Erfahrung schöpfen und dabei sogar zu ganz ähnlichen Entfaltungs- und Lösungsversuchen gelangen wie ein ihm unbekannter Vorgänger – ein Fall von »spontaner Entstehung« auf Grund allgemeiner typologischer Voraussetzungen, wie er der Motivforschung häufig begegnet. Die »Logik der Sujetbehandlung«, um einen Ausdruck des sowjetrussischen Komparatisten Viktor Žirmunskij zu gebrauchen, nötigt analoge Motivgestaltungen, Personenkonstellationen und Konfliktlösungen auf, die persistenten anthropologischen und psychologischen Mustern entsprechen, so daß, den Konstanten im menschlichen Empfinden, Wollen und Vorstellen entsprechend, jene von dem Romanisten Hellmut Petriconi besonders beobachteten literarischen Konstanten entstehen, die sich, ob bewußt tradiert oder immer wieder neu gefunden, durchsetzen und zu Motivschemata führen, deren Variierung und Nuancierung die Kunst des jeweiligen Autors ausmacht. Jede literarische Gestaltung eines Motivs spiegelt die dialektische Position des Kunstwerks zwischen Überzeitlichkeit und Zeitbedingtheit, der ein Beurteiler Beachtung schenken muß.

Unter diesen Voraussetzungen ist es schwierig, die viel diskutierte Frage nach der Ursache der Motivgleichheit von räumlich und zeitlich getrennten Werken in jedem Fall eindeutig zu klären; sie löst sich jedenfalls nicht durch grundsätzliche und summarische Deutungen wie die der Brüder Grimm, die einen den indogermanischen Völkern gemeinsamen Urmythos annahmen, oder durch die gleichfalls von der Vorstellung einer Polygenese ausgehende der psychoanalytischen Mythendeutung, welche Motivgleichheit als Spiegelung der Archetypen ansieht, die aus der Struktureinheit der menschlichen Seele resultieren und dem kollektiven Unbewußten entstammen. Die Entscheidung zwischen der Wanderungs- oder Diffusionstheorie, also dem »Einfluß«, auf der einen Seite und der auf Gleichheiten gesellschaftlicher Gegebenheiten und menschlicher Situationen basierenden These der spontanen Entstehung auf der anderen kann nur von Fall zu Fall und auf Grund sorgfältig geprüfter Indizien getroffen werden. Wirken doch oft literarische Kontakte und typologische Voraussetzungen gemeinsam und stützen sich auch gegenseitig. Wo ein Autor nicht durch Zitate oder Berufung auf einen anderen seine Abhängigkeit bekennt, verrät oft das nicht zwingend zur Motivgestaltung gehörige Detail die Herkunft des Motivs. So deutet etwa nach Petriconis einleuchtender Argumentation Marthes Gartenhäuschen im I. Teil von Goethes »Faust« auf die Gestaltung des Motivs des Verführers und der Verführten bei Richardson zurück, und der ganz ungewöhnliche Turm eines Herrenhauses als Wohnung des adligen Fräuleins und Ort der heimlichen Liebesnacht in Storms »Aquis submersus« weist auf das Motivschema, das sich für »heimliche Liebe« schon in Musaios' Epos »Hero und Leander« findet und das dann in der mittelalterlichen Minnemotivik zu den klischeeartigen Bestandteilen gehörte. Die Vermeidung des Terminus »Einfluß«, die der Distanzierung von der Einflußjagd des Positivismus entspringt, kann das Vorhandensein solcher Abhängigkeit nicht ändern und sollte auch überwunden werden, da Einflüsse durchaus nicht immer auf eine nur passive, untergeordnete Rolle des Rezipierenden schließen lassen, sondern im Gegenteil oft auf eine literarischen Kontakten aufgeschlossene, auf der Höhe ihrer Zeit stehende, sensible Dichterpersönlichkeit und ein entsprechend differenziertes Werk weisen. Das Wie der Rezeption, die Variierung des Schemas, die Anreicherung des ja elastischen Motivs sind entscheidende Indizien für die Originalität des Empfangenden. Bedeutende Werke, die in den nachfolgenden Längsschnitten häufig auftauchen und sich geradezu als Sammelbecken von Motivströmen erweisen, wie Guarinis »Il pastor fido«, Shakespeares »Hamlet«, »Othello«, »Romeo und Julia«, Goethes »Götz von Berlichingen«, Schillers »Die Räuber« und »Kabale und Liebe«, Stendhals »Le Rouge et le Noir«, Dostoevskijs »Die Brüder Karamasow« und Fontanes »Der Stechlin«, legen Zeugnis für die Interdependenz von Tradition und Originalität ab. Außerdem sind Form und Ausmaß literarischen Einflusses verschieden: Sie reichen von der Anregung bis zur motivlichen Diktatur und können sich in kaum erkennbaren Reminiszenzen wie dem eben erwähnten Gartenhäuschen oder Turm und auch in Entlehnung ganzer Teile oder in assimilierender Imitation äußern. Daß in dem vorliegenden zusammenfassenden Überblick die Frage nach Motivübernahme oder spontaner Entstehung nicht in jedem Fall gelöst oder auch nur angeschnitten worden ist, ergibt sich aus der oben angedeuteten Schwierigkeit, die zu Spezialuntersuchungen zwingen würde, und dem Charakter der Längsschnitte, die weniger Quellenforschung als die Aufzeigung des Wirkens und Fungierens der Motive zum Ziel haben.

Wie die »Stoffe der Weltliteratur« möchten auch die »Motive der Weltliteratur« ein Beitrag zur Poetik sein, der zwar infolge seines Überblickscharakters die von Petersen gewünschte »zeitliche und nationale Frequenz« der Motive nur als Kurven aufzeigt und ihre Auswertung einer ins einzelne gehenden Forschung überlassen muß, aber die Wege dazu, und zwar in einem moderneren, mehr poetologischen Sinne, als Petersen sich gedacht haben mag, schon weist. Das Buch möchte jene vorhin erwähnten, aus der Logik der Sujetbehandlung sich ergebenden Schemata sichtbar machen, zu denen sich Motive organisieren, ihr aus einer Art Wahlverwandtschaft sich vollziehendes Zusammenwirken mit weiteren Motiven, durch das sich eine Interdependenz ergibt, die eine Sonderung zum Zwecke der wissenschaftlichen Analyse oft schwierig macht – man denke an die Verzahnung von Motiven wie »Tyrann«, »Märtyrer«, »Rebell«, »gerechter Räuber«, bei deren Darstellung die gleichen Kombinationen aus verschiedenem Gesichtswinkel beobachtet werden müssen. Es sollte erkennbar werden, daß die Funktion und Bedeutung der Motive in einem anderen Motivverband, bei verändertem Kontext und verändertem Stellenwert – d. h., wenn sie etwa als Randmotiv statt als Hauptmotiv eingesetzt werden –, sich wandeln und daß scheinbar geringfügige neue Züge ihnen ein anderes Gesicht verleihen können. Eine gewisse Gattungsbezogenheit sollte, wenn auch oft nicht ausdrücklich erwähnt, so doch aus der Häufigkeit ihres Auftretens in einer bestimmten Gattung abzulesen sein. Es war die Absicht, durch die historische Auffädelung der Fälle Kurven des An- und Abschwellens der Frequenz hervortreten zu lassen, die Massierung in einzelnen Zeitpunkten zu geradezu modischen Komponenten, den zeittypischen Charakter mancher Motive, der im Zusammenklang mit verwandten thematischen und mit formalen Erscheinungen einen Einblick in die Geschmackskultur einer Epoche gibt. Macht man sich die Mühe, an solchen zeitlichen Punkten einen Querschnitt durch einige oder sogar durch alle Längsschnitte zu legen, so kommt man zu einer Typologie der in einer Epoche bevorzugten Sujets, wie sie schon auf anderem Wege zu erstellen versucht worden ist. Auch die umprägende Kraft neuer kultureller und sozialer Bedingungen wird deutlich, wenn etwa das Motiv der Blutrache im Nibelungenstoff sich von der frühgermanischen Verwandtenrache in Gattenrache verwandelt; die neue Ethik des Christentums wirkt in diesem Falle zusammen mit einem veränderten, in einem anderen Sagenbereich schon fixierten Attila-Bild. Überstrapazierung und Entleerung eines Motivs zeigen sich mit dessen satirisch-parodistischer Verwendung an.

Ähnliches gilt für nationaltypische Motive. Wie das Bemühen darum ging, zeitlich so weit wie möglich zu greifen, so ist auch versucht worden, die wichtigsten Literaturen des Abendlandes und des Vorderen Orients, also den Raum der indogermanischen Sprachen, in seinen wichtigsten einschlägigen Zeugnissen zu erfassen und auch Ostasiatisches gelegentlich einzubeziehen; dennoch blieb für den Germanisten die deutsche Literatur im Vordergrund. Die Stoff- und Motivgeschichte versteht sich als Teilgebiet der Komparatistik, die aus der Enge der durch die Sprachgrenzen bedingten Nationalliteraturen zum Gesamt der Literatur als eines unteilbaren Forschungsgegenstandes vorzustoßen versucht, wie er für den Kunsthistoriker und für den Musikwissenschaftler selbstverständlich ist. Wie spielend Motive auf breiter, öffentlicher Straße sowohl wie in nicht mehr feststellbaren unterirdischen Gängen Sprach- und Nationalitätengrenzen schon immer überschritten haben, geht aus den Motivgeschichten so klar hervor, daß die Erwähnung der unterschiedlichen Nationalität oft unwesentlich wird. Auf der anderen Seite kann man auf Motivvarianten stoßen, die sehr spezifische nationale Züge tragen und diese auch in der Fremde nicht ablegen, sondern bis in die Namen hinein als Importware erkennbar sind und verstanden werden – ich denke etwa an die englischen Charakteristika des Motivs vom Verführer und der Verführten oder auch der dämonischen Verführerin in der Literatur des 18. Jahrhunderts.

Die Erarbeitung des vorliegenden Bandes erforderte etwa die doppelte Zeit wie die Darstellung der Stoffe. Der Forschungsstand liegt bei den Motiven ungleich ungünstiger. Während die Geschichte eines Stoffes oder doch große Abschnitte seiner Geschichte so wenig eigentliche Problematik bieten, daß ihre Darstellung auch dem Anfänger anvertraut werden kann, dem Ersteller des Stoff-Lexikons sich daher eine Fülle mehr oder weniger zureichender Dissertationen und Aufsätze als Grundlage anboten, führt die Motivgeschichte den forschenden Waldgänger durch unübersichtliches Dickicht, da die meisten Vorarbeiten sich auf kleine Teilstrecken beschränken, vor allem solche, die einen Beitrag zur Personalmonographie bedeuten, im günstigeren Fall die Motivbearbeitungen einer Epoche untersuchen, dies aber meist auch nur im Raum einer Nationalliteratur. Größere Zeiträume und mehrere Nationalliteraturen überspannende Darstellungen wie H. Brunners »Die poetische Insel«, H. Delahayes »Les Passions des Martyrs et les genres littéraires«, E. Welsfords »The Fool, His Social and Litterary History« oder die Untersuchungen R. Fricks zum Motiv des gerechten Räubers und J. Krolls Buch über den Mythos vom Descensuskampf gehören zu den Seltenheiten. Die neue Geltung der Stoff- und Motivgeschichte oder Thematologie, die in den letzten fünfzehn Jahren errungen wurde und an den Theoriebeiträgen der Komparatisten H. Levin, U. Weisstein, S. Jeune, S. S. Prawer, R. Bauer u. a. erkennbar ist, hat für die Motivgeschichte noch nicht, wie erfreulicherweise für die Stoffgeschichte, zu großzügiger angelegten Untersuchungen am Objekt geführt. So blieb nicht nur, wie bei den Stoffen, gelegentliche Auffüllung und Verknüpfung der bereits aufgezeigten Entwicklungslinien, sondern die Sichtung des Materials auf Grund von Lektüre unzähliger Primärquellen und die Herausarbeitung des Entfaltungsganges eigener Arbeit überlassen. Mehr noch als bei den stofflichen Längsschnitten kann daher Vollständigkeit nicht erreicht sein und wurde auch, wie dort, gar nicht erstrebt. Um das Material nicht überwuchern zu lassen und die Lesbarkeit der Artikel nicht zu beeinträchtigen, wurden sogar bei besonders häufig auftauchenden Motiven Beispiele, die den Variantenschatz nicht bereichern, ausgeschieden. Auch die Anzahl der Längsschnitte kann nicht den Anspruch auf Vollständigkeit erheben, möchte aber Repräsentatives bieten. Der gegebene Umfang des Bandes veranlaßte z. B., einige das Motiv in der Lyrik stärker berücksichtigende Artikel für eine etwaige spätere Auflage zurückzustellen. Wichtig wäre allerdings, nichts Wesentliches übersehen und die heuristisch fruchtbaren Motive und ihre Varianten und Tendenzen ausgewählt zu haben.

Die verschieden starke Abhängigkeit der Motive von kulturellen, sozialen und geistesgeschichtlichen Gegebenheiten sowie ihre unterschiedliche Variantenzahl ergab für die Darstellung die Notwendigkeit, die Schneisen durch die Fülle des Materials jeweils auf verschiedene Weise zu legen. Bei Motiven, deren Entwicklung sehr eng mit der allgemeinen Geschichte verknüpft ist, schien die rein chronologische Ordnung am sinnvollsten, bei anderen, die mehrere recht selbständige Varianten aufweisen, gliederte sich die Darstellung nach diesen Variantensträngen, bei wieder anderen bot sich neben der Gliederung nach Epochen eine Untergliederung nach den entsprechenden Varianten an. So zeichnen sich innerhalb der Längsschnitte auch Querschnitte ab. Übergeordnetes und auch bei den Untergliederungen immer wieder ordnendes Prinzip blieb die Einbettung jedes Motivvorkommens in den Kontext der Geschichte.

Über das Verhältnis des vorliegenden Buchs zur vergleichenden Mythendeutung ist, wie bei den »Stoffen der Weltliteratur«, zu sagen, daß der Band, im Anschluß an einen von mehreren modernen Literarhistorikern vertretenen Standpunkt, eine literatureigene Betrachtung von Mythen vertritt, die sich an greifbare erzählerische oder dramatische Fassungen hält, ohne sich um die Frage der Urbedeutung eines Mythos zu kümmern. Auch in der Frage der Berücksichtigung von Sage, Märchen und Volkslied gilt die gleiche grundsätzliche Ausklammerung wie bei dem Stoff-Lexikon, doch wurde die Volksliteratur da, wo sie gewissermaßen eine Frühschicht oder eine wesentliche, folgenreiche Fassung eines Motivs repräsentiert, in größerem Umfang einbezogen als bei dem früheren Band. Für die Aufzeigung der Verästelung eines Motivs im Bereich der Volksliteratur muß der Leser jedoch an die von der Volksliteraturforschung erstellten Spezialhandbücher verwiesen werden. Die Jahreszahlen geben im allgemeinen das Erscheinungsdatum eines Werks als Handschrift,

Druck oder Theateraufführung an; nur in Ausnahmefällen der älteren Literatur oder bei postum erschienenen oder fragmentarischen Werken der neueren Literatur, wenn zwischen Entstehungszeit und Erscheinen eine zu große Spanne liegt, steht an Stelle des Erscheinungsdatums das Entstehungsdatum; dabei gibt ein Schrägstrich zwischen zwei Jahreszahlen einen erschließbaren Zeitraum an, ein waagerechter Strich den überprüften Zeitraum des Erscheinens oder Entstehens. Ein waagerechter Pfeil vor einem Wort verweist auf ein anderes Stichwort innerhalb des vorliegenden Bandes, ein senkrechter auf ein Stichwort in »Stoffe der Weltliteratur«. Ein gleichartiges Verweissystem wird jetzt in der 4. Auflage des früheren Bandes durchgeführt.

Wie bei den »Stoffen der Weltliteratur« bin ich dem Verlag und seinem ehemaligen Lektor, Herrn Gero von Wilpert, für Anregungen und verständnisvolle Begleitung bei der Entstehung des Buches sowie den Beamten der Bibliothek der Freien Universität Berlin für Hilfe bei der Bücherbeschaffung zu Dank verpflichtet. Besonderen Dank sage ich meinem Mann, Dr. Herbert A. Frenzel, für strenge, aber fruchtbare und der Qualität des vorliegenden Bandes unbedingt dienlich gewesene Kritik, den Gönnern und Freunden Prof. Dr. Helmut de Boor, Prof. Dr. Wieland Schmidt und Prof. Dr. Otto Vossler für ermutigende milde Beurteilung von Leseproben aus dem umgearbeiteten Text und, wie schon bei dem früheren Band, Herrn Alfred Alisch für die einzigartig kenntnisreiche und sorgfältige Korrektur des Manuskripts. Möge sich das Wagnis, nun doch auch »Motive der Weltliteratur« im zusammenfassenden Überblick vorzulegen, nicht als unweises Aufgeben früherer Selbstbeschränkung erweisen!

Dr. Elisabeth Frenzel

Zur 5. Auflage

Bei der ständigen Beschäftigung mit vergangener deutscher und ausländischer Literatur fallen immer wieder wissenswerte Partikel an, die bei dieser 5. Auflage ebenso berücksichtigt werden konnten wie der ständige Zuwachs an neuen Produkten der schreibenden Zunft. Durch einen freundlichen Vorschlag von studentischer Seite bin ich sogar angeregt worden, die Auflage um einen ganzen Artikel, den letzten, zu erweitern.

E.F.

Zur 6. Auflage

Ich danke dem Kröner-Verlag, dass er mir bei der Beschaffung von Material aus den Neuerscheinungen der in Frage stehenden Literatur wesentliche Hilfe geleistet hat, sodass eine Neuauflage der »Motive der Weltliteratur« unter Erweiterung des Textes trotz meiner gesundheitlichen Einschränkung möglich wurde.

Möge dieser Band in seiner 6. Auflage wie die in hoher Auflage wiederholt erschienenen früheren zur Geschichte der Stoffe und Motive das Bedürfnis nach literaturhistorischer Information weiterhin befriedigen helfen.

Frühjahr 2008 *Elisabeth Frenzel*

↑ Verweis auf ein Stichwort in *Stoffe der Weltliteratur*
→ Verweis auf ein Stichwort innerhalb dieses Bandes

Alraun → Mensch, Der künstliche

Alte, Der verliebte

Weisheit und Würde sind Eigenschaften, die den betagteren Mann gemeinhin vor dem jüngeren auszeichnen und derentwegen er Anspruch auf Respekt erhebt. Leidenschaft, Verliebtheit sowie die Verlorenheit aus beidem, Gefühle, die den jungen Mann nach alttestamentlichem Zeugnis dazu drängen und berechtigen, Vater und Mutter zu verlassen und sich an eine Frau zu hängen, gelten bei dem älteren Mann als überwunden. Wenn er in eine solche Haltung zurückfällt und, Weisheit und Würde vergessend, einer Frau nachläuft oder sich unter ihr Joch begibt, wird er als töricht und lächerlich empfunden: »Weise Männer wandelt zu Toren lodernder Liebe Macht« (*Hávamál*). Meist ist es noch dazu ein jugendlich-attraktives, also altersmäßig nicht passendes weibliches Wesen, zu dem der Alte von seiner späten Neigung hingezogen wird. Diese Disproportion der zwei Zentralpersonen steigert die Komik.

Die Dichtung stellt sich bei diesem Situationsmotiv vorwiegend auf die Seite der jungen Frau und findet es verständlich, dass der verliebte Tor abgelehnt und von einem jüngeren Rivalen der → Nebenbuhlerschaft verdrängt wird. Sie belächelt, dass der Alte von der nicht nur schönen, sondern auch intelligenten, raffinierten Frau ausgenutzt, geprellt oder betrogen wird. In einer erzwungenen Ehe zweier derart ungleicher Partner rechtfertigt die Ungleichheit sogar häufig den Ehebruch, da ihr die Inbesitznahme eines jungen Menschen durch einen alten als eine eigentlich unsittliche erscheint, die gleichsam aufgehoben werden dürfe. Das Motiv des verliebten Alten erweist so eine Wahlverwandtschaft mit dem Motiv des → Hahnreis.

Das Motiv scheint den natürlichen Rückschlag der in Wahrheit ungebändigten Triebe gegen ihren Verächter sowie eine Art Tücke des Schicksals gegenüber angenommener Weisheit und Würde auszudrücken, wenn es seinen höhnischen Blick gerade auf den sonst überlegenen, erfahrenen Mann richtet, der von der Höhe seiner Lebensklugheit herabstürzt und dem Spott preisgegeben ist. Nur die im Übrigen unverkennbare Größe des Mannes sichert ihm die Sympathien der Gerechten und das Mitleid der Weichherzigen. Dem Motiv liefert sie eine tragikomische Variante.

Das Motiv kann freilich ein rein tragisches Aussehen bekommen, wenn der alternde Mann, längst jenseits von umwerfenden Erlebnissen und abgestumpft durch das alltägliche Einerlei, von einem erotischen Schock wachgerüttelt worden ist und sich noch einmal zurückwendet in dem Glauben, wieder jung werden und einen Wall vor dem drohenden Zusammenbrechen aufrichten zu können, um es abzufangen oder zu verlangsamen. Diese beklemmende Situation des sogenannten kritischen Alters, die auch bei der ›Weiberknechtschaft‹ des komisch gesehenen Alten durchscheint, hat erst in der neueren Literatur Ausdruck gefunden.

Die lustspielhafte Form des Motivs mit einer meist jungen Frau, die vor den Gelüsten eines verliebten Alten bewahrt wird oder ihn narrt, zeigt sich in der *Geschichte von ↑ Susanna und Daniel* seit den *Apokryphen* des *Alten Testaments* an den beiden Ältesten, die, obwohl als Richter eingesetzt, dem Reiz der jungen Ehefrau erliegen: »und wurden darüber zu Narren und warfen die Augen so gar auf sie, dass sie nicht konnten gen Himmel sehen.« Durch Susannas Zurückweisung des ehebrecherischen Begehrens ist hier das Motiv mit demjenigen der verleumdeten → Gattin gekoppelt, da Susanna von der bereits erfolgten Verurteilung zum Tod durch Steinigung hier nur infolge des Scharfsinns, den Daniel hilfreich aufbietet, befreit wird. Das wetteifernde Bemühen der beiden Alten um den Anblick der in ihrem Garten badenden Frau sowie die Scham voreinander waren jedoch dazu angetan, die komische Qualität des Motivs auszubauen, aus der die Bearbeitungen des Stoffs im 16. und 17. Jahrhundert, abgesehen von den bildkünstlerischen Darstellungen des Gegensatzes zwischen jugendlicher Schönheit und seniler Lüsternheit, Nutzen gezogen haben. Die Liebe eines ergrauenden Mannes ist in eine Fabel des Aisopos (6. Jh. v. Chr.) einbezogen, deren Hauptmotiv allerdings der → Mann zwischen zwei Frauen bildet, das Aisopos' Nachfolger, der römische Fabeldichter Phaedrus (1. Jh. n. Chr.) sowie J. de La Fontaine (*Fables* 1668–94) weiterentwickelten. Bei Aisopos hat der Mann eine ältere und eine jüngere Geliebte, die ihn beide ihrem eigenen Alter angleichen möchten; die eine reißt ihm bei jeder Zusammenkunft zärtlich die schwarzen, die andere die grauen Haare aus, sodass er schließlich kahl ist. Der reiche alte Megadorus (Plautus, *Aulularia* Kom. 200/191 v. Chr.) würde aus Verliebtheit die Tochter seines Nachbarn sogar ohne Mitgift heiraten, verzichtet aber später einsichtsvoll zugunsten seines Neffen.

Ist die junge Frau dem Alten bereits durch eine Ehe ausgeliefert, wie in der Komödie *Mandragola* (1518) von N. Machiavelli, so bietet sich ein Betrug an, der hier von dem Anbeter der Frau ausgeht, die sich sogar widersetzt, denn er rät als angeblicher Arzt dem um Nachwuchs besorgten Nicia für seine Frau den einschlägig wirksamen Mandragolatrank, den aus der bewährten Alraune, an und empfiehlt für den ersten Beischlaf, der den Tod des Mannes mit sich bringe, einen Stellvertreter. Auch bei CERVANTES, der das Motiv in der Novelle *El celoso extremeño* (1613) und dem Zwischenspiel *El viejo celoso* (1615) verwandte, handelt es sich um verheiratete junge Frauen und ihre von dem eifersüchtigen Alten durchgesetzte Absperrung von der Welt. In der Novelle erschleicht sich ein junger Mann mit seinen musikalischen Fähigkeiten den Zugang zum Haus der von Luxus umgebenen, aber von männlichem Umgang abgeschirmten Vierzehnjährigen, und in dem Zwischenspiel schmuggelt die mit der Frau konspirierende Nachbarin den Liebhaber ins Haus. In der Novelle wird der Siebzigjährige vom Schlag getroffen, als er seine Frau in den Armen des Nebenbuhlers sieht, und er erkennt sterbend das Unrecht seiner Maßnahmen, ohne noch zu erfahren, dass die so streng bewachte Frau den Galan mit Erfolg abwehrte. Die deutschen Humanisten übernahmen den von Plautus vorgezeichneten Typ, machten ihn sowohl zum Pantoffelhelden, der auf Abenteuer verzichten muss (J. LOCHER, *Ludicrum drama … de sene amatore* 1502), als auch zum Liebhaber, den eine Kurtisane prellt (Ch. HEGENDORFF, *Comoedia nova de sene amatore* 1521), und reichten ihn an das deutschsprachige Lustspiel (ANON., *Hahnenreierei* 1618) weiter, das wieder das Missverhältnis zwischen dem alten, gehörnten Mann und der jungen Ehefrau herausarbeitet.

Mit seiner Intrige um ein junges Bauernmädchen setzte A. GRYPHIUS (*Die geliebte Dornrose* Scherzsp. 1660) die bei Plautus bemerkte Linie fort, denn Dornrose muss, um die Braut des Bauern Kornblume werden zu können, von den Nachstellungen eines älteren Mannes befreit werden. Auch Isabelle bei MOLIÈRE in der Komödie *L'Ecole des maris* (1661) ist von dem Eigennutz und Despotismus des Sganarelle bedroht, der sie eigens zur Gattin für sich erzogen hat, aber sie täuscht ihn so geschickt, dass er ihr in seiner Beschränktheit sogar zur Heirat mit dem von ihr erwählten Verehrer verhilft. Der ähnlichen Unterjochung durch einen Alten, der sich die geeignete Ehefrau heranbilden will, entgeht dann bei Molière in *L'Ecole des femmes* (Kom. 1662) das nur scheinbar naiv gebliebene Mädchen mit Hilfe eines Liebhabers, dem es der Alte schließlich abtritt. Molières Komödie *L'Avare* (1668) mit einem von S. CHAPPUZEAU (*L'Avare dupé* 1663), daher mittelbar wohl von der Farce übernommenen Typ des Vieux amoureux sowie mit einem schon von PLAUTUS (*Aulularia*) eingesetzten Zug weist das Motiv gedoppelt auf: Harpagon will seine Tochter an einen reichen Mann verheiraten, der sie ohne Mitgift nehmen wird; er selbst verliebt sich in ein junges Mädchen, in dem er sich eine anspruchslose Ehefrau erhofft. Die gegen seine → Geldgier eingesetzte Intrige veranlasst ihn jedoch, die Tochter dem Sohn des vorgesehenen betagten Freiers zu geben und die eigene Braut seinem Sohn abzutreten: Die Wiedergewinnung seiner Kassette ist ihm nämlich wichtiger als alle Heiratspläne für sich und seine Kinder. Dass Molière das von ihm bevorzugte Motiv nicht grundsätzlich als komisch ansah, beweist die Gegenhandlung in *L'Ecole des maris*: Hier erreicht eine freiheitliche und liebevolle Erziehung, dass die Adoptivtochter die Ehe mit dem viel älteren Pflegevater gern eingeht. Auf den beiden Ecole-Komödien Molières fußt W. WYCHERLEYS Komödie *The Country Wife* (1675), in der die Eifersucht und Strenge des Ehemannes Ursache dafür werden, dass die Frau Verstellung lernt und der gefährlichste Verführer Zutritt ins Haus erhält. Als kleine aparte Note ersann der Autor, dass die Rache des Geschicks gerade einen ehemaligen Lebemann trifft. Wie ein Nachklang farcenhafter Motivgestaltungen des 16. und 17. Jahrhunderts wirkt die Julia-Episode in Lord BYRONS Epos *Don Juan* (1819–24), in dem die Ehefrau den von ihr verführten jugendlichen Liebhaber neben sich unter der Bettdecke verborgen hält, während sie ihren Mann wegen der Schändlichkeit seines Verdachts abkanzelt und Polizeidiener vergeblich das Zimmer durchstöbern.

Im Übrigen bevorzugte das 19. Jahrhundert die zahmere Variante einer Abwendung der durch den verliebten Alten drohenden Gefahr. Dem verknöcherten ledigen Kanzleisekretär Tusmann (E.T.A. HOFFMANN, *Die Brautwahl* Erz. 1819), der sich anhand von Schriften des Thomasius auf den Ehestand vorbereitet, wird die Braut von einem jungen Maler weggekapert; von dem Verlust und dem Selbstmordversuch im Berliner Tiergarten erholt er sich rasch durch das Geschenk eines wunderbaren Buches, dessen leere Seiten sich immer in dasjenige Werk verwandeln, das er gerade gern lesen möchte. Der alternde Fürst Rogoschin (F. WEDEKIND, *Der Liebestrank* Schwank 1892), der glaubte, durch einen Liebestrank seine Manneskraft für ein Liebesabenteuer mit der jungen Katharina zurückzugewinnen, sieht sich getäuscht und auf seine Ehefrau verwiesen, und Don Mateo (P. LOUŸS, *La Femme et le pantin* R. 1898), der dem jungen Freund seine eigene Hörigkeit gegenüber Conchita Perez als warnendes Beispiel vorhält, aber erleben muss, wie gerade dieser André sie gewinnt, fleht uneingedenk seiner lächerlichen Lage Conchita an, zu ihm zurückzukehren. Der Klaviervirtuose (H. BAHR, *Das Konzert* Lsp. 1909), der so gern Beziehungen zu seinen Schülerinnen anknüpft, verliert nicht nur durch die Intrige seiner Frau das Luxusgeschöpfchen, mit dem er sich zusammentat, sondern sieht es auch nach den zur Strapaze gewordenen Starallüren in die eigene Welt zurückfliehen. B. BJÖRNSONS Komödie *Wenn der junge Wein blüht* (1909) wandelt, ähnlich wie MOLIÈRES *École des maris*, das Motiv an zwei Repräsentanten ab, von denen Arvik, Ehemann und Vater erwachsener Töchter, seine jugendliche Verliebtheit als Irrweg erkennt und wieder mit seiner von ihrem Selbständigkeitsdrang geheilten Frau zusammenfindet, der Witwer Hall jedoch trotz seines vorgeschrittenen Alters die Ehe mit einem Mädchen ansteuert, das seine Tochter sein könnte. Das 20. Jahrhundert zeigt meist Verständnis für die späten Leidenschaften eines Mannes und ist auch bereit, die dem Senex amans fehlende Manneskraft nicht als lächerlich erscheinen zu lassen. Der rührende Witwer Panisse (M. PAGNOL, *Marius* Dr. 1929, *Fanny* Dr. 1931, *César* Dr. 1937), der die junge Fanny liebt, sie trotz ihres Geständnisses, dass sie von ihrem Freund Marius schwanger ist, heiratet, den Sohn als den eigenen aufzieht und sich noch auf dem Totenbett weigert, César zu sagen, dass er nicht sein Vater ist, wirkt genauso liebenswert wie der alte Kaiser (C. ZUCKMAYER, *Der Schelm von Bergen* Dr. 1934), der die Liebesbeziehung zwischen seiner jungen Frau und dem Henkerssohn mit dem Mantel eines Adelsprädikats für den Liebhaber zudeckt und ein Kind seiner Frau als eigenes zu betrachten willens ist. H. HEINE hatte, als er den gleichen Stoff zu einer Romanze (1851) verarbeitete, das Moment des Alters bei dem klugen Regenten nicht verwertet, das er zuvor im 29. Gedicht des Zyklus *Neuer Frühling* (1831) für das tragische Ende des ehebrecherischen Paares durchaus in die Waagschale warf.

Die anscheinend aus einer Art Schadenfreude entstandene Vorstellung von dem in einen ›Weibersklaven‹ verwandelten Weisen hat sich in einer Reihe von Sagen niedergeschlagen, die sich verschiedenen als weise bekannten Männern anhefteten. Für den als Weiser in die Geschichte eingegangenen Salomo bietet das *Alte Testament* den Ansatzpunkt zu entsprechenden Sagen: »Aber der König Salomo liebete viel ausländischer Weiber ... und er hatte siebenhundert Weiber zu Frauen und dreihundert Kebsweiber; und seine Weiber neigeten sein Herz. Und da er nun alt war, neigeten seine Weiber sein Herz fremden Göttern nach.« In der mittelalterlichen russischen Salomo-Sage wird Salomos Frau von dessen Bruder entführt und Salomo bei der Verfolgung von seiner Frau erkannt und gefangen gesetzt; nach seiner Befreiung lässt er Bruder und Frau hängen. Die deutsche Sage von ↑ Salomon und Markolf (Ende 12. Jh.) entwickelte den Plot stärker in Richtung auf den ›Weibersklaven‹. Die Frau Salme folgt dem Heidenkönig Fore, wird nach der Rückgewinnung durch Salomos Bruder Markolf von dem König in Gnaden wiederaufgenommen und lässt sich bald erneut entführen. Der jüdische Nationalheld ↑ Simson, der die Philister besiegte, wird der Philisterin Delila hörig (*Buch der Richter* 13–16), die ihm das Geheimnis seiner Kraft entlockt und ihm die Stärke verleihenden Haare abschneidet. Von dem griechischen Helden ↑ Herakles wird erzählt, dass er auf Zeus' Befehl zur Strafe für den Raub des delphischen Dreifußes als Sklave an die Lyderkönigin Omphale verkauft wurde und dort während seines einjährigen Dienstes so verweichlichte, dass er Löwenfell und Streitkeule an Omphale abgab und sich in Frauenkleidung an den Spinnrocken setzte – eine nachträglich mit Strafe moralisch begründete Umschreibung der Versklavung durch ein Liebesverhältnis, die in ihrer Drastik von der antiken bildenden Kunst gern verwendet wurde. Simson und Herakles sind nicht als alte Männer aufgefasst, wohl aber als durch ihre Leistung eigentlich einem Rückfall entwachsene, sodass in ihrem Schicksal Verwandtes wie in dem des Senex amans ausgedrückt ist.

Das Mittelalter übertrug im Zuge des Kampfes um die Philosophie des Aristoteles in der ersten Hälfte des 13. Jahrhunderts auf den griechischen Philosophen eine ursprünglich persische, auf einen persischen König und seinen Ratgeber bezogene Erzählung ('AMR BEN BAḤR AL-ĞĀḤIẒ 767–868). Der *Lai d'Aristote* des HENRI d'ANDELY (Anf. 13. Jh.) erzählt, dass Aristoteles seinen Schüler Alexander den Großen vor der Tücke der Frauen warnt. Alexanders Frau rächt sich, indem sie dem Weisen eine schöne Dienerin zuschickt, die es dahin bringt, dass Aristoteles, um ihre Liebe zu gewinnen, sie auf sich reiten lässt, nackt auf allen vieren kriechend, während die im Sattel sitzende Sklavin ein Lied singt. Alexander, der das Schauspiel mit seiner Frau vom Palastdach aus sieht, ruft: »Was soll das bedeuten?«, und der Weise antwortet: »Das, wovor ich dich gewarnt habe.« Eine deutsche Versnovelle (um 1300) gab der Sklavin den Namen Phyllis. Die Erzählung, die in der Bildkunst häufig parallel mit der Geschichte von Simson und Delila dargestellt wurde, ist sowohl in Renaissancenovellen (G. SERCAMBI 1344–1424) als auch in Fastnachtsspiele eingegangen (ANON. 15. Jh.; Vigil RABER 1511; H. SACHS, *Comedi Persones reit Aristotelem* 1554). ULRICH VON ETZENBACH (13. Jh.) übertrug die Rolle des ›Weibersklaven‹ auf Alexander selbst, auf dem die Königin Candacis reitet. Eine andere Sage lastete dem gerade im Mittelalter so verehrten Dichter Vergil eine ähnlich beschämende Situation an (*Gesta Romanorum moralisata* Mitte 13. Jh.; Jansen Enikel, *Weltchronik* um 1280), die ursprünglich ebenfalls orientalischem Erzählgut entstammt und zuvor schon auf Hippokrates und den Zauberer Heliodorus von Sizilien bezogen worden war. Vergil ist in eine junge Römerin verliebt und verabredet mit ihr eine nächtliche Zusammenkunft, bei der sie ihn mittels eines Korbes, den sie an einem Seil bis auf die Straße herabgelassen hat, bis zu ihrem Fenster hochwinden soll. Sie lässt den Korb jedoch auf halber Höhe hängen und gibt den weisen Dichter dem allgemeinen Spott preis. Allerdings wird dann von des Zauberers Vergil Rache berichtet, die das Mädchen demütigt. Auch die häusliche Misere, mit der Pseudohistorie und Anekdote den Philosophen ↑ Sokrates ausstatteten, der demnach den Launen seiner Frau Xanthippe unterworfen oder sogar von zwei Frauen, Xanthippe und Myrto, tyrannisiert wird, gehört in den weiteren Umkreis des Motivs vom verliebten Alten. Von der im Mittelalter geschaffenen Gestalt des Zauberers ↑ Merlin, der als Ratgeber des Königs Artus verehrt wurde, berichtet das sog. *Enserrement Merlin*, dass der Greis, der sich von der Politik in die Einsamkeit zurückgezogen hat, im Wald von Broceliande eine feenartige Frau, Niniane oder Viviane, trifft, die ihn so bestrickt, dass er ihr seine Zauberkünste verrät, obwohl er weiß, dass sie ihre neuen Fähigkeiten zu seinem Schaden gebrauchen wird. Sie versenkt ihn unter einem Weißdornbusch in ewigen Schlaf, der ihm dauernde Vereinigung mit der Geliebten vortäuscht. Diese Episode ist besonders in der Lyrik des 19. und 20. Jahrhunderts oft angespielt und behandelt worden. Mit Abstand kann in diesem Zusammenhang auch die seltsame literarische Umwandlung des Lollardenführers Oldcastle in den Miles gloriosus und Senex amans ↑ Falstaff genannt werden, der bei Shakespeare (*The Merry Wives of Windsor* 1602) als gefoppter und bestrafter Schürzenjäger herhalten muss.

Der Ernst der Situation des Mannes an der Schwelle des Alters trat erst in neuerer Zeit mehr ins Gesichtsfeld. Goethes ↑ Faust wird an dieser Schwelle von Unzufriedenheit über sein an die Gelehrsamkeit verschwendetes Leben ergriffen, er möchte nachholen, was er versäumte, aber die Unangemessenheit und Schmach des Senex amans bleibt ihm erspart: Durch Mephistos Hilfe äußerlich und innerlich verjüngt, sieht er, »mit diesem Trunk im Leibe, bald Helenen in jedem Weibe«. Dass der Verjüngte dennoch die Fülle seiner Lebenserfahrung weiter mit sich trägt und dass in der Überwältigung durch die Liebe zu Gretchen Züge eines alten und nicht eines jungen »verliebten Toren« zum Ausdruck kommen, ist spürbar. Goethe wiederholte das in *Faust I* erst durch die Verjüngungsperiode später eingefügte Motiv, das in seinem eigenen Leben eine Rolle spielte, in der Novelle *Der Mann von fünfzig Jahren* (in *Wilhelm Meisters Wanderjahre* 1821–29), in der das für den Sohn bestimmte junge Mädchen den Vater liebt und diesen dazu veranlasst, sich in einen kühnen Liebhaber und Freier zu verwandeln, was dem Sohn, den eine Witwe in ihren Bann gezogen hat, nur recht ist. Aber dem Gesamtthema des Romans entsprechend endet die Novelle mit Entsagung und Unterwerfung unter das Naturgesetz, das die Junge dem Jungen, die Ältere dem Mann von fünfzig Jahren bestimmt. Die romantische Dichtung behandelte mehrfach den ↑ Falieri-Stoff, den Fall des achtzigjährigen Dogen von Venedig, der von der feindlichen Adelspartei wegen seiner Ehe mit einer blutjungen Frau verspottet wurde. E.T.A. HOFFMANN (*Doge und Dogaressa* Erz. 1819) betonte das der Verbindung mit dem senilen Marino Falieri innewohnende Unrecht, dem die junge Frau nur durch gemeinsamen Tod mit ihrem Geliebten entgehen kann, Lord BYRON (Dr. 1821) und C. DELAVIGNE (Dr. 1829, Oper von DONIZETTI 1835) zeichneten einen edelmütigen, liebend verzichtenden alten Mann, dessen Frau seine Größe zu begreifen vermag.

Der jüngere erfolgreiche Liebhaber gehört in vielen Fällen zum Spannungsfeld dieses Situationsmotivs, und die mit dieser dritten Person verbundene Handlung führt ziemlich regelmäßig die Entsagung des älteren Mannes herbei, wie schon in Goethes Novelle. Am kritischsten Punkt seines Lebens erliegt der einsame Waldläufer Lederstrumpf (J. F. COOPER, *The Pathfinder* R. 1840) der Versuchung, um die zwanzig Jahre jüngere Tochter seines Freundes zu werben, der diese Werbung unterstützt; aber als der Pfadfinder von der erwiderten Neigung eines Jüngeren erfährt, tritt er ihm die Braut ab. Der betagte Hans Sachs (R. WAGNER, *Die Meistersinger von Nürnberg* Oper 1862) verzichtet auf den ihm sicheren Preis des Wettsingens, die Meisterstochter Eva, zugunsten des von ihr geliebten Ritters Stolzing, indem er den Rivalen selbst die Kunst des Meistersanges lehrt.

In Erkenntnis seines Schuldanteils an der Untreue seiner Frau, der die Ehe mit einem weit Älteren ein Zuviel an Entsagung auferlegte, zieht Graf Petöfy (Th. FONTANE, *Graf Petöfy* R. 1884) nicht die standesgemäße Konsequenz aus der Kränkung seiner → Gattenehre, sondern glaubt, durch Selbstmord den Jüngeren den Weg zum Glück frei zu machen. Ähnlich schuldig fühlt sich der Ehemann in F. v. SAARS *Schloß Kostenitz* (Nov. 1892). Ein ostpreußischer Junker und gestandener Hagestolz (H. SUDERMANN, *Jolanthes Hochzeit* Erz. 1892) erkennt erst am Abend seiner Hochzeit, dass das junge Mädchen, das sich ihm an den Hals warf, nur aus Abneigung gegen das Elternhaus und aus Verzweiflung an der Erfüllung der Liebe zu einem jungen Nachbarn seine Frau wurde; noch kann er die beiden am Selbstmord hindern und die Frau dem Jüngeren abtreten. In Ch. FRYS *Venus Observed* (Dr. 1950) werden Vater und Sohn zu Rivalen um ein junges Mädchen; auch hier findet der Ältere zur Bescheidung und zur ursprünglich geplanten Ehe mit einer ehemaligen Freundin.

Auch ohne die Figur des Rivalen wird eine Überwindung der späten Liebe oder ihre Vorherrschaft literarisch dargestellt. Der Kolumbianer G. GARCÍA MÁRQUEZ berichtet in *Memoria de mis putas tristes* (R. 2004) von einem neunzigjährigen Journalisten, der nur käufliche Liebe kannte und sich nun eine vierzehnjährige unbescholtene Jungfrau zu seinem Vergnügen erbittet. Als das schlafende Mädchen ihm vorgeführt wird, ergreift ihn eine »tatenlose Zärtlichkeit«, und er verharrt, sein Leben beichtend, vor der Schlafenden, in ihren Anblick verstrickt, und erlebt so seine »erste Liebe«. Der sich in einer letzten Leidenschaft betrogen sehende Künstler (F. v. SAAR, *Requiem der Liebe* Nov. 1896) flieht in sein Werk und komponiert sein »Requiem der Liebe«, das zugleich ein Abschied vom Leben ist. G. HAUPTMANNS Romanfigur Friedrich von Kammacher (*Atlantis* 1912) wird von seiner Verfallenheit an eine sechzehnjährige Tänzerin durch das Erlebnis eines Schiffbruchs und eine Nervenkrise geheilt und gelangt zu einem Neubeginn als Bildhauer. Ein anderer Ausbrecher aus Alltag und Ehe (J. WASSERMANN, *Der Mann von vierzig Jahren* R. 1913) überwindet sich durch die Einsicht, dass ein Mann von vierzig Jahren eines Tages ein Mann von fünfzig Jahren wird, und ein dritter (S. LEWIS, *Babbitt* R. 1922) aus der Erkenntnis der Bequemlichkeit dessen, was er verließ. Mehr auf Goethes Linie liegt das Bekenntnis des durch zwei jüngere Frauen in der Vernunft seiner Lebensführung gestörten und an den Rand des Abgrunds gebrachten Angermann zu Ordnung und Pflicht (H. CAROSSA, *Geheimnisse des reifen Lebens* R. 1936). Goethe-nahe befindet sich der Belgier F. HELLENS (*L'Homme de soixante ans*, 1951) mit dem Forscherschicksal des Literaturprofessors David Kepesh, der aus der Leere seiner kritischen Berufsaufgaben in ein Leben nahe den Freuden der Natur flüchten will. Auch bei Ph. ROTHS Protagonisten (*The dying animal* R. 2001) ist Angst vor dem Alter mitbestimmend: Der Professor leidet an seiner unterentwickelten Emotionalität, doch scheitert er nicht an ihr. Nach einer Zeit der Trennung kann er seiner an Brustkrebs leidenden Geliebten auf dem Todesweg Beistand leisten.

Schließlich kennt die Literaturgeschichte eine Reihe von tragisch scheiternden verliebten Alten, obwohl auch die komisch gesehenen Vertreter des Typs letztlich Scheiternde sind. Der betagte Gelehrte Prynne (N. HAWTHORNE, *The Scarlet Letter* R. 1850) legt durch die Heirat mit der jungen Hester, durch die er Wärme in sein freudloses Dasein bringen will, selbst den Grund zu deren Ehebruch; die Rache, der er danach lebt, verwandelt ihn in einen wahren Teufel. H. de BALZACS Hulot (*La Cousine Bette* R. 1847–48) wahrt zwar das äußere Ansehen, sinkt aber durch seine erotischen Exzesse in eine unbürgerliche Sphäre ab. Ihm ähnelt Professor Unrat (H. MANN, *Professor Unrat* R. 1905), der den Reizen einer Chansonette verfällt, sie heiratet, ein ausschweifendes Leben führt, in Schulden gerät und schließlich im Gefängnis endet. IBSENS Baumeister Solneß (*Baumeister Solneß* Dr. 1892) will der jugendlichen Geliebten seine Jugendlichkeit beweisen und bezahlt die eigenhändige Anbringung des Richtkranzes mit dem Todessturz in die Tiefe, und die ähnliche Begegnung des alt gewordenen Bildhauers Rubek (*Wenn wir Toten erwachen*Dr. 1899) mit einer früher geliebten Frau sowie sein Entschluss, den verbliebenen Rest seines Lebens voll auszukosten, enden unter einer Lawine. Der alternde Henschel G. HAUPTMANNS (*Fuhrmann Henschel* Dr. 1898) ist der Brutalität der Magd Hanne Schäl, der er sexuell hörig ist, nicht gewachsen, die Erkenntnis ihrer Untreue und das schlechte Gewissen gegenüber seiner verstorbenen Frau jagen ihn in den Tod. Der siebzigjährige erfolgreiche Anlageberater Karl von Kahn (M. WALSER,*Angstblüte* R. 2006) verliebt sich unsterblich in die dreiunddreißigjährige Filmdiva Joni Jetter. Der ergraute Liebhaber gelangt zwar vorübergehend ans Ziel seiner Wünsche, muss aber erkennen, dass Joni ihn laufend betrügt, sodass er resignierend zu seinen Börsengeschäften zurückkehrt. Hauptmanns aus eigenem Erlebnis gespeistes Drama *Vor Sonnenuntergang* (1932) lässt dagegen die Kinder gegen den späten Heiratsplan des Vaters rebellieren; ihr Entmündigungsantrag löst seinen Selbstmord aus. Auch in L. THOMAS Roman *Der Wittiber* (1911) fühlen sich die Kinder durch das plötzliche Liebesleben ihres Vaters beeinträchtigt. Der Bauer, der mit der Magd ein Verhältnis hat und den Betrieb noch nicht abgeben will, bringt den Sohn in solche Verzweiflung, dass er die Magd ermordet.

I. KURZ (*Vanadis* R. 1931) verschärfte diesen Generationskonflikt wieder zur Rivalität. Der alternde Ehemann kann seiner jungen

Frau, deren Mutter er schon verehrte, Reichtum, Bildungsgüter und Zärtlichkeit bieten, aber ihre Sinne verfallen seinem von ihm ungeliebten außerehelichen Sohn; diese Erkenntnis vernichtet das Glück des Mannes und beschleunigt sein Ende. Bei K. HAMSUN (*Nach Jahr und Tag* R. 1933) wird das Ende des Landstreichers August durch eine letzte Leidenschaft zu einem jungen Mädchen herbeigeführt. F. GARCÍA LORCAS *Amor de Don Perlimplín con Belisa en su jardín* (Dr. 1933), eine der reizvollsten modernen Gestaltungen des Motivs, lässt den lebensfremden und als Ehemann versagenden Perlimplín verzweifelt mit den Bildern von jungen Verehrern kämpfen, die das Phantasiereich seiner jungen Frau bevölkern, und es gelingt ihm, in der Maske eines von ihnen, der scheinbar von dem zornigen Gatten zu Tode verwundet wurde, sterbend ihre Liebe zu gewinnen.

Als eine abseitig wirkende, aber im Kern durchaus treffende Behandlung des Motivs sei Th. MANNS Novelle *Der Tod in Venedig* (1913) genannt, die darstellt, wie der fünfzigjährige arrivierte und zielbewusste, im Grunde aber an der Richtigkeit seines Weges zweifelnde Schriftsteller Gustav von Aschenbach von Ausbruchsdrang übermannt wird, nach Venedig fährt, hier eine sonderbare Verliebtheit in einen vierzehnjährigen Knaben erlebt und, noch während sich ihm das Erlebnis ins Mythische steigert und dunkle Vorgefühle ihn zum Aufbruch mahnen, von der Cholera dahingerafft wird.

F. Moth, Aristotelessagnet eller Elskovs Magt, Kopenhagen u. Christiania 1916; J. W. Spargo, Vergil the Necromancer, Cambridge/Mass. 1934; J. Storost, Zur Aristoteles-Sage im Mittelalter (in: Monumentum Bambergense, Festgabe Benedikt Kraft) München 1955; W. Stammler, Der Philosoph als Liebhaber (in: W. St., Wort und Bild) 1962.

Amazone

Wenn, wie seit J. J. BACHOFENS *Mutterrecht* (1861) oft behauptet worden ist, im Amazonenmythos der Griechen und in verwandten Sagen anderer indogermanischer Völker die Erinnerung an Verhältnisse des Matriarchats fortlebt, so kann doch von einer realistischen Widerspiegelung solcher Verhältnisse im Mythos sicher keine Rede sein. Denn es ist nicht einzusehen, warum eine führende Stellung der Frau zugleich ihre Vermännlichung und sogar Männerfeindschaft bedeuten müsste. Vielmehr hat hier, ausgehend von der psychologischen Basis, dass männliche Züge auch in der Frau vorhanden sind und dass immer wieder einmal Frauen mit männlichem Habitus das Erstaunen beider Geschlechter hervorrufen, die menschliche Phantasie ein aus Angstvorstellungen ebenso wie aus Beifall entstandenes einprägsames Modell erarbeitet. Denn das Wesen der Amazone und ihre Beurteilung sind zwiespältig. Einerseits war für die Griechen die Frau Verkörperung maßlos triebhafter Kräfte, und sie boten daher die mythischen Schöpfer sittlicher Ordnung zur Bändigung der Amazonen auf: Bellerophon, der die Amazonen in der Schlacht schlägt, ↑ Herakles, der in ihr Reich eindringt und den Gürtel der Hippolyte gewinnt, und Theseus, der Athen vor dem Einfall der Amazonen schützt und ihre Königin (Hippolyte oder Antiope) gefangen nimmt. In der bildenden Kunst sind Amazonenkämpfe Parallelen zu Kentauren- und Gigantenkämpfen. Jedoch spricht die Schönheit der Amazonen in bildkünstlerischer Darstellung, durch die das Ideal höchster Anmut und zugleich strenger Unberührbarkeit ausgedrückt scheint, für die Achtung, die ihnen andererseits gezollt wurde. In zahlreichen Lokaltraditionen erscheinen sie als Gründerinnen von Städten und Kulten. Besonders nahe scheint ihre Beziehung zu Artemis, der Schützerin der Jungfrauen. Auch die jungfräuliche Athene zeigt in ihren kriegerischen Wesenszügen Verwandtschaft zu den Amazonen. Die Beziehung zu Artemis legt andererseits eine Feindschaft gegenüber Aphrodite nahe. Obwohl nicht eigentlich Gegner der Liebe, weichen die Amazonen doch durch ihr Verfahren, sich den Mann mit der Waffe in der Hand zu erobern, von den herkömmlichen Wegen der Liebesgöttin ab, sie besitzen einen ähnlich beleidigenden »Geruch der Männlichkeit«, wie er den Frauen von Lemnos anhaftete, die alle Männer auf ihrer Insel umbrachten. Daher verfolgt sie der Fluch Aphrodites. Hippolyte, Antiope und Penthesilea scheitern in ihren Liebesbeziehungen, und ihre Nachfahrinnen in der Literatur verzichten daher von vornherein auf die Liebe, die ihnen Unterwerfung unter den Mann bedeutet.

Der Amazonenmythos taucht schon in der *Ilias* auf, in der die Amazonen auf troischer Seite in den Kampf eingreifen, und die antiken Autoren bis zu Ammianus Marcellinus und Jordanes im 4. und 6. Jahrhundert n. Chr. haben das Vorhandensein des ›Weiberstaates‹ heftig diskutiert. Entstehung und Wesen des Amazonenreiches waren unsicher: Waren die Amazonen vor ihren Männern geflohen, hatten sie sie unterjocht oder ausgerottet? Bei Herodot gehört der Amazonenstaat in die Reihe der Utopien; die Amazonen leben von Jagd und Plünderung. Spätere Autoren wissen eine genaue Organisation ihres Staates und die Gesetze ihres jährlich einmal stattfindenden Umgangs mit Männern zum Zweck der Fortpflanzung anzugeben. Die literarisch bedeutendste Gestalt unter den Amazonen ist die Königin Penthesilea, die mit einem Heer vor Troja erscheint und von ↑ Achill im Kampf getötet wird, der dann um die schöne Sterbende trauert; in der *Aithiopis*, einem verlorenen Gedicht des Troischen Zyklus, wurde ihr Schicksal besungen. Nach anderer Version (PTOLEMAIOS XENNOS) tötet dagegen Penthesilea Achill, der durch Vermittlung seiner Mutter zu neuem Leben erweckt wird und sich dann an der Amazone rächt. Bei dem Römer PROPERZ ist das Ereignis schon so idealisiert, dass die Besiegte durch ihre Schönheit über den Sieger siegt, als der Helm ihr Gesicht freigibt. Die stärkste Verbreitung und Festigung erfuhr der Amazonenmythos zweifellos dadurch, dass eine Begegnung mit den Amazonen seit DIODOR in die Vita ↑ Alexanders des Großen eingebaut war. Auch hier trat eine Königin in den Vordergrund: ↑ Talestris, die mit Alexander einen Liebesbund eingehen will zu dem ausdrücklichen Zweck, von dem größten Helden ein Kind und möglichst eine Thronerbin zu bekommen. Wie an Penthesilea, so ist auch an Talestris eine lange Stofftradition geknüpft.

In der schon erwähnten Geschichte der Frauen von Lemnos haben die Befürchtungen Ausdruck gefunden, die man gegenüber dem Männerhass der Frauen und der Frauenherrschaft hegte. AISCHYLOS (*Die Schutzflehenden* um 463 v. Chr.) deutete die überlieferte Gräueltat der fünfzig Töchter des Danaos, die in der Hochzeitsnacht ihre ihnen angetrauten Vettern umbrachten, als überspitzten jungfräulichen Widerstand gegen die Berührung des Mannes; ihre Mägde vertreten im Chorlied demgegenüber die natürliche Bestimmung der Frau, der nur eine der Schwestern, Hypermestra, nachgeht, weil sie von der Gegenmacht der Aphrodite berührt wurde. Dass die Machtergreifung amazonischer Frauen auch ihre heitere Seite hat, zeigte bereits ARISTOPHANES in den *Ekklesiazusen*, in denen die Frauen wie Männer ausgerüstet zur Volksversammlung erscheinen und die städtischen Angelegenheiten in eigene Regie nehmen wollen, aber an Eigennutz und Liebesgier scheitern; auch die *Thesmophoriazusen* machen deutlich, dass die sich über ihre Unfreiheit beklagenden Frauen, die vier Tage lang in strenger Abgeschlossenheit auf der Pnyx tagen, dann doch von Wollust übermannt werden, und schließlich wird auch der von ↑ *Lysistrata* (411 v. Chr.) ausgerufene Boykott gegen die Männer nur dadurch erhalten, dass die entsprechende Entbehrung auf Seiten der Männer die Verhandlungen beschleunigt. Der Gegensatz zwischen Theorie und Praxis, der die heiteren Darstellungen des

Amazonen-Motivs durch die Jahrhunderte kennzeichnet, beruht darauf, dass ein auf Ausklammerung der Männer beruhendes Staatswesen sich nur mit Hilfe der Männer erhalten kann und dass der natürliche Trieb alle anderen Grundsätze durchbricht. Auch die tragischen Züge des Motivs haben hier ihre Wurzel.

Für die Entwicklung des Motivs in der nachantiken Literatur wurde der griechische Amazonenmythos zunächst nicht relevant, weil die Völker des Mittelmeerraumes und des Nordens auf eigene verwandte Überlieferungen zurückgreifen konnten. Das *Königsbuch* des Persers FERDAUSĪ (1010), die *Erzählungen von Tausendundeine Nacht* und das kirgisische Epos *Manas* kennen kriegerische Frauen, die germanischen Mythen haben ihre Schildmaiden und Walküren, die altirische Literatur und die russischen Bylinen ihre Heldenjungfrauen.

Den Amazonen am nächsten verwandt sind die Kampfmaiden der germanischen Sage. In der Stammessage der Langobarden und auch noch später in der Karlssage kommen ganze Völker und Heere von Kriegerinnen vor. Auch ↑ Brünhild, die mit den an sie geknüpften Sagen wahrscheinlich ein international verbreitetes Märchen im Germanischen repräsentiert, das auch russische Parallelen hat, ist vor dem Hintergrund einer Frauengemeinschaft zu denken; lebt sie doch noch im mittelalterlichen Epos im Kreis von Jungfrauen auf einer fernen Insel. Bei ihr verbindet sich das Kriegerische mit Männerfeindlichkeit. Sie sträubt sich gegen die Liebe und widersetzt sich dem erfolgreichen Werber auch nach dessen glücklicher Bewältigung der → Freierprobe. Ihre Widerspenstigkeit flammt noch einmal während der Brautnacht auf; mit dem Verlust ihrer Jungfräulichkeit schwindet ihre Stärke. Dieser Typ findet sich wiederholt in den *Gesta Danorum* des SAXO GRAMMATICUS (1150–1220), der auch eine zusammenfassende Beschreibung solcher Kampfmaiden gegeben hat. Die Kampfmaid Lathgertha hat Regner im Kampf geholfen und ihn später geheiratet, aber als er aus der Schlacht nach Hause kommt, ersticht sie ihn mit einer Pfeilspitze und übernimmt an seiner statt die Herrschaft über das Reich, da sie es nicht mit dem Gemahl teilen will. Die Königin Olof der *Hrolf-Kraki-Sage* will nicht heiraten; sie ist sehr schön, geht stets in Waffen und lebt wie ein Heerkönig. Mit ähnlich unweiblichen Zügen sind in den mittelalterlichen Bearbeitungen Vergils Camilla sowie die ↑ Penthesilea der Troja- und die ↑ Talestris der Alexander-Romane gezeichnet.

Neben diesem spröden Kriegerinnen-Typ gibt es den anderen, ebenfalls kriegerischen, der aber nicht liebes- und männerfeindlich ist und nicht gegen Freier kämpft, sondern nur zum eigenen Schutz, zum Schutz des Volkes und vor allem des Geliebten. Die beiden in der Frühzeit angelegten Typen sind in der gesamten Literaturentwicklung vertreten, aber die Grenzen zwischen ihnen fließen, denn die Männerfeindliche wird oft zur schützenden Schildjungfrau, wenn der richtige Mann gefunden ist. Gemeinsames Kennzeichen ist das freie, unabhängige, konventionelle frauliche Verhaltensweise verachtende Auftreten und Handeln. Zu dem liebenden Typus gehören Swawa-Sigrun aus den *Helgiliedern* der *Edda*, die mit den Schwestern durch die Wolken reitet und glanzumlodert dem Helden erscheint, den sie schützt, anspornt und schließlich als ihren Partner anerkennt, Heidreks Tochter Hervor aus dem *Hunnenschlachtlied*, die Gudrun der *Atlamál* und, in schon christlicher Zeit, die Königstochter Bride aus dem Legendenepos *Orendel* (um 1196), eine streitbare Jungfrau mit ungewöhnlicher Kraft, die in dem verkleideten Orendel sofort den Mann ihrer Wünsche erkennt, im Kampf an seiner Seite steht und sich später ebenso standhaft im Erleiden der Gefangenschaft wie in der Bewährung ehelicher Treue zeigt. Über die französische Chanson de geste erhielt sich die Tradition dieses Typs bis zu den Anfängen des deutschen Prosaromans. In Elisabeths von Nassau-Saarbrücken *Herpin* (1430/40) tötet eine durch Unglück von ihrem Mann getrennte und als Küchenjunge am Hof von Toledo lebende Herzogin heimlich den die Stadt belagernden Riesen und verteidigt ihren Sieg gegen einen mit der Tat prahlenden Lügner, und in der gleichen Autorin *Loher und Maller* führt eine Königstochter das Heidenheer an und verliebt sich in den auf christlicher Seite kämpfenden Helden.

Den beschirmenden wie den feindseligen Typ kennt auch die irische Sage von *Cu Chulain*, der auf der Insel Scathach von der Kriegerin Scathach im Gebrauch der Waffen unterwiesen wird. Als die Insel von einer anderen Kriegerin, Aoife, angegriffen wird, überwältigt Cu Chulain Aoife und macht sie zu seiner Geliebten, von der ihm dann der berühmte Sohn Conla geboren wird. In der russischen Byline *Dobrynja und Dunaj* ist der Kampfmaidentyp von Nastasja, Tochter des litauischen Königs, repräsentiert, die das Kriegerdasein liebt und den Helden Dunaj angreift, als er für seinen Herrn Vladimir von Kiew um ihre Schwester geworben hat. Dunaj besiegt Nastasja, doch beim Bogenwettschießen auf der Hochzeit erweist sie sich als überlegen und trifft das Ziel, während sein Schuss fehlgeht und Nastasja in die Brust trifft, wobei offenbleibt, ob aus Versehen oder weil sie ihm zu gefährlich wird. Auch die Mutter Sokol'ničeks in der Byline von *Il'ja und Sokol'niček* war eine Heldenjungfrau, die

Il'ja vergewaltigt hat und deren Schändung Il'jas Sohn an seinem eigenen Vater rächen will. Das südslawische Lied von der als Krieger verkleideten Jungfrau erzählt von der Tochter eines söhnelosen Mannes, die stellvertretend als Krieger in die Schlacht zieht und ruhmbedeckt zurückkehrt. Nationale Notzeiten, in denen Frauen gezwungen waren, zur Waffe zu greifen, haben zur Erhaltung und Wiederbelebung des Typs der Heldenjungfrau beigetragen. So stellt in der südslawischen Literatur das Heiduckenmädchen eine beliebte Variante des Typs dar und spiegelt damit teilweise auch die soziale Wirklichkeit der Kämpfe gegen die Türkenherrschaft. Eine eigenartige nationale Tradition liegt in den böhmischen Sagen von ↑ Libussa und dem Mägdekrieg vor, deren spätere Berichter (Dalamil 1308/14, Hajek von Libotschan 1541) allerdings den Stoff stark dem antiken Amazonenmythos angenähert haben. Die Gaurichterin Libussa gibt dem Wunsch des Volkes nach einem männlichen Herrscher nach, obwohl sie warnt und erklärt, dass der von ihr seherisch erkannte Gemahl das Volk unterdrücken werde. Mit der Regierung Primislavs ist die Zeit der Frauenherrschaft vorüber, aber die Jungfrauen, die unter Libussa kriegerische Freiheiten genossen, schließen sich – noch zu Lebzeiten Libussas oder erst nach ihrem Tod – gegen die Männertyrannei zusammen, bauen eine Burg und werden von ihrer Führerin Vlasta zu kriegerischen Aktionen angetrieben, bis Primislav sie durch eine List ihrer besten Kämpferinnen beraubt und Vlasta im Kampf fällt, wonach sie den Hunden vorgeworfen wird.

Schlug sich in der Vlastasage noch einmal die Vorstellung von einem Amazonenstaat und kriegerischen Frauenbünden nieder, so verblasste in der germanischen, irischen und russischen Sage mit der Vereinzelung der Kriegerin der bündische Hintergrund immer mehr. Den gleichen Schritt hatte im Verhältnis zur griechischen Amazonensage Vergil mit der Gestalt der Volskerfürstin Camilla (*Aeneis* 30/19 v. Chr.) vollzogen. Durch ihren landflüchtigen Vater von Kindheit an im Waffenhandwerk erzogen, verschmäht sie die Ehe und dient allein der Diana; sie kommt Turnus im Kampf gegen Äneas zu Hilfe, fällt – eine Zierde Italiens – nach vielen Heldentaten und wird auf Dianas Geheiß von einer Nymphe an ihrem feigen Mörder gerächt.

Für die Entwicklung des Motivs in nachantiker Zeit wurde diese heroische Einzelgängerin wichtiger als das amazonische Staatswesen. Ihren Typus konnte man auch in den alttestamentlichen Heroinen, in ↑ Judith, die den ihre Heimat bedrohenden Feldherrn Holofernes in seinem Zelt erschlägt, und in Deborah, die mit dem Heer gegen die kanaanitischen Unterdrücker zieht, wiederfinden. Die christliche Legende von ↑ Aseneth hat die in der *Bibel* erwähnte ägyptische Frau Josephs zur Heldenjungfrau umstilisiert, die auf einem Turm in einem Garten lebt und alle Männer verschmäht, bis Joseph erscheint.

Seine eigentliche Erprobung und Durchsetzung bei erstaunlicher Verbreitung erfuhr das Amazonen-Motiv in der Renaissance und noch im Barock. Die Gründe dafür sind vielschichtig; literarische Einflüsse und reale Ereignisse wirkten zusammen. Zu der verstärkten Rezeption klassisch-antiker Literatur kamen orientalische Vorbilder, aber auch die Tradition spätmittelalterlicher Rittergeschichten, deren franko-italienische Versionen bereits kampflustige Frauengestalten enthielten. Im Knotenpunkt dieser Einflüsse steht BOIARDOS Epos *Orlando innamorato* (1483–95), der mit Bradamante und Marfisa weithin die Entwicklung bestimmende Prototypen der einer Liebe erliegenden und der unveränderbar männerfeindlichen Kriegerin schuf. Einem vermeintlichen Ritter, in Wirklichkeit aber Bradamante, kommt der als Heide erzogene Held Ruggiero zu Hilfe, und er verliebt sich in sie. Obgleich er sich taufen lässt, wird der Widerstand von Bradamantes Eltern gegen eine Heirat erst durch eine List der Tochter gebrochen, die, Ruggieros Triumph voraussehend, als Ehemann nur denjenigen anerkennen zu wollen vorgibt, den sie einen ganzen Tag lang im Kampf nicht besiegen könne. Die auf maurischer Seite stehende Marfisa dagegen, eine männlich empfindende Kriegerin, die nie ihre Rüstung ablegt und aus Kampfbegierde die Männer sogar unter Vorwand herausfordert, erweist sich schließlich als Schwester Ruggieros. Als beide Kriegerinnen aufeinandertreffen, kämpfen sie voller Wut; Marfisa verteidigt ihren Ruhm, und Bradamante ist eifersüchtig, weil sie Marfisa mit ihrem Geliebten verbündet sieht. Während Bradamante ihre Rüstung ablegt und mit Ruggiero vereint wird, folgt Marfisa weiter ihrer männlichen Neigung. ARIOST übernahm beide Gestalten in sein Epos *Orlando furioso* (1516), passte sie stärker dem Amazonenmythos an und wagte eine neue Komplizierung des Motivs, die später vor allem auf dem Sektor der Komödie fruchtbar werden sollte. Durch Ariost, bei dem sich in die als Mann verkleidete Bradamante eine Frau verliebt, wurde eine Motivtradition begründet, die sich im *Herpin* mit der in die verkleidete Herzogin verliebten Königstochter folgenlos angekündigt hatte.

Zwischen den Publikationen von Boiardos und Ariosts Epen liegt die Entdeckung Amerikas, die das Motiv merkwürdigerweise aktualisierte. Schon im Altertum war der Amazonenstaat ein geografisches Problem geworden. Als die Gegend südlich des Schwarzen Meeres, in der Alexander die Amazonen angetroffen haben sollte, zu genau erkundet war, um dort noch die Existenz eines Frauenstaates vertreten zu können, versuchte man, ihn in Libyen oder auf einer fernen Meeresinsel anzusiedeln. Aus der geografischen Literatur des Spätmittelalters übernahm Marco POLO (Ende 13. Jh.) das Schema und beschrieb die Insel als im Indischen Ozean gelegen. Nun berichtete ↑ KOLUMBUS, dass Amazonen auf einigen Karibischen Inseln lebten, von denen ihn widrige Winde ferngehalten hätten. Die Konquistadoren waren überzeugt, das Amazonenland in Westindien zu finden. G. de CARVAJAL(*Escubrimiento del Río de las Amazonas*) verbreitete, Orellana habe sie an dem nach ihnen genannten Amazonas getroffen, und ↑ CORTÉZ schrieb seinem Kaiser in dem vierten Brief, sie seien auf einer Insel jenseits des Kontinents im Stillen Ozean ansässig. Inzwischen war 1508 G. ORDÓÑEZ DE MONTALVOS *Amadís* erschienen, dessen Fortsetzung *Las Sergas de Esplandián*, angelehnt an die Penthesilea-Episode vor Troja, das Eingreifen der Amazonenkönigin Kalafia zugunsten der Türken im Kampf um das von den Christen belagerte Konstantinopel erzählt. Sie fordert Amadís und dessen Sohn Esplandián zum Zweikampf und wird durch Amadís' Geschicklichkeit sowie Esplandiáns Schönheit besiegt, in den sie sich verliebt, nimmt aber aus seiner Hand einen anderen Mann an und wird Christin. Auch im 7. Buch tauchen Amazonen auf, doch kämpfen sie hier auf christlicher Seite. Als Heimat der Amazonen wird eine Insel California angegeben, und Ordóñez de Montalvos Beschreibung der Insel scheint den Bericht des Kolumbus vorauszusetzen. Als 1542 J. R. CABRILLO längs der pazifischen Küste Nordamerikas entlangsegelt, erwähnt er den Namen der noch heute California genannten Halbinsel bereits als Faktum.

1575 führte TASSO das heroische Epos mit *La Gerusalemme liberata* zum Gipfel und mit ihm die beiden Typen der kriegerischen Jungfrau in Gestalt der zarten, liebenden Erminia und der »männlich empfindenden« Virago Clorinda. Clorinda ist wie die Camilla Vergils von Kindheit an mit den Waffen vertraut, und sie kämpft wie Marfisa auf christenfeindlicher Seite. Sie liebt den christlichen Führer Tancred, wie er sie, verbirgt aber diese Liebe spröde unter dem Mantel des Hasses. Die Rüstung unterstreicht ihre Schönheit, und die christlichen Ritter sind von ihr entzückt. Tancred folgt der in fremder Rüstung Verborgenen und stößt ihr nach zähem Kampf das Schwert in die Brust: Wie bei Penthesilea gibt der gelöste Helm die

Schönheit der Sterbenden preis, und voll Schmerz eilt Tancred zum nächsten Brunnen, um mit dessen Wasser die Geliebte zu taufen. Neben Tassos Heroinen stellen sich die gleichfalls von Ariost beeinflussten Frauengestalten in E. Spensers *The Faerie Queene* (1589–96), unter denen sowohl die ritterliche Britomart als auch die dianenhafte Belphoebe – einer der Decknamen für die Königin Elisabeth – das positive Ideal der Virago verkörpern, während Radigund eine männerfeindliche Amazone aus verschmähter Liebe ist. Stolz und grausam, zwingt sie die unterworfenen Männer zu Frauenkleidung und weiblicher Arbeit. Sie besiegt den Ritter Artegall nicht durch Stärke, sondern durch Schönheit – wieder fällt der Helm im Kampf vom Haupt der Kämpferin. Artegall wird von seiner Geliebten, Britomart, gerettet, und die von Radigund und ihren Kriegerinnen gefangenen Ritter werden befreit, aber Britomart lässt die Befreiten nicht sich als der Befreierin, sondern Artegall Treue schwören, weil sie ›Weiberherrschaft‹ verabscheut. Radigunds Regiment ist nach den antiken Vorstellungen modelliert.

Die Beliebtheit und große Verbreitung des Amazonen-Motivs in der Literatur des 16. und 17. Jahrhunderts ist kaum völlig zu erklären. Zweifellos gab es in dieser Zeit häufiger kriegerische, soldatische Frauen, so wie auch als Männer verkleidete studierende Frauen, deren literarische Rolle noch zu besprechen sein wird. Das Beispiel der ↑ Johanna von Orleans war noch nicht dem Gedächtnis entschwunden, von England her wirkte das Beispiel der »jungfräulichen« Königin ↑ Elisabeth und von Schweden her das der mannhaften Königin Christine. Humanismus und Renaissance ließen auch für die Frau eine freiere Beweglichkeit unter Überschreitung der ihr bis dahin auferlegten Grenzen möglich erscheinen. Das Ideal einer männlich gelehrten Frau sowie das Gefallen an tapferen, entschieden handelnden Frauen hatten Gewicht. Im Spanien des 16. und 17. Jahrhunderts war das Adjektiv »varonil« (= männlich) für eine Frau Auszeichnung und noch nicht Abwertung. Doch ist die Häufigkeit des Motivs wohl vor allem aus seiner künstlerischen Verwendbarkeit zu erklären: Die Dichter waren fasziniert von der antiken Konzeption der Amazonen, deren Nachfahren man in der Neuen Welt wiederentdeckt zu haben glaubte, von dem pittoresken Element, bei dem ritterlicher Glanz und weibliche Schönheit sich gegenseitig steigerten, von der Mannigfaltigkeit der Verkleidungs-, Verwechslungs- und Erkennungsmöglichkeiten, die im Barock die Beliebtheit des Motivs trotz Schwund des heroischen Elements noch steigerte, weil es die Spannung zwischen Maske und Wirklichkeit ins Spiel setzte. Dies gilt vor allem für das Theater, bei dem der Reiz der Hosenrolle den Ausschlag gab.

Auf der spanischen Bühne führte Lope de Vega den ihm aus der Lektüre italienischer Werke, besonders Ariosts, bekannten Typ ein. Doña Maria in *El valiente Céspedes* (1618) kleidet sich als Mann, wetteifert im Kampf mit ihrem Bruder und sucht zu beweisen, dass die Natur sich in ihr geirrt habe. In *La fe rompida* (1599/1603) verwandelt sich die verliebte Frau in eine kriegerische, die nach Ritterart eine Herausforderung an den ihr untreuen König ergehen lässt und ein Heer aufstellt, das sie selbst zu führen weiß. In *La varona Castellana* (1603) nimmt eine Marfisa ähnliche Gestalt an den Kriegszügen ihres Bruders teil, während in *La perdida honrosa y caballeros de San Juan* zwei Frauen des Bradamante-Typs gezeigt werden, die in den Krieg ziehen, um in der Nähe des Gatten bzw. des Geliebten zu sein, und durchaus kriegerisch sind, ohne an weiblichen Qualitäten zu verlieren. Zum Mischtypus gehört Laura in *La vengadora de las mujeres* (1621), die anfangs männerfeindlich ist und die Frauen an den Männern rächen will, sich dann aber doch verliebt und, obgleich sie in dem Turnier, dessen Sieger sie mit ihrer Hand belohnen will, als Ritter verkleidet siegt, der Stimme des Herzens nachgibt und den Unterlegenen heiratet. In *La Jerusalén conquistada* findet sich die Tassos Clorinda nachgezeichnete Prinzessin Ismenia, so wie in Cervantes' *La casa de los celos* (1615) die Marfisa Ariosts Eingang gefunden hatte. Echt heroische Haltung beweist Doña Sancha in Lopes *Las famosas Asturianas*, indem sie den Begleitern eines dem Maurenkönig zu überliefernden Tributs von hundert Jungfrauen Mut zum Widerstand einflößt und zusammen mit ihren Leidensgefährtinnen an ihrer Seite kämpft und siegt. In diesen Zusammenhang muss auch Lopes verlorenes Drama *La Doncella de Francia* gehört haben, in dem er ↑ Johanna von Orleans sicher nach dem Vorbild der italienischen Heroinen gestaltete und ihre amazonenhaften Züge herausstellte, die zuvor in dem spanischen Abenteurerroman *Historia de la Doncella Dorleáns* (1512) ins Pikarische verzerrt worden waren, während bereits ein anonymes lateinisches Gedicht des 15. Jahrhunderts sie mit Penthesilea verglichen und so auf das Motiv der Jungfräulichkeit angespielt hatte, dessen Dualismus in Renaissance und Barock Johannas Gestalt bestimmte und noch in Schillers Konzeption hineinreicht. A. de Zamora mit *La Doncella de Orleáns* (1744) steht ebenso in einer, wenn auch vergröbernden, Nachfolge Lopes wie J. Pérez de Montalbán mit *La monja alférez* (Anf. 17. Jh.), dessen raufboldische Heldin einer Figur des wirklichen Lebens nachgezeichnet ist.

Verschiedene Dramen CALDERÓNS verwerteten Ariosts Marfisa-Typ direkt oder wandelten ihn leicht ab (*El jardín de Falerina* 1675, *Hado y divisa de Leónido y de Marfisa* 1680, *El castillo de Lindabridis*). Interessanter ist Calderóns Weiterentwicklung des Motivs in den Figuren männlich-kriegerischer Herrscherinnen, so in Cenobia (*La gran Cenobia*), die am Tode ihres Mannes nicht unschuldig ist und in dem Augenblick dem Verrat zum Opfer fällt, als sie die Geschichte ihrer Taten für die Nachwelt niederschreibt, und in Semiramis (*La hija del aire* 1664), die nach dem Tod des Mannes ihren Sohn gefangen setzt und an seiner statt in Männerkleidung regiert; beide stürzen als Exempla missgeleiteten irdischen Machtstrebens. Auch Christine von Schweden (*Afectos de odio y amor* 1644) wird in ihrem Stolz auf ihre männlichen Taten, ihre von Liebe unberührte Lebensführung und die von ihr erlassenen Gesetze gezeigt, die der Frau ein erweitertes Recht und eine höhere Ausbildung sichern. Christines seelische Verhärtung löst sich erst, als der sie liebende Kasimir von Russland ihretwegen seine Ehre hintansetzt, in ihrem Heer als einfacher Soldat gegen das eigene Reich kämpft und sich der Duellforderung von Christines Heerführer stellt. Schließlich findet sich in Calderóns Werk auch der Sondertyp des weiblichen → Räubers, der in der spanischen Literatur wiederholt auftaucht.

Im Gegensatz zu der Überhöhung bei Calderón begnügte sich die Literatur seit dem ausgehenden 16. Jahrhundert meist mit der kaum mehr motivierten, topisch gewordenen Figur des Mädchens in Männerkleidung, das in den Krieg zieht oder sich duelliert. In GHIRARDIS *La Leonida* (1585) fordert das Mädchen seinen untreuen Liebhaber zum Kampf und will mit der Waffe in der Hand belegen, dass alle jungen Männer der Stadt unhöfisch, unloyal und untreu seien. Eine andere verlassene Frau (J. de MATOS FRAGOSO, *La corsaria catalana* 2. Hälfte 17. Jh.) ergibt sich einem sie raubenden Seeräuber und führt nach dessen Tod das Schiff und die Flotte, um endlich Rache an ihrem Verführer zu nehmen. In BEAUMONT/FLETCHERS *The Double Marriage* (1647) kämpft ein Mädchen an der Seite ihres Vaters, eines Piraten, und in der gleichen Autoren *Love's Cure or the Martial Maid* (1647) ist die kriegerische Jungfrau von ihrem Vater als Knabe erzogen worden. H. BURNELL (*Landgartha* 1639) verherrlicht die amazonenhafte Landgartha, die gegen die schwedische Tyrannenmacht zu Felde zieht. In W. H. v. HOHBERGS Roman *Der habspurgische Ottobert* (1664) besiegt Ruremunde in männlicher Rüstung alle ihre Gegner, und ähnliche Taten vollbringt Mathilde in Ch. O. v. SCHÖNAICHS Epos *Hermann oder das befreite Deutschland* (1751).

Andere Werke kreisen erkennbar um die Konzeption eines nach antikem Muster organisierten Frauenstaates (BEAUMONT/FLETCHER, *The Sea Voyage* Dr. 1647; IMPERIALI, d.i. Joachim MEIER, *Die amazonische Smyrna* R. 1705). Während es bei Imperiali der Staatengründerin gelingt, die Geliebten scharenweise aus den Armen ihrer Liebhaber zu locken, tritt in TIRSO DE MOLINAS *Las Amazonas en las Indias* (Dr. 1635) und Antonio de SOLÍS' *Las Amazonas* (Mitte 17. Jh.) der alte Zug in Funktion, dass der Naturtrieb der Liebe die künstliche Isolation der Frauen zusammenbrechen lässt. Dies gilt auch für die umfassende und einflussreiche Darstellung des Amazonenstaates in Sieur de LA CALPRENÈDES Roman *Cassandre* (1644–50), der sich um eine Uminterpretation der seit Diodor bekannten Begegnung der Amazonenkönigin ↑ Talestris mit ↑ Alexander dem Großen bemüht. Talestris ist bei ihm in Liebe an den Massagetenprinzen Orontes gebunden, der sich unerkannt in Frauenkleidung unter ihren Kriegerinnen aufhält. Talestris' Liebesbeziehung zu Alexander beruht nur auf einem aus dem Wunsch der Kriegerinnen entstandenen Gerücht, auf das hin Orontes Talestris ohne Abschied verlässt, die ihn erst nach langer Zeit rachedurstigen Umherstreifens wiederfindet und ihrem Thron entsagt, sodass sich der Amazonenstaat auflöst. Nach La Calprenèdes Plot, den er mit Zügen der Schäferdichtung und der Vlastasage verschmolz, erfand H. A. v. ZIGLER UND KLIPHAUSEN eine *Lybische Talestris* (Libretto 1696), die ihre Jungfrauen zur Selbstregierung und zum Aufstand gegen den König aufruft, den treuen Liebhaber abweist und sogar zu töten sucht, ihn aber, als er in Frauenkleidung im Kampf neben ihr ausharrt, doch erhört. Zwei weitere Operntexte jener Zeit gehen gleichfalls das typisch amazonische Problem der Liebe wider Willen und Gesetz an: In *Hercules unter den Amazonen* (Hamburg 1694) wird Hippolyta, die heimlich Theseus liebt, durch eine Intrige ihrer eifersüchtigen Schwester Antiope in einen Zweikampf mit dem unerkannten Geliebten verwickelt, den sie tötet, und in *Die amazonische Königin Orithya* (Leipzig 1713) bekämpft Orithya aus Gram, dass sie den Gegner nicht durch Stärke, sondern durch Schönheit überwand, ihr Gefühl, von dem sie nicht weiß, dass es Liebe ist. Kleistische Problematik deutet sich, wenn auch noch roh, hier an. Das Amazonische scheint in diesen Jahren so beliebt gewesen zu sein, dass ein anonymer französischer Roman (*La nouvelle Talestris* 1700) die Nachahmung der Amazonen durch junge Mädchen kritisieren konnte.

Das Amazonen-Motiv erhielt eine Seitenstützung, die bald jedoch seine Aufweichung einleitete, durch die Figur des dem Geliebten unerkannt in Männerkleidung nachfolgenden Mädchens, das nun keineswegs Kriegerin ist, sondern Männerkleidung und Waffen nur als Tarnung benutzt und wider Willen in Tätlichkeiten verwickelt wird. Die Entstehung dieses Typs schreibt sich von der Komödie *Calandria* (1513) des BIBBIENA her, der auf den fruchtbaren Einfall kam, einen der Zwillinge aus dem Plot der ↑ *Menaechmi* des PLAUTUS in ein Mädchen zu verwandeln, das sich zum Schutz Männerkleidung anzieht und mit seinem Bruder verwechselt wird; die Weiterentwicklung des Themas durch die anonyme Komödie *Gl'Ingannati* (1527/31) ergab dann das den abweisenden Geliebten als Page begleitende Mädchen, das den Freiwerber bei der Rivalin spielen muss, aber schließlich obsiegt. Obgleich die heroischen Merkmale des Virago-Typs fehlen, ist bei dieser »love-lorn maid« ein auffälliges Kokettieren mit Attributen der ritterlichen Existenz festzustellen, sodass es sich wohl um eine spielerische Inversion des Virago-Typs handeln mag, deren Verbreitung durch ihre Bühnenwirksamkeit begünstigt war. Auch in Á. CUBILLO DE ARAGÓNS *La manga de Sarracino* wird die treue Liebe des dem bis dahin nicht erhörten Anbeter in den Krieg nachfolgenden Mädchens schließlich durch ein gutes Ende belohnt, und die weiblichen Pagen SHAKESPEARES in *As You Like It, The Two Gentlemen of Verona, Twelfth Night* und *Cymbeline* sind schließlich mit dem Mann ihres Herzens vereint. In S. DANIELS *Hymen's Triumph* (1615) wird die als Page verkleidete Silvia von einem eifersüchtigen Freier ihrer Herrin schwer verwundet, und in BEAUMONT/FLETCHERS *The Maid's Tragedy* (1611) stirbt Aspatia wirklich durch die Waffe des Geliebten, erlebt aber sterbend den Trost, dass er ihre Rivalin abweist.

Eine zeitgemäße und realistische Variante der männlichen Frau liegt vor, wenn diese nicht zum Degen, sondern zum Buch greift, um es den Männern gleichzutun. Bei CALDERÓN (*El José de las mujeres* 1660) ist die Studentin und Gelehrte noch nicht emanzipiert, sondern zugleich christliche Heilige. Bei Lope de VEGA (*El alcalde mayor* 1618) handelt es sich um echte Emanzipation und eine verblüffende Karriere der Frau als einer Rechtsgelehrten. Der Grund für den Entschluss, sich der Wissenschaft zu widmen, ist hier wie bei der Ärztin TIRSO DE MOLINAS (*El amor médico* 1621) enttäuschte Liebe. Die gelehrte Männerverächterin in J. VÉLEZ DE GUEVARAS *Encontráronse dos arroyuelos* stolpert in die Grube ihrer Eifersucht, ähnlich wie die Buchgelehrte Diana in MORETOS *El desdén con el desdén* (1654).

Wenn die Waffen und die Gelehrsamkeit fallen, bleibt von der Virago nur die spröde Männerverächterin übrig. Sprödigkeit ist das

Kennzeichen eines anderen mythischen Genus, der Nymphen, die auch der Diana huldigen und deren Prototyp die nur der Jagd hingegebene Silvia in TASSOS *Aminta* (1573) geworden war. Die Überwindung der Spröden ist ein bis in die Gegenwartsliteratur wiederholtes Motiv besonders der Komödie. Von ihrer stolzen Unnahbarkeit wird sie kuriert, indem man sie verschmäht (Lope de VEGA, *Los milagros del desprecio* 1603 und *La hermosa fea* um 1630), indem man sie eifersüchtig macht (Lope de VEGA, *De corsario a corsario* vor 1620 und *La viuda valenciana* vor 1604; F. de ROJAS ZORRILLA, *Sin honra no hay amistad* 1640) oder indem der Partner unnachgiebig bleibt, bis sie sich im Netz des eigenen Gefühls gefangen hat (O. LUDWIG, *Die Heiterethei* Nov. 1855). Aus der Entsagungseifrigen und Streitbaren wird eine nachgiebig Liebende, die mit dem verschmähten Anbeter in ein neues Leben aufbricht (J. AUDIBERTI, *La Fourmi dans le corps* Dr. 1961). Die Scham über den Sieg des Gefühls kann freilich so groß werden, dass ein Selbstmord droht und nur die Fiktion, ein Liebestrank habe die Wandlung bewirkt, die Stolze beruhigt (J. de ZABALETA, *El hechizo imaginado* Mitte 17. Jh.). Der zu hoch gespannte Stolz kann den Partner ins Unglück stürzen, und die Reue kommt dann gerade noch rechtzeitig (P. HEYSE, *L'Arrabiata* Nov. 1855) oder auch zu spät (TIRSO DE MOLINA, *La condesa bandolera* Dr. 1613). Selten sind die Fälle, in denen die Spröde sich nicht gedemütigt und gebändigt sieht, sondern ihre innere Sicherheit ebenso bewahrt, wie sie die äußere Lage in der Hand behält (TIRSO DE MOLINA, *El castigo del penseque* 1613/14 und *Quien calla, otorga* 1615).

Nach der Blütezeit des Amazonen-Motivs im Barock brachte das 18. Jahrhundert, das kein Verständnis für eine so unreale und unbürgerliche Erscheinung hatte und sie allenfalls komisch begriff, ein Zurücktreten des Motivs, bis sich in der Romantik ein Neuansatz vollzog. Trotz der grundlegenden idealistischen Auffassung von einer durch natürliche Ordnung gegebenen antithetischen Haltung und Funktion von Mann und Frau ist in der Romantik eine Öffnung der gegenseitigen Wesensgrenzen erkennbar, die sich nicht nur in der bedeutenden Rolle von Frauen in den Romantikerkreisen, sondern auch im Interesse an einem geistig mündigen Frauentyp und am Androgynen ausdrückt. Das Amazonen-Motiv rückte im 19. Jahrhundert in den Zusammenhang mit einer – im weitesten Sinne verstandenen – Frauenemanzipation. GOETHES in vielem der Romantik nahestehender Roman *Wilhelm Meisters Lehrjahre* (1795–96) zeigt eine Skala von Frauengestalten mit leicht maskulinen Zügen. Die intelligente Schauspielerin Aurelia, die sich selbst den Tod gibt, weil sie nicht liebreizend war, als sie liebte, ist offensichtlich ebenso als krankhaft übersteigerte Form des Typs gemeint wie die knabenhafte Mignon. Wilhelms Ideal Nathalie wird von ihm als »Amazone« bezeichnet, weil sie dem Verwundeten zuerst zu Pferde und in Amazonenkleidung erschien und ihn an Tassos Clorinda erinnerte. Der Reiz männlich handelnder, tüchtiger Weiblichkeit ist für Wilhelm so groß, dass er vorübergehend seine Erfüllung in der Landwirtin Therese sucht, die an Jagden teilzunehmen und ihrer Arbeit im Gewand eines Jägerburschen nachzugehen pflegt. In die zentrale Problematik des Amazonischen führte SCHILLER mit der »romantischen Tragödie« *Die Jungfrau von Orleans* (1801), deren patriotische Heldin ihren göttlichen Auftrag mit Verzicht auf ihre weibliche Bestimmung und das weibliche Mitleid erkaufen muss, bei Lionels Anblick (wieder schlägt das sinkende Visier den Sieger – diesmal die Amazone selbst – in Bann) durch Rückfall in das ihr Natürliche schuldig wird und diese Selbstentzweiung später durch Entsagung überwindet. Während bei Schiller Kampf- und Hassinstinkte einer Einzelnen durch Gottes Gebot aufoktroyiert werden, gehört die Titelfigur von H. v. KLEISTS *Penthesilea* (Tr. 1808) einem Kollektiv derartig denaturierter Frauen an, ihr Kämpfertum ist ein angeborener und durch Tradition eingesenkter Wesenszug, den sie zwar um ihrer Liebe willen überwinden möchte, der aber durch die vermeinte Verspottung ihrer Liebe vernichtend hervorbricht, wobei die Tötung des Geliebten nicht so sehr als widernatürlich denn als eine im Bereich des Weiblichen denkbare Extremform der Liebe erscheint. Nachahmungen des als zentral erkannten Problems an einem gleichen oder verwandten Stoff (F. v. HOLBEIN, *Mirina, Königin der Amazonen* Dr. 1812) schreckten vor der äußersten Konsequenz amazonischer Haltung zurück. Während der konservative K. IMMERMANN in *Tulifäntchen* (Verserz. 1830) die Problematik noch einmal ins Komische zurückzubiegen suchte und seine Amazonen von der Methode, sich die Kinder von den Bäumen zu schütteln, gelangweilt zum hergebrachten Weg zurückkehren ließ, zeichnete L. TIECK zunächst in *Die wilde Engländerin* (Nov. 1835), dann in *Vittoria Accorombona* (R. 1840) mit der Virago der Renaissance zugleich einen modernen Typ, der ein Grauen vor unzulänglichen Männern empfindet und sich ihnen sowie dem Gebot der Geschlechtlichkeit nicht unterwerfen will. Von gleicher Art, doch gebrochener, bürgerlicher, pervertierter, war am Ausgang des Jahrhunderts H. IBSENS schießende und reitende Generalstochter *Hedda Gabler* (Dr. 1890), die dann freilich nicht jenes Sterben in Freiheit und Schönheit zu erfüllen vermag, das sie forderte. Den Abscheu vor der Kleinheit der sie umgebenden Männer teilt Tiecks Vittoria mit der alttestamentlichen Heldin F. HEBBELS, der schon früh unter dem Eindruck der *Jungfrau von Orleans* Überlegungen zum Amazonen-Motiv anstellte, die dann in seiner *Judith* (Dr. 1840) fruchtbar wurden. Hebbel hielt die Motivierung des Amazonentyps durch ein überpersönliches Ziel, wie sie schon Schiller vornahm, für unabdingbar: »Ein Weib, das ... den ihm angewiesenen Kreis mit dem diesem gerade entgegengesetzten vertauscht, ist nur dann nicht mehr abstoßend und widerwärtig, wenn man erkennt, daß es nicht anders kann, daß es von höherer Macht getrieben wird.« Das Schicksal muss das außergewöhnliche Instrument seiner Zwecke vernichten, nachdem es seine Aufgabe erfüllt hat. Während Schillers Heldin ihrer Sendung untreu wird, indem sie in ihre Natur zurückfällt, erfüllt Judith sie gerade, indem sie statt der patriotischen Tat erotische Erfüllung sucht und, in ihrer Menschenwürde gedemütigt, einen Racheakt verübt. Weniger auf die Psychologie der Heldin als auf die Gesellschaftsstruktur bezogen sind die Überlegungen F. GRILLPARZERS zum Problem des Matriarchats in seinem Drama ↑ *Libussa* (1872). Während noch bei C. BRENTANO (*Die Gründung Prags* Dr. 1815) die Lösung in der Flucht der Frau unter männlichen Schutz bestand, kündigen die seherischen Worte Libussas bei Grillparzer in der Männerherrschaft eine naturferne, gewaltsame und verflachende Epoche der Menschheitsgeschichte an, die vielleicht einmal durch den Ausgleich des Männlichen und Weiblichen überwunden werden wird, eine Hoffnung, die zum Beispiel auch in G. HAUPTMANNSRoman *Die Insel der großen Mutter* (1924) nach dem Zusammenbruch des Matriarchats laut wird.

H. Klein, Die antiken Amazonensagen in der deutschen Literatur, Diss. München 1919; M. J. Wolf, Die Amazonensage, (Atlantis 6) 1934; A. Rosenthal, The Isle of Amazons, a Marvel of Travellors, (Journal of the Warburg Institute I) London 1937; C. T. Wright, The Amazons in Elizabethan Literature, (Studies in Philology 37) Chapel Hill 1940; M. Ninck, Das Amazonenproblem, (Schweizer Monatshefte 20) 1940/41; I. A. Leonard, Conquerors and Amazons in Mexico, (Hisp. Amer. Hist. Revue 24) 1945; C. Bravo-Villasante, La mujer vertida de hombre en el Teatro español, (Revista de Occidente) Madrid 1955; H. Adolf, Literary Characters and Their Subterranean Sources – The Amazon Type in Literature, (University of North Carolina Studies in Comparative Literature 23) 1959; H. Kreuzer, Die Jungfrau in Waffen – Hebbels »Judith« und ihre Geschwister von Schiller bis Sartre (in: Festschrift Benno v. Wiese) 1973.

Arkadien

Arkadien ist die dichterische Verwirklichung der vielen Völkern gemeinsamen, verbreitetem Wunschdenken entsprungenen Vorstellung eines verlorenen glücklichen Urzustandes der Menschheit. »Alle Völker«, schreibt SCHILLER in *Über naive und sentimentalische Dichtung* (1795/96), »die eine Geschichte haben, haben ein Paradies, einen Stand der Unschuld, ein Goldenes Alter. Dabei ist es gleich, ob der Mensch um ein verlorenes trauert und sich seine Idealexistenz am Anfang der Zeiten als Goldenes Zeitalter oder Paradies vorstellt oder sie am Ende der Zeiten als Erfüllung der Geschichte verwirklicht denkt. Vielfach greifen beide Vorstellungen ineinander, und es ist gut denkbar, daß die Zukunftshoffnungen einen größeren Nachdruck erhalten, wenn sie als Wunsch nach der Wiederkehr von etwas angesehen werden können, das schon einmal verwirklicht war und nur abhanden gekommen ist.« Tatsache ist, dass die Annahme einer Deszendenz häufiger und einprägsamer war als die konkurrierende, mitunter auch nebenher laufende der Aszendenz, die an den Anfang des Menschengeschlechts eine Epoche primitiver Rohheit setzt. Allerdings haben sich der Deszendenz-Vorstellung Züge von Aszendenz eingefügt, wenn ein nicht als roh, sondern als schlicht und bescheiden dargestellter Urzustand, so wie das Goldene Zeitalter, zum Gegenbild einer Epoche erhoben wurde, deren zivilisationsmüde Kritiker in Genügsamkeit und einfachem Leben einen Wert pflegten.

Für die europäische Form des Wunschbildes wurde das von der späteren Antike *Werke und Tage*betitelte Epos (um 700 v. Chr.) HESIODS entscheidend, der die Urzeit, die Chronos-Zeit, als die Goldene Zeit beschrieb. In jener Epoche vor dem Feuerraub des ↑ Prometheus und dem Erscheinen ↑ Pandoras sowie vor der Ordnung des Zeus, mit der die Not und der Zwang zur Arbeit in die Welt kamen, blühte die Erde in ewigem Frühling, bot ihre Gaben dem Menschen freiwillig dar, ohne dass er sich um sie mühen musste, und kannte weder Leid noch Errungenschaften menschlichen Fortschritts. Ähnlich schilderte Hesiod auch die Zeit der Heroen, in der Tiere, ewig junge Menschen und Götter nebeneinanderlebten und die Götter an den Tischen der Menschen speisten. Dass ewiger Friede herrschte, ist nicht ausdrücklich erwähnt, aber unausgesprochen in der Darstellung enthalten. Auf eine künftige Wiederkehr der Goldenen Zeit deuten bei Hesiod allenfalls die Worte, dass dem Menschen die Hoffnung bleibe. Auch bei einem hellenistischen Nachfahren Hesiods, dem aus dem kleinasiatischen Soloi stammenden didaktischen Dichter ARATOS (*Phainomena* um 276 v. Chr.), ist eine dreiteilige Zeitenfolge nicht abzulesen.

Hesiods Phantasiegemälde und Formulierungen wirkten durch die Jahrhunderte hindurch fast ununterbrochen als Idee, Topos und Bild, auch in der Dichtung. Der unterschiedliche Völker verbindende Glaube an ein Paradies, den bereits bei der altattischen Komödie deren Vorliebe für das Schlaraffenland-Motiv bezeugt, wurde in der nachhesiodischen Zeit völlig mit dem Mythos vom Goldenen Zeitalter assoziiert. Zu den Kennzeichen des glücklichen Lebens jener gepriesenen Vergangenheit fügte THEOKRIT (3. Jh. v. Chr.) in einem Idyllion das der erfüllten Liebe hinzu. Dem dichterischen Motiv konnte die statische Grundsubstanz des Vorstellungskreises jedoch erst durch den Zusatz handlungsmäßiger und dialektischer Züge anwachsen. Den entscheidenden Schritt in dieser Richtung tat VERGIL in seinen *Bucolica* (41–37 v. Chr.). Er wollte die Hirtengedichte, die er in der Nachfolge Theokrits schrieb, zum Gegenbild der vom Bürgerkrieg zerrütteten eigenen Zeit und ihrer von den Qualen der Politik sowie der Liebe gepeinigten Menschen erweitern. Da jedoch die damaligen Hirten als abhängiger Stand keine idyllischen Idealfiguren mehr abgeben konnten und er die pastorale Welt des Siziliers Theokrit für eine Überhöhung und Verklärung der realen hielt, steigerte er Ansätze des hellenistischen Dichters zur Stilisierung der Hirten, dem sie Masken für die Dichter seines Kreises waren, gab den Hirten, wie schon STESICHOROS VON HIMERA in dem Gedicht von ↑ Daphnis (um 600 v. Chr.) einen mythischen Anstrich, verlegte den Schauplatz in das von Polybios als Land der Musik und Dichtkunst gelobte Arkadien und die Zeit in die mythische Frühe, in der ewiger Friede und ewiger Frühling herrschten, es keinen Besitz und keinen Neid gab, Götter und Menschen vereint lebten und sogar die Natur an den Freuden und Sorgen der Menschen teilnahm. Diese Sorgen waren vor allem Liebessorgen. Der unglücklich liebende Dichter Gallus flüchtet nach Arkadien, wo er sein Leid aussingen kann und bei Schäfern, Göttern, Bergen, Bäumen Gehör findet, weil er als Dichter mehr als andere unter den Härten der Welt leidet. Er glaubt sogar, dass die arkadischen Sänger seinen Kummer als Thema aufgreifen werden. Schäferliche Liebe hat bei Vergil den Anstrich des einfachen Lebens, und der Akzent liegt auf der »pudicitia«, der Integrität der Sitten.

Vergils Motivgefüge und sein wahrscheinlich durch sibyllinische Weissagung beeinflusster Gedanke von einer Wiederkehr der Goldenen Zeit (*4. Ekloge*) wirkten traditionsbildend. Horaz (*Carmen saeculare*) und besonders Ovid (*Metamorphosen*) haben die sich aus der Negierung der Gegenwart ergebende Motivik entfaltet. Das Liebesthema erhielt bei Ovid bukolischen Charakter und wurde von den Elegikern bis zur Frivolität vorgetrieben; dass Scham dem ursprünglichen Menschen unbekannt gewesen sei, gehört zur universalen Paradiesvorstellung.

Jahrhundertelang wich dann die antike Frühzeitvorstellung der christlichen, die den jüdischen Paradiesmythos übernommen und durch eschatologische Ideen deutlich zum Zukunftsbild erweitert hatte. Eine Verschmelzung des verheißenen Paradieses mit dem durch Vergils *4. Ekloge* und ihrem Friedensreich bekannten Goldenen Zeitalter lag nahe. Auch Übersetzungen von Ovids *Metamorphosen* und Passagen in Boethius' *De consolatione philosophiae* (um 520) vermittelten der christlichen Welt des Mittelalters das antike Bild der Urzeit. Das Goldene Zeitalter fand aber lediglich topische Verwendung, so vergleichbar mancher Liebesgarten der höfischen Dichtung auch mit Arkadien sein mag.

Die Renaissance machte auch in diesem Fall antikes Gedankengut wieder lebendig. Petrarca und Boccaccio (*Ninfale Fiesolano* 1344) pflegten die Ekloge, und Boccaccio wandte sich in *De claris mulieribus* (um 1360) anlässlich der Erzählung von Ceres, die das sizilische Volk pflügen und säen lehrte, der Vorzeit dieses von Theokrit besungenen Hirtenlandes zu, das keinen Besitz, daher auch keine Armut, keinen Hass, keine Kriege und keine Unterdrückung gekannt habe. Chaucer paraphrasierte Gedankengänge des Boethius in dem Gedicht *The Former Age* (1380/1400) mit einem ähnlichen Preis des Goldenen Zeitalters wie Boccaccio. Ein wirklich produktiver Erneuerer war jedoch J. Sannazaro, der zwischen 1480 und 1485 den ersten Schäferroman schrieb (*Arcadia* 1502), in dem er Vergils Landschaft und Motivik wiedererweckte und eine illusionäre Welt schuf, in der seine Personen sich unabhängig von der Wirklichkeit mit ihren moralischen und gesellschaftlichen Beziehungen bewegen konnten. Diese Freizone sicherte der Schäferdichtung den Erfolg, der ihr in den höfisch bestimmten drei nächsten Jahrhunderten beschieden war. Ausschlaggebend wurde dabei Sannazaros, von Theokrit und Ovid angespielte Liebesfreiheit, das von keiner Konvention und Moral eingeengte Ausleben des Gefühls, das erst durch den Begriff der Ehre zerstört worden sei. Wie bei Vergil sucht ein unglücklich liebender Dichter, Azio Sincero, Trost bei den Hirten Arkadiens, an deren Festen und Gesängen er teilnimmt.

Das Moment der Liebesfreiheit rückt an die zentrale Stelle der Pastoraldichtung, wobei sich die Autoren einer gewissen Schwierigkeit gegenübersehen, wie dieses Ideal handlungsmäßig zu realisieren sei, da die sogenannte unschuldige Liebe einerseits gegen Frivolität, andererseits gegen eine unglaubwürdige angeborene Tugendhaftigkeit abzugrenzen war. Von Beginn der Entwicklung an zeichnen sich Tendenzen in der einen und in der anderen Richtung ab. TASSO (*Aminta* Dr. 1573) beschwor die Liebesfreiheit im Sinne Sannazaros als Recht auf das, was erlaubt ist, weil es gefällt, bedurfte der Gegenwelt mit dem schutzsuchenden Dichter nicht mehr, sondern machte den Hirten Aminta selbst zum unglücklich liebenden Helden, ließ aber unbewusst den eigenen Abstand zur Hirtenwelt erkennen, indem er die idealisierte Empfindungsweise der Hirten damit motivieren zu müssen glaubte, dass Amor sich unter ihnen versteckt halte und sie beeinflusse. Der Gegenschlag erfolgte mit G. B. GUARINIS berühmtem Schäferspiel *Il pastor fido* (1590), das zwar im Plot und in der Motivik eng an *Aminta* angelehnt ist, das Wesen der arkadischen Idealwelt jedoch entgegen Tasso im Sinn herkömmlicher Moral interpretiert: Erlaubt ist nicht, was gefällt, sondern was sich ziemt, und die durch eine Prophezeiung gefährdete Existenz Arkadiens wird durch treue Liebe, die nur scheinbar den gesellschaftlichen Forderungen widerspricht, wiederhergestellt. A. HARDY übernahm in seinen fünf Schäferspielen (*Alphée* 1606, *Corinne ou le silence* 1614, *L'Amour victorieux et vengé* 1618, *Alcée ou l'infidélité* 1619, *Le triomphe d'amour* 1623) nicht nur den klassischen arkadischen Schauplatz, die Motive der gegen die Liebesfreiheit streitenden Heiratsanordnungen habgieriger Väter und der – schon bei Tasso auftauchenden – Bestrafung liebesfeindlicher Anhänger der Jagd- und Wildnisgöttin Diana, sondern auch Guarinis strenge moralische Maßstäbe, nach denen eine Liebesvereinigung nur in der Ehe zulässig ist.

Indem bereits TASSO das griechische Arkadien als Schauplatz aufgegeben und die Handlung in seine italienische Heimat verlegt hatte, war der Vorstellung nachgegeben worden, dass Arkadien eine Wunschlandschaft schlechthin und überall denkbar sei. JORGE DE MONTEMAYOR ließ seinen Roman *Diana* (1558) in Spanien spielen, und H. d'URFÉ (*L'Astrée* R. 1607–27) lokalisierte seine Hirtenwelt an der Loire. Hatte Tasso seine Hirten durch die Anwesenheit Amors »gehoben«, so handelt es sich bei Montemayors unglücklich liebendem Sireno und seinen Gefährten nicht mehr um echte Hirten, sondern um in eine arkadische Landschaft versetzte Höflinge, und auch d'Urfé betont, dass er nicht gewöhnliche Schäfer darstelle, sondern

Leute vornehmen Standes, die in der Zurückgezogenheit des Schäferlebens Ruhe und Frieden suchen – Schäfertum als höfische Maskerade, eine immer wieder auftauchende Variante. D'Urfé setzte insofern Guarinis Linie der »tugendhaften« Schäfer fort, als er, unter Einfluss neuplatonischen Gedankenguts, die Liebe aus allem Triebhaften und Leidenschaftlichen herausdestillierte und zur eigentlichen Qualität des schmachtenden Seladon die uneigennützige Beständigkeit erkor, die schließlich durch Eingreifen Amors selbst belohnt wird. Stürzt sich der von der Geliebten verkannte Seladon in den Lignon, so der Liebhaber der Tragicomédie pastorale *Arthénice* (1619) von H. de Bueil, Seigneur de RACAN, in die Seine, aber nach der stereotypen ungerechtfertigten Eifersucht trifft ihn als zweites Hindernis nach dem Muster des *Pastor fido* ein göttliches Gebot, dem zufolge Arthénice nur einen einheimischen Hirten heiraten darf, als der sich der Findling Alcidor dann doch noch entpuppt; wie bei Tasso wird das natürliche Liebesrecht gegen den falschen Begriff der Ehre verteidigt.

Da das Arkadien-Motiv nur einen begrenzten Handlungsspielraum bietet, der die Konflikte etwa des Schäferspiels so einförmig macht, gingen umfänglichere Gattungen bald dazu über, nichtpastorale Handlungselemente einzubauen. So verknüpfte Sir Philip SIDNEY (*Arcadia* R. 1590) die idyllische Welt Sannazaros mit der Abenteurermotivik von HELIODORS *Aithiopika* (3. Jh. n. Chr.), indem zwei Prinzen nach Arkadien verschlagen werden, dessen König sich mit seiner Frau und seinen beiden Töchtern, die bald Objekt der Werbungen der beiden Schiffbrüchigen sind, infolge eines – seit Guarini unerlässlichen – Orakelspruchs in die Einsamkeit zurückgezogen hat; arkadische Tradition lässt sich daran erkennen, dass Tugenden und Verfehlungen der Helden übersteigert, nicht moralisch gewertet oder entsprechend folgenreich sind. Ein gleichnamiger Roman Lope de VEGAS (1598), eine Auftragsarbeit, die mit schäferlichem Namen und Kostüm die Liebesabenteuer seines Auftraggebers, des Herzogs Antonio von Alba, festhalten wollte, schildert die Liebesqual des Schäfers Anfiso, der die Neigung seiner Geliebten verkennt, sie so ungerecht behandelt, dass sie einen anderen heiratet, und nun sein schäferliches Herz durch Zauberei von Liebesverzweiflung befreit. Schäfertum als schützende höfische Maskerade und Fluchtraum ist schon bei Montemayor und d'Urfé zu finden und taucht erneut in Ph. v. ZESENS als Schäferroman bezeichneter tragischer Liebesgeschichte *Die adriatische Rosemund* (1645) auf: Die an ihrem Liebhaber und der Erfüllung ihrer Liebe verzweifelnde

Rosemund zieht sich, nachdem sie zuerst mit dem Entschluss gespielt hat, in ein Kloster zu gehen, lieber in ein schäferliches Idyll am Amstelufer zurück, um sich die Rückkehr in die Welt offenzuhalten, die sie dann auch beim Wiedererscheinen des Geliebten wählt. Ihre Freunde und Freundinnen dürfen ihr am Zufluchtsort nur im Schäferkostüm nahen. Man bringt sich Ständchen in Form von Gesängen und Flötenspiel und ritzt den Namen des Geliebten in die Rinde der Bäume ein – seit VERGIL (*10. Ekloge*) ein stereotyper Zug arkadischen Lebens. Die arkadische Episode im siebenten Buch von FÉNELONS *Les Aventures de Télémaque* (1699), in der dem Fürstensohn Telemach das Leben der Einwohner von Bétique als musterhafte Form natürlichen Zusammenlebens vor Augen geführt wird, hat mehr die Funktion einer Utopie. Fénelon befindet sich dabei in der Nachfolge Guarinis und dessen »tugendhafter« Hirtenliebe, während sein Zeitgenosse B. le Bovier de FONTENELLE mit seiner Dramatisierung des im Sinne des Motivs vorgeprägten ↑ Endymion-Stoffes (*Endymion* 1731) eine Annäherung der bukolischen Liebesvorstellung an den von d'Urfé eingeführten neuplatonischen Liebesbegriff anstrebte.

Modisch geworden und von seiner historischen und lokalen Fixierung gelöst, konnte das Arkadien-Motiv die Beziehung zu der freiheitlichen und urzeitlichen Thematik verlieren und andere Inhalte verkleiden. In dem Eklogen-Zyklus *The Shepheardes Calender* (1579) von E. SPENSER bildet die Liebesgeschichte des Schäfers Colin Clout und der schönen Rosalinde nur noch das Bindeglied zwischen den zwölf, den Monaten zugeordneten Eklogen, die ein breites Themenfeld lehrhaft, allegorisch und satirisch ausbeuten, und in der ersten original deutschen Schäferdichtung, der *Schäferei von der Nymphen Hercynie* (1630) von M. OPITZ, in der das Lehrhafte sowohl im Wandergespräch vier gelehrter Freunde als auch in den Erläuterungen der Quellnymphe zur Geografie und Geschichte Schlesiens vorherrscht, dient das Schäferliche mit einigen Kostümrequisiten, der Gepflogenheit des Einritzens poetischer Ergüsse in die Rinde der Bäume u. Ä. als Staffage von geringem Stimmungs- und Handlungswert. Schließlich gelangte die gesamte arkadische Motivik in die religiösen Kontrafakturen der Pastoraldichtung, die sogenannte geistliche Schäferpoesie, die einen ihrer Höhepunkte in *Trutz-Nachtigall* (1649) Friedrich von SPEES hat, der die Motive an verwandte Züge im *Alten Testament*, im *Hohenlied*, in den *Psalmen*, der Weihnachtsgeschichte und im Gleichnis vom Guten Hirten anlehnen konnte und schäferliche Anbetung in Jesusminne und schäferlichen Liebesschmerz in Jesusbeweinung umwandelte.

Während solche Dehnung und Übertragung des Arkadien-Motivs zweifellos zu einer gewissen Entleerung führte, konnte sich arkadische Motivik außerhalb der eigentlichen Pastoraldichtung als fruchtbar erweisen. Das Idyll des Waldes von Arden in SHAKESPEARES Komödie *As You Like It* (1603), in den eine Anzahl Personen sich teils freiwillig zurückgezogen hat, teils geflohen ist, wird mit dem Goldenen Zeitalter verglichen und bietet die Freiheit des Jagens, Singens, Meditierens sowie des freien Wortes, vor allem aber der Liebe. Und als alle äußeren Konflikte gelöst sind und die Personen wieder in ihr normales Leben zurückkehren können, taucht die Frage auf, ob dieses paradiesische Leben, in dem sich menschliche Tugenden frei entfalten dürfen, oder das Leben der Pflichten und Bedrängnisse das dem Menschen gemäße sei, und Shakespeare entscheidet, dass der Mensch, da nicht rein naturhaft, in die Wirklichkeit zurückkehren müsse. Auch in einer in CERVANTES' *Don Quijote* (1605 u. 1615) eingelassenen Erzählung ist das Arkadien-Motiv im realistischen Bezirk fruchtbar gemacht; Don Quijotes vorbereitende, im Geist Sannazaros und Tassos gehaltene Rede über das Goldene Zeitalter unterstreicht die innere Zugehörigkeit der Erzählung zu dem arkadischen Kreis. Eine reiche Landbesitzerin, der die gebotenen Lebensformen, auch die Ehe, widerstreben, zieht eines Tages zu ihren Hirten und Mägden und lebt mit ihnen das einfache Leben der arkadischen Schäfer, ohne dass die spanische Mancha gegen eine bukolische Ideallandschaft ausgetauscht wird. Die »Echtheit« dieses Schäferlebens geht so weit, dass in ihm Tragik möglich wird: Von den der Hauptperson nachgezogenen Anbetern begeht einer aus Liebeskummer Selbstmord. Schließlich diente die arkadische Motivik zur Ausgestaltung der Paradieslandschaft in MILTONS *Paradise Lost* (1667), die mit ihrer Liebeslaube, zu der Adam die nackte Braut geleitet, mehr an Bukolik als an die *Genesis* erinnert. Auch die Totenklage *Lycidas* (1637) gibt sich pastoral.

Seit Mitte des 17. Jahrhunderts traten die pastoralen Großformen zugunsten der mit dem Thema ursprünglich verbundenen Kleinform der Ekloge zurück, deren Rang die Poetiken des späten 17. und frühen 18. Jahrhunderts (FONTENELLE, BATTEUX, A. de LAMOTTE-HOUDAR, MARMONTEL) diskutierten und in der sie eine der ältesten literarischen Gattungen sahen. In diesen Theorien setzte sich die Vorstellung eines auf »Tugend« beruhenden vollkommenen, vergangenen Glücks der Menschheit durch, das in einem ruhigen, von keiner Leidenschaft getrübten Leben bestanden habe, dem die Liebe gerade so viel Spannungselemente verlieh, dass es nicht in Langeweile erschlaffte; der Ekloge wird zugleich eine erzieherische Aufgabe zuerkannt, da sie den Menschen zum Geschmack an der Natur zurückführe und eine neue Verwirklichung idyllischer Zustände vorbereite. Ein so verstandenes wohltemperiertes Schäferleben und die arkadische Liebe mit ihren naiv gemeinten, aber schon bei Vergil sentimentalisch grundierten »unschuldigen Freuden« gewann in der Anakreontik und ihren Kleinformen erneut adäquate Gestaltung. Die Hirtenwelt der *Idyllen* (1756) S. GESSNERS, in denen die Liebe jeden sinnlichen Zug verlor und ihren Höhepunkt im Austausch zärtlicher Küsse hat, bezeichnete der Autor in seiner Vorrede als das in der Poesie Wirklichkeit gewordene Goldene Zeitalter, dem eine solche im Leben bald nachfolgen werde, ein Gedanke, der auch bei KLOPSTOCK (*An meine Freunde*) auftaucht. Noch deutlicher wird das Abrücken vom Amor crudelis der Bukolik, wenn J.-F. MARMONTEL, Schöpfer der sog. moralischen Erzählung, in *Annette et Lubin* (*Contes moraux I* 1761) ein Schäferpaar vorführt, das sich nicht einmal über die Folgen seines ganz vom Instinkt geleiteten Liebesspiels klar ist, und andererseits in *La Bergère des Alpes* (*Contes moraux III* 1765) die Liebesgeschichte zweier junger, als Schäfer in einem Alpental lebender Adliger schildert, die sich entsprechend dem Vorbild schlichter Landleute nach »tugendhaften« Grundsätzen entwickelt.

Bereits ein Jahr vor Erscheinen von Geßners Idyllen war ROUSSEAU in *Discours sur l'origine et les fondements de l'inégalité parmi les hommes* (1755) der Idee einer arkadischen Urzeit mit der These der Aszendenz entgegengetreten und hatte die Möglichkeit eines »goldenen« Zustandes der Entwicklung erst für das spätere Stadium der Gründung von Familienverbänden angesetzt, der durch ein »Zurück zur Natur« auf einer höheren Ebene wiederzugewinnen sei, auch war ihm die Natur nicht eine sanfte, sondern eine harte Lehrmeisterin. Dennoch kann manche aus empfindsamem Zeitgeist erwachsene rousseausche Idylle die Nähe zu Arkadien nicht verleugnen, etwa der Ausgang von F. M. KLINGERS Drama *Das leidende Weib* (1775), bei dem das spezifisch Schäferliche einem idealisierten Landleben Platz gemacht hat, ähnlich wie in dem von ROUSSEAU angeregten, Fragment gebliebenen Roman *L'Arcadie* (postum 1836) von J.-H. Bernardin de SAINT-PIERRE, der Arkadien, den Höhepunkt einer harmonischen Verbindung des Menschen mit der Natur, in einem von Barbarei und Zivilisation gleich weit entfernten, durch

Gleich- und Mittelmaß gekennzeichneten Leben verwirklicht glaubte. Wo sich jedoch weniger modisch Empfindsames als echt Empfundenes in der Dichtung des 18. Jahrhunderts Bahn brach, wurden traditionelle schäferliche Motive als unangemessen empfunden. In *Thyrsis' und Damons freundschaftlichen Liedern* (1745), in denen die in pietistischer Frömmigkeit wurzelnde Freundschaft der Dichter PYRA und LANGE Ausdruck fand, sind die gelegentlich verwandten schäferlichen Züge nicht mehr konstituierender Bestandteil, sondern Reste einer poetischen Tradition, die sich bei dem Themenkreis aufdrängte; die von dem Herausgeber BODMER erst nachträglich statt der wirklichen Namen der Freunde eingeführten Schäfernamen wirken unangebracht, sodass schon Zeitgenossen an ihnen als dem Versuch, den Freundschaftsbund in den Bereich des Unwirklichen zu verlegen, Anstoß nahmen. Mit dem echten Erlebnis verbindet sich hier ein Vordringen zur Gegenständlichkeit, der die Illusionsebene der Schäferdichtung nicht mehr genügte, wie es sich noch deutlicher zeigte, als J. H. VOSS um 1780 in Schäfergedichten auf die lebensnähere Darstellung Theokrits zurückgriff, seine Idyllen in eine zeitgenössische deutsche Umgebung versetzte und Krischan und Lene in ihnen auftreten ließ. GOETHE, in seiner Leipziger Jugenddichtung einer der letzten Vertreter der anakreontischen Schäferpoesie, stellte in *Torquato ↑ Tasso* (Dr. 1790), von Tasso und Guarini inspiriert, noch einmal die Möglichkeit eines Arkadien zur Diskussion und zeigte an dem Belriguardo-Idyll, dessen Hintergrund unausgesprochen Tassos *Aminta* bildet, die Künstlichkeit einer Welt, die, wenn man sie wie Tasso nicht als dichterischen Traum und als Spiel, sondern als Wirklichkeit auffasst, in sich zusammenstürzen muss und ihre Vertreter in den Abgrund drückt. Der Ausgang des Schauspiels bedeutet den Verlust Arkadiens auch als einer inneren Realität. Dieser Verlust wiederholt sich in *Faust II*, wo Fausts Zauberkraft für Helena »Arkadien in Spartas Nachbarschaft« beschwört; zwar wird Euphorion hier geboren, aber mit dessen Tod endet auch der Traum arkadisch freien Glücks. Für HÖLDERLIN war das arkadische Griechentum ein Ideal, das er schon in den frühen Hymnen als verloren erkannte, da die Welt von der universalen Harmonie abgefallen sei. Jedoch ist die Goldene Zeit wiederholbar, und so soll in *Hyperion* (R. 1797–99) aus den umerzogenen Griechen eine neue Gemeinschaft hervorgehen. Allerdings wird durch Hyperions kriegerisches Handeln diese Aussicht zunichte und er selbst aus arkadischen Zuständen in eine leidvolle Gegenwart gestürzt. Auf das Nahen eines neuen Goldenen Zeitalters hinzuweisen, hielt Hölderlin in seinen späten Hymnen für die Aufgabe des Dichters.

Die Vorstellung des Goldenen Zeitalters wurde an der Wende vom 18. zum 19. Jahrhundert häufig zitiert und primär als Zukunftshoffnung aufgefasst (LESSING, FICHTE, HERDER, SCHILLER, KANT). C. HEMSTERHUIS hat ihr einen Dialog gewidmet (*Alexis ou de l'âge d'or* 1782), in dem Goldenes Zeitalter und das kommende Reich Gottes als verschiedene Ausprägungen des gleichen, die Epoche bewegenden Glaubensinhaltes angesehen werden. Sowohl die Annäherung an christliche Elemente (A. CHÉNIER, *Elégies* 1819; A. de VIGNY, *La Dryade* 1815; LAMARTINE, *Les Préludes* 1823) wie der Einfluss utopischer Programme (A. CHÉNIER, *La Liberté* 1819; V. HUGO, *Eglogue* 1856, *Le Satyre* 1859) machten sich in der Lyrik, in der Arkadien einzig weiterlebte, bemerkbar. Die Masken, die Hirtennamen, waren getilgt, aber utopische wie elegische Stimmungen machten für Naturlyrik die alte Motivik unverzichtbar (W. WHITMAN, W. LEHMANN, D. THOMAS), auch in illusionslosem Umfeld (BAUDELAIRE, *J'aime le souvenir de ces époques nues* 1857, *Un voyage à Cythère* 1855). In größerem Handlungszusammenhang erschien Arkadien nur im utopischen Finale von P. B. SHELLEYS *Epipsychidion* (1821) und dem ebenso traumhaften, aber illusionslosen *L'Après-midi d'un Faune* (1876) von MALLARMÉ. Arkadien, das unter den Bedeutungsfeldern der Vorstellung vom Goldenen Zeitalter als einziges dauerhaften Motivcharakter gewann, hatte seine handlungsträchtigeren Züge seit 1800 dem Motiv vom edlen → Wilden und der Dorfgeschichte vererbt.

J. Petersen, Das Goldene Zeitalter bei den deutschen Romantikern (in: Festschrift F. Muncker) 1926; H. Petriconi, Über die Idee des Goldenen Zeitalters als Ursprung der Schäferdichtungen Sannazaros und Tassos, (Die neueren Sprachen 38) 1930; P. Svendsen, Gullalderdrøm og utviklingstro, Oslo 1940; A. Christiansen, Die Idee des Goldenen Zeitalters bei Hölderlin, Diss. Tübingen 1947; H. Petriconi, Das neue Arkadien (in: H. P., Antike und Abendland 3) 1948; B. Snell, Arkadien, Die Entdeckung einer geistigen Landschaft (in: B. S., Die Entdeckung des Geistes) [3]1955; L. Blumenthal, Arkadien in Goethes »Tasso«, (Goethe-Jahrbuch NF 21) 1959; W. Veit, Studien zur Geschichte des Topos der Goldenen Zeit von der Antike bis zum 18. Jahrhundert, Diss. Köln 1961; B. Gatz, Weltalter, Goldene Zeit und sinnverwandte Vorstellungen, 1967; H. Levin, The Myth of the Golden Age in the Renaissance, Bloomington 1969; H. Petriconi, Die verlorenen Paradiese (in: H. P., Metamorphosen der Träume) 1971; M. Werner-Fädler, Das Arkadienbild und der Mythos der goldenen Zeit in der französischen Literatur des 17. und 18. Jahrhunderts, 1972; P. Maisak, Arkadien. Genese und Typologie einer idyllischen Wunschwelt, 1981; dies. (Hrsg.), Arkadien. Landschaft unvergänglichen Glücks (Anthologie), 1992; P. Brunel, L'Arcadie blessée. Le monde de l'idylle dans la littérature et les arts de 1870 à nos jours, Paris 1996.

Atlantis → Inseldasein, Das erwünschte und das verwünschte

Auswanderer, Auswanderung → Inseldasein, Das erwünschte und das verwünschte; Missvergnügte, Der

Automate, Die → Mensch, Der künstliche

Bediente, Der überlegene

Bedienung eines Übergeordneten durch eine persönliche Hilfskraft ist eine Tätigkeit mit einer langen Berufsgeschichte zwischen totaler Rechtlosigkeit und begrenzter Abhängigkeit. Das Verhältnis Herr – Sklave bzw. Diener, wohl uralt, doch nicht naturgegeben, wird erkennbarer auf Zivilisationsstufen, als – wie noch in Griechenland und Rom – die Bedienenden im Krieg gefangen genommene Angehörige anderer Völker oder jeweils eingesetzte Angehörige unterworfener Völker waren, bei den Germanen auch Männer, die bestimmte Vergehen auf sich geladen oder beim Spiel sich selbst verpfändet hatten. Assoziationen mit Sklave und sklavisch arbeiten können die auf die lat. Wörter »servus« und »servire« zurückweisenden ital. »servitore«, span. »servidor«, französ. »serviteur«, engl. »servant« eher wecken als »Diener« und »dienen« im Deutschen, deren ursprüngliche Bedeutung »Knecht« und »knechtisch arbeiten« jenem »servus« sowie »servire« entsprach. Für die unfreien Bedienten erhoben zwar gelegentlich Intellektuelle, Philosophen und Literaten ihre Stimme, denen die Gleichheit aller Menschen besonders missachtet erschien, wenn geistig unqualifizierte Herren ihren höheren Rang neben geistig überlegenen Dienern innehatten, aber das Beispiel eines einzelnen Haussklaven, der sich Anerkennung und Freilassung errang, dann vielleicht die dienende Tätigkeit freiwillig fortsetzte, und die Würdigung von pädagogischen oder ähnlichen Leistungen einiger weniger Freigelassener sind nur hellere Farbtupfen auf einem grauen Bild. Das Herr-Diener-Verhältnis neuerer Zeiten mag mit Übereinkunft auf schwer veränderbaren Voraussetzungen umschrieben bleiben: Ein Stärkerer gibt Schutz nebst Unterhalt, ein Schwächerer umsorgt dessen Besitz und Wohlbefinden. Was beide in die Waagschale werfen, ist qualitativ verschieden und mangels objektiver Maßstäbe nicht zweifellos äquivalent. Zwei Personen haben sich aus komplementären Interessen zu Partnerschaft verpflichtet, und wie ihr Vertrag mit beiderseitiger Zustimmung geschlossen wurde, sollte er auch nur mit Einwilligung beider lösbar sein. Eine unbestrittene moralische Pflicht gebot dem Herrn die Lösung, sobald er sah, dass der Vertrag ihn selbst begünstigte und den Partner benachteiligte; wenn dagegen der Diener übervorteilt zu sein vermeinte, konnte er die Lösung nur vorschlagen, nicht erzwingen, und so galt Fortlaufen eines Dieners als Kontraktbruch. Ein Ausgleich bot sich dem Diener durch die genaue Kenntnis des Mannes, dem er sich verbunden fühlte und dessen Wünsche er bei jedem Auftrag erahnte. Wer weiß, was ein anderer wünscht, weiß, welcher Art der andere ist, und dieses Wissen gibt ein Gefühl der Überlegenheit. Ein englisches Sprichwort lautet: No man is a hero to his own valet.

Die Literatur hätte die Dienerrolle erfunden, wenn sie über keine reale hätte verfügen können. Zwar erfüllen viele ihrer Diener nur eine technische oder ornamentale Funktion, aber die für eine Handlung bedeutsamen sind dies fast stets durch ihre Beziehung zu dem Herrn, der seinerseits schärfere Konturen durch die Beziehung zum Diener erhält. Der Diener ist der ideale Partner in dem der Durchleuchtung des Hauptcharakters dienenden Dialog mit einer körperlich und geistig von ihm möglichst verschiedenen, aber unzertrennlichen nahen zweiten Kunstfigur, die als Spiegel, Echo und Widerpart fungiert. Herr und Diener repräsentieren außerdem zwei Verhaltensweisen. Der eine befiehlt, der andere gehorcht: Der eine entspricht dem Drang nach Unabhängigkeit, Selbstverwirklichung, Autonomie, der andere dem Drang nach Unterwerfung unter ein Ziel, das außerhalb seiner selbst liegt, und der Hingabe an ein Idol, das ihm die Verantwortung für seine Existenz abnimmt. So wie das Bewusstsein der Überlegenheit bei dem Diener mit dem Wissen um die Wesensart des Herrn wächst, beruht es bei dem Herrn nicht nur auf der durch höheren Rang gesicherten Macht, sondern auf dem Gefühl, Telos eines anderen zu sein und von ihm aus freien Stücken geliebt zu werden.

Literarische Gestaltungen des Herr-Diener-Verhältnisses gipfelten gern in dessen nahezu gelungener Umkehrung. Die Literatur stellte die reale Qualität des Verhältnisses kritisch in Frage, wenn sie die verkannten Fähigkeiten des Schwächeren und die Beschränkung des Gesichtskreises sowie den Mangel an Lebenstüchtigkeit an den scheinbar Stärkeren aufzeigte. Immer wieder gestaltete sie eine in Wirklichkeit seltene, dem Wunschdenken oder harmonisierenden Humor gemäße Vertraulichkeit zwischen Herr und Diener, bei der jener seine höhere soziale Stufe und dieser fast seine Existenz verleugnet, sodass ihm die Welt des Herrn, die nie seine eigene sein kann, zum Schicksal wird, sein persönlicher Bereich sich zur Befriedigung der leiblichen Genüsse verengt und an ihm komische Züge zu dominieren scheinen.

Die Überlegenheit des Dieners, die nicht nur seinem Einblick in den Charakter des Herrn, sondern häufig größerer Menschenkenntnis und reiferem Urteil über menschliche Verfahrensweisen entspringt, weist viele Nuancen auf. Sie reicht von der dreisten Frechheit, die er vor allem in der Komödie an den Tag legt, aber in der Realität nachdrücklich abbüßen müsste, über das Selbstvertrauen des von keinerlei Ideologien angekränkelten Mannes aus dem Volke und die Überlistung von Gegnern bis zur einfältigen Hellsichtigkeit des Warners und Mahners. Sie kann sowohl in komischem als auch rührendem Zusammenhang ausgewertet werden.

Breiteren Raum und eine wichtigere Funktion erhielten Diener-, d. h. Sklavenfiguren zuerst bei Euripides. Sein gegenüber Aischylos und Sophokles stärkerer Realismus, die Komplizierung der Handlung und Betonung der Details ließen den schwerfälligen Chor zurücktreten und begünstigten Nebenpersonen, die den schwankenden, mit ihren Leidenschaften ringenden oder von Verzweiflung getriebenen Heroen zugeordnet waren und deren seelische Zustände verdeutlichten. Gegenüber dem Extremverhalten der Helden vertreten sie die Position des Normalen und begründen sie rational, sehen die Dinge einfach, geben Anstöße zum Vorwärtsschreiten der Handlung, wo ihre Herren zweifeln und zögern, sind aber in einem kurzsichtigen Dienerethos befangen, das Überleben und Sicherheit der von ihnen Umsorgten im Auge hat, aber gegenüber tragischer Verstrickung verständnislos bleibt. Die im Dienst des Herrn und seiner Familie Ergrauten haben kein Eigenleben und sind in ihrer Funktion auf den Bezug zur Herrschaft begrenzt. Daher steht ihr gutgemeintes Eingreifen meist im Gegensatz zum Gang des Schicksals und scheitert. Vergeblich stellen sich der Diener des ↑ Hippolytos (*Hippolytos* 428 v. Chr.) und der der Klytaimestra (*Iphigenie in Aulis* nach 406 v. Chr.) dem Verhängnis entgegen, der eine nur durch Ermahnung seines Herrn und ein Gebet zur beleidigten Aphrodite, der andere, nachdem die Initiative Agamemnons erloschen ist, durch eigenmächtiges Eingreifen, indem er Klytaimestra von der geplanten Opferung ↑ Iphigenies in Kenntnis setzt und damit sein Leben riskiert. In völliger Verkennung der gottgewollten Zusammenhänge macht sich der gebrechliche Diener Kreusas (*Ion* um 412 v. Chr.)

zum Führer der Intrige gegen den vermeintlich illegitimen Thronerben Ion und versucht ihn zu vergiften. Einzig der sich aus einer bukolischen Hirtenfigur zum Rächer seines ehemaligen Zöglings ↑Agamemnon wandelnde Pädagoge in *Elektra* (um 413 v. Chr.) erscheint als gemäßes Werkzeug der → Blutrache des Orest.

Die antike Komödie entwickelte neben einem tölpelhaften Dienertyp den der Funktion des erkennenden und beratenden Dieners bei Euripides entsprechenden und von ihr wohl auch beeinflussten Servus callidus oder fallax, den Lenker der Intrige. Seiner Zuordnung zu einem jungen Herrn und Liebhaber entsprechend, dem zu helfen er trotz aller Eigennützigkeit beabsichtigt, ist er jung, wendig und hellen Geistes. Er arrangiert ein betrügerisches Spiel, bei dem der Vater seines Herrn um das Geld geprellt wird, das der Sohn für seine amourösen Unternehmungen braucht. Seine Anhänglichkeit zeigt sich, wenn er seinem Herrn eine Freudenbotschaft bringt. Sein Rücken ist oft von den Schlägen, die ihm seine Streiche eintragen, gegerbt, er hat Angst vor Strafe, aber er kann auch mutig sein, erweist sich bei eigenem sowie fremdem Pech als stoisch und jedenfalls stets über der Situation. Seine Neugier, Geschwätzigkeit, Faulheit, Fress- und Sauflust werden von seiner Erfindungsgabe und Zuverlässigkeit aufgewogen. Er kann dem Herrn gegenüber keck und selbstbewusst auftreten, weil er weiß, was er ihm durch Rat und Tat bedeutet, da er ihm nicht nur durch seine Einfälle, sondern auch durch seine nüchterne Betrachtung des Lebens, vor allem der Liebe, voraus ist. Die Monologe, in denen er seine Erfahrung und seine Theorie der Dienerpflichten, vielfach als Sprachrohr des Dichters, entwickelt, bestätigen ihn als intelligenten Mann, doch zum weisen fehlt ihm die Abgeklärtheit. Wie bedeutsam er als Antrieb für Komödienhandlungen war, geht daraus hervor, dass bei drei Werken des PLAUTUS– *Epidicus*, *Pseudolus* und *Stichus* – Sklavenrollen zum Titel aufstiegen.

Schon bei ARISTOPHANES (*Der Frieden* 421 v. Chr.) fällt an den beiden Sklaven jene unverschämte Vertraulichkeit auf, die später typisch wurde. Ausgefeilte Sklavenfiguren als Führer der Intrige dürfte jedoch erst MENANDROS (4./3. Jh. v. Chr.) geschaffen haben, dessen Daos in *Aspis* Besitz und Schwester seines vermeintlich gefallenen Herrn gegen einen habgierigen Onkel verteidigt, und dessen Onesimos in *Das Schiedsgericht* (nach 304 v. Chr.) als Vertrauter der rettenden Hetäre Habrotonon fungiert und zur Identifizierung des ausgesetzten Kindes sowie zur Wiedervereinigung seines jungen Herrn mit dessen Frau beiträgt. Wie stark die Rolle des Sklaven als Intrigenführer die römische Komödie beeinflusste, ist etwa an der dem Menandros (*Dis exapatōn*) nachgearbeiteten Komödie vom Doppelbetrüger, den *Bacchides* des PLAUTUS (3./2. Jh. v. Chr.), zu erkennen. Ähnliche Aufgaben fallen in der an einen Plot von Menanders Zeitgenossen DIPHILOS angelehnten Komödie *Rudens* (vor 191 v. Chr.) des PLAUTUS dem Sklaven Trachilio zu, der die entführte Geliebte seines Herrn entdeckt, die Nachbarn gegen einen Kuppler, der sie fortschaffen will, mobilisiert und nicht nur die Liebenden, sondern auch Vater und Tochter wieder zusammenführt: Zum Dank wird er, wie Menanders Daos, von seinem Herrn freigelassen. Auch dem Sklaven Pseudolus der gleichnamigen Komödie (191 v. Chr.) überlässt sich dessen junger Herr, der dem um Worte nie verlegenen Sklaven nachstammelt, was er ihm zuflüstert. Pseudolus überlistet sowohl den Kuppler, der die Geliebte des Herrn an einen Offizier verkauft hat, als auch den Vater, der das Geld für den Loskauf der Geliebten nicht hergeben will. Im *Epidicus* liegen alle Entscheidungen bei dem vom Titel angekündigten Sklaven, der zwischen altem und jungem Herrn sowie zwischen zwei Geliebten des letzteren jongliert und schließlich beide Herren zufriedenstellt, indem er dem einen die Geliebte, dem anderen die verlorene Tochter zuführt. Ebenso ist Palaestrio (*Miles gloriosus* vor 204 v. Chr.) völlig Regent der Szene: Durch ein Unglück dem Entführer der Geliebten des Herrn dienstbar geworden, entwickelt er die Intrige, mit der die Liebenden vereint werden und der ruhmredige Veranlasser ihrer Trennung bestraft wird. Während Tranio in der *Mostellaria* mit mehr negativen Merkmalen gezeichnet ist und Schuld am leichtsinnigen Lebenswandel seines Herrn hat, zeigen die kleineren Rollen des Messenio in den *Menaechmi* und des Stasimus in *Trinummus* sogar moralische Züge: Messenio bewahrt treu das Geld seines Herrn, vertritt eine förmliche Lehre vom guten Diener und macht die entscheidende Entdeckung, dass es sich bei dem → Doppelgänger um den gesuchten Zwillingsbruder seines Herrn handelt, und Stasimus besticht durch das Bemühen, seinen jungen Herrn vom Leichtsinn zurückzuhalten, sowie durch Anhänglichkeit auch an dessen Vater. Die höchste Charakterstufe repräsentiert Tyndarus in den *Captivi*. Zusammen mit seinem Herrn gerät er in Gefangenschaft, bleibt an dessen statt als Bürge zurück, als dieser zum Austausch in die Heimat geschickt wird, und erduldet willig die nach der Entdeckung des Rollentauschs verhängten Strafen. Noch in Komödien von TERENZ wirkt das Vorbild Menanders nach. Der Sklave Davus in *Andria* (166 v. Chr.) bereitet mit guten Ratschlägen die Handlungen seines

Herrn Pamphilus vor, der einer von seinem Vater angeordneten Heirat entgehen will und schließlich mit Hilfe des Sklaven das Mädchen erringt, das er wirklich liebt. Auch *Heautontimorumenos* (163 v. Chr.) von Terenz entspricht Menanders Intrigenanlage. Der Sklave Syrus dirigiert das Schicksal seines jungen Herrn und dessen Freundes, sodass beide trotz des Widerstandes ihrer Väter die erwählten Mädchen auch erringen.

Germanisches Gefolgschaftswesen versagt sich trotz mancher Parallelen dem Vergleich mit einem Herr-Diener-Verhältnis, und dem Gefolgsmann germanischer Sagen fehlt der entscheidende Zug einer Überlegenheit über seinen Gefolgsherrn. Für das serbokroatische Heldenlied nimmt die Forschung die Existenz des Herrn-Diener-Motivs an, die jedoch im Zusammenhang mit der Nivellierung des Volkes unter der Türkenherrschaft erlosch. Mittelalterliche geistliche Literatur kennt nur den vorwitzigen, unflätigen, betrügerischen Knecht, etwa den Rubin des Salbenkrämers, Kains Knecht Garcio (*Townly Mysteries*) oder den Hirtenjungen Trowle, Vorstufen der Clownsfigur. Zum Teil gehört diesem Typ, in dem komische Diener- und Parasitenfiguren der Antike weiterleben, der Harlekin der italienischen Volkskomödie an, Nachfahre auch des überlegenen Dienertyps der antiken Komödie, der törichte Alte prellte, durch Intrigen Verwirrung schuf und durch Scharfsinn Lösungen herbeiführte.

Erst der bewusste Rückgriff von Autoren des späten 15. und frühen 16. Jahrhunderts auf die antike Komödie ließ die Gestalt des überlegenen Dieners wiederaufleben. Zunächst blieb er Dekor und allenfalls Dialogpartner des Herrn, dem er ergeben war und sowohl warnend wie beratend zur Seite stand. Mit der Einfädelung einer Intrige fiel ihm dann auch die Strategie bei deren Durchsetzung wieder zu; er war meist sittsamer als sein antiker Vorgänger und stellte sich auf die Seite des Rechts. So glückt dem Diener Dromo in REUCHLINS *Henno* (1497) zwar sein Trick, den Ratgeber mit dessen eigener List zu schlagen, aber zugleich versucht er, seine betrügerischen Taten moralisch zu rechtfertigen. Der Staphilus bei J. LOCHER (*Ludicrum drama … de sene amatore et dotata muliere* 1502), deutlich von Plautus abhängig, bringt im Auftrag seines Herrn durch Drohungen, Lügen und kluges Verhandeln dessen zänkische Frau zum Schweigen. Bei Ch. HEGENDORFF (*De duobus adulescentibus* 1520) hilft Syrus, hier bereits Träger der Intrige, Leidenschaft sowie uneheliches Kind seines jungen Herrn zu vertuschen und dessen Vaters Wohlwollen vor Risiko zu bewahren. Im *Advocatus* (1532) eines Anonymus beschützt und berät der Sklave seinen Herrn bei Liebesbeziehungen zu einer verheirateten Frau. Der gleichfalls namentlich unbekannte Verfasser der englischen Komödie *Misogonus* (1568/74) entdeckte in einer gespielten Einfalt des Dieners das Mittel, die vom Vater seines Herrn gegen diesen verfolgten Pläne zu erfahren und dem jungen Misogonus mitzuteilen. Die komische Dienerfigur der *Common Conditions* (ANON. 1576) trägt teilweise Züge des intriganten Parasiten, hat aber trotz Intrigen und Zwischenträgerei als bei ihr vorherrschende diejenigen des treuen Helfers, der den eigenen Bosheiten immer die Spitze abbricht und zuletzt wieder alles ins Gleis bringt.

Aus dem spanischen Drama des sogenannten Goldenen Zeitalters entwickelte sich der traditionelle Gracioso, ein Diener, der den Hauptcharakter übertreibend parodiert und einen realistischen oder zynischen Gegenspieler abgibt. Bereits F. de ROJAS' *La Celestina* (1499) zeigt ihn in Gestalt von Calixtos Diener Sempronio, der sich über die Leidenschaftsausbrüche seines Herrn lustig macht und ihm rät, sich in seiner Liebesangelegenheit um die Vermittlung der Kupplerin Celestina zu bemühen. Als Typ vollkommen, schlägt der Diener in Fray Alonso RAMÓNS *Las tres mujeres en una* (Ende 16. Jh.) seinem in die Hauptstadt reisenden unerfahrenen Herrn vor, sich schwerhörig zu stellen, um die Gesinnungen seiner Mitmenschen besser kennenzulernen, und hilft ihm dann bei Liebesaffären. Der treue Astolfo in G. de AQUILARS *El mercader amante* (um 1600) übernimmt und verwaltet das Vermögen seines Herrn, damit dieser sich vor seiner Geliebten als arm ausgeben kann, und wirbt sogar als nunmehr reicher Mann um sie, da er sie vor weiteren Bewerbern schützen und Belisario als Einzigem zuführen will. Ein hervorstechendes Beispiel unter vielen durchschnittlichen bietet auch MORETOS Komödie *Yo por vos y vos por otro* (Mitte 17. Jh.), in der ein schlauer Diener zur rechten Umleitung einer fehlgegangenen Werbung seinem Herrn und dessen Freund nahelegt, den sie liebenden Damen zum Schein ebenfalls liebend zu begegnen, aber dabei einen der jeweiligen Dame konträren Charakter vorzutäuschen, dem jede schließlich die Untugenden des nicht geliebten, aber ursprünglich für sie bestimmten Mannes und damit den richtigen Bewerber vorzieht. Der Diener Chocolate in F. de ZÁRATE Y CASTRONOVOS Komödie *La presumida y la hermosa* (Mitte 17. Jh.) verschafft seinem Herrn Zugang zu dem Haus zweier Schwestern, indem er sich für ihren aus maurischer Gefangenschaft zurückkehrenden Bruder ausgibt. Realität, Originalität und Genialität dieser Diener, die alle Überspanntheiten ihrer Herren durchschauen und in ruhigere Bahnen lenken, gipfelten im Sancho Pansa des CERVANTES (↑ *Don Quijote* R. 1605 u. 1615), dem komisch-vernünftigen Gegenstück zu einem komisch-unvernünftigen Herrn und der Hälfte eines Paares, das sich wechselseitig durch Verrücktheit ergötzt. Sancho ist von der geistigen Verwirrung seines Herrn überzeugt, bleibt aber aus Zuneigung bei ihm, da er auf einen guten Ausgang hofft, und überwindet mit solcher Uneigennützigkeit seine von Zweckmäßigkeit eingegrenzte Enge.

In der englischen Literatur wurde aus dem frühen Clown-Diener durch SHAKESPEARE die feinere Spielart eines an der Welt des Herrn leidenschaftlich teilnehmenden Helfers. Während Shakespeares Diener anfänglich (*Comedy of Errors* 1589/91) noch den Stempel der Antike tragen und sogar als verräterische Opportunisten erscheinen können (*All's Well That Ends Well* 1590/94), aber auch schon ein von Frauen verabredetes Spiel schneller durchschauen als der unerfahrene Herr (*The Two Gentlemen of Verona* 1594), nehmen sie später und in den ernsten Werken die Züge eines wirklichen Ratgebers und opfermütigen Gefährten an. Der weise → Narr des Königs ↑ Lear (*King Lear* 1605) vertritt in noch höherem Grad als Sancho Pansa die Realität, die sich seinem armen Herrn langsam entzieht, und die Gerechtigkeit, die er verletzt hat. Wie die Diener in Shakespeares Komödien steht etwa auch MOLIÈRES Scapin (*Les Fourberies de Scapin* 1671) in der von der Antike begründeten Motivtradition. Er vertritt die Partei der jugendlichen Liebenden, besorgt bei den entsprechenden Vätern unter einem Vorwand das für zwei Heiraten notwendige Geld und erlangt Verzeihung nur dadurch, dass er sich am Schluss, einen Sterbenden simulierend, auf die Bühne tragen lässt.

Der pikarische Dienertyp des spanischen Theaters und des spanischen Romans kam in Deutschland erneut etwa bei H. A. v. ZIGLER UND KLIPHAUSEN (*Die Asiatische Banise* R. 1689) zum Vorschein, dessen Scandor sich vom feigen Narren zum wahren Gefährten des Prinzen Balacin wandelt und die heroische Haupthandlung kritisierend sowie parodierend begleitet. Einen Höhepunkt erreichte dieser Typ in Frankreich mit *Gil Blas* (R. 1715–35) von A.-R. LESAGE. Gil übernimmt willig und bewusst eine dienende Funktion in der Gesellschaft, weil sie ihm ermöglicht, seine Umwelt zu beobachten und aus diesen Beobachtungen Nutzen zu ziehen. Im Dienen liegt für ihn die höchste Freiheit, denn ein Diener vermag es, sich die Schwächen des Herrn und damit diesen mitsamt seinem Haus untertan zu machen. Die Perspektive von unten weitet sich ihm zu überlegener Sicht auf die Menschen und ihr Getriebe. Robinsons farbiger Diener Freitag (D. DEFOE, *Robinson Crusoe* R. 1719) ist zwar treu und gelehrig, aber die Tugend des edlen → Wilden reicht trotz ihrer pädagogischen Funktion nicht zu Überlegenheit.

Im Bild, das sich das 18. Jahrhundert vom Diener schuf, traten die derben, komischen, teilweise abstoßenden Züge hinter den rührenden zurück. Zwar war er weiterhin der Buffo-Gegenspieler des Helden, bisweilen mit einem weiblichen Pendant zum Buffo-Paar verbunden, aber im Verhältnis zum Herrn dominierten nicht seine Keckheit, sondern seine kritische Vernunft. In der Typenkomödie überwiegt zunächst noch seine deiktische Funktion, sich über die Schrullen und Schwächen seines Herrn lustig zu machen, ihn heuchlerisch in seinen Torheiten zu bestärken (LESSING, *Der junge Gelehrte* 1748) oder auch, ihn vergeblich zu ermahnen (Ch. F. WEISSE, *Der Mißtrauische gegen sich selbst* 1783) und ihm schließlich den Dienst aufzukündigen. Daneben gibt es den trotz Überlegenheit bei seinem Brotgeber Ausharrenden (J. F. v. CRONEGK, *Der Mißtrauische* 1760), die Erkenntnis gegenseitiger Abhängigkeit (CRONEGK, *Der Mißvergnügte* 1748), die für beide Seiten das Verhältnis unlösbar macht (J. Ch. KRÜGER, *Die Candidaten* 1747). Die Wendung zum Empfindsamen bringt dann weniger komische als moralisch eingefärbte, meist betagte Dienerfiguren. In LESSINGS *Miß Sara Sampson* (Dr. 1755) erweist Waitwell seine Dienertreue, die der alte Sampson mit einem sorgenfreien Alter belohnen will, an der gutherzigen List, mit der er nicht nur Sara veranlasst, ihres Vaters Brief zu lesen, sondern ihr auch den über ihre Schuld spitzfindig argumentierenden Kopf zurechtsetzt: »Es ist, Miß, als ob Sie nur immer an Ihren Fehler dächten und glaubten, es wäre genug, wenn Sie den in Ihrer Einbildung vergrößerten und sich selbst mit solchen vergrößerten Vorstellungen marterten. Aber ich sollte meinen, Sie müßten auch daran denken, wie Sie das, was geschehen ist, wieder gut machten.« Truworth, der Diener des zur Freigeisterei verführten Clerdon (J. W. v. BRAWE, *Der Freygeist* Dr. 1755), macht seinem Herrn Vorwürfe und sucht ihn auf den Weg der Religion zurückzubringen, auch erkennt er die Falschheit des Verführers, wird aber zum Lohn für seine Warnungen angefahren und hinausgeworfen. Als sein Herr einen Freund im Duell getötet hat, versichert er ihn der Verzeihung des Himmels und will sich statt seiner als Mörder den Gerichten stellen; er fürchtet die Welt nicht, da ja Gott wisse, dass er unschuldig ist. In *Minna von Barnhelm* (Lsp. 1767) gelangte LESSING über den rührseligen Diener-Typ seines dramatischen Erstlings hinaus und schuf jenen eckig-bärbeißigen Just, dessen rührende Anhänglichkeit an

Tellheim und dessen Pudelgeschichte bei seinem sonst so brummigen Wesen umso mehr überzeugen. Die schon in Gellerts *Leben der schwedischen Gräfin* (1747–48) im Ansatz vorgeprägte Abrechnungsszene, in der Just Tellheim durch seine Gegenrechnung »Was der Herr Major mir schuldig« über die Wechselwirkung und Unverbrüchlichkeit ihres Verhältnisses belehrt, gehört zu den überzeugendsten Beweisen für die Aussagekraft des Motivs. Den durch ihr »Herz« überlegenen Dienern ist derjenige in L. TIECKS Roman *William Lovell* (1795–96) zuzurechnen. Er hat, obwohl naiv und ungebildet, ein gesundes Urteil über die Menschen, erkennt sofort in den vermeintlichen Freunden seines Herrn die Verführer zum Bösen, leidet unter der zunehmenden Verworfenheit Lovells und stellt ihn undienerhaft zur Rede. Er verlässt ihn, als er erkennen muss, dass Lovell ihn zu einem üblen Spiel ausgenutzt hat, und trinkt schließlich das Gift, das Lovell einem anderen zugedacht hat, nicht nur, um diesen zu retten, sondern auch aus Verzweiflung über Lovells moralischen Untergang.

Durch seinen geistigen Ahnherrn Sancho Pansa geriet der Diener Pedrillo in WIELANDS Roman *Der Sieg der Natur über die Schwärmerei oder die Abenteuer des Don Sylvio von Rosalva* (1764) in größere Nähe zum komischen Typ; er wirft seinen gesunden Menschenverstand vergebens gegen die Phantastereien seines Herrn in die Waagschale. Auch Figaro bei BEAUMARCHAISentstammt dem Pikarischen. Figaro hat über sein eigenes Missgeschick lachen gelernt, urteilt aber über die Bosheit und Dummheit des Menschengeschlechts ohne Nachsicht. Schon in jungen Jahren erlaubt er sich im Umgang mit dem Grafen Almaviva einen freien Ton und Belehrungen. Im *Barbier de Séville* (1775) ist er dem seit der Antike üblichen Motivschema angepasst, indem er dem Grafen hilft, den eifersüchtigen Bartolo zu betrügen und dessen Mündel Rosine zu gewinnen. In *La folle journée* (1784) steigert er seine am Grafen geprobte Keckheit zur Aufsässigkeit, verficht mit brillanter, vom revolutionären Geist einer neuen Zeit erfüllter Dialektik sein Alleinrecht auf Susanna und bedenkt die verschiedenen Stände mit seinen Lazzi. *La Mère coupable* (1792) endlich zeigt ihn erneut als einfallsreichen Retter der Situation und als treuen Freund der Familie Almaviva, indem er den Heuchler aus dem Hause jagen lässt, der das ihm geschenkte Vertrauen zum Ruin und zur Unehre der Familie ausnützen will. Ein Verwandter Figaros, den Mozart gleichfalls im Musiktheater einsetzte, ist Leporello (L. da PONTE/MOZART, *Don Giovanni* 1787), der für seinen Herrn die Liste der Siege über Frauen führt. Allein durch diese Liste, in der er das

Rückgrat seines Selbstverständnisses sieht, ist Don Juan dem Diener ausgeliefert, den er außerdem noch als Mitagierenden in seinem Verführungsspiel benötigt. Das Gegen- und Miteinander von Herr und Diener spinnt D. DIDEROT in seinem Roman *Jacques le fataliste et son maître* (1796) aus, indem er den Diener gegenüber allen Argumenten des Herrn hartnäckig auf seiner Philosophie der Vorherbestimmung bestehen lässt, die jedoch immer wieder von Ereignissen widerlegt scheint, die seine wahren Führungsqualitäten wie Umsicht und Einsatzbereitschaft erfordern und sichtbar werden lassen. Trotz aller Besonderheit bringt sich Mephisto hier in Erinnerung, da er sich ↑ Faust als Diener und Knecht verdingt hat. Auch in GOETHES *Faust* (1808 u. 1832) schlägt das Schema idealistischer Herr – realistischer Diener durch, und es liegt nicht nur an Mephistos teuflischen Zauberkünsten, dass er auf weite Strecken die Führung seines Herrn und der Handlung an sich zieht.

Die rührenden Züge des den Herrn und sein Haus umsorgenden Dieners gaben auch noch zu Beginn des 19. Jahrhunderts den Ausschlag. Dies bekundet jener alte Butler des mit dem Ende der feudalen Zeit zum Untergang bestimmten Geschlechts Ravenswood (W. SCOTT, *The Bride of Lammermoor* R. 1819), der, um die gesunkene Würde der Familie zu restituieren, zu den absurdesten Mitteln greift. E. T. A. HOFFMANN (*Der Elementargeist* Erz. 1822) ließ den alles Böse aufspürenden, warnenden Diener in dem eulenspiegelhaften Paul Talkebarth wiedererstehen, der zwischen seinen Herrn und den teuflischen Verführer tritt, und Ch. DICKENS (*The Pickwick Papers* R. 1837) lässt an Lessings Szene zwischen Just und Tellheim denken, wenn der Diener des mit Schuldgefängnis bedrohten Pickwick sich weigert, seine Entlassung anzunehmen, und sich auf ein gemeinsames Dasein im Gefängnis vorbereitet. Zu den reizvollsten Dialogen zwischen Herr und Diener in der neueren Literatur gehören die des alten Stechlin (Th. FONTANE, *Der Stechlin* R. 1897) mit seinem treuen Engelke, der das Richtige rät und tut, wie die Magd Roswitha (*Effi Briest* R. 1894–95), die den Gebietern »über« ist.

Im Laufe des Jahrhunderts verblassten die sentimentalen Züge allmählich nicht nur zugunsten des bevorzugten burleskpikarischen Dieners, sondern auch im Zusammenhang mit einem aus politisch-weltanschaulichen Gründen veränderten Bild, das die unteren Stände als geistig ebenbürtig neben die oberen stellte. F. GRILLPARZERS Küchenjunge Leon (*Weh dem, der lügt* Lsp. 1838) überspielt nicht nur seinen menschlich untadeligen, aber hilflosen Herrn und Bischof, indem er an die Stelle von Hoffen und Sparen seine Aktivität setzt und den frommen Leitsatz »Weh dem, der lügt« mit List so anwendet, dass niemand ihm die unverblümt gesagte Wahrheit glaubt, sondern er dient auch dem jungen Atalus so souverän, dass der Herr eine jämmerliche Rolle spielt und dem Diener die begehrte heidnische Fürstentochter abtreten muss. BÜCHNERS → Narr Valerio (*Leonce und Lena* 1842) wird durch gesunde Vernunft heilender Gegenpol zur Lebensschwäche Leonces. Bei J. VERNE (*Le Tour du monde en 80 jours* R. 1873) versagt dem korrekten Herrn, der gewettet hat, in 80 Tagen die Welt umreisen zu können, der Diener so lange die Achtung, bis er die erste »inkorrekte«, humanen Motiven folgende Entscheidung fällt. Passepartout hilft dem Herrn bei der Rettung einer jungen indischen Witwe aus der Gefahr eines Verbrennungstodes und beschützt ihn sowie die Inderin bei einem Indianerüberfall. Zum Dank setzt der Herr seinerseits sein Leben daran, den gefangenen Diener zu befreien, und verpasst dadurch die letzte Chance, seine Wette zu gewinnen; diese Abenteurer-Diener-Nuance bestimmt auch K. MAYS Orientromane. Das spanische Herr-Diener-Vorbild färbt durch bei J. BENAVENTE in der Komödie *Los intereses creados* (1907) mit dem klugen Schelm Crispin, der dem ganz vom Gefühl bestimmten Leandro dient, weil sich für ihn in Leandro und seiner Liebe eine höhere Wahrheit ausdrückt. Er hilft Leandro, die Tochter eines reichen Mannes zu gewinnen. Wie hier der Schelm Regentenqualitäten als Stadtoberhaupt beweist, bewähren sich bei dem Butler Crichton (J. M. BARRIE, *The Admirable Crichton* Kom. 1902), der gegenüber der Gleichheitsideologie seines Herrn konservative Hegemonievorstellungen vertritt, nach einem Schiffbruch auf einsamer Insel Führungsqualitäten, die ihn zum Herrn der verwöhnten Vertreter des Establishments machen. Aus moralischen Gründen vertritt dagegen Theodor (H. v. HOFMANNSTHAL, *Der Unbestechliche* Kom. 1923) das konservative Prinzip gegenüber seinem etwas lockeren Herrn, den er wieder mit dessen Frau zusammenbringt, indem er die »Freundinnen« zu rascher Abreise veranlasst; die traditionelle, der Ergebenheit beigemischte Dienerverschlagenheit lässt ihn dabei den eigenen Vorteil durchaus im Auge behalten. Unvergleichlich als Steuermann im Leben seines Herrn, versucht der Diener Jeeves (P. G. WODEHOUSE, *The Inimitable Jeeves* R. 1923), den unbedeutenden Durchschnittsmenschen unentwegt zu erziehen und zu bessern, doch ohne Erfolg, da der Herr nur über die Tugend der Demut verfügt. Als Steuermann auf einer letzten Reise, zugleich als Spiegel einstigen Glanzes fungiert des Befreiungshelden Bolívar Diener José Palacios bei G. GARCÍA MÁRQUEZ (*El general en su laberinto* 1989). Dagegen wirkt Matti (B. BRECHT, *Herr Puntila und sein Knecht Matti* Dr. 1948), der immer auf den Sieg des nur im Rausch hervortretenden Guten in Puntila hofft und diesem schließlich den Dienst aufsagt, um sich auf die Seite der Unterdrückten und Entrechteten zu schlagen, als blässlicher Moralprediger im Vergleich zu dem mit überschäumenden guten und schlechten Eigenschaften ausgestatteten Herrn. Der Überlegenheit des Dieners über den Herrn fehlt hier das Äquivalent verständnisvoller Anhänglichkeit, die zum Motivschema gehört, doch fehlen muss, weil die Herr-Diener-Situation in den Klassenantagonismus eingespannt ist. Neben den komödienhaften Zügen des Motivs wird auch eine philosophisch begründete Treuebeziehung durchgespielt (J. STEINBECK, *East of Eden* R. 1952) und einer versachlichten Welt entgegengesetzt (R. WALSER, *Der Gehilfe* R. 1908, *Jakob von Gunten* R. 1909; H. LENZ, *Die Augen eines Dieners* R. 1964), gnadenlos, doch unkündbar auch in endzeitlichen Katastrophen (S. BECKETT, *Fin de Partie* Dr. 1956). In Anlehnung an Brechts *Puntila* schuf V. BRAUN das »ungleiche« Herr-Diener-Paar Hinze und Kunze (*Hinze-Kunze-Roman* 1985), dialektisch widerspruchsvoll auch in der »klassenlosen« Gesellschaft. M. KLUGER (*Die Gehilfin* R. 2006) hat den hilfreichen Diener durch eine ebenso nützliche Gehilfin ersetzt, die, wenn auch von den Weihen der Forschung ausgeschlossen, als kompetente Kennerin der Uniklinik den medizinischen Herrschern zuarbeitet und so dem Lebenswerk von Virchow, Koch und Behring die technisch-materielle Stütze gibt. Trotz bravourös bestandener Prüfung bleibt ihr jedoch nur der Dienst als Laborkraft, und die Teilnahme am Kongress der Mediziner ist ihr nur in männlicher Maskerade möglich.

O. Horna, Die Bedientenszenen in den wichtigsten dt. und lat. Dramen des 16. Jahrhunderts und ihr Zusammenhang mit der altrömischen Komödie, Diss. Wien 1914; W. H. Auden, Balaam and the Ass: The Master-Servant Relationship in Literature, (Thought 29) 1954; H. Brandt, Die Sklaven in den Rollen von Dienern und Vertrauten bei Euripides, 1973; R. van den Boom, Die Bedienten und das Herr-Diener-Verhältnis in der dt. Komödie der Aufklärung, Diss. Köln 1979; G. Goevernet, Le type du valet chez Molière et ses successeurs, 1985.

Bettler

Bei der Untersuchung des Bettler-Motivs in der Literatur befremdet zunächst, dass man mit ihm eine ausgesprochen heitere Zone betritt. Der Bettler war in der älteren Literatur vorwiegend eine komische

Figur. Dies mag zum Teil damit erklärbar sein, dass die Menschen jener Jahrhunderte wenig Mitgefühl mit den Leiden anderer hatten und sich, ausgefüllt und befriedigt vom eigenen Wohlergehen, über Unzureichendes bei Mitmenschen lustig machen konnten. Doch scheint sich als Hauptgrund anzubieten, dass Bettler in früheren Zeiten nicht waren, was sie seit dem ausgehenden 18. Jahrhundert wurden. Solange nicht unabdingbare Notwendigkeit und Pflicht geboten, sich lediglich mittels Arbeit durch das Leben zu bringen, konnte sich, besonders im südlichen Europa, ein Mensch, der geringe Ansprüche stellte, leidlich auch ohne Arbeit durchschlagen. Arbeit wurde nicht nur von den später deswegen oft gerügten oberen Ständen als unwürdig angesehen, sondern auch von den unteren, in denen mancher ein dürftiges, doch unbelastetes Dasein der Planlosigkeit dem durch tägliche Mühen gesicherten vorzog. Betteln war eine legale Art des Broterwerbs; der Bettler forderte seinen bescheidenen Anteil an dem, was anderen auch nicht immer als Lohn der Arbeit zufiel. Das sogenannte Arbeitsethos ist erst ein Theorem der späten Neuzeit. Die bis dahin übliche Einstellung verringerte in gewisser Weise die Distanz zwischen oben und unten. Der Bettler war nicht verachtet oder nicht verachteter als andere Angehörige unterer Schichten. Schon bei den Griechen stand er unter dem ausdrücklichen Schutz des Zeus, im Mittelalter wurde er mit Respekt und Güte behandelt und sogar besonders verehrt, wenn ein geistiger Defekt als prophetische Gabe umgedeutet werden konnte. Der Volksglaube schrieb ihm die Fähigkeit zu, durch Blick und Wort dem Nichtgebefreudigen Unheil zu bringen. Die Tatsache, dass Königs- und Fürstenhöfe Bettler regelmäßig bewirteten und oft an bestimmten Tagen offen Haus für sie hielten, spiegelt sich in Märchen und Balladen.

Zu dieser so andersartigen Stellung des Bettlers trug bei, dass nach kirchlicher Lehre das Almosengeben ein Weg zur Seligkeit und der Bettler Gottes Mittel zur Prüfung der Menschen war, die durch Almosen ihre Fähigkeit zum Verzicht auf Besitz unter Beweis stellen konnten. Sogar der früh erhobene Einwand, dies werde von falschen Bettlern ausgenutzt, wurde z. B. vom Heiligen CHRYSOSTOMOS mit dem Argument entkräftet, dass alle Arten von Bettlern wegen ihrer Mission Gott wohlgefällig und ihre Listen eher eine Schande für die hartherzigen Angesprochenen als für die Bettler seien, die erst durch mangelndes Mitleid zu Betrug gezwungen würden. Ähnlich argumentierte noch im 16. Jahrhundert der spanische Pater Domingo de SOTO. Trotz der Lehre des *Alten Testaments*, dass der Mensch sein

Brot im Schweiße seines Angesichts essen solle, und mancher ihr ähnlicher neutestamentlicher Aussprüche begünstigte so das christliche Ideal der Armut und Mildtätigkeit, formuliert im Gleichnis vom reichen Mann und armen Lazarus und vorgelebt vom heiligen Alexius und heiligen Martin, die unbekümmerte Neigung zum Bettlertum sowie die Unterstützung und Pflege des Bettelwesens, das die Kirche zudem in Gestalt der Bettelmönche legitimierte.

Trotz der ehrfürchtigen Scheu, mit der man dem Bettler als Einzelnem gegenüberstand, bemühten sich die Politiker schon früh, das Bettelwesen einzudämmen. PLATO gab in seinem *Staat* den Rat, die Bettler auszuweisen, da ihre Gegenwart das Wohlbefinden der anderen Bürger störe. Die ersten gesetzlichen Bestimmungen gegen Bettelei wurden unter Kaiser Valentinian II. (gest. 392) erlassen, der gesunde, arbeitsfähige Bettler aus Rom ausweisen ließ. Zur Zeit Karls des Großen bemühte sich der fränkische Staat, Unterstützungen für wirklich Bedürftige zu schaffen, betrügerische Bettler jedoch zu bestrafen und zur Arbeit zu zwingen. In Paris wurden die »bélîtres« 1254 ausgewiesen, wenn sie nicht arbeiten wollten. In England besagte bereits unter Eduard dem Bekenner ein Beherbergungsverbot, ein Bettler werde nach mehr als zwei Nächten zum Haushalt des Beherbergers gezählt. Unter Wilhelm dem Eroberer wurde die Frist auf drei Nächte ausgedehnt und gleichzeitig eine Reihe von Hilfsorganisationen für Bedürftige geschaffen. Man erließ wiederholt Gesetze gegen arbeitsfähige Simulanten, Arbeitsunfähige benötigten eine amtliche Lizenz zum Betteln, und Vagabundieren wurde mit harten Strafen belegt. Die gemeindliche Armenpflege erhielt unter Elisabeth I. gesetzliche Regelung. Im 17. Jahrhundert erstanden die ersten Asyle. Trotzdem wuchs die Zahl der zum größten Teil arbeitsfähigen, aber arbeitsscheuen Bettler.

Die allgemeine Lebensauffassung stand der staatlichen Eindämmung des Bettelwesens entgegen. In Spanien galt Almosengeben als besonders verehrungswürdig, Handarbeit dagegen als entwürdigend und als Sache von Mauren und Konvertiten. Im 16. Jahrhundert wurde ein Viertel des kirchlichen Einkommens für Armenpflege verwandt. Das Anwachsen der Städte begünstigte das Betteln, und Volksfeste, Jahrmärkte sowie kirchliche Feiern zogen Bettler zu Hunderten an. Im 15. Jahrhundert gab es allein in Paris über 80 000 Bettler, im 18. Jahrhundert waren in Frankreich 10 % und in den geistlichen Territorien Deutschlands 26 % der Bevölkerung Bettler. Diese Zahlen korrespondieren mit einem Almosengeben, das auch Arbeitsfähigen eine Existenz des Nichtstuns ermöglichte. So konnte

Bettelwesen mit Gaunerwesen identisch werden, und seit dem 16. Jahrhundert mehrten sich die Berichte über dessen Methoden zur Erregung des Mitleids, die bis zu Selbstverstümmelung und Verstümmelung von Kindern gingen. Eine soziale Gefahr wurde schon von W. LANGLAND (*Piers Plowman* 1362–95) gesehen, auch S. BRANTS *Narrenschiff* (1494) geißelte sie, und 1494–99 erschien der *Liber Vagatorum* mit LUTHERS Vorwort *Von der falschen Bettelbüeberei* sowie einem Lexikon der Gaunersprache. Spuren einer Sondersprache führen bis etwa 1200 zurück, erste Dokumente erschienen im 15. Jahrhundert, und im 17. Jahrhundert wurde sie reformiert, weil zu viele Ausdrücke bekannt geworden waren. Dass die einzelnen Bettler-Gauner miteinander in Verbindung standen, gelegentlich mehr oder weniger straff organisiert waren und Führer sowie »Könige« hatten, bezeugt die *Histoire générale des larrons* (1623). Der Pariser Versammlungsort und Schlupfwinkel, die Cour des Miracles, wurde erst 1676 unter Ludwig XIV. zerstört.

Wenn der Bettler in der älteren Literatur als lustige Figur erscheint und in Liedern, Rollengedichten, Balladen Bekenntnisse ablegt, so wollen solche Gedichte nicht, wie etwa im 19. Jahrhundert, Mitleid erregen, sondern sie fordern geradezu den Neid heraus. Die Bettler nehmen sich und ihr Außenseitertum nicht tragisch, sie genießen ihr Leben, und es herrscht ein rüder Ton unter ihnen, der die Dinge beim rechten Namen nennt. Die Bettlerlieder preisen Freiheit und Unabhängigkeit, das lustige Leben im Wald und auf den Landstraßen: »A beggar's trade the best of all …« oder »Chance feeds us, Chance leads us / Round the land in jollity …« Ganze Familien sind Bettler, und auch der Nachfahre will Bettler werden (*The Beggar-Boy of the North*), da das Bettlerleben das anerkannt beste ist: »A beggar, a beggar, a beggar I'll be.« In dem deutschen *Lied vom Bettelvogt* sind ähnliche Töne angeschlagen. Ein wiederkehrender Zug ist der Vergleich des freien Bettlerlebens mit dem der Reichen und Könige, mit dem man nicht tauschen möchte (J. TAYLOR, *The Prayse, Antiquity and Commodity of Beggary, Beggars and Begging* 1621; ANON., *There Was a Yoviall Beggar* 1661). Ein ähnliches Porträt des lustigen Bettlers zeichneten auch die frühen Bettlerkomödien. In *Gammer Gurton's Needle* (ANON. 1575) hetzt ein lustig-listiger Bettler die Nachbarn des Städtchens gegeneinander und entgeht der Strafe dafür nur, weil er eine verlorene Nadel wiederfindet, und in R. BROMES mit Bettlerliedern durchsetzter Komödie *The Jovial Crew or The Merry Beggars* (1641) versammeln sich Bettler aller Art in einer Kneipe an der Landstraße, wobei ein vagabundierender Kesselflicker mit einem Musikanten in Streit um die Gunst einer Moritatensängerin gerät und siegt. Das episch-dialogische Gedicht *The Beggar's Wedding* (1676) schließlich handelt von der fröhlichen Hochzeit eines alten Bettlerpaares in ihrem »Haus«, in dem nur für die Brautleute Platz ist. Negativer wurde mitunter die Bettlerin gesehen, die den Edelmann oder Bürger bei einem Stelldichein betrügt und ausraubt (*The Merchant's Son and the Beggar Wench of Hull*). Die Tradition der fröhlichen Bettlerlieder ist von der Kunstdichtung ungeachtet der veränderten sozialen Verhältnisse weitergeführt worden (J. G. HERDER, *Bettlerlied*; J. v. EICHENDORFF, *Der Bettler*; C. F. MEYER, *Bettlerballade*; G. KELLER, *Lied vom Schuft*). Diese Tradition lässt ein im Bettler-Motiv immer wieder aufscheinendes archetypisches Verhalten deutlich werden, das eine besondere, am Rande menschlicher Existenz liegende Art von »Freiheit« anstrebt, die in dem Sprichwort umschrieben wird: »Schenkte man dem Bettler die ganze Welt, er bettelte doch um Kupfergeld.«

Die Motivkombinationen der erwähnten Bettlerkomödien lassen erkennen, dass der Bettler nicht nur eine lustige, sondern auch eine komische Figur war. Die Komik der von ihm beherrschten Szenen beruht auf seiner Arbeitsscheu, Gefräßigkeit, Trunksucht, seinen groben Späßen und seinen Betrügereien. Meist ist er niedriger Herkunft, manchmal auch ein heruntergekommener Student oder Soldat. Es ist bezeichnend, dass der Blinde, den Christus laut *Johannes-Evangelium*, Kap. 9, heilte, in den französischen geistlichen Spielen zur komischen Figur wurde und seit dem 15. Jahrhundert mit einem insolenten Diener ein Figurenpaar bildet, das in der weltlichen Spieltradition bereits in der 2. Hälfte des 13. Jahrhunderts durch die Farce *Le Garçon et l'aveugle* belegt ist. Beide Charaktere rivalisieren in Bosheit und Tücke: Der Alte ist geizig, bettelt mittels verschiedener Tricks, obgleich er in Wirklichkeit reich ist, und heuchelt Frömmigkeit und Tugend, obgleich er eine Geliebte hat; der Junge ist früh verdorben, faul und habgierig und schädigt den Alten, ohne dass dieser ihn schlecht behandelt hätte. Die Farce beginnt mit dem Engagement des Blindenführers, den der Blinde mit der Aussicht auf künftigen Reichtum lockt und seine Bettlerkniffe lehrt. Der Junge spielt ihm den ersten Streich, indem er mit verstellter Stimme einen entrüsteten Passanten nachahmt und als solcher den Bettler verprügelt. Der Alte will zu Hause mit dem Jungen ein gutes Essen einnehmen, vertraut ihm zuerst seine Börse und, als dieser meint, die Kleider des Alten müssten ausgebessert werden, auch seine Kleidung an. Der Junge macht sich mit beidem aus dem Staub und erklärt dem Alten, er solle sich nach einem anderen Führer umsehen.

Das Duo kehrt im 15. Jahrhundert in der *Passion d'Arras* als Partner eines Streitgesprächs wieder, bei dem der Alte argwöhnt, der Junge bestehle ihn, und dieser daraufhin droht, den Blinden im Stich zu lassen. In der *Passion de Sémur* artet der Konflikt zur Androhung von Prügeln durch den Alten aus, im *Mystère de la Résurrection* (15. Jh.) beginnt die weit ausgesponnene Episode wieder mit dem Engagement des Jungen als Führer, der den Alten bald mit der Drohung, ihn zu verlassen, erpresst. Während der Blinde in den zuerst genannten Passionen durch Christus selbst oder durch das Blut aus seiner Seitenwunde geheilt wird, bewirkt hier Christi Grab, zu dem der Alte geführt werden will, das Wunder der Heilung. Der Knabe spielt mit verstellter Stimme einen englischen Kriegsknecht, der das Grab bewacht, um als solcher von dem Blinden Geld zu erpressen, und verwandelt sich danach mit gleicher Absicht in einen Passanten. Das Ganze endet mit einem fröhlichen Schmaus des Betrogenen und des Betrügers in einer Schänke. Aufsässigkeit des – hier hinkenden – Blindenführers zeigt auch das *Mystère de la Passion de Valenciennes* (1547).

Außer in die Geschichte Christi ließ sich das Motiv der Blindenheilung mit seinem komischen Zubehör auch in dramatisierte Heiligenviten einbauen. In *Les Miracles de sainte Geneviève* erscheint der Streit des Blinden mit dem unbotmäßigen Diener ebenso wie im achten *Mystère de Notre Dame de Liesse*, in der protestantischen *Moralité de la maladie de Christienté* (1533) und im *Mystère de saint Laurent* (1499), in dem die Episode gleichfalls mit einem fröhlichen Schmaus nach Einnahme reicher Almosen endet. Die Brüder Gréban zeigen in ihrem *Mystère des actes des Apôtres* (1452/78), wie der Knabe heimlich isst und sich dabei stellt, als schlafe er. Auf Schmausen und Trinken reduziert ist die Szene in *La Vie de Monseigneur saint Louis*, während im *Mystère de saint Christophe* (1527) zuvor dargestellt wird, wie der Diener dem Alten das reiche Almosen vorenthält und ihn so in seiner Gewalt hat. Dagegen erweist sich im *Mystère de saint Bernard de Menthon* (15. Jh.) der Alte als der Überlegene, da er nach seiner Heilung behauptet, den Diener nie gesehen zu haben, sodass dieser die Heilung verwünscht, die ihn um seinen Broterwerb brachte. Auch zwei Farcen des mittleren 15. Jahrhunderts nahmen das Motiv wieder auf: Die *Farce d'un aveugle et son varlet et une tripière* zeigt das Paar in Eintracht beim betrügerischen Betteln und F. Briands *Farce de l'aveugle et de son varlet tort* bietet Streit- und Prügelszenen sowie einen aufsässigen hinkenden Diener.

In der spanischen Literatur lieferte die Motivkombination blinder Bettler und Blindenführer einen bedeutenden Beitrag zur Konstituierung des pikarischen Romans. Schon im *Cancionero* (vor 1548) des S. de HOROZCO gehört das Paar zu einer dramatischen *Representación de la historia evangélica del capítulo nono de Sanct Joan.* Der Diener Lazarillo isst heimlich und beklagt sich, dass er nicht genug zu essen bekomme. Der Alte ist empört über solchen Undank und will den Jungen wieder zu seiner Familie schicken. Aus Rache lässt Lazarillo seinen Herrn mit dem Kopf gegen eine Hausecke stoßen. Diese schmale Handlung erscheint in dem Roman *Lazarillo de Tormes* (1554) episch erweitert und mit der ganzen Tradition des Streits Blinder–Diener angereichert: der Lehre, in die der Alte den Knaben sowohl durch Unterrichtung als auch durch hässlich praktische Erfahrungen nimmt, den Tricks, mit denen dieser den geizigen Alten um Almosen und Nahrung prellt, der boshaften Rache, die der Alte dafür nimmt, und schließlich mit des Jüngeren Vergeltungsstreich, durch den der Alte halb tot auf dem Platz bleibt. Dass HOROZCO und der Verfasser des *Lazarillo* wahrscheinlich auf eine gemeinsame volkstümliche Quelle zurückgehen, wird dadurch bestätigt, dass die Intermediensammlung des J. de TIMONEDA *Turiana* (1564) zwei Stücke mit dem streitenden Paar enthält (*Entremés de un ciego y un mozo y un pobre muy gracioso, Un paso de dos ciegos y un mozo muy gracioso*).

Das Motiv des blinden Bettlers kommt auch in anderen Kombinationen vor. Der Nachbar stiehlt beispielsweise dem geizigen Blinden seinen Schatz (J. de TIMONEDA, *El Patrañuelo* 1567, 12. Patraña). Sehr beliebt waren Konfrontation oder Kollaboration des blinden mit einem der lahmen, einarmigen, buckligen, tauben Bettler sowie ein Streit zwischen den beiden (*La Farsa Militar, en que principalmente se alaba la Sacra Penitencia* 1554). Schon der renitente Diener war in mehreren Fällen lahm, doch tritt das Paar Blinder–Lahmer auch ohne Herr-Diener-Verhältnis auf (*Mystère de sainte Barbe* 15. Jh.; *Mystère de saint Crespin et saint Crespinien* 15. Jh.; *Mystère de saint Quentin* 1482). Eine sehr amüsante Variante des Motivs entstand durch Hinzutreten eines Widerstands gegen die Heilung, die ein Ende des freien Bettlerlebens und den Beginn des Arbeitens bedeuten könnte, etwa in A. de LA VIGNES *Moralité de l'aveugle et du boiteux* (1496) mit einem Lahmen, der, als er trotzdem geheilt wird, ein »falscher« Bettler zu werden beschließt. Im *Mystère de saint Martin* sind sich beide Gauner einig und entfliehen der Heilung in Aussicht stellenden Prozession, indem der Lahme auf die Schultern des Blinden steigt und den Blinden lenkt, der ihn trägt. Dieses Motiv der Kollaboration kündigte sich in Erzählfassungen bereits mit der *Legenda aurea* (1298) und den *Gesta Romanorum* (14. Jh.) an. Wahrscheinlich aus umlaufendem Erzählgut stammt auch der Plot, dass mehrere Blinde sich um ein Almosen streiten, das ihnen ein Passant nur scheinbar oder nicht in der von ihm angegebenen Höhe gespendet hat (CORTEBARBE, *Les trois aveugles* 13. Jh.; F. SACCHETTI, *Trecento novelle* 1392/95; G. SOZZINI, *Novelle* 15. Jh.). Bis ins 17. Jahrhundert hinein blieben blinde, sich streitende und prügelnde Bettler komische, durch pervertierte Moral gekennzeichnete, ohne Mitleid entworfene Komödienfiguren (*Farce de la pasté et de la tarte* um 1500; *Rappresentazione di San Tommaso* 1509; *La Passio de Jésuchrist en rime franchoise* 1547; *La Vie de Marie Madeleine* 1605; CERVANTES, *Entremés de los mirones* 1615; VÉLEZ DE GUEVARA, *El diablo cojuelo* R. 1641). Ein recht erhellender Zug ist auch der Wetteifer der Bettler bei der Suche nach der wirksamsten Bittformel nebst Segenswunsch für den Spender, die sie den Verfassern solcher Sprüche und Lieder gut honorieren (*Parabolae Coenae* Auto um 1568; QUEVEDO, *El Buscón* R. 1626; F. SANTOS, *Día y noche de Madrid* R. 1663).

Waren körperliche Gebrechen geradezu willkommen, wenn man sich ein Bettlerleben ersehnte, lag es nahe, sie zu fingieren. Auch das geheuchelte Leiden des »falschen« Bettlers sichert vor allem einen komischen Effekt. In Noël DU FAILS *Propos rustiques* (1547) wird von einem Bauernburschen erzählt, der, nachdem er das Vermögen seines Vaters durchgebracht hat, nach Paris geht, um Bettler zu werden, sich dort einer Bande anschließt und ein schönes Leben führt, indem er als angeblicher Invalide des Englischen Krieges an das Mitleid der Franzosen appelliert. Diesem ähnlich ist der Bauernsohn in C. de VILLALÓNS *El Crotalón* (R. 1552–53), der zum Studium in die Stadt kommt, aufs Betteln verfällt, sich als → Einsiedler verkleidet und seine Einnahmen durch Vortäuschung einer Fähigkeit zu Prophezeiungen oder Heilungen erzielt. Die Protagonisten des pikarischen Romans (→ Pikaro) leben fast alle eine Zeit lang als Bettler oder in Gemeinschaft mit Bettlern. Der Held von Mateo ALEMÁNS *Vida del pícaro Guzmán de Alfarache* (1599 u. 1604), der bei erfahrenen Bettlern die Tricks der Körperentstellung erlernt hat, wird wegen seines »verletzten« Beines auf Veranlassung eines mitleidigen Bischofs von zwei Chirurgen behandelt, die gemeinsam mit dem Patienten den gebefreudigen Kirchenfürsten betrügen. Der Don Pablos von QUEVEDO (*Historia de la vida del Buscón* R. 1626) steckt seine Beine zusammengebunden in einen Sack und geht an Krücken; mit seinem Freund, dem berühmten Bettler Baltasar, erfindet er eine immer wieder einträgliche Szene, in der beide scheinbar einen Knaben aus der Gefahr retten, überfahren zu werden. In F. SANTOS' *Día y noche de Madrid* (R. 1663) ist ein Junge darauf spezialisiert, als halbnackter Irrer um Almosen zu bitten.

In den meisten dieser Romane wird auch die mitunter bandenartige Zusammenarbeit der Bettler geschildert. Kenntnisreiche Berichte über die interne Organisation des Bettelwesens erschienen seit dem 16. und 17. Jahrhundert (J. AWDELEY, *Fraternitye of Vacabondes* 1561; ANON., *Histoire générale des larrons* 1623; G. NOBILI, *Il Vagabondo* 1627), nachdem das Bettelwesen schon lange zuvor in Form der Gesellschaftssatire angegriffen worden war (W. LANGLAND, *Piers Plowman* 1362–95; Eustache DESCHAMPS 14. Jh.; S. BRANT, *Das Narrenschiff* 1494; Th. DEKKER, *The Belman of London* 1608). Eine Bettlerbande in Sevilla und ihren Schlupfwinkel beschreibt CERVANTES in der Novelle *La Casa del tío Monipodio* (1613), Bettlerorganisationen und ihre Versammlungen spielen wiederholt eine Rolle bei QUEVEDO (*El Buscón* R. 1626, *Capitulaciones de la vida de la Corte* 1703–04, *Boda de pordioseros* 1648) sowie in GUEVARAS *El diablo cojuelo* (R. 1641), und A. de PRADO (*Ardid de la pobreza y astucias de Vireno* Mitte 17. Jh.) porträtiert vier Mitglieder einer Bettlerregierung. In der 14. Entrée von I. de BENSERADES *Ballet Royal de la nuit* (1653), bei der MOLIÈRE mitwirkte, traten mit großem Erfolg Bettler und ihr Anführer auf. Vor dem Hintergrund einer solchen verzweigten Tradition ist *The Beggar's Opera* (1728) von J. GAY hinsichtlich ihres Motivgeflechts nicht revolutionär, doch verliehen die satirische Projektion auf die Gesellschaft der Nicht-Bettler und die parodische auf die Große Oper der Thematik eine neue Stoßrichtung. Gegen die Tradition des Motivs interpretiert erscheint die Bettlerorganisation bei B. BRECHT (*Dreigroschenoper* 1928), denn herkömmlich ist, dass der Bettler für die eigene oder eine gemeinschaftliche Tasche wirtschaftet, nicht aber, dass er, ein soziales Opfer, durch den übergeordneten Gauner ausgebeutet wird, der Geschäfte mit dem menschlichen Mitleid macht. Unter dem Eindruck der Beschreibung bei SAUVAL hat V. HUGO die Bettlerbanden des mittelalterlichen Paris und ihren Zufluchtsort, die Cour des Miracles, in seinem Roman *Notre-Dame de Paris* (1831) eingebaut.

Der reiche Bettler und der Bandenchef, der über viele Bettler gebietet, können zum Typ des stolzen Bettlers werden. In J. DAYS Drama *The Blind Beggar of Bednall Green* (1655) ist der Bettler reicher als alle Ritter, die um die Hand seiner Tochter anhalten. Die Bettlerstochter kann die Werbung des Ritters ablehnen (*The Knight and the Beggar Wench* Ballade), und das Bettelmädchen verschmäht auch stolz die ihr hochmütig zugeworfene Gabe (F. HEBBEL, *Das Bettlermädchen* Gedicht 1837); in der alten Ballade *King Cophetua and the Beggar Maid* (dt. von F. FREILIGRATH als *Das Bettlermädchen*) erwirbt ihr diese Haltung einen König als Gemahl. Der Bettler, der seinen gefüllten Bettelsack nicht mit Robin Hood teilen will, schlägt den gefürchteten Outlaw nieder (*Robin Hood and the Beggar* Ballade). In J. FLETCHERS Drama *The Beggar's Bush* (1622) wendet sich ein reicher Kaufmann, der durch den Verlust seiner Schiffe an den Rand des Ruins geraten ist, an den Bettlerkönig, der ihm großzügig hilft und die Treue hält. Seit dem 16. Jahrhundert traten in der Literatur halbhistorische Bettlerindividualitäten hervor wie der Hauptmann Ragot (ANON., *Le grand regret et complainte du preux et vaillant capitaine Ragot; Epitaphe de Ragot* 1582), der, ähnlich wie F. Villon, ein Testament hinterlässt, in dem er unter anderem seine Bücher der Universität vermacht und ein steinernes Standbild für sich fordert, oder der stolze, reiche Tayeult in Rouen (D. FERRAND, *La Muse normande* 1625–53).

Da die Stellung des Bettlers zu seiner Mitwelt in früheren Jahrhunderten eine so andere war als heute, spielt er in der Literatur jener Zeit die Rolle eines »falschen« Bettlers auch insofern, als die Verkleidung in einen Bettler oft und zu unterschiedlichsten Zwecken angewendet wurde. Die Möglichkeit des Bettlers, verhältnismäßig ungehindert zu jedem vorzudringen, wurde wahrgenommen, um jemanden sich in guter oder böser Absicht einer Persönlichkeit nähern zu lassen. Schon ↑ Odysseus drang als Bettler verkleidet in sein von den Freiern Penelopes okkupiertes Haus ein, um die Gesinnung der Freier zu prüfen und Rache zu nehmen. Die Sage berichtet von dem Weihnachtsfest Kaiser Ottos I. im Dom zu Magdeburg, das, als einer der Bettler, die sich der Almosen wegen dort einfanden, auch Ottos reuiger Bruder Heinrich aufsuchte, mit dem der Kaiser sich gerührt versöhnte (C. F. MEYER, *Der gleitende Purpur* Ballade). ↑Robin Hood begibt sich in Bettlerkleidung nach Nottingham, um dort Plünderungen durchzuführen (*Robin Hood and the Beggar* Ballade). In J. DAYS *The Blind Beggar of Bednall Green* verfolgt der zu Unrecht angeklagte Lord Mumford, als Bettler verkleidet, seine Feinde und kann seine Tochter vor Schande bewahren. In SHAKESPEARES *King Lear* (1606) benutzt der durch seinen Halbbruder Edmund vertriebene Edgar das Lumpenkleid eines Bettlers, um sich an seinen Feinden zu rächen und seinen armen betrogenen Vater zu retten. Auf göttlichen Befehl lebt der büßende ↑ Robert der Teufel (*Robert le Diable* 2. Hälfte 13. Jh.) als stummer Bettler unter den Hunden am Hof des Kaisers, den er unerkannt vor Niederlagen bewahren kann. Auch im Dienst der Liebe erfüllt die Bettler-Verkleidung ihren Zweck. In der Ballade *Hind Horn* prüft der als Bettler Verkleidete die Treue der Verlobten. In *The Jolly Beggar* (Ballade) übernachtet ein als Bettler erscheinender Lord bei einem Bauern, um dessen Tochter auf ihre Keuschheit zu prüfen, und verlässt sie, da sie sich als verführbar erweist. Ein anderer verkleideter Bettler erprobt in der Ballade *The Beggar Laddie* seine Wirkung auf ein junges Mädchen und belohnt es, als es ihm zu Willen ist, indem er es in seines Vaters Haus führt und zu einer großen Dame macht. In *The Gaberlunzie Man* (Ballade) bedient der Mann sich der Bettlermaske zur Entführung eines Mädchens, das ebenfalls als feine Dame aus dem Abenteuer hervorgeht. Im Bettlergewand nähert sich das reuige Mädchen (*The Bailiff's Daughter of Islington* Ballade) dem von ihm abgewiesenen Geliebten, bringt die erlogene Nachricht von ihrem eigenen Tod und ebnet dadurch den Weg zur Versöhnung. König Nebukadnezar (F. DÜRRENMATT, *Ein Engel kommt nach Babylon* Kom. 1953) kontrolliert in Bettlerkleidung seinen Staat, wird aber seinerseits durch das Geschenk des himmlischen Mädchens Kurrubi auf seine Fähigkeit zur Entsagung geprüft und von dem echten Bettler Akki aus dem Feld geschlagen, der als Einziger zum Verzicht auf Scheingüter bereit ist und sich die Möglichkeit echter Freiheit bewahrt hat.

Mit Bettlermaske tarnten sich auch Götter und überirdische Wesen gern, um Menschen auf die Probe zu stellen oder ihnen ihren Willen kundzutun. In GRIMMELSHAUSENS höfischem Roman *Dietwald und Amelinde* (1670) erlegt im Auftrage des Himmels ein Bettler dem hoffärtig gewordenen Herrscherpaar ein Jahrzehnt der Verbannung und Buße auf; als Dietwald auf dem Höhepunkt seines Büßerlebens Satan siegreich von sich weist, erscheint der Bettler erneut und kündet das Ende der Bußzeit an. Azur, der dienstbare Geist der Fee Cheristane (F. RAIMUND, *Der Verschwender* Dr. 1834) listet in Bettlergestalt dem Verschwender Flottwell einen Teil seines Reichtums ab, um ihm für die Zeit der Not einen Schatz zu sammeln. Als → Doppelgänger der Hauptgestalt und mit seiner Läuterungsfunktion ihr gegenüber ist Raimunds Bettler ein Ahn des Bettlers in A. STRINDBERGS *Nach Damaskus* (Dr. 1898–1901). Als der in Gestalt eines vornehmen Reisenden seine Schöpfung durchwandernde

Gott (E. BARLACH, *Die Sündflut* Dr. 1924) erfährt, dass einzig Noah ihn anzuerkennen bereit ist, nimmt er die Maske des letzten seiner Geschöpfe, des Bettlers, an, um sich von einem Aussätzigen, der an ihm seinen Zorn über die missgeschaffene Welt auslässt, beschimpfen und schlagen zu lassen. Die Anwesenheit eines Bettlers, in dem sich ein Gott oder doch göttliches Wissen verbirgt, unterstreicht die Krisis des Atridenhauses bei GIRAUDOUX(*Electre* Dr. 1937).

In der Motivvariante des Bettlers als Maske klingt vielfach eine andere Komponente des Motivkomplexes an: die des Bettlers als eines außerhalb oder oberhalb des sozialen Gefüges stehenden Menschen, der für die anderen zum Prüfstein wird. DÜRRENMATTSBettler Akki ist ein später Zeuge für die alte Vorstellung vom Bettler als dem einzig Freien und für Gottes Wohlgefallen an ihm, die nicht nur im Christentum vorherrscht. Freiheit und Bedürftigkeit des Bettlers stellen die übrigen Menschen vor eine Aufgabe, an deren Lösung sich manches Geschick zu Glück oder Verdammnis entscheidet. An einem frierenden Bettler erweist sich die vorbildliche Großherzigkeit des heiligen Martin, der dem Armen die Hälfte seines Mantels schenkt. Gott begnadigt in *Le Miracle de Pierre le Changeur* (14. Jh.) sogar den reichen Bürger, obgleich dieser das Brot nur im Zorn auf die Bettler geschleudert hat. In der märchenhaften Ballade *King Henry* wird der in der Verbannung lebende König für seine Güte gegenüber der schmutzigen Bettlerin dadurch belohnt, dass er sie damit von einer Verwünschung befreit und in ein schönes Mädchen verwandelt. In J. DAYS*The Beggar's Daughter of Bednall Green* hält nur ein einziger Ritter dem schönen Mädchen die Treue, als sich herausgestellt hat, dass sie die Tochter eines Bettlers ist; der alte Bettler erscheint auf der Hochzeit als ein feiner Herr und offenbart seine adlige Herkunft. Die symbolische Funktion des Bettlers wird besonders überzeugend durch den Bettler in CALDERÓNS Drama *El gran teatro del mundo* (1645) ausgedrückt, an dessen Bitte sich Menschlichkeit und Barmherzigkeit der übrigen Ständevertreter entscheiden. Der Bettler beklagt nicht seine Armut, sondern seine Sündhaftigkeit und hat neben dem Weisen seine ihm von Gott zugeteilte Rolle am besten erfüllt. Der Schlossbesitzer in H. v. KLEISTS Novelle *Das Bettelweib von Locarno* (1810) verscherzt sich durch die brüske Behandlung eines todkranken Bettelweibes Besitz und Leben. In F. RAIMUNDS schon erwähntem *Verschwender*besteht der verschwenderische Flottwell nicht nur die Prüfung seiner Gutherzigkeit gegenüber den unverschämt scheinenden Forderungen des geheimnisvollen Bettlers, sondern er selbst dient später, arm geworden, als Prüfstein für Mitleid und Großherzigkeit des Tischlers Valentin und seiner Familie. Der brutale Ehemann von HAUFFS Josèphe (*Die Bettlerin vom Pont des Arts* Nov. 1828) löst die Ehe, als er von der früheren Existenz seiner Frau als Bettlerin erfährt, dagegen darf der vorbehaltlos Liebende, der die Bettlerin unterstützte und ihr treu blieb, ihre Rückverwandlung in eine Adlige und reiche Erbin erleben. In STIFTERS Romanfragment *Die Mappe meines Urgroßvaters* (postum 1870) fungieren die Einordnung des Bettlers in die dörfliche Gemeinschaft und seine Geltung in ihr als Symbol einer natürlichen, gesunden Gesellschaft, und auch der Stolz des Bettlers, der gelassen annimmt, was er »verdient« zu haben glaubt, und ihm nicht zukommende Gaben abweist, klingt wieder an. Ähnlich fasst der am Wege der Spaziergänger musizierende Spielmann F. GRILLPARZERS (*Der arme Spielmann* Nov. 1847) die ihm trotz seines unerträglichen Spiels aus Mitleid gegebenen Münzen nicht als Almosen, sondern als wohlverdienten Lohn auf. Wenn in O. WILDES *The Model Millionaire* (Erz. 1887) der Millionär dem Maler im Kostüm eines Bettlers Modell steht, so tut er dies zwar aus reiner Phantasterei, doch ist die Funktion seines Auftretens in der Erzählung die traditionelle Prüfung der Mitleidsfähigkeit eines jungen Mannes. Während in R. J. SORGES frühexpressionistischem Drama *Der Bettler* (1912) der Titel lediglich als Metapher für das Außenseitertum eines Dichterjünglings dient, der trotz seiner nach Auffassung der Welt verbrecherischen Taten zum Himmel aufsteigt, rücken die Bettlergestalten in zwei Werken H. v. HOFMANNSTHALS wieder zu archetypischer Bedeutung auf. *Das Salzburger große Welttheater* (1922) wandelte die bei Calderón passive Funktion des Bettlers in die aktive eines Empörers gegen die bestehende Ordnung; als aber im Augenblick, in dem er die Axt hebt, die »Weisheit« für seine Rettung betet, kommt er zur Besinnung und wandelt sich in einen weisen → Eremiten, der schließlich von allen Figuren am leichtesten zu sterben weiß. In dem gleichfalls an Calderón anknüpfenden Drama *Der Turm* (1925) nimmt der Bettler fast die Züge eines → Märtyrers an, der unter Preisgabe seines Lebens ein Heiligtum rettet, von dem frommen Bruder Ignatius vor dem König empfangen wird und Repräsentant all derer ist, die ein neues Reich unter einem »Bettlerkönig« erhoffen.

Bettlertum veranschaulicht in der Literatur auch häufig den tiefen Sturz eines Reichen und Mächtigen. Modellfall dafür war das Schicksal ↑ Hiobs. Die zahlreichen Behandlungen des ↑ Belisar-Stoffes schließen sich meist an die legendenhafte Erzählung der *Patria tēs poleōs* (um 1100) an, der zufolge der Feldherr, durch Kaiser Justinian geblendet und seines Vermögens beraubt, auf einem Platz in Byzanz gesessen und gebettelt habe. Die Ballade *Jane Shore* berichtet von der Geliebten König Edwards IV., die nach dessen Tod von dem neuen König verjagt worden sei und als Bettlerin geendet habe. Die Titelgestalten der Balladen *King Orfeo* und *King Henry* leben als Bettler.

Erst im 19. Jahrhundert, als mit der Industrialisierung der Arbeitsmangel zum Begriff wurde und Gewohnheitsbettler nebst Simulanten zurücktraten hinter denen, die Arbeit suchten und nicht finden konnten und verelendeten, verlagerte sich auch in der Literatur das Interesse von der archetypischen Symbolfigur, dem fröhlichen Nichtstuer und dem gaunerhaften Verstellungskünstler, auf die Opfer eines wirtschaftlichen Prozesses. Etwa seit den 20er Jahren rufen Bettlerfiguren in der Literatur nach Mitgefühl und zugleich nach Kritik an der Gesellschaft, in der wachsendes Profitstreben die christliche Verpflichtung gegenüber Notleidenden zunehmend verdrängte. Bereits der blinde Krieger in E. T. A. HOFFMANNS *Des Vetters Eckfenster* (1822) war ein Bild unverdienten Elends, an dem die Mildtätigkeit der Berliner getestet wurde – die alte Funktion des Bettlers als Prüfstein herrscht hier noch genauso vor wie später bei entsprechenden Randfiguren im Werk J. GOTTHELFS und Th. STORMS. Den Akzent auf die Anklage und die Forderung einer Verbesserung legten dann mehrere Gedichte N. LENAUS, die den Bettler an der Fahrstraße der Reichen (*Bettlers Klage* 1822/23), den einbeinigen Invaliden (*Robert und der Invalide* 1828), *Das Begräbnis einer alten Bettlerin* (1831) und das Bettelkind mit den ersten Frühlingsblumen (*Frühlingsgrüße* 1838) vor Augen führten. Zu den sozialanklägerischen Gedichten A. v. CHAMISSOS gehört die Ballade *Der Bettler und sein Hund* (1829), in der ein Bettler sich selbst, statt seinen Hund, für den er die Steuer nicht bezahlen kann, zu ersäufen, den Strick mit dem Stein um den Hals legt und ins Wasser springt. Die durch unverdiente Not entstandene Scham – ein der älteren Bettlermotivik fremder Zug – kommt in F. HEBBELS Gedicht *Der Bettler weint um seinen Sohn* (1841) zum Ausdruck. Während seit der Mitte des 19. Jahrhunderts die anklagenden Töne in Bettlergedichten den resignierenden oder versöhnlichen wichen (G. KELLER, *Der alte Bettler, Der Frühling der Armen*; Th. STORM, *Bettlerliebe*; C. F. MEYER, *Bettlerballade*; R. M. RILKE, *Das Lied des Bettlers* 1902), nahm das Motiv die Schärfe des Tons in neuerer Zeit dort wieder an, wo es im Rahmen einer allgemeinen sozialen Anklage Platz fand (P. HUCHEL, *Herbst der Bettler, Cimetière* 1928: E. WEINERT, *Der alte Bettler*). Für die moderne Sozialkritik wurden jedoch andere Figuren interessanter als der Bettler mit seiner bisweilen romantisch gewordenen Gestalt. Im Mittelpunkt von G. Gershwins Oper *Porgy and Bess* (1933) steht der verkrüppelte Straßenbettler Porgy, der unglücklich-glücklich die schöne Bess liebt, die ihn schließlich verlässt; sein Lied vom freien Leben des Habenichts, der keine materiellen Sorgen kenne, steht ganz in der Tradition der alten europäischen Bettlerlieder. Revolutionären Geist atmet dagegen die zentrale Figur in G. Masanetz' Oper *Der Wundervogel* (1955, Text P. G. Reime), der alte Bettler Tai-Pe, der das Volk zur Erhebung auffordert und mit ihm die reichen Unterdrücker verjagt; bezeichnenderweise ist dieser dennoch »romantische« Bettler einer alten chinesischen Erzählung nachgestaltet.

A. Tschopp, The Beggars of England in Prose and Poetry from the Earliest Times to the End of the 17th Century, Basel 1903; E. v. Kraemer, Le Type du faux mendiant dans les littératures romanes depuis le moyen âge jusqu'au XVIIe siècle, Helsingfors 1944; R. Jahn, Die Gestaltung der Bettlerfigur in der deutschen Literatur des 19. Jahrhunderts, Diss. Jena 1958; L. Röhrich, Der Bettler als Pfand (in: L. R., Erzählungen des späten Mittelalters und ihr Weiterleben in Literatur und Volksdichtung bis zur Gegenwart. Bd. I) Bern 1962; W. Maas, Die Gestalt des Bettlers in den deutschen Dichtungen des 19. und 20. Jahrhunderts, Diss. Freiburg/Br. 1971; H.-J. Uther, Behinderte in populären Erzählungen, 1981; L. Woodbridge, Vagrancy, homelessness, and English Renaissance literature, Urbana/Ill. 2001; P. Pugliatti, Beggary and theatre in early modern England, Aldershot 2003.

Blutrache

Die in den meisten frühen Kulturen als Rechtsnorm gewertete, von den Römern »inimicitia capitalis« genannte Blutrache wurde mit diesem Wort erstmals in Luthers Übersetzung des *Alten Testaments* von 1523 bezeichnet. Sie ist die Pflicht, die Ermordung eines Blutsverwandten an dem Mörder oder seiner Familie zu rächen. Aber auch entehrende Beleidigungen können eine solche Rache erfordern: Blut wäscht die Ehre vom Makel rein. Mit der tödlichen oder ehrverletzenden Tat fällt der Familie des Opfers die Aufgabe zu, den Täter zu ergreifen und zu erschlagen, wo immer sie ihn findet. Kann sie einen seiner Verwandten, möglichst den nächsten und angesehensten, schneller erreichen, vollzieht sie die Rache an diesem. Da Verlust oder Kränkung die Familie als Ganzes getroffen haben, kann auch die Rache alle Angehörigen der Täterfamilie treffen. Im Gegensatz zu der ansagepflichtigen Fehde oder dem späteren → Duell bedarf die Blutrache keiner Verkündung und keiner Anberaumung eines Termins. Eine Möglichkeit zur Versöhnung bot sich z. B. bei den Germanen durch einen Sühnevertrag und die Zahlung von Wergeld. In späteren Zeiten konnte der von den Rächern festgenommene Täter auch vor Gericht gestellt und von diesem zu der von der betroffenen Familie zu vollziehenden Strafe verurteilt werden. Die private Rache war in Zeiten der Rechtlosigkeit oder unzulänglicher staatlicher Verfolgung von Rechtsbrüchen die einzige Möglichkeit der Geschädigten, dem Schuldigen den Prozess zu machen. Die Entstehung staatlicher Zentralgewalten förderte die Vorstellung, ein gegen eine Person begangenes Unrecht sei auch ein gegen den Staat begangenes und von diesem zu ahnden. Damit verlor die Blutrache an Begründbarkeit und Geltung.

Nächste Angehörige an Mördern und Beleidigern zu rächen, war ein Gebot, das im Bereich der gesamten westlichen Zivilisation galt. Bei den Griechen und Römern lag dem sogar heiligen Gebot der Glaube zugrunde, dass der Getötete erst mit der Erfüllung des Gebots seine Ruhe finde. Da die Götter jedoch in jedem Fall begangenes Unrecht bestraften, überragte die göttlich-metaphysische Vergeltung jede zwischenmenschliche. Während das *Alte Testament* mit dem Gebot des »Auge um Auge …« sich ganz auf den Grundsatz der Rache gestellt hatte, hob das Christentum die Pflicht zur Rache als einem nur Gott zukommenden Amt durch die zur vergebenden Liebe auf. Problematisch blieb dabei, ob und inwieweit dem göttlichen Richter und Rächer – etwa mittels Rechtsordnung – vorzugreifen und die Rache abzunehmen sei. Christliche Anschauungen standen vor allem im schroffen Gegensatz zu den germanischen, die der Blutrache bis zur Vernichtung ganzer Geschlechter Raum gaben.

Die bedeutendste antike Gestaltung des Blutrache-Motivs ist AISCHYLOS' *Orestie* (458 v. Chr.), in der Klytaimestra unter dem Vorwand, die einst vom Vater geopferte Tochter Iphigenie zu rächen, zusammen mit ihrem Liebhaber Aigisthos ihren Gatten Agamemnon bei seiner Heimkehr von Troja tötet, der Sohn ↑ Orest im Auftrag Apolls die Blutrache an der Mutter vollzieht und er wiederum der Rache der Eumeniden verfällt. Die Dialektik zwischen der Pflicht zur Rache und der als bewusster Rechtsverletzung sowie vorwerfbarer Schuld begangenen Tat, also zwischen zwei göttlichen Geboten, macht die Wucht dieser Tragödie aus. Athene befreit Orest von den Erinnyen, bricht so den Kausalnexus der Rache und ermöglicht zugleich eine Versöhnung nicht nur im Innern des Orest, sondern auch zwischen Göttern und Menschen eines fluchbeladenen Geschlechts. Orests Großvater ↑ Atreus (SOPHOKLES, *Atreus*) hatte die Söhne seines Bruders Thyest (SOPHOKLES, *Thyestes*; EURIPIDES, *Thyestes*) getötet und dem Vater Fleisch und Blut als Speise vorgesetzt. In der Behandlung des Orest-Stoffes durch SOPHOKLES (*Elektra* um 415 v. Chr.) wird die Zwiespältigkeit des Sittenkodex weniger sichtbar als zuvor bei Aischylos; was die Götter befehlen, ist gut, und Orest und Elektra sehen nach vollbrachter Tat einem friedlichen und glücklichen Leben entgegen. Wie Sophokles hier den Konflikt dämpfte, verurteilte er in *Aias* (um 450 v. Chr.) das Vergeltungsdenken des in seinem Selbstgefühl verletzten, überempfindlichen Helden, der nur darauf sinnt, Rache an ↑ Odysseus und seinen Freunden zu nehmen, von Athene in den Wahnsinn getrieben wird und schließlich Selbstmord begeht. In *König* ↑ *Ödipus* (428 v. Chr.) führte der Dichter die Blutrache auf einen ursächlichen Ausgangspunkt zurück, wenn die Botschaft des Apoll besagte, die übeltätige Seele des ermordeten Laios habe, unzureichend befriedet, den Krankheitsdämon nach Theben geschickt. Ein echtes, freilich nur fragmentarisch erhaltenes Blutrache-Drama ist *Kresphontes* von EURIPIDES: Polyphontes ermordete einst Kresphontes, den König von Messene, sowie zwei seiner Söhne und zwang die Witwe ↑ Merope zur Ehe; der dritte Sohn, Kresphontes d. J., kehrt nach Jahren zurück, tötet den Usurpator und übernimmt die Herrschaft. Auch am ↑ Medea-Stoff, dem klassischen Beispiel für die Rache der verlassenen → Frau, hat die Blutrache einen, hier nur zweitrangigen, Anteil; in SENECAS *Medea* weist die Heldin auf die schwere Blutschuld hin, die sie bei der Flucht aus Kolchis durch die Ermordung ihres kleinen Bruders Apsyrtos um Jasons willen auf sich geladen habe und nicht ungerächt lassen könne. Als das Blut des ermordeten Apsyrtos sich gewissermaßen an ihr rächt, rächt sie sich und damit auch ihn an Jason. Die gleichfalls Seneca zugeschriebene Tragödie *Octavia* lässt den Geist der Agrippina erscheinen, die ihren Sohn und Mörder ↑ Nero dem noch in der Unterwelt auf seinem Racherecht bestehenden Claudius ausliefert, der als Sühne für die Ermordung seines Sohnes Britannicus den Tod seines Stiefsohnes Nero verlangt; Agrippina kündigt das Ende des Tyrannen an, das die Erinnyen schon vorbereiten.

In ursprünglich germanischen Ländern Mittel- und Nordeuropas wurde die Blutrache bis ins 17. Jahrhundert hinein geübt. Im *Alten Atlilied* der *Edda* vollzieht Gudrun die Rache für die Tötung ihrer Brüder an ihrem Gatten Atli. Ein Beispiel für bereits gebrochene Sicht liefern die *Helgilieder*: Sigrun, die sich zu ihrem Mann Helgi bekennt, auch nachdem er ihren Vater und Bruder im Kampf erschlagen hat, verflucht den jüngsten Bruder Dag, als er später Vater und Bruder an Helgi rächt. Ein frühes Zeugnis für einen Blutrache-Konflikt hinterließ auch PAULUS DIACONUS (*Historia Longobardorum* 8. Jh.) in Gestalt des ↑ Alboin-und-Rosamunde-Stoffes. Der Langobarde Alboin machte die kriegsgefangene Gepidenkönigstochter Rosamunde zu seiner Ehefrau, nachdem er ihren Volksstamm vernichtet und ihren Vater getötet hatte; bei einem Gelage zwang er sie, aus einem Becher zu trinken, den er aus ihres Vaters Schädel hatte anfertigen lassen. Rosamunde bewog Alboins Milchbruder Helmichis, der ihr Geliebter wurde, und einen Langobarden Peredeo, Alboin zu ermorden, und floh mit Helmichis sowie mit dem Langobardenschatz zu dem römischen Statthalter Longinus nach Ravenna. Bei dem Versuch, sich auf Anraten des Longinus ihres Gehilfen Helmichis zu entledigen, kam sie selbst um, da der Sterbende sie zwang, den Rest des ihm gereichten Giftes zu trinken. Die Verstrickung in Blutschuld wird hier an einer mehrphasigen Folge von Tat und Vergeltung aufgezeigt, die in denjenigen Fällen strukturbestimmend wird, in denen die erste, die Kette der Vergeltungen auslösende Tat nicht in die Vorgeschichte verlegt und die Handlung nicht auf einen einzigen, im Mittelpunkt stehenden Racheakt konzentriert ist. Zweiteiligkeit der Handlung schlägt daher bei der Verwendung des Motivs immer wieder durch. Mit dieser strukturbildenden Eigenschaft des Motivs hängt auch die Zweiteiligkeit des ↑ Nibelungen-Stoffes zusammen, die bereits in der nordischen Fassung vorliegt und mit der die beiden Teile durch Kausalnexus verbindenden Gattenrache des mittelalterlichen *Nibelungenliedes* das Geschehen noch stärker bestimmt. Das Blutrache-Motiv überlebte die entscheidende innere Wandlung des Stoffes. Kriemhild rächt den erschlagenen Ehemann an Hagen, und ihre Brüder werden mit in den Untergang hineingezogen, weil sie den Mörder nicht preisgeben. Die Sippenhaftung war zurückgetreten, das Individuum hatte sich aus der Sippe gelöst, und die Blutrache erstreckte sich nur auf den Täter: Hagen wird durch die Bahrprobe (→ Gottesurteil) allein schuldig gesprochen, die ursprüngliche Mitschuld der Burgundenkönige war bis auf Reste verblasst.

Höfisch gemildert erscheint das Motiv der Frau als Rächerin auch im ↑ Tristan-Stoff: Isolde erkennt an dem Schwert des im Bad sitzenden Tristan, dass er der Mörder ihres Oheims ist, und sie will diesen mit dem gleichen Schwert an Tristan rächen. Die erwachende Liebe als die stärkere Macht siegt über den Racheimpuls. Bei

Gottfried von Strassburg (um 1210) tritt die Mutter schlichtend dazwischen unter Hinweis auf Frauensitte und Gastrecht; Isolde fügt sich den Forderungen der höfischen Tugend. Eine andere sich aus der Blutrache ergebende Konfliktsituation zeigt der mittellateinische *Waltharius* (Ende 9. Jh.). Hagen steht vor der Inkongruenz seiner Freundestreue zu Walther und seiner Gefolgschaftspflicht gegenüber Gunther, aber die Blutrache für den von Walther erschlagenen Neffen Patavrid entwertet die beiden anderen Bindungen und bringt ihn zum Handeln. Am Schluss ist zwar die Blutrache unvollkommen durchgeführt, aber der von allen Seiten gezahlte Blutzoll macht die Versöhnung möglich. In der ↑ *Kudrun* (um 1240) erschlägt Ludwig, der Vater Hartmuts, Kudruns Vater Hetel, für den dann Kudruns Bruder Ortwin als Rächer auftritt. Vollzogen wird die Rache aber durch Kudruns Verlobten Herwig, der sich gerade dadurch der Sippe, in die er einheiraten will, verpflichtet. Eine Aussöhnung der durch Blutrache getrennten Familien kommt durch Kudruns Vermittlung zustande. Auf spanischem Boden fand germanisches Blutracherecht Ausdruck in der *Leyenda de los infantes de Lara* (11. Jh.), in der dem seiner sieben Söhne beraubten Vater ein Rächer in dem außerehelich mit einer Maurin gezeugten Sohn ersteht. Balladen und Bühnenwerke halten das Gedächtnis an die Heroenzeit der spanischen Literatur wach. Ausgesprochene Blutracheepen sind die *Gíslasaga* (Mitte 13. Jh.) und die *Njalssaga* (um 1300). In der *Gíslasaga* wird gerade Gisli, der die Sippenbande stärken wollte, Opfer der als Schicksal bejahten Rache, in der *Njalssaga* lösen Njals Söhne die Blutrache aus, die Sippe seines Freundes Gunnar umstellt daher Njals Hof und verbrennt Haus und Bewohner. Als Einziger entkommt Kári, der die Mörder verfolgt, bis von ihnen nur der Haupttäter Flósi übrig bleibt. Beide pilgern nach Rom, verweigern als Christen weitere Blutrache, schließen Frieden und verwirklichen so Njals auf anderem Weg vorgesehenes Ziel. *Rolandslied*, *Dietrichsage*, Wolfram von Eschenbachs *Parzival* und *Willehalm* verwenden das Blutrache-Motiv nur in Nebenfunktion.

Um die Mitte des 16. Jahrhunderts setzte sich in dem noch jungen neuen europäischen Drama die Blutrache zunehmend als zentrales Motiv durch, das sich aufdrängte angesichts der Tragödien des Seneca, die mehrfach neu herausgegeben und in die verschiedenen lebenden Nationalsprachen übersetzt wurden (englische Ausgabe 1559–81). Bei Seneca war die Blutrache als religiöse Pflicht dargestellt und häufig durch den Geist eines Ermordeten von seinen Angehörigen gefordert, die zu heimlichem Vorgehen ermahnt werden, damit keine Chance ungenutzt bleibe. Strukturell erschien das Senecasche Rachedrama als kausales Ganzes, das mit der Katastrophe, der Ausführung der Rache, endet, die zu Beginn des Stücks ein Monolog oder Dialog angekündigt und zugleich mit einer zurückliegenden Tat begründet hat. Der Plan wird über Hindernisse und Schwankungen hinweg stets im Auge behalten. Durch die raffende und aussparende Organisation des Stoffes ist die dem Drama ungemäße Zweiphasigkeit des Motivs vermieden. In der italienischen Renaissancetragödie greift der Rächende zu jedem Mittel, vorzugsweise Gift, und er wartet, oft jahrelang, auf den Augenblick, in dem er die Rache an einem schon geschwächten Opfer befriedigen kann. Die französische und englische Literatur bevorzugen die Austragung mit Waffen, vor allem im → Duell. Die meisten Autoren möchten zwar Sympathien für den Rächer erregen, aber das Werk der Rache gerät ihnen dann oft so blutrünstig und grausam, dass die Sympathien sich von dem Rächer abwenden, der nun wiederum selbst der rächenden Gerechtigkeit anheimfällt oder seinem blutbefleckten Dasein durch Selbstmord ein Ende macht.

Zu den Tragödien, die das Rache-Motiv in Europa etablierten, gehört in Italien neben G. RUCELLAIS *Rosmunda* (1515), die den ↑ Alboin-und-Rosamunde-Stoff erneuerte, vor allem G. B. GIRALDIS frei erfundene Tragödie *Orbecche* (1541). Orbecche tötet ihren eigenen Vater, den König Sulmone von Persien, aus Rache für die Tötung ihres Mannes Oronte sowie ihrer beiden Kinder, und straft sich durch Selbstmord. Die Rachehandlung wird eingeleitet durch den Auftritt des Schattens von Orbecches Mutter, die von ihrem Gatten wegen ihres inzestuösen Verhältnisses zu ihrem Sohn zugleich mit diesem ermordet worden war. Auch die verschiedenen Merope-Dramen der italienischen Renaissance gehören in diesen Zusammenhang (A. CAVALLERINO 1582; P. TORELLI 1589). Die spanische Literatur bringt Rache meist mit dem Motiv der verletzten → Gattenehre zum Zuge. Blutrache übt der junge Cid (SEPÚLVEDA, *Romancero* 1551) an dem Grafen Gormaz, der dem Vater des Cid Herden geraubt hat; er tötet ihn im Zweikampf. Als Sühne fordert Gormaz' Tochter jedoch nicht, wie später bei G. de CASTRO (*Las mocedades del Cid* 1612), das Blut des Siegers, sondern seine Hand, die der König gewährt. Für das französische Drama stehe P. de BOUSYS *Méléagre* (1582), das die griechische Sage von Althaia behandelt. Im Konflikt zwischen Sohnesliebe und Rachepflicht für ihre durch die Schuld dieses Sohnes getöteten Brüder entscheidet Althée sich für die Rachepflicht. Der Anteil der deutschen Dichtung an der Renaissancetragödie als Ganzer ist gering. Genannt sei des schon unter englischem Einfluss schreibenden J. AYRER *Tragoedia von dem griechischen Kaiser* (um 1600), in der ein Marschall, wahnsinnig vor Schmerz und Vergeltungsgier, den Tod seines von einem kaiserlichen Prinzen ermordeten Sohnes blutig rächt.

Für das zahlreich vertretene englische Rachedrama ist geltend gemacht worden, es habe sich trotz seiner meist verständnisvollen Haltung gegenüber der faszinierenden Figur des Rächers nicht im Gegensatz zu der durch Kirche, Staat und Morallehre vertretenen Verurteilung der privaten Rache befunden, da die Handlung fast immer zeige, wie das Rachedenken Geist, Seele und Körper des Rächers entstellt. Man empfand auf Rache beruhende Morde als etwas Fremdes, nach Italien und Spanien, in Länder mit ohnehin gegensätzlichem Glauben Gehöriges, und verurteilte besonders die dort heimische Auffassung, dass der Rächer nicht nur den Körper seines Feindes vernichten, sondern auch seine Seele der Verdammnis ausliefern solle. Nicht ohne Grund spielte eine Anzahl englischer Rachedramen in Spanien und Italien. Die Reihe der Rachedramen eröffneten Th. NORTON/TH. SACKVILLE mit *Gorboduc, or Ferrex and Porrex* (1561). Im Streit, wie oft bei dem Motiv der feindlichen → Brüder, erschlägt hier der jüngere Sohn Porrex den älteren Ferrex. Die Mutter Videna, die ihren älteren Sohn bevorzugte, tötet aus Rache den jüngeren. Das in Wut geratende Volk lässt sie und den ähnlich parteiischen König dafür büßen. Muster-Rachetragödie der englischen Literatur wurde *The Spanish Tragedy* (1592) von Th. KYD, in der wieder die durch das Motiv veranlasste Zweiphasigkeit durchbrach, weil hier auch die Tat, die Veranlassung zur Rache, dargestellt ist und die Rache selbst erst in der zweiten Hälfte des Dramas zur movierenden Kraft wird. In dieser Hälfte vereinigen sich zwei Rachehandlungen und zwei Rächer. Bel-Imperia hat ihren zweiten Liebhaber dazu ausersehen, den ersten, Don Andrea, zu rächen, aber der zweite wird gleichfalls von dem früheren Mörder und einem Komplizen getötet. Nachdem Don Hieronimo, der Vater des zweiten Liebhabers, zunächst auf ein Eingreifen des Himmels gehofft hat, verbündet er sich mit Bel-Imperia, befolgt aber die Regel der Geheimhaltung und des langsamen Vorgehens. Auch verwirrt sich sein Geist durch den Schmerz vorübergehend. Dann benutzt er die Gelegenheit einer Liebhaberaufführung, bei der Rächer und Verfolgte mitwirken, um den einen Mörder seines Sohnes zu töten, während Bel-Imperia Balthasar, der ihre beiden Liebhaber auf dem Gewissen hat, umbringt; sie und Don Hieronimo töten sich nach vollbrachter

Tat. In späteren Rachedramen werden die Vorbereitungen zur Tat oft so ausgedehnt, dass sie die Rache an den Rand der Handlung drängen. G. PEELE zeigte in zwei Dramen eine extrem grausame Form der Rache, in der auch die Seele des Opfers der Vernichtung anheimfällt. Absalon (*David and Bethsabe* 1599) rächt die Schändung seiner Schwester an seinem Bruder Ammon, als dieser berauscht ist. Er ist mit dieser Tat zugleich → Rebell gegen seinen Vater, der sich die Bestrafung Ammons vorbehalten hat. Die Rache des Pagen Alexander (*Alphonsus, Emperour of Germany* 1594/97) für seinen Vater, der von dem Tyrannen Alphonsus ermordet wurde, ist mit dem Motiv des → Tyrannenmordes verknüpft. Die »Verzögerung« der Rache wird hier dadurch erreicht, dass der als Mörder unerkannte Tyrann versucht, die Rachepläne seines Pagen für sich selbst zum Sturz der Gegner auszunutzen. Als er schließlich seinen Betrug gestehen muss, wird er von Alexander gezwungen, Gott abzuschwören, und erstochen; Alexander büßt dafür willig mit dem Tod. In die Nachbarschaft Peeles gehört Th. NASHES *The Unfortunate Traveller* (1594), dessen Rächergestalt Cutwolfe seinem Opfer gleichfalls jede Möglichkeit zur Reue nimmt. Den Mördern seines Günstlings Gaveston bereitet Edward II. in Ch. MARLOWES gleichnamigem Drama (um 1592) ein förmliches Blutbad, das ihn dann alle Sympathien kostet.

Da das Blutrache-Motiv, vom Vorbild Senecas inspiriert, zwar einer zeitbedingten Vorliebe für starke Effekte und blutrünstige Handlungen, aber nicht dem realen Leben entsprach, machten sich innerhalb dieser modischen Dramengattung auch Momente bemerkbar, die der kritiklosen Hinnahme von Rachehandlungen entgegenarbeiteten. Wie an den angeführten frühen Beispielen ablesbar ist, verwandte man zur Komplizierung des Motivs gern seine Unvereinbarkeit mit einer anderen Pflicht oder Neigung. Die Geltung der Blutrache war eingeschränkt, sobald die Frage nicht mehr lautete, wie wegen der Erfüllung der Rachepflicht gehandelt werden müsse, sondern ob überhaupt in ihrem Sinn gehandelt werden könne. Auf Abbau des Egozentrischen zielende Erwägungen geboten die Mäßigung des Racheaffekts, zumal bei Anerkennung der christlichen Weisung, dass die Rache Gott zu überlassen sei.

SHAKESPEARE stellte die konfliktverschärfende Rachetat Romeos an dem Capulet Tybalt in das Herzstück der ↑ *Romeo-und-Julia-Tragödie* (1597) und folgte vor allem Kyds Vorbild mit *Titus Andronicus* (1593/94) und *Hamlet* (um 1598). Titus rächt, der Sitte gemäß, seine zwei in der Schlacht gefallenen Söhne durch Tötung des vornehmsten Gefangenen, nämlich des Sohnes der Königin Tamora, ungeachtet ihrer Bitten. Dieser ersten Aktion folgt die Gegenrache Tamoras, die als Frau des römischen Kaisers die Möglichkeit hat, zwei Söhne des Titus unter falschem Verdacht hinrichten und seine Tochter entführen zu lassen sowie deren Verlobten zu töten. Am Ende des dritten Aktes setzt die Gegenrache des Titus ein, der durch gespielte Narrheit (bei Kyd war die geistige Verwirrung Hieronimos noch nicht vorgetäuscht) seine Feinde in sein Haus lockt, Tamoras beide Söhne tötet, ihr deren Fleisch als Pastete vorsetzt und auch die Feindin ersticht, nachdem er sie durch die Schilderung seiner Rache gedemütigt hat. Der Kaiser Saturninus tötet Titus, und dessen herbeigekommener Sohn Lucius wiederum tötet Saturninus, um außerdem die Nachfolge des Beseitigten anzutreten. SHAKESPEARES ↑ *Hamlet* beruht auf KYDS (verlorenem) *Ur-Hamlet*, der thematisch dessen *The Spanish Tragedy* nahe steht, nur rächt im *Hamlet* nicht der Vater den Sohn, sondern der Sohn den Vater. Bei Kyd erübrigte sich noch die von Shakespeare aufgeworfene Frage nach der Berechtigung der Rache. Der Vaterrächer galt als Werkzeug Gottes, und seine Listen wie seine gespielte Narrheit ließen sich entschuldigen; nicht einmal der Vorwurf des Königsmordes konnte ihn treffen, da Hamlet der echte Thronerbe, der Onkel aber eigentlich sein Untertan war. Shakespeare machte Hamlet zu einem der am wenigsten schuldigen Rächer des elisabethanischen Theaters. Hamlet hat keine Möglichkeit, die Gesetze anzurufen, da nur er durch den Geist seines Vaters über den Mord informiert ist. Er muss sich allein volle Klarheit über die Tat verschaffen, einsam und gegen alle handeln. Das Theater auf dem Theater, in der *Spanish Tragedy* Mittel zur Tötung der Schuldigen, dient nun deren Prüfung. Den Rachetrieb, der ihn zeitweise überwältigt und zu unbesonnenem Handeln hinreißt, überwindet Hamlet schließlich – im Gegensatz zu Laertes, den sein Rachetrieb zum Werkzeug bei der Intrige des Königs entwürdigt. Hamlet muss sich beherrschen, weil es ihm nicht nur um den Vollzug der Rache zu tun ist, den viele andere dann mit dem eigenen Tod büßen, sondern um die Thronfolge in Dänemark, die er nicht dem Risiko seines vorzeitigen Todes aussetzen darf. Erst als er im Duell tödlich verwundet ist, ersticht er in letzter Empörung den König und vollendet so die seine Ziele nicht mehr fordernde Rache. Ein dramaturgischer Fortschritt dieses Plots gegenüber *The Spanish Tragedy* und *Titus Andronicus* war es vor allem, die Tendenz des Motivs zur Mehrphasigkeit dadurch zu überwinden, dass die Handlung den die Rache auslösenden Mord bereits voraussetzt und daher ganz auf den Vollzug der Rache konzentriert werden konnte.

Diesen Vorteil machte sich J. MARSTON (*Antonio's Revenge* 1599) zunutze. Diese Fortsetzung eines vorangegangenen Dramas bringt alle bis dahin aufgestauten Untaten des nun mit seinem wahren Charakter auftretenden Schwiegervaters des Titelhelden, der auch diesen zu beseitigen plant und von dem erst im dritten Akt erscheinenden Geist als Mörder von Antonios Vater dekuvriert wird. Marston kombinierte die Motivvarianten in *The Spanish Tragedy*, in *Titus Andronicus* und in *Hamlet*. Von *The Spanish Tragedy* übernahm er die Koppelung zweier Rächer für zwei verschiedene Morde, von *Hamlet* die Konstellation, dass der Mörder die Frau des Ermordeten begehrt und gegen dessen Sohn intrigiert. Die Bedrohung des Helden – das ist neu – wird durch Antonios Liebe zur Tochter des Kriegsgegners und späteren Mörders seines Vaters herbeigeführt, er verpasst wie Hamlet die Gelegenheit, diesen niederzustechen, und erst in Zusammenarbeit mit einem zweiten Rächer, der seinen Sohn rächt, gelingt die Vergeltung von Mord mit Mord. Auch das Motiv der gespielten Geisteskrankheit wurde von *Titus Andronicus* und *Hamlet* übernommen. An Marstons Drama ist zu erkennen, dass im Wesentlichen die Mischung der Effekte das Weiterleben des Blutrache-Motivs bestimmte, nicht ethisches Abwägen und die Kritik am Rachedenken, die im *Hamlet* zum Ausdruck gebracht worden waren.

Die Verwendung des Blutrache-Motivs hielt – mit langsam verblassendem Reiz – bis gegen die Mitte des 17. Jahrhunderts an, als der Hang zur Darstellung von Affekten zwecks Erregung von Affekten dem hervortretenden Leitbild des durch Vernunft gezügelten Menschen erlag. Nach 1600 bewegten sich die meisten englischen Rachedramen auf der Linie der gehäuften Affekte. Einen antispanischen Akzent prägt Th. DEKKERS *Lust's Dominion* (1600) mit dem Mohren Eleazar, der die ganze spanische Aristokratie der Rache für den Tod des Vaters und die eigene Gefangensetzung opfern will. Bei Th. CHETTLE (*Hoffmann or a Revenge for a Father* 1602) wird nicht einmal mehr ein unrechtmäßig ermordeter Vater, sondern ein gesetzmäßig hingerichteter Pirat von seinem Sohn an mehreren Fürsten gerächt, bis die Liebe zu einer Frau, die er zur Vertuschung seiner Mordtaten gleichfalls umbringen müsste, die Tat des Rächers verzögert, sodass ihn diese Frau schließlich auf die gleiche Weise umbringt, wie er ihren Sohn umgebracht hat. Vendice (C. TOURNEUR, *The Revenger's Tragedy* vor 1607) rächt unter Beistand seines Bruders den Tod seines Vaters und seine mit Gift umgebrachte Braut an dem schuldigen Herzog sowie die versuchte Verführung seiner Schwester an dessen Sohn; Vendice und sein Bruder sterben danach willig, da sie ihre Rache erfüllt haben. Maximus (J. FLETCHER, *Valentinian* 1610/14) will den Kaiser, der seiner Frau nachstellt, töten und dafür zuerst seinen kaisertreuen Freund Aecius aus dem Weg räumen, der seine Absicht verhindern will. Er verdächtigt Aecius bei Valentinian, der diesen daraufhin hinrichten lässt, und hat nun ein neues Motiv, gegen Valentinian vorzugehen, nämlich den Freund zu rächen, doch kommen ihm dabei zwei junge andere Freunde des Hingerichteten zuvor. Seine anfängliche Absicht, nun dem Toten nachzusterben, wird von seinem Ehrgeiz durchkreuzt; er besteigt den Thron und will Valentinians Witwe heiraten, die ihn jedoch vergiftet. Auch hier ist die Mischung von Zügen aus *The Spanish Tragedy* und aus *Hamlet* deutlich. Wie bei Kyd entwickelt sich der Held aus einem Ehrenmann zu einem Unhold, und auch die mehrphasige Struktur hat sich durchgesetzt, denn erst der dritte Akt gehört der Rache. An die schon davor entstandene Tragödie *Gorboduc* schließt sich FLETCHER mit *The Bloody Brother* (1616/24) an. Der brudermörderische Usurpator des Throns wird zwar nicht von Mitgliedern der eigenen Familie umgebracht, aber seine Schwester unterstützt die Absichten einer anderen Frau, die sich an dem Tyrannen als dem Mörder ihres Vaters rächt; die Strafe einer Verbannung ins Kloster nimmt die Rächerin aufrecht und stolz hin. Nicht nur das Motiv der verfeindeten → Brüder, sondern auch die Koppelung privater Rache mit politischer → Verschwörung und mit Umsturz stammt aus *Gorboduc* und hatte schon zuvor G. PEELES Drama *The Battle of Alcazar* (1589) befruchtet, in dem jedoch die politischen Motive Haupthandlungsträger waren. Zwei gegeneinander gerichtete Rachehandlungen als Hauptmotive, weitere Rachehandlungen als Nebenmotive charakterisieren das späte Drama von W. HEMINGE (*The Fatal Contract* 1628 bis 1630). Eine schurkische Königin und eine edle, als Mann verkleidete Rächerin, die aber dann auch zum Racheungeheuer wird, arbeiten gegeneinander und vernichten gegenseitig ihre Angehörigen. Wie Bel-Imperia in *The Spanish Tragedy* will Rosaura (J. SHIRLEY, *The Cardinal* 1641) ihren Bewerber den Tod eines früheren Geliebten rächen lassen. Diesem gelingt zwar die Rache, aber kurz zuvor hat die Gegenpartei Rosaura tödliches Gift verabreichen können; der Rächer nimmt sich das Leben. Auch das Motiv des Wahnsinns und der lange Anlauf bis zur eigentlichen Rache scheinen hier wieder auf.

In anderen Rachedramen der späteren Zeit traten die einer Blutrache entgegenwirkenden Kräfte hervor, die im *Hamlet* immanent gewesen waren. In *The Malcontent* (1604) von J. MARSTON entschließt sich Malevole, keine Rache an dem Räuber seines Throns zu nehmen, und J. MASON (*The Turc* 1607/08) präsentierte eine Skala von Verhaltensweisen: den von Beginn an schurkischen Rächer, den Tugendhaften, der zum Rächer wird und seinen Tod verdient, und den Edlen, der die Rache dem Himmel überlässt und belohnt wird. Am deutlichsten bezieht C. TOURNEUR mit *The Atheist's Tragedy* (1611) Stellung. Zwar mahnt auch hier der Geist des Vaters den unwissenden Sohn zur Rache an dem Mörder-Onkel. Der Rächer zeigt sich versöhnlich gegenüber dem Sohn des Mörders, der dann wiederum ihn aus der Gefangenschaft befreit, und der Mörder, dessen anfängliche Erfolge sich in gegen ihn selbst gerichtete Zerstörung verwandeln, bereut, bittet für den unschuldig angeklagten Rächer und gibt sich selbst den Tod: »Patience is the honest man's revenge.« Der zweite Teil der Bussy-d'Ambois-Tragödie von CHAPMAN (*The Revenge of Bussy d'Ambois* 1613) stellt die Rache des von der Schwester angestachelten Bruders Clermont dar, dessen Gewalttat aber den falschen Mann trifft, der sich noch sterbend mit ihm versöhnt. Clermont ist unter dem Eindruck seines folgenreichen Irrtums zu sterben bereit, zumal er die unabdingbare Rache für seinen Freund Guise nicht vollstrecken kann. Das Motiv der missgeleiteten Rache wurde auch von CHAPMAN in *Alphonsus* und von TOURNEUR in *The Atheist's Tragedy* verwendet. Während *The Maid's Revenge* (J. SHIRLEY 1626) das Gebot der Freundestreue gegen das der Rache für den beleidigten Vater ins Feld führt, das aber gegenüber dem Rachegebot genauso wenig standhalten kann wie die Liebespflicht der Schwester gegenüber dem Bruder, ist in H. KILLIGREWS *The Conspiracy* (1638, unter dem Titel *Pallantus and Eudora* 1653) das Motiv der Rache des Sohnes für den Vater wieder in eine Verschwörung eingebaut und das Rachedenken schließlich durch die Großmut der Charaktere überwindbar.

Um die gleiche Zeit ordnete der Spanier CALDERÓN (*La devoción de la cruz* 1634) das Rachedenken dem Gebot der Vergebung unter. Der Vater, der die Ehre der Tochter und den Tod seines Sohnes rächen will, erkennt in seinem sterbenden Opfer seinen zweiten Sohn und auf dessen Brust das Kreuz, das Vergebung hätte lehren sollen. Sowohl in *Le Cid* (1636) als auch im *Cinna* (1640) P. CORNEILLES wird zwar den Ehrvorstellungen der Zeit Genüge getan, die über die Liebe auch in den Seelen der Heldinnen Chimène und Emilie siegt, aber am Ende tritt der Rachegedanke hinter Versöhnlichkeit zurück. Rodrigue in *Le Cid* rächt die Ehre seines Vaters und tötet dadurch den Vater der Geliebten, und Chimène wiederum verlangt den Kopf des Geliebten als Rache für den Vater, aber aller Stolz und Blutdurst können die Liebe zu Rodrigue nicht auslöschen, die eines Tages ihre Erfüllung finden wird. Noch deutlicher wird in *Cinna* die Rachepflicht, der Emilie für den Tod ihres Vaters nachgeht und die ihr Geliebter Cinna willens ist, durch Tötung des Kaisers zu erfüllen, durch Humanität überwunden. Der wegen der Verschwörung in seinem Glauben an die Menschen tief erschütterte Monarch ringt sich zur Verzeihung durch, der alle Rachegedanken der anderen erliegen.

Eine nochmalige kurze Blüte erlebte das Blutrache-Motiv in der Epoche des deutschen Sturm und Drang, die eine ähnliche Vorliebe für überhitzte Affekte hatte wie das Drama der Shakespeare-Zeit und auch von Shakespeareschen Motiven angeregt wurde. F. M. Klinger verwandte das Motiv in drei seiner Dramen. Der alte Guelfo (*Die Zwillinge* 1776) rächt seinen ermordeten Sohn Ferdinando an dessen Bruder, seinem zweiten Sohn Guelfo. Im Gegensatz zu der verwandten Situation in dem Drama *Julius von Tarent* von Leisewitz, bei der dem alten Fürsten das Richteramt zukommt, handelt es sich hier um Blutrache; des alten Guelfo Rachetat gilt allerdings zugleich der Familienehre, da der Sohn sonst von Henkers Hand fallen müsste. In *Sturm und Drang* (1777) ist eine typische Rache-und-Gegenrache-Handlung entwickelt, deren erster Teil allerdings vor Beginn des Stückes liegt. Das Haus der Familie Berkley in England ist eingeäschert und der alte Berkley verbannt worden. Die Familie glaubt, dass daran die benachbarten Bushys schuld sind, und der Kapitän Berkley hat deshalb den alten Bushy auf offenem Meer aussetzen lassen. Als er nun mit dem jungen Harry Bushy in Amerika zusammentrifft, fordert ihn dieser zum → Duell, eine im Verhältnis zum Verbrechen des Kapitäns ehrenhafte Form der Rache. Doch durch das Erscheinen des für tot gehaltenen Lord Bushy kommt eine Versöhnung zustande, denn er kann erklären, dass er an der Verheerung des Hauses Berkley und der Verbannung keine Schuld hat. In dem Fragment gebliebenen *Pyrrhus* nimmt Machaon Rache an dem Feldherrn Pyrrhus für die Ermordung seines Bruders, der seinerseits wieder hatte Pyrrhus vergiften wollen. Die Rache hat Machaon von langer Hand vorbereitet – ein alter Zug des Renaissancedramas –, er ist Arzt und Alchemist geworden, um ein Gift für seinen Feind zu finden. Maler Müller (*Golo und Genoveva* 1776) flicht in die Golo-

Genoveva-Handlung eine Nebenhandlung ein, in der die beiden Brüder des Rheingrafen Karl, den Golo im gottesgerichtlichen Zweikampf getötet hat, ihre Vergeltungsabsichten verfolgen. Nach der Aufklärung des Verbrechens an Genoveva überlässt Pfalzgraf Siegfried Golo ihrer Rache. Aber der Anblick des reuigen und um Verzeihung bittenden Golo lässt sie von ihrer Absicht Abstand nehmen: »Geh deines Weges, Gott wird dich finden.« Golo stürzt sich in sein Schwert. J. M. R. LENZ richtete seine Rächergestalt in der *Sizilianischen Vesper* (1782) stark an *Hamlet* aus. Prinz Carlos Xaver von Aragonien will den von Karl von Anjou hingerichteten Staufer Konradin am Haus Anjou rächen, führt aber durch sein hamletisches Zaudern eine Katastrophe herbei. Erst als der Tyrann vor seinen Augen die eigene Tochter Isabella, die ihren Bruder verraten hat und die von Carlos geliebt wird, tötet, greift Carlos zur Waffe und durchbohrt den unmenschlichen Vater. Der Dichter setzt seine »edle Rache«, die nicht auch die unschuldige Bevölkerung treffen soll, gegen die unedlen Rachepläne der sizilianischen Rebellen ab; auch dieses Bemühen ist schon im 17. Jahrhundert mehrfach zu verzeichnen.

Mit der immer größeren Entfernung von Gefühlen und Vorstellungen, die dem Vollzug der Blutrache zugrunde liegen, wurde zugleich das Motiv in der europäischen Literatur immer seltener. Es findet sich seit dem 19. Jahrhundert nur noch in historischen und exotischen Stoffen. Lord BYRON (*The Two Foscari* Tr. 1821) zeigte an einem venezianischen Stoff den tödlichen Hass zweier Familien, die sich gegenseitig auslöschen. Der Senator Loredano rächt den an seinem Vater und seinem Onkel verübten Giftmord am Sohn des Dogen Foscari, der die Morde veranlasste, durch Verbannung, die den Tod zur Folge hat, und dann an dem Vater selbst, der von ihm zum Rücktritt gezwungen wird und dem Sohn nachstirbt, als die Glocke von San Marco die Wahl seines Nachfolgers verkündet. V. HUGOS → Outlaw *Hernani* (Dr. 1830) überwindet seine Rache- und Verschwörerabsichten gegenüber Karl V., dessen Vater Hernanis Vater tötete, und gelangt wieder in den Besitz seiner ererbten Würden. Unerlässlich ist der Hinweis auf die von N. GOGOL' erzählte Geschichte des Kosakenobersten *Taras Bul'ba* (1835), der für den Verlust seiner beiden Söhne blutige Rache an den polnischen Unterdrückern nimmt und ungebrochen auf dem Scheiterhaufen dafür stirbt. C. F. MEYER (*Jürg Jenatsch* R. 1874) stellte in dieses Geschichtsbild aus der Schweiz des Dreißigjährigen Krieges mit Lucrezia Planta eine Rächerin heroischen Stils, die ihren aus politischen Gründen ermordeten Vater an seinem Mörder Jenatsch rächt, den sie liebt. Auch hier braucht die Rache lange Jahre, und Jenatsch erliegt ihr, als er sein Vaterland befreit hat und sich zum Tyrannen zu entwickeln droht; Lucrezia erschlägt ihn mit dem Beil, durch das ihr Vater fiel, und kommt damit politischen Gegnern zuvor. C. F. MEYER gab dann in der Ballade *Die Füße im Feuer* ein eindrucksvolles Beispiel für die Überwindung der Rache. Ein Beamter des französischen Königs kehrt nach Jahren, ohne es zunächst zu merken, auf einem Schloss ein, auf dem er früher anlässlich einer Hugenottenverfolgung die Hausherrin zu Tode folterte, als sie den Aufenthalt ihres Mannes verschwieg. Nachdem er eine Nacht der Angst verbracht hat, findet er am nächsten Morgen einen durch den inneren Kampf veränderten Gastgeber, der auf die Rache verzichtet hat: »Mein ist die Rache, redet Gott.« F. HOCHWÄLDER benutzte den Stoff für ein Drama (*Donadieu* 1953), das den Verzicht auf Rache auf die Gegenwart und das Problem der Kriegsverbrecher bezieht. Zurück in die gleiche Epoche der Gegenreformation führt und mit der gleichen Tendenz schließt K. SCHÖNHERRS *Glaube und Heimat* (1910): Der Bauer Rott, dessen Sohn auf der Flucht vor dem Schergen der Gegenreformation eben im Mühlbach den Tod gefunden hat, will den Reiterführer töten, aber reicht ihm in Gedanken an das christliche Gebot versöhnlich die Hand und gewinnt ihn dadurch für eine humanere Auffassung der Glaubensstreitigkeiten. An die altspanische Tradition der Ehre-und-Rache-Dramen knüpfte J. ECHEGARAY Y EIZAGUIRRE mit *La esposa del vengador* (1874) an. Aurora, die erblindete, als ihr Vater im Duell fiel, hat sich in Carlos als Geliebten und Rächer gerade den für sie nicht mehr erkennbaren Mörder ihres Vaters erwählt; als sie das Augenlicht wiedererhält, verzeiht sie ihm zwar, aber er, der lügnerisch ihren Vater zu rächen versprochen hatte, sucht den Freitod.

Mit einem seinerzeit bewunderten Instinkt für einen wirkungsvollen Stoff stieß P. MÉRIMÉE (*Colomba* Nov. 1840) auf das damalige Korsika, wo die Vendetta noch lebendig war. Orso della Rebbia kehrt in die Heimat zurück, in der inzwischen sein Vater ermordet wurde, und findet eine an Elektra gemahnende Schwester, die von ihm die Rache an den Familienfeinden glühend erwartet. Zuerst sich gegen die Zumutung sträubend, verfällt er unter dem Einfluss Colombas dem heimischen Denken, tötet die beiden Söhne der feindlichen Familie und flieht. Es gibt jedoch Zeugen dafür, dass er unter dem Zwang der Selbstverteidigung handelte, und er kann freigesprochen werden. In die Nähe des Kolportagehaften entglitt dem

Autor O. LUDWIG die Rachetat seines Erbförsters (*Der Erbförster* Dr. 1850), der in der Absicht, den Mörder seines vermeintlich getöteten Sohnes zu erschießen, die eigene Tochter trifft. Dagegen wiederholte die heiter-zeitgenössische, aber doch am Rande der Zivilisation angesiedelte Bekehrung des Kapitäns Brassbound (G. B. SHAW, *Captain Brassbound's Conversion* Dr. 1900) die schon vom englischen Drama des 17. Jahrhunderts ausgesprochene These von der Überwindung der Rache. Der Richter Sir Howard Hallam hat seinem Bruder in schwieriger Situation die Hilfe verweigert; er hat ihn aus England weggehen lassen und seine zurückgebliebene Frau misshandelt. Er fällt nun in Marokko in die Hände des ihm unbekannten Sohnes seines Bruders, der ein Schmuggelkapitän geworden ist und grimmige Rache nehmen will. Aber eine alte naive und energische Lady macht Brassbound zum Menschen, indem sie ihn von dem Gedanken an seine unglückliche Mutter und von dem Rachedenken befreit, das sein Lebensinhalt geworden ist.

Im Roman des türkischen Autors Y. KEMAL (*Memed, mein Falke* 1953) wird der schon früh vater- und heimatlos gewordene Memed in einen Mordfall verstrickt, durch den ihm jahrelange Landflucht und Verfolgung drohen. Erst mit ergrauendem Haar kann er seiner Rachepflicht genügen. Mit drei Pistolenschüssen tötet er seinen Feind, um dann im Nirgendwo einer schwarzen Wolke zu verschwinden.

L. Winckler, Über die Blutrachetragödie in der elisabethanischen Literatur, Diss. Halle 1907; F. T. Bowers, Elizabethan Revenge Tragedy, Princeton 1940; H. Beese, Die Rache als Motiv und Problem im Drama des Sturms und Drangs, Diss. Hamburg 1960; R. Zacharias, Die Blutrache im dt. Mittelalter, bes. in und nach der Zeit des Nibelungenliedes, Diss. Kiel 1961; A. S. Gérard, The Loving Killers – The Rationale of Righteousness in Baroque Tragedy, (Comparative Literature Studies 2) 1965; E. Prosser, Hamlet and Revenge, Stanford/London 1967; D. Barthelemy, La vengeance 410–1200, Paris 2006.

Brautfahrt, Brautwerbung → Fernidol, Das heimgeholte; Freierprobe

Brautraub → Frauenraub, Frauennötigung; Fernidol, Das heimgeholte; Freierprobe

Brudermord, Bruderzwist → Brüder, Die verfeindeten

Brüder, Die verfeindeten

Nach alter Anschauung sollten Kinder der gleichen Eltern ein besonders inniges Verhältnis zueinander haben. Von ihr zeugen auch die sogenannte Blutsbrüderschaft, die ein symbolischer Akt zwischen blutsfremden, jedoch befreundeten Menschen stiften will, sowie die Bezeichnung Brüderlichkeit für eine erstrebenswerte Haltung des Menschen zum Mitmenschen. Wenn schon in der Frühzeit Mythos und Literatur häufiger sowie eingehender als etwa den → Vater-Sohn-Konflikt Gegensätze bis zu Feindschaften zwischen Brüdern darstellten, deren Unversöhnbarkeit moderne Erkenntnisse über vererbte unterschiedliche Anlagen vielleicht erklärlich machen, so bestätigten sie den Zwist zwischen Brüdern als einen unnatürlichen, sündhaften und verbrecherischen. Derjenige zwischen Halbbrüdern dagegen, vor allem zwischen legitimen Söhnen und ihren Bastardbrüdern, war entschuldbar, und diese Auffassung wirkte sich bis in die jüngste Vergangenheit hinein auf die künstlerische Motivierung so mancher Bruderfeindschaft aus. Nachsichtig beurteilt zeigt sich in frühen Literaturen auch eine Feindschaft zwischen Zwillingen, die vielfach als schlechtes Omen und als augenscheinlich gewordene Untreue einer Ehefrau galten. Sagenhafte Zwillingspaare wie Amphion und Zethos oder Romulus und Remus wurden offenbar im Hinblick auf eine Art → Gottesurteil ausgesetzt, das fallweise auch die Ebenbürtigkeit bekräftigte, indem es legitime Söhne überleben ließ. Für die Entwicklung des Motivs war förderlich, dass der Gegensatz der Charaktere durch die Rechte des Erstgeborenen sowie durch den Kampf um Besitz oder Herrschaft verschärft und der Konflikt durch konkurrierendes Werben um die Zuneigung der Eltern, durch deren Parteinahme für oder gegen eines der Kinder, schließlich auch durch die → Nebenbuhlerschaft der Brüder als Bewerber um die gleiche Frau gesteigert werden konnte.

Im Mythos der Ägypter besiegt Seth seinen erstgeborenen Bruder Osiris und wirft die Glieder des zerstückelten Leichnams in den Nil. Der griechische Mythos (Hesiod, *Werke und Tage*um 700 v. Chr.) verknüpfte das eben erst entstehende Menschengeschlecht mit zwei ihm übergeordneten ungleichen Brüdern, dem »vorausdenkenden« Halbgott ↑ Prometheus und dem »nachträglich erkennenden« Epimetheus. Während ↑ Pandora von Prometheus als verführerisches, unheilvolles Werkzeug göttlicher Rache abgewiesen wird, nimmt Epimetheus sie als Ehefrau an und ermöglicht so, dass sie durch Öffnen des gefährlichen Pithos Unglück über die Menschen bringt.

Wird in diesen Titanenbrüdern ein Gegensatz sichtbar, ohne in Feindschaft und Kampf auszuarten, so offenbart sich der auf den Tantaliden lastende Fluch besonders grauenvoll gerade im Bruderhass. Denn der Streit des ↑ Atreus und Thyestes (SOPHOKLES und EURIPIDES, Tr.-Fragmente; SENECA, *Thyestes* Tr. Mitte 1. Jh. n. Chr.) um die Herrschaft in Argos weitet sich zu persönlicher Kränkung durch den Ehebruch des Thyestes mit der Frau seines Bruders sowie zu der abstoßenden Rache des Atreus aus, der nach dem Anschlag auf sein Leben durch seinen, von dem Bruder heimlich aufgezogenen Sohn die Kinder des Thyestes hinschlachtet und ihrem Vater zum Mahl vorsetzt. Während hier Opfer des Haders andere werden und die Brüder persönlich am Leben bleiben, endet der Kampf der beiden Söhne des ↑ Ödipus, des Eteokles und des Polyneikes, um die Herrschaft bei der Entscheidung durch das Anrücken der ↑ Sieben gegen Theben mit gegenseitiger Tötung, die zugleich den Untergang des Geschlechts besiegelt. Bei seiner Gestaltung des Stoffs ließ AISCHYLOS (*Sieben gegen Theben* Tr. 467 v. Chr.) nur einen der verfeindeten Brüder, Eteokles, auftreten und als den Verteidiger der Vaterstadt aller Sympathie sicher sein. EURIPIDES dagegen, der den ursächlichen Zusammenhang zwischen dem Fluch des Vaters und dem Streit der Brüder herauszuarbeiten trachtete (*Die Phoinikerinnen* Tr. um 410 v. Chr.), zeichnete Polyneikes um einen Grad versöhnlicher und einnehmender als den seine Herrschaft trotzig verteidigenden Eteokles. Nachdem dann SENECA in seiner Nachgestaltung (*Phoenissae* Tr., nur Bruchstücke erhalten) beide an dem Erbe leidenden Brüder als unsympathische Charaktere darzustellen gesucht hatte, erschien im Epos *Thebais* (92 n. Chr.) des STATIUS Polyneikes wieder mit gewinnenden Zügen als wohl erster am Beginn der weiteren Entwicklung zum veredelten Polyneikes. Wie bei den griechischen Brüderpaaren gilt der hemmungslose Streit der im Tiber ausgesetzt gewesenen Zwillinge Romulus und Remus nach ENNIUS (239–169 v. Chr.) und Livius (*Ab urbe condita* etwa 26 v. Chr.) persönlichem politischem Ehrgeiz: Romulus erschlägt Remus im Zorn, als dieser zum Spott über die Mauer der erst kürzlich von Romulus auf dem Palatin gegründeten Stadt hinwegspringt.

Schon das antike Lustspiel hat die verzeihlichen Eigenheiten von Brüdern aufgespürt und zu nutzen gewusst. Die einem Werk des Atheners MENANDROS (4./3. Jh. v. Chr.) von dem aus Karthago stammenden Publius TERENTIUS AFER nachgestaltete Komödie *Adelphoe* (160 v. Chr.) demonstriert an zwei unterschiedlich vom Vater und Vatersbruder, einem Bauern und einem urbanen Junggesellen, erzogenen Brüdern die unvergröberten Ergebnisse von strenger und von liberaler Pädagogik. Zum Teil hieran mittelbar anknüpfend hat P. de LARIVEY mit *Les Esprits* (Kom. in Prosa 1579) das Thema variiert, das dann auch A. HURTADO DE MENDOZA (1586–1644) mit *El marido hace mujer y el trato muda costumbre* und MOLIÈRE mit *L'Ecole des maris* (Kom. 1661), dieser wieder wie Terenz, jedoch am Beispiel zweier Schwestern, behandelt haben.

Varianten des Motivs der verfeindeten Brüder ergaben sich in keltischer und germanischer Frühzeit. In dem epischen Gedicht *The Cattle-Raid of Cooley* (8. Jh.) tötet der Held Cu Chulain seinen Pflegebruder Ferdiad als Opfer einer Schlacht. Die Gudrun im *Hamdirlied* der *Edda* zwingt ihre beiden Söhne, die an ihrer ehebrecherischen Halbschwester Swanhild durch ihren Gatten Jörmunrek vollzogene Todesstrafe an diesem zu rächen. Ein außerehelicher Sohn ihres Vaters, den sie unterwegs treffen und verspotten und, als er ihnen seine Hilfe anbietet, erschlagen, fehlt ihnen später zum Gelingen der Rache an Jörmunrek, sodass sie umkommen. In dem *Hunnenschlachtlied*, das in die *Hervararsaga* eingebaut ist, fordert der als Sohn einer Hunnenprinzessin geborene Hlǫdr von seinem Halbbruder, dem Ostgotenkönig Agantyr, die Hälfte des Erbes. Agantyr ist bereit, dem am Hunnenhof erzogenen Widerpart Gut und Mannen abzutreten, aber nicht Land von seinem Land. Der nun zu gewaltsamer Besitzergreifung mit hunnischer Macht einfallende Hlǫdr wird besiegt und fällt im Zweikampf mit Agantyr. Obgleich die Verachtung des Hunnenbastards durch die Goten in der Bezeichnung »Sohn einer Magd« zum Ausdruck kommt, verdrängt sie nicht die Erkenntnis einer Unvereinbarkeit dieser Tat mit Bruderschaft: »Ein Fluch traf uns, Bruder, dein Blut hab ich vergossen! Nie wird das ausgelöscht – Unheil schuf die Norne.« Eine ähnliche Haltung spricht aus der *Ásmundar saga kappabana*. In ihr steht der alte ↑ Hildebrand, dessen tödlicher Zweikampf mit dem eigenen Sohn hier Vergangenheit ist, seinem in Schweden aufgewachsenen Halbbruder Ásmund als Feind gegenüber und bittet, als er fällt, sterbend: »Du sollst mich hüllen in deine Kleider, wie wenige tun dem, den sie töten.« Auch die geschichtliche Überlieferung kennt ein germanisches Brüderpaar, das in gegnerischen Lagern kämpft: Als eine dem ↑ Arminius-Stoff zugehörige Gestalt hat Flavius, der im römischen Heer seinem Volk gegenübertretende Bruder des Arminius, Anteil an mehreren dichterischen Behandlungen des Stoffs.

Für die christliche Welt erwies die *Bibel* mit der Erzählung von ↑ Kain und Abel (*Genesis* 4,1–16) den Bruderhass als eine Ursünde, die den Menschen von Gottes Gnade scheidet, und den Brudermord als ein Verbrechen, das durch Ausstoßung des Täters aus der Gemeinschaft mit Gott und den Menschen geahndet wird. Die Feindschaft der Söhne von ↑ Adam und Eva erwächst aus dem Gegensatz ihrer Charaktere, dem die Verschiedenheit ihrer Berufe entsprechen dürfte, und endet im Mord aus Neid auf die Gunst Jahwes, der nur Abels Opfer annahm. Jüdische und mohammedanische Legenden fügten die → Nebenbuhlerschaft in der Liebe zu derselben Frau hinzu, und die Kirchenväter verabsolutierten den beschriebenen Gegensatz zu demjenigen von Gut und Böse. Das durch den Protestantismus aufgewühlte 16. Jahrhundert, das die Vorstellung von den ungleichen Kindern Evae sowohl mit ernstem als auch mit heiterem Sinn variierte, fand in Kain den Ungläubigen und Zweifler, in Abel dagegen den Musterknaben der »Knabenspiegel« vorgeprägt und exemplifizierte an den Brüdern sogar den Gegensatz zwischen altem und neuem Glauben. Das schematische Nebeneinander eines schroffen älteren und eines sanften jüngeren Bruders wiederholt sich im *Alten Testament* mehrfach. Der unüberlegt handelnde Jäger Esau wird von seinem durch Häuslichkeit bedachtsam gebliebenen Zwillingsbruder Jakob übervorteilt und um den väterlichen Segen gebracht; der Rache Esaus entzieht sich Jakob durch Flucht, bis ihm sein Bruder verzeiht (*Genesis* 25,27ff.). Der von seinem Vater Jakob besonders geliebte junge ↑ Joseph wird (*Genesis* 37ff.) von seinen neidischen Brüdern in die Sklaverei verkauft und rächt sich dafür später mit demütigender Vergeltung, der er aber die Vergebung folgen lässt. Auch die neutestamentliche Parabel vom verlorenen ↑ Sohn (*Lukas* 15,11–32) bot zu literarischer Verwendung diese Motivvariante des von seinem jüngeren Bruder aus der Liebe des Vaters verdrängten älteren Sohnes an, und sie erwartet darüber hinaus die Einsicht, dass der heimgekehrte reuige Sünder dem Vater nicht weniger gilt als ein untadeliger Sohn. Dass Bruderhass und Brudermord einhellig als Kennzeichen des ungewöhnlich Bösen verstanden wurden, bestätigt die von Jacobus de Voragine in der *Legenda aurea* (um 1270) festgehaltene *Judaslegende*, nach der ↑ Judas Ischarioth, der wegen einer unheilvollen Prophezeiung ausgesetzt und von einer Königin an Kindes statt aufgezogen worden ist, den später geborenen echten Sohn seiner Ziehmutter aus Neid auf dessen gute Eigenschaften erschlägt. Die Handlungsweise des Pilatus gegenüber ↑ Jesus wurde mit dem Vorleben in ähnlicher Art von der *Pilatuslegende* begründet, nach der Pilatus der Sohn eines Königs und einer Magd war und seinen legitimen Bruder, dessen höhere Herkunft seinen Neid erregte, ermordete. Die deutsche Fassung der Legende entwirft von Pilatus ein freundlicheres Bild. Hier ist der legitime Halbbruder zwar durch Geburt überlegen, aber an erworbenen Tugenden weit ärmer als Pilatus, und er fällt, als es auf der Jagd zwischen beiden zum Streit kommt, in einem von Pilatus ritterlich geführten Kampf. Aus dem biblischen Stoffvorrat entwickelte sich im Mittelalter sogar eine heitere Variante des Motivs der verfeindeten Brüder: die Streitgespräche zwischen ↑ Salomon und Markolf, bei denen die Weisheit des Königs durch den Mutterwitz des Halbbruders ad absurdum geführt wird.

Die ritterlich-höfische Literatur sah in einer untilgbaren Sünde kein attraktives, sondern allenfalls ein der Abschreckung dienliches Motiv. Renaissance und Barock mit ihrer Neigung zu schroffen Schwarzweißzeichnungen und ihrer Anprangerung des Bösen mittels Darstellung des Bösen entstellten den vorgeformten Zwist durch das in ihn verwobene Motiv der → Blutrache und durch die kompliziertere Anlage der Charaktere sowie der Handlung zu einer oft unübersichtlichen Häufung von Gräueltaten. Folgenreich war dabei die Auffassung, dass die Sünde des Brudermordes zugleich gegen das Vierte Gebot verstoße, indem sie nicht nur Gottes Ebenbild zerstöre, sondern das Blut vergieße, das Brüder von ihren Eltern erhalten haben und mit ihnen teilen. Vor allem spanische und englische Dramen spannen das Motiv aus, und mit Abstand folgten Werke von Autoren Frankreichs und Deutschlands.

In den meisten dieser Werke, besonders den englischen, streiten die Brüder um Macht und Besitz. Lope de VEGA (1562–1635) hat den Brudermord in mehreren Dramen um den kastilischen König ↑ Pedro den Grausamen dargestellt, dessen Gräueltaten, darunter die Ermordung seines Bruders Fadrique, den anderen Bruder Enrique als Rächer und Vollstrecker einer höheren Gerechtigkeit auf den Plan rufen (*Lo cierto por lo dudoso* 1630, *La Carbonera* 1635). Das vielleicht auch von Lope verfasste Drama *El Rey Don Pedro en Madrid* (1633) wurde von MORETO zu *El valiente justiciero* (1657) umgearbeitet. Außerdem ergab das Motiv der feindlichen Brüder eine tiefsinnige Variante, wenn ein von seinem älteren Bruder um Anspruch auf Erbe und Haus betrogener Don Alonso (Lope, *Las flores de Don Juan*) es durch Fleiß und Heirat zu Reichtum bringt und sich durch Wohltaten an diesem Bruder rächt, der sich inzwischen durch Spiel ruiniert hat. F. de ROJAS ZORRILLA (*El Caín de Cataluña* um 1640) erfand einen zweiten »Cain«, der aus Missgunst den von den Eltern geliebten Bruder ermordet und, obgleich ihm sein gräflicher Vater Gelegenheit geben möchte, seine Seele zu retten, bei der Flucht von Soldaten des Vaters versehentlich erschossen wird, denen er sich nicht zu erkennen geben kann, da Gott den Brudermörder mit dem Versagen der Stimme bestraft.

Bereits das 1561 erschienene erste maßgebliche englische Humanistendrama, *Gorboduc, or Ferrex and Porrex* von Th. SACKVILLE und Th. NORTON, behandelte den Thronstreit zweier Brüder, der das Land ins Verderben stürzt, und verband damit das Motiv der jeweils einen Sohn bevorzugenden Eltern, sodass der König den Lieblingssohn als Brudermörder verfluchen muss, die Königin diesen von ihr ungeliebten Sohn aus Rache ermordet und das empörte Volk sein unwürdiges Königspaar erschlägt. Bei SHAKESPEARE ist das Motiv der verfeindeten Brüder so prävalent, dass ein Psychoanalytiker daraus Schlüsse ziehen könnte. Der Brudermord des machtbesessenen Richard (*King Henry the Sixth, Part III* 1591, *King Richard the Third* 1593) war geschichtlich vorgezeichnet, aber Shakespeare verdoppelte das Motiv in *As You Like It* (1599) gegenüber seiner Vorlage, dem Prosaroman *Rosalynde* (1590) von Th. LODGE, und das Bruderzwist-Motiv diente ihm in diesem Fall dazu, die positiv gezeichneten Personen nicht nur vor Verfolgung fliehen zu lassen, sondern sie auch dem Einfluss des Hofes sowie der Stadt zu entrücken und den reinigenden Mächten der Natur und der Liebe zuzuführen. Das unabhängig von der Quelle erfundene Motiv in *Much Ado about Nothing* (1598/99) führt, obgleich in lustspielhaftem Milieu angesiedelt, an die Grenzen der Tragödie, denn der von seinem Bruder geschlagene Don Pedro spannt ein Netz von Intrigen, um diesen Bruder in Ungnade zu stürzen. Das Schicksal des Prinzen ↑ Hamlet baut Shakespeare in seiner Tragödie (*Hamlet, Prince of Denmark* 1600/01) auf Eifersucht und Neid des königlichen Onkels auf, der den Bruder ermordete, um dessen Thron und Ehefrau in seinen Besitz zu bringen. Für sein Drama um Lear (*King Lear* 1604/05) ergab die Feindschaft des »Bastards« Edgar gegen seinen Halbbruder Edmund zwar nicht die Haupthandlung, aber doch eine wirkungsvolle Parallele zum Zentralgeschehen, und sie zeigt außerdem, wie der Erfolg seiner Intrige gegen den Bruder den Bösewicht ermutigt, gegen seinen Vater, seinen König und gegen Cordelia vorzugehen. Schließlich wurde der Bruderhass noch einmal zentrales Movens in *The Tempest* (1611). Alonso hat den Träumer und Forscher Prospero von Mailands Thron gestürzt und vertrieben, daher kann dieser eine späte, freilich sehr milde Rache nehmen. Das Werk, dem derselbe Zwist innerhalb des Hauses Habsburg zugrunde liegt wie der von GRILLPARZER vor

1848 geschriebenen Tragödie *Ein Bruderzwist in Habsburg* (1872), betont die Unbrüderlichkeit weit stärker als Grillparzer und endet entgegen der Geschichte mit der Rückgewinnung des Reiches.

C. TOURNEUR, der einen für alle Beteiligten tödlich endenden Bruderzwist zuerst für *The Revenger's Tragedy*(vor 1607) verwandte, stellte ihn noch einmal – verbunden mit dem → Blutrache-Motiv – bei *The Atheist's Tragedy* (1611) in den Mittelpunkt der Handlung. Der Atheist weiß durch gefälschte Nachrichten seinem Bruder ein Testament zu seinen Gunsten abzulocken und tötet ihn dann. In dem Drama *The Bloody Brother* (1616/24) führt J. FLETCHER – wie NORTON/SACKVILLE in *Gorboduc* – vor Augen, dass Brudermord den Staat in Gefahr bringt, da der Brudermörder, der aus Gewinnsucht die natürlichen menschlichen Bindungen zerstört hat, zu spät die Unmöglichkeit erkennt, der gerechten Strafe zu entgehen. Auf ähnlichem Weg gelangt über ein Verbrechen Abrahen in *Revenge for Honour* (um 1640) von H. GLAPTHORNE zur Krone, doch die Rache des seinem Anschlag entronnenen Bruders ereilt ihn, wie diesen wiederum die Rache einer verlassenen Frau, da eine Verknüpfung mit dem → Blutrache-Motiv auch hier vorliegt.

Feindschaft zwischen Brüdern als Folgeerscheinung einer von Kindheit an bestehenden Verschiedenheit und gegenseitigen Abneigung erwogen NORTON/SACKVILLE als Erklärung für Ferrex und Porrex, bei denen sie durch die Parteinahme der Eltern noch verstärkt wird. Sie ist auch der Antrieb zur Ermordung des Marcello durch seinen Bruder Flamineo in *The White Divel* (1612) von J. WEBSTER. Auch im Roman des Japaners Kenzaburō ŌE (*Der stumme Schrei* 1967) besteht die Feindschaft der Brüder Mitsu und Takashi schon von Kindheit an und ist von den vorhergehenden Generationen ererbt. Mitsu ist intellektuell, passiv, Takashi aktiv, in Kontakt mit der Natur, sein Aufstand mit einer Gruppe (um 1960) endet in Selbstmord. Durch politische Gegensätze zugespitzte charakterliche Verschiedenheit, die parteiische Zuneigung des Vaters sowie → Nebenbuhlerschaft in der Liebe zu derselben Frau bestimmen die Feindschaft der Brüder Pharnace und Xipharès in der Tragödie *Mithridate* (1673) von J. RACINE. Nach dem ↑ Verlorenen-Sohn-Schema, das er von HEINRICH JULIUS, Herzog VON BRAUNSCHWEIG-WOLFENBÜTTEL (*Der ungeratene Sohn* 1594) übernahm, zeichnete J. RIST (*Perseus* Tr. 1634) einen auf die Bravheit und Tüchtigkeit seines Bruders neidischen, in der Liebe mit ihm rivalisierenden Perseus, der aus Hass seine ganze Familie vernichtet. Abweichend von der üblichen Dramaturgie werden in *The Duchess of Malfi* (Dr. 1613/14) von WEBSTER die beiden Brüder der Herzogin aus Verbündeten zu Feinden, weil sie gemeinsame Schuld tragen und einer dem anderen misstraut, und so bringt der wahnsinnige Ferdinand seinem Bruder, dem Kardinal, eine tödliche Wunde bei.

Die erwähnte Motivvariante eines durch elterliche Bevorzugung gesteigerten Bruderzwistes bildet den zentralen Konflikt des Schauspiels *Los enemigos hermanos* von G. de CASTRO Y BELLVIS (1569–1631), das MORETO (*Hasta el fin nadie es dichoso*) bearbeitet hat, und hier bringt die Mutter den vom Vater begünstigten Sohn sogar um seine Ritterehre, indem sie erklärt, er sei unehelich geboren. Bezeichnender für die spanischen, aber auch französischen Bruderzwistdramen der Epoche ist jedoch die durch → Nebenbuhlerschaft, das rivalisierende Umwerben der gleichen Frau, gesteigerte Feindschaft (CALDERÓN, *De una causa dos efectos*). Der Dramatiker L. VÉLEZ DE GUEVARA (1579–1644) hat in *El amor en vizcaíno, los celos en francés y Torneos de Navarra* das Bruderzwist-Motiv mit der häufig eingeplanten Situation gekoppelt, dass die Liebe der Braut nicht dem Freier, sondern seinem Werber zufällt, denn da der Dauphin Carlos gegen seinen Bruder und seine Braut Verdacht schöpft, beide umbringen will, jedoch bei einem Turnier getötet wird, gelangt Filipo zu Braut und Thron. Von den englischen Autoren bediente sich der Motivvariante SHAKESPEARE im *Hamlet*, FLETCHER in *The Elder Brother* (1637), von französischen RACINE außer in *Mithridate* auch in dem den ↑ Nero-Stoff behandelnden *Britannicus* (1669), in dem der von Junia abgewiesene Nero den begünstigten Bruder vergiften lässt, während Neros Vermutung, dass der Bruder sein politischer Rivale ist, kaum zur Auswirkung gelangt.

Die berühmten drei Bruderzwistdramen für das Preisausschreiben des Theaterdirektors F. L. Schröder in Hamburg 1775 widerlegen nicht die sonst nur noch gelegentliche Verwendung des Motivs im Vergleich zu der Flut der einschlägigen Dramen zwischen 1560 und 1660. Gegenüber der Gewalt und Dämonie der Leidenschaften, die in der früheren Epoche oft bei beiden Brüdern hervorbrachen, kehrte das 18. Jahrhundert wieder zu der lehrhaften Typologie des bösen und des guten Bruders zurück, die zugleich böse und gute Söhne sind, und der moralisierenden Tendenz entspricht auch die häufige Beilegung des Konflikts als Abschluss von Dramen mit deutlich erkennbarer, sich kettenartig fortsetzender Abhängigkeit. In dem Lustspiel *L'Enfant prodigue* (1736) von VOLTAIRE, der das biblische Schema vom verlorenen Sohn nach- und zugleich ausbaute, liegt die größere Aktivität bei dem zu Hause gebliebenen jüngeren

Bruder, der nun nicht der brave Sohn, sondern eigentlich ein Schurke ist, der begehrlich auf das Erbe sowie auf die Braut des Bruders blickt und den schwächlichen Vater beherrscht. Der ältere Bruder kehrt zurück, tritt unerkannt in die Dienste des jüngeren, gibt sich der Geliebten zu erkennen und vereitelt alle geplanten Ränke. Das Lustspiel endet mit einer glücklichen Heirat und lässt den Intriganten ungestraft. Ein ähnlich empfindsames Gemälde feindlicher Brüder entwarf H. FIELDING in dem Roman *Tom Jones* (1749). Der Held, Ziehkind des Squire Allworthy und in Wirklichkeit ein – nicht eheliches – Kind von dessen Schwester, erscheint ebenfalls eine Zeit lang als eine Art verlorener Sohn. Er wird durch die jahrelangen Grausamkeiten und Verleumdungen des legitimen Sohnes seiner Mutter, mit dem zusammen er aufwächst, aus dem Hause getrieben, aber seine Unschuld sowie Herkunft stellen sich schließlich heraus, und er sieht sich beglückt durch das Mädchen, dessen sich der Halbbruder schon sicher zu sein glaubte. Vor Fieldings Roman entstand E. YOUNGS *The Brothers* (Dr. 1753), erst unter seinem Einfluss jedoch R. CUMBERLANDS gleichnamiges Schauspiel (1769). Das erstere, mit historischem Stoff, lässt politische und erotische Rivalität tragisch, das zweite eine nur erotische Nebenbuhlerschaft versöhnlich mit Besserung des feindseligen Bruders enden. Auch an R. B. SHERIDANS *The School of Scandal* (1777) ist Fieldings Konstellation wiederzuerkennen: Das Drama arbeitet auch mit dem Charaktergegensatz, der Rivalität, der nur scheinbaren »Verderbtheit« des »guten« Bruders und der Entlarvung sowie Beschämung des »bösen« Bruders. Schärfende Zutaten fand Ch. F. WEISSE in seinem Stück *Die Flucht* (1769) für das Schema: Ein schwächlicher Vater, der seine Söhne verkennt und im Höhepunkt ihrer Rivalität für den »bösen« Partei ergreift, bringt es dahin, dass dieser das umworbene Mädchen ersticht, löst dadurch den Selbstmord des besseren aus und bestraft in der Rolle des Richters schließlich den von ihm bevorzugten. Von den drei bei Schröders Preisausschreiben eingereichten Bruderzwistdramen ist das von einem unbekannten Verfasser stammende *Die unglücklichen Brüder* oder *Galora von Venedig* oder *Gianetta Montaldi* verschollen. F. M. KLINGER, der das Motiv schon in *Otto* (Dr. 1775) mit dem verstoßenen guten Karl und dem heuchlerisch-feigen Konrad verwandt hatte, legte in seinem als bestes Stück beurteilten Konkurrenzbeitrag *Die Zwillinge* (1776) den Akzent auf das Erstgeburtsrecht, um das der wilde Guelfo sich betrogen fühlt. Durch seinen nicht überzeugend motivierten Hass gegen den Bruder und durch seine Ausbrüche, die, wie so oft bei Klinger, nicht ganz verständlich sind, ist Guelfo zweifellos der »interessantere« Charakter, neben dem der brave Ferdinando wenig hervortritt. Besser begründet J. A. LEISEWITZ den Bruderhass in seinem den *Zwillingen* unterlegenen Trauerspiel *Julius von Tarent* (1776) mit der Liebe beider zu demselben Mädchen. Dadurch, dass er dieses Mädchen in einem Kloster verbirgt, hofft der Vater, die Rivalität abzukühlen, kann jedoch nicht verhüten, an dem bei einem Entführungsversuch zum Brudermörder gewordenen Julius die Todesstrafe durch einen Dolchstoß vollstrecken zu müssen. KLINGER benutzte das Motiv der gegensätzlichen Brüder außerdem in *Stilpo und seine Kinder* (Dr. 1780) sowie noch einmal in dem Lustspiel *Die falschen Spieler* (1782) mit dem Stoff, den ihm Chr. F. D. SCHUBART mit der Erzählung *Zur Geschichte des menschlichen Herzens* (1775) lieferte. Wie seine Vorgänger bei Voltaire und Fielding hat der ältere Bruder wieder das leicht gerührte Herz unter dem lasterhaft wirkenden Äußeren; der jüngere, »zu Hause gebliebene« Bruder unterschlägt die Briefe des anderen an den Vater und schreibt ihm im Namen des Vaters den Absagebrief, der ihn enterbt. Alle diese Züge liefen dann zur repräsentativen Gestaltung des Motivs in SCHILLERS Trauerspiel *Die Räuber* (1781) zusammen, das ursprünglich den Titel *Der verlorene Sohn* tragen sollte. Der scheinbar schlechte, abwesende und der scheinbar gute, häusliche Sohn, ihre Verkennung durch einen leicht beeinflussbaren Vater, Verdrängung des älteren durch den jüngeren von seinem Erbe und seiner Braut, die gewohnten Elemente des vom Sturm und Drang vorgeformten Motivs, gelangen hier, sehr eigenwillig durchgeführt, zu einem das Motiv geistig erweiternden, unabdingbar tragischen Ausgang. Nachdem GOETHE, dem Singspielcharakter von *Claudine von Villa Bella* (1776) entsprechend, das Motiv mit heiter-versöhnlichem Schluss versehen hatte, steigerte sich in A. W. IFFLANDS Rührstück *Die Mündel* (1784) die Gegensätzlichkeit der Brüder nicht mehr zur Feindschaft, denn der jüngere muss den Wert des verdienten älteren anerkennen und erhält wie zur Belohnung die Hand des umworbenen Mädchens, bei KOTZEBUE in *Die Versöhnung oder Bruderzwist* (1798) beendet gütliches Übereinkommen einen jahrelangen Grundstücksprozess zweier Brüder. Ein zweites Mal und mit veränderten Grundanschauungen griff SCHILLER das Motiv bei dem Trauerspiel mit Chören *Die Braut von Messina* (1803) auf. Die Rivalität in der Liebe blieb entscheidendes Stimulans zum Brudermord, aber der Zwist beruht – ein wesentlicher künstlerischer Vorzug gegenüber dem Jugendwerk – nicht auf einem Gegensatz, sondern auf einer Ähnlichkeit der Charaktere mit den

Merkmalen des edlen Stolzes und des unedlen Trotzes, der bei dem jüngeren Bruder infolge geringerer Reife auch etwas geringer gezügelt wird. Ihnen gegenüber steht kein richtender Vater wie in den Werken von Klinger und Leisewitz, sondern nur eine Mutter, die der Leidenschaftlichkeit der Söhne nicht gewachsen ist und am Schluss auch nicht richten kann; der Brudermörder Don Cesar richtet sich selbst. Zweifellos zeugt *Die Braut von Messina* nur wenig von der bürgerlich-realistischen Tradition des 18. Jahrhunderts, mit vielen Zügen dagegen von der Nachfolge der antiken Tragödie und von der Tradition des heroischen Dramas, das damals innerhalb von Gestaltungen des Bruderzwist-Motivs etwa durch J. E. SCHLEGELS *Hermann* (1743), V. ALFIERIS *Don Garzia* (1787/89) und A. VARANOS *I fratelli nemici* (1805) vertreten ist. Für Schlegel war das Motiv mit dem Stoff gegeben; der schwankende, von Familie und Vaterland abtrünnige Flavius bittet den siegreichen Bruder am Schluss selbst, ihn zu töten. Die blutrünstigen Brudermorddramen Alfieris und Varanos sind bezeichnenderweise in der Familie der Medici und derjenigen des römischen Kaisers Septimius Severus angesiedelt.

Dem 19. Jahrhundert galt der Bruderzwist als ein romantisches Motiv, das es mit Vorliebe bei der Bearbeitung von Stoffen der Renaissance und von mittelalterlichen Stoffen verwertete. Renaissancehaft eingekleidet erscheint es in der 5. Nachtwache der *Nachtwachen* (1804), deren Verfasser »Bonaventura«, wohl A. KLINGEMANN, die Geschichte zweier gegensätzlich veranlagter Brüder erzählt, die über der Liebe zu Feinden werden. Don Juan findet die schöne Frau, die er in ganz Spanien suchte, als Ehefrau seines Bruders wieder, wird von ihr abgewiesen und veranlasst in wahnsinniger Eifersucht den Bruder, sie einer Liebschaft mit ihrem Pagen zu verdächtigen und zu töten. In diesem Zusammenhang sind auch die zahlreichen Bearbeitungen eines in die Weltliteratur eingegangenen Stoffes zu nennen, seit die unglückliche, mit dem Tode bestrafte Liebe der ↑ Francesca da Rimini zu ihrem Schwager Paolo in DANTES *Inferno* ihr erstes Denkmal erhielt. In den verschiedensten Varianten ergaben Entwicklung und Scheitern dieser Liebe Dramen (S. PELLICO 1815; M. GREIF 1892; St. PHILLIPS 1900; G. d'ANNUNZIO 1901), Erzählungen (J. H. Leigh HUNT 1816; P. HEYSE 1850) und Gedichte (KEATS 1819; B. PAOLI 1843; Th. W. PARSON 1854). Der französische Romantiker C. DELAVIGNE (*Une Famille au temps de Luther* Dr. 1836) stützte den Gegensatz der Brüder Paolo und Luigi auf religiöse Überzeugungen; ein Bruder tötet den anderen, um dessen Konversion zu verhindern. Bei dem Neuromantiker M. MAETERLINCK (*Pel-*

léas et Mélisande Dr. 1892) ist es wieder die Liebe zwischen der Frau des einen Bruders und dem anderen, ihrem Schwager, die der Ehemann mit Todesstrafe ahndet, ehe er erkennt, dass die Liebenden rein geblieben sind. Romantisch geprägt ist auch, sowohl im Hinblick auf seine rhythmisierende Form als auch auf seinen dem Realismus enthobenen Gehalt, Ch. RANSMAYRS Roman *Der fliegende Berg* (2006), der von der nicht immer reibungslosen Zusammenarbeit zweier Brüder erzählt, die sich jedoch in dem Plan der Besteigung eines namenlosen und unerforschten Himalaja-Gipfels zusammenfinden, bei der der stärkere und erfahrenere der Brüder umkommt.

Noch häufiger sollte das Motiv der verfeindeten Brüder eine typisch mittelalterliche Verhaltensweise charakterisieren, und der Makel des Bruderzwistes und Brudermordes diente oft als Kennzeichen alter Adelsgeschlechter. Die zahlreich erscheinenden Sammlungen von Lokalsagen mögen zu dieser Verwendungsweise beigetragen haben. So knüpfen sich an die Burgen Sternberg und Liebenstein (E. G. BULWER, *The Brothers* als Einlage in *The Pilgrims of the Rhine* 1834), an die Felsenkirche in Oberstein an der Nahe und an das Hochkreuz zu Bonn Brudermord-Sagen. Meist entbrennt der Streit an einer Liebe zu der gleichen Frau, wie auch in H. HEINES Ballade *Die Brüder* (1827). Ein Markstein auf dem Weg zum Bösen, den Theodor von Gothland (Ch. D. GRABBE, *Herzog Theodor von Gothland* Dr. 1827) geht, ist unter anderem sein Eingehen auf die Anstiftung zum Brudermord. In V. HUGOS in Deutschland spielendem Ritterschauspiel *Les Burgraves* (1843) ist Bruderhass das Kennzeichen eines verfluchten Geschlechts: Graf Job hat in jungen Jahren seinen Bruder zu ermorden versucht und dessen Geliebte als Sklavin verkauft. GRILLPARZER sah in der historischen Auseinandersetzung innerhalb einer Familie bei seinem bereits oben genannten Drama *Ein Bruderzwist in Habsburg* (1872) vor allem den Kampf und die Intrigen um die Herrschaft in Österreich, weniger die als eine der Ursachen für den Verfall des Reiches richtig gewertete Tatsache, dass die Streitenden Brüder sind. Als althergebrachten Gegensatz in einer adligen Familie schilderte M. v. EBNER-ESCHENBACH (*Die Freiherren von Gemperlein* Nov. 1879) die nicht zu vereinenden politischen Anschauungen zweier als Hagestolze endender Brüder, Th. STORM (*Zur Chronik von Grieshuus* Nov. 1884) führte das dunkle Geschick eines alten Hauses auf den tragisch endenden Bruderkampf der Ahnen zurück, nachdem in ähnlicher Weise schon Th. FONTANE (*Vor dem Sturm* R. 1878) den Fluch des Hauses Vitzewitz begründet hatte. Die lebenslange Feindschaft zweier Brüder steigerte R. L. STEVENSON (*The Master of Ballantrae* R. 1889) zu einem dämonischen Zerstörungswerk des bösen an dem guten, und auch bei E. v. WILDENBRUCH spielt in dem Ritterschauspiel *Die Quitzows* (1888) der Gegensatz des wilden, machtgierigen Dietrich zu dem sanften Konrad eine Rolle. Zu den um Erbe und Besitz Streitenden gehören der schwedische König ↑ Erich XIV. nebst seinen Stiefbrüdern, dessen durch Giftmord ausgelöschtes Leben mehrfach dramatisiert wurde (J. Frhr. v. AUFFENBERG 1820; E. WILLKOMM 1834; J. BÖRJESON 1846; K. KOBERSTEIN 1869). In die bürgerliche Welt ihrer Gegenwart stellten das Motiv O. LUDWIG (*Zwischen Himmel und Erde* Nov. 1855), Th. STORM (*Die Söhne des Senators* Nov. 1880) und F. v. SAAR (*Die Brüder* Nov. 1901). Bei Ludwig geht es wieder um die von beiden geliebte Frau, um die Fritz den abwesenden Bruder betrogen hat; aus schlechtem Gewissen und aus Neid gegen den moralisch überlegenen Apollonius will er diesen beseitigen, stürzt aber selbst beim Kampf der beiden als Dachdecker tätigen Brüder in die Tiefe. Storm führt einen Erbstreit an den Rand des Tragischen, ehe er ihn durch die Vernunft und Geduld des älteren Bruders beilegen lässt, bei v. SAAR fällt dem erbbiologisch bedingten Gegensatz die Frau des »besseren« Bruders zum Opfer.

Auf der realistisch-gegenwartsnahen Linie, die O. LUDWIGS Novelle und STORM noch mit *Die Söhne des Senators* vorzeichneten, bewegte sich die weitere Verwendung des Motivs seit dem Naturalismus. Extreme Zuspitzungen im Sinne des Brudermordes wurden vermieden, und Vorrang erhielten die Erfassung erblich bedingter Gegensätze, die bereits bei G. HAUPTMANN(*Das Friedensfest* Dr. 1890) anklingt, sowie die alte Konfrontierung von gutem und bösem Bruder, die sich in diejenige des weltfremden, nonkonformistischen Idealisten mit dem erfolgreichen Karrieremacher wandelte (H. IBSEN, *Ein Volksfeind* Dr. 1882; H. BAHR, *Der Meister* Kom. 1903). Zum Trauma gesteigert wurde eine solche Bruderfeindschaft bei dem braven und von dem verkommenen Bruder für sein Leben geschädigten Handwerker durch H. STEHR in der Novelle *Der Graveur* (1897) oder J. ROTH in dem Roman *Beichte eines Mörders* (1936), der den Hass wieder einmal auf die Minderwertigkeitsgefühle des illegitimen Sohnes gegen den legitimen zurückführte. Unterschlagenes Erbe und Besitzergreifung der geliebten Frau bilden die Grundlagen des Konflikts in dem Drama *Der Strom* (1903) von M. HALBE, und zu dieser effektvollen Mischung tritt noch ein dritter jüngster Bruder, der die eigentliche Auseinandersetzung mit dem Betrüger vollzieht und dabei zugleich mit ihm umkommt. Rivalität und Betrug in der Liebe sind auch das Hauptmovens der sehr verschieden gearteten Söhne in G. GUNNARSSONS *Die Leute auf Borg* (R. 1912–14). Bei R. MARTIN DU GARD (*Les Thibault* R. 1922–40) repräsentieren die Söhne die gegensätzlichen politischen Verhaltensweisen des Nonkonformisten und des wohlangepassten Bürgers, die sich gegenüber dem Phänomen des Krieges zu äußerster Schärfe steigern. Gegensätzliche politische Verhaltensweisen bestimmen auch die gegenseitige Fremdheit der Brüder in U. TIMMS *Erinnerungen* (2003): Der um 16 Jahre jüngere Bruder bemüht sich vergebens um ein Verständnis für den freiwillig in eine SS-Totenkopf-Division eingetretenen Älteren, aus dessen nachgelassenen Notizen weder ein Überzeugungstäter noch ein Widerständler zu erkennen ist. Wo moderne Literatur zum Archetypischen zurückkehren möchte, wird das Motiv der verfeindeten Brüder – sei es als rein charakterlicher Gegensatz (J. JOYCE, *Finnegans Wake* R. 1939; C. LANGENBECK, *Das Schwert* Tr. 1940), sei es unter Mitverwendung des Rivalitätsmotivs (J. STEINBECK, *East of Eden* R. 1952) – deutlich am Kain-und-Abel-Schema orientiert.

H. Landsberg, Feindliche Brüder, (Literarisches Echo 6) 1903/04; M. Landau, Die feindlichen Brüder auf der Bühne, (Bühne und Welt 9) 1906/07; H. Jacke, Die rheinische Sage von den feindlichen Brüdern in ihrer von der Romantik beeinflußten Entwicklung, Diss. Köln 1932; J. T. McCullen, Brotherhate and Fratricide in Shakespeare, (Shakespeare Quarterly 3) 1952; W. Harms, Der Kampf mit dem Freund oder Verwandten in der deutschen Literatur bis um 1300, 1963; A. Préaux, Le motif des frères ennemies dans la littérature élisabethaine et jacobéenne et dans le Sturm und Drang, (Revue de littérature comparée 53) 1979.

Dekadent, Der; Dekadenz → Missvergnügte, Der; Wilde, Der edle

Diener → Bediente, Der überlegene; Narr, Der weise; Schelm, Picaro

Dirne → Alte, Der verliebte; Kurtisane, Die selbstlose

Doppelgänger

Doppelgängertum beruht auf der physischen Ähnlichkeit zweier Personen. In der Dichtung wird dieses Phänomen einerseits durch reale Personen verkörpert, deren Ähnlichkeit auf Zufall oder Verwandtschaft, im Bereich von Sage und Märchen auch auf das Eingreifen überirdischer Mächte zurückgeht; schon ein solcher personaler Doppelgänger eröffnet ein weites Feld für heitere bis tödlich ernste Verwechslungen, Stellvertretungen und Unterschiebungen. Darüber hinaus haben sich Trugbild-Vorstellungen des Volksglaubens in der Dichtung zu einer Fülle spukhafter Doppelgängergestalten aufgefächert, die vielfach den zwei Seelen des Menschen zu entsprechen schienen. Solche fiktiven Doppelungen sind durch eine auf seelischer Störung beruhende Ich-Spaltung einsichtig gemacht worden. Entscheidend für die Spannkraft des Motivs ist die Existenz zweier gleichzeitig nebeneinander agierender, sich möglicherweise gegenseitig verdrängender Figuren, die auf diese selbst und ihr Umfeld eine verblüffende bis unheimliche Wirkung hat; bei den Phantom-Doppelgängern reduziert sich die Wirkung meist auf den von der Ich-Spaltung Betroffenen. Dagegen kann ein postumer Doppelgänger die Funktion eines gleichzeitigen bei der Umwelt übernehmen, wenn diese ihn als Doppel des Toten zu erkennen vermag.

Aus der äußerlichen Ähnlichkeit zweier Personen ist ein handfestes Komödienschema bei den um 206 v. Chr. uraufgeführten *Menaechmi* des PLAUTUS entwickelt. Eine Fülle von Verwechslungen ergibt sich dadurch, dass der eine von zwei Zwillingsbrüdern, die als Kinder getrennt wurden, auf der Suche nach dem anderen in dessen Wohnort Epidamnus kommt, hier für den ortsansässigen Bruder gehalten wird, zwar dessen Rolle bei einer Geliebten übernimmt, sich jedoch weigert, als treuloser Ehemann zu gelten, während der andere Bruder sich gegen die seiner Familie notwendig erscheinende Annahme wehrt, er sei wahnsinnig, und erst alles klar wird, als die Brüder sich gegenüberstehen. Als dankbaren Stoff in der Renaissance wiederentdeckt, wurde er besonders in Italien bearbeitet, aber auch in Spanien nachgeahmt (Lope de VEGA, *El palacio confuso*), und er fand seine bedeutendste Erneuerung in SHAKESPEARES *Comedy of Errors* (1589/93). Shakespeare motivierte die Untreue des zweiten Bruders einleuchtender, da er ihn außereheliche Wege erst dann gehen lässt, als ihm nach der Ankunft des von der Ehefrau an seiner statt aufgenommenen Bruders das eigene Haus verweigert worden ist. Außerdem spielte Shakespeare das Doppelgänger-Motiv auch an den beiden Dienern Dromio durch, die ebenfalls zahlreichen Verwechslungen und Missverständnissen anheim fallen. Kardinal BIBBIENA (*La Calandria* 1513) öffnete den Stoff für weitere erotische Effekte, indem er einen der Zwillingsbrüder zu einer in Männerkleidung agierenden Zwillingsschwester umschuf und die Geschwister, ohne dass sie voneinander wissen, in Rom zusammentreffen ließ. An dieser Variante spann ein unbekannter Autor weiter, und in seiner Komödie *Gl'Ingannati* (1527/31) ist die Zwillingsschwester, als Page verkleidet und im Dienst des von ihr geliebten Mannes stehend, nicht nur dessen Liebesbote zu der von ihm angebeteten Konkurrentin, sondern auch Anlass, dass sich diese in den Pseudojüngling verliebt. Von diesem Gespinst laufen Fäden nach Spanien zu L. de RUEDAS *Comedia de los engañados* (1567) und zu SHAKESPEARES Lustspiel *Twelfth Night* (1602), in dem die äußere Ähnlichkeit zwischen Bruder und Schwester bis zur geistigen vorgetrieben wird, aber die Doppelverkörperung dieser Seeleneinheit doch die Entwirrung der Liebesintrigen und glückliche Heiraten ermöglicht.

Die sich mit dem Doppelgänger-Motiv anbietende – bewusste – Stellvertretung wurde sowohl in der Freundschaftsgeschichte von ↑ *Amis und Amiles* (zuerst in lat. Fassung bei RADULFUS TORTARIUS um 1090) als auch in der von ↑ *Titus und Gisippus* (zuerst bei PEDRO ALFONSO 12. Jh.) mit dem Motiv des → Freundschaftsbeweises gekoppelt, der jeweils in der ersten Hälfte der beiden Erzählungen erfolgt. Amis besteht für seinen Doppelgänger und Freund siegreich den gottesgerichtlichen Kampf (→ Gottesurteil), durch den Amiles persönlich sich schwerlich von dem Verdacht einer zwar geleugneten, aber unterhaltenen Beziehung zur Königstochter hätte reinigen können, und wird in der zweiten Hälfte der Geschichte durch die Gegenleistung des Amiles entschädigt. Gisippus setzt in seine ehelichen Rechte während der Hochzeitsnacht und den folgenden Nächten seinen ungleich mehr liebenden Freund Titus ein, ohne dass die Frau den Rollentausch der äußerst ähnlichen Freunde durchschaut. Als Gisippus dann bei der Abreise des Freundes den gewährten Tausch in eine offizielle Abtretung umwandelt, gerät er in Schwierigkeiten, die in dem zweiten Teil der Erzählung das Eingreifen des verpflichteten Freundes nötig machen.

Einen hochgestellten Mann, meist einen Fürsten oder König, nur durch einen Doppelgänger in Erscheinung treten zu lassen, wurde, besonders im spanischen Drama, eine beliebte Art politischer Täuschungsaktionen. So setzt eine Königin (J. GRAJALES, *El rey por semejanza* um 1600), die den König, einen Wüstling von Mann, im Zorn umbringen ließ, um sich und das Land vor den Granden zu schützen, einen Doppelgänger an seine Stelle, Sohn eines Bauern, der das Reich vorbildlich und straff regiert, ihre wiederholten Drohungen, seine Identität zu enthüllen, kaltblütig mit dem Hinweis auf ihre eigene Rolle pariert und sie schließlich zu seiner Frau macht. Bei TIRSO DE MOLINA (*La ventura con el nombre* um 1630) ersetzt ebenfalls ein glücklich regierender Doppelgänger einen ermordeten Tyrannen, stellt sich jedoch schließlich als dessen Halbbruder und daher gesetzlicher Erbe heraus. In dem anonymen Stück *A un tiempo rey y vasallo* (Mitte 17. Jh.) ersteht dem durch den Tod des Monarchen gefährdeten Staat ein Retter in einem von einem Admiral eingesetzten Doppelgänger des Toten, an dessen legitimen Thronfolger der stellvertretende dann die Regierung wieder abtritt. Auch in A. DRAGHIS *Sulpitia* (1672) tritt der Doppelgänger Lentulus nach dem Tod des Königs an dessen Stelle. In der von Lope de VEGA den *Menaechmi* nachgestalteten Komödie *El palacio confuso*, die wiederum das Vorbild für P. CORNEILLES *Don Sanche d' Aragon* (Dr. 1650) wurde, ist der tyrannische Regent noch am Leben, aber seine Frau neutralisiert mit Hilfe seines als Landmann erzogenen Zwillingsbruders und Doppelgängers alle seine verfehlten Handlungen. Ein politisch Verfolgter verbirgt sich bei F. A. de BRANCES CÁNDAMO (*El sastre del Campillo* Ende 17. Jh.) in der Rolle seines getöteten Bruders, bis eine Wendung der politischen Verhältnisse das Abwerfen der Maske gestattet. Mit dem Kronprätendenten-Motiv verkoppelt erscheint das Doppelgänger-Motiv in dem Plot vom Versuch eines Mannes, sich als den in der Schlacht gefallenen Grafen Balduino von Flandern auszugeben (G. de BOCÁNGEL Y UNZUETA, *El emperador fingido* um 1650), im tragischen Fall des Nuño Aulaga, der in der Rolle des gefallenen Königs Alfons die Herrschaft an sich bringen will (J. RUIZ DE ALARCÓN Y MENDOZA, *La crueldad por el honor* Anf. 17. Jh.), sowie im Stoff vom falschen König Sebastian, den J. de CUÉLLAR dramatisierte (*El pastelero de Madrigal* um 1660) und den R. SCHNEIDER als Erzählung (*Donna Anna d'Austria* 1930) erneuerte. Ein Pastetenbäcker, der wegen seiner Ähnlichkeit verleitet wurde, sich in die Rolle des gefallenen Königs von Portugal bis zur Selbstidentifikation einzufühlen, wird von den Spaniern hingerichtet. Dagegen begegnet Heinrich II. seinem wahnsinnigen Double mit Nachsicht (G. de NERVAL, *Le roi de Bicètre* Erz. 1845). Doppelgänger-Motivik weisen auch die verschiedenen Bearbeitungen des ↑ Demetrius-, Falschen-↑ Waldemar- und des falschen ↑ Friedrich II.-Stoffes auf.

Vorgetäuschte Doppelgänger, in Wirklichkeit zwei Rollen der gleichen Person und ein »unechter« Trieb des Motivs, erleichtern Liebesintrigen schon im *Miles gloriosus* (um 206 v. Chr.) von PLAUTUS, sind zur Tarnung ränkespinnender Frauen besonders geeignet (MIRA DE AMESCUA, *Amor, ingenio y mujer*, TIRSO DE MOLINA, *Don Gil de las calzas verdes* 1617) und werden auch zu derjenigen eroberungslustiger oder in der Klemme steckender Männer verwendet

(Calderón, *El hombre pobre todo es trazas*; J. Ruiz de Alarcón y Mendoza, *El semejante a sí mismo*).

Zu Liebeskonflikten wurde jedoch auch die im Zusammenhang mit den Freundschaftsgeschichten erwähnte Form des Doppelgänger-Motivs immer wieder benutzt. Eng verbundene, äußerlich ähnliche Männer lieben das gleiche Mädchen sowohl bei J. Shirley (*The Traitor* 1631) als auch bei R. Brome (*The Love-sick Court* um 1632), der den Konflikt dadurch löste, dass die Zwillingsbrüderschaft schließlich nur eine vermeintliche war und damit entfällt, einer der Konkurrenten aber sogar als bis dahin unerkannter Bruder des Mädchens aus der Konkurrenz ausscheidet und nur der allseits gewünschte Ausgang übrig bleibt. Weit häufiger als den Liebhaber doppelte die Dichtung die Geliebte und verteilte dabei gern entgegengesetzte Charakterzüge auf zwei Frauen von ähnlichem Äußeren. Eine bedeutsame Variante ergab sich daraus für das Motiv vom → Mann zwischen zwei Frauen. In der ↑ Berta-Sage (*Karlmeinet* um 1320) erliegt König Pippin einem Betrug der Amme seiner Braut Berta, an deren Stelle ihm in der Hochzeitsnacht die der ängstlichen, mit allem einverstandenen Braut sehr ähnliche Tochter der Amme entgegentritt, sodass er in Berta, die dann bei ihm rechtmäßige Ansprüche anmeldet, die Untergebene sieht, die er abweist und töten lassen will, die ihm als Frau geltende Untergebene aber erst bei dem Erscheinen von Bertas Mutter an der geringeren Größe der Füße richtig identifizieren kann. Die Doppelung einer Frau zwecks effektvoller Verunsicherung blieb ein vertrauter Kunstgriff, als das Doppelgänger-Motiv in der Romantik mit der Vorstellung der Ich-Spaltung bereits eine wesentlich dunklere Grundierung bekommen hatte. Frontalbo (J. Grimm, *Frontalbo und die beiden Orbellen* 1808) wird dafür bestraft, dass er den Schatten für die Wahrheit nahm, der Doppelgängerin seiner Frau statt dieser die Macht über sich einräumte und die ihn liebende Frau tötete. Bei E. A. Poe (*Ligeia* Erz. 1838) bemächtigt sich die geheimnisvoll weiterlebende Ehefrau des dem Tod geweihten Körpers ihrer Nachfolgerin, während in G. Rodenbachs *Bruges la morte* (R. 1892) die doppelgängerhafte Nachfolgerin, die den Erinnerungskult des Ehemannes mit einer Haarflechte bespöttelt, gerade mit dieser Haarflechte der ersten Frau erwürgt wird. Sehr unterschiedlich haben die beiden Österreicher H. v. Hofmannsthal (*Andreas oder die Vereinigten* R. 1932) und H. v. Doderer (*Die Strudlhofstiege* R. 1951) die Doppelung einer geliebten Frau, deren zwei Gesichter dem Mann eine klärende Entscheidung erschweren, eingesetzt, Hofmannsthal als fast mystische Aufgabe, beider Frauen Liebe zu gewinnen und damit die Wesensspaltung des ursprünglich einen Individuums wieder rückgängig zu machen, Doderer als handfestes Versteckspiel zweier Schwestern, der skrupellosen Intrigantin sowie des von ihr ausgenutzten und bevormundeten Opfers, beide Dichter jedoch, damit diese Doppelheit der Einheit zur Selbstfindung des Helden beiträgt.

Der unheimliche und bedrohliche Charakter, den die bisher behandelten personalen Doppelgänger außerhalb der Lustspielsphäre meist annehmen, ist wesentlich ausgeprägter bei Doppelungen des Ichs, die durch zauberische, überirdische Mächte bewirkt wurden. Solche Doppelungen wurzeln tief in dem Glaubensbereich, den die älteren Literaturen erschließen. STESICHOROS (um 600 v. Chr.) erfand zur Ehrenrettung Helenas die Geschichte eines Trugbildes, das Paris auf seiner Fahrt nach Troja begleitet habe. Dagegen wird die wirkliche Helena (EURIPIDES, *Helena* 412 v. Chr.; H. v. HOFMANNSTHAL, *Die ägyptische Helena* 1928) von Hermes auf die Insel Pharos gebracht und dort später mit ihrem von Troja zurückkehrenden Gatten vereint, während gleichzeitig das Helena-Trugbild verschwindet. Trugbilder, Werkzeuge der List, dienten meist der Täuschung einer mit dem Urbild in naher Beziehung stehenden Person. Zeus gewinnt die Liebe Alkmenes in der Gestalt ihres Gatten ↑ Amphitryon (PLAUTUS, *Amphitruo* 207/201 v. Chr.). Die gröberen Spiegelbilder von Gott und Heros, das Paar Hermes–Sosias, wurden immer wieder in das literarische Leben zurückgerufen und wuchsen in SHAKESPEARES*Comedy of Errors* (1589/93) mit den Figuren der *Menaechmi* von PLAUTUSzusammen. Ähnlich wie Zeus erschleicht sich Uterpandragon mit Hilfe des Zauberers ↑ Merlin bei der Königin Ygerne in der Gestalt ihres Gatten eine Liebesnacht, in deren Geheimnis sich die Herkunft des Königs ↑ Artus hüllt (GEOFFREY OF MONMOUTH, *Historia regum Britanniae* 1132/35). Der Siegfried in einigen Varianten der deutschen und nordischen Nibelungensage tauscht mit Gunther die Gestalt, bezwingt im Schutz dieser Maske Brünhild und verstrickt sich weiter in einen Betrug, den er mit dem Tod büßen muss. In der indischen Geschichte von *Nala und Damayantī* (Mahābhārata 5. Jh. v. Chr. – 4. Jh. n. Chr.) nehmen vier Götter, die von Damayantī nicht erhört worden sind, die Gestalt ihres Geliebten an, geben aber auf ihr erschrockenes Gebet hin ihre göttlichen Attribute zu erkennen – sie schwitzen nicht, sie werfen keinen Schatten, und ihre Blumengirlanden verwelken nicht –, sodass Damayantī den echten Nala herausfinden kann. In Zaubergeschichten verwandeln sich böse Geister, Gespenster, → Vampire und Werwölfe in Menschen, um andere damit zu täuschen. In der jüdischen Sage benutzt der Dämon Aschmodai die Gestalt ↑ Salomos. Christliche Heilige und Engel übernehmen in Legenden als Nothelfer die Stellvertretung für Menschen, so ↑ Maria in der Legende von ↑ Beatrix der Küsterin das Amt der entlaufenen Nonne, bei G. KELLER (*Die Jungfrau als Ritter* Erz. 1872) sogar das eines turnierenden Ritters. GRYPHIUS erfand eine gespenstische Doppelgängerin der geliebten Olympia, um Cardenio (*Cardenio und Celinde* Dr. 1657) sich seiner verbotenen Leidenschaft bewusstwerden zu lassen, wenn die Doppelgängerin in seinen Armen zum Skelett wird. Das Doppelgänger-Motiv kann in der Variante von der belebten Puppe identisch mit dem Motiv vom künstlichen → Menschen werden.

Die Vorstellung von einem durch überirdisches Einwirken zustande gekommenen Doppel-Ich berührt sich mit der im Volksglauben vorherrschenden Auffassung, dass die Existenz des Menschen im Traum, im Spiegelbild, im Schatten, ja selbst im Porträt ein zweites Dasein bedeute und dass das Abbild ein lebendiger Teil der Person sei. Was dem Abbild angetan wird, geschieht auch der Person. Nach germanischer Anschauung spaltet sich kurz vor dem Tod oder im Augenblick des Todes vom Menschen ein zweites Ich ab, das dem Sterbenden vor Augen tritt und ihm seine »Auflösung« anzeigt. Diese frühe, magisch fundierte Vorstellung einer Ich-Spaltung hat sich vor allem in dem seit OVID (*Metamorphosen* um 2 – 8 n. Chr.) verbreiteten ↑ Narziss-Mythos niedergeschlagen. Narziss verliebt sich in sein vom Wasser aufgefangenes Bild, zunächst ohne zu wissen, dass es ein Spiegelbild ist, dann klüger, aber unglücklicher, da seine Liebe nie Erfüllung finden wird; der Anblick des Doppelgängers führt zur tödlichen Wahrnehmung des ewig geteilten und doch einen Ichs.

Die Vorstellung von einer zweiten Existenz des Menschen im Abbild, die – auch mit dem Christentum zu vereinbarende – Idee von den zwei Seelen, einer guten und einer bösen, in der Menschenbrust, der Gedanke an einen leiblich-seelischen Dualismus, der den Kampf des sinnlichen mit dem sittlichen Ich auslöse, alle Hypothesen, Deutungen, Angstbekundungen im Hinblick auf erwiesene oder drohende Persönlichkeitsspaltung wurden von der Romantik durchdacht und an neuen wissenschaftlichen Entdeckungen überprüft. Zu ihnen gehörten die Experimente F. A. Mesmers, der an Somnambulen und an Personen in Trance oder tranceähnlichen Zuständen Verhaltensweisen beobachtete, die sich offenbar nicht völlig als Folgeerscheinungen von Hypnose oder Magnetismus erklären ließen. Ein zweiter Charakter nämlich enthüllte sich, die denkende

Seele trennte sich von der schlafenden und tat Dinge, die dem Schläfer unbewusst waren. Eine solche Beobachtung schien die Spaltbarkeit der Identität zu bestätigen. Der in der Trance sich zeigende Charakter konnte dem normalen entgegengesetzt sein, seine Eigenschaften hatten in einem Teil des Gemüts »geschlafen«, der dem rationalen Bewusstsein unzugänglich war. Hier schien sich eine Stelle des Einbruchs in kosmische Geheimnisse aufzutun. Ein doppeltes Bewusstsein des Menschen war nahezu gleichbedeutend mit einem Doppelwesen. Dazu kam, dass FICHTES in der *Wissenschaftslehre* (1794) dargelegte Ableitung der gesamten Welt aus der Intelligenz des Ichs die Gewissheit vom Selbstbewusstsein des Ichs voraussetzte. Die Vorstellung, dass es keine erkennbare objektive Welt außerhalb des Ichs gebe, musste ein Zerbrechen des Ichgefühls als beängstigende Bedrohung erscheinen lassen. G. H. SCHUBERT (*Die Symbolik des Traums* 1814) verschmolz die Beobachtungen und Erkenntnisse des Mesmerismus mit dem traditionellen dualistischen ethischen Prinzip; die unterbewussten Kräfte des Menschen, die beispielsweise im Traum frei werden, seien spirituellen Einflüssen einer anderen, höheren Welt unterworfen.

Die Dichtung gewann bei diesen halb naturkundlichen, halb philosophischen Vorstößen in Grenzbereiche eine neue Variante des Doppelgängers, die Verkörperung des unbewussten zweiten Ichs und physische Projektion des zweiten der beiden Bewohner des Gemüts. Dabei dominierten bei fast allen Autoren, die mit der Motivvariante arbeiteten, allegorische Sinngebungen, in denen sich wieder das traditionelle gute und böse Ich zur Geltung brachte. Der Doppelgänger ist entweder der warnende Engel, das verdrängte gute Ich oder der zählebige Teufel, die Inkarnation der nur halb unterdrückten bösen Eigenschaften. Auch die Vergangenheit eines Menschen kann sich in seinem Doppelgänger verselbständigen. Vor DOSTOEVSKIJ (*Dvojnik/Der Doppelgänger* R. 1846) hat nur E.T.A. HOFFMANN, ein begeisterter Anhänger des Mesmerismus, Doppelgänger, freilich nur einige der vielen von ihm geschaffenen, jenseits von Gut und Böse angesiedelt. Im Ganzen zeugt die für die Romantik typische Doppelgänger-Motivvariante von der Entdeckung des gebrochenen Persönlichkeitsbewusstseins durch die Dichtung, die zwar oft noch überlieferte Medien der Doppelungen des Ichs – Traumbild, Schatten, Spiegelbild, Porträt –, aber auch reine Phantom-Doppelgänger einsetzte.

Ein früher Niederschlag der neuen Doppelgänger-Erfahrung findet sich in GOETHES *Wilhelm Meisters Lehrjahre* (1795–96). Die unheilvolle Begegnung mit seinem vermeintlichen Doppelgänger versetzt dem Grafen einen Schock, der sich als Melancholie und religiöser Wahn auswirkt. Die doppelgängerartige Ähnlichkeit jedoch einerseits zwischen der Gräfin und ihrer Schwester Nathalie und andererseits zwischen beiden und ihrer Tante, der Verfasserin der *Bekenntnisse einer schönen Seele*, öffnet Wilhelm die Augen für Sinn und Zusammenhang hinter der scheinbaren Zusammenhanglosigkeit des Lebens. Seinen entscheidenden Durchbruch verdankt der Doppelgänger als Wort und Motiv dem Werk JEAN PAULS, der sich die Figur mit Materialien der Philosophie Fichtes erschuf und das Wort »Doppeltgänger« erstmals 1796/97 in dem Roman *Siebenkäs* verwandte: »Doppeltgänger heißen Leute, die sich selbst sehen.« Die meisten »hohen« Gestalten Jean Pauls sind von der Angst vor Ich-Spaltung erfüllt. In den Romanen *Die unsichtbare Loge* (1793) und *Hesperus* (1795) kommt dies noch durch die Furcht vor Spiegelbildern und Wachsfiguren zum Ausdruck; in beiden Romanen hält die Zentralperson eine Rede an ihr vorgestelltes zweites Ich, und diese Ich-Begegnung, die im Denkraum stattfindet, droht den Menschen zu zerreißen. Während in der *Unsichtbaren Loge* Gustavs Halbbruder eine Art Double-Funktion ausübte und seine Geliebte Beata als seine »physiognomische Schwester« bezeichnet war, treten im *Siebenkäs* dann voll ausgestaltete Doppelgänger auf, die obendrein ihre Namen, Leibgeber und Siebenkäs, ausgetauscht haben. Die Angst vor dem zweiten Ich scheint hier durch die Liebe der beiden Freunde zueinander überwunden, aber nicht die Angst vor weiteren zweiten Ichs, von denen Leibgeber sich umgeben wähnt. Er befreit Siebenkäs aus dem Gefängnis seiner spießbürgerlichen Ehe, indem er ihm seinen Namen und Beruf abtritt und sich selbst in der Liste der bürgerlichen Menschen streicht, um unter vielen Masken und Namen als alleiniges Opfer der inneren Zwiespältigkeit herumzuvagabundieren. Ein Nebeneinander also der Doppelgänger, die trotz Abhängigkeit voneinander nicht zur Einheit ineinander aufzugehen vermögen, und folgerichtig führt denn auch das Erscheinen des Siebenkäs vor dem unter dem Namen Schoppe lebenden Leibgeber im *Titan* (1800–03) zu dessen Ende im Wahnsinn, weil er seinem zweiten Ich gegenübergestanden zu haben glaubt. Ließen sich dem Motiv im *Siebenkäs* noch komische Effekte abgewinnen, so ist Schoppe im *Titan* eine tragische Gestalt, die an Schizophrenie zugrunde geht. Sein Zögling, der junge Albano, wird von der Angst vor dem Persönlichkeitszerfall nur gestreift, flieht vor den Spiegel-Ichs, zerstört sein wächsernes Ebenbild und wird schließlich von seinem dämonischen Freund Roquairol, der nur stimmlich sein Doppelgänger ist und so Linda, Albanos Geliebte, zu verführen vermochte, durch dessen Selbstmord befreit. Auch die Frauen des Romans tragen Doppelgängerzüge: Idoine ist eine Art wiedererstandene Liane. In *Dr. Katzenbergers Badereise* (1809) hat Jean Paul das Motiv noch einmal in Form einer angemaßten Stellvertretung angespielt.

In Jean Pauls Nähe steht L. TIECK mit Balder in *William Lovell* (1795–96), dessen Solipsismus durch die Existenz des körperlichen Ichs verletzt wird und in Grausen vor der eigenen Leiblichkeit umschlägt. In einer Episode von FOUQUÉS Roman *Der Zauberring* (1813) erregt der Anblick eines Spiegelbildes die Angst, sich dem Ich auch als einer Gestalt gegenübergestellt zu sehen. In CHAMISSOS Gedicht *Die Erscheinung* (1828) drängt das zweite Ich, das sich als das seelisch authentische ausweist, den Hausbesitzer, der sich die Rolle eines vornehmen Mannes angemaßt hat, aus dem Haus, das unbewusste wahrere Ego ersetzt das bisherige. Ähnliches hat E.T.A. HOFFMANN in *Die Brautwahl* (1820) dargestellt. Um eine Art zauberisch erzeugten zweiten Ichs handelt es sich bei C. BRENTANO/J. GÖRRES (*Wunderbare Geschichte von Bogs dem Uhrmacher* 1807). Hier verbirgt die zentrale Figur unter dem Haarwuchs ein zweites, von dem ersten abweichendes Gesicht, das ein zweites phantastisches Selbst symbolisiert, und nach der Trennung von diesem Gesicht bleibt ein gesetzter Bürger zurück. Von seinem eigentlichen Besitzer leicht abtrennbar ist Schlemihls Schatten (A. v. CHAMISSO, *Peter Schlemihls wundersame Geschichte* 1814), der dann einem zweiten Herrn zugetan bleibt. Die aus dem Golem geschaffene zweite Isabella (A. v. ARNIM, *Isabella von Ägypten* 1812) wird von Karl V. als Doppelgängerin entlarvt und vernichtet.

Auch personale Doppelgänger, Verwechslungen und Stellvertretungen nahmen in jener Epoche verbreiteter Identitätsproblematik einen hinter- und abgründigen Charakter an. KLEISTS Alkmene (*Amphitryon* Dr. 1807) kann im Gefühl Gott und Gatten verschmelzen, denn beide verkörpern für sie das gleiche Bild, aber mit Bewusstsein kann sie diese Verschmelzung nicht nachvollziehen, und sie sinkt, als sie die Doppelung ↑ Amphitryons erahnt, in Ohnmacht. Der Jüngling, der seine Ähnlichkeit mit dem antiken Standbild des Dornausziehens bewusst posieren will, verliert Selbstsicherheit und Charme (KLEIST, *Über das Marionettentheater* 1810). Seine Ähnlichkeit mit dem Jugendgeliebten seiner Pflegemutter missbraucht ein anderer von Kleist beschriebener Doppelgänger (*Der Findling* Nov. 1811) zu Betörung und Vergewaltigung. Berechnend spielt der Müller

Rehbock seine Ähnlichkeit mit dem durch Scheintod von der politischen Bühne verschwundenen ↑ Waldemar (A. v. ARNIM, *Der echte und der falsche Waldemar* Doppel-Dr. 1813) bei der Anmeldung von Ansprüchen auf den Thron aus. Fürst und Wanderkomödiant tauschen aufgrund ihrer Ähnlichkeit zu beider Nutzen die Rollen (A. v. ARNIM, *Fürst Ganzgott und Sänger Halbgott* Erz. 1835), bis sich die Frau des Fürsten in den Komödianten verliebt und Ganzgott einschreiten muss. Der Gedanke an einen möglichen Rivalen bewegt auch C. BRENTANOS Wehmüller (*Die mehreren Wehmüller* Erz. 1833), aber er entdeckt in einem der Doppelgänger seine Frau, die sich auf Reisen Bekleidungsstücke der gleichen Art wie seine eigenen zugelegt hat, und im zweiten einen Maler-Konkurrenten, der unter seinem Namen Geschäfte machen will. Die Jean Pauls *Siebenkäs* abgelauschte, sich von Feindschaft in Freundschaft wandelnde Beziehung zwischen dem Ritter Otto und seinem Doppelgänger sowie Halbbruder Ottur (FOUQUÉ, *Der Zauberring* R. 1813), die dann nur die Namen ihrer Schwerter tauschen, nicht – wie die Personen im *Siebenkäs* – ihre eigenen, umspielt ebenso das Thema von der gegenseitigen Assimilierung ähnlicher Seelen wie J. KERNERS *Reiseschatten* (1811).

Bei E.T.A. HOFFMANN wurde das Doppelgänger-Motiv strukturbestimmend. Er setzte es bei zahlreichen Werken ein und schuf neue Motivvarianten von großer Vielschichtigkeit, indem er das romantische Polaritätsprinzip durchpsychologisierte. In einer Reihe von Fällen ist die äußere Form des gespaltenen Ich-Bewusstseins noch nicht das volle Doppelgängertum, sondern eine in zwei Gestalten oder mit zwei Gesichtern erscheinende Persönlichkeit (*Das Fräulein von Scuderi* 1820, *Der goldene Topf* 1814, *Klein Zaches* 1819). In *Prinzessin Brambilla* (1821) zersetzt sich das Ich-Gefühl des in Träume von einer schöneren Existenz versponnenen Komödianten Giglio im Wirbel des Tanzes. Einerseits versteigt er sich bis zur Identifizierung mit seinem irrealen Doppelgänger, dem von Giacinta geliebten Traum-Ich, andererseits steht er ihm feindlich gegenüber und will dieses ältere Ego vernichten. Eine glückliche Beimischung burlesker Züge fördert die Harmonisierung der Diskrepanz durch Akzeptierung des alten Ichs. Auch Ritter Gluck (*Ritter Gluck* 1809) lebt in der Vorstellung, eigentlich ein anderer zu sein. In *Der Artushof* (1817) schafft sich die Phantasie des jungen Malers Traugott ein in seinen Gemälden lebendes Idealbild nach dem Modell der Felizitas Berklinger, die sich dann als Inbegriff des Philistertums erweist, während sich eine leibliche Doppelgängerin findet, die den erfüllbaren Ansprüchen an das Ideal Genüge tut. In den von CHAMISSOS *Peter Schlemihl* beeinflussten *Abenteuern der Silversternacht* (1815) wird das der Geliebten freiwillig als Geschenk überlassene Spiegelbild zum Doppelgänger, der das bürgerliche Leben des Erasmus Spikher zerstört. In *Ignaz Denner* (1817) begeht der Teufel selbst als Doppelgänger des Andres in dessen Gestalt ein Verbrechen. Auch der Hund von Berganza (*Nachricht von den neuesten Schicksalen des Hundes Berganza* 1814) erlebt die Doppelung seines Ichs und wird durch seine täuschende Ähnlichkeit mit dem Sohn einer Hexe dieser und ihrer Macht in die Hände gespielt. In mehreren Werken Hoffmanns schließlich ist ein Lebender der Doppelgänger eines Toten, dessen Schicksal, Taten, Wirkung er mit sich schleppt und fortsetzt. Alban in *Der Magnetiseur* (1814) übt die zuvor von einem Toten ausgestrahlte, Verderben bringende Kraft auf ein Mädchen aus, während die Bedrohung durch eine ähnliche Fähigkeit des Magnetiseurs in *Der unheimliche Gast* (1819) von dem Opfer abgewendet werden kann. Kreisler (*Lebensansichten des Katers Murr* 1820–22) leidet unter der Vorstellung, er sei identisch mit dem verstorbenen verrückten Maler Ettlinger, mit dem er wegen der auffälligen Ähnlichkeit verwechselt wird, und Ettlingers Schicksal, das in gleicher Richtung verlief, wie sein eigenes zu verlaufen beginnt, nimmt so sehr von seinem Geist Besitz, dass er schließlich seinem Double zu begegnen glaubt. Wie in *Prinzessin Brambilla* bleibt die Tötung des Doppelgängers scheinbar die einzige Möglichkeit, sich seiner zu entledigen. Dieses bis zur Tötung oder vermeintlichen Tötung gehende Ringen mit dem Doppelgänger kennzeichnet auch den Lebensweg des schon durch seine Herkunft dämonisch belasteten Mönchs Medardus (*Die Elixiere des Teufels* 1815–16). In diesem Roman nimmt des Mönchs Wunschdenken – negativ und positiv – Realitätscharakter in gegensätzlichen Doppelgängern an: einem bösen, dem Halbbruder des Medardus, und einem guten, dem fremden Maler und Ahnherrn des Medardus. Als Medardus seinen Halbbruder Victorin vermeintlich getötet hat, wird er in dessen Rolle bis zur Selbstidentifikation hineingezogen, und sein böses Ich gewinnt damit die Oberhand. Zugleich hält sich der wahnsinnige Victorin für Medardus. Bewusstseinsspaltung und Verwechslung sind von Hoffmann kunstvoll verschmolzen worden. In dem Augenblick, in dem Medardus sich selbst in seinem Doppelgänger erkannt hat, setzt seine manchmal auch wieder verzögerte Umkehr ein, und der gute Doppelgänger tritt hervor. Im Umkreis der *Elixiere* liegt der stärker auf das Verwechslungsmoment beschränkte unbewusste Rollentausch der beiden jungen Männer der Erzählung *Der Doppeltgänger* (1812), die eine magische Beziehung miteinander verbindet und die Liebe zu Rivalen macht. Während hier die Frau auf beide Bewerber, zwischen denen sie nicht zu wählen vermag, verzichtet, kann Hermenegilda (*Das Gelübde* 1817) den geliebten Mann in der Ferne schließlich nicht mehr von seinem Double in ihrer Nähe unterscheiden, ist im Geist bei jenem, als er den Tod in der Schlacht findet, aber unbewusst bei diesem, der mit ihr eine mystische Hochzeit begeht, und muss sich, aus der Trance erwacht, mit der Wirklichkeit der Schwangerschaft abfinden. Mit solcher Gefühlsverwirrung durch einen nicht mehr imaginären Doppelgänger und der Grenzverwischung zwischen Halluzination und Realität im Bewusstsein der Frau war Hoffmann in unmittelbarer Nähe des ↑ Amphitryon-Stoffs.

Nachdem das Doppelgänger-Motiv von der Romantik dämonisiert und auf sehr unterschiedliche Einsatzmöglichkeiten hin durchexerziert worden war, erhielt sich seine weite Verbreitung auch in der Literatur des mittleren und späten 19. Jahrhunderts trotz des vorherrschenden Realismus. Dabei waren die Übergänge zwischen dem rein imaginären Doppelgänger, dem an Medien wie etwa einen Schatten oder ein Spiegelbild gebundenen Doppelgänger und dem personalen Doppelgänger ebenso fließend wie diejenigen zwischen dem allegorisch bestimmten und dem moralisch wertfreien, psychologisch begründeten. Die überkommenen Funktionen von Doppelgängern, Verwechslung, Stellvertretung, Unterschiebung, spielten nur fallweise bei Verwendung des Motivs mit, ohne etwa, wie in früheren Epochen, zu dominieren.

Reinen Verwechslungs- und Stellvertretungscharakter mit entsprechendem personalen Doppelgänger zeigte das Motiv verhältnismäßig selten. Nach bewährtem Komödienbrauch kehrt Hermann (J. N. Nestroy, *Der Färber und sein Zwillingsbruder* 1840) gerade noch rechtzeitig zurück, um seinen Zwillingsbruder von den ihm durch seine Ähnlichkeit aufgezwungenen Rollen zu befreien. Ch. Dickens (*A Tale of Two Cities* 1859) erzählte eine ernste Variante des alten Rollentausch-Plots. Der französische Adlige Darnay lernt in dem heruntergekommenen englischen Rechtsanwalt Carton sein äußerliches Ebenbild kennen; als Darnay in der Französischen Revolution zum Tode verurteilt wird, besteigt Carton an seiner Stelle das Schafott und bezahlt so mit seiner entwerteten Existenz noch einen hohen Preis. Auch bei dem Roman *Our Mutual Friend* (1864–65) stellte Dickens das Doppelgänger-Motiv in das Zentrum: John

Harmon kann in eine fremde Individualität schlüpfen, da er für tot gilt, seit sein in der Themse ertränkter Doppelgänger als Harmon identifiziert wurde, und so alle Personen dirigieren sowie prüfen, die sein Erbe verwalten und an seiner Zukunft teilhaben sollen, bis er eines Tages seine Identität enthüllt. Der englische Adlige Rassendyll (A. HOPE, *The Prisoner of Zenda* Erz. 1894) wird in einem Phantasie-Ruritanien anstelle des verschleppten Thronfolgers zum König gekrönt, verwaltet das hohe Amt selbstlos musterhaft und tritt es seinem von ihm befreiten Doppelgänger im entscheidenden Augenblick ab. A. HUXLEY (*The Farcical History of Richard Greenow* 1920) lässt seinen Helden jeweils während des Schlafes durch eine Persönlichkeit ganz anderen Temperaments und anderen Ehrgeizes ersetzt werden. Bei W. v. SCHOLZ (*Perpetua* R. 1926) verdrängen und ersetzen sich wieder einmal Zwillinge zu gegenseitigem Schaden und Nutzen; schließlich wird die vital-dämonische Katharina als Hexe zum Tode verurteilt, ihre vorbildlich fromme Schwester Maria erleidet statt ihrer den Feuertod, und Katharina wandelt sich im Kloster, in dem sie den Platz der Schwester einnimmt, zu einer Art Heiligen. In völlig realistischem Rahmen begibt sich das Erschleichen der Rechte des Ehemanns durch dessen Kriegskameraden in L. FRANKS Drama *Karl und Anna* (1927). Die große Ähnlichkeit Karls mit ihrem Mann Richard täuscht die Ehefrau, die Unredliches dunkel ahnt, sich in den vor ihr stehenden Heimkehrer verliebt und sich schließlich auch für ihn erklärt, als Richard zurückkommt. G. KAISER wies in seinem Werk dem Doppelgängertum eine bedeutsame, variantenreiche Aufgabe zu. In dem expressionistischen Drama *Die Koralle* (1917) tötet der Milliardär seinen Doppelgänger-Sekretär, um sich dessen lichtes, harmonisches Leben anzueignen, und nimmt dann gern als vermeintlicher Mörder des Milliardärs die Verurteilung zum Tode hin. Die gleiche Flucht vor sich selbst unternimmt der Verwandlungskünstler Oliver (*Zweimal Oliver* Dr. 1926), der sich die Rolle des Liebhabers der Olivia aneignen möchte, bei der Rückkehr des echten Oliver abgeschoben wird und diesen tötet, um der Misere der Wirklichkeit zu entgehen. Aber mit dem Schuss auf den anderen traf er sich selbst, weniger Mörder als Selbstmörder, dessen Flucht ins Nichts geführt hat. Boris (*Villa aurea* R. 1940), der im Krieg mit einem Gefallenen die Identität tauschte und seitdem im Verborgenen lebt, erkennt in dem zweiten Mann seiner Frau den Doppelgänger seines früheren Ichs, einen Helden, den Vera verehrt wie ihn. Der Tod dieses zweiten Mannes scheint Boris wieder zum ersten machen zu wollen, aber Vera sieht nur das Idealbild, das sie sich entworfen hat, nicht ihn selbst, sodass er sich zum Verzicht entschließt, ihr jedoch in einem Brief den wahren Boris enthüllt. Entheroisierend wandelte Kaiser schließlich auch das Doppelgänger-Motiv im ↑ Amphitryon-Stoff ab und ließ in *Zweimal Amphitryon* (Dr. 1948) den Kriegsherrn Amphitryon sich zum Dienenden läutern.

Die Phantom-Doppelgänger in der Literatur des 19. Jahrhunderts entsprechen meist der im Volksglauben verankerten allegorischen Vorstellung von einem guten und einem bösen Ich, von beider Rivalität und beider Kampf gegeneinander. W. HAUFF (*Mitteilungen aus den Memoiren des Satan* 1826) verwandte, wie schon HOFFMANN und CHAMISSO, die Situation des Hausbesitzers, dem bei der Heimkunft ein Doppelgänger als Eigentümer des Hauses entgegentritt, hier nun der Teufel in des Herrn Hasentreffer Gestalt, der den in sein Haus Eindringenden erwürgt. Magische Doubles sind auch die Doppelgänger der Besserungsstücke aus der Tradition des Wiener Volkstheaters. Der Alpenkönig F. RAIMUNDS (*Der Alpenkönig und der Menschenfeind* 1828) spielt dem Rappelkopf in dessen Gestalt seine Fehler vor und kuriert ihn so von seiner Menschenfeindlichkeit. Trotz des komödiantischen Anstrichs führt die Doppelung zu hochgradiger seelischer Verwirrung des Bürgers, der sein Double erschießen will, sich aber noch rechtzeitig an die Bedingung des Geistes erinnert: »Wir haben alle zwei nur ein Leben.« Im Übrigen entwickelt sich der Doppelgänger technisch aus einem Spiegelbild. In Raimunds Zaubermärchen *Der Verschwender* (1834) repräsentiert der Doppelgänger, in dem Flottwell zuweilen seinen Vater zu sehen glaubt, Flottwells fünfzigstes Lebensjahr, als welches er ihn vor dem Ruin bewahrt, indem er für Flottwell spart. Auch Flottwell versucht, seinen unheimlichen Begleiter zu töten, kann ihm aber nichts anhaben. Wie der Doppelgänger zugleich ein Bild von Flottwells unentwickelten Charaktermöglichkeiten darstellt, erweist sich der Traum-Rustan F. GRILLPARZERS (*Der Traum ein Leben* 1840) in der Traumvision als abschreckende Variante des echten Rustan; der Selbstmord des Traum-Ichs befreit den Träumenden und dann Erwachenden vom Succubus seines zweiten Ego. In N. GOGOL'S *Večer nakanune Ivana Kupala/Johannisnacht* (Erz. 1831) ist Bassavrjuk ein Teufel und zugleich der Doppelgänger des Helden Pjotr, und in A. v. DROSTE-HÜLSHOFFS *Judenbuche* (Erz. 1842) der Cousin Johannes ein negatives Double der Hauptgestalt, neben dieser erst in dem Augenblick sichtbar, als das Böse Macht über sie gewonnen hat. Als warnendes besseres Ich fungiert der Doppelgänger bei E. A. POE

(*William Wilson* 1839), der den auf abschüssiger Bahn befindlichen William durch ganz Europa verfolgt, bis dieser ihn im Zweikampf tötet. Im Tode wird auch die Stimme des Doppelgängers, bisher einziges Unterscheidungsmerkmal, gleich der des echten William, der für die Welt tot ist, seit er sich selbst, sein besseres Ich, in dem anderen ermordete. Eine Art von Doppelgänger repräsentiert auch der Affe in Poes *The Murders in the Rue Morgue* (1841), ein Symbol des Triebwesens im Menschen, das sich verselbständigt und der Bändigung durch die Vernunft entzogen hat. Eine stärkere psychologische Komponente kennzeichnet das Verhältnis zwischen Jekyll und seinem von ihm selbst durch eine Droge freigesetzten inneren Bösewicht Hyde (R. L. STEVENSON, *The Strange Case of Dr. Jekyll and Mr. Hyde* Erz. 1886), der nun alle Verbrechen ausübt, gegen die sich Jekyll gesträubt hat, auf Kosten Jekylls immer größer und kräftiger wird, aber dennoch nicht von seiner Bindung an ihn frei werden kann, bis er sich selbst und damit auch Jekyll tötet. Das Gegenstück zu dieser von POES *William Wilson* angeregten Erzählung bildet STEVENSONS *Markheim* (Erz. 1887) mit einem besseren Ego, das Markheim von seiner Schlechtigkeit überzeugt, seine Selbsttäuschung hinwegfegt und erreicht, dass Markheim sich der Polizei stellt. Eine ähnliche Geschichte von einem Doppelgänger, der die Hauptfigur zur Selbsterkenntnis und Besserung bewegt, erzählte R. KIPLING (*The Dream of Duncan Parrenness* 1891). Bei O. WILDE (*The Picture of Dorian Gray* Erz. 1891) übernimmt das Porträt die Rolle des Mahners, da auf ihm alle Spuren der Laster eingezeichnet sind, die der schön und jugendlich gebliebene Held begangen hat; das in dem Bild unübersehbar drohende böse Gewissen veranlasst Gray schließlich, das Bild zu erdolchen, doch er selbst nimmt nun die entstellenden Züge des Bildes an und stirbt mit dem Dolch im Herzen. Von E.T.A. HOFFMANN herkommend, verwendete DOSTOEVSKIJ seit dem Roman *Dvojnik/Der Doppelgänger* (1846), in dem er eine Bewusstseinsspaltung sogleich mit Meisterschaft darstellte, das Motiv wiederholt, in späteren Romanen jedoch unter stärkerer Berücksichtigung der moralisierend-allegorischen Komponente. In *Besy/Die Dämonen* (1871–72) erscheint der Teufel als Stavrogins zweites Selbst, das ihn quält und ängstigt. Mehrere Exekutiv-Doubles setzen Stavrogins teuflische Gedanken in die Tat um und verschwinden von der Szene, ehe Stavrogin Selbstmord begeht. In *Podrostok/Der Jüngling* (1875) befreit sich Versilov von seinem bösartigen Doppelgänger durch einen Schuss auf sich selbst; nach dessen Tod treten an dem überlebenden Versilov die besseren Seiten hervor. Ivan in *Brat'ja Karamazovy/Die Brüder Karamasow* (1879–80) findet sich schließlich seinem Schuldgefühl, das langsam sein Bewusstsein zersetzt, in der Gestalt des Teufels gegenüber, sodass er die Verantwortung für den Vatermord vor Gericht zugibt, zugleich aber im Gehirnfieber zusammenbricht. Läuterungsfunktionen an der Zentralfigur des »Unbekannten« vollziehen der ihm ähnliche Bettler und der Arzt in STRINDBERGS *Nach Damaskus* (Dr. 1898–1901), die deutlich als Teile der Psyche des Helden konzipiert sind; der Bettler bringt dessen Hochmut zu Fall, ehe er ihm als Konfessor die Erlösung eröffnet. In der Lyrik taucht mehrfach die Begegnung des Autors mit seinem jugendlichen Ich auf (H. HEINE, *Still ist die Nacht* 1827; A. v. DROSTE-HÜLSHOFF, *Doppeltgänger* 1860; C. F. MEYER, *Begegnung* 1878).

M. DESSOIRS Buch *Das Doppel-Ich*(1890) fasste noch einmal zusammen, was die halbintuitive romantische Psychologie der späteren Bewusstseinsforschung vorwegnahm. Seit S. FREUDS *Traumdeutung* (1900) und *Psychopathologie des Alltagslebens* (1901) konnte eine Gestaltung des Doppelgänger-Motivs in Kenntnis der Psychoanalyse und unter ihrem Einfluss erfolgen, doch hielt die Literatur an althergebrachten Zügen fest und gab den neuen Theorien nur sehr langsam Raum. Die expressionistische Epoche neigte der Allegorie zu. In W. HASENCLEVERS Drama *Der Sohn* (1914) ist der Freund das zweite, gereiftere Ich des Helden, das ihm zu innerer wie äußerer Befreiung verhilft und in dem Augenblick verschwindet, als es vom jüngeren Ich überholt ist. Bei H. JAMES (*The Jolly Corner* Erz. 1908) trifft der Held, verstört und zugleich befreit, auf sein Ich, wie es hätte werden können. Die »Dream-Selves« in dem nachgelassenen Romanfragment von MARK TWAIN *The Mysterious Stranger* (1916) sind durch Einwirkung des Teufels entstanden und rebellieren nun gegen die »Waking-Selves«. In F. Th. CSOKORS Drama *Der Baum der Erkenntnis* (1919) repräsentiert der Schatten des Mannes, der sich tagsüber von dessen Körper löst, sein sexuelles Ich, dem die Frau sich zunächst zuwendet, die dann jedoch wieder zu dem Mann zurückkehrt, als sie Schutz und Hilfe braucht. E. BARLACHS christlich eingefärbte Idee eines transzendenten, eigentlichen Ichs, das den Menschen als Doppelgänger begleitet, gewinnt nicht eigne Gestalt, sondern erscheint nur in den Bekenntnissen seiner Helden, die das transzendente Ich mit dem Stern Sirius vergleichen, mit dem ihr irdisches Ich im Tod eins werden wird (*Der arme Vetter* 1918), die ihr irdisches Selbst als Kofferträger ihres Ichs bezeichnen und ihr transzendentes mit Gott gleichsetzen (*Die echten Sedemunds* 1920), oder die hoffen, ihr höheres Ich aus sich selbst heraus zu gebären (*Der blaue Boll* 1926). Ein Drama von J. M. Becker, *Das letzte Gericht* (1919), ließ den gefallenen, als Symbolfigur wiederauferstandenen Zwillingsbruder des Helden dessen besseres Ich verkörpern, im Kampf mit ihm bald siegen, bald unterliegen und am Schluss in dem büßenden Helden aufgehen. Von diesem Werk wohl beeinflusst erscheint F. Werfels Drama *Der Spiegelmensch* (1920), das ganz in der allegorischen Tradition steht, da der Sieg über das Spiegel-Ich, die Selbstglorifikation, nur durch Selbstaufopferung möglich ist. Das bessere Ich tötet sich selbst und bereitet damit auch dem schlechteren ein Ende, beide haben nur ein Leben. Y. Goll (*Methusalem oder der ewige Bürger* Dr. 1922) erfand einen Liebhaber in Gestalt von drei Doppelgängern, die für die Umworbene in eins verschmelzen, aber dem Zuschauer deren drei Wesensseiten darbieten sollen. Bei O'Neill (*The Great God Brown* Dr. 1925) gelingt es dem erfolgreichen, aber liebearmen Brown nicht, in der Maske seines begnadeten toten Freundes sich dessen reicheres Leben anzueignen, sondern erst der Tod schmelzt ihr Schicksal in eins zusammen; das böse Ego (O'Neill, *Days without End* Dr. 1934) kann nur durch Reue und Rückkehr zum Glauben überwunden werden. Als todbringend stellt sich die Suche nach dem in einem geistigen »jüngeren Bruder« wiedererstandenen, gemordeten besseren Ich in H. E. Nossacks Roman *Der jüngere Bruder* (1958) dar.

Neben solchen allegorisch akzentuierten Doppelgänger-Motiven behaupteten sich die psychologisch akzentuierten, vorwiegend die Motive mit Ich-Spaltung. Der einen Treueschwur leistende Schatten der Frau, die dann ihren Eid brach und ihren Mann vergiftete, verselbständigt sich bei ihrem Tod und bleibt an der Wand haften (E. Mörike, *Der Schatten* Gedicht 1855), ein anderer Schatten macht sich zum Herrn über seinen früheren Besitzer, den er aus seinen Rechten verdrängt (H. C. Andersen, *Der Schatten* Märchen 1847), ein dritter begegnet seinem Besitzer in allen entscheidenden Augenblicken des Lebens (A. de Musset, *La Nuit de décembre* 1835). Eine Nase macht sich selbständig, fährt in der Uniform eines Staatsrats in einer Karosse durch Petersburg und kann von ihrem Besitzer wegen des eingetretenen Standesunterschiedes nicht belangt werden (N. Gogol', *Nos/Die Nase* Nov. 1836). Eine Vogelscheuche wird Doppelgänger ihres Besitzers und vertreibt ihn von seinem Platz, sodass der hilflose Ästhet schließlich als Vogelscheuche endet (H. Esswein, *Herr Krautmann* Erz. 1912). Ein Nachfolger der romantischen losgelösten Schatten und magischen Spiegelbilder erstand noch in H. H. Ewers' Roman *Der Student von Prag* (1900), dessen Held schließlich verzweifelt auf seinen Doppelgänger schießt, wodurch er zwar wieder ein Spiegelbild erhält, aber auch selbst tödlich getroffen ist. Den romantischen Zug einer von den Vorfahren überschatteten Existenz übernahm H. Heine (*William Ratcliff* Dr. 1823), dessen Held unter dem Einfluss des Doppelgängers die Geliebte tötet, dann aus Rache den Doppelgänger töten will, aber erkennt, dass er allein für den Mord verantwortlich ist, und sich selbst umbringt. Hoffmanns Einfall eines postumen Doppelgängers wiederholte sich mit E. A. Poes Erzählung *A Tale of Ragged Mountains* (1844), deren Held von seinem Vorgänger gar nichts weiß, aber dessen Tod visionär vor sich sieht und dann auch auf die gleiche Weise stirbt. Bei R. L. Stevensons *Thrawn Janet* (Erz. 1887) handelt es sich um Wiederkehr in neuer, teuflischer Existenz, und auch *The Body Snatcher* (1885) von Stevenson enthält doppelgängerische Elemente. In einer anderen Erzählung Poes (*The Oval Portrait* 1842) gilt dem Mann ein Porträt mehr als die lebende Geliebte, die schließlich zugunsten des Bildes dahinschwindet. Auch bei N. Hawthorne (*Prophetic Pictures* Erz. 1837) fungiert ein Porträt als selbständig gewordenes Alter Ego, das eine Gewalttat des originalen Ichs im Voraus anzeigt. Mehrfach belegbar ist das Eintauschen von Jugend, das Wiedererstehen als verjüngter Doppelgänger (Bulwe, *Strange Story* 1862; Th. Gautier, *Avatar* 1857; H. G. Wells, *The Story of the Late Mr. Elvesham* 1897; A. Schnitzler, *Casanovas Heimfahrt* Erz. 1918). In Frankreich, dem Land, in dem Hoffmann besonders stark wirkte, findet sich das Motiv des gegen seinen Partner arbeitenden, zur Verselbständigung drängenden, parasitären zweiten Ichs in G. de Maupassants *Un fou?* (Erz. 1854) und *Le Horla* (Erz. 1886). Die Angstzustände des von einem Phantom Verfolgten, die im Selbstmord enden, hatte zuvor schon Dostoevskij in *Dvojnik/Der Doppelgänger* (R. 1846) frei von allegorischen Momenten als Studie eines sich steigernden Verfolgungswahns dargestellt, die als überragende Motivverarbeitung gelten kann. Der auf Minderwertigkeitskomplexen beruhende Wunsch des Helden, sich vor sich selbst zu verstecken, andererseits der Geltungsdrang und die Hoffnung, sich zu behaupten, führen zu der Wahnvorstellung, dass ein anderer, besserer – sein Wunschbild – seinen Platz im Leben und bei der Arbeit eingenommen habe, mit dem er in dem sicheren Gefühl, nur einer von ihnen beiden dürfe da sein, in einen Kampf auf Leben und Tod gerät. Auf dem Höhepunkt der Psychose verwandelt sich der Doppelgänger in einen Polygänger, und der Held kommt ins Irrenhaus. Dagegen wird im

Roman V. Nabokovs(*Despair* 1934; Film R. W. Fassbinder 1978) der Mord eines Geschäftsmanns an seinem vermeintlichen Doppelgänger, einem Landstreicher, den er zuvor für einen Versicherungsbetrug benutzt hat, aufgedeckt, und er wird von der Polizei gefasst. Der Versuch des Schriftstellers B. Pilnjak, im Jahr 1935 sein Leben durch einen regime-konformen Roman über zwei ungleiche Zwillingsbrüder, die die Gespaltenheit Russlands repräsentieren, zu retten, misslingt (*Die Doppelgänger*, erschienen 1989). In J. Saramagos Roman (*O Homem Duplicado/Der Doppelgänger* 2002) überlebt der Geschichtslehrer Alfonso durch Intrigen und Erpressung die Altlasten seines Doppelgängers, des Schauspielers D. Santa-Clara, der die Kontrolle über seinen Wagen verliert und mit seiner Gefährtin in einen entgegenkommenden Sattelschlepper rast.

Dostoevskijs Darstellungen von Komplexen und aus ihnen resultierenden Wahnvorstellungen wirken wie Vorausnahmen der wissenschaftlichen Psychoanalyse. Unterdrückte Begierden, die bei einem langgedienten Soldaten plötzlich als Rebellion in Erscheinung treten, wusste auch Hofmannsthal(*Reitergeschichte* 1899) schon in einem ähnlich vorausdeutenden Sinn zu schildern; der begegnende Doppelgänger kündigt hier nicht nur den Tod, sondern auch das sich befreiende zweite Ich an. Später hat Hofmannsthal bewusst ein psychoanalytisch gesehenes Doppelgängerproblem in seine Dichtung hineingenommen (*Andreas oder die Vereinigten*R. 1932). Opium (C. Farrère, *Les deux âmes de Rudolf Hafner* 1904), Fieber (R. Kipling, *At the End of the Passage* 1889) und seelischer Schock (O. Sitwell, *The Man who Lost Himself*R. 1929) sind die modernen unmystischen Ursachen, die das Auftauchen eines Doppelgängerphantoms erklärbar machen.

E. Lucka, Verdoppelungen des Ich, (Preußische Jahrbücher 115) 1904; M. Roehl, Die Doppelgängerpersönlichkeit bei E.T.A. Hoffmann, Diss. Rostock 1916; O. Rank, Der Doppelgänger, 1925; O. Fischer, Dějiny Dvojnika (in: O. F., Duse a slovo) Prag 1929; W. Krauss, Das Doppelgängermotiv in der Romantik, 1930; R. Tymms, Doubles in Literary Psychology, Cambridge 1949; M. K. Merzbach, Die Wandlungen des Doppelgängermotivs in Georg Kaisers letzten Werken, (German Quarterly 28) 1955; M. Wain, The Double in Romantic Narrative, (Germanic Review 36) 1961; N. Reber, Studien zum Motiv des Doppelgängers bei Dostojevskij und E.T.A. Hoffmann, 1964; U. Bartholomae, Die Doppelpersönlichkeit im Drama der Moderne, Diss. Erlangen 1967; C. F. Keppler, The Literature of the Second Self, Tucson 1972; L. Doležel, Le triangle du double, (Poétique 16) 1985; A. Hildenbrock, Das andere Ich. Künstlicher Mensch und Doppelgänger in der deutsch- und englischsprachigen Literatur, 1986; R. Böschenstein (Hrsg.), Doppelgänger (Anthologie), 1987; A. Webber, The Doppelgänger: double visions in German literature, Oxford 1996; I. Fichtner (Hrsg.), Doppelgänger: von endlosen Spielarten eines Phänomens, 1999; G. Conio (Hrsg.), Figures du double dans les littératures européennes, 2001; V. Stoichita (Hrsg.), Das Double, 2006.

Doppelliebe → Mann zwischen zwei Frauen

Duell

Das außergesetzliche, aber durch Formvorschriften geregelte Duell unterwarf im späten 15. und beginnenden 16. Jahrhundert die bis zu diesem Zeitpunkt lebendig gebliebene private, zu jedem Mittel greifende → Blutrache einer Art institutionalisiertem, Auswüchse hinderndem Verfahren und löste den durch die Kirche seit dem 12. Jahrhundert immer mehr eingedämmten gottesgerichtlichen Zweikampf ab (→ Gottesurteil), der Entscheidungen über unklare und schwierige Rechtsstreitigkeiten herbeizuführen suchte. Das Duell galt als angesehenste Abwendung von Beleidigungen. Seine Aufgabe war nicht so sehr die Ahndung von Vergehen, sondern Sühne als Versöhnung. Die sog. Ehrengerichte, deren älteste Anfang des 16. Jahrhunderts in Frankreich entstanden, befassten sich mit der Zulassung sowie der Austragungsart eines Duells, und als Beistand sowie Kampfzeugen fungierten die seit der zweiten Hälfte des 16. Jahrhunderts nachweisbaren Sekundanten. Während der Herausforderer meist allseitiger Sympathien sicher sein konnte, haben Kirche und Staat das Duell offiziell verworfen. Da Rache die Sache Gottes sei, verbot das Tridentiner Konzil (1563) sowohl gottesgerichtliche als auch ungesetzliche Zweikämpfe bei Strafe der Exkommunikation. Die zu Zentralgewalten anwachsenden weltlichen Instanzen wiederum ließen sich von dem Gedanken leiten, dass ein am Untertan begangenes Unrecht zugleich an Herrscher und Staat begangen worden sei und daher die Strafverfolgung in deren Aufgabenbereich gehöre. Private Rache galt bereits seit dem 14. Jahrhundert als Verbrechen gegen den Staat. Auf → Blutrache für Mord stand im Elisabethanischen England die gleiche Strafe wie auf Mord, aber Duellanten sind von der Regentin in Anerkennung der Ehrengesetze häufig begnadigt worden. In der Folgezeit nahmen Duelle unter schottischem Einfluss zu, und ein Verbot durch James I. im Jahre 1613 sowie sein Traktat *The Peacemaker* (1618), mit denen er sie abzuschaffen versuchte, blieben ohne Erfolg. Besonders hartnäckig verteidigt wurde das Duell in Italien, Frankreich und vor allem in Spanien, dessen Adlige mit einem ausnehmend umfangreichen Ehrenkodex aufwarten konnten. Der Duellboden war hier das Feld der Ehre, und wer sich nicht auf ihm bewähren wollte, galt als ehrlos. Zwar bestand kein Sonderrecht Adliger auf Privatkrieg, und in früheren Zeiten, zuletzt 1522, hatte der König mit der Anberaumung eines → Gottesurteils die Jurisdiktion übernommen, aber es galt als Regel, dass die Ehrenpflicht des Ritters über der öffentlichen Rechtspflege stehe und der Staat seinen Anspruch zurückzustellen habe. Dennoch setzte sich gegen Ende des 16. Jahrhunderts auch in Spanien der Gesetzgeber allmählich durch. In Frankreich war das Duell schon 1566 bei Todesstrafe verboten und ein Tribunal zur Schlichtung von Ehrenhändeln eingerichtet worden. Das Verbot wurde 1579 durch das Edikt von Blois bestätigt und 1609 von Heinrich IV. erneut dekretiert, der jedoch gottesgerichtlichen → Kampf zuließ, um der zügellosen Privatfehden Herr zu werden. Stärkeren Nachdruck verlieh Richelieu seinem Verbot im Jahre 1626, und er scheute sich nicht, die anarchischen Adelsstreitigkeiten mit Hilfe strenger Ahndung einzudämmen, doch wurden sie noch unter Ludwig XIV. im Duell ausgetragen. In allen europäischen Ländern ging das Duell vom Adel auf die ursprünglich von diesem gebildeten Offizierskorps und auf das höhere Beamtentum akademischer Prägung über, und bei beiden erhielt es sich trotz aller offiziellen Verbote bis an die Schwelle des 20. Jahrhunderts. Gerade in der Spätzeit hatte es in gewissem Umfang Symbolcharakter, da es im Wesentlichen zur Austragung von Ehrenhändeln diente. Dabei wurde häufig nur bis zu blutiger Verletzung, doch nicht bis zum tödlichen Ausgang gekämpft, denn Blut wusch moralischen Makel hinweg. Das deutsche Strafrecht ahndete verabredeten Zweikampf mit tödlichen Waffen, die Herausforderung, deren Übermittlung durch Kartellträger sowie die Teilnahme an einem Duell mit besonderen Strafen, bis hierfür die allgemeinen Vorschriften, beispielsweise Bestrafung wegen Körperverletzung, Geltung erlangten.

Das Duell war damit bereits bei seinem ersten Auftreten als Motiv der Dichtung eine zwar dem Ehrbegriff einer ganzen Schicht durchaus entsprechende, aber vom Gesetz verbotene, strafbare Handlung. Daher ist das Motiv von jeher zweifach dialektisch. Der Duellant befindet sich im Konflikt mit seinem gegnerischen Duellanten, dessen Beleidigung ihn traf oder der von seiner Beleidigung betroffen war, und außerdem im Konflikt mit der Obrigkeit. Diese doppelte Spannung besaß das Motiv noch bei neueren Gestaltungen. Seine auffallende Beliebtheit im 17. Jahrhundert erklärt sich aus den zuvor erlassenen oder verschärften Verboten des Duells, die es zum umstrittenen, erregenden Thema machten. Allein in neun Theaterstücken CALDERÓNS zeigt sich das Duell-Motiv schon im Titel an, und unter den 35 Dramen Th. CORNEILLES, der sich wiederholt von spanischen Autoren und ihren Themen anregen ließ, haben zwanzig Beziehungen zum Zweikampf. Um das Duell temporären Bewertungen wie aktuell, anachronistisch oder archaisch zu entziehen und als gewachsene, außergewöhnliche Wirklichkeit vorzustellen, exemplifizierte Calderón es an undurchschnittlichen Menschen zurückliegender Zeiten. Bei Calderón und anderen Dramatikern des Goldenen Zeitalters verband sich ein Zweikampf als Gebot der Ehre unschwer mit dem häufig für das Theater verwendeten Zweikampf als → Gottesurteil unter dem Gesichtspunkt erprobter szenischer Wirksamkeit. Der spanische Roman dagegen, z. B. der des CERVANTES, leugnet die Gültigkeit des Ehrenkodex sowie den Duellzwang und vertritt die diskrete Behandlung eingetretener Ehrverletzungen sowie die vorbeugende Abwehr künftiger. Französische Bühnenschriftsteller bevorzugten das Duell-Motiv weiterhin unter dem Eindruck des spanischen Theaters, obwohl bereits vorangegangene Darstellungen der zeitgenössischen französischen Gesellschaft die vieldiskutierten Duellgesetze einschlossen, und auch hier begegnete sich dramaturgische Konvention mit geistiger Konzeption: Das Drama ventilierte das Problem, als der Staat die Sache selbst mit dem Adel durchfechten musste. So erhob sich das Duell im Bühnenstück über das Niveau eines bloßen Theatereffekts. In nur 18 – zwölf vor, sechs nach 1640 anzusetzenden – von über hundert untersuchten Stücken verläuft ein Duell auf offener Bühne, in den übrigen als sogenannte verdeckte Handlung. Sehr häufig gönnte man dem Zuschauer den Beginn, während die weitere Austragung des Streites als zunächst verhindert dargestellt wurde und sich der Autor so darein fügte, dass seit 1640 Blutvergießen auf der Bühne verboten war. Die Verwendung des Duell-Motivs in Frankreich erreichte mit 33 Dramen in dem Jahrzehnt zwischen 1630 und 1640 ihren Höhepunkt. Auch im Elisabethanischen England wäre ein Duell als unkritisch eingesetzter Bestandteil zeitgenössischer Bühnenhandlungen für einen Anachronismus gehalten worden, doch ergänzte es wirksam die Charakterisierung der ohnehin von den Dramatikern bevorzugten Historie. Zudem lieferte das Duell als solches außergewöhnliches, spannendes literarisches Material: Da meistens verboten, musste es geheim gehalten und vorwiegend im Morgengrauen an einem einsamen Ort außerhalb der Stadtmauern ausgetragen werden, es zwang dem überlebenden Teilnehmer das Untertauchen oder die Flucht ins Ausland auf, und die in Palästen oder in Gegenwart von Fürstlichkeiten gezogenen Waffen erhöhten seine Strafbarkeit als Majestätsbeleidigung (SCHILLER, *Don Karlos*; GOETHE, *Torquato Tasso*).

Nach dem Zeugnis ihrer Dichtungen stellten viele Autoren ein gemäß Ehrenkodex anberaumtes Duell als selbstverständlich und unverwerflich dar. Ein Vater ist berechtigt und verpflichtet, denjenigen, von dem seine Tochter vergewaltigt wurde, zur Rechenschaft zu ziehen, auch wenn er dafür mit dem Tode bezahlt (DORIMOND, *Le Festin de Pierre* 1658). Ein Mann muss, um die durch Kränkung der Ehre seiner Schwester beleidigte Ehre seines Vaters zu rächen, sogar den besten Freund zum Duell fordern, der dieses Recht auch respektiert (J. SHIRLEY, *The Maid's Revenge* 1626). Den Verführer der Schwester zu ermorden ist schändlich, sich mit ihm, selbst einem Freund (→ Freundschaftsbeweis), zu duellieren, ehrenhaft (CINQ AUTEURS DE RICHELIEU, *L'Aveugle de Smyrne*). Ein Herausforderer bietet Verzicht an, als er in dem Kontrahenten seinen Lebensretter erkennt, aber dieser besteht auf Austragung des Duells, das ja nicht dem Tod, sondern ihrer beider Bewährung gelte (Ph. QUINAULT, *Alcibiade* 1658). Ein Vater erklärt sich zwar nicht verantwortlich für die Taten seines Sohnes, aber bereit, für dessen Ehre zu fechten (J. de ROTROU, *Les deux pucelles* 1636). Die Strafen, die einem Duellanten drohen, werden als ungerecht hingestellt. Wenn der in einem Duell Gefallene die besseren Beziehungen zum Hof hatte, zieht der Überlebende auf jeden Fall den Kürzeren und muss fliehen (P. TROTEREL, *L'Amour triomphant* 1615). Ein wegen eines Duells zum Tode Verurteilter ist der festen Überzeugung, dass die Gesetze der Ehre vor denen des Staates rangieren (J. de ROTROU, *Dom Lope de Cardone* 1649); ein anderer Duellant bezeichnet die ihm angedrohte Hinrichtung als »öffentlichen Mord« und kann mit Hilfe von Bestechung sowie Liebesbeziehungen entkommen (P. CORNEILLE, *L'Illusion comique* 1636). In verschiedenen Fällen begnadigt der König, der selbst die Gesetze gegen das Duell erlassen hat (LE COMTE, *La Dorimène* 1633). In keinem der zahlreichen französischen Stücke mit Duell-Motiv wird der Sieger und Überlebende wirklich hingerichtet. Am stärksten setzte sich P. CORNEILLE für das Duell ein, nicht nur in *L'Illusion comique*, sondern vor allem in der Tragödie *Le Cid* (1636), die den Ehrenkodex des feindlichen Spanien glorifizierte. Sie kulminiert in dem Gedanken, dass ein gleich unnachgiebiges Ehrgefühl Rodrigue und Chimène als das einander würdige Paar erweise. Der König räumt

Rodrigues Recht auf Genugtuung mit der Waffe ebenso ein, wie er schließlich Chimènes Bestehen auf dem – gerichtlichen – Duell nachgibt, obwohl er mit seinem Hof diesem Duell zum Zeichen der Missbilligung nicht beiwohnt. Das gleichzeitige Cid-Drama von U. Chevreau (*Le Mariage du Cid* 1637) äußert sich zum Ehrenstandpunkt unentschiedener, nimmt aber das Duell als Selbstverständlichkeit. Wie wenig der Zeit Blut und Tod im Vergleich mit der Ehre galt, zeigt ein durch den Spanier F. de Rojas Zorrilla(*Obligados y ofendidos* 1640) in Umlauf gesetzter Plot, in dem zwei Duell-Motive kausal verschachtelt sind. Ein Adliger hat einem Duellanten geholfen, ihm Asyl versprochen und Unterkunft gewährt. Als sich herausstellt, dass bei diesem Duell der Bruder des Helfers sein Leben ließ, kann er sein Versprechen nicht aufrechterhalten. Des Bruders Tod zwingt ihn, den überlebenden Duellgegner zu fordern, der jedoch zurzeit eines Kampfes und vielleicht des Todes nicht würdig ist, weil er einen Schandfleck auf der Ehre seines Vaters noch nicht hat beseitigen können. Die Auseinandersetzung wird daher aufgeschoben, Gastrecht und Gastfreundschaft bleiben gültig, bis die Satisfaktionsfähigkeit wiederhergestellt ist. Gleich drei französische Dramatiker bemächtigten sich des Stoffes (F. de Boisrobert, *Les généreux ennemies* 1654; P. Scarron, *L'Ecolier de Salamanque* 1654; Th. Corneille, *Les illustres ennemies* 1655), von denen sich Scarron am engsten an das spanische Original hielt. Jeder der drei Autoren erfand eine andere zusätzliche Komplikation, um das aufgeschobene Duell dann doch in allen Ehren nicht stattfinden zu lassen. Duelle wurden auch als Testverfahren und als Charakterscheide verklärt, indem man an einem ungewöhnlich feigen Duellverweigerer demonstrierte, wie sehr seine Dame und sein Diener sich seiner schämten (G. Guérin de Bouscal, *L'Amant liberal* 1636). Noch 1774 griff der Spanier G. M. de Jovellanos in *El delincuente honrado* unter großem Beifall neue Repressalien gegen das Duell an.

Eine vermittelnde Haltung zu Duell und Duellverbot bekundeten Autoren, wenn sie das lebensgefährliche Vorhaben durch die Obrigkeit unterbinden oder abbrechen ließen oder die Duellanten selbst als versöhnungsbereit zeigten. Der »Mohr«, dessen Edelmut veranschaulicht werden soll (G. Della Porta, *Il moro* 1607), wirft nicht nur sein eigenes Schwert weg, als das des Gegners zerbricht, sondern verzichtet auch darauf, den unterlegenen Gegner zu töten, der sich dann als sein Bruder erweist. Ein Duellant stellt fest, dass der Gegner ein Freund seines Bruders ist, senkt daraufhin das Schwert und bittet um Verzeihung (A. d'Ouville, *L'Esprit follet* 1638/39). Zwei junge

Männer, deren Väter Geschäftsfreunde sind, reichen sich auf dem für das Duell vorgesehenen Platz die Hände, sparen sich das Risiko des Blutvergießens und sichern sich einen glücklich endenden Tag (SEDAINE, *Le Philosophe sans le savoir* 1765). Das Duell zwischen zwei Brüdern wird mit knapper Not verhütet (G. DELLA PORTA, *I fratelli rivali* 1601). J. de ROTROU wartete in *Florimonde* (1635) mit vier Duellen auf, die sämtlich abgebrochen werden, zwei durch das Dazwischentreten von Frauen, die beiden anderen durch Freunde. Ehrenhafte Duelle ließen sich auch gegen übereilte, unbegründete oder unfaire Zweikämpfe absetzen und damit Mittelwege einschlagen (Th. MIDDLETON/W. ROWLEY, *A Fair Quarrel* 1616). Wenigstens sollten Männer von Bedeutung und Nutzen für den Staat nicht ihr Leben aufs Spiel setzen (J. de ROTROU, *Dom Lope de Cardone* 1649); der König begnadigt den zum Tode verurteilten Sieger, als sich herausstellt, dass der Unterlegene lebt. Zu späte Reue nach einem Duell, dessen Opfer noch im Tode verziehen hat, macht den illegalen Zweikampf, seinen Zweck und seine Folgen fragwürdig (Sr. de CH., *La Supercherie d'amour* 1625; ANON., *Le Duelliste malheureux* 1635). Als Denkanstoß kann auch die Zerrüttung wirken, die Duelle in zwei rivalisierenden Familien anrichten (G. de SCUDÉRY, *Orante* 1633). Am deutlichsten hat sich MOLIÈRE im *Dom Juan* (1665) gegen das Duell erklärt: Ältere persönliche Dankesschuld und die Pflicht, Genugtuung für die Entehrung seiner Schwester zu fordern, verlangen von Dom Carlos vergleichende Abwägung, und er entscheidet sich für Schonung des → Verführers.

Das Duell-Motiv wird in hohem Maße entschärft, wenn eine verkleidete Frau als Duellantin auftritt. Das → Amazonen-Motiv, das schon eine Verbindung mit dem mittelalterlichen gottesgerichtlichen → Kampf eingegangen war, mindert den Gefährlichkeitsgehalt im reinen Duell-Motiv und gibt dessen Sache und Personen oft sogar der Lächerlichkeit preis. Das Duell zwischen einer verkleideten Frau und einem Mann, zu dem sie meist in einer, möglicherweise abgeklungenen, Liebesbeziehung steht, muss zwangsläufig zu ihren Ungunsten ausgehen. Der Liebhaber bringt ihr eine verhängnisvolle Wunde bei (BEAUMONT/FLETCHER, *The Maid's Tragedy*), oder der über seine Tat entsetzte Mann entzieht sich der Festnahme nicht, wird zum Tode verurteilt, aber von der rechtzeitig gesundeten Geliebten gerettet (GRANDCHAMP, *Les Aventures amoureuses d'Omphale* 1630/31). Die Wunde kann aber auch den nicht mehr abwendbaren Tod der Frau bedeuten, an dem der Mann nun künftig zu tragen hat (Ph. QUINAULT, *Comédie sans comédie* 1655). Einen heiteren Anstrich bekommt die Duellforderung, wenn mit ihr gewissermaßen das ganze weibliche Geschlecht zum Kampf gegen die Untreue der Männer antritt (GHIRARDI, *La Leonida* 1585) oder eine Frau gegen eine zweite wegen des Liebhabers (Ph. QUINAULT, *Les Rivales* 1653). Vollends in die Nähe der Posse gerät das Motiv, wenn die Frau nicht die Fordernde ist, sondern wegen eines Missverständnisses die Geforderte, die nicht weiß, wie sie sich aus der Klemme ziehen soll (MONTFLEURY, *La Femme juge et partie* 1668).

Mit dieser Situation grenzt das Motiv fast an jene komische Variante, bei der ein Feigling sich unter vielen Ausreden vor dem Duell drückt. Die Autoren machten sich für die Motivvariante seit dem 16. Jahrhundert Züge des plautinischen Bramarbas zunutze, indem sie die Feigheit des Miles gloriosus vom Soldaten auf den Duellanten übertrugen. Während die prahlerisch verbreiteten Kriegstaten des antiken Maulhelden jedoch nur den Verdacht der Feigheit auslösen, darf man sie bei dem Duellverweigerer in Augenschein nehmen. In G. DELLA PORTAS *Il moro* mit dem ernsthaften Duell des Protagonisten droht ein zweites zwischen ihm und dem ruhmredigen Capitano, der mit seinen vielen durchgestandenen Duellen prahlt, aber plötzlich klein beigibt, indem er seine Schurkerei und Angst eingesteht, sodass ein freundlicher Ausgang möglich wird. Duellverweigerer suchen sich meist damit herauszureden, dass der Gegner nicht ebenbürtig sei (DELLA PORTA, *La sorella*); der Bramarbas versteigt sich zum Anspruch auf einen förmlichen Zweikampf vor Rittern und Herren. Ein anderer Großsprecher pocht auf Duellregeln, die bei der ihm überbrachten Forderung nicht eingehalten seien (S. ODDI, *Prigione d'amore* 1576). Eine Lüge dient als Ausflucht (G. DELLA PORTA, *La Cintia* 1601; SHAKESPEARE, *As You Like It* 1598/1600), und sei es, dass man behauptet, die Behörden nicht hintergehen zu können (CYRANO DE BERGERAC, *Le Pédant joué* 1654). Wenn man nachweist, dass Prügel die Ehre nicht verletzen, braucht man niemanden zu fordern (DELLA PORTA, *La furiosa*). Sogar die Duldung von Fußtritten kann man sich als Tapferkeit auslegen und damit militante Folgerungen umgehen (BEAUMONT/FLETCHER, *A King and no King* 1611). Der bürgerliche Duellant ohrfeigt sich selbst, um in Wut über den Verführer seiner Frau zu geraten (MOLIÈRE, *Sganarelle* 1660). Häufig wird die Rolle des Feiglings den Dienern zugeschoben, die – ob ernst oder komisch gesehen – meist erklärte Gegner des Duells sind. Wie bei Sancho Pansa und den Picaros der spanischen Epik bewahren die Diener des spanischen und französischen Theaters ihre realistische Einstellung zum Leben, wenn ihre Herren sich an übersteigerten

Ehrbegriffen berauschen. Als Edelleute verkleidete Diener werden beleidigt oder misshandelt, wehren sich nicht, haben den Schaden und brauchen für Spott und Verachtung nicht zu sorgen (Baron, *Rendez-vous des Tuileries* 1685; Molière, *Le Sicilien* 1667). Die Überlegungen des geschlagenen Jodelet (P. Scarron, *Jodelet duelliste* 1643) über seine Pflichten als Ehrenmann geben den angemaßten Ehrenstandpunkt des Dieners und die Institution des Duells, der er sich schließlich wehklagend unterwirft, gleichermaßen dem Gelächter preis. Ebenso lächerlich wirken Erwägungen darüber, ob der Herr beleidigt ist, wenn der Diener von jemandem geohrfeigt wird (A. d'Ouville, *L'Esprit follet* 1638/39; Th. Corneille, *Les Engagements du hasard* 1647; Champmeslé, *Le Parisien* 1682); bei Th. Corneille wird sogar schließlich ein Duell ausgefochten, um auszumachen, wer sich mit dem Beleidiger duellieren soll. Ein Diener kann sich aber auch, obgleich er die Konsequenzen durchaus fürchtet, ehrlich in seinem Herrn beleidigt fühlen und für ihn eintreten wollen (J. de Rotrou, *Clarisse* 1641). Nicht nur Diener, sondern auch andere nicht-militante Stände wirken als etwaige Duellanten komisch. Ein Pedant und ein Diener beleidigen sich, und beide fürchten, dass der andere die weitere Auseinandersetzung betreiben werde (J.-F. Juvenon de la Thuillerie, *Crispin bel esprit* 1681). Auch im pastoralen Bezirk wurde das Duell-Motiv als Mittel der Komik eingesetzt. Ein Hirt gibt vor, dass es gegen seine Hirtenehre sei, mit dem Schwert statt mit dem Hirtenstab zu fechten, und dass er fürchte, zum Mörder zu werden (Th. Corneille, *Le Berger extravagant* 1652).

Die in den komischen Varianten des Motivs häufig als Argument ausgespielte Unebenbürtigkeit des Duellgegners gewann an realer Bedeutung und wurde, etwa im Vergleich zu den Regeln bei vergleichbaren Zweikämpfen des Mittelalters, im 17. Jahrhundert so sehr zum Kriterium erhoben, dass es für einen Adeligen unehrenhaft war, gegen einen Mann von geringerer Herkunft anzutreten, und es einem Menschen von geringer Herkunft als Verbrechen angelastet wurde, sich mit dem Angehörigen einer höheren Schicht kämpfend messen zu wollen. Ebenfalls einen Verstoß bedeutete es, wenn ein Lakai einen Bürger zum Duell herausforderte (G. Marcoureau de Brécourt, *Le Jaloux invisible* 1666). Selbstverständlich wirkte eine Bürgerliche, die von einer Baronin eine Forderung erhielt und sich vor dem Duell drückte, lächerlich (Dancourt, *Le Chevalier à la mode* 1687). Ein zu alter und zu junger Gegner konnten als nicht ebenbürtig abgelehnt werden (Scarron, *L'Ecolier de Salamanque* 1654;

P. CORNEILLE, *Le Cid*). Dagegen konnte die Liebe zu der gleichen Frau Rangunterschiede aufheben und ein Bürgerlicher oder gar ein Hirt bei Rivalität als Duellgegner angenommen werden (MONTREUX, *Diane* 1593; AUVRAY, *Madonte* 1628).

Ein derart starr gewordener und für viel unnützes Blutvergießen verantwortlicher Brauch musste sich die Kritik des Humanitätszeitalters zuziehen. Bereits in den frühen Nummern der moralischen Wochenschrift *The Tatler* (1709 ff.) wurde gegen das Duell Stellung genommen, und 1711 sprach sich STEELE im *Spectator* im gleichen Sinne aus. In der Dichtung des 18. Jahrhunderts, die Vernunft, Maß, Rechte des Herzens, Toleranz und menschliche Gleichheit propagierte, hatte der verwickelte und dünkelhafte Ehrbegriff des 16. und 17. Jahrhunderts keinen Raum, Werke mit einem ernst gemeinten Duell gehören zu den Seltenheiten. S. RICHARDSON, der noch Clarissas Verführer Lovelace (*Clarissa* R. 1747–48) durch einen Duelltod gerichtet hatte, ließ den Helden des Romans *Sir Charles Grandison* (1753–54) einen sich aus gleichem Grunde aufdrängenden Strafakt ablehnen. Ein gelegentlich in der Dichtung auftauchendes Duell dient meist der Charakterisierung überhitzter oder irregeleiteter Leidenschaft und geht in jedem Fall negativ aus. In J. W. v. BRAWES Trauerspiel *Der Freygeist* (1758) fordert der von einem falschen Ratgeber fehlgeleitete Clerdon überraschend seinen Freund Granville, und während dieser sich nur zögernd wehrt und schonend ficht, verwundet Clerdon ihn tödlich und bezahlt diese Tat dann mit Reue und Selbstmord. GOETHES Beaumarchais (*Clavigo* Dr. 1774) ist zwar gegenüber dem Beleidiger seiner Schwester im Recht, aber er überwindet sich zunächst zu abwartender Geduld und Versöhnlichkeit, da Clavigo dem Duell eine Schulderklärung vorzieht. Als Clavigo jedoch rückfällig und wieder zum Schurken wird, ersticht er ihn im Duell neben der Bahre Maries, die an der Gewissheit über Clavigos erneuten Treubruch gestorben ist. Der junge Wild (alias Bushy) F. M. KLINGERS (*Sturm und Drang* Dr. 1777), eine der exaltiertesten Gestalten jener Periode, fordert den Kapitän Berkley zum Degenduell, das er als eine ehrenhafte Form der Rache für das seinem Vater angetane Unrecht erklärt. In L. TIECKS *William Lovell* (R. 1795–96) allerdings stellt sich das erzwungene Duell, dem Lovell schließlich – wie Lovelace in Richardsons *Clarissa* – zum Opfer fällt, als gerechte Strafe für die lange Reihe von Schandtaten dar, die schrankenlosem Individualismus und moralischer Indifferenz entsprangen. Jedoch kennzeichnet auch hier den Duellgegner, dem Lovell den liebsten Menschen zugrunde gerichtet hat, eine ans Manische grenzende

Verfolgungssucht, die ihn die Befriedigung durch vollzogene Rache nicht finden lässt.

Im 19. Jahrhundert machte sich nach einer Periode weitverbreiteter, meist stillschweigend vollzogener Abwertung des Duells das Duell-Motiv erneut in der Dichtung geltend, jedoch unter umgekehrten Voraussetzungen. War im 16./17. Jahrhundert das erregende Moment die obrigkeitliche Missbilligung des Duells, das nicht nur bei Adligen als unantastbares Rechtsgut galt, so jetzt die allgemeine Verurteilung des Duells, das als unzeitgemäßes, in Äußerlichkeiten erstarrtes, für unangemessene Zwecke Menschenleben einsetzendes Privileg angesehen wurde, das sich nach dem Adel das Offiziers- und Beamtenkorps anmaße. Die Einstellung des Staates, der nach dem Buchstaben des Gesetzes das Duellwesen verwarf, sich dem Ehrenkodex maßgebender Schichten verpflichtet fühlte, Duellen unter Offizieren, Beamten sowie Studenten nachzugehen möglichst vermied und Duellanten in der Regel mit ehrenvoller Haft bestrafte, hatte gegenüber früheren Perioden geringen Anteil am Duell-Motiv und wenig Widerspiegelung in der Literatur.

Die Fragwürdigkeit des Duells drängte sich zuerst bei Grenzfällen auf, die mit einem natürlichen Ehrgefühl nicht sogleich bewältigt wurden. So sieht ein für nicht satisfaktionsfähig erklärter Schriftsteller nur noch den Ausweg, seinen Gegner hinterrücks zu erschießen, und wird damit, ohne es zu wissen, der Mörder seines Halbbruders (L. ROBERT, *Die Macht der Verhältnisse* Dr. 1815). Der legitime Sohn eines russischen Adligen zwingt den illegitimen, vor der Geliebten als Leibeigener zu fungieren; das Duell, das die Spannungen zwischen beiden gewaltsam lösen soll, endet mit beider Tod (E. RAUPACH, *Isidor und Olga* Dr. 1825). Eugen Onegin (A. PUŠKIN, *Evgenij Onegin/Eugen Onegin* Vers-R. 1830; P. TSCHAIKOWSKI Oper 1879) erschießt im Duell den von ihm beleidigten Freund Lenski, muss ins Ausland fliehen und erkennt nach Jahrzehnten, dass er sich damals selbst um Liebe und Glück gebracht hat. Durch ein Gerücht von wachsender Eifersucht auf einen Verstorbenen gequält, fordert Saint-Clair (P. MÉRIMÉE, *Le Vase étrusque* Nov. 1830) schließlich den leichtfertigen Zuträger der dubiosen Information und fällt, nachdem sich zuvor die Unschuld seiner Geliebten erwies. Ein junger Offizier (A. PUŠKIN, *Vystrel/Der Schuss* Nov. 1831) beleidigt einen anderen, der ihn in der Gunst des Regiments verdrängt hat, nur, um Anlass zu einem Duell zu geben, verschiebt nach dem Schuss seines Gegners den eigenen auf später, übt sich jahrelang im Schießen, zwingt dem Kontrahenten während dessen Flitterwochen erneuten

Kugelwechsel auf, lässt sich aber an der psychischen Unterlegenheit des Gegners genügen. Als Farce wird das Duell in PUŠKINS *Kapitanskaja dočko/Die Hauptmannstochter* (R. 1836) von der Umwelt verhindert, als lächerlich in TURGENEVS *Otcy i deti/Väter und Söhne* (R. 1862) abgebrochen. Der Maler Andrea del Sarto (A. de MUSSET, *Andrea del Sarto* Dr. 1833) tötet im Duell seinen besten Freund und Schüler, aber auch Verführer seiner Frau, die der um ihretwillen begangenen Veruntreuungen und der Schuld an Cordianis Tod nicht würdig ist, sodass er zum Freitod greift. Das von ihm als Verrat und Fehltritt eingeordnete unglückliche Schicksal seiner Jugendgeliebten treibt in F. HEBBELS Drama *Maria Magdalene* (1844) den Sekretär dem tragischen Ende zu, da er der Zwangsvorstellung des Duells erliegt, bei dem er den gewissenlosen Konkurrenten tötet, selber jedoch tödlich verwundet wird. Richard Feverel bei G. MEREDITH (*The Ordeal of Richard Feverel* R. 1859) fordert, als sich seine familiären Verhältnisse zum Guten wenden, den Lord, der seiner Frau nachstellte, zum Duell, wird dabei schwer verwundet und veranlasst so den Wahnsinn sowie den Tod seiner Frau. Die ihren Bruder als berechnenden Emporkömmling verachtende Renée (E. u. J. de GONCOURT, *Renée Mauperin* R. 1863–64) wird indirekt daran schuldig, dass der Bruder in einem absurden Duell endet, und siecht körperlich und seelisch dahin. Im Duell mit dem Ehemann sühnt der ehemalige Verlobte der Frau, der in wieder aufflammender Leidenschaft vor einem Ehebruch nicht zurückgeschreckt war, mit seinem Tod (G. VERGA, *Cavalleria rusticana* Nov. 1880, Dr. 1884; P. MASCAGNI Oper 1890). Für Cécile (Th. FONTANE, *Cécile* R. 1886), von deren dunkler Vergangenheit nur er nichts ahnt, duelliert sich ihr Verlobter mit einem Regimentskameraden und muss den Militärdienst quittieren. Die Kenntnis dieser Vorgänge verleitet später einen Freund des in einer Konventionsehe dahinlebenden Paares zu dreisten Szenen, die nun den Oberst a.D. zu einem Duell nötigen, bei dem er den Verehrer seiner Frau tötet und ihren Selbstmord auslöst. Stärker als diesen ersten Ansatz prägte das Duell-Motiv den Roman *Effi Briest* (1894–95), in dessen Handlung und Wortmaterial Fontane die Essenz des zum Thema Gedachten und Gesagten am Ausgang einer Epoche einfing. Eine längst abgestorbene Liebesbeziehung seiner Frau will von Baron v. Innstetten im Duell »bereinigt« sein, der »ohne jedes Gefühl von Haß oder gar von Durst nach Rache« ist, jedoch hat sich im Zusammenleben mit den Menschen »etwas ausgebildet, das nun einmal da ist und nach dessen Begriffen wir uns gewöhnt haben, alles zu beurteilen, die anderen und uns selbst. Und dagegen zu verstoßen geht nicht; die Gesellschaft verachtet uns, und zuletzt tun wir es selbst und können es nicht aushalten und jagen uns die Kugel durch den Kopf«. Das Fazit erhellt aus dem Blick des sterbenden Ehebrechers »Innstetten, Prinzipienreiterei … Sie konnten es mir ersparen und sich selber auch«, der Vereinsamung des Ehemannes im Gefängnis von Konvention und Karrieredenken sowie dem vorzeitigen Tod der Frau. Zur Absage an erstarrte Konvention gestaltet sich auch das Duell-Motiv in A. SCHNITZLERS Drama *Liebelei* (1895), da der junge Offizier sich nicht dem echten Gefühl zu seinem »Mädel« anvertraut, sondern mit seinem Leben für eine erkaltende, flüchtige Liebschaft im Duell mit dem hintergangenen Ehemann einsteht. Ein dem Duellgebot unterstehender Offizier begeht Selbstmord, als der Beleidiger ein Duell verweigert (ARCYBAŠEV, *Sanin* R. 1907). Das Risiko des Todes als Preis für das Entgegenkommen einer Frau, die aus Männern Hampelmänner macht (P. LOUŸS – eig. P. LOUIS –, *La Femme et le pantin* R. 1898), war die absurde Umkehrung des einst seriösen Duell-Motivs.

Pervertiert wie die pervertierten Ehrbegriffe der Zeit gab es sich, wenn Leutnant Romašov (A. I. KUPRIN, *Poedinok/Das Duell* R. 1905) sich einem Duell mit dem Ehemann einer von ihm hofierten Frau durch Quittierung des Dienstes entziehen möchte, jedoch von der Frau durch erstmalige Hingabe erpresst wird, nicht durch Verhinderung des Duells die Generalstabskarriere ihres Mannes zu gefährden, und sein Nachgeben mit dem Tod büßt. Das Duell-Motiv kann auch Ausgangspunkt von Schicksalen sein, es bewirkt Flucht oder Emigration (F. RAIMUND, *Der Verschwender* Dr. 1834) sowie markante Wendungen, wenn bei J. ECHEGARAYY EIZAGUIRRE (*La esposa del vengador* Dr. 1874) eine Frau bei einem Duell, in dem ihr Vater fiel, erblindete und das ihr neu geschenkte Augenlicht ihr zeigt, dass der von ihr zum Rächer ausersehene geliebte Mann auch der ist, der ihren Vater tötete.

Besonderes Interesse verdient das Duell-Motiv in Katharsis-Funktion. Ein von dürrer Konvention versklavtes Denken kann durch die Schocktherapie des Duells frei werden. Didier (V. HUGO, *Marion Delorme* Dr. 1831) duelliert sich mit einem anderen Anbeter Marions, ohne zu wissen, dass sie eine Kurtisane ist, und wird nach dem Gesetz Richelieus zum Tode verurteilt. Zunächst in tiefe Verzweiflung gestürzt, nachdem er die Wahrheit über Marion erfahren hat, und unzugänglich für ihren Versuch, sein Leben zu retten, ergibt er sich schließlich der Vorstellung von Marions von Amouren nicht versehrter Reinheit und stirbt mit wiedergefundenem inneren Halt. Nur für den sterbenden Unterlegenen hat in LERMONTOVS *Geroj našego vremeni/Ein Held unserer Zeit* (R. 1840) das Duell kathartische Funktion, während in TOLSTOJS *Vojna i mir/Krieg und Frieden* (1868/69) der Schuss, der den Gegner verwundet, für Bezuchovs Leben den Moment des moralischen Erwachens bedeutet. In dem Roman *El escándalo* (1875) von P. A. de ALARCÓN Y ARIZA beschließt Fabián, der von der Frau seines besten Freundes verleumdet wurde und daraufhin von diesem eine Forderung erhielt, das Bekenntnis zu seinem nicht fleckenlosen Lebenswandel, Besitz sowie das Glück einer echten Liebe einzusetzen, um dem leichtgläubigen Gegner die Waffe des angedrohten Skandals zu entwinden und sich nicht für eine verschmähte → Frau zu opfern. Das Duell als entscheidender Wendepunkt macht in DOSTOEVSKIJS Roman *Brat'ja Karamazovy/Die Brüder Karamasow* (1879–80) aus dem jungen Offizier den frommen – → Einsiedler Zosima. Aus gekränkter Liebe hat er den Ehemann der von ihm umworbenen jungen Frau beleidigt und gefordert, und im Zorn, unzufrieden mit sich selbst, hat er seinen Burschen geschlagen. Die Reue bringt ihm plötzlich zu Bewusstsein, was er zu tun willens ist. Er bittet nicht nur seinen Burschen um Verzeihung, sondern im Duell auch seinen Gegner, nachdem er sich dessen Schuss gestellt und dann seine eigene Waffe weggeworfen hat, erklärt seinen entrüsteten Kameraden, dass er Mönch werden wolle, und reicht seinen Abschied ein. Nur vorübergehend heilsam ist das Duell des Frauenhelden Sperelli (G. d'ANNUNZIO, *Il piacere* R. 1889), der auf dem Krankenlager, auf das ihn das Duell geworfen hat, Einkehr hielt und seine Leidenschaft durch dichterische Produktion zu sublimieren beschloss, aber bald rückfällig wird. Unter dem Schock eines leichtsinnig heraufbeschworenen Duells bekennt sich ein lasterhaft und träge dahinlebendes Liebespaar (A. P. ČECHOV, *Duėl'/Das Duell* Erz. 1891) zu Ehe, Arbeit, Reue. Die selbstgerechte Sittenrichterin Lucile in dem Drama *Pour Lucrèce* (1939) von J. GIRAUDOUX jagt zwei Männer ins Duell, als man ihr eingeredet hat, sie sei im Schlaf geschändet worden, erfährt dann, dass der Tod des vermeintlichen Wüstlings sinnlos war, und büßt ihre Überheblichkeit durch Freitod. Äußerste Leerheit der Konvention dokumentierte A. SCHNITZLER (*Leutnant Gustl* Nov. 1900) gerade dadurch, dass bei Leutnant Gustl die Katharsis durch den im Vorgefühl erlittenen Tod ausbleibt. Auch ist hier das Duell mit satirischer Absicht zu einem vom Ehrenkodex dekretierten Selbstmord zugespitzt, da der Kontrahent wegen mangelnder Satisfaktionsfähigkeit nicht in Aktion treten darf. Als Leutnant Gustl nach einer in schlotternder Angst verbrachten Nacht erfährt, dass soeben der Bäckermeister, Beleidiger und einziger Zeuge der Beleidigung, am Schlag gestorben ist, fädelt er sich in alter Frische wieder in den Alltag des Offizierslebens ein. Letzte Klärung im Kampf der beiden Erzieher um die Seele Hans Castorps (Th. MANN, *Der Zauberberg* R. 1924) bringt deren Duell, bei dem der Fanatiker Naphta sich erschießt und dem Humanisten Settembrini das Feld überlässt.

Nur noch vereinzelt sollte das Duell-Motiv die nur posierte Ehrenhaftigkeit eines Weichlings beweisen. So sagt sich bei H. BAHR (*Der Meister* Kom. 1903) die Frau von ihrem Ehemann los, da er sich durch ihre erwiesene Untreue weder zur Scheidung noch zum Duell bewegen lässt. Heitere Kritik übte J. CONRAD (*The Duel* Erz. 1908), als er zwei Offiziere der napoleonischen Armee immer wieder wegen eines Nichts im Duell gegeneinanderstellte, das dem einen schließlich zum Glück ausschlägt. Die maßvolle, heitere, herbe und bissige Kritik am Duell wird zur unbarmherzigen Satire, wenn sich der Parvenü Schippel bei STERNHEIM (*Bürger Schippel* Kom. 1913) durch ein innerlich mit großer Angst, äußerlich mit guter Haltung durchgestandenes Duell die Anerkennung des Bürgertums sichert.

N. A. Bennetton, Social Significance of the Duel in Seventeenth Century French Drama, Baltimore 1938; A. H. Gilbert, The Duel in Italian Cinquecento Drama and its Relation to Tragicomedy, (Italica 26) Chicago 1949; W. J. Entwistle, Honra y duelo, (Romanistisches Jahrbuch 3) 1950; A. S. Gérard, The Loving Killers – The Rationale of Righteousness in Baroque Tragedy, (Comparative Literature Studies 2) 1965; H. Weinrich, Mythologie der Ehre, (Poetik und Hermeneutik 4) 1971; Ch. Scholle, Das Duell in der russischen Literatur, Diss. Köln 1977; A. Corkhill, Abwandlungen des Duellrituals in der deutschsprachigen Literatur des 19. und frühen 20. Jahrhunderts, (Neophilologus 72) 1988; M. Ott, Das ungeschriebene Gesetz, 2001.

Ehe, Die heimliche → Liebesbeziehung, Die heimliche

Ehebruch → Gattenehre, Die verletzte; Hahnrei; Liebesbeziehung, Die heimliche; Mann zwischen zwei Frauen

Einsiedler

Einsiedlertum als kontemplative, fromme Weltabgewandtheit war eine weitverbreitete Lebensform offenbar schon in jener Frühzeit Asiens, die durch schriftliche Überlieferung erhellt ist. Die *Bibel* bezeugt sie für die Propheten Elias und Elisa, ↑ Johannes der Täufer predigte in der Wüste, ↑ Jesus zog sich vor Beginn seines missionarischen Wirkens vierzig Tage fastend in die Wüste zurück, und auch die Lebensweise der jüdischen Sekte der Essener zeigt einsiedlerische Züge. Nach und durch Abkehr von der Welt innerlich gerüstet, wurde ↑ Buddha zum Religionsstifter. Begegnungen mit zahlreichen Einsiedlern gehören zu der Geschichte von Rāma, dem indischen Epos *Rāmāyaṇa* (4. Jh. v. Chr. – 2. Jh. n. Chr.), dessen angeblicher Verfasser, der Dichter VĀLMĪKI, selbst in einer Einsiedelei lebte, und auch im *Mahābhārata* (Epos 5. Jh. v. Chr. – 4. Jh. n. Chr.) figurieren Einsiedler. Vom 4. bis 7. Jahrhundert suchten viele Christen in den Wüsten Palästinas, Ägyptens und Syriens einen einsamen Aufenthaltsort, teils durch die Verfolgungen gezwungen, teils aus freiwilligem Entschluss zu Entsagung und Askese. Gelebte Frömmigkeit solcher Art drang von dort nach Kleinasien und Osteuropa vor; in neu christianisierten Ländern wie Gallien und Irland dienten die Wälder statt der Wüsten den Eremiten als Heimstätte. Seit die Benediktinerregel (6. Jh.) das mönchische Leben als vorbildlich für alle sich Gott weihenden Christen hinstellte, verlor das Eremitentum in Westeuropa an Bedeutung. Angehörige des Franziskanerordens haben gelegentlich Bedürfnislosigkeit auch durch Vereinzelung erwiesen, der von dem Kreuzfahrer Berthold auf dem Gebirge Karmel in Palästina gegründete, im 13. Jahrhundert von den Sarazenen vertriebene, in Europa heimisch gewordene Karmeliterorden ließ auch ein Dasein als Einsiedler zu, und in Spanien befanden sich auf dem katalanischen Montserrat mit seinen Benediktinerklöstern berühmte Einsiedeleien. Ursprünglich völlig auf sich gestellte Einsiedlerasketen legten auch seit dem 4. Jahrhundert ihre bis dahin selbständigen Wohnhütten an einem Ort zusammen, und später wurden sie zum Teil von Orden aufgesogen, die ihnen – wie die Kartäuser – Rechnung trugen oder – wie die Augustiner-Eremiten – entsprachen. Einsiedlertum, das zunächst eine Sache persönlichen Entschlusses und persönlicher Prägung gewesen war, da der Einsiedler einsame Kontemplation, aber nicht stets völlige Abgeschlossenheit erstrebte, auch Laie blieb und keine Oberen hatte, unterwarf sich durch Übergang zu einem Mönchtum hinter Klostermauern oder sogar anachoretisch in einer Zelle auch Ordensregeln, die den Gehorsamspflichtigen dem Leben mehr entziehen konnten als Wüste oder Wald, wo ihn Wanderer auf entlegenem Weg zu treffen und um Rat oder Hilfe zu bitten pflegten. Einsiedler alter Art erhielten sich nur in der Ostkirche bis in die Moderne hinein.

Obwohl der Einsiedler fast überall schon im späten Mittelalter von der Bühne des Lebens verschwunden war, agierte er auf der erdichteten weiter. Wie viele Motive, die mit Wunschvorstellungen die vermisste Wirklichkeit ersetzten, inspirierte das Bild des frühen Einsiedlers die Schriftsteller und ließ sich von ihnen nach Bedürfnis abwandeln. Das Einsiedler-Motiv regenerierte sich etwa fünfhundert Jahre lang aus der literarischen Tradition, die sein Kern, ein Menschentyp, sich mit allen einzelnen Zügen und Funktionen schuf.

Den Grund zu dieser Tradition legten die frühchristlichen *Vitae patrum* (5. Jh.), deren Autorschaft dem heiligen HIERONYMUS zugeschrieben wird, der selbst von 375 bis 378 in der Wüste lebte, aber nur mit den Viten des heiligen Paulus, des Malchus und des Hilarion die ersten Beispiele des Genres schuf. Von anderen Autoren dagegen stammt die Mehrzahl der in diesen *Vitae patrum* vereinten Geschichten von den frommen Vätern, die bereits sämtliche Varianten des Einsiedlers zu vertreten scheinen und mit Person sowie Lebensumständen auch bereits die Keime zu sämtlichen Varianten des Motivs lieferten. Szenischer Rahmen sind die weitere Umgebung der Wüste oder einer wilden Insel (→ Inseldasein) und der enge Wohnraum einer natürlichen Grotte oder selbstgebauten Hütte. Die Nahrung kann nur dürftig sein, jedoch wundersam bereitet, wenn sie, wie häufig, durch einen Engel oder auf andere übernatürliche Weise gebracht wird oder Paulus von Theben, darin dem Propheten Elias vergleichbar, sein tägliches Brot durch einen Raben erhält, den Gott ihm schickt. Der bescheidene Aufenthaltsort kann idyllische Züge annehmen: Paulus lebt in einer Höhle, aus der ein Brünnlein fließt, eine davorstehende Palme spendet Schatten und mit ihren Blättern Material für die selbstgefertigte Kleidung. In den biographisch begriffenen Legenden von den sog. Principes anachoretarum und Begründern des Mönchtums ringt auch jenes Naturgefühl um Ausdruck, das dem Motiv erhalten bleibt: Der Eremit beschäftigt sich mit der Anlage eines Gartens, füttert Tiere der Wildnis, teilt seine Behausung mit einem oder mehreren von ihnen, wie der heilige Hieronymus. Eremiten leben nicht immer völlig einsam. Der heilige Abraham hat eine Nichte bei sich. Um andere versammelt sich ein Kreis von Schülern, die der Ruf ihrer Heiligkeit anzog. Sie empfangen Pilger, die sich bekehren und belehren lassen wollen oder Heilung von seelischen und körperlichen Leiden suchen, da Eremiten oft natur- und heilkundig sind. Auch besuchen sich Eremiten untereinander, diskutieren über theologische Fragen und leisten sich gegenseitig Hilfe; Antonius begräbt den mitten in einem Gebet vom

Tod ereilten Paulus. Die Frömmigkeit des Einsiedlers kreist um den Gedanken der Vergänglichkeit und macht alle irdischen Güter überflüssig. Zwar lassen sich nur in der strengen Einsamkeit die eigenen Fehler erkennen und ablegen, doch sind die Eremiten häufig fröhliche Christen mit einem Anflug von Humor, echter oder schalkhafter Naivität. Ein naiver Typus ist der Eremit Paulus, genannt Simplex, der sich in der wörtlichen Erfüllung von Geboten hervortut und so seinen Gehorsam beweist. Eine große Rolle spielen die Versuchungen, durch die der Teufel die heiligen Männer und Frauen von ihrem Ziel abzubringen sucht. Er tritt als Verführer, oft auch als Verführerin auf und bietet leibliche Genüsse, Geld, Ehren, Sinnenlust statt der Askese, mit der sich der Einsiedler gewappnet hat. Die Versuchungen des Antonius sind beispielhaft geworden. Manche Eremiten stählen sich durch bewusste Gefährdung, indem sie etwa, wie der heilige Abraham, Bordelle aufsuchen, um Huren zu bekehren. Nicht immer reicht die Widerstandskraft aus; die Geschichte des Malchus berichtet von seiner Niederlage, als er die Stadt aufsucht. Komische Züge am Eremiten als literarische Figur sind Folgeerscheinungen eines früheren oder Begleiterscheinungen eines augenblicklichen Erliegens vor weltlicher Liebe, Lust, Eitelkeit, und dazu gehören sogar Bücher. Auf die Frage eines Philosophen, wie er ohne Bücher leben könne, antwortet Antonius, sein Buch sei die Welt. Die am meisten gefürchtete Versuchung der Frommen ist der geistige Hochmut, und sie müssen oft vor ihrem eigenen Ruhm in immer größere Menschenferne fliehen. Die überwiegende Zahl der Einsiedlerviten beschäftigt sich mit einer bereits vollzogenen Abkehr von der Welt, selten mit Warum und Wie eines solchen Schrittes. Das frühere sündige Leben wird nur manchmal und aus Gründen der Kontrastierung aufgedeckt. Viele der in der Wüste büßenden Menschen waren ehemals Räuber oder → Kurtisanen. Die Anlässe zu Umkehr und Einkehr sind verschieden: Der heilige Paulus floh vor Christenverfolgung, Abraham, gegen seinen Willen verheiratet, vor Begier und Begierstillung, Paulus Simplex vor Treulosigkeit der Ehefrau. Im Augenblick der Abwendung vom Leben lag dessen größerer Teil meist schon hinter den nun verehrungswürdigen, sich durch Weisheit, oft auch Sehergabe auszeichnenden Greisen, jedoch wurde Hilarion bereits mit fünfzehn Jahren Eremit.

Wirft man den Blick, um Kenntnisse über das Einsiedlertum und Vorstellungen vom Einsiedler abzurunden, von den *Vitae patrum* und ihren christlichen Eremiten zurück auf die nichtchristlichen des

Rāmāyaṇa, so trifft man nicht nur auf ein verwandtes Schema der Lebensführung, sondern auf die in der Schilderung von Rāmas Eremitendasein während seiner Verbannung bereits vollzogene Stilisierung des Motivs, das Lob der Einsamkeit sowie der Verbundenheit mit Natur und Getier, die Visionen, den – hier freilich nicht geistigen – Kampf mit den Dämonen. Einsiedlerviten aus dem christianisierten germanischen Raum konnten den vorhandenen Motivfundus kaum erweitern, allenfalls festigen: Die von BEDA (673–735) gestaltete Vita des St. Cuthbert zeigt den sein Feld bestellenden, den Tieren gebietenden, die Menschen heilenden Insel-Idylliker, das angelsächsische Gedicht *Guthlac* (um 900) den im wilden Gebirge hausenden standhaften Kämpfer gegen Versuchungen und Dämonen, mehrere andere, für St. Neot aufschlussreiche Quellen den neueren Typ des mit Rat und sogar mit Tat in die politischen Geschicke eingreifenden, König Alfred unterstützenden Weisen und Propheten.

Die Geschichten der *Vitae patrum* wurden in Legendaren mehrmals nacherzählt, szenisch darstellbare Motive wie die Bekehrung der Dirne durch den Eremiten Abraham von HROTSVITH VON GANDERSHEIM (*Abraham* nach 962), nach ihr von MIRA DE AMESCUA (*El ermitaño galán* Anf. 17. Jh.) und J. de ZABALETA (*El ermitaño galán* Mitte 17. Jh.) in dramatische Form umgesetzt. Die *Legenda aurea* (um 1250) propagierte vor allem das asketische Ideal und daher mehr die Keuschheit als die Kontemplation; in ihr ist die ursprünglich buddhistische Legende von ↑ Barlaam und Josaphat den christlichen Viten eingefügt. Der Eremit galt als Gegentyp des Klerikers, WALTHER VON DER VOGELWEIDE ließ in seinen politischen Sprüchen einen klagenden und mahnenden Klausner als wahren Vertreter der Kirche auftreten; selten wurde ein Eremit negativ gezeichnet. Positive Vorstellungen verlebendigte der Eremit Pietro del Murrone, als Papst Coelestin V., der nach der Annahme seiner Wahl die Einsiedelei in der Hoffnung verließ, das ursprüngliche Christentum wiederherstellen zu können, aber nach kurzer Zeit resignierend abdankte. Nicht ohne Grund fand LUTHER an den *Vitae patrum* Gefallen (*Sermo de sancto Antonio heremita* 1522) und eine Auswahl von ihnen der Herausgabe (1544) durch G. MAJOR wert. 1604 erschien eine Übersetzung von S. SCHWAN, auf der die spätere Ausgabe des Pietisten G. ARNOLD (1700) beruhte, und die weitere Tradierung oder Neugestaltung übernahmen HERDER, L. Th. KOSEGARTEN (1804) und G. KELLER (*Der schlimm-heilige Vitalis* 1872). Außerdem wurden die von den Legenden herauskristallisierten Züge des Einsiedler-Motivs als episodische Einsiedlergeschichten in die Sammlungen der Exempla und Predigtmärlein aufgenommen, z. B. die Geschichte von dem Einsiedler und dem Engel, die schon in den *Vitae patrum* begegnet (→ Gott auf Erdenbesuch). So boten geistliche und erbauliche Literatur der weltlichen das vorgeformte Material für eine vielfältige Verwendung der Einsiedlergestalt.

Der Einsiedler ist in der weltlichen Literatur vor allem eine Begegnungsfigur. In den frühen Jahrhunderten wurde er – selten Diskussionsanlass wegen seiner Sonderexistenz – als etabliert hingenommen mit seiner Höhle oder Hütte, in der ein Wandernder oder Verirrter Schutz und Nahrung, geistigen Zuspruch und Tröstung, Rat und Aufklärung über seine Vergangenheit und Zukunft empfängt. Wo der Einsiedler als Repräsentant eines höheren Willens gedacht ist, gerät eine solche Begegnung zu einem Höhepunkt der Handlung, so in Bérols früher Fassung des ↑ Tristan-Stoffes (um 1180), wenn der Einsiedler Ogrin die beiden Liebenden auf den Weg der Reue verweist und sogar Isoldes Rückkehr an den Hof vermittelt, indem er sie mit entsprechender Kleidung versorgt. Der fromme Trevrizent in den ↑ Parzival-Dichtungen des Chrétien de Troyes (um 1175) und des Wolfram von Eschenbach (1200–10) weist seinem Neffen Parzival den Weg zur Unterwerfung unter Gottes Willen. Der ↑ Lanzelot des französischen *Prosa-Lancelot* (um 1225) beichtet seine Sünden als Ehebrecher einem Eremiten, der ihm vier Tage bußfertigen Aufenthalt in seiner Klause auferlegt, ihn dann entlässt und für ihn betet, er begegnet zwei weiteren Einsiedlern, die seine Bereitschaft zur Reue festigen. Auch in der französischen Sage von ↑ Robert dem Teufel (Fassung von Etienne de Bourbon 1. Hälfte 13. Jh.) ist es ein Eremit, der den Teufelssprössling Buße lehrt und ihn schließlich von Schuld freispricht. An die Mentorfunktion Trevrizents erinnert die Rolle des Wilhelm von Warwick in dem Ritter-Roman *Tirant lo Blanc* (1490) des Katalanen Joanot Martorell. Fast keine der Prosaauflösungen und fast kein Volksbuch des späten Mittelalters verzichtet auf die beliebte Figur. Die Einkehr bei einem Einsiedler übernahm die Aufgabe einer »epischen Markierung« des Tiefpunkts in der Entwicklung eines Helden. Im *Herpin* (1430/40) der Elisabeth von Nassau-Saarbrücken beschließt der Titelheld aus Trauer über den Tod seiner Frau, Einsiedler zu werden, wird jedoch durch politische Ereignisse zu neuer kriegerischer Aktivität gezwungen, und im *Hug Schapler* derselben Autorin findet der König auf der Flucht vor verfolgenden Feinden Schutz in einer Einsiedlerhütte, deren Bewohner ihm sogar seine tarnende Kutte überlässt. In ELEONORES VON VORDERÖSTERREICH Roman *Pontus und Sidonia* (um 1456) wird die ihres Mannes und Sohnes beraubte Königin bis zur Wiederkehr des Sohns von einem Einsiedler beherbergt. Einsiedler nehmen sich in MALORYS *Morte d'Arthur* (1469) beschützend und aufrichtend sowohl des verwundeten ↑ Lanzelot als auch des von Schuld gedrückten Gawain an. Die Eremitenepisode des Ritterromans *Valentin et Orson* (1489) erinnert an die Sage von ↑ Robert dem Teufel: Der Einsiedler, dem sich der Vatermörder Valentin beichtend anvertraut, legt diesem die Buße auf, die ihn von seiner Schuld befreien wird. Der Einsiedler in *Ysaie le Triste* (um 1500) bietet der ehebrecherischen Isolde die Stärkung der Beichte und übernimmt ihren Sohn zur Erziehung. Auch für Oliver (*Olivier et Artus*; dt. Fassung W. ZIELY, *Olwyer und Artus* 1521) ist ein Einsiedler Zufluchtsort, zu dem er nach siegreichem Turnier zurückkehrt und dem er seine Sünden bekennt.

Die Tradierung des Motivs vom Ritterroman zum höfischen Roman des Barocks verläuft über zwei Stränge. Bedeutendster Traditionsträger ist der *Amadís*-Roman (1508ff.), der das Motiv als Teil des Gesamtbestandes an ritterlichen Motiven übernahm und variierte. König Périon kommt zu einem Einsiedler, der seiner Frau die Beichte abgenommen hat und ihn dadurch über ihre Liebe beruhigen kann; Amadís trifft im Augenblick seiner größten Liebesverzweiflung auf einen Eremiten, der ihn auf sein Bitten bei sich behält, bis ein Brief der geliebten Oriane ihn wieder in die Welt zurückholt; eine zweite Begegnung führt Amadís mit dem Einsiedler Nascián zusammen, der ihn mit seinem Schwiegervater aussöhnt und seine heimliche Ehe in eine öffentliche verwandeln hilft; auch die Nachfahren des Amadís, Esplandián im 5. Buch und Amadís von Griechenland im 7. Buch, haben ihre Eremiten-Begegnung. Ein zweiter Traditionsstrang führt von der ritterlichen Dichtung zum Renaissanceepos und von diesem zum Barockroman. In ARIOSTS *Orlando furioso* (1516) wird Angelica von einem Eremiten befreit und beschützt, Isabella von einem Einsiedler vor dem Selbstmord gerettet und Oliviero von wieder einem anderen gesund gepflegt sowie bei seinen Liebesverwicklungen beraten. TASSOS Epos *La Gerusalemme liberata* (1581), in dem sich bereits die vom *Amadís* und von Ariost herkommenden Linien treffen, zeigt den in einer prächtig ausgestatteten Grotte wohnenden Pietro, der als geistiger Berater sowie Beichtvater der christlichen Kämpfer fungiert und den seit Clorindas Tod von Verzweiflung geplagten Tancred für die Ergebung in Gottes Willen gewinnt.

Tassos im Vergleich zum *Amadís* strengerer Eremitentyp wirkte in den Epigonenepen von J. DESMARETS DE SAINT-SORLIN (*Clovis ou la France chrétienne* 1657) und von G. de SCUDÉRY (*Alaric ou Rome vaincue* 1654) nach. Sein Einfluss zeigt sich auch an den stärker mit weltlicher Gelehrsamkeit und höherem Wohnkomfort, etwa einer Büchersammlung, ausgestatteten Begegnungsfiguren in BÉROALDE DE VERVILLES Romanen (*Les Aventures de Floride* 1594, *Les Amours d'Æsionne* 1597). Wie weit die Funktion des Einsiedlers im erzählerischen Gefüge verflachen konnte, lässt sich etwa an der Begegnung des Euphues (J. LYLY, *Euphues and his England* R. 1580) mit einem Inseleinsiedler ermessen, der sich als sein Onkel zu erkennen gibt, ihm vergeblich die Torheit des Reisens in fremde Länder auszureden sucht und dann nach Jahren dem reuig als Bettler Heimkehrenden das anvertraute väterliche Geld aushändigt. Zwar erklären sich aus der anhaltenden Wirkung des weitverbreiteten Romans vom Ritter Amadís noch einzelne Entsagung predigende und erzielende Einsiedler (N. de MONTREUX, *Œuvre de chasteté* 1595), doch überwog die allgemeine Tendenz zum baldigen Überdruss des neuen Amadís an der Gemeinschaft mit dem Asketen und der Einsamkeit (V. d'AUDIGUIER, *Lysandre et Caliste* 1616; G. S. DUVERDIER, *La Parthénice de la Cour* 1624, *Les Esclaves ou Histoire de Perse* 1628). Nach dem Vorbild des hilfreichen Eremiten und Druiden in H. d'URFÉS Roman *L'Astrée* (1607–27), dem neuen Muster seiner Gattung, waren in einer Reihe von Werken die bisher christlichen Einsiedler nichtchristliche, bei dem neulateinisch schreibenden J. BARCLAY (*Argenis* R. 1621) der weltabgewandte, einsame Jupiterpriester, dem Poliarchus begegnet, bei P. de MARCASSUS (*Le Timandre* um 1626) wieder ein Druide, in dem anonymen Roman *Les Intrigues de la cour* (1636) ein indischer Eremit, bei SIEUR DE GOMBERVILLE zuerst (*Polexandre* 1632–37) ein heidnischer Inseleremit, der von dem schiffbrüchigen Helden kurz vor dem Tod zum Christentum bekehrt wird, dann (*La Cythérée* 1640) ein sonnenanbetender Ägypter und ein Anhänger Jehovas, die den Helden einem glücklichen Geschick zuführen. Der Bischof J.-P. CAMUS, in dessen religiösen Romanen der Priesterstand meist durch Eremiten repräsentiert ist, vergönnte dem als Begegnungsfigur (*Calitrope* 1628) auftretenden Eremiten naturgemäß wieder die erfolgreiche Bekehrung eines jungen Adligen zur Weltentsagung und goss seinen Spott aus über die seit dem *Amadís* so häufigen »Eremiten auf Zeit«, deren Antrieb nur Liebeskummer ist (*Petronille* 1626, *L'Amant désespéré* 1630). Während in dem Epos *Der Habspurgische Ottobert* (1664) von W. H. Frhr. v. HOHBERG die Begegnung mit einem Inseleinsiedler, der vor über vierzig Jahren dorthin verschlagen wurde und sich aus Enttäuschung über die Treulosigkeit der Welt zur Abkehr von ihr entschloss, für die Handlung funktionslos blieb, übte sie in GRIMMELSHAUSENS höfischem Roman *Dietwald und Amelinde* (1670) nahezu die gleiche Handlungsfunktion aus wie im *Amadís*, wenn der aus Schmerz über den Verlust der Geliebten verzweifelte Held in die Einsamkeit flieht, einen Einsiedler findet und mit dessen Hilfe nicht nur zu wirklicher Bußfertigkeit gelangt, sondern auch die Sympathie des Vaters seiner geliebten Amelinde und damit sie selbst gewinnt.

Auch dem Drama konnte – obwohl kaum mit gleicher Antriebskraft – die Begegnungsfigur nützen. Sie bot sich und ihre Umgebung als pittoresken Einschub an, wo ihre geistliche Leistung nicht gefragt war, und wirkte als retardierendes Moment oder stand am Wendepunkt in Handlungen mit Verkündigungscharakter. Nur mit geringer Befugnis fungierte der Eremit in spanischen Christgeburtspielen, wenn er den Hirten prophetisch die Bedeutung der Stunde erklärt (L. FERNÁNDEZ, *Egloga o Farsa del Nascimiento de nuestro Redemptor Jesucristo* um 1500; Gil VICENTE, *Auto dos Reis Magos* 1503), und in anderen frühen Spielen, wenn er einen Hirten von weltlicher Kurzsichtigkeit zu frommer Einsicht bekehrt (F. LÓPEZ DE YANGUAS, *Farsa del mundo y moral* 1524) oder einen armen Landarbeiter über Möglichkeiten zur Behebung seiner Not belehrt (*Comedia sobre a divisa de la Ciudad de Coimbra* 1527). Formelhaft moralsatirisch gab er sich als Vorredner und Sittenrichter bei P. GENGENBACH (*Die zehn Alter dieser Welt* 1515), wurde zwar von F. BÜCHSER, in dessen *Einsiedler St.-Meinrad-Spiel* (1576) er dem Mörder ins Gewissen redet, etwas stärker zum Handlungsträger ausgeformt, schrumpfte aber in englischen Hofmaskenspielen (G. GASCOIGNE, *The Tale of Hermetes the Hermyte* 1575; G. PEELE, *The Hermit's Speech* 1591) zu einem aparten Kommentator und Zeremonienmeister ein. Wie in vielen spanischen epischen Werken bringt dagegen in Lope de VEGAS Drama *El mayor prodigio* (Anf. 17. Jh.) der Einsiedler den bußwilligen Helden auf den rechten Weg zur Vergebung, und ebenso erklärlicherweise hält er bei dem protestantischen Schuldramatiker Ch. WEISE in dessen Drama *Die unvergnügte Seele* (1688) den beiden Missmutigen das arme, aber zufriedene Bauernpaar als Vorbild vor Augen. Das Drama öffnete sich auch dem Eremiten auf Zeit, der aus der asketischen Einsamkeit bald flieht. Die Einsiedlerepisode aus dem *Amadís* wurde dramatisiert (*Auto Amadís de Gaula* 1533) und dabei von J. del ENCINA (*Egloga de Cristino y Febea* 1497) ins Schäfermilieu übertragen: Hier stürzt nicht ein Brief den Entschluss des Schäfers um, sondern die Nymphe Febea und das Werbeangebot Amors. In einer *Farsa* des JUAN DE PARÍS (1551) hat sich der Held bereits in die Lehre eines Eremiten begeben, wird aber durch die vom Teufel nachgeschickte Geliebte von seinem Vorhaben wieder abgebracht. Eine italienische Tragikomödie des N. ALTICOZZI (*Cinque disparati* 1524) führte fünf durch Schicksalsschläge oder eigene Schuld am Leben Gescheiterte vor, die Einsiedler werden wollen und unterschiedlichen Lockmitteln des Teufels rasch erliegen. Der Typus ist auch in zwei Tragikomödien A. HARDYS (*Corélie* 1625, *Doris* 1626) vertreten.

Zur Intensivierung der dem Einsiedler-Motiv zugehörigen Begegnung trugen einige erwähnenswerte Züge bei. Das flüchtige Zusammentreffen mit dem Eremiten war zu einem langen Aufenthalt und damit dessen einmalige Gewährung von Rat und Hilfe zu einem Bildungsauftrag bei Lebensgemeinschaft erweitert. Schon der Dichter-Einsiedler des indischen *Rāmāyaṇa* wurde zum Erzieher der beiden Söhne Rāmas, der Einsiedler Blase (*Arthour and Merlin* um 1300) erzieht den jungen ↑ Merlin, bei einem Einsiedler wächst ↑ Tristans Sohn Ysaie auf (*Ysaie le Triste* um 1500), im *Amadís*, der den Zug sogar zweimal aufweist, wird sowohl der als Kind von einem Riesen entführte Galaor von einem Einsiedler erzogen als auch der Sohn des Amadís, Esplandián, den der Einsiedler einem Löwen fortnahm, und noch in BARCLAYS*Argenis* ist Aneroest der Erzieher des Poliarchus. Die Autorität des Eremiten gewinnt dadurch, dass die Begegnung zugleich – unvermutet – die mit einem nahen Verwandten ist. Trevrizent gibt sich als Onkel ↑ Parzivals zu erkennen, den er über seine → Herkunft aufklärt, und auch der Einsiedler in LYLYS an konventionellen Charakteren reichem Roman *Euphues* ist ein Onkel des jungen Atheners. Schließlich erhöht sich die Wirkung auf den wissbegierigen, bekehrungswilligen Besucher, wenn der Einsiedler aus seinem Leben erzählt, in ihm ein Schicksalsgenosse sichtbar wird und der grauhaarige Alte gleichfalls einst von Welt und Liebe enttäuscht worden ist. Trevrizent berührt bei seinen familiengeschichtlichen Aufklärungen die Frage, warum er, ein Ritter, der Welt entsagt hat, und beantwortet sie mit dem Hinweis auf die Sünde seines Bruders Amfortas, für die er stellvertretend sühnen wollte. Seit dem *Amadís* war eine solche rückgreifende Erzählung nahezu üblich. Nachdem der auf dem Meeresfelsen hausende Andahod dem verzweifelten Amadís seine eigenen vergeblichen Bemühungen in der Welt geschildert hat, tun das Gleiche die Eremiten Siméon und

Artémius in *Calitrope* (1628) von J.-P. CAMUS, und der Einsiedler in GRIMMELSHAUSENS *Dietwald und Amelinde*, ehemals ein heidnischer Ritter, berichtet, er sei nach der Taufe aus Reue über sein sündhaftes Leben Eremit geworden.

In den autobiographischen Erzählungen der Einsiedler liegen die Ansätze, aus denen der Einsiedler sich von einer Begegnungsfigur zur Zentralfigur erhob. Durch gleiche Keimträchtigkeit zeichnet sich die Motivvariante des Einsiedlers auf Zeit aus, da sich theoretisch der temporäre Einsiedler zu einem prinzipiellen entwickeln könnte. Tatsächlich jedoch ist ein derartiges Austreiben in der mittelalterlichen höfischen Dichtung sehr selten, allenfalls in Form befristeter Bußzeiten wie in dem Epos *Partonopier und Meliur* des KONRAD VON WÜRZBURG (1275). Eine Ausnahme bildet der englische Ritterroman *Guy of Warwick* (Anf. 14. Jh.). Guy, der sich mit vielen Abenteuern das Recht zur Eheschließung mit der Grafentochter erkämpft hat, verlässt seine Frau kurz darauf und reist wieder ins Heilige Land zu neuen ungewöhnlichen Heldentaten. Dann kehrt er nicht zu ihr zurück, sondern lebt unerkannt als Eremit in Warwick und geht nur täglich zu ihr ins Schloss, um von ihr Brot zu erbitten. Erst auf dem Sterbelager gibt er sich ihr durch Zusendung eines Ringes zu erkennen, sodass sie zu ihm kommt und ihm den letzten Dienst erweist. Das Mittelalter, das literarische Gattungen sorgsam zu unterscheiden suchte, empfand Einsiedlerviten als der Legende zugehörig, und wie *Guy of Warwick* zweifellos zur Legende tendiert, so stellt sich eine zweite Ausnahme als die in höfische Dichtung, etwa bei der Arbeit des RUDOLF VON EMS (um 1225), hineingewachsene frühchristliche Legende *Barlaam und Josaphat* dar, die von einem König berichtet, er habe sich nach dem Vorbild seines Lehrers für das Eremitentum entschieden, obgleich er sich in seinem Herrscheramt bewährte und das Leben noch vor ihm lag, um ausschließlich Gott zu dienen. Dass die Weltflucht eines Ritters literarisch im Allgemeinen das Schlusskapitel bestritt, ergab sich teils aus dem Effekt jeder moralischen Selbstverurteilung, teils aus dem Zwang, zum unerlässlichen Ende zu gelangen, und damit entfiel auch eine Beschreibung des nun fälligen Einsiedlerdaseins. Verwertbare Muster waren Wende und Ende der ergiebigsten Periode im Leben des Raimond in der von JEAN D'ARRAS geschaffenen Fassung des ↑ Melusine-Stoffes (*Histoire de Lusignan* 1387/94), des ↑ Lanzelot bei MALORY sowie im französischen *Prosa-Tristan* und seinen italienischen Nachfolgern, des Renaud in *Die vier ↑ Haimonskinder*, des Löw im *Herpin* und des Maller in *Loher und Maller* der ELISABETH von Nassau-Saarbrücken sowie das des Dom Diego in Bandellos18. *Novelle* (1554).

Der Fülle anerkannter Einsiedlergestalten stehen vergleichsweise wenige negativ gemeinte und daher negativ gezeichnete Figuren gegenüber, im Allgemeinen wurde der Eremit auch aus der Kritik an Kirche und Kirchenmännern ausgenommen (*Des Teufels Netz* um 1418; H. Rosenplüt, *Von dem Einsiedler* Fsp. 1. Hälfte 15. Jh.; J. Wickram, *Der Goldfaden* R. 1557). Am häufigsten, in den nächsten Jahrhunderten erneut, war der Vorwurf heuchlerisch verbrämter Unkeuschheit. Er findet sich in Boccaccios *Decamerone* III, 10 (1348/53), in dem auf J. Paulis *Schimpf und Ernst* (1522) zurückgehenden Schwank *Der Waldbruder* (1531) von H. Sachs, in B. de Torres Naharros *Comedia Serafina* (1517), G. Vicentes *Tragicomedia pastoral da Serra da Estrella* (um 1530) und *Farsa de Inés Pereira* (1523). Eine gewisse geistige Beschränktheit charakterisiert die Eremiten in J. Wickrams Erzählung *Von einem Einsiedel, der sein eigen Schwester ermordert* (*Rollwagenbüchlein* 1555) und in J. de Timonedas Komödie *Paso de un soldado y un moro y un hermitaño* (1565).

Die Einsiedlerfigur der neueren Literatur war inzwischen nicht nur der späte Nachfahre christlicher Bekenner, sondern auch ein Vertreter jener immer wieder verkündeten Philosophie, die ernsthaft abwägenden Menschen die Einsamkeit als Lebensweise höherer Art empfiehlt. Petrarca hatte sich an eine Felsenquelle bei Vaucluse zurückgezogen und das »otium cum litteris« in *De vita solitaria* (1346/56) gelobt, der spanische Franziskaner A. de Guevara in *Menosprecio de corte y alabanza de aldea* (1539) das Landleben idealisiert und Montaigne ein zurückgezogenes Dasein über ein den Ämtern und Geschäften gewidmetes gestellt (*De la solitude* 1580/85). Solche Weltabsagen, die dem Einsiedlertum zu neuer Würde verhalfen, schlugen sich in der baugeschichtlichen Mode der Eremitage und der höfisch-gesellschaftlichen einer zeitweiligen oder religiös bestimmten Flucht in die Einsiedelei nieder, die später zu mehr profanen Zwecken verwendet oder als Zierrat in die Natur hineingestellt wurde. Aber wie im Bereich des Höfischen diese »Einkehr« nur zu vorübergehender, nebensächlicher Geltung gelangte, so bewirkte hier das Einsiedler-Motiv nur beschränkte Konfrontierung oder befristete Umorientierung, etwa von Ephigenia in *Octavia* (1677–1707) von Anton Ulrich von Braunschweig oder von Ariovist in D. C. v. Lohensteins *Arminius* (1689f.), denn der höfisch-galante Roman stellte primär heldisch-politisches Handeln in der Welt und für die Welt dar, und der König in R. Greenes Roman *Arbasto, The Anato-*

mie of Fortune (1584), der sich aus Enttäuschung in eine Zelle auf der Insel Candia zurückzieht, ist ein Einzelfall.

Das Einsiedler-Motiv fand jedoch sehr schnell eine Einbruchstelle in den von Spanien ausgegangenen pikarischen Roman mit dem gewitzten Burschen aus unteren Schichten statt des galanten Herrn der oberen Schicht und begann den Eremiten von einer Randposition in die Zentralposition zu rücken. Bereits M. ALEMÁN (*Guzmán de Alfarache* 1599 u. 1604) leistete einer Relativierung der so anstößigen Handlung Vorschub, indem er durchblicken ließ, der »pícaro« Guzmán habe diesen seinen Lebensbericht in Ruhe und über das Weltgetriebe erhabener Zurückgezogenheit verfasst. Ohne das Risiko eines auffälligen Bruches konnte der sendungsbewusste Moralist Ägidius ALBERTINUS die spanische Vorlage bei der Verdeutschung (1615) zu einer verhüllten Sittenpredigt ergänzen und dem Picaro eigens einen Anachoreten gegenüberstellen, der ihn von der Eitelkeit alles Irdischen überzeugen soll, ohne dann auch noch Guzmán als Eremiten enden zu lassen, wie in der lateinischen Bearbeitung des Gaspar ENS (*Gusmanus* um 1620). Während bei F. de QUEVEDO (*Historia de la vida del Buscón* 1626) der Einsiedler nur als die in der spanischen Literatur heimische Begegnungsfigur auftrat, nahm V. ESPINEL (*Relaciones de la vida del escudero Marcos de Obregón* R. 1618) Alemáns Perspektive des alt gewordenen Picaro am weltfernen Ort auf, sodass die Memoiren hier in einem kirchlichen Altersheim entstehen. Bei der längst fälligen Bearbeitung (1620) des anonymen ersten Picaroromans *Lazarillo de Tormes* (1554) hängte Juan de LUNA in Übereinstimmung mit solchen antithetischen Verharmlosungen einen zweiten Teil an, in dem Lazarillo Aufnahme bei einem Einsiedler findet, der seine Wunden heilt und ihm das Einsiedlertum in so positivem Sinne darstellt, dass Lazarillo bei dem plötzlichen Tod seines Wohltäters dessen Nachfolge übernimmt. Die Zeichnung des Einsiedlers und seines Adepten ist nicht frei von stereotyper Klerikersatire, doch wird im Ganzen die Einsiedelei als Gegenbild zum Welttreiben aufgefasst.

Hier liegen augenscheinlich Ausgangspunkte einer zu GRIMMELSHAUSEN (*Der abenteuerliche Simplicissimus* R. 1669) führenden Linie, der mindestens von Guevaras Traktat und dem von Albertinus bearbeiteten *Guzmán de Alfarache* beeinflusst war. Bei ihm erweitert sich die Begegnung mit dem Einsiedler zur Infragestellung der Einsiedlervita. Der Vater des Simplicius ist als Einsiedler die Antifigur des Knaben, für dessen Leben Begegnung und Lehre zum Leitmotiv und Ursprung echter Imitatio werden. In dem Entschluss des Vaters, dann des Sohnes, zweier Männer adliger Herkunft, das Leben einsam im Dienst Gottes zu beschließen, lebt Mittelalterlich-Ritterliches fort. Erst als Einsiedler im Spessart erkennt Simplicius die Problematik dieses nur kontemplativen Daseins ohne die ausgleichende Vita activa. Erinnerungen und wollüstige Bilder bedrängen ihn, er sucht einen Grund, sich aus einem Waldbruder in einen Wallbruder zu verwandeln, und findet erst nach der vereitelten Jerusalemfahrt, beim Schiffbruch, bei dem er sowie ein Mitfahrender sich retten konnten, und dem Tod dieses Gefährten zum Einsiedlertum zurück. Er entzieht sich den angenehmeren Folgen der Landung auf der an das Goldene Zeitalter erinnernden Insel durch Unterwerfung unter eine eigene mönchische Regel und ist gegen die Versuchung einer Rückkehr in die Heimat gefeit; die Nachwirkung der *Vitae patrum* wird spürbar. Nur die Autobiographie des ehemaligen Schelms gelangt nach Europa. Bei J. Beer (*Kurzweilige Sommertäge* R. 1683), der in Grimmelshausens Fußstapfen trat, gleicht das Einsiedlerleben junger Adliger eher einem Spiel sowie vorübergehender Schwärmerei, und glaubwürdig erscheint nur die Zentralgestalt, die von ihrer Absage an Zeit und Welt in immer größere Abkapselung getrieben wird. Das → Inseldasein des Simplicius färbte noch auf J. G. Schnabels epochemachenden Roman *Die Insel Felsenburg* (1731 bis 1743) ab, deren einsiedlerischen Vorbewohner die Hauptgestalt unter den Schiffbrüchigen zwar nicht mehr lebend antrifft, aber aus nachgelassenen Schriften als den ehemaligen Don Cyrillo de Valaro mit exemplarischem Schicksal vor sich erstehen sieht, das auf diese Weise die Geschichte der empfindsam-frommen Inselsiedlung einleitet und bestimmt. Dieser noch echter Frömmigkeit entstammenden Weltverachtung gegenüber wirken die gelegentliche, für die Handlung folgenlose Begegnung zwischen einem Einsiedler und pikarischen Figuren in Lesages *Gil Blas* (R. 1715–35) und die eremitische Drapierung des Rahmenerzählers in Prévost d'Exiles' *L'Histoire du Chevalier des Grieux et de Manon Lescaut* (1731) blass und routinemäßig.

Ergab sich das Eindringen des Eremiten-Motivs in pikarische Romane aus seiner heterothematischen, erbaulich-moralischen Wirkungskraft, so empfahl es sich als homothematisch mit Recht einer religiös bekenntnishaften Literatur. Für den idealistischen Jüngling Macarius in J. Bidermanns Drama *Cenodoxus* (1602) ist Eremitentum der gerade Weg zu Gott. Die Liebenden Renato und Eusebia (Cervantes, *Los trabajos de Persiles y Sigismunda* R. 1617), die des unerlaubten Umgangs bezichtigt werden, fliehen in die Einsamkeit und leben dort unter dem Gebot der Keuschheit, bis sich endlich die gegen sie erhobene Klage als unbegründet erweist und sie zurückkehren dürfen. Statt den Lohn der Keuschheit zu empfangen, bezahlte den Preis seiner Liebe das in einer Gebirgshöhle hausende Paar des Romans *Spiridion* (1623) von J.-P. CAMUS mit dem Tod des Mädchens und mit Spiridions sowie eines Schicksalsgenossen Flucht in den Apennin, wo sie einen Einsiedler entdecken, der als Büßer für Mitschuld am Tod eines geliebten Mädchens zum Greis wurde und sie zu gleicher Buße verurteilt sieht. Dass Einsamkeit allein nicht oder nicht stets von Versuchung befreit, zeigt der in H. W. KIRCHHOFFS Sammlung *Wendunmuth* (1563–1603) enthaltene, von TIRSO DE MOLINA dramatisierte Plot (*El condenado por desconfiado* 1635), da der Eremit Paulo noch nach zehnjähriger Zurückgezogenheit in der Wüste seiner Erlösung nicht sicher ist, das Gelübde bricht, als Verbrecher endet und ewige Verdammnis auf sich lädt, während die Gegenfigur, ein Verbrecher, der noch nicht erstickten Liebe zu seinem Vater die späte Buße und Erlösung verdankt. In der englischen Lyrik, die während des 17. Jahrhunderts das Lob der Einsamkeit häufig verkündete (R. LOVELACE, *To Althea*; Ch. COTTON, *Contentation, The World, Retirement*; H. VAUGHAN, *The Mount of Olives or Solitary Devotions, Flores Solitudinis*; A. COWLEY, *Of Solitude*; I. WALTON, *Like Hermit Poor*), entsprach das Motiv mit einer Mischung aus Naturgefühl, ersehnter Nähe zu Gott, der Resignation der Cromwell-Ära.

In einem Glauben an die beste der Welten und einem auf Tätigkeit sowie Nützlichkeit abzielenden Leben war, wie das Beispiel Lesages und Prévosts zeigte, wenig Raum für die Einsiedlerfigur. Die antiklerikale Einstellung des frühen bis mittleren 18. Jahrhunderts nahm auch den Eremiten nicht aus. Wo er seit der Mitte des Jahrhunderts erschien, geschah es in kritischer Beleuchtung, auch in exotischem oder historischem Gewand. Die früher erwähnte Legende von einem alten Eremiten, der die Welt kennenlernen will und dabei über die unerforschlichen Fügungen Gottes durch Erlebnisse sowie einen Jüngling, der sich schließlich in einen Engel verwandelt, belehrt wird, wurde nach Th. PARNELLS Verserzählung *The Hermit* (postum 1721) von VOLTAIRE umstrukturiert und umgedeutet. In der philosophischen Geschichte *Zadig* (1748, 1747 mit dem Titel *Memnon*) wird der von Schicksalsschlägen und Zweifeln gepeinigte Jüngling von einem ihm als Eremit begegnenden Engel darüber aufgeklärt, dass auf Erden weder das absolute Übel noch der absolute Zufall, sondern die Vorsehung herrsche. Der Man of the Hill, dem der Findling Tom im Hauptroman H. Fieldings (*The History of Tom Jones, a Foundling* 1749) auf seinem pikarischen Lebensweg begegnet, argumentiert vergeblich mit Verneinung der menschlichen Gesellschaft, in *The History of Rasselas* (1759) von S. Johnson gehört der Eremit zu den vielen Begegnungsfiguren, an denen der Prinz von Abessinien bestätigt findet, dass kein Mensch wahrhaft glücklich ist, er selbst auch nicht in seinem paradiesischen »Tal des Glücks«, und die Titelgestalt von G. Pfeffels Gedicht *Der Einsiedler* (1763) hat sich aus Ressentiment zurückgezogen, sehnt sich aber nach Geselligkeit und Tätigkeit. Eine derbe Verhöhnung war die nach Poggio und d'Argens vom jungen Lessing 1749 versifizierte, anonym mit fingiertem Verlagsort veröffentlichte Fazetie *Der Eremit* mit dem Heuchler, der viele Frauen »in concubitu habuit«. Sowohl der vom gereiften Aufklärer Lessing mit leichtem Vorbehalt gewürdigte Klosterbruder, ein ehemaliger Einsiedler, als auch der Derwisch, der seine Einmischung in Welthändel bereut und sich nach den Ufern des Ganges zurücksehnt, sind – bei dem Drama *Nathan der Weise* (1779) aus tieferem Grund – orientalische Repräsentanten ihrer Gattung. Dass in einem gegen dieses Werk Lessings gerichteten Theaterstück (J. G. Pfranger, *Der Mönch vom Libanon* 1785) auch das christliche Einsiedlertum makellos vertreten war, liegt nahe. Mit dem → Verführer-Motiv haben das Einsiedler-Motiv außer Aufklärern dezent frivole Ironiker (Wieland, *Clelia und Sinibald* Verserz. 1783 und *Die Wasserkufe* Verserz. 1795), Weltenstürmer (Klinger, *Fausts Leben, Taten und Höllenfahrt* R. 1791), Geheimem und Mythischem zugeneigte Romantiker (A. v. Arnim, *Die Kronenwächter* R. 1817) gekoppelt.

In dem Kolorit von Lessings *Nathan der Weise* ließen sich Anzeichen des kommenden mittelalterlichen, sog. gotischen Stils sehen, der dem Einsiedler-Motiv erhöhte Geltung brachte, denn der Klosterbruder beispielsweise war ursprünglich ein Ritter wie die meisten Eremiten der damals einsetzenden Epoche. Die Vorlagen in mittelalterlichen Literaturwerken häuften sich, seit Mlle de Lubert (Bearb. des *Amadís* 1750), Tressant, Percy, Veit Weber u. a. ältere Dichtungen zu publizieren, zu bearbeiten und nachzuerzählen begonnen hatten. Bei dem neuen Einsiedler wurde das Asketische weitgehend zurückgedrängt, nur einiges an religiösen Requisiten beibehalten, die pittoreske sowie die empfindsam-schwärmerische Note betont und die Szenerie gelegentlich durch Felsen oder Ruinen ins Dämonische gesteigert, zu dem das Idyll des Einsiedlergärtchens einen freundlichen Kontrast bilden konnte. Die Weltentsagung hatte persönliche Anlässe: Trauer um einen geliebten Menschen, Treulosigkeit der Ehefrau, Gesellschaft oder Sitte, drohende Bestrafung oder ungerechte Verfolgung. Gleichgültig, ob der Einsiedler oder sein Besucher im Vordergrund steht, ihre Begegnung löst für einen oder beide eine Schicksalswende aus. Der Einsiedler kehrt manchmal in die Welt zurück, wenn mit der Begegnung seine Bußzeit endet, eine Gefahr entfällt oder der Verlust eines Menschen überwunden ist, denn der Fremde ist für ihn dem Zauberer im Märchen gleich oder ein Deus ex Machina, der Konflikte bereinigt. Nach alter Tradition verbindet sich die Begegnung auch mit Erkennen, seit in einem der ersten Beispiele aus der Lyrik, *The Hermit* von O. Goldsmith (in *The Vicar of Wakefield* R. 1766), die verlassene, verzweifelt Rat suchende junge Frau im Einsiedler den geliebten Mann wiederfindet. Dem Amadís ähnliche Eremiten aus enttäuschter Liebe, die sich zu einem älteren Einsiedler gesellen und entweder durch Erfüllung der fast begrabenen Hoffnung rückverwandelt werden (J.-F. MARMONTEL, *Les Solitaires de Murcie* in *Nouveaux contes moraux* 1765; M.-J. RICCOBONI, *Histoire de Christine, reine de Suabe* R. 1783; A.-J. ROSNY, *Adèle et Germenil* R. 1797) oder scheitern (F. BROOKE, *The History of Emily Montague* R. 1769), stehen neben mustergültigen Lehrmeistern junger irrender und suchender Menschen. In dem unvollendeten Gedicht J. BEATTIES *The Minstrel* (1771 u. 1774) fördert der Eremit die poetische Urbegabung eines jungen Schäfers in sog. gotischer Zeit durch Vermittlung von Naturerlebnis und Bildungsstoff, und in WIELANDS Versepos *Oberon* (1780) übt sich das Liebespaar am Vorbild des Einsiedlers und früheren Ritters Alfonso, der bei TRESSANT, Wielands Materiallieferer, noch fehlte, in die auferlegte Enthaltsamkeit ein. Der weltschmerzlich zerrissene Blasius in F. M. KLINGERS *Sturm und Drang* (Dr. 1777) beschließt, als Eremit und in einer Höhle das Leben von neuem anzufangen. Gegenfigur zu dem Grafen, der am Sonntag seiner Jagdleidenschaft ohne Rücksicht auf Bauern, Vieh, Äcker frönt, ist in der Ballade *Der wilde Jäger* (1778) von G. A. BÜRGER der fromme Eremit, der mit seiner Hütte das Wild nicht dem erbarmungslosen Schützen vorenthalten, aber ihn mit seinem Fluch treffen kann.

Die Schwärmerei für Klosterbrüder, Eremiten, Einsamkeit und Ruinen forderte sehr bald zur Kritik heraus. In seiner Schrift *Über die Einsamkeit* (1773) vertrat J. G. ZIMMERMANN die These, Einsamkeit steigere die Hypochondrie sowie den Egoismus und zerrütte die Sinne. Fluchtweg, schließlich Sackgasse des Selbstmords ist das Einsiedlertum, zu dem sich in dem Einakter *Der Einsiedler* (1771) von F. A. v. Goué die aus Unachtsamkeit zum Vatermörder gewordene Titelfigur entscheidet, die ihr Recht, in der Welt zu sein, verwirkt zu haben glaubt. Als nutzlos erweisen sich Verzicht und Vereinsamung Heinrich v. Bismarcks in dem von J. M. R. Lenz hinterlassenen Dramenfragment *Die Kleinen* zugunsten einer glänzenden höfischen Laufbahn des Bruders, und als verfehlt muss auch Erwin in Goethes Singspiel *Erwin und Elmire* (1775) seine aus vermeintlich unglücklicher Liebe getroffene Entscheidung zum Eremitentum betrachten, das er schnell wieder aufgibt, da es nur für Schwache tauge. In seinem gegen exaltierte Streiter für Rousseau und den Urmenschen gerichteten Kurzdrama *Satyros* (entst. 1773) hatte Goethe dem angebeteten, in Wahrheit tierisch primitiven Ideal einen schlichten Einsiedler gegenübergestellt. Das maskeradenhafte Eremitentum sowie die Schlussfolgerungen Erwins in dem Singspiel revidierte Goethe 1787, indem er das Bild eines betagten Eremiten entwarf, der als Vorgänger und Lehrer Erwins eine geistige, in dem jungen Mann nachwirkende Kraft ausgestrahlt hatte. Rasch, wie in der ersten Fassung von *Erwin und Elmire,* wird die Schwärmerei für das Waldleben in J. M. Millers *Siegwart, eine Klostergeschichte* (1776) und Jung-Stillings Roman *Theobald oder die Schwärmer* (1784) korrigiert. Der Waldbruder in dem gleichnamigen Romanfragment (1797) von Lenz floh vor den ihn bedrückenden gesellschaftlichen und erotischen Bindungen in eine durch die Waldklause symbolisierte Irrealität, die bei der Konfrontation mit der Wirklichkeit zusammenfällt.

In der Romantik, die den Dekor aus der Ritterliteratur übernahm, brachte das Eremiten-Motiv wieder seine religiöse Komponente und seine Begegnungs- sowie Erziehungsfunktion in vielen Abstufungen zur Geltung. Bei *Franz Sternbalds Wanderungen* (R. 1798) von L. Tieck ereignet sich die obligate Erkennungsszene, in Jean Pauls *Hesperus* (R. 1795) lebt Emanuel, der Lehrer des Arztes Viktor, enthaltsam in »hoher Einsamkeit« und in seinem *Titan* (R. 1800–03) der alte Hofprediger Spener, einer der geheimen Lenker von Albanos Geschick, in einer Eremitage im Park Lilar. Der in einer Berghöhle in den Urwäldern Amerikas hausende Jesuitenpater und Indianermissionar der Erzählung *Atala* (1801) von F.-R. de Chateaubriand, durch eigene schmerzvolle Erlebnisse zu Mitgefühl befähigt, nimmt ein unglückliches Liebespaar, den Indianer Chactas und die zum Christentum übergetretene Atala, auf und will sich für Atalas Entpflichtung von dem ihr auferlegten → Keuschheitsgelübde verwenden, doch entscheidet sich Atala in Erkenntnis ihrer unüberwindbaren Gewissensnot zum Freitod. NOVALIS (*Heinrich von Ofterdingen* R. 1802) zeichnete den Einsiedler Hohenzollern, dessen Ritterrüstung noch an der Wand seiner Höhle hängt, als einen Weisen mit jener Einsicht in Vergangenheit und Zukunft, die ihn zum rechten Lehrer des jungen Heinrich macht, bei A. v. ARNIM (*Halle und Jerusalem* Dr. 1811) prophezeit in der Begegnungsszene der sterbende Einsiedler den Pilgern Cardenio, Celinde und Ahasver, dass ihr Weg zum Heiligen Grab mit Erhörung und Gnade ende, in BRENTANOS Fragment *Aus der Chronika eines fahrenden Schülers* (1818) hat das Erscheinen des Einsiedlers moralische Funktion, und die Herkunft des Motivs bei EICHENDORFF zeigt sich nicht nur an der Umdichtung von GRIMMELSHAUSENS Einsiedlerlied zu dem mit der Anfangszeile »Komm, Trost der Welt, du stille Nacht!«, sondern auch an der von Don Cyrillo de Valaro in der *Insel Felsenburg* SCHNABELS bestimmten Novelle *Eine Meerfahrt* (1830). In GOETHES *Faust II* deuten die vielleicht im Blick auf den Montserrat erdachten heiligen Anachoreten auf ihrem Berg die Grenzsituation zwischen irdischer und überirdischer Welt an. Die Motivik verflachte zur Spätromantik hin abermals (F. KIND/C. M. v. WEBER, *Der Freischütz* Oper 1821; K. IMMERMANN, *Merlin* Dr. 1832), sodass EICHENDORFF, der sie aus eigener Erfahrung zu bewerten vermochte, in *Dichter und ihre Gesellen* (R. 1834) sich gegen die Weltabkehr wandte, nachdem er den Eremiten in der dramatischen Satire *Krieg den Philistern* (1824) spöttisch als »aimable roué« bezeichnet hatte, während A. v. ARNIM ihn in dem Roman *Die Kronenwächter* (1817) leicht persiflierte und mit zwei Frauen versah.

Außer der traditionellen Begegnungsfigur entwickelte sich in der Romantik die Zentralfigur der Einsiedlervita weiter. Die in der Einsiedelei auf Salamis verfassten Berichte des noch jungen Eremiten in F. HÖLDERLINS *Hyperion* (R. 1797–99) über seinen Weg in die Abgeschiedenheit – seltsame Wiederaufnahme einer pikarischen Tradition – stellen die Geschichte seiner Enttäuschungen an »Menschendingen« dar. In L. TIECKS Roman *William Lovell* (1795–96) gibt dem als Gegenfigur zur korrumpierten Hauptgestalt gedachten Balder das Eremitendasein im Apennin vorübergehend seelische Gesundheit, und in Tiecks Idyll *Almansur* (1798) vereinigen sich ein alter und ein junger vom Leben enttäuschter Weltverneiner. Werdo Senne in BRENTANOS Roman *Godwi* (1801), schuldlos beladen mit der Schuld am Tod der von ihm geliebten, ihm jedoch versagt gewesenen Frau, findet in der Einsamkeit seine Seelenruhe, zu der die ihm aufgegebene Erziehung des Sohns der Toten beiträgt. Mehr dem

Studium der Natur als der Frömmigkeit dankt seinen Frieden der in der thebaischen Wüste lebende Schlemihl der Erzählung von A. v. Chamisso (*Peter Schlemihls wundersame Geschichte* 1814), der, ähnlich wie Hyperion, in der Eremitage einen zur Versendung an seine Freunde bestimmten Bericht über sein Leben mit Enttäuschungen und mit Schuldbewusstsein wegen seines Absinkens zum → Teufelsbündner schreibt, über seine daraufhin vollzogene Abkehr von der Außenwelt und Einkehr bei sich selbst. Bei Eichendorff entsagt Friedrich (*Ahnung und Gegenwart* R. 1815) der Welt schließlich nach langer Wanderung, Graf Victor (*Dichter und ihre Gesellen* R. 1834) nach dem Freitod Juannas, indem er sich als Einsiedler auf den Priesterstand vorbereitet, und Don Diego (*Eine Meerfahrt* Nov. 1830) als Insel-Eremit, da er statt des gesuchten Goldlandes ein Reich des Friedens in Gott entdeckte. Eine neue Perspektive erschloss sich dem Motivkomplex, seit bei W. H. Wackenroder (*Ein wundersames morgenländisches Märchen von einem nackten Heiligen* 1799) der Eremit, geistig verirrt und begnadet, wähnt, er höre das Rad der Zeit sich drehen und müsse seinen Gang beaufsichtigen, jedoch von solcher Bürde und zugleich seinem Leben erlöst ist, als die Musik eines Liebespaares das Rad, die Ewigkeit des Vordergründigen, übertönt hat. Eine ähnliche Absonderung von der Masse bisheriger Einsiedler kennzeichnet den Serapion in der ersten Erzählung von E. T. A. Hoffmanns Sammlung *Die Serapionsbrüder* (1819), jenen plötzlich aus glänzender Laufbahn ausbrechenden Grafen, der in den Bergdörfern Tirols und später in der Nähe von Bamberg das Evangelium predigt, sich aber für den Märtyrermönch Serapion in der thebaischen Wüste hält. Von hier ergäbe sich eine Linie zu F. Hebbels halb närrischem, halb weisem Klausner (*Ein griechischer Kaiser* Gedicht). Die nicht seltene prophetische Begabung der Eremiten besitzt auch derjenige, der in Schillers Drama *Die Braut von Messina* (1803) die Wende des Schicksals androht. Für das Lob der Einsamkeit, das die romantische Lyrik vieler Länder verkündete, haben sich zahllose Elemente der Einsiedler-Motivik als verwendbar erwiesen.

Das nach der Romantik augenscheinlich stark verbrauchte Motiv machte sich gelegentlich wieder bemerkbar, so in dem Ritterepos *Walther* (1818) von A. v. Droste-Hülshoff und in dem Gedichtzyklus *Die Marionetten* (1834) von N. Lenau mit dem herkömmlichen Gegensatzpaar von altem, abgeklärtem und jungem, aus Verzweiflung in Weltverachtung gestürztem Eremiten, das in beiden Fällen mit einer Frau – der Eremit als verlassener Anbeter – verbunden ist. Die durch den Verlust ihres tot geborenen Kindes und dessen

Vaters vereinsamte Annette (M. HAUSHOFER, *Die Tapetentür* R. 1983) führt, wenn auch dem Leben zurückgegeben, eine Einsiedler-Existenz. Der einem historischen Fabrizio angeglichene Held des Romans *La Chartreuse de Parme* (1839) von STENDHAL vermag trotz Prägung durch Kirchenlehre und Kirchenamt nicht, sich selbst sowie sein Leben vor abenteuerlicher Gefährdung zu bewahren, und flüchtet schließlich in die Kartause. Die sich hier abzeichnende, kaum noch mit priesterlichem Gewand getarnte Säkularisierung des Motivs, die auch an dem einflussreichen Erlebnisbericht H. D. THOREAUS *Walden; or, Life in the Woods* (1854) abzulesen ist, nahm ihren Lauf über tiefwurzelnd-glaubenswilliges Biedermeier in Österreich (STIFTER, *Der Hagestolz* Erz. 1845), heidnisch dogmenscheuen Realismus in Norddeutschland (STORM, *Eine Halligfahrt* Nov. 1873), historisch-orientalischen Monumentalstil und Bischof Basilios von Cäsarea (IBSEN, *Kaiser und Galiläer* Doppeldr. 1873) sowie gleichartigen Professoralstil (G. EBERS, *Homo sum* R. 1878), asketisches Ringen um streng objektive, unpersönliche Darstellung (FLAUBERT, *La Tentation de saint Antoine* 1874). Jenseits der Urgrenze zwischen römisch-katholischer Kirche und Ostkirche verlangsamte die Existenz wirklicher Eremiten das Aussterben erfundener. Der »Starez« Zosima im Roman *Brat'ja Karamazovy/Die Brüder Karamasow* (1879–80) von DOSTOEVSKIJ war eine glaubhafte Gegenfigur zu den fauligen provinzweltlichen Typen und Leitbild des dritten, jüngsten Bruders. Einsiedlertum als kontemplative Lebensform regenerierte sich, zwar vereinzelt, als Wunschbild auch in der neueren Literatur: Der ehemalige Marineoffizier bei E. WIECHERT (*Das einfache Leben* R. 1939), der Spielmeister, der dann der Abgeschiedenheit entsagt, um den reinen Geist in die Welt zu tragen (H. HESSE, *Das Glasperlenspiel* R. 1943), der bescheidene Eremit, scheiternde Papst Coelestin V. (R. SCHNEIDER, *Der große Verzicht* Dr. 1950), der Protagonist Schlösser in D. BACHMANNS Roman *Der kürzere Atem* (1998), der sich als Ziereremit in Mönchskutte in das Schloss auf der britischen Insel verpflichtet, und ein buddhistischer Einsiedler (M. BIELER, *Drei Bäume* Erz. 1966) belegen die kryptogame Fortexistenz des Motivs, das von D. GRÜNBEIN (*Vom Schnee oder Descartes in Deutschland*, 2003) in den gelehrten Gesprächen des im eiskalten Stockholm mit einer Königin diskutierenden einsamen Philosophen weiterentwickelt wurde. Sie alle beweisen: Lange tradierte, zu literarischer Inzucht genötigte, ohnehin weltentwöhnte Figuren degenerieren zu gekünstelten, doch heben sich bei produktiver Nachhilfe bisweilen Kunstfiguren heraus.

H. Rötteken, Weltflucht und Idylle in Deutschland von 1720 bis zur Insel Felsenburg, (Zs. f. vergl. Literaturgeschichte u. Renaissanceliteratur NF 9) 1896; B. Golz, Die Legenden von den »Altvätern«, in: B. G.: Wandlungen literarischer Motive, 1920; Ch. P. Weaver, The Hermit in English Literature from the Beginnings to 1660, Diss. Nashville 1924; F. A. G. Cowper, The Hermit Story, as used by Voltaire and Mark Twain (in: Festschrift Ch. F. Johnson) Hartford 1928; A. Müssener, Der Eremit in der altfranzösischen nationalen und höfischen Epik, Diss. Rostock 1930; G. H. Lovett, The Hermit in the Spanish Drama before Lope de Vega, (Modern Language Journal 35) 1951; P. Sage, Le »Bon Prêtre« dans la littérature française d'Amadis de Gaule au Génie du Christianisme, Genf u. Lille 1951; H. G. Wright, The Theme of Solitude and Retirement in 17th Century Literature, (Etudes Anglaises 7) Paris 1954; M. Beeson, The Role of the Hermit in the 17th Century Spanish Novel, Diss. Univ. of Texas 1958; H. J. Fitzell, The Hermit in German Literature from Lessing to Eichendorff, (Univ. of North Carolina Studies in the Germanic Languages and Literatures 30) Chapel Hill 1961; G.-L. Fink, L'Ermite dans la littérature allemande, (Etudes germaniques 18) 1963; U. Stadler, Der einsame Ort. Studien zur Weltabkehr im heroischen Roman, Bern 1971; R. Schönhaar, Pikaro und Eremit. Abwandlungen einer Grundfigur des europäischen Romans (in: Dialog, Festgabe für Josef Kunz) 1973; L. Masip Bracons, Ermitans a la literatura medieval, Barcelona 1999.

Empfängnis, Die unbewusste → Frauenraub, Frauennötigung

Empörer → Rebell

Eremit → Einsiedler

Erkennung → Gegner, Der unerkannte; Herkunft, Die unbekannte

Europamüde, Der → Missvergnügte, Der; Wilde, Der edle

Femme fatale → Verführerin, Die dämonische

Fernidol, Das heimgeholte

Mit der nicht nebelhaft universalen, vielmehr wesenhaft personalen Vorstellung eines fernen Ideals, das Liebe entfacht, gesucht sein will und gefunden werden kann, brach im Phantasiereich der Dichtung durch, was die von einem Exogamie-Gebot bestimmte Wirklichkeit meist nicht bot. Die Vorschrift einer Eheschließung außerhalb des Clans, die nicht nur Heirat unter Blutsverwandten, also → Inzest, sondern auch unter nahe beieinander Lebenden verhindern wollte und die mit sozialbiologischen und ökonomischen Gründen wohl nicht befriedigend erklärt ist, hat zweifellos die heiratsfähigen Männer vieler frühen Kulturen zu weiten und wohl auch gefährlichen

Brautfahrten gezwungen. Gerade Indien, das sich als Herkunftsland vieler Dichtungen um das Fernidol-Motiv erweist, kannte strenge Heiratsverbote unter Verwandten bis zum fünften Grad mütterlicher- und siebenten Grad väterlicherseits. Aber wenn nach indischem Glauben sich in der wandernden Seele während früherer Existenzformen Gefühle gelagert hatten, so konnten sie mittels erdichteter Erlebnisse erdichteter Gestalten neu geweckt werden, und ein durch vorübergehende Identifizierung mit ihnen sublimierter ästhetischer Genuss war nach der indischen Poetologie der ersten nachchristlichen Jahrhunderte Vorgeschmack überirdischer Seligkeit.

Das literarische Motiv des Fernidols verfügte über jene Versöhnung von Wirklichkeit und Phantasie, die für Kinder und Völker im Spiel- und Märchenalter die Abschirmung von der Umwelt ausmacht. Wer wirbt, um Besitz, Macht, standesgemäße Nachkommen mitzuerwerben, vereinbart oft nur schwer Pflicht, Verzicht, Liebe und vergoldet die Frustration durch die Überhöhung des erstrebten Ziels und die um seinetwillen durchstandenen Gefahren. Ehe der Osten die frohere Kunde von der Traumprinzessin und dem Wunschprinzen auch dem Westen zutrug, entstanden auch hier Geschichten von gefährlichen Brautfahrten mit Kampf um die Braut oder → Frauenraub, in denen die Jungfrau auf dem Felsen (↑ Nibelungen-Stoff) wegen ihrer Stärke und die ferne Kaisertochter (*König Rother* um 1150) wegen ihrer Schönheit berühmt waren, aber von einer durch diesen Ruhm ausgelösten schicksalhaften Neigung war nicht die Rede. Doch das Fernidol-Motiv fand – vielleicht mit Vorstellungen der Araber Spaniens – zu der aristokratischen Gesellschaftskunst der provenzalischen Troubadours, und mit den Kreuzzugsheimkehrern strömten die orientalischen Wundererzählungen auch von Osten her in die ritterliche Dichtung Europas, die Wunschversagung zu Minneglück umprägte. Mit unverbrämter Sinnenfreude eignete sich dann der italienische Humanismus den Reichtum der antiken Mythen, Märchen, Kunstdichtung jeglicher Herkunft an. In den höfischen Barockromanen sollte das Motiv noch einmal seine strukturbildende Kraft bewähren und eine Fülle orientalisierender Affären unter den Spannungsbogen zwischen emporflammender Liebe, brennendem Sehnen und glühender Vereinigung zwingen. Die Bildersprache des → Traums, deren sich Volks- und Kunstdichtung auch bei dem Fernidol-Motiv unbekümmert bedienten, suchten schon spätantike Tiefenpsychologen zu entschlüsseln. Seit dem ausgehenden 18. Jahrhundert legten F. A. Mesmer mit seinem die Welt durchziehenden psychischen Magnetismus, die unter dem Neuwort Hypnose betriebene Erforschung des seit jeher vermerkten Phänomens der Willensbeeinflussung und um die Mitte des 19. Jahrhunderts C. G. Carus mit seiner Ableitung des bewussten Seelenlebens aus der Region des Unbewussten wieder Zugänge zum Geist der Indoiraner frei, ehe der naturwissenschaftliche Leitgedanke den Gedanken an unerklärbar zugedachte, hellsichtig erkannte Geliebte oder Gatten verdrängte.

Wie ein Zauber wirkte in manchen Sagen, Märchen und den realistischeren Brautwerbungsgeschichten auf einen jungen Mann oder ein junges Mädchen, was Minister, Mannen, Diener, Mägde von schönen und liebenswerten Menschen erzählten, die sie selbst gesehen oder von denen sie viel gehört hatten. So sehnt sich in der berühmten, dem Großepos *Mahābhārata* (5. Jh. v. Chr. – 4. Jh. n. Chr.) einverleibten Erzählung *Nala und Damayantī* mit den Hauptthemen Spielleidenschaft sowie Gattentreue Damayantī dem ihr noch unbekannten Nala entgegen, und in einer zum *Divyāvadāna* (1. Jh. n. Chr.) gehörigen Legende bereut die → Kurtisane Vāsavadattā ihr bisheriges Leben, um einen Neubeginn an der Seite des frommen Upagupta anzustreben, den Darstellungen ihrer Mitbürger zu ihrem Fernidol machten. In dem aus zahlreichen Geschichten zusammengesetzten *Kathāsaritsāgara* (1063/81) von Somadeva verlieben sich, unter dem Eindruck begeisternder Schilderungen, ein junger Prinz und mehrere Könige in die jeweils gepriesenen Schönheiten, auch in eine Jungfrau, die auf einem Baum dem Meer entstieg und nach einem Lied wieder versank. Idolverkünder wie in solchen indischen Geschichten war der Wesir auch in persischen und arabischen Fassungen von altem Erzählgut. In dem *Buch von Prinz Bakhtyār* (seit 5./6. Jh.) wird ein fernes Idol, das Wesire verlockend aufrichteten, aus Ungeduld mit Heeresmacht erobert und einem König von Wesiren eine listig ausgesuchte Partnerin vor Augen gehalten, damit ein beneideter Würdenträger an der gefährlichen Werbung vielleicht scheitert und zu Fall kommt. Das im Jahre 1010 vollendete umfangreiche *Königsbuch* von Ferdausī enthält ein Beispiel für beiderseitige Verliebtheit in das entsprechende Idol, die ihr Ziel erreicht, als das Mädchen ihr Haar vom Dach des Palastes hinunterneigt, damit der junge Mann daran heraufklimmen kann. Im *Papageienbuch* (1330) von Nachshabī, der persischen Umgestaltung des indischen anonymen Erzählwerks mit siebzig Geschichten weiblicher Untreue, ist das vorliegende Motiv mit dem → Doppelgänger-Motiv sowie mit dem der verletzten → Gattenehre verbunden worden, da der Jüngling sein Idol in Gestalt des Ehemanns zu überrumpeln sucht, von der Frau entlarvt und von deren Mann getötet wird. Hier bekehrt ein Wesir sogar einen frauenscheuen König von China. Unter den zahlreichen persischen Behandlungen der biblischen Geschichte von ↑ Joseph und der Frau des Potiphar belegt mindestens *Yūsuf o Zuleichā* (15. Jh.) von DJĀMĪ, dass schon das Gerücht von Yūsufs Aussehen hinlänglich verführerisch war, und als Sammlung der verschiedenartigsten literarischen Leistungen des Orients wartet das arabische Standardwerk *Tausendundeine Nacht* (8.–16. Jh.) auch mit Fällen von Verliebtheit in nie gesehene Personen auf.

Die europäische Dichtung öffnete sich seit dem 11. Jahrhundert einem spiritualisierenden, Dienst und Geduld lehrenden Liebesideal. Der Troubadour GUILHEN DE CABESTAING bekannte, sein Idol geliebt zu haben, ehe er es sah, UC DE SAINT-CYR, dass er das seine im Traum kennenlernte, Minnesänger nannten Träume und Hörensagen als Anstoß ihrer Liebe. Der Troubadour JAUFRÉ ↑ RUDEL (Mitte 12. Jh.) feierte die Fernliebe, »amor de lonh«, im Gedicht, wurde jedoch außerdem ihr legendärer, stets neu aufgerufener Zeuge durch die »Vida«, nach der er das von ihm besungene Idol im Orient schließlich auch betrachten wollte, kurz vor dem Ziel seiner Fahrt tödlich erkrankte und in den Armen der an sein Lager geeilten Prinzessin starb. Das Motiv, Verliebtheit eines Mannes, einer Frau, beider ineinander, einer Stiefmutter in den Stiefsohn infolge mündlicher Kunde, drang in die abendländische Epik mit Umarbeitungen indoiranischer Originale, dem aus dem Lateinischen von A. v. PFORR ins Deutsche übersetzten *Buch der Beispiele der alten Weisen* (um 1470/80) nach dem *Pañcatantra* oder Fassungen und Drucken der Rahmenerzählung mit Einzelnovellen *Von den sieben weisen Meistern*. Im Gewebe alter Stoffe erschien das Motiv nach den *Annales* des Nicholas TRIVET (Anf. 14. Jh.) in *The Man of Law's Tale* von CHAUCER (in *The Canterbury Tales* 1387–1400), der Geschichte einer vom Sultan begehrten und geheirateten charakterstarken Christin. Beispielhaft war auch die Hauptgestalt der *Historia della Reina d'Oriente* (14. Jh.) von A. PUCCI, die ein Kaiser in Rom sich erkor, aber mit Verdächtigungen in seine Nähe nötigte. Verbunden mit orientalischem Stoff ist das Motiv noch in *Pierre de Provence et la belle Maguelonne* (R. 1453), mit Zauberei im *Partonopeus de Blois* (R. 12. Jh.) und mit Bewährung als Ritter in dem französischen Versepos *Ipomedon* des anglonormannischen Dichters HUE/HUON DE ROTELANDE (12. Jh.), dessen Rückgriff auf alten Stoffbestand auch sein *Protheselaus* zeigt und das Motiv erklärt, sowie im *Herpin* (R. 1430/40) der ELISABETH VON

NASSAU-SAARBRÜCKEN. Zu zweimaliger Auswirkung, bei Esplandián, dem liebenden, und bei dem Enkel Amadís, dem aus der Ferne geliebten Mann, kam das Motiv im Roman *Amadís* (1508), der wieder die Iberische Halbinsel als vermittelndes Land und abenteuerliche, märchenhafte Plots als typischen Funktionsbereich des Motivs ins Blickfeld rückt. Es lag nahe, dass die satirische Attacke auf die Ritterromane, CERVANTES' *Don Quijote* (1605 u. 1615), auch das Motiv des Fernidols aufgriff, das hier nur in der Phantasie des Ritters existiert. Einen etwas gesuchten Rahmen bildet das Fernidol-Motiv für GIOVANNI FIORENTINOS fünfzig nicht sehr originelle Novellen mit dem scherzhaften Titel *Il Pecorone* (1378/90): Ein Jüngling wird um einer geliebten, aber nie gesehenen Nonne willen Mönch und erhält als Kaplan Zugang in ihr Kloster; die Erfüllung der Liebe besteht aber lediglich darin, dass beide sich täglich in einem Parlatorium treffen und einer dem anderen eine Geschichte erzählt.

Dass ein vielleicht allmählich überfordertes Motiv für dramatische Verwicklungen noch immer tragfähig war, blieb den Spaniern nicht verborgen, die es zugleich zum Eingeständnis der Unglaubwürdigkeit von Fernliebe und seiner Entartung zwangen. Bei MIRA DE AMESCUA (gest. 1644), der es mit dem Rollentausch koppelte, werben in *El galán valiente y discreto* drei Herzöge um eine Herzogin, die nur deren verkleidete Hofdame ist, während eine Herzogin, als Hofdame verkleidet, einem vierten Herzog die wahre Fernliebe ohne Standesrücksichten glaubt, der doch genau weiß, wen er in Wirklichkeit umgarnte. In *Añasco el de Talavera* von Á. CUBILLO DE ARAGÓN (gest. 1661) machen sich alle Anbeter lächerlich, die bei der persönlichen Begegnung mit dem unbekannten Fernidol keinen Hauch von Liebe spüren, und dass selbst aus Trotz oder Neid unbesehen gewählte Fernidole (A. MARTÍNEZ DE MENESES, *Amar sin ver*) schließlich heiraten, forderte der Glaube an das Theater, nicht der an ein sinnvolles Schicksal.

Von alten Varianten des Motivs stellen sich zwei als Verzauberung durch eine im doppelten Sinne begreifbare, höhere Kunde dar, da nicht ein Hörensagen etwas vermittelt, sondern eine gleichsam mit Beglaubigung versehene Botschaft ergeht. Dem gerade zu Gericht sitzenden König Psammetich lässt in einem von dem griechischen Geographen STRABON (um 63 v. Chr. – um 19 n. Chr.) überlieferten Märchen ein Adler einen der Hetäre Rhodopis während des Bades entwendeten Schuh in den Schoß fallen und verlockt so Psammetich zur Suche nach der Besitzerin. Die Schwalbe als Überbringer und das Haar als persönliches Siegel veranlassen König Marke in den frühen Fassungen des ↑ Tristan-und-Isolde-Stoffes (*Estoire*, nach Mitte 12. Jh.; EILHART VON OBERGE um 1180) zur Entsendung seines Brautwerbers Tristan, dem später in den Versionen des THOMAS VON BRETAGNE (1160/65) und GOTTFRIED VON STRASSBURG (um 1210) auch die Aufgabe der Schwalbenbotschaft zufällt, und den Jarl in der isländischen *Gǫngu-Hrolfs saga* (13./14. Jh.), der die beunruhigende Aufgabe am Grab seiner Frau empfängt, demjenigen die Tochter zu versprechen, der die Fährte verfolgen und die Aufgespürte bringen soll. Die betörende Stimme, die zum Beispiel dem Sänger Horant in der ↑ Hilde-Gudrun-Sage (*Kudrun* um 1240) die Tür zur Königstochter öffnet sowie die Einwilligung dieses Fernidols seines Auftraggebers verschafft, sich zu König Hetel entführen zu lassen, oder die reizenden Füße einer Frau, die der isländische Dichter KORMÁKR ǪGMUNDARSON (Mitte 10. Jh.) bei der Türschwelle hervorragen sieht und mit seinem Werben um Steingerd vor der Nachwelt beurkundete, wie die *Kormaks saga* (13. Jh.) ihn selbst, zeigen an dem Motiv die Grenze zwischen Übersinnlichem und Sinnlichem auf. Auf der Bühne war diese Motivvariante mühelos dem Spott ausgesetzt, wenn bei dem spanischen Dramatiker MORETO (gest. 1669) in *Lo que puede la aprensión* eine nur gehörte Stimme, aber nicht die mit dieser Stimme begabte Frau unwiderstehlich entzückend wirkt.

Im Vergleich mit solchen Varianten ergab sich eine sehr eingängige, wenn der Liebende das Idol des Berichts und Gerüchts persönlich erträumt oder im Bild erschaut und so zwar nicht an sich, aber doch wenigstens im »farbigen Abglanz« gesehen hat. Traum und Bild setzen als Motiv für den Plot magische Kräfte in Gang, verleihen ihm einen tieferen Hintergrund und machen seelische Vorgänge leichter nachvollziehbar. Der → Traum ist in der Dichtung stets »bedeutend«, und ein gottgesandtes Traumbild knüpft ein magisches Band zwischen Träumendem und Abgebildetem. Ein Bild kann wirklich bezaubern, und nach dem Volksglauben folgt dem Erwerb eines Bildnisses die Gewalt über die abgebildete Person. Dass Traum und Bild Wunscherfüllung waren, sein konnten oder sein sollten, veranschaulicht besonders die zweistufige Motivvariante, bei der ein flüchtiger Traum zum beständigen Bild ausgeformt wird. Der Traum, im Fernidol-Motiv vom Bild ergänzt, wurde von der Dichtung gerechtfertigt, ehe die theoretische Deutung mit Beispielen und Fällen erfüllter Träume (ARTEMIDOROS VON DALDIS, *Oneirokritika* 2./3. Jh. n. Chr.) in die Literatur vorstieß. Aniruddha und Usa in einer Geschichte des *Mahābhārata* (5. Jh. v. Chr. – 4. Jh. n. Chr.)

verlieben sich im Traum ineinander, und Usa erkennt Aniruddha unter den Bildern von Göttern und Fürsten, die man ihr zeigt. Von Vāsavadattā, die dem Geliebten im Traum erscheint, handeln, wohl nicht als Erste, ein märchenhafter Kunstroman (vielleicht von SUBANDHU) und ein Drama (*Svapnavāsavadattā*, vielleicht nach BHĀSA um 600 n. Chr., bei FERDAUSĪ (*Königsbuch* 1010) sieht die Königstochter den persischen Traumprinzen auf einem Fest verwirklicht, das ihre Gattenwahl zur leichten Entscheidung macht. Orientalischen Ursprungs ist sicher auch der Doppeltraum des zueinander findenden Paares in der *Inclusa*-Geschichte des Zyklus *Von den sieben weisen Meistern*, obgleich diese erst seit dem französischen *Dolopathos* (13. Jh.) nachweisbar ist. Von einschlägigen Erzählungen in *Tausendundeine Nacht* (8.–16. Jh.) zeigen einige, wie unabwendbar und unvermeidbar der einem Menschen vorbestimmte Zauber des Bildes ist. In *Ibrahim und Djamila* entdeckt der Mann bei einem Händler ein Bild, das ihn verfolgt, bis er über den Maler in einer angeblich männerfeindlichen Frau diejenige findet, deren seit langem herbeigewünschtes Fernidol er ist. Sehr zugespitzt wirkt das Motiv in der *Geschichte des Saif-al-Mouloūk* der gleichen Sammlung, wenn sich herausstellt, dass das Bild die Geliebte des Königs ↑ Salomo, eine Tote, zum Idol erhob und eine Lebende verdrängte. Eine Variante wahrscheinlich älteren Ursprungs erhielt sich im *Papageienbuch* (1330) von NACHSHABĪ. Das Traumbild des Kaisers von China, nach der Beschreibung vom Wesir gemalt und vor den Toren der Stadt wie eine Suchanzeige ausgehängt, wird als Bild der Prinzessin von Griechenland identifiziert. Verwirklichung eines Traumidols verlangte von seinen ihn zur Heirat drängenden Eltern selbst Bodhisattva, der künftige Buddha (*Jātaka*-Sammlung seit 3. Jh. v. Chr.), der sich aus ihm ein plastisches, greifbares Abbild formt. In der vom reichen Philo in Auftrag gegebenen Plastik (*Von den sieben weisen Meistern*) glaubt ein Reisender seine Frau zu erkennen, und so erschließt sie dem Auftraggeber die Person und den Ort für einen → Frauenraub. In Bildern entdeckten ferne Idole der König im Drama *Mālavikā und Agnimitra* von KĀLIDĀSA (Anf. 5. Jh.), eine Königin im Kunstroman *Die Taten der zehn Prinzen* von DAṆḌIN (um 800) und der junge Mann im Epos *Haft Peikar* (1198) von NEẒĀMĪ sieben liebenswerte Prinzessinnen verschiedener Völker, darunter das Urbild der über *Les mille et un jours* (1710–12) zu GOZZI und SCHILLER gelangten ↑ Turandot. Aus solchem Vorrat schöpften das deutsche *Märchen vom treuen Johannes* mit dem Prinzen, dessen Bilderlebnis nicht verhindert werden konnte, der englische *Sir Tristrem* (um

1300), die nordischen *Rémundar saga keisarasonar* und *Þjalar-Jóns saga* (14. Jh.), BOCCACCIO für den *Decamerone* (1348/53), der *Amadís* (1508) nebst dem ähnlichen *Palmerín de Oliva* (1511) und E. SPENSER für sein Epos *The Faerie Queene* (1590–96) mit der Feenkönigin Gloriana sowie der → Heldenjungfrau Britomart.

Die Suche nach dem lebenden Modell des Traums, Bildes oder Hilfsentwurfs veränderte den Spannungsgehalt einer Dichtung, da Irrtum und Verwechslung nicht ausgeschlossen waren oder absichtlich einbezogen wurden. Den spanischen Dramatikern des Goldenen Zeitalters empfahl sich die Motiv-Variante durch großartige Mischwerke aus Geschichtsquellen und karolingisch-französischen Epenstoffen wie die *Crónica general* oder durch die Reihenwerke um Amadís und Palmerín, den außerspanischen Romanverfassern durch das ältere Muster des *Amadís* von 1508 und das neue Muster, das Sieur de GOMBERVILLE mit *Polexandre* (1632–37) und der von vielen Opfern ihres Bildes umworbenen Alcidiane aufstellte. Bei Lope de VEGA bezaubert in dem nach der Chanson de geste um ↑ Karl den Großen geschriebenen Drama *Los palacios de Galiana* den landflüchtigen jungen Karl das Bild der maurischen Prinzessin, in *El más galán Portugués duque de Verganza* den Gastgeber das ihm vom Gast unter das Kopfkissen gesteckte Bild von dessen Schwester und in *La prisión sin culpa* den Freund eines nach Amerika gereisten Mannes das von dessen Geliebter, die er mit erfundener Todesnachricht aus ihrer Bindung löst, ohne das Komödienglück zu vereiteln. Der eifersüchtige Estremadurer der Novelle (1613) des CERVANTES verliert in *El celoso extremeño* von A. COELLO (gest. 1652) seine Nichte trotz Abriegelung in Madrid an den von ihrem Bild entzückten Jüngling aus Sevilla, und bei MORETO (1618–69) werden in *Yo por vos y vos por otro* die Pläne eines Vaters zweier heiratsfähiger Töchter sowohl durch verwechselte als auch richtig zugestellte Bilder der vier jungen Leute zunächst umgezaubert. Nach dem erwähnten *Polexandre*, dem der zum Jansenismus bekehrte GOMBERVILLE aus Reue über dessen vermeintliche Unmoral *La jeune Alcidiane* (1651) nachfolgen ließ, machte sich die Motivvariante bei meist orientalischen Plots mit tugendhaften Musterfiguren geltend in dem Roman *Ibrahim ou l'illustre Bassa* (1641) von M. de SCUDÉRY, den Ph. v. ZESEN zu einem deutschen umarbeitete (*Ibrahims und der … Isabellen Wundergeschichte* 1645) und als Stoff an D. C. v. LOHENSTEIN für dessen Drama *Ibrahim* (1650) weiterreichte, in *Cléopâtre* (R. 1646–57) von Sieur de LA CALPRENÈDE, in einer Nebenhandlung des moralisch-erbaulichen Romans *Herkules und Valiska* (1659) von A. H. BUCHHOLTZ, der dem jetzt als verwerflich empfundenen *Amadís* christlich entgegentreten sollte. Von La Calprenède angeregt, setzte ANTON ULRICH Herzog VON BRAUNSCHWEIG sie bei seinen personenreichen, verwickelten, vielbändigen Staatsromanen mehrfach ein. Die strukturierende Kraft zu einem weiten Spannungsbogen, die das Motiv besitzt, bewältigt in *Die … Syrerin Aramena* (1669–73) eine Bildverzauberung, die mit scheinbar unlösbaren Komplikationen belastet ist und Liebesgefühl durch eine vorauszusetzende Feindseligkeit fast ausschließt. In *Octavia, römische Geschichte* (1677–1707) erstellt der Autor mit dem Motiv die Verbindung zwischen den Hauptpersonen Tyridates, der über die Zauberkraft der Liebe gespottet, aber wegen eines ihn fesselnden Gemäldes eine ganze Porträtsammlung von Römerinnen gekauft hatte, und Octavia, die sich bereits gebunden fühlte und schließlich die persönliche Wunscherfüllung angesichts der Christenverfolgung ausschlägt. Noch der letzte Verfasser heroisch-galanter Romane, H. A. v. ZIGLER UND KLIPHAUSEN, lässt den Prinzen in *Die Asiatische Banise* (1689) von der wunderschönen Frau träumen und vergrößert den Spannungsbogen bis zur Vereinigung mit ihr durch weitere Frauenbilder. Sogar der antisentimentale, antihöfische Roman *Histoire comique de Francion* (1623) von Ch. SOREL bediente sich des Bildes der unbekannten Geliebten, um den amourösen Helden einer endgültigen Bindung zuzuführen und die Kette seiner Abenteuer zu beenden.

Auf dem Wege zu romanisch-romantischen Gefilden zwischen Spätantike und der Welt Shakespeares schrieb Ch. M. WIELAND den nach *Don Quijote* (1605 u. 1615) von CERVANTES ausgerichteten Roman *Der Sieg der Natur über die Schwärmerei* (1764). Diesem Thema dient das Motiv unmittelbar, da ein gefundenes Miniaturbild für Don Sylvio auf die von ihm aus Schmetterlingsgestalt zu erlösende Prinzessin seiner Modelektüre weist, ihn jedoch zur schönen Wirklichkeit sowie zur Besinnung bringt. Im *Oberon* (1780) stellte sich das Motiv wieder im Verband der von Wieland errafften Stoffe ein, der Chanson de geste ↑ *Huon de Bordeaux* nebst arabischen Geschichten in französischen Neufassungen und englischer Tradition über Chaucer zu dem *Sommernachtstraum* von SHAKESPEARE, und verzaubert das Liebespaar durch kommunizierende Träume. Während noch bei J. M. R. LENZ der Waldbruder des gleichnamigen Romanfragments (postum 1797) mit nutzlosem Traumleben und Fernidol an der Wirklichkeit scheitert, arbeitete WIELAND als nur selten unironischer Dichter und als Herausgeber der Märchensammlung *Dschinnistan* (1786–89) manchen Elementen der Romantik sowie der Oper bis zu C. M. v. WEBER (*Oberon* 1826) vor oder unterstützte Nachwirkungen des Barocks, etwa bei E. SCHIKANEDER/W. A. MOZART mit dem bezaubernd schönen Bild Paminas in *Die Zauberflöte* (1791).

Zwischen Wielands Ritt auf dem Hippogryphen des Ariost und *Franz Sternbalds Wanderungen* (1798) von L. TIECK lag die Wende von einer überlegen spielerischen Nutzung volkstümlicher irrationaler Motive zu einer verehrend anempfindenden, wenn nicht gar gläubigen, und so wird Franz Sternbald durch eine Geschichte bestärkt, die mit der höheren Wahrheit des Glaubens an das entdeckte Frauenbildnis unter Berufung auf den Troubadour Jaufré ↑ Rudel erneut die bloße Vernunft widerlegt. Der nicht ohne Kenntnis zeitgenössischer Konvertiten gezeichnete ästhetisierende Katholizismus des vom Bildnergeist des Südens überwältigten Mortimer in SCHILLERS *Maria Stuart* (1800) fügt sich glaubhaft der Zug ein, dass zuerst ein Bildnis der Königin ihn in ihren Bann zieht und zum Befreiungsplan begeistert, ehe die persönliche Begegnung wilde Leidenschaft und todesmutige Kühnheit auslöst. Obgleich noch durch die Märchen von M.-C. d'AULNOY (1698) inspiriert, wird das Motiv, das in doppelter Form den Helden von C. BRENTANOS Lustspiel *Ponce de Leon* (1804) in Aktion setzt, doch romantisch zum Inbegriff einer nur aus der Sehnsucht lebenden, ziellosen Liebe spiritualisiert, von deren Exponenten es heißt: »Du liebst nur, was du nicht siehst.« An die Stelle der alten magisch-metaphysischen Grundierung des Motivs setzten die Romantiker eine aus gesteigerter Reizempfindlichkeit, erschüttertem Selbstbewusstsein und der Erfahrung des Abgründigen erwachsene psychologische Bedeutung. Dass es Denken und Schauen paarte, dunkle Mächte aufrief, Hellsehen, Ahnung, Schlafwandeln würdigte, befähigte die Dichtung zur Teilhabe an der Wissenschaft des Unbewussten, wie sie in G. H. SCHUBERTS *Ansichten von der Nachtseite der Naturwissenschaft* (1808) die Zeitgenossen bewegte. Mit den durch Schubert gewonnenen oder bestätigten Einsichten konnte H. v. KLEIST einer auf dem Jahrmarkt entstandenen Volkssage neues, geheimnisvolles Leben einhauchen, als er im Ritterschauspiel *Das Käthchen von Heilbronn* (1808) die alte Variante von den gleichzeitig voneinander Träumenden, füreinander Bestimmten, aber durch scheinbare Standesunterschiede Getrennten sich der verdrängten Träume erinnern und beharrlich in Wirklichkeit umsetzen ließ. Während die Heimholung des Idols durch die Märchensphäre des Kleistschen Schauspiels geradezu gefordert wird, tritt bei dem gleichfalls Schubert verpflichteten E.T.A. HOFFMANN das Motiv in den Zusammenhang des prävalenten Themas vom inneren imaginativen Reichtum des künstlerischen Menschen, der seine Idole in seine Umwelt hineinsieht, sie irrtümlich für Realität hält und besitzen will, wodurch er sich seinem Innenleben entfremdet. Träume, Bilder als gemalte Träume oder auch als Anstoß zu erträumten Idolen variieren das zentrale Thema und haben das Spezifikum, dass sie Gesichte bleiben müssen und nicht »heimgeholt« werden dürfen. Am deutlichsten wird das an den Malerschicksalen von *Der Artushof* (1813) und *Die Jesuiterkirche in G...* (1817), deren Träger erkennen, dass das sie inspirierende Idol nur Spiegelbild ihres Innern ist und dass seine Verwirklichung zur Ehefrau mit künstlerischer Unfähigkeit erkauft sein würde bzw. ist; auch die Küferstochter Rosa (*Meister Martin der Küfner und seine Gesellen* 1819) ist nicht eine Verkörperung des Madonnenbildes, das die Sehnsucht des Künstlers weckte, und seine Neigung erlischt, als er Rosa durch seine Kunst ins Bild zurückverwandelt hat. Durch eine ähnliche Retransformation ins Kunstwerk wird das unselige Werben des Mönchs Medardus (*Die Elixiere des Teufels* R. 1815–16) um Aurelie beendet, deren Züge ihn zuerst auf dem Bild der heiligen Rosalie entzückten und die dann als Nonne und Märtyrerin den Namen Rosalie erhält. In *Die Automate* (1814) inspiriert nicht ein Bild, sondern eine weibliche Gesangsstimme, aus der sich im Traum eine Gestalt entwickelt, die am Morgen darauf tatsächlich sichtbar und dann von dem Liebenden im Miniaturbild festgehalten wird; Koppelung mit dem Motiv der → Weissagung erzielt hier die Verhinderung der Realisierung, denn sie bewahrheitet sich, indem das Fernidol im Augenblick des Wiedersehens verloren ist an den Mann, dem es gerade angetraut wird. Auch den beiden seit ihrer Kindheit durch einen Traum an eine Frau gebundenen Doppelgängern (*Der Doppeltgänger* 1822) bringt die Begegnung mit dem Urbild nicht Erfüllung, sondern Entsagung, da die Umworbene sich für keinen von ihnen entscheiden kann und sich von der Welt zurückzieht. Bei W. Hauff (*Die Bettlerin vom Pont des Arts* Nov. 1826) weckt das in einer Gemäldegalerie hängende Frauenbildnis bei zwei Männern nicht neue Liebe, sondern Erinnerung an verlorene, die nach Wiederentdeckung ruft, und Sentas Verzauberung durch das Bild verstärkt in *Der fliegende Holländer* von R. Wagner (Oper 1843) die Bestrickung durch die Ballade, deren Folgen ihr Verlobter mit der Beschreibung seines Traumes nicht abwendet. Mit dem Gedicht *Mon Rêve familier* (1866) des jungen P. Verlaine gab das Motiv die spezifische Funktion des erotisch beglückenden Traumbildes auf:

»Je fais souvent ce rêve étrange et pénétrant/d'une femme inconnue ...« Desillusion tritt an die Stelle der Heimholung, wenn in der Moderne neue Medien zur Illusionsweckung verwendet werden, seien es Klopfzeichen an einer Gefängniswand (E. LOEST, *Etappe Rom* Erz. 1975), eine Stimme am Telefon (D. WELLERSHOFF, *Die Sirene* Nov. 1980) oder auch, wie im »Fantasy-Roman« von K. DUVE, märchenhafte Nordländer und üppige Mittelmeerreiche, entführte Prinzessinnen wie Gudrun oder zwergische Hofnarren (*Die entführte Prinzessin*, 2005).

L. Zade, Der Troubadour Jaufre Rudel und das Motiv der Fernliebe in der Weltliteratur, Diss. Greifswald 1920; F. Geissler, Brautwerbung in der Weltliteratur, 1955; A. Haslinger, »Dies Bildniß ist bezaubernd schön« – Zum Thema »Motiv und epische Struktur« im höfischen Roman des Barock, (Literaturwissenschaftliches Jahrbuch NF 9) 1968; P. v. Matt, Die Augen der Automaten – E. T. A. Hoffmanns Imaginationslehre als Prinzip seiner Erzählkunst, 1971; C. Bornholdt, Engaging moments: the origin of the medieval bride-quest narrative, 2005.

Fernweh → Inseldasein, Das erwünschte und das verwünschte; Missvergnügte, Der; Wilde, Der edle

Findling → Herkunft, Die unbekannte

Frau, Die verlassene → Gattenehre, Die verletzte; Mann zwischen zwei Frauen

Frau, Die verschmähte

Nach männlichen Gesichtspunkten gelenkte Sozialgebilde pflegen heranwachsenden Mädchen ein Ideal vor Augen zu halten, das deren Fähigkeit zu Liebe und Mutterschaft nicht als naturgegebenes Recht, sondern nach Maßgabe des Bedarfs als gesetzlich oder moralisch zulässig ausweist. Geburtsjahr und Bevölkerungsverhältnis bestimmen den Rahmen, innerhalb dessen die persönlichen sowie schichtenmäßigen Qualitäten einer Frau zu Bewertung und Auswirkung gelangen. Statistische Voraussetzungen und Veränderungen können ihre Chancen bis zur Aussichtslosigkeit verringern. Der Aussperrung folgt meist ein Prestigeverlust, da die glücklicheren Konkurrentinnen nicht Tatsachen, sondern sich selbst bestätigt finden und die Männer durch Frauenüberschuss zu Frauenmissachtung verleitet werden. Verstand, Charakter, Temperament stellen das Mädchen frühzeitig vor die Wahl zwischen Initiative und Indifferenz sowie die Frau vor die Entscheidung, ob und inwieweit ihr Anspruch Rechtsgut verletzen würde. Ungeachtet der voraussichtlichen → Nebenbuhlerschaft, setzen sich Mädchen und Frau, die mit natürlichen Reizen oder künstlichen Methoden werben, der Gefahr aus, von dem Mann ausgenutzt oder abgelehnt zu werden. Da Schmähen verächtliche Behandlung sowie mit Worten ausgedrückte Entehrung und Schmach Beschimpfung bedeutet, ist eine verschmähte Frau eine beleidigte Frau, die öffentlich nicht Klage erheben kann, sondern geheim Selbstvorwürfe entkräften und Rachegedanken unterdrücken muss.

Als literarisches Motiv erscheint die Frau, die ihre Bestimmung aus eigener Kraft zu erfüllen sucht, bereits in jener Frühzeit großliniger Grundformen, die dann durch zivilisatorische Entwicklungen zu Varianten von kürzerer Geltungsdauer abgewandelt wurden. Häufiges Situationsmotiv war die ältere Frau, die unter dem Zwang abnehmender Lebenserwartung sowie aus überschätzter Lebenserfahrung um einen jungen Mann wirbt und nach einer Abweisung weniger als andere davor zurückschreckt, mit tödlicher Feindschaft ihre Niederlage zu vergelten und den Schmerz des gekränkten Selbstbewusstseins zu lindern. Die Variante der verschmähten Ehefrau kam zur Geltung, als die gesellschaftskritische Literatur auch die durch Heirat erworbenen Rechte auf ihre Wirksamkeit prüfte und die Ehe nicht als gesicherte Wunscherfüllung, sondern als unvollkommene Institution hinsichtlich der Befriedigung von Bedürfnissen betrachtete. Freie Liebe und Nachfolgethesen verliehen der Frau ein Mehr an Aktivität, ohne die Wettbewerbsbedingungen zu erleichtern oder die Erfolgssicherheit zu erhöhen.

In der ältesten bedeutenden Dichtung, dem babylonischen *Gilgamesch*-Epos (Zwölftafel-Fassung etwa 13. Jh. v. Chr.), schlägt der legendäre König des südbabylonischen Uruk das Liebesangebot der Göttin Ischtar/Astarte höhnisch aus und erinnert sie an ihre Behandlung früherer Günstlinge, von denen sie viele in Tiere verwandelte. Wie die dem *Gilgamesch*-Epos eingegliederte Geschichte der Sintflut in der *Bibel* sowie der Deukalion-Mythe kehrt das Motiv der verschmähten und trotz Einsetzens des Himmelsstiers vergeblich Rache suchenden Ischtar in der Dichtung des ganzen alten Orients und der Antike wieder, und es drang bis Ostasien vor, doch ist die Beziehung der morgenländischen zu den abendländischen Varianten kaum auszumachen.

Ein bezeichnender, konstanter Zug an der Rache einer verschmähten Frau begegnet erstmals in einer Erzählung auf einem ägyptischen Papyrus aus dem 14. vorchristlichen Jahrhundert. Der jüngere kraftvolle Bruder eines Ehemanns hat während dessen Abwesenheit die sich ihm anbietende Schwägerin zurückgewiesen, jedoch versprochen, nichts darüber verlauten zu lassen, wird aber von der Schwägerin, die sich selbst entsprechend zurichtet, bei dem heimgekehrten Ehemann der versuchten Vergewaltigung bezichtigt, die seine Tötung erfordere, wenn sie selbst weiterleben solle. Diese Erzählung dürfte sich in der berühmten biblischen von ↑ Joseph und der Frau des Potiphar (*Genesis* 39) mit der Gefängnisstrafe aufgrund von Verleumdung widerspiegeln, die sowohl im Orient als auch im Okzident nacherzählt, ausgebaut, ausgelegt und mit den Verkündigungen Mohammeds in den *Koran* (entst. 610/632) derart variiert einging, dass Potiphar erwogen habe, Joseph an Sohnes statt anzunehmen, und Joseph einer Vision seines Vaters die Unterdrückung geweckten Verlangens verdanke.

Das Motiv in der sogenannten Potiphar-Form zeigt sich als Bestandteil der Sage von Bellerophontes, dem Sohn des Glaukos und Enkel des Sisyphos, bereits bei HOMER (*Ilias* VI, 153ff.) mit anmerkenswerter Verbindung von griechischer und kleinasiatischer Szene, dann bei EURIPIDES (gest. 406 v. Chr.) in den nicht überkommenen Tragödien *Bellerophontes* und *Stheneboia*. Anteia bei Homer, Stheneboia bei Euripides, die verschmähte Frau, ist die Gemahlin des Königs Proitos von Tiryns, der den landflüchtigen Bellerophontes freundlich aufnahm und den Vollzug der geforderten Rache auf einen Verwandten in Lykien abzuwälzen sucht, doch übersteht Bellerophontes alle Anschläge auf sein Leben. Da die Sage französische und deutsche Opernlibrettisten sowie noch den Dramatiker G. KAISER (postum 1948) zur Gestaltung reizte, trug sie zum Überdauern des Motivs bei. Ungewöhnlich und unfassbar für die Zeitgenossen des Euripides wurde das Motiv besonders in der zugespitzten Variante der verschmähten Stiefmutter, das sich an den Heros Hippolytos anschloss und auch außerhalb der griechischen Literatur nachzuweisen ist. Im ↑ Phädra-Stoff war die Erotik bis an die Grenze des Pathologischen vortreibbar. In einem ersten, nicht erhaltenen, von dem athenischen Publikum abgelehnten *Hippolytos, der sich verhüllende* ließ Euripides die Gattin des Theseus zu Füßen des Stiefsohns um Liebe betteln, dagegen ist in *Hippolytos, der bekränzte* (428 v. Chr.) die Handlung als Ergebnis eines Streites zweier Göttinnen dargestellt, da Hippolytos nur Artemis opferte, dadurch aber Aphrodite beleidigte, und hier meint eine kupplerische Amme Phädras innerstem Wunsch vermittelnd zu entsprechen, treibt sie jedoch noch hoffnungsloser der Scham und dem Freitod entgegen. Phädra erhebt sich durch Einsicht und Sühne weit über die lüsternen, rachsüchtigen Zentralgestalten in der Geschichte des Motivs. Sowohl Ovid (43 v. Chr. – um 18 n. Chr.) in den *Heroides* als auch zum Teil Seneca (gest. 65 n. Chr.) in seiner *Phaedra* haben sich mehr an die krassere erste Gestaltung des Euripides gehalten, der gerade durch Senecas Tragödie nachhaltig wirkte.

In der Peleus-Sage, die Pindaros (522 – um 438 v. Chr.) gelegentlich in den *Epinikia*, Preisliedern auf Sieger bei panhellenischen Sportwettkämpfen, erwähnt, ist die Potiphar-Form gleichfalls durch eine Motivvariante abgelöst, denn der umworbene Mann ist verheiratet, und die verschmähte Astydameia verleumdet ihn zweimal, erst bei seiner Frau, die sich erhängt, dann bei ihrem Ehemann. Tiefere Gründe dürften veranlasst haben, dass bei Euripides nach der unmoralischen Frau auch der abweisende Mann eine Schuld sühnen soll, denn das Motiv beinhaltete zwar die Verleumdung, hier durch Phädras hinterlassenen Brief, sowie die Verschwiegenheitspflicht, hier die von Hippolytos gegenüber der Amme anerkannte, jedoch kein Recht Aphrodites auf Rache. Bekanntester Zeuge für diese Variante wurde ↑ Narziss, der bei Ovid (*Metamorphosen* III, 351ff.) die Nymphe Echo verschmähte und von der aus Gram zu Fels erstarrten Frau, der nur die Stimme blieb, den höhnischen Widerhall seiner Klagen über die Unerfüllbarkeit der ihm zur Strafe aufgebürdeten Liebe zu seinem Spiegelbild vernimmt. Auch ↑ Daphnis, der sich gegen Aphrodites Gesetz verging, erlag der Rache einer von ihm gekränkten Nymphe oder seinem seelischen Zwiespalt. Bei Lukianos findet sich die einzige nichttragische Motivvariante, die Geschichte von Kombabus, der den Antrag der Königin Stratonike durch Selbstentmannung vereitelt und sich die Gunst des Königs Seleukos erhält (C.-J. Dorat, Verserz. 1765; Ch. M. Wieland, Verserz. 1784).

Das Motiv mag schon in dem nicht genau datierbaren indischen Sammelwerk des 1. oder 2. Jahrhunderts vermutet werden, auf das auch Somadeva mit dem *Kathāsaritsāgara* (entst. 1063–81) zurückgriff, in dem die Frau eines Herrschers dessen Minister unter dem Vorwand, bei ihm das Lyra-Spiel lernen zu wollen, zu gewinnen sucht. Die Motivvariante der amourösen Stiefmutter belegen die anonyme *Jātaka*-Sammlung (entst. etwa 3. Jh. v. Chr. – 4. Jh. n. Chr.) mit dem *Mahāpaduma-Jātaka* vom Prinzen Paduma, Sohn des Königs Brahmadatta von Benares, sowie die Geschichte von dem aus Rache geblendeten Prinzen Kunāla, Sohn des Kaisers Ashoka, im *Divyā-*

vadāna, einer Avadāna-Sammlung der späteren buddhistischen Literatur, nebst vielen Varianten dieser tragischen Geschichte, auch solchen mit anderen Personen.

Mit dem indischen Schrifttum zum Buddhismus, das bei dessen Ausbreitung übersetzt und bearbeitet wurde, gelangte auch die Geschichte von Kunāla nach China, beispielsweise durch SENG HUI (gest. 280 n. Chr.) in seiner *Sammlung von Sūtras über die sechs Pāramitas*, Übungen zur Erlangung des Nirvāna, und andere. Die älteste erhaltene japanische Übertragung einer chinesischen Fassung der indischen Erzählung in der Sammlung *Konjaku – monogatari*, den als weiterwirkender Quelle bedeutsamen *Erzählungen von ehedem und heute* (11. Jh.), bezeugt das wanderfreudige Motiv für seinen nächsten Bereich. Nachdem es in China ins Sadistische gesteigert worden war, entfiel es in einer der beiden Reihen japanischer Auswertungen des Plots und erhielt sich in der zweiten Reihe mit dem Helden Aigonowaka als beliebter Stoff auch für Nô-Spiele mit der Variante der intriganten Dienerin, die ebenso wie die Herrin bestraft wurde. Die aus dem 17. Jahrhundert überkommene Fassung dieser Handlung weist auf noch fernere Vergangenheit, und in der Folgezeit milderte man die Bosheit der Frau. In dem Puppenspiel *Sesshû Gappô ga Tsuji* (nicht vor 1773) von SUGA SENSUKE und WATATAKE FUEMI rächt sich zwar die verschmähte Stiefmutter durch einen Trank, der Lepra hervorruft, wird aber deswegen von ihrem eigenen Vater erstochen und bietet sterbend dem Kranken ihr Blut als rettende Medizin an.

Mit der zu einer Rahmenerzählung umgestalteten Geschichte von Kunāla, dessen grundlose Bestrafung durch Erzählen anderer Geschichten verworfen, verteidigt, verzögert, verhindert und zur gerechten Bestrafung der Stiefmutter herangezogen wird, wanderte das Motiv in Persien seit dem 7. Jahrhundert zu weiteren hypothetischen sowie verlorenen dortigen Fassungen (950/951 und 1072/73) des *Sindbād-nāme*. Auf seinem orientalischen Weg bewahrte es die Variante der einem sinnlichen Begehren nachgebenden Stiefmutter im syrischen, arabischen, seit 1253 spanischen Sprachgewand. Auf seinem okzidentalen Weg aber entwickelte es die neue Variante mit einer zugunsten eigener Söhne machtpolitisch berechnenden, Liebe zwecks Vernichtung heuchelnden Stiefmutter. Dieser Weg führte das Motiv schließlich zu dem Zisterzienser JOHANNES DE ALTA SILVA und dessen lateinischer Fassung als *Dolopathos sive de rege et septem sapientibus* (um 1185), in der aus dem indischen Schauplatz ein sizilianischer geworden ist, zu französischen Fassungen in Versen sowie in

Prosa (*Les sept sages de Rome*), zu deutschen nebst Drucken (*Von den sieben weisen Meistern*) und zu zahlreichen anderen Bearbeitungen.

Die von Narziss und Daphnis verschmähte Nymphe war eine erste, junge, jungfräuliche, von einer Göttin statt des Ehemanns gerächte Hauptperson des Motivs. Dass es durch deren Wandlung zu einer von einem Jäger abgewiesenen ledigen Königstochter mittelalterlich eingefärbt, aber nicht umgefärbt ist, jedoch Motivkonstanz bei Stoffkonstanz nicht mit Wirkungskonstanz gleichgesetzt werden kann, leuchtet ein, wenn der mit sachfernem Erzählgut befrachtete französische *Alexander-Roman* (12. Jh.) den Narziss-Mythos mit heteroerotischer Absicherung einem Publikum vortrug, das Venus Zuständigkeit für höfisches Benehmen einräumte. Wie andererseits Inkonstanz des Stoffs die Inkonstanz eines seiner Motive auslöst, zeigen die ↑ Nibelungen. Hier war Brünhild laut nordischen Fassungen vielleicht nicht verschmäht, jedoch verlassen, während sie im mittelhochdeutschen *Nibelungenlied* (um 1200) nicht durch frühere Bekanntschaft mit Siegfried verbunden ist, aber den von ihr als Freier vermuteten, doch nur als vorgeblicher Vasall des Freiers Gekommenen als Ersten begrüßt und sich durch die Ablehnung der voreiligen Begrüßung in ihren geheimen Wünschen enttäuscht und zurückgewiesen fühlt. Der Potiphar-Form nahe stehen Begehren und Rache der um einer anderen willen verschmähten Rosamunda in der *Rémundar saga keisarasonar* (14. Jh.). Die Nebenbuhlerin, die Brünhild dann zugleich in dem geliebten Mann trifft, ist bei THOMAS VON BRETAGNE (1160/65) auch ein Ziel Isolde Weißhands: Tristan hat diese zweite Isolde zwar geheiratet, aber die Ehe aus innerer Bindung an die blonde Isolde nicht vollzogen, worauf die Verschmähte dann den schwer Verwundeten, dem ein Schiff die Ankunft der heilkundigen Geliebten durch ein weißes Segel künden soll, durch ein schwarzes Segel ebenso tödlich enttäuscht wie die landende blonde Isolde durch den Anblick des toten Tristan. Ähnlich mit dem der → Nebenbuhlerschaft gekoppelten entfaltet sich das Motiv in der französischen Verserzählung *La Châtelaine de Vergi* (vor 1288), in der die verschmähte Herzogin, nachdem sie vergeblich ihren Mann einzuschalten suchte, sich an dem mit der ↑ Kastellanin von Vergi in heimlicher Liebe verbundenen Ritter rächt, indem sie die Rivalin durch Bloßstellung tötet und den Selbstmord des Mannes herbeiführt.

In das Stoffreservoir der Renaissancenovelle führten das Motiv sowohl BOCCACCIO (*Decamerone* II, 8 1348/53; dramatisiert von M. MONTANUS, *Spiel von einem Grafen* 2. Hälfte 16. Jh.) mit der Figur des Grafen von Antwerpen ein, der das Verleumdungsopfer einer

Königin wird, als auch Ser GIOVANNI FIORENTINO (*Il Pecorone* 23,2; 1378/90) mit einem Beispiel der Stiefmutter-Variante, bei der die Verschmähte den Stiefsohn nicht nur des versuchten Ehebruchs, sondern auch der Vergiftung seines Stiefbruders bezichtigt, der das Gift trank, das dem Stiefsohn zugedacht war und das sich schließlich als Schlaftrunk erweist. Einen dem des Boccaccio verwandten, an Kaiser Otto III. geknüpften Plot verarbeitete H. SACHS in der *Tragedi die falsch Kaiserin mit dem unschuldigen Grafen* (1551), in dem der Graf tatsächlich den Ränken der Kaiserin zum Opfer fällt, aber durch seine die Unschuld des Gatten im Gottesurteil erweisende Frau gerächt wird. Der als lombardischer Boccaccio geltende Stoffzuträger M. BANDELLO (*Novelle* 1554–73) überantwortete das Motiv im ↑ Kastellanin-von-Vergi-Stoff dem jungen Lope de VEGA (1562–1635), der es in dem Drama *El perseguido* mit einer hasserfüllten, für ihre Rache Mittäter anwerbenden Herzogin wiedergab. Dass verschmähte Liebe nicht nur motivgemäß todbringend sei, sondern auch beglückende Folgen habe, wenn sie, von Männern vorgetäuscht, aus spröden Frauen eifersüchtige und willige mache, zeigte er in *La hermosa fea* oder in *Los milagros del desprecio*, Anregungen für andere Komödien, unter denen *El desdén con el desdén* von A. MORETO herausragt. Nicht das Liebesangebot einer Frau und seine Ablehnung, sondern Verschwiegenheitspflicht und Selbstaufgabe des Mannes waren an dem Motiv ebenso in Frage gestellt wie am → Duell dessen Urteilskraft, als P. A. de ALARCÓN Y ARIZA mit dem Roman *El escándalo* (1875) darlegte, dass der Entschluss zum Eingeständnis von Irrungen dem Gegner die Waffe des angedrohten Skandals entwinden könne.

Das Motiv der verschmähten Frau heftete sich an das Bild ↑ Elisabeths von England geradezu zwanghaft und wie zur Kompensierung ihrer »Jungfräulichkeit« und Herrschergröße, denn es ist sowohl an der literarischen Gestaltung ihrer → Rivalität zu Maria Stuart beteiligt, wobei es sich auf Verehrer Marias wie den Grafen Norfolk (REGNAULT, *Marie Stuart, Reine d'Ecosse* Dr. 1639; J. BANKS, *The Island Queens* Dr. 1684) und den Grafen Leicester (SCHILLER, *Maria Stuart* Dr. 1800) bezieht, wie an der ihrer Beziehung zu dem abtrünnigen Günstling Essex (engl. Volksbuch um 1650; F. BRUCKNER, *Elisabeth von England* Dr. 1930; H. SCHWARZ, *Rebell in England* Dr. 1934; C. DANE, *The Lion and the Unicorn* Dr. 1945).

Die Wandlungen des Motivs lassen sich besonders an vergleichsweise konstanten Stoffen verfolgen. Im → Joseph-Stoff war die Potiphar-Variante ein Zeugnis für den keuschen Neinsager, aber die

Verführungsvariante entfiel schon bei N. v. AVANCINI (Dr. 1650), und das Motiv verlor an Eigengewicht, je mehr Joseph zum weisen, höfischen, schließlich aufgeklärten Staatsmann wurde, oder wenn Ph. v. ZESENS Geschichtsroman *Assenat* (1670) Josephs Frau zur Titelfigur sowie deren verführerische Gegenfigur zur Teufelin machte, die J. J. BODMER (*Joseph und Zulika* Versepos 1753) in eine dem Teufel erlegene empfindsame Seele umdeutete. Auch Th. MANN (*Joseph in Ägypten* R. 1936) entlastete die Verführerin durch deren Not als Frau eines Eunuchen. Die Stiefmutter-Variante im ↑ Phädra-Stoff erschien gewandelt bei französischen Dramatikern, die sich mit einer Verlobten des Vaters begnügten und Hippolytos eine von ihm geliebte Frau beigaben, sodass die Verleumdung sich an Nebenbuhlerschaft erhitzte, die auch in RACINES Tragödie *Phèdre* (1677) movierend wirkt, in der das Liebesgeständnis der Stiefmutter durch die vorausgehende Nachricht vom Tod ihres Mannes den ehebrecherischen Charakter verliert und zur weiteren Entlastung der Heldin die dem unerwartet zurückkehrenden König gegebenen verleumderischen Auskünfte der Amme zufallen. In den ↑ David-Stoff drang das Motiv der verschmähten, auf ihre Schwester eifersüchtigen Frau durch entsprechende Abwandlung des von David klüglich ausgeschlagenen Eheangebots des listigen Saul im 1. *Buch Samuelis* (18,17ff.) und durch Akzentverlagerung vom König und Kämpfer auf den leidenden und verfolgten David, sodass Merob, eigentlich Merab, bei Ch. WEISE (*Der verfolgte David* Tr. 1683) die Familienintrige gegen David fördert, da sie verfolgen müsse, was sie nicht haben kann. Dem ↑ Nero-Stoff entnahmen Dramatiker wie Lope de VEGA (*Roma abrasada* 1629) oder D. C. v. LOHENSTEIN (*Agrippina* 1665) eine Mutter, die vor → Inzest, erniedrigendem Liebeswerben, Eifersucht auf Nebenbuhlerinnen nicht zurückschreckt, jedoch als eine jener verbrecherisch-stoischen Frauenfiguren des Barocks auch den Giftbecher, mit dem der Sohn sie beseitigt, heroinenhaft zu leeren vermag.

Ähnlich verkürzt ist die Stiefmutter-Variante an dem Drama *Aureng-Zebe* (1676) von J. DRYDEN beteiligt, denn hier unterstützt den Titelhelden bei der Verteidigung der ihm anverlobten gefangenen Königin gegen die → Nebenbuhlerschaft des kaiserlichen Vaters und auch eines Bruders die eifersüchtige Kaiserin, die sich später enttäuscht vergiftet. Die verschmähte Stiefmutter der klassizistischen Tragödie *Krispus* (1764) von Ch. F. WEISSE verbündet sich rachedurstig mit einem von derjenigen Frau abgewiesenen Mann, die ihr Stiefsohn liebt.

Umgestaltungen oder Abstoßungen einzelner Teile des Motivs mindern dessen Lebensfähigkeit, bis sich schließlich die Reste allein und als menschliche Erfahrungen bewähren müssen. Am Anfang solcher Entwicklung standen die Verirrungen, *Les Egarements du cœur et de l'esprit*, in dem Roman (1736) von CRÉBILLON d. J. mit der aus Achtung aufkommenden Zuneigung eines ganz jungen Mannes zu einer Frau, die später um seine Liebe ringt und trotz seiner tieferen Bindung an eine Jüngere sowie ihrer Einsicht in seinen Zwiespalt ein Sinnenglück schafft. Die von Ferdinand verschmähte Lady Milford in SCHILLERS *Kabale und Liebe* (Tr. 1784) möchte zuerst öffentliches Aufsehen vermeiden und ihre bürgerliche Rivalin zum Verzicht bewegen, entdeckt dabei deren innere Überlegenheit und tritt dann etwas theatralisch von der Mätressenbühne ab. Im Vergleich zu ihr handelt die von dem Infanten in Schillers dramatischem Gedicht *Don Karlos* (1787) verschmähte Prinzessin von Eboli mit Selbstpreisgabe zwecks Denunziation der als Rivalin betrachteten Stiefmutter des Don Karlos sowie des Infanten selber bei König Philipp II. wieder eher motivgemäß. Einen romantisch ausgeklügelten Racheplan schlägt die von Albano im *Titan* (R. 1800–03) JEAN PAULS verschmähte Frau des Fürsten Luigi dem bei Albanos Geliebter glücklosen Roquairol vor, der diese zur Vergeltung, da seine und Albanos Stimme sich ähneln, nachts verführen soll. Bereits bei S. RICHARDSON (*The History of Sir Charles Grandison* Brief-R. 1753–54) schämt sich die empfindsame Italienerin Clementina ihres geständniswilligen Herzens, verliert über der wegen Konfessionsverschiedenheit ungewissen Aussicht auf Eheschließung den Verstand und versagt sich, wieder geheilt, dann sogar dieser Wunscherfüllung. Scham über das Bekenntnis ihrer Neigung, als der Schiffbrüchige noch ein Unbekannter und nicht, wie nun, der verheiratete Odysseus war, veranlasst ↑ Nausikaa in GOETHES unvollendeter Gestaltung (Dramenfragment 1786–88) des Stoffs zu Selbstauslöschung. Auch die verwitwete Fürstin in A. v. ARNIMS Roman *Armut, Reichtum, Schuld und Buße der Gräfin Dolores* (1810), die sich von dem am Sakrament der Ehe festhaltenden Mann der Titelgestalt zurückgewiesen sieht, verzweifelt am Leben.

Auf mythischem Urgrund erwies sich das Motiv als noch steigerungsfähig, wenn bei H. v. KLEIST die Amazonenkönigin (*Penthesilea* Tr. 1808) von Achill verhöhnt zu sein glaubt, den wehrlosen geliebten Gegner hinmordet, aus Reue sich selber den Tod erzwingt, bei F. GRILLPARZER (*Sappho* Dr. 1818) die alternde Dichterin Entsagung als Preis ihres Schöpfertums erkennt, bei F. HEBBEL in seiner Gestaltung des ↑ Judith-Stoffes (Tr. 1840) die als List geplante Hingabe an den feindlichen Feldherrn zu spät als vergeudete Liebe empfunden, deshalb persönlich gerächt sowie gebüßt wird und bei H. IBSEN (*Die Helden auf Helgeland* Dr. 1858) nach dem Leitbild des ↑ Nibelungen-Stoffs hier Hjördis den von ihr geliebten Sigurd durch Bogenschuss tötet, um sich im Tod heidnisch mit ihm zu vereinen, von dem Sterbenden erfährt, er sei jetzt Christ, und sich ins Meer stürzt. In historischer Erzählung bei W. RAABE (*Die Innerste* 1876) entgeht nach dem Siebenjährigen Krieg ein junger Müller dank Freundesopfers der Rache einer eifersüchtigen Verschmähten, die von der Flut der Innerste hinweggeschwemmt wird. Erst im 19. Jahrhundert wurde die von den Evangelisten MATTHÄUS und MARKUS überlieferte Rache der Herodias an ↑ Johannes dem Täufer als Rache einer Verschmähten ausgelegt. Aufgrund der Motivtradition ließe sich fast für Motivzwang erklären, dass H. HEINE in *Atta Troll* (Versepos 1847) fragt: »Wird ein Weib das Haupt begehren eines Mannes, den sie nicht liebt?« und damit eine erotisch bestimmte Johannes-Dichtung auslöste, in der das Motiv im Zentrum steht (St. MALLARMÉ; Th. de BANVILLE) und schließlich die Rolle der Herodias auf deren Tochter Salome überging (J. LAFORGUE; O. WILDE; H. SUDERMANN).

In zeitgenössischen Stoffen begegnet mehrfach die Frau, die, schon erwählt und der erhofften Erfüllung nahe, im letzten Augenblick zurückgestoßen wird und als verschmähte Verlobte meist auf ein Leben in Verzicht und Einsamkeit angewiesen ist. Opfer einer Gefühlsverwirrung des Mannes und schon werdende Mutter, überlebt sie resignierend den Offizier, der einer Verwirklichung der ihr geschuldeten Konvenienzehe den Tod vorzieht (Th. FONTANE, *Schach von Wuthenow* Erz. 1882), lebt einsam das Leben einer Frau, in der das Liebesleben getötet wurde, weil der Mann sie einem anderen freigab, um von diesem Macht und Besitz zu erkaufen (H. IBSEN, *John Gabriel Borkman* Dr. 1896), wählt den Tod, weil sie wiederholt verschmäht wurde (F. v. SAAR, *Sappho* Nov. 1904) oder weil sie außer ihrer Lähmung nicht noch die in ihr versehentlich geweckte, dann halbherzig erwiderte Liebe erträgt (St. ZWEIG, *Ungeduld des Herzens* R. 1938). Die zur Ehefrau nicht begehrte Jungfrau, sonst literarisch selten wahrgenommen, meist herablassend belächelt oder mitleidlos ausgelacht, verdankt eines der Gegenbeispiele einer Entlobten, L. v. FRANÇOIS, deren Hardine (*Die letzte Reckenburgerin* R. 1871) ihre Neigung nur freundschaftlich erwidert fühlt, den ihr vorbestimmten Mann zu kurzem Sinnenrausch mit einer anderen entgleiten sieht und nach seinem Tod schweigend, nicht altjüngferlich der Rivalin den Makel der unverehelichten Mutter sowie dem Kind die Last seiner Herkunft erspart. In der Geschichte des Motivs bedeutete es nicht viel, wenn der Mann sich bei G. FLAUBERT (*L'Education sentimentale* R. 1869) als die Hauptperson der Liebesbegegnungen betrachtete, aus Ichbezogenheit bei J. CONRAD (*An Outcast of the Islands* R. 1896) oder bei Ch.-F. RAMUZ (*Farinet ou la fausse monnaie* R. 1932) die Rache einer Frau unterschätzte und bei H. de MONTHERLANT in einer Romantetralogie (*Pitié pour les femmes* 1936–39) die nach gegebener Zeit verschmähte Frau für die rechtens gequälte erklärte, da die Frau des Leidens bedürfe.

H. Petriconi, Die verschmähte Astarte, (Romanistisches Jahrbuch 13) 1962 (sowie in: H. P., Metamorphosen der Träume) 1971; M. Kruse, »Les Egarements du cœur et de l'esprit« von Crébillon d.J. als »Education sentimentale« des 18. Jahrhunderts, (Hamburger romanistische Studien 48) 1965; R. J. Lüthje, Die verschmähte Stratonike, (Germanisch-Romanische Monatsschrift NF 33) 1983; A. Gérard, The Phaedra syndrome of shame and guilt in drama, 1993.

Frauenehre → Blutrache; Duell; Frauenraub, Frauennötigung; Nebenbuhlerschaft; Verführer und Verführte; Verführerin, Die dämonische

Frauenfeind → Menschenfeind; Sonderling

Frauenraub, Frauennötigung

Dass Hingabe die Voraussetzung, Liebe ein Gradmesser und partnerschaftliches Zusammenleben das Ziel sexueller Vereinigung ist, ihre Herbeiführung mittels Gewalt, Gewaltandrohung, vorsätzlicher Ausschaltung des widerstrebenden Willens oder Bewusstseins jedoch als unzüchtige Handlung gilt, da sie das Persönlichkeitsrecht auf Leben, Körper, Freiheit, Ehre verletzt, ist eine weitgehend vertretene, aber nicht von jeher selbstverständliche Anschauung. Sie fasst zunächst nur zwei Menschen statt deren Familie oder Angeheiratete ins Auge, sie stellt eine vorwerfbare Tat und ein schuldloses Opfer gegenüber, und sie rechnet nicht mit erzwungener Heirat sowie übernommener Fürsorgepflicht, wie in vor- und frühgeschichtlicher Zeit. Während einst Nötigung wohl auch erfolgte, weil Männer das Aussterben ihres frauenarmen Volkes verhindern oder anderen Männern ihre Überlegenheit zeigen wollten, ist sie in der Gegenwart meist durch Triebhaftigkeit sowie Unzurechnungsfähigkeit wegen gestörter Einsicht veranlasst. Der Vorrang der Individualität und der Grundsatz der Gleichheit erlauben es nicht, die seelische sowie die soziale Betroffenheit einer gefügig gemachten Frau zugunsten einer unmateriellen Schädigung Dritter zu unterschätzen oder Schockwirkungen mit ihren Einflüssen auf das Gesamtverhalten zu verkennen. Das deutsche Wort Notzucht erinnert nicht ohne weiteres an seine Herkunft aus einem gewaltsamen Fortziehen und aus einer Epoche, in der rechtlose Frauen von einem gewaltsamen Fortziehen sogar Verbesserungen erhofft haben mochten, da sie nur Abhängigkeiten wechselten, und der englische Begriff Rape mischte oder verwischte ein hastiges Ergreifen mit dem hastigen Wegnehmen des lateinischen Tätigkeitswortes rapere. Vergessene Rechtsvorstellungen oder Unterscheidungen, Raptus, Raub, Seductio, Beiseiteführung aus fremder Bevormundung, mit Heiratsabsicht unternommene Verstöße und ohne Heiratsabsicht vollendete Verführungen, der Herrenstandpunkt und selbstbewusstes Frauentum haben ihre Korrelate in literarischen Motiven. Sowohl geschichtliche Tatsachen als auch motivgeschichtiche Rückschlüsse aus dem vorliegenden Motiv und seinen Verwandten, wie → Verführer und Verführte, → Gattenehre, → Tyrannei, → Blutrache, → Duell, verweigern eine unwidersprüchliche Aussage über den Raub zwecks Heirat mit Verurteilung zu einer Sühne oder mit Fehde um die Herausgabe der geraubten Frau, über eine Eheschließung mit handelsmäßiger Vereinbarung über das Brautgut, über Konsens der Gefühle, dem sich Juden, Griechen und Römer nicht verschlossen, als von der sogenannten Konsensehe noch nicht die Rede war. Die *Bibel* gebietet an vielen Stellen im *Alten Testament* Keuschheit und Treue, untersagt die Verheimlichung verlorener Geschlechtsehre und die Missachtung der Unbescholtenheit, und sie enthält einige Beispiele von merkwürdiger Gleichgültigkeit gegenüber Jungfrauentum. Einzelne Dichter der antiken Kulturvölker richteten wenig gegen die Diktatur der Männlichkeit aus, und das Christentum hat mit dem Ideal der vorehelichen sowie der ehelichen Züchtigkeit die säkulare Nebenmoral nicht aus der Welt geschafft.

Das Motiv der Frauennötigung tritt weniger häufig allein und mit seiner weiblichen Hauptperson als in Varianten oder in Kombination mit einem anderen Motiv auf. Dabei konnte sich die körperlich-seelische Passion einer vergewaltigten Frau, die zugleich infolge von → Keuschheitsgelübde, Verlöbnis oder Ehe auch noch schuldlos die Treue gebrochen hatte und → Märtyrer war, eher der dichterischen Einfühlung erschließen als einem geistigen Dogma oder einem naturwissenschaftlichen Befund. Literatur allein aber kann nicht ändern, dass der Hochmut sich das gefallene Mädchen erfindet und Demut diesem dann den Weg in die Klausur weist. Auch die Dichtung hat lange genug von beleidigter Mannesehre gesprochen, wenn die Ehre einer Tochter oder Ehefrau verletzt worden war.

Werke der literarischen Frühzeit, die von dem Raub einer Frau und daraus hervorgegangener Ehe handeln, gehen auf die Gefühle der mindestens hinsichtlich des sogenannten Zivilstandes gewaltsam veränderten Person kaum ein, berichten auch selten von einem Widerstand, sondern in der Regel von einer Bestätigung der neuen Lage durch Anpassung an sie. Bei dem politisch bedingten kollektiven Frauenraub des Stammes Benjamin (*Altes Testament*, *Buch der Richter* 21), dessen Ausrottung durch einen Überfall auf die jungfräulichen Töchter Silos während eines festlichen Reigens verhindert werden sollte, wird deren Verhalten mit keinem Wort erwähnt. Die dürftigen Mitteilungen über die Dioskuren als Frauenräuber ergänzt THEOKRIT (1. Hälfte 3. Jh. v. Chr.) im 22. *Eidyllion* durch diejenige einer Bestechung des Vaters, niemand jedoch durch Zusätze über die beiden Verlobten oder Bräute der Apharetiden, und die öfter zitierten Sabinerinnen sollen zwischen den Römern, die ihre Ehen auf Raub gründeten, und den Sabinern, den beraubten Vätern und Stammesgenossen, vermittelnd Frieden gestiftet haben (LIVIUS; PLUTARCH). Soweit diese stillschweigend abbrechenden oder so geschichtsbewusst deutungswilligen Berichte nicht besondere Gründe erkennen lassen, drängt sich der Verdacht einseitig männerrechtlicher Sicht bei der Überlieferung solcher Unternehmungen einzelner Götter und Heroen auf. Europa widersteht nicht dem Stier, in dessen Kraftgestalt ihr Zeus erscheint, und G. KAISER (*Europa* Tanzsp. 1915) folgert daraus ein Ungenügen an den Männern des verweichlichten heimatlichen Angebots. ↑ Helena hat Paris augenscheinlich kaum weniger zur Entführung verlockt als er Helena, sodass Rückschlüsse auf jene frühreife Helena in Sparta nahe liegen, die ↑ Theseus und Peirithoos nach Attika brachten, und sogar ↑ Persephone, die mit Wissen des Zeus von Hades in die Unterwelt entführt wurde, in der sie auch unter gemilderten Bedingungen einen Teil des Jahres Ehefrau ist, bezeugt außer mythischer Herkunft aus urtümlichen Vegetationsvorstellungen das Recht der Gewalt. In der heroischen Periode wurzelnde germanische, serbokroatische, russische Literaturdenkmäler, die geschichtlich etwa durch den Raub des Cheruskers ↑ Arminius und seinen Konflikt (TACITUS, *Annalen*) zu erhellen wären, schildern Entführungen mit dem Wagnis der Sippenfehde meist so, dass die Frau entweder bereits vorher mit ihrer Entführung einverstanden ist, deren Gelingen sie daher fördert, oder dass sie nachher ein spontanes Bekenntnis zu ihrem neuen Herrn ablegt.

Es ist aufschlussreich, dass sich aus der diesem Typus zugehörigen nordgermanischen ↑ Hilde-Sage, in der Hilde bei SNORRI STURLUSON (*Skaldskaparmál* 1222/30) nach einem vergeblichen Schlichtungsversuch zwischen Entführer und Vater die in deren Fehde täglich fallenden Streiter nachts wieder in lebend weiterkämpfende zurückverzaubert, unter christlichem Einfluss ein Epos mit variiertem Motiv entwickelte. Für Hildes Tochter Kudrun in dem mittelhochdeutschen Werk (*Kudrun* 1230/40) heißt Selbstbehauptung gegenüber Nötigung, ihrem Verlobten unerschütterlich treu zu bleiben und trotz Erniedrigungen jahrelang auszuharren. Ein vom Papst geweihtes Amulett schützt dagegen die fromme Heldin des französischen Versromans *La bone Florence de Rome* (13. Jh.), einer Version des ↑ Crescentia-Stoffs, vor Vergewaltigungen und hilft ihr auch bei der Abwehr ihres Schwagers, der sie misshandelt, als er sie nicht gefügig machen kann. Von dem Widerstand der Gräfin von Salisbury gegen den zudringlichen König ↑ Eduard III. von England, dem dann später eine Vergewaltigung gelungen sei, berichtet schon eine zeitgenössische französische Chronik, doch gab diejenige von J. FROISSART um 1400 das Bild der Gräfin nur als das einer ungedemütigten Ehefrau weiter. In der spanischen Dramatik des Goldenen Zeitalters ist das Motiv nebst seinen Varianten auf die Ehre und deren Verletzung unter Verlagerung auf Mitbetroffene gerichtet. Bei J. RUIZ DE ALARCÓN Y MENDOZA widersetzt sich dem König in *Los pechos privilegiados* (1634) die Tochter des Grafen während des nächtlichen Angriffs auf ihre Unbescholtenheit, aber damit erleichtert sie nur dem Vater, der seine Waffenhilfe angesichts des hohen Ehrverletzers ohnehin abgebrochen hat, sich von dessen Entlastungsgründen überzeugt zu zeigen. Auch der Bruder einer ihren Beschützer herbeirufenden jungen Frau gibt sich merkwürdig schnell mit Erklärungen des Eindringlings zufrieden, da er seine Ehre für unverletzt betrachtet (RUIZ DE ALARCÓN, *El semejante a sí mismo* 1628). Im Vergleich mit dieser augenscheinlich entlarvenden Motivvariante gewinnt diejenige der auf Selbstschutz vertrauenden Frau älterer Herkunft, so bei Lope de VEGA (1562–1635), wenn in *La llave de la honra* die beherzte Ehefrau eines Adligen bis zum König vordringt, dessen Günstling sie mit den schändlichsten Mitteln bedroht, oder bei dem weniger bedeutenden J. de CIFUENTES, wenn in *Vengada ántes de ofendida* die Frau den Fürsten niederschießt, bevor ihre Unbescholtenheit in Frage gestellt ist. Noch bei SCHILLER weiß Amalia (*Die Räuber* Dr. 1781) den Bruder ihres geliebten Karl zu ohrfeigen, als Franz Moor sie mit sich vor den Altar nötigen will, und mit dessen eigenem Degen davonzujagen, als er sie daraufhin mit einem Mätressendasein bedroht. Da F. WEDEKIND der Moral misstraute und der Erotik vieles zutraute, erwehrt sich Ehefrau Leonore in *Mit allen Hunden gehetzt* (Einakter 1910, als Mittelakt von *Schloß Wetterstein* 1912) des plumpen Erpressers, indem sie ihm das Gefühl, das er bei seinem Vorhaben nicht antreffen möchte, so leidenschaftlich vorspielt, dass er sich erschießt.

Mit einer Frau, die sich der befürchteten Nötigung mittels einer vorgeschobenen zweiten entziehen kann, ist diese Variante zugleich eine Variante der Wette von Männern verschiedener Ansicht über Frauentreue, in Verbindung auch mit dem Motiv der → Gattin, die verleumdet wird, und eine Variante, die den → Verführer als einen geprellten darstellt. Ältere Belege (RUPRECHT VON WÜRZBURG, *Von zwein koufman* Reimpaar-Nov. Ende 13. Jh.; J. AYRER, *Comedia von zweyen fürstlichen Räthen* um 1600) setzen trotz ihrer derben Komik eine entsprechende Einschätzung der gezwungenen oder freiwilligen Stellvertreterin voraus, und neuere Autoren, wie SHAKESPEARE in *Measure for Measure* (Dr. 1603/04), sichern das Motiv durch eine Lösung ab, die auch die untergeschobene Frau, bei Shakespeare eine frühere Verlobte, nicht entehrt.

Der Entschluss, lieber zu sterben als entehrt zu leben, macht die hilflose Frau zu einem → Märtyrer für ihre sittliche Überzeugung. Von der heiligen Euphrasia/Eupraxia überliefert GEORGIOS MONACHOS (*Chronik* nach 842), sie sei bei der Christenverfolgung unter Diokletian einem Soldaten zur Schändung ausgeliefert worden, habe diesem eine unverwundbar machende Salbe versprochen und ihn zu einem Versuch an ihrem eigenen, mit der Salbe eingeriebenen Nacken aufgefordert, um sich mit einem Schwerthieb das Haupt abschlagen und nicht ihren Leib entwürdigen zu lassen. Der Plot ist bei NIKOLAUS VON JEROSCHIN in der versifizierten *Kronike von Pruzinlant* (um 1340) nach der lateinischen Chronik PETERS VON DUSBURG auf einen Heidenaufstand und eine deutsche Nonne bezogen, die statt der Salbe einen Zauberspruch anbietet, in Wahrheit aber ein letztes Mal zu beten gedenkt. Die Auswirkung der ursprünglichen Version dieser Motivvariante zeigt sich in Italien bei dem Humanisten F. BARBARO in *De re uxoria* (1416, Erstdruck 1513) sowie bei ARIOST in seinem Versepos *Orlando furioso* (1516–32), und aus der vergeistigten zweiten Version ergab sich durch Verknüpfung mit einer Angehörigen des Geschlechts v. Ilow eine Familiensage, dramatisiert von F. de La Motte FOUQUÉ (*Der Litauerfürst und die brandenburgische Nonne* 1818), in Balladenform gebracht von P. HEYSE (*Das märkische Fräulein*). Wie die sittliche Entscheidung der verzweifelten Christin von der beflissenen Mitteilung der Todesart, der allgemeinen Hintergründe und der persönlichen Verhältnisse überdeckt wurde, so verblasste die Gewissensqual der von ↑ Ezzelino da Romano bedrängten Witwe eines früheren Gegners einer → Tyrannei neben den grellen Farben ihrer häufig dargestellten Flucht in den Tod, da sie sich das Haupt an dem Grabmal ihres Ehemanns zerschmettert. Doña María Coronel, von Juan de MENA (1411–56) in dem als *Las trescientas* bekannten großen Gedicht erwähnt, ist bei Lope de VEGA (1562–1635) in dem Drama *La corona merecida* die von König Alfons begehrte und erpresste Ehefrau Doña Sol, die den König eines Abends in ihr Haus einlädt, um ihren absichtsvoll mit einer Fackel vielfach verbrannten Körper als Schrecknis anzubieten. Der mit Lope befreundete G. de CASTRO Y BELLVIS (1569–1631, *El amor constante*) schrieb um das Motiv die Tragödie einer Frau, die der Untreue gegenüber ihrem Verlobten den Giftbecher des zügellosen Königs vorzieht, und der Engländer J. SHIRLEY (*The Traitor* Dr. 1631) ließ in seiner Dramatisierung des ↑ Lorenzaccio-Stoffes die Leidenschaft des Herzogs an dem standhaft gegen sich selbst gerichteten Dolch Amideas sich zunächst abkühlen. Eine sozialkritisch getönte, gegen verderbliche Schöngeisterei gerichtete Behandlung eines Ehebruchs, den ein abgewiesener Dritter zur Erpressung der Frau benutzen will, *Das leidende Weib* (Dr. 1775) von F. M. KLINGER, erinnert mit der Drohung der verfolgten Hauptgestalt, sich eher an der Wand den Kopf einzurennen, an jene Witwe, die freilich nicht von Ezzelino durch eine rechtzeitig abgeschossene Kugel frei wurde, wie von Graf Louis die Frau in Klingers Drama. Die Motivvariante des Freitodes bei Gefahr der Vergewaltigung, die in der Euphrasia-Legende mit christlichem Glauben verbunden ist, kam so auch in der Märtyrerdramatik der Jesuiten, etwa in Paris seit Nicolas CAUSSIN (gest. 1651), und ihrer Nachahmer zur Geltung, wenn an energischen Frauen außer religiöser Beständigkeit auch eheliche Treue bis in den Tod aufgezeigt wird, zum Beispiel von dem Protestanten A. GRYPHIUS an einer zeitgenössischen Heldin in Gefangenschaft des Schahs von Persien (*Catharina von Georgien* Tr. 1651) oder von J. Ch. HALLMANN an einem Stoff aus der Zeit Hadrians (*Sophia* Tr. 1671) unter Rückgriff auf Caussin. Ambre in LOHENSTEINS *Ibrahim Sultan* (Tr. 1673) wählt nach der wehrlos ertragenen

Vergewaltigung den Tod. Dem entgegen steht ein Freitod infolge angeblicher Unterlegenheit der durch Pietät entkräfteten Tugend, die D.-A.-F. de SADE in dem Briefroman *Aline et Valcour* (1793) veranschaulichen wollte, denn hier tritt Alines Vater nicht als der Haupt- oder Mitentehrte auf, sondern als böser, daher überlegener Vater, der die fromme, zarte Tochter aus wohl inzestuösem Antrieb einem groben Genossen seiner Ausschweifungen durch Verheiratung auszuliefern gedenkt.

Die Motivvariante mit einem Vater, der seine gejagte Tochter tötet, da ihre Unbescholtenheit ihm wertvoller ist als ihr Leben, war durch die Geschichte der Römerin ↑ Virginia ein oft mit diesem Plot erneuertes Muster, wohl der Hintergrund, als im Anfang des 17. Jahrhunderts Guillén de CASTRO mit der spitzfindigen Rechtfertigung eines Vaters (*Cuánto se estima el honor* Dr.) dessen Ehrbegriff durchleuchtete, und klassisches Vorbild für G. E. LESSING bei *Emilia Galotti* (Dr. 1772) mit einer Bürgerlichen, die, als psychologisch-problematische Bühnenfigur neuartig, ahnt, dass sich der Gewalt, aber nicht der gefährlicheren Verführung trotzen lasse. In J. SHIRLEYS (*The Traitor* Dr. 1631) Fassung des ↑ Lorenzaccio-Stoffes ist es ein Bruder, der die Schwester, die er nicht mehr schützen kann, durch Tötung dem Zugriff entzieht. In J. M. COETZEES Roman (*Disgrace*, 1999) dagegen weist die bei einem Überfall auf ihre Farm von drei Farbigen vergewaltigte Tochter den Rat ihres Vaters, Südafrika zu verlassen, zurück. Sie begreift das Geschehene als Preis, den sie als Weiße für ihren Aufenthalt im Land zu entrichten habe, und als Möglichkeit für einen Neuanfang.

Klassisch vorgeformt ist auch die Motivvariante der persönlich, zwangsläufig jedoch erst nach ihrer Erniedrigung handelnden Frau. Die der unverheirateten ↑ Virginia seelisch verwandte Ehefrau ↑ Lucretia wird in römischer Frühzeit, so stellen es LIVIUS, DIONYSIOS VON HALIKARNASSOS und OVID (*Fasti*) dar, genötigt, zwischen Gefügigkeit oder Tod mit zusätzlicher Verleumdung zu wählen; sie entscheidet sich für das Erste, da es nachherige Aufklärung ermöglicht, gesteht den engsten Angehörigen das an ihr begangene Verbrechen und tötet sich. Die mit diesem Stoff ständig benutzte Motivvariante erscheint bei A. SCHNITZLER (*Fräulein Else* Nov. 1924) in modernerem Zusammenhang unter Herausarbeitung der inneren Meinungsbildung einer ungenormten Anwaltstochter, die von ihrer Mutter gedrängt wird, sich zur Rettung des vor dem finanziellen sowie gesellschaftlichen Ruin stehenden Vaters einem an dieser Vorbedingung festhaltenden Kunsthändler nackt zu zeigen, und es mit berechneter Wirkung in der menschenvollen Halle des gemeinsam bewohnten Hotels tut, danach aber Gift nimmt. In einigen wenigen Fällen meinen Väter, eine Pflicht zu erfüllen, wenn sie ihre gewaltsam entehrte Tochter töten (F. M. KLINGER, *Aristodemos* Dr. 1790; H. v. KLEIST, *Die Hermannsschlacht* Dr. 1821).

Die Verbindung des Motivs mit dem Rachethema ergibt sich aus dem natürlichen Verlangen nach Genugtuung. Über finanzielle Entschädigung des Vaters und nachträgliche Heirat bei Kränkung der Virginität geht schon das *Alte Testament* in 5 *Mose* 22 hinaus, wenn sterben soll, wer die einem anderen Anverlobte vergewaltigt hat: »gleich wie jemand sich wider seinen Nächsten erhübe und schlüge seine Seele tot, so ist dies auch«. Die Frau des Königs Kandaules, der sich laut HERODOT (um 484 – um 430 v. Chr.) durch den heimlichen Zeugen ↑ Gyges die Schönheit ihres nackten Körpers bestätigen lassen wollte, gibt dem von ihr entdeckten jungen Mann die Wahl, entweder selbst ermordet zu werden oder den König zu ermorden, sie zu heiraten und dann den Thron der Lydier zu besteigen. Für F. HEBBEL war diese Rhodope wie vorher ↑ Judith (Tr. 1840) und ↑ Mariamne (*Herodes und Mariamne* Tr. 1849) eine gekränkte Frau, die sich in der Tragödie *Gyges und sein Ring* (1856) nach der durch ihre zweite Ehe erreichten äußerlichen Entsühnung tötet. Vorkehrungen zur Vertuschung des Sittlichkeitsverbrechens und deren Vereitelung erbrachten Untervarianten. Was in der attischen Version der Sage von Philomele (OVID, *Metamorphosen 6*; APOLLODORS *Bibliotheke*; sog. HYGINUS, *Fabulae*) die herausgerissene Zunge nicht mehr zu sagen vermochte, wurde auf einem Gewebe laut, mit dem die von ihrem Schwager Vergewaltigte die Schwester veranlasst, gemeinsam mit ihr den Neffen/Sohn zu töten und dem Vater zum Mahl vorzusetzen. Die gekränkte Gepidentochter in dem durch PAULUS DIACONUS (*Historia Longobardorum* um 750) überlieferten ↑ Alboin-und-Rosamunde-Stoff dingt sich durch eine Bettlist den Mörder des Gatten, unversöhnlich, seit sie durch Raub in die Ehe geriet, doppelt hasserfüllt, weil ihr der trunkene Alboin den Schädel des besiegten, toten Vaters zum Trinkgefäß abzuwerten zumutete. Ein ungewöhnlich gnädiger König ↑ Pedro der Grausame deckt in dem Drama *Audiencias del Rey Don Pedro* von Lope de VEGA (?) verständnisvoll die Rache einer überlisteten Ehefrau, die den Planer und Nutznießer einer nächtlichen Verwirrung in die Falle eines Stelldicheins lockt, um ihn umzubringen. Landesherren, die auf Tod erkannten, danach begnadigend auf unstandesgemäße Ehe mit einer geraubten Müllerstochter (Lope de VEGA, *La quinza de Florencia*) oder einem vergewaltigten Bauernmädchen (Dr. ungeklärter Herkunft *El Rey Don Pedro en Madrid* oder *El infanzón de Illescas*), bestanden, lösten auch schwierige Ehrenrechtsfragen, denn die bereits Verlobte (Lope de VEGA, *El mejor alcalde el Rey*) wird von dem persönlich eingreifenden König aus der Gewalt des Entführers befreit, durch Eheschließung mit dem zum Tode Verurteilten für die Kränkung entschädigt und so wieder für die Trauung mit ihrem Sancho vorbereitet. Selbst durch Verurteilung zu Zwangsarbeit im Bergwerk sind allerdings die sadistischen Gewalttaten des Grafen Oxenstierna (D.-A.-F. Marquis de SADE, *Ernestine* in *Les Crimes de l'amour* 1795) untilgbar, der nicht nur den Verlobten des von ihm begehrten Mädchens vor deren Augen hinrichten lässt und die dadurch Ohnmächtige vergewaltigt, sondern auch durch einen Trick erreicht, dass Ernestine, die, als Offizier verkleidet, zum Racheduell mit ihm antritt, durch ihren eigenen Vater erschossen wird.

Von einer Ehrverletzung mitbetroffene Väter, Brüder und Ehemänner, deren auswuchernde Geltungsbedenken die schlichte Genugtuung durch Bußgeld und Heirat nicht befriedigen konnte, forderten dem Motiv Theaterplots ab, die eine kettenförmige Verwicklung notfalls bereits aus dem verhinderten Versuch einer Entehrung herleiten, wie *La estrella de Sevilla* von Lope de VEGA. Die einschlägigen Vorgänge unsittlicher Gewalt in dem Drama *La devoción de la cruz* (1634) von CALDERÓN sind weltlicher Bewertung entzogen, da die Verbrechen der Hauptgestalt am Zeichen des Kreuzes gemessen werden, das Gnade verheißt. Dagegen klingen in *La fuerza de la sangre* von G. de CASTRO (1569–1631) die Wehklagen des verlassenen Bräutigams, den die noch ungeklärte Entehrung seiner Braut deren Absage sowie eine sofortige gesellschaftliche Vereinsamung kostet, wie Hilferufe und Rufe nach Abhilfe. Die dramaturgische Ausnahmestellung spanischer Könige als Sittenrichter bei eigener Unantastbarkeit als Straftäter gewährten spätere und ausländische Autoren nicht bedingungslos. Bei F. M. KLINGER (*Der Günstling* Dr. 1787) überwindet der um Liebesglück und Ehre vom König bestohlene Feldherr Don Branka seinen Vergeltungsdrang erst aus politischen Gründen sowie angesichts der Reue des Gegners. In *Le Roi s'amuse* von V. HUGO, Versdrama (1832) und Grundtext für die Oper *Rigoletto* (1851) von G. VERDI, beschuldigt, zwar nur in kurzer Episode, ein erbitterter Vater den gewissenlosen König Franz I. inmitten der Höflinge, die unbescholtene Tochter entehrt zu haben.

Der Frage einer Folgelast, die Vergewaltigungen den Frauen aufzubürden pflegen, weicht das Motiv in dem Umfang aus, in dem es sich ungewöhnlicher Schicksalsfügungen bedient. In der Komödie *Das Schiedsgericht* (um 300 v. Chr.) von MENANDROS kann die eben erst verehelichte junge Frau eine vorangegangene Vergewaltigung durch einen Unbekannten mit der Aussetzung des Kindes nicht vor dem Ehemann vertuschen, doch darf sie dann gerade in ihm den Vater entdecken, sodass der Dichter sich mit der milden Belehrung zweier Menschen über Liebe als Vertrauen begnügt. Je länger der Autor die erdachte Handlung als eine denkbare durchführt, desto gewisser wird, dass eine Frau, wie in *El bastardo de Ceuta* (Dr. Anf. 17. Jh.) von Juan GRAJALES, das Kind eines Fremden, der sie im Schlaf überfiel, durch den zermürbenden Vertuschungsversuch sogar jahrelang ihrem nur misstrauischen Ehemann aufdrängen, sich selbst aber nur Aufschub erkämpfen kann, ehe sie in ein Kloster flieht. Im Bereich der Erzählkunst erfasste die Motivvariante bei M. de CERVANTES (1547–1616) mit der Novelle *La fuerza de la sangre* (1613), für die er durch phantasievoll gehäufte Zufälle ein glückliches Ende fand, das Schicksal einer vergewaltigten Sechzehnjährigen und ihres Kindes sowie mit der glaubwürdigeren Novelle *La ilustre fregona* (1613) die zunächst nur auffallend schöne Magd unbekannter → Herkunft, dann Tochter eines illustren Vaters, der freilich eine Witwe ebenfalls vergewaltigte, als er sie schlafen sah, zur Niederkunft im entlegenen Wirtshaus zwang und ihren baldigen Tod mitverschuldete. Als Folge der Gewalttat stellt sich zwar überall und stets der Vergeltungsdrang dar, der mit dem Motiv der → Blutrache nebst deren späteren Formen verbunden bleibt und von dessen Spannung zwischen Ehrbegriff und Christenethik abhängt, wie das Drama *The Devil's Law Case* (1623) von J. WEBSTER zeigt, doch erfragt das Motiv auch schon bei Th. MIDDLETON/W. ROWLEY in *The Changeling* (Dr. 1623) den psychologischen Zusammenhang von Folge und Voraussetzung, da hier die Frau mit der erpressten Duldung sexueller Gemeinschaft den selbstverständlichen Lohn für verbrecherische Kumpanei zahlt. Unabhängig von ihrer dramaturgischen Aufgabe als Gegenfigur der menschlichen Sauberkeit in einer Zeit geistiger und politischer Entartung erkauft das Fräulein de Saint-Yves in VOLTAIRES philosophischer Erzählung *L'Ingénu* (1767) die Befreiung des von ihr geliebten Mannes aus der Bastille nicht nur mit ihrer Ehre, sondern mit einem zerbrochenen Leben. Wegen ihrer Anfälligkeit bei Erpressung bot sich die nicht unbescholtene Frau als psychologisch ergiebige Gestalt besonders einer Literatur immer wieder an, die nach Wirklichkeitsgehalt strebt, so das begehrenswerte Bauernmädchen als Mittelpunkt des Schauspiels *Rose*

Bernd (1903) von G. Hauptmann. Dass bereits die Absicht der Erpressung am Gewissen des Mannes und am Ehrgefühl der Frau nagen kann, bis das spätere Zusammenleben beider zerfressen ist, hat Dostoevskij in dem Roman *Brat'ja Karamazovy/Die Brüder Karamasow* (1879–80) aufgezeigt, im Vergleich mit älteren Belegen, vor allem den naheliegenden für das → Märtyrer-Motiv, macht sich die Motivvariante in einem Roman von R. L. da Fonseca, *Turris eburnea* (1948), mit bemerkenswert breiter Auffächerung geltend, da hier fünfzehn Nonnen das Martyrium der Folgen ihrer Vergewaltigung während der Mission in China sowie nie erwartete Veränderungen ihrer Persönlichkeit erfahren, darunter eine aus Enttäuschung über die ausbleibende Mutterschaft zur Hure, eine aus Kummer über den sofortigen Tod des Kindes zur Geisteskranken und eine zur Mutter, die wegen ihres Gelübdes das Kind nie als eigenes Kind bezeichnen darf.

Nicht jede unerwünschte Empfängnis lässt sich als erzwungene, manche jedoch als unbewusste ausgeben, und entsprechende, in antiker griechischer, persischer, chinesischer Literatur begegnende Zeugungsformen sind nicht nur merkwürdig unsexuell, biologisch naiv oder bildhaft sexuell, naturnah erfahren, sondern auch menschlichem Rechtsdenken und Gefühl entrückt. Während das Motiv der entehrten Frau in den bisherigen Plots selten späterer Ehre für das Kind, bisweilen sogar der Mutter, dienen sollte, bringt Goldregen Zeus, der die in ein Gewölbe gesperrte Danae beglücken kommt, einem Sohn Perseus selbstverständlich die ersichtlich überirdische Abstammung, ein Inkubus bei der Mutter des ↑ Merlin diesem eine nationalgeschichtliche Brauchbarkeit (Geoffrey of Monmouth, *Historia regum Britanniae* 1132–35) und der Teufel im Drama *Merlin* (1832) von K. Immermann eine Erklärung der unbekannten → Herkunft. Im Gegensatz zu der mythischen Darstellung konnte eine realistische nicht übersehen, wie die aus physiologischer Bewusstlosigkeit im Schlaf oder Bewusstseinsstörung bei Benommenheit, Schlaftrunkenheit, Dämmerzustand erwachende Frau zunächst ein soeben ohne ihren Willen erfolgtes Intimgeschehen sowie sich selbst begreifen, als Unverheiratete anderen glaubhaft mitteilen und als Ehefrau mit Rücksicht auf die verletzte → Gattenehre vielleicht eher zu vertuschen bemüht sein muss. Mit ihrem Keim zur ungeheuerlichen Begebenheit gedieh die Motivvariante auf dem Boden aus Schwankgut und Burleske, der auch die Novelle hervorbringen sollte. Sie ist bei Boccaccio um 1340/50 zweimal nahezu identisch im *Filocolo* sowie *Decamerone* X, 4 bis zu Zärtlichkeiten eines abgewiesenen Anbeters an einer toten schwangeren Ehefrau in der Gruft vorgetrieben, doch entdeckt der Mann dabei den noch spürbaren Herzschlag und gibt die Scheintote mit allem Anstand dem Leben sowie dem Ehemann zurück. Auch *Gentile mit der toten Frau* wurde durch H. SACHS meistersingerisch verarbeitet. Die Wiederbelebung mit oder bei liebender Berührung wird in einer überanstrengten späteren Erprobung der Motivvariante von gröberen Zügen verdrängt, da ein durchreisender Fremder die Frau schändet, bei der ihm die Totenwache anvertraut worden ist, aus der er sich ernüchtert fortstiehlt. Eine schlichtere Fassung mit einem zum Geistlichen bestimmten jungen Mann, der längere Zeit danach, reich und von den Gelübden entbunden, wieder in die Gegend seiner Untat kommt, erfährt, das Mädchen lebe, jedoch seit der Niederkunft hinter Klostermauern, und das Mädchen heiratet, wurde wegen eines sich um das Erbrecht des Kindes ergebenden Rechtsstreits Cause célèbre, die schon bald nach Erscheinen der Sammlung des Franzosen F.-G. de PITAVAL auch in deutscher Übersetzung (1750) nachzulesen war. Eine andere Fassung mit einem als Mönch getarnten, flüchtigen gräflichen Duellanten, der sich gleich noch in die nicht wiedererkannte Scheintote verliebt, die er heiraten will, mit Reise des Grafen, Sorgen des Mädchens vor der Niederkunft wegen der Verlobung, Rückkehr des Grafen, Enttäuschung, Hass gegen den vermeintlichen Nebenbuhler-Vater, mit Gefühlswende beim Anblick des Kindes und glücklicher Zusammenführung deckt zwar eigene feinsinnige Ausweitungen mit sonstigen zu, teilt aber als 97. Novelle *L'Amant rival et confident de lui-même* im 19. Band der *Cent nouvelles nouvelles* den Erfolg dieser wiederholt nachgedruckten Novellensammlung der Mme de GOMEZ (d. i. M.-A. de Gomez geb. Poisson), die schon 1740 als *Hundert Neue Neuigkeiten* in deutscher Übersetzung von P. G. v. K. vorlag. Weniger glücklich ist das Schicksal der von Lovelace (S. RICHARDSON, *Clarissa* R. 1747–48) mit Hilfe eines Schlafmittels entehrten Clarissa und der von Roquairol (JEAN PAUL, *Titan* R. 1800–03) in der Maske Albanos überwältigten Linda.

Mehr Mut zur Offenheit, als MENANDROS in *Das Schiedsgericht* der Frau empfiehlt, beweist die verwitwete Bäuerin angesichts ihrer unerklärlichen Schwangerschaft, die mit einem Aufruf in der Kirche dem zum Geständnis bereiten Unbekannten ihre Absicht verkünden lässt, ihm zu verzeihen und in eine Ehe zu folgen, sodass einer ihrer Knechte auszusagen wagt, er habe an einem Feiertag nach gehörigem Weingenuss sie geradezu einladend tief und unanständig schlafend gefunden (MONTAIGNE, *Essais*, II, 2: *De l'ivrognerie* 1580).

Züge wie diejenigen, die das Motiv in den Novellen von CERVANTES, in der Novelle von Mme de GOMEZ und in der angeblich wahren Begebenheit aus Montaignes Sammlung bereicherten, stützen bei H. v. KLEIST, den wohl ein miterlebter Vorfall anregte, in der Novelle *Die Marquise von O...* (1808) die protokollartige Darstellung der seelischen Verletzung, des Widerstreits von idealisierender Eingenommenheit für den Retter aus Feindesgewalt und wachsendem Verdacht, er habe seine gute Tat schändlich ausgenutzt, der Zerreißprobe für den Glauben an Menschlichkeit und schließlich der durch abwartende Liebe überwundenen Enttäuschung. Der → Doppelgänger, hier Engel und Teufel in demselben Mann, als verwirrende Erfahrung der Marquise, ist bei E.T.A. HOFFMANN auch in seiner von Kleist beeinflussten Erzählung *Das Gelübde* (1817) ein beängstigend ähnlicher Zweiter, der die ihrem fernen Geliebten im schlafartigen Zustand verbundene Hermenegilda über seine Identität täuscht. Das Motiv mit der Zuspitzung auf seinen heiteren Gehalt zu prüfen, blieb Kleists Freund H. ZSCHOKKE vorbehalten, aber *Tantchen Rosmarin oder Alles verkehrt* (in *Erheiterungen* 1812), die Erzählung von dem Mädchen, das nicht weiß, was Unschuld ist, daher bei einer Hochzeit, vom Alkohol etwas benommen, den Verlust falsch einschätzt und der energischen Tante die bereinigende Ehe verdankt, entbehrt der Glaubwürdigkeit.

Das Ausmaß der Schuld, die von Männern in Kauf genommen wird, ist in der *Geschichte des Herrn William Lovell* (Brief-R. 1795–96) von L. TIECK bereits größer, denn der verkommene Lovell plant die Gefahr, um die verheiratete Jugendfreundin, die ohne Besinnung ist, scheinbar rettend aus ihrem Zimmer tragen und vergewaltigen zu können. Eine Bewusstseinsstörung setzt die Erzählung *Lebensmagie, Wirklichkeit und Traum* von Th. MUNDT (in *Charaktere und Situationen* 1837) bei dem jungen Mann voraus, der mondsüchtig nachtwandelnd die noch im Traum befangene Kindheitsgespielin zur Duldung seines Vorhabens bringt und später in Wahnsinn verfällt. Die Vergewaltigung im Zimmer des jungen Mannes, dem sich das schlafwandelnd eintretende Mädchen der 1842/43 entstandenen Erzählung *Maria* von O. LUDWIG ausliefert, mildert der Autor durch eine nachträgliche echte Zuneigung. Dem moralisch tiefstehenden Täter, einem Lovell bei Tieck, und dem triebhaft hartnäckigen Täter kam P. HEYSE in dem Roman *Kinder der Welt* (1873) nahe, denn der soeben zurückgewiesene Mann vergeht sich an der mit Fieber und Wahngesichten eingeschlafenen Frau. Reinheit, nicht als Bewusstsein wie bei Kleist, sondern als angemaßte Überlegenheit, rächt sich in *Pour Lucrèce* (Dr. 1939) von J. Giraudoux, der die angebliche Vergewaltigung der betäubten Heldin und das von ihr inspirierte rächende → Duell zu einer bitteren Lehre gestaltete.

Die Beziehung des Motivs zu anderen Motiven, die mit ihm als Grund oder als Folge in Verbindung treten und bei einigen zuvor angedeuteten Plots meist nahtlos mit ihm zusammenwuchsen, unterliegt einem urtümlichen Zwangsdenken, wenn Notzucht als Symptom verworrener Zustände gemeinsame Strafverfolgung auslöst. So wird in einer unbeherrschten Zeit wie der vom *Alten Testament* im *Buch der Richter* behandelten, in der »ein jeglicher tat, was ihn recht deuchte«, ein Kebsweib, merkwürdigerweise anstelle des herausgeforderten Gastes und Ehemanns, einer Rotte »böser Buben« ausgeliefert, liegt am nächsten Morgen zu Tode geschändet vor der Haustür und gibt den Anlass zu einhelliger Bestrafung des Stammes Benjamin, nachdem der in seinen Heimatort gelangte Mann die zwölf Teile der Leiche in alle Gegenden Israels gesandt hat. Der unbeherrschte oder nicht zu beherrschende Vergeltungsdrang in dem absichtsvollen Drama *Die Hermannsschlacht* (1821) von Kleist greift auf den urtümlichen Zug zurück, und Hermann bestimmt das vom römischen Soldaten vergewaltigte, vom Vater getötete Mädchen zu dem einigenden, blutig beglaubigten Aufruf an die germanischen Stämme.

Mit → Tyrannei und dem versuchten Tyrannenmord der Freunde Harmodios und Aristogeiton (Thukydides um 460 – um 400 v. Chr.) ist das Motiv verbunden, wenn der als Freund nicht erwünschte Hippias sich an Harmodios durch Vergewaltigung der Schwester gerächt hat. Eine Variante ergibt sich bei der Rache Wölunds für Gefangenschaft und verlorene Gehfähigkeit an dem tyrannischen König, da Wölund sich zur Entehrung der Tochter entschließt und dann höhnisch mittels künstlicher Flügel dahinzieht, sodass in der *Edda* die antiken Sagengestalten des gelähmten Schmiedes Volcanus und des erfinderischen Baumeisters Daidalos verschmolzen sowie die spät bezeugte Vergewaltigung der Minerva durch Volcanus sinnvoll übertragen ist.

Wie die Vergewaltigung der ↑ Lucretia und der ↑ Virginia das schwelende Unbehagen an der Regierung zur Auflehnung entflammten, ist in Schillers republikanischem Trauerspiel *Die Verschwörung des Fiesko zu Genua* (1783) die Schändung der Tochter des Verrina eines der vom Autor übernommenen dramatischen Motive, und die Anzeichen, dass sich der Tyrann im Drama *Lorenzaccio* (1834) von A. de Musset eine Verwandte des Helden gefügig zu machen plant, sind dessen ausschlaggebender Grund für den Mord. In die oft behandelte Sage von ↑ Rodrigo, dem letzten König der Westgoten, drängte sich das Motiv, seit Quellen den Sturz vom Thron in Spanien zusätzlich mit einer durch Rodrigo begangenen Vergewaltigung begründeten. Moderne politische Motivierungen einer Entführung (Th. HETTCHE, *Woraus wir gemacht sind* R. 2006) und der sich daran knüpfenden Tätersuche sind im Umkreis des Kriminalromans häufig.

Dass das Motiv auf der spanischen Bühne des Goldenen Zeitalters eine Variante entwickelte, in der die Ehre einer Frau nicht mehr den höchsten, sondern den mittleren Machthabern wenig gilt und die Nachfahren der alten Tyrannen alle Ehrenhaften ohne Ansehen der Person beschützen, mag den Veränderungen der wirklichen Macht entsprechen, veranschaulicht aber zugleich die kurzfristige Auswechselbarkeit der Motivteile. So zeigt bei Lope de VEGA der König in *Peribáñez y el comendador de Ocaña* (1614) sein Verständnis für den Bauern, der seine Frau vor den Nachstellungen des Komturs durch tödliche Schüsse bewahrte, sowie in *Fuente Ovejuna* (1619) für einen ganzen einmütig handelnden Ort, der an einem Komtur Lynchjustiz übte, und bei CALDERÓN bestätigt der König in *El alcalde de Zalamea* (1643) das Strafgericht des Dorfalkalden über den adligen Missetäter.

R. M. Werner, Kleists Novelle »Die Marquise von O ...«, (Vierteljahrschrift f. Literaturgeschichte 3) 1890; J. Bolte, Die märkische Sage von der keuschen Nonne, (Zs. des Vereins f. Volkskunde 35) 1925; C. Watson, Shakespeare and the Renaissance Concept of Honour, Diss. Harvard 1948; E. M. Wilson, Family Honour in the Plays of Shakespeare's Predecessors and Contemporaries, (Essays and Studies 6) 1953; A. A. van Beysterveldt, Répercussions du souci de la pureté de sang sur la conception de l'honneur dans la »Comedia nueva« espagnole, Leiden 1966; G. Dane, »Zeter und Mordio«: Vergewaltigung in Literatur und Recht, 2005.

Freierprobe

In sagen- und märchenhaften Plots vollbringen Freier eine Leistung, die ihnen der Vater, Bruder, Vatersbruder der Begehrten oder sie persönlich abverlangt und mit der die Fordernden meist im Einzelwettkampf geschlagen sein wollen. Als Ausscheidungskampf stellt sie sich dar, wenn sie ohne diese von mehreren Freiern gleichzeitig erbracht wird. Der Fordernde, die Leistung des Freiers, der Lohn des Sieges oder die Strafe für die Niederlage bilden die Hauptbestandteile eines Motivs, das über die jeweilige Forderung fast nur ungewöhnliche Begründungen und über die Leistung eher deren zweckfremde Verwendung als deren Ehebezogenheit verlautbart. Der Schwierigkeitsgrad und unangekündigte Verlängerungen durch Zusatzaufgaben deuten weniger auf ein Ausleseverfahren als auf eine Maßnahme zur Abweisung hin, die bei schlichter Verweigerung eines fälligen Siegespreises offenkundig ist. Die gelegentlich bezeugte → Nebenbuhlerschaft eines Vaters als anderswo selbstverständlichen → Inzest und spröde Jungfräulichkeit sowie frühgeschichtliche Frauenart unbeschwert als Männerfeindlichkeit einer → Amazone zu erklären, könnte freilich sowohl die Frage nach der Ehebezogenheit der Probeleistung als auch diejenige überflüssig machen, wie die Ehetauglichkeit eines Freiers beurteilt wurde, der sich ganz vertreten oder teilweise helfen ließ. Nun ähnelt die Leistung nicht dem Erdienen der Braut, auf dem in der *Bibel* (*Genesis* 29) Laban bei Jakob, dem Sohn seiner Schwester, aus je siebenjähriger Arbeit für die nicht von ihm gefreite Lea, danach für die ihm vorenthaltene Rahel bestand, sie eignet sich in der Form von Roden, Feldbestellen, Hausbau ausnahmsweise als Befähigungsnachweis für die Pflanzerstufe, und sie ist bei der Schwiegersohnwahl des vorchristlichen Tyrannen so königlich-gutbürgerlich, dass sie ihre Überlieferung durch HERODOT wohl dem leichtherzig versagenden Favoriten verdankt. Das Wagnis einer entscheidenden Leistung, auch einer sublimierten der Intelligenz, die Scharfsinnsprobe des Rätsels, Mutbekundung und Kampfgeist sind unspezifische Züge, die mehreren Motiven dienen können, wie auch die vieldeutigen Ornamente aus Köpfen Getöteter. Die unabhängige Entstehung von Gleichartigem neben der Verbreitung eines Originals mit Verlust und Gewinn durch Fahrende, die Ubiquität einfacher Formen, die Widerstandskraft der Archetypen und ahistorischen Stile bei ihrer Einvernahme durch mündliche Großdichtung, literarische Belege mit abweichenden Lesarten, Wandlungen des Schemas bis zur Umkehrung der Situation erschweren die Zuweisung des hier vorliegenden Motivs. Das mythische Bild, das hinter einem Freierwettstreit vermutet worden ist, die ins Kosmische weisenden Antworten auf die Rätselfragen der Sphinx sowie ↑ Turandots, unveränderte sexuelle und psychologische Tatsachen, eines Vaters Gesichtspunkte oder die einer umworbenen selbständigen Frau widersetzen sich der gemeinsamen Verbindung mit bestimmten Formen der Ehe der mutterrechtlichen und vaterrechtlichen Periode. Vielleicht gehört das Motiv gerade den Umbrüchen, Loslösungen, Überlagerungen an, die zwar die Archetypen, aber nicht deren Verbindlichkeit übernahmen.

Mit einem Tochtervater als Forderndem und einer Prüfung im Spannen eines gewaltigen Bogens nebst Treffen eines schwierigen Ziels erscheint das Motiv im altindischen *Mahābhārata* (5. Jh. v. Chr. – 4. Jh. n. Chr.), als einer der Pāndavas, Abkömmlinge des Pāndu, die Königstochter Draupadī gewann, die nach alter Familiensitte mit allen fünf Brüdern gleichzeitig vermählt wurde. Spannen eines Bogens war auch im wenig später entstandenen *Rāmāyaṇa* die erst von Rāma erfüllte Bedingung, die Janaka als Pflegevater der schönen, aus der Tiefe der Erde stammenden und schließlich in sie zurückkehrenden Sītā, »Ackerfurche«, stellte.

Das altgriechische Spektrum des Motivs ist breit. Von der durch HERODOT (5. Jh. v. Chr.) beschriebenen festlich-freundlichen Freierschau am Hof des Kleisthenes von Sikyon, bei der sich ein besonders aussichtsreicher Bewerber die Ehe mit Agariste durch schlechtes Benehmen verscherzt, heben sich die unzumutbaren Forderungen und oft auch noch unehrlichen Verfahren der Brautväter des Mythos merklich ab. Eurytos verspricht dem ihm sowie den Söhnen überlegenen Bogenschützen seine Tochter Iole, verweigert sie dann aber ↑ Herakles, Pelias fordert von dem Bewerber um ↑ Alkestis die Fähigkeit, Löwe und Eber vor den Wagen spannen zu können, und hat nicht vorausgesehen, dass sogar Apoll dem Admetos hilft (*Bibliotheke* 1. Jh.), Danaos befiehlt seinen 50 Töchtern, ihre 50 Vettern wegen der erpressten Ehen in der Hochzeitsnacht zu erdolchen, und vermählt später eine der Töchter mit dem von ihr gewarnten Vetter, die übrigen mit Siegern im Wettlauf (AISCHYLOS, *Hiketiden* Tr. um 463 v. Chr., *Danaiden* Tr.; *Bibliotheke* 1. Jh.), auch Penelopes Vater übergibt seine Tochter dem im Wettlauf siegreichen ↑ Odysseus (PAUSANIAS, *Beschreibung von Hellas* 2. Jh.), und Oinomaos von Pisa (PINDAROS, *Olympische Epinikien* 5. Jh. v. Chr.; *Bibliotheke* 1. Jh.) tritt gegen die Freier um seine Tochter Hippodameia im Wagenrennen an, gewährt ihnen sogar Vorsprung, überholt sie jedoch dank der ihm von Ares geschenkten Rosse und stößt sie mit dem Speer nieder. Wie auch in einer Version der Danaidensage ist hier die zwielichtige Forderung des Brautvaters die Folge der → Prophezeiung, dem Oinomaos drohe der Tod durch einen Schwiegersohn, und wirklich sicherte sich Pelops Sieg und Braut dadurch, dass ein von ihm bestochener Wagenlenker den Zusammenbruch des königlichen Fahrzeugs und so den Tod des Königs herbeiführte. Der abweisende Vater als Herausforderer zum Wagenrennen begegnet auch in der Sage von Sithon und seiner Tochter Pallene (LYKOPHRON, *Alexandra* 3. Jh. v. Chr.) und in der an die Pelopssage angelehnten von Euenos und Marpessa (*Bibliotheke*), die der Apharetide Idas zur Braut gewinnt.

Der in der Pelops- und in der Euenossage auftauchende, den Brautvater kennzeichnende Zug, dass die Köpfe gescheiterter Freier den neuen zur Abschreckung aufgereiht entgegenstarren, war von Asien – im ↑ Turandot-Stoff seit des Persers NEẒĀMĪ *Haft Peikar* (1198) – bis zum germanischen Norden – etwa in der Geschichte von der Werbung um die Königstochter Alfhild/Aluilda bei SAXO GRAMMATICUS (*Gesta Danorum* um 1200) – verbreitet und ist in Brautwerbungsgeschichten verwendet worden, in denen Krieg die Stelle der Freierprobe einnimmt: in der Hildesage, dem Kernstück des ↑ Gudrun-Stoffes (*Kudrun* Epos 1230/40), in der *Hrólfs saga Gautrekssona* (Ende 13. Jh.), im mittelhochdeutschen Heldenepos *Ortnit* (vor 1250) sowie in dem erst vom 15. Jahrhundert überlieferten Legendenepos *Oswald*. Die in einigen Versionen der Pelopssage, so in dem fälschlich Lukianos zugeschriebenen Dialog *Charidemos* (2. Jh. n. Chr.), als Grund für die freierfeindliche Einstellung des Vaters angegebene inzestuöse Beziehung zur Tochter findet sich auch in dem aus der *Historia Apollonii regis Tyri* (5. oder 6. Jh. n. Chr.) erschließbaren spätgriechischen Roman mit dem Titelhelden ↑ Apollonius, für den die richtige Antwort auf die ihm als Freier vorgelegte Rätselfrage ebenso gefährlich wird wie eine falsche, denn sie umschreibt das unsittliche Vater-Tochter-Verhältnis, wird vom betroffenen König Antiochus verworfen und erzwingt die sofortige Flucht des zu scharfsinnig gewesenen Bewerbers.

Eine Motivvariante ergibt sich, wenn der Vater sich der Freierprobe für eigene oder sachfremde Zwecke bedient. In der zum Sagenkreis um ↑ Karl den Großen gehörigen Chanson de geste *Mainet* (um 1200) verlangt der Heidenkönig Galafre von dem ihm unter dem Namen Mainet dienenden jungen Karl als Preis für seine Tochter Galienne den Kopf des früheren, wegen seiner Abweisung mit Galafre im Krieg liegenden Bewerbers, und in *La bone Florence de Rome* (13. Jh.), einer Abwandlung der ↑ Crescentia-Legende, will Kaiser Otto denjenigen zum Schwiegersohn machen, der sich im Krieg mit einem erfolglosen Freier seiner Tochter Florence am meisten auszeichnet. Märchenhafte Hilfe bei der Vertilgung eines Drachens leistet dem Prinzen der Löwe, dem er einen Dorn aus der Tatze gezogen hat (engl. Version der *Gesta Romanorum*). Wie aber Galafre auf Anraten seines Sohns wortbrüchig wird und sich des Vasallen zu entledigen sucht, hofft der König im *Märchen vom tapferen Schneider*, sich mit der Freierprobe des scheinbar bedrohlichen Fremden zu erwehren, indem er ständig weitere Taten fordert, durch die sein Land zwar von Ungeheuern befreit wird, jedoch der Schneider auch zum ungewünschten Thronfolger aufsteigt. Dagegen soll in dem Märchen *Prinz Ahmed und die Fee Perī-Banū* aus *Tausendundeine Nacht* die der ersten angehängte zweite Probe, die der Vater der Freier und zugleich stellvertretende Vater der von diesen geliebten Bruderstochter anordnet, unter den bisher gleich erfolgreichen Bewerbern durch Bogenweitschießen den besten ermitteln. Mit Hilfe der zum höfischen Turnier stilisierten Freierprobe in spätmittelalterlichen Erzählwerken (ELISABETH VON NASSAU-SAARBRÜCKEN, *Herpin* R. 1430/40; *Der Jungherr und der treue Heinrich* Vers-Nov.) wünscht der Brautvater, in dem Turniersieger sowohl den Schwiegersohn als auch einen Thronfolger zu gewinnen.

Eine weitere Motivvariante gehört dem sagen- und märchenhaften Bereich der Entzauberung eines Mädchens durch den Bräutigam an. Eine unnatürlich ernste Tochter (*Die goldene Gans* Märchen) oder eine durch Krankheit schwermütige Tochter (G. BASILE, *Lo scarafone, lo sorece e lo grillo* in *Pentamerone* 1634–36) soll auf Anordnung des Vaters demjenigen gehören, der sie zum Lachen bringt, und ist dann dem vom Glück begünstigten Dümmling auch nicht mehr durch die Zusatzauflagen des enttäuschten Vaters zu verwehren. Die Verbindung von Lachenmachen und Dümmlingstypus lässt an WOLFRAM VON ESCHENBACH und *Parzival* (1200–10) denken, obgleich das Lachen Cunnewares hier als zukunftsträchtiges Zeugnis für Parzivals Größe dient, die Cunneware bereits in dem verfremdenden Narrengewand jenes Lachen abverlangt, das sie dem größten Helden vorbehalten wollte. Den meist recht gescheiten Dümmlingen ist der arme Soldat des Märchens *Die zertanzten Schuhe* verwandt, der geschickt und mutig genug für die Lösung des Problems ist, wo die zwölf Prinzessinnen nachts tanzen, und sie so auch vom Bann des unterirdischen Reichs samt seinen zwölf Prinzen erlöst. Zu den Tüchtigkeitsprüfungen, die in der persischen ältesten Fassung des ↑ Turandot-Stoffs (NEẒĀMĪ, *Haft Peikar* 1198) noch neben den später allein entscheidenden Rätseln Freierspflicht sind, gehört die Bewältigung eines Schlangentalismans, und in den *Gesta Danorum* (um 1200) des SAXO GRAMMATICUS zeigt sich mit auffälliger Gleichzeitigkeit an entgegengesetztem Ort dieser Zug bei der Werbung des Dänen Alf um die gotländische Königstochter, deren Tugend die ihr als Kind vom Vater zur Aufzucht übergebene Schlangenbrut bewachen sollte, bis ein Freier diesen giftigen Mitbewohnern vor Alfhilds Zimmer trotzen würde.

Klugheit, als Umsicht auch bei mancher Kraft- und Mutprobe von Nutzen, ist allein gefragt, wenn die Motivvariante durch den für manche Völker typischen und ohne ehebedingten Anlass gepflegten Intelligenztest der Rätselaufgabe ausgewiesen ist. Der märchenhafte Anstrich hierher gehöriger Belege sollte nicht über die mythische Frühschicht hinwegtäuschen, die noch sichtbar ist, wenn im *Alvissmál* der *Edda* (um 1200) der Gott Thor dem Zwerg seine nachträgliche Einwilligung zum Bund mit seiner Tochter in Aussicht stellt, falls er ihm für dreizehn Begriffe verschiedene poetische Umschreibungen angeben könne, und wenn ↑ Turandot, eine der Prinzessinnen des *Haft Peikar* von NEẒĀMĪ, nach den Tüchtigkeitsproben auf Wunsch des Vaters mit dem Freier ein Rätselraten vornimmt, das in einem sich aus symbolischen Handlungen – dem Hin- und Hersenden von Perlen und Edelsteinen – ergebenden Dialog besteht. Wie sich ↑ Apollonius bei dem inzestuösen Antiochus in der Schlinge seiner richtigen Lösung verfangen musste, erstarrte Thors unerwünschter, von ihm in eine Fragenfolge verstrickter Schwiegersohn beim ersten Morgengrauen zu Stein, und die prüfende Turandot entschleierte ihr Gesicht, um den Prüfling zu verwirren und zum Scheitern zu bringen. Ähnlich wie bei NEẒĀMĪ folgt in dem serbokroatischen Lied *Die Heirat des Zaren Dušan* auf die Erprobung der Waffenfähigkeit die Scharfsinnsaufgabe, aus drei gleichgekleideten Mädchen die Braut herauszufinden, jedoch wird sie, wie die vorangegangene Aufgabe, statt vom Freier selbst von einem offiziellen Stellvertreter gelöst. Statt der Wahl zwischen drei Mädchen erscheint schon in einer der Parabeln der in das 6. Jahrhundert zurückreichenden buddhistischen Legende von ↑ *Barlaam und Josaphat* die Wahl zwischen drei symbolischen Kästchen als Prüfung. Während andere Kombinationen des Freierprobe-Motivs mit dem der Wette um ein Pfund Fleisch (↑ Shylock) den Freier vor den – durch einen Schlaftrunk vereitelten – Versuch stellen, die begehrte Frau in einer Nacht zu erobern (JOHANNES DE ALTA SILVA, *De rege et septem sapientibus* Ende 12. Jh.; Ser GIOVANNI FIORENTINO, *Il Pecorone* 4,1; 1378/90), übernahm SHAKESPEARE für *The Merchant of Venice* (Dr. 1600) die geistigere Aufgabe der Kästchenwahl aus einer Variante in den *Gesta Romanorum* (um 1330), die 1595 in englischer Übersetzung erschienen waren. Sein Bassanio wählt entsprechend seinem unbekümmerten Temperament unter den drei Kästchen, deren eines nach dem Willen des Vaters Portias Bild enthält und ihren Besitz verbürgt, weder das goldene noch das silberne, sondern das bleierne und damit das richtige. S. FREUD dürfte bei seinen Bemühungen, die Wahl des

Bleies tiefer auszuloten, wohl den Zusammenhang mit dem Freierprobe-Motiv, das Rückschlüsse auf den Charakter des Freiers zulässt, übersehen haben. Zweifel an der Weisheit väterlicher Freierauslese kam mit dem bei BASILE (*La Polece* in *Pentamerone* 1634–36) zugespitzten Märchenfragment *Prinzessin mit der Laus* zum Ausdruck, da die Tochter einen verwilderten Waldmenschen heiraten muss, weil nur er die Bedingung des Vaters erfüllen und die Haut eines von diesem großgefütterten, riesenhaften Flohs identifizieren konnte.

Teilt die Tochter die freierfeindliche Haltung des Vaters nicht, so stellt sich ein Einverständnis mit dem Bewerber her. In der Version der Pelopssage bei dem Mythographen APOLLODOR liebt Hippodameia Pelops und verursacht den Tod ihres Vaters durch eine von ihr veranlasste Beschädigung von dessen Rennwagen, eine ähnliche Manipulation nimmt Pallene (LYKOPHRON, *Alexandra* 3. Jh. v. Chr.) am Wagen des einen der beiden auf Befehl des Vaters miteinander kämpfenden Freier vor und durchkreuzt dadurch die Absichten des Vaters. Die von Karl in der Chanson de geste *Mainet* begehrte Galienne warnt diesen vor den Anschlägen ihres Bruders und Vaters, und die Braut in dem serbokroatischen Lied *Die Heirat des Gjuro von Smederevo* verrät dem Freier die Betrugsabsichten des Vaters, sodass Gjuro entgegen der Absprache zur Heimführung der Braut mit seinen Helden erscheint, die dann die Freierproben – Zweikampf, Sprung über Pferde, Bogenschießen – stellvertretend ablegen. Auch die Tochter des Vespasianus (*Gesta Romanorum*) berät einen Ritter, wie er den verlangten todbringenden Aufenthalt in einem von einem Löwen verteidigten labyrinthischen Palastgarten überstehen könne. Die Turnier-Freierproben der angeführten späteren Erzählwerke rechnen mit einem schon bestehenden Liebesverhältnis zwischen Bewerber und Umworbener.

Nach LUKIAN war Hippodameia eine Komplizin ihres Vaters, die den Freier, neben dem sie auf dem Rennwagen stand, verwirrte, doch repräsentiert sie damit die für Liebe unempfängliche → Amazone wohl wider ihre Natur, vielleicht als widernatürlich hörige Tochter. Die Mütter haben bei SAXO GRAMMATICUS Alfhild, die kriegerische Seefahrerin, und im Märchen *Die sechs Diener* die als Schweinehirtin dafür büßende Tochter gegenmännlich gestimmt und männlich erzogen. Turandot und ihr Vater handeln jedoch bei NEẒĀMĪ wie freierfeindliche Bundesgenossen, und die Prinzessin im Märchen *König Drosselbart* weist einen Bewerber nach dem anderen ab, wird aber in der Ehe dafür bestraft.

Ein Prototyp der Männertöterinnen, wie laut HERODOT Amazonen bei ihren Nachbarn hießen, begegnet im Norden in Gestalt der jungfräulichen, vom Vater unabhängigen Þornbjorg (*Hrólfs saga Gautrekssona*) und in Florentia (*Gibbons saga* 14. Jh.), die im Harfenspiel besiegt werden muss, im Süden in der von einer Bärin gesäugten Atalante, die – gewarnt durch den ihr prophezeiten Tod infolge Ehe – jeden Freier die Unterlegenheit im Wettlauf mit seinem Leben bezahlen lässt, bis Aphrodite dem Hippomenes mit drei goldenen Äpfeln nebst dem Rat, diese beim Lauf als Ablenkungsköder hinzuwerfen, zum Sieg verhilft (THEOKRIT; OVID, *Metamorphosen* 10). Den auch sonst verwendeten Zug, einen Verfolger durch lockende Gegenstände aufzuhalten, bietet bei der Freierprobe ein Wettlauf mit der schnellen Königstochter Rosimunda noch die Sammlung *Gesta Romanorum*. An Ablehnung dachte wohl die Riesentochter Skadi (SNORRI STURLUSON, *Skaldskaparmál* Anf. 13. Jh.) mit der einschränkenden Bedingung, den ihr von den Göttern als Wiedergutmachung für den Verlust des Vaters angebotenen Gatten aus ihren Reihen nur zu nehmen, falls man sie zum Lachen brächte, denn auf Lokis obszönen Einfall dürfte sie kaum gefasst gewesen sein. Dem gleichen mythischen Bezirk gehört die Walküre Brünhild in Heldenliedern der *Edda* an, die Odins Heiratsgeheiß mit der Forderung erwidert, dass der ihr bestimmte Mann erst einmal die um ihren Saal verhängte Waberlohe durchreiten solle. Im entmythisierten *Nibelungenlied* (um 1200) erscheint diese Probe zum athletischen Bewähren gegenüber der Amazone abgewandelt, das auch hier an Gunthers statt der unsichtbare Siegfried vorweist und zum auslösenden Moment der Tragödie macht. Mit Brünhild wesensverwandt ist die orientalische Amazone in der *Geschichte vom Prinzen Behram und der Prinzessin al-Datma* aus *Tausendundeine Nacht*, die beim Zweikampf mit Schwert und Speer ihren Gegner durch Hochklappen des Visiers verwirrt und mattsetzt.

Die sogenannte Mondprinzessin des japanischen Märchens *Der Bambushauer* (Anf. 10. Jh.), mythischer Herkunft und auf die Erde verbannt, verdammt ihre Freier zu unlösbaren Aufgaben und bezeugt durch solche Unberührbarkeit ihre Zugehörigkeit zum Himmel, der sich ihr wieder öffnet. Schwere, freilich intellektuelle Aufgaben zu stellen hat die kluge Königstochter in einer wiederum von den *Gesta Romanorum* aufgelesenen Erzählung sogar Gott gelobt. Unter wirklichkeitsnäherem Zwang verteidigt Penelope bei HOMER im Heimkehrerthema der dreisträngigen *Odyssee* (750/700 v. Chr.) ihre Unbescholtenheit, als sie den zudringlichen Freiern einräumt, sich am Bogen des ↑ Odysseus mit einem Pfeilschuss durch zwölf hintereinandergereihte Axtöhre zu erproben, überzeugt, dass niemand diesen Bogen zu spannen vermag und sie weiter ungebunden werde warten können. Germanisches Sippenbewusstsein koppelte in der isländischen *Laxdoela-Saga* (13. Jh.) das Motiv der Freierprobe mit demjenigen der → Blutrache, nach deren Vollzug der Freier allerdings um den ihm zweideutig zugesagten Lohn gebracht wird. Die gleiche Motivverknüpfung, doch ohne Betrug, findet sich in dem schon herangezogenen Werk *La bone Florence de Rome*, da Florence zwar die Ehe mit Esmeré eingeht, aber seine Frau erst sein will, wenn er den Tod ihres Vaters am abgewiesenen Bewerber gerächt hat. Höfisches Denken dagegen (WOLFRAM VON ESCHENBACH, *Parzival* 1200/10 und *Titurel* 1210/19) übte Kritik an einer aus kindlich unreifer Laune geforderten Freierprobe, für die wegen eines Brackenleitseils Schionatulanders Leben aufs Spiel gesetzt und geopfert wird. Vielleicht vermittelte der englische Versroman *Guy of Warwick* (14. Jh.) ähnliche Bedenken, da Guy mit heldischen Abenteuern eine außergewöhnliche Freierprobe ableistet, sie dann jedoch selber fragwürdig macht, da er Florence nach kurzer Ehe wieder verlässt und später sogar → Einsiedler wird, seine Frau aber in Trauer dahinlebt, wie Sigune bei Wolfram von Eschenbach. Die sinnfälligste unter den mit Bewerbern sich geistig messenden Gestalten, ↑ Turandot, beherrscht schon bei Moḥammad 'AUFĪ (*Erzählungen* 1228) ohne Unterstützung des Vaters die Szene, aber sie muss von ihr abtreten, als ein scharfsinniger Freier alle ihre Rätsel löst. In einem Seitenspross des Stoffes, dem persischen Märchen *Rose und Zypresse*, enthüllt die Lösung zugleich eine dämonisch-verbrecherische Liebschaft der Prinzessin, die so zwar vor ihrem Vater beschämt, aber auch von einer Verirrung befreit wird. Die novellistische Fassung des Turandot-Stoffs in *Les mille et un jours* (1710–12) führte den zusätzlich beschämenden, retardierenden Zug des vom Mann aufgegebenen Gegenrätsels ein, den GOZZI (Dr. 1762) und SCHILLER (Dr. 1802) übernahmen. Das indische Märchen *König Vikrama* aus der Literatur der Jainas (Shvetāmbaras) enthält als Maßstab der Prinzessin für Bewerber, ob man sie in einer Nacht durch Erzählungen viermal zum Reden bringe, das auf orientalischen Ursprung rückführbare mittelhochdeutsche Legendenepos *Salman und Morolf* (um 1160) die Bedingung Salmes, Morolf müsse sie im Schachspiel schlagen, und das südslawische Märchen *Die Kaiserstochter und der Schweinehalterbub* die Forderung, der Freier solle die Form der drei Muttermale der Prinzessin angeben, doch ist hier gerade der Hirt überlegen genug, ihr die Antwort vorher abzulisten sowie auch einen Rivalen auszustechen. Rätselfragen eines weiblichen Dämons, der Sphinx, an ↑ Ödipus erweisen sich, obgleich ihre Beantwortung hier ebenfalls mittelbar zur Ehe führt, als eine Falle des Schicksals, das sich noch bei SOPHOKLES (*König Ödipus* Tr. 428 v. Chr.) im unbewussten, seit der Entstehungszeit der Sage zum sträflichen Vergehen gewordenen → Inzest erfüllt. In der ähnlichen Situation der *Fjölsvinnsmál* der *Edda* sind die Rollen vertauscht, und statt des Unholds vor der Burg stellt der Einlass begehrende Freier Fragen, doch ist die Grundfunktion des Motivs, den Zugang zu einer Frau zu gewähren oder zu verwehren, hiermit ebenso wenig verändert wie dadurch, dass die täglich Rätsel ratende Prinzessin in einem Märchen aus der Bretagne Bewerbern auferlegt, unter Einsatz des Lebens sie vielleicht mit einem Rätsel zu gewinnen, das sie nicht in drei Tagen löst. Ironie, hier Petit-Jean als Einüber des edlen Siegers, Demütigung einer Hochmütigen und Infragestellung der Freierprobe, die etwa bei den Märchen *König Drosselbart* und *Die sechs Diener* anklang, ist die eigentliche Absicht von HEINZ DES KELLNERS Erzählung *Der kluge Konni* (Ende 14. Jh.), in der die bis dahin unbesiegte Prinzessin gerade einem dreisten Bauernlümmel unterliegt.

Im Gegensatz zu Shakespeare haben die spanischen Bühnenautoren das Motiv entzaubert, dem beliebten Thema von der → Spröden angepasst und häufig pervertiert, indem sie den durchgefallenen Heiratskandidaten zum Hochzeiter machten. Bei Lope de VEGA (*La vengadora de las mujeres*) willigt die jeder Bindung abgeneigte Prinzessin auf Drängen des Bruders in einen ritterlichen sowie poetischen Freierwettstreit und wählt trotzdem den ihr wichtigeren Sieger über ihr Herz, und bei MIRA DE AMESCUA (*Galán, valiente y discreto*) muss sich der Bewerber, der die Herzogin auch in ihrer – von ihm durchschauten – Tarnung als Hofdame liebt und damit überzeugt, noch als galant, tapfer sowie klug erweisen. Ebenfalls mit listiger Täuschung besteht bei M. de LEÓN MARCHANTE (*No hay amar como fingir* 2. Hälfte 17. Jh.) einer von drei Freiern die Prüfung einer verwöhnten Schönen, die den angeblich verstorbenen als den erlesensten, weil am schwersten erreichbaren Mann betrachtet. Die drei spanischen Freiertypen dieser Komödie sind bei C. GOLDONI (*La vedova scaltra* Kom. 1748) zu einer Viererreihe von Europäern erweitert, deren Verführbarkeit die umworbene Witwe in jeweils anderer Rolle als entsprechende Landsmännin einzeln erprobt, bis sie wenigstens bei dem Italiener ernste Absichten auf ihr unverkleidetes Ich feststellt.

Die Freierprobe, allmählich der archetypischen Bedeutsamkeit entleert, bot sich als Spannungselement dort wieder an, wo »romantischer« Stoff urtümliche Motivik zuließ. Die schließlich glücklich ausgehende Prüfung im Waffen- und Rätselwettstreit, die den Helden in die Ehe mit Astarte und auf den Thron Babylons führt, diente VOLTAIRE in seiner »Histoire orientale« *Zadig ou la Destinée* (1747) als ironisch-märchenhaftes Mittel zur Beseitigung der Zweifel an der Weisheit der Vorsehung. SCHILLER bearbeitete, nachdem er seinen Ritter in der Ballade *Der Handschuh* (1797) der spöttischen Dame die gewünschte Unerschrockenheit zwischen Raubkatzen hatte beweisen und dann den Dienst aufsagen lassen, 1801 für die Bühne in Weimar das Stück Gozzis, aber nun wurde Turandot psychologisch durchleuchtet und aus einer inhumanen Urfrau in eine freiheitsliebende Rächerin aller erniedrigten Geschlechtsgenossinnen verwandelt. Während J. F. KIND/C. M. v. WEBER (*Der Freischütz* Oper 1821) den Fall des Jägerburschen Max, der wegen des als Freier- und Berufsprobe verlangten Schusses zum → Teufelsbündner wird und fast Glück und Seelenheil verliert, durch Zauberelemente und durch Verlegung der von J. APEL/F. LAUN (*Gespensterbuch* 1811) übernommenen Handlung in die dunkle Zeit nach dem Dreißigjährigen Krieg als märchenhafte Handlung glaubhaft machen konnten, fordert eine Verlegung ins Bürgerliche humorvoll-ironische Beleuchtung, so wenn der Berliner Kommissionsrat und Vater einer Tochter, der die Feindschaft abgewiesener Freier fürchtet, zur Kästchenwahl frei nach Shakespeare greift (E. T. A. HOFFMANN, *Die Brautwahl* Nov. 1819) oder der Küfermeister seine Tochter nur einem bewährten Küfermeister geben will und sie dann doch einem Silberschmied überlassen muss (E. T. A. HOFFMANN, *Meister Martin der Küfner und seine Gesellen* Nov. 1818). Hoffmanns Hans-Sachs-Welt und den meistersingerischen Brauch des Wettsingens als Freierprobe benutzte R. WAGNER in *Die Meistersinger von Nürnberg* (Oper 1868) ebenfalls zum Sieg eines Außenseiters, des Ritters, den Evchen bereits vor der Freierprobe bevorzugt. Das Lächeln, mit dem auch G. KELLER spießbürgerliche Lebenspläne durchleuchtet, grenzt an Schauder, wenn er seine drei Kammmachergesellen (*Die drei gerechten Kammacher* in *Die Leute von Seldwyla* 1856) um den fragwürdigen Besitz einer Kammfabrik und der Jungfer Züs wettlaufen lässt, erstrahlt aber in befreiender Heiterkeit, wenn er durch *Das Sinngedicht* (Nov.-Zyklus 1881) die irrige Vorstellung, das uralte Motiv dulde keine verständlichere Wirklichkeitsvariante, widerlegt und den Naturforscher Reinhart Logaus Alexandrinerepigramm experimentell nachvollziehen und als Freierprobe ein Novellenduell mit einer klugen Frau bestehen lässt, in dem es um den Sinn der Ehe geht. Als bei W. HILDESHEIMER in *Prinzessin Turandot* (Hörsp. 1954) die erfahrene Prüferin einem Hochstapler, dem falschen Prinzen Kalaf, erlag, war mit solcher ironischen Umdeutung der Fall, wie Hildesheimer mit weiteren Fassungen bewies, weder für ihn noch überhaupt abgetan.

S. Freud, Das Motiv der Kästchenwahl, 1913; H. Marquardt, Die Hilde-Gudrunsage in ihrer Beziehung zu den germanischen Brautraubsagen und den mittelhochdeutschen Brautfahrtepen, (Zs. f. dt. Altertum 70) 1933; Th. Frings/M. Braun, Brautwerbung, (Berichte über die Verhandlungen der Sächsischen Akademie der Wissenschaften zu Leipzig, Phil.-hist. Kl. 96) 1944–48; F. Geißler, Brautwerbung in der Weltliteratur, 1955.

Freundschaftsbeweis

Der Freundschaftsbeweis ist der Archetyp einer freiwilligen Leistung für besonders geliebte Mitmenschen. Seine Aussagekraft beruht auf der Mehrdeutigkeit des Freundschaftsbegriffs und der sogar Selbsthingabe einschließenden Beweisform. Freunde, Glaubensgenossen, Nachbarn bezeichnet das *Alte Testament* als Brüder, wie einen weiteren leiblichen oder nicht-leiblichen Sohn der gleichen Eltern und wie Familienangehörige; und das feste Gefüge von Stamm, Geschlecht, Häusern oder Vaterhäusern, Hausvätern drückt sich ebenso im Reichtum der Wörter dafür wie im Mangel der Wörter für ein zwischenmenschliches Verhältnis außerhalb der Ordnung und ohne Verpflichtung aus. Das griechische Wort für Freund sonderte den Angehörigen, Verwandten, Verbündeten, die Geliebte oder die Gattin nicht ab. Im Sinne von Bruderschaft erproben die Jünger, die im *Neuen Testament* Jesus folgen, die neue Gemeinde. Der lateinische »amicus« erinnert sogleich an das »amare«. Die germanischen Sprachen verbanden den Freund mit dem Verwandten, Liebenden, Liebhaber, und so kann im Deutschen noch immer mit dem Wort Gefreundeter der Verwandte, mit dem Wort Freundschaft die Gesamtheit von Verwandten gemeint sein. Zum Symbol erhebt sich das Motiv des Freundschaftsbeweises durch seine Dialektik. Der Mehrdeutigkeit von Freundschaft entspricht eine immer stärkere Unwiderlegbarkeit des Beweises, je größer die Spontaneität, je geringer der eigene Vorteil und je kostbarer das Opfer der Bewährung ist.

Die moralische Qualität des Motivs entstammt einem religiösen oder philosophischen Glauben, den es selbst mehrt. Diese Wechselbeziehung gehört zum Wesen von Archetypen. Das anonyme babylonische *Gilgamesch*-Epos (um 1200 v. Chr.) bekundet zugleich eine

Lebensanschauung und Verhaltensnorm, wenn der Tiermensch Enkidu entgegen dem Plan der Götter, König Gilgamesch durch ihn von bestimmten Zielen abzulenken, aus dem Zweikampf mit diesem als sein Freund hervorgeht, ihm Ruhm gewinnen hilft und später für ihn auf Götterbeschluss stirbt. An Gilgameschs Erschütterung nach diesem Verlust erinnert, was ↑ David (*2. Buch Samuelis* 1,2ff.) bei der Nachricht vom Tod Jonathans, des Sohnes Sauls, empfindet, der mit David vor Gott einen Bund schloss und handelnd bekräftigt, indem er seines Vaters Hass gegen David vergeblich zu dämpfen sucht und dann David das Zeichen zur Flucht gibt. Davids Klage zeigt bereits den für das Motiv bedeutsamen Zug der Abwägung von Freundschaft gegen Liebe zwischen Mann und Frau: »Deine Liebe ist mir sonderlicher gewesen, denn Frauenliebe ist.« Nicht weniger, als der Welt zu entsagen, beschließen im indischen Großepos *Mahābhārata* (etwa 5. Jh. v. Chr. – 4. Jh. n. Chr.) die Pāndavas, Söhne des Pāndu, als Fürst Krishna, ihr Vetter, Freund, Verbündeter und Mitkämpfer in einer 18 Tage dauernden Schlacht, vom irrtümlich abgeschossenen Pfeil eines Jägers getötet wird. Als ein Beispiel enger Freundschaft schildert Buddha in einer der alten, auf ihn übertragenen Erzählungen der *Jātaka*-Sammlung (etwa 3. Jh. v. Chr. – 4. Jh. n. Chr.), wie zwei seiner Jünger, einst Specht und Schildkröte, ihn, der damals ein Gazellenbock war, vor seines Vetters Devadatta Anschlag auf sein Leben retteten und er wieder einen von diesen befreite. Schließlich sind die Entzweiung von Freunden und das Gewinnen von Freunden die Themen der beiden ersten Rahmenerzählungen des einflussreichen *Pañcatantra* (entst. um 300 n. Chr.?).

Eine letztlich beispiellose Beziehung mit Hilfe von Beispielen zu ergründen, wie hier, oder mittels Denken, wie in Griechenland seit dem 5. Jahrhundert v. Chr., ist immer wieder versucht worden. Beiden Methoden versagt sich die Einmaligkeit des krönenden Beweises. Die Erprobung dreier Freunde in einer noch von den *Gesta Romanorum* (14. Jh.) dargebotenen Anekdote zeigt dem durch den Vater veranlassten Sohn, dass der von ihm wenig oder gar nicht geliebte Freund als Einziger bereit ist, für ihn sogar den Tod am Galgen zu erleiden. Aber die unvorhersehbare Gelegenheit vorwegzunehmen, nur um das Verhalten eines nicht rechtskräftig verpflichteten Menschen zu prüfen, bedeutet, dass als Experiment verbraucht wird, was allenfalls Ernstfall würde.

Die Umwelt einer ritterlichen Gesellschaft, nicht die innere Stimme eines Gewissens, sagte den Helden des archaischen Griechentums, wie sie sich als Mitmensch benehmen müssten. Bei HOMER (2. Hälfte 8. Jh. v. Chr.) sind in der *Ilias* Diomedes und ↑ Odysseus zuverlässige Waffengefährten bei verwegenen Unternehmen, Diomedes und Glaukos Gastfreunde, die sich auch durch ihre Zugehörigkeit zu verfeindeten Lagern nicht beirren lassen, und außer der *Ilias* bezeugt die *Odyssee* das unzertrennliche Draufgängerpaar Peirithoos und ↑ Theseus. So berühmt wie dieses mythische Paar wurden durch die *Ilias* allein noch ↑ Achill und Patroklos, der für den grollenden, charakterlich andersartigen Gefährten in dessen Rüstung mit ↑ Hektor kämpfend fällt und von Achill gerächt wird. Da Gesinnung ohne eine sichtbare Tat noch nicht im Anschauungsbereich jener Zeit lag, bedeutete das griechische Wort für eine bestimmte wohltuende Handlung noch nicht, wie später, eine geistige Zuneigung der Freundschaft oder Liebe. Aber weniger als zwei Jahrhunderte danach begann die Bereicherung der archaischen Literatur in Versen durch eine gutgeprägte Prosa. Ein Ausspruch unter den allmählich anwachsenden Merksätzen der sogenannten SIEBEN WEISEN, »Bürgschaft – und schon ist das Übel da«, enthält das Schlüsselwort des vorliegenden Motivs, und eine Anekdote veranschaulicht etwa an einem Orakelspruch die sittliche Bedeutung der Gesinnung im Vergleich zu der Tat. In der Tragödie erhalten sich die mythischen Vorbilder der Freundschaft als nicht mehr traditionell religiös abgesicherte, sondern mit Willensfreiheit und Verantwortung versehene Individuen, wenn bei EURIPIDES (um 485–406 v. Chr.) Theseus (*Herakles* Tr. vor 415) den durch seine Wahnsinnstat an Frau und Kindern zerrütteten Freund vor dem Selbstmord bewahrt, Pylades (*Iphigenie bei den Taurern* Tr. um 412) lieber statt des Orest oder wenigstens mit ihm sterben würde und sich erneut (*Orestes* Tr. 408) weigert, den zum Tod verurteilten Freund zu verlassen. Dass in den Tragödien neben den bekannten überdurchschnittlichen Menschen nun auch neue, oft geringerer sozialer Herkunft, auf der Bühne standen, ebnete den Übergang des Motivs in die jüngere attische Komödie sowie in die römische Komödie mit einem alltagsnahen, bürgerlichen Milieu, das außer jugendlichen Freunden solche in Väterrollen brachte. Damit tritt neben den Freundschaftsbeweis durch Beistand in Gefahr oder Stellvertretung bis in den Tod die Variante des Besitzschutzes für den abwesenden Freund – sogar um den Preis des eigenen Rufverlusts und der Selbstverleugnung bei PHILEMON d. Ä. (365/360–264/263 v. Chr.) im *Thesauros*, bewahrt bei PLAUTUS (um 250 bis 184 v. Chr.) im *Trinummus*, ebenda die Variante, dass der solidere

Freund sich erbietet, die Schwester des leichtsinnigeren ohne Mitgift zu heiraten und ihm sein eigenes Vermögen zur Verfügung zu stellen, dieser nun wiederum, seinen letzten Acker als Mitgift zu opfern. Weitere Nuancen ergeben sich aus dem Eifer, für den Freund bei Vorwürfen wegen seiner Besuche im Haus einer Bacchis bedenkenlos einzutreten, obgleich ein Missverständnis sowie weitere Verwicklungen von MENANDROS (342/341–293/292 v. Chr.) in der Komödie vom Doppelbetrüger (*Dis exapatōn*) bei dem Umarbeiter und dadurch Erhalter PLAUTUS in den *Bacchides*, im Hinblick auf eine wirksame Szene mit Wut, Nichtverstehen, Versöhnung gehäuft sind. In das Motiv gelangt so etwa der Zug, dass gerade der sich bewährende Freund in den Verdacht der Untreue kommen soll, und dem Plot des Menandros hat ihn der Benutzer TERENZ in seiner *Andria* (Kom. 166 v. Chr.) eigens hinzugefügt.

Ihre Freundschaft verteidigten im Jahr 514 v. Chr. die beiden Athener Harmodios und Aristogeiton gegen einen Dritten, der sich wegen erfolgloser → Nebenbuhlerschaft mit öffentlicher Beleidigung der Schwester an Harmodios rächte, und dieser Hipparchos kam auch bei ihrem gemeinsamen Mordanschlag um, doch wurde Harmodios von der Leibwache des Hipparchos und seines Bruders Hippias getötet und Aristogeiton festgenommen, sodass er sein Todesurteil erhielt. Kurz nach der Vertreibung des weiterregierenden Hippias im Jahr 510 v. Chr. stellten ein offizielles Denkmal von Antenor und öffentliche Meinung die zwei Freunde als → Tyrannenmörder dar, und schon THUKYDIDES (um 460 bis um 400 v. Chr.) hat dies in seinem Werk als ein Beispiel unkritischer Geschichtstradierung von Mund zu Mund angeführt. Ein Mann als → Tyrannenmörder, ein zweiter als Freund des zum Tod verurteilten, aber zwecks letzter Verfügungen gegen persönliche Bürgschaft dieses Freundes beurlaubten Mörders, der von der Bereitschaft des bürgenden, mehr noch von der pünktlichen Rückkehr des freigegebenen Freundes gerührte Tyrann, der Dritter im Bunde sein zu dürfen bittet, sind die Personen der Motivvariante, die, zuerst mit den Namen ↑ Damon, Phintias (später Pythias), Dionysios, seit ARISTOXENOS VON TARENT (4. Jh. v. Chr.) bezeichnende Wandlungen erfuhr. Als Freundschaftsbeweis zweier Pythagoreer, wie ihn der aus Syrakus vertriebene, in Korinth um 340 v. Chr. Elementarunterricht erteilende Dionysios d. J. dem Aristoxenos persönlich erzählt habe, gehört er zu den Fragmenten von dessen zahlreichen Schriften, darunter denen über den mindestens Mathematikern stets bekannt gebliebenen Philosophen PYTHAGORAS (um 570 – um 480 v. Chr.) sowie die Lebensweise seiner in einer Art Orden zusammengeschlossenen Anhänger. Nach dieser Darstellung aber wurde der hier Phintias heißende Pythagoreer des Mordanschlags beschuldigt und trotz seiner Unschuldsbeteuerungen zum Tod verurteilt, weil ein nur unterstelltes politisches Attentat die Zweifel von Höflingen des Dionysios an der vielgepriesenen Verbundenheit der Pythagoreer prüfen sollte. Den angeblichen Verbrecher und den Bürgen, hier Damon, habe Dionysios zum Schluss umarmt, geküsst und gebeten, ihn für würdig zu halten, ihn als Dritten in ihren Freundschaftsbund aufzunehmen, jedoch hätten sie sich dazu nicht bewegen lassen. Die offensichtlich zum Lob oder zur Verteidigung pythagoreischer Haltung berichtete, bei PORPHYRIOS VON TYROS (234 – um 304 n. Chr.) und IAMBLICHOS VON CHALKIS (um 275–330) originalnah griechisch bewahrte Geschichte mit Doppelung einer bei HOMER (*Odyssee* 8,347ff.) nebensächlichen, im Übrigen seltenen Bürgschaft ist trotz unwahrscheinlicher Züge bei CICERO schon in 45 und 44 v. Chr. verfassten Schriften (*Tusculanae disputationes* und *De officiis*) eine moralisch verwertbare Halbwirklichkeit unter Verwechslung von Dionysios II. mit I. sowie Fortfall der ablehnenden Schlussantwort, der die Unglaubwürdigkeit vermehrt, bei DIODOR/DIODORUS SICULUS (1. Jh. v. Chr.) auf griechisch ein wirklicher Mordversuch, ebenso bei VALERIUS MAXIMUS (1. Jh. n. Chr.) auf lateinisch mit herausgestellter Tyrannenbekehrung, bei HYGINUS MYTHOGRAPHUS (2. Jh. n. Chr.?) die zu Nummer 257 seiner *Fabulae* ausgesponnene Variante, die SCHILLER 1798 zur idealistischen Ballade *Die Bürgschaft* formte, von HIERONYMUS (um 348 – 420) bis zur *Legenda aurea* (um 1270) des JACOBUS DE VORAGINE mit einem Sinthias statt Phintias christianisiert, jeweils variiert seit dem von Valerius Maximus belehrten Italiener JACOBUS DE CESSOLIS (13. Jh.) in älteren europäischen sowie wohl pythagoreisch beeinflussten arabischen Texten, mit einem freisprechenden Richter statt freundschaftslosen Tyrannen in *Der Seele Trost* (niederdt. Ms. 1407, Drucke 1474, 1489) nahe bei fremden Plots, und als eine eigene Version mit abweichenden Einzelheiten sowie wesentlich anderem Schluss gilt diejenige des POLYAINOS (*Strategemata* 162 n. Chr.).

Die Motivvariante des Freundschaftsbeweises mit Tyrannenfeindschaft, die auch bei Harmodios und Aristogeiton neue Züge erhielt, so die Erprobung des Zweiten durch den Ersten (HYGINUS, ARISTOTELES, DIODOROS, SENECA u. a.) unter einem ähnlichen Vorwand wie dem des Prinzen mit drei Freunden in den *Gesta Romanorum*, steht vor dem Hintergrund von Theorie und Praxis der Freundschaft zwischen der Schulgründung des Pythagoras in Unteritalien und der Schriftstellerei des Aristoxenos, der vorher die Leitung der Schule seines Lehrers ARISTOTELES (384–322 v. Chr.) in Athen angestrebt hatte.

Die von PYTHAGORASin unteritalienischen Städten gelehrte Wissenschaft, die in ihrem ethischen Teil auf die charakterlich-geistige Formung junger, nach strenger Prüfung in genau geregelter Gesinnungsgemeinschaft lebender, zu gegenseitiger Hilfeleistung bis zum Einsatz der eigenen Person verpflichteter Männer abzielte, dürfte für den vom Sittlichkeitsbegriff des SOKRATES (um 470–399) geprägten PLATON (427–347) Berührungspunkte gehabt haben, als er auf einer Reise in den Jahren 388–387 in enge Beziehung zu Archytas in Tarent, einem Zentrum pythagoreischer Lehre, und zu dessen Freund Dion in Syrakus, Schwager von Dionysios I., trat. Seine nach der Rückkehr in Athen gegründete Schule, spätere Akademie, eine fast tausend Jahre lang wirkende religiöse »Genossenschaft«, und seine für sie geschriebene und durch sie vertretene Lehre ging in der Staatstheorie besonders auf die Heranbildung junger Männer zu Regenten, den »Philosophen-Königen«, ein. Die beiden weiteren, dringend erbetenen Aufenthalte Platons am Hof Dionysios' II. von Syrakus, die Funktion des Archytas als Stratege seiner Vaterstadt, Dions politische Laufbahn als Verbannter, Usurpator und schließlich Opfer einer Verschwörung, ferner des Aristoteles Berufung als Erzieher des jungen Alexander an den makedonischen Hof lassen ahnen, wie wenig die damaligen Philosophen mit ihrer Ethik der Freundschaft an eine rein gefühlsmäßige Verbundenheit dachten und wie stark sie das Ideal der Teilnahme am Staat, der Wechselbeziehung zwischen dem Einzelnen und der Gemeinschaft, einbezogen.

Mit einem wirklichen Freundschaftsbund des 2. vorchristlichen Jahrhunderts in der Verklärung durch CICERO (*Laelius de amicitia* 44 v. Chr.) und einem durch VERGIL (*Aeneis* 30–19 v. Chr.) erdichteten der mythischen Vorzeit Roms brachte sich das Motiv in der heidnisch-lateinischen Transponierung des griechischen Geistes zur Geltung, ehe die christlich-lateinische Tradition es mit diesen beiden bevorzugten Autoren zunehmend schätzte. Sowohl Scipio und Laelius als auch die der Sage einverleibten Jünglinge Nisus und Euryalus sind »Hetairoi«, Gefährten, Kriegskameraden, und zwar »Philhetairoi«, ihren Partner liebende, »inter se amicitia iunctissimi«, wie Hyginus die Heldenpaare der griechischen Sage nennt. Aber die »Grex Scipionis«, der Kreis um Scipio, war ein Kulturzentrum, das Griechisches in Römisches umschmolz und Kriegertugend herkömmlicher Art durch innere Haltung veredelte. Edler als die streitbaren Heroen war auch Vergils rührendes junges Freundespaar, das, bei einem nächtlichen Durchbruchsversuch von den Volskern überrascht, flieht, wobei Euryalus jedoch vom Feind gestellt wird, der schon entkommene Nisus zurückkehrt, um den Gegner auf sich abzulenken, aber nur dem Freund nachsterben kann.

Bei den Germanen waren zunächst der Sippe und Familie andere zwischenmenschliche Beziehungen und dem Gefolgschaftswesen mit seinen Treuepflichten nach oben, aber auch nach unten sonstige Beziehungen zwischen Männern untergeordnet. Das Christentum, dessen Einfluss schon die ältesten überkommenen heroischen Dichtungen mit dem Motiv des Freundschaftsbeweises erkennen lassen, sah zwar in der Nächstenliebe eine Vorstufe für die Liebe zu Gott, versagte aber der Freundschaft als individueller Sympathie ein besonderes Interesse, sodass eigentliche Freundschaftsbünde in der Literatur dieser Epoche vom Christentum kaum geprägt sein dürften. Auf ein germanisches Heldenlied, das jedoch erst unter spätantik-christlichem Einfluss entstanden sein könnte, weist das mittellateinische Epos *Waltharius* (Ende 9. Jh.) des nach antiken Mustern (VERGIL, STATIUS) gestaltenden geistlichen Verfassers zurück, der den ursprünglich vielleicht tragisch endenden Konflikt zwischen Freundespflicht und Mannentreue, der sich erst durch die hinzutretende Pflicht zur → Blutrache für den von Walther erschlagenen Neffen als Parteinahme für König Gunther löst, schließlich versöhnlich überbrückt. Antiker Einfluss wurde auch bei der altfranzösischen *Chanson de Roland* (1073/78) geltend gemacht, denn sie äußere sich in der starken innerlichen Verbundenheit zwischen dem »bedachten« Olivier und dem »stolzen« Roland, der den toten Freund beklagt: »Quant tu es morz, dulur est que jo vif.« Die Bewährung der beschworenen Freundschaft, die, wie jene mesopotamische zwischen Gilgamesch und Enkidu, nach BERTRAND DE BAR-SUR-AUBE (*Girart de Vienne* um 1210) aus einem Zweikampf hervorging, erweist sich darin, dass Roland eine Verwundung, die ihm Olivier in der Betäubung beibringt, sofort verzeiht, und andererseits darin, wie sich der sterbende Olivier gegenüber dem verzagt reumütigen Roland verhält, der leichtsinnig und überheblich ihrer beider Tod sowie den der Gefolgschaft heraufbeschworen hat. Die von einem christlichen Autor verfasste, aber in ein erst flüchtig vom Christentum berührtes Island verlegte *Njalssaga* (um 1300) zeigt, wie zwei Männer, der unbeugsame Gunnar und der weise Njal, ihre Verbundenheit trotz des Zwistes und der Mordintrigen ihrer Frauen unbeirrt aufrechterhalten und keine finanziellen Mittel scheuen, um eine blutige Sippenfehde abzuwenden. In der noch zugespitzteren Motivvariante, dass eine Männerfreundschaft sich gegenüber einer einzigen Frau erweisen muss, versagt Ethelwold (William of Malmesbury, *Gesta regum Anglorum* 1. Hälfte 12. Jh.), der als Werber für seinen König der eigenen Liebe zu der Frau nachgibt, während Siegfried sowohl in der *Edda* als auch im *Nibelungenlied* an Gunthers Stelle die → Freierprobe besteht und dann auch im Brautbett das begrenzte Stellvertreterrecht zu achten weiß, Gunther wiederum später unter dem Einfluss seiner Frau des Freundschaftsbeweises nicht fähig ist, den Mord an Siegfried zwar nicht persönlich begeht, aber durch den nicht an ein Freundschaftsgebot gebundenen Guttorm bzw. Hagen ausführen lässt. Dass Gunther und Siegfried zunächst nur durch Freundschaft, bei der Bewährung aber außerdem schon als Angehörige der gleichen Sippe verbunden waren, kann hier so wenig übersehen werden wie bei dem an Opfern und Hilfeleistungen erkenntlichen Verhältnis zwischen Renaud und Maugis in der Chanson de geste *Les Quatre fils Aymon* (um 1150), dass es zugleich Freunde mit dem Siegel des Freundschaftsschwurs und Vettern eint. Von der Sippenbindung zwischen Rüedeger von Bechlarn und den Burgundenkönigen im *Nibelungenlied* ist während ihres Konflikts Rüedegers auf Burgundenseite stehender Freund Hagen nicht betroffen, und wenn dieser jenen vor Beginn des Kampfs um Überlassung des Schildes bittet, da sein eigener zerbrochen sei, aber, als er den Schild erhalten hat, erklärt, am Kampf gegen Rüedeger nicht teilnehmen zu wollen, ist Freundestreue über Gefolgschaftspflicht gestellt.

Die antike Ethik wurde zu Beginn der christlichen Ära von Plutarchos (um 50 – um 120) griechisch und von Boethius (etwa 480–524) lateinisch gefiltert. Das geistige Erbe, das die Patristen bis Johannes von Damaskus (gest. um 749) in griechischer Sprache, der bis ins 3. Jahrhundert amtlichen römischen Kirchensprache, sowie Hieronymus (um 347 – um 420), Augustinus (354–430) u. a. auf lateinisch einbrachten, bestimmte als Humanitas christiana auch den Freundschaftsbegriff. Doch obwohl *Laelius de amicitia* von Cicero den durch Schullektüre Gebildeten bekannt war und durch gelehrte Vermittler wie Ailred von Rieval (gest. 1166) mit *De amicitia spirituali* oder Peter von Blois (gest. um 1200) mit *De amicitia christiana* dem Zeitgeist angepasst wurde, stand in der höfischen Dichtung die zum Ideal gesteigerte Liebe zu einer Frau einer Weiterwirkung klassischer Freundschaftstopoi entgegen. Verbundenheit eines höfisch gereiften Mannes mit jungen Rittern, etwa in der Epik um ↑ Artus, der Matière de Bretagne, diejenige des vollendeten Ritters Gawein/Gauvain mit Erec, Iwein, ↑ Parzival und Cligès, dem Thronerben aus Konstantinopel, gilt vorwiegend deren Erziehung oder kann Hilfe bei Liebesabenteuern sein. Es ist bemerkenswert, dass bei dem Motiv der Zug wiederkehrt, die Freundschaft aus einem Zweikampf erwachsen zu lassen, so dem zwischen Erec und dem König von Irland (HARTMANN VON AUE, *Erec* 1180/85) oder dem zwischen Lancelot und Galehaut (*Lancelot du lac ou Lancelot propre* um 1220). Unter leichter Abwandlung des Zugs befestigt bei WOLFRAM VON ESCHENBACH (*Parzival* 1200–10) der irrtümliche Kampf Parzivals gegen Gawan, in dem Parzival den Gegner Gawans vermutet (→ Gegner, Der unerkannte), die Freundschaft, denn im Augenblick des Erkennens erweist sie sich als unverbrüchlich, wenn Parzival die Niederlage Gawans zu einer eigenen umdeutet, die er im Freund sich selbst beigebracht habe. Für ritterlich-höfisches Denken bleibt natürlich der gültigste Freundschaftsbeweis der Einsatz des Lebens. Wenn Iwein (HARTMANN VON AUE, *Iwein* um 1200) den Kampf mit einem Riesen auf sich nimmt, um Gawein zuliebe dessen Neffen zu befreien, erhärtet er des Dichters beziehungsreiche Worte: »ir ietweder truoc / des andern liep unde leit«.

Als Hauptmotiv stellt sich der Freundschaftsbeweis in zwei mittelalterlichen Werken außerhalb des Höfischen dar. Früh belegt (RADULFUS TORTARIUS um 1090), wahrscheinlich schon gleichzeitig mit dem Sagenkreis um Kaiser ↑ Karl verknüpft, in einer Variante auch von Legendencharakter, ist die wohl im Orient entstandene Geschichte von ↑ Amis und Amiles (*Vita Sanctorum Amici et Amelii* 1. Hälfte 12. Jh.; Chanson de geste *Amis et Amiles* um 1200; KONRAD VON WÜRZBURG, *Engelhard und Engeltrud* 1270/85), zwei Freunden, von denen zuerst der eine für den anderen die Vertretung beim → Gottesurteil übernimmt, später dieser aus Dankbarkeit den an Aussatz erkrankten Freund mit dem Blut seiner eigenen Kinder zu heilen sucht. Das Motiv mit dem Zug der Stellvertretung sowie eine zweiphasige Handlung kennzeichnen auch die ursprünglich orientalische Geschichte (*Von Attaf und Ja'afar dem Barmekiden* in *Tausendundeine Nacht*), die der hispanojüdische, 1106 als PEDRO ALFONSO getaufte, arabisch-lateinische Vermittler (*Disciplina clericalis* Anf. 12. Jh.) ausformte, die *Gesta Romanorum* (Mitte 14. Jh.) dann übernahmen sowie verbreiteten und deren geläufiger Titel *Athis und Prophilias* von der französischen Fassung (12. Jh.) vielleicht des ALEXANDRE DE BERNAY stammt, denn hier verzichtet von zwei Kaufleuten oder Studenten einer zugunsten des anderen auf die Ehefrau, in nicht-orientalischen Versionen auf die Braut, und dieser rettet den fälschlich eines Mordes angeklagten Freund durch Selbstbezichtigung vor der Hinrichtung.

Das im Werk des Renaissancedichters BOCCACCIO (1313–75) zusammengeflossene umlaufende europäische sowie orientalische und neu entdeckte antike Erzählgut enthält drei aufschlussreiche Beispiele des Motivs. In Boccaccios Bearbeitung des ↑ Troilus-und-Cressida-Stoffs, wie auch in dem epischen Gedicht *Filostrato* (um 1338; danach in *Troilus and Criseyde* von CHAUCER um 1385), hilft Pandarus dem Troilus in einer Weise, die von einer zynischen Deutung der mittelalterlichen Anschauung, Freundschaft sei eine Dienerin der Liebe, zeugt und von Boccaccio bis Chaucer wertfrei dargestellt ist, doch im Licht der dann durchbrechenden humanistischen Freundschaftsvorstellung als diejenige eines sprichwörtlichen Kupplers erscheint (SHAKESPEARE, *Troilus and Cressida* Dr. um 1602). Auch das Epos *Teseida* (1336/40) von Boccaccio mit dem in den Mittelpunkt der Handlung gerückten Motiv vertritt noch nicht das neue Freundschaftsideal, denn es weicht der Entscheidung in der → Nebenbuhlerschaft zweier Freunde aus, da der Sieger nach dem Turnier um die geliebte Frau, ein idealisiertes Selbstbildnis Boccaccios, durch Tücke der Venus stirbt und des Preises verlustig geht, den der andere nach angemessener Trauer übernimmt. Mit seiner Bearbeitung der Geschichte von Athis und Prophilias unter dem Titel ↑ Titus und Gisippus im *Decamerone* (1348/53) lieferte BOCCACCIO dann eine für die mittlere Literaturepoche mustergültig gewesene Motivvariante, in der die Freundschaft über Liebe siegt. Der vertraglich gebundene Verlobte wird zwar auch gesetzlicher, aber der ihm täuschend ähnliche Freund tatsächlicher Ehemann einer Frau, die von der großzügigen Ausleihe nichts ahnt, bis der Athener die Ausleihe in eine offizielle Abtretung an den nach Rom zurückreisenden Freund verwandelt. Er wird von der Familie verstoßen, gerät während der zweiten, jetzt kausal mit der ersten verbundenen Phase in Armut, sucht in Rom seinen Freund und wird durch dessen Selbstbezichtigung vor der Hinrichtung wegen eines ihm fälschlich angelasteten Mordes bewahrt.

Die Häufigkeit des Motivs in der volkstümlichen Epik des Spätmittelalters (ELISABETH VON NASSAU-SAARBRÜCKEN, *Loher und Maller* R. vor 1437; *Olivier et Artus*, eine Version des ↑ Amis-und-Amiles-Stoffs, 1482, dt. von W. ZIELY 1521; *Valentin et Orson* 1489, dt. von W. ZIELY 1521) ist eine Nachwirkung der Chanson-de-geste-Motivik, die noch die frühbürgerlichen Romane von Jörg WICKRAM mit dem hilfreichen, opferbereiten Freund als Begleiter des Protagonisten (*Ritter Galmy* 1539; *Gabriotto und Reinhart* 1551; *Der Goldfaden* 1557) oder als Exempelsammlung des Verhaltens (*Von guten und bösen Nachbarn* 1556) erreichte, wenn sie nicht, wie bei HANS VON BÜHEL (*Diokletians Leben* Versnovellen 1412) durch seine Vorlage, *Von den sieben weisen Meistern*, sogar älterer Herkunft ist.

Der Neuansatz des 16. Jahrhunderts geht von der Kunstdichtung aus, die im Neulateinertum wurzelt. Dichter und Gelehrte dieser untergründig mit der Antike verbundenen Periode bis in das 18. Jahrhundert hinein lebten nach den von ihnen interpretierten Mustern der Freundschaft auch als wirkliche Sodalitas. Ihre Freundschaftsliteratur (MONTAIGNE, *Essais* 1580–88; R. BURTON, *The Anatomy of Melancholy* 1621 u. öfter) und Freundschaftsdichtung variierten die bei CICERO, HORAZ, STATIUS (1. Jh. n. Chr.) erkannten Grundgedanken von der einen Seele in zwei Körpern, dem Vorrang der Freundschaft vor familiären oder erotischen Bindungen, dem gemeinsamen Streben nach dem – jetzt christlich verstandenen – Guten. Zu dem Motiv des Freundschaftsbeweises stößt P. FLEMING vor, wenn er 1632 den Einsatz des Olearius auf der persischen Reise besingt, S. DACH, indem er (*Der Mensch hat nichts so eigen ...*) der Förderung sowie wirtschaftlichen Unterstützung durch Roberthin gedenkt, J. DU BELLAY (1522 bis 1560), der in einem seiner lateinischen Gedichte (*Delitiae poetarum Gallorum*) zwei Freunde preist, die, als der eine den andern mit seinem Leib schützte, zu gleicher Stunde und an gleichen Wunden den Tod erlitten.

Für das Motiv bei erzählender und szenischer Gestaltung lagen seit Anfang des 16. Jahrhunderts zwei lange vorbildliche Werke vor: mehrfach nacherzählt der ↑ Damon-und-Pythias-Stoff und, vielfach übersetzt, BOCCACCIOSNovelle *Titus und Gisippus*.

Die alte Botschaft der Stellvertretung, deren klassisches Muster von dem englischen Schulmann R. EDWARDS mit dem Reimspiel *Damon and Pithias* (Auff. 1564? Druck 1571) erstmals dramatisiert wurde, erging nur äußerlich verändert, wenn im gefühlvollen Schäferroman *Arcadia* (postum 1590) von Ph. SIDNEY zwei nach Arkadien verschlagene Prinzen, Musidorus und Pyrocles, des Mordes bezichtigt und zum Tode verurteilt, das Leben des Freundes mit dem eigenen erkaufen wollen, wenn unter Verwendung eines verbreiteten, von GIOVANNI FIORENTINO (*Il Pecorone* Erz.-Slg. Druck 1558) vorgelegten Erzählmotivs SHAKESPEARE in *The Merchant of Venice* (Dr. 1596/98) den Kaufmann Antonio ein Pfund seines Fleischs für Geld zugunsten seines Freundes Bassanio verpfänden lässt, der dann wieder alles zur Rettung Antonios aufbietet, oder wenn sich bei Ph. MASSINGER in *The Bashful Lover* (Dr. 1636) heroische Freundschaft mit sentimentaler paart, sodass der eine in der Schlacht seinen Mantel hergibt, um den anderen vor der Identifizierung zu schützen, und dieser in der höchsten Gefahr für jenen den Mantel wieder abwirft. Das spanische Schauspiel *Cautelas son amistades* (von F. GODÍNEZ?) führte um diese Zeit vor Augen, wie ein Carlos sich für einen brüderlich befreundeten zweiten Carlos ausgibt, um diesen unehelichen Sohn des verstorbenen Königs gegenüber den Nachstellungen des → Tyrannen auf dem Thron zu vertreten.

Den Freundschaftsbeweis schuldig zu bleiben oder die Freundschaft zu kündigen rechtfertigen nach dem literarischen Befund die politische Überzeugung, besonders wenn sie etwa für Brutus mit dem ↑ Cäsar-Stoff bei SHAKESPEARE in *Julius Caesar* (Tr. 1598/99) geschichtlich vorgezeichnet ist, oder die Pflicht der Rache durch Duell als Ehrenrettung (J. SHIRLEY, *The Maid's Revenge* Tr. 1626; J. RUIZ DE ALARCÓN Y MENDOZA, *La culpa busca la pena* Dr. um 1630), freilich mit epochenbedingten Maßstäben. Epochenbedingt ist auch die geringere Konsequenz der dramatischen Charaktere gegenüber großer Bewegtheit der Handlung, die sich auf die Psychologie von Freundschaft und Freundschaftsbruch bei J. FLETCHER in dem historisch eingekleideten Drama *Valentinian* (1610/14) auswirkt, dessen Hauptmotive → Gattenehre und → Rache sind.

Obgleich mittelalterliche und petrarkistische Bewertung der Liebe die antikische Ranghöhe der Freundschaft abbauten, entscheidet sich der wahre Freund im Konflikt zugunsten der Freundschaft. In dem allegorischen Prosaschauspiel *Endimion, the Man in the Moone* (um 1588) von J. LYLY wird diese Entscheidung dadurch belohnt, dass sie auch zum Ziel der hintangestellten Liebe führt. Die Voraussetzung, dass Freund A und Freund B die gleiche Frau C lieben, ergibt eine Skala von Varianten, in denen meist die Freundschaft den Vorrang behält. Bei der einen Gruppe von Varianten entsteht nach dem Beispiel *Titus und Gisippus* eine → Nebenbuhlerschaft, indem sich zwei Freunde annähernd gleichzeitig in dieselbe Frau verlieben. Im einfachsten Fall verzichtet A zugunsten von B, so in *Alexander and Campaspe* (Prosa-Kom. 1584) von J. LYLY Alexander der Große zugunsten des Malers Apelles auf die schöne Gefangene, die er, wie PLINIUS d. Ä. (*Naturalis historia* 77 n. Chr.) überliefert, freigelassen und Apelles bei Anfertigung des bestellten Porträts zu lieben begonnen hatte. Zu dem einsichtigen Verzicht gelangen Euphues und Philautus in Lylys zweiteiligem Roman *Euphues* (*Euphues: the Anatomy of Wit* 1578; *Euphues and his England* 1580) erst auf dem Umweg von Verstößen gegen die Freundschaft, die sie noch erlernen mussten: Euphues macht Philautus die von diesem geliebte Lucilla abspenstig, verliert sie jedoch an einen Dritten, und Philautus verheimlicht später eine neue Verliebtheit, für die er sogar Euphues auszunutzen sucht. In der blutigen *Tragedy of Soliman and Perseda* (um 1588 von Th. KYD?) gewährt der Sultan zwar Erastus von Rhodos seine schützende Freundschaft und verzichtet auch darauf, seine Macht zur Gewinnung der gefangenen Perseda auszunutzen, hält jedoch seine Großmut nicht durch und liefert den Freund einem eifersüchtigen Gegner aus. Im Bereich des Konflikts liegt derjenige des Werbers zwischen Erfüllung des Auftrags und Rücksicht auf eigene Neigung. Während dieser Konflikt in dem bekannten ↑ Elfriede-Stoff (ANON., *A Knack to Know a Knave* Dr. 1592) egoistisch gelöst wird, zeigen sich in *Friar Bacon and Friar Bungay* (Kom. 1594) von R. GREENE Prinz Edward und der für ihn um die schöne Margaret werbende Lord Lacy ausnehmend ritterlich, versöhnlich und freundschaftsbewusst. In den bald nach der Jahrhundertwende einsetzenden Abwandlungen des Motivs innerhalb verwickelter Bühnenhandlungen (ANON., *The Trial of Chevalry* Dr. 1605; Th. HEYWOOD, *A Challenge for Beauty* Dr. 1613) wissen werbende Freunde sogar eine ihnen von der Frau entgegengebrachte Zuneigung im Sinne ihres Auftrags umzulenken. Entschärft hier die Großherzigkeit beider Freunde den Konflikt, so findet er nicht statt, wenn der Autor eine Entscheidung durch das Los vorsieht und außerdem den Verlierer als einen bisher unerkannten Bruder der zweifach begehrten Frau vom Wettbewerb ausschließt (R. BROME, *The Love-sick Court* Dr. 1632). Entsprechend solcher Variationsbreite zwischen dem tragischen und dem sentimentalen Extrem kann sowohl, falls die Frau einen der zwei Männer bevorzugt, in der angeblich italienischen Verserzählung aus dem Griechenland Vespasians *Gaulfrido and Barnardo* (1570) von J. DROUT der abgewiesene Bewerber sich umbringen und der glücklichere ihm durch Freitod nachsterben als auch in dem Schauspiel *Tully's Love* (1589) von R. GREENE jeder der Freunde auf die Frau zugunsten einer anderen Liebe verzichten, schließlich auch in dem Stück *The Rival Friends* (1631) von P. HAUSTED die Frau sich angesichts zweier gleich verzichtwilliger Freunde einem dritten Mann zuwenden.

Bei der zweiten Gruppe von Motivvarianten besteht statt → Nebenbuhlerschaft unverheirateter Freunde die Gefahr eines Ehebruchs der Frau des einen Mannes mit dem erst ins Spiel eintretenden anderen Mann, den der Freund als Vertrauten oder als beauftragten Tugendprüfer überschätzt hat. Das alte Erzählmotiv taucht in französischer Neugestaltung als Novelle *Les deux amis* bei MARGUERITE DE NAVARRE (*L'Heptaméron des nouvelles* V,47; 1559) auf, in der die Ehefrau zweimal von ihrem Mann veranlasst wird, sich von seinem Freund zu distanzieren, dieser sich das erste Mal von der geargwöhnten Anfälligkeit reinigt, für den Wiederholungsfall jedoch das Ende seiner Freundschaft ankündigt und dann auch alles daransetzt, den Ehemann seinem Verdacht gemäß zum → Hahnrei zu machen. In W. PAINTERS wenig später erschienener Sammlung *Palace of Pleasure* (1566 u. 1567) findet sich die gleiche Erzählung als *Story of a jealous Gentleman* unter Umwandlung des Gebots der Distanz in den Wunsch, die Ehefrau möge des Freundes Treue erproben, während in dem Gegenstück, Painters 99. Novelle, die ursprüngliche Vertrauensseligkeit des Ehemanns, der mit dem Freund das Ehebett, wenn auch nicht alle intimen Rechte teilt, aus dem *Heptaméron des nouvelles* übernommen wurde, aber die Trübung der Freundschaft durch die Frau mit einer triumphalen Freundschaftsbewährung endet. Bei der in den ersten Teil des *Don Quijote* (R. 1605 u. 1615) von CERVANTES eingelassenen Novelle *El curioso impertinente* dagegen fordert der Ehemann nicht seine Frau, sondern seinen Freund zur Treueprüfung auf, und da diese für die Frau als Prüfling sowie für den Prüfer zur Niederlage im Augenblick der Versuchung wird, stirbt der Ehemann vor Gram, während der ungetreue Freund den Tod in der Schlacht und die ungetreue Frau die Abkehr vom Leben im Kloster sucht. Erregender und überzeugender ist die Dramatisierung von *El curioso impertinente* (um 1620) durch G. de CASTRO Y BELLVIS mit der hinzugefügten Vorgeschichte einer → Nebenbuhlerschaft nebst Verzicht aus Freundschaft, die freilich die ältere Liebe zwischen Freund und Ehefrau nicht zum vollen Erlöschen gebracht hatte. Dass Argwohn selten verstummt, bestätigt der Ehemann in R. GREENES *Philomela* (Erz. 1592), der gegen seine Frau und den von ihm selbst zu deren Prüfung veranlassten Freund trotz des Erweises von beider Treue verleumderische Anklage erhebt und Scheidung seiner Ehe sowie Verbannung des Freundes erreicht. Neben drei nahezu untadeligen Personen, dem Freund, der von ihm beschützten Ehefrau des zweiten Mannes und diesem zurzeit abwesenden Freund, der den ersteren nur vorübergehend zu Unrecht verdächtigt (BEAUMONT/FLETCHER?, *The Faithful Friends* Dr. um 1616), stehen die Nachfahren der um Ausgleich zwischen Freundschaft und Liebe ringenden Männer in der *Teseida* von BOCCACCIO sowie dann in *The Knight's Tale* von Chaucer (*Canterbury Tales* 1. Erz.), deren Hauptfiguren Palamon und Arcite bei R. Edwards (Dr. 1566), J. Dryden (Paraphrase 1699) und in *The Two Noble Kinsmen* (Auff. 1613?, Druck 1634) von Fletcher/Shakespeare fortlebten. Treulos mit begehrlicher Neigung zur Braut oder Frau des Freundes, wandelbar wie der Meergott Proteus bei Homer, sind Proteus in der Komödie *The Two Gentlemen of Verona* (um 1593), die Shakespeare nach dem Plot um Félix und Felismena in Jorge de Montemayors *Los siete libros de la Diana* (1559) verfasste, Angelo in dem Stück *The Case is Altered* (vor 1599) von Ben Jonson und Wendoll in dem um 1603 aufgeführten Werk *A Woman Kilde with Kindnesse* von Th. Heywood, in dem sich auch schon das bürgerliche Schauspiel ankündigt. Das ideologische Gleichgewicht ist oft durch leuchtende Kontrastfiguren gewahrt, Valentine bei Shakespeare oder das Freundespaar bei Ben Jonson, der das moralische Rührstück *Captivi* von Plautus (gest. 184 v. Chr.) vor Augen hatte. Als in *The Fair Maid of the West* (Dr. um 1610) von Th. Heywood der Freund der Versuchung zu erliegen droht, die erbetene Treueprüfung der Frau auf ein Nichtbestanden anzulegen, da ihm dann ein Geldbetrag zufiele, wird er von der Frau zur Rückbesinnung gebracht, und in *Amends for Ladies* (Dr. 1618) von N. Field besteht gleichfalls der weibliche Prüfling, nicht aber der Prüfer.

In anderen Varianten der durch eine Liebe gefährdeten Freundschaft figuriert eine frühe → Femme fatale. Das tragische Ende des 1631 gespielten Dramas *Love's Cruelty* von J. Shirley, das der Freund ahnungsvoll vorbeugend ausschließen wollte, wird von der verführungswilligen Ehefrau unter Verheimlichung ihrer Identität heraufbeschworen, und in *The English Traveller* (Dr. 1633) von Th. Heywood befreit sich die Ehefrau durch ein Geständnis sowie durch Selbstmord aus ihrer Verstrickung in das ehebrecherische Verhältnis mit einem Dritten und die dadurch genährte Verdächtigung des Freundes. Frauen dieser Art setzen ebenso gewissenlos ihren Ehemann unter Zwang, indem sie, meist wegen ehemaliger Beziehungen zu dem Freund, auf dessen Beseitigung (J. Marston nach Bandello, *The Insatiate Countess* Tr. 1613; Ph. Massinger, *The Parliament of Love* Dr. 1624) oder auf eine Herausforderung zum Duell (J. Webster/W. Rowley, *A Cure for a Cuckold* Dr. gedruckt 1661) dringen, dabei aber oft gerade den Sieg der Freundschaft über ihre Ehe erzielen.

Wo die Einigkeit zweier Männer bei der Bewährung ihrer Verbundenheit in der englischen Literatur zur Zeit der Tudors sowie im

Drama zur Zeit der Stuarts wurzelt, lehrt die Prägung »One Soul in Bodies Twain« und wird ersichtlich, wenn in der Tragödie *Hamlet* (1600/01) von SHAKESPEARE der sterbende Held seinen Freund Horatio bitten muss, den Wunsch, ihm nachzusterben, dem bitteren Ausharren des überlebenden Zeugen zu opfern, und wenn in dem auffallend ähnlichen Rachedrama *The Revenge of Bussy d'Ambois* (1613) von G. CHAPMAN Clermont d'Ambois, Bussys Bruder, nach der Ermordung des Herzogs von Guise, seines Freundes, aus Abscheu vor den Gräueln der demoralisierten Epoche sein Leben eigenmächtig beendet.

Aus dem Akkord von stoischer Zucht, christlicher Bruderschaft und vorromantischer Seligkeit im Tod, von der Horatio sich noch verbannen sollte, um Hamlets Geschick zu melden, hallte bei späteren Autoren ein jeweils anderer Ton nach. Bei dem deutschen Theologen und Pädagogen A. H. BUCHHOLTZ war es der brüderliche, denn in seinem demütig-erbaulichen, heroisch-galanten Roman *Herkules und Valiska* (1659) macht die Trennung vom Freund bereits ein Kind krank, das dem 3. Jahrhundert des Plots und ebenso dem 17. des Verfassers angehört. Außerdem brachte Buchholtz allerdings die gesellschaftlich konventionelle Freundschaft mit gedämpften seelischen Nebentönen zum Klingen. Auf Standhaftigkeit und Entsagungsbereitschaft beruhende Freundschaftsbeweise, wie derjenige des untadeligen Cimber durch die Unterdrückung seiner Liebe zum Vorteil des Freundes in *Die Durchleuchtige Syrerin Aramena* (R. 1669–73), festigen bei ANTON ULRICH Herzog VON BRAUNSCHWEIG-WOLFENBÜTTEL die Ordnung einer Welt, deren Bedrohung und Unsicherheit er als einer der noch im Dreißigjährigen Krieg geborenen Verantwortlichen für seine Generation zu mindern suchte. In dem Roman *Der abenteuerliche Simplicissimus* (1669) des 1622 geborenen, in den Krieg tief hineingerissenen H. J. Ch. v. GRIMMELSHAUSEN heißt der Retter des Simplicius vor dem Versinken im Strudel des Lebens und dann von Simplicius umsorgte Freund nicht absichtslos Herzbruder. Eine der wenigen neuen englischen Tragödien nach der puritanischen Theaterstille von 1642 bis 1660, die Historie in Blankversen *Venice Preserved* (1682) von Th. OTWAY, enthält neben anderem Altbestand das Motiv der Freundschaft, die hier die beunruhigte Ehefrau aufzugeben rät, um eine Beteiligung an dem Anschlag gegen den Senat von Venedig zu verhindern, doch verwindet dann der Mann den Verrat an der Freundschaft nicht und verurteilt sich selbst zum Tod. Otway war ein »Elizabethan born out of his time« auch im Blick auf die inzwischen ausgereifte französische klassische Tragödie, deren dem Römertum entstammender Idealheld bei P. Corneille bereits in *Cinna* (Tr. 1640) sogar zwei bedeutende, zu seiner Beseitigung entschlossene, untereinander unaufrichtige, selbstsüchtige → Verschwörer an Offenherzigkeit überragt und den fadenscheinig mit Rachepflicht oder → Nebenbuhlerschaft begründeten Missbrauch seiner Freundschaft so vergibt, wie es Seneca in seinem Fürstenspiegel (*De clementia* 55/56 n. Chr.) und der Vermittler Montaigne (*Essais* 1580–95) Corneille vorzeichneten.

Die von J. Racine ergänzten Muster der handlungsarmen, konfliktbewussten, entsinnlichten Tragödie sicherten der heroisch-stoischen Motivvariante das Weiterleben bis in das Zeitalter der Aufklärung, zumal sie sich auch der als Universalinstrument geltenden Vernunft bedienten. Neue Varianten erwuchsen indes aus dem Roman, der von der beliebten zur anerkannten Textart aufstieg, und aus den sentimentalen Ansätzen, die das Pathos durchbrachen. Der Übergang erfolgte in der deutschen Literatur, als J. Ch. Gottsched noch die französischen Regeldramatiker in Szene setzen ließ. Vom humanistischen Geist Schulpfortas erfüllt, reichte J. E. Schlegel das Motiv antikisch-renaissancehaft im ↑ Iphigenie-Stoff weiter, denn Pylades (*Die Geschwister in Taurien/Orest und Pylades* Dr. 1737/42) sagt nicht nur, dass er für den Freund sterben wolle, sondern erklärt auch wirklich dem nach Orest fahndenden Thoas, er sei der gesuchte Orest. Schlegel löste sich jedoch in Leipzig ebenso von Gottsched wie Chr. F. Gellert und andere Studienfreunde, die ein neues Lebensgefühl einte. Die Frömmigkeit in Gellerts Sammlung *Lieder* (1743) war mit der Gottseligkeit des Pietismus schon der Urgrund jener Freundschaftsdichtung der in Halle studierenden Theologen I. J. Pyra und S. G. Lange, die trotz oder wegen des bukolisch verkleideten Titels *Thirsis und Damons freundschaftliche Lieder* (1745) für die Geschichte des Motivs zum Paradigma wurde. Von dem Herausgeber J. J. Bodmer und den Zeitgenossen noch nicht im Wesentlichen erkannt, deutete sich hier die Freundschaft als der Raum an, in dem dann hochgestimmte Freundschaftspaare und Bünde unter Schriftstellern noch im Spiegel ihrer Werke sich sowohl ausleben als auch bewähren konnten, freilich nun bei der Hingabe an den vertrauten Nächsten, den das geschärfte Individualbewusstsein als Einzelmenschen erlebt, bei Besorgnis um ihn und einer offenherzigen Seelenverbindung, die der Liebe zu einer Frau und der Ehe überlegen ist. Durch solche Ergänzung eines Menschen im andern oder durch das Trachten eines Ganzen nach einem Ganzen war das Motiv zu einer eigenen Variante abgewandelt, jedoch wurde es abgebaut, wenn unter dem Einfluss des Pietismus die literarische Gestalt des Freundes zum empfindsam kommentierenden und beratenden Begleiter oder zum Briefempfänger zusammenschrumpft. Gattung und Stil verursachten den Verlust im pragmatischen Beweisteil des auf Handlung dringenden Motivs auf seinem Weg zur Ode über den nach Pyras Tod im Kreis um L. GLEIM heimischen LANGE (*Die Freunde* Gedicht 1747) zu F. G. KLOPSTOCK. Freundschaft war zwar ein Leitwort und Leitthema der seit längerem in Frankreich, dann in England empfindsamer und in Deutschland von Gleim samt seinen Freunden gesellig-genießerisch gepflegten Anakreontik, doch genügte ihr so viel Gefühl, wie rationalistische Lebensphilosophie zumaß. Im Ganzen stand die hier umrissene Abdankung der Motivvariante mit heroischem Freundschaftsbeweis zugunsten derjenigen mit dem Zeugnis des gleichgestimmten Herzens in unverkennbarem Zusammenhang mit der vom Bürgertum übernommenen Verantwortung für die Literatur. Dabei ergaben sich in der deutschen Literatur bemerkenswerte Überschneidungen, indem einerseits vom bürgerlichen Autor Adlige mit seinem Ideal bei der entheroisierten Motivvariante eingesetzt werden, andererseits J. M. v. LOEN die Variante der zwei in → Nebenbuhlerschaft geratenen, wechselseitig verzichtwilligen Freunde in einer novellistischen Episode des Romans *Der redliche Mann am Hofe* (1740) zur Darstellung sentimentalischer Seelenqualen aufweicht oder E. v. KLEIST, mit moralisch-stoischer Grundlegung einer sentimentalen Naturauffassung zugeneigt, Schiffbruch und Wettstreit zweier Männer, bezeichnenderweise eines armen und eines reichen, beschreibt, die zugunsten des andern ihre eigne Rettung opfern wollen (*Die Freundschaft* Verserz. 1756), und im Heldengedicht *Cissides und Paches* (1759) zwei makedonische Feldherren mit einer kleinen Schar bei der Verteidigung gegen die athenische Übermacht feiert, die an das heroische Freundespaar Nisus und Euryalus erinnern.

Dass eine von S. RICHARDSON übernommene Anleitung für ungeübte Briefschreiber nebst Belehrung über allgemeine Lebenskunst seinen Briefroman *Pamela* (1740–41) sowie weitere beliebte Romane im Gefolge hatte, die in Europa eine englische Mode kreierten, beweist das gute Gespür von Richardsons Buchdruckerkollegen für eine Marktlücke, in die einzubrechen sie vorschlugen. Für das Motiv des Freundschaftsbeweises war sie nur bedingt förderlich, aber der auf England spezialisierte Vermittler A.-F. PRÉVOST D'EXILES, Richardsons beflissener Übersetzer, hatte durch *Le Philosophe anglais, ou histoire de M. Cleveland* (R. 1731ff.) bereits selber das Motiv in neuartige Zusammenhänge gebracht, eine sensiblere Seelengattung entdeckt und zartere Töne angeschlagen. Ihm schloss sich GELLERT mit seinem, auch in stofflichen Einzelheiten ähnlichen Roman *Leben der schwedischen Gräfin von G...* (1747–48) an, von dessen vielen Motiven die typische → Nebenbuhlerschaft eines Fürsten den Freundschaftsbeweis eines Mannes verlangt, der die bedrängte Frau des absichtsvoll zum Kriegsdienst beorderten Grafen schützt und nach dessen angeblichem Tod heiratet, dem nach zehnjähriger Gefangenschaft in Sibirien erscheinenden → Heimkehrer sein jüngeres Recht abtritt und nach dessen späterem wirklichem Tod die eigene Ehe nicht wiederaufnehmen kann, da er ebenfalls stirbt. Mit diesem von der Gräfin selbst erzählten Schicksal bewegte sich Gellert freilich in der Nähe Richardsons, bei dem kritische Zeitgenossen Treibhausmoral, scheinheilige Schicklichkeit und lüsterne Phantasie zu sehen meinten. Nachdem die Motivvariante des mit der Treueprüfung einer Frau betrauten, dabei schwach werdenden und die Frau abwerbenden Freundes von DESTOUCHES unter dem Cervantes-Titel *Le Curieux impertinent* (1709) für die französische Bühne aufbereitet worden war, lieferte NIVELLE DE LA CHAUSSÉE, Hauptvertreter rührender Stücke mit tugendhaften, unglücklichen Familien, auch die Comédie larmoyante *L'Ecole des amis* (1737) um den Gewissenskonflikt eines verwundeten, verarmten Offiziers zwischen Ehre und Liebe. Diesem Plot näherte sich G. E. LESSING erst später, denn im Umkreis von GELLERT, der sich den empfindsamen Autoren des Theaters ebenso wie den Erzählern anschloss, erprobte er das Motiv an dem Einakter *Damon oder die wahre Freundschaft* (1747), in dem er bei der → Freierprobe zweier in → Nebenbuhlerschaft geratener Freunde ihre Bewährung hinsichtlich des Freundschaftsbeweises den Ausschlag geben und moralische Eignung über kaufmännische siegen lässt. Als Beweismittel wurde die Freundschaft von Lessing immer stärker herangezogen, je dringender die Comédie larmoyante aufgewertet werden musste, bis zu dem vom Siebenjährigen Krieg mitgezeugten Lustspiel *Minna von Barnhelm* (1767) mit dem Freundschaftsbeweis ohne Standesvorbehalte. Als Übersetzer führte Lessing das Poème dramatique aus dem Alltagsleben mit *Das Theater des Herrn Diderot* (1760) ein, darunter DIDEROTS verdächtig eng an GOLDONI (*Il vero amico* Kom. 1750) angelehntes, 1757 gedrucktes Drama *Le Fils naturel* mit der Motivvariante aus dem ↑ Titus-und-Gisippus-Stoff. Diderots die Freundschaft teilweise sentimental-deklamatorisch verherrlichende kleine Erzählung *Les deux amis de Bourbonne*, die – ein Kuriosum – in bezeichnender Gemeinschaft bei dem Autor-Verleger in Zürich 1772 vor dem französischen Original (1773) in dem Band *Moralische Erzählungen und Idyllen von Diderot und Geßner* erschien, färbt von den durch gegenseitige Lebensrettung erprobten Freunden besonders denjenigen, der nach seinem Verzicht im Konflikt der → Nebenbuhlerschaft aus der Bahn gerät, zur epochengerechten großen Seele um, die sich nicht auswirken kann. Dass der Motivkern des Freundschaftsbeweises in der bürgerlich gewordenen Literatur an Gewicht gewinnt, je mehr ein Freund in das Unbürgerliche sinkt, hatte sich bereits an den Lehrlingen Trueman und Barnwell in *The London Merchant* (Dr. 1731) gezeigt, mit dem G. Lillo den englischen Kaufleuten die Ehre erwies, wie Beaumarchais den französischen sowie »dem dritten Stand im allgemeinen« mit *Les deux amis, ou le Négociant de Lyon* (1770), einem Prosadrama vom Konkurs.

In der urtümlichen Umwelt des sog. *Ossian* und des jungen J. G. Herder, der den Stellenwert des männlichen Freundschaftsbundes für die Entwicklung der Menschheit in *Kritische Wälder* I,4 (1769) ermaß, ist das Motiv bei H. W. Gerstenberg im *Gedicht eines Skalden* (1766) wirksam, das den Freundschaftsbeweis durch Freitod besingt, mit dem zwei Helden nachzusterben schwören, wenn einer von ihnen im Kampf getötet wird. Die in kurzer Frist vollendete Gestaltung des ↑ Damon-und-Pythias-Stoffs zu der erwähnten Ballade *Die Bürgschaft* (1798) steht bei F. Schiller in dem Zusammenhang einer Verkündung des Freundschaftsideals, dessen Zeugen Karl Moor (*Die Räuber* Dr. 1781) mit dem Handstreich zur Befreiung Rollers aus der Todesnot des Galgens und der Malteserritter Marquis von Posa (*Don Karlos* Dr. 1787) mit der Abschirmung und politischen Beeinflussung des Infanten unter dem gleichen Einsatz des eigenen Lebens sind. Schiller, der sich selber als der liebend nacheifernde jüngere Mann eines Freundschaftsbundes empfand, plante, seinen Freund Christian Gottfried Körner und sich in den korrespondierenden Kunstfiguren Raphael und Julius eines Romans zu objektivieren, und wenigstens ein Anfang erschien (*Philosophische Briefe* 1786). Dagegen blieb eine dramatische Behandlung der konfliktreichen Freundschaftsprobleme der Malteser in den wiederholten Ansätzen von 1788 bis 1803 stecken.

Der zu Skepsis ratende Freundschaftsverlauf in dem Drama *Elfride* (1783) von F. M. Klinger war mit dem ↑ Elfriede-von-Angelsachsen-Stoff gegeben, aber derjenige in der *Geschichte Giafars des Barmeciden* (R. 1792–94) mit einer vom Fürsten selbst verabscheuten, doch dem Barmeciden zugemuteten Tat entsprach nicht nur der kritischen Vernunft einer mehrteiligen verschlüsselten Darlegung von Klingers eigner geistiger Entwicklung im Widerstreit zwischen Freiheit und Notwendigkeit, sondern auch der klassischen Lehre, nach der ein → Tyrann nicht zur Freundschaft fähig sei. Als Bestätigung für jene Lehre von der Unmöglichkeit einer Freundschaft zwischen geistig-seelisch nicht ebenbürtigen Menschen ließe sich der Einfluss Alabandas auf Hyperion in dem Briefroman *Hyperion oder der Eremit in Griechenland* (1797–99) von F. HÖLDERLIN werten. Die empfindsame Motivvariante der gefühlvollen Beteiligung oder Ergänzung stand bei W. HEINSE in dem utopischen Raum des Romans *Ardinghello und die glückseligen Inseln* (1787) noch neben der heroischen, ehe sich ihr seit dem Verschleiß durch J. M. MILLER fälliges Ende bei L. TIECK zeigt, dessen Erzählung *Die Freunde* (1797) noch den Traum von der Freundschaft als einer Täuschung mit der irdischen Wirklichkeit widerlegt, dessen gleichzeitige Werke jedoch das ständige Verkennen des Freundes als Zeichen des labilen, ungefestigten, daher misstrauischen Menschen (*Der blonde Eckbert* Erz. 1797) und die Unfähigkeit zur Treue als Zeichen eines zerrissenen, grenzenlos individualistischen Typs (*Geschichte des Herrn William Lovell* Brief-R. 1795–96) begreiflich machen. Mit seinem vom Freundschaftsthema gesättigten Romanwerk lieferte JEAN PAUL eher unbewältigte als erwiesene Bewährungen, Freundschaften in der Gefährdung durch eifersüchtige → Nebenbuhlerschaft (*Die unsichtbare Loge* 1793, *Hesperus* 1795) oder durch einen halbherzig posierenden Partner (*Titan* 1800–03), während die ehemals heroische Stellvertretung als Bestandteil einer Motivvariante, obgleich für *Ehestand, Tod und Hochzeit des Armenadvokaten F. St. Siebenkäs* (1796–97) mit groteskem Humor auf die bürgerliche Idylle hinuntergestimmt, in der Tat des Freundes erkennbar bleibt, der seinem → Doppelgänger mittels Namenstausch die Freiheit von philiströser Ehe in neuer Existenz schenkt und selber als angeblich Verstorbener seine Identität opfert.

Jean Pauls kühnes Verfahren erprobte bereits die anderthalb Jahrhunderte später übliche Weiterverwendung literarischer Substanzen mittels und zwecks Parodierung oder Travestierung. Während einer vom autonomen Ich beherrschten Periode konnte sich das Motiv, das Normen sowie Beständigkeit voraussetzt, in seiner heldenhaften Variante wenig auswirken, am ehesten bei jenen zahlreichen Werken mit dem ↑ Friedrich-der-Große-Stoff und einem Katte als opferbereitem preußischen Marquis Posa (A. LEWALD R. 1840; J. MOSEN

Dr. 1842; H. BURTE Dr. 1914; P. ERNST, *Preußengeist* Dr. 1915) oder bei Werken wie der Erzählung *Die Innerste* (1876) von W. RAABE mit einem Freund, der zum Schutz für seinen ehemaligen Kriegskameraden den Dolchstoß einer verschmähten → Frau auffängt, wenn der Stoff das außerordentliche Füreinander überall und immer wieder zur Verherrlichung, Trauer oder Anklage darbietet.

Entsagung und Schwermut aus Zweifel an der Verwirklichung von Idealen zehrte am optimistischen Mindestgehalt des Motivs. Der Freund als geheimer Fortsetzer eines Liebesbriefwechsels richtet bei E. MÖRIKE in der zweiteiligen Novelle *Maler Nolten* (Erstfassung 1832) wohlmeinend Unheil an, wie dann bei H. IBSEN die Reihe von Antifreunden eines Alles oder Nichts mit der idealen Forderung. Auf ein ehemals philosophisches Abwägen zwischen Freundschaft, Liebe und Ehe, zwischen Ami und Bel-Ami oder Hingabe und Ausnutzung, verstand sich weder die skrupellose Leidenschaft noch die zielstrebige Gleichberechtigung. Als Motiv der Partnerschaft zweier in ihrer Art besonderer Menschen widerstritt es den Motiven mit Betonung des Kollektiven und dem Freund als Bruder, Genossen oder Menschheitsatom, aber auch Motiven mit dem Unterton der Unfähigkeit des Einzelmenschen zur Aussage oder zum Kontakt, der Unerkennbarkeit des maskierten Mitmenschen, der Isolation und Frustration, der Ambiguität und des Identitätsverlusts. Das Motiv vom Mann, der zugunsten des Freundes seine Liebe, dann zugunsten des Paares sein Leben opfert, war kaum noch als Libretto (von M. CARRÉ/E. CORMON) für die Oper (G. BIZET, *Les Pêcheurs de perles* 1863) genügend glaubwürdig, doch verhalf ihm E. ROSTAND mit neuen reizvollen Zügen zu der alten Faszination in dem Drama *Cyrano de Bergerac* (1897), der Geschichte vom hässlichen Dichter, der mit geistvollen Briefen und soufflierten Anreden dem hübschen Kameraden um die von ihm selbst resignierend geliebte Frau werben hilft. Ist dem dichtenden Freund hier aufgetragen, der Liebenden die desillusionierende Wahrheit bis zur Todesstunde des Geliebten zu ersparen, so beklagt in F. MAYRÖCKERS Gedichtzyklus (*Ich schüttelte einen Liebling* 2005) auf den Tod des Freundes Ernst Jandl die zurückgebliebene Dichterin in vielstimmiger Trauerrede das Gedenken an den stets gegenwärtigen Freund: »Ich werde dich nie enträtseln«. Dem nahen Tod bitter-bissig entgegengehend, beschreibt dagegen im ersten Teil seines Bandes *Später Spagat* (2006) R. GERNHARDT sein schmerzreiches Sterben: »Ich bin viel krank, ich lieg viel wach, ich hab viel Furcht, ich denk viel nach«. Der Geist dieser Motivvariante weht, wohin er will, wie der

Roman *Freundschaft* (1920) des Japaners S. MUSHANOKÔJI zeigt, der die Frau die Initiative ergreifen und dem entsagenden Freund in sein freiwilliges Exil nachfahren, den zurückgelassenen Mann aber an dem Leid zum Künstler reifen lässt.

E. Curtius, Die Freundschaft im Alterthume (in: E. C., Alterthum und Gegenwart) 1875; H. Kliem, Sentimentale Freundschaft in der Shakespeare-Epoche, Diss. Jena 1915; E. Thaer, Die Freundschaft im dt. Roman des 18. Jh.s, Diss. Gießen 1917; J. F. L. Raschen, Earlier and Later Versions of the Friendshiptheme, (Modern Philology 17) 1919/20; W. Rasch, Die Freundschaft bei Jean Paul, 1929; H. Dietrich, Die Freundesliebe in der dt. Literatur, 1931; W. Gartzen, Das Wesen und die Entwicklung der kämpferischen Freundschaft in der Dichtung des 18. Jh.s, Diss. Köln 1935; W. Rasch, Freundschaftskult und Freundschaftsdichtung im dt. Schrifttum des 18. Jh.s vom Ausgang des Barock bis zu Klopstock, (DtVjs Buchreihe 21) 1936; L. J. Mills, One Soul in Bodies Twain – Friendship in Tudor Literature and Stuart Drama, Bloomington 1937; R. R. Bezzola, Olivier (in: Festschrift E. Howald) 1947; F. Zucker, Freundschaftsbewährung in der neuen attischen Komödie, (Sächs. Akad. d. Wissenschaften) 1950; R. R. Purdy, The Friendship Motif in Middle English Literature, 1951; H. H. Weil, The Conception of Friendship in German Baroque Literature, (German Life and Letters 13) 1959/60; L. Mittner, Freundschaft und Liebe in der dt. Literatur des 18. Jh.s (in: Festschrift H. H. Borcherdt) 1962; X. v. Ertzdorff, Höfische Freundschaft, (Der Deutschunterricht 14) 1962; H. Wilms, Das Thema der Freundschaft in der dt. Barocklyrik und seine Herkunft aus der neulat. Dichtung des 16. Jh.s, Diss. Kiel 1963; A. Classen, Das Motiv des aufopfernden Freundes von der Antike über das Mittelalter bis zur Neuzeit, (Fabula 47) 2006.

Gattenehre, Die verletzte

Wenn seit dem späten Mittelalter bis in die jüngste Vergangenheit hinein die Untreue einer Ehefrau als Ehrverletzung des Mannes angesehen wurde, so war das die sublimierende Konsequenz aus der Tatsache, dass in der vaterrechtlich bestimmten Gesellschaft ursprünglich nicht die Ehe, sondern der Erzeuger allein den sorgfältig gehüteten Verwandtschaftskreis bestimmte, zu dessen Reinerhaltung die Keuschheit der Frau unter strenge Aufsicht gestellt wurde. Die Ehefrau galt dem Mann weniger als erotische Partnerin oder als Lebensgefährtin, sondern als Teil seines Besitzes. Ehebruch war also Diebstahl im Sinne des diese Stellung der Frau sehr nüchtern erhellenden 10. Gebots: »Du sollst nicht begehren deines Nächsten Weib, Knecht, Magd, Vieh oder alles, was sein ist.« Er musste an dem Dieb ebenso geahndet werden wie an der Frau als dem willigen Objekt des Diebstahls, das die Reinheit der Familie des Ehemanns gefährdet hatte. Die Bestrafung war meist nicht Sache der öffentlichen Gerichtsbarkeit, sondern blieb der Willkür des betrogenen Ehemanns überlassen, dem allenfalls Grenzen in Bezug auf das Ausmaß der Strafe gesetzt waren. Bei den verschiedenen Völkern bildeten sich Strafarten für Ehebruch heraus, die später mitunter legalisiert wurden. In vielen frühen Kulturen verfiel die Frau dem Tod: Bei den Hebräern wurde sie verbrannt oder gesteinigt, im alten Babylon ertränkt, und auch in Griechenland stand dem Ehemann das Tötungsrecht zu, das aber selten angewandt wurde. Bei anderen Völkern wurde die Frau verstümmelt, bei den Germanen z. B. aus dem Hause gepeitscht, nachdem ihr die Haare abgeschnitten worden waren, und bei den Griechen, den Römern und auch nach frühem christlichen Recht war der Ehemann verpflichtet, die schuldig Gewordene aus dem Haus zu weisen – hier taucht schon so etwas wie die Vorstellung einer Hausehre auf. In Griechenland verfiel eine solche verstoßene Frau der gesellschaftlichen Ächtung. Als ein gewisser Schutz der Frau können die schweren Strafen angesehen werden, die dem Verleumder einer Ehefrau drohten, und schon im alten Babylon taucht die im europäischen Mittelalter dann verbreitete Gepflogenheit auf, dass sie sich durch ein → Gottesurteil vom Verdacht reinigen konnte.

Der Liebhaber der Frau verfiel der Rache des Ehemannes, dem bei verschiedenen Völkern Straffreiheit zugesichert war, wenn er den Störer seiner Ehe bei handfestem Ehebruch erschlug; in Griechenland bedurfte eine solche private Rache jedoch der Anwesenheit von Zeugen. Auch konnte sich der Ehebrecher z. B. bei Römern und Germanen durch Geldbußen freikaufen. Erst im römischen Kaiserreich nahm der Staat, um den Sittenverfall aufzuhalten, die Bestrafung des Ehebruchs in die Hand; unter Kaiser Konstantin wurde Ehebruch für ein Kapitalverbrechen erklärt, das an dem Beleidiger mit dem Schwert gerächt wurde, und Justinian erkannte dem Ehemann sogar wieder das Recht zu, den Störer seiner Ehe eigenhändig umzubringen. Auch die christliche Kirche bestrafte anfänglich den Liebhaber einer Ehefrau mit dem Tod.

Da der Mann in der vaterrechtlich orientierten Gesellschaft den Verwandtenkreis bestimmte und jedes von ihm gezeugte Kind durch Anerkennung der Vaterschaft in diesen aufnehmen konnte, war er ursprünglich von der Möglichkeit, Ehebruch zu begehen, geradezu ausgenommen. Die Literatur spiegelt die Üblichkeit seiner außerehelichen Beziehungen. Im alten Griechenland wirkte der Usus des Konkubinats und der Knabenliebe, im Orient die Einrichtung des Harems einem Alleinanspruch der Ehefrau entgegen. Mit der christlichen Gleichstellung von Mann und Frau in Bezug auf eheliche

Treue bahnte sich wenigstens theoretisch eine andere Einschätzung des männlichen Ehebruchs an, aber gerade die später in der christlichen Gesellschaft entwickelte Vorstellung einer Verletzung der eigenen Ehre durch die Treulosigkeit des Partners galt für die Ehefrau nicht, sondern der Begriff der Frauenehre verengte sich auf die Bewahrung der Jungfräulichkeit bzw. der ehelichen Treue. Im Grunde wurde erst mit der modernen Anerkennung der Gleichberechtigung der Frau auch die Untreue des Ehemanns zum ernst genommenen Problem.

Das Motiv der verletzten Gattenehre entwickelte in der Literatur Handlungsschemen, die durch die Jahrhunderte hin ziemlich konstant geblieben sind, gleich, ob die Ahndung der Beleidigung verboten, erlaubt oder sogar – als Reinwaschung der Ehre – geboten war. Wenn auch weder Platons einem inneren Wert entsprechende Ehrvorstellung noch der mehr als guter Ruf aufgefasste Ehrbegriff von Aristoteles und Cicero noch gar christliche Ehrauffassung die spezifische Gattenehre kennen, so zeigen doch auch schon frühe Gestaltungen des Motivs als auslösende Faktoren der Rache neben Enttäuschung, Eifersucht, Furcht vor der Lächerlichkeit des → Hahnreis und Sorge um das reine Blut der Nachkommen jene Beeinträchtigung des männlichen Selbstgefühls, die spezifisch ist. Auch als in späterer Zeit der Ehrenkodex des Mannes feste Formen angenommen hatte, bleibt das Mischungsverhältnis der verschiedenen psychologischen Komponenten schwer auszumachen. Ebenso konstant ist die Auffassung, der Ehebruch der Frau sei ein Unheil, das fortzeugend Böses gebiert. Der Rächer weiß, dass er durch Strafe und Rache nichts zurückgewinnen kann, und geht selbst selten unversehrt aus dem Konflikt hervor.

Schamanistische Frühschichten der Literatur lassen den beleidigten Ehemann mit magischen Mitteln die Verletzung der Hausehre ahnden, so wenn in der altägyptischen Erzählung *Von den beiden Brüdern* der um des Pharao willen verlassene, machtlose Ehemann mit Hilfe seines Bruders in immer neuen pflanzlichen und tierischen Inkarnationen wiederersteht, die Ungetreue so durch stete Gegenwart ängstigt und nicht freigibt, bis er sie schließlich als ein ihr in den Mund fliegender Holzspan schwanger macht und in Gestalt ihres Sohnes, der allgemein als der des Pharao gilt, auf dem Pharaonenthron über seine Frau und Mutter richtet. Die magische Rache des Radschas Rasālū in einer zwar erst durch jüngere Volkssänger überlieferten, aber als Abschluss altindischer Sagen um den Radscha zu denkenden Erzählung richtet sich in erster Linie gegen den Liebhaber, den er tötet und dessen Herz er seiner ahnungslosen Frau als Speise vorsetzt, der magischen Vorstellung gemäß, dass durch Verspeisen des Herzens der Gegner erst ganz vernichtet werde; die Frau stirbt dem ihr so Entrissenen freiwillig nach. Romantisiert und spiritualisiert taucht dieser Plot in den mittelalterlichen ↑ Herzmäre-Erzählungen wieder auf. Der Rāma des altindischen Epos (*Rāmāyaṇa* 4. Jh. v. Chr. – 2. Jh. n. Chr.) dagegen lässt seine Frau, die vom Volk des Ehebruchs während ihrer Gefangenschaft bei dem Ungeheuer Rāvaṇa verdächtigt wird, im Wald aussetzen, obgleich sie sich durch ein Gottesurteil hat reinigen können. Diese für das mitwirkende Motiv der verleumdeten → Gattin typische Bestrafungsart ermöglicht dem Hauptmotiv die Entwicklung eines Spannungsbogens zu einer glücklichen Wiedervereinigung hin, bei der Sītā durch eine Schwurzeremonie ihre Treue erneut beweisen kann.

Das bedeutsamste Beispiel einer Gattenrache in der klassischen Antike ist die des Menelaos für die Entführung ↑ Helenas, derentwegen nicht nur ihr Liebhaber Paris, sondern dessen ganze Vaterstadt büßen muss, während Helena nach der Schilderung der *Odyssee* (8. Jh. v. Chr.) ungestraft und anscheinend geläutert an der Seite des versöhnten Menelaos weiterlebt. Diese durch die Macht der dämonischen → Verführerin herbeigeführte Straffreiheit wird erklärt, wenn bei Euripides (*Die Troerinnen* 415 v. Chr.) Menelaos, nach der Eroberung Trojas zu schwerster Strafe entschlossen, sich erneut durch Helenas Reize blenden und damit die typischen Züge eines → Hahnreis erkennen lässt. Ehebruch und dessen Ahndung gehören zu den Gräueln, durch die das fluchbeladene Atridengeschlecht sich befleckt. Schon der Vater des Menelaos, ↑ Atreus, rächte die Untreue seiner Frau an ihr und dem eigenen Bruder Thyestes durch Abschlachtung von dessen Kindern, die er Thyestes dann als Speise vorsetzte. Agamemnon, der Bruder des Menelaos, wird, ehe er noch ahnt, dass für ihn gleicher Anlass zur Rache an seiner Frau und seinem Vetter Ägisth, Thyests Sohn, besteht, von dem ehebrecherischen Paar getötet. Die schon aus den nur unvollkommen überlieferten entsprechenden Werken der griechischen Tragiker erkennbaren grauenvollen Züge der Rache des Atreus wurden dann vor allem in dem *Thyestes* (Dr. Mitte 1. Jh.) des Römers Seneca zu drastischen Effekten ausgeformt. Der wenig jüngere Flavius Josephus, Jude, aber griechisch gebildet und für griechische und römische Leser jüdische Geschichte (*Bellum Judaicum* und *Antiquitates* Ende 1. Jh.) schreibend, bereitete ähnlich blutige Ereignisse in der Familie von Herodes dem Großen geradezu zum Tragödienstoff auf, wenn Herodes, Usurpator und → Tyrann, dessen Misstrauen auch vor der geliebten Frau Mariamne nicht haltmacht, ihre Tötung im Fall des eigenen Todes befiehlt und rückkehrend erst ihren vermeintlichen Liebhaber, seinen Schwager, und später, durch ihre ablehnende Haltung herausgefordert und durch Verdächtigungen fehlgeleitet, sie selbst umbringen lässt.

Im nichtmythischen, komödienhaften Rahmen (Menandros, *Das Schiedsgericht* nach 304 v. Chr., bearb. v. Terenz, *Hecyra* 160 v. Chr.) entspricht die Rache des – vermeintlich – hintergangenen jungen Ehemanns wesentlich eher der Wirklichkeit der Antike. Hier ist keine Rede von unüberwindbarer Beleidigung und blutiger Rache, sondern der Gekränkte vollzieht die Trennung von Tisch und Bett, indem er selbst in das Haus einer Hetäre übersiedelt bzw. seine Frau nicht wieder in sein Haus aufnimmt. Dabei ist allerdings die lustspielhaft gewendete Funktion des Motivs, lediglich Verwirrung zu stiften, die am Schluss mit der Dekuvrierung des scheinbar Betrogenen als Vater des vorehelich gezeugten Kindes der Frau sich zu glücklicher Harmonie entwirrt, in Rechnung zu stellen.

Im germanischen Sagenkreis taucht gekränkte Gattenehre als wichtiger Handlungshebel des ↑ Nibelungen-Stoffes auf, da Gunther notgedrungen Siegfrieds Stellvertretung gegenüber Brünhild erbitten muss, bei der Siegfried zwar Betrug an Brünhild verübt, aber Gunther die Treue hält. Während die lückenhafte Überlieferung der *Edda* (nach 1250) den Eindruck gewinnen lässt, dass Brünhild selbst wider besseres Wissen Sigurd gegenüber Gunnar des Eidbruchs anklagt und Gunnar erst nach Sigurds Ermordung die Lüge erkennt, bezichtigt im deutschen *Nibelungenlied* (um 1200) Kriemhild prahlerisch die Schwägerin, ihres Mannes Kebsweib gewesen zu sein, und Hagens Rachepläne sowie sein »Suln wir gouche ziehen?« drängen den König, dem Siegfried einen Reinigungseid angeboten hat, in die Rolle eines in seiner Gattenehre Gekränkten hinein, wogegen in der *Þiðrekssaga* (13. Jh.) Siegfried die Stellvertretung wirklich, allerdings mit Wissen Gunthers, vollzieht und es sich bei der Rache des Königs nur um eine solche für Siegfrieds Verletzung der Schweigepflicht handeln kann. Nach der in den *Hamðismál* der *Edda* angedeuteten, durch die *Snorra Edda* (1222/30) und Saxo Grammaticus (*Gesta Danorum* Ende 12. Jh.) ausgesponnenen nordischen Überlieferung wird auch Siegfrieds Tochter Swanhild Opfer einer Gattenrache, da sie nicht den ihr bestimmten alternden Gotenkönig Jörmunrek, sondern dessen Sohn und Freiwerber Randwer liebt. Diese Liebesbeziehung, die mit Randwers Erhängung und Swanhilds Tod unter den Hufen von Rossen endet, nimmt die Grundsituation des ↑Don-Carlos-Stoffes vorweg.

Die sich allmählich herausbildende Stellung der Kirche gegenüber dem Ehebruch stand in fast unvereinbarem Gegensatz zu den volksrechtlichen Traditionen. Christus hatte Ehebruch nicht nur als Tat, sondern schon als Begehren für Sünde erklärt, der Kirche galt die Ehe als Sakrament, und sie schützte erstmalig in ihr eine Institution, in der Mann und Frau gleiche Rechte und Pflichten haben. Sie schloss infolgedessen Ehebrecher von den Segnungen der Kirche und aus der Gemeinde aus und gestand dem betrogenen Ehepartner das Recht der Trennung von Tisch und Bett zu. Andererseits hatte Christus die hebräische Strafe durch Steinigung abgelehnt und einer Ehebrecherin ihre Sünde vergeben; die Kirche strafte daher nicht an Leib und Leben und sah auch die Möglichkeit der Verzeihung vor. Demgegenüber setzte sich aber in jahrhundertelangem Kampf, noch gestützt durch die Gesetze Justinians, die volksrechtliche Anschauung durch; es wurde weiter mit zweierlei Maß gemessen, nur der Ehebruch der Ehefrau bestraft, und die Bestrafung lag im Ermessen des Ehemannes. Noch die *Constitutio Criminalis Carolina*, Kaiser Karls V. Reichsgesetz von 1532, verwies betreffend der Strafen auf deutsches überkommenes und kaiserliches Recht, womit eine sehr unklare und unterschiedliche Grundlage gegeben war.

Die Stellung des mittelalterlichen Menschen zwischen überkommenem Recht auf Rache und christlicher Ethik zeigt sich etwa in der Fassung der Gangolflegende durch HROTSVITH VON GANDERSHEIM (*Gongolfus* um 960), deren Held sich zögernd zur Milde entschließt und seine Frau, deren Schuld durch ein Gottesurteil erwiesen ist, bei sich behält, wenn er auch den ehelichen Verkehr mit ihr abbricht und ihren Liebhaber verstößt. Er bezahlt seine Großzügigkeit mit dem Leben, um das der Verstoßene unter Beihilfe der Frau ihn bringt. Trennung von Tisch und Bett ist auch die maßvolle Strafe der durch den töricht-kecken jungen Parzival (WOLFRAM VON ESCHENBACH, *Parzival* Epos 1200–10) um Kuss, Ring und Spange bestohlenen und daher von ihrem Mann Orilus des Ehebruchs bezichtigten Jeschute, die in armseliger Kleidung ihrem Mann auf der Suche nach ihrem vermeintlichen Liebhaber folgen muss, bis Parzival sie durch einen Eid von dem Verdacht reinigt.

Wo vorchristliches Rachedenken überwiegt, tauchen die alten Strafen der Verstoßung und Verstümmelung auf, wie sie sich auch in den verschiedenen Varianten des Motivs von der verleumdeten

→ Gattin erhalten haben. In der bekanntesten Ehebruchsdichtung des Mittelalters, den Gestaltungen des ↑ Tristan-und-Isolde-Stoffes, bewahren die *Estoire* (2. Hälfte 12. Jh.) und EILHART VON OBERGE (um 1180) noch den Zug, dass Isolde zum Feuertod verurteilt, stattdessen dann aber den Siechen ausgeliefert und nach ihrer Versöhnung mit Marke der verdächtige Tristan verbannt wird. In den höfischen Fassungen des THOMAS VON BRETAGNE (1160/1165) und GOTTFRIED VON STRASSBURG (um 1210) kann sich Isolde durch ein erlistetes → Gottesurteil scheinbar reinigen, und Tristan geht freiwillig in die Ferne. Der schon erwähnte, aus außerchristlichen Bezirken eingewanderte ↑ Herzmäre-Stoff (JAKEMES, *Le Roman du chastelain de Couci* Ende 13. Jh.; KONRAD VON WÜRZBURG, *Herzemaere* 1255/60) widerspricht mit der barbarischen Rache des Ehemanns, der das Herz des Liebhabers seiner Frau als Speise vorsetzt, eigentlich höfischem Geist, auch wenn es sich nicht mehr um das Herz des eben vom Gatten Getöteten, sondern um das von dem in der Ferne Gestorbenen der Dame als romantisches Erinnerungszeichen zugesandte Herz handelt.

Erst im Zusammenhang mit dem Rückgriff der Renaissance auf den als »guter Ruf« verstandenen Ehrbegriff von Aristoteles und Cicero und der Erstellung eines diffizilen Ehrenkodex für den Mann, primär den Adligen, wurde die sittliche Haltung der Ehefrau zu einem Teil der Ehre des Mannes, der diese Ehre verliert und der öffentlichen Verachtung wert ist, wenn seine Frau ihn betrügt. Entgegen der Lehre der Kirche, die Gott oder allenfalls den kirchlichen Gerichten die Rache vorbehielt, gab das Renaissanceschrifttum dem Privatmann das Recht auf Verteidigung seiner Ehre gegen jede kleinste Beleidigung und auf eigenmächtige Rache unter Ausschaltung des gerichtlichen Weges. Da sie ein soziales Attribut darstellte, wurde Ehre als von Außenstehenden zerstörbar aufgefasst, und ein in seiner Ehre Verletzter durfte nicht weiterleben, ohne sie mit Blut, sei es durch Mord oder ein → Duell, reinzuwaschen. Er war nicht nur berechtigt, sondern verpflichtet, seine Frau und ihren Liebhaber unverzüglich zu töten. Wenn der Ehebruch heimlich geschah, konnte er auch »heimliche« Rache üben, d. h. sie töten und vorgeben, sie sei eines natürlichen Todes gestorben, sodass niemand etwas von der Verletzung und auch nicht von der Wiederherstellung der Ehre erfuhr.

Die vielen vor allem dramatischen Gestaltungen des Motivs der verletzten Ehre im 16. und 17. Jahrhundert stellen Extremfälle dar, die zwar der Wirklichkeit nicht fern sind, aber doch in erster Linie als Denkspiele verstanden werden müssen. Nicht selten wird das Motiv so zugespitzt arrangiert, dass es indirekte oder auch direkte Kritik am Ehrstandpunkt ausdrückt. Psychologischer Hintergrund des Interesses an dem Motiv ist das Misstrauen in die Tugend der Frau, das im Werk Shakespeares und Calderóns oft laut wird und sich vor allem in den Schwänken und Novellen äußert, zum Teil als literarischer Gegenschlag gegen die Hochschätzung der Frau in der höfischen Literatur.

Die Basis für die Entwicklung des Motivs ist in der Renaissancedichtung Italiens zu suchen. DANTE (*La Divina Commedia* 1306/21) hinterließ mit dem ehebrecherischen Paar ↑ Francesca da Rimini und Paolo, das der rächende Arm von Paolos Bruder Gianciotto traf und das der Dichter zwar mit Teilnahme zeichnet, aber doch in das Inferno verbannt, künftigen Dichtergenerationen einen großen Stoff, den schon BOCCACCIOS Dante-Kommentar (1373) um den entlastenden Zug bereicherte, dass die Familie Francesca durch eine Prokurationsheirat mit Paolo die Hässlichkeit des ihr bestimmten Gianciotto habe verbergen wollen, dadurch ihr Gefühl fehlgeleitet worden sei und sich dem Stellvertreter zugewandt habe. In der am Muster SENECAS orientierten italienischen Renaissancetragödie koppelte man, um die Gräuel zu steigern, das Motiv gern mit dem der verleumdeten und zu Unrecht getöteten → Gattin und bedurfte daher des intriganten Verleumders, wie ihn A. LEONICO (*Il soldato* 1550) an einem zeitgenössischen Stoff in Gestalt eines abgewiesenen Liebhabers entdeckte, der aus Rache, gemeinsam mit dem belogenen, entrüsteten Ehemann, sowohl dessen Frau wie einen alten Gegner als deren angeblichen Liebhaber umbringt. L. DOLCE (*La Marianna* 1560) fand im Herodes-und-Mariamne-Stoff die Verleumderrolle in des Herodes Schwester Salome vorgeprägt und befestigte sie in der einsetzenden Tradition des Stoffes. Der Urheber solcher gräuelüberladenen Tragödien, G. B. GIRALDI, hat zwar selbst kein Drama über verletzte Gattenehre geschrieben, aber unter seinen nicht minder düsteren Novellen (*Gli Hecatommithi* 1565), von denen er selbst einige dramatisierte, wurde *Il moro di Venezia* die Quelle für SHAKESPEARES *Othello.* Der Verleumder ist bei Giraldi, wie bei Leonico, ein unerwidert Liebender, der allerdings wirklich in dem »Leutnant« einen glücklicheren Nebenbuhler zu haben glaubt. Auch kommt hier das Motiv der »heimlichen Rache« zum Zug, denn Verleumder und Gatte töten, wie bei Leonico, gemeinsam die Frau, stürzen aber dann die Zimmerdecke auf sie herab. Um den Fall einer wirklich schuldigen, nicht einer verleumdeten Gattin handelt es sich bei der Novelle VII,1 von Ser GIOVANNI FIORENTINOS *Pecorone* (1378/90), in der ein rächender Gatte die Verwandten sowohl seiner Frau wie des Liebhabers und diesen selbst erschlagen lässt, seine Frau bei Wasser und Brot gefangen hält und sie nachts auf dem Leichnam des Jünglings festzubinden befiehlt, ein Sadismus, der nicht nur den Tod der Frau, sondern auch den Wahnsinn des Rächers zur Folge hat. Ein weniger grausamer als kalter Rächer seiner Ehre ist Graf Niccolò d'Este, der seinen Sohn und dessen junge Stiefmutter hinrichten lässt, ein Stoff, mit dem M. BANDELLO (*Novelle* I,144; 1554–73) ein Handlungsschema für Lope de VEGA lieferte, das dieser zur Kaschierung des Konflikts zwischen Philipp II. von Spanien und dessen Sohn Carlos benutzen konnte (*El castigo sin venganza*).

Die italienische Novellistik gab der Motivvariante der geheimen Rache auch eine Wendung ins Komische, wenn der betrogene Ehemann Gleiches mit Gleichem vergilt, sodass die Beteiligten gern schweigen und die gekränkte Ehre auf sich beruhen lassen. Bei BOCCACCIO (*Decamerone* VII, 8; 1348/53) erpresst der betrogene Ehemann die Frau seines ehebrecherischen Freundes unter Androhung schlimmerer Rache zur Hingabe in erzwungener, aber verheimlichter Gegenwart ihres Mannes. Bei Boccaccios talentiertem Nachahmer MASUCCIO (*Il Novellino* 36; 1467) macht der betrogene und selbst durch eine missglückte List der Frauen unwissend zum Ehebrecher Gewordene sogar den Vorschlag, die Frauen künftig gemeinsam zu besitzen. Französische (Farce 16. Jh.) und deutsche Fassungen (*Schwank von der Rache des betrogenen Ehemanns* Anf. 17. Jh.) schlagen einen Mittelweg zwischen Erpressung und unbewusster Vergeltung ein, wenn der gehörnte Ehemann sich in der Kleidung des Liebhabers seiner Frau bei dessen Ehegespons einschleicht.

Spanien entfaltete das von italienischen Dramen und Novellen übernommene Motiv selbständig und sehr differenziert, da sich hier ein besonders empfindlicher Ehrenstandpunkt des Mannes herausgebildet hatte und auf der anderen Seite die auf arabischen und gotischen Einfluss zurückführbare gesellschaftliche Absonderung der Frau der Verlockung zum Ehebruch Vorschub geleistet zu haben scheint. Die denkspielartigen Verarbeitungen des Motivs auf der spanischen Bühne enthüllen die Dialektik von innerer Würde und äußerer Geltung. Die Vorrangigkeit der Letzteren wird an dem Beispiel des Grafen García Fernández deutlich, von dem die *Crónica General* (13. Jh.) schon vierhundert Jahre vor der Blütezeit des spanischen Dramas berichtet, dass er seiner Frau und ihrem französischen

Liebhaber bis in dessen Heimat nachgefolgt sei und bei seiner Rückkehr beider abgetrennte Köpfe seinen Vasallen zum Beweis seiner wiederhergestellten Ehre vorgezeigt habe. Lope de VEGA (1562–1635) machte das Ehrthema und damit das Motiv der verletzten Gattenehre zu einer Konstante des spanischen Dramas und spielte es in großer Variationsbreite durch. Das Urteil des Königs als der höchsten Autorität in Ehrensachen darf als Meinung des Dichters verstanden werden. Der König billigt Akte der Selbsthilfe wie den des Ehemanns, der seiner Frau durch einen Arzt die Adern öffnen lässt, weil sie ihm den Besuch eines früheren Liebhabers verheimlicht und dessen Flucht gedeckt hat (*El médico de su honra*; bearb. CALDERÓN), der König macht einen arglosen Ehemann auf die Untreue der Frau aufmerksam und verzeiht dem Rächer, der im Zorn nicht nur das ehebrecherische Paar, sondern alle Bewohner seines Hauses tötet und dem König seinen Kopf als Sühne anbietet (*Los comendadores de Córdoba* 1598; bearb. Á. CUBILLO DE ARAGÓN, *La mayor venganza de honor*); der König wacht über die Ehre seines Heerführers und tötet den Liebhaber von dessen Frau, die dann von dem heimkehrenden Ehemann umgebracht wird (*El buen vecino*). Andererseits billigt der König die vorschnelle Rache eines Ehemanns nicht, der sich durch eine in den Kleidern seiner Frau liebelnde Dienerin hat täuschen lassen, und überantwortet ihn dem Gericht (*La desdichada Estefania* 1604/06; bearb. L. VÉLEZ DE GUEVARA, *Los celos hasta los cielos y desdichada Estefania*). Lope dürfte sich auch mit der Ansicht seines Ordensmeisters (*Porfiar hasta morir* 1624/28) identifiziert haben, der einen cholerischen Ehemann bestrafen will, weil er einen Ordensritter wegen der Liebesgedichte, mit denen dieser die Frau des Hitzköpfigen umwarb, tötete. Wenn ein Herrscher selbst Beleidigter und Richter in einer Person ist, liegt Anlass und Möglichkeit zu »heimlicher« Rache besonders nahe. So vergiftet ein König (*La prudencia en el castigo*) seine Frau, obgleich er selbst durch eine Kränkung ihren Fehltritt veranlasst hat, und erdrosselt, als Gespenst vermummt, ihren Liebhaber in einem als verrufen geltenden Turm. Noch ausgeklügelter ist die heimliche Rache in der schon erwähnten, nach Bandello gearbeiteten und wohl auf den Konflikt zwischen ↑ Philipp II. und seinem Infanten anspielenden Tragödie *El castigo sin venganza* (1631). Auch hier ist der Herrscher an der Untreue seiner Frau durch eigene Untreue nicht unschuldig, und sein Ziel ist, nicht als Rächer zu erscheinen und der Welt die Liebesbeziehung zwischen seinem Sohn, den er nur schweren Herzens beseitigt, und dessen Stiefmutter zu verbergen, indem er jenem befiehlt, die Verhüllte zu töten, und ihn dann öffentlich des Mordes aus Ehrgeiz anklagt und töten lässt.

Schon an den Bearbeitungen der lopeschen Dramen ist zu erkennen, dass die von ihm diskutierten Konflikte fortlebten, sie wurden jedoch außerdem von seinen Nachfolgern weiter variiert. Bei ihnen taucht wiederholt der Zug auf, dass der Ehebruch der Frau mit einer Zwangs-, Not- oder Trotzheirat und dem Wiederauftauchen eines ehemals geliebten, verloren geglaubten Mannes erklärt wird. Diese ältere Liebe entschuldigt aber in keiner Weise, denn die beiden Ehebrecher finden den Tod, der ehebrecherische Prinz sogar von der Hand des eigenen Vaters (MIRA DE AMESCUA, 1574?–1644, *Lo que es no casarse á gusto*); der beleidigte Gatte bleibt den Entflohenen auf der Spur, indem er selbst als Maurer arbeitet, um durch einen unterirdischen Gang in das Schlafzimmer des Paares gelangen zu können (G. de AQUILAR, 1561–1623, *La venganza honrosa*), und es genügen ihm sogar schon verdächtige Äußerungen, um seine Frau und den ihre Partei ergreifenden Verehrer zu töten (A. HURTADO DE MENDOZA, 1586–1644, *No hay amor donde hay agravio*). CALDERÓN (1600–81) verwandte den Zug in zwei seiner Dramen. In *El pintor de su deshonra* gibt sich der verfolgende Ehemann als Maler aus, um der entführten Frau auf die Spur zu kommen und sich an ihr und ihrem Entführer zu rächen. Gelegentliche Äußerungen über die Sinnlosigkeit des an Frauentreue gebundenen Ehrbegriffs hindern nicht, dass Calderón in *A secreto agravio, secreta venganza* einen Extremfall von heimlicher Rache entwickelt, bei dem der Ehemann den Liebhaber ins Meer stößt und dessen Tod vor seiner Frau als Unglücksfall ausgibt, die ohnmächtig Gewordene dann in einem von ihm angesteckten Haus verbrennen lässt und für die Tat nachträglich die Zustimmung des Königs einholt. Bei den weniger bedeutenden Autoren ist gerade diese Motivvariante beliebt: Eine Frau wird wie unabsichtlich bei der Jagd durch ihren Mann vom Felsen gestürzt (A. GÓMEZ ENRÍQUEZ, 1586–1644, *A lo que obliga el honor*) oder von den Trümmern einer eingedrückten Wand erschlagen (F. de ROJAS ZORRILLA, 1607–48, *Casarse por vengarse*). Es fällt auf, dass im spanischen Drama grausame, aber im Sinne der Zeit gerechte Vergeltung herrscht und Fälle von ungerecht bestraften Frauen nicht auftauchen. Dramen, in denen die Frau nur scheinbar untreu ist und ihren Anbeter abweist, klären sich zum glücklichen Ende auf (D. JIMÉNEZ DE ENCISO, 1586–1634, *Los celos en el caballo*; F. GONDÍNEZ, 1588–1639?, *Aún de noche alumbra el sol*), wenn auch ein Mordversuch des Gatten vorangegangen ist (F. de ROJAS ZORRILLA, *Del rey abajo, ninguno*). Meist wird dann jedoch der Mann, der der Frau nachstellt, das Opfer der gekränkten Ehre, der selbst der Vater eines so Getöteten Verständnis entgegenbringen kann (Tirso de Molina, *El honroso atrevimiento* 1621). Zu dieser Motivvariante gehört auch der seltene Fall, dass ein Ehemann, der seine Frau für treulos halten muss, bewusst an sich hält und sich nicht rächt (Tirso de Molina, *El celoso prudente*), allerdings nicht aus Humanität, sondern weil er durch Rache seine Kränkung ans Licht bringen und dennoch den Fleck auf seiner Ehre nicht vergessen machen könnte; seine kluge Haltung wird durch den Erweis der Unschuld seiner Frau belohnt. Eine Ausnahme bildet der mit dem ↑ Herodes-und-Mariamne-Stoff vorgegebene Tod der unschuldigen Mariamne bei Calderón (*El mayor monstruo los celos*), aber auch hier gilt der Dolchstoß des Herodes eigentlich dem in Mariamne verliebten Octavian und trifft nur zufällig die Ehefrau.

Die englische Literatur dieser Epoche kennt nicht die grausame Konsequenz der Gattenrache, die in der italienischen und spanischen Literatur vorherrscht, obgleich die Stoffe oft italienischen Vorlagen entnommen sind. Es geht hier hauptsächlich um die Bekräftigung der These, dass Unzucht und Ehebruch Unglück und Blutvergießen nach sich ziehen; deswegen wird immer wieder auf die Wankelmütigkeit und Falschheit der Frauen hingewiesen, ohne dass diese jedoch mit dem Tod bestraft werden.

Den ehebrecherischen Liebhaber trifft allerdings meist die Klinge des beleidigten Ehemanns, während die Frau auf andere Weise bestraft wird. W. Painters stark auf italienisches Material gestützte Erzählsammlung *Palace of Pleasure* (1566 und 1567) enthält eine an den *Pecorone* erinnernde Geschichte von einem Ehemann, der den Liebhaber tötet und die Frau zwingt, mit dem Skelett des Ermordeten zusammenzuleben und täglich aus seiner Hirnschale zu trinken. Eine nur scheinbar mildere Bestrafung ersinnt der enttäuschte Landedelmann Frankford (Th. Heywood, *A Woman Kilde with Kindnesse* Dr. 1603), indem er seine Frau auf einen Landsitz fern von sich und den Kindern verbannt, wo sie langsam an Gewissensqualen stirbt, zuvor aber noch Frankfords Verzeihung erlangt. Montsurry (G. Chapman, *Bussy d'Ambois* Dr. 1607) bestraft seine Frau dadurch, dass er sie zwingt, ihren Liebhaber, den gewalttätigen Renaissancemenschen Bussy, in einen als Stelldichein getarnten Hinterhalt zu locken. Shakespeares (*The Winter's Tale* 1611) nach R. Greenes *Pandosto* (Nov. 1588) modellierter eifersüchtiger König versucht mit Gift gegen den vermeintlichen Liebhaber Hermiones vorzugehen und will sie selbst zum Feuertod verurteilen. Aber da seine Eifersucht grundlos ist, ist das Motiv entgegen Greene und im Anschluss an zahlreiche mittelalterliche Varianten des Motivs von der verleumdeten → Gattin so strukturiert, dass die beiden Verfolgten sich der Rache entziehen können, sodass eine spätere Wiedervereinigung ermöglicht wird. So wie hier das harte Vorgehen des Leontes durch seine Gewissensqualen als ungerecht gekennzeichnet wird, so erscheint männliches Ehr- und Rachedenken geradezu ad absurdum geführt, wenn der selbst nicht makellose Ehemann auf ein nur fingiertes Schuldbekenntnis seiner Frau hin sofort mit Trennung von Tisch und Bett und der Drohung, den Liebhaber strenger als jeder Tyrann zu strafen, reagiert (Th. DEKKER/Th. MIDDLETON, *The Honest Whore* 2. Teil, Dr. 1630).

In anderen Fällen ist von einer eigentlichen Rache an der untreuen Frau kaum die Rede. Amintor (F. BEAUMONT/J. FLETCHER, *The Maid's Tragedy*Dr. um 1610), der von der Geliebten eines Königs, die ihn nur zur Tarnung heiratete, hintergangen worden ist, reagiert auf die Enttäuschung mit Melancholie, nicht mit Rache, und seine Abweisung Evadnes, die dadurch zum Selbstmord getrieben wird, gilt weniger ihrem Betrug als der Tatsache, dass sie mit dem ihm aufgeopferten König einen Mann getötet hat, vor dem jedes Rachegefühl schweigen müsse. Für den Dogen Pietro (J. MARSTON, *The Malcontent* Dr. 1604) bedeutet die Treulosigkeit und die ihm durch seine Frau angetane Schmach eine solche Desillusion, dass er, wenn er auch im ersten Zorn ihren Liebhaber mit der Waffe beseitigen lässt, kaum mehr an Rache denkt, sondern seine – usurpierte – Macht dem rechtmäßigen Herrscher abtritt und sich von der Welt als → Einsiedler zurückzieht. Seine Frau kommt zur Einsicht ihres Unrechts und nimmt die ihr von dem neuen Machthaber zudiktierte Verbannung willig auf sich. Bei Levidulcia (C. TOURNEUR, *The Atheist's Tragedy*Dr. 1611) führt die Reue über die verlorene Tugend und den vernichteten Ruf bis zum Selbstmord, als die Ehebrecherin Zeugin des Duelltodes von Gatte und Liebhaber wird, eine Episode, die in Tourneurs Drama lediglich die Funktion hat, den »Atheisten« d'Amville um die Früchte seiner Taten zu bringen. Unter den hochherzigen Ehemännern, die auf Rache verzichten, hält jener Painter entnommene Ehemann der erotisch »unersättlichen« Gräfin (J. MARSTON, *The Insatiate Countess* Dr. 1613) die Spitze, der seiner ehebrecherischen und des Mordes an einem Liebhaber schuldigen Frau als Priester am Schafott entgegentritt und sie zur Reue bewegt, ganz zu schweigen von dem → Hahnrei-Typ in *Arden of Feversham* (ANON. 1592), der weiß, dass ihn seine Frau betrügt, und ihren parvenühaften Liebhaber hasst, sich aber immer wieder von ihr bestricken lässt, bis das Paar ihn schließlich umbringt. Wurden in den letzten beiden Fällen Ehebrecherinnen mit dem Tod bestraft, dann nur, weil sie auch noch Mord auf ihr Gewissen luden und den öffentlichen Gerichten überantwortet wurden. In Th. MIDDLETON/ W. ROWLEYS *The Changeling* (Dr. 1624) übernimmt die Richterrolle wieder der betrogene Ehemann, der jedoch nicht nur das ehebrecherische und des Mordes schuldige Paar straft, sondern dieses eigenmächtige Vorgehen mit Freitod büßt.

Die beiden bedeutenden Ausnahmen, bei denen der Ehemann die eigene Frau wegen ihrer Untreue tötet, sind SHAKESPEARES *Othello* (Dr. 1604) und Ph. MASSINGER/N. FIELDS Drama *The Fatal Dowry* (1619; bearb. N. ROWE 1703, R. BEER-HOFMANN 1905). Für Shakespeare war das Motiv schon durch die Quelle, Giraldis Novelle, mit dem der verleumdeten → Gattin verknüpft und auf eine tragische Lösung hin angelegt. Während er in der späteren »Romance« der *Winter's Tale*das gleiche Motiv entgegen der Quelle versöhnlich löste, steigerte er in *Othello* die Sinnlosigkeit von Desdemonas Tod noch dadurch, dass er Jago das simple Motiv der → Nebenbuhlerschaft nahm. Trotz des gewalttätigen Vorgehens gegen Liebhaber und Frau ist jedoch auch an der psychologischen Entwicklung Othellos die typisch englische Nuance des Maßhaltens erkennbar. Das Rachegefühl des Beleidigten, der zuerst nur an die Reinwaschung seiner Ehre durch Blut denkt, macht Schmerz und Mitleid Platz, er will eine milde Todesart anwenden und die Seele der Geliebten gerettet wissen. Er tötet Desdemona als Vollstrecker einer überirdischen Gerechtigkeit und glaubt, dass die Nachwelt seine Tat als ehrenhaft anerkennen werde. Wenn er dann Selbstmord begeht, so nicht, weil ihn seine richterliche Anmaßung reut, sondern weil er auf Jagos Verdächtigung hin richtete und Desdemona sich als unschuldig erwies. Auch der Graf von Charalois in *The Fatal Dowry* wirft sich zum Richter über seine – wirklich schuldige – Frau auf und glaubt, dass die Menschen, die seine Ehre zerstörten, den Tod verdienen. Während er den Liebhaber im »ritterlichen« → Duell tötet, holt er für die Vollziehung der Strafe an seiner Frau erst den Richterspruch von deren Vater ein, der auf Tod erkennt; den so entlasteten Rächer seiner Ehre ereilt der Tod durch einen Freund des von ihm Getöteten.

Die französische und die deutsche Literatur der Epoche haben den zahlreichen, fast systematischen Erprobungen des Motivs in Italien, Spanien und England nichts Gleichrangiges an die Seite zu stellen. Es taucht in beiden Ländern lediglich in klassizistisch-barocken Bearbeitungen des ↑ Atreus-und-Thyestes-Stoffes (MONLÉON, *Thyeste* 1638; P.-J. de CRÉBILLON, *Atrée et Thyeste* 1707) und des ↑ Herodes-und-Mariamne-Stoffes auf (A. HARDY, *Mariamne* Dr. um 1610; TRISTAN L'HERMITE, *La Mariane* Dr. 1636; J. Ch. HALLMANN, *Die beleidigte Liebe oder die großmütige Mariamne* Dr. 1670). Einen etwas abseits liegenden Sonderfall, in dem das Motiv des → Keuschheitsgelübdes mit dem Hauptmotiv verzahnt wurde, bildet der Roman *Les Evénements singuliers* (1628) des Bischofs J.-P. CAMUS, in dem der Ehemann die Liebesbeziehung seiner Frau zu ihrem geistlichen Lehrer, einem neuen ↑ Abälard, dadurch bestraft, dass er den Mann verstümmelt und tötet, seine Frau nackt auf seinen Körper bindet und in einer Höhle dem Verzweiflungs- und Hungertod aussetzt – eine Form der Rache, die bereits in GIOVANNI FIORENTINOS *Pecorone* begegnet.

Die Aufklärung ließ das Motiv mit seiner inhumanen Ehrvorstellung und seinen noch inhumaneren Rachemethoden in den Hintergrund treten. Bereits der am Beginn der Epoche stehende, bahnbrechende Roman *La Princesse de Clèves* (1678) der M.-M. de LA FAYETTE zeigt den Wandel in der Haltung an, wenn die Heldin ihrem Ehemann selbst die – nicht strafbare – Leidenschaft zu einem anderen gesteht, ohne dass der Gatte sich dadurch zur Rache aufgerufen fühlt, sondern schließlich vor Kummer stirbt, als er annehmen muss, dass die Beziehung strafbar geworden ist.

Als die deutsche Literaturströmung des Sturm und Drang und die von Deutschland ausgehende Romantik, nicht ohne innere Beziehung an altenglische und altspanische Literatur anknüpfend, die Leidenschaften wieder in den Vordergrund rückten, machte sich auch das Motiv der verletzten Gattenehre wieder geltend, doch blieb die Dämpfung durch die humanitäre Strömung im Zusammenwirken mit einem neuen christlichen Selbstverständnis spürbar. So führt etwa F. M. KLINGERS Ehebruchsdrama *Das leidende Weib* (1757) einen Ehemann vor, der zu edel und maßvoll zur Rache ist und den Sachverhalt auch erst erfährt, als Reue und Scham seine Frau und bald darauf auch den Ehebrecher in den Tod getrieben haben. In dem von sozialer Kritik und sozialen Ressentiments gespeisten Drama *Die Soldaten* (1776) des J. M. R. LENZ dagegen nimmt ein über die Untreue und den Fall seiner Braut verzweifelter und durch den Spott, dem er selbst ausgesetzt ist, gepeinigter Verlobter eine Art Gattenrache vor, indem er Offiziersbursche wird, um sich dem Verführer nähern und ihn mit Rattengift umbringen zu können, nicht ohne sich anschließend selbst zu vergiften. Mit dem → Vater-Sohn-Konflikt seines *Don Karlos* (Dr. 1786) fügte SCHILLER ein neues Glied an die bis zu den *Hamðismál* zurückreichende Kette einer Motivvariante: Das Verhältnis zwischen Stiefmutter und Stiefsohn bleibt im Rahmen leidenschaftlicher Verehrung von Seiten des Sohnes, aber König ↑ Philipp fühlt sich an der einzigen Stelle verletzt, an der er sterblich ist, und droht den Tod beider für den Fall an, dass sie sich nicht von der Beschuldigung reinigen.

Wenn Klinger und Lenz es wagten, das Motiv in einem zeitgenössischen Stoff zur Wirkung zu bringen, so zeigt doch Schillers Drama die größere Angemessenheit des historisch-spanischen Kolorits für das archaische Motiv. Die Romantik stellte es fast immer in einen historischen und fremdländischen Rahmen. Eine in *Die Nachtwachen von Bonaventura* (ANON., R. 1804) eingebaute Erzählung von zwei spanischen Brüdern koppelt wieder mit dem Zug der Verleumdung, und zwar durch den von seiner Schwägerin abgewiesenen Bruder, der dafür sorgt, dass der Ehemann seine Frau und einen verdächtigten Pagen umbringt. Mit spanischen Elementen verwebte A. v. ARNIM die Erzählung *Armut, Reichtum, Schuld und Buße der Gräfin Dolores* (1810), in der ein verzweifelter Graf sich seiner Frau als Mittel zum Selbstmord bedienen, sie aus Rache zu seiner Mörderin machen will, sodass beide der Verzeihung bedürfen. Lord BYRON (*Parisina* Gedicht 1816) erneuerte den schon von BANDELLO verarbeiteten historischen Stoff, den Lope de VEGA dem Don-Carlos-Konflikt angenähert hatte: Bei Byron tötet der Herzog seinen Sohn, Parisina verschwindet im Ungewissen, und der Rächer bleibt als einsamer, gebrochener Mann zurück. War hier die Rache des Schicksals an dem Rächer betont, so steht in Byrons zweiter Behandlung des Motivs der junge Ehebrecher ↑ Mazeppa (*Mazeppa* Gedicht 1819) im Vordergrund, der die grausame Strafe, auf ein wildes Pferd gebunden in die Steppe hinausgetrieben zu werden, überlebt, da das Schicksal ihn für seine Rolle als Nationalheld aufspart. Von den beiden in slawisches Milieu getauchten Motivgestaltungen F. GRILLPARZERS ist in dem düsteren Schicksalsdrama *Die Ahnfrau* (1817) die Rache des Gatten, der seine Frau ersticht, als er sie in den Armen des Jugendgeliebten überrascht, mehr der Aufhänger für die aus diesem Verbrechen erwachsende Familientragödie, während ein ähnliches Verbrechen in der Erzählung *Das Kloster von Sendomir* (1828; dramatisiert von G. HAUPTMANN, *Elga* 1905) zwar rückblickend von dem seine eigenmächtige Vergeltung Büßenden erzählt, aber doch in der Binnenhandlung als Hauptplot entwickelt wird. Der hier von Grillparzer verwandte Zug, dass die Schuld der Frau dadurch vergrößert und die Reaktion des Mannes dadurch verständlicher erscheint, dass er seiner Frau große Opfer gebracht hat, begegnet sowohl in A. de MUSSETS Drama *Andrea del Sarto* (1833), in dem der Gatte nach dem siegreichen Zweikampf mit dem Gegner innerlich vernichtet ist und Selbstmord begeht, wie auch in A. STIFTERS Erzählung *Die Narrenburg* (1843), in der ein Adliger durch die Ehe mit einem Pariamädchen große Liebe bewiesen hat und ihm daher die Verzweiflung über ihre Beziehung zu seinem Bruder das Gift in die Hand drückt. Er führt die Tat zwar nicht aus, aber seine Frau hat die Mordabsicht in seinen Augen gesehen, ihr Leben verlöscht alsbald, und das seinige ist sinnentleert. Der seine Ehre rächende Ehemann ist in dieser Epoche eine schuldbeladene, tragische Figur.

Im Gegensatz zu der romantischen Historisierung wird das Motiv, als es nach einer Pause am Jahrhundertende wieder zunehmend hervortritt, durchaus auf die Gegenwart bezogen und besitzt aufgrund gewandelter soziologischer Verhältnisse und Anschauungen eine neue gesellschaftskritische Tendenz. Die Gattenehre wird als Exponent einer inhaltslos gewordenen Konvention abgelehnt, als tragische Fehlidee oder sogar ironisch behandelt. Außerdem hatte die allmähliche Lockerung der Eheauffassung es mit sich gebracht, dass die Sympathien sich stärker den ehebrecherischen Liebespartnern zuwandten, vor allem der Frau, deren Schicksal in einer Konventionsehe als das einer Unerfüllten und Unverstandenen wiederholt das Thema der Dichtung des späten 19. Jahrhunderts war. Ein Beispiel für die neue Akzentuierung der Situation ist der zu einem Rachedämon gesteigerte Ehemann Prynne (N. HAWTHORNE, *The Scarlet Letter* R. 1850), dem der Räuber seiner Ehre nur durch ein öffentliches Geständnis entgeht, und die zur Dulderin stilisierte schuldige Frau, die die Männer an Menschenwürde überragt. Stand L. N. TOLSTOJ (*Anna Karenina* R. 1878) auch mit seiner Auffassung, Ehebruch verletze die sittliche Ordnung, auf dem konservativen Flügel, so wird doch deutlich, dass er die Rache Gott anheimgestellt wissen will und die selbstgerechte Art, mit der Karenin seine Frau quält, genauso unmoralisch ist wie die Verfehlung seiner Frau. Eine ähnliche Kritik an den kühlen, nur auf Wahrung der Fassade bedachten Ehemännern spricht aus den Gesellschaftsromanen Th. FONTANES, der zwar das taktlose Laisser-faire des verlassenen Bourgeois van der Straaten (*L'Adultera* Nov. 1880) keineswegs als vorbildlich gelten lässt, aber doch den eitlen Oberst a.D. St. Arnaud (*Cécile* R. 1886) und den lieblosen Landrat Innstetten (*Effi Briest* R. 1894–95), die die Liebhaber ihrer Frauen im Duell töten, mit härterem Strich zeichnete; seine Sympathie gilt dem feinsinnigen, noblen Petöfy (*Graf Petöfy* R. 1884), der, im Bewusstsein seiner Mitschuld am Scheitern seiner Ehe mit einer viel Jüngeren, sich nicht in die Rolle eines ehrgekränkten verliebten → Alten hineinsteigert, sondern die Waffe gegen sich selbst richtet. Durch Selbstmord scheinen auch die eifersüchtigen Instinkte des Brauers in F. v. SAARS *Der Brauer von Habrovan* (Nov. 1900) ausgelöscht, sein Verdacht aber erweist sich als gerechtfertigt. Als Vertreter eines überholten Ehrbegriffs erscheinen mehrfach die Offizierskreise, in denen auch eine erkaltete Ehe verteidigt und ein spielerisches »Verhältnis« mit dem Tod bezahlt (A. SCHNITZLER, *Liebelei* Dr. 1895) oder ein Duell zwischen Liebhaber und Gatten sogar von der Frau für notwendig gehalten wird, damit nicht ein durch Klatsch beschädigter Ruf die Generalstabskarriere des Mannes gefährde (A. KUPRIN, *Poedinok/Das Duell* R. 1906). In der Oberschicht dieser Epoche kann es daher auch vorkommen, dass ein Mann, der trotz öffentlicher Bloßstellung seiner Frau aus Missachtung der Konvention auf Scheidung und Duell verzichtet, gerade deswegen von ihr verlassen wird (H. BAHR, *Der Meister* Kom. 1903). Die spanische Literatur konnte mit dem – nun kritischer gesehenen – Motiv der verletzten Gattenehre und der Tötung der Frau durch den Ehemann (M. TAMAYO Y BAUS, *Un drama nuevo* 1867) oder dem Duelltod des sich betrogen wähnenden Ehemannes (J. ECHEGARAY Y EIZAGUIRRE, *El gran Galeoto* Dr. 1881) an eine ähnlich lange Tradition anknüpfen wie die italienische, die zeigte, dass gerade der Bauernstand adlige Tradition aufrechterhielt (G. VERGA, *Cavalleria rusticana* Nov. 1880, Dr. 1884, Oper von E. MASCAGNI 1890). Wo es sich um Neubearbeitungen älterer Stoffe handelt, wie in zwei nahe verwandten Dramen R. BEER-HOFMANNS (*Der Graf von Charolais* 1905) und G. HAUPTMANNS (*Elga* 1905), kann die Sehweise konservativer sein und für die Rache des Ehemanns noch einmal das tiefgekränkte Ehrgefühl als Entschuldigung gelten, so wie auch G. KAISERS phantastisch-historisches Drama *Der Brand im Opernhaus* (1918) die Möglichkeit überhöhter sittlicher Forderung zuließ, der entsprechend der Ehemann seine Frau lieber tot als untreu wissen will, eine verkohlte Unbekannte aufbahren und die beschämte Gattin als angebliche Königsmätresse in dem brennenden Theater den Tod finden lässt.

Das 20. Jahrhundert setzt die Kritik an dem Racheanspruch des Beleidigten aus größerer innerer Distanz fort. Der aus germanischen Ehrvorstellungen begangene Racheakt Olavs (S. UNDSET, *Olav Au-*

dunsson R. 1925–27) an dem Verführer seiner Frau ruft lebenslanges Schuldgefühl und schließlich christliche Reue hervor, und die Anmaßung eines Gatten, seine Frau durch eine Art → Gottesurteil dem Aufenthalt in einem Seuchengebiet auszusetzen (W. S. MAUGHAM, *The Painted Veil* R. 1925), schlägt gegen diesen zurück, indem er selbst der Krankheit erliegt, während seine Frau innerlich und äußerlich gesundet. Die vier Revolverschüsse eines Eifersüchtigen auf den Liebhaber seiner Frau (L. REBREANU, *Adam und Eva* R. 1925) haben unter einem höheren Aspekt nur die Funktion, die Seelen der Liebenden nach sieben Inkarnationen endgültig zu vereinen, und ein mit dem Tod von Ehemann und Entführer endender Zweikampf (F. GARCÍA LORCA, *Bodas de sangre* Dr. 1933) ist nur das letzte Glied in einer durch Konvention bestimmten Kette menschlichen Versagens. In G. GARCÍA MÁRQUEZ' *Crónica de una muerte anunciata* (1981) rächen die Brüder die Zurückweisung ihrer nicht unbescholtenen Schwester durch den Ehemann, indem sie deren Liebhaber ermorden; niemand wagt, den Mord zu verhindern. Während noch in M. MAETERLINCKS *Pelléas et Mélisande* (Dr. 1892) das unschuldige Paar der Verdächtigung und Bestrafung zum Opfer fällt und der beschämenden Enthüllung der Wahrheit weichen muss, führen in dem zehn Jahre späteren Drama *Monna Vanna* (1902) des gleichen Autors Verdächtigungen der Gegner das liebende Paar wieder zusammen. Die Kritik wächst zur Überwindung des Ehrdenkens, wenn der Beleidigte sein Leben für das seines Beleidigers opfert (O. DUUN, *Die Juwikinger* R. Bde. 4–6 1921–23).

Die moderne Distanz zu Ehr- und Racheproblemen bot die Möglichkeit zu Wendungen des Motivs ins Komische, häufig durch Pervertierung älterer Vorlagen. Auf der Grenze zwischen Tragik und Komik steht schon die Gestalt des Pavel Trusockij (F. M. DOSTOEVSKIJ, *Večnyj muž/Der ewige Gatte* Erz. 1870), der ebenso vergeblich versucht, den ihm erst nach ihrem Tod bekannt gewordenen Ehebruch seiner Frau durch Selbstverhöhnung zu überwinden, wie sich an ihrem Liebhaber zu rächen, und dann erleben muss, wie seine zweite Frau die gleiche Schwäche für den gleichen Mann zu erkennen gibt. Juan Guerra Madrigal (R. PÉREZ DE AYALA, *Tigre Juan; El curandero de su honra* Doppel-R. 1926) dagegen, ein »Quacksalber«, nicht ein »Arzt« seiner Ehre, lässt sich, nachdem er durch konsequent ehrenhaftes Verhalten seine erste Ehe unnötig zerstörte, durch ähnliche Gefahren in der zweiten nicht zu Verdächtigungen verführen. Bei der Erneuerung des mittelalterlichen Schwankplots von der Heimzahlung durch Gleiches (P. A. de ALARCÓN Y ARIZA, *El sombrero de tres picos* Nov. 1874) zeigen sich jetzt die Frauen nicht nur als die Unschuldigen, sondern auch als die überlegenen Entwirrer der Handlung. Mittelalterliche Legenden wirken nach, wenn auf Veranlassung der Madonna ein Gehängter vom Galgen steigt J. M. Eça de Queiróz, *O defunto* Erz. 1902), um den Stoß eines beleidigten Gatten aufzufangen und ihn so zu erschrecken, dass er stirbt und der Ritter seine Angebetete heiraten darf. Die nach sizilianischer Sitte notwendige Rache eines → Hahnreis (L. Pirandello, *Il berretto a sonagli* Dr. 1918) kann dadurch ohne Schädigung seines Ansehens überflüssig werden, dass man die anklagende Frau des Ehebrechers für geistesgestört erklärt, und ein anderer naiv-weiser Hahnrei, der mit Beharrlichkeit und Liebe die Augen vor seiner Schmach schließt, erobert tatsächlich die schon durchgegangene Frau zurück (M. Pagnol, *La Femme du boulanger* Dr. 1938). Allen Spielregeln des Motivs zum Trotz kann der Beleidigte, der es ablehnt, sich zu rächen (J. Renoir, *Le Roi d'Ivetot* Dr. 1972), sich durch moderne Umkehr alter Moralbegriffe als lachender Dritter und nicht als → Hahnrei fühlen.

A. L. Stiefel, Zum Schwank von der Rache des betrogenen Ehemanns, (Zs. f. französische Sprache u. Literatur 32) 1908; C. Watson, Shakespeare and the Renaissance Concept of Honour, Diss. Harvard 1948; E. M. Wilson, Family Honour in the Plays of Shakespeare's Predecessors and Contemporaries, (Essays and Studies 6) 1953; J. A. Joes, Honour in Spanish Golden-Age Drama: its Relation to Real Life and to Morals, (Bulletin of Hispanic Studies 35) 1958; A. A. van Beysterveldt, Répercussions de la pureté de sang sur la conception de l'honneur dans la »Comedia nueva« espagnole, Leiden 1966.

Gattin, Die verleumdete

Die außerordentliche Verbreitung des Motivs von der verleumdeten Gattin in der älteren Literatur, besonders der des Mittelalters, bekundet die Gefährdung der Frau in einer ihr feindlichen Welt und die Notwendigkeit der schweren Strafen, die in frühen Kulturen demjenigen drohten, der eine Frau zu Unrecht des Ehebruchs zieh, und die eine der wenigen Schutzmaßnahmen für die Frau gegenüber der Willkür ihres Mannes bedeuteten, dessen Rache sie im Falle der Schuld verfiel. Das Motiv mit seiner sich auf drei Personen stützenden, in den Details sehr variablen Grundkonstellation entsprach der herrschenden Vorstellung von der lediglich passiven Rolle und den Dulderqualitäten der Frau. Denn sie ist gegenüber der Intrige des Verleumders machtlos und muss das ihr zugefügte Unrecht zunächst erleiden; es besitzt jedoch auch einen anklägerischen Impetus. Die verschiedenen Arten von Missverständnissen, Anklagen, Bedrohungen und Misshandlungen, welche die Frau durchstehen muss und vor denen sie oft nur das Eingreifen höherer Mächte retten kann, bedeuten im Grunde eine große Anklage gegen die Rohheit des Mannes, und zwar nicht nur des »falsch Zeugnis« ablegenden, meist aus dem Ressentiment eines Abgewiesenen handelnden Intriganten, sondern auch des auf die Verleumdung eingehenden, jeden Vertrauens zu seiner Frau ermangelnden Ehemanns, der rasch bereit ist, in ihr die stereotyp verführbare Evastochter zu sehen und seine scheinbar verletzte → Gattenehre zu rächen. Aus solcher Erfahrung kann die Dulderin beträchtliche Energie bei der Abwehr unwillkommener Bewerber und große Selbständigkeit bei der Formung ihres des ehelichen Schutzes beraubten Lebens entwickeln, sodass man fast von emanzipatorischen Zügen sprechen kann. Das Motiv erscheint daher als eine Mischung von Angsttraum und Wunschvorstellung.

Aus dem Motiv haben sich verschiedene ausgereifte Stoffe und letzte Vorstufen zu Stoffen entwickelt. Trotz der charakteristischen Eigenheiten, die jede Motivvariante und jeder dazugehörige Stoff aufweist, arbeiten andere Motive dieser Verschiedenheit entgegen und stellen Verbindungen sowie Gemeinsamkeiten zwischen den einzelnen Entwicklungssträngen her. Kleinere Motive und Züge, etwa das Motiv des Waldlebens, des heimlich eingeschleusten Liebhabers, der mitleidigen Schergen, des falschen Tötungs- oder Verstümmelungsbelegs und der vorgeschobenen Dienerin, wandern zwischen den einzelnen Motivvarianten hin und her und schaffen Anklänge innerhalb des ganzen Bereichs, die durch die dominierende Position des Kernmotivs ermöglicht werden. Die gemeinsamen kleinen Züge mögen von den Autoren in bewusster oder auch unbewusster Erinnerung an früher gehörte verwandte Erzählungen in den jeweiligen Motivkomplex hineingebracht worden sein. Andere durch Motivkoppelung mit dem Kernmotiv verknüpfte Motive wiederum haben die Tendenz, das Kernmotiv zu überwuchern, sich ihm nicht genügend anzupassen oder eine Zweiteilung der Handlung entstehen zu lassen, die den Eindruck mangelnder Geschlossenheit erweckt.

Die erste Variante des Motivs ergab sich durch Verknüpfung mit dem sich dem Hauptmotiv gut einfügenden → Gottesurteil-Motiv. Die Möglichkeit der Frau, sich von dem Verdacht der Untreue durch ein Gottesurteil zu reinigen, war schon im alten Babylon vorgesehen und begegnet als literarisches Motiv im altindischen Epos

Rāmāyaṇa (4. Jh. v. Chr. – 2. Jh. n. Chr.), in dem die durch das Ungeheuer Rāvaṇa entführte Sītā nach ihrer Befreiung von ihrem Mann Rāma verstoßen, aber gleich darauf in Liebe aufgenommen wird, als sie unverletzt einem brennenden Scheiterhaufen entstiegen ist; auf die Zweifel des Volks hin lässt der König sie dann aber doch im Walde aussetzen, und erst nach Jahren wird sie zurückgerufen, muss sich aber noch einmal durch einen Schwurprozess vom Verdacht reinigen. In der apokryphen alttestamentlichen Erzählung von ↑ *Susanna und Daniel* tritt an die Stelle eines Gottesurteils der von Gott aufgerufene junge Prophet Daniel, dessen Weisheit die von zwei abgewiesenen Alten des Ehebruchs Angeklagte vom Tod durch Steinigung rettet.

In der mittelalterlichen Literatur bildet sich ein festes Handlungsschema für die Motivverknüpfung mit dem → Gottesurteil-Motiv heraus. Meist während der Abwesenheit des fürstlichen Ehemannes wird gegen dessen Frau von einem abgewiesenen Liebhaber aus Rache Anklage wegen Ehebruchs erhoben. Für die unschuldig angeklagte und zum Tode verurteilte Frau tritt ein Ritter in gottesgerichtlichem Kampf ein, sodass der Verleumder entlarvt und der Bestrafung zugeführt wird. Diese Fassung geht wahrscheinlich auf die historische Überlieferung zurück, nach der sich Kaiserin Judith, die Frau Ludwigs des Frommen, durch einen Eid vom Vorwurf des Ehebruchs mit Bernhard von Toulouse reinigte, der durch Herausforderung seiner Gegner die ihn treffende Verleumdung entkräftete. In diesem historischen Fall wollte der Ritter für die eigene Schuldlosigkeit und Ehre kämpfen, nicht jedoch für die der Frau. Mit dem neuen Zug des für die Unschuld streitenden Kämpfers versehen, fand das Ereignis Niederschlag in den katalanischen und provenzalischen *Romanzen vom Grafen von Barcelona*, wie der historische Bernhard von Toulouse zusätzlich hieß. Die Geschichte wurde auf andere Personen übertragen, so in dem altfranzösischen *Jaufrois* auf Jaufrois von Poitiers und Alis, die Frau Heinrichs von England, in den *Gesta regum Anglorum* des William of Malmesbury (12. Jh.) auf Gunhild (recte Kunigunde), die Frau des deutschen Kaisers Heinrich; aus dieser letzteren Variante ging die in Percys *Reliques of Ancient English Poetry* (1765) aufgenommene Ballade *Sir Aldingar* hervor.

Die französische Tradition lief mit R. de Cerisiers Erzählung *Hirlanda* (17. Jh.) und der von A. Fernández de Avellaneda der Fortsetzung des *Don Quijote* zugefügten Episode vom Grafen von Barcelona aus, die A.-R. Lesage 1704 übersetzte; letztere wurde von R. Jephson in *The Law of Lombardy* (1779) dramatisiert. Auch der

Teil der ↑ Schwanritter- oder Lohengrin-Sage, der sich auf die unschuldig angeklagte Witwe und ihre Rechtfertigung durch einen unbekannten Kämpfer bezieht, gehört zu dieser Motivvariante.

In einem verlorenen *Lai du Comte de Toulouse* wurde erstmalig der unbekannte Retter in eine schon vorher bestehende Beziehung zu der Angeklagten gebracht. War sie in der ↑ Schwanritter-Sage Witwe, die ihren Retter heiraten konnte, so wurde für die im Lai verheiratete, des Ehebruchs angeklagte Frau eine vor der Ehe liegende Liebe zu dem Ritter oder eine sich gerade anbahnende, aber unterdrückte Beziehung erfunden. Der Verleumder wiederum schmuggelt zur Unterstützung seiner Behauptung einen Pseudoliebhaber in das Gemach der Frau, den er dann bei der vorgeblichen Entdeckung »im Zorn« niederstößt. Von dieser so entstandenen Dreieckssituation gibt es eine Anzahl voneinander unabhängiger Varianten: Im *Miracle de la Marquise de la Gaudine* (um 1400) lenkt eine Freundin der Marquise von ihr den Verdacht ab, indem sie sich selbst für die Geliebte des Ritters ausgibt; im englischen Gedicht *The Earl of Tolous and the Emperes of Almayn* (Anf. 15. Jh.) reist der Earl als Pilger verkleidet nach Deutschland, um die schöne Kaiserin zu sehen, und verliebt sich in sie; in WIMPFELINGS *Philopertus et Eugenia* (1470) erkrankt der Ritter aus Liebe zu der vornehmen Frau und wird von ihr geheilt; in des Dänen Jeppe JENSEN Gedicht *Den Kydske Dronning* (1483), in Jörg WICKRAMS *Ritter Galmy* (1539) und BANDELLOS Novelle *Amore di Don Giovanni di Mendoza e la duchessa di Savoia* (1554) heiratet sie den Ritter nach dem Tod ihres Gatten. Den größten Einfluss unter diesen Varianten übte BANDELLOS Novelle aus. Von ihr ist abhängig A. de la VEGAS Drama *La duquesa de la rosa* (1566), das J. de TIMONEDA im *Patrañuelo* (1576) wiedererzählte. BOISTUAUS Übersetzung von Bandellos Novelle in den *Histoires tragiques* (1559) zeitigte in Frankreich Mme de FONTAINES Roman *Histoire de la Comtesse de Savoye* (1713, Druck 1726), aus dem VOLTAIRE den Stoff zu seiner Tragödie *Artémire* (1720) entnahm. Boistuaus Übersetzung wurde auch die Quelle für das K. STIELER zugeschriebene Rudolstädter Festspiel *Die erfreuete Unschuld* (1666) und wirkte, möglicherweise auf dem Umweg über die englische Übersetzung PAINTERS, in den Niederlanden auf Dirk RODENBURG (*De Hertoginne van Savoyen en Don Juan Mendossa* Dr. 1619) sowie auf J. J. COLEVELT (*De Hartoginne van Savoyen* Dr. 1627). Typisch für die im Gefolge Bandellos entstandenen Fassungen ist die ursprünglich ablehnende Haltung des Ritters gegenüber dem Hilfeersuchen der Frau; verkleidet und unerkannt überzeugt er sich dann von deren Unschuld und kämpft auch unerkannt für sie; der Schluss der einzelnen Varianten weicht voneinander ab.

Unter BANDELLOS Novellen taucht die Motivvariante ein zweites Mal im 24. Stück des 1. Teiles auf, denn das »Wunder«, dass die von einem abgewiesenen Höfling der Untreue bezichtigte und von dem durch einen Trick getäuschten Ehemann in den Löwenzwinger geworfene Frau von den Tieren verschont wird, übernimmt die Funktion eines Gottesgerichts genauso wie das die Angeklagte entlastende Orakel Apolls in R. GREENES Novelle *Pandosto* (1588), der Quelle für SHAKESPEARES *The Winter's Tale* (1611). Shakespeare änderte den Tod der Frau, die noch während der Gerichtsverhandlung stirbt, in Scheintod und verborgenes Weiterleben um, was einen Spannungsbogen zur späteren Wiedervereinigung in der Art der mittelalterlichen Motivvariante ermöglichte; wie bei Greene fällt die Verleumderrolle dem Ehemann selbst zu. Shakespeares Motivgestaltung wirkte bei seinen Nachfolgern fort (BEAUMONT/FLETCHER, *The Knight of Malta* u. *Honest Man's Fortune* 1647). Das späteste Zeugnis für das Fortwirken des Motivs dürfte H. v. KLEISTS Novelle *Der Zweikampf* (1811) sein, in der die beschuldigte Frau wieder eine Witwe ist, die den Jugendfreund zu ihrer Verteidigung herbeiholt und später heiratet. Bemerkenswert ist, dass Kleist das Motiv der verleumdeten Frau nicht in seiner Quelle, FROISSARTS *Chroniques de France* (14. Jh.), fand und es auch noch nicht in der anekdotischen Vorstufe, der *Geschichte eines merkwürdigen Zweikampfs*, sondern erst beim Ausbau der Anekdote zur Novelle verwendete.

Ein zweiter Motivkomplex ergab sich aus der Koppelung des Kernmotivs mit der Erzählung vom Hund des Aubry. Hier steht die des Ehebruchs angeklagte Frau vor der Geburt eines Kindes, wird daher nicht zum Tode verurteilt, sondern nur verstoßen, und zu ihrem und des Kindes Schutz ist ihr ein Ritter, Aubry de Montdidier, beigegeben. Diese Variante knüpfte sich hauptsächlich an eine sagenhafte Frau Karls des Großen, meist ↑ Sibylle genannt, deren Schicksal die nur bruchstückhaft erhaltene Chanson de geste *Macaire* erzählte, deren Inhalt die Chronik (1232/52) des AUBRY DE TROIS-FONTAINES referiert und in frankoitalienischen Bearbeitungen, einem Roman der ELISABETH VON NASSAU-SAARBRÜCKEN (*Sibille* 1430/37), der spanischen *Historia de la Reyna Sebilla* (1532) und zwei niederländischen Volksbüchern erhalten ist. Ein Zwerg begehrt Karls Frau und kriecht, als sie ihn abweist, unbemerkt in ihr Bett, wo Karl ihn entdeckt und tötet, aber seinen Anschuldigungen gegen die Frau Glauben schenkt. Im Wald wird dann der schützende Ritter

Aubry von Macaire, der die Königin besitzen will, ermordet. Durch Aubrys Hund, der die Leiche seines Herrn bewacht und sich von der königlichen Tafel Nahrung holt, gelangt man auf die Spur des Mörders, der im gottesgerichtlichen Kampf mit dem Hund besiegt wird. Sibylle ist inzwischen zu ihrem Vater Kaiser Konstantin geflohen, der ihr und ihrem Kind zum Recht verhilft.

Die Geschichte des Mordes an Aubry wurde später auf die Regierungszeit von Charles V. und das Jahr 1371 fixiert und auch unabhängig von dem Motiv der verleumdeten Frau als reine Sensationsgeschichte behandelt, unter deren Nachfahren R.-Ch. de PIXÉRÉCOURTS Féerie *Le Chien de Montargis ou la forêt de Bondi* (1814) zählt, die in I. F. CASTELLIS deutscher Übersetzung *Der Hund des Aubri de Mont-Didier oder der Wald bei Bondy* (1815) ihren Weg über die deutschen Bühnen nahm und in Weimar Anlass zu Goethes Rücktritt von der Leitung des Hoftheaters wurde.

In der Koppelung mit dem Motiv von der unschuldig angeklagten Frau ist die Geschichte des Hundes von Aubry im Grunde ein zu selbständiger Bestandteil und drückt das Kernmotiv beiseite. Über der Klärung des Mordes ist man geneigt, die Orientreise der unschuldig belasteten Königin und ihre Rehabilitierung zu vergessen. Der Verfasser der französischen Chanson de geste *Macaire* tat daher einen Schritt in Richtung auf die Amalgamierung des Mordmotivs, als er den zwergischen Verleumder und den Mörder Macaire zu einer Person zusammenzog; dieser Schritt reichte freilich noch nicht aus, um das innere Gleichgewicht des Stoffes herzustellen. Dem *Macaire* folgte das deutsche Volksbuch *Die Königin von Frankreich und der ungetreue Marschall* (um 1465), in dem außerdem an die Stelle von Sibylles Fahrt nach Konstantinopel ein demutvolles Leben in Waldeinsamkeit trat, das auch in anderen Varianten des Motivs von der angeklagten und verstoßenen Frau auftaucht. Dieses Waldleben-Motiv findet sich vor allem in Sagen, in denen zugleich die Kindheit des fern vom Vater geborenen Kindes eine Rolle spielt, wie z. B. in dem schon erwähnten indischen *Rāmāyaṇa* und in der *Þiðrekssaga* (um 1260), in der Siegfrieds Mutter – der Name Sisibe weist auf die Beziehung zur Sibylle-Sage – nach Verleumdung durch einen abgewiesenen Zudringling verstümmelt und verstoßen werden soll, durch das Mitleid des damit Beauftragten unverletzt bleibt, aber vor Schreck stirbt, als das neugeborene Kind von den Fluten des Stroms weggespült wird. Die Verlagerung des Akzents auf das Kind kann bis zum völligen Verblassen des Motivs führen, wenn es nur als Herkunftsnachweis des Kindes dient, wie in CALDERÓNS *La devoción de la cruz* (1634), wo von Eusebios Mutter lediglich erwähnt wird, dass sie aus unbegründeter Eifersucht von ihrem Mann niedergestochen worden sei und das Kind in Waldeinsamkeit geboren habe.

Das Waldleben-Motiv, als romantische Kulisse der verstoßenen schwangeren Frau schon von dem Inder KĀLIDĀSA in seinem Drama *Śakuntalā* (Anf. 5. Jh.) verwendet, wurde von der französischen und deutschen Literatur in der ↑ Berta-Sage voll entfaltet, jener Geschichte von der Mutter ↑ Karls des Großen, die bei der Hochzeit von einer falschen Braut verdrängt, eines Mordanschlags verdächtigt und von ihrem sie nicht kennenden Bräutigam verstoßen wird. Diese in dem Zug der Verstoßung mit der Geschichte von der unschuldig angeklagten Frau übereinstimmende Sage wirkte auf das oben genannte Volksbuch *Die Königin von Frankreich* und die aus ihm hervorgegangene ↑ *Genovefa*-Legende ein, für die das Waldleben-Motiv geradezu kennzeichnend wurde. Die *Genovefa*-Legende ist ein um 1400 im Raum von Laach am Rhein entstandener geistlicher Spross des weltlichen Volksbuchs *Die Königin von Frankreich und der ungetreue Marschall* und wurde später durch die lateinische Fassung des R. de CERISIERS berühmt. Die deutsche Übersetzung M. v. COCHEMS wirkte weiter auf die Dramatisierungen MALER MÜLLERS (1775/81), L. TIECKS (1800) und F. HEBBELS (1843). In der *Genovefa*-Legende ist die Geschichte vom Hund des Aubry ausgeklammert, aber die Hilfe eines Tieres lebte in der Nahrung spendenden Hirschkuh fort, die durch die Jungfrau Maria der Mutter und dem Kinde zugeführt wird. Aus anderen Varianten des Motivs herübergenommen ist die Verschonung der Dulderin durch den oder die Schergen, ein Zug, der noch erweitert ist durch das Vorweisen der Zunge eines Hundes als angeblichen Belegs für die Ausführung der befohlenen Verstümmelung.

Ein dritter Motivkomplex ergab sich durch den Zug, dass der Verleumder der Frau der Bruder des Ehemanns ist und dass nach der ersten Verleumdung noch die Folgen von Abweisungen weiterer unerwünschter Liebhaber zu überstehen sind; die verfolgte Frau gelangt in den Besitz der Fähigkeit, Kranke zu heilen, und heilt später alle an ihr schuldig gewordenen Männer. Dieser Motivkomplex ist orientalischen Ursprungs und begegnet im Osten zuerst unter den Geschichten von weiblicher Untreue, die ein kluger Papagei in dem auf der Grundlage des Sanskritbuches *Śukasaptati* von dem Perser NACHSHABĪ geschaffenen *Papageienbuch* (1330) erzählt. In den von der indischen Quelle abhängigen orientalischen Fassungen ist die Kette der abgewiesenen Verfolger besonders lang. Eng an sie an schließen sich die weltlichen europäischen, der französische Versroman *Bone Florence de Rome* (13. Jh.) und die Erzählung in den *Gesta Romanorum* (14. Jh.). Die Frau sperrt den jüngeren Bruder, dem sie vom Kaiser während eines Feldzugs anvertraut war, wegen seiner Zudringlichkeit in einen Turm ein, lässt ihn jedoch bei der Rückkehr des Kaisers wieder frei und reitet mit ihm diesem entgegen. Dabei fesselt der Schwager die Frau im Wald, nachdem er sie vergebens zu vergewaltigen suchte, und erzählt dann dem Kaiser, sie sei geraubt worden. Die Kaiserin gelangt an den Hof eines Herzogs, der ihr sein Kind zur Pflege anvertraut; ein Höfling stellt ihr vergebens nach, tötet darauf das Kind und verdächtigt sie des Mordes. Der Mörder heißt in der Florence-Fassung Macaire – ein Zeichen für das Ausstrahlungsvermögen der Hund-von-Aubry-Variante. Die Frau wird als Mörderin in den Tiber geworfen, gerettet und hat nun noch die Verfolgungen durch zwei weitere abgewiesene Liebhaber zu bestehen, ehe sie ihre Rolle als Ärztin antritt. Diese beiden weiteren Verfolgungen verschwanden in der seit dem 12. Jahrhundert bekannten Legendenfassung, stattdessen wurden die beiden Hauptabenteuer durch Episodenfiguren, die sich an der Fürstin vergreifen wollen, gestützt. Der Schwager klagt die Fürstin bei dem heimkehrenden Bruder der versuchten Verführung an. Die Handlung ist auf die nach der zweiten Verfolgung eintretende Errettung durch Maria konzentriert, die der Heldin aus Wassersnot hilft und ihr das wundertätige Kraut zeigt, mit dem sie später die Kranken heilt. Diese Mirakelversion war in zahlreichen Legenden in ganz Europa verbreitet.

Auf eine geschichtliche Person fixiert erscheint die Legendenversion in der ältesten überlieferten europäischen Variante, der ↑ Crescentia-Legende der *Kaiserchronik* (1135/50), in der Petrus der Retter und Helfer der Kaiserin ist. In dieser Fassung ist die künstlerisch unbefriedigende Zweigipfligkeit der Handlung dadurch aufgehoben, dass die Marienlegende mit ihrem Wunderhöhepunkt in eine Beichtlegende umgewandelt wurde und sich das Schwergewicht der Gesamtstruktur auf den Schluss, die Beichte aller Männer und ihre Lossprechung verlagerte. Auch die zum ersten Mal bei VINCENT DE BEAUVAIS (13. Jh.) überlieferte Hildegardis-Sage knüpft das Motiv an eine historische Person, abermals eine Gemahlin ↑ Karls des Großen, Hildegardis. Die Hildegardis-Sage ist der Sibyllen-Sage insofern angenähert, als die Heldin hier in den Wald verstoßen wird und ihr die Augen ausgestochen werden sollen; ein mitleidiger Ritter veranlasst die Schergen, die Augen eines Hundes vorzuzeigen.

Ein später Nachklang der Rolle des Schwagers als des Verleumders taucht in einer eingelassenen Erzählung der neuerdings A. Klingemann zugeschriebenen *Nachtwachen* (»Von Bonaventura«, R. 1804) auf, in der einer von zwei spanischen Brüdern die Frau des anderen liebt und, abgewiesen, den Verdacht des Ehemanns auf ihren Pagen lenkt. Der Fortfall eingreifender überirdischer Mächte führt zum tragischen Untergang der beiden Unschuldigen, wie er dem nihilistischen Charakter des Romans angemessen ist.

Charakteristisch für die vierte Motivgruppe ist die Auslösung des Konflikts durch eine Wette zwischen dem von der Treue seiner Frau überzeugten Ehemann und einem Bekannten oder Neider, der sich erdreistet, die treue Frau zu verführen. Dies gelingt ihm zwar nicht, aber er kann Beweisstücke erbringen, die scheinbar Zeugnis für die gelungene Verführung ablegen und ihn seine Wette gewinnen lassen. In einer Reihe von Fällen ist der Gewinner wirklich guten Glaubens, die Gunst der Frau genossen zu haben, weil diese ihn mit einer Dienerin täuschte, die anstelle der Herrin seine Beute wurde; die treue Frau kann beweisen, dass der als Beweis vorgezeigte Finger oder das Haar der Entehrten nicht von ihr, sondern von der Dienerin stammt. Eine solche Erzählung findet sich schon im keltischen *Mabinogion* (Aufzeichnung 14. Jh.), in Ruprecht von Würzburgs heiterer Verserzählung *Von zwein koufman* (13. Jh.), in J. Ayrers *Comedia von zweyen fürstlichen Räten* (um 1600) und in der Ballade *Aus reyt der Künig Eckstein.* In orientalischen Fassungen darf der überführte Vergewaltiger zwischen dem Tod und der Ehe mit der Sklavin wählen. In einem anderen Motivstrang befindet sich der Gewinner der Wette nicht im guten Glauben, die begehrte Frau missbraucht zu haben, sondern hat sich nach Misslingen seines Anschlags über das Aussehen der Frau und ihre Lebensgewohnheiten informiert und sich, meist durch eine Dienerin, intime Gegenstände aus ihrem Besitz verschafft, die er dann betrügerisch benutzt, um die Frau zu verleumden und die Wette zu gewinnen. In dieser Motivvariante tauchen auch Werke auf, in denen der Mann keine Wette eingeht, sondern nur die Keuschheit der Frau rühmt, die mitunter seine Schwester, nicht seine Ehefrau ist (Jehan Renart, *Guillaume de Dole* 1199/1201; Lope de Rueda, *Eufemia* Dr. 1567). Der enttäuschte Ehemann dieser Variante will zuerst seine Frau töten und verstößt oder verlässt sie dann, erfährt durch Zufall unerkannt aus dem Munde des Betrügers dessen List und zieht ihn zur Rechenschaft (*Le Comte de Poitiers* Verserz. 1170/1230; Gerbert de Montreuil, *Le Roman de la violette* um 1230). In dem Liebesroman Gerberts von

Montreuil ist die Verleumdete nicht die Frau, sondern die Geliebte des Comte de Nevers, daher nimmt in der auf dem Roman basierenden Oper *Euryanthe* (1823) C. M. v. Webers die unschuldig Bezichtigte die Position einer Braut ein. Die Librettistin H. v. Chézy koppelte das Hauptmotiv mit dem der → Nebenbuhlerschaft, indem sie dem Betrüger eine Komplizin gab, die durch die Verleumdung Euryanthes den Grafen für sich selbst gewinnen möchte.

Das Motiv changiert leicht, wenn die verstoßene Frau sich selbst auf den Weg macht, um ihr Recht zu suchen, und dabei entweder unerkannt von dem Betrüger dessen Manöver erfährt oder ihm das Geständnis erpresst. Für den letzteren Entwicklungsstrang wurde eine Novelle Boccaccios (*Decamerone* II,9) beispielhaft, in der Bernabo von Genua vor mehreren Kaufleuten die Reinheit seiner Frau Ginevra rühmt. Durch Bestechung einer alten Frau gelangt Ambrogiuolo in das Schlafzimmer Ginevras und entwendet von dort ihren Gürtel. Bernabo befiehlt seinem Diener, die scheinbar treulose Frau auf dem Wege zu ihm zu töten, dieser aber hat Mitleid und gibt ihr Kleidung, durch die sie sich als Mann ausgeben kann. Als angesehener Beamter des Sultans entdeckt sie bei dem Kaufmann Ambrogiuolo ihren Gürtel und erfährt dessen Geheimnis, das sie ihn in Gegenwart ihres herbeigeholten Mannes zu bekennen zwingt. Der Verleumder wird auf Befehl des Sultans mit Honig beschmiert und an einen Pfahl gebunden, sodass ihn Fliegen und Wespen zu Tode quälen. Shakespeare verknüpfte Boccaccios Novelle in *Cymbeline* (1611) mit Elementen einer Sage aus bretonischer Vergangenheit, die er R. Holinsheds *Chronicles* (1577) entnahm. Das Drama spielt während eines sagenhaften Krieges zwischen Rom und Britannien, und die Heldin ist Imogen, Tochter des britischen Königs Cymbeline. Sie hat einen unebenbürtigen, nunmehr verbannten Mann geheiratet, der in Rom die verhängnisvolle Wette heraufbeschwört. Auch Imogen weiß sich in Männerkleidung durchzusetzen, und nach der Römerschlacht führt der Ring am Finger des Verleumders zur Aufklärung. Eine Koppelung mit dem → Gottesurteil-Motiv findet sich schließlich in dem italienischen Gedicht *Elena* (14. Jh.), in dem die Frau den Verleumder zum gerichtlichen Zweikampf fordert und durch ihren Sieg nicht nur ihre Ehre wiederherstellt, sondern auch ihren Mann rettet, der wegen seines scheinbar ungerechtfertigten Prahlens zum Tode verurteilt worden war.

Nicht um eine eigentliche Wette des Gatten, aber um eine Abmachung mit dem Freund, die Ehefrau auf ihre Treue zu prüfen, handelt es sich in R. Greenes Erzählung *Philomela* (1592), und da Frau und Freund sich als standhaft erweisen, geht, wie in des gleichen Dichters schon erwähntem *Pandosto*, die Verdächtigung allein vom Ehemann aus, der sogar zur Bestechung falscher Zeugen greift, später von seiner verstoßenen Frau vor der Verurteilung zum Tode gerettet wird und vor Reue und Erschütterung stirbt.

Dem vierten Motivkomplex mit dem auslösenden Motiv der Wette, bei dem es sich in einigen Fällen um eine unverheiratete Frau handelte, steht die fünfte Variante mit einem sich zu Unrecht des Besitzes der Frau rühmenden Rivalen nahe, von dem ARIOST in *L'Orlando furioso* (1532) erzählt. Ariodante, der um Ginevra wirbt, wird von seinem Nebenbuhler Polinesso überzeugt, dass die Geliebte diesen des Öfteren nachts bei sich empfangen habe. Polinesso lässt ihn zusehen, wie er nachts in das Schloss einsteigt und von einer Frau empfangen wird, die Ginevras Schmuck trägt, aber in Wirklichkeit die verkleidete Kammerzofe ist. Ariodante sucht den Tod im Meer, ertrinkt jedoch nicht. Sein Bruder will den vermeintlich Toten rächen und beschuldigt Ginevra der Unkeuschheit. Ariodante ist bereit, unerkannt für die Geliebte mit dem Bruder zu kämpfen, aber die Kammerfrau, die von Polinesso zum Tode bestimmt ist, wird gefunden und klärt alles auf. Diese Erzählung wurde von BANDELLO (*Novelle* 1554) mit den veränderten Namen Timbreo und Fenicia sowie einigen inhaltlichen Abweichungen wiederholt: Der Rivale, hier zugleich Freund des Freiers, benutzt seinen Diener als den, der in das Haus einsteigt; der Scheintod ist vom Liebhaber auf die Braut übertragen, die bei der Anschuldigung ohnmächtig und von ihrem Vater bis zur Wiederherstellung ihrer Ehre verborgen wird; die Reue des Verleumders erbringt die Lösung. Als SHAKESPEARE um 1600 den Erzählstoff für *Much Ado about Nothing* bearbeitete, lagen außer den Übersetzungen beider Erzählungen auch bereits englische Dramatisierungen vor. Von Ariost übernahm Shakespeare hauptsächlich die Rolle der Kammerjungfer, von Bandello den Hauptteil der Intrige, vor allem die Toterklärung durch den Vater. Es sei daran erinnert, dass Shakespeare das Moment der Toterklärung, des verborgenen Weiterlebens und der späteren Wiedervereinigung entgegen der Quelle auch in *The Winter's Tale*einbaute. Auf Ariosts Plot allein beruht VOLTAIRES Tragödie *Tancrède* (1760), in der eine mit einem Verbannten heimlich Verlobte von dem ihr von ihrem Vater zugedachten Mann des Vaterlandsverrats verdächtigt wird. Obwohl der Verlobte sie für untreu hält, kämpft er für sie gegen ihren Ankläger und sucht dann den Schlachtentod; Amenaide vermählt sich dem Sterbenden. Voltaire dürfte demnach auch Varianten mit → Gottesurteil-Motiv gekannt haben. Im Zusammenhang mit diesem Motiv taucht die Figur der vorgeschobenen oder aus eigenem Antrieb handelnden Kammerfrau auch in KLEISTS schon erwähnter Novelle *Der Zweikampf* auf.

Die Umformung der ariostschen Erzählung durch Bandello entfernt sich insofern von der fünften Motivvariante, als der Rivale sich nicht selbst der Eroberung der Frau rühmt, sondern zur Täuschung einen Strohmann vorschiebt. Dieser Seitentrieb des Motivs steht in Beziehung zu anderen tragisch verlaufenden Varianten der italienischen Literatur des 16. Jahrhunderts. In A. LEONICOS Drama *Il soldato* (1550) erfindet der abgewiesene rachsüchtige Soldat einen ähnlichen Fenstereinstieg, um sich durch den eifersüchtigen Ehemann nicht nur an der Frau, sondern zugleich an einem alten Feind zu rächen, den er für den Ehebrecher ausgibt. Eine ähnlich raffinierte Intrige ersinnt der »Fähnrich« von G. B. GIRALDIS Novelle *Il moro di Venezia* (in: *Gli Hecatommithi* 1565), allerdings im Glauben, in dem »Leutnant« einen wirklich glücklicheren Rivalen zu haben, während SHAKESPEARE in seinem auf dieser Novelle fußenden *Othello* (1604) zwar wie seine Quelle die unschuldige Frau sterben und den verwundeten Cassio entkommen lässt, dem Verleumder aber, genau wie in *Much Ado about Nothing*, das so wichtige Movens der verschmähten Liebe nimmt und ihn zu einem neidischen Bösewicht umformte, der den glücklichen Feldherrn und Ehemann hasst. Mit dem tragischen Tod der verleumdeten Frau und dem sühnenden Freitod des Ehemanns sind die Möglichkeiten des Motivs aus dem Geist der Renaissance voll ausgeschöpft.

In den Umkreis der fünften Motivvariante im engeren Sinne gehört wieder das italienische Volkslied *Gli anelli*. Der kurz nach der Hochzeit in den Krieg gezogene Prinz wird von einem abgewiesenen Liebhaber seiner Frau aufgesucht, der ihm zwei Ringe vorweist, die der Prinz seiner Frau geschenkt hat. Er eilt nach Hause, verletzt seine Frau und sein inzwischen geborenes Kind tödlich und erkennt zu spät, dass die Ringe im Kasten liegen und die vorgewiesenen gefälscht waren; er gibt sich selbst den Tod. Mit der Tötung der Frau endet auch die neugriechische Ballade *Manuel und der Janitschar*, in der sich ein Janitschar vor dem Ehemann seiner Liebe zu dessen Frau und der genauen Kenntnis ihrer Kleidung gerühmt hat.

Der Verleumdung und Verstoßung einer Fürstin – dies der sechste Motivkomplex – können auch nicht-erotische Motive zugrunde liegen; in manchen Fällen sind es Neid und Missgunst. Nach der Überlieferung des FLAVIUS JOSEPHUS (*Antiquitates* Ende 1. Jh.) verdächtigte Salome, die Schwester Herodes' des Großen, ihre Schwägerin, die ihr durch die Abstammung von den Makkabäern überlegene Mariamne, des Ehebruchs und der geheimen Verbindung mit den Römern und erregte so die Eifersucht des Königs, der den Befehl gab, ihr im Falle seines Todes das Leben zu nehmen, und bei seiner Rückkehr erst ihren vermeintlichen Liebhaber, bei einer Wiederholung der Situation dann sie selbst töten ließ.

In der mittelalterlichen Literatur erhielt – ein deutlich zum Märchen hinüberweisender Zug – die böse Schwiegermutter die Intrigantenrolle. So arbeitet in der Sage von *Helene* oder von ↑ *Mai und Beaflor* die Schwiegermutter in Abwesenheit ihres Sohnes an der Vernichtung der ihr unwillkommenen Schwiegertochter, fälscht die Briefe und Siegesmeldungen des Sohnes und erlügt einen Befehl, nach dem Frau und Kinder in die Wildnis zu schicken und ihnen Hände und Füße abzuhacken sind. Das Mitleid der Schergen verhindert die völlige Verstümmelung. Der heimgekehrte König bestraft die Schuldige und findet später seine Familie wieder. Auch diese Erzählung wurde im Mittelalter weit verbreitet und auf verschiedene historische und halbhistorische Personen übertragen. Eine der frühesten Fassungen liegt in dem vielleicht ALEXANDRE DE BERNAY zuzuschreibenden, später als Volksbuch verbreiteten Roman *La belle Hélène de Constantinople* (um 1200) vor. Hier meldet die Schwiegermutter ihrem Sohn, seine Frau habe zwei Hunde geboren; in PHILIPPE DE BEAUMANOIRS *Histoire de la Manequine* (1270/80) behauptet sie, die Frau sei mit einem Ungeheuer niedergekommen, und Ähnliches erzählt die deutsche Geschichte *Des Reußenkönigs Tochter* (z. B. in JANSEN ENIKELS *Weltchronik* um 1280); in *Mai und Beaflor* ist ein uneheliches Kind geboren worden. In England war der Stoff im 14. Jahrhundert in Form der Ballade *Emaré* verbreitet. J. GOWER (*Confessio amantis* 1390) und CHAUCER in *The Man of Law's Tale* (um 1400) erzählten ihre Constance-Geschichte nach dem *Chronicon* des Nicolas TRIVET und ließen die Heldin in einem ruderlosen Boot ausgesetzt werden. Dass sie das Schwiegermutter-Motiv in zwei Ehen der Heldin wiederholten, erinnert an den ↑ Crescentia-Stoff, von dessen verschiedenen Protagonistinnen eine den Namen Constance trägt. Bei dem Italiener GIOVANNI FIORENTINO (*Il Pecorone* X, 2; 1378/90) dagegen entflieht die Tochter ihrem Vater wegen einer ihr drohenden Heirat mit einem alten Mann.

Statt der ersten Ehe oder einer angedrohten Ehe hat die Mehrzahl der Fassungen einen Inzestantrag des Vaters als Vorgeschichte, die, wie die älteste Fassung in der *Vita Offae primi* (12. Jh.) zeigt, zunächst die Funktion hatte, die Auffindung der vor ihrem Vater geflohenen oder von ihm wegen ihrer Weigerung verstoßenen, in die Fremde, meist in einen Wald, verschlagenen Heldin durch ihren späteren Mann zu motivieren. Zur → Inzest-Geschichte gehört ursprünglich wohl die Verstümmelung der Heldin: Sie hackt sich eine Hand ab, um den Nachstellungen des Vaters zu entgehen. In späteren Fassungen erfolgt der Verlust der Hand im Zusammenhang mit dem Blutbefehl des Ehemanns. Die wunderbare Heilung der Verletzung bot einen Ansatz zu legendären Fassungen. Von den späteren Sprossen des Motivkomplexes weist HANS VON BÜHELS Verserzählung *Die Königstochter von Frankreich* (1401) Ähnlichkeiten mit *La Manequine* auf, und auch die entsprechende Episode in der Chanson de geste *Herpin*, die in ELISABETHS VON NASSAU-SAARBRÜCKEN Übersetzung (1514) aufgenommen wurde, ist der Manequine-Fassung nachgebildet. Im französischen und im deutschen Volksbuch von *Helene* sind die Schicksale der beiden durch Tiere von ihrer Mutter geraubten Zwillingssöhne breit ausgeführt. Hier zweigte sich ein neuer Ast des Stoffes ab, dessen Kern die Erlebnisse der Söhne bilden und der den ersten Handlungsteil, die → Inzest-Geschichte, abgestoßen hat. Er dokumentierte sich sowohl in der seit Ende des 14. Jahrhunderts vom niederländischen Raum her verbreiteten Geschichte von *Valentin und Namelos*, mit der wiederum das aus Frankreich stammende Volksbuch *Valentin et Orson* (15. Jh.) verwandt ist, das jedoch das Schwiegermutter-Motiv durch das des abgewiesenen, verleumdenden und im Gottesgericht gerichteten Liebhabers vertauschte, wie vor allem in der Erzählung *Florent et Lyon, fils de l'empereur de Rome*, die von H. SACHS zu einer Komödie (1555) genutzt und in der Übersetzung W. SALZMANNS, um eine Liebesepisode bereichert, als Volksbuch *Vom Kaiser Octavianus* (1535) bekannt wurde. Dieses beliebte Buch erreichte infolge der Abstoßung des ersten Handlungsglieds eine sonst bei dieser Motivvariante nicht vorhandene Geschlossenheit. Die Verleumdung der Kaiserin weist hier durch das Motiv des eingeschleusten Liebhabers Einflüsse der ↑ Sibyllen-Sage auf. Der Stoff wurde durch L. TIECKS exemplarisch romantisches Drama (1804) erneuert.

Das Schwiegermutter-Motiv findet sich auch in dem manchen Fassungen der ↑ Schwanritter-Sage vorangestellten *Märchen von den Schwanenkindern*, das dem *Dolopathos* des JOHANNES DE ALTA SILVA (um 1300) entnommen ist. Die Nixe Beatrix und ihre sieben Söhne werden von der Mutter des Mannes, des Königs Oriant, gehasst, die Beatrix sieben Hunde unterschiebt, während sie die Knaben in

Schwäne verwandelt, deren einer später als Schwanritter Helias im Gottesgericht für die Mutter eintritt. In dem serbischen Lied *Janja, die Schöne* verbreitet die Schwiegermutter das Gerücht, die Schwiegertochter liebe ihren Schwager. Der von der Jagd heimkehrende Ehemann hört das Gerücht und tötet seine Frau.

Auch andere Personen übernehmen die Funktion des Verleumders. In der frühesten Fassung der Mai-und-Beaflor-Sage (*Vita Offae primi* 12. Jh.) ist es der Schwiegersohn, der die Verstoßung der Frau herbeiführt. In Lope de VEGAS Drama *El testimonio vengado* klagen die eigenen Söhne die Mutter in Abwesenheit des Vaters an, weil sie sich von ihr unterdrückt fühlen, und ihr Retter ist ein natürlicher Sohn des Ehemanns, der im Gottesgericht für die Frau seines Vaters eintritt. Auch in diesem Motivkomplex konnte das → Gottesurteil-Motiv aus Wahlverwandtschaft zu dem Kernmotiv treten.

Es ist bezeichnend, dass in der Epoche der Renaissance und des Barock, die das Motiv meist ins Tragische wandte, der ↑ Herodes-und-Mariamne-Stoff seine Blütezeit erlebte, das 17. Jahrhundert ihm jedoch, einem geheimen Motivzwang folgend, einen – nicht erhörten – Anbeter und Verteidiger der Verleumdeten hinzufügte (LA CALPRENÈDE, *Cléopatre* R. 1647–49; J. Ch. HALLMANN, *Die beleidigte Liebe oder die großmütige Mariamne* Dr. 1670; S. PORDAGE, *Herod and Mariamne* Dr. 1674; R. BOYLE, *Herod the Great* Dr. 1694). Rund 200 Jahre später konnte F. HEBBELS Drama *Herodes und Mariamne* (1849) den Stoff von der Eifersucht eines gekränkten Königs erneut fruchtbar machen und diesen den Befehl unterzeichnen lassen, ihm im Falle seines Schlachten-Unglücks das Leben zu nehmen, da die gegen Mariamne erhobene Anklage zu Recht bestehe und den richtenden König in seiner Richter- und Rächerrolle bestätige. Einen in diesen Folgen ähnlichen Plot hatte bereits Ph. MASSINGER in *The Duke of Milan* (Dr. 1623) entwickelt.

P. Streve, Die Octavian-Sage, 1884; G. Paris, Le Roman du Comte de Toulouse, 1900; ders., Le Cycle de la gageure, (Romania 32) 1903; A. Wallensköld, Le Conte de la femme chaste convoitée par son beau-frère, (Acta societatis scientiarum fennicae XXXIV,I) Helsingfors 1907; H. Diestel, Die schuldlos verdächtigte Frau im elisabethanischen Drama, Diss. Rostock 1909; S. Stefanovic, Die Crescentia-Florence-Sage, (Roman. Forschungen 29) 1911; H. Schewe, Die Wette – eine neu aufgefundene alte Ballade, (Volkskundliche Gaben, John Meier zum 70. Geburtstag) 1934; J. M. Roca Franquesa, El cuento popular »La mujer casta deseada por su cuñado« a través la nuestra literatura peninsular, (Revista de la Universidad de Oviedo) 1947; K. Baasch, Die Crescentialegende in der deutschen Dichtung des Mittelalters, 1968; F. Stiller, Die unschuldig verfolgte und später rehabilitierte Ehefrau. Untersuchung zur

Frau im 15. Jahrhundert am Beispiel der Crescentia- und Sibillen-Erzählungen, 2001.

Gegner, Der unerkannte

Es dürfte auch in früheren Zeiten ein Sonderfall gewesen sein, dass nahe Verwandte oder Freunde sich unerkannt im Kampf gegenüberstanden oder der eine gegen den anderen ahnungslos die Mordwaffe hob. Jedoch boten die Seefahrten der Antike, die Kriegszüge römischer Söldnerheere, die aus »Recken« zusammengesetzten Gefolgschaften der Völkerwanderungszeit und die Wikingerbünde, die Männer verschiedenster Herkunft vereinigten, so viel Möglichkeit zu kämpferischen Begegnungen zwischen Unerkannten, dass die Furcht vor einem derartigen Unglück die Phantasie beschäftigen und sich in zahlreichen dichterischen Varianten des Motivs niederschlagen konnte, das auch der psychischen Voraussetzung solchen Verhängnisses nachspürte. Verkennen, Nichterkennen eines nahestehenden Menschen ist in der Dichtung mehr als ein Versehen vorwiegend intellektueller Art, das subjektiv als Schuld nicht anrechenbar wäre und doch objektiv in aller Schwere bestünde. Dichterische Gestaltung suchte, um solche Dialektik auszugleichen, im Irrtum doch auch das sittliche Versagen: Mangel an Instinkt, menschliche Entfremdung und seelische Verhärtung wurden als Voraussetzung des Nicht-zueinander-Findens angenommen. Von ἁμαρτάνω = verfehlen, nicht erreichen, verlieren, abirren leitet sich das Substantiv ἁμαρτία = das Vergehen, die Sünde des Irrtums ab, das den speziellen Terminus solchen Versagens ergab. Obgleich nicht immer deutlich ausgesprochen, hat sich an der Bewertung des Phänomens im Laufe der Jahrhunderte kaum etwas geändert. Schon der Dichter der Odyssee sah im Verkennen ein Indiz des Inhumanen, im Mittelalter bedeutete Nichterkennen Verstocktheit gegen Gott und Kampf mit dem Verwandten oder Freund einen Verstoß gegen die Brüderlichkeit der Menschen, im Schicksalsdrama des 18. und 19. Jahrhunderts galt Verwandtenmord als äußeres Zeichen einer Verfluchtheit, und in der gottfernen Welt von A. Camus kennzeichnet Missverstehen die Situation des Menschen, der ins Nichts hinausgehalten ist. In den das Motiv verwendenden Dichtungen bedeuten Kampf mit dem und Mord am Nächsten einen Entscheidungspunkt, warnendes Signal und Bewährungsprobe zugleich, durch die der Held zu seinem Ziel bzw. zu sich selbst findet oder in verderbliche Tiefe abstürzt.

Das Motiv des unerkannten Gegners wurde wiederholt konstitutiv für literarische Gattungen, zunächst für die griechische Tragödie.

Aristoteles gab in seiner *Poetik* (3. Viertel 4. Jh. v. Chr.) empfehlende Hinweise auf Stoffe, in denen ein Freund den Freund und ein Verwandter seinen Verwandten unwissentlich tötet, und stellte Betrachtungen über die zur Klärung des Verkennens führende Erkennungsszene, den Anagnorismos, an. Die Erkennung kann unmittelbar vor der Tat verhütend eintreten, und sie kann »bestürzende« Wirkung haben, wenn sie zu spät, nach der Tat, eintritt. Die Bemerkung, dass die durch ein Gnorisma, d. h. ein äußeres Erkennungszeichen, ein Schwert, ein Schmuckstück oder ein körperliches Merkmal, herbeigeführte Erkennung die kunstloseste Form der Anagnorisis sei, lässt erkennen, dass Aristoteles mit dem Verkennen Tieferes meinte als einen bloß intellektuellen Irrtum. Das Erkennen muss aus tieferen Schichten der menschlichen Seele erfolgen, es gehört zum Katharsisprozess, und schon die antike Dichtung hat Gnorismata erfunden, die einen über sich selbst hinausweisenden Bezug zum Erkennungsgeschehen haben. Die Erkennungsszene liegt im antiken Drama meist am Schluss der Handlung, hat keine weiterführende Aufgabe und deutet das Folgende allenfalls an. Spannungsträger ist die vorausgehende Verkennung, die auf die Erkennung hinarbeitet.

Die ausgefeilten Motivverarbeitungen der griechischen Tragödie waren im Mythos und den epischen Zyklen vorgeformt. Die von Homer erzählte Begegnung des Diomedes und des Glaukos beim Kampf vor Troja, bei der die Gegner sich als Gastfreunde von den Vätern her erkennen und zum Zeichen der Freundschaft die Rüstungen tauschen, ist für einen Tragödienstoff zu wenig bedeutsam, aber das zum *Troischen Zyklus* gehörige feindliche Aufeinandertreffen Hektors mit seinem als Kind ausgesetzten Bruder Paris wurde Thema der verlorenen Alexandros-Dramen des Euripides (480–406 v. Chr.) und des Ennius (239–169 v. Chr.), wobei das Erkennen wohl durch die dem Ausgesetzten mitgegebenen Gnorismata herbeigeführt wurde. Den in der *Telegonie* des Eugamon von Kyrene (6. Jh. v. Chr.) behandelten Kampf des ↑ Odysseus mit seinem auf der Suche nach ihm befindlichen, mit Kirke gezeugten, unbekannten Sohn Telegonos behandelte Sophokles (497/496–405 v. Chr.) in der fragmentarisch erhaltenen Tragödie *Der vom Rochenstachel getroffene Odysseus*, von deren Inhalt überliefert wird, dass sich die von Odysseus auf Telemach bezogene Weissagung, er werde von der Hand seines Sohnes fallen, durch Telegonos erfüllt, den der Vater zu spät erkennt. Diese Verknüpfung von Verwandtentötung und missdeuteter → Weissagung wurde von Sophokles in *König Ödipus*

(428) zu einem mustergültigen Plot ausgeformt. Den ihm verkündeten Spruch, er werde seinen Vater töten, irrtümlich auf seinen Ziehvater beziehend, flieht ↑ Ödipus von Korinth und auf sein Unglück zu, das ihm den unbekannten Vater in den Weg führt, den er erschlägt. Das in analytischer Technik entwickelte Erkennen aller sich aus dem Verkennen ergebenden Missetaten endet in freiwilliger Sühne. Auch im *Thyestes* bringt, wenn aus Hygins 88. Fabel auf das verlorene Werk des Sophokles geschlossen werden darf, das Erkennen, das zwar rechtzeitig erfolgt, um den Vatermord des Ägisth zu verhindern, ein Verbrechen zutage: die von Thyestes mit seiner Tochter begangene Blutschande, die Pelopeia nun mit dem Tode sühnt.

Euripides übernahm das Motiv von seinem Vorgänger und verwendete es in fünf der uns bekannten Dramen, in all denen das Erkennen rechtzeitig eintritt und Verwandtenmord verhindert. In drei der Fälle wird eine Mutter davon zurückgehalten, ihren Sohn zu töten: Merope (*Kresphontes*), die den als Retter und Rächer zurückgekehrten Sohn, der sich als Mörder dieses Sohnes ausgegeben hat, umbringen will, wird durch das Dazwischentreten eines Dieners gehindert, Hekuba (*Alexandros* 415 v. Chr.) trachtet dem unerkannten, totgeglaubten Sohn Paris nach dem Leben und wird rechtzeitig aufgeklärt, Kreusa (*Ion* um 412) glaubt den illegitimen Sohn und Thronerben ihres Mannes zu vergiften, ihr Anschlag misslingt, und das Motiv wiederholt sich in umgekehrter Richtung, denn nun will ↑ Ion den Mordanschlag mit dem Schwert strafen, als die Priesterin mit den Gnorismata des einst ausgesetzten Apoll-Sohnes Mutter und Sohn zusammenführt. Die durch Orakel verkündete Einsetzung des Thronerben in sein Recht hängt hier von der Verhütung der Bluttat ebenso ab wie in *Aigeus* dessen Fragmente nur ungenau erkennen lassen, dass Aigeus den außerehelichen Sohn Theseus an den Gnorismata in dem Augenblick erkennt, als die Zauberin Medea den fremden Jüngling vergiften will, und so vielleicht vor Mitschuld bewahrt wird. In *Iphigenie bei den Taurern* (um 412 v. Chr.) tritt an die Stelle der Mordwaffe das rituelle Opfermesser, mit dem ↑ Iphigenie fast den Bruder Orest tötet – eine langhin wirkende Motivvariante. Durch die Botschaft, die Iphigenie dem Pylades für ihre Familie mitgeben will, wird die Verwandtschaft zwischen Priesterin und Opfer rechtzeitig enthüllt. Trotz der z. B. in *Ion* geäußerten Sympathie der Mutter für den Fremdling beschleicht in keinem der Fälle eine Ahnung des Zusammenhangs die Täter, das Schicksal verhängt den

Mord, und die Götter sind unsichtbar anwesend, wenn der Streich verhütet wird.

Vielleicht wären in der verlorenen *Danaidentrilogie* des AISCHYLOS (525/524–458) Ansätze zu einer innerlicheren Art des Erkennens zu finden. Allerdings handelt es sich hier nicht um das Erkennen einer schon bestehenden, sondern einer werdenden, durch den Eros hervorgerufenen Beziehung. Der aus HORAZ (*Oden 3* 30/23) und OVID (*Heroides* um 10 v. Chr.) bekannte Stoff überliefert, dass Hypermestra als einzige ihrer vielen Schwestern den Befehl des Vaters, ihre Bräutigame und Vettern in der Hochzeitsnacht umzubringen, nicht befolgt, sondern ihren jungen Ehemann entkommen lässt. Diese Verhinderung des Mordes durch die Gewalt der Liebe findet sich wieder bei PROPERZ (*Elegiae* III, 11; 28–16 v. Chr.), der die → Amazone Penthesilea ihren Gegner ↑ Achilleus durch ihre Schönheit besiegen lässt, als ihr der Helm vom Haupt sinkt, ein Zug, der noch bei H. v. KLEIST (*Penthesilea* Dr. 1808) bewahrt scheint, wenn der Blick der vom Pferde Sinkenden Achills Angriffswut erlahmen lässt. Isolde (THOMAS VON BRETAGNE 1160/65) lässt das Schwert fallen, mit dem sie den badenden ↑ Tristan, in dem sie den Mörder ihres Onkels erkannt hat, erschlagen will, Lady Anna (SHAKESPEARE, *Richard III*, Dr. 1594), die den Mörder ihres Gatten mit dessen eigenem Schwert umbringen will, lässt die Tat ungeschehen, als Richard ihr seine Liebe gesteht, Johanna (SCHILLER, *Die Jungfrau von Orleans* Dr. 1801) schont Lionels Leben, als sie durch das geöffnete Visier sein Gesicht sieht.

Die tragisch endende Telegonos-Sage und die glücklich gewendete Aigeus-Theseus-Sage sind griechische Variationen des vom Iran bis in den Norden Europas verbreiteten Motivs der → Vatersuche, in das der Kampf mit dem unerkannten Gegner integriert ist. Der Urtyp des Motivkomplexes – ein in der Ferne mit einer fremden Frau illegitim gezeugter Sohn zieht aus, den Vater zu suchen sowie sich durch Taten als dessen Sohn zu erweisen, und besteht im härtesten aller Kämpfe, dem mit dem unbekannten Vater, sterbend die Probe – findet sich erst rund 1500 Jahre später fixiert im irischen Lied von *Cu Chulain und Conla* (9./10. Jh.), in der Geschichte von *Rustam und Suhrab* bei dem Perser FERDAUSĪ (*Königsbuch* um 1000) und in der erst in jüngerer Zeit überlieferten russischen Byline von *Il'ja und Sokol'niček*. Die Motivänderungen des althochdeutschen *Hildebrandsliedes* (um 800), durch Einbau in die Dietrich-Sage veranlasst, erbringen eine Erhöhung der Tragik, indem hier der nach langem Exil heimkehrende Vater, vom Gesetz der Kriegerehre und der Vorstellung einer Art gottesgerichtlichen Kampfes der Heerführer zwischen den Heeren bestimmt, wissend den Sohn töten muss, der ganz als Typ des in Hochmut und Unerfahrenheit Blinden, Verkennenden gezeichnet ist. ↑ Hildebrands Situation ist erbarmungsloser als die Cu Chulains, der allenfalls ahnt, dass er in dem fremden Herausforderer seinen Sohn trifft, und die Il'jas, der in dem zum Meuchelmörder gewordenen Sohn einen Unwürdigen richtet. Auch das südslawische Heldenlied kennt nur blinden Verwandtenkampf mit tödlichem oder glücklichem Ausgang, nicht die tragische Verstrickung, bei der mindestens einer der Gegner sich über die Lage klar ist.

Wie in der *Þiðrekssaga* (um 1250) und im erst spät überlieferten *Jüngeren Hildebrandslied* (16. Jh.) der Vater zwar weiß, dass er den Sohn vor sich hat, den Kampf aber zur Bestrafung des überheblichen Sohnes annimmt und das Verwandtschaftsverhältnis rechtzeitig aufklärt, so setzten auch andere deutsche Heldenlieder den Vater-Sohn-Kampf als Prüfung und Belehrung des Jüngeren ein. Der Zwerg Alberich (*Ortnit* um 1225) prüft in Ringkampf und Rededuell überlegen Tapferkeit und Mutterliebe des Sohnes, und in *Biterolf und Dietleib* (1260/70) treten Vater und Sohn unwissend im Kampf gegeneinander an, der die Funktion einer letzten Erprobung des Jünglings hat. Mit rechtzeitigem Erkennen enden Vater-Sohn-Kämpfe in BERTHOLD VON HOLLES *Dêmantîn* (1251/70), in den englischen »Romancen« *Sir Degore* (1. Hälfte 14. Jh.) und *Sir Eglamour* (2. Hälfte 14. Jh.), der italienischen Dichtung *La Regina Ancroja* (15. Jh.) und in dem dänischen Volksbuch *Kong Olger Danskes Krønike* (1534).

Die Artus- und Gralepen des Mittelalters mit ihren irrenden Rittern boten viele Möglichkeiten, das Motiv des unerkannten Gegners anzubringen, das allein in der deutschen Literatur mit etwa fünfzig Beispielen belegt ist. Die Kämpfe ergeben sich aus der Zugehörigkeit zu entgegengesetzten Parteien und Herren, nicht jedoch aus einer Intrige. Der Verwandten- und Freundeskampf bleibt Zeichen von Verblendung, da jedoch sein Ausgang jetzt fast immer versöhnlich ist, gewinnt er die Funktion einer Läuterungsepisode, einer harten Form des Hinfindens zum gesuchten Ziel, zur Heimat, zur Familie, zum Artushof, zum Gral, zum eigenen Ich. Schon in der *Chanson de Roland* (um 1100) ist das charakteristische Schuldgefühl des Erkennenden an der Selbstanklage Oliviers abzulesen, der das Schlachtfeld verlässt und sich ins Gebet zurückzieht, als er infolge einer von Verwundungen herrührenden Blindheit dem Freund ↑ Roland einen Hieb auf den Helm versetzt hat. Im ersten deutschen Artusroman, Hartmann von Aues *Erec* (1180/85), ist Erecs Kampf mit seinem Freund, dem König von Irland, an dem Punkt der Aventiure angesiedelt, an dem der Held die größte Ferne vom Artushof und von ritterlichem Auftreten erreicht hat, sodass der Freund ihn nicht erkennen kann, und löst an diesem Kulminationspunkt Selbsterkenntnis und Rückkehr zu ritterlichem Leben aus. In Wolframs von Eschenbach aus Familiendenken gespeistem *Parzival* (1200–10) sind die drei Verwandtenkämpfe des Helden betonte Symbole der Verblendung. Schon der unritterliche, tragisch verlaufende Kampf mit dem Verwandten Ither wiegt schwer, ist jedoch mit der Unreife ↑ Parzivals als Mensch und Ritter entschuldbar; den nach der durch Trevrizent bewirkten inneren Umkehr stattfindenden Kampf mit dem ihn für einen erwarteten Gegner haltenden Gawan rechnet sich Parzival selbst als Schuld an, und er wirft verzweifelt sein Schwert, das Schwert Ithers, von sich, das dann im Kampf mit dem heidnischen Halbbruder Feirefiz durch Gottes Eingriff zerspringt, sodass Parzival auf die humane Gesinnung und ritterliche Gesittung des Heiden angewiesen ist und, erstmals auch als Kämpfer gedemütigt, die für seine Aufgabe nötige Reife erlangt. Die Verblendung der Kämpfer bekommt in Wolframs *Willehalm* (1210/19) einen spezifisch religiösen Akzent, denn wenn Willehalm von seinem Bruder Arnalt angegriffen wird, so steht der Kampf symbolisch für die Auseinandersetzung des Gottesstreiters mit seiner gegenüber der Heidengefahr untätigen Familie, und die Kämpfe, die der aus Liebe zur Tochter des Königs von Frankreich im Christenheer kämpfende tapfere Heide Rennewart zuerst mit seinem Bruder, den er tötet, dann mit seinem Vater ausficht, versinnbildlichen seinen unchristlichen Verwandtenhass und seine Unwürdigkeit, Vorkämpfer der Christenheit zu sein; der fehlende Schluss des Werkes sollte wahrscheinlich Rennewarts Untergang bei diesem Kampf gegen den Vater enthalten.

Die Epigonen ahmten diese in den großen Vorbildern gegebenen Situationen vielfach nach, verflachten dabei aber ihre sittliche Bedeutung. So verlaufen bei Ulrich von Türheim (*Rennewart* 1240/50) die beiden aus Wolframs Fragment übernommenen Kämpfe nicht nur harmlos, sondern werden noch durch eine dritte Wiederholung des Motivs überboten, Rennewarts Kampf mit seinem Sohn Malefer, der, vermeintlich Heide, unwissend bereits getauft ist, was bei der Versöhnung nicht nur die Taufe des Vaters, sondern auch den Sieg der Christen über die Heiden nach sich zieht. Gnorismata treten statt des versöhnenden Gesprächs stärker in Funktion: Im Kampf

Tschionatulanders (Albrecht von Scharfenberg, *Der jüngere Titurel* um 1270) mit seinem Verwandten Ekunat löst ein Schild die Verwirrung, im zweiten Kampf erschlägt der Held, weil das Gnorisma verloren ging, den Freund – ein Warnzeichen im Hinblick auf den falschen Minnedienst, den der Held Sigune leistet. Ein Kriegsruf lässt die Verwandten Tristan und Gawan (Heinrich von Freiberg, Fortsetzung des *Tristan* 1285) einander erkennen. In Wisse/Colins spätmittelalterlichem *Neuen Parzefal* (1336) dienen dann solche Kämpfe nur noch dazu, die besten Ritter gegeneinander kämpfen und ihre Ritterschaft beweisen zu lassen.

Auch in dem durch spätantike Bearbeitungen vermittelten Stoff des *Troischen Zyklus* werden die Verwandtenkämpfe im mittelalterlichen Sinne neu interpretiert und weitere dazuerfunden. Der vorhöfische *Roman de Troie* (1161) des Benoît de Sainte-Maure und sein deutscher Nachahmer Herbort von Fritzlar (um 1210) verleihen dem sterbenden ↑ Odysseus, wenn er Verkennen und Verkanntwerden als unausweichliches Schicksal hinnimmt, geradezu reckenhafte Züge, während sein Bemühen um eine Versöhnung des ehelichen und des außerehelichen Sohnes wohl dem Familiendenken entspricht. Dieses Sippendenken ist etwa bei dem spāthöfischen Konrad von Würzburg (*Trojanerkrieg* um 1280) wiederzufinden, der den versöhnlichen Ausgang des homerischen Kampfes zwischen Hektor und Ajax, schon bei Herbort ein Verwandtenkampf, dadurch vertieft, dass Hektor während des Kampfes spontan die Ahnung hat, dass der ebenbürtige Gegner dem gleichen Geschlecht wie er selbst angehören müsse. Der aus dem Erkennen der beiden und ihrer verwandtschaftlichen Bindung resultierende Waffenstillstand zwischen den kriegführenden Parteien wendet das Schicksal Trojas ähnlich ins Negative, wie im *Göttweiger Trojanerkrieg* (14. Jh.) die aus einem Zweikampf erwachsene Wiedervereinigung der Brüder Hektor und Paris den Grund für den Untergang der Stadt legt; die Gestaltung des Kampfes der Brüder mit dem Zerbrechen von Hektors Schwert und dem großzügigen Wegschleudern der Waffe durch Paris zeigt den Einfluss des Bruderkampfes im *Parzival*.

Neben den ritterlich-kämpferischen Varianten des Motivs wirkte von der Antike her auch eine so mustergültige Prägung des Verwandtenmordes wie die Tat des ↑ Ödipus in der mittelalterlichen Literatur fort, wenn in der *Legende von Julianus Hospitator* (*Legenda aurea* 13. Jh.) der künftige Heilige aus Angst vor seiner ihm vorausgesagten Mordtat seine Eltern flieht, die dann doch seiner eifersüchtigen Verblendung erliegen.

Mit der Neuorientierung an antiker Dichtung in der Renaissance war die Kanonisierung der aristotelischen Poetik gegeben, die F. ROBERTELLO in seinem umfangreichen Kommentar (1548) vollzog. Der damit zur Diskussion gestellte Anagnorisisbegriff wurde hundert Jahre später von dem Jesuitendramatiker J. MASEN in den Mittelpunkt der Dramaturgie (*Palaestra eloquentiae ligatae* 1654–57) gerückt und barock uminterpretiert, indem »error ex alienatione«, Fehlverhalten aufgrund täuschenden Scheins, der sowohl durch Betrug und Intrige wie durch die Unsicherheit der Wahrnehmungskraft und des Gefühls hervorgerufen wird, zur komischen wie zur tragischen Peripetie führt.

Die neue Gattung der Schäferdichtung, für deren Milieu Kampf und Mord weniger geeignet waren, knüpfte an die Motivvariante der verhinderten Opferung bzw. Hinrichtung an. GUARINIS schulebildendes Schäferspiel *Il pastor fido* (1590) zeigt das Motiv wie bei Sophokles mit einem missverstandenen → Orakel gekoppelt, dessen wahre Bedeutung erst die Rettung des Mirtillus vor dem Opfermesser des Vaters und seine Identifizierung erbringt: Er und nicht sein bisher einzig dafür in Betracht kommender Bruder Silvio ist der Göttersspross, der dazu bestimmt ist, durch die Ehe mit Amarilli Arkadien vom Fluch zu erlösen. In ähnlicher Kombination mit dem Orakel-Motiv fungiert in Sir Philip SIDNEYS Schäferroman *Arcadia* (1590) das vom Protektor Arkadiens ausgesprochene Todesurteil gegen zwei voreilig wegen Königsmordes und Prinzessinnenentführung angeklagte Freunde, die sich als Sohn und Neffe ihres Richters entpuppen und im letzten Augenblick von dem sich wieder belebenden König entlastet werden. Guarinis Motiv der verhinderten Opferung verlor in J. Ch. HALLMANNS Schäferspiel *Adonis und Rosibella* (1673) und bei dem Hallmann nahe stehenden H. A. von ZIGLER UND KLIPHAUSEN in dem mit verkappter Schäfermotivik angereicherten heroisch-galanten Roman *Die Asiatische Banise* (1689) die Verklammerung mit dem Motiv des unerkannten Gegners, die Zigler dann jedoch in dem Libretto *Die lybische Talestris* (1696) erneut wirkungsvoll einsetzte: Der König lässt beinahe seinen totgeglaubten, in ein Frauengewand verkleideten Sohn opfern.

Außerhalb der Pastoraldichtung wurde das Motiv ähnlich spielerisch im Zusammenhang mit Freundeszweikämpfen verwendet, die sich in Erkennen und Versöhnung lösen und so als → Freundschaftsbeweis fungieren (ANON., *The Trial of Chevalry* Dr. 1605; F. BEAUMONT/J. FLETCHER[?], *The Faithful Friends* um 1616). Mehr Gewicht erhält das Motiv, wenn die Bluttat am nächsten Verwandten nur ein gottgewollter Umweg zum vorbestimmten frommen Leben ist wie in Lope de VEGAS Dramatisierung der Julianuslegende (*El animal profeta* um 1630), die geheime Stimme des Blutes Vater und Sohn warnt und dem Kampf ausweichen lässt (CALDERÓN, *La devoción de la cruz* Dr. 1634) oder eine Geisterstimme den Kampf beendet und den Sohn zum Vater und zum christlichen Glauben zurückführt (M. de SCUDÉRY, *Almahide ou l'esclave reine* R. 1660–63; J. DRYDEN, *The Conquest of Granada* Dr. 1670).

Im 18. Jahrhundert wurde das Motiv zunächst durch das Intrigenstück bewahrt, das durch VOLTAIRES *Mahomet ou le fanatisme* (1741) mustergültig vertreten ist, indem Mahomet den religiösen Fanatismus eines jungen Mannes missbraucht, um sich mit Hilfe des Ahnungslosen an dessen Vater zu rächen, eine Konstellation, die J. W. BRAWE für *Brutus* (Dr. 1758) übernahm, aber den von seinem Sohn angefallenen Brutus dem Vatermord durch Selbstmord zuvorkommen ließ. Bei Ch. F. WEISSE (*Eduard III.* Dr. 1758) überredet eine gegen Mann und Sohn intrigierende Mutter den Letzteren, das Todesurteil eines ihm unbekannten Gefangenen zu unterschreiben, der sein Vater ist.

Als VOLTAIREin seiner *Henriade* (1723) den Vater-Sohn-Kampf alter Epen als den Kampf d'Aillys mit seinem Sohn wiederholte, der ein Symptom für die selbstzerfleischenden Hugenottenkriege ist, musste dieser Rückgriff, wie der Erneuerungsversuch des heroischen Epos überhaupt, ohne Nachfolge in einer Zeit bleiben, die ihre Stoffe gern der Alltagswirklichkeit der eigenen Zeit entnahm. Ein dieser Neigung entsprechender Plot vom ↑ Mord am Sohn war in vorliterarischen Memorabilia des 17. Jahrhunderts entwickelt worden. Er berichtete von der Heimkehr eines reich gewordenen Sohnes, der einem Mordanschlag seiner Eltern zum Opfer fällt. Die Verblendung, durch die das Glück zerstört wird, liegt sowohl bei dem Sohn, der wohl erkennen und seine Eltern prüfen, aber nicht erkannt sein will, als auch bei den Eltern, die dem sie erwartenden Reichtum verbrecherisch vorgreifen. Ohne fassbare ältere Vorbilder – denn eine erst Ende des 19. Jahrhunderts von einem französischen Marineoffizier überlieferte chinesische Geschichte von dem geizigen Li-Ti-Fo, der im Gastfreund den Sohn tötet, kann kaum als Vorläufer gelten – taucht die sich mit immer neuen Lokalisierungen als »wahr« gebende Geschichte zuerst 1618 in der englischen Fassung *News from Perin in Cornwall* und in der französischen *Histoire admirable et prodigieuse* auf. Die beiden Fassungen unterscheiden sich hauptsächlich dadurch, dass es sich in der englischen um einen verlorenen, aber reuigen Sohn, einen guten Vater und eine habgierige zweite Frau des Vaters, in der französischen um einen tugendhaften Sohn, einen geizigen Vater und eine schuldlose Mutter handelt. Ein dritter Traditionsstrang setzt bei dem »Exemplum« vom polnischen Soldaten des belgischen Jesuiten A. de BALINGHEM (1621) ein, das der französischen Fassung nahesteht und in dem eine Schwester als die das Verbrechen aufdeckende Vertraute des Heimgekehrten fungiert. Die vierte Variante geht von dem durch Balinghem beeinflussten deutschen Jesuiten G. STENGEL (*De iudiciis divinis* 1651) aus, dessen Erzählung ganz auf die die Mörder und Opfer gleichmäßig beherrschende → Geldgier abgestellt ist. Die erste eigentlich literarische Fassung, G. LILLOS Drama *The Fatal Curiosity* (1736), lässt die Zurückdrängung des in den *News from Perin* überkommenen Verlorenen-Sohn-Themas und die Übertragung der Mörderrolle auf die Mutter erkennen, von der hier der Anstoß zur Tat ausgeht. Die Armut der Eltern und des Sohnes Pochen auf seinen Reichtum lösen den Mord aus, der nach der Aufklärung durch die Braut des jungen Wilmot von dem Mörderpaar mit der Mordwaffe gesühnt wird. Das Moment der Verblendung liegt nicht allein in der Geldgier der Eltern, sondern in der »fatalen« Neugier des Sohnes, der seine Eltern unerkannt beobachten will. Der Motivkomplex wurde im gleichen Jahr von dem polnischen Jesuiten P. KWIATKOWSKI nach Stengel dramatisiert, und Lillos Drama wurde später von G. COLMAN (1782) und H. MACKENZIE (*The Shipwreck or Fatal Curiosity* 1784), in Deutschland mit glücklichem Ausgang von W. H. BRÖMEL (*Stolz und Verzweiflung* 1780) und K. Ph. MORITZ (*Blunt oder der Gast* 1780) nachgeahmt, der – mit einem modern wirkenden szenischen Effekt – die Handlung nach dem Mord zurückdrehen ließ und ihr einen zweiten glücklichen Ausgang gab, der den ersten nur als bösen Traum erscheinen lässt.

Während der italienische Abate V. ROTAdie Hauptelemente der französischen Tradition – das geldgierige Elternpaar tötet den unschuldigen Sohn – zu einer formgerechten Novelle (ohne Titel, 1794) ausbaute und die Aufklärung in die Hand eines Geistlichen legte, konzentrierte Z. WERNER den Plot durch einen in seiner Art genialen Griff auf die einaktige Schicksalstragödie *Der vierundzwanzigste Februar* (1810), deren Titel das Problem auf den Dies fatalis fixiert, der einer mit Fluch beladenen Familie seit jeher Unglück bringt. Diese Verlagerung auf einen Schicksalsmechanismus veranlasste zugleich die Entlastung des Sohnes, dessen Inkognito mit dem Wunsch, Gewissheit über die Verzeihung der Eltern zu erlangen, entschuldigt wird, und des Vaters, den die Ankunft des Fremden vom Selbstmord aus wirtschaftlicher Not zurückhielt. Die Mutter bleibt unbeteiligt, auch gibt es keine aufklärenden Zeugen, die Worte des Sterbenden erhellen seine Identität, so wie es in deutschen *Balladen von den Mordeltern* überliefert war. Die Entwicklungslinie führt von Werner über G. ROBINS' Drama *The Home-Coming* (1813), in dem die Mutter den Gast tötet, um das Geld ihrem vermeintlich in der Fremde befindlichen Sohn zu schicken, zu R. BROOKES *Lithuania* (Dr. 1915), bei dem die beiden Frauen, voran die Schwester, den Gast töten, als der Vater Ausreden findet, und der Kneipwirt den Sachverhalt aufdeckt, bis zu K. H. ROSTWOROWSKI (*Die Überraschung* Dr. 1929), der Züge von Robins und Brooke verschmolz, indem die Mutter den unerkannt heimgekehrten Sohn ermordet, um dem anderen, daheimgebliebenen, das Geld zum Studium zu verschaffen. Während die letztgenannten Werke das Unwahrscheinliche durch ein starkes Aufgebot an Naturalismus glaubhaft zu machen suchen, führt A. CAMUS (*Le Malentendu* Dr. 1944) das Motiv wieder auf das Grundproblem des Verkennens zurück, das für ihn eine Komponente der absurden menschlichen Existenz ist, in der es keine echte Kommunikation gibt. Die Person des Vaters ist eliminiert, Mutter und Schwester, seit langem verbrecherische Komplizinnen, führen den Mord gemeinsam aus, während aber das Erkennen die verschüttete Gefühlswelt der Mutter wiedererweckt und sie in richtiger Einschätzung ihres Vergehens dem Sohn nachstirbt, verharrt die Schwester in seelischer Verhärtung und erhängt sich, weil sie sich im Stich gelassen fühlt. Camus hat den Stoff einer Zeitungsnachricht entnommen und dessen dichterische Bearbeitungen nicht gekannt; die zahlreichen Analogien zu diesen unterstreichen die durch die »Logik des Sujets« immer wieder geforderten gleichen Züge.

Wenn Z. Werner aus dem »fatalen« Verkennen eine konsequent auf Fluch und Unheilsdatum aufgebaute Schicksalstragödie entwickelte, so war er nur Erfüller, nicht Erfinder einer Gattung, die aus einer Verschmelzung der Schauerliteratur des späten 18. Jahrhunderts mit der von der Antike übernommenen, häufig mit Orakeln arbeitenden Schicksalsvorstellung, wie sie SCHILLERS *Die Braut von Messina* (1803) repräsentierte, hervorging. Für entsprechende Tendenzen der Trivialliteratur zeugt ein von J. Ch. KOPPE 1779 unterbreiteter Plan zu einem Drama *Der Vatermörder ohn' es zu wissen*, in dem ein junger Mann statt seines Onkels seinen Vater erschießt und sich den Gerichten stellt. Von den modisch werdenden Dichtungen nordeuropäischer Frühzeit gespeist, findet sich das Motiv etwa in MACPHERSONS »altschottischem«, an die Sage von *Cu Chulain und Conla* anklingendem Gedicht *Carton* (1760), in dem der Held bei einem Rachefeldzug gegen die Verwüster seiner Heimat von seinem Vater erschlagen wird, oder als versehentlicher Vatermord in der trivialen Literatur mit ritterlicher Thematik (L. HÜBENER, *Heinz vom Stain der Wilde* Dr. 1782; F. W. ZIEGLER, *Rache für Weiberraub* Dr. 1891).

Im ritterlichen Schwaben wurde sekundär auch die im gleichen Jahr wie *Die Braut von Messina* erscheinende *Familie Schroffenstein* H. v. KLEISTS angesiedelt, für den das Problem der Gefühlsverwirrung und Verkennung eine weit über das Modische hinausgehende Bedeutung hatte. Die wechselseitige irrtümliche Tötung ihrer Kinder durch die beiden, feindlichen Familienzweigen angehörenden Ritter von Schroffenstein ist Ausdruck einer hassvollen Verblendung, von der das junge Paar sich zwar ausgeschlossen, aber deren Gefährlichkeit es doch zu spät erkannt hat. Im »Ritterschauspiel« *Das Käthchen von Heilbronn* (1808) greift Wetter vom Strahl nur zur Peitsche, um sich des Käthchens, dessen Bedeutung für ihn er verkennt, zu entledigen, in der Tragödie der Amazone ↑ *Penthesilea* (1808) dagegen bekämpft die Heldin den geliebten Achill mit tödlichen Waffen, zuerst im Amazonengesetz befangen, später erneut verblendet durch verletzte Liebe und gekränkten Stolz.

Im Gegensatz zu dieser sublimierten Verkennungstragödie zeigt das nach Werners Werk erschienene Drama *Der Auerhahn* (1813) von A. v. ARNIM zwar auch mythisch überhöhte, aber doch mehr dem modischen Schicksalsdrama nahestehende Züge. Das Geschick des Geschlechts ist hier vom Fortleben eines geheimnisvollen Auerhahns abhängig, und der Vater tötet im Zweikampf den Sohn statt dessen Thronrivalen, den er beseitigen möchte. Durch ein ähnlich fluchartiges Orakel bestimmt werden der Brudermord des Grafen Oerindur bei MÜLLNER (*Die Schuld* Dr. 1813) und der Vatermord des Jaromir in F. GRILLPARZERS Drama *Die Ahnfrau* (1817), in dem die Motivik des trivialen Ritter- und Räuberschauspiels, Gespenstereffekte des englischen Schauerromans, das Handlungsgerüst, vor allem das → Inzest-Motiv, aus CALDERÓNS *La devoción de la cruz*, um Züge der *Braut von Messina* angereichert, und die Stimmung der *Schuld* eine schillernde Mischung eingegangen sind, während sich *Trente ans ou la Vie d'un joueur* (Dr. 1827) von V. DUCANGE/J.-F. DINAUX und *Le vingt-quatre février* (Dr. 1850) von A. DUMAS père als reine Werner-Kopien erweisen. Schon als der neunzehnjährige F. HEBbel 1832 sein »dramatisches Nachtgemälde« *Der Vatermord* entwarf, das sich im szenischen Dekor wie in der sich im unbewussten Vatermord rächenden moralischen Entgleisung des Helden deutlich als Sprössling der Schicksalstragödie erweist, war die Gattung im Absterben begriffen, aber noch in *Les Burgraves* (Dr. 1843) von V. Hugo ist der Verwandtenmord Signum einer entarteten Familie, deren letzter Spross vor der Untat bewahrt wird. Die Gattung klingt mit O. Ludwigs banalem Drama *Der Erbförster* (1850) aus, in dem es nicht mehr um → Inzest und Fluch, sondern um einen Methodenstreit in Waldpflege geht, der zu so hassvoller Verblendung führt, dass der Förster statt eines vermeintlichen Mörders die eigene Tochter erschießt.

Nicht ganz ohne Zusammenhang mit dem im 18. und im 19. Jahrhundert entwickelten Schicksalsmechanismus kann G. Flauberts Rückgriff auf den Julianus-Stoff (*La Légende de Saint Julien l'Hospitalier* Erz. 1877) gesehen werden, der sich als Grundlage für eine Art christlichen Schicksalsdramas anbot, als das ihn auch Lope gestaltet hatte, dessen Fatalismus Flaubert jedoch als psychologischen Zwang, als Rückfall des Helden in einen angeborenen Drang zum Töten, interpretierte, durch dessen Entladung erst die innere Befreiung zum heiligen Büßer erfolgen kann. Dass für eine moderne Gestaltung des Motivs nicht nur der Rückgriff auf den heroischen Vater-Sohn-Kampf (H. Franck, *Herzog Heinrichs Heimkehr* Dr. 1911) oder neben dem Hildebrand-Modell die Verwendung der Fluch- und Weissagungsmotivik des Schicksalsdramas möglich blieb (H. Leip, *Das Muschelhorn* R. 1940), sondern das Moment des Verkennens in einer Welt menschlicher Kontaktlosigkeit neue Verwendungsmöglichkeiten hat, belegt unter anderen das Schicksal des am Selbstmord einer in seiner Jugend von ihm geliebten Frau schuldig-unschuldig leidenden jungen Juristen, dem das Gewissen den Zugang zu seiner Generation und Gesellschaft versperrt (B. Schlink, *Der Vorleser* R. 1995).

P. Hoffmann, De anagnorismo, Diss. Breslau 1910; W. Harms, Der Kampf mit dem Freund oder Verwandten in der deutschen Literatur bis um 1300, 1963; H. Moenkemeyer, The Son's Fatal Home-Coming in Werner and Camus, (Modern Language Quarterly 27) 1966; M. Kosko, Le fils assassiné, (Academia Scientiarum Fennica, F. F. Communications Bd. 83 Nr. 198) Helsinki 1966; M. Frauenrath, Le fils assassiné. L'Influence d'un sujet donné sur la structure dramatique, 1974.

Geiz, Geizhals → Goldgier, Geldgier

Goldgier, Geldgier

In keiner anderen Form enthüllt sich die menschliche Habsucht so sehr als geist- und seelenlos wie in der Gier nach Gold und Geld. Während der Wunsch nach Besitz von Häusern und Äckern, Herden, Gerät und Kunstschätzen eher verständlich und verzeihlich erscheint, dekuvriert die Hortung des Tauschmittels Geld, mit dem alle diese Güter erworben werden könnten, aber von dem Geldbesessenen meist nicht erworben werden, diesen als einen in seiner Humanitas reduzierten Typ des Menschen. Edle Metalle, schon früh in ihrer Funktion als Tauschobjekte erprobt, als die sie alle anderen Werte »aufzuwiegen« imstande sind, verloren durch die Nutzung dieser Funktion fortschreitend ihren Schönheits- und Kunstwert und behielten bloßen Zahlenwert. Der Goldklumpen märchenhafter Urzeit, das von der Stein- bis in die Wikingerzeit gebräuchliche Ringgold, die kleinen Goldbarren des Ägypters Meneses im 4. vorchristlichen Jahrtausend wandelten sich seit Gyges von Lydien (um 670 v. Chr.) allmählich in geprägte Münzen, diese wiederum seit dem Bankgebaren des 17. Jahrhunderts in Depositenscheine, d. h. papierene Anweisungen auf deponiertes Metall, und schließlich in Papiergeld, das dem Besitzer nicht mehr das Anrecht auf Einlösung in Metallgeld gewährleistet. Je abstrakter, je mehr auf Übereinkunft beruhend der Wertcharakter des Geldes wird, umso pervertierter erscheint die Geldgier. Sie ist durch zwei Verhaltensweisen gekennzeichnet: einmal das unersättliche, durch keinerlei soziale Rücksicht regulierte Gewinnstreben, zum anderen durch die unter Hintansetzung sogar des eigenen Wohls erkaufte Bewahrung des Gewonnenen. Spekulationsgeist und Geiz können in einer Person vereint sein, das eine tritt jedenfalls meist nicht ohne eine Beimischung des anderen auf, aber aus der Prävalenz einer der beiden Eigenschaften ergeben sich zwei Haupttypen des Geldgierigen.

Es bedurfte nicht erst des Wirtschaftsdenkens eines kapitalistischen Zeitalters, um in der Geldgier einen Fluch zu entdecken, sondern diese Erkenntnis tauchte bereits in den Anfängen der Geldwirtschaft auf; sehr alte Gestaltungen des Motivs stecken bereits dessen Grundzüge ab. Nicht durch Zufall knüpft die griechische Sage an den schon bei Herodot (5. Jh. v. Chr.) erwähnten Phrygierkönig Midas, also an den Beherrscher eines Lydien benachbarten Gebiets im Goldland Kleinasien, jene durch Ovid (*Metamorphosen* XI 2/8 n. Chr.) bekannt gewordene Erzählung, der König habe, auch durch seinen ungewöhnlichen Reichtum nicht in seiner Goldgier gesättigt, von Dionysos, der ihm zum Dank für die Bewirtung Silens einen Wunsch freistellte, erbeten, es möge sich alles, was er berühre, in Gold verwandeln. Als jedoch auch das Essen in seinem Mund zu Gold wurde, musste er den Gott bitten, ihn von der verheerenden Erfüllung seines Wunsches zu befreien. Das harte, kalte Metall, in das sich bei des Habgierigen Berührung alles verwandelt, erscheint wertlos, wenn es sich um die Erfüllung der elementarsten Lebensbedürfnisse handelt, und die Goldgier erweist sich damit als lebensfeindlich.

PLAUTUS (*Aulularia* 200/191 v. Chr.) arbeitete – wohl nach dem Vorbild eines verlorenen Stückes des MENANDROS und unter Anlehnung an Motive der jüngeren attischen Komödie – die Psychologie des vom Goldrausch Ergriffenen heraus. Der arme Euclio hat in seinem Haus einen Topf mit Gold gefunden und ist nun von manischer Furcht besessen, der Schatz könne ihm gestohlen werden. Statt ihn sich zunutze zu machen, lebt er sparsam und ärmlich wie zuvor, um keinen Verdacht zu erregen. Er ist im Begriff, seine Tochter, um deren Herzensangelegenheiten er sich nicht kümmert, ohne Mitgift an den reichen Nachbarn Megadore zu verheiraten, da stürzt ihn der Raub des Schatzes, den der Sklave des Liebhabers der Tochter entwendet, in tiefe Verzweiflung. Die durch diesen Liebhaber, einen Neffen des Megadore, veranlasste Rückgabe des Goldes bringt in dem nicht erhaltenen, aber erschließbaren Ende der Komödie den Umschlag: die Rückbesinnung Euclios auf seine Vaterpflichten und seine Lösung von dem Schatz, den seine Tochter als Mitgift dem jungen Lyconides mit in die Ehe bringt. Euclios lächerliche Sparsamkeit, seine manische Verfolgungsangst, sein an Menschenfeindschaft grenzendes Misstrauen und seine durch die Besessenheit ausgelöste Lieblosigkeit gegenüber den Angehörigen werden zu unverlierbaren Zügen in der Geschichte des Motivs und tragen den Keim späterer Geizhalskomödien in sich. Ein Charakteristikum des Euclio taucht bereits in einer der *Fabeln* des AISOPOS (6. Jh. v. Chr.) wieder auf: Der Schatz des Geizigen wird nicht genutzt, sondern vergraben, und als er gestohlen und ein Stein an seine Stelle gelegt worden ist, gibt der Nachbar den Rat, der Geizige solle sich vorstellen, der Stein sei sein Schatz, er werde dann den gleichen Nutzen davon haben. Die Fabel wurde noch von LA FONTAINE (*Fables* IV, 20 1668) und LESSING (*Fabeln* 1759) nacherzählt, wobei der von Lessing hinzugefügte Gedanke, der Bestohlene sei zwar nicht ärmer geworden, ärgere sich aber darüber, dass ein anderer reicher geworden sei, vom Motiv wegführt.

Als Fluch, der fortzeugend Tücke, Betrug und Mord gebiert, erfassen die *Reginsmál* der *Edda* die Vergiftung der Seele durch Goldgier. Der Zwerg Andwari, dem Loki alles Gold und auch den letzten Ring abnahm, um einen Totschlag sühnen zu können, verflucht alle künftigen Besitzer des Ringes und damit des Hortes, deren erster, Hreidmar, sogleich, da er das Sühnegeld nicht mit den Söhnen teilen will, von diesen erschlagen wird. Der Fluch trifft auch den, der, wie Sigurd, gar nicht goldgierig ist, dem aber nach der Tötung des tückischen Hreidmarsohnes Regin der Schatz rechtmäßig zufällt. Obwohl im deutschen *Nibelungenlied* (um 1200) Siegfrieds Gold anderer Herkunft ist, macht sich auch hier seine fluchartige Wirkung geltend, denn es tritt an die Stelle des Schatzes der Burgundenkönige, um dessentwillen diese in der *Edda* von Gudrun/Kriemhilds zweitem Mann, Atli/Etzel, umgebracht werden, sodass der Besitz von Siegfrieds Hort nun auch den Burgundenuntergang veranlasst. Die *Þiðrekssaga* (Mitte 13. Jh.) fügte ein weiteres Opfer der Goldgier hinzu, indem Atli von Hagens Sohn aus Rache in die Berghöhle, in der Siegfrieds Schatz liegt, gelockt und dort eingeschlossen wird, sodass er bei den Schätzen verhungern muss. Nicht ohne Grund erneuerte R. Wagner (*Der Ring des Nibelungen* 1864) gerade das Hort-Motiv des ↑ Nibelungen-Stoffs aus dem Geist des 19. Jahrhunderts, für das die Gewinnsucht durch den wachsenden Kapitalismus zum Problem wurde.

Für die christlich geprägten Jahrhunderte wurde die scharfe Stellungnahme des *Neuen Testaments* gegen die Habsucht entscheidend. Schon das *Alte Testament* ließ die Söhne Samuels (*Samuel* 8) und den König Jojakim (*Jeremias* 22) für ihren Geiz bestrafen und erzählte Beispiele für die Verführbarkeit des Menschen durch das Geld: das von Achan (*Josua* 7), der sich an den Gott geweihten Kostbarkeiten aus dem eroberten Jericho vergreift, und das von Gehasi (*2. Könige* 5), der sich hinter dem Rücken seines Herrn Elisa einen Teil der von diesem zurückgewiesenen Dankgeschenke aushändigen lässt. Vor dem Hintergrund der Lehre Christi, dass niemand zugleich Gott und dem Mammon dienen könne, eher ein Kamel durch ein Nadelöhr gehen werde, als dass ein Reicher in den Himmel komme, und dass der Mensch sich nicht Schätze sammeln solle, die die Motten und der Rost fressen, hebt sich die Tat des ↑ Judas Ischarioth, der seinen Herrn um dreißig Silberlinge verrät, als besonders ruchlos ab und zieht folgerichtig die zweite Sünde der Desperatio, den Selbstmord, nach sich. Da das *Neue Testament* die Beweggründe des Judas allein an den erhandelten und reuig zurückgebrachten Silberlingen ablesbar macht, interpretierte die kirchliche Überlieferung sie mit Habsucht, und erst in neuerer Zeit schrieb man Judas andere Motive zu.

Das Mittelalter geißelte die Todsünde der Avaritia im Sinne der Evangelien und konnte sich dabei außerdem auf Analysen des Geizes in Werken antiker Autoren (Cicero, *Tusculanae Disputationes*; Horaz, *Satiren* I, 10,66; Juvenal, *Satiren*) stützen. Das kirchliche Gebot des Mitleids gegenüber dem Armen und → Bettler, d. h. das Spenden von Almosen, sollte der Habsucht Grenzen setzen, und das Verbot des Wuchers, d. h. des Geldverleihens auf Zinsen, der unangemessenen Vermehrung des Kapitals einen Riegel vorschieben. In der geistlichen Dichtung mit dem zentralen Stoff des Lebens Christi fiel Judas die exemplarische Verkörperung der Besitzgier zu. In der weltlichen Dichtung ritterlichen und höfischen Charakters fehlt dagegen die Behandlung von Habsucht und Geiz, da ihre Vorbildfiguren das Ideal christlicher Mildtätigkeit und zugleich adliger Freigebigkeit repräsentieren sollten. Einzig in den auf spätantiker Tradition beruhenden Bearbeitungen des ↑ Alexander-Stoffs macht sich im Bild des ruhmreichsten Helden der negative Zug der Maßlosigkeit geltend, der nun als »giricheit« auch die Gier nach Reichtümern in sich schließt, wie sie in der mittelalterlichen Zutat des Augensteins ausgedrückt ist, den Alexander am Tor des Paradieses erhält: Der Stein, d. h. der Mensch in seiner Unersättlichkeit, ist mit allem Gold nicht zu sättigen, deckt ihn aber erst die Erde, wiegt er weniger als eine Feder. Bezeichnend ist die durch diese Warnung bei Alexander ausgelöste Sorge für Witwen und Waisen. Mahnungen an Fürsten und Herrn zur Freigebigkeit, wie sie seit Walther von der Vogelweide unablässig auftauchen, bekommen von diesem Makel Alexanders her eine besondere Beleuchtung. Ermahnung zur »milte« und Schelte des Geizes sind Domäne der Spruch- und Lehrdichtung, zu der auch ein allegorisches Drama wie *The Sumonynge of Everyman* (15. Jh.) oder der niederländische *Elckerlijk* (1495) gehören, deren Plot auf Parabeln des orientalischen ↑ Barlaam-und-Josaphat-Stoffs zurückgeht. Aus dem abstrakten Vertreter des Lebensgenusses, Everyman (↑ Jedermann), den im Angesicht des Todes alle Freunde bis auf seine dürftigen »guten Werke« verlassen, wurde in der realistischen Version des Macropedius (*Hecastus* 1539) ein reicher Bürger, der einen Schatz besitzt, den er in das Land des Todes und Gerichts mitnehmen möchte. Diesen anschaulichen Beleg für das Unvermögen eines Reichen, in den Himmel zu gelangen, präsentierte H. Sachs als *Comedi von dem reichen sterbenden Menschen* (1549) und verarbeitete gleichzeitig in Meistergesang (1547) und Fastnachtsspiel (1555) den Stoff vom *Tod im Stock*, in dem drei Räuber und Mörder sich aus Goldgier gegenseitig umbringen. Neben der Lehrdichtung machte der unterhaltsamere Schwank sich die Aufdeckung moralischer Gebrechen zur Aufgabe, und so finden sich überlistete Geizige als Randfiguren im Werk des STRICKER, in Ph. FRANKFURTERS *Des pfaffen geschicht und histori vom Kalenberg* (1473), in H. BOTES *Thyl Ulenspiegel* (1510/11) und in französischen Farcen. Als Zentralfigur erscheint der Geizige in der schwankhaften orientalischen *Geschichte vom geizigen Kadi und seiner Frau* (*Tausendundeine Nacht* 8.–16. Jh.), in der die kluge Ehefrau sich und ihre Vorgängerinnen an ihrem geizigen, mehrfach geschiedenen Mann rächt, indem sie den dürren Knauser mittels seines eigenen, ihm entwendeten Geldes herausfüttert und dem von blähenden Speisen Gequälten dann einredet, er sei schwanger, und ihm ein Kind unterschiebt. Dem vor dem Spott der Mitwelt geflohenen, verarmten und abgemagerten Mann fordert der Kalif das Versprechen der Besserung ab und versöhnt ihn mit seiner Frau.

Die Neubewertung des menschlichen Lebens durch die Renaissance erfasste auch dessen ökonomische Seite. Dem Dichter POGGIO BRACCIOLINI (*De avaritia* 1428) erschien Geldgier als ganz natürlich und für die menschliche Gesellschaft nützlich, der Humanist B. DAVANZATI BOSTICHI (*Lezione della moneta* 1587) verkündete, das Geld habe für eine Stadt die gleiche Bedeutung wie das Blut für den menschlichen Organismus, und am Ausgang der Epoche verteidigte der französische Gelehrte C. de SAUMAISE (1588–1653) sogar den von der Kirche verbotenen Wucher als staatsrechtlich notwendig. Die neue Moral, für die Besitz das Ergebnis von Arbeit, Leistung und Sparsamkeit bedeutete, ging vom Bürgertum aus und setzte sich erst langsam mit dessen erstarkender sozialer Bedeutung durch. Als daher LORENZINO DE'MEDICI 1536 aus Elementen verschiedener plautinischer Komödien unter hauptsächlicher Verwendung der *Aulularia* seine *Aridosia* kontaminierte, musste der Held allein schon deshalb unglaubhaft wirken, weil Lorenzino ihn soziologisch falsch, nämlich im Adel, angesiedelt hatte. Der Besitz eines wohlhabenden florentinischen Edelmanns kann sich nicht auf eine schlecht verborgene Borsa beschränken, und ihr Verlust kann für ihn kein ideeller Schlag sein, sondern nur ein finanzieller, den er durch Wuchergeschäfte und Einschränkung seiner Ausgaben ausgleicht. Da er seinen Geiz als Edelmann nicht zeigen darf, hat Aridosio sich aufs Land zurückgezogen. Vor allem sah der Autor seine Figur nicht wie Plautus von der

Manie, sondern von lächerlichen Einzelzügen her, aus denen er einen Geizhals entwickelte, ohne aber die wenig aristokratische ängstliche Bezogenheit auf den Schatz zu streichen, die für den Geiz keineswegs unabdingbar ist. Um den Geiz zur Auswirkung kommen zu lassen, stellte Lorenzino seinem Geizigen den aus antiken Komödien vertrauten leichtsinnigen, verliebten Sohn gegenüber, dessen Diener nun die Rolle des Schatzräubers übernimmt. Aridosios Wuchergeschäfte verkörpern sowohl den nach CICERO neben der Sparsamkeit zweiten Vektor des Geizes, die Gewinnsucht, als auch deren moderne, für das Motiv konstitutive Methoden. Bezeichnend ist, dass die erste Dramatisierung des Timon-Stoffes durch BOIARDO (1494) den → Menschenfeind mit seiner Abhängigkeit vom Gold erklärte.

Da P. de LARIVEY (*Les Esprits* Kom. 1579) sich eng an *Aridosia* hielt, wurden Schatzrequisit und manische Züge des Besitzers auch Bestandteil der französischen Geizkomödie. Infolgedessen vermochte auch er nicht, einen geschlossenen Charakter zu schaffen, aber er vollzog die entscheidende Verwandlung des Adligen in einen Pariser Bürger, der als ein Knicker mehr denn als ein Gewinnsüchtiger dazu angetan ist, Spott und Prellerei herauszufordern, und dem die Einwilligung in die Heirat seiner Kinder abgepresst wird. Die Kontrastfigur des Sohnes wird durch die eine Mitgift fordernde, aber nur in verdeckter Handlung agierende Tochter ergänzt. Ein Dreivierteljahrhundert später konnte sich F. le Metel Seigneur de BOISROBERT (*La belle plaideuse* Kom. 1655) aufgrund der inzwischen erreichten Selbständigkeit der französischen Literatur stärker von seinen Vorgängern lösen. Er baute die Handlung, nunmehr um eine Tochter und deren Liebhaber, der ein Bruder der Angebeteten des Sohnes ist, bereichert, stärker in das zeitgenössische Milieu ein, verzichtete auf den Schatz und entwickelte die Geldgeschäfte des Geizigen stärker. Dagegen griff wenig später S. CHAPPUZEAU (*L'Avare dupé* Kom. 1636) als Erster unter den Franzosen wieder direkt auf PLAUTUS zurück und knüpfte die Fäden zu ihm wieder enger. Er teilte das Schatzrequisit in ein Kästchen und einen Ballen auf, die Crispin beide gestohlen werden und von denen er, nachdem ihm die Einwilligung zur Heirat der Kinder abgezwungen worden ist, das Kästchen zurückerhält, während der Ballen als Mitgift an die Tochter fällt. Der Personenbestand entsprach dem des PLAUTUS, war aber um die Femme d'intrigues Ruffine vermehrt, die den jungen Leuten beisteht und den Alten, der nach dem Schema des Vieux amoureux (→ Alte, Der verliebte) der französischen Farce in sie verliebt ist, an der Nase herumführt. Trotz seiner Kenntnis des PLAUTUS benutzte MOLIÈRE (*L'Avare* 1668) im Wesentlichen BOISROBERTS Personenschema und die Wucherszene zwischen Vater und Sohn, übernahm von LORENZINO DE'MEDICI und LARIVEY die Gegensatzfigur eines anderen, liebevollen Vaters, von CHAPPUZEAU die Femme d'intrigues und von dem dominierenden Entwicklungsstrang die manische Sorge um die Kassette. Das Motiv des verliebten Alten setzte er überzeugender ein, indem Harpagon sich nicht in die ältliche Intrigantin, sondern in das junge Mädchen verliebt, das auch von seinem Sohn geliebt wird, und indem er den Geiz über die Liebe siegen lässt: Harpagon verzichtet gern auf Marianne, wenn er nur seine Kassette wiedererhält. Molières feinsinnige Kombination überkommener Züge belegt in ihrem Resultat eines einheitlichen Charakters, dass die Verwendung von Mustern die Originalität eines Dichters eher unterstreicht als beeinträchtigt: Die Harpagon beherrschende Geldgier verdunkelt seinen Verstand, denn er benimmt sich töricht, und sie erstickt sein Gefühl, sowohl das für seine Kinder, die infolgedessen auch zu ihm lieblos sind, als auch vor allem das für Marianne. Die seelischen Konsequenzen der Geldgier sind nie wieder so folgerichtig durchgestaltet worden wie bei Molière, dem es auch gelang, neben dem seit Plautus vorherrschenden Zug des Geldbewahrens den des Geldgewinnens stärker zu aktivieren, während kurz nach ihm J. de LA FONTAINE in seiner Fabel *Le Savetier et le financier* (*Fables* VIII 1678–79; dt. Nachdichtung F. v. HAGEDORN, *Johannes der Seifensieder* in *Versuch in poetischen Fabeln und Erzählungen* 1738) mit dem fröhlich singenden Schuhflicker, der die ihm von dem Nachbarn, einem Finanzmann, absichtsvoll geschenkten hundert Taler eines Tages zurückbringt, weil er lieber wieder singen und ruhig schlafen will, sich ganz an das von Plautus ausgehende Schema des von manischen Sorgen befallenen Schatzhüters hielt. MOLIÈRES Schöpfung blieb lange für die Bühne beherrschend, auch wenn sowohl seine englischen Bearbeiter H. FIELDING (*The Miser* 1733) und Th. SHADWELL (*The Miser* 1762) wie sein Landsmann E.-M. LABICHE (*L'Avare en gants jaunes* 1858) glaubten, sie verbessern oder variieren zu können. Labiches Einfall, den Sohn zu einem Geizhals und den Vater zu einem Verschwender zu machen, besitzt wenig Überzeugungskraft.

Während der Geizhals in der Komödie die Funktion hatte, genarrt und – mit oder ohne Erfolg – durch Schaden belehrt und von dem leichtsinnigen Sohn und seinem Anhang überrumpelt zu werden, forderte die Dialektik des französischen Sprichworts »A père avare fils prodigue« in dem sich aus einem Memorabile entwickelnden Stoff vom ↑ Mord am Sohn (→ Gegner, Der unerkannte) einen tragischen Ausgang. Schon die älteste französische Version des Stoffes, die *Histoire admirable et prodigieuse* (1618), begründet im Gegensatz zu der englischen Parallele die Flucht des Sohnes aus dem Elternhaus mit dem Geiz des Vaters, womit das Ende, die Ermordung des unerkannt heimkehrenden, reich gewordenen Sohnes durch die Eltern, schon intoniert ist. Diese Akzentsetzung behalten dann besonders die geistlichen Bearbeiter des Stoffes bei. Der Abbé J. BAUDOIN (Nov. in *Diversitez historiques ou Nouvelles Relations de quelques histoires de ce temps* 1621), der Jesuit G. STENGEL (in *De iudiciis divinis* 1651), der Abate V. ROTA (titellose Nov. 1794), aber auch G. LILLO (*The Fatal Curiosity* Dr. 1736) und Z. WERNER (*Der vierundzwanzigste Februar* Dr. 1810) zeigten an dem kolportagehaften Stoff neben dem schicksalhaften »Verkennen« der Personen den Fluch des Goldes auf.

Mit der Hauptfigur Barabas in MARLOWES *Der Jude von Malta* (Tr. 1633) trat auch in der englischen Literatur eine von Geldgier geprägte Gestalt auf. Während aber bei ihr das Wuchergeschäft neben den Rachetaten verblasst, gewinnt es bei SHAKESPEARES Shylock (*The Merchant of Venice* Dr. vor 1600) mehr Gewicht: Er ist durch das Gelddenken so pervertiert, dass er sogar den Tod der Tochter verschmerzen will, wenn er die ihm von ihr gestohlenen Juwelen wiedersehen könnte. Auch bei ihm ist jedoch die Rachsucht größer als der Geiz und veranlasst ihn, Kapital aufs Spiel zu setzen; die Geldgier wird durch eine noch bösere Leidenschaft besiegt und besiegelt auch sein Verderben. Wie der großherzige Antonio fast Opfer Shylocks wird, so gehen dann im englischen Drama des 17. Jahrhunderts, ähnlich wie im französischen, stets die jugendlichen Verschwender in das Netz der sich zu einer Motivschablone entwickelnden Wuchergestalt, die durch Verstellung, Betrug und Hartherzigkeit ihre Opfer ruiniert. F. de ROJAS ZORRILLA (*Entre bobos anda el juego o Don Lucas del Cigarral* Kom. 1638) stellte dem geizig berechnenden Don Cigarral den allen Reichtum verachtenden, verliebten jungen Neffen gegenüber, an den der Alte die mittellose Braut schließlich abtritt, indem er sogar glaubt, das junge Paar durch eine solche Bettelheirat zu strafen. Der Plot fand in Th. CORNEILLE (*D. Bertrand de Cigarral* 1650) und P. SCARRON(*Dom Japhet d'Arménie* 1653) weitere Bearbeiter.

Kritik an der Habsucht fügte sich gut in die Forderung der Aufklärung nach Humanität und Bändigung der Leidenschaften, sie findet sich daher schon, von HORAZ und JUVENAL inspiriert, in der

IV. (1665) und VIII. (1668) Satire BOILEAUS, später in der 3. Epistel von A. POPES *Moral Essays* (1731–35) und um 1750 in den Satiren G. W. RABENERS. Die dominierende Stellung Harpagons ließ aber wohl Wucherer nur als Randfiguren der Typenkomödie und des bürgerlichen Schauspiels zu.

Erst im 19. Jahrhundert traten, vorwiegend in der erzählenden Literatur, erneut Geizhalstypen hervor, die jedoch jedes komischen Elements ermangeln und als düstere Dämonen und Opfer eines abartigen Triebs gesehen sind. R. SOUTHEY (*The Alderman's Funeral* Ekloge 1803) arbeitete den Kontrast zwischen den öffentlichen Ehrungen beim feierlichen Begräbnis eines reichen Mannes und seiner allen Bedürftigen bekannten Härte heraus, der niemand nachweint. H. de BALZACS einsamer Wucherer Gobseck der gleichnamigen Erzählung (1830), dessen Verstand am Ende seines Lebens durch die Raffgier überwältigt wird und der inmitten sinnlos aufgehäufter Vorräte stirbt, ist nur ein Genrebild im Vergleich zu des Dichters Père Grandet (*Eugénie Grandet* R. 1834), der zwar auf den Schultern Harpagons steht, aber nicht mehr Gegenstand des Spottes ist, sondern zu imponierender, düsterer Größe, zum wichtigsten Mann der Provinz emporwächst und es erreicht, dass ihm Frau und Tochter und das alte Dienstmädchen in bescheidener Liebe dienen. Der Widerstand Eugénies, die ihrem geliebten, leichtsinnigen Vetter Geld geliehen hat, gibt sich bald; sie opfert ihre weiblichen Hoffnungen dem Vater auf und gleicht sich ihm in der Hortung und Betrachtung der Schätze allmählich an. Er dagegen sähe wie Shylock seine Tochter lieber tot, als dass er ihretwegen etwas verlöre. Die Goldgier ist bis in sein Unterbewusstsein eingesenkt, sodass er sterbend nach dem goldenen Kreuz greift, das ihm der Priester zum Kuss reicht. Die moralische Verurteilung des Geizigen durch seinen Tod findet sich auch bei W. H. AINSWORTH (*The Miser's Daughter* R. 1842), dessen Wucherer Scarve in der Grube zusammenbricht, in der er seine Schätze vergraben wollte. Während für Scarve die Erhaltung seines Vermögens mehr bedeutet als das Glück der Tochter, ist der Egoismus von J. GOTTHELFS Barthli (*Barthli der Korber* Erz. 1852) trotz seiner Härte gegenüber der Tochter doch von Liebe zu ihr erwärmt, denn sie wird durch seine Knickerei Erbin eines Vermögens. Als nur vorübergehende Bedrohung erscheint das Gelddenken in GOTTHELFS *Uli der Pächter* (R. 1849), als bei dem ursprünglich besitzlosen Uli die Sorge um den Hof in Geiz umschlägt und seine Ehe zu untergraben droht. Unter den Geizigen im Werk von Ch. DICKENS ist Fagin, der Hehler und Anführer einer Diebesbande in *Oliver Twist*

(R. 1837–38), ein ins Verbrecherische gesteigerter Nachfahre Shylocks, der realistischer gesehene selbstzufriedene alte Geschäftsmann Scrooge (*A Christmas Carol* Erz. 1843) ein seelisch verhärteter, den aber die Stimmungsmacht der Weihnachtsnacht zu Reue und Nächstenliebe bewegt.

Mit dem Geizhalstypus ist das Motiv der Goldgier nicht ausgeschöpft, bei ihm tritt das Moment des Gelderraffens zu sehr zurück. Sparsamkeit, Enthaltsamkeit und Geldverleih auf Zinsen konnten zwar in älterer Zeit als der für einen Bürger einzig gangbare Weg zum Geldgewinn gelten, aber schon beim Erscheinen des *L'Avare* war dieser Typ eigentlich rückschrittlich, und er ist hauptsächlich aus der Vorgeprägtheit des Plots zu erklären. Seit Mitte des 17. Jahrhunderts zeigten sich die Folgen der neuzeitlichen Geld- und Bankwirtschaft, die neue Möglichkeiten, zu Geld zu kommen, eröffneten. In Frankreich als dem führenden europäischen Staat stiegen unter Ludwig XIV. Lebenskosten und Lebenshaltung, eine allgemeine soziale und wirtschaftliche Unsicherheit ließ den Adel zur Aufrechterhaltung seines feudalen Lebensstils und das Bürgertum wegen der Aufstiegschance um Geldgewinn bemüht sein. Aus dieser Situation sind die verschiedenen Varianten der französischen Geizkomödie, aber auch die zahlreichen Theaterstücke zu verstehen, die ganze Schemata des Schnell-reich-Werdens entwickelten. Während der Geizige als ein abgesondert lebender Typ erscheint, wird der Geldmacher im Zusammenhang mit der sozialen Entwicklung und in Verbindung mit anderen, an seinen Finanzoperationen beteiligten Personen gezeigt.

Zu den mehr altmodischen Praktiken gehört der selten auftauchende Trick des Geldfälschens (J. de SAINTE-MARTHE, *Le Mariage de Fine-Epice* 1664) ebenso wie die schon bei Lorenzino de'Medici, Shakespeare und Molière erscheinende Möglichkeit des Geldverleihens auf Wucherzinsen, die noch immer verpönt war, aber doch überall praktiziert wurde. Der junge, verschwenderische Mann in den Klauen des Wucherers ist eine häufig wiederkehrende Situation (D. de VISÉ, *L'Usurier* 1685; M. de SAINT-YON, *Les Façons du temps* 1685, seit 1696 als *Les Mœurs du temps*), die F.-C. DANCOURT IN *Les Enfants de Paris* (1699) nach dem Muster des *Avare* arrangierte, dabei aber die Femme d'intrigues zu einem weiblichen Kompagnon des Wucherers Harpin ausbaute, unter deren Namen viele seiner Geschäfte laufen. In des gleichen Autors *Les Agioteurs* (1710) arbeiten drei Männer in dieser Weise zusammen, deren geriebenster zwar betrogen wird, aber einen jungen Adligen so in die Zange bekommt, dass man einem neuen Aufschwung des Geschäfts entgegensieht. M.-A. LEGRAND (*L'Usurier gentilhomme* 1713) kompilierte das Motiv mit dem des Bourgeois gentilhomme, ließ aber den Geschäftsgeist über den Ehrgeiz siegen, denn die Forderungen der adeligen Braut des Sohnes schrecken dann doch den reich gewordenen Wucherer, der für den Sohn ein Baronat erwerben möchte, zurück.

Ein anderes traditionelles Mittel, zu Geld zu kommen, ist die Geldheirat, für deren Zustandekommen man sich der aus CHAPPUZEAUS *L'Avare dupé* und MOLIÈRES *L'Avare* bekannten und von Molière auch noch in *Monsieur de Porceaugnac* (1669) verwandten Femme d'intrigues bediente, die nicht weniger geldgierig ist als ihre Auftraggeber. Ihre Funktion der Eheanbahnung und Geldbeschaffung, der Erpressung von Schuldnern, die eine bestimmte Ehe anstreben oder sie ablehnen, wurde mannigfach variiert (D. de VISÉ, *Les Intrigues de la lotterie* 1669; M. de SAINT-YON, *Les Façons du temps* 1685; J.-F. REGNARD, *Le Joueur* 1696; F.-C. DANCOURT, *La Femme d'intrigues* 1692, *La Foire de Besons* 1695).

Eine auf moderneren Geschäftspraktiken beruhende Möglichkeit des Gelderwerbs war der betrügerische Bankrott. In Ch. CHEVILLET DE CHAMPMESLÉS *La Rue Saint-Denis* (1682) bereichert sich Armosin mit Hilfe eines Untergebenen ungehindert an den ihm anvertrauten Geldern, während bei N. de FATOUVILLE (*Le Banqueroutier* 1687) der Trick beinahe durch den Hauptgläubiger aufgedeckt, dann aber doch angesichts der Möglichkeit, durch eine Heirat seines Sohnes mit der Tochter des Bankrotteurs an dem Profit teilhaben zu können, verschwiegen wird, und in einem sehr viel späteren Zeitstück von J.-B. PUJOULX (*Les modernes enrichis* 1789) aus dem betrügerischen Bankrotteur der betrogene Betrüger wird.

Auf spezifisch französischen sozialen Gegebenheiten beruht die oft behandelte Bereicherung durch das Amt des Steuereinnehmers. Seit S. CHAPPUZEAUS *Le Riche mécontent ou le noble imaginaire* (1661) wurde die typische Parvenüfigur des Steuereinnehmers besonders in seiner Rolle als abgewiesener Bewerber um eine reiche oder vornehme Dame der Lächerlichkeit preisgegeben (MOLIÈRE, *La Comtesse d'Escarbagnas* 1671; J. ROBBE, *La Rapinière ou l'intéressé* 1682; M. de SAINT-YON, *Les Façons du temps* 1685; F.-C. DANCOURT, *L'Eté des coquettes* 1690, *Le Retour des officiers* 1697). DANCOURTS Steuereinnehmer Simon (*Le second Chapitre du diable boiteux* 1707), der den Grund zu seinem Vermögen dadurch legte, dass er den Liebhabern der Frau seines Dienstherrn hohe Summen für die Geheimhaltung ihres Verhältnisses abverlangte, ist dem pikaresken Roman von LESAGE entnommen, der bald darauf in der Komödie *Turcaret* (1709) den Typ vervollkommnete. Dieser vom Lakaien in die obere Schicht der Steuereinnehmer aufgestiegene skrupel- und herzlose Spekulant ist nun ein Arrivierter, der seine Herkunft verbergen möchte, Anschluss an schöngeistige Kreise sucht, seine bescheidene Ehefrau davonjagt und galante Verse an eine Baronin schreibt, eine Torheit, die zu seinem Ruin führt. Die Koppelung von Habgierigem und Bourgeois gentilhomme führt zu einem von Harpagon sehr verschiedenen, aber moderner wirkenden Typ, der sich solcher Beliebtheit erfreute, dass er auch noch begegnet, als der Spott auf ihn nicht mehr aktuell war (B.-J. SAURIN, *Les Mœurs du temps* 1760).

Im Zusammenhang mit den Schemata finanziellen Aufstiegs muss auch das Motiv des → Spielers genannt werden. In den bisher behandelten Formen waren Betrüger und Betrogener aufeinander bezogene Figuren, der Betrogene war aber meist ein unschuldiges oder törichtes Opfer. Der Spieler, der von einem Antreiber oder Falschspieler verführt wird, ist jedoch selbst vom Geldrausch infiziert. Bereits J. de la FORGE (*La Joueuse dupée ou l'intrigue des académiens* 1663) zeigte fanatische Spielerinnen, die auch den Einsatz ihres weiblichen Charmes nicht scheuen, um andere Spieler zu betrügen. In Ch. Rivière DUFRESNYS *La Joueuse* (1709) setzt die Spielerin die Mitgift ihrer Tochter und verspielt sie, und J.-F. REGNARDS Valère (*Le Joueur* 1696) verspielt das Bild seiner Verlobten und wird darum von ihr verlassen. Gewinnstreben und Spielleidenschaft halten sich in diesen Komödien annähernd die Waage, und der Spieler ist komisch-negativ gesehen, während dann im 18. Jahrhundert das Interesse für die Spielleidenschaft, die als tragisch empfunden wurde, überwog.

Der Spekulant trat dagegen in der Literatur des 18. Jahrhunderts, das den Bürger und Kaufmann gern als moralisch intakt darstellte, zurück, und erst die Revolutionszeit mit ihren gewaltsamen Umschichtungen, ihrer wirtschaftlichen Unsicherheit, ihren jähen Aufstiegen und Stürzen machte das Motiv wieder interessant. Die führende klassisch-romantische Literaturströmung der Jahrhundertwende war jedoch der Behandlung des realistischen Sujets nicht gemäß, wo sie nicht die Möglichkeit erfasste, wie GOETHE im *Faust II* (1832) den gefährlichen Zauber des Goldes im »Flammengaukelspiel« warnend zu symbolisieren und die Scheinbefriedung eines bankrotten Staates durch ungedecktes Papiergeld als Teufelswerk zu erklären. Alltagswirklichkeit vorzuführen, blieb in der ersten Hälfte des 19. Jahrhunderts dem Vaudeville und der Posse überlassen. Bezeichnenderweise griff L. PICARD mit *Du haut cours ou le contrat d'union* (1801) auf den Plot von FATOUVILLES *Le Banqueroutier* (1687) mit seinem Arrangeur falscher Bankrotte und seinem auf schnelle Bereicherung hoffenden Opfer zurück. Während hier ein Freund den Spekulanten zum reuigen Verzicht bewegt, wird der Bankier bei J. BORNET (*La Banqueroute* 1867) von seinen Kindern zum Verzicht auf den Betrug gezwungen, ist ihnen dafür aber keineswegs dankbar. Th. NÉZEL/A.-J. OVERNAY/C. BERRIER (*Le Banqueroutier* 1826) zeigten die späte Bestrafung eines betrügerischen Bankrotts, während er bei L.-F.-Ch. DESNOYER (*Le Facteur ou la justice des hommes* 1834) ungesühnt bleibt und der Betrüger bei M.-E.-G.-M. THÉAULON/P.-H.-M. LUBIZE (*Une Assemblée de créanciers* 1840) durch Lügen gerade noch der Dekuvrierung entgeht. In E. FEYDEAUS *Un Coup de bourse* (1861) wird der Bankrott als der einzige Weg bezeichnet, schnell zu Geld zu kommen. Die Wucherer, Steuereinnehmer, Finanzleute und Bankrotteure des 17. Jahrhunderts waren als Außenseiter angesehen, verspottet und gehasst worden. Nun hatte die Revolution dem Finanzmann, der sich inzwischen äußerlich angepasst hatte, die Tore der Gesellschaft geöffnet, und das 19. Jahrhundert verlangte aus Interesse an der Geldwirtschaft ein genaues Bild seiner Machenschaften.

Seit Mitte der 1820er Jahre rückte die Börse in den Mittelpunkt aller Spekulationen. Sie war der neue Ort, wo der Schurke sein Opfer fand, weil die Begeisterung für Spekulation den Neuling blendet und der Routinier dort seine Überlegenheit beweisen kann (L. PICARD/A.-J. SIMONIS EMPIS, *L'Agiotage* 1826; F.-L. RIBOUTTÉ, *Le Spéculateur* 1826; D. KALISCH, *100 000 Taler* 1848; E. POHL, *Der Goldonkel* 1861). Der Börsianer hat keine Zeit und Neigung für Herzensangelegenheiten (Th. BARRIÈRE/E. CAPENDU, *Les faux Bonshommes* 1856) und verrät um seines Vorteils willen höhere Pflichten (M.-G. MALVOISINE, *Le Ver rongeur* 1839; J.-F. DINAUX/J.-P.-F. LESGUILLON, *Tout pour l'or* 1844; F. PONSARD, *La Bourse* 1856; A. DUMAS fils, *La Question d'argent* 1857). Oft verteilt sich die dramaturgische Konzeption auf zwei spekulierende Parteien, von denen die eine ruiniert wird, die andere zu Reichtum kommt (E.-J.-E. MAZÈRES, *La Fin du mois* 1826; C. BONJOUR, *L'Argent* 1826), und die obligate Heiratsintrige ist direkt von einem Börsencoup abhängig (L. PICARD/A.-J.-M. WAFFLARD/FULGENCE DE BURY, *Un Jeu de bourse, ou la bascule* 1821; J. CŒUR, *L'Argent* 1846; E. FEYDEAU, *Un Coup de bourse* 1861).

Seit den 1830er Jahren treten die Gründer auf den Plan. Als Nachfahren der Projektenmacher des 17. Jahrhunderts (S. CHAPPUZEAU, *Le Riche mécontent* 1661) werden sie zunächst als amüsante

Schurken, den → Hochstaplern (B. ANTIER/SAINT-AMAND/PAULYANTHE/F. LEMAÎTRE, *Robert Macaire* 1834) verwandt, gezeichnet, in der zweiten Hälfte des Jahrhunderts aber im Zuge der Industrialisierung als Bedrohung angesehen. Hatten noch E. SCRIBE/C. DELAVIGNE (*L'Avare en goguettes* 1823) ihren Spekulanten seinen Profit mit schlecht gewordenen Konserven machen lassen, so richteten sich bald darauf die Spekulationen auf Kanäle, Straßen, Brücken, Eisenbahnen und Bergwerke (N. BRASIER/Th. DUMERSAN/GABRIEL, *Les Entrepreneurs* 1825; E. PLOUVIER, *Les Fous* 1862). Gründertum und Börsenspekulation gehen meist Hand in Hand (E. SCRIBE/J.-F. BAYARD, *Les Actionnaires* 1829). Das Spekulationsmilieu und seine Motivik sind im Ansatz schon bei DANCOURT (*Les Agioteurs* 1710) vorhanden gewesen, erscheinen aber jetzt komplizierter und krasser; die Betrügertricks der neuen Komödien unterscheiden sich von denen der älteren nur durch die raffinierteren Usancen der Epoche. Die modernen Geldleute ähneln sich untereinander, es scheint schwierig, einem Geschäftsmann individuelle Züge zu geben. Im Allgemeinen handelt es sich noch immer um Selfmademen, die arm in die große Stadt kamen, durch Energie ihre armselige Lage überwanden und Selbstsicherheit sowie Vertrauen in ihr Glück besitzen. Sie sind immun gegen Entmutigungen, haben immer wieder die Kraft zum Neuanfang und eine Leidenschaft zur Spekulation, die jedes Gefühl für menschlichen Anstand hinwegfegt. Dabei möchten sie respektabel sein oder doch scheinen, sind Mitglieder von Wohltätigkeitsvereinen und streben nach Adelstiteln, ohne eine Vorstellung von adliger Haltung zu haben. Politisch hängen sie ihr Mäntelchen nach dem Winde (A. WEIRAUCH, *Wenn Leute Geld haben* 1850; P. ADAM/A. PICARD, *Le Cuivre* 1893; E. FABRE, *Les Ventres dorés* 1905, *Un grand bourgeois* 1914). Das respektable Äußere dient lediglich dem Geschäft (E. AUGIER/J. SANDEAU, *Le Gendre de Monsieur Poirier* 1854) und die typische Ball- oder Dinerszene im Hause des Finanziers der Benebelung des Kunden. Liebe spielt im Leben des Börsianers keine Rolle, dafür aber amouröse Beziehungen. Schon LESAGES *Turcaret* ließ seine Frau auf dem Lande leben, gab sich für einen Witwer aus und ging seinen Liebschaften nach, und auch die Ehefrau des modernen Geldmannes ist eine ängstliche, tyrannisierte Kreatur (A. CAPUS, *Brignol et sa fille* 1894), nachdem sie ihm zunächst meist Gegenstand der Spekulation war. Töchter dienen der Anknüpfung nützlicher Beziehungen (A. DUMAS fils, *La Question d'argent* 1857; E. FABRE, *Un grand bourgeois* 1914), ein Sohn ist geeignet, durch seinen Leichtsinn den Vater zu ruinieren oder Aushängeschild seines Reichtums zu sein (O. MIRBEAU, *Les Affaires sont les affaires* 1903). Auch im Kompagnon sieht man den möglichen Gegner, den man ruinieren kann (H. BECQUE, *Les Polichinelles* Fragm. 1893; beendet von H. de NOUSSANNE 1910) und dessen Frau man verführt oder zu verführen sucht, um ihn unter Kontrolle zu bekommen (H. CRISAFULLI/L. STAPLEAUX, *Les Loups et les agneaux* 1868; H. BERNSTEIN, *Samson* 1907; E. FABRE, *Les Ventres dorés* 1905).

Während das Unterhaltungsstück des 19. Jahrhunderts sich rasch dem neuen Stoffkreis des Börsen- und Unternehmerwesens öffnete und es in stereotypen Situationen, meist zur Erheiterung des Publikums, vor Augen führte, ging die gehobene Literatur das ungewohnte Milieu nur langsam an, behandelte es dann jedoch mit zunehmender psychologischer Durchdringung und steigendem Ernst. Man kann die sich verschärfende Sicht auf das Problem sowohl bei Ch. DICKENS wie bei H. de BALZAC ablesen. Dickens' Bösewicht Fagin ist noch in gespenstisch-romantisches Licht getaucht, der nicht minder böse Ralph Nickleby des folgenden Romans (*The Life and Adventures of Nicholas Nickleby* 1838–39) stärker als Studie der Habsucht angelegt und in den Rahmen eines modernen Milieus von Geldmännern, Spekulanten und Schwindelunternehmern gestellt, denen er aus Geschäftsgründen Mädchen verkuppeln will, in *Christmas Carol* dagegen setzt sich der märchenhaften Grundkonzeption gemäß die Möglichkeit der Bekehrung eines stereotypen Geizhalses durch, in dem Spätwerk *Our Mutual Friend* (R. 1864–65) schließlich erstreckt sich die seelenvergiftende Macht des Geldes nicht nur auf die als Bösewichter charakterisierten Personen wie den Verbrecher, der den wegen einer reichen Erbschaft heimkehrenden Helden in die Themse stürzt, sondern auch auf die diesem bestimmte Verlobte, deren Habgier durch die Aussicht auf die Erbschaft geweckt worden ist. Eliminierte man den bei Ch. Dickens herrschenden Glauben an die Bestrafung der Bösen und die Belohnung der Guten, so wäre man mit einem kleinen Schritt vom Plot des *Nicholas Nickleby* bei dem von H. BECQUES Drama *Les Corbeaux* (1882), in dem auch eine vaterlose Familie in die Hände eines Ausbeuters gegeben ist, der hier jedoch selbst und mit Erfolg die Tochter seines ehemaligen Kompagnons zur Heirat erpresst; MOLIÈRES Mischung von Avare und Vieux amoureux erstand in radikalerer Form. Bei BALZACsetzt sich der Pessimismus gegenüber der Korrumpierbarkeit des Menschen durch das Geld schneller durch. Der Wucherer Gobseck ist noch mit positiven Zügen ausgestattet, aber *Eugénie Grandet* schildert bereits die Verseuchung einer ganzen Familie durch das Gelddenken. Mit dem

Drama *Le Faiseur* (1844, in der kürzenden Bearbeitung A. d'ENNERYS als *Mercadet* 1851) wandte Balzac sich dann von den Geizigen älterer Provenienz ab und dem modernen Gründertum zu und ließ in Mercadet einen Spekulanten erstehen, der immer neue Schwindelunternehmen, Aktiengesellschaften und Börsencoups erdenkt und schließlich auch wirklich einen goldenen Segen auf sich herabzieht. Mag dieser → Hochstapler-Typ auch einige vergnügliche Züge haben, so ist der Spekulationsgeist, der den Idealisten Pons (*Le Cousin Pons* R. 1847) um der von ihm gesammelten Kunstschätze willen in den Tod treibt und sein Sterbelager umgiert, nur mehr mit Bitterkeit gezeichnet.

Etwa gleichzeitig entstanden J. GOTTHELFS Schilderungen von der Wirkung der Geldgier in bäuerlicher Umwelt. *Geld und Geist* (R. 1843–44) zeigt, wie in einer der beiden Familien das Gelddenken schon zum Sippengesetz geworden ist, in die andere über die Notwendigkeit einer Schuldtilgung Einlass gewinnt und auch hier das Gefühlsleben zu pervertieren droht, bis dann doch der Geist über das Geld siegt. Gotthelfs Thema vom Böses stiftenden Geld übernahm L. N. TOLSTOJ in seiner Dorfgeschichte *Polikuška* (1863), in der ein durch Trunksucht gefährdeter Bauer das ihm aus erzieherischen Gründen anvertraute Geld verloren zu haben glaubt und deshalb Selbstmord begeht. In ähnlichen Gedankengängen bewegt sich Th. STORMS Novelle *Eekenhof* (1879), in der ein Ritter zweimal eine Ehe um der Mitgift willen schließt, aber durch seine Besitzgier seine Familie zerstört und den einzigen von ihm geliebten Menschen, seine außereheliche Tochter, verliert. Die gültigste Formulierung für den Spekulationsgeist der Epoche fand N. GOGOL' in der symbolischen Anekdote von den toten Seelen (*Pochoždenija Čičikova ili Mërtvye duši* R. 1842–55), d. h. den verstorbenen Leibeigenen, die der Spekulant Tschitschikow ihren Besitzern leicht abkaufen kann, weil die Grundherren für diese Verstorbenen noch bis zur nächsten Steuerrevision Steuern zahlen müssen, und die er dann als seine imaginären Arbeitskräfte den Banken gegen entsprechende Darlehen verpfändet. Vordergründiger ist das traditionelle Requisit der Kassette. Bei C. STERNHEIM (*Die Kassette* Kom. 1911) symbolisiert es satirisch den Besitztrieb, der in der Familie des Oberlehrers Krull die Lust am Dasein und sogar den Geschlechtstrieb abwürgt; da die erhoffte Erbschaft längst der Kirche vermacht ist, erweist sich schließlich das dem Fetisch der Kassette gebrachte Opfer als sinnlos. M. AMIS zeigt in seinem Roman (*Gierig* 1984) den Protagonisten John Self als vollkommenes Produkt des 20. Jahrhunderts: John versinkt im Dollarrausch, nur selten berührt ihn Menschliches; ihn bewegt allein die Frage, wie viel Geld eine Handlung einbringt und wie viel Genuss sie ihm verschafft.

Ein neuer Ansatzpunkt für das Goldgier-Motiv entstand mit der Entdeckung des kalifornischen Goldes 1848 und dem dadurch ausgelösten Goldwäscherfieber. Abenteuerliche zeitgenössische Darstellungen dieses Rauschzustandes (L.-P.-N. FOURNIER/L. DUPLESSIS, *Les Chercheurs d'or du Sacramento* Melodr. 1850; F. GERSTÄCKER, *Kalifornische Skizzen* 1856, *Gold* R. 1859) erreichten schon bei Bret HARTE in dessen Erstling (*The Luck of Roaring Camp* 1868) einen künstlerischen Höhepunkt. In seiner Dialektik wurde der Stoff jedoch erst durch das 20. Jahrhundert entdeckt, seit B. CENDRARS (*L'Or, merveilleuse histoire de Général J. A. Suter* R. 1924) sich dem symbolträchtigen Schicksal des Kolonisten ↑ Sutter (Suter) zugewandt hatte, der sein Land ohne Entschädigung an die Goldsucher verlor und verarmte, während sie reich wurden; unter den von Cendrars' Stoffaufbereitung beeinflussten Gestaltungen sind besonders St. ZWEIGS Erzählung *Die Entdeckung Eldorados* (in: *Sternstunden der Menschheit* 1927) und B. FRANKS Drama *Der General und das Gold* (1932) bekannt geworden.

A. Klapp, L'Avare ancien et moderne, tel qu'il a été peint dans la littérature, Progr. Parchim 1877; C. Grassi, L'avaronella commedia, Rom 1900; W. Reinicke, Der Wucherer im älteren englischen Drama, Diss. Halle 1907; H. L. Norman, Swindlers and Rogues in French Drama, Chicago 1928; F. Goerschen, Die Geizkomödie im französischen Schrifttum, (Germanisch-romanische Monatsschrift 25) 1937; L. O. Forkey, The Role of Money in French Comedy During the Reign of Louis XIV, (The Johns Hopkins University Studies in Romance Literatures and Languages XXIV) Baltimore 1947; M. Kosko, Le fils assassiné, (Academia Scientiarum Fennica, FF Communications Bd. 83 Nr. 198) Helsinki 1966; M. Frauenrath, Le fils assassiné. L'Influence d'un sujet donné sur la structure dramatique, 1974.

Golem → Mensch, Der künstliche

Gott auf Erdenbesuch

In verschiedenen Gebieten des indogermanischen Kulturraums taucht – meist im Zusammenhang mit dem Paradiesmythos oder dem Mythos vom Goldenen Zeitalter (→ Arkadien) – die Vorstellung auf, dass in der Frühzeit des Menschengeschlechts Gott und Götter mit den Menschen zusammengelebt hätten. In der *Genesis* des *Alten Testaments* werden die Begegnungen und Gespräche Gottes mit Adam, Noah und zunächst auch mit Abraham wie alltägliche

Begebnisse geschildert; Gott wandelt unter den Menschen wie unter Freunden und bedient sich keiner Gestaltänderung. Aus den religiösen Gedichten des altindischen *Rigveda* (2. Jahrtausend v. Chr.) spricht die Überzeugung, dass die Himmlischen als Gäste zum irdischen Opfermahl kommen und durch Gedichte eingeladen und gefeiert werden, ähnlich wie in der *Odyssee* (8. Jh. v. Chr.) Alkinoos, König des hilfreichen Märchenvolks der Phäaken, das den Göttern »nahe« ist, berichtet, die Götter erschienen, »wenn wir mit festlicher Pracht der Hekatomben sie grüßen«, in »sichtbarer Bildung«, säßen mit in den Reihen der Phäaken und nähmen an ihrem Mahl teil. Kennzeichen der Heroenzeit bei HESIOD (*Werke und Tage* 700 v. Chr.) ist das Zusammenleben von Tieren, ewig jungen Menschen und Göttern, von denen es auch hier heißt, dass sie an der Menschen Tische speisten. Gastfreundschaft und Tischgenossenschaft der Frühzeit, die auch PAUSANIAS(*Beschreibung Griechenlands* VIII 2. Hälfte 2. Jh.) erwähnt, hörten erst auf, als die Menschen in Sittenlosigkeit entarteten, ähnlich wie nach dem *Alten Testament* die Verderbnis der Menschen dazu geführt zu haben scheint, dass Gott sich von ihnen schied und sich ihnen nur noch in Gesichten und Engelsbotschaften mitteilte. Im Zusammenhang mit der Vernichtung Sodoms erscheint Gott sowohl Abraham als auch Loth erstmals in uneigentlicher, menschlicher Gestalt.

Auch die Vorstellung des in Menschengestalt auf Erden wandelnden Gottes ist nach J. GRIMM (*Deutsche Mythologie* 1835) indogermanisches Gemeingut. Sie dient der Unterstreichung der göttlichen Macht und besonders der Erklärung wunderbarer oder schwerverständlicher Ereignisse als belohnende oder strafende Vergeltung der Götter. Als Kennzeichen der in menschlicher Gestalt auftretenden Gottheiten hebt Grimm hervor, dass ihr Gang schneller sei als der der Menschen und dem Gleiten einer Sternschnuppe oder dem Vogelflug gleiche; wenn die Götter die Erde wieder verlassen und ihre Identität nicht länger verbergen wollen, erstrecken sie sich zu übernatürlicher Größe, entfliegen in Vogelgestalt oder entschwinden plötzlich. Das Besondere der Erscheinung des ↑ Odysseus lässt sowohl in Alkinoos wie später in einem der Freier den Verdacht aufsteigen, es könne sich ein Gott in ihm verbergen. Die Germanen glaubten, dass Wodan als Helfer und Ratspender auf die Erde herabsteige oder als nächtlicher Reiter erscheine und dass Thor sich unter Hochzeitsgäste mische.

Die von der christlichen Kirche gelehrte Allgegenwart und Allwissenheit Gottes macht zwar ein Erdenwandern Gottes überflüssig, aber der christliche Volksglaube hielt sich mehr an die Tatsache, dass die christliche Religion auf der Menschwerdung und dem Erdenwandeln Gottes beruht, dass Christus auch nach seinem Tod seinen Anhängern in Menschengestalt erschien, dass die Kirche die Wiederkehr Christi verkündet und dass das *Alte* wie das *Neue Testament* von Erscheinungen der Engel in menschlicher Gestalt berichten. Der Glaube an ein erneutes Erdenwandeln Christi, vor allem in der Zeit zwischen Ostern und Pfingsten, war z. B. in der Ostkirche so lebendig, dass noch im vorigen Jahrhundert kein russischer Bauer einem Wanderer das Gastrecht in den fraglichen Wochen verweigert haben dürfte.

Selbstverständlich spielt in Mythos und Dichtung auch das unmaskierte Auftreten von Göttern und Götterboten eine Rolle, das dann lediglich die oft diskutierte Funktion des Deus ex Machina hat und dem der dialektische Reiz des unkenntlichen Gottes ebenso abgeht wie die Vieldeutigkeit und Fragwürdigkeit der sich in → Vision oder → Traum manifestierenden Götterbotschaft.

Für die wiederholt auftauchende Begründung des Erdenbesuchs eines Gottes mit einer Liebesbeziehung zu einem Menschen bietet schon ein Gedicht (10,95) des *Rigveda* ein Beispiel mit dem Dialog des seine entflohene Gemahlin zur Rückkehr zu bewegen suchenden Königs Purūravas und der sich kühl und spöttisch weigernden göttlichen Nymphe Urvaśī, eine Situation, die aus dem kommentierenden *Shatapatha-Brahmana* zur vollen Märchenhandlung ergänzt werden kann: Die Zeitehe, von der Himmlischen von vornherein durch Bedingungen eingegrenzt, scheitert trotz der Schwangerschaft Urvaśīs an ihrer Zugehörigkeit zur Welt der Halbgötter und ihrem Überdruss am Zusammenleben mit Menschen. Aus der unbeständigen Dämonin des Mythos machte ein Drama Kālidāsas (*Urvaśī* 5. Jh.) eine verliebt zerstreute Himmelstänzerin, die so lange auf die Erde verbannt wird, bis sie Purūravas einen Sohn geboren habe, die Geburt aber verheimlicht, um nicht in den Himmel zurückkehren zu müssen. Im Augenblick der Entdeckung und Erkennung des Kindes scheint die Trennung unumgänglich, aber der Gott Indra gestattet Urvaśī als Lohn für die Heldentaten Purūravas', bis zu dessen Lebensende auf der Erde zu bleiben. Die Liebesbeziehung zwischen Gott und Mensch fehlt als Denkmöglichkeit in den monotheistischen Religionen. Als daher der rumänische Dichter M. Eminescu (*Der Abendstern* Verserz. 1883) dreitausend Jahre nach dem indischen Mythos eine ähnliche Unvereinbarkeit zwischen Erde und Himmel mit gleichem Pessimismus gegenüber der Frau konstituierte, der hier allerdings der irdische Part zufiel, trat an die Stelle des liebenden Gottes der halbgöttliche Abendstern, der, vom Schöpfer zur Prüfung der Kaisertochter nach der Erde beurlaubt, die Geliebte in den Armen eines Pagen antrifft, auf seinen Platz am Firmament zurückflieht und fortan gegenüber ihren sehnsuchtsvollen Bitten ungerührt bleibt.

Die Motivvariante vom Liebesbündnis zwischen Gott und Mensch dient häufig dazu, die göttliche Abkunft eines Heroen zu erweisen (→ Herkunft, Die unbekannte). Die griechische Mythologie schrieb besonders Zeus solche Liebesbeziehungen und die Vaterschaft von berühmten Helden zu. So nähert er sich in Menschengestalt der Semele (*Bibliotheke* 1. Jh.), Tochter des Kadmos, und verspricht, ihr jeden Wunsch zu erfüllen; als Semele sich jedoch auf Rat der eifersüchtigen Hera wünscht, dass Zeus ihr in göttlicher Gestalt erscheine, kommt er auf seinem Wagen unter Wetterleuchten und Donnerschlägen, schleudert in Semeles Gemach den Blitz, an dem sie verbrennt und sterbend ein Sechsmonatskind zur Welt bringt, das Zeus aus dem Feuer reißt und bis zum Ablauf der Neunmonatsfrist in seinen Schenkel einnäht, aus dem dann der Gott Dionysos »geboren« wird. Der Wunsch, die göttliche Herkunft und den göttlichen Auftrag des Plagenbekämpfers → Herakles zu bezeugen, ist in HESIODS früher Darstellung der Liebesnacht des Zeus mit → Amphitryons Frau Alkmene noch deutlich vorherrschend, und erst PLAUTUS (*Amphitruo* 207/201 v. Chr.) machte aus der mythischen Brautnacht eine Doppelgängerkomödie, indem er Jupiters Verwandlung in Amphitryons Gestalt erfand, die Alkmene zur Ahnungslos-Unschuldigen machte, die nur durch den Ehemann »verführbar« ist und die sie in der Geschichte des Stoffes blieb, bis H. v. KLEIST (*Amphitryon* Kom. 1807) die bis dahin Unangefochtene der Anfechtung aussetzte, dass der Gott um seiner selbst willen geliebt werden will und sie sich zwischen Gott und Gatten entscheiden soll. Kaum ohne Kenntnis dieser berühmten Motivvariante dürfte der als PSEUDO-KALLISTHENES bezeichnete, wahrscheinlich aus Alexandria stammende Verfasser des spätantiken *Alexanderromans* (3. Jh.) zum Zwecke der Vergöttlichung seines Helden diesem einen Gott zum Vater angedichtet haben, nämlich den letzten Pharao Nectanebos, der vor den Persern nach Makedonien geflohen sei und dort in Gestalt König Philipps mit dessen Frau Olympias Alexander gezeugt habe.

In der germanischen Mythologie fehlt die Motivvariante der Liebesbeziehung zwischen Gott und Mensch, und auch die Vorstellung eines göttlichen Stammvaters königlicher Geschlechter hat sich nicht zu gestalteter Erzählung verdichtet. Jedoch erklärte die – vielleicht irisch beeinflusste – *Rigsthula* der *Edda* (9.–12. Jh.) die Herkunft der Stände als göttlich, indem der Gott Heimdall auf einer Erdenwanderung, während er bei drei Ehepaaren einkehrt, mit den entsprechenden Frauen die Stammväter der Knechte, der Freien und des Adels zeugt. In ein modernes Zwielicht der Fragwürdigkeit getaucht bleiben die Liebesvereinigung und deren Frucht bei P. LAGERKVIST (*Die Sibylle* R. 1956), dessen delphische Priesterin in dem geliebten Nachbarssohn vielleicht einem Größeren begegnet ist, aber über diese Begegnung auch durch den nicht heroischen, sondern schwachsinnigen Sohn keine Klarheit erhält; allerdings verschwindet dieser geheimnisvoll und spurlos, wie nach der Tradition des Motivs Göttliche verschwinden.

Andere Mythen lassen Götter in Menschengestalt in die irdischen Geschicke eingreifen, um eine Schutzengelfunktion auszuüben. HOMER (*Ilias* 8. Jh. v. Chr.) entfaltete als Erster das Motiv der Partei ergreifenden Götter über den streitenden irdischen Kriegsheeren, das für das Epos mustergültig wurde. Die Götter lenken jedoch nicht nur vom Olymp aus, sondern steigen zum Beistand der Kämpfenden auf die Erde. Als der greise Priamos nachts durch die feindlichen Linien geht, um von Achill den Leichnam seines Sohnes zu erbitten, tritt ihm auf Zeus' Befehl der Gott Hermes in Jünglingsgestalt entgegen, gibt sich als Gefolgsmann des Achill aus und bietet sich als Führer und Beschützer an. Der Schutz des Hermes ist Priamos prophezeit worden; in des Königs Reaktion schwingt eine Ahnung mit, dass der Jüngling in höherem Auftrag gekommen ist, und er zeigt kein Erstaunen, als Hermes vor Achills Zelt seine Identität enthüllt. Weit eingreifender ist die Beschützerfunktion Athenes in der *Odyssee*. Sie erscheint als Mentes von Taphos, Gastfreund des Odysseus, in dessen Palast, um Telemach zur Suche nach seinem Vater zu veranlassen, und fliegt nach vollbrachter Mission wie ein Vogel durch den Kamin davon. Dann begleitet sie nicht nur in Gestalt Mentors Telemach auf seiner Fahrt, sie hilft vor allem Odysseus bei seiner Heimkehr und entwirft den Plan zur Tötung der Freier. Ein in der christlichen Dichtung nachwirkendes Beispiel eines Schutzengels ist der Erzengel Rafael (*Buch Tobias*), der in Gestalt eines Jünglings auf Gottes Geheiß den jungen Tobias nach Medien begleitet, wo dieser für seinen Vater eine Schuld einlösen soll: Der unerkannte Begleiter gibt Tobias Ratschläge, verhilft ihm zu einer guten Ehe, führt ihn zu seinem Vater zurück und lässt ihn diesen vom Star heilen. Als Vater und Sohn ihm zum Dank die Hälfte ihres Besitzes anbieten, offenbart er sich als Gottes Sendbote. Die germanische *Völsungasaga* (um 1260) zeigt Odin als Lenker eines Geschlechts, das sich der Herkunft von ihm rühmt: Er erscheint als alter Mann in einem verschossenen blauen Mantel, in Leinenhosen und mit großem Schlapphut in der Halle König Wǫlsis und stößt das Schwert in den Baum, das nur dessen Sohn Sigmund herauszuziehen vermag, er nimmt später als Fährmann dem trauernden Vater Sigmund die Leiche Sinfjǫtlis ab und verschwindet mit ihr auf dem Wasser, sodass Sigmund weiß, dass der Gott selbst den Nachkommen geholt hat, er zeigt seinem Helden das Ende an, indem er ihm in der Schlacht entgegentritt und das ihm einst verliehene Schwert zerbrechen lässt, und er berät Sigmunds anderen Sohn Sigurd bei dessen der Vaterrache geltender erster Wikingfahrt. Im christlichen Mittelalter setzte eine der reizvollsten Legenden, die von ↑ Beatrix der Küsterin, die Jungfrau Maria selbst in die Schutzengelrolle ein, indem diese Gestalt und Amt der entlaufenen Nonne übernimmt, bis diese nach Jahren reuig zurückkehrt und mit der Stellvertreterin den Platz tauscht, ohne dass Äbtissin und Mitschwestern von der Sünde der Küsterin erfahren. An den Begleiter des Tobias erinnert der Engel, den Th. MANN (*Joseph und seine Brüder* R. 1933–43), allerdings zwielichtig verfremdet, als Begegnungsfigur des jungen ↑ Joseph auf dessen Weg zu seinen Brüdern und später nach Ägypten in den überkommenen Stoff einbaute.

Am häufigsten besitzt der Erdenbesuch von Göttern die Funktion, die Menschen, besonders ihre Hilfsbereitschaft und Gastfreundschaft, zu prüfen und entsprechend zu belohnen oder zu bestrafen. Solche die Richtertätigkeit der Götter belegenden Mythen scheinen deutlich ex posteriore zur Erklärung von Katastrophen geschaffen. Während der Sintflutmythos des *Alten Testaments* noch von der Vorstellung eines engen Zusammenlebens von Gott und Mensch ausgeht, demgemäß der Herr Noah kennt und ihn rettet, ohne ihn zu prüfen, erscheint er anlässlich der Verirrungen von Sodom als verfremdeter Prüfer des alten Abraham und Loths. Mag man die Erscheinung der drei Männer vor Abraham so auffassen, dass Gott in allen dreien Gestalt angenommen hat oder dass er nur einer der drei ist, von denen dann zwei nach Sodom zu Loth weitergehen, so ist doch deutlich, dass Abrahams Gastfreundschaft an den drei Männern, die er bewirtet, und sein – und Sarahs – Glaube an die Verheißung eines Sohnes getestet wird, die den beiden Alten so unglaubwürdig klingen muss, dass sie sie nur belächeln oder in dem

Verkünder einen Höheren ahnen können; seine Identität lüftet Jahwe jedoch erst, als er Abraham die Vorgänge um Sodom erklären will, so wie die zwei Engel sich Loth erst zu erkennen geben, als sie seine Gastfreundschaft, um derentwillen er sogar die Unschuld seiner Töchter opfern will, überprüft haben und nun die Rettung der Familie gebieterisch durchsetzen. Es ist möglich, dass die etwas unklare Dreieinheit der Gotteserscheinung vor Abraham mit der monotheistischen Anpassung einer im Polytheismus wurzelnden mythischen Erzählung zu erklären ist, wie die in OVIDS *Fasti* V (2–8 n. Chr.) und in Varianten auch bei anderen antiken Autoren erhaltene Erzählung von der Bewirtung der drei wandernden Götter Jupiter, Neptun und Merkur durch den armen Bauern Hyrinus, dem zum Dank ein Wunsch gewährt und auf wunderbare Weise der ersehnte Erbe geschenkt wird, obgleich er keine Frau besitzt. Auch in der homerischen Hymne, die von der Wanderung der nach ihrer Tochter suchenden ↑ Ceres durch die Menschenwelt handelt, auf der sie Gastfreundschaft, Teilnahme, Gleichgültigkeit und Spott durch Lohn oder Strafe vergilt, wird einem gastfreien Mann zum Dank ein später Sohn verheißen. Während in diesen Mythen der verheißene Sohn eine Beziehung zur Abraham-Geschichte darstellt, scheint das Strafgericht mit der Rettung der als »fromm« Erwiesenen in OVIDS Erzählung von ↑ Philemon und Baucis (*Metamorphosen* VIII 2–8 n. Chr.) wieder auf. Die tausend Häuser Phrygiens, in denen Jupiter und Merkur vergebens um Quartier baten, werden am Schluss durch eine Überschwemmung zerstört, das arme Ehepaar aber, das sie mit dem Besten bewirtete, das es besaß, wird mit Rettung vor der Wasserflut und mit Erfüllung eines Wunsches belohnt: Philemon und Baucis dürfen lebenslang Priester in dem Tempel sein, in den ihre Hütte verwandelt wurde, und dann in der gleichen Stunde sterben. Wie Jahwe sich von der Verderbtheit der Sodomiter überzeugen will, so erprobt Dionysos (EURIPIDES, *Bacchides* 405 v. Chr.) die ihm verwandte thebanische Königsfamilie und straft den sich dem Dionysoskult widersetzenden König Pentheus durch einen grausigen Tod, und so begibt sich Zeus zu Lykaon von Arkadien (*Bibliotheke* 1. Jh.), um sich ein Bild von dessen Ruchlosigkeit zu machen: Lykaon und seine Söhne setzen dem unbekannten Gast Menschenfleisch vor, der daraufhin ergrimmt, sie alle mit dem Blitz tötet und das Land durch die Deukalonische Flut verheert. Diese die Charakteristika der Sodom- und der Sintflutmythen vereinigende Erzählung wird von OVID (*Metamorphosen* I) ausführlicher erzählt und der Ehrfurcht des Volkes vor dem seine

Anwesenheit durch Zeichen andeutenden Gott der Unglaube des Lykaon entgegengestellt, der die Göttlichkeit des Gastes erproben möchte und von diesem später – hier folgt Ovid alter Überlieferung – in einen Wolf verwandelt wird. Da HYGIN (*Fabulae* 176, 2. Jh.) das Moment der Verführung von Lykaons Tochter durch Zeus mit einbezieht, wird bei ihm gerade die Menschenfleisch-Speise zur frevlerischen Prüfung der Göttlichkeit des Fremden benutzt, die hier allerdings nur von Lykaons Söhnen vorgenommen wird. Eine Sanskritvariante des Motivkomplexes ist in einer chinesischen Übersetzung, der Reisebeschreibung des HIOUEN-THSANG von 648, bewahrt. Die Bewohner einer Stadt sind verstockt gegenüber der Lehre Buddhas, dessen Statue zu ihnen durch die Luft geflogen kommt, und ungastlich gegenüber einem fremden Anhänger Buddhas, den sie auf Befehl des Königs lebendig begraben. Nur ein einziger heimlicher Verehrer der Statue und Bewirter des Frommen findet sich, der vergebens seine Freunde und Angehörigen vor dem als Strafgericht angedrohten Sandsturm warnt, aus dem er als Einziger gerettet wird. Die germanische Mythologie (*Reginsmál* der *Edda* 9.–12. Jh.) kennt die Dreiheit wandernder Götter in Gestalt von Odin, Hoenir und Loki, deren Rast im Hause Hreidmars eine Tragödie der → Goldgier mit Vater- und Brudermord auslöst und zum Aufhänger der Hortsage in den nordischen Varianten des ↑ Nibelungen-Stoffes wird.

In der christlichen Welt entstanden vielerorts Erzählungen um den allein oder in Begleitung von Jüngern auf Erden wandelnden ↑ Jesus, der die Menschen auf ihre Hilfsbereitschaft prüft und die Guten belohnt. An Christi Stelle kann auch ein Engel oder Gott selbst treten. Der heilige Oswald des mittelalterlichen Legendenepos (*Sanct Oswald* um 1170) wird durch den in Bettlergestalt an der Tafel des frommen Königs erscheinenden Christus auf seine Barmherzigkeit geprüft und ihm Gabe um Gabe, schließlich Land und Frau, abverlangt. Dem so die mönchischen Tugenden Armut, Keuschheit und Gehorsam symbolisch Bewahrenden erstattet der sich zu erkennen gebende Heiland alles zurück; in der spätmittelalterlichen Erzählung *Rittertreue* tritt in die Funktion des die Opferbereitschaft prüfenden Gottes die in irdischer Gestalt erscheinende Seele eines Toten, der dann dankend und segnend als Engel verschwindet. Eine polnische Sage berichtet von dem Bauern Piast, der zwei ihm in Menschengestalt nahende himmlische Boten freundlich aufnimmt, während sie von König Popiel abgewiesen werden, wofür Popiel zur Strafe von Mäusen gefressen wird, während die Nachkommen des

Bauern entsprechend der Prophezeiung der Himmelsboten Könige von Polen werden. In GRIMMS Märchen *Die weiße und die schwarze Braut* bestraft der wandernde Gott eine Bäuerin und ihre Tochter, die ihm den Weg nicht weisen, mit Hässlichkeit und belohnt die Stieftochter, die ihm hilft, mit der Freistellung von drei Wünschen, die sie klug und fromm anwendet. Eine Gruppe solcher Legenden, die im Deutschen z. B. in V. SCHUMANNS *Nachtbüchlein* (1558ff.) mit *Eine Fabel von Christo und Sanct Peter auch einem faulen Bauernknecht und einer endtlichen Bauernmagd* vertreten ist, will insofern Gottes Weltordnung rechtfertigen, als der wandernde Gott die Hilfe des braven Mädchens dadurch belohnt, dass er sie mit dem trägen und groben Knecht zusammengibt: »Es ist von Gott also verordnet und muß auf der Welt also zugehen, daß faul und endtlich zusammenkommt.«

Diese Aufgabe einer Theodizee erfüllt in zugespitzter Form die Motivvariante, die als Erzählung vom Einsiedler und dem Engel bezeichnet worden ist und eine eigene Stoffgeschichte entwickelt hat. Ein Engel kommt zu dem ausdrücklichen Zweck auf die Erde, den Menschen vor übereilter Be- und Verurteilung des göttlichen Regiments zu warnen und ihn zu lehren, dass auch scheinbar ungerechte Geschehnisse kraft Gottes Allwissenheit gerecht und sinnvoll sind. Die Variante ist im gedanklichen Kern wahrscheinlich jüdisch-talmudischen Ursprungs und wurde in der zum vorliegenden Motivschema gehörigen Form – mit Moses in der Rolle des zu Belehrenden – zuerst im *Koran* (610/632) erzählt, dem sie sich wegen ihrer fatalistischen Haltung gut einfügte. Christlich gewendet begegnet sie dann zunächst in einer mittelalterlichen Redaktion der *Vitae patrum* (5. Jh.) mit der Figur des Einsiedlers, der aufgrund erlebter Ungerechtigkeiten in die Welt hinauszieht, um den Gründen für die unerklärlichen Ratschläge Gottes nachzuforschen. Gott gesellt ihm einen als Mensch auftretenden Engel bei, der an einer Reihe von Personen, die den Wanderern Nachtquartier gewähren, augenscheinliche Ungerechtigkeiten begeht, die sich aber dann als gerechte Gerichte Gottes erweisen: Der Engel belohnt, indem er scheinbar Unglück schickt; er bestraft vergangene Untaten und verhindert künftige. Im Laufe der Tradierung des Stoffes wurden neue Taten des Engels nach dem Schema der alten erfunden, wobei das Ziel der Tat zunehmend das Seelenheil der Betroffenen ist (JACQUES DE VITRY, *Exempla* Anf. 13. Jh.; *Gesta Romanorum* um 1330; J. PAULI, *Schimpf und Ernst* 1522). Ein französisches Gedicht des 13. Jahrhunderts (*De l'Hermite qui s'accompagna à l'ange*) entwickelte den Spannungscharakter der Handlung insofern stärker, als sich der Begleiter des Eremiten auch für den Leser erst am Schluss als Engel offenbart. In dieser Form übernahmen das Motiv später Th. PARNELL in dem Gedicht *The Hermit* (1721) und VOLTAIRE in seinem ersten, mit Skepsis optimistischen Roman *Zadig ou la Destinée* (1747), bei dem es in sein – nun ironisiertes – orientalisches Milieu zurückversetzt wurde und im größeren Zusammenhang eines Erziehungsromans erscheint. Als Zadig infolge übler Erfahrungen an der Weisheit der Vorsehung verzweifelt, begegnet ihm der Einsiedler, über dessen inhuman scheinende Taten er sich empört, aber dann erfährt, dass sie im Sinne der Vorsehung vernünftig waren. Er darf sogar noch mit dem Engel in einen Disput über andere Lösungsmöglichkeiten eintreten, wird durch diesen im Sinne der Theodizee von POPES *An Essay on Man* (1733) belehrt und beugt sich, nachdem sein einwendendes »Aber« von der Himmelfahrt des Gefährten abgebrochen wurde, der Weisheit der Vorsehung, worauf sein Lebensweg eine glückliche Wendung nimmt.

Die Dialektik all dieser von Göttern veranstalteten Prüfungen liegt darin, dass sie eigentlich dem Verhalten des Menschen gegenüber dem Mitmenschen gelten, da der Geprüfte ja nicht weiß, dass die Begegnungsfigur ein Gott ist. Erst nach der Prüfung enthüllt sich dessen göttliche Herkunft, und er stellt dann dem Sterblichen oft einen oder mehrere Wünsche frei. In einer der Fabeln des PHAEDRUS (30/50) ist diese Wunschgewährung Merkurs offensichtlich nur eine verkappte Strafe für schlechte Bewirtung durch zwei Frauen, deren törichte Wünsche der Gott voraussieht: Die eine wünscht sich, dass ihr Säugling möglichst bald einen Bart bekommen solle, die andere, eine Dirne, dass alles, was sie berühre, ihr folgen möge. Der sofort wachsende Bart des Kindes bewirkt, dass die Dirne sich vor Lachen schnäuzen muss, worauf die Nase ihrer Hand folgt und sich bis auf den Fußboden verlängert. In den meisten übrigen Fällen löst die Koppelung des Erdenbesuch-Motivs mit dem weitverbreiteten märchenhaften Wunsch-Motiv eine Fortsetzung der Prüfung des Menschen aus, der sich nicht immer als so musterhaft erweist, wie er wegen seiner Gastfreundschaft befunden wurde. Die Chance des Wunsches entblößt, anders als bei Hyrinus oder Philemon und Baucis, meist die Schwächen und Torheiten des Menschen, sodass das göttliche Geschenk ihm zum Schaden ausschlägt. Daher muss häufig der zweite und dritte Wunsch dazu benutzt werden, den Schaden, den der erste angerichtet hat, wieder zu beseitigen, besonders wenn zwei Eheleute in Streit geraten, dem Wunsch der Gegenwunsch des anderen folgt und Wünschen zum Verwünschen wird, wie in M. PRIORS (1664–1721) Gedicht *The Ladle*, einer Aufbereitung der alten Erzählung von den drei Wünschen. In diese Variante schwenkte auch die neuzeitliche Weiterentwicklung des Stoffes von ↑ Philemon und Baucis ein. Andere schwankhafte Erzählungen wollen beweisen, dass die Gewährung des gleichen Göttergeschenks bei Menschen verschiedenen Charakters nicht zum gleichen Segen führt und dass äußerliche Kopie einer guten Handlung dem, der sie nur um der Belohnung willen tut, keinen Gewinn einbringt. Nach einer buddhistischen, in China fixierten Sage verhieß Buddha auf seinen Wanderungen einer frommen Frau, dass, was sie beginne, nicht enden werde, bevor die Sonne sinke, und sie misst sich infolgedessen einen großen Schatz von Leinen ab. Die Nachbarin erhält auf ihr Bitten das gleiche Versprechen, doch schüttet sie, ehe sie mit dem Leinen beginnt, zuerst den Schweinen Wasser hin und muss nun mit dieser Betätigung bis zum Abend fortfahren. Zu diesem Typ gehört GRIMMS Märchen *Der Arme und der Reiche*, das im Fall des reichen Mannes, der sich die gleichen Chancen schaffen möchte wie sein armer Nachbar, wieder mit dem Zug der vertanen drei Wünsche arbeitet.

Mit dem Satz »Soll er strafen oder schonen, muß er Menschen menschlich sehn« fasste GOETHE in dem über Jahre hin gereiften Stoff der »indischen Legende« *Der Gott und die Bajadere* (Ballade 1798) die Situation des Motivs zusammen, indem er zugleich das Prüfungsmoment mit dem der Liebesbeziehung zwischen Gott und Mensch koppelte, wobei hier Liebe zur Prüfung wird. Die Bajadere bewährt ihre echte Bindung an den toten Gast, indem sie freiwillig den Verbrennungstod der indischen Witwen auf sich nimmt und, durch den Flammentod geläutert – nicht, wie in Goethes Quelle, von dem rechtzeitig zum Leben erwachten Deus ex Machina gerettet –, mit ihm ins Paradies eingehen kann.

Im Allgemeinen gelten in der neueren Literatur die Erdenwanderungen der Himmlischen dem Erweis des Abfalls der Menschen von Gott. Diese Bedeutung haben z. B. die verschiedenen Darstellungen des wiederkehrenden ↑ Jesus, etwa bei F. M. DOSTOEVSKIJ (*Legenda o Velikom inkvizitore/Der Großinquisitor*in *Brat'ja Karamazovy/Die Brüder Karamasow* R. 1879–80) und bei M. KRETZER *Das Gesicht Christi* R. 1897). Den Schmerz Gottes über seine ihm entfremdete Schöpfung demonstrierten E. BARLACH(*Die Sündflut* Dr. 1924) und J. GIRAUDOUX(*Sodome et Gomorrhe* Dr. 1943) an Stoffen aus der *Genesis*. Bei Barlach, der Gott als einen an Krücken gehenden → Bettler seine Welt erleben und verdammen lässt, geht es um die Berechtigung der Kritik des Versuchers Calan, der schließlich in der Tiefe seines Unglücks Gott erkennt und dessen Samen mit dem der Frommen in Noahs Arche überleben darf. Bei Giraudoux handelt es sich vor allem um die Entzweiung des von Gott gesetzten Menschenpaares, denn der Engel findet auf der Suche nach dem vollkommenen Paar nur den Menschen in der Vereinzelung. Auch hier wird festgestellt, dass das Böse, in diesem Fall der Konflikt zwischen Mann und Frau, das Strafgericht überlebt. An ein weiteres biblisches Symbol menschlicher Untreue gegenüber Gott, den Turmbau zu Babel, knüpfte F. Dürrenmatt die Fabel seiner Komödie *Ein Engel kommt nach Babylon* (1954). Niemand will wegen des von einem Engel nach Babylon gebrachten Himmelsgeschenks eines reinen Mädchens auf die Güter dieser Welt verzichten, vor allem nicht König Nebukadnezar, der sich, als → Bettler verkleidet, des Mädchens Liebe erworben hat. Nur der echte Bettler Akki ist als der Geringste und Ärmste der himmlischen Gabe wert, weil er Besitz und Ämter ablehnt; Nebukadnezar erbaut aus Trotz den babylonischen Turm.

Mit stärkerer Parteinahme für den Menschen wird die Gottferne der Welt von der Tochter des Gottes Indra erfahren, die in A. Strindbergs *Ein Traumspiel* (1902, das *Vorspiel* 1906) von ihrem Vater die Erlaubnis erhält, als Mensch auf die Erde herabzusteigen, um den über ihr Schicksal klagenden Erdbewohnern zu helfen. Sie erlebt die Ausweglosigkeit der menschlichen Situation und kehrt erfolglos zurück, um bei ihrem Vater Fürsprache für die Menschen einzulegen. Auf die ähnliche Fragestellung findet B. Brecht eine noch kritischere Antwort (*Der gute Mensch von Sezuan* Dr. 1942), denn er rechtfertigt die Haltung der Menschen gegenüber den falschen ethischen Ansprüchen der Götter, indem er nachweist, dass das Straßenmädchen Shen Te das ihr als Dank für Gastfreundschaft zuteilgewordene Göttergeschenk nur genießen kann, wenn sie wenigstens zeitweise die Rolle eines »Vetters« übernimmt, der durch seine Geschäftstüchtigkeit ein Gegengewicht zu ihrem selbstzerstörerischen Altruismus schafft. Der Mensch muss in dieser mangelhaft eingerichteten Welt zu seiner Selbsterhaltung Schlechtes tun, und die sich zu Richtern aufwerfenden Götter können sich vor dieser Einsicht nur auf schöne, hilflose Phrasen zurückziehen. Die gleiche Konsequenz, wenn auch mehr pathetisch als ironisch formuliert, zieht W. Borcherts Kriegsheimkehrer Beckmann (*Draußen vor der Tür* Dr. 1947), wenn er dem weinerlichen alten Mann »Gott«, der sich darüber beklagt, dass keiner sich mehr um ihn kümmere, keiner mehr an ihn glaube, sagt, dass er unmodern sei und mit den Ängsten der modernen Menschen nicht mehr mitkomme; Gottes Schicksal ist jedoch gleich dem des Menschen, indem er vor der Tür steht und keiner ihm öffnet. Dagegen verhilft das Auftauchen des Gottes Hermes in der modernen Welt (St. NADOLNY *Ein Gott der Frechheit* R. 1994) Göttern und Menschen zur Hoffnung, weil er Anteros, den Gott der erwiderten Liebe, aktiviert und Hephästs Weltvernichtungsplan verhindert.

Durch Verwendung des göttlichen Erdenbesuchs als reiner Fiktion konnte M. MELL (*Das Apostelspiel* 1923) dem sittlichen Effekt des Motivs eine Wendung geben, die die sonst Prüfenden zu Geprüften machte. Die beiden anarchistischen Russlandheimkehrer, die unter dem Namen Petrus und Johannes in einer einsamen Gebirgshütte um Nachtlager bitten und Raub und Mord planen, werden von einem halbwüchsigen Mädchen für die wiederkehrenden Apostel gehalten und eifrig bewirtet und befragt. Zuerst mit zynischem Spaß auf das Spiel eingehend, fühlen sie sich schließlich von der Glaubenskraft des Mädchens so widerlegt, dass sie fluchtartig die Hütte verlassen.

G. Paris, L'Ange et l'ermite (in: Paris, La Poésie du moyen âge 1) 1885; O. Rohde, Die Erzählung vom Einsiedler und dem Engel in ihrer geschichtlichen Entwicklung, Diss. Rostock 1894; M. Landau, Die Erdenwanderungen der Himmlischen und die Wünsche der Menschen, (Zeitschrift für Literaturgeschichte 14) 1901; T. M. Greene, The Descent from Heaven: A Study in Epic Continuity, New Haven 1963.

Gottesurteil

Der Glaube an Gottesurteile war in allen primitiven Kulturen und auch bei einigen höher entwickelten Völkern verbreitet. Das Gottesurteil oder Ordal (= Urteil) beruht auf der Vorstellung, dass bei Rechtsfällen, bei denen die Aussagen der Beteiligten und der Zeugen zur Wahrheitsfindung nicht ausreichen, diese durch Magie erzwungen werden kann, indem man den Elementen oder gewissen Gegenständen ein Zeichen abverlangt, das über Schuld oder Unschuld eines Menschen entscheidet. Um der Wahrheit willen können dann Wunder geschehen: glühendes Eisen und selbst Feuer versengt die Haut nicht, aber kaltes Wasser kann sie verbrühen, Ströme und Seen lassen gefesselt ins Wasser geworfene Menschen nicht untergehen, Felsen und steinerne Standbilder bewegen sich, um Menschen zu zermalmen, ein dürrer Stab grünt, ein schwacher Ungerüsteter besiegt einen starken Gerüsteten. Solcher Zwingzauber, der fast immer mit einem vorhergehenden Reinigungseid des Beschuldigten verbunden ist, hat zunächst keinen Zusammenhang mit einem Gottesglauben, jedoch kann die Vorstellung vom Sieg der Unschuld, der von den Göttern herbeigeführt wird, diesen Zusammenhang herstellen. Das geforderte und erhaltene Zeichen deutet, auch wenn es den einem Ordal Ausgesetzten verletzt oder tötet, nur auf Recht und Unrecht, ist aber noch nicht Strafe, die dem Gottesurteil erst als menschlicher Vollzug folgt. Ein Gottesurteil ist eine Herausforderung an das Schicksal bzw. an die Gottheit, ein Zeugnis für die Wahrheit und Gerechtigkeit abzulegen. In dieser Herausforderung liegt die Verwandtschaft des Gottesurteils mit dem Spiel (→ Spieler), der Fall des Würfels und Loses ist genauso Stimme des Schicksals wie der Ausgang einer Gefährdung durch Feuer oder der eines Zweikampfes.

Während der Brauch der Ordalien in der Rechtsprechung etwa der Griechen und Römer keine Spur hinterlassen hat, obgleich ihre Anwendung aus den Beteuerungen der Wächter in der *Antigone* (441 v. Chr.) des Sophokles, die ihre Unschuld an der Bestattung des Polyneikes durch Tragen rotglühenden Eisens und Durchschreiten von Feuer beweisen wollen, erschließbar ist, wurden sie in Indien und bei den Germanen in die offizielle Rechtsprechung eingelassen. Das wird im germanischen Recht erst greifbar, als die germanischen Völker sich zum Christentum bekehrten, so im fränkischen Rechtsgang um 500, deutlicher dann zur Zeit Karls des Großen. Der aus magischen Vorstellungen entstandene Brauch ließ sich mit dem Christentum insofern vereinen, als dieses die Vorstellung des *Alten Testaments* übernahm, dass Gott für seine Getreuen Unmögliches möglich mache: »Denn so du durch Wasser gehst, will ich bei dir sein, dass dich die Ströme nicht sollen ersäufen; und so du ins Feuer gehst, sollst du nicht brennen, und die Flamme soll dich nicht versengen« (*Jesaja* 43); für Letzteres galt die im *Buch Daniel* berichtete Rettung der Jünglinge im Feuerofen als Beleg. Gottesgerichte hatten rituellen Charakter, waren von Gebeten und Gesang begleitet, und die Kirche des 9. Jahrhunderts brachte neue, spezifisch christliche Unschuldsprüfungen in Übung. Gefordert oder genehmigt wurde ein Ordal nur bei schweren oder schwer zu beweisenden Delikten wie Mord und Ehebruch, und es wurde von und vor hohen Geistlichen und Fürstlichkeiten durchgeführt. Ein Abrücken der Kirche brachte schon die Synode von Valence 855, und das Laterankonzil von 1215 erließ dann ein völliges Verbot. Doch hielt sich der volkstümliche Rechtsbrauch weit über diesen Zeitpunkt hinaus, das sog. Bahrrecht z. B. bis ins 18. Jahrhundert, die Wasserprobe im Falle von Ehebruch in Frankreich ebenfalls bis ins 18. Jahrhundert und der besonders beliebte gottesgerichtliche Zweikampf überall in Europa bis ins 16. Jahrhundert.

Die dichterischen Bearbeiter des Gottesurteil-Motivs stellten in ihm den wunderbaren Kulminationspunkt eines Rechtsfalles dar, eine Extremsituation, in der ein unschuldig Beschuldigter gerettet und oft auch ein Verbrecher der Bestrafung zugeführt wird; das Gottesurteil bildet meist den Höhe- oder Endpunkt einer Dichtung. Die Ausgangsposition des Unschuldigen wird so ungünstig wie möglich dargestellt, damit sich das Sprichwort »Wenn die Not am größten, ist Gott am nächsten« recht eindringlich bewahrheite. Bei der überwiegenden Zahl der Gottesurteile in der Literatur geht es um Keuschheitsproben, d. h. um Erweis oder Nichterweis der Unberührtheit eines Mädchens oder des Ehebruchs einer Frau. An einer Frau in der Rolle der Bedrohten und körperlichen Leiden Ausgesetzten wurde das Wunderbare des Vorgangs besonders sinnfällig. Sie erscheint mit dieser Akzentuierung bereits in dem großen indischen Heldenepos *Rāmāyaṇa* (4. Jh. v. Chr. – 2. Jh. n. Chr.), indem Rāmas Gemahlin Sītā, die nach ihrer Befreiung aus der Gewalt eines Riesen des Ehebruchs mit diesem verdächtigt wird, das Feuer zum Zeugen ihrer Unschuld anruft, sich in die Flammen stürzt und von dem Feuergott selbst unverletzt an Rāma zurückgegeben wird; doch sind ihre Leiden nicht beendet, denn trotz der bestandenen Probe verbannt Rāma sie mit Rücksicht auf die öffentliche Sittlichkeit in eine Einsiedelei. Es sei hier gleich ein wesentlich jüngeres Volksdrama aus dem Pandschab (*Sīlā Daī*) angeführt, dessen Stoff dem Sagenkreis um den Radscha Rasālū angehört, der hier der treuen Frau seines Ministers vergebens nachstellt und dessen in ihrem Bett zurückgelassener Ring so sehr gegen sie zeugt, dass der heimgekehrte Ehemann sich mit einem durch Würfelorakel erhärteten Beweis ihrer Unschuld nicht zufriedengibt, sondern verlangt, dass sie in heißem Öl bade, aus dem sie unversehrt hervorsteigt, ohne das Misstrauen des Mannes besiegen zu können, der aus Verzweiflung Asket wird; sie besiegelt jedoch ihre Treue, indem sie den Verbrennungstod der indischen Witwen stirbt. Ähnlich wie Sītā fordert die von der Magd Herkia des Ehebruchs mit Dietrich beschuldigte Gudrun des *Dritten Gudrunliedes* der *Edda* (um 1240) zum Beweis ihrer Unschuld die Probe des sog. Kesselfangs, des Eintauchens der Hand in siedendes Wasser, aus dem sie unverletzt die »grünen Steine« heraufholt, worauf Atli die gleiche Probe für Herkia anordnet, die nach dem durch die verbrühte Hand erbrachten Beweis ihrer Schuld in den Sumpf geführt wird. Die Notwendigkeit der Selbstverteidigung führt Gudrun ausdrücklich auf die Tatsache zurück, dass ihre Brüder nicht mehr leben, die sonst mit dem Schwert, d. h. durch gottesgerichtlichen Kampf, ihre Unschuld erwiesen hätten. Unter christlichem Vorzeichen erschien das Motiv bereits in Hrotsviths von Gandersheim *Gongolflegende* (um 960), in der der wundertätige Herzog seine ehebrecherische Frau veranlasst, zum Beweis ihrer Unschuld den Arm in eine Quelle zu tauchen, aus der sie ihn völlig verbrüht wieder herauszieht. Die Legende knüpft das Motiv der Unschuldsprobe an zwei Kaiserinnen, Richardis, die Frau Karls III., die vom eigenen Mann der Untreue geziehen wird und sich vom Verdacht reinigt, indem sie im bloßen Hemd durch einen angezündeten Holzstoß schreitet, und Kunigunde, die Frau Heinrichs II., die nach der *Kaiserchronik* (1135/55) die Probe in einem in Flammen aufgehenden Wachshemd besteht, nach der ihr gewidmeten Verserzählung des Ebernand von Erfurt (1. Hälfte 13. Jh.) aber über zwölf glühende Pflugscharen gehen muss. Wenn beide Kaiserinnen schwören, nicht nur außerhalb der Ehe, sondern auch in ihr keusch gelebt zu haben, so entspricht das dem Zeitideal der Jungfräulichkeit, wie es Priester Wernher (*Driu liet von der maget* 1172) durch eine gottesgerichtliche Keuschheitsprobe symbolisierte: Die scheinbare Verletzung der Josephsehe durch Marias Schwangerschaft veranlasst die Priester, zuerst Joseph und dann Maria einem Reinigungseid und dem Genuss eines Gifttranks zu unterziehen, den beide ohne Schaden trinken. Nicht die eigene Unschuld, sondern die ihres wegen versuchten Ehebruchs ohne Gerichtsverfahren hingerichteten Mannes beweist bei H. Sachs (*Tragedi die falsch Kaiserin mit dem unschuldigen Grafen* 1551) die treue Gräfin durch Tragen glühenden Eisens und erzwingt das Geständnis der Kaiserin, die als verschmähte → Frau Rache übte und die Verleumdung mit dem Tode büßt. Noch bei H. Ibsen (*Die Kronprätendenten* Dr. 1863) trägt die norwegische Königin das Eisen, hier zum Erweis der ehelichen Geburt ihres Sohnes.

Wenn man den zweideutigen Eid bzw. das erlistete Gottesurteil des ↑ Tristan-Stoffes mit dem Nachlassen des Glaubens an Gottesurteile begründet hat, so scheint die einer »Spätzeit« zudiktierte Haltung dadurch widerlegt, dass diese Motivvariante schon in viel früheren und sogar religiös akzentuierten Zeugnissen vorhanden ist. Es darf nicht übersehen werden, dass die scheinbar rationale Kritik im Zusammenhang mit dem heiklen Thema der Keuschheitsprobe auftaucht, für das ernsthafte Behandlung ebenso naheliegt wie schwankhafte, so etwa in dem *Lai du cort mantel* (13. Jh.), in dem ein Zaubermantel die Untreue von Frauen am Artushof enthüllt. Geschichten von weiblicher Untreue und List wuchern gleichsam in einem moralischen Freiraum, in dem der Spaß an der Schlauheit sogar die Götter zu Beifall hinreißen kann. Das Gottesurteil wird hier nicht rationalistisch dekuvriert, d. h. der sich ihm Unterziehende wird nicht versengt, wo er nach den Naturgesetzen versengt werden müsste, sondern es schützt den Betrüger, indem es nicht nach sittlichem Maßstab, sondern in einer Art Automatismus nach dem Wortlaut des Eides funktioniert. Im Ansatz liegt der Plot vom erlisteten Gottesurteil schon in einem ins 3. vorchristliche Jahrhundert datierbaren Jātaka, einer Beispielerzählung des indischen buddhistischen Kanons *Sutta-piṭaka*, vor, in dem jedoch die angeklagte ehebrecherische Frau – nachdem sie geschworen hat, keiner außer ihrem Mann habe sie berührt, und verabredungsgemäß von ihrem Liebhaber an die Hand gefasst worden ist – erklärt, sie könne nun nicht in das Feuer gehen, weil ihr Schwur durch die Berührung zunichtegeworden sei; der Ehemann erkennt den Betrug und verprügelt sie. Voll entwickelt ist die Fabel dann in einer in chinesischer Übersetzung (251 n. Chr.) erhaltenen buddhistischen Erzählung: Die Frau ersinnt die Narrenrolle des Geliebten, der die zum Reinigungseid Schreitende auf den Armen davonträgt, sodass sie dann den von nun an stereotypen Eid ablegen kann, es habe sie niemand berührt als ihr Mann und jener Narr. Näher bei dem Plot des Jātaka steht ein Märchen aus Belutschistan, in dem die schuldige Frau nach der Umarmung des einen Verrückten mimenden Geliebten und dem entsprechenden Eid unverletzt einen Graben voll glühender Kohlen durchschreitet. Eine Erzählung in dem mongolischen Zyklus *Ardschi-Bordschi Khan* (18. Jh.) weicht insofern ab, als die Erfinderin der List nicht die in sträflicher Liebe zu einem Minister entbrannte Königstochter, sondern dessen Frau ist, und als das Mädchen quasi aus Spott den unsinnig scheinenden Eid ablegt, sie habe keinen als den hässlichen Blödsinnigen geliebt, fangen die Weizenkörner, über denen der Schwur abgelegt wird, nicht an zu keimen, wie es bei einem Meineid geschehen würde.

Es ist naheliegend, dass sich eine Variante auch unter den siebzig Geschichten von klugen Frauen der *Śukasaptati* findet, die dann durch vermittelnde Übersetzungen bis nach Europa hin gewirkt hat. Hier ist der Schwiegervater, der der in flagranti Ertappten einen Fußreif abzieht, der durch den zweideutigen Eid Widerlegte und samt dem gutgläubigen Ehemann Genarrte. Denn die Frau hat rechtzeitig nicht nur den Liebhaber über die List instruiert und entlassen, sondern auch den Mann auf ihr Lager geholt, sodass dieser glauben muss, sein Vater habe ihn nicht erkannt. Die besondere Nuance des Gottesurteils liegt darin, dass die Betrügerin zwischen den Beinen eines Yakscha-Standbildes hindurchschreitet, das sie im Falle einer Lüge zerquetscht hätte. Die Variante mit der Yakscha-Statue wurde von dem buddhistischen Mönch HEMACANDRA (1088–1172) in *Pariṣiṣṭa-parvan* dichterisch erneuert und hat dann ohne Zweifel auf eine der Erzählungen des europäischen Zyklus vom *Zauberer Vergil* (1. Hälfte 14. Jh.; danach in J. PAULI, *Schimpf und Ernst* 1522 und H. Sachs, *Schwank die Kaiserin mit dem Löwen* 1563) eingewirkt, in der eine ehebrecherische Kaiserin nach zweideutigem Eid die Hand ohne Schaden in eines der Zauberwerke Vergils, das Steinbild Bocca della verità, legt, das ihr im Falle eines Meineids die Hand abbeißen würde. In einer Novelle G. STRAPAROLAS(*Le piacevoli notti* 4,2; 1550–53) wurde schließlich aus der steinernen Bocca der Rachen einer lebendigen Schlange, die sich dem Eid der Frau gegenüber ähnlich zahm verhält. Strafende Funktion hat dagegen die Statue in E. MÖRIKES das Motiv abwandelnder *Die Hand der Jezarte* (Erz. 1856), deren Beschädigung bewirkt, dass die Hand der Verleumderin schwarz wird.

Einen Beleg für ein erlistetes Gottesurteil in der spätantiken Literatur liefert der Roman *Leukippe und Kleitophon* des Griechen ACHILLEUS TATIOS (3. Jh.): Melite schwört im Styxwasser, das meineidigen Frauen bis zum Hals steigt, sie habe mit Kleitophon während der Abwesenheit ihres Gatten keinen Ehebruch begangen; da sich der Ehebruch erst nach dessen Rückkehr abspielte, entspricht der Eid der Wahrheit, und der Styx weicht vor Melite als einer Unschuldigen zurück.

Wenn der zweideutige Eid Isoldes, die sich von dem als Pilger verkleideten Tristan vom Schiff ans Land tragen ließ und ihn veranlasste, mit seiner Last hinzufallen, als schwankhaftes Motiv im Rahmen der sublimen Dichtung GOTTFRIEDS VON STRASSBURG (um 1210) zunächst befremdet, so muss daran erinnert werden, dass in einem Teil der Stofftradition diese Szene durchaus obszöne Züge trägt und dass die Narrenrolle, die Tristan in manchen Fassungen spielt, an den einen Narren fingierenden Liebhaber der indischen Motivvarianten erinnert. Nach Ausweis der auf THOMAS VON BRETAGNE beruhenden norwegischen *Tristramssaga* (1226) hat erst dieser dem zweideutigen Eid das Gottesurteil zugefügt, das dann Gottfried zu seiner

Rechtfertigung der List veranlasste. Seine Worte von dem »wintschaffenen« Christen lassen an die Haltung des Halbgotts in den *Śukasaptati* denken: »Und der Yakscha stand da, indem er ihre Schlauheit im Herzen lobte.«

Wirkliche Skepsis gegenüber der Aussage des Gottesurteils ist dagegen am Werk, wenn der STRICKER (1240/50) in dem später von H. SACHS (1551) zu einem Fastnachtsspiel verarbeiteten Schwank *Das heiße Eisen* den von der Frau zu einer Treueprobe veranlassten Mann das heiße Eisen, durch einen in die Hand gelegten Holzspan geschützt, unversehrt tragen, die Ehefrau aber, die solche Mittel nicht anwendet, durch ihre verbrannte Hand den Beweis ihrer Untreue liefern lässt. Ein vergleichbar betrügerisches Gottesurteil, hier aber von Seiten der Kirche inszeniert, wird noch in C. F. MEYERS Novelle *Plautus im Nonnenkloster* (1881) dekuvriert. Geradezu widerchristlich erscheint das Gottesurteil dann in der 33. Novelle von *L'Heptaméron des nouvelles* (1559) der MARGUERITE DE NAVARRE, wenn ein inzestuöser Priester seine schwangere Schwester auf die – vorsichtshalber ungeweihte – Hostie schwören lässt, es habe sie nie ein anderer berührt als ihr Bruder; das Gericht erkennt an der Zweideutigkeit des Eides den Betrug und das Verbrechen.

Eine angefochtene Feuerprobe bei Akkra 1098 wird von dem Kreuzfahrer Pierre Barthélemi berichtet, der die Echtheit seiner Visionen beweisen sollte. Um Klärung eines politischen Vergehens geht es in der englischen Verserzählung *Athelston* (um 1350): Auf Rat des Erzbischofs von Canterbury wird ein wegen geplanten Königsmordes verdächtigter Schwager des Königs der Probe ausgesetzt und übersteht sie, während sein Verleumder an ihr scheitert.

Erwähnt sei hier auch die zuerst im *Tannhäuserlied* (Anf. 16. Jh.) fixierte ↑ Tannhäuser-Sage, in dem es sich nicht um ein offiziell angesetztes Gottesgericht handelt, sondern um ein als Adynaton formuliertes hartes Urteil des Papstes – »so wenig dieser Stab grünen kann, so wenig wirst du Gottes Gnade erlangen« –, das sich unversehens in ein Gottesurteil gegen den Richter wandelt: Der Stab grünt, aber schon ist die verstoßene Seele Tannhäusers dem Himmel verlustig gegangen, und darum ist nun auch der Papst »auf ewig verloren«.

Während die bisher behandelten Varianten des Gottesurteil-Motivs fast durchweg in Werke der Erzählkunst integriert waren und in vielen Kurzerzählungen die Pointe bildeten, besitzt die sog. Bahrprobe romantisch-stimmungshaften Charakter, der ihr Eingang in alle drei Gattungen ermöglicht: Wenn der Mörder sich der Bahre des von ihm Getöteten nähert, bluten dessen Wunden erneut und bekunden so, was der Tote nicht mehr aussagen kann. Für den anklagenden Leichnam treten Gericht oder Rächer ein, sodass die effektvolle Szene zugleich neue Handlungsteile einleitet. Den ältesten Beleg für die Bahrprobe in der Dichtung liefert des CHRÉTIEN DE TROYES *Yvain* (um 1173), von dem der deutsche Bearbeiter HARTMANN VON AUE (*Iwein* um 1200) das Motiv übernahm. Während hier die Anwesenheit des Schuldigen zufällig erkennbar wird, weil Iwein sich versehentlich, durch einen Zauberring unsichtbar, in dem Raum verborgen hält, durch den der von ihm erschlagene Ritter getragen wird, und so dessen Gefolge alarmiert, fordert Kriemhild in dem annähernd gleichzeitig entstandenen und vielleicht von dieser Szene beeinflussten *Nibelungenlied* (um 1200) ausdrücklich, dass alle Anwesenden an die Leiche des erschlagenen Siegfried treten, und sie erkennt so in Hagen den Mörder, dem ihre Rache von nun an gilt. Auch Gloster (SHAKESPEARE, *King Richard III* 1597) wird zufällig als Mörder Heinrichs VI. entlarvt, als er der Bahre begegnet. Romantische, rückwärtsgewandte Dichtung holte das Motiv in die Neuzeit herüber. Ferdinandos aufbrechende Wunden (F. M. KLINGER, *Die Zwillinge* Dr. 1776) zeugen gegen seinen Zwillingsbruder Guelfo, den die → Blutrache durch ihrer beider Vater ereilt. In F. GRILLPARZERS *Ein treuer Diener seines Herrn* (Dr. 1828) fordern die Verwandten der Gräfin Erny, die sich der Gewalt des Herzogs Otto durch Selbstmord entzogen hat, das Bahrrecht, und der Spätromantiker A. F. Graf von SCHACK (*Das Bahrrecht* Ballade) ließ die Wunden eines erschlagenen Oheims nicht in Wirklichkeit, sondern vor dem inneren Auge des Neffen blutig aufbrechen und diesem das Geständnis seiner Schuld entlocken. Es sei hier auch auf das der gleichen Vorstellung wie das Bahrrecht entsprungene, weitverbreitete *Märchen vom singenden Knochen* hingewiesen, das von einem Mord berichtet, der durch das Lied eines aus den Überresten des Toten oder aus dem auf seinem Grab wachsenden Baum hergestellten Musikinstruments enthüllt wird.

Nur in seltenen Fällen wurden bei den bisher erwähnten Motivvarianten Kläger und Beklagter dem Ordal ausgesetzt, dagegen ist der gottesgerichtliche Kampf immer ein zweiseitiges Gottesurteil. Nicht eigentlich gerichtliche Form hat der Zweikampf Einzelner als Stellvertreter ganzer Heere, doch übt er die Funktion eines Ordals aus. Er kann als Orakel dienen, das anzeigt, welcher Partei als der im Recht befindlichen der Himmel den Sieg verleihen will, wie etwa der Kampf Hektors mit Achill in der *Ilias* (8. Jh. v. Chr.). Auch der Kampf ↑ Hildebrands mit Hadubrand (*Hildebrandslied* um 800) hat die Aufgabe eines Iudicium Dei, wenngleich die genaue Funktion offenbleibt, und schon wegen dieser höheren Bedeutung des Kampfes darf Hildebrand ihm nicht ausweichen. Der Zweikampf kann aber auch die Schlacht ersetzen. Goliath (*1. Buch Samuel*) fordert einen Kämpfer der Hebräer ausdrücklich zum stellvertretenden Zweikampf heraus, und ↑ David stellt sich ihm in diesem Sinne. Die ↑ Horatier kämpfen gegen die Curiatier (Livius, Plutarch), um den Krieg zwischen Rom und Alba Longa auszutragen. Schon bald fand sich für einen solchen stellvertretenden Zweikampf die rationale Begründung, dass er Blut spare, wie sie nach Fredegars *Chronicarum liber* (7. Jh.) die Krieger des Merowingers Theuderich äußerten, als er bei Quierzy einen solchen Kampf einging: Besser, dass einer fällt als ein ganzes Heer. Unerkannt wie Hildebrand und Hadubrand stehen sich im *Wigamur* (Epos um 1250) König Paldriot und im Dienste des gegnerischen Königs sein Sohn Wigamur gegenüber, um eine Feldschlacht durch Einzelkampf zu entscheiden, auf den sie verzichten, als ihnen ihr Verwandtschaftsverhältnis klar wird, und damit die Versöhnung beider Könige einleiten. In der beginnenden Neuzeit bekommt der Rückgriff auf diesen Brauch »romantischen« Charakter, etwa im Falle der beiden Herausforderungen Karls V. an Franz von Frankreich, bei denen die schicksalhafte Befragung von Gottes Willen ebenso mitspielt wie die humane Vorstellung von erspartem Blut. Bezeichnenderweise taucht das Motiv im Werk G. B. Giraldis zweimal im Zusammenhang mit der romantischen Verteidigung einer zu Unrecht verfolgten Frau auf: einmal in dem Drama *Euphimia* (1554), in dem ein treuer Liebhaber mit Waffenmacht zur Verteidigung der von dem eigenen Mann als Ehebrecherin verleumdeten Frau herbeieilt und im Zweikampf siegend sowohl über ihr Schicksal wie das des gegnerischen Volkes entscheidet, dessen König er wird. Das andere Mal in dem Ritterschauspiel *Arrenopia* (1562), in dem ein Vater seine Tochter an dem des Mordes verdächtigen Schwiegersohn rächen und dabei die Schlacht durch einen Zweikampf mit diesem ersetzen will, dann aber mit ihm übereinkommt, dass aus jedem Heer drei Kämpfer die Stellvertretung übernehmen sollen, eine Abmachung, die dann durch wechselseitige Erkennungen und Versöhnungen überflüssig wird. Deutlich als göttlicher Eingriff stellt sich die Entlastung der Stadt Zamora vom Verdacht der Mitschuld am Tode des Königs in G. de Castros *Las mocedades del Cid* (2. Teil 1613) dar: Während es zunächst so aussieht, als müssten die fünf stellvertretenden Kämpfer der Stadt, Arias Gonzalo mit seinen vier Söhnen, dem Herausforderer Don Diego Ordóñez unterliegen, wird durch ein Missgeschick Don Diegos die Lage gewendet und die Wahrheit offenbar; der dritte der besiegten Gegner trifft im Sturz Don Diegos Pferd, das über die Umzäunung des Kampfplatzes hinwegsetzt und seinen Reiter wie auf schmählicher Flucht davonträgt. In der Epoche des Absolutismus wird dann, wie an P. du Ryers *Clitophon* (1629) abzulesen ist, der – für beide Kämpfer tödliche – Ausgang eines stellvertretenden Kampfes der Führer nicht als Entscheidung Gottes, sondern als Zufall empfunden und von den Untertanen der dem der Merowingerzeit entgegengesetzte Standpunkt vertreten, dass ein König mehr wert sei als tausend Mann.

Der – niemals rechtlich instituierte – Zweikampf als Ersatz eines Volkskampfes ist nur wenig verschieden von dem gottesgerichtlichen Zweikampf, der durch den Sieg eines der beiden Kämpfer dessen von Gott bezeugtes Recht erweisen soll. Gottesgerichtliche Kämpfe waren im Burgunderreich seit der *Lex Gundobada* (501), in Spanien seit der Westgotenherrschaft, in Italien seit der langobardischen *Lex Rothari* (6. Jh.), im mitteleuropäischen Raum seit Karl dem Großen und in England seit der Eroberung durch die Normannen in Geltung. Die Erlaubnis zu einem Kampf musste vom König eingeholt werden, vor dem er auch stattfand. Die Waffen der Kämpfenden, die grundsätzlich ebenbürtig sein mussten, wurden vom Gericht vorgeschrieben, wobei auch ein Kampf im Hemd oder mit nacktem Oberkörper und für nichtadlige Partner auch unritterliche Waffen wie Stöcke anberaumt werden konnten. Frauen durften als nicht waffenfähig im Allgemeinen nicht kämpfen, sondern mussten einen männlichen Kämpfer stellen. Als die Kirche 1215 Gottesgerichte untersagt hatte, folgten die weltlichen Instanzen dem Verbot im Falle der Gerichtskämpfe nur sehr zögernd, weil an ihnen eine ritterlich-adlige Tradition hing. Doch drang die Rechtsprechung nun stärker auf die Stellung von Zeugen anstelle der Austragung eines Kampfes. In Spanien fand der letzte vom König gestattete Zweikampf 1522 statt. 1563 verbot dann das Tridentiner Konzil jeden Zweikampf überhaupt, auch den gerichtlichen, dessen Gottesurteil-Charakter sich schon sehr abgeschwächt hatte; nach dem Konzilsbeschluss sollten im Zweikampf Gefallene wie Selbstmörder behandelt, Teilnehmer an Duellen exkommuniziert und Fürsten, die gerichtliche Zweikämpfe zuließen, bestraft werden. Um dem seit dem 16. Jahrhundert anstelle des gesetzlichen Gerichtskampfes aufkommenden außergesetzlichen → Duell entgegenzuwirken, gestattete Heinrich IV. von Frankreich 1609 noch einmal für kurze Zeit Gerichtskämpfe, ohne damit sein Ziel zu erreichen.

Unter den gottesgerichtlichen Kämpfen in der Dichtung überwiegen bei weitem die für einen anderen ausgetragenen die in eigener Sache geführten, wahrscheinlich wegen der damit gegebenen ethischen Wertsteigerung der Tat und der durch den Stellvertreter erreichten Komplizierung der Handlung. Vor dem Gericht der Fürsten über den wegen Verrats eines christlichen Heeres und seiner Führer angeklagten Genelun in der altfranzösischen *Chanson de Roland* (um 1100) und in der deutschen Nachdichtung des Pfaffen Konrad (*Rolandslied* um 1170) tritt für die Sippe Geneluns der mächtige Binabel auf und fordert den, der Kaiser Karls Klage vertreten wolle, in die Schranken, worauf ↑ Rolands junger Verwandter Tirrich, auf den Kampf ↑ Davids mit Goliath verweisend, sich ihm stellt, ihn besiegt und sich versöhnen möchte, da aber Binabel nicht ohne Genelun leben will, den Gegner erschlägt. Genelun wird von wilden Rossen zu Tode geschleift, und die dreißig von seiner Sippe gestellten Geiseln werden erschlagen. Im späteren Mittelalter findet sich das phantastische Motiv der kämpfenden Frau etwa in Heinrichs von Neustadt Roman *Apollonius von Tyrland* (um 1300), in dem Flordelise die eheliche Treue ihrer Schwester im Kampf mit deren Verleumder erweist, den sie mit der ihr zudiktierten Waffe, einem in ein Tuch eingebundenen Stein, erschlägt, oder in Elisabeths von Nassau-Saarbrücken Roman *Herpin* (1330/40), in dem die als Küchenjunge lebende Herzogin ihren heimlichen Sieg über einen Riesen gegenüber einem Lügner, der sich die Tat anmaßt, kämpfend erhärtet; die Autorin lässt später den Sohn der Herzogin, Löw, auf gleiche Weise einen Verleumder seines Vaters entlarven. Auch der Ritter Carouge in der von J. Froissart (*Chroniques de France* 1400) berichteten und später diesem von Nicolas de Troyes (*Le grand paragon des nouvelles nouvelles* 1. Hälfte 16. Jh.) und von H. v. Kleist (*Geschichte eines merkwürdigen Zweikampfes* 1811) sowie zuletzt von E. Jager (*The last duel* R. 2004) nacherzählten Geschichte von *Jean le Gris* kämpft nicht etwa, um die Vergewaltigung seiner Frau zu rächen, sondern um die Wahrheit dieser von ihr behaupteten Tatsache gegen die Leugner zu erweisen, ebenso wie in der Novelle *Marchetto e Lanzilao* des Masuccio (*Novellino* 1476) die beiden nicht etwa um den Besitz des von beiden geliebten Mädchens fechten, sondern um darzutun, wer von ihnen es mehr liebe und auch mehr geliebt werde, ein Wettstreit, den beide und dann auch das Mädchen mit dem Leben bezahlen.

Wie im Falle der Keuschheitsproben liefen auch im Falle der gottesgerichtlichen Kämpfe schwankhafte Darstellungen neben den ernsten her. Der Amelius in der Freundschaftssage von ↑ Amis und Amiles (RADULFUS TORTARIUS um 1090; KONRAD VON WÜRZBURG, *Engelhard* um 1275) unterschiebt bei dem über ihn verhängten gottesgerichtlichen Kampf, durch den er sich vom Verdacht einer Liebesbeziehung zur Königstochter reinigen soll, seinen Freund und → Doppelgänger Amicus als Kämpfer an seiner statt, um keinen Meineid schwören zu müssen. Erlistet ist auch der Sieg im gottesgerichtlichen Kampf, den der Ritter in des CAESARIUS VON HEISTERBACH *Dialogus miraculorum* (um 1222) erficht, als er sein einem Gefangenen gegebenes zweideutiges Versprechen, er werde ihm keinen Schaden an seinem Leibe tun, verteidigen muss, weil der Gefangene trotz der pfleglichsten Bettung in ein Grab durch die Erde, die man daraufschaufelte, erstickt ist. Ohne sich um eine zweideutige Formulierung zu bemühen, verteidigt der Fuchs im Tierepos (*Roman de Renart* um 1200; HEINRICH DER GLÎCHEZAERE um 1180; *Reinke de Vos* 1498) seine Lüge, Isegrim habe ihn fälschlich der Vergewaltigung der Frau Wölfin geziehen, blendet und besiegt den körperlich überlegenen Gegner mit unfairen Mitteln und gewinnt durch den Sieg die Gunst des Königs. Man könnte im ungerechten Ausgang eine Kritik der Autoren an Gottesurteilen erblicken, obgleich auch hier die Schwanktradition des Motivs vom erlisteten Gottesurteil in Rechnung gestellt werden muss.

Das junge Drama des 16. und 17. Jahrhunderts übernahm das Motiv des gottesgerichtlichen Kampfes gerade zu einem Zeitpunkt, als Gerichtskampf und → Duell durch das kirchliche Verbot zum Gegenstand allgemeiner Diskussion wurden, wobei das Interesse sicher weniger bei der verblassten Vorstellung einer göttlichen Entscheidung als bei der im Duell vertretenen Vorstellung von der Reinwaschung der Ehre war. Wenn das Motiv entgegen der Wirklichkeit in Gegenwartsstoffen Verwendung fand, so belegt das ein künstlerisches Interesse an seinem Spannungscharakter ebenso wie ein soziales an der Diskussion um den Zweikampf. In den meisten Dramen erscheinen die Adligen als Verteidiger, der König als Gegner oder abwägender Beurteiler. So entbrennt in G. B. GIRALDIS *Arrenopia* (1562) eine Kontroverse über den Vorrang von persönlicher Ehre und öffentlicher Verpflichtung, weil der König zweien seiner Ritter den Kampf nicht gestattet, da er sie für einen Kriegszug braucht; die auf friedliche Zeiten vertagte Austragung wird überflüssig, als sich der beklagte Verführer der Gattin des anderen als Frau ausweist. Der

Machthaber erlaubt den Gerichtskampf nur notgedrungen, erklärt eine geringe Verwundung als ausreichend für die Wiederherstellung der Ehre (A. de ZAMORA, *Mazariegos y Monsalves* um 1700), hält die Entscheidung, die ein Kampf bringt, für zufällig und ungerecht (S. BASIN, *Agimée ou l'amour extravagant* 1629; C. de LESTOILE, *La belle esclave* 1634), untersagt, dass sich jemand als Sekundant zur Verfügung stellt (PICHOU, *L'Infidèle confidente* 1629), bricht den Kampf vorzeitig unter Ehrenerklärung für die Kämpfenden ab und bittet anschließend brieflich den Papst um Abschaffung des Brauchs (CALDERÓN, *El postrer duelo de España* 1665). Es wird sogar der Verdacht ausgesprochen, dass im Fall drohender Verurteilung durch ein normales Gericht der gottesgerichtliche Kampf die Möglichkeit biete, in einen ehrenvollen Tod zu flüchten (J. POUSSET, Sieur de Montauban, *Le Comte de Hollande* 1654).

Den Höhepunkt der Debatte stellt *Le Cid* (1636) P. CORNEILLES dar, der angesichts des Duellverbots Richelieus (1626) das Problem nicht am aktuellen Duell, sondern an einem historischen Stoff und an einem mittelalterlichen Gerichtskampf so eingehend in allen Möglichkeiten durchspielte, dass trotz der Entscheidung zugunsten des Zweikampfes auch der Gegenmeinung Gerechtigkeit widerfuhr. Der König sieht sich gezwungen, Chimènes Bitte um einen Gerichtskampf gegen den von ihr geliebten Rodrigue, der ihren Vater im Duell getötet hat, nachzugeben, weil sie ihm vorwirft, er wolle den Brauch nur seines Günstlings wegen aussetzen; er bestimmt jedoch, dass der Hof nicht anwesend sein werde und Rodrigue nur einen einzigen Waffengang tun dürfe; Rodrigue siegt und wird eines Tages die Früchte von seiner und Chimènes unveränderter Liebe ernten. Die geniale Motivauslotung Corneilles wirkte zweifellos auf einen Epigonen des spanischen Dramas wie J. de CAÑIZARES (*La banda de Castilla y duelo contra si mismo* Anf. 18. Jh.) nach, da bei ihm der Held einerseits als Verteidiger seiner Anklage gegen den Vater der Geliebten, den er aufs Schafott gebracht hat, andererseits im Auftrag der gleichen Frau als Verteidiger ihres Vaters den Kampfplatz betritt, durch den König vom Selbstmord zurückgehalten und mit der Hand der Geliebten beschenkt wird.

In der überkommenen mittelalterlich-romantischen Motivik von KLEISTS Ritterschauspiel *Das Käthchen von Heilbronn* (1808) fehlt auch der gerichtliche Zweikampf nicht. Kleist sublimiert ihn zu einem Sieg der unumstößlichen, aus einem → Traum erwachsenen inneren Überzeugung, wenn Wetter vom Strahl die kaiserliche Herkunft Käthchens gegenüber ihrem vermeintlichen Vater, dem Waffenschmied Theobald, dadurch erhärtet, dass er dem schwer Bewaffneten waffen- und schutzlos entgegentritt und ihn allein durch seinen Blick kampfunfähig macht.

Das Motiv des Gottesurteils zeigt eine Wahlverwandtschaft mit dem der verleumdeten → Gattin, wie sie schon bei den Behandlungen der Keuschheitsprobe-Variante aufschien und beim gerichtlichen Kampf durch die tatsächlich bestehende Pflicht der Frau, einen Kämpfer zu stellen, nahe gelegt wurde. Wie etwa Iwein (HARTMANN VON AUE, *Iwein* um 1200) unerkannt gegen den ebenso unkenntlichen Gawein für das Recht der unschuldigen jüngeren Gräfin kämpft, für die der Artushof keinen Kämpfer stellen konnte, so entlastet aus ritterlicher Pflicht, unschuldig Verfolgten beizustehen, in den an die historischen Gestalten der Kaiserin Judith und Bernhards von Toulouse anknüpfenden Dichtungen um den *Grafen von Barcelona* und ihren Derivaten der Ritter die des Ehebruchs angeklagte Kaiserin oder Fürstin durch seinen Einsatz. In anderen Stoffen stand der Befreier in einer näheren Beziehung zu der Verleumdeten oder trat nach seiner Tat in eine solche. So bewährt sich in der populären Version des ↑ Flore-und-Blancheflur-Stoffes (*Trierer Floyris* um 1170; BOCCACCIO, *Filocolo* 1339) der liebende Flore als unerkannter Kämpfer für die zum Feuertod verurteilte Blancheflur, und in der ↑ Schwanritter- oder Lohengrin-Sage wird die Witwe nach dem Gerichtskampf die Frau ihres Retters. Es lag in der Logik des Motivs, dass in einem späteren Stadium auch der Graf von Toulouse bzw. Barcelona schließlich zum Gemahl der von ihm Erretteten wurde, zu der er meist schon vor seinem Eintreten für sie eine Neigung gefasst hatte. Die so entstehende Dreieckssituation erscheint in einer Reihe spätmittelalterlicher Varianten (*The Earl of Tolous and the Emperes of Almayn* Gedicht Anf. 15. Jh.; J. WICKRAM, *Ritter Galmy* R. 1539), von denen wiederum BANDELLOS Novelle *Amore di Don Giovanni di Mendoza e la duchessa di Savoia* (1554) wiederholt nacherzählt und auch dramatisiert worden ist. In der mit diesem Motivstrang verwandten ↑ Sibylle-Sage muss in einigen Fassungen Macaire, der Verleumder der Frau und Mörder ihres Beschützers, gegen den Hund des von ihm Getöteten zum Zweikampf antreten, der ihn besiegt und so der Wahrheit ans Licht verhilft (*Die Königin von Frankreich und der ungetreue Marschall* um 1465).

Wieder hat das Theater des 17. Jahrhunderts bei der Übernahme des Motivs durch Steigerung und Komplizierung mehr den Effekt als den zugrunde liegenden Ernst gesucht. Wenn Lope de VEGA (1562–1635; *El testimonio vengado*) seinen Stoff der spanischen Vorzeit entnimmt, wirkt zwar das Gottesurteil über die beiden verleumderischen Söhne König Sanchos, die ihre Mutter des Ehebruchs bezichtigen, von einem uneigennützigen außerehelichen Sohn ihres Vaters besiegt und von ihrer Mutter zu seinen Gunsten enterbt werden, noch mit der Überzeugungskraft des historisch Überlieferten; bei F. Tárrega (*La enemiga favorable* um 1600) aber wird die feierliche Handlung mit dem Auftreten dreier Kämpfer für die Unschuld der Königin, von denen der von ihr dann auserwählte sich als die Angebetete des Gegners entpuppt, nicht nur überflüssig, sondern in ihrem Gewicht durch das Liebesintrigenspiel zersetzt, und schließlich dienen bei Cervantes (*El laberinto de amor* 1615) Anklage und Urteilsanberaumung lediglich einem Trick: Die der unzüchtigen Leidenschaft zu einem Unebenbürtigen Angeklagte hat diese Verleumdung selbst ausgedacht und ihren Liebhaber damit beauftragt, um einer unerwünschten Heirat zu entgehen, und zum angesetzten Termin erscheinen weder der vermeintliche Ankläger noch die beiden Verteidiger auf dem Kampfplatz, sondern sie alle begeben sich in die Arme der entsprechenden liebenden Damen. A. Moreto y Cabaña (*El defensor de su agravio* nach 1650) wiederholte eine Nuance Tárregas, als er den inzwischen von der Unschuld seiner Frau überzeugten Ehemann selbst als ihren Verteidiger in die Schranken weisen ließ. Einen unter Mohammedanern ausgetragenen gottesgerichtlichen Kampf zur Rehabilitierung einer verleumdeten Königin lieferte des Spaniers G. Pérez de Hita *Historia de las guerras civiles de Granada* (1601–19) sowohl für einen Roman M. de Scudérys (*Almahide ou l'esclave reine* 1660–63) wie für ein auf beide Vorgänger gestütztes Drama J. Drydens (*The Conquest of Granada* 1670), bei dem das Motiv die Romantisierung der Szene wesentlich förderte.

Die romantische Ritterdichtung um die Wende zum 19. Jahrhundert zeigte auch diese Motivvariante im Licht der Verehrung für ritterliches Handeln. Mit gutem Instinkt fügte Maler Müller (*Golo und Genovefa* Dr. 1776) gerade in den ↑ Genovefa-Stoff, der zum großen Motivkomplex der verleumdeten → Gattin gehört, auch einen gottesgerichtlichen Kampf ein, in dem ein junger Gefolgsmann des Pfalzgrafen Siegfried für die Unschuld von dessen Frau in die Schranken tritt, aber von dem Verleumder Golo besiegt wird, sodass seine Tat das Urteil über Genovefa nicht abwenden kann. Ähnlicher Motivlogik folgend, verwandelte H. v. Kleist den von Froissart übernommenen, zunächst nacherzählten Stoff der *Geschichte eines merkwürdigen Zweikampfs* (1811) in der Novelle *Der Zweikampf* (1811) aus einer Vergewaltigungsgeschichte in die einer verleumdeten Frau um, deren Unschuld im Gottesurteil zu beweisen sinnvoller schien, als eine Vergewaltigung zu erhärten. Wie bei Maler Müller entgegen dem Sinn des Motivs das Unrecht siegt, so scheint sich auch hier der Kampf zuungunsten der Frau und ihres Verteidigers zu entscheiden. Aber der Glaube an die gerechte Sache, der zugleich Glaube an ein gerechtes Urteil Gottes ist, lässt die tödlich scheinende Wunde des Verteidigers heilen, während der Gegner, der sich zwar im strittigen Falle für im Recht halten kann, aber einen ungesühnten, verhehlten Mord auf dem Gewissen hat, an einer geringen Verletzung stirbt. Nach dieser wunderbaren Lösung lässt der Kaiser in die Statuten des »geheiligten göttlichen Zweikampfes« überall dort, wo vorausgesetzt wird, dass die Schuld durch den Kampf unmittelbar ans Tageslicht komme, die Worte setzen: »Wenn es Gottes Wille ist.«

J. J. Meyer, Isoldes Gottesurteil in seiner erotischen Bedeutung, 1914; H. Fehr, Das Recht in der Dichtung, Bern 1931; N. A. Bennetton, Social Significance in Seventeenth Century French Drama, Baltimore 1938; J. Huizinga, Homo ludens, 1939; H. Fehr, Die Gottesurteile in der deutschen Dichtung, (Festschrift G. Kisch) 1955; Ch. Kasper, Von miesen Rittern und sündhaften Frauen und solchen, die besser waren: Tugend- und Keuschheitsproben in der mittelalterlichen Literatur vornehmlich des deutschen Sprachraums, 1995; V. L. Ziegler, Trial by fire and battle in medieval German literature, Rochester/N.Y. 2004.

Hagestolz → Sonderling

Hahnrei

Der Mann, der von seiner Frau betrogen wird, dieses Faktum aber nicht abstellt oder ahndet, sodass der Betrug zum Dauerzustand wird, der aller Welt bekannt ist und zum Spott dient, ist ein urtümlicher Typus, für den die verbreitetste Bezeichnung die des Cornutus, des Gehörnten oder Hörner- bzw. Geweihträgers, ist, die wohl zum ersten Mal bei dem griechischen Dichter Lukillios (1. Jh. n. Chr.) in der Form κεραοφόρος begegnet. Im Mittelalter taucht daneben im gesamten europäischen Raum die Vokabel für Gouch oder Kuckuck auf, die im Deutschen dann im 17. Jahrhundert durch das Wort Hahnrei (zuerst in der mitteldeutschen Fassung von Marco Polos *Milione* 2. Hälfte 14. Jh.) verdrängt wird, dessen Etymologie nicht gesichert ist. Alle drei Bezeichnungen haben die merkwürdige Gemeinsamkeit, dass sie wohl zuerst für den Ehebrecher gebraucht und dann auf den Betrogenen übertragen wurden.

Für die ältere Zeit war der Hahnrei vor allem deswegen verächtlich und komisch, weil er von dem ihm zustehenden Recht der

Bestrafung des Ehebruchs keinen Gebrauch machte, ihm also sein häuslicher Friede, seine Bequemlichkeit und Sicherheit wichtiger waren als die Intaktheit seiner privatesten Sphäre. Die Frau als sein Eigentum unterstand seinem Richterspruch, der Prügel, Trennung von Tisch und Bett, Verstoßung und sogar Tötung verhängen konnte. Auch noch in christlicher Zeit durfte und musste der Ehemann seine verletzte → Gattenehre an dem Beleidiger ahnden; rächte er sich nicht selbst und lieferte er den Ehebrecher dem Gericht aus, so drohte diesem der Tod von Henkers Hand. Wenn der Ehemann dagegen das Verbrechen bewusst duldete, machte er sich nach christlichem Recht der Teilhabe an einer Todsünde schuldig: Er wurde mit Hörnern geziert und musste auf Eselsrücken durch die Stadt reiten oder sich ähnlichen Erniedrigungen unterziehen.

Der Typus des Hahnreis setzt den der verführbaren, ungetreuen Frau voraus, deren Listen er unterliegt. Er duldet einen Schmarotzer in seiner Intimsphäre und zieht womöglich Kinder eines anderen als seine eigenen auf, ist daher kein Ehrenmann, sondern lächerlich und allenfalls bedauernswert, eine Figur des Schwanks, der Komödie und Tragikomödie. Seine spannungsvoll-beschämende Situation kann verschiedene Gründe haben: Er kann so töricht und vertrauensselig sein, dass er den Betrug nicht merkt; er kann den Betrug ahnen, seine Frau misstrauisch beobachten und doch der Dumme sein, weil ihm der Beweis des Betrugs nicht gelingt; er kann um den Betrug wissen, aber aus Feigheit, Trägheit oder törichter Verliebtheit so tun, als wisse er nichts. Zum zweiten Typus gehört der in der neueren Literatur häufig auftauchende »Hahnrei in der Einbildung«, der Eifersüchtige und Misstrauische, der sich betrogen wähnt und sich wie ein Hahnrei benimmt, es aber nicht ist. In allen vier Fällen neigt sich die Sympathie der List des ehebrecherischen Paares zu, weil der Ehebruch hier wegen der Dummheit, Trottelhaftigkeit oder auch eifersüchtigen Wut des Mannes, dem häufig noch Impotenz oder Trunksucht zur Last gelegt werden, geradezu gerechtfertigt erscheint; die Komödie hat ihre eigene Moral.

Aus der griechischen und römischen Antike sind bedeutendere Dichtungen um das Hahnrei-Motiv nicht erhalten, obgleich aus Anspielungen bei MARTIAL und JUVENAL geschlossen werden kann, dass es im Bereich des Theaters eine Rolle spielte, und im Personenbestand der Komödie die für die Grundsituation notwendigen Typen – der übellaunige Ehemann, die junge leichtfertige Frau, der flotte Liebhaber und die Kupplerin, die das junge Paar zusammenbringt – nachzuweisen sind. Der Part des Hahnreis dürfte vom Mimus calvus, jenem kahlköpfigen Schauspieler gespielt worden sein, dessen Schicksal es war, Prügel zu beziehen. Plots um das Hahnrei-Motiv konnten jedenfalls von der antiken Komödie her nicht weiterwirken und waren höchstens dem spätgriechischen Roman oder Autoren wie PETRONIUS ARBITER und APULEIUS zu entnehmen. Allerdings ist damit zu rechnen, dass zum Zeitpunkt der Erneuerung des Dramas aus dem Geist der Antike die bei PLAUTUS und TERENZ geprägten Typen auch auf die aus mittelalterlichen Fabliaux, Schwänken und Novellen entstehende Hahnrei-Komödie einwirkten und dass diese Wirkung später durch die aus subkutan tradiertem mimischen Gut der Antike gespeiste Commedia dell'arte verstärkt wurde.

Dagegen entwickelte die indische Literatur das Motiv in vielen Varianten. Die hier oft wiederholte Lehre, dass jede Frau verführbar sei und kein Mann sein Glück auf Frauen bauen solle, wird schon in einem Jātaka des buddhistischen Kanons *Sutta-piṭtaka* (3. Jh. v. Chr.) sinnfällig gemacht, indem der Bodhisattva seinem Hauptpriester, der sein Glück auf seine eigens für ihn abgeschirmt erzogene Frau setzt, durch einen dazu eingesetzten Verführer beweist, dass auch diese untreu ist und den Mann gemeinsam mit dem Verführer genarrt hat, ohne dass dieser es merkte. Hauptsächlich aber enthalten die drei großen, zum pädagogischen Zweck der Weisheitsvermittlung angelegten Erzählsammlungen – das *Pañcatantra* (3. Jh. n. Chr.), das wohl annähernd ebenso alte *Śukasaptati*, dessen Urfassung wir nicht besitzen und das vor allem durch den Perser NACHSHABĪ und sein *Tūṭīnāme* (1300) verbreitet wurde, sowie der in der vermittelnden persischen Fassung *Sindbād-nāme* (1374) erhaltene Erzählzyklus – zahlreiche Geschichten um das Hahnrei-Motiv, besonders das *Śukasaptati*, in dem ein Papagei listenreiche Geschichten erzählt, um eine Ehefrau vom Treubruch abzuhalten. Alle drei Sammlungen haben im späten Mittelalter auf europäisches Erzählgut eingewirkt: Das *Pañcatantra* lag schon im 13. Jahrhundert in einer spanischen, in der zweiten Hälfte des 13. Jahrhunderts in der lateinischen Übersetzung des christianisierten Juden JOHANN VON CAPUA vor; vom *Śukasaptati* gab es jüngere persische und türkische Bearbeitungen; das *Sindbād-nāme* war im 11./14. Jahrhundert ins Griechische, Ende des 12. Jahrhunderts durch den Mönch JOHANNES DE ALTA SILVA (*De rege et septem sapientibus*) ins Lateinische übersetzt worden, woran sich das französische Epos *Dolopathos* (13. Jh.) und Übersetzungen in fast alle Nationalsprachen anschlossen. Ein früher Vermittler indischen Novellenguts ist ferner die belehrende *Disciplina clericalis* (2. Hälfte 11. Jh.) des getauften spanischen Juden PEDRO ALFONSO. In diesen Sammlungen tauchen häufig die gleichen Geschichten in geringen Varianten auf und wandern auch in andere kleinere Sammlungen und deren Übersetzungen, sodass man in der europäischen Literatur fast jede Geschichte in mehreren Fassungen antrifft, von denen hier nur die wichtigsten angeführt werden. Das Hahnrei-Motiv erweist sich dabei als wirklich zeitlos, kaum abhängig von Kulturkreis und soziologischem Hintergrund, allerdings haben auch nur die Varianten ihren Weg durch die Zeiten angetreten, die nicht durch religiöse Momente an das Ursprungsland Indien gebunden waren oder bei denen sie abgewandelt werden konnten.

Den Typus des törichten, gutgläubigen Ehemanns zeigt z. B. die Erzählung *Śukasaptati* 60, in der ein Liebhaber sich als Arzt ausgibt, die vorgeblich von einem Skorpion gebissene Frau zur Freude des Mannes heilt und seitdem ungehinderten Zutritt in das Haus hat. Bei BOCCACCIO (1313–75) findet sich ein verwandter Plot (*Decamerone* VII, 3), da die Frau dem überraschend heimkehrenden Mann weismacht, der »Gevatter«, ein Mönch, habe das Söhnchen vom drohenden Tod gerettet, indem er dessen Würmer besprochen habe; auch hier schöpft der über die Heilung glückliche Familienvater keinen Verdacht. In die Nähe des Arzttricks gehört die vorgebliche Notwendigkeit eines »Besprechens«, sei es der scheinbar verrückt gewordenen Frau selbst (*Śukasaptati* 52), sei es des für einen nackten Dämon ausgegebenen Liebhabers (*Śukasaptati* 28). Der Ehebrecher kann in beiden Fällen durch die gewonnene Frist die Flucht ergreifen, ähnlich wie in *Decamerone* VII,1 dem an der Tür pochenden Liebhaber durch die Beschwörungsformel ein Wink gegeben wird, sich zurückzuziehen und das für ihn bereitete Essen mitzunehmen, oder wie bei G. STRAPAROLA (*Le piacevoli notti* V, 4; 1550–53) der Versteckte durch den Beschwörungsakt gegen Bussarde Gelegenheit zum Entkommen erhält. In den weiteren Umkreis dieser Variante gehört etwa des frühen spanischen Dramatikers Lope de RUEDA Paso *Cornudo y contento* (1. Hälfte 16. Jh.), in dem der brave bäuerliche Ehemann seiner Frau, die vorgibt, sie wolle sich acht Tage in einer Kirche einschließen lassen und beten, zuredet, sie solle noch einen Tag zulegen, »wenn es hilft«; und bei J. AYRER (*Die besessene Bäuerin mit ihrem Pfarrherrn buhlend* um 1600) soll der bäuerliche Ehemann seine Frau von ihrer Besessenheit heilen, indem er an einem Tag vierzig Kirchen besucht, sodass dann der Pfarrherr ungestört bei ihr sein kann.

Eine andere List, durch die der Liebhaber dem arglos heimkehrenden Gatten unverdächtig gemacht wird, besteht darin, ihn für einen Flüchtigen auszugeben, der im Hause Schutz gesucht habe und dem nun der Ehemann weiterhilft. In *Śukasaptati* 11 hat der Liebhaber auf der vermeintlichen Flucht vor den Feinden seine Kleidung verloren und sitzt nackt auf einem Baum, in *Śukasaptati* 25 ist der Plot dadurch noch komplizierter, dass die Frau es gleichzeitig mit zwei Liebhabern, Vater und Sohn, hält, ohne dass der eine vom anderen weiß, und anordnet, dass der Ältere mit drohender Gebärde das Haus verlässt, um dann dem fragenden Gatten zu erklären, sie habe dem Sohn vor dem Vater Schutz geboten. In der Form mit einem Liebhaber erscheint die List erneut in der *Disciplina clericalis*, in der mit zweien in den *Gesta Romanorum* (um 1330), im französischen *Lay de l'épervier* (Ende 13./Anf. 14. Jh.), in dem der Ehemann erfährt, dass der eben fortgegangene Ritter seinen Knappen bis in das Haus verfolgt habe, weil diesem der Sperber abhandengekommen sei, und dann im *Decamerone* (VII, 6; dramatisiert von H. SACHS *Die listig Buhlerin* 1552). Die Variante mit zwei Liebhabern verarbeitete dann ein englisches Singspiel des späten 16. Jahrhunderts, *The Singing Simpkin*, das vielleicht J. AYRER (*Die zwei vereinigten Buhler* um 1600) durch die englischen Komödianten bekannt wurde, in deren Repertoire (*Englische Comedien und Tragedien* 1620) es als *Pickelhering in der Kiste* enthalten ist, daraus 1648 von Isaak VOS ins Niederländische übersetzt wurde und noch 1727 in einer Bearbeitung von C. W. HAKE mit Musik von G. Ph. TELEMANN auf der Hamburgischen Oper erschien (*Die Amours der Vespetta oder der Galan in der Kiste*).

Zu der Situation des überraschend heimkehrenden Ehemanns steuerte APULEIUS in *Metamorphoses* (2. Jh. n. Chr.) einen Beitrag bei, den BOCCACCIO (VII, 2) genau übernommen hat: Die Frau gibt den Liebhaber als gut zahlenden Käufer eines Fasses aus, und während der Maurer wunschgemäß in das Fass klettert, um es zu säubern, haben die beiden ihr Vergnügen miteinander. Behütet der Ehemann seine Frau und muss der Liebhaber zu ihr kommen, während sie im ehelichen Bett liegt, so kann der erwachende Mann einen Körperteil des Eindringlings, den er für einen Dieb hält, zu fassen bekommen, den er seiner Frau, die die Ängstliche spielt, zu halten gibt, während er Licht holt, und den diese nicht festhält, während sie den Galan entkommen lässt, dem rückkehrenden Mann dann eine Kalbszunge (*Śukasaptati* 26), den Schwanz eines Maultiers (GUÉRIN, *Fabliau des tresses* 13. Jh.) oder in dem etwas abweichenden Plot von *Cent nouvelles nouvelles* 61 (1462) statt des in der Truhe eingesperrten

Liebhabers einen Esel vorweist. Geht die Frau ihren Liebschaften außerhalb des Hauses nach und muss sie eine Entschuldigung für ihr Ausbleiben erfinden, so wandelt sie durch einen Sprung in den Brunnen den Zorn des Mannes in Mitleid, sodass er der »Verunglückten« zu Hilfe eilt und ihr »Ehren erweist« (*Śukasaptati* 68).

Die Geistlichen-Satire, in deren Dienst mittelalterliche Schwänke den Geistlichen oft als Ehebrecher zeigen, schuf einen besonders gewitzten Vertreter in dem Abt von *Decamerone* III, 8, der im Komplott mit der Ehefrau den Bauern durch ein Schlafmittel »sterben« lässt, um ihn im »Fegefeuer« von seiner Eifersucht zu kurieren und gleichzeitig mit der Frau zärtliche Beziehungen zu unterhalten, bis eine zu erwartende Frucht dieses Verhältnisses eine Auferstehung des künftigen Vaters notwendig macht. Der französische Dominikaner JOHANNES JUNIOR (*Scala celi* 1. Hälfte 14. Jh.) erzählte als Erster von dem fahrenden Schüler, der als Quartiergast im Hause eines Ritters dessen Frau und ihren geistlichen Liebhaber beim Tafeln beobachtet. Als der Hausherr unerwartet heimkehrt und Essen und Liebhaber vor ihm versteckt werden, betätigt sich der Student als Zauberer, der für sich selbst und den dankbaren Ritter die Speisen hervorzaubert und auch den versteckten »Teufel in Mönchskleidung« beschwört, der eilig die Flucht ergreift. Die Fabel wurde, in bürgerliches Milieu versetzt, in einem Spruchgedicht H. ROSENPLÜTS (*Von einem farnden Schuler* 15. Jh.) wiederholt, nach dem sie H. SACHS (*Der fahrende Schüler mit dem Teufelsbannen* 1551) dramatisierte und B. WALDIS nacherzählte (*Esopus* 4,66 1548), von dessen Fabel eine Reihe weiterer Erzählungen und Dramatisierungen abhängen, unter anderem ein niederdeutsches Spiel *Hahnenreyerey* (1615) eines Anonymus (B. VOIDIUS?), dessen Pantoffelheld die untreue Frau wieder in Gnaden aufnimmt und sich sogar auf einen möglichen Sohn freut. In Spanien verdoppelte CERVANTES in dem Entremés *La cueva de Salamanca* (1615) das schmausende Paar, und ein späterer Entremés von CALDERÓN (*El dragoncillo*) machte aus dem um Unterkunft bettelnden Studenten einen rechtens Quartier heischenden Soldaten und drang über eine Nacherzählung des Franzosen A. Le Métel Sieur d'OUVILLE (*D'un jeun soldat et de la femme d'un bourgeois* in *L'Elite des Contes* 1641) in die französische, niederländische, deutsche und sogar die ukrainische Literatur (I. P. KOTLJAREVS'KYJ, *Moskal' čarivnyk/Der Soldat als Zauberer* Singsp. 1819) ein.

Der misstrauische, seine Frau belauernde Mann ändert die Motivkombination weniger, weil hier statt des Tölpels ein Choleriker, oft ein verliebter → Alter, ins Spiel tritt, sondern weil der Plot komplizierter wird, wenn List auf List trifft. Ein erprobter Trick der sich belauscht wissenden Frau täuscht im Gespräch mit dem Geliebten dem Ehemann vor, dass das Rendezvous harmlos sei oder sogar in seinem Interesse geschehe. Als die Frau unter dem Bett, in das sie sich eben legen will, ihren Mann spürt, der – hier (*Śukasaptati* 23) wohl zum ersten Mal in der Geschichte des Motivs – absichtlich früher nach Hause gekommen ist, sagt sie ärgerlich zu dem Liebhaber, sie habe ihm doch schon gesagt, dass ihr Mann nicht da sei, wenn er seine Schuld eintreiben wolle, müsse er warten. Die sich im Hause der kupplerischen Nachbarin beobachtet wissende Ehebrecherin schmückt und badet ein Götterbild, da sonst, wie sie sagt, ihr Mann binnen fünf Tagen sterben werde: Nun könne er lange leben (*Śukasaptati* 19). Eine Mischung dieser beiden Erzählungen findet sich *Pañcatantra* III,11 mit dem lauschenden Mann unter dem Bett und dem »Opfer« der Frau, die nur mit einem fremden Mann schläft, um einer göttlichen Weisung gemäß den angekündigten Tod ihres Mannes zu verhindern, der daraufhin die Tugend seiner Frau preist, die sein Leben verlängert hat. Die gleiche Motivation taucht in den *Cento novelle antiche* (Ende 13. Jh.) und in CHAUCERS *Merchant Tale* (*Canterbury Tales* 1387/1400) auf, wenn Gott und Petrus bzw. Pluto und Proserpina zusehen, wie ein ehebrecherisches Paar auf einem Baum sein Spiel treibt, während der blinde Ehemann daruntersteht, durch göttlichen Einfluss sehend wird und auf seine Vorwürfe von seiner Frau die Antwort erhält: Nur durch dieses Mittel haben wir dich von deiner Blindheit heilen können.

Auch in der Geschichte vom ausgesperrten Ehemann (*Śukasaptati* 15) ist der sich schlau Dünkende schließlich der Dumme. Er hat seine Frau vor den Verwandten angeklagt, sie verbringe die Nächte außerhalb des Hauses, sie aber hat den gleichen Vorwurf gegen ihn erhoben. Als sie beim nächsten Mal das Haus verschlossen findet, wirft sie einen großen Stein in den Brunnen, der Mann glaubt, sie habe sich ins Wasser gestürzt, und kommt zu Hilfe, während sie nun ihn aussperrt und nur einlässt, um auszumachen, dass sie sich nicht mehr streiten wollen. In der *Disciplina clericalis* und im *Dolopathos* endet diese Geschichte mit einer bußfertigen Frau, im *Roman des sept sages* (2. Hälfte 12. Jh.) und im *Decamerone* (VII, 4, dramatisiert von H. SACHS *Das Weib im Brunnen* 1553) bleibt sie die Überlegene und so auch noch in der wohl dem frühen MOLIÈRE zuzuschreibenden Farce *La Jalousie du Barbouillé* (um 1650), in der der Sprung in den Brunnen durch einen vorgetäuschten Selbstmord mit einem Dolch ersetzt ist.

Eine besonders breit gestreute Nachfolge hatte die Erzählung I,4 des *Pañcatantra*, in der ein Bettelmönch im Hause eines – wie viele Hahnreis nach ihm – dem Trunk ergebenen Webers erlebt, dass dieser seine zum Ausgehen bereite Frau prügelt, an einen Pfahl bindet und sich dann schlafen legt, während die Frau den Platz mit einer kupplerischen Nachbarin tauscht und ihrer Wege geht. Der Mann erwacht jedoch und schneidet im Zorn der Angebundenen, die ihm nicht zu antworten wagt, die Nase ab. Während er abermals in Schlaf sinkt, nimmt die Ehefrau wieder ihren Platz ein und beweist dem Mann bei seinem Erwachen, dass ein Wunder geschehen sei und auf ihr Gebet hin zum Beweis ihrer Keuschheit die Nase wieder geheilt sei, worauf der glückliche Weber sie zärtlich zu versöhnen sucht. Diese Geschichte findet sich fast unverändert als *Erzählung der 554. und 555. Nacht*in *Tausendundeine Nacht* (8.–16. Jh.), erscheint in europäischen Bearbeitungen mit einer Magd (GUÉRIN, *Fabliau des tresses*) bzw. einer Gevatterin (HERRAND VON WILDONIE, *Der verkehrte Wirt* 2. Hälfte 13. Jh.) als Stellvertreterin, denen aber nur die Haare abgeschnitten werden wie schließlich auch im *Decamerone* (VII, 8; dramatisiert von J. AYRER, *Der überwunden Eiferer* um 1600), wo die unversehrte Frau den Ehemann vor der ganzen von ihm zitierten Verwandtschaft blamiert, und schließlich in anderer Motivkoppelung in den *Cent nouvelles nouvelles* (38; 1462).

Die Überlistung eines Misstrauischen, der vom Baum herab die beiden Liebenden in ihrem Versteck belauscht (*Śukasaptati* 27) und beschimpft, dem aber von seiner Frau, die nach ihm ihrerseits auf den Baum klettert, bewiesen wird, dass man von dem Baum herab immer ein Paar erblicke, sodass seine eigene Treue in Frage gestellt wird, wurde in europäischen Bearbeitungen dadurch zu einer Variante vom Typ des Tölpels, dass hier der Erste, der den Baum besteigt, der Liebhaber ist, der dem unter dem Baum sitzenden Ehepaar wegen angeblichen unanständigen Benehmens Vorwürfe macht, worauf die Frau meint, der Baum müsse verzaubert sein, und ihren Mann hinaufsteigen lässt, der nun eine Liebesszene sieht, die er nicht für wirklich halten kann (*Decamerone* VIII, 9). GUÉRIN (*Fabliau du prêtre qui abevete*) erzählt das Gleiche von einem Pfaffen als Liebhaber, der durchs Schlüsselloch ein Bauernehepaar beobachtet. In anderen Schwänken und Spielen wird dem Hahnrei eingeredet, er habe die Krankheit des Doppelsehens (H. SACHS, *Der Bauer mit dem Plerr* Fsp. 1553) oder er besitze zwei Köpfe (J. WICKRAM, *Das Rollwagenbüchlein* 45, 1555), sei tobsüchtig und halte daher einen entspringenden Ziegenbock für einen Liebhaber (H. SACHS, *Die kuplet*

Schwieger mit dem alten Kaufmann Fsp. 1556); er wird sogar tatsächlich blind gemacht, indem man ihm eine Schüssel Wasser ins Gesicht gießt (M. de CERVANTES, *El viejo celoso* Entremés 1615).

Christlich-mittelalterliche Erfindung ist sicherlich die Geschichte von dem Ehemann, der, als Priester verkleidet, seiner Frau die Beichte abnimmt, von der sie später, als sie ihm auf die Schliche gekommen ist, behauptet, sie habe die Beichte erfunden, um ihn zu ärgern (*Fabliau du mari qui fit sa femme confesse*; sehr pointiert als Nr. 78 der *Cent nouvelles nouvelles* 1462, danach J. de LA FONTAINE, *Le mari confesseur* in *Contes et nouvelles* 1665). Während BOCCACCIO (VII, 5) die Handlung in dem Sinne änderte, dass die Frau den Verkleideten gleich erkennt, ihn auf eine falsche Fährte setzt und dann den Liebhaber durch das Dach einlässt, indessen der Ehemann vor der Tür auf ihn wartet, ließ BANDELLO (*Novelle* I, 9; 1554) die Beichte durch die blutige Rache des Mannes an seiner Frau beantwortet werden. Auch das *Fabliau de la Bourgeoise d'Orléans* trägt mittelalterliches Gepräge: Der als Liebhaber verkleidete Ehemann wird von seiner Frau heuchlerisch als Galan begrüßt, muss sich aber in ihrer Kammer gedulden, bis das Stelldichein mit dem wirklichen Liebhaber vorüber ist, und wird dann auf Geheiß der Frau von der Dienerschaft als unliebsamer Bewerber verprügelt. Bei BOCCACCIO (VII, 7, dramatisiert von M. MONTANUS, *Der untreue Knecht* um 1566) ist der Plot komplizierter, indem der Gatte auf Rat der Frau in ihren Kleidern den Diener und vorgeblich unerwünschten Liebhaber im Garten zum Stelldichein erwartet, der sich inzwischen mit der Frau vergnügt und dann in den Garten eilt, um als treuer Diener seines Herrn die wartende »Frau«, die er nur habe prüfen wollen, zu züchtigen und den Verprügelten so der Ungetrübtheit seines häuslichen Glücks zu versichern, sodass dieser »trompé, battu et content«, wie LA FONTAINE formuliert (*Contes et nouvelles* I, 3; 1665), aus dem Abenteuer hervorgeht.

Wenn in BOCCACCIOS Novelle VII,5 der misstrauische Ehemann seine Frau erst durch seine strenge Bewachung zur Untreue reizt, so ist mit dem Motiv der bewachten Frau ein Zug in das Hahnrei-Motiv eingelassen, der sowohl in der orientalischen Dichtung wie in der europäischen ritterlichen Literatur wiederholt vorkommt. Wo der Ritter um Minnelohn dient, wo die heimliche Liebe zwischen Ritter und Dame und die Täuschung der »huotaere« besungen wurde, musste notwendig die Rolle des Ehemanns zwielichtig erscheinen. Ein Hahnrei-Typ nach Art der burlesken Genres war allerdings in der höfischen Sphäre undenkbar, und seine Hebung musste ihn zugleich in die Nähe des Tragischen rücken. Nicht von ungefähr ist eine vollendete Darstellung des zunächst grundlos Eifersüchtigen als Hauptfigur des Versromans *Flamenca* (Fragment 1240/50) im Bereich der Provence, dem Land der Troubadours, entstanden. Die durch eine Bemerkung der Königin bei der Hochzeit des Ritters Archimbaut ausgelöste qualvolle Eifersucht veranlasst die Einsperrung der jungen Frau in einem Turm, den sie nur verlassen darf, um die Messe zu hören, aber gerade dabei macht sie die Bekanntschaft des als Messdiener verkleideten Ritters, der bald darauf ihr Geliebter wird, indem er sie stets aus dem Badehaus, das ihr Mann kontrolliert und bewacht, durch einen unterirdischen Gang in sein Haus führt. Die heuchlerisch-zweideutige Versicherung Flamencas, sie wolle so rein bleiben, wie sie ihr Mann bis dahin erhalten habe, wandelt den Misstrauischen in einen Vertrauensseligen, der dem Liebhaber schließlich selbst sein Haus öffnet.

Die dritte Spezies des aus Liebe die Augen vor seiner Schande verschließenden Hahnreis findet sich im Umkreis des Schwankhaften selten. Sie deutet sich an in der Gestalt des gutmütigen jungen Mannes, der auf die Warnungen seines Vaters, der die Schwiegertochter in flagranti ertappte, nicht hört (*Śukasaptati* 14; Hemacandra, *Pariṣiṣṭa-parvan* Mitte 12. Jh.), sondern sich durch ihre ihm nach dem heimlichen Liebhaber dargebotene Liebe und ein durch einen zweideutigen Eid erlistetes → Gottesurteil einfangen lässt. Auch in des Strickers Schwank *Der begrabene Ehemann* (Mitte 13. Jh.) wird ausgedrückt, dass der Mann aus Angst, seine Frau zu verlieren, zu ihrem gläubigen Sklaven wird. Wie in *Decamerone* VII, 9 wird seine Willfährigkeit mehreren Proben unterzogen, bis ihm die Frau schließlich einredet, dass er todkrank sei, worauf er sich in dem Glauben, dass sie ihn nur prüfen wolle, begraben lässt und stirbt.

Auch dieser Typ wird in der höfischen Literatur gehoben und aus dem komischen in einen tragischen umgeschaffen. Wie der Verdacht Archimbauts wird auch der Markes im ↑ Tristan-Stoff erst durch andere geweckt, hier nicht durch eine flüchtige Bemerkung, sondern durch wiederholte Denunziationen des Intriganten Mariodoc. Wenn die für den liebenden Hahnrei typische schwankende Haltung in der Frühfassung der *Estoire* (Mitte 12. Jh.; dt. Bearb. durch Eilhart von Oberge um 1170) vor allem durch die Versöhnung mit Isolde trotz ihrer vorhergehenden harten Verurteilung ausgedrückt wird, so ist diese Widersprüchlichkeit bei Thomas von Bretagne (1160/65) und Gottfried von Strassburg (um 1210) zu einem

Hin und Her zwischen immer neuen Zweifeln und entsprechender Beruhigung ausgearbeitet; den Beweis der Schuld erhält Marke nie. Es bleibt offen, ob Marke von Isoldes Unschuld überzeugt ist oder ob er ihr Doppelspiel deckt, jedenfalls greift er nach jedem Strohhalm, der die Anschuldigungen als unwahr erweist. Den Zickzackweg des Zweifels hat indessen Bérol (um 1190) nicht nachgezeichnet. Sein Marke ist einerseits mitleidig und beeinflussbar, dem Gehörnten des Fabliau nicht fern, auf der anderen Seite hart und im Zorn dem betrogenen König Alis aus Chrétiens de Troyes *Cligès* (1164/70) ähnlich, dessen Frau – eine deutliche Wendung gegen Isolde – durch einen Zaubertrank ihre Jungfräulichkeit in der Ehe bewahrt, um nach einem fingierten Tod mit ihrem Liebhaber zu entfliehen: Wut und Schmerz über den Betrug, den er erst erfährt, als das Paar entkommen ist, töten diesen königlichen Hahnrei. An Charakter und Situation Markes angelehnt ist der ↑ Artus der *Mort Artu* (um 1225). Auch hier hinterbringt ein Denunziant, Agravain, dem König die Liebesbeziehung zwischen seiner Frau Guinièvre und ↑ Lanzelot, auch hier gibt es die Stadien von aufwallendem Verdacht, rascher Beruhigung und erneuter Qual. Artus leidet mehr als König denn als Mann, er will keinen Skandal und nimmt wie Marke die nach der zweiten Denunziation Verurteilte wieder in Gnaden auf, als Lanzelot sie ihm aus Besorgnis um ihren Ruf zurückbringt. Er suggeriert sich sogar ein Schuldgefühl gegenüber Lanzelot, durch das er seine Eifersucht bekämpft, und nimmt daher in der letzten Not Lanzelots Hilfe nicht in Anspruch.

Das Streben, Gewissheit zu erlangen, das die Handlungen Markes und Artus' diktierte, bestimmt auch die Listen des eifersüchtigen Herrn von Fayel gegenüber seiner Frau und ihrem Liebhaber in des Jakemes *Le Roman du chastelain de Couci* (Ende 13. Jh.). Hier schweigt und zögert der Ehemann jedoch nicht aus Liebe zu seiner Frau, sondern zeigt seinen Argwohn aus Feigheit nicht und wartet heimtückisch ab, bis er die Liebenden trennen kann, indem er mit seiner Frau von der gemeinsam geplanten Kreuzfahrt zurücktritt. Dann fängt er den Boten mit dem Herzen des im Orient Gestorbenen (↑ Herzmäre) ab und setzt seiner Frau dieses Minnepfand als Speise vor. Den Verlust an Sympathie, den der Hahnrei hier durch seine Brutalität verursacht, kann – trotz allem Abstand der literarischen Genres und trotz des Wohlgefallens an seiner gut pointierten Rache – auch der Ehemann des in lateinischen (*Modus Liebinc* 10./12. Jh.), deutschen und französischen Fassungen verbreiteten *Schwanks vom Schneekind* für sich verbuchen, der, nach langer Reise heimkehrend, von seiner Frau mit einem Kind überrascht wird, dessen Entstehen sie einer in ihren Mund geflogenen Schneeflocke zuschreibt, und der Jahre später von einer mit diesem Kind unternommenen Reise ohne dieses zurückkehrt, da es in der Hitze des Südens geschmolzen sei.

Während die Komödienansätze des 16. Jahrhunderts, die Fastnachtsspiele, die Pasos und Entremeses, die Farcen und Pickelheringsspiele die pointierten Schwankstoffe ohne viele Zutaten inszenierten, wobei der Ehebruch nur Aufhänger für dessen komische Folgen, d. h. die Störung durch den Ehemann und dessen Überlistung, war, setzten im 16. Jahrhundert die gewichtigeren Gattungen mit Versuchen ein, über die reine Situationskomik hinauszugelangen und den Typus differenzierter zu gestalten. Der törichte bäuerliche Typ trat zurück und der des Misstrauischen, meist Alten, in den Vordergrund. Die Plots gewinnen an Fülligkeit, ohne dass die Motivtradition abreißt.

So baute ARIOST in sein Ritterepos *L'Orlando furioso* (42. und 43. Gesang 1532, danach J. de LA FONTAINE, *Contes et nouvelles* I, 4; 1665) als Begegnungsfigur Rinaldos die tragische Gestalt eines – zunächst – »eingebildeten« Hahnreis ein, der durch die Versuchung seiner Frau in der Maske eines anderen diese in die Arme des anderen treibt und dem nun die Leidensgefährten zum Trost dienen, die sein Zauberkrug ihm als Hahnreis dekuvriert, bis Rinaldo den Trunk aus dem Krug ablehnt und den Hahnrei belehrt, dass nur Glaube an die Frau das Eheglück bewahre. Der Vergleich dieser Sinngebung des Motivs mit der einer Lebensstation des spanischen Schelms Lazarillo (ANON., *Lazarillo de Tormes* R. 1554) lässt den pikarischen Roman als Gegenkonzeption des ritterlichen deutlich werden: Lazarillo, der von einem Priester mit dessen Haushälterin verheiratet worden ist und dadurch materielle Vorteile hat, schließt nicht nur auf den Rat des Kupplers vor dem schlechten Ruf seiner Frau die Augen, sondern erachtet sich geradezu als »auf dem Gipfel alles Glückes« angekommen – eine nutznießerische Blindheit gegenüber seinem Hahnreitum, die das Gegenteil des von Rinaldo geforderten Glaubens ist. Fast hundert Jahre nach Ariost wiederholte M. de CERVANTES in der »exemplarischen Novelle« *El celoso extremeño* (1613) den tragischen Typ des Hahnreis in der Einbildung, der jedoch auf dem Totenbett sein Unrecht gegenüber seiner jungen Frau einsieht, obgleich er nicht mehr erfährt, dass diese ihre Pflicht nicht verletzte.

Wenn CERVANTES etwa gleichzeitig mit dieser ernsten Behandlung des Motivs auch dem schwankhaften Typ des Entremés *El viejo celoso* (1615) gerecht wurde, so füllte der Italiener N. MACHIAVELLI in *La Mandragola* (1518) überkommenes Schwankgut zu einer regelrechten Komödie auf. Der Liebhaber in der Rolle des Arztes berät den gutgläubigen Messer Nicia in seinen Nachwuchssorgen, indem er ihm den Trank aus der Mandragorawurzel verschafft, durch den seine junge Frau schwanger werden, aber auch der erste Vollzieher des Beischlafs sterben wird. Nicia willigt in die Verwendung eines Stellvertreters ein, dessen Aufgabe natürlich der verkleidete »Arzt« übernimmt, der dann mit seiner Leidenschaft auch den Widerstand der Frau überwindet. Der gleichen Gattung der Commedia erudita gehört G. BRUNOS nicht minder derbe Komödie *Candelaio* (1582) an, in der die Hörnung des alten Geizhalses als Strafe dafür erscheint, dass er selbst seiner Frau nicht treu ist und sich um die Gunst einer Hure bemüht. Die Ehebruchsmotivik wurde dann in vielen Varianten durch die Commedia dell'arte auf den Kontinent ausgestrahlt, in der Harlekin, Nachfolger des Mimus calvus, den Part des tölpelhaften Hahnreis und Pantalone den des argwöhnischen komischen Alten übernahm.

Wie der früher erwähnte Plot mit den zwei Liebhabern von Italien nach England gelangte und mit den Englischen Komödianten auf das Festland zurückkehrte, so findet sich das von BRUNO verwendete gegensätzliche Paar Hure – verliebter Alter in einer aus England importierten Posse *Pickelherings Spiel von der schönen Maria und alten Hahnrei* (*Englische Comedien und Tragedien* 1624) wieder, in der dem Alten von der ihm trotz der Warnungen seines Sohnes angetrauten Schönen tüchtige Hörner aufgesetzt werden; J. AYRER (*Comedia von einem alten Buhler und Wucherer* um 1600) griff den Plot auf. Aus Italien bezog die englische Literatur auch das Motiv von dem Hahnrei, der sich selbst durch Versuchung seiner Frau ins Unglück bringt. W. PAINTER erzählt in seiner größtenteils auf italienischen Vorlagen beruhenden Sammlung *The Palace of Pleasure* (1566 u. 1567) die *Story of a jealous Gentleman*, der nach seiner Heirat eifersüchtig auf seinen Freund wird, seine Frau veranlasst, ihn zu prüfen, und von diesem schließlich die Hörner aufgesetzt kriegt, die er bis dahin nur in der Einbildung trug. In der hübschen Novelle I, 2 von GIOVANNI FIORENTINOS *Pecorone* (1378) merkt der Ehemann, der seinen Schüler auf dessen Wunsch im Werben unterrichtet, zu spät, dass dieser, gleichfalls ahnungslos, sich als Objekt die Frau des Lehrers ausgesucht hat, und wird wegen seiner eifersüchtigen, aber natürlich missglückenden Nachforschungen von seiner Frau und deren Verwandten für verrückt erklärt. SHAKESPEARE verschmolz die Novelle mit einer anderen, die von der Rache dreier Frauen an einem sie alle gleichzeitig umwerbenden Mann handelt, zur Fabel seiner *Merry Wives of Windsor* (um 1599). Die Motivverknüpfung bewirkte, dass einerseits die Frauen die eheliche Treue wahren und der Anbeter ↑ Falstaff den Kürzeren zieht, auf der anderen Seite aber der Ehemann Flut, der die Verabredungen seiner Frau für ernst nimmt und, um das Paar zu ertappen, sich unerkannt zum Ratgeber Falstaffs macht, von seiner Eifersucht geheilt wird. Gilt dieses Stück Shakespeares als schwach, so ist seine Motivkombination mit dem eingebildeten Hahnrei doch genial im Vergleich mit des Herzogs Heinrich Julius von Braunschweig *Tragedia von einer Ehebrecherin* (1594), der die gleiche Novelle des *Pecorone*, vielleicht durch M. Lindeners Schwank *Von einem Goldschmied und armen Studenten* aus dem *Rastbüchlein* (1588) vermittelt, zugrunde lag. Hier schickt der Ehemann einen ihm fremden Studenten zur Prüfung seiner Frau ins Haus und erfährt von diesem ihre Untreue, ohne dass es ihm gelänge, sie zu überführen, worüber er wahnsinnig wird. Der Herzog hatte das Hahnrei-Motiv schon vorher in *Tragoedia von einem Buler und Bulerin* (1593) bearbeitet, in der er einen dem Alkohol ergebenen Hahnrei in den Mittelpunkt stellte, der aus Angst vor seiner Frau das Haus verlässt und ins Wirtshaus zieht, und er versuchte in beiden Fällen, den zum Hahnrei-Thema gehörigen Triumph des Bösen dadurch zu umgehen, dass er das Stück tragisch enden und die Ehebrecherin vom Teufel holen ließ. Ein dem Motiv gemäßes Ende nimmt dagegen des Herzogs *Comoedia von einem Weibe, wie dasselbige ihre Hurerei für ihrem Ehemann verborgen* (1593), in der Mercator zwar auf die Warnungen seiner Mitbürger hin die Frau auf die Probe stellt, sich aber immer wieder von ihr einwickeln lässt, bis er schließlich alle Warner abweist und von der Tugend seiner Frau überzeugt ist.

Der eindrucksvollen Hahnrei-Tragödie *Arden of Feversham* (Anon. 1592) ist anzumerken, dass sie ihren Stoff kaum aus überkommener Motivik, sondern aus einem zeitgenössischen Ereignis schöpfte. Sie ist um einen Marke ähnlichen Typ zentriert, der seine Schmach nicht sehen will und sich, als er den Nebenbuhler, der ihn öffentlich einen Hahnrei gescholten hat, verwundet, von seiner Frau überzeugen lässt, alles sei nur ein Scherz gewesen; da ihm nicht, wie Marke, ein edles Paar, sondern ein verbrecherisches gegenübersteht, fällt er schließlich dessen Mordanschlag zum Opfer. Molière dagegen destillierte das farcenhafte Grundmaterial der schon erwähnten *Jalousie du Barbouillé* zunächst zu der durch Intrigenelemente italienischen Stils angereicherten Komödie *Sganarelle ou le coucou imaginaire* (1660) mit ihrem eifersüchtigen, aber zur Rache zu feigen und mit Rücksicht auf den harmonischen Schluss nur in der Einbildung gehörnten Sganarelle und schließlich zur Tragikomödie des zum Charakter angehobenen Dandin (*George Dandin ou le mari confondu* 1668), der aus Eitelkeit eine Adlige geheiratet hat, die aus der Tatsache der ihr aufoktroyierten Ehe das Recht ableitet, den ihr lächerlichen Emporkömmling betrügen zu dürfen. Dreimal erwischt er sie wirklich in flagranti und dreimal wird ihm die Waffe des Beweises aus der Hand geschlagen, sodass er sich sagen muss »Vous l'avez voulu« und ins Wasser geht. Trotz der Lebens- und Zeitnähe hat sich auch in diesem Plot der alte Überlistungstrick von *Śukasaptati* 15 erhalten.

Der gewandelte Geschmack des 18. Jahrhunderts ließ das Hahnrei-Motiv als zu derb und dem bürgerlichen Selbstbewusstsein nicht gemäß zurücktreten. In Deutschland taucht es nur im Bereich des niederen Lustspiels nach Art der Comédie italienne auf und verschwindet in der zweiten Jahrhunderthälfte ganz. Das Vorherrschen des trotteligen, resignierenden Typs (Ch. F. HENRICI, *Der akademische Schlendrian* Kom. 1726; J. Ch. KRÜGER, *Der blinde Ehemann* Kom. 1750; ANON., *Der ungedultig, hernach aber mit Gewalt gedultig gemachte Hahnrey* 1743) geht wohl auf den Einfluss Molières zurück, und einem moralsatirischen Zug der Zeit entspricht es, wenn etwa ein ganzes Hahnrei-Trio mit dazugehörigen Frauen den sittlichen Tiefstand demonstriert (Ch. F. HENRICI, *Die Weiberprobe* Kom. 1725) oder Hahnreitum als Strafe für eigene Untreue erscheint (J. Ch. KRÜGER, *Der Teufel ein Bärenhäuter* Kom. 1748). Den Typ des nur eingebildet gehörnten Sganarelle wiederholte der Russe A. P. SUMAROKOV (*Rogonosec po voobraženiju/Der eingebildete Hahnrei* Mitte 18. Jh.), und noch Söller in GOETHES *Die Mitschuldigen* (Lsp. 1768–69) ist zu feige, um den vermeintlichen Ehebrecher herauszufordern.

Interesse gewann das Motiv erneut, als infolge einer Lockerung der Ehemoral das heikle Thema einerseits wieder der Erheiterung dienen, andererseits in gesellschaftskritische Darstellungen einbezogen oder zum Gegenstand psychologischer Analyse werden konnte. Zu den heiteren Gestaltungen gehört BALZACS *Le pêche vesniel* in den *Contes drôlatiques* (1832), wo ein alter impotenter Ritter seine geliebte junge Frau vergebens von ihrem Wunsch nach einem Kind abzulenken versucht, schließlich aber ihre »verzeihliche Sünde« vergibt und den »Erben« liebgewinnt. Für das Genre der Ehebruchskomödie französischen Stils stehe E. LABICHE/M.-A.-A. MICHELS Komödie *Un Chapeau de paille d'Italie* (1851), in der es darum geht, dass für einen Strohhut, den eine junge Frau beim Zusammensein mit ihrem

Liebhaber verloren hat, Ersatz gefunden werden muss, ehe sie wieder zu ihrem Mann zurückkehren kann. Zu sozialkritischen Zwecken konnte das Motiv sowohl im Historiendrama eingesetzt werden, wenn die Verworfenheit der spätrömischen Kaiserzeit an dem Bouffon-Hahnrei Kaiser Claudius aufgezeigt werden soll, der schon bei der Eheschließung Messalinas Ehebruch sanktioniert (P. COSSA, *Messalina* Dr. 1875), wie auch im Zeitstück, wenn der Lebenskünstler (H. BAHR, *Der Meister* Kom. 1903), der alles, sogar seine Hahnrei-Rolle, hinzunehmen und zu seinem Vorteil zu verwandeln versteht, sich die Verurteilung durch seine ehebrecherische Frau gefallen lassen muss. L. PIRANDELLOS Kritik trifft den eine Maske wahrenden Hahnrei (*Il berretto a sonagli* Kom. 1918), der genötigt wird, die Rolle des Unwissenden aufzugeben, als die Frau des Liebhabers ihn anklagt, diese dann jedoch zu seinem Glück für geistesgestört erklärt wird. Im Falle des heimgekehrten Kapitäns (*L'uomo, la bestia e la virtù* 1919), dem bewiesen wird, dass er selbst die Schwangerschaft seiner Frau verursacht habe, knüpfte Pirandello an die durch Macchiavelli bekannte Motivtradition an.

Der Psychologie des Hahnreis als eines ewigen menschlichen Typus gilt F. M. DOSTOEVSKIJS Erzählung *Večnyj muž/Der ewige Gatte* (1870), deren Titelfigur die ihm erst nach dem Tod seiner Frau bekannt gewordene Kränkung seiner → Gattenehre durch Selbstverhöhnung und durch einen misslingenden Angriff auf das Leben des Ehebrechers zu überwinden sucht und erleben muss, dass seine zweite Frau dem gleichen Mann Avancen macht. König Marke wird durch G. KAISER (*König Hahnrei* Dr. 1913) als Fanatiker des Selbstbetrugs interpretiert, der die Liebenden und alle Mitwisser umbringt, um als der allerglücklichste König zu gelten, während F. GARCÍA LORCAS Perlimplín (*Amor de Don Perlimplín con Belisa en su jardín* Dr. 1932) einem ähnlichen Wunschtraum sich selbst opfert: In der Maske des von ihm angeblich zu Tode verwundeten Anbeters gelingt es Perlimplín, die Liebe seiner Frau zu gewinnen – Hahnrei seiner selbst und doch Sieger. Perlimplíns Kampf mit den zunächst noch imaginären Anbetern seiner liebessüchtigen Frau war beeinflusst von den Eifersuchtsqualen des Titelhelden in des Belgiers F. CROMMELYNCK *Le cocu imaginaire* (Dr. 1920), denen er dadurch ein Ende zu machen sucht, dass er seine Frau zwingt, sich allmählich allen Männern ihrer Umgebung hinzugeben, ohne dadurch den Zweifel, dass ihm der eine wirklich von ihr geliebte entgangen sei, beheben zu können. Als er ihn schließlich in dem entdeckt zu haben glaubt, dem seine erschöpfte Frau ins Gesicht geschlagen hat, geht sie mit diesem auf und davon, und gerade jetzt ist er überzeugt, dass es sich um eine vorgetäuschte Untreue handele – eine Erneuerung des Moments der Provozierung des Ehebruchs durch Misstrauen. R. del VALLE-INCLÁN (*Los cuernos de Don Friolera* 1930) verband den Komödientyp des feigen, resignierenden Hahnrei mit einer Satire auf den Kult des männlichen Ehrbegriffs in der spanischen Literatur.

Hahnrei-Typen der modernen Literatur reichen von edlen oder doch sympathischen Gestalten wie dem schon von H. HEINE (*Der Schelm von Bergen* in *Romanzero* 1851) besungenen weisen Herrscher (C. ZUCKMAYER, *Der Schelm von Bergen* Dr. 1934), der den Liebhaber seiner Frau adelt und das Kind seiner Frau nicht als Raub an seiner Ehre ansieht, über den Räuber, der sogar die die reine Bosheit verkörpernde »Räuberbraut« Zenia anerkennt, die der Zerstörung um jeden Preis huldigt (M. ATWOOD, *The Robber Bride* R. 1993), und den gutmütigen Bäcker (M. PAGNOL, *La Femme du boulanger* Dr. 1938), der durch die einfältige Güte, mit der er seine ihm durchgegangene Frau wieder aufnimmt, diese innerlich überwindet, bis zum Typ des ehrgeizig berechnenden, der fast ein Zuhälter ist (W. FAULKNER, *The Town* R. 1957) und auf das Grab seiner freiwillig aus dem Leben gegangenen Frau die zynische Inschrift setzt: »Die Tugend der Gattin ist die Krone des Mannes.«

Einen besonderen Rivalen hat der Kronprinz des indischen Königreichs Chittor im Roman von K. NAGARKAR (*Cuckold/Krishnas Schatten* R. 1997): Der Liebhaber seiner Frau, der wunderschönen Prinzessin und Dichterin Mirabai, ist der Gott Krishna. Schon in der Hochzeitsnacht verweigert sie sich ihrem Ehemann und behauptet, sie sei schon »vergeben«.

M. Landau, Die Quellen des Dekameron, 1884; W. Berger, Das Ehebruchsmotiv im älteren deutschen Drama, Diss. Würzburg 1912; A. Micha, Le mari jaloux dans la littérature romanesque des XIIe et XIIIe siècles, (Studi Medievali 17) 1951; M. Deltgen, Der Hahnrei. Versuch der Darstellung eines komischen Typus im deutschen Lustspiel des 17. und 18. Jahrhunderts, Diss. Köln 1966; M. Hermann, Le Mari trompé chez Molière, Dijon 1971.

Heimkehrer

Heimkehr eines lange fern von der Heimat und der Familie gewesenen Mannes ist eine der spannungsgeladenen Grundsituationen, die sich immer wieder ereignen und die Anteilnahme der Miterlebenden auf sich lenken. Die zu manchen Berufen gehörige Wander- und Bildungszeit, der Drang, sein Glück in der Ferne zu suchen, Handelsreisen, Seefahrt, vor allem Kriege und in ihrem Gefolge Verwundung und Gefangenschaft verursachen oft eine so einschneidende Trennung von den Daheimgebliebenen, dass sich auf beiden Seiten Veränderungen vollziehen, welche die ersehnte Heimkehr zum Problem und zur Enttäuschung werden lassen. Der Besitz (bei Herrschern auch die Herrscherwürde) kann in andere Hände übergegangen sein, politische Umwälzungen können andere Lebensbedingungen geschaffen haben, nahe Angehörige gestorben sein oder ihre Gesinnung geändert haben, Braut und Frau andere Bindungen geschlossen haben. Die Abwehrhaltung der Zuhausegebliebenen kann – besonders im Fall einer irrigen oder gefälschten Todesnachricht – bis zum Nichterkennenwollen des Verschollenen und zur Leugnung seiner Existenz gehen. Dieser wiederum ist möglicherweise wirklich ein anderer geworden, wird von einem falschen Erinnerungsbild geleitet oder hat sogar das Bewusstsein des eigenen früheren Daseins verloren. Die Frage wird sein, ob der Heimkehrer den Kampf gegen diese Widerstände überhaupt aufnimmt, ob er in ihm tragisch scheitert oder siegt – ein Modellfall, den die Dichtung, besonders in und nach Kriegszeiten, immer wieder erprobt hat. Wesentlich für die Variierung ist dabei, welche soziale oder familiäre Funktion des Heimkehrers überwiegt, die des Herrschers oder Besitzers, des Vaters, des Sohnes oder – wie in der Mehrzahl aller Heimkehrerdichtungen – die des Liebenden und Ehemannes.

Der berühmteste Heimkehrer der Weltliteratur ist ↑ Odysseus, der Umgetriebene und bei allem Heimweh doch immer wieder Verweilende, sodass schon DANTE (*La Divina Commedia* 1306/21) meinte, dass er nie zurückgekehrt sei, und andere Autoren ihn vom erreichten Ziel aus innerem Ungenügen am Bleiben wieder aufbrechen ließen. Bei HOMER (*Odyssee* 8. Jh. v. Chr.) jedoch kehrt er heim und sieht als Herrscher und Gatte alles in Gefahr, worauf sein Heimatgefühl sich stützte: Sein Besitz ist verwahrlost, die Frau zwar treu, aber einer Rotte von Bewerbern um sie und den Thron ausgesetzt, der Sohn und Erbe verdrängt und machtlos. Es gelingt dem Unerkannten und in der ihm von Athene verliehenen Gestalt eines → Bettlers auch Unerkennbaren, mit List und Kraft alles zurückzugewinnen. Seinen Untergang vorbereitet findet dagegen jener andere Heimkehrer von Troja, dessen Frau inzwischen Herrschaft und Bett mit einem Nebenbuhler teilte: ↑ Agamemnon, den das feige Paar Klytaimestra und Aigisthos mit der Mordwaffe empfängt und mit seinem Leben auch allen seinen Ansprüchen ein Ende macht.

Den beiden heimkehrenden Gatten der griechischen Sage stellte die germanische Literatur einen Heimkehrer an die Seite, der vor allem als Vater gefordert wird. Der alte ↑ Hildebrand, der mit seinem Gefolgsherrn die Verbannung teilte und nun an der Spitze eines zur Rückeroberung bereiten Heeres auf den das Land verteidigenden Sohn trifft, der ihn nicht erkennen will und verächtlich behandelt, muss wissend die Herausforderung annehmen und den töten, der Ziel und Hoffnung seines Heimkommens war: den Erben.

Das *Lukas-Evangelium* steuerte zu den Varianten die einprägsame Situation des heimkehrenden Sohnes bei, der sein Erbteil in der Fremde vergeudete, auf eine sozial tiefe Stufe sank und nun reuig zum Vater zurückkehrt, der ihn verzeihend aufnimmt und den daheimgebliebenen braven, aber nun dem Bruder die Liebe des Vaters neidenden anderen Sohn beschwichtigt.

Im mittelalterlichen höfischen Epos ist die etwaige Heimkehr des irrenden Ritters entsprechend dem grundsätzlich harmonischen Ausgang ein glückhaftes, unproblematisches Ereignis, während der aus historischen Ereignissen schöpfende vorhöfische *Herzog Ernst* (um 1180) unter Anlehnung an die Begnadigung des Kaisersohns Liudolf die Heimkehr des → Rebellen Ernst, der sich unerkannt, »wullen und barfuoz«, bei der Weihnachtsmesse im Bamberger Dom seinem kaiserlichen Stiefvater zu Füßen wirft, der des verlorenen ↑ Sohnes annäherte.

Dagegen machte sich das Heimkehrer-Motiv in der europäischen Volksballade in zahllosen Varianten geltend, die aber fast ausschließlich die Wiederbegegnung des zunächst immer unerkannt Bleibenden mit der geliebten Frau behandeln und die dann von der Kunstlyrik, der Erzählung und manchmal auch vom Drama übernommen und ausgebaut wurden. Ein verhältnismäßig kleiner Teil dieser Lieder hat eine versöhnliche Lösung und lässt es bei einer Prüfung des Mädchens oder der Frau durch den Heimkehrenden bewenden, sei es, dass er von den Schrecken des Krieges erzählt und ihr mitfühlendes Gedenken an den fernen Geliebten erkennt (*When wild war's deadly blast was blawn*; J. P. Hebel, *Der Bettler* Gedicht 1803) oder dass er ihr Anträge macht, die sie aus Treue ablehnt (*Le Retour du mari*), dass er ihr vom Tode des geliebten Mannes berichtet (*A bella Infanta* portugies. Romanze) oder erzählt, dass dieser in der Ferne geheiratet habe, und erfährt, dass das Mädchen ihm neidlos Glück wünscht (*Es sah eine Linde ins tiefe Tal* Volkslied). Der Heimkehrer kann jedoch auch seinerseits auf seine Identität hin von dem Mädchen oder der Frau geprüft werden (*Die Wiedererkennung* neugriech. Lied). Die Existenz eines Liebhabers fordert die blutige Rache an der Ungetreuen heraus wie in dem italienischen Lied *Chi bussa alla mia porta* oder in Lope de VEGAS (1562–1635) Drama *El sufrimiento de honor*, in dem der eine offene Rache scheuende Ehemann unerkannt Dienste im eigenen Haus nimmt, den Galan in einem fingierten Streit ersticht, seine Frau erdrosselt und dann erst offiziell als Heimkehrer auftritt. Eine heiter-bittere Lösung gab dieser Situation einerseits der in lateinischen (*Modus Liebinc* 10./12. Jh.), französischen und deutschen Fassungen vorliegende *Schwank vom Schneekind*, in dem ein von langer Reise zurückkehrender Kaufmann seinen Haushalt um ein Kind vermehrt findet, dessen Entstehen seine Frau einer von ihr gegessenen Schneeflocke zuschreibt und das Jahre später von einer Reise mit dem Mann nicht wiederkommt, da es in der Sonne des Südens geschmolzen sei, andererseits LESSINGS Fabel *Faustin* (1759), der den Kaufmann als »Segen Gottes« zu den vorhandenen Kindern »zwei dazu« antreffen lässt.

Häufiger wird die Situation so variiert, dass der nicht mehr Erwartete, vielleicht durch einen Irrtum Totgesagte die Braut als Frau eines anderen oder die Ehefrau in einer neuen Ehe wiederfindet. Meist wendet er sich dann resigniert ab und zieht wieder in die Ferne oder in den Krieg (J. v. EICHENDORFF, *Der letzte Gruß* Gedicht 1834; M. PRÉVOST, *D'siré* Nov. um 1895). Manche Lieder führen nur bis zu der Nachricht, dass die geliebte Frau für den Heimkehrenden verloren ist, und enthalten nichts über seine Reaktion, wie das russische Volkslied *Der heimkehrende Krieger*, andere geben nur die Klage des Mannes über die erfahrene Untreue wieder (*Es steht ein Baum im Odenwald*). Grund für die Untreue der Frau ist vielfach das Drängen der Verwandten auf eine neue Ehe, wie etwa in der Novelle *L'honnête femme à deux maris* (*Cent nouvelles nouvelles* 1462), deren Heldin nach dem Wiederauftauchen des Mannes aus Verzweiflung über ihren Treubruch stirbt. Auch bei dieser Variante gibt es die Möglichkeit, dass der Mann nicht resigniert, sondern sich rächt (*Falsche Liebe* und *Es stehen drei Sterne am Himmel* dt. Volkslieder).

Ein Seitentrieb dieser Variante entsteht, wenn das Heimkehrer-Motiv mit dem der verleumdeten → Gattin verknüpft wird, eine Kombination, die fast immer mit der blutigen Rache des Ehemanns endet, sei es, dass die Schwiegermutter ihre Schwiegertochter verleumdete (*Janja, die Schöne* serb. Lied) oder ein Nebenbuhler durch sein Prahlen den blinden Zorn des Mannes erregt (*Gli anelli* ital. Lied; *Manuel und der Janitschar* neugriech. Lied).

Die zugespitzte Situation einer Heimkehr gerade am Hochzeitstag der Verlobten oder Frau erfreut sich einer besonderen Frequenz in der Dichtung. Auch in diesem Fall ist sowohl die resignierende

(P. Féval, *La Chanson du poirier* Erz. 1869) wie die blutige Lösung (*Le Retour du cavalier* frz. Lied), sogar auch ein Selbstmord des Heimkehrenden (*Der unerwartete Hochzeitsgast* schwed. Lied) möglich; die adäquate Entknotung des Plots liegt aber in der Wiederzusammenführung der Liebenden oder Eheleute. Diese Variante entspricht dem Typ der Odysseus-Heimkehr und reicht von dort bis zu B. Brechts *Trommeln in der Nacht* (Dr. 1922). Die formelhafte Volksdichtung bevorzugt eine Vereinbarung zwischen den Liebenden, die der Frau nach einer Anzahl von Jahren das Recht gibt, sich neu zu binden, und die Verabredung eines Erkennungszeichens, durch das der Heimkehrende seine Rückkunft anzeigt. Diese Motivvariante entwickelte in der Legende vom heimkehrenden Grafen einen besonderen stoffgeschichtlichen Zweig, dessen frühester Spross wohl in einer Erzählung aus dem *Dialogus miraculorum* (1219/22) des Cäsarius von Heisterbach zu suchen ist, die den Kern der späteren *Wendelgard-Legende* (N. Frischlin, *Frau Wendelgard* Dr. 1580), des *Liedes vom edlen Möringer* (1459) und der *Bacqueville-Legende* (L. Richeome S.J., *Le Pélerin de Lorète* 1604; Volkslied *Vom Markgrafen von Backenweil*; Jesuitendramen; C. Alyberg Dr. 1643) bildet. Die spezifische Wendung liegt hier darin, dass der auf einer Wallfahrt, einem Kreuzzug oder im Türkenkrieg in Gefangenschaft Geratene nicht zur gegebenen Frist zurückkehren kann, aber in der Nacht vor Ablauf der Zeit auf sein Gebet hin in wunderbarer Weise in die Nähe seines Schlosses versetzt wird, rechtzeitig zum Hochzeitstag seiner Frau vor dem Tor erscheint und sich durch die Hälfte eines Ringes seiner Frau zu erkennen gibt, die daraufhin zu ihm zurückkehrt. In säkularisierter Form lässt sich die Legende in Boccaccios *Decamerone* X, 9 (1348/53) wiedererkennen, die den Totgeglaubten durch einen von Saladin beauftragten Zauberer nach Pavia zurückversetzen lässt, wo die schon vermählte Ehefrau sich zu ihm als ihrem wahren Gatten bekennt. Ohne diese wunderbare Rückführung ist der Grundplot als mittelenglische Verserzählung *King Horn* (um 1250) anzutreffen, in der ein Verbannter nach sieben Jahren zeitig genug zurückkehrt, um die Geliebte vor einer Zwangsheirat zu bewahren und den Rivalen zu besiegen, während in der spanischen Romanze *El Conde Dirlos* (1. Hälfte 15. Jh.) ein Totgesagter noch gerade vor einer neuen Eheschließung seiner Frau ankommt und der Nebenbuhler entflieht. Der in *King Horn* auftauchende Zug, dass der mögliche zweite Gatte ein Feind des ersten ist, kehrt in slawischen Fassungen wieder, so in der Byline *Dobrynja und Aljoša* (15. Jh.) als Rivalität zwischen Dobrynja und seinem Wahlbruder, der die falsche Todesnachricht bringt und deswegen von dem Heimgekehrten, der sich auch hier durch einen Ring zu erkennen gibt, verprügelt wird, und in der an diesen Plot angelehnten Byline *Solovej Budimirovič* (15. Jh.); im Serbischen ist das Motiv mit *Die Heirat des Todor Jakšić* und *Die Gefangenschaft des Janković Stojan* vertreten.

Das Kreuzzugserlebnis, das den Hintergrund mancher Heimkehrererzählungen bildet, war auch der Nährboden der mittelalterlichen, im 16. Jahrhundert als bekannt vorausgesetzten Sagen vom Grafen von ↑ Gleichen, die den Anlass des Konflikts auf die Seite des Heimkehrers verlegt, der im Orient die falsche Nachricht vom Tod seiner Frau erhielt und eine zweite Ehe mit einer Morgenländerin einging, die er in seine Heimat mitbringt. Auch wo in späteren Versionen der entlastende Zug der Todesnachricht wegfiel, wird das zweite, aus Dankbarkeit gegen die Fluchthelferin gegebene Eheversprechen von der Kirche, der Gesellschaft und der eigenen ersten Frau gebilligt. Die Problematik der Heimkehr, mit der sich hier das Motiv des → Mannes zwischen zwei Frauen verbindet, beginnt nach der Rückkehr mit dem Leben zu dritt, das erst von modernen Bearbeitern des Stoffes zum Hauptthema gemacht wurde.

Im 16. Jahrhundert gewann mit dem Stoff vom verlorenen ↑ Sohn eine andere Personenkombination an Interesse. Seit das werdende moderne Drama eine Verwandtschaft zwischen dem Personenbestand des biblischen Stoffes und dem der römischen Komödie entdeckte, der Protestantismus die Ausspielung von Glauben und Gnade gegen die Werkgerechtigkeit zu seinem Anliegen machte und die Pädagogik den Werdegang des Prodigus als Exemplum für Knaben- und Schulspiegel benutzte, erlebte der Plot eine Fülle von eng an die Parabel angelehnten und daher nicht sehr unterschiedlichen Bearbeitungen. Neue Aspekte erhielt das Motiv erst, als man sich von der biblischen Vorlage löste und die schlichte Formel von Sohnesreue und verzeihender Vaterliebe durch kompliziertere Reaktionen ersetzte. So beginnt mit einem 1618 gleichzeitig in einer englischen (*News from Perin in Cornwall*) und einer französischen Fassung (*Histoire admirable et prodigieuse*) erscheinenden Memorabile die Entwicklung des Plots von dem reich gewordenen, unerkannt heimkehrenden Sohn, der bei seinen Eltern um Obdach bittet und von ihnen aus Habgier ermordet wird, wobei es sich in der englischen Fassung um einen verlorenen, reuigen Sohn, einen guten Vater und eine habgierige zweite Frau des Vaters, in der französischen um einen tugendhaften Sohn, einen harten, geizigen Vater und eine schuldlose Mutter handelt. Die mit dem Heimkehrer-Motiv so oft verbundene Prüfung der Daheimgebliebenen durch den unerkannt Zurückgekehrten wird als anmaßende Verblendung aufgefasst, eine Sünde, der die Eltern in anderer Form durch ihre Habgier erliegen. Nachdem der Plot von Jesuiten-Autoren als »Exemplum« tradiert worden war, erhielt er seine erste wirklich literarische Fassung in G. LILLOS Drama *The Fatal Curiosity* (1736), in dem das Verlorene-Sohn-Thema verblasst ist. Die Schuld an der Mordtat fällt deutlich der Mutter zu; die verheiratete Schwester, der sich der Heimgekehrte anvertraut hat, deckt das Verbrechen auf, und die Eltern begehen Selbstmord. Nach weiteren, in der Nachfolge Lillos stehenden Bearbeitungen und Übersetzungen (H. MACKENZIE, *The Shipwreck or Fatal Curiosity* 1784; K. Ph. MORITZ, *Blunt oder der Gast* 1780) gab Z. WERNERS Schicksalsdrama *Der vierundzwanzigste Februar* (1810) dem Stoff neue, gattungsbildende Bedeutung, da es den Mord als Ausdruck inneren Zerfalls und eines auf der Familie liegenden Fluches darstellte und die Handlung auf den Dies fatalis fixierte, der sich durch unheimliche Zeichen ankündigt. Die Tragödie des unerkannten → Gegners oder Opfers wurde dann in der ersten Hälfte des 20. Jahrhunderts erneut aktuell (R. BROOKE, *Lithuania* 1915; K. ROSTWOROWSKI, *Die Überraschung* 1929), wobei der Akzent immer stärker auf die mordenden Gastgeber gelegt wurde, wie denn auch bei dem neuen Höhepunkt der Stoffentwicklung, *Le Malentendu* (Dr. 1944) von A. CAMUS, Mutter und Schwester als Komplizinnen im Vordergrund stehen, die schon mehr Morde auf dem Gewissen haben, an diesem neuen Verbrechen aber scheitern, die eine aus dem Gefühl versäumter Mutterpflicht, die andere aus dem der Verlassenheit nach dem Selbstmord der Mutter; das »Fatale« dieser Heimkehr wird jedoch auch bei der schuldhaften Versucher-Haltung des Sohnes gesehen.

Das Motiv des heimkehrenden Sohnes war von der biblischen Handlungsskizze her auch in Koppelung mit dem Motiv der verfeindeten → Brüder möglich. Im 18. Jahrhundert verwandelte sich der brave, zu Hause gebliebene Sohn in einen Schurken (VOLTAIRE, *L'Enfant prodigue* Kom. 1736), der begehrlich auf das Erbe und die Braut des Bruders blickt, aber seine Ziele infolge der Rückkehr des unerkannt in seine Dienste tretenden älteren Bruders nicht erreicht, ein Lustspielschema, das dann mit zwei Halbbrüdern als Zentralfiguren im Roman (H. FIELDING, *Tom Jones* 1749) und wenig anders auch in der Erzählung (Ch. F. D. SCHUBART, *Zur Geschichte des menschlichen Herzens* 1775) wiederholt wird und seine Wendung ins Tragische in

SCHILLERS Trauerspiel *Die Räuber* (1781) erfährt, das ursprünglich den Titel *Der verlorene Sohn* tragen sollte. Entgegen dem biblischen Urbild hat sich bei Schiller, wie schon bei Voltaire und Fielding, gleichsam einer inneren Logik des Sujets folgend, mit der Heimkehr die Rettung der geliebten Frau vor einem Rivalen verbunden, als der schon in der Byline *Dobrynja und Aljoša* der Wahlbruder des Heimkehrers fungierte.

Während in den bisher erwähnten Gestaltungen des Motivs vom heimkehrenden Gatten oder Verlobten der Rivale nur ein Stein des Anstoßes oder ein Bösewicht war, der ausgeschaltet werden musste, das mit dem Heimkehrer-Motiv verbundene Motiv der Frau zwischen zwei Männern sich also nicht eigentlich entfaltete, erhielt diese Motivverknüpfung in Ch. F. GELLERTS Roman *Das Leben der schwedischen Gräfin von G…* (1747–48) eine entscheidende Funktion, denn entgegen der Kontrastsetzung etwa zwischen Karl und Franz Moor ist der bürgerliche Freund des im russischen Krieg verschollenen Grafen kein Widersacher und Verräter, sondern ein menschlich ebenbürtiger Treuhänder, der die Gräfin vor den Nachstellungen eines Mächtigen schützt, sie heiratet, aber später für den heimkehrenden Grafen wieder freigibt und dann nach dessen wirklichem Tod die eheliche Gemeinschaft wiederaufnimmt. Der Gelassenheit, mit der hier Schicksalsschläge ertragen und Lebensgefährten gewechselt werden, hat die Motivbehandlung des 19. Jahrhunderts allenfalls eine etwas sentimentale Resignation an die Seite zu stellen, so wenn der heimkehrende Joseph in C. BRENTANOS *Godwi* (R. 1801), bei dessen Anblick die inzwischen auf Wunsch des Vaters mit einem anderen verheiratete Marie sich in die See stürzt, → Einsiedler wird und später in der Erziehung von Maries Sohn Trost findet, oder der Heimkehrer bei E. Ch. Frhr. v. HOUWALD (*Die Heimkehr* Dr. 1821) selbst das Gift, das er dem zweiten Mann seiner Frau zugedacht hatte, trinkt, als er erkennt, dass Frau und Kind mit diesem ein besseres Leben führen, als er selbst es bieten kann, wenn der Kriegsheimkehrer Chabert (H. de BALZAC, *Le Colonel Chabert* Nov. 1832) sich zu einem Vagabundenleben entschließt, als er durchschaut, dass die Frau ihn aus Gewinnsucht verleugnet, und im Armenasyl stirbt, oder wenn schließlich der hypochondrische Apollonius Nettenmair (O. LUDWIG, *Zwischen Himmel und Erde* Erz. 1856), dem der Bruder die Braut ausspannte, die Hand nicht nach dem Glück auszustrecken wagt, nachdem den Bruder die Strafe für seine Schurkerei ereilt hat. Dem heimkehrenden ehrenhaften Soldaten Kasperl (C. BRENTANO, *Geschichte vom braven Kasperl und dem schönen Annerl* Erz. 1817), der sich selbst umbringt, nachdem er Vater und Stiefbruder bei einer Dieberei ertappt und dem Gericht ausgeliefert hat, bleibt wenigstens die Konfrontation mit der Untreue des verführten Annerl erspart, zu der ihm sein Ehrgefühl den Weg versperrt hätte, ähnlich wie dem betrogenen Sekretär in F. HEBBELS *Maria Magdalene* (Dr. 1844), der im → Duell mit dem Verführer sein Leben opfert. Mit dem Duell der Rivalen und dem Tode des vom Militärdienst Heimgekehrten endet auch das Schicksal des armen Turiddu Macca (G. VERGA, *Cavalleria rusticana* Nov. 1888, Oper von P. Mascagni 1890), der zunächst in der Liebe einer anderen Ersatz für die untreue Lola sucht, von dieser aber wieder bestrickt und von deren Mann gefordert wird. A. Lord TENNYSONS seinerzeit berühmte Verserzählung *Enoch Arden* (1864) mit dem unerkannt das Eheglück der Geliebten beobachtenden und erst nach seinem Tode identifizierten Seemann bedeutet wohl den Höhepunkt der sentimentalen Verzichtsthematik. Die romanzenhaften Darstellungen des 19. Jahrhunderts decken sich bis in Einzelheiten mit den schon in den Volksliedern anklingenden Zügen, so wenn der verschollen geglaubte Seemann und der zweite Ehemann die Kinder der Frau untereinander aufteilen (G. de MAUPASSANT, *Le Retour* Nov. 1884) oder die wieder Vermählte sich tötet, um die Treue zu ihrem ersten Mann wiederherzustellen (H. EULENBERG, *Belinde* Dr. 1912). Epigonale Anlehnung an frühgermanische Vorbilder, die etwa den Zusammenstoß des den Sohn und Erben fordernden Heimkehrers mit der verlassenen, sich ihrem Hass opfernden Ehefrau (H. SCHNABEL, *Die Wiederkehr* Dr. 1912) oder des trotzenden Sohnes mit dem unbekannten Vater darstellen, der sterbend sich als den Abgelösten versteht und auf die Herrschaft verzichtet (H. FRANCK, *Herzog Heinrichs Heimkehr* Dr. 1911), verschleiert kaum die nur routinemäßige Übernahme des Motivs.

Dagegen setzt die Heimkehr des Leonhard Hagenbucher in W. RAABES *Abu Telfan* (R. 1867) neue oder bis dahin nur rudimentär entwickelte Aspekte des Motivs frei. Es geht nicht mehr um Ehekonflikte und Familienkatastrophen, sondern um die Heimkehr eines Menschen, dem sich in der Fremde der Gesichtskreis geweitet hat, in ein eng gewordenes oder schon immer eng gewesenes Leben, das sich ihm verschließt und ihm bald schlimmer erscheint als die Gefangenschaft auf dem Mondgebirge in Afrika, der er entronnen ist. Hagenbuchers Heimkehr wirkt wie ein Vorspiel jener Heimkehrerschicksale, die nach zwei Weltkriegen in der Literatur des 20. Jahrhunderts Gestalt gewannen. Die Veränderungen auf beiden

Seiten sind zwanghaft und liegen jenseits aller Schuld. Der Heimkehrer vermag die physische Heimkehr nicht in eine seelische zu verwandeln, da er nicht am alten Punkt anknüpfen kann. Das, was er im Krieg tun und erleiden musste, hat sein inneres Gleichgewicht zerstört, er schwankt zwischen Überbewertung und Unterbewertung seiner selbst und komprimiert diesen Zustand durch Überempfindlichkeit und das Gefühl moralischer Überlegenheit, für die ihm aber seine Stellung in der Öffentlichkeit keine Stütze gibt. Seinem Bedürfnis nach Geborgenheit wirkt die Bindung an sein Erlebnis entgegen, denn es hat ihm trotz seiner Grauenhaftigkeit den Blick geweitet und ihn über den bürgerlichen Alltag erhoben. Das richtet zwischen ihm und den Daheimgebliebenen Schranken auf und lässt den Blick zurückwandern. Auch die Gewöhnung an den Befehl und an das Leben in Gemeinschaft erschweren ihm das bürgerliche Dasein, in dem er sich auf sich selbst verwiesen sieht. Es binden schließlich die, mit denen er das alles durchstand und die zum Teil ihr Leben verloren. Heimat und Familie haben dagegen gelernt, ohne ihn zu leben, und stehen seiner Haltung skeptisch, ja ablehnend gegenüber, sie finden schneller zum Nachkriegslebensgenuss. Das Gefühl des Außenstehens und des vergebens gebrachten Opfers führen den Heimkehrer zu Ressentiment und Resignation oder auch zu Gegenhandlungen. Bei den Heimkehrergestalten des Zweiten Weltkriegs ist die Hoffnungslosigkeit noch radikaler, die Enttäuschung durch die praktische und seelische Trümmerwelt noch größer, und Versuche zur Sinngebung oder gar zur Heroisierung des überstandenen Erlebnisses fehlen.

Die vorwiegend in Deutschland entstandene Heimkehrerliteratur nach dem Ersten Weltkrieg dokumentiert weniger durch den Wert des einzelnen Werkes als durch ihre Fülle ein aktuelles Problem. Die Passivität, die im Allgemeinen das Kennzeichen der Zentralgestalt ist, wird besonders da eindringlich, wo der Zurückgekehrte, durch veränderte Besitzverhältnisse oder eine neue Bindung der Frau überflüssig geworden, sich gar nicht zu erkennen gibt und im Nirgendwo verschwindet (E. Ertl, *Der Halbscheit* Erz. 1924) oder sich selbst auslöscht (S. Graff, *Die Heimkehr des Matthias Bruck* Dr. 1933). Andere scheitern nach längerem Bemühen um Wiedereingliederung in Ehe, Familie und Gesellschaft, weil sie sich ihrer Lebenskraft beraubt fühlen und mit ihrem Elend sogar die Frau in den Tod treiben (E. Toller, *Hinkemann* Dr. 1923), die inzwischen geistig selbständig geworden ist (J. Wassermann, *Faber oder die verlorenen Jahre* R. 1924), ihn durch ihre Lebensgier enttäuscht (G. Menzel, *Tobog-*

gan Dr. 1928) oder einem anderen zugefallen ist (L. FRANK, *Karl und Anna* Dr. 1927). *Karl und Anna* ist eins der wenigen Heimkehrerdramen der 1920er-Jahre, das seine Tragik erneut ganz aus der Wiederbegegnung mit der Frau entwickelt: Es handelt sich um zwei Heimkehrer, um Karl, der sich in der Gefangenschaft in die Rolle des heimkehrenden Kameraden und in seine Liebe zu Anna hineinversetzt hat und von dem dann Anna ahnt, dass er nicht Richard ist, für den er sich ausgibt, und um den Ehemann Richard, der später kommt und verzichten muss. Andere Heimkehrer empfinden, dass die Heimat sie trotz schöner Phrasen nicht gebrauchen kann und dass sie ausgestoßen sind (H. v. CHLUMBERG, *Wunder um Verdun* Dr. 1931; W. E. SCHÄFER, *Das Regimentsfest* Erz. 1933; E. WIECHERT, *Der Wald* R. 1935). Nach dem Zweiten Weltkrieg sieht sich der Unteroffizier Beckmann (W. BORCHERT, *Draußen vor der Tür* Dr. 1946) nirgends aufgenommen, sogar der Fluss setzt den Selbstmörder wieder an Land, und ein anderer Heimkehrer (K. WITTLINGER, *Kennen Sie die Milchstraße?* Kom. 1956) verdingt sich als Todesfahrer auf Jahrmärkten, um auf einen fernen Stern zu gelangen, von dem ihn niemand ausweisen kann. Auch einem von B. SCHLINK (*Die Heimkehr* R. 2006) eng an das klassische Heimkehr-Muster der *Odyssee* angelehnten Überlebenden des letzten Weltkrieges gelingt es, dem zusammenbrechenden Europa zu entkommen, durch mehrfachen Namenswechsel seine Spuren zu verwischen und unerkannt als amerikanischer Professor zu überleben.

Andere Motivvarianten zeigen den Heimkehrer im Bann des Krieges, der Gefährten und der Toten, sodass der alte Zug vom wiedererweckten Krieger anklingt, von ↑ Odysseus, der mit geschultertem Ruder wieder in die Ferne aufbricht. Vor einer Bindung an die Gefährten des Schreckens können Besitz, Beruf und Frau zurücktreten (F. MOESCHLIN, *Wir wollen immer Kameraden sein* R. 1926; W. BERGENGRUEN, *Der goldene Griffel* R. 1931; M. ZIESE, *Siebenstein* Dr. 1932; E. E. DWINGER, *Wir rufen Deutschland* R. 1932; L. TÜGEL, *Pferdemusik* R. 1935; G. GRABENHORST, *Regimentstag* Erz. 1937), und sie kann zu innerer Wurzellosigkeit (E. M. REMARQUE, *Der Weg zurück* R. 1931), Sinnzerrüttung (MOESCHLIN) oder zum Rückfall in Kriegertum führen (ZIESE; H. JOHST, *Schlageter* Dr. 1933). Auch B. BRECHTS (*Trommeln in der Nacht* Dr. 1922) Soldat Kragler wird, enttäuscht durch die Untreue der Braut und getrieben vom Trommelklang in seinem Innern, fast in den Spartakistenaufstand hineingerissen, rettet sich aber entschlossen auf eine Insel privaten Glücks bei der wiedergewonnenen Anna. Vielfach ist es die heilende Frau, die den Heimkehrer wieder Wurzeln im Leben fassen lässt (W. Schmidtbonn, *Der Geschlagene* Dr. 1920; I. Langner, *Frau Emma kämpft im Hinterland*, Dr. 1929; G. Grabenhorst, *Die Gestirne wechseln* R. 1929; B. v. Mechow, *Vorsommer* R. 1934; E. Wiechert, *Die Majorin* R. 1935; A. Schaeffer, *Heimgang* Nov. 1935), in anderen Fällen die Rückkehr zur Natur und zum einfachen Leben, ein zeittypisches Motiv der zwanziger und Dreißigerjahre, das jedoch auch weiterhin Lebensgänge bestimmen kann (P. Ernst, *Der Schatz im Morgenbrotstal* R. 1926; I. Seidel, *Brömseshof* R. 1928; E. E. Dwinger, *Das letzte Opfer* R. 1929; H. Ch. Kaergel, *Atem der Berge*. 1933; F. Griese, *Das letzte Gesicht* R. 1934; L. Tügel, *Sankt Blehk oder die große Veränderung* R. 1934; E. Wiechert, *Das einfache Leben* R. 1939; P. Handke, *Langsame Heimkehr* Erz. 1979, *Mein Jahr in der Niemandsbucht* R. 1994); Heimkehr birgt die Gefahr übereilter Rückkehr (K. Modiek, *Der Mann im Mast* R. 1997) und der Verklärung verlorener Jugendlandschaft (J. Becker, *Foxtrott im Erfurter Stadion* Gedichte 1993). Ein weiteres Mittel der Rückfindung ist eine verbindliche, die Kräfte fordernde Idee (H. Steguweit, *Der Soldat Lucas* Erz. 1926; G. Frenssen, *Geert Brügge* Dr. 1935), die ihre Vorbildhaftigkeit auch aus den Kräften der Familientradition beziehen kann (I. Seidel, *Lennacker* R. 1938). Familienbindung ist auch der Motor für den Rück- und Heimkehrwunsch der vier Generationen Schmidt, die tief in Russland jahrelang um eine Ausreise kämpfen (E. Hummel, *Die Fische von Berlin* R. 2005).

In einigen Dichtungen weitet sich das Heimkehrererlebnis zum Durchdenken der menschlichen Ordnungen und zwischenmenschlichen Beziehungen überhaupt, und der Heimkehrer, der mit neuen Einsichten in alte Gefüge tritt, hat dann jene reinigende, richtende Aufgabe, die schon ↑ Odysseus sein Haus säubern und unter den eingedrungenen Schmarotzern blutig aufräumen ließ (B. Strauss, *Ithaka* Dr. 1996). J. Giraudoux demonstriert in dem Roman *Siegfried et le Limousin* (1922) an dem französischen Schriftsteller, der durch eine Kriegsverletzung sein Gedächtnis verlor und ein musterhafter deutscher Politiker wird, dass die zwei gegensätzlichen Nationaleigentümlichkeiten in der Seele eines Mannes Platz haben, der dann auch nach der Aufklärung seiner Identität beide Mentalitäten in sich vereinen will, die in dem schärfer durchgezogenen Plot der Dramatisierung (*Siegfried* 1928) durch zwei Frauen verkörpert sind, sodass sich auch hier wieder die alte Motivkombination mit der Situation des → Mannes zwischen zwei Frauen einstellt. Das von Giraudoux inspirierte Drama *Le Voyageur sans bagage* (1937) von

J. ANOUILH löst die Problematik des Bewusstseinsverlustes dadurch, dass der Heimkehrer sein altes Ich als ein brutales, gewissenloses erkennen muss, dem er dadurch entkommt, dass er nicht dem Ruf seiner Familie, sondern dem eines fremden, verwaisten Kindes folgt, das ihn als Verwandten beansprucht. Die Heuchelei der Familie, der Anouilhs Heimkehrer nur mit Mühe entgeht, wird auch von dem Kriegsinvaliden Edward Allison (A. DÖBLIN, *Hamlet oder die lange Nacht nimmt ein Ende* R. 1956) unerbittlich bekämpft und dekuvriert, sodass er Abgründe aufreißt, die erst im Angesicht des Todes überbrückt werden können. Zu den Kriegsheimkehrern, zu denen nun auch Frauen zählen (J. LANGNER, *Heimkehr, Ein Berliner Trümmerstück* 1949), treten nach dem Zweiten Weltkrieg die Heimkehrer aus Exil, Untergrund und Gefängnis, genau wie jene verkannt und abgelehnt, und zwar gerade von denen, für deren Wohl sie sich opferten (I. SILONE, *Una manciata di more* R. 1952) oder deren Gesetzen sie gehorchten (I. SILONE, *Il segreto di Luca* R. 1956). Eine besondere Stellung unter den Behandlungen von Krieg und Heimkehr nimmt W. KEMPOWSKIS autobiographisch abgestützte Darstellung der Geschichte einer bürgerlichen Familie (*Tadellöser und Wolff* 1971, *Uns geht's ja noch Gold* 1972, *Ein Kapitel für sich* 1975) ein, die, unter weit gehendem Verzicht auf Kommentierung und kritische Reflexion, sich im Horizont der Figuren bewegt und hierdurch ihre bewegende Wirkung erzielt.

W. Splettstößer, Der heimkehrende Gatte und sein Weib, Diss. Berlin 1898; A. L. Jellinek, Das Motiv vom heimkehrenden Gatten in der deutschen Dichtung, Diss. Wien 1903; M. Eberle, Die Bacqueville-Legende, Diss. Bern 1917; H. Röttger, Der heimkehrende Gatte und sein Weib in der deutschen Literatur seit 1890, Diss. Bonn 1934; L. Heubner, Das deutsche Heimkehrerdrama, (Bausteine zum deutschen Nationaltheater 4) 1936; W. Neumann, Grundzüge der Technik des Heimkehrerdramas, Diss. Jena 1936; J. Bezdeka, Der Heimkehrer in der Dichtung der Gegenwart, Diss. Wien 1941; F. Brassard, Le retour du soldat et le retour du voyageur, (Journal of American Folklore 63) 1950; W. Anders, Der Heimkehrer aus zwei Weltkriegen im deutschen Drama, Diss. Univ. of Pennsylvania 1951; H. Moenkemeyer, The Son's Fatal Home-Coming in Werner and Camus, (Modern Language Quarterly 27) 1966; M. Kosko, Le fils assassiné, (Academia Scientiarum Fennica, F. F. Communications Bd. 83 Nr. 198) Helsinki 1966.

Heirat, Die heimliche → Liebesbeziehung, Die heimliche

Heirat, Die unstandesgemäße → Liebeskonflikt, Der herkunftsbedingte

Heldenjungfrau → Amazone

Herkunft, Die unbekannte

Gewissheit über die Herkunft einer Person ist sowohl eine Komponente von deren Selbstbewusstsein als auch von ihrem sozialen Status. Sie schafft Zugehörigkeitsgefühl und seelische Heimat und verleiht Rechte und Pflichten in der Umwelt. Das Fehlen dieser Gewissheit verursacht psychischen Schaden und möglicherweise soziale Minderwertigkeit. Während in der Neuzeit meist nur die Herkunft väterlicherseits ungeklärt sein kann, waren in Zeiten, in denen schriftliche Beurkundung einer Geburt noch nicht üblich und das Kind veräußerliches Eigentum der Eltern war, oft beide Elternteile unbekannt. In der gesamten Antike hatte der Vater oder, wo dieser fehlte, die Mutter das Recht, ein neugeborenes Kind auszusetzen. Von diesem Recht machten vergewaltigte oder verführte Mädchen, arme Leute mit vielen Kindern oder auch ehrgeizige und geizige Menschen Gebrauch, die, um ihren Status aufrechtzuerhalten, nur einen einzigen Sohn und vor allem keine Töchter haben wollten. Sie taten es, um das Kind loszuwerden, aber nicht, um es dem Tod zu überantworten; daher setzten sie es am Ende der Nacht und an einem belebten Ort aus, nachdem sie es bekleidet und in einen Korb oder ein sonstiges schützendes Gefäß gelegt hatten. Die Regierungen erließen allerdings schon früh Anweisungen über Aussetzungen und schränkten das Recht der Eltern ein. Anders verhielt es sich bei missgestalteten Kindern, deren Aussetzung in verschiedenen Staaten, z. B. in Sparta, Athen und Rom, Vorschrift war. Diese Gesetze beruhten auf dem Glauben, dass Missgebildete verflucht seien und Unheil brächten; daher sollten diese Ausgesetzten sterben, und sie wurden an einen menschenfernen, unbekannten Ort gebracht oder in ein Gewässer geworfen. Die christliche Kirche dagegen betrachtete aufgrund des Gebots der Nächstenliebe die Aussetzung von Kindern in jedem Fall als Sünde, und die Gesetzgebung christlicher Staaten entsprach dieser Moral. Andererseits führte jedoch die Ehe- und Geschlechtsmoral auch in den christlichen Ländern dazu, dass uneheliche Kinder in gesetzwidriger Weise ausgesetzt wurden. Andere Ursachen für Herkunftsfälschung oder -verunklärung, wie Kindesverwechslung, Kindesunterschiebung und Kindesraub, sind Fehlleistungen und Betrugshandlungen, die, wenn auch in abnehmendem Maße, bis in die Gegenwart vorkommen und, wenn es sich um bewusste Spekulationen mit der Herkunft des Kindes handelt, in den sozioökonomischen Schichtungen der Menschen begründet sind.

Mag man das Vorkommen unbekannter Herkunft für ältere Zeiten auch als verhältnismäßig häufig ansetzen, so dürfte doch die Frequenz des entsprechenden dichterischen Motivs ungleich höher liegen. Die starke Verbreitung in Mythos und Märchen lässt auf einen großen Anteil menschlichen Wunschdenkens an seinem Auftreten schließen, vornehmlich, da es sich immer um Plots handelt, bei denen die dunkle Herkunft eines Tages ihre Aufklärung erfährt. Erst die moderne Literatur verwandte das Motiv ohne diese Auflösung, lediglich als Mittel der charakterlichen und sozialen Farbgebung bzw. der sozialen Anklage: Der Findlingscharakter kann als teuflisch angesehen werden und Fluch stiften (H. v. KLEIST, *Der Findling* Nov. 1811), oder er kann als übernatürlich-geheimnisvoll dargestellt werden (M. MAETERLINCK, *Pelléas et Mélisande* Dr. 1892) und Segen bringen (G. SAND, *François le Champi* R. 1848; Th. FONTANE, *Vor dem Sturm* R. 1878; W. RAABE, *Hastenbeek* Erz. 1899; F. BISCHOFF, *Die goldenen Schlösser* R. 1935); der durch seine ungeklärte Herkunft sozial abseits Stehende kann im Hass auf Umgebung und Gesellschaft verharren (E. J. BRONTË, *Wuthering Heights* R. 1847; W. FAULKNER, *Light in August* R. 1932) oder sich zu öffentlicher Anerkennung durchkämpfen (C. PAVESE, *La luna e i falò* R. 1950). Diese als Charakterisierungsmittel eingesetzte ungeklärte Herkunft erfüllt nur einen Teil der Funktion des archaischen Motivs, das durch die schließliche Klärung der Herkunft strukturbildenden, zweipolig-spannenden und movierenden Charakter erhält und trotz alles Irrealen, das mit der Klärung der Herkunft oft verbunden ist, der sozialen und sozialkritischen Note nicht ermangelt. Denn natürlich bewährt sich der Held in einer ihm nicht adäquaten Umwelt, weil ihm ein Erbteil mitgegeben wurde, von dem er zwar nichts weiß, das aber in seiner Selbstbehauptung freigesetzt wird und der Anerkennung durch das Geburtsrecht nur noch als äußerer Bestätigung bedarf. Die Aufklärung der Herkunft kann verschiedenen Absichten der Handlung dienen: der Hinleitung des Helden zu einer ihm vorbestimmten Rolle in der menschlichen Gesellschaft, der Zusammenführung von Familienmitgliedern, der Öffnung bis dahin verschlossener Möglichkeiten, besonders in Bezug auf die Erfüllung einer Liebesbeziehung. Im Negativen kann die Aufklärung auch eine fluchwürdige Herkunft offenbaren, den Betreffenden von der Höhe des Erreichten stürzen oder ihm Zukunftsaussichten versperren. Die mit Unklarheit und Klärung der Herkunft verbundenen sozialen Folgen waren in der Geschichte der Literatur so lange movierend, wie Herkunft im soziologischen Sinn eine Rolle spielte, also bis an die unmittelbare Gegenwart heran.

Die Funktion des Motivs, den Helden zu einer bestimmten Aufgabe hinzuführen und ihn in ihr zu legitimieren, hat im Bereich der frühen Mythen genealogische Bedeutung: Dem Eroberer, Staatengründer und Religionsstifter, von dem man nur sein Werk kennt, wird eine Jugendgeschichte angedichtet, die ihn als das Kind besonderer Eltern, vor allem eines göttlichen Vaters, und damit als zu Großtaten bestimmt ausweist. Die Mutter des Kindes ist fast immer unvermählt und setzt es aus, worauf es, von mitleidsvollen Menschen oder von Tieren gerettet, seinen eigenen Weg geht. Von Sargon, dem Begründer der ersten semitischen Dynastie in Babylon, berichtet eine in assyrischer Kopie erhaltene altbabylonische Inschrift von etwa 2800 v. Chr. nur, dass die Mutter eine Fürstin, der Vater ein Unbekannter gewesen sei, dass er im Schutz des Wasserschöpfers Akki, der ihn aus dem Euphrat errettete, zum Gärtner ausgebildet wurde, das Wohlwollen der Göttin Ištar gewann und König wurde. Von dem indischen Helden Karna gibt das Epos *Mahābhārata* (5. Jh. v. Chr. bis 4. Jh. n. Chr.) an, dass er aus der Liebesbeziehung des Sonnengottes Surya zu der jungfräulichen Fürstentochter Pritha oder Kuntī hervorging, von einem Wagenlenker und seiner Frau aus dem Fluss geborgen und an Sohnes statt erzogen wurde; als er sich später im Kampf mit einem seiner ihm unbekannten Halbbrüder messen will, erkennt ihn seine Mutter, offenbart ihm seine Abkunft und bittet ihn, vom Kampf abzulassen, aber er hält ihre Enthüllung für Betrug und fällt im Zweikampf. Aufgrund solcher parallelen Schemen orientalischer genealogischer Mythen hielt S. Freud die Umkehrung des Schemas im Falle von Geburt und Jugend des Moses (*Exodus* 2) für eine von jüdischer Seite pro domo vorgenommene Entstellung einer ägyptischen schemengerechten Variante, nach der Moses der Sohn der Pharaonentochter und eines Gottes, also Ägypter, gewesen und wie in den parallelen Fällen von niedrig Geborenen, in diesem Falle von Juden, aufgezogen worden sei. Die griechische Entsprechung der orientalischen Versionen ist die Sage von ↑ Ion (EURIPIDES, *Ion* 412 v. Chr.), Sohn Apolls und der athenischen Königstochter Kreusa, die den Sohn in einer dem Apoll geweihten Höhle am Abhang der Akropolis aussetzt und den im Tempel von Delphi Herangewachsenen später wiedererkennt, nachdem er vom Delphischen Orakel ihr und ihrem kinderlosen Gemahl als Sohn zugesprochen worden ist. Die Aufnahme des – hier vorehelichen – Göttersprösslings in die eheliche Familie der Mutter ist von erhöhter Bedeutung, wenn es sich bei der Geburt eines Religionsstifters um den Nachweis der unbefleckten Empfängnis und der nicht auf dem Wege der natürlichen Zeugung, sondern durch unmittelbares Eingreifen Gottes zustande gekommene Jungfrauengeburt handelt: Von Buddha berichtet die Legende, dass seine Mutter, die mit dem König von Magaddha verheiratet war, den Sohn durch den Gott weder auf natürliche Art empfing, noch ihn auf natürliche Art zur Welt brachte, indem er aus ihrer Hüfte ins Leben trat. Ähnlich operieren das *Matthäus-* und das *Lukasevangelium* mit dem wunderbaren Eingreifen Gottes oder des Heiligen Geistes, das sich später als Dogma von der jungfräulichen Geburt Christi durchsetzte; ↑Jesus wächst in der Familie des Zimmermanns Joseph auf wie Buddha in der des Königs von Magaddha.

Eine zweite, sehr prononcierte Variante bildete sich durch Verknüpfung des Herkunft-Motivs mit dem des → Orakels und des → Inzests. Der neugeborene ↑ Ödipus, von dem das Orakel verkündet hatte, er werde seinen Vater töten und seine Mutter heiraten, wird offensichtlich wie eine Missgeburt durch die Aussetzung dem Tod überantwortet, da man ihm die Füße durchbohrt; er entgeht diesem Schicksal jedoch durch die Hirten, die ihn an den Hof des Königs von Korinth bringen, wo er an Sohnes statt erzogen wird. Er findet auf wunderbare Weise zu seinem angestammten Thron in Theben zurück, aber dieser Weg führt ihn zugleich in das geweissagte Verbrechen: Er erschlägt unterwegs seinen Vater Laios und heiratet seine verwitwete Mutter Iokaste. Der Augenblick der Klärung seiner Herkunft ist zugleich der einer Aufklärung seiner Missetaten, der Sturz von der Höhe des Erreichten und die Verdrängung aus der ihm zukommenden Rolle. An das Muster dieser Motivkombinationen lehnen sich mehrere christliche Legenden an, denen der Schuld-Sühne-Mechanismus entgegenkam. ↑ Judas (*Judaslegende* in der *Legenda aurea* 2. Hälfte 13. Jh.), als unglücksbringendes Kind angekündigt, wird entsprechend der Moses-Aussetzung in einem Holzgefäß den Wellen übergeben, wie Ödipus von einer kinderlosen Königin aufgezogen, deren später geborenen echten Sohn er dann aus Neid erschlägt, kehrt nach Jerusalem zurück, erschlägt unwissend seinen eigenen Vater, als er in dessen Garten auf Befehl des Pilatus Äpfel stiehlt, und heiratet seine wohlhabende Mutter, die ihn erkennt und den Reuigen auf die Gefolgschaft Jesu verweist. Die *Legende von Albanus*, König der Ungarn (lat. Redaktion des Mönchs Transmundus 2. Hälfte 12. Jh., dt. Versfassung Ende 12. Jh.), verdoppelt sogar den Inzest: Albanus ist Frucht eines Vater-Tochter-

Inzests, heiratet, auch er ausgesetzt und von einer Königstochter erzogen, seine Mutter, die ihn an den Gnorismata erkennt und zusammen mit dem Vater Buße tut, aber rückfällig wird, sodass Albanus seine Frau und Mutter und seinen Vater und zugleich Großvater erschlägt, dann ein bußfertiges Leben führt und nach seinem Tode heiliggesprochen wird. Dieser Personenkonstellation sehr nahe steht ↑ Gregorius (HARTMANN VON AUE, *Gregorius* um 1190), Frucht einer Geschwisterliebe, ausgesetzt, von Mönchen erzogen und nach Aufklärung über seine Herkunft auf Aventiure befindlicher Ritter, der seine Mutter vor Feindesmacht rettet und heiratet, von ihr eines Tages erkannt wird, 17 Jahre lang büßt und von Gott zum Papst bestimmt wird. Ähnliches berichtet das *Königsbuch* (1010) des Persers FERDAUSĪ von König Dārāb, der, als Frucht eines Vater-Tochter-Inzests nach dem Tode des Vaters geboren, von der zur Königin erhobenen Mutter ausgesetzt wird, sich als Pflegekind einfacher Leute durch Stärke und Kühnheit so auszeichnet, dass die Königin ihn erkennt und zum Nachfolger bestimmt.

Mit unheilverkündender → Weissagung, aber ohne → Inzest begegnen Aussetzung und spätere Klärung der Herkunft in der Jugendgeschichte des Paris (EURIPIDES, *Alexandros* 415 v. Chr.; ENNIUS, *Alexander* 2. Jh. v. Chr., beide verloren), die ähnlich der des ↑ Ödipus gebaut ist und die Erkennung in den Augenblick verlegt, in dem Paris durch einen Zweikampf mit seinem ihm unbekannten Bruder Hektor bedroht ist. Von der ähnlichen Aussetzung des wegen seiner abnormen weißen Haare als Unglücksbringer verdächtigen Königssohnes Sam berichtet FERDAUSĪ (*Königsbuch* 1010), lässt ihn aber durch seinen Ernährer, einen Vogel, dem Vater zurückbringen.

In einem weiteren konstanten Motivschema erscheint laut → Weissagung der Großvater des Kindes von diesem bedroht und fungiert als sein Verfolger. So lässt in der schon von der Odysseusnekia (*Odyssee* XI) vorausgesetzten, in den variierenden Fassungen durch die drei griechischen Tragiker nicht erhaltenen Auge-Telephos-Sage König Aleos seine von Herkules vergewaltigte Tochter Auge und den unerwünschten Enkel im Meer aussetzen, die später im Schutze des Königs Teuthras von Mysien leben. Das Motiv der unbekannten Herkunft tritt jedoch erst in Funktion, wenn, wie bei den Tragikern, der Sohn von der Mutter getrennt wird; des SOPHOKLES frühe Trilogie *Telepheia* zeigte im ersten Teil, wie das Orakel sich bewahrheitet, und ließ im zweiten sogar das Inzest-Motiv anklingen, wenn Teuthras die von ihm adoptierte Auge seinem Retter

Telephos vermählen will und der Inzest durch das Erscheinen des Herkules und seine Klärung des Verwandtschaftsverhältnisses verhindert wird. Eine parallele Jugendgeschichte wurde für den Freund des Telephos, Parthonopaeos, erfunden (PACUVIUS, *Atalante* Dr. 2. Hälfte 2. Jh. v. Chr.), der von den gleichen Hirten gefunden wird, die Telephos seinem Schicksal entreißen, sodass ihn später seine Mutter Atalante erkennen und er Nachfolger seines Großvaters werden kann. Eine der Telephos-Sage gleichfalls sehr ähnliche Variante enthält die aus der 187. *Fabel* des HYGIN (2. Jh. n. Chr.) erschließbare *Alope* des EURIPIDES, die sowohl Aussetzung wie Erkennung doppelt verwendet, da der von Poseidon gezeugte Hippothoon einmal durch seine Mutter Alope aus Angst vor ihrem Vater, ein zweites Mal, nachdem Alope der heimlichen Geburt und Aussetzung überführt und gefangen gesetzt worden ist, durch Beauftragte des Großvaters ausgesetzt wird, dessen Nachfolger er später wird.

Wenn gleichzeitig mit den Motivgestaltungen der griechischen Tragiker das Motiv bei HERODOT (*Histories apodexis* 5. Jh.) in Gestalt der später oft variierten Jugendgeschichte des Kyros auftaucht, belegt das die Verbreitung auch dieser Variante im Vorderen Orient, da gerade Herodot sich nicht einer simplen Motivübertragung schuldig gemacht haben dürfte. Auch hier veranlasst das → Orakel, der Sohn seiner Tochter werde ihm die Herrschaft entreißen, den Großvater Astiages erst zu einem Tötungsbefehl und dann zur Verfolgung des von Hirten aufgezogenen, sich durch herrscherliche Tugenden auszeichnenden Knaben, der jedoch seinem Zugriff durch Magierweisheit entgeht. Als Beleg für die Verbreitung des Motivs im Orient kann auch die allerdings wesentlich später von AELIANUS (*Über die Natur der Tiere* 2. Jh. n. Chr.) berichtete Jugendgeschichte des babylonischen Königs Gilgamos gelten, in der das von den Wächtern der Königstochter in den Burggraben geschleuderte Kind von einem Adler ergriffen und von einem Gartenaufseher aufgezogen wird, sowie schließlich die beiden persischen Varianten unter den Königssagen des FERDAUSĪ, die Jugendgeschichte von Kaikhosrav und die von Feridun, die sicher in Anlehnung an die Kyrossage entstanden. Während die orientalischen Varianten meist mit einem Vater geringer Herkunft operieren, tritt in der schon von HOMER (*Odyssee* XI) erwähnten, von EURIPIDES in *Antiope* verarbeiteten thebanischen Sage wieder ein Gott, Zeus, als Erzeuger der Zwillinge Amphion und Zethos auf, die von ihrer Mutter ausgesetzt und von Hirten großgezogen werden. Ihr und ihrer Mutter Feind ist weniger der Großvater als auf dessen Wunsch der Großonkel, der ihnen später zur Strafe für die Misshandlung der Mutter die Herrschaft überlassen muss. Der durch die Nachdichtung des PACUVIUS (2. Jh. v. Chr.) auch nach Rom weiterwirkende Stoff zeigt Verwandtschaft mit der Sage von den Marssöhnen und Gründern Roms, Romulus und Remus (FABIUS PICTOR 3. Jh. v. Chr.; LIVIUS 27 v. Chr./15. n. Chr.), die, ausgesetzt und erst von einer Wölfin und dann von dem Schweinehirten Faustulus betreut, auch von einem ehrgeizigen Großonkel verfolgt, dann aber von ihrem Großvater er- und anerkannt werden.

Als die antike Komödie das Motiv aus der mythisch-heroischen Sphäre in die realistisch-alltägliche übertrug, konnte seine Funktion nicht mehr die Erstellung göttlicher Ahnen für einen Helden oder dessen Einsetzung in eine ihm von den Göttern bestimmte Rolle sein, sondern die Klärung unbekannter Herkunft diente nun der Zusammenführung getrennter Familienmitglieder und der Beseitigung von Hindernissen auf dem Weg zum Liebesglück. Es ist das Verdienst MENANDERS (4./3. Jh. v. Chr.), das Motiv mit den typischen Zügen der Aussetzung, des verborgenen Aufwachsens in der Fremde und der Wiedererkennung durch Gnorismata in der neuen Gattung eingebürgert und mit beiden lustspielhaften Funktionen eingesetzt zu haben, wie aus den wenigen erhaltenen Originalen und den lateinischen Bearbeitungen zu erkennen ist. Ein Vater findet die ausgesetzte Tochter durch ein Gnorisma und außerdem einen Sohn wieder (*Die Geschorene*), und sowohl das als Kind geraubte und verkaufte attische Mädchen (*Die Sikyonier*) wie ihr sich selbst für einen Sikyonier haltender, aber gleichfalls attischer Beschützer werden nicht nur ihren Vätern wiedergegeben, sondern nach Ausschaltung eines Rivalen auch miteinander vereint. Die Funktion der Familienzusammenführung wird in einer Reihe römischer Varianten wiederholt: Ein Vater findet seine geraubte Tochter wieder, die er an den noch in ihrem Besitz befindlichen Spielsachen wiedererkennt (PLAUTUS, *Rudens* 211/205 v. Chr.), ein anderer entdeckt seinen als Kind in die Sklaverei verkauften Sohn in einem Kriegsgefangenen wieder, nachdem er ihn fast wegen seiner opfermütigen Haltung gegenüber seinem mitgefangenen Herrn zu Tode gequält hat (PLAUTUS, *Captivi*). Eine Mutter wird mit ihrer ausgesetzten Tochter wiedervereint (PLAUTUS, *Cistellaria*, nach MENANDERS *Frauenfrühstück*), ein Bruder und eine als Sklavin aufgewachsene Schwester erkennen sich an den Ringen, wodurch dem Mädchen auch zum glücklicheren Los einer Freigeborenen verholfen wird (PLAUTUS, *Curculio*), und ein ihren Eltern geraubtes, als Dienerin einer Hetäre lebendes

Mädchen entdeckt mit deren Hilfe ihren Bruder (TERENZ, *Eunuchus* um 166 v. Chr.). Bei TERENZ dient das Motiv meist der Lösung eines Liebeskonflikts. In gleich drei Fällen wird, bei Primat der beispielgebenden, von Menander inspirierten *Andria* (166), der Widerstand eines Schwiegervaters gegen das von seinem Sohn erwählte, vermeintlich arme Mädchen gebrochen, weil es sich als die Schwester derjenigen herausstellt, die er dem Sohn zur Frau geben wollte (*Andria*), oder als Tochter eines Freundes erkannt wird, der keine Tochter aufziehen wollte und sie aussetzen ließ (*Heautontimorumenos* 163 v. Chr.), oder sich sogar als Nichte des ihre Ehe bedrohenden Schwiegervaters erweist (*Phormio* 161 v. Chr.).

Mit der Funktion der Zusammenführung Getrennter oder am Zusammenkommen Gehinderter fügte sich das Motiv gut in die Stoffe des spätantiken Abenteuerromans ein. In der *Aithiopika* des HELIODOROS (3. Jh.) verliebt sich der Thessalier Theagenes in Chariklea, eine delphische Priesterin unbekannter Herkunft, und entführt sie nach Ägypten, wo sie in Gefahr gerät, den Göttern geopfert zu werden, aber an der Königsbinde als Angehörige des Königshauses erkannt wird, die einst von ihrer Mutter aus Angst ausgesetzt wurde. In des LONGOS Hirtenroman *Daphnis und Chloe* (2./3. Jh.) sind sogar beide Liebenden als Kinder ausgesetzt worden, und die doppelte Erkennung gibt sie nicht nur ihren Eltern zurück, sondern bahnt ihnen auch den Weg zur Ehe.

Der zunächst bindungslos Erscheinende, auf sich selbst Gestellte gehört eher den heroischen als den höfischen Stoffkreisen der mittelalterlichen Epik an. Auch hier hat das Motiv, häufig mit dem der → Vatersuche verbunden, die Funktion der Etablierung des Helden und seiner Einordnung in Familienzusammenhänge im Zuge der späteren Identifizierung. WOLFRAM VON ESCHENBACH (*Parzival* 1200–10) entnahm den Typus des jungen, tumben Parzival außerhöfischer Märchenmotivik, lenkte seinen Helden stufenweise dem vorbestimmten Gralskönigtum zu und ließ ihn, der abseits der ritterlichen Welt von seiner Mutter erzogen worden ist und nur seinen Kosenamen kennt, ebenso etappenweise seinen Namen, seine Herkunft, das Geschick seiner Verwandten und seine Verknüpfung mit dem Gral erfahren. Mehrere Heldenromane aus der Mitte des 13. Jahrhunderts zeigen gerade in Bezug auf das Motiv der unbekannten Herkunft enge Verwandtschaft miteinander. Ortnit (*Ortnit* vor 1250), einst auf Wunsch seiner kinderlosen Eltern von dem Zwergenkönig Alberich mit seiner Mutter gezeugt, trifft auf den ihm unbekannten elbischen Vater vor Beginn seiner Brautfahrt und wehrt sich zuerst gegen die ihm nun geoffenbarte Rolle seiner Mutter, akzeptiert dann aber den Vater und seine Hilfeleistung bei den kommenden Gefahren. Die Titelfigur des mit dem *Ortnit* verbundenen Epos *Wolfdietrich* (vor 1250) wird als Kind wegen Verdachts teuflischer Herkunft von seinem Vater zum Tod bestimmt, aber von dem mit der Tötung beauftragten Vasallen Berchtung gerettet und erfährt erst in dem Augenblick, als auch seine von seinen Brüdern verstoßene Mutter Asyl bei Berchtung findet, von dieser, dass nicht Berchtung und dessen Frau seine Eltern sind, sondern dass er königlicher Abkunft ist und ein Anrecht auf sein Erbe hat, das zu erkämpfen von nun an sein Ziel ist. In ähnlicher Weise macht sich das Motiv, gekoppelt mit dem der verleumdeten → Gattin, in einer nordischen Variante des ↑ Nibelungen-Stoffes (*Þiðrekssaga* um 1260) geltend: Siegfried wird von seiner verstoßenen Mutter im Wald geboren, vom Fluss in seinem Wiegengefäß fort- und an einer Klippe angespült, dann als Pflegling einer Hirschkuh von dem Schmied Mimir gefunden; erst von Brünhild erfährt der Herangewachsene seine Herkunft. Im *Rennewart* (1240/50) des Ulrich von Türheim und im anonymen *Wigamur* (Mitte 13. Jh.) erkennt man das Nachwirken von Wolframs namen- und bindungslosem Helden, der auszieht, um seine Ebenbürtigkeit durch Taten zu bewähren. Rennewarts Sohn Malifer, der von seiner Herkunft nichts weiß, getauft ist, aber früh geraubt und heidnisch erzogen wurde, wird bei der kämpferischen Begegnung mit seinem Vater von diesem erkannt und durch kluges Gespräch als Sohn und Christ zurückgewonnen. Ebenso wird Wigamur als Kind geraubt und fern von den Menschen erzogen; er zieht als unwissender Knabe in die Welt und findet auf der Schwelle zu einem Zweikampf im unbekannten → Gegner den Vater und damit die eigene Identität. Der sich schon in den Mythen durchsetzende Zug, dass der in ungemäßer Umgebung aufwachsende Knabe sich durch angeborene heldische Art hervortut, wurde in den Volksbüchern des späten Mittelalters bis zu heiteren Wirkungen ausgespielt. Der Herzogssohn Löw (Elisabeth von Nassau-Saarbrücken, *Herpin* 1430/37) ruiniert seinen Pflegevater durch seinen Aufwand, Löws Sohn Ölbaum treibt die Kühe seines Ziehvaters in die Stadt und verkauft sie für eine Rüstung, und der Kaisersohn Florenz (*Kaiser Octavianus* 1535), der bei einem Pariser Bürger aufwächst, erweist seine völlige Unfähigkeit zu kaufmännischem Denken. Das Motiv ging in der letzten Entwicklungsphase des Ritterromans auch noch in G. Ordóñez de Montalvos *Amadís* (1508) ein, aber die Aussetzung des illegitim geborenen Helden in einer Kiste am Meeresufer dient lediglich einer romantischen Komplizierung seiner Entwicklung und bleibt, wie so manches in diesem Sammelbecken überkommener Motive, funktionslos.

Beispiele für die Verwendung der unbekannten und später geklärten Herkunft lassen sich in der neueren Literatur in nahezu ununterbrochener Folge aufweisen. Dabei tritt die genealogische Funktion mit der Einsetzung des Helden in herrscherliche oder ähnliche Aufgaben langsam zurück und ist schließlich ein spezifisches Indiz für romantisch wiederbelebte ältere Stoffe und Motivkreise. Zunächst allerdings füllen zwei Dichtungen des Barock die Motivvariante noch einmal aus christlicher Sicht mit dem Sinn der Bewährung. Im Anschluss an das → Orakel-Motiv des ↑ Ödipus-Stoffes lässt CALDERÓN (*La vida es sueño* Dr. 1635) seinen in einem menschenfernen Turm als Gefangener aufgewachsenen Prinzen Sigismund den plötzlichen Umschwung seiner Lage aus angeborener und durch die Haft gesteigerter Gewaltsamkeit nicht bestehen, im Nachhinein aber sein eintägiges Königtum als Möglichkeit zur Bewährung erkennen und bei einer Wiederholung des vermeintlichen Traumes Beherrschtheit und Demut an den Tag legen; das böse Omen erfüllt sich nur im wörtlichen Sinn. Ebenso bedeutet bei H. J. Ch. v. GRIMMELSHAUSEN (*Der abenteuerliche Simplicissimus* R. 1669) die Rückführung des in der pikarischen Tradition parodistisch gegen die höfischen Figuren gemeinten Helden »dunkler« Herkunft zu einer ernsthaften Bestimmung eine Vergeistigung des Motivs: Der gleich nach der Geburt von seinen Eltern getrennte, zu primitiven Bauern verschlagene Titelheld erlebt seine geistige Erweckung bei einem Einsiedler, der das geheime Leitbild seines verworrenen Lebens bleibt, bis Simplicius erfährt, dass der Waldbruder sein Vater war, zu dessen Lebensform er auch zurückfindet. Dagegen handelt es sich in einem F. GODÍNEZ (Anf. 17. Jh.) zugeschriebenen Drama *Cautelas son amistades* wieder um den traditionellen verborgenen und zur Herrschaft bestimmten natürlichen Sohn eines Königs, der sich bis zur Eröffnung des väterlichen Testaments für den Bruder eines einfachen Adligen halten muss, der nun zum Schutz des Prinzen dessen Rolle auf sich nimmt, bis der Gegner ausgeschaltet und der Weg zum Thron frei ist. Den Vorwurf der Unglaubwürdigkeit kann dieser Plot mit dem von JEAN PAULS *Titan* (R. 1800–03) teilen, in dem die Geheimhaltung der fürstlichen Abkunft Albanos ebenfalls eine Schutzmaßnahme gegen Feinde und Neider ist, dem Helden aber einen Bildungsprozess ermöglicht, der ihn am Tage der Enthüllung die Reife für sein Amt besitzen lässt.

Der romantische Akzent der Motivvariante in der neueren Literatur wird deutlich, wenn F. de la Motte FOUQUÉ (*Aslauga* Dr. 1810) im Rückgriff auf den ↑ Nibelungen-Stoff die scheinbar niedriggeborene Heldin schließlich als Tochter Sigurds und Brynhildurs und als Königin legitimiert, oder wenn A. v. ARNIM (*Die Kronenwächter* R.-Fragm. 1817) den Geheimbund der Kronenwächter die Hand schützend über die Stauferabkömmlinge Berthold und Anton halten lässt, deren aus der Abkunft sich ergebende Verpflichtung allerdings ein fragwürdiges Geschenk ist. Bezeichnend ist die wiederholte Nutzung des Motivs durch Sir Walter SCOTT, der immer neue Lebenswege von um ihr Recht gebrachten Erben erfand. So setzt sich der durch die Intrigen eines Anwalts hintergangene und als Kind entführte Harry Bertram (*Guy Mannering* R. 1815) schließlich gegen den Betrüger durch, der in einen Fluchtversuch Maria Stuarts verwickelte Page (*The Abbot* R. 1820) rehabilitiert sich als Erbe eines vermögenden Hauses und erhält Verzeihung für seine Pflichtvergessenheit, während sich der unter falschem Namen und in Unkenntnis seiner Herkunft herangewachsene Darsie (*Redgauntled* R. 1824) trotz der Autorität seines Onkels einer sinnlosen Verschwörung der Stuartpartei zu entziehen weiß. Das Motiv dominiert daher auch in dem nach scottschen Motiven von E. SCRIBE zusammengestellten Libretto der Oper *La Dame blanche* (Musik F. A. BOIELDIEU 1825), wenn der Held auf Rat der geheimnisvollen weißen Dame, ohne Geld zu besitzen oder zu wissen, dass es sich um sein Erbe handelt, Güter als Meistbietender ersteigert, sodass der Mittellose nun mit dem zugänglich gewordenen, verborgenen Familienschatz ausgelöst werden kann. Als romantisches Relikt in einem realistisch gefärbten Milieu lebt die Einsetzung eines Armenhauskindes in ein reiches Erbe bei Ch. DICKENS (*Oliver Twist* R. 1837–38) weiter, bei R. BROWNING (*Pippa passes* Dramolett 1841) wird eine ähnliche Zukunftsaussicht der singenden Seidenspinnerin, die mit ihrem Lied das Gewissen des Erbveruntreuers gerührt hat, angedeutet, und bei A. STIFTER (*Die Narrenburg* Erz. 1843) kann der bei seinen Forschungen auf die eigenen adligen Vorfahren stoßende bäuerlich-bürgerliche Heinrich in die Burg seiner Ahnen einziehen. Der Skepsis moderner Literatur gegenüber solchem Happy End entspricht es eher, wenn die Erben von dem ihnen plötzlich zugefallenen Stammbaum keinen Gebrauch machen und auf ein ihnen bis dahin missgönntes Glück mit Rücksicht auf andere (W. M. THACKERAY, *The History of Henry Esmond, Esquire* R. 1852), aus Stolz (F. M. DOSTOEVSKIJ, *Unižennye i oskorblënnye/Die Erniedrigten und Be-*

leidigten R. 1861) oder weil es zu spät ist (E. STUCKEN, *Giuliano* R. 1933), verzichten. T. S. ELIOT (*The Confidential Clerk* Kom. 1935), der mit dem aus dem ↑ Ion-Stoff bezogenen Motiv durch Häufung ein ironisches Spiel treibt, macht sich dennoch den sehr alten Effekt zunutze, dass der junge Kolby, der sich wider Erwarten nicht als der uneheliche Sohn seines Chefs erweist, diese Klärung benutzt, um seinen Brotberuf an den Nagel zu hängen und sich der bisher als Liebhaberei betriebenen Musik zu widmen; wieder resultiert also die Klärung des Lebensziels aus der Klärung der Herkunft.

Die Zusammenführung von Familienangehörigen durch die Identifikation des bis dahin Sippenlosen ist in der neueren Literatur zwar häufig eine Nebenfunktion des Motivs, erhält aber nur selten den Hauptakzent. Ein wie ein Tier des Waldes lebendes Findlingsmädchen (J. PÉREZ DE MONTALBÁN, *La Lindona de Galicia* Dr. um 1630) wird ihrer Mutter wiedergegeben und dadurch deren Versöhnung mit dem Vater ausgelöst, dessen Treulosigkeit die Mutter so gekränkt hatte, dass sie ihr Kind aus dem Fenster warf, und auch Römer, illegitimer Sohn des alten Godwi (C. BRENTANO, *Godwi oder das steinerne Bild der Mutter* R. 1801–02), bringt nach der Klärung seiner Abkunft die verlassene Mutter wieder mit dem treulosen Vater zusammen. Einen Versöhnungsbeitrag im weiteren Sinn, nämlich zwischen den Religionen, stiftet auch die Identifizierung des Tempelherrn (G. E. LESSING, *Nathan der Weise* Dr. 1779) als Neffe des Sultans Saladin, der den Christen ahnungsvoll wegen der Ähnlichkeit mit dem eigenen Bruder schonte, und der Pflegetochter des Juden Nathan als einer Schwester des Ritters, eine Aufklärung, die zugleich der Vermeidung eines → Inzests dient. Die Erkenntnis des alten Burggrafen Jobst (V. HUGO, *Les Burgraves* Dr. 1843), dass er ein Bruder des von ihm gehassten Barbarossa ist, befriedet nicht nur ein bedrängtes Gewissen und ein fluchbeladenes Geschlecht, sondern auch den Zwist zwischen dem Vasallengeschlecht und dem Kaiser. Die sich immer wieder geltend machende geheimnisvolle Anziehung zwischen sich noch unbekannten Verwandten veranlasst Mr. Bramble (T. SMOLLETT, *The Expedition of Humphry Clinker* R. 1771), seine reisende »Familie« durch die Anstellung des verarmten Humphry Clinker abzurunden, der sich später als Brambles natürlicher Sohn entpuppt, und den Herzog von Gerolstein (E. SUE, *Les Mystères de Paris* R. 1842–43), der Pariser Unterwelt Fleur-de-Marie zu entreißen, in der er seine Tochter gerettet hat, die allerdings das Grauen der Vergangenheit nicht überwinden kann.

Am häufigsten wird das Motiv in der neueren Literatur mit der Funktion eingesetzt, Hindernisse zwischen zwei Liebenden zu beseitigen. Zu Beginn der Epoche wies ihm daher die in erster Linie dem Thema Liebe gewidmete Pastoraldichtung eine zentrale Stellung zu, und da → Arkadien auf die Antike zurückdeutet, zeigte sich auch wieder die Wahlverwandtschaft zum → Orakel-Motiv. In GUARINIS Musterdrama *Il pastor fido* (1590) kann der Fremdling Mirtillo erst dann die Hand der einem anderen versprochenen Amarilli gewinnen, als in ihm ein Nachkomme des Herkules und damit der für Amarilli bestimmte Ehemann erkannt wird, wodurch dann auch der alten Motivfunktion einer Wiederherstellung der Ordnung Genüge getan werden kann, denn die Vermählung der beiden Götterabkömmlinge erlöst Arkadien von der Pflicht des Menschenopfers. In Sir Philip SIDNEYS ebenso berühmtem Schäferroman *Arcadia* (1590–93) ist das Schicksal der beiden unter fremden Namen auftretenden, des Königsmordes und der Prinzessinnenentführung angeklagten Prinzen, denen erst die Identifizierung den Weg zur Heirat mit den Prinzessinnen frei macht, in ähnlicher Weise mit einem → Orakelspruch verbunden, und SHAKESPEARES Schäferin Perdita (*The Winter's Tale*Dr. 1611) wird durch die Flucht mit Prinz Florizel in das Reich ihres Vaters zurückgebracht, dort dem Orakel gemäß »wiedergefunden«, ihrem Vater und der dadurch mit diesem versöhnten Mutter wiedergegeben und mit Florizel verbunden; die von seiner Quelle, R. GREENES Schäfernovelle *Pandosto* (1588), breit ausgespielte Gefahr eines Vater-Tochter-Inzests tilgte Shakespeare zugunsten einer schattenlosen Wiedervereinigung. Den Schäferinnen steht das romantische Zigeunermädchen Preciosa nicht fern (M. de CERVANTES, *La gitanilla* Nov. 1631), das sich durch Schönheit, Klugheit und Sittsamkeit unter seinen Stammesgenossinnen hervortut und sich dann als die von Zigeunern geraubte Tochter eines Richters erweist, deren Ehe mit ihrem Anbeter nichts mehr im Wege steht.

Diese schon in der antiken Komödie erprobte Aufgabe des Motivs bei der Beseitigung von Ehehindernissen wiederholte MOLIÈRE (*L'Ecole des femmes* Kom. 1662) mit der Lustspiellösung, dass ein armes Mündel sich als Tochter eines wohlhabenden Mannes herausstellt und nun nicht den verliebten → Alten, sondern den Mann ihrer Wahl zum Mann erhält. Neben der Komödie bemächtigt sich vor allem der abenteuerliche, oft pikarisch eingefärbte Roman auch dieser Motivvariante, indem etwa ein sich als Sohn eines Schinders deklassiert fühlender Student (J. BEER, *Teutsche Winternächte* R. 1682) dieses

Odium nur einer Maskerade seines Vaters verdankt und dann doch in die befreundeten Adelskreise einheiraten kann, und von anderen jungen Männern eines Tages der Makel, Bruder eines Dienstmädchens (H. FIELDING, *The History and Adventures of Joseph Andrews* R. 1742) oder Sohn einer Magd (H. FIELDING, *Tom Jones* R. 1749) zu sein, abfällt und sich ihr gesellschaftlicher Status als für die geplante Ehe angemessen erweist. Auch eine Herkunft, die niedriger ist als gedacht, kann den Ehewünschen förderlich sein, wenn sich zu gleicher Zeit herausstellt, dass die Umworbene nicht die legitime, sondern die natürliche Tochter eines Fürsten ist (JEAN PAUL, *Hesperus* R. 1795). SCOTT nutzte auch diese Spielart des Motivs: Der dunkle Fleck illegitimer Herkunft verwandelt sich in den Glanz des legitimen adligen Erben (*The Antiquary* R. 1816), der natürlich seine hohe Herkunft auch durch entsprechende Taten beweist, und die unbekannte Abstammung eines unter Banditen herangewachsenen Mädchens (*A Legend of Montrose* R. 1819) in die bestätigte Geburt als Tochter eines Sir, wenn auch hier die Hochzeitsaussichten durch die Mordtat eines Nebenbuhlers zunichtewerden; ein tragisches Ende, das in R. D. BLACKMORES von *A Legend of Montrose* beeinflusstem Roman *Lorna Doone* (1869) wieder zugunsten einer Überbrückung der Standesgrenzen aufgehoben ist: Nicht ein standesgemäßer Earl, sondern der bei Scott als Nebenbuhler fungierende Bauer erhält – allerdings aufgrund seiner Taten in den Ritterstand erhoben – die Braut. Wenn jedoch der Rivale sich im Zuge der Identitätsenthüllung einer Herzogstochter als deren Bruder erweist, trifft die Heirat des Barons mit der ehemaligen Schauspielerin auf keinerlei Hindernisse mehr (Th. GAUTIER, *Le Capitaine Fracasse* R. 1861–63). Wie hier die Identifikation zur Aufdeckung eines Geschwisterverhältnisses führt, so kann ein etabliertes Geschwisterverhältnis durch das Geständnis der Mutter, dass die Tochter einem Ehebruch entstamme (C. F. MEYER, *Die Richterin* Nov. 1885), aufgelöst, die Furcht vor einem → Inzest hinfällig und die Barriere zwischen Stiefsohn und außerehelicher Tochter beiseitegeräumt werden.

Schon H. v. KLEIST (*Das Käthchen von Heilbronn* Ritterschauspiel 1808) hatte das Motiv in die Sphäre des Märchenhaften, der es legitim angehört, getaucht, wenn Käthchen als Kaiserstochter bestätigt und ihre Verbindung mit Wetter vom Strahl Ereignis wird, die beiden von himmlischen Mächten zugesagt wurde. Indem auch J. NESTROY in seiner sozialkritisch orientierten Posse *Zu ebener Erde und erster Stock* (1835) die Trennung der sozialen Schichten und den Lauf des Schicksals, der die Bewohner des Unterstocks in den ersten aufsteigen und die des ersten in das Untergeschoss absinken lässt, gerade durch den Deus ex Machina eines plötzlich auftauchenden leiblichen Vaters und reichen Erbes für den armen Ziehsohn aus dem Erdgeschoss überbrückt, offenbart sich der Lustspiel- und Märchencharakter des Motivs noch stärker. Schließlich kann das nicht mehr recht glaubwürdige Motiv der Gesellschaftskritik O. WILDES (*Bunbury* Kom. 1895) zum ironischen Versteckspiel mit der Identität dienen, bei dem aus dem Spiel Wirklichkeit wird, sich ein Freund als Bruder seines Freundes entpuppt und damit die für seine Heirat nötige akzeptable Herkunft aufweist.

Während die »glücklichen« Auflösungen unbekannter Herkunft von der modernen Literatur allmählich in die Sphäre des Märchens oder Lustspiels verwiesen wurden, entsprechen solche, die zur Katastrophe, zur Enthüllung von Schande und Verbrechen oder doch zur Sperrung des Weges der betroffenen Person führen, eher der Weltsicht neuerer Autoren. Das Modell des ↑ Ödipus-Schicksals und der Verknüpfung mit einem drohenden oder schon vollzogenen → Inzest zeigt immer wieder seine prägende Kraft. In zwei Dramen CALDERÓNS begegnet der von der eigenen Abkunft nichts ahnende, strafbar gewordene Jüngling, der sich in ein Räuberleben geflüchtet hat und in seine ihm als solche unbekannte Schwester verliebt ist. Der eine, Don Lope in *Las tres justicias en una* (1636/37), ohrfeigt im Zorn seinen vermeintlichen Vater und wird deswegen vom König gerichtet, der andere, Eusebio in *La devoción de la cruz* (1634), tötet seinen Bruder im Duell und wird zwar nicht von seinem eigenen rächenden Vater, aber von dessen Parteigängern getötet; er findet jedoch durch das erlösende Kreuz, in dessen Zeichen er geboren wurde, Vergebung. Noch ehe diese calderónschen Elemente bei der Konstituierung des deutschen Schicksalsdramas wirksam wurden, verarbeitete im 18. Jahrhundert J. G. B. PFEIL einen verwandten Plot in seinem bürgerlichen Trauerspiel *Lucie Woodwill* (1756), dessen Heldin als Findelkind im Hause ihres Vaters lebt, der seine wahre Beziehung zu ihr nicht zu gestehen wagt, und ihn durch Gift aus dem Wege räumt, als er ihre Ehe mit seinem Sohn, ihrem Halbbruder, von dem sie ein Kind erwartet, verhindert: Sein Testament bringt mit der Erklärung ihrer Herkunft die Einsicht in begangenen → Inzest und Vatermord, die nun noch den Selbstmord auslöst. Wird hier die Verstrickung als Strafe für moralische Vergehen gesehen, so macht sich in R. Ch. Guilbert de PIXÉRÉCOURTS *Victor ou l'enfant de la forêt* (1798) bereits das Fatalistische des Schicksalsdramas geltend, während die Verknüpfung mit dem Motiv des gerechten → Räubers zugleich den Anschluss an CALDERÓN herstellt; allerdings werden hier nicht Verbrechen des Findlings enthüllt, sondern die Entdeckung, dass sein Vater ein Räuberhauptmann ist, versperrt ihm den Weg zur Ehe mit der Tochter eines Freiherrn. Umso unerbittlicher führt dann in A. MÜLLNERS exemplarischem Schicksalsdrama *Die Schuld* (1813) die allmähliche Aufdeckung der Familienzugehörigkeit den Grafen Oerindur zur Erkenntnis der vorausbestimmten Schuld des Brudermordes, die nur durch selbstgewählten Tod gesühnt werden kann. Deutlich von CALDERÓNS zuvor erwähnten beiden Dramen und in der düsteren Atmosphäre auch von MÜLLNER abhängig, kombiniert F. GRILLPARZER (*Die Ahnfrau* Tr. 1817) den in Selbstausrottung gipfelnden Familienfluch mit dem als → Räuber aufgewachsenen, sich der Herkunft nicht bewussten Helden, der die Schwester liebt, die sich nach Aufklärung ihrer Lage vergiftet, und den ihn verfolgenden ritterlichen Vater tötet, um nach Erkenntnis seiner Verbrechen die Seele in den Armen der Ahnfrau auszuhauchen. Das Moment des verfluchten Geschlechts, dessen Verbrechen schließlich in einem letzten Verwandtenmord enden, klingt auch in V. HUGOS Tragödie *Lucrèce Borgia* (1833) an, in der Gennaro, dem seine ihm unbekannte Mutter ein Idol ist, die ihm verhasste Lucrezia Borgia, die seine Kameraden vergiftete, ersticht und von der Sterbenden erfährt, dass sie seine Mutter und er Frucht eines → Inzests ist. Die in einer Reihe von Fällen genutzte Möglichkeit, Liebende als Geschwister zu demaskieren, sie auf diese Weise aus einer → Nebenbuhlerschaft auszuschalten und den → Inzest abzuwenden (R. BROME, *The Love-sick Court* Dr. um 1632; G. E. LESSING, *Nathan der Weise* Dr. 1778; JEAN PAUL, *Hesperus* R. 1795; Th. GAUTIER *Le Capitaine Fracasse* R. 1861–63), kann bei einem zu reibungslosen Übergang von Liebesleidenschaft zu Geschwisterliebe als etwas billiges Mittel der Konfliktbeseitigung wirken. Kommt diese Enthüllung zwar zeitig genug, um den Inzest, nicht aber den Brudermord aus Eifersucht zu verhindern, wie in SCHILLERS *Die Braut von Messina* (Dr. 1803), so dient sie auch hier der fatalistischen Besiegelung einer vorausbestimmten Familientragödie, deren schuldlose, zu spät über ihre Herkunft aufgeklärte Veranlasserin Beatrice weder dem geliebten Manuel noch dem ungeliebten Cesar rein geschwisterliche Gefühle entgegenzubringen vermag.

Auch unter ein nicht schuldbeladenes, aber doch kaum mehr tragbares Dasein kann die Enthüllung der Herkunft eine Art von

Schlussstrich setzen. Der von Lebensekel erfüllte, pessimistische Ich-Erzähler der neuerdings A. KLINGEMANN zugeschriebenen *Nachtwachen* (»Von Bonaventura«, R. 1804) erfährt schließlich, dass er von einem Alchemisten mit einer Zigeunerin im Beisein des Teufels gezeugt wurde, als sich sein Vater gerade der Hölle verschwor, wodurch sich ihm das Bewusstsein einer sinnlosen Existenz bestätigt, und der kränkliche junge Majoratsherr (A. v. ARNIM, *Die Majoratsherren* Erz. 1819) muss hören, dass er nur ein untergeschobenes Kind ist, dem Titel und Reichtum zu Unrecht gehören, und dass die rechtmäßige, als Kind eines Juden aufgewachsene Erbin dem Tod verfallen ist, dem er sich dann auch ausliefert. Auch Pompilia Comparini (R. BROWNING, *The Ring and the Book* Verserz. 1868/69) ist ein wegen einer Erbschaft untergeschobenes Kind, dem das Geständnis der vorgeblichen Mutter die endgültige Zerstörung der Ehe und schließlich den Tod von der Hand des sich betrogen glaubenden Gatten einbringt. Zu spät erreicht die als Kind von Zigeunern geraubte, als Hexe verurteilte Esmeralda (V. HUGO, *Notre-Dame de Paris* R. 1831) die Mutterliebe der Büßerin und früheren Dirne, die zusammen mit der gerade wiederentdeckten Tochter umkommt.

Die literarischen Behandlungen des berühmtesten Findlingsfalles der neueren Geschichte, Kaspar ↑ Hausers, setzen bereits im Jahr nach seinem Tod (1833) mit kolportagehaften Werken ein und wurden im Laufe des 19. und 20. Jahrhunderts zu einem vielbehandelten Stoff, in dem Hauser mehr als bemitleidenswertes Opfer und seine Gegner als die treibenden Kräfte der Handlung erscheinen, die Aufklärung seiner Herkunft gemäß der historischen Wirklichkeit ausbleibt, aber etwaige Thesen einer geheimnisvollen hohen Abkunft aus dem badischen Fürstenhaus nur zu seinem Untergang beitragen, weil die Gegenkräfte den unliebsamen »Prinzen« aus dem Wege räumen oder weil überspannte Hoffnungen den labilen Charakter des Findlings verderben. Andererseits konnte das Motiv in dieser Verkörperung Symbolcharakter annehmen. Die dem Findling zudiktierte Herkunft kann auch im Widerspruch zu einer bisher eingenommenen Haltung des Betroffenen stehen und ihm dadurch die Zukunft verbauen: Demetrius (SCHILLER, *Demetrius* Dr.-Fragm. 1804/05) verliert die innere Sicherheit, mit der er den Thronanspruch vertrat, als ihm klar wird, dass er einem Betrug zum Opfer fiel; der Guelfenanhänger Sordello (R. BROWNING, *Sordello* Verserz. 1840) geht an den seelischen Kämpfen zugrunde, in die ihn die Erkenntnis, Sohn seines Gegners, des Ghibellinen und Unterdrückers Salinguerra zu sein, stürzt; Oswald Stein (F. SPIELHAGEN,

Problematische Naturen R. 1861/62) findet, zwischen bürgerlich-liberaler Überzeugung und der ihn doch faszinierenden illegitimen adligen Abkunft schwankend, den Tod auf den Barrikaden von Berlin; der in sein Erbe als Sohn eines Lords eingesetzte, infolge einer Verstümmelung stets lachende Gaukler (V. HUGO, *L'homme qui rit* R. 1869) wird von seinen Standesgenossen verspottet, kehrt zum fahrenden Volk zurück und ertränkt sich, als die Freude über seine Wiederkehr seine blinde Geliebte getötet hat; das außerehelich geborene Mädchen Leni (L. ANZENGRUBER, *Der Schandfleck* R. 1876) büßt in der Fremde den »Schandfleck« ihrer Herkunft, tilgt ihn aber durch tätige Liebe, und Don Lorenzo (J. ECHEGARAY Y EIZAGUIRRE, *O locura o santidad* Dr. 1877) verzichtet, als eine Magd sich ihm als Mutter zu erkennen gibt, auf Titel und Besitz, obgleich die Entsagung niemandem nützt und er die Verlobung der geliebten Tochter lösen muss, und nimmt es auf sich, von seiner Familie in eine Irrenanstalt eingewiesen zu werden. H.-U. TREICHEL hat sich in *Der Verlorene* (1998) dem Motiv genähert, sich primär aber der vergeblichen Suche der Eltern zugewandt, während der Bruder das Wiederauftauchen des Verlorenen fürchtet, diesen Bruder aber dann mit *Menschenflug* (R. 2005) in den Mittelpunkt der Herkunftshoffnungen stellt, unter deren Vergeblichkeit er zusammenbricht.

P. Saintyves, Les vierges mères et les naissances miraculeuses, Paris 1908; O. Rank, Der Mythos von der Geburt des Helden, 1909; A. Hähnle, Gnorismata, Diss. Tübingen 1929; M. Delcourt, Stérilités mystérieuses et naissances maléfiques dans l'antiquité classique, Liège 1939; S. Freud, Moses und der Monotheismus, 1939, erneut: Der Mann Moses und die monotheistische Religion, 1964.

Herrscher, Der beschämte

Das literarische Motiv des beschämten Herrschers setzt die Vorstellung voraus, dass der Regent im Namen einer höheren Instanz handele, dieser verantwortlich sei, deshalb in Bezug auf Strafverfolgung Immunität genieße, vor allem aber dem Zugriff persönlicher Rache entzogen sei. Missbraucht er die Macht, die ihm verliehen ist, in einem weite Kreise betreffenden unerträglichen Ausmaß, so bleibt als Gegenwehr die seit der Antike diskutierte, in ihren Voraussetzungen immer neu definierte Möglichkeit des Tyrannensturzes und → Tyrannenmordes. Überschreitet er seine Machtbefugnisse aber nur in vereinzelten und nur gegen bestimmte Personen gerichteten Fällen, so bleibt den Betroffenen und den kritisch Beobachtenden ein je nach der Verfassung des Landes mehr oder minder großes Widerstandsrecht, das sich, da die Person des Herrschers immer geschützt bleibt, nur in einer Art passiven Widerstandes oder im offenen, warnenden Wort sowie in richtungweisender Tat äußern kann. Tatsächlich kennt die Geschichte Fälle, in denen das beispielgebende Verhalten eines Gegenspielers absichtlich oder zufällig eine Selbstkritik des Herrschers herbeiführte. In der Dichtung hat sich dieses Spannungsverhältnis in ein Motiv umgesetzt, bei dem der Gegner des Herrschers nicht nur um des selbst erlittenen Unrechts willen, sondern um einem Ausarten des Regimes in → Tyrannei vorzubeugen und seine Mituntertanen zu schützen, durch ein im rechten Augenblick angebrachtes freies Wort der Kritik oder durch unerschrockene Handlungen den Fürsten beschämt, zur Einsicht in seine Fehler und zur Reue bringt und möglicherweise eine Wiedergutmachung und Wiederherstellung der Ordnung vorbereitet. Die Aktion kann sowohl durch inhumane Behandlung von Gegnern wie durch Übergriffe auf Recht und Besitz der Untertanen wie schließlich durch Missbrauch der Macht gegenüber Mädchen und Frauen ausgelöst werden.

In der klassischen Antike galt, obgleich auch die Götter als Wächter über Recht und Unrecht der Herrschenden angesehen wurden, in erster Linie das Volk als die Instanz, in dessen Namen der Herrscher regierte und dem er verantwortlich war. Daher wurde von dem rechtmäßigen, vom Volk gewünschten und eingesetzten Herrscher der »Tyrann« abgehoben, der die Herrschaft eigenmächtig an sich gerissen hat. Der Begriff »Tyrann« wurde ursprünglich ohne moralische Bewertung gebraucht, aber dann in der griechischen Poliszeit und bei den Philosophen des 4. vorchristlichen Jahrhunderts zunehmend mit den negativen Zügen eines Usurpators ausgestattet und als Bild eines Wüterichs ausgemalt, dessen Wesen von der Reziprozität von Furcht und Hass geprägt ist und dem keine Teilhabe an der Humanität zugebilligt wird. Gegenspieler und Belehrer in antiken Tyrannen-Erzählungen ist häufig ein Weiser, der aber durchaus nicht immer zum Ziel gelangt: Neben Hieron steht der Dichter Simonides, neben Dionysios Plato oder ein anderer Sokratiker, neben Nero der Philosoph und Dichter Seneca, der als politisch Verdächtiger auf Befehl des Tyrannen Selbstmord beging. Zum Musterbeispiel einer Tyrannenbeschämung entwickelte sich im Altertum die auf dem Humus der pythagoreischen Gemeinschafts- und Freundschaftsethik gewachsene, zuerst von Aristoxenos von Tarent (4. Jh. v. Chr.) als Erlebnisbericht des vertriebenen Tyrannen Dionysios d. J. selbst referierte Geschichte von dem → Freundschaftsbeweis zweier Pythagoreer, deren einem, Pinthias (später Pythias), man einen Mordanschlag auf Dionysios unterstellte und ihn trotz seiner Unschuldsbeteuerungen zum Tode verurteilte, weil die zweifelnden Höflinge die vielgepriesene Verbundenheit der Pythagoreer prüfen wollten, die sich tatsächlich erwies, als der zwecks letzter Verfügungen gegen Stellung seines Freundes ↑ Damon als Bürgen Beurlaubte wider Erwarten pünktlich zurückkehrte und den an seiner statt dem Tod verfallenen Freund auslöste. Den angeblichen Verbrecher und seinen Bürgen habe Dionysios am Schluss umarmt, geküsst und gebeten, ihn als Dritten in ihren Freundschaftsbund aufzunehmen, wozu sich die Freunde jedoch nicht hätten bewegen lassen. Bei CICERO (*Tusculanae disputationes* und *De officiis* 45 und 44 v. Chr.), der die Geschichte auf Dionysios I. übertrug, fehlt dann die eine völlige Versöhnung blockierende ablehnende Schlussantwort, der bei DIODOROS SICULUS (1. Jh. v. Chr.) an die Stelle eines fingierten tretende wirkliche Mordversuch erweitert die Kluft zwischen dem Tyrannen und seinen Gegnern und lässt Beschämung und Versöhnung als umso tiefgreifender erscheinen, VALERIUS MAXIMUS (1. Jh.) schliff die Erzählung auf die Tyrannenbekehrung zu, die dann in der 257. der *Fabulae* des HYGIN (2. Jh.?) jene mit der Bitte des beschämten Tyrannen abbrechende, aber doch wohl eine positive Antwort involvierende Form erhielt, in der sie durch SCHILLERS (*Die Bürgschaft* Ballade 1798) pointiertere Formulierung berühmt wurde.

Handelt es sich bei diesem griechischen Exemplum um die Beschämung des Herrschenden durch vorbildliche Haltung der nicht nur politischen, sondern auch weltanschaulich-philosophischen Gegner, so bietet das *Alte Testament* zwei ebenso eindrucksvolle, in der christlichen Literatur nachwirkende Beispiele für die Beschämung des Herrschers wegen Machtmissbrauchs gegenüber den Frauen und gegenüber dem Eigentum seiner Untertanen, wobei in Rechnung zu stellen ist, dass die Frau zum Eigentum zählte, also auch hier der Akzent auf dem Unrecht gegenüber dem Mann als dem Besitzer liegt. Bei den Hebräern herrschte die dann vom Christentum übernommene Vorstellung, dass weltliche Macht von Gott gegeben, der Herrscher daher Gott Rechenschaft schuldig und fürstliche Anmaßung Überhebung gegenüber Gott sei. Als König ↑ David (*2. Samuelis* 11,12) das Weib seines Soldaten Uria begehrt und mit ihr die Ehe bricht, vergeht er sich gegen das zehnte und das sechste Gebot, und als er, nachdem es ihm nicht gelungen ist, dem Uria die Vaterschaft des von Bathseba erwarteten Kindes zuzuschieben, den berühmt gewordenen Uriasbrief schreibt, nach dem Uria in die vorderste Schlachtreihe gestellt und dann im Stich gelassen werden soll, verstößt er gegen das fünfte Gebot. Die Beschämung des skrupellosen Monarchen erfolgt durch den Propheten Nathan, der David erzählt, wie der reiche Mann zur Bewirtung seiner Gäste dem Armen das einzige Schaf wegnahm und schlachten ließ, und der auf das entrüstete Urteil Davids, der reiche Mann sei des Todes schuldig, mit seinem »Du bist der Mann« den König erkennen lässt, dass er über sich selbst gerichtet habe. David bereut und büßt mit dem Verlust des von der nunmehr unter seine Frauen aufgenommenen Bathseba geborenen Kindes. Einfacher, aber vielleicht typischer ist die Geschichte von König Ahab (*1. Könige* 21), der Naboths Weinberg besitzen möchte, ihn aber weder durch Kauf noch durch Tausch seinem Besitzer abzuhandeln vermag. Als der König sich dann durch eine Intrige seiner Frau, die Naboth verleumden und steinigen lässt, doch in den Besitz des Weinbergs gesetzt hat, redet ihm der Prophet Elia ins Gewissen und kündigt ihm die Strafe Gottes an, sodass Ahab sich zu Reue und Buße bekehrt und dadurch Gott so weit versöhnt, dass die angedrohte Strafe, der Verlust der Herrschaft, erst an des Königs Nachfolgern vollzogen wird.

Unter dem christlichen Aspekt der Verantwortung des Herrschers vor Gott ist diejenige Überhebung des Herrschers die verdammenswürdigste, die sich gegen Gott selber richtet, die vielzitierte Sünde der Superbia, deren Behandlung dem Epos *Der gute Gerhard* (1220/25) von Rudolf von Ems einen so einzigartigen Charakter verleiht. Der Rahmenhandlung mit dem überheblichen Gebet Kaiser Ottos I., Gott möge ihn zum Lohn für seine Gründung des Erzbistums Magdeburg den ihm bestimmten Platz im Himmel schauen lassen, und der Warnung des Himmelsboten vor um den Lohn der Tat bringender Überhebung sowie dem Hinweis auf die vorbildliche Demut des Kaufmanns Gerhard in Köln steht in der Binnenhandlung die dem sich bescheiden sträubenden Kaufmann durch den kaiserlichen Besucher abgeforderte und im Auftrag Gottes erzählte Lebensgeschichte des Mannes gegenüber, der eine Reihe Gott wohlgefälliger Werke ausführte, ohne dafür Ruhm und Lohn anzustreben, sodass der Herrscher sich vor der Tugend des Bürgers beugen muss.

Wenn hier zu einem sehr frühen Zeitpunkt zwar noch nicht Bürgerstolz vor Fürstenthronen, sondern eher Bürgerdemut gegen fürstlichen Hochmut ausgespielt wird, so liegt doch die für das Mittelalter bezeichnendere Situation bei dem Gegensatz zwischen dem auf sein Recht bis zu dem des Widerstandes pochenden Vasallen und dem das Recht brechenden Monarchen, wobei die Stellungnahme mittelalterlicher Autoren merkwürdig zwischen der Sympathie für den sich trotzig wehrenden → Rebellen und dem Respekt vor der unantastbaren Person des Monarchen schwankt, der oft beschämend genug handelt, ohne dass ihm eine ausgesprochene Beschämung zuteil wird. Das wohl älteste Beispiel dafür ist die wahrscheinlich Mitte des 12. Jahrhunderts entstandene Chanson de geste *Renaud de Montauban*, von der deutsche Übersetzungen des späten 15. Jahrhunderts vorliegen und die dann als Volksbuch *Die vier Haimonskinder* (1604) große Verbreitung erlangte. Trotz der beschämenden Taten, deren sich Kaiser Karl hier gegenüber seinen vier jungen Vasallen schuldig macht – die ihm allerdings den hoffärtigen Sohn (in anderen Fassungen Neffen) erschlugen –, kommt es nur zu einer einzigen wirklichen Beschämung des Herrschers, die der einleitenden Auseinandersetzung mit dem Vater Haimon angehört: Für Haimons Neffen Hug, den Karl im Zorn wegen einer verzeihlichen Keckheit erschlägt, leistet der Herrscher nicht die notwendige Buße, sondern verbannt den ihm mit Waffengewalt entgegentretenden Haimon, sodass dieser in die Wälder flieht, lange Jahre als → Outlaw lebt und dem Land großen Schaden zufügt, bis die Vasallen den Kaiser zwingen, sich zu einer Bußzahlung für den Getöteten zu verstehen, und »wüllen und barfuß« bei dem gekränkten Haimon Abbitte zu leisten. Lope de VEGAS nach dem Stoff gearbeitetes Drama *Las pobrezas de Reynaldos* (um 1604) ist im Gegensatz zur Tradition geradezu darauf zugeschnitten, den misstrauischen Kaiser durch die Heldentaten, die Reynaldos unerkannt gegen die Sarazenen vollbringt, zu beschämen. Zu den Beispielen des für die Karlssage typischen Motivs des aufsässigen Vasallen, das sich in der Spätzeit stärker zuungunsten des Herrschers färbte, gehört das frankoitalienische Epos *Huon d'Auvergne* (um 1341), in dem Karl Martell die Rolle des Regenten zufällt, der in Huons Frau verliebt ist und diesem, wie David dem Uria, einen lebensgefährlichen Befehl erteilt, nämlich einen → Unterweltsbesuch zu wagen und Luzifer tributpflichtig zu machen, aber wider Erwarten Huon als Sieger heimkehren sieht und sich nun selbst zu seiner Demütigung einer Höllenfahrt unterziehen muss. Auf eine Chanson de geste geht letztlich auch der deutsche Prosaroman *Loher und Maller* (1430/37) der ELISABETH VON NASSAU-SAARBRÜCKEN zurück, in dem die Situation des beschämten Herrschers gleich an zwei Fürsten demonstriert wird, an Ludwig von Frankreich, der bereut, seinen Vasallen Isenbart auf eine Verleumdung hin verbannt zu haben, und ihm Versöhnung anbietet, und an dem Kaiser von Konstantinopel, der sich durch falsche Ratgeber gegen den ehrenhaften Loher, seinen Schwiegersohn, einnehmen lässt und ihn schließlich kniefällig um Verzeihung bittet. Das gleiche Motiv in der englischen Literatur ist vor dem Hintergrund der *Magna Charta* (1215) zu sehen, die das Widerstandsrecht gegen die königliche Gewalt festlegte, aber auch genau umgrenzte und ein gegenseitiges Aufeinanderangewiesensein konstituierte. So sieht Wilhelm I. (*Gesta Herwardi* lat. R. 1224/50) zu spät ein, dass er in dem zu Unrecht verbannten Ritter Herward einen wertvollen Vasallen verloren und sich einen gefährlichen Gegner eingehandelt hat, und gewährt ihm Frieden, wobei ein kluger Gefolgsmann den Räten die Schuld zuschiebt und dem König so die ärgste Beschämung erspart, und König Johann (*Fauke Fitz Warin* R. 1256/64) sieht sich beschämendem Spott ausgesetzt, als der um sein Lehen betrogene, zu Unrecht geächtete und deshalb aufständische Ritter Fulk mit einem gefangenen Kämpfer des Königs die Rolle tauscht und ihm diesen als besiegten und geknebelten »Fulk« zuschickt, der um ein Haar das Opfer einer ungerechtfertigten und von den Vasallen widerratenen Hinrichtung wird. Der König demütigt sich erst zur Zusicherung von Recht und Frieden, als er zum zweiten Mal in Fulks Gefangenschaft geraten ist. Auch bei den englischen Motivvarianten spürt man die Sympathien für die → Rebellen und ihren rechtmäßigen bewaffneten Widerstand und die Kritik an den königlichen Rechtsbrechern, ohne dass die erstrebte Wiederherstellung des Rechts auf Umsturz oder → Tyrannenmord abzielte. Nicht den Besitz des Gefolgsmannes, sondern seine Ehre tastet in den südslawischen *Liedern von der Schlacht auf dem Amselfeld* der Fürst an, als er am Abend vor der Schlacht Zweifel an der Treue des Miloš Obilič äußert und ihn dadurch veranlasst, um den Preis seines Lebens seinen Herrn eines Besseren zu belehren, ins türkische Lager zu gehen und Sultan Murad zu töten. Ähnliche Selbstvorwürfe bemächtigen sich eines Sultans in dem *Lied vom Königssohn Marko und dem Raubritter Musa*, als er den von ihm eingekerkerten und totgeglaubten Marko herbeiwünscht, weil nur er das Land von der Raubritterplage erlösen könne, was der irrtümlich Totgesagte dann auch triumphierend tut: Der Monarch ist auch hier auf die Hilfe des Feudalherrn angewiesen.

Schon bezüglich des *Huon d'Auvergne* wurde das Modell von ↑ Davids Sündenfall erwähnt, das sich im ausgehenden Mittelalter und in der frühen Neuzeit in den Vordergrund schob. Im Gegensatz zu der passiven, verführbaren Bathseba entwickelt sich jedoch nun die begehrte Frau zu einer selbständigen Partnerin, der die Rolle der Beschämenden besonders angemessen ist. Die leidenschaftlichen Bemühungen des verheirateten ↑ Eduard III. um die gleichfalls – und zwar mit einem Freund des Monarchen – verheiratete Gräfin Salisbury, von denen der Zeitgenosse J. FROISSART (*Chroniques de France* 2. Hälfte 14. Jh.) nur berichtet, dass sie am Widerstand der schottischen Schlossherrin, deren Mann sich in französischer Gefangenschaft befand, scheiterten, wurden von M. BANDELLO (*Novelle* II, 37; 1554) um die Fortsetzung der Werbung in London erweitert, bei der beide Beteiligten verwitwet sind und der König den – dieser Zumutung nur gezwungen folgenden – Vater der Gräfin um Vermittlung bittet. Die nur scheinbar nachgebende Gräfin bittet den König jedoch bei ihrer Zusammenkunft, ihr die Ehre zu lassen oder sie mit seinem Degen zu töten, andernfalls sie sich mit einem Dolch das Leben nehmen werde, worauf sie der König, von so viel Tugend und Mut beschämt, zu seiner Gemahlin erhebt. Einen motivverwandten, an den deutschen Kaiser Otto III. geknüpften Plot bietet Bandello in *Novelle* I,18, auch hier mit einem – allerdings töricht-unehrenhaft seinen Vorteil suchenden – Vater als Mittler, dem die Tochter zornig antwortet, dass nur der Mann ihr Herr sein könne, der sie heirate, wodurch sie den König zur Selbstüberwindung bringt, von ihm mit seinem Kämmerer vermählt und fortan gemieden wird. In einer orientalischen Motivvariante (*Geschichte von dem König und der Frau seines Wesirs* in *Tausendundeine Nacht* 8.–16. Jh.) wird die Beschämung durch die Klugheit der Frau herbeigeführt, die dem ungebetenen Besucher, während sie ihm ein Mahl bereitet, ein Buch mit Anweisungen zur Sittlichkeit in die Hand gibt und ihm dann ein Essen vorsetzt, dessen 90 Gerichte zwar verschieden aussehen, aber alle gleich schmecken, und von dem sie auf des Königs Frage erklärt, die 90 Gerichte bedeuteten die 90 Mädchen, die er in seinem Schloss habe und die verschieden aussähen, deren Küsse aber gleich seien; der Monarch versichert dem heimgekehrten Wesir, dass der »Löwe« in seinem »Garten« keinen Schaden angerichtet habe. Eine Beschämung ganz anderer Art erfährt ein Träger geistiger Macht, der Papst, wenn er in der Sage von ↑ Tannhäuser erleben muss, dass der dürre Stab sein Verdammnisurteil über den Sünder widerlegt, indem er sich begrünt.

Von der italienischen Novellistik führen Fäden hinüber zur klassischen spanischen Dramatik, die sich gerade in einer Zeit zunehmender Machtstellung des Königs entwickelte. Dem nunmehr absoluten

Monarchen konnte für ein erfahrenes Unrecht nicht mit gleicher Münze heimgezahlt werden, daher kam seiner Beschämung, der Weckung seiner Einsicht in seine Missgriffe, als literarisches Motiv besondere Bedeutung zu. Lope de VEGA hat besonders in seinen jüngeren Jahren diese sich stabilisierenden Vorstellungen an verschiedenen – häufig nichtspanischen – Fürsten deutlich gemacht, wobei entsprechend den spanischen Ehe- und Ehrbegriffen der betroffene Ehemann als Mit- oder Hauptbeleidigter wieder stärker ins Spiel tritt. Wie Lope den Konfliktstoff mehrt, um ihn schließlich in Selbstüberwindung und Beschämung aufzulösen, zeigt die Umsetzung von BANDELLOS *Novelle* I,18 in das Drama *La mayor victoria* (1615/24): Nicht ein töricht-gewinnsüchtiger, sondern ein Vater von der Gesinnung des Römers Virginius überbringt seiner Tochter die Forderung des Königs, und aus der zur Belohnung der Frau erdachten Verheiratung wird die Ehestiftung mit einem Mann, von dem der Kaiser sich mehr Willfährigkeit verspricht, an dessen Charakterfestigkeit er aber ebenso scheitert wie an der des Vaters, sodass er sich beschämt überwindet und das Paar ohne Hintergedanken zusammengibt. Dieses wahrscheinlich frühe Drama dürfte eine Art Vorlage zu dem in reiferen Jahren entstandenen *Si no vieran las mujeres* (1633) gebildet haben, in dem die Rolle des Vaters geschrumpft ist und der heimlich Verlobte bei Isabella den Vermittler für den Kaiser spielen soll, der von seinen unwürdigen Absichten erst zurücktritt, als ihn eine durch die Selbstmorddrohung Isabellas ausgelöste scheinbare Gemütsverwirrung Federicos Einblick in die Zusammenhänge gewinnen lässt. Eine mit diesen beiden Dramen verwandte Ausgangssituation weist *La corona merecida* (1603) auf, worin Lope, eine volkstümliche, an ↑ Pedro den Grausamen geknüpfte Anekdote auf Alfons VIII. übertragend, die heroische Tat einer Frau in den Mittelpunkt stellte, die trotz der zu ihrem Schutz geschlossenen Ehe den Nachstellungen des Königs nur dadurch entgehen und ihren Mann nur dadurch aus der Haft befreien kann, dass sie dem sie besuchenden Bedränger mit Brandwunden bedeckt entgegentritt, die sie sich mit einer Fackel beigebracht hat. Der in *La mayor victoria* und *Si no vieran las mujeres* durch den Widerstand der Frau herbeigeführte Verzicht des Monarchen und seine Einwilligung in deren Ehe wiederholt sich in dem Stück *La niña de plata* (1617), die Heilung einer durch des Königs Werben bedrohten Ehe in *La batalla del honor* (1608), wo eine tatsächliche Sinnesstörung des Ehemanns den König zur Einsicht bringt und ihn zur Erstickung jeden Verdachts um die Hand der Schwester des Verzweifelten anhalten lässt, sowie in *Don Lope de Cordona* (1617), dessen intrigenreiche Handlung den verliebten Infanten schließlich von seiner Fährte ab- und in die Arme einer Prinzessin führt und ihm so Gelegenheit zu Einsicht und Wiedergutmachung gibt. Während das frühe Drama *La resistencia honrada* (vor 1604) den folgerichtigen tragischen Ausgang mühsam dadurch umgeht, dass der durch den Widerstand der Frau und späteren Witwe belehrte König ihr die Ehe verspricht und diese die von ihr nicht als Glück empfundene Verbindung und Erhöhung aus Gehorsam gegen den letzten Wunsch ihres toten Gatten akzeptiert, gab Lope in *La estrella de Sevilla* (um 1617), seiner besten Gestaltung des Motivs, der Logik des Sujets nach und ließ die Liebenden verzichten, nachdem der König, der den Bruder und Ehrschützer Estrellas durch dessen Freund und künftigen Schwager hat umbringen lassen, schließlich seine Schuld vor Gericht bekennt und den loyal schweigenden Vollstrecker seines Willens vor dem Todesurteil gerettet und ihn mit der umworbenen Estrella verlobt hat.

Die Motivvariante wurde von Lopes Nachahmern und Nachfolgern geschickt ausgebaut. Es war vom Plot her gegeben, dass auch Bandellos Novelle um ↑ Eduard III. und die Gräfin Salisbury, wenn auch wohl in bereits veränderter Form, Eingang in die dramatische Gattung fand und bei Calderón (*Amor, honor y poder* 1633) mit der effektvollen Dolchszene und anschließender Heirat endet. Beschämung kann jedoch nicht nur durch Drohung, sondern auch durch unerwartete Großzügigkeit ausgelöst werden, so wenn einem Thronfolger (A. Martínez de Meneses, *Pedir justicia al culpado* Mitte 17. Jh.), der sich unerlaubter Bedrängung einer verheirateten Frau schuldig weiß, durch des Vaters Thronverzicht seine eigene Unwürdigkeit so klar wird, dass er die Krone ablehnt und sich zur Teilnahme an einem Maurenfeldzug verurteilt. In anderen Fällen ist ein Monarch durch die aus seiner Leidenschaft hervorgegangenen Gewalttaten so ins Unrecht gesetzt, dass er weder den unerlaubt heimkehrenden argwöhnischen Gatten für seine Insubordination und die Tötung einer kupplerischen Sklavin zur Rechenschaft ziehen (G. de Cuéllar, *Cada cual á su negocio* Mitte 17. Jh.) noch Aufklärung des Todes eines von ihm selbst erstochenen Zeugen seiner Absichten fordern kann, als er sich von dem klugen Richter bereits in effigie verurteilt sieht (J. C. de la Hoz y Mota, *El montañés Juan Pascual y primer asistente de Sevilla* Mitte 17. Jh.); er muss in diesen Fällen den untadeligen Ehepaaren alle Ehren erweisen, auch wenn ihn Racheabsichten gegen die ihn verschmähende Frau bereits zu überstürzten Anordnungen hingerissen haben (A. de Claramonte, *De este agua no beberé* Mitte 17. Jh.). Wie bei Hoz y Mota und Claramonte ist in dem Lope de VEGA und anderen zugeschriebenen Drama *El Rey Don Pedro en Madrid ó el infanzón de Illescas* (1633), das A. MORETO Y CABAÑA als *El valiente justiciero* (1657) bearbeitete, ↑ Pedro der Grausame der Herrscher, dem das gewaltsame Vorgehen angelastet wird und dessen Beschämung hier die größte Symbolkraft erreicht: Er will einen Edelmann bestrafen, der ein Bauernmädchen verführt und dann seinem Freund die Verlobte geraubt hat, und muss von dem Schuldigen den Vorwurf hinnehmen, dass sein eigenes Liebesbündnis mit María de Padilla auch durch Gewalt zustande kam; während er als Eiferer für die Gerechtigkeit auftritt, weist ihn der mehrfach erscheinende Geist eines Priesters, den er erschlagen hat, darauf hin, dass er selbst vor ein unsichtbares höheres Gericht zitiert worden ist.

Im 18. Jahrhundert traten die Gestaltungen des Motivs hinter das Vorzeichen der Kritik am Absolutismus. Noch immer stand zunächst der Machtmissbrauch des Fürsten gegenüber Frauen im Vordergrund. Der als eine Art kritischer Fürstenspiegel aufzufassende Roman *Der redliche Mann am Hofe* (1740) von J. M. v. LOËN zeigt die moralische Überwindung des Fürsten durch den »redlichen« Grafen von Rivera, den er als Rivalen gefangen setzte und in den Krieg schickte, indem ihm von diesem nicht nur zu körperlicher und geistiger Genesung sowie zu einer passenden Heirat verholfen, sondern auch eine Staatsreform unterbreitet wird. In ähnlicher Weise beugt sich der Prinz in Ch. F. GELLERTS *Leben der schwedischen Gräfin von G…* (R. 1747/48), der sich die Gräfin gefügig machen und deswegen ihren Mann aus dem Wege räumen wollte, schließlich vor der vornehmen Gesinnung des Grafen und bittet ihn um seine Freundschaft, deren dieser ihn noch auf dem Totenbett versichert. Auch der König Fernandez F. M. KLINGERS (*Der Günstling* Dr. 1787), dem für den Treubruch an seinem Freund, dem er die Braut verführte, aufgrund seiner Reue mit Rettung vor einer Verschwörung statt mit Rache gelohnt wird, ist in diese Reihe bekehrter Herrscher zu stellen, während der Prinz in LESSINGS *Emilia Galotti* (Dr. 1772) sich zwar durch die Folgen seines gewaltsamen Vorgehens betroffen zeigt, aber sich doch gleich in die beschönigende Ausrede flüchtet, dass Fürsten Menschen seien und außerdem noch von teuflischen Freunden beraten würden.

Die Motivvariante der Beschämung eines Monarchen wegen Machtanmaßung gegenüber einer Frau macht seit dem späten 18. Jahrhundert wieder der politisch gewichtigeren wegen Übergriffs auf Recht und Eigentum der Untertanen Platz. Sicher ist das Interesse daran nicht unabhängig von dem Erlebnis der Persönlichkeit ↑ Friedrichs des Großen, der sich den ersten Diener seines Staates nannte, von den einen als Tyrann verschrien, von den anderen als aufgeklärter Wahrer des Rechts gepriesen wurde und in dessen Regierungszeit zwei Rechtsfälle Ansatzpunkte zu einer Anekdote lieferten, die eine Umkehrung der historischen Fakten darstellte und ihre Pointe im Motiv des beschämten Herrschers fand. Im Prozess des Müllers Arnold hatte der König in bester Absicht zu dessen Gunsten eingegriffen, weil er argwöhnte, dass der adlige Prozessgegner mit den adligen Richtern gemeinsame Sache mache, und Letztere zu Unrecht hart bestraft; im Falle seines Nachbarn, des Müllers von Sanssouci, hatte er dem Müller, der seine windbrüchige Mühle an eine andere Stelle verlegen wollte, die Pachtzahlung erlassen, damit das dekorative Gebäude der Schlossumgebung erhalten blieb. Die Anekdote aber überlieferte, Friedrich habe das ihn störende Gebäude dem Müller vergeblich abzuhandeln versucht und auf die Drohung, er werde sie ihm sonst mit Gewalt nehmen, die Antwort erhalten: »Mit Gewalt? Ja, wenn es kein Kammergericht in Berlin gäbe!«, worauf der König sich dem Besitzrecht des Müllers gebeugt habe. Das Moment der Beschämung musste fallen, als die von französischen Zeitgenossen als Huldigung gestaltete Anekdote (F.-G.-J.-St. ANDRIEUX, *Le Meunier Sans-Souci* Erz. 1797; M. DIEULAFOY Vaudeville 1798; V. LOMBARD DE LANGRES, *Le Meunier de Sanssouci* Vaudeville 1798) bei P. HACKS (*Der Müller von Sanssouci* Dr. 1958) der sog. Demaskierung einer nationalen Legende diente und Friedrich sich hier zwar öffentlich dem Recht beugt, hinterrücks aber den Mühlenbetrieb stilllegt.

Auf höchster Ebene diskutierte SCHILLER im *Don Karlos* (Dr. 1786) das Problem der fürstlichen Macht, das in zwei kontrapunktischen Beschämungsszenen deutlich gemacht wird: in der Auseinandersetzung zwischen Philipp und Marquis Posa, der dem König im Namen der Freiheit vorwirft, dass der Frieden seines Landes die Ruhe eines Friedhofs sei und er statt an das Glück der Völker nur an die Größe des Throns gedacht habe, und in dem Gespräch Philipps mit dem Großinquisitor, das wie eine ironische Umkehrung der ersten Szene und des Motivs überhaupt wirkt, da der König hier von einer höheren Instanz, deren Tyrannis noch größer ist als die seine, zur Rechenschaft gezogen und gedemütigt wird. Sowenig Philipps Gemüt durch humanitäre Vorstellungen in dem Maße erweicht wird, wie es bei Dionys in SCHILLERS an HYGIN angelehnter balladesker

Bearbeitung des ↑ Damon-und-Pythias-Stoffes (*Die Bürgschaft* 1799) der Fall ist, so wenig drückt die Last des Gewissens Königin Elisabeth (*Maria Stuart* Dr. 1804) zu Boden, die ihre Gegnerin widerrechtlich hinrichten lässt und sich dann der Verantwortung entziehen möchte; aber sie muss sich von ihrem Berater Shrewsbury, der ihr den Dienst aufsagt, da er ihren »edlern Teil nicht retten konnte«, durchschaut und durch die feige Flucht ihres Günstlings Leicester gedemütigt fühlen. Dagegen handelt es sich bei der Audienz der Offiziere vor dem großen Kurfürsten bei H. v. Kleist (*Prinz Friedrich von Homburg* Dr. 1821), als Hohenzollern den Herrscher auf seine Mitschuld an dem Versagen des Prinzen hinweist und Kottwitz ihn belehrt, dass nicht der Buchstabe seines Willens, sondern Vaterland und Krone das oberste Gesetz für das Handeln seiner Feldherren seien, nur um eine Als-ob-Beschämung, denn der Kurfürst trägt nur die Maske eines Despoten und hat humaneren Vorstellungen Raum gegeben, indem er die Entscheidung in die Hand des Prinzen legte. Ganz ohne erzieherische Funktion werden jedoch die Worte der beiden Offiziere nicht gesprochen; sie fallen, »ein Gewicht, in seine Brust«, räumen Reste despotischer Vorstellungen aus und bestätigen den Kurfürsten in seiner neuen Haltung.

Der Franzose V. Hugo kehrte in zwei Dramen zu der romantischeren Variante des Machtmissbrauchs gegenüber einer Frau zurück: Kaiser Karl V. (*Hernani* Dr. 1830) sieht ein, dass er als Infant das Recht brach, als er Doña Sol entführte, und überlässt sie seinem Rivalen und Gegner Hernani, dem er außerdem Titel und Besitz zurückerstattet, und König Franz I. (*Le Roi s'amuse* Dr. 1832; unter dem Titel *Rigoletto* Oper von F. M. Piave/G. Verdi 1851), der die behütete Tochter seines → Narren Triboulet zu seiner Geliebten machte und von ihr unter Aufopferung ihres Lebens vor der Rache des Vaters gerettet wird, muss die Last der Beschämung für seinen ruchlosen Leichtsinn tragen, auch wenn die schwerere Strafe den Narren selbst als den Verführer und Verderber des Königs trifft.

Bei W. Bergengruen (*Der Großtyrann und das Gericht* R. 1935) begegnet die Art von Machtanmaßung, die schon in der frühen deutschen Literatur bei Rudolf von Ems aufschien, die Überhebung gegenüber Gott, ein »Gott-ähnlich-sein-Wollen«, das den Großtyrannen veranlasst, seine Untertanen durch Bedrohung zur Lüge zu verführen. Er wird beschämt durch die Selbstbezichtigung des Färbers, der sich für die in Schuld verstrickten Bürger und auch für den unbekannten Täter, den Tyrannen, opfern wollte, da das Gewissen des Urhebers der Verstrickungen die Verantwortung nicht tragen könne. Dagegen zeichnete V. Braun (*Limes. Marc Aurel* Dr. 2002) in Marc Aurel einen Herrscher, der der ihm vom Schicksal aufgezwungenen Berufung der Tyrannis entkommen will, aber den sein kranker Körper zwingt, sich den Drogen des Arztes zu unterwerfen.

Hetäre → Kurtisane, Die selbstlose

Heuchler → Hochstapler

Hexe → Teufelsbündner; Verführerin, Die dämonische

Hochstapler

Wie in manchen anderen Fällen, so ist auch in dem des Hochstapler-Typs die Erscheinung älter als der Begriff. Doch handelte es sich zunächst um vereinzelte oder ansatzartige Phänomene, ehe im Gefolge von sozialen Umschichtungen der vollentwickelte Typ annähernd gleichzeitig in Wirklichkeit und Dichtung hervortrat und man nun auch eine Bezeichnung für ihn zu finden gezwungen war. Erste Benennungen finden sich nicht vor dem 17. Jahrhundert, haben teilweise ursprünglich eine positivere Bedeutung und konsolidieren sich in ihrem spezifischen Sinn erst im beginnenden 19. Jahrhundert. Französisch »flibustier«, aus dem Englischen und Holländischen in der ursprünglichen Bedeutung »Freibeuter« übernommen, erscheint im 17. Jahrhundert, »chevalier d'industrie« ist wesentlich jünger. Englisch »highflyer«, Ende 17. Jahrhundert, bedeutet zunächst einen kühnen Abenteurer und nimmt die spezifische Bedeutung erst im 19. Jahrhundert an, während »swell mob« und »high mob« überhaupt erst im frühen 19. Jahrhundert nachzuweisen sind. Das deutsche »Hochstapler« ist eine Weiterbildung zu rotwelsch »Stabler« (von pseudolat. stabulum = Stab) = »Bettler«. In der ersten Hälfte des 18. Jahrhunderts findet sich das Wort »Hochstabler« (daneben auch »Hochstapler« als Ableitung von »stappeln« = »wiederholt unterbrochenes Gehen«) in der Bedeutung von »berühmter Dieb«, »vornehmer Dieb«, dann auch im Sinne von »jemand, der vornehm auftritt und doch bettelt«, »ein Bettler, der gaunerhaft einen höheren Stand vortäuscht«. In der heutigen Kriminalpsychologie kennzeichnet »Hochstapler« einen Menschen, der sich den Schein einer reichen und vornehmen Person gibt, nach dieser angenommenen Pose seine Lebensweise ausrichtet und mit ihrer Hilfe Betrug und andere Vergehen ausübt; die Vortäuschung der höheren Position ist zum Habitus geworden.

Die zur Verfolgung eines betrügerischen Zwecks eingeübte Vortäuschung eines Andersseins setzt die komödiantische Fähigkeit zu solcher Vortäuschung voraus und ergibt die innere Dialektik des Hochstaplers als literarischer Figur. Diese erhält einen spielerischen Reiz, der ihr einen Teil des Verbrecherischen nimmt oder es zum mindesten in einem freundlicheren Licht erscheinen lässt. Durch die Mannigfaltigkeit seiner Masken und seine rasche Reaktions- und Anpassungsfähigkeit bekommt der Hochstapler in der Literatur einen geradezu schöpferischen Zug, seine gespannte Aktivität, der Maskenwechsel oder der zum Schutz der Maske nötige Ortswechsel wirken als Handlungsimpulse. Des Hochstaplers Spaß an der Verwandlung, der sich in der Wahl gerade dieses Betrugsmittels äußert, kann bis zur Selbsttäuschung gehen, das Ich-Bewusstsein wird infiziert, und der Betrüger glaubt streckenweise an seine Identität mit der angenommenen Rolle. Die Bevorzugung eines höheren oder für besser gehaltenen Standes dient nicht nur der Erleichterung des Betruges, sondern deutet möglicherweise auf eine geheime Sehnsucht hin, diesem Stand anzugehören, die der Hochstapler nur auf dem Weg des Betruges verwirklichen zu können glaubt. Oft sind die Hochstapler in der Literatur Ausnahmemenschen, deren verdrängte Wünsche ihnen etwas Tragisches oder doch Tragikomisches verleihen. Sie können die wirklichen Angehörigen der erstrebten Schicht in den dieser zugeschriebenen Qualitäten übertreffen. Voraussetzung und zugleich Gegenspieler des Hochstaplers ist immer eine etablierte und in ihrer Geltung anerkannte soziale Gruppe, die entweder selbst der Maske des Hochstaplers erliegt oder deren Abhängige und Bewunderer dem von ihm okkupierten Nimbus erliegen. Infolgedessen kann die gesellschaftliche Maske des Hochstaplers auch satirische und parodistische Funktion haben, da hier ein Unbefugter die Rolle des Angehörigen einer privilegierten Schicht täuschend nachahmt und dadurch die Werte dieser Schicht in Frage stellt. Im Unterschied zum → Picaro, der eine passive Lebenshaltung hat, ist der Hochstapler berechnend und zielbewusst, doch sind die Grenzen zwischen beiden Typen verwischbar. Das Abenteuerhafte ist Voraussetzung des Hochstaplerischen, auch wenn keinesfalls jeder Abenteurer ein Hochstapler ist.

Die starke Ausprägung des Standesbewusstseins und der Standesehre in der höfischen Literatur Spaniens, die als Gegentyp den → Picaro hervorrief, verhalf wohl auch den ersten hochstaplerischen

Kopisten adligen Gehabes zum Leben. Eine nicht gesellschaftssatirische Haltung bedingte allerdings, dass die komödiantischen Helden schließlich dekuvriert und bestraft werden, wie der Glücksritter in Lope de VEGAS *El caballero del milagro* (vor 1603), der eben kein Ritter, sondern ein mit den Zügen des Bramarbas und zugleich des Frauenhelden ausgestatteter einfacher spanischer Soldat ist, der in Rom durch seine Attraktivität die Gunst der Frauen gewinnt, sich durch erlistete Geschenke das Ansehen eines reichen Mannes gibt, aber in dem Augenblick, als er mit dem ergaunerten Geld außer Landes gehen will, durch einen schlecht entlohnten Diener verraten wird, oder der bereits ganz mit den typischen Zielen und Täuschungsmanövern des Hochstaplers operierende Galan A. J. de SALAS BARBADILLOS (*El galán tramposo y pobre* um 1620), der eine adlige Heirat anstrebt, sich für den Vetter vornehmer Leute ausgibt, die er durch Kenntnis adliger Geschlechter aufzutreiben und auszunutzen versteht, bis er schließlich entlarvt und zur Ehe mit einer Sklavin gezwungen wird. Weniger richterlich geht Ben JONSON (*The Alchemist* Dr. 1610) mit seinen die Leichtgläubigkeit ihrer Klienten mittels Alchemistenpose ausbeutenden Gaunern um, die zum Teil entkommen können, zum Teil sogar im Besitz der ergaunerten Beute bleiben – ein Tribut, den die Schöpfer von Hochstaplergestalten ihren amüsanten Figuren immer wieder gern zahlen. Auch D. DEFOES Moll (*Moll Flanders* R. 1722), die schon als kleines Mädchen ein »Fräulein« werden möchte und durch diese gesellschaftliche Zielstrebigkeit mehr zum Hochstapler- als zum Picaro-Typ zu rechnen ist, wird nicht eigentlich bestraft, aber da sie sich in ihrem wechselhaften Leben und ihren verschiedenen Liebes- und Ehebindungen immer dann in ihrem Element fühlt, wenn sie mit ihrem Partner ein unbekümmert großspuriges Leben führen kann, ist die Existenz als amerikanische Kolonistin, in die sie sich mit dem ihr gemäßen Kumpan gerade noch aus dem Gefängnis flüchten kann, doch mehr Prüfung als Triumph.

Auch noch nach der Erschütterung der Vormachtstellung des Adels durch die Französische Revolution tauchen in der Literatur immer wieder Hochstapler mit dem Drang zum Adel auf. Die soziologischen Umwälzungen um die Wende zum 19. Jahrhundert bestimmen beispielsweise die tragisch endende Gespaltenheit des Handwerkersohns Julien Sorel (STENDHAL, *Le Rouge et le Noir* R. 1830), der auf die versunkene Herrschaft Napoleons fixiert ist, unter der es ihm nach seiner Vorstellung möglich gewesen wäre, ungeachtet seiner Herkunft die höchsten Würden zu bekleiden. Nun jedoch bietet sich ihm als Möglichkeit, in die Nähe der für ihn einzig attraktiven adligen Lebensform zu gelangen und eine seiner Illusion illegitimer adliger Abkunft entsprechende Rolle zu spielen, nur die geistliche Laufbahn, aber auch auf den Höhen des Erfolges verlässt ihn nicht das als Korrektiv der hochstaplerischen Selbstidentifikation mit seiner Rolle wirkende Bewusstsein, ein »plébéien revolté« zu sein und den Adel hassen zu müssen. Ähnlich von der Anziehungskraft des Adels beherrscht und auf dessen vergangenen Glanz ausgerichtet ist das Leben von W. M. THACKERAYS Barry of Barryogue (*The Luck of Barry Lyndon, Esq.* R. 1844), das geradezu leitmotivisch von den Hinweisen des Helden auf eine vorgeblich adlige Abkunft und dem Wunsch nach einem glänzenden und vornehmen Leben durchzogen ist, den er erst durch Gewinne am Spieltisch, dann durch die erpresste Heirat mit einer Adligen zu verwirklichen sucht; aber schließlich ist er der betrogene Betrüger und endet im Gefängnis, ähnlich wie der nach siebenjähriger Haft ruhmlos und vergessen im Kerker endende Baron Theodor Neuhoff, dessen abenteuerliches Leben M. KLEEBERG (*Der König von Korsika* R. 2001) ironisch nachzeichnete. Skrupellos schafft sich auch der Pseudo-Marquis F. WEDEKINDS (*Der Marquis von Keith* Dr. 1900) durch den Schwindel mit Rang und Besitz eine Ausgangsbasis für seinen sozialen Aufstieg, der nun nicht mehr durch den Spieltisch oder eine vorteilhafte Heirat, sondern, dem Geist der Zeit entsprechend, durch schwindlerische »Gründungen« erreicht werden soll, aber in dem Augenblick, als die Fälschungen und die Veruntreuung des Geldes der Gläubiger ans Licht kommen, sehr unadelig endet: Statt der Kugel wählt der Marquis eine Abfindung durch Geld, in der leisen Hoffnung, dass eine nächste Welle ihn wieder nach oben tragen könne. Mit Thackerays Barry ist der Baron von Gaigern V. BAUMS (*Menschen im Hotel* R. 1929) insofern verwandt, als er den ihm durch sein Aussehen und seine Gewandtheit erleichterten Schein wie jener durch Verbrechen – Einbruch und Diebstahl – aufrechterhält. Im Gegensatz aber zu dem brutalen Barry repräsentiert Gaigern einen Typ naiv-spielerischen Lebensgenießers, dessen Eleganz und Feinfühligkeit eine an ihrem Erfolg verzweifelnde alternde Tänzerin vor dem Selbstmord bewahren und einem Todkranken die letzten Tage erhellen. Zum gleichen Typ gehört H. BROCHS Baron (*Aus der Luft gegriffen oder die Geschäfte des Baron Laborde* Kom. 1979), der mit seinen Luftgeschäften sogar einen Bankier rettet. Anwalt einer ins Ästhetische gewandten aristokratischen Lebensweise, zu deren Ausübung ihm der vereinbarte

Rollentausch mit einem auf einer Weltreise befindlichen Adligen verhilft, ist schließlich Th. MANNS Felix Krull (*Die Bekenntnisse des Hochstaplers Felix Krull* 1954, erste Konzeption 1911), der zwar die gegebene gesellschaftliche Ordnung nicht mehr respektiert, sich aber ihrer virtuos zu bedienen und über sie zu triumphieren weiß, indem er zugleich seine Existenz in ihr genießt, sowie der in W. HILDESHEIMERS Bearbeitung des ↑ Turandot-Stoffes geradezu als Bote aus einer besseren Welt fungierende falsche Prinz, der in der abschließenden Fassung (*Die Eroberung der Prinzessin Turandot* Kom. 1951) sogar die Aufgabe antritt, eine barbarische Welt zu belehren.

Erstrebenswerte »höhere« Kreise sind seit dem 19. Jahrhundert nicht nur der Adel, sondern auch die »Gebildeten«, die Besitzenden, die Beamten und Militärs mit ihrer Macht und Würde. Von diesem Zeitpunkt an werden auch die dem Motiv immanenten sozialkritischen Funktionen frei, was sich schon darin äußert, dass nicht der Hochstapler im herkömmlichen Sinne bestraft wird, sondern sich schließlich das Gegenspiel als dekuvriert und blamiert erweist. Den relativen Wert gesellschaftlicher Selektion stellte J. N. NESTROY (*Der Talisman* Posse 1840) im Symbol der schwarzen Perücke dar, die dem bis dahin wegen seiner roten Haare von jedem gesellschaftlichen Aufstieg ausgeschlossenen Titus Feuerfuchs in rasch genommenen Stufen den Zugang zu den höheren Kreisen der Schlossherrin gewährt, wobei seine den jeweiligen Partnern angepasste Suada – ein häufig angewandtes Mittel des Hochstapler-Typs – seine attraktive Erscheinung unterstützt. Durch den ursprünglich hilfreichen Friseur demaskiert, verzichtet er, der die Fassade der Gebildeten aufgrund der eigenen durchschauen lernte, auf eine abermalige Tarnung mit einer grauen Perücke und auf die Ehe mit der Kammerfrau, sondern heiratet, sich gleichsam zu seinem Pariatum bekennend, die rothaarige Gänsemagd. Auch bei der Überlistung des »Particuliers« Datterich (E. NIEBERGALL, *Der Datterich* Posse 1841), dessen Schwindeleien und kleine Betrügereien der Fristung einer kümmerlichen Existenz und doch auch komödiantischem Selbstgenuss dienen, ist zwar in den Augen der spießbürgerlichen Umwelt der Hochstapler der Verlierer, aber es wird spürbar, dass er sein Spiel jeden Tag wieder von neuem beginnen kann und die Gegenspieler dann auch wieder die Beschränkten und Genarrten sein werden. In einer von → Geldgier korrumpierten Gesellschaft vermag sich ein Spekulant wie H. de BALZACS Mercadet (*Le Faiseur* Dr. 1844, kürzende Bearb. von A. d'ENNERY als *Mercadet* 1851) nicht nur zu behaupten, sondern durch seine vergnügliche Hartnäckigkeit im Erfinden immer neuer

Schwindelunternehmen und Börsencoups auch wirklich einen goldenen Segen auf sich herabzuziehen, so wie die Unverfrorenheit von A. OSTROVSKIJS Glumov (*Na vsjakogo mudreca dovol'no prostoty / Eine Dummheit macht auch der Gescheiteste* Kom. 1868) diesem den Aufstieg bahnt, weil seine Mitbürger, als sie in seinem Tagebuch ihre Machenschaften registriert und verspottet finden, aus Angst vor dem Skandal die Wut über den frechen Eindringling unterdrücken und sich entschließen, ihn als einen der ihren anzuerkennen.

Eine etwas abweichende Spielart des Hochstapler-Typs sind jene Gestalten, die nicht durch eingeborene Neigung zur Maske und zielbewussten Willen zum Aufstieg zu ihrer Rolle kommen, sondern unfreiwillig durch eine Verwechslung oder Notlage in sie hineingedrängt werden, den mit ihr verbundenen Vorteilen nicht widerstehen können und sich dann auch in ihr wohlfühlen. So wächst der schäbige kleine Beamte Chlestakov (N. GOGOL', *Revizor / Der Revisor* Kom. 1836), den man in einer Provinzstadt für den erwarteten Revisor hält, allmählich in die ihm aufgedrängte Lage eines zu Bestechenden und skrupellos Bestechlichen hinein, identifiziert sich aber nur momentweise im Rausch seines prahlerischen Geschwätzes mit seiner Rolle und bleibt sich der Gefahr seiner Position bewusst, sodass ihn der Dichter rechtzeitig als deren Nutznießer abtreten lassen und die Gegenspieler als die betrogenen Betrüger dem nun eintreffenden echten Revisor ausliefern kann. Durch den Scherz eines herrschaftlichen Kutschers, in dessen Wagen er fährt, wird G. KELLERS Schneidergesellen (*Kleider machen Leute* Nov. 1874) die Rolle eines polnischen Grafen aufoktroyiert, die er dann, da er sie aus Scham nicht aufzugeben wagt und sie seinem Drang nach einem besseren Stand entspricht, den er in seiner romantischen Aufmachung zum Ausdruck bringt, mit zunehmender Selbstidentifizierung spielt; seine Entlarvung und Rückführung zu Bescheidung entspricht Kellers Absage an falsche Prätentionen. Diesen unfreiwilligen Hochstaplern kann man auch C. ZUCKMAYERS (*Der Hauptmann von Köpenick* Volksstück 1930) Schuhmacher und entlassenen Sträfling Wilhelm Voigt zurechnen, dem zwar seine Militärrolle nicht zugeschoben wird, sondern der in letzter Verzweiflung zu der Verkleidung mit der Uniform eines preußischen Hauptmanns greift, um wieder zu einem Pass und zu einem Platz in der Gesellschaft zu kommen. Er spielt mit Bravour einen Hochstaplerstreich, obwohl er kein Hochstapler ist, aber doch einer von den vielen, die in Uniformen verliebt sind, genau wie die von ihm genarrten Bürger und Militärs des zweiten Kaiserreichs, deren Uniformgläubigkeit Zuckmayer satirisch bloßstellen wollte und die er doch durch die Gestalt Voigts entschuldigte. Die Doppelbödigkeit von Voigts Charakter und Tat, die den Reiz des Stücks ausmacht, fehlt z. B. in W. SCHÄFERS gleichnamigem und gleichzeitigem Roman, der die Tat aus den vorausgegangenen Leiden entwickelt. Weniger um eine zugefallene als um eine für Lohn übernommene Rolle handelt es sich, wenn der Hochstapler de Valéra (J.-P. SARTRE, *Nekrassov* Dr. 1955) einen angeblich emigrierten sowjetischen Außenminister spielt, damit einer antisowjetischen Intrige dient und dieser noch, als er zu spät merkt, wohin das Spiel treibt, nachhilft, indem er flieht, sodass sein plötzliches Verschwinden nun als gewaltsame Rückführung des Politikers in seine Heimat interpretiert werden kann.

Unfreiwillige Hochstapler sind auch die meisten der betrügerischen Kronprätendenten in der Literatur. Nicht sie selbst verfallen darauf, sich für einen verschollenen oder totgesagten Regenten bzw. Thronfolger auszugeben, sondern eine politische Partei bemächtigt sich ihrer als eines Werkzeugs zum Umsturz. Die Rolle des betrügerischen Kronprätendenten ist schwieriger und gefährlicher als die der sonstigen Hochstapler, denn er spielt keine Phantasiefigur, sondern muss äußere und innere Ähnlichkeit mit einer bekannten Person oder Familie aufweisen sowie deren Daten und menschliche Beziehungen kennen, und seine Entlarvung hat meist die Todesstrafe zur Folge. Das Hochstapler-Motiv verbindet sich hier mit dem des → Doppelgängers. Solange man etwa in der älteren, von A. SUMAROKOV (*Dmitrij Samozvanec/Der falsche Demetrius* Dr. 1771) bis A. N. OSTROVSKIJ (*Dmitrij Samozvanec i Vasilij Šujskij/Der falsche Dimitrij und Vasilij Šujskij* Dr., 2 Teile 1867) reichenden russischen Tradition des ↑ Demetrius-Stoffes mit einem plumpen Betrüger rechnete, der sich schließlich im Netz der gegen ihn gerichteten Aussagen und falschen Reaktionen verfängt, kam die hochstaplerische Komponente der Gestalt weniger zum Zuge als in SCHILLERS Fragment (*Demetrius* Dr. 1805), in dem aus einem an seine Legitimität Glaubenden nach der Enthüllung der Wahrheit ein Spieler seiner selbst wird: Die skizzenhaft ausgeführte Szene, in der Demetrius die weinende Marfa als Beweis der Anerkennung durch die Mutter dem Volk zeigt, macht das deutlich. In den Dramen F. HEBBELS (1863) und P. ERNSTS (*Demetrios* 1910), die Schillers Grundeinfall beibehielten, liegt die Aufklärung des Betrogenen zu spät, als dass sein betrügerisches Spiel noch entwickelt werden könnte. Einen bewusst betrügenden, aber diesen Betrug als höheren Auftrag zum Wohl des Volkes auffassenden Kronprätendenten führt W. ALEXIS in *Der falsche*

Woldemar (R. 1842) vor, einen treuen, seinem toten Herrn ähnlichen Diener, der schon von diesem als Stellvertreter benutzt worden ist, der aber schließlich an seinem zu Anmaßung und Versuchung Gottes ausartenden Sendungsbewusstsein scheitert. A. v. ARNIM (*Der echte und der falsche Waldemar* Dr. 2 Teile 1806 u. 1814) machte aus dem gleichen Stoff vom falschen brandenburgischen Markgrafen ↑ Waldemar eine Verwechslungs- und Verkleidungskomödie, in der durch einen Irrtum an die Stelle des von der politischen Bühne abgetretenen Waldemar ein Müller tritt, der sich jeweils im Rausch für eine Fürstlichkeit hält und dann sogar in seiner Markgrafenrolle gute Urteile sprechen kann, wenn er nüchtern ist aber immer seine Echtheit bestreitet, und schließlich in seine Mühle zurückflieht, nachdem ihm noch ein Bäcker als dritter Waldemar den Rang streitig gemacht hat. Die gleiche Gespaltenheit des Ichbewusstseins kehrt in ernster Form bei dem falschen König Sebastian E. PENZOLDTS (*Die portugalesische Schlacht* Nov. 1930, Dr. 1931) wieder, dessen Steinklopfersohn Michael sich gegen die ihm zugeschobene Rolle wehrt, sich aber in seinen Träumen mit der Person des geliebten Königs identifiziert, sodass man kaum von Betrug, sondern von Transfiguration und Weiterleben einer Idee sprechen kann, die sogar Märtyrer hervorbringt. Bei R. SCHNEIDER (*Donna Anna d'Austria* Erz. 1930) ist der falsche Sebastian von Portugal ein eitler bestechlicher Utilitarist ohne innere Beziehung zu seiner Rolle, der sich bei der ersten Probe als Schmierenkomödiant erweist. JEAN PAUL übertrug in seinem Romanfragment *Der Komet* (1822) das Motiv des hochstaplerischen Prätendenten auf eine erfundene Figur, den Apotheker Nikolaus Marggraf, der nach Aussage seiner sterbenden Mutter Sohn eines unbekannten Fürsten ist, kraft seiner Phantasie sich schon als Kind selbst »kanonisiert« und in den Fürstenstand versetzt, später, als ihm durch die Kunst des Diamantenherstellens entsprechende Mittel zufallen, mit Gefolge durch Deutschland reist, um seinen Vater und eine geliebte Prinzessin zu suchen; der Selbstbetrug, mit dem er auch die Umwelt betrügt, dient keinem anderen Eigennutz als dem des Selbstgenusses in einer »höheren« sozialen Welt.

Außer dem Hochstapler in der Maske eines höheren Standes gibt es auch den in der Maske des Gelehrten, zu dessen historischen Vorbildern trotz des gleichfalls genutzten falschen Adelstitels Graf Cagliostro, alias Giuseppe Balsamo, gehört, dem zwar sein erschwindelter Rang Zugang zu höfischen Kreisen verschaffte, der seinen Einfluss, besonders auf die Frauen, jedoch durch die von ihm verkündeten Geheimlehren und ein entsprechendes geheimbündlerisches Treiben sowie durch eine vorgebliche visionäre Begabung und Geisterbeschwörungen ausübte. Seinen faszinierenden Einfluss auf adlige Kreise hat sowohl SCHILLER in der Figur des »Armeniers« (*Der Geisterseher* R.-Fragm. 1787) wie GOETHE in der des »Grafen« (*Der Groß-Cophta* Lsp. 1791) eingefangen. Während seine Beschwörungskunst bei Schiller durch ihren Einsatz für die Jesuiten zu einer wirklichen Gefährdung des ihm verfallenden Prinzen wird, zerplatzt die eingebildete Größe des bestrickenden Magiers bei Goethe lustspielgemäß wie eine Seifenblase. Die auf den Typ des religiösen Hochstaplers hinüberweisende Scheinmoral, die der Groß-Cophta verkörpert, verbindet ihn mit dem Foma F. Opiskin F. M. DOSTOEVSKIJS (*Selo Stepančikovo i ego obitateli/Das Gut Stepančikovo und seine Bewohner* R. 1859), einem sich als Gelehrter und Sittenrichter aufspielenden Schmarotzer, der mit seinem Imponiergehabe die Bewohner eines Gutshofes tyrannisiert, sich im Augenblick der drohenden Exmittierung durch kluge Zusammenführung eines Paares rettet und sich damit endgültig als Wohltäter etabliert. Kommt Opiskin nur durch die Gutmütigkeit seines Gastgebers zur Macht, so triumphiert in J. ROMAINS' *Knock ou le triomphe de la médecine* (Kom. 1923) der medizinische Scharlatan nicht nur über die Dorfbewohner, die aufgrund seiner Lehre, jeder Gesunde sei ein unwissend Kranker, den größten Teil ihres Lebens im Bett verbringen, sondern auch über die strenge Wissenschaftlichkeit des von ihm verdrängten Arztes, der sich der Diktatur des von ihm durchschauten Hochstaplers beugt und sich gleichfalls ins Bett legt. Wider besseres Wissen akzeptiert auch ein Teil der Farmerfamilie Curry (N. R. NASH, *The Rainmaker* Kom. 1954) den sich als Regenmacher ausgebenden Schwindler, der allerdings die Funktion hat, kraft seiner Träumereien der zur »alten Jungfer« verurteilten Tochter des Hauses den Glauben an sich selbst wiederzugeben und ihr zur Ehe zu verhelfen. Hier kann der Romanautor-Hochstapler eingereiht werden, den E. LOEST (*Swallow, mein wackerer Mustang* 1980) entwarf: Sein Karl May schafft sich schreibend ein bedeutenderes Ich, mit dem er sich identifiziert, indem er an die Echtheit seiner Abenteuer glaubt und glauben macht.

GOETHES Groß-Cophta und DOSTOEVSKIJS Foma F. Opiskin grenzen an den Typ des religiösen Hochstaplers, der sich durch geheuchelte Frömmigkeit Vorteile zu schaffen sucht und als Gegenspieler den beschränkten Devoten bedingt, dessen Bigotterie der Autor satirisch treffen will. Der fromme Organ, in dessen Haus sich

MOLIÈRES aus einer ausgeprägten Tradition hervorgegangener, aber die voraufgehenden Repräsentanten religiöser Heuchelei (A. G. de SALAS BARBADILLO, *La hija de Celestina* R. 1612; A. le Métel sieur d'OUVILLE, *Les trahisons d'Arbiran* Dr. 1632; P. SCARRON, *Les Hypocrites* Nov. 1655) gerade durch seinen hochstaplerischen Zug überragender Tartuffe (*Tartuffe ou l'imposteur* Kom. 1664) eingenistet hat, ist ähnlich wie der Gutsbesitzer bei Dostoevskij auf dem besten Weg, dem Schmarotzer den Platz zu räumen, ihm Tochter und Vermögen zu überantworten, als er noch rechtzeitig Zeuge von dessen Verführungsversuch an seiner Frau wird; dennoch kann der bereits von seinem Besitz Vertriebene nur durch das Einschreiten des Königs wieder in seine Rechte eingesetzt werden. Im Gefolge Tartuffes, dessen Name zur Typus-Bezeichnung wurde, traten in der Typenkomödie des 18. Jahrhunderts verwandte Gestalten mit moralkritischer und satirischer Funktion auf (A. GOTTSCHED, *Die Pietisterei im Fischbein-Rocke* 1736; J. F. GELLERT, *Die Betschwester* 1745), und erst die Romantik wusste dem Typ wieder eine tiefere Problematik zu geben. Die Papstwürde wird durch Johanna (A. v. ARNIM, *Die Päpstin Johanna* Epos 1848, entst. 1813) von dem Augenblick an hochstaplerisch missbraucht, in dem sie zum Bewusstsein ihres weiblichen Geschlechts gelangt und ihre Rolle dennoch in der Absicht weiterspielt, durch ihre Macht der Welt die Bosheit heimzuzahlen, unter der sie gelitten hat. Während sie sich jedoch ihres Betruges bewusst bleibt und sich nicht mit ihrer Maske identifiziert, weiß E.T.A. HOFFMANNS Mönch Medardus (*Die Elixiere des Teufels* R. 1815–16) seine Frömmigkeit so vollendet zu spielen, dass der Erfolg seines Predigens ihn zur Selbsttäuschung hinreißt. Eine ähnlich zwiespältige Persönlichkeit, die sich als Bundesgenossen des Teufels bekennt und doch bis zum Selbstbetrug vermeint, das bessere, humanere Teil erwählt zu haben, sogar eine Märtyrerpose einnimmt, ist der Großinquisitor in Iwan Karamasows Erzählung (F. M. DOSTOEVSKIJ, *Brat'ja Karamazovy/Die Brüder Karamasow* R. 1879–80); V. S. SOLOV'ËV wiederholte im Anschluss an Dostoevskij das Hochstaplermotiv in der Antichrist-Interpretation seines dritten Gesprächs (*Tri razgovora/Drei Gespräche* 1899–1900). Zu der Gruppe teuflischer Träger kirchlicher Macht gehört auch der jüdische Papst Anaklet in G. v. LE FORTS *Der Papst aus dem Ghetto* (R. 1930), der aus einem Geschlecht stammt, das den christlichen Glauben nur zum Schein angenommen hat, das Amt lediglich als Machtinstrument benutzt und es verliert, während der mehr satirisch gesehene, aus komödiantischem Instinkt lebende Reverend

Gentry von S. LEWIS (*Elmer Gentry* R. 1927), ein Geistlicher, der sich an der eigenen Rednergabe bis zum momentweisen Glauben an seine Sendung berauscht, trotz der durch seine Sinnlichkeit verursachten Entgleisungen zu den höchsten Stufen amerikanischen kirchlichen Lebens aufsteigt.

Weniger als Tarnung des Bösen denn als von ihnen selbst kaum bemerkter Übergang von der Frömmigkeit zur Heuchelei erwächst, ähnlich wie bei dem Kronprätendenten Woldemar in dem Roman von ALEXIS, selbstüberhebliches religiöses Hochstaplertum in zwei miteinander verwandten Gestalten G. HAUPTMANNS (*Der Apostel* Nov. 1890, *Der Narr in Christo Emanuel Quint* R. 1907), die gegen ihre Absicht von ihren Anhängern in eine heiligenmäßige Pose gedrängt werden. Ihnen nahe steht der die Rolle des wiederkehrenden Christus ohne Überzeugung, aber auch ohne Widerstand akzeptierende Luzius in der Erzählung *Der wiederkehrende Christus* (1926) von Ricarda HUCH, die den Typ des religiösen Hochstaplers mehrfach variierte: Er erscheint als für seinen Herrn, den er in den Ruf eines Heiligen bringt, und auch für sich selbst hochstapelnder Sekretär in *Fra Celeste* (Nov. 1899), als vom Ästhetizismus bestimmte und um ihrer Selbstbefreiung willen die Geste der frommen Katholikin annehmende Frau in *Michael Unger* (R. 1903), wobei die innere Bindung an die Religion wie bei Fra Celestes Sekretär offenbleibt, und als dekadenter, pfiffig-wandlungsfähiger, auf Reichtum und Macht bedachter und heimlichem Götzendienst ergebener Kirchenfürst in *Lebenslauf des heiligen Wonnebald Pück* (Erz. 1905). Züge eines religiösen Hochstaplers und zudem Verwandtschaft mit Felix Krull weist auch der Joseph Th. MANNS auf (*Joseph und seine Brüder* R. 1933–43), der ein Spieler des Gottes ist, den er in seinem Volk etabliert und dessen Wesen er ihm nach seinem Belieben, aber immer aus der Vorstellung eines von Gott Beauftragten heraus, erklärt. Joseph ist nicht nur Urheber und Inszenator, sondern zugleich Inkorporation dieses Gottes, sodass die Selbstidentifikation des Hochstaplers mit seiner Rolle in diesem Falle logische Konsequenz hat.

H. Harmsen, Das Problem des religiösen Hochstaplers in der neueren Dichtung, Diss. Freiburg/Br. 1951.

Höllenfahrt → Unterweltsbesuch

Homunkulus → Mensch, Der künstliche

Hypochonder → Missvergnügte, Der

Inseldasein, Das erwünschte und das verwünschte

Inselleben ist immer Sonderexistenz, erweckt im Bewusstsein die Vorstellung eines Gegensatzes zwischen drinnen und draußen, vermittelt das Gefühl ständiger Gegenwart, der Dauer im Wechsel; die Zeit schrumpft zusammen, da ihr Vergehen lediglich den Kreislauf der Vegetation bewirkt und sich weder Vergangenheit noch Zukunft abzeichnet, während das Draußen dem Inselbewohner als bewegt, fliehend, vergänglich erscheint. Wie dieser Gegensatz vom Inselbewohner bewertet wird, hängt von seiner Seelenlage ab; er kann sein Inselleben als Asyl, Geborgenheit und Ordnung empfinden, mit dem ein bestmöglicher Zustand, ein irdisches Paradies, erreicht ist, es kann ihm aber auch Exil, Ein- bzw. Aussperrung, Verbannung, Enge, Leere und tödliche Langeweile bedeuten. Die Insel ist ein ambivalenter Bezirk, den erst das wertende Gefühl eindeutig macht. Wenn der Mensch seine Umwelt, die Gesellschaft, die Zivilisation als Last und Bedrohung empfindet, wird ihm eine Insel eine erwünschte Zuflucht sein, bejaht er dagegen seine Lebensform, wird er sich nicht nach einer Insel sehnen. Daher hängt die literarische Gestaltung des Insel-Motivs von individuellen und epochalen Gegebenheiten ab. Außerdem bedeutet es einen Unterschied in der Gefühls- und Problemlage, ob ein Mensch sich als Vereinzelter mit einem Inseldasein auseinandersetzt oder ob er in einer Gruppe mitgekommener oder angetroffener Gefährten lebt; Gruppendasein auf einer Insel hat meist einen positiven Akzent.

Das Insel-Motiv zeigt, wenn die Insel einziger Schauplatz der Dichtung ist, eine gewisse Gattungsaffinität. In der Lyrik, die weitgehend raumfreien Charakter hat, und im Drama, das die weitere räumliche Umgebung der Szene nur indirekt bewusstmachen kann, muss die Insel weniger als Raum und mehr durch die Stimmung der Isolation, der Enge, Abschnürung und Monotonie, in der sich der Zustand der Dauer ausdrückt, erfasst werden. Auch die epische Großform kann den Mangel an Möglichkeit, den Schauplatz zu wechseln und neue Personen einzuführen, den monologisch-statischen Charakter des Motivs, nur durch Darbietungsmittel wie die Ich-Erzählung, Zeitraffung oder Erzählung im Rückgriff aufwiegen. Vom Gattungscharakter her kommt die erzählerische Kleinform, die einen Ausschnitt und nicht die Welt geben will, dem Motiv am meisten entgegen.

Hat das Inseldasein dagegen episodischen Charakter, so kommt es als Kontrast zu der vorhergehenden und darauf folgenden Normalexistenz dem dialektischen Charakter des Dramas entgegen, und ein Aufbruch zu einer Inselexistenz kann auch eine effektvolle Ausweitung einer Schlussszene bewirken. In der Epik werden vorübergehende Inselaufenthalte häufig als Episoden der Prüfung und Entscheidung, als selektive Lebenssphäre mit kontrapunktischer Funktion gegenüber der Normalexistenz genutzt. Sie markieren Fixpunkte der Handlung, Handlungsstränge beginnen oder enden auf einer Insel, werden durch einen Inselaufenthalt unterbrochen und erhalten durch ihn eine andere Richtung.

Inselmythen entstanden naturgemäß dort, wo es Inseln, Meer und Seefahrer gab, bei den Griechen, bei den Kelten und Germanen des Nordseeraums, bei den Anwohnern des Arabischen Meeres. In der griechischen Dichtung klingen schon nahezu alle Varianten und Kombinationen an, die das spätere europäische Spektrum des Motivs aufweist. Es gibt die einsamen Inseln der Verbannten: Lemnos, wo das Griechenheer ↑ Philoktet (HOMER, *Ilias* 8. Jh. v. Chr.; SOPHOKLES, *Philoktet* vor 409 v. Chr.) aussetzt, weil es seine Schmerzensschreie nicht mehr ertragen kann, und wo der an einer unheilbaren Wunde Leidende neun Jahre lang sein Leben fristet, bis er nach Troja geholt wird; Naxos, wo Theseus ↑ Ariadne (HESIOD, *Theogonie* 6. Jh. v. Chr.) verließ und die einsam Klagende dem Geliebten nachtrauerte, bis Dionysos sie fand. Es kommen Barbareninseln vor, von feindlichen Völkern und halbtierischen Ungeheuern bewohnt, wie Kolchos, von wo Jason (APOLLONIUS RHODIOS, *Argonautika* 3. Jh. v. Chr.) das Goldene Vlies holt, und Kreta, wo Theseus den Minotauros bezwingt; beide Helden entführen ihre barbarische Helferin und verlassen sie später. Die lange Tradition der Zauberinseln beginnt in HOMERS *Odyssee* mit der Insel der Kirke, auf der die Gefährten des ↑ Odysseus in Schweine verwandelt werden, und der an der Westküste von Italien gedachten Sireneninsel, deren Bewohnerinnen die Mannschaft des Odysseus und die Argonauten (APOLLONIUS RHODIOS, *Argonautika*) zu betören suchen. Mehr Insula amoena, aber doch eine gefährliche Verlockung für den schiffbrüchigen Odysseus, ist Ogygia mit der bestrickenden Kalypso, die dem Helden für ein dauerndes Verweilen vergeblich Unsterblichkeit verspricht. Auch die gastliche Phäakeninsel Scheria mit ihren kunstreichen Einwohnern hat zauberischen oder doch märchenhaften Charakter. Nur das heimatliche Ithaka, Ausgangs- und Endpunkt langen Umhergetriebenseins, bedeutet Geborgenheit. Je weiter am Rande der bewohnten Welt die sagenhaften Inseln liegen, umso wunderbarer sind sie: Im grauen Norden, wo Tag und Nacht jeweils sechs Monate dauern und die See dick und für Ruder undurchdringlich wird, lokalisierte PYTHEAS (*Peri Okeanu* um 325 v. Chr.) die Insel Thule, und weit im Westen, noch jenseits von Ogygia, im Strom Okeanos, der die Erdfläche umfließt, dachte man sich die erstmals bei HESIOD (*Werke und Tage* 6. Jh. v. Chr.) erwähnte Insel der Seligen oder Elysium, auf die ursprünglich nur auserwählte Helden nach ihrem Tod versetzt werden.

Wie eine Insel Paradiesvorstellungen, Bilder von einem Aufenthaltsraum nach dem Tode, erweckt, so kann sie auch den Gedanken an ein irdisches Paradies, eine Utopie, hervorrufen. In HOMERS Schilderung der Phäaken-Insel Scheria kreuzen sich Züge einer Toteninsel und die einer utopischen Gemeinschaft. PLATONS (428/427–348/347) urzeitlich-glückliche, von Poseidon geschaffene und von seinen Nachfahren in einer Art Königsföderation regierte Insel Atlantis (*Timaios* und *Kritias*) liegt wie die Insel der Seligen jenseits der Säulen des Herkules und war als aristokratisches, aber in nicht geringerem Maße »Tugend« verkörperndes Gegenbild zu einem für die gleiche Zeit angesetzten, von einer kommunistischen Kriegerkaste geschaffenen und geführten athenischen Musterstaat (im Sinne von Platons *Politeia*) erdacht. Auf welche Weise die dann durch Dekadenz, Luxus und Geldsucht entartete Aristokratie von Zeus zu ihrer Besserung gezüchtigt wurde, lässt das *Kritias*-Fragment offen; nach dem *Timaios* wurden die Atlantis-Bewohner zwar von den Athenern besiegt, aber die Sieger ebenso wie das im Ozean versinkende Atlantis durch ein Erdbeben vernichtet.

Inseldasein, von PLATON zum ersten Mal als erwünschte Kollektivexistenz dargestellt, fand schon in der Antike starken Widerhall. EUHEMEROS (*Hiera anagraphe* um 300 v. Chr.) beschrieb eine phantastische, im Indischen Ozean gelegene Inselgruppe Panachaia mit kollektivem Wirtschaftssystem, und IAMBULOS (Reisebericht 3. Jh. v. Chr., erhalten bei DIODOROS SICULUS 1. Jh. v. Chr.) schilderte einen Idealstaat auf einer am Äquator gelegenen Insel, auf der er vorgeblich sieben Jahre gelebt haben will, und die dort herrschende vollkommene rechtliche und politische Gleichheit, die auf der anlagenmäßigen Gleichheit der Bewohner beruhte. Während PLATONS Atlantis-Beschreibung Utopie in ihrer reinen, handlungslosen Form gab, die keine eigentlich dichterische Gattung, sondern die literarische Form eines philosophischen Traktats ist, versuchte IAMBULOS, durch die Darbietung als Ich-Erzählung und die Einführung der eigenen Person als handelnder Figur – er wird mit Gefährten von Äthiopiern gefangen genommen, in einem Boot ausgesetzt, gelangt in das Inselreich, wird später wegen ungebührlichen Verhaltens vertrieben und kehrt nach Griechenland zurück –, das utopische Thema in ein künstlerisches Motiv umzusetzen und reicht daher in seiner Wirkungsgeschichte an die Platons heran.

Für die nachantike Entwicklung des Motivs ist bedeutsam, dass auch die keltische Mythologie Feen-, Dämonen- und Toteninseln kannte. Die vorchristlichen Überlieferungen wurden jedoch durch die christliche Überzeugung umgeprägt, dass Vollkommenes dem Jenseits vorbehalten bleibe und es darum ein irdisches Inselparadies ebenso wenig geben könne wie einen vollkommenen Inselstaat. Die einzige in mittelalterlicher Dichtung auftauchende Insel vom Typ der Insula amoena, deren Zauber nichts Dämonisches hat, sondern ein Vorspiel himmlischen Glanzes ist, gehört deshalb in den Bereich der Legende: Die Wunderinsel Perdita der im 9. Jahrhundert als Kontrafaktur keltischer Fischermärchen entstandenen *Peregrinatio Sancti Brandani*, einer später in nationalsprachlichen Fassungen verbreiteten Legende, ist das Ziel einer sieben Jahre dauernden Irrfahrt des frommen Abtes Brandan, auf der ihm durch Gottes Gnade ein Vorgeschmack des Paradieses vergönnt ist, in das er bald darauf nach seiner Rückkehr nach Irland eingeht.

Die übrigen Inseln der mittelalterlichen Literatur sind Zauberinseln, ob in ihnen nun antike, keltische oder germanische Vorstellungen fortleben; auch sie wurden im Zuge der Dämonisierung heidnischer Gottheiten dämonisiert und stellen sich als Stätten der Gefahr und Verlockung dar. Nicht nur die Auffassung, dass es auf Erden nichts Vollkommenes geben könne, alles vollkommen Scheinende daher widergöttlicher Natur sei, versah die Zauberinseln mit negativem Vorzeichen, sondern auch die Tatsache, dass die Insel den sie Bewohnenden von der Welt und der Gesellschaft scheidet, die der höfisch-ritterliche Mensch bejaht. Der Isenstein des *Nibelungenliedes* (um 1200) ist ein Märchenland, dessen Ferne und Abgeschlossenheit den gefährlichen Charakter der umworbenen Frau unterstreicht, das Irland des ↑ Tristan-Stoffes ist ein von dem dämonischen Morholt und seiner Schwester und Nichte, den zauberischen Isolden, beherrschtes Zauberland. Eine von einer Meerfee beherrschte Feeninsel ist der Schauplatz der menschenfernen Erziehung des späteren Artusritters ↑ Lanzelot (Ulrich von Zatzikhoven, *Lanzelet* 1195/1200); auch Avalon auf der »Insel der Gesegneten«, wohin der todwunde (nach anderen Fassungen tote) ↑ Artus entrückt wird, ist deutlich eine Toteninsel, die unter der Herrschaft einer Fee, Morgan, die ihn heilt, steht und von der er nach keltischer Tradition einst wiederkehren wird. Nicht nur auf einer Toteninsel, sondern auch auf einem noch so lieblichen Zaubereiland ist der ritterliche Abenteurer seiner gesellschaftlichen Aufgabe entfremdet und wie lebendig begraben. Chrétien de Troyes' Joie de la court im *Erec* (um 1168, dt. Bearbeitung von Hartmann von Aue 1180/85), auf einem glatten Felsen am Fuß einer Burg inmitten eines reißenden Stromes gelegen, ist der nur unter Lebensgefahr betretbare Liebesgarten des Ritters Mâbonagrin, der sich aus der Gesellschaft gelöst hat, nur der Minne seiner Dame lebt und erst durch Erec wieder zum echten Leben erlöst wird, wobei er seine Flucht in ein Scheinparadies als Fehlverhalten erkennt. Als Stätte der Minne, wie es die Analogie zum biblischen Paradies nahelegt, doch auch der Gefangenschaft und des Todes erweist sich der Baumgarten auf einer ummauerten Euphratinsel, in dem der heidnische »Amiral« in Konrad Flecks *Flore und Blanscheflur* (um 1220) seine jährliche Brautschau hält, aber jeweils nach einem Freudenjahr die Erwählte dann hinrichten lässt. In ähnlicher Weise ist auch die Zauberinsel Schiefdeire, auf der Partonopier (Konrad von Würzburg, *Partonopier und Meliur* um 1275) landet, ein gegen die Welt abgeschirmtes irdisches Paradies, dessen Menschenleere er schaudernd empfindet und dessen unsichtbare Herrin Meliur er erlösen muss, und die paradiesische Flussinsel, die dem an Aussatz erkrankten Ritter Dietrich in des gleichen Dichters Epos *Engelhard* (um 1270) Zuflucht bietet, kann ihm in ihrer Weltabgeschiedenheit keine Freude erwecken. Nur da, wo eine Zauberinsel als Durchgangsstation empfunden wird, wie die Insel Salenze, auf der sich Partonopier vor seinem Wiedereintritt in die ritterliche Welt erholt, kann das Gefühl des Exils überwunden werden.

Zu den europäischen Varianten des Zauberinsel-Motivs traten mit *Tausendundeine Nacht* (8.–16. Jh.) die orientalischen Ausprägungen vor allem in der *Geschichte Sindbads des Seefahrers*, in der »Insel« geradezu ein Topos für einen gefährlichen, von Ungeheuern wie dem Vogel Roch, Riesenschlangen, einem polyphemähnlichen Riesen, einem alptraumhaften »Alten des Meeres« bewohnten Exilraum ist, der auch da, wo dessen Beherrscher sich freundlich zeigt, so viel an unheimlichen Bräuchen aufweist, dass der Reisende jeweils, ins heimische Bagdad zurückgekehrt, gelobt, sich nicht wieder auf See zu begeben.

Der Typus der Insula amoena, deren göttliche Schönheit durch christliches Denken in eine dämonische umgewandelt worden war, blieb unabhängig von den sich inzwischen herausbildenden weiteren Motivvarianten bis ins 18. Jahrhundert in Kraft. Die stark von keltischen Vorstellungen mitgeprägte höfische Literatur gab ihn zunächst an den spanischen Ritterroman und an das auf mittelalterlichen Stoffen aufbauende italienische Renaissanceepos weiter. Eine modellhafte Zauberinsel ist die Isla firme im *Amadís de Gaula* des G. ORDÓÑEZ DE MONTALVO (1508), die einem griechischen Königssohn und seiner Geliebten sechzehn Jahre als Liebesasyl gedient hat und die er vor seiner Heimfahrt so verzaubert, dass sie nur für vollkommen Liebende betretbar ist: Diese würdigen Nachfolger sind Amadís und Oriana, die am Ende ihrer Irrfahrten hier vor dem sie verfolgenden Zauberer Zuflucht finden. Ist das Inselleben für das erste Paar nur Durchgangsstation auf einem Weg, der wieder zum Thron zurückführt, so scheint diese Enklave des Glücks dem Aufbau des Romans entsprechend für Amadís letzte Erfüllung zu sein, was den Wandel der Vorstellung von irdischem Glück seit dem hohen Mittelalter anzeigen würde. Dagegen sind die Insel der Alcina bei BOIARDO (*Orlando innamorato* 1483–95) und ARIOST (*L'Orlando furioso* 1516–32) sowie die Insel der ↑ Armida in TASSOS *La Gerusalemme liberata* (1581) deutlich als Stätten der Verführung und des Bösen gekennzeichnet: Alcina verwandelt in ihrem Zaubergarten ihre Liebhaber in Tiere, Steine oder Bäume, und Armida soll als Werkzeug des Teufels durch die Verführung christlicher Ritter die Eroberung Jerusalems verhindern und entrückt Rinaldo auf eine Insel im fernsten Meer. Die Inseln Kirkes und Kalypsos, Stätten der Entspannung für die müden Abenteurer, die ihren verborgenen Fallstricken zum Opfer fallen, wirken nach. Frei von Hinterhalt, aber doch zauberischen Charakters ist die Insel im Indischen Ozean, die Venus in CAMÕES' *Lusiaden* (1572) vor den Schiffen Vasco da Gamas auftauchen und auf sie zutreiben lässt, damit die Portugiesen sich in den Armen der Nymphen erholen und ihnen die Zukunft ihres Vaterlands enthüllt wird. Dagegen erschrecken auf der Zauberinsel in J. BEERS *Printz Adimantus* (R. 1678) Finsternis, Sturm und Gespenster den Helden. Die ambivalente, von der Elfenkönigin Titania geschaffene Insel in Ch. M. WIELANDS *Oberon* (Verserz. 1780) ist ein Beispiel der Motivmischungen aus Artusepik, *Tausendundeine Nacht, Amadisroman* und *Orlando furioso*, die in den Contes de fées, den Erzählungen mit orientalischem Milieu und dem Unterhaltungsdrama des mittleren 18. Jahrhunderts das Zauberinsel-Motiv wiederbelebten und noch im 19. Jahrhundert nicht nur im Wiener Zauberstück (F. RAIMUND, *Der Barometermacher auf der Zauberinsel* 1823), sondern sogar noch in H. G. WELLS' *The Island of Doctor Moreau* (R. 1896)

Nachfolger gefunden haben, einer Insel, deren Herr nicht wie Kirke und Alcina Menschen in Tiere, sondern durch Operationen Tiere in Menschen verwandelt, aber schließlich von den ihm den Gehorsam Verweigernden umgebracht wird; die Erinnerung an diese Halbmenschen verdunkelt dem auf die Insel verschlagenen und sich von ihr auf einem Boot rettenden Erzähler für den Rest des Lebens das Bild vom Menschen. Ähnlich negativ wird in einer modernen Rezeption des ↑ Odysseus-Stoffes (L. FEUCHTWANGER, *Odysseus und die Schweine oder Das Unbehagen an der Kultur* Erz. 1948) der Titelheld von dem Entschluss seiner Gefährten beeindruckt, Schweine auf Kirkes Insel zu bleiben und nicht in das beschwerliche Menschsein zurückzukehren.

Inselsehnsucht, die es im Mittelalter nicht gab, wurde erst dann zum Movens der Dichtung, als der Mensch sich nicht mehr eins mit der zeitgenössischen Gesellschaft fühlte, sondern sie als reformbedürftig empfand, als im Zeitalter der Entdeckungen ferne Länder mit Völkern in den Gesichtskreis traten, die offenbar glücklicher lebten als der Europäer, und diesem eine tiefere Kenntnis der antiken Literatur die Utopien des PLATON und des IAMBULOS vertraut machte. Neben den fluchtutopischen Motiven von → Arkadien und vom edlen → Wilden trat nun die an antike Vorbilder anknüpfende Sozialutopie hervor, die als bahnbrechende *Nova insula Utopia* (1516) des Th. MORUS ein politisch faszinierendes Bild des »besten Zustandes« der Menschen und ein Gegenbild des europäischen Staatensystems bietet, das der berichtende Weltreisende selbst in Augenschein genommen haben will. Nicht das Zustandekommen eines Staates, sondern das fertige Produkt einer alle Möglichkeiten einkalkulierenden politischen Vernunft wird vorgeführt, eine streng geometrisch gegliederte Insel mit vierundfünfzig völlig gleichen Städten und schablonenhaft unpersönlichen Bewohnern, die keine Geschichte, keine Wandlungen, keine Konflikte, auch kein »Draußen« kennen und auch nicht kennen wollen, weil niemand Utopia den Rücken kehren will; der antithetische Zustand wird nur für den Berichter und den Leser greifbar. Die künstlerische Starre der Beschreibung, die MORUS mit PLATON teilt, wurde von den Nachahmern wieder aufgelockert, so von RONSARD (*Les Isles fortunées* 1553), der dem Motiv stimmungshaft idyllische Züge beifügte und seine Insel zum Zufluchtsort vor allem der Poeten erklärte, und die an IAMBULOS anknüpfende *Civitas Solis* (1623) des T. CAMPANELLA, der die viel nachgeahmte Fiktion einführte, dass der berichtende Kapitän den von Iambulos entdeckten, konsequent kommunistischen

Staat noch in Funktion angetroffen habe. Ähnlich gab F. BACON (*The New Atlantis* 1627) an, auf einer Südseeinsel Nachkommen der Atlantiden gefunden zu haben, die in einer eingeschränkten Monarchie lebten. Die erzählerische Technik änderte sich bei den weiteren Utopien der Barockzeit nicht wesentlich (D. VAIRASSE, *Histoire des Sévarambes* 1677–79; G. de FOIGNY, *Jacques Sadeur* 1676; Ph. S. v. SCHÜTZ, *Die glückseligste Insel auf der ganzen Welt* 1723), sie alle sind weniger Darstellung eines Gegenraums als einer Gegenzeit, einer möglichen Zukunft der Gesellschaft.

Zweifel an der Realisierbarkeit solcher politischen Inselträume blieben nicht aus. Für Gonzalo in SHAKESPEARES ein knappes Jahrhundert nach MORUS erscheinendem Drama *The Tempest* (1610/13) sind die zum Trost seines Herrn nicht ohne Beziehung zu Morus ausgesprochenen Entwürfe zu einem Neubeginn auf der Insel ein schöner Traum, denn die Mittelmeerinsel, auf die die Personen des Stückes verschlagen worden sind, ist für den tätigen Menschen ein Strafort, obgleich es Shakespeare gelingt, den ambivalenten Charakter des Inseldaseins je nach der seelischen Situation der Personen deutlich zu machen: Für Antonio und Sebastian, die dorthin verschlagen wurden, weil sie unter Menschen nicht taugten, ist die Insel wüstes Exil, auch für den gestürzten Fürsten ein Ort der Strafe, den er nicht in den eines Neubeginns umzuwandeln vermag, für Gonzalo und Adrian bietet sie genügend Annehmlichkeit, für Miranda und Ferdinand bedeutet sie ein Liebesparadies, für den früheren Besitzer Caliban die verlorene Unberührtheit der Natur und für den gelehrten Prospero ein erträgliches Asyl, das er aber unter Verzicht auf sein magisches Können gern wieder mit seinem Herzogtum Mailand vertauscht. Die »Insel« Barataria, mit der Sancho Pansa im *Don Quijote* (2. Teil 1615) des CERVANTES belehnt wird, steht zweifellos in der Tradition der Insula amoena des spanischen Ritterromans. Doch handelt es sich bei näherem Hinsehen weniger um das Erlebnis einer fruchtbaren Insel als um eine Inselherrschaft über tausend Seelen, die Sancho Pansa übertragen wird, die aber schon deshalb eine Fiktion ist, weil die Insel auf der Terra firme liegt und weil die ganze Belehnung nur ein Scherz ist, sodass Sanchos Herrschaft trotz seiner guten rechtsprecherischen Fähigkeiten als Fata Morgana zerrinnt und im Scheinangriff der Arrangeure des Spaßes zusammenbricht – eine Episode, die doch wohl nicht ganz ohne Hinblick auf utopische Inselstaaten entstanden ist.

Gezielter ist der Angriff des Jesuiten J. BIDERMANN (*Cosmarchia* Lsp. um 1620) auf die irdische Vollkommenheit von Utopia: Die reichste und attraktivste Insel der Welt, auf der jedes Jahr ein neuer König gewählt und der alte dafür verbannt wird, dient Bidermann als Symbol der Vergänglichkeit irdischen Glanzes, dem nur der Dauer geben kann, der den jeweiligen Absetzern mit bewaffnetem Heer entgegentritt, d. h., wer sich Schätze im Himmel erworben hat. Einen reduzierten Utopismus vertritt *L'Île des esclaves* (Dr. 1725) von MARIVAUX, dessen Schiffbrüchige auf eine von ehemaligen rebellischen athenischen Sklaven gegründete Republik stoßen, deren Nachfahren die Herren unter den Gestrandeten zu Dienern, die Diener zu Herren machen – jedoch nur für eine Probezeit, in der sie lernen, auch den Angehörigen der anderen Schicht zu verstehen. Weit mehr distanzieren sich vom Optimismus der Utopien die negativen Zerrbilder J. SWIFTS (*Travels into Several Remote Nations of the World by Lemuel Gulliver* 1726), die in Form der Zwergeninsel Liliput menschliche Verhältnisse in ihrer Nichtigkeit, in Form des Riesenlandes Brobdingnag die bedrohliche Massivität des Menschen und in der fliegenden Insel Laputa den aus insularer Abgeschlossenheit hervorgegangenen Mangel an Selbstkritik besonders der Wissenschaftler deutlich werden ließen. Ein hübscher gegenutopischer Einfall ist die »Insel der Wahrheit« in F. RAIMUNDS *Der Diamant des Geisterkönigs* (Zauberposse 1824), deren Bewohner verlogene Repetiermaschinen ihres Herrschers sind und den einzig aufrechten Menschen verstoßen. An Sancho Pansas zerstiebende Inselherrschaft knüpfte zweifellos der 3. Teil des Tartarin-Romans von A. DAUDET (*Port Tarascon* 1890) an, jedoch muss bei diesem gekauften Inselreich, das sich nicht nur als Wüste, sondern auch als englischer Besitz erweist, mit dem Einfluss der inzwischen literarisch verarbeiteten Tahiti-Traumwelt gerechnet werden.

Die einzige auch schon im Mittelalter denkbare Form erwünschten Inseldaseins, die des Insel-Eremiten, war in dieser Epoche kaum zum Zuge gekommen, weil man das → Einsiedler-Motiv lieber in Wald und Gebirge lokalisierte. Im Fall des Eremiten sind Inselschönheit und Inselglück irrelevant, denn der Einsiedler sucht Menschenferne um der Gottesnähe willen und die Unbilden der Natur aus Bußfertigkeit; allenfalls domestiziert sein frommer Sinn ein Stück Natur und schafft es zu einer Idylle um. Frühestes Muster ist der Apostel Johannes, der nach dem Zeugnis mehrerer Kirchenväter wegen seines Glaubens von Kaiser Domitian auf die felsige, zerklüftete Insel Patmos, einen der Verbannungsorte der Kaiserzeit, verwiesen wurde und dort das Erlebnis der *Apokalypse* hatte. Der heilige Hylarion fand auf Zypern eine einsame Stätte, und nach BEDAS *Vita* (um 721) lebte der Abt St. Cuthbert als Einsiedler, der das Feld bestellte, den Tieren gebot und Menschen heilte, auf der Insel Farne. Ganz unidyllischer Ort der Buße ist dagegen der menschenferne, nahrungslose Felsen in wilder See, auf den sich HARTMANN VON AUES »guter Sünder« (*Gregorius* 1287/89) verbannt und auf dem ihn Gott wunderbarerweise überleben lässt. Erst im Barock, als Eremitentum und Eremitage zum modischen Brauch der großen Welt gehörten und andererseits Inselabenteuer durch die überseeischen Unternehmungen in einen näheren Gesichtskreis gerückt waren, entwickelte sich die Motivvariante. In W. H. v. HOHBERGS Epos *Der Habspurgische Ottobert* (1664) entdeckt der auf eine Insel verschlagene Held eine liebliche Berggegend mit einem vor zweiundvierzig Jahren dorthin verschlagenen Pilger, der sich zum Einsiedlerleben entschloss, weil er die Treulosigkeit der Welt erfahren hatte. Ins Zentrum der Handlung rückt das Motiv dann in der *Continuatio* von H. J. Ch. v. GRIMMELSHAUSENS *Der abenteuerliche Simplicissimus* (R. 1669), die von dem erneuten, zunächst unfreiwilligen Eremitentum des Helden, der seine Klause im Schwarzwald aufgab und bei einer Wallfahrt ins Heilige Land schiffbrüchig wurde, auf einer wilden Insel erzählt, die auch ein liebliches Tal mit allen Reizen des Locus amoenus in sich birgt. Aber das erneuerte Eremitentum, zu dem sich Simplicius nach dem Tode seines einzigen Gefährten entschließt, besteht nicht im Genuss des Lebens auf diesem lieblichen Fleck Erde, sondern in entsagungsvollem Leben in einer dunklen Höhle, in die er auch flieht, als die Rettung in Gestalt eines landenden Schiffes winkt, sodass dieser freiwillige Selbstausschluss des Helden aus der Welt dem Autor die Möglichkeit eines Abschlusses der Abenteuer bietet. J. BEER (*Der Simplicianische Welt-Kucker* R. 1677–79) kopierte Grimmelshausens Schluss, indem er seinen Helden sich aus Gram über den frühen Tod seiner Frau auf eine Insel zurückziehen und dem Gedanken an die Vergänglichkeit hingeben lässt. Während auch der erste Einwohner der Insel Felsenburg (J. G. SCHNABEL, *Wunderliche Fata ... auf der Insel Felsenburg* R. 1731), Don Cyrillo de Valaro, den der Held Albertus Julius nur noch als Toten antrifft, und der diesem nachgezeichnete Eremit in WIELANDS *Oberon* (Verserz. 1780) in die Nachfolge des simplicianischen Einsiedlertums gehören, macht sich bei der fürstlichen Einsiedelei Nymphental (ANTON ULRICH VON BRAUNSCHWEIG, *Octavia, Römische Geschichte* R. 1677–1707) ein modischer Spielcharakter und ein gewisser, im späteren 18. Jahrhundert vorherrschender Solipsismus geltend, da Ephigenia sich in diesem Kloster mit gleichgesinnten Freundinnen einschließt und einem gewissen Ästhetizismus Raum gibt, obgleich das zugrunde liegende Streben zu Gott nicht geleugnet werden kann. Nicht bei allen Inseleremiten vollzieht sich die Weltflucht ohne äußere Anstöße, daher kann die Abgeschiedenheit und das Abscheiden des kranken, in seinen politischen Plänen gescheiterten Ulrich von Hutten auf der Insel Ufenau, das C. F. MEYER (*Huttens letzte Tage* 1871) zum tragenden Motiv eines lyrischen Zyklus machte, hier angereiht werden: Die Brücken nach dem Draußen brechen immer mehr ab, nur während der Fieberphantasien dringen Gestalten des früheren Lebens in das Drinnen des Inselbezirks vor, Hutten ist schon entrückt, ehe er zu noch ferneren Ufern abberufen wird.

Das wohl berühmteste Inseldasein der Weltliteratur, das Robinsons (D. DEFOE, *Robinson Crusoe* R. 1719), hat Vorläufer, denn unfreiwilliges Exil durch Schiffbruch oder einen ähnlichen Schicksalsschlag war schon zuvor denkbar. Wenn der Knabe Hagen in dem Epos *Kudrun* (um 1240) von Greifen auf eine Insel entführt wird und dort im Kampf mit der Umwelt Selbsterhaltung lernt, so dient diese Robinsonade nicht dazu, des Menschen Sieg über die Natur zu erweisen, sondern zu erklären, warum Hagen sich wild und ungeschliffen zeigt. Mehr der Kuriosität halber führt W. H. v. HOHBERG (*Der habspurgische Ottobert* Epos 1664) eine Jungfrau vor, die in einer Inselhöhle seit einem Jahr robinsonmäßig lebt, und bei späterer Gelegenheit einen Knabeninsulaner in einer Bärenhöhle. Als Strafaufenthalt erscheinen Inseln bei G. Ph. HARSDÖRFFER: als Strafe Gottes für vorwitzige Neigung zu Schiffsreisen in *Der Schiffbruch* (Erz. 1651) und als von einem Bruder über die Schwester und ihren Geliebten verhängte Strafe für verbotene Liebe in *Der tyrannische Bruder* (Erz. 1651), eine Grausamkeit, die den Mann das Leben, die Frau die seelische Gesundheit kostet. Auch in dem Drama *La isla bárbara* (1615/30) von M. SÁNCHEZ fungiert der Aufenthalt auf einer Barbareninsel als Verbannungsstrafe, die jedoch die dramaturgische Aufgabe erhält, die eifersüchtigen und sich verkennenden Partner auf der Insel zusammen und die Handlung zu einem versöhnlichen Ende zu führen, an dem die Insel wohlweislich wieder verlassen wird. Auch die schon erwähnte *Continuatio* GRIMMELSHAUSENS hat Züge einer Robinsonade, die jedoch dem beherrschenden Asylaspekt untergeordnet sind. Die einschneidende und lang anhaltende Wirkung der Motivgestaltung in *Robinson Crusoe* ist erstens der nicht poetologischen Absicht Defoes zu danken, an Robinsons Selbstbehauptung die Erfindungskraft des Menschen zu illustrieren, womit er den Zielen der beginnenden Aufklärung entgegenkam, und zweitens der Tatsache, dass er diese moralische Absicht durch die sich schrittweise vollziehende Erfahrungsbereicherung Robinsons künstlerisch so überzeugend gestaltete, dass dessen achtundzwanzig Jahre währendes Inselleben, das ja nur einen Teil des Romans bildet, dessen Erfolg begründete. Defoe verlegte zwar die öde Pazifikinsel seiner Quelle, des Berichts über den Inselaufenthalt des Matrosen Selkirk (W. ROGERS, *A Cruizing Voyage Round the World* 1712), in die tropischen Antillen, aber Robinsons Eiland ist keineswegs eine Insula amoena, denn wenn Robinson auch dankbar für die Rettung aus Seenot und die Fruchtbarkeit der Insel ist, so bleibt sie ihm doch ein teilweise sogar unheimliches Exil, und auch die Erhellung seiner Einsamkeit durch die Anwesenheit Freitags kann ihn für die Trennung von der menschlichen Gesellschaft nur zum Teil entschädigen.

Die durch *Robinson Crusoe*, seine Nachahmungen und Bearbeitungen geprägte Vorstellung der Exil-Insel ist aus der weiteren Entwicklung des Motivs nicht wegzudenken, auch da, wo es sich nicht um den reinen Typ der Robinson-Insel handelt. Die ältere Variante der Barbareninsel wurde wiederbelebt, als GOETHE (*Iphigenie auf Tauris* Dr. 1786) den Aufenthaltsort der entrückten Iphigenie, Taurien, in eine Insel Tauris verwandelte und so Aussperrung und Heimweh der Priesterin und die Hindernisse für die Wiedervereinigung der Geschwister deutlich verstärkte. Tauris wird zugleich Insel der Bewährung, so wie später die einsame Insel für den schiffbrüchigen Enoch (A. Lord TENNYSON,*Enoch Arden* Verserz. 1864), der dort von kleinbürgerlichem Aufstiegs- und Glücksstreben geheilt wird und Entsagung lernt, wogegen sich diese erzieherische Aufgabe bei J. M. BARRIE (*The Admirable Crichton* Kom. 1902) lustspielhaft verkehrt, wenn alle in die Inselexistenz gesetzten Erwartungen ad absurdum geführt werden und die während der Robinsonade gefundene, auf den wahren Fähigkeiten der Schiffbrüchigen beruhende Rangordnung bei der Rückkehr in die Zivilisation der alten Gesellschaftshierarchie weichen muss.

Inselsehnsucht war bis in die frühe Neuzeit hinein nur im Bereich des geistlichen Eremitenideals denkbar. Wo sie etwa, wie in J. WICKRAMS Roman *Von guten und bösen Nachbarn* (1556), als flüchtiger Wunsch notlandender Reisender auftaucht, wird sie sofort um der bürgerlichen Pflichten willen verworfen. DEFOES Roman und die Robinsonaden tragen keine idyllischen Züge, weil Robinson und seine Nachfolger ihre Inselexistenz nicht bejahen, und auch den

Utopien mangelt das idyllische Moment, da es ihnen nicht um das Glück des Einzelnen geht. Wo jedoch die Insel als menschenferne Zuflucht eines Weltmüden erträumt wird, stellt sich die Motivvariante der seligen Insel wieder ein, deren Bewohner zwar nicht die Gesellschaft, aber Geselligkeit schätzen und denen Freundschaft und Liebe das höchste Glück bedeuten. Was noch bei H. NEVILE (*The Isle of Pines or a Late Discovery for a Fourth Island in Terra Australia Incognita* 1686) als satirische Sexualutopie ohne idyllischen Zug gemeint war – der mit vier Frauen auf eine Insel verschlagene Pines tritt nach und nach zu allen vier in Beziehung, und die Insel zählt, als sie achtzig Jahre später entdeckt wird, zweitausend Einwohner –, das wurde bei J. G. SCHNABEL (*Wunderliche Fata ... auf der Insel Felsenburg* 1731) unter Einschmelzung von Sozialutopie und Robinsonade zu einem von pietistischer Frömmigkeit und bürgerlicher Empfindsamkeit geprägten Idealbild patriarchalischen Zusammenlebens. Der künstlerischen Starre der Utopien entging Schnabel dadurch, dass er nach den ersten Schiffbrüchigen, Albertus Julius und Concordia, weitere landen und in die Gemeinschaft eintreten ließ, die ihre Schicksale erzählen, sodass immer neue Handlungsstränge eingeflochten werden, der Gegensatz zwischen Insel und Außenwelt dauernd diskutiert und die Inselgemeinschaft trotz äußerer Abschirmung vom inneren Bezug zu Europa in Bewegung gehalten wird; anstelle des Berichts eines Außenstehenden über Utopia gibt Schnabel Berichte der Felsenburger über Europa. Die Gemeinschaft beruht nicht auf einer politischen Doktrin, sondern auf der »Tugend« der Mitglieder, ihr Glück ist daher nicht allgemeingültig, sondern nur einzelnen Auserwählten zugänglich. Die in SCHNABELS Buch vorhandenen Ansätze zu einer Sexualutopie versuchte später G. HAUPTMANN (*Die Insel der großen Mutter* R. 1924) ins Mythische zu erhöhen: Das Matriarchat der hundert Frauen, die zusammen mit einem einzigen Jüngling auf eine Insel verschlagen wurden, geht im Aufstand der von den Müttern verstoßenen Söhne unter, die Schöpferin des Muttermythos sehnt sich nach einer neuen Ordnung und der Nur-Zeuger nach personaler Bindung.

Die Insel als Bezirk privaten Glücks, als Fluchtutopie, verbindet SCHNABELS Roman mit den Inseln in Werken des Rokoko, etwa S. GESSNERS Idyllen (*Der Wunsch, Lycas oder die Erfindung der Gärten, Der erste Schäfer* 1756) oder Verserzählungen Ch. M. WIELANDS (*Idris und Zenide* 1761, *Oberon* 1780) und STEPHANIES d. J./W. A. MOZARTS Oper *Die Entführung aus dem Serail* (1782), in der Bassa Selim als Flüchtling aus dem Abendland und Renegat sich grollend auf eine

Insel zurückgezogen hat, die er von Osmin bewachen lässt. Die selektive Funktion wird am deutlichsten bei den Inseln JEAN PAULS, die bezeichnenderweise zum Umkreis seiner »hohen Menschen« gehören. Teidor in *Die Unsichtbare Loge* (R. 1793), die düstere Insel der Vereinigung im *Hesperus* (R. 1795) und die Schlummerinsel im *Titan* (R. 1800–03), Inseln in einer höfischen Parkwelt, sowie die ähnlich elitären Inseln Isola bella und Ischia im *Titan* dienen als Fixpunkte der Handlung. Bei Jean Paul wirkt die alte christliche Auffassung fort, dass Inselglück transitorisch ist, der Mensch ins tätige Leben zurückkehren muss und die wahren Inseln der Glückseligkeit erst im Jenseits zu finden sind. Das selektive Moment spielt später noch einmal eine Rolle in Gedichten St. GEORGES (*Der Herr der Insel* 1895) und G. BENNS (*Das Unaufhörliche* 1931), bei denen die Insel einen Standpunkt im Chaos, auch den Bezirk der Kunst, bedeutet.

JEAN PAUL, bei dem der in der zweiten Hälfte des 18. Jahrhunderts aufkommende übertragene Gebrauch von Insel als von etwas Isoliertem, Zuflucht Bietendem abzulesen ist, war bereits mit der Entdeckung der Südseeinseln, vor allem Tahitis, vertraut, die dem Motiv der glückseligen Inseln zu seiner letzten Blüte verhalf. Die Berichte der Entdecker (G. ANSON, *Voyage Round the World* 1763; L.-A. de BOUGAINVILLE, *Voyage autour du monde* 1771; G. FORSTER/E. RASPE, *Voyage Round the World* 1777; die drei Relationen COOKS von seinen Reisen 1777 und 1785) hatten eine noch stärkere Wirkung als die der Amerikaentdecker des 16. Jahrhunderts, weil in der Epoche des auslaufenden Absolutismus, der Kulturkritik Rousseaus und der Lösung von religiösen Doktrinen ein irdisches Paradies nicht nur erwünscht, sondern auch, sogar bei nichtchristlichen Völkern, möglich schien und die Schilderungen von der Schönheit und der jede Arbeit überflüssig machenden Fruchtbarkeit der Inseln sowie von der Anmut, Stärke, Klugheit, Bildungsfähigkeit, Gastfreundschaft, Besitzlosigkeit und patriarchalisch-freiheitlichen Verfassung der Bewohner wie die Erfüllung eines alten Menschheitstraums klangen.

Bezeichnenderweise endet das erste deutsche dichterische Zeugnis der Tahiti-Begeisterung, J. F. W. ZACHARIAES durch die Lektüre BOUGAINVILLES angeregtes Gedicht *Tahiti oder die glückselige Insel* (1777), mit der auch von Forster geäußerten Befürchtung, dass das Idyll durch die Entdeckung beendet sei, während der junge L. TIECK (*Alla-Moddin* Dr. 1790/91) den edlen → Wilden feiert und sein Drama mit dem Aufbruch des Europamüden nach der fernen Insel Suhlu beschließt. Ähnlich liegen die Akzente in A. v. KOTZEBUES Lustspiel *Bruder Moritz, der Sonderling, oder Die Colonie für die*

Pelewinseln (1791) und in seinem Schauspiel *La Peirouse* (1798), dessen Held auf den Südseeinseln eine Doppelehe verwirklichen zu können glaubt. Interessanterweise wird von Tieck, von Kotzebue und auch von S. v. LA ROCHE (*Erscheinungen am See Oneida* R. 1798) als Grund für die Europaflucht die Französische Revolution angegeben, ein Zeichen, wie sehr – jedenfalls in Deutschland – der Inseltraum dem Streben nach privatem Glück und nicht nach gesellschaftlicher Umwälzung entsprang. Im Gegensatz zu D. DIDEROTS sozialutopischen Ideen in *Supplément au voyage de Bougainville* (1771, Druck 1796) entstand im Kreis um H. W. v. GERSTENBERG der Plan, eine Poetenkolonie auf den Inseln zu gründen; die ästhetisch-religiösen Schwärmereien der Freunde in F. L. Graf zu STOLBERGS Prosadichtung *Die Insel* (1788) vom Leben auf einem südlichen Eiland erweisen sich als eher staatsfeindlich denn staatsbildend, und auch das elitäre Insel-Ideal von J. J. W. HEINSES *Ardinghello oder die glückseligen Inseln* (R. 1787) hat zwar kommunistische Züge, ist aber ganz auf das Glück, vor allem das geschlechtliche, des Einzelnen abgestellt. Graf Stolberg und Heinse sind primär von Rousseau bestimmt, stehen noch in der empfindsamen, von Schnabel herkommenden Linie, der J. G. B. PFEILS nur äußerlich mit Cook verbundene Felsenburgiade *Die glückliche Insel oder Beitrag zu des Capitain Cook neuesten Entdeckungen in der Südsee aus dem verlorenen Tagebuch eines Reisenden* (1781) und noch A. OEHLENSCHLÄGERS im Zuge der Tahiti-Begeisterung entstandene, biedermeierliche Erneuerung von SCHNABELS Werk (*Die Inseln im Südmeer* 1826) angehören. Die Inseldichtungen des späten 18. Jahrhunderts rücken so in die Nähe von J.-H. Bernardin de SAINT-PIERRES vielgelesener Erzählung *Paul et Virginie* (1787), in der das Glück eines auf einer tropischen Insel herangewachsenen Paares zerbricht, als Virginie diesen Ort der Unschuld mit Paris vertauscht: Die Zivilisation bringt Unglück und Tod.

Die Südseefahrten hatten mit der von mehreren Beteiligten bezeugten Meuterei auf der »Bounty« (1787) sogar einen Stoff geliefert, der wie eine Verwirklichung von Aspekten der Insel Felsenburg anmutet: Von dem Leben auf Tahiti entzückt und mit einer harten Schiffsherrschaft unzufrieden, setzten Meuterer den Kapitän und seine Anhänger auf offener See aus, kehrten nach Tahiti zurück und gründeten von dort aus mit männlichen und weiblichen Tahitianern eine Kolonie auf der Insel Pitcairn, deren in idealer Gemeinschaft lebende mischrassige Bevölkerung 1808 entdeckt wurde. Von einem Versuch englischer Seeleute, auf Tahiti zu bleiben, hatte schon COOK berichtet; daher taucht ein solcher Handlungskomplex zum ersten Mal in den anonymen *Otaheitischen Gemälden* auf (1803). Der eigentliche »Bounty«-Stoff spiegelt sich erst in Lord BYRONS Gedicht *The Isle* (1823) und wurde später erschöpfend in dem dreibändigen Roman *Mutiny on the Bounty* (1932) von Ch. B. NORDHOFF/J. N. HALL behandelt und 1935 verfilmt. Um die Mitte des 19. Jahrhunderts, als der Tahititraum verblasst war, spielt bei einem Kenner des dortigen Lebens wie F. GERSTÄCKER, dem es um die Auseinandersetzung der Eingeborenen mit der europäischen Zivilisation ging, weiterhin die Geschichte vom entlaufenen Matrosen, der mit einer Eingeborenen eine Zeit des Liebesglücks und des Nichtstuns verbringt, eine zentrale Rolle (*Tahiti* R. 1854, *Der Schiffszimmermann* Erz. 1858, *In der Südsee* Erz. 1860). Noch am Ausgang des 19. Jahrhunderts hielt P. LOTI (*Le Mariage de Loti* R. 1880) entgegen besserer Kenntnis die Vision der paradiesischen Inseln aufrecht, und auch im Kililiki-Idyll von N. JACQUES (*Piraths Insel* R. 1917) und den Südsee-Erzählungen S. MAUGHAMS (*The Trembling of a Leaf* 1921) ist das Paradies-Motiv zumindest als Verlockung zu ungehemmtem Sinnengenuss beherrschend.

Schon DIDEROT (*Supplément au voyage de Bougainville*) hatte Einwände gegen den Seligen-Insel-Traum erhoben, da das Tahiti-Ideal unübertragbar, eine Rückkehr zur Natur unmöglich sei und absolute Freiheit zu Stagnation führe. Spätromantiker wie J. v. EICHENDORFF (*Die Brautfahrt* Romanze 1816) und der Schwede P. D. A. ATTERBOM (*Die Insel der Glückseligkeit* Märchensp. 1824–27) gaben eine desillusionierende Darstellung scheiternder Inselhoffnungen, weil es vermessen sei, schon auf Erden ein vollkommenes Glück finden zu wollen, und aus verwandtem Geist richtete A. v. CHAMISSO, der selbst auf einer Forschungsreise die Südseeinseln kennengelernt und ihre Schönheit sowie der Bewohner ungebrochene Natürlichkeit in mehreren Gedichten geschildert hatte (*Traum und Erwachen; Idyll; Gerichtstag auf Huahine* 1822), später in *Salaz y Gomez* (Gedicht 1829) ein düsteres Mahnmal gegen Fernweh und Inseltraum auf: Statt auf einer Insula amoena lebt der Gestrandete auf kahler Felsenklippe, statt der für Robinson hilfreichen Ausrüstung des gestrandeten Schiffes gibt es für ihn ein unerreichbares Wrack, statt des Glücks erfährt er quälende Europasehnsucht; das rettende Schiff kommt zu spät, und die hinterlassenen Tafeln künden nicht, wie bei SCHNABEL, von einem in Gott seligen Einsiedlerleben, sondern von dumpfer Verzweiflung. Auch die namenlose Protagonistin von M. HAUSHOFERS *Die Wand* (R. 1962) fühlt sich, wider Willen auf ein menschenleeres Quasi-Eiland versetzt, durch eine magische Wand von ihrem früheren Leben getrennt und mit wenigen ihr anvertrauten Lebewesen auf ein entbehrungsreiches Dasein angewiesen. In EICHENDORFFS *Eine Meerfahrt* (Nov. 1864) vollzieht sich eine Rückwendung nach Europa, und in H. MELVILLES *Typee* (Erz. 1846) flieht der Held das reduzierte Leben in dem dubiosen Paradies. Für E. MÖRIKE wandelte sich das Jugendideal der Insel Orplid in dem in *Maler Nolten* eingebauten Schattenspiel (*Der letzte König von Orplid* 1832) in das resignationsreiche Symbol eines versunkenen Reichs klassischer Schönheit, von dem nur noch der letzte wahnsinnige König etwas weiß. Mit biedermeierlichem Hinweis auf die dem Menschen auferlegten Pflichten lehnte A. STIFTER (*Der Hagestolz* Erz. 1845) den fluchtutopischen Rückzugsraum der Insel ab, und sogar in der Sphäre des Jugendbuchs erweckt das ungebundene Leben auf einer Mississippi-Insel (MARK TWAIN, *The Adventures of Tom Sawyer* 1876) nicht das Gefühl der Befreiung, sondern der Ausgeschlossenheit und Einsamkeit. Solipsistisches Inselglück wird in der neueren Literatur vielfach verurteilt (A. WILBRANDT, *Die Osterinsel* R. 1895; M. HALBE, *Die Insel der Seligen* Kom. 1905; J. CONRAD, *Victory* R. 1915), der Prospero G. HAUPTMANNS (*Indipohdi* Dr. 1920) kehrt nicht wie der SHAKESPEARES versöhnt und versöhnlich in die Welt zurück, sondern sehnt, von Kampf und Mord bis auf seine Insel verfolgt, das Nichts herbei, und den sich überlegen von den Menschen abwendenden Misanthrop (A. SCHMIDT, *Pharos oder von der Macht der Dichter* Erz. 1975) ereilt dort der Tod. Der Weiße in *Haha Whenua – das Land, das ich gesucht* (R. 1933) von C. ROSS muss die Unerfüllbarkeit seines Inseltraums erkennen und ihn mit Zerrissenheit und Heimatlosigkeit büßen. Die düstere Erkenntnis, die F. ARRABAL (*L'Architecte et l'empereur d'Assyrie* Dr. 1967) aus der Begegnung des Zivilisations- und des Naturmenschen auf einsamem Eiland zieht, dass der Zivilisierte stets den Naturmenschen korrumpiere, bestätigt die Befürchtungen mancher Tahiti-Schwärmer des 18. Jahrhunderts. Dennoch bleibt die Südsee-Insel als zeitloser Fluchtpunkt erhalten (G. BENN, *Meer- und Wandersagen*).

Die sozialutopische Variante des Insel-Motivs erhielt im Zeitalter der Technik neue Anstöße durch J. VERNES Erprobung moderner anarchischer Ideen (*Les Naufragés du Jonathan* R. 1909) und die von ihm zuerst aufgegriffene Fiktion CAMPANELLAS von einem wiederentdeckten Sonnenstaat (*Vingt mille lieues sous les mers* R. 1869). Während Verne jedoch seine Unterseebootsinsassen nur die Ruinen des versunkenen Reichs auffinden ließ, ersannen Vernes Nachfolger bald Möglichkeiten, lebendige Atlantiker ins Spiel zu bringen. Mehr als fünfzig Romane, die meist um die Wende zum 20. Jahrhundert entstanden, bemühten sich um den Stoff. Man fingierte entweder die Wiederentdeckung des noch funktionierenden Staates auf dem Grund des Meeres oder in der Arktis (D. M. PARRY, *The Scarlet Empire* 1906; R. HATFIELD, *The Geyserland* 1908; P. BENOÎT, *L'Atlantide* 1920; C. DOYLE, *The Maracot Deep* 1928; St. A. COBLENTZ, *The Sunken World* 1928; D. WHEATLEY, *They Found Atlantis* 1936), oder man ließ erhaltene biographische Zeugnisse ans Licht kommen (C. HYNE, *The Lost Continent* 1900), man ließ sogar die ganze Insel wieder auftauchen (K. zu EULENBURG, *Der Brunnen der großen Tiefe* 1926; F. H. SIBSON, *The Survivers* 1932), und man versetzte moderne Menschen in das antike Atlantis zurück (J. L. MITCHELL, *Three go back* 1932; N. BOND, *Exiles of Time* 1949). Das Insel-Motiv tritt in diesen pseudowissenschaftlichen Erzählungen hinter sozialtheoretischen, prähistorischen, theosophischen und okkultistischen Theorien zurück und wurde oft gar nicht genutzt. A. FRANCE (*L'Île des pingouins* R. 1908) führte die utopische Insel – hier einen Staat von Pinguinen, denen Gott eine Seele verliehen hat – ad absurdum, indem er an der Entwicklung der beseelten Pinguine vom Naturvolk über Zivilisierung und Kollektivierung bis zum Rückfall in Barbarei die Ausweglosigkeit menschlicher Geschichte darstellte. Unabhängig von diesen pseudowissenschaftlichen Gestaltungen des Motivs sind zwei Versuche zu nennen, die Insel als Erfüllungsort seiner zeitlosen Etablierung inmitten der modernen Großstadt festzuhalten: M. KLEEBERGS Roman *Ein Garten im Norden* (1998) und U. GRUENTERS wehmütige Reflexionen *Der verschlossene Garten* (R. 2004). R. SCHROTT (*Tristan da Cunha* R. 2003) verknüpfte die Schicksale von vier Engländern auf einer kleinen Südseeinsel mit dem Tristan-Stoff.

F. Brüggemann, Die Motive der »Insel Felsenburg« in den Utopien bis 1731 (in: F. B., Utopie und Robinsonade) 1914; W. Volk, Die Entdeckung Tahitis und das Wunschbild der seligen Insel in der deutschen Literatur, Diss. Heidelberg 1934; H. Feyer, Die politische Insel, 1936; E. Löhner, »Tahiti«. Ein Wunschbild. Von Georg Forster bis Friedrich Gerstäcker, Diss. Wien 1940; L. S. De Camp, The Atlantis-Theme in History, Science and Literature, New York 1954; H. Brunner, Die poetische Insel. Inseln und Inselvorstellungen in der deutschen Literatur, 1967; S.-A. Jørgensen, Adam Oehlenschlägers »Die Inseln im Südmeer« und J. G. Schnabels »Wunderliche Fata«. Aufklärung, Romantik – oder Biedermeier?, (Nerthus 2) 1969; Th. Koebner, Das verbotene Paradies. Fünf Anmerkungen zum Südsee-Traum in der Literatur, (Arcadia 18) 1983; E. Schenkel, Die verkehrte Insel: »The Tempest« und H. G.

Wells' »The Island of Dr Moreau«, (Anglia 111) 1993; A. Betz, Die Inszenierung der Südsee, 2003; Ch. Küchler Williams, Erotische Paradiese: zur europäischen Südseerezeption im 18. Jahrhundert, 2004.

Inzest

Das Verbot des Inzests, der sexuellen Beziehung zwischen Blutsverwandten, kann trotz der Ausnahmen, die sich bei verschiedenen Stammeskulturen finden, cum grano salis als universal angesehen werden. Seine Ursache ist mittels der erbbiologischen, familienhygienischen, politisch-ökonomischen und psychoanalytischen Erklärungsversuche nicht eindeutig festzulegen, und seine Funktion wurde lange in der soziokulturellen Aufgabe der Intakthaltung der Familie gesehen, aber jüngste Genforschung erwies, dass Endogamie zu wesentlichen Defekten bei den Nachkommen führt, und bestätigte so eine als Volksglauben abgetane These. Das mosaische Gesetz legte für die Hebräer den Inzest als strafbare Handlung fest, das des Solon verbot in Athen die Geschwisterehe, die vorher gestattet war, sowie die Ehe zwischen Eltern und Kindern. Bei den Römern führte die Ablehnung des »incestum« (= Befleckung, Unzucht) zu strengen Eheverboten zwischen Verwandten sogar sechsten und siebenten Grades, deren Missachtung mit Zwang zum Selbstmord, im 1. Jahrhundert v. Chr. durch Sturz vom Tarpejischen Felsen bestraft wurde. Die Germanen scheinen ihre Ablehnung zumindest nicht auf Verschwägerte ausgedehnt zu haben; die germanischen Stammesrechte des frühen Mittelalters stehen schon unter dem Einfluss der römischen Eheverbote. Christentum und Islam verboten den Inzest, und die christlichen reformierten Kirchen haben dessen Bestrafung eher noch verstärkt. Auch in der modernen Welt weist die Abgrenzung der Verwandtschaftsgrade, für die das Verbot gilt, und das Strafmaß Unterschiede auf. Nach bundesdeutschem Recht wird Beischlaf mit einem leiblichen Abkömmling mit Freiheitsstrafe bis zu drei Jahren oder mit Geldstrafe bestraft. Wer den Beischlaf mit einem leiblichen Verwandten aufsteigender Linie vollzieht, wird mit Freiheitsstrafe bis zu zwei Jahren oder mit Geldstrafe bestraft; ebenso werden leibliche Geschwister bestraft, die miteinander den Beischlaf vollziehen.

Dem Inzesttabu entgegen steht die Tatsache, dass bei bevorrechtigten Kasten bestimmter Kulturen Inzest nicht nur erlaubt, sondern sogar empfohlen wurde. Im alten Persien war er für die Herrscher und Priester sanktioniert, und bei den morgenländischen Dynastien der Pharaonen, Seleukiden und Ptolemäer war die Geschwisterehe

Institution, ebenso wie bei den Dynastien von Siam und bei der Adelskaste der Inkas in Peru; wie weit diese Sitte sich auch – etwa in Ägypten – auf weitere Kreise des Volkes erstreckte, ist undeutlich. Der römische Kaiser Caligula, der seine Schwester heiratete, wollte nach dem Beispiel der Ptolemäer für die Cäsaren die Geschwisterehe einführen, aber der frühe Tod Drusillas vereitelte diese Absicht. Grundlage des Brauches war ein mutterrechtlich orientiertes Erb- und Nachfolgerecht, das einen Verlust des Besitzes infolge Einheirat von Töchtern in fremde Familien ausschließen wollte und bei dem auch die Vorstellung von der Reinerhaltung des Blutes eine Rolle spielte. Dieses Recht war einschneidend, wenn die Erbschaft wertvoll war, darum war es vor allem in regierenden Familien ausgeprägt. Das gleiche Vorrecht genossen die Götter: Zeus hatte seine Schwester Hera zur Frau, in der ägyptischen Mythologie sind die Geschwister Isis und Osiris ein Paar, der indische *Rigveda* erzählt das Gleiche von Yama und Iami, die japanische Götterlehre kennt das Paar Izanagi und Izanami und die nordische Sage die Geschwisterehe von Freyr und Freyja, die wiederum der Geschwisterehe von Niodr und Nerthus entstammen; nach SNORRI STURLUSON war bei den Wanen, zu denen Freyr und Freyja gehören, die Geschwisterehe erlaubt, während sie bei den Asen verboten war. Die Freiheit, die den Göttern und allenfalls den Herrschern zustand, wurde gewöhnlichen Sterblichen verwehrt: Wer Inzest beging, maßte sich göttliches Recht an und beleidigte Zeus.

Die Ambivalenz des Inzests, der sich einerseits als Tabu, andererseits als Vorrecht darstellt, spiegelt sich in der zwiespältigen Faszination, die er auf die Literatur ausübte. Inzesttäter der Literatur sind, im Gegensatz zumindest zur heutigen Wirklichkeit, Ausnahmemenschen, deren geistige Physiognomien vom tyrannisch-düsteren, aber nie gemeinen Gewalttäter bis zum edlen, exklusiv empfindenden Verwirklicher seiner Leidenschaft abschattiert sind. Die Variationsbreite des Motivs ergibt sich schon durch die verschiedenen Personenkonstellationen, unter denen die von S. FREUD als archetypisch empfundene Mutter-Sohn-Beziehung am seltensten vertreten ist. Da bei dieser der weibliche Teil bedeutend älter sein muss als der männliche, widerspricht sie der poetischen Grundvorstellung von einem Liebespaar; der Frau fällt fast immer die Rolle der Verführerin zu, und das mangelnde Gleichgewicht zwischen den Partnern führt zum Scheitern oder zu einer lustspielhaften Lösung. Anders verhält es sich bei der Liebesbeziehung zwischen Stiefmutter und Stiefsohn, die sich einer sympathisierenden Behandlung erfreut, weil hier das

Inzestbegehren nicht gegen blutsmäßige, sondern nur gesetzmäßige Verwandtschaft verstößt und weil die als jung gedachte zweite Frau altersmäßig zu dem Stiefsohn passt. Die in der heutigen Realität am häufigsten vorkommende Beziehung zwischen Vater und Tochter scheint nach den literarischen Motivschemata für die dichterische Phantasie eher nachvollziehbar als die Mutter-Sohn-Beziehung, zumal wenn die Tochter als das jüngere Ebenbild der verstorbenen Mutter gedacht ist. Die vaterbezogene Familienstruktur älterer Zeit lässt den inzestuös eifersüchtigen, die Tochter bewachenden Vater als keine nur märchenhafte Figur erscheinen, jedoch behält diese Beziehung etwas Gewaltsames, da sich hier das Alter auf Kosten der Jugend verjüngen will und diese von ihrer außerfamiliären Rollenorientierung abhält. Die Tochter kann sich dabei in emotionaler Autoritätsabhängigkeit vom Vater befinden, sich mit ihm gegen Störer des verbotenen Verhältnisses verbünden, aber die meisten Motivvarianten zeigen sie als passiv, wenn nicht gar widersetzlich, sodass der Vater am Vollzug des Inzests gehindert wird. Am breitesten entfaltet wurde der Geschwisterinzest, der häufig mit Sympathie behandelt wird und in dem die Suche nach einem gleichwertigen Partner ihre auf gleichen Erbfaktoren beruhende Erfüllung zu finden scheint.

Weitere Motivschemata ergeben sich auch aus dem Unterschied zwischen einem bewussten oder einem unbewussten Inzest. Unbewusster Inzest, ermöglicht durch das Auftauchen entfremdeter, verborgener oder unbekannter Verwandter, kann, wenigstens in der neueren Literatur, wohl kaum im Sinne der Psychoanalyse als verhüllte Realisierung unbewusster, verdrängter Inzestwünsche aufgefasst werden, sondern hat die durch die Koppelung mit dem Motiv der unbekannten → Herkunft bedingte Funktion, auf eine Erkennungsszene zuzuführen. Liegt diese Erkennung noch vor dem Vollzug des Inzests, so hat sie inzestverhindernden Charakter. In diesem Falle wird ebenso nur mit dem Feuer des Inzests gespielt wie bei der Umkehrung der Situation, bei der nicht vermeintlich Unverwandte sich als Verwandte, sondern vermeintlich Verwandte sich als nicht verwandt herausstellen.

Die Aufhebung der Inzestgefahr und die Zusammenführung von bis dahin unglücklich und hoffnungslos Liebenden durch die Enthüllung, dass sie nicht verwandt sind, wird als Konfliktlösung vor allem bei der Liebesbeziehung zwischen scheinbaren Geschwistern eingesetzt. Verheimlichte voreheliche oder außereheliche Herkunft (C. F. MEYER, *Die Richterin* Nov. 1885; T. S. ELIOT, *The Confidential*

Clerk Kom. 1953), Kindesunterschiebung (F. BEAUMONT/J. FLETCHER, *A King and No King* Dr. 1611; J. DRYDEN, *Love Triumphant* Tragikom. 1694; J. M. R. LENZ, *Der neue Menoza* Kom. 1774) oder Adoption (P. HEYSE, *Der Weinhüter* in *Meraner Novellen* 1862/63) veranlassen junge Menschen, sich für Geschwister zu halten, und die Enthüllung befreit sie dann vom Zwang zur Entsagung. Zur Steigerung des Überraschungseffekts wird das meist lustspielhaft eingesetzte Motiv verdoppelt, z. B. bei F. L. SCHRÖDER (*Der Fähndrich* Dr. 1782), dessen Held zunächst zu seinem Unglück erfährt, dass er der außereheliche Sohn seines künftigen Schwiegervaters ist, dann aber zu seinem Glück darüber aufgeklärt wird, dass seine Zukünftige wiederum nicht die Tochter seines Vaters ist, oder bei H. BAHR (*Die Kinder* Lsp. 1910), der durch eine Auswechselung der Väter den Liebenden den Weg zur Ehe frei macht. Die Erkenntnis der Nichtverwandtschaft kann dagegen zu einem tragischen Ausgang führen, wenn der »Bruder« verheiratet ist und die Erfüllung der Liebe Ehebruch bedeuten würde (H. IBSEN, *Klein Eyolf* Dr. 1894). Bei H. de BALZAC (*Le Vicaire des Ardennes* R. 1822) löst die zu späte Erkenntnis den Bruch des durch das Priesteramt auferlegten → Keuschheitsgelübdes und nach Aufdeckung dieser Sünde den Tod der Frau aus. Eine leichte Variante gibt GOETHE in dem Schauspiel *Die Geschwister* (1776), da hier nur der eine Teil, Marianne, im Glauben an die Verwandtschaft befangen ist und erst die Werbung eines anderen Mannes Klärung ihres Gefühls und Offenbarung ihrer Herkunft erzwingt. Durch eine entsprechende Aufhebung der Verwandtschaft suchte der Spanier J. de MATOS FRAGOSO (*El marido de su madre* Mitte 17. Jh.) sogar den Mutter-Sohn-Inzest des ↑ Gregorius-Stoffes zu entschärfen.

Auch die entgegengesetzte Funktion der vor Vollzug des Inzests stattfindenden Erkennungsszene, Liebende als Verwandte zu bekunden und zu trennen, macht sich in erster Linie bei der Neigung zwischen Geschwistern geltend. Sie wurde schon von MENANDROS (4./3. Jh. v. Chr., *Die Geschorene*) verwendet, der einen hitzigen Leichtfuß zu der Erkenntnis hinleitet, seiner Schwester nachgestellt zu haben, und im Gefolge Menanders von PLAUTUS (3./2. Jh. v. Chr.), der in *Curculio* den Liebhaber einer angehenden Hetäre gerade noch rechtzeitig als deren Bruder identifizieren und in *Epidicus* das Schwanken eines Liebhabers zwischen zwei Frauen durch die Dekuvrierung seiner brüderlichen Beziehung zu der einen von ihnen ein Ende finden lässt. Das Verwandtschaftsverhältnis kann sich durch Liebe hindernde Zeichen ankündigen: durch eine an Verehrung grenzende Scheu

(J. B. de Villegas, *La morica garrida* Anf. 17. Jh.), durch ein Kreuz, das beiden Liebenden seit der Geburt auf die Brust gezeichnet ist (Calderón, *La devoción de la cruz* Dr. 1634) oder durch überirdische Erscheinungen (C. Brentano, *Romanzen vom Rosenkranz* entst. 1803/12). Die gleiche Absicht verfolgt die Charakterisierung der Liebe Agathons zu Psyche in Ch. M. Wielands Roman (*Agathon* 1766/67) als jugendliche Schwärmerei, die sich nach Jahren der Trennung leicht in brüderliche Neigung verwandeln lässt. Ähnlich trennte L. Tieck (*Peter Leberecht* R. 1795) die Liebenden noch am Tag der Hochzeit und offenbarte ihr Geschwisterverhältnis erst nach Jahren abkühlender Trennung. Auch diese meist untragisch behandelte Motivvariante reizt zu Motivverschränkungen und -doppelungen, wenn etwa in G. B. Pergolesis Oper *Lo frate 'nnamorato* (1732) der Held zwei Mädchen mit gleicher Anhänglichkeit liebt, die sich als seine Schwestern herausstellen, und sich dann einer anderen zuwendet, die bis dahin als seine Schwester gegolten hat, oder wenn in Kotzebues Lustspiel *Der Rehbock oder die schuldlosen Schuldbewußten* (1815) sich eine Gräfin in ihren als Stallmeister maskierten Bruder und ein Graf in seine als Pächtersfrau verkleidete Schwester verliebt, wobei die scheinbar inzestuösen Situationen bis an die Grenze des Geschmackvollen ausgespielt werden.

Das in dieser Motivvariante wesentliche Problem einer Wandlung der Liebesbeziehung in Geschwisterliebe wurde in vielen Fällen psychologisch ungenügend oder lustspielhaft gewaltsam gelöst, so etwa in Lessings Schauspiel *Nathan der Weise* (1779), in dem der Tempelherr noch eben die Vorurteile seines Standes und seiner Religion um Rechas willen hintansetzte und sich gleich darauf, dem Ideal eines durch Vernunft lenkbaren Menschen entsprechend, mit brüderlicher Neigung bescheidet. In anderen Fällen ist das Erlöschen der Liebe bzw. der Übergang zur geschwisterlichen Neigung durch die noch mangelnde Tiefe der Liebe und die Verlagerung des Schwergewichts auf die Bewältigung der zutage tretenden Herkunft erleichtert (L. Anzengruber, *Der Schandfleck* R. 1876, *Der Fleck auf der Ehr* Dr. 1889; H. Ibsen, *Gespenster* Dr. 1881; G. B. Shaw, *Mrs. Warren's Profession* Dr. 1898). Sehr selten taucht die Variante mit rechtzeitig verhindernder Aufklärung auch bei einem drohenden Vater-Tochter-Inzest auf, etwa in dem fälschlich als Werk von J. Webster/W. Rowley erschienenen Drama *The Thracian Wonder* (1661).

In einer Reihe von Werken dient die Aufklärung der Verwandtschaft nicht nur der Trennung von zwei Partnern, sondern außerdem der Zusammenführung der füreinander Bestimmten. Wie schon PLAUTUS (*Epidicus*) die Situation des → Mannes zwischen zwei Frauen durch das Ausscheiden der einen als seiner Schwester entschied, so ließ sich eine ähnliche Lösung für ein von zwei Männern umworbenes Mädchen finden (BOCCACCIO, *Decamerone* V, 5; 1470, dramatisiert von J. NARDI, *I due felici rivali* 1513; A. DUMAS père, *La Conscience* Dr. 1845); die Erkenntnis der Verwandtschaft kann auch einen in die Liebesbeziehung eines Paares Eingedrungenen aus dem Spiel setzen (J. BARCLAY, *Argenis* R. 1621), was bei D. DIDEROT (*Le Fils naturel* Dr. 1757) allerdings erst geschieht, nachdem die Atmosphäre moralisch gereinigt ist, d. h. Dorval den → Freundschaftsbeweis erbracht und das Mädchen zu ihrem Bräutigam zurückgeführt hat, und sie kann auch einen Ehebruch verhindern (J. FLETCHER, *Woman Pleased* Dr. um 1620; Ph. MASSINGER, *The Guardian* Dr. 1633). A. v. ARNIM gibt allerdings der späten Erkenntnis der Verschwisterung von Cardenio und Olympie (*Halle und Jerusalem* Dr. 1811) die Aufgabe, die Nichterfüllung einer Liebe, derentwegen Cardenio der sündhaften Leidenschaft zu Celinde verfiel, verklärend zu rechtfertigen.

Der Kunstgriff der trennenden Verwandtschaftsaufdeckung zum Schutz eines bereits bestehenden Liebesbundes wurde von A.-F. PRÉVOST D'EXILES (*Le Philosophe anglais ou Histoire de M. Cleveland* R. 1731–39) auch auf die Vater-Tochter-Beziehung angewendet, deren Rückverwandlung allerdings nur dem zu seiner Frau zurückgekehrten Vater gelingt, von C. BRENTANO (*Godwi oder das steinerne Bild der Mutter* R. 1801/02) auf die Beziehung des jungen Römer zu seiner ihm unbekannten Mutter, der Geliebten seines Freundes Godwi.

Psychologisch befriedigend erscheinen Lösungen, bei denen sich der Verzicht der Liebenden nicht reibungslos vollzieht. Don Sancho in Lope de VEGAS *Las almenas de Toro* (Dr. um 1619) z. B. will nicht zulassen, dass ein anderer die als seine Schwester Identifizierte besitzt, die ihm daraufhin entflieht; die Tochter in PRÉVOSTS *Le Philosophe anglais* kann die sündige Leidenschaft zu ihrem Vater nicht überwinden und stirbt an unbefriedigtem Verlangen; Palmire in VOLTAIRES *Mahomet* (Dr. 1741) ersticht sich mit dem Dolch des Bruders, nicht nur, um sich dem verhassten Propheten zu entziehen, sondern auch, um sich dem von diesem beseitigten Bruder zu vereinen; in der Heirat Psyches mit einem dem Agathon ähnlichen Mann drückt sich die Bindung an den Bruder aus, und auch Don Cesar in SCHILLERS *Die Braut von Messina* (Dr. 1803) vermag den Schritt zur

Geschwisterliebe nicht zu vollziehen und ist noch kurz vor dem Selbstmord auf den toten Bruder eifersüchtig, da Beatrice diesen mehr als ihn und mehr als Geliebten denn als Bruder betrauern könnte. Die Entdeckung der Geschwisterbeziehung und die Unmöglichkeit einer Ehe bewirken bei P. B. SHELLEY (*Rosalind and Helen* Idylle 1818) den augenblicklichen Tod des Bruder-Bräutigams.

Bei Literaturdenkmälern der Frühzeit mag die Inzestverhinderung auf einen überarbeiteten älteren Plot deuten, in dem das Verbrechen wirklich begangen wurde. Ähnliches kann für das Motiv des unbewussten Inzests gelten, das die Schuld zu mindern sucht. Trotz der Unbewusstheit bleibt der Inzest jedoch Indiz für einen Fluch, der auf einem Menschen oder einem ganzen Geschlecht liegt; er fungiert als eine Art Archetyp unbewusster Sünde, und der Augenblick der Bewusstwerdung bringt den Umschlag der Handlung zuungunsten des Täters. So gehört zu dem auf dem Atridengeschlecht lastenden Fluch der in (verlorenen) Dramen der Antike mehrfach behandelte und bei HYGINUS (*Fabulae* 88, 2. Jh. n. Chr.) nachlesbare Inzest des Thyestes und seiner ihm nicht bekannten Tochter Pelopeia, die bald darauf Frau seines Bruders ↑ Atreus wird und Ägisth gebiert, den Atreus für seinen Sohn hält und später zur Ermordung des Thyestes anstiftet; Thyestes erkennt den Sohn an seinem Schwert, der Inzest wird offenbar, und Ägisth rächt nunmehr seine ermordeten Halbbrüder an Atreus. Durch ein → Orakel vorbestimmten, fluchhaften Charakter hat auch das berühmteste Beispiel des unbewussten Inzests, die im Vergleich mit der Gewalttat des Thyestes zunächst nicht strafbar wirkende Ehe des ↑ Ödipus (SOPHOKLES, *Oidipus Tyrannos* Dr. 428 v. Chr.) mit seiner Mutter Iokaste, deren Mann, seinen Vater, er zuvor ohne Wissen um die Verwandtschaft erschlagen hat, Verbrechen, die mit der Abdankung und Selbstblendung des Königs gebüßt werden, sich aber im Brudermord seiner Söhne fortsetzen.

Ähnliche Retuschen ins »Unwissentliche« können bei zwei Sagen keltischen Ursprungs um das in Nordeuropa bevorzugte Motiv des Geschwisterinzests angenommen werden: Der irische Held Cu Chulain, der als Sohn eines Gottes gilt, ging aus der Liebesnacht seines »Onkels«, des Königs Conchobar, mit dessen von ihm nicht erkannter Schwester Dechtere hervor, die von Conchobar dann mit einem Mann verheiratet wird, bei dem Cu Chulain aufwächst. Wie Cu Chulain später zum Mörder seines ihm unbekannten Sohnes wird, so wirkt der Fluch des Inzests bei dem nach GEOFFREY OF MONMOUTH (*Historia regum Britanniae* 1332/35) von König ↑ Artus im unbewussten Inzest mit seiner Halbschwester gezeugten Mordred weiter, der wie Cu Chulain als Neffe seines Vaters gilt und an diesem später zum Ehebrecher und Mörder wird; auch hier wird die verbotene Liebesbeziehung durch eine Verheiratung der Schwester zugedeckt. Im serbokroatischen Heldenlied ist der ungewollte Inzest ebenfalls Indiz eines auf einer Sippe lastenden Fluches.

In einer Reihe christlicher Legenden ist der Inzest gleichbedeutend mit tiefstem Sündenfall, der dennoch durch Buße getilgt werden kann. Schon im 10. Jahrhundert ist die *Legende vom heiligen Metro* belegt, der unwissend ein inzestuöses Verhältnis mit seiner Tochter hatte und dessen Reue und Begnadigung eng verwandt mit der Legende von ↑ Gregorius (*Vie du Pape Grégoire* um 1190; HARTMANN VON AUE 1187/89) ist, die, sichtlich von dem durch den *Roman de Thèbes* (Mitte 12. Jh.) vermittelten Motiv im ↑ Ödipus-Stoff beeinflusst, zum unwissentlichen Mutter-Sohn-Inzest des Helden den wissentlichen Geschwisterinzest der Eltern fügt, während die Legende vom Ungarnkönig *Albanus* (lat. Redaktion des Mönchs TRANSMUNDUS 2. Hälfte 12. Jh.) als Eltern des Inzestsünders Vater und Tochter präsentiert, sodass Albanus in seiner Mutter zugleich seine Halbschwester heiratet. Da das Elternpaar nach siebenjähriger Buße rückfällig wird, ist ihm Gnade verwehrt, und es wird von Albanus getötet, der damit Vater-, Mutter-, Schwester- und Gattenmord auf sich lädt, aber dennoch durch bußfertiges Leben Heiligkeit erlangt. Eine andere geistliche Funktion hat der Mutter-Sohn-Inzest in der *Judaslegende* (*Legenda aurea* 2. Hälfte 13. Jh.), die ein Vorleben des ↑ Judas Ischarioth erzählt, das ihn zum unrettbaren Sünder stempelt: Der Findling erschlägt seinen königlichen Ziehbruder, tötet dann in der Heimat unwissentlich seinen Vater, heiratet dessen Witwe, seine Mutter, und kann sich auch als Jünger Jesu nicht aus dem Teufelskreis eines verfluchten Lebens lösen, das notwendig in Selbstmord enden muss.

Neben dem unbewussten Inzest, dessen Täter subjektiv unschuldig, aber doch fluchbeladen ist, ist der bewusste die häufigere und interessantere Motivvariante. Aus frühen Literaturen sind Fälle bekannt, in denen Inzest nicht aus sträflicher Leidenschaft, sondern zur Erhaltung eines Geschlechts begangen wird. So machen die beiden Töchter Loths (*1. Mose* 19), die von Gott mit ihrem Vater aus dem Untergang Sodoms gerettet wurden, ihren Vater zwei Abende lang betrunken und schlafen bei ihm, weil sie erkennen, dass es außer ihm keinen Mann auf der Welt gibt, der ihnen Kinder zeugen könnte. Clothru, die Schwester der drei Find of Tara der irischen Sage (*Book of Leinster* 12. Jh.), fragt ihre Brüder vor der Entscheidungsschlacht, ob sie im Falle ihres Todes Erben hinterließen, erbietet sich dann, mit ihnen dem Mangel abzuhelfen und gebiert später Lugaid den Rotgestreiften. Ähnlich trägt sich in der *Völsungasaga* (um 1260) Signy – allerdings unkenntlich – ihrem einzig überlebenden Bruder Sigmund an, um ihm einen Helfer bei der Rache für ihre neun Brüder und ihren Vater zu schaffen, und gebiert den Sohn Sinfjötli. R. WAGNER (*Die Walküre* Oper 1870) übertrug bei seiner Bearbeitung des ↑ Nibelungen-Stoffes die Rolle des im Geschwisterinzest – allerdings nicht absichtsvoll, sondern aus Leidenschaft – gezeugten Rächers auf den zentralen Helden des Geschlechts, Siegfried. In dem georgischen Epos *Wisramiani* (um 1200) gibt die Mutter der Tochter den ihr ebenbürtigen Bruder zur Ehe, die allerdings nie vollzogen wird, und G. de NERVAL (*Histoire du Calife Hakem* 1851) erzählt von Kalif Hakem (11. Jh.), dass er seine Schwester heiraten wollte, um einen Gott zu zeugen.

Im Fall des bewusst, aber aus Neigung begangenen Inzests geben sich Verlangen und Vollzug deutlich als Fluch zu erkennen. Das Inzest-Verbrechen, das ↑ Davids Sohn Amnon an seiner Schwester Thamar begeht (*2. Samuelis* 13), ist ein Zeichen für den Unsegen, der seit Davids Ehebruch über seinem Hause liegt, die unnatürliche Neigung Myrrhas (OVID, *Metamorphosen* X; 2–8 n. Chr.) zu ihrem Vater eine von Aphrodite verhängte Strafe für die Verweigerung des Kults der Göttin; Myrrha täuscht ihren Vater zwölf Nächte lang über ihre Person und wird dann vor seinem Zorn durch Verwandlung in eine Myrrhe gerettet, als die sie den Sohn Adonis gebiert. Der Zorn des Vaters Aiolus dagegen erreicht das sündige Geschwisterpaar und dessen Kind (*Heroides*), während das Inzestverlangen der Biblis am Abscheu des Bruders scheitert und ihr den Untergang bringt (*Metamorphosen* IX). Auch PARTHENIOS VON NIKAIA (*Erotica pathemata* um 20 v. Chr.) überliefert die Sage von Biblis und erzählt noch von einem anderen Geschwisterinzest, bei dem der Bruder sich erhängt, als der Vater eingreift und sie sich wechselseitig verwundet haben, sowie von einem erlisteten Inzest einer Mutter mit ihrem Sohn, dem sie den Besuch einer anderen Frau vortäuscht und durch Zauberkraft eine Sühnung verhindert, als er sie erkennt. Parthenios' Zeitgenosse POMPEIUS TROGUS berichtet von Königin ↑ Semiramis, dass sie ihrem von ihr in der Herrschaft verdrängten Sohn einen inzestuösen Antrag gemacht habe und daraufhin von ihm getötet wurde.

Für den vom Vater ausgehenden Vater-Tochter-Inzest entwickelte die Literatur sehr dauerhafte Schemata. Selten zeigt sich das Verbrechen als nackte Gewalt wie in der Sage von Piason, der von seiner Tochter wegen der ihr angetanen Gewalt in einem Weinfass ertränkt wurde (STRABON, *Historika hypomnemata* 1. Jh. n. Chr.), oder in der von Klymenos (HYGINUS, *Fabulae* 206, 242; 2. Jh. n. Chr.), dem die Tochter aus gleichem Grund das Fleisch des aus der inzestuösen Beziehung hervorgegangenen Kindes zur Mahlzeit vorsetzte. In dieser Mythe klingt bereits das Motiv der eifersüchtigen Ausschaltung eines Bräutigams an, das dann in den Motivverknüpfungen mit der → Freierprobe entscheidend wurde. Das schon in der Pelopssage und verwandten Mythen, der durch LYKOPHRON überlieferten Geschichte von Sithon und Pallene oder der in den *Scholien* des BAKCHYLIDES ausgeführten Sage von Euenos und Marpessa, durchschimmernde dubiose Verhältnis eines eifersüchtigen und hinterhältig die Freier seiner Tochter abweisenden und sie zu gefährlicher Freierprobe zwingenden Vaters zu seiner mit ihm konspirierenden oder doch ihm hörigen, aber mitunter auch heimlich aufsässigen Tochter, das mit den zur Abschreckung aufgepflanzten Köpfen abgewiesener Freier eine gewisse Parallele in dem asiatischen ↑ Turandot-Stoff hat, wurde schon in dem fälschlich LUKIANOS zugeschriebenen Dialog *Charidemos* (2. Jh. n. Chr.) als Inzest deklariert. Als tragendes Motiv findet sich diese Variante nicht viel später in dem aus der *Historia Apollonii regis Tyri* (5./6. Jh.) erschließbaren spätantiken *Apolloniusroman*, der im Mittelalter in nahezu alle europäischen Sprachen übertragen und Grundlage für SHAKESPEARES *Perikles* (1609) wurde: König Antiochus verbirgt das inzestuöse Verhältnis zu seiner Tochter in dem Rätsel, das er ihren Freiern aufgibt und das, falsch oder richtig beantwortet, den Freiern zum Verhängnis werden muss. Als Bestandteil von Brautwerbungsgeschichten erscheint diese Motivkombination sowohl in legendären Stoffen wie dem *Wiener Oswald* (um 1170), in dem Aaron etwa 350 Freier tötet, um seine Tochter zu behalten, wie in der Heldensage, z. B. im *Ortnit* (um 1225), in dem Machabell auf den baldigen Tod seiner Frau hofft, um seine Tochter heiraten zu können.

In einer anderen Variantengruppe wird das Motiv des Vater-Tochter-Inzests mit dem der verleumdeten → Gattin gekoppelt: Die schöne tugendhafte Heldin verstümmelt sich oder flieht, um dem Zugriff des verbrecherischen Vaters zu entgehen, findet einen Beschützer, der die Unbekannte heiratet, aber dann den Verleumdungen ihrer Neider erliegt (*Vita Offae primi* 12. Jh.; *La belle Hélène de Constantinople* 13. Jh.; *Mai und Beaflor* 13. Jh.; *Emaré* Verserz. 14. Jh.; die Märchen von *Peau d'âne* und *Allerleirauh*). In einigen Fassungen wird das Vorgehen des Vaters dadurch erklärt, dass er in der ihrer verstorbenen Mutter ähnlichen Tochter die Verblichene liebt (Ph. de BEAUMANOIR, *La Manekine* um 1270; *Des Reußenkönigs Tochter* in JANSEN ENIKELS *Weltchronik* um 1277).

Neben diesen Schemata des Vater-Tochter-Inzests spielt im Mittelalter das des Geschwisterinzests die wichtigste Rolle und ist im Falle des wissend vollzogenen Inzests nicht viel anders aufgebaut als im Falle des unbewussten. Schon in der bis ins 10. Jahrhundert zurückdatierbaren *Vita S. Aegidii* wird ein diesem Heiligen auf wunderbare Weise bekannt gewordenes Verbrechen ↑ Karls des Großen angedeutet, das die nordische *Karlamagnussaga* (13. Jh.) als ein inzestuöses Verhältnis zu seiner Schwester Gille oder Bertha darstellt, die von ihm, wie die Schwestern Cu Chulains und Artus' von ihren Brüdern, mit einem anderen Mann verheiratet wird und wie ihre Schicksalsgenossinnen einen großen Helden, Karls »Neffen« Roland, gebiert. Inzest ist für christliche Anschauung Abfall von Gott, das wird trotz aller Stilisierung zum Minneroman auch an der folgenschweren Geschwisterliebe der Eltern des ↑ Gregorius (*Vie du Pape Grégoire* um 1190; HARTMANN VON AUE, *Gregorius* 1187/89) ebenso deutlich wie etwa im serbokroatischen *Lied vom Zaren Dušan*, dessen Absicht, seine Schwester zu heiraten, den Himmel selbst zu wunderbarem Eingreifen veranlasst.

Eine besondere Stellung nimmt das meist mit Sympathie behandelte Liebesverhältnis zwischen Stiefmutter und Stiefsohn ein. Was im Falle ↑ Phädras nicht zum Vollzug kommt, weil der Stiefsohn sich ihrer Liebe entzieht, das wird in der Geschichte von ↑ Stratonike (PLUTARCH, *Demetrios Poliorketes* Anf. 2. Jh.) Ereignis, da der Vater selbst die Verbindung des liebeskranken Sohnes mit seiner Frau (oder Verlobten) sanktioniert, indem er sie ihm abtritt. Der nordische Jörmunrek dagegen reagiert auf das allerdings in gewissem Grade schuldige Einvernehmen zwischen seinem Sohn Randwer, den er als Werber ausschickte, und der Sigurdstochter Swanhild aus der Konsequenz der gekränkten → Gattenehre: Er lässt nach dem Bericht schon des *Alten Hamdirliedes* der *Edda* (9. bis 12. Jh.), den die *Snorra Edda* (1222/30) und die *Völsungasaga* (um 1260) ausspannen, den Sohn hängen und die Frau von Rossen zerstampfen. Damit wurde ein Motivschema geschaffen, das mit dem 44. Stück des ersten Teils von M. BANDELLOS *Novelle* (1554) wieder auftaucht und dort von dem jungen Ugo d'Este und seiner verführerischen Stiefmutter getragen wird, die nach zwei Jahre währendem Liebesglück von dem hintergangenen Niccolò d'Este hingerichtet werden. Lope de VEGA

(*El castigo sin venganza* Dr. 1632) benutzte Bandellos Plot wahrscheinlich zur Kaschierung des ↑ Don-Carlos-Stoffes, dem der Zug, dass die junge Frau zuerst dem Thronfolger versprochen war, entgegenkommt. Wie in der nordischen Sage hat der Sohn die Braut des Vaters heimgeholt; der Vater lässt die mit einem Tuch verhüllte Ehebrecherin durch ihren Liebhaber töten, den er dann selbst niedersticht. SCHILLER (*Don Karlos* Dr. 1787) steigerte die durch die historiographische Tradition vorbereitete Idealisierung des Carlos, ließ es zu keiner sträflichen Handlung kommen, kennzeichnete aber die Neigung des Infanten eindeutig als inzestuös: »Weltbräuche, die Ordnung der Natur und Roms Gesetz verdammen diese Leidenschaft.« Lord BYRON (*Parisina* Verserz. 1815), der wieder auf den von Bandello und Lope behandelten Plot zurückgriff, sympathisiert durchaus mit dem Sohn, der wie bei Lope illegaler Herkunft ist, darunter leidet und durch den Inzest eine Art Rache an dem Verführer seiner Mutter nimmt. Koppelung mit anderen Vergehen, wie etwa dem des gebrochenen → Keuschheitsgelübdes (R. GREINZ, *Allerseelen* R. 1910), lassen den sündhaften Charakter des Inzests stärker in Erscheinung treten, der zugleich als Verstoß gegen das vierte Gebot aufgefasst wird und den jungen Priester bestimmt, nicht mit der geliebten Frau den Selbstmord, sondern Entsagung und Buße zu suchen. Noch belastender wirkt der Kausalnexus mit der Ermordung des ehelichen Kindes, durch die Abbie (E. O'NEILL, *Desire Under the Elms* Dr. 1924) der leidenschaftlichen Beziehung zu ihrem Stiefsohn aber keine Dauer verleihen kann, sondern nur umso rascher zur Selbstanzeige vor den Richter getrieben wird; auch hier fasst der Sohn den Inzest als Rache – für seine verstorbene Mutter – am Vater auf.

Für die Renaissance und das Barock war der Inzest eines der exemplarischen widernatürlichen Verbrechen, in denen sich die Leidenschaften der negativen Helden entluden. Zeitgenössische Beispiele wie die der Familien Medici und Cenci, Richelieus und der des Inzests zumindest angeklagten Anna Boleyn mögen inspirierend gewesen sein. Die Vorliebe für krasse Effekte erklärt auch eine überdurchschnittliche Frequenz des Mutter-Sohn-Inzests in der Literatur, für dessen Behandlung die 23. Novelle des MASUCCIO (*Il Novellino* Ende 13. Jh.) maßgebend wurde, in der die ehebrecherische Mutter unerkannt die Liebe ihres Sohns genießt und einer Tochter das Leben schenkt, die der Sohn später nichtsahnend heiratet. Das durch den unbewussten Geschwisterinzest in seinen fluchartigen Folgen fixierte Motiv wurde über BANDELLO, J. P. de MONTALBÁN, MAR-

GUERITE DE NAVARRE und Übersetzungen verbreitet und 1768 von H. WALPOLE (*The Mysterious Mother*) dramatisiert, woran dann wieder eine romantische Motivtradition anknüpfte. Die erste italienische Renaissancetragödie mit frei erfundenem Plot, G. B. GIRALDIS *Orbecche* (1541), hat gleichfalls den Mutter-Sohn-Inzest zum einleitenden Thema: Orbecches Mutter ist wegen des inzestuösen Verhältnisses zu ihrem Sohn mit diesem von ihrem Mann ermordet worden, was eine Fülle weiterer Bluttaten nach sich zieht. Der deutsche Barockdramatiker D. C. von LOHENSTEIN (*Agrippina* 1665) scheute sich nicht, das Liebeswerben der römischen Kaiserin um ihren Sohn Nero in einer im Schlafgemach spielenden Szene bis an die Grenzen des Darstellbaren voranzutreiben.

Die vom Nimbus des Geschwisterinzests mitgeprägte, in dieser Epoche mehrfach behandelte Gestalt der ↑ Kleopatra regte offenbar A. SPINELLI (*Cleopatra* Dr. 1555) zur Erfindung einer anderen Heldin dieses Namens an, die auf eine Vorgeschichte voller Inzestverbrechen zurückblickt und von ihrem Bruder und Gatten, dem Pharao, verstoßen wird, weil er sie durch die eigene Tochter ersetzt. Ein psychologisch interessantes Beispiel gibt R. GREENES Novelle *Pandosto* (1588) in dem Titelhelden, der seine Frau zum Feuertod verurteilte und seine Tochter aussetzen ließ, diese erst als Erwachsene und Verlobte wiedersieht und alles daransetzt, sie ihrem Verlobten abspenstig zu machen; als seine Verwandtschaft zu ihr klar wird, erfasst ihn so große Reue über seine neue Sünde, dass er sich selbst im Wahnsinn umbringt. SHAKESPEARE tilgte das Inzest-Motiv dieser seiner Vorlage für *The Winter's Tale* (1623) bis auf leise Ansätze, während er in ↑ *Hamlet* (1603) seinem Vorgänger KYD und dessen Quellen bis hin zu SAXO GRAMMATICUS (12. Jh.) folgte und die Notwendigkeit der Rache für einen ermordeten Vater durch den von dem Mörder begangenen Ehebruch und Inzest verstärkte – einer der wenigen literarisch relevanten Fälle von Inzest zwischen Verschwägerten. Aus dem zeitgenössischen Prozess gegen die wegen Mitschuld am Vatermord angeklagte Beatrice Cenci entnahm Ph. MASSINGER das Modell des Vaters in *The Unnatural Combat* (1639), der seine Frau ermordet, eine inzestuöse Liebe zu seiner Tochter hat, den rächenden Sohn im Zweikampf tötet und für seine Sünden vom Blitz erschlagen wird.

Auch in dieser Epoche behauptet der Geschwisterinzest seine literarische Stellung. Er erscheint als fluchartige Folge des Mutter-Sohn-Inzests in der schon erwähnten Novelle des Masuccio und mit dem gleichen entlastenden Vorzeichen der Unbewusstheit in J. DRYDENS Drama *Don Sebastian* (1691), in dem die Geschwister trotz warnender Zeichen ihrer Verwandtschaft zu spät gewiss werden. Das Motiv aus GIRALDIS *Orbecche* wandelte Sp. SPERONI (*Canace* Dr. 1542) in bewussten Geschwisterinzest ab, der nach einer Mahnung des Vaters mit Selbstmord gebüßt wird. Nicht immer endet die Situation in auswegloser Tragik; bei Lope de VEGA (1562–1635, *La fianza satisfecha*) kann ein zweimaliger Versuch, die Schwester zu entehren, durch Reue und Buße gesühnt und damit ein weiterer Inzest mit einer unbekannten Schwester vermieden werden, und bei F. de ZÁRATE Y CASTRONOVO (*Los hermanos amantes y piedad por fuerza* Mitte 17. Jh.) kommen Geschwister, die aus Leidenschaft nichts von ihren Blutsbanden wissen wollen, schließlich zu besserer Einsicht. Das fluchartige Moment des Motivs zeigt sich oft in den Nachwirkungen und in der Verquickung mit anderen Verbrechen: So zieht die verheimlichte, aber nicht ohne Folgen gebliebene Liebe von Geschwistern die Rache des betrogenen Gatten und den Tod aller Beteiligten nach sich (J. FORD, *'Tis Pity she's a Whore* Dr. 1633), die moralisch korrupte Sphäre um die Medici (Th. MIDDLETON, *Women Beware Women* Dr. 1621) wird durch eine Nebenhandlung mit inzestuösem Verhältnis zwischen Onkel und Nichte charakterisiert und zum überlieferten Gattenmord an ↑ Alboin (G. SODERINI, *La Rosimunda* Dr. 1683) noch das Verbrechen der Geschwisterehe gefügt, das schließlich Rosimundas Selbstmord auslöst.

Eine im Zuge der aufklärerischen Neubegründung der Ethik durch B. de MANDEVILLE (*A Search into the Nature of Society* 1723) ausgelöste Diskussion, an der sich vor allem H. HUTCHESON, H. BOLINGBROKE, G.-L. LECLERC DE BUFFON, J. D. MICHAELIS und W. PALEY beteiligten, bemühte sich, einen rationalen Grund für das Verbot des Inzests zu finden, nachdem geklärt worden war, dass aus dem Naturrecht kein Grund für das Verbot ableitbar war und es allein durch die Sitte festgelegt worden sei. Zur Verteidigung des Tabus wurden Instinkt und innere Stimme, Ehrfurcht vor den Eltern und die Gefahr der Degeneration angeführt, aber schließlich dominierte die Vorstellung, dass eine Korrumpierung des Verhältnisses der Familienmitglieder zueinander die allgemeine Sittlichkeit gefährden würde. Inzestuöse Gefühle schienen also möglich, und MONTESQUIEU (*Lettres persannes* 1721) konnte eine inzestuöse Ehe im Bereich einer Urreligion, CASANOVA (*Icosaméron* R. 1788) sie in einem utopischen Untermeeresreich ansetzen. Hatte noch D. DEFOE (*The Fortunes and Misfortunes of Moll Flanders* R. 1722) den Abscheu geschildert, mit dem die doch sonst nicht prüde Moll sich von ihrem als Bruder identifizierten Gatten trennt, so entwickelte sich unter dem Einfluss PRÉVOST D'EXILES die Nebenhandlung um die Inzest-Ehe der ahnungslosen Geschwister Carlson und Marianne in Ch. F. GELLERTS Roman *Das Leben der schwedischen Gräfin von G...* (1746–48) zu einem leidenschaftlich-tragischen Gegenstück der Haupthandlung, das nur durch den Tod beider lösbar ist, und das bürgerliche Trauerspiel J. G. B. PFEILS (*Lucie Woodwill* 1756) endete ebenfalls mit dem Selbstmord der Schwester, die nicht wusste, dass der Vater des Geliebten, den sie als Hindernis ihrer Heirat vergiftete, auch ihr eigener Vater war. Bedeutet der Inzest zugleich Ehebruch, so scheint ein effektvoller Schluss den Untergang sowohl des Betrogenen wie der beiden Betrüger zu verlangen (J. v. SODEN, *Die Braut* Dr. 1798). In den Abgrund der nicht besten aller Welten lässt D.-A.-F. Marquis de SADE (*Courval ou le Fatalisme* in *Les Crimes de l'amour* 1800) seine »unschuldige« Heldin blicken, wenn die Erkennungsszene offenbart, dass ihr einstiger Verführer ihr Bruder, ein von ihr später versehentlich getöteter Bedränger ihr und ihres Bruders Sohn und ihr Ehemann ihr Vater ist, ein Schuldkonto, das sie nur mit ihrem Leben auslöschen kann.

Marquis de Sade repräsentiert eine pessimistische Verkehrung der sog. moralischen Erzählung, deren Schöpfer, J.-F. MARMONTEL, im ersten Band seiner Sammlung (*Contes moraux* 1761) eine im Sinne des rousseauschen Naturrechts gegen das Inzestverbot gerichtete, allerdings vorsichtig an zwei »Cousins« exemplifizierte Erzählung *Annette et Lubin* aufweist, deren schäferliche Titelfiguren wohl über ihre Verwandtschaft, nicht aber über die Folgen ihrer Liebe und das sie betreffende Eheverbot Bescheid wissen, für das ihnen in Anerkennung ihrer »Unschuld« ein freundlicher Grundherr Dispens verschafft. Wissentlich erstrebter oder begangener Inzest gehört sonst z. B. zu den Ingredienzien der Pietätlosigkeit im Vater-Sohn-Konflikt (J. C. BRANDES, *Miß Fanny* Dr. 1766), die Begierde des Vaters nach der Tochter zu den Gefährdungen der Tugend, denen diese nur durch Selbstmord entgehen kann (de SADE, *Aline et Valcour* R. 1793), oder zu den Planungen des Lasterhaften, Jugend durch inzestuöse Liebe zu Ehebruch und Mord zu verführen, sodass jede Reue zu spät kommt (*Eugénie de Franval* in *Les Crimes de l'amour*). War hier Inzest Grundlage für weitere Verbrechen, so ist er im anderen Fall Folge: Die Elternmörderin scheut auch vor dem Geschwisterinzest nicht zurück, um sich der Gerechtigkeit zu entziehen (*Dorgeville ou le Criminel par vertu* in *Les Crimes de l'amour*).

Die sexualpathologischen Züge in de Sades Exempla haben gewisse Gemeinsamkeiten mit den Gestaltungen des Motivs in der romantischen Epoche, für die es weniger von moralischem als von psychologischem Interesse war. Die Epoche um 1800 sah im Inzest eine extreme Form außerordentlicher Liebe, die immer gegen die etablierten moralischen, sozialen und gesetzlichen Regeln steht, fand in ihm die eigene narzisstische Sensibilität symbolisiert und die Erkenntnis von Abgründen in der menschlichen Seele und von Satanischem in Welt und Schicksal bestätigt. Dabei knüpfte ein Entwicklungsstrang an Elemente der Trivialliteratur und die Verwendung des unbewussten Inzests an. H. WALPOLES schon erwähntes, auf MASUCCIO zurückgehendes Drama wirkte weiter auf den Schauerroman *The Monk* (1796) von M. G. LEWIS, dessen Held wie der des Vorbildes zu spät merkt, dass die Frau, die er raubte, liebte und tötete, seine Schwester war. Nach Lewis tauchte das Motiv in über dreißig Werken der Schauerromantik auf und beeinflusste sowohl E.T.A. HOFFMANNS Roman *Die Elixiere des Teufels* (1815–16), in dem Medardus Inzest und Ehebruch mit seiner Stiefschwester begeht, als auch F. GRILLPARZERS Drama *Die Ahnfrau* (1817), in dem Jaromir die Ehe mit seiner Schwester anstrebt. Die unwissentliche Verstrickung Jaromirs geht zugleich zu Lasten der Gattung des Schicksalsdramas, die den Helden wie zwanghaft in sein Verbrechen hineinlaufen und seine Schwester ehelichen lässt (A. MÜLLNER, *Der 29. Februar* 1812), ein Eindruck, den auf höherer Ebene auch L. TIECKS analytische Erzähltechnik in dem Märchen *Der blonde Eckbert* (1797) erzeugt, die dem Protagonisten allmählich den Abgrund seines dem Verfolgungswahn zutreibenden Lebens enthüllt.

Im Bereich des bewussten Inzests taucht nun erstmals eine Akzentverschiebung bei der Vater-Tochter-Beziehung auf. V. ALFIERIS an den antiken Mythos anknüpfende, vorromantisch wirkende *Mirra* (Dr. 1789) zeigt keinen seine Autorität missbrauchenden Vater, sondern eine emotional an ihn gebundene Tochter, die vergeblich vor sich selbst in eine Ehe flieht und schließlich Selbstmord begeht. Sonst dominiert, wie auch bei der Variante des unbewussten Inzests, die Geschwisterbeziehung: Als Seelenbund eines orientalischen Herrscherpaares, der trotz des Verzichts auf Vereinigung eines Tages zugunsten einer politischen Heirat gelöst werden muss, bei F. M. KLINGER (*Geschichte Giafars des Barmeciden* R. 1792–94), als durch Familie und Kirche nicht zerstörbare Leidenschaft der Eltern Mignons bei GOETHE (*Wilhelm Meisters Lehrjahre* R. 1795/96), als voll verteidigter Inzest zwischen körperlich und geistig Gleichgestimmten bei CHATEAUBRIAND (*René* R. 1802), die jedoch von der Schwester im Kloster, vom Bruder in den Urwäldern des Mississippi gebüßt wird. Die Gleichheit des Blutes, die nicht abstößt, sondern zusammenführt, wurde von A. v. ARNIM (*Ariels Offenbarungen* R. 1804) dadurch betont, dass sogar zwei Brüder mit der Schwester Inzest begehen wollen, aber vom richtenden Vater gehindert werden. Inzest mit der als Nonne lebenden Schwester der eigenen Frau führt in C. BRENTANOS *Romanzen vom Rosenkranz* (entst. 1804–12) für die Kinder die Gefahr des Geschwisterinzests herauf. Wenn diese romantischen Autoren mit dem Inzest-Motiv als mit einer Extremsituation experimentierten, so schlug sich in Lord BYRONS Werk nieder, was er selbst erlebte und was später zur Ausbildung eines ↑ Byron-Stoffes führte. In *Manfred* (Dr. 1817) spricht der Held mit dem Geist der Astarte, die das Echo seiner Seele und die zu lieben doch seine größte Sünde war, in *Cain* (Dr. 1821) ist der Sohn des ersten Menschenpaares in aller Unschuld Mann seiner Schwester, doch kündet Luzifer an, dass das in späteren Zeiten Sünde sein werde. Das Inzest-Motiv in *The Bride of Abydos* (1813) strich Byron auf Rat seiner Freunde, ähnlich wie P. B. SHELLEY auf Wunsch des Verlegers den Liebesrausch der Geschwister in *Laon and Cythna* (Verserz. 1817) in den von Jugendgespielen umwandeln musste, obgleich das Werk mit dem Tode beider auf dem Scheiterhaufen und der Vision einer Läuterung endet. Bei der Gestaltung des Cenci-Stoffes (*The Cenci* Dr. 1819) dagegen hielt sich Shelley an die Motivschablone des eifersüchtigen Unterdrückers seiner Kinder, der die Tochter sogar aus Hass schändet; STENDHALS Novelle *Les Cenci* (1855) setzte die Akzente ähnlich. Das Cenci-Thema klingt auch in H. MELVILLES Roman *Pierre or the Ambiguities* (1852) an, für dessen Helden sich ein dämonisches Liebesidol als Halbschwester entpuppt, deren Zurücksetzung durch den Vater er durch eine mit ihr geschlossene Scheinehe wiedergutmachen will, doch macht sich die Unterdrückung der Sexualität dann in einem Vernichtungsrausch Luft. Da kein Ehebund ihre Liebe legalisieren darf, suchen die Geschwister in Th. STORMS Ballade *Geschwisterblut* (1843) den Tod. Dass das Inzest-Motiv als integrierender Bestandteil romantischer Dichtung angesehen wurde, zeigt ein die Ecole satanique karikierendes Drama des jungen P. MÉRIMÉE (*La Famille de Carvajal* 1828), in dem die Tochter den sie verfolgenden Vater tötet.

Nachdem die menschliche Problematik des Inzests durch die Romantik erfasst und verteidigt worden war, verlor er den Rang des großen Verbrechens und gewann mehr den Charakter einer schicksalhaften Verstrickung. Die moderne Literatur lief gegen dies Tabu nicht wie gegen andere Sturm, da für sie Inzest ein esoterisches Erlebnis Einzelner blieb. Die beschönigende Variante des unbewussten Inzests trat zurück.

Am stärksten trägt noch immer der Mutter-Sohn-Inzest das Vorzeichen des Verbrecherischen, sei es, dass die Mutter schon zu Lebzeiten des Vaters den Sohn verführt (G. af GEIJERSTAM, *Nils Tufveson* R. 1902) oder dass der Sohn sich die Mutter, nachdem er sie mit ihrem Geliebten belauscht hat, nicht mehr als Mutter vorstellen kann und nach dem Tode des Vaters dessen Platz okkupiert (St. VACANO, *Sündige Seligkeit* Dr. 1909). Die Aktualisierung dieser Variante durch Freud'sche Thesen zeigt sich in A. BRONNENS Drama *Vatermord* (1920), in dem die Mutter als Verführerin auftritt.

Mit etwas mehr Sympathie behandelt wurden inzestuöse Neigungen zwischen Vater und Tochter. Im Rahmen naturalistischer Milieudarstellung erscheinen sie zwar auch als rohe Gier des Mannes, vor der die Tochter flieht (F. v. SAAR, *Die Steinklopfer* Nov. 1873; G. HAUPTMANN, *Vor Sonnenaufgang* Dr. 1889). Der bewusst begangene Inzest kann ebenso zu einem nicht mehr abzuschüttelnden Schuldkomplex führen (A. HOLZ, *Sonnenfinsternis* Dr. 1908) wie der von einem der Partner (H. IBSEN, *Rosmersholm* Dr. 1886) oder auch von beiden (L. PIRANDELLO, *Sei personaggi in cerca d'autore* Dr. 1921) unwissend begangene Inzest. Der überkommene Zug einer den Vater bestrickenden Ähnlichkeit der Tochter mit der Mutter wird zur Entlastung des Vaters ins Feld geführt: Bei G. de MAUPASSANT (*Jocaste* Nov. 1883) endet er in bewusster Vater-Tochter-Ehe, bei I. KURZ (*Vanadis* R. 1931) nach dem Versuch des Vaters, die Tochter mit in einen reißenden Strom zu ziehen, mit dessen Selbstabkapselung in einer Irrenanstalt, bei M. FRISCH (*Homo Faber* R. 1957) mit der Anerkennung des nicht »berechenbaren« Lebens als Abgrund von Schuld. Während V. NABOKOVS Roman *Lolita* (1955) der Liebe zwischen Stieftochter und Stiefvater, der die Mutter nur wegen der Tochter heiratete, reißerische Nuancen abgewinnt, lotet A. Moravia (*L'attenzione* R. 1965) die Konstellation aus, um seinen Schriftstellerhelden aus Geschmacksgründen auf das Thema verzichten zu lassen, und belässt es A. WALSER (*Geschenkt* Erz. 1994) bei einem den Vater aufreizenden Telefonanruf. Dagegen zeigen andere Werke die Tochter als hilflos der sexuellen Gier des Vaters ausgeliefert (A. WALKER, *The colour purple* R. 1982; J. SMILEY, *A thousand acres* R. 1991; D. LOHER, *Tätowierung* Dr. 1992; E. O'BRIAN, *Down by the river* R. 1996; M. CARR, *On Raftery's hill* Dr. 2002). Im Roman von Ch. ANGOT

(*L'Inceste* 1999) lernt die Tochter ihren Vater erst als Vierzehnjährige kennen und wird von ihm verführt. M. BILLERS Protagonist Motti glaubt, seine Tochter, die er Jahre zuvor aus Angst vor Entdeckung des Missbrauchs aus dem Fenster stürzte, sei noch am Leben und will sie finden (*Die Tochter* R. 2000).

Auch in der modernen Literatur gilt das größte Interesse dem Geschwisterinzest. Gegenseitiges Verfallensein zieht soziale Kontaktlosigkeit und Selbstmord (A. WILBRANDT, *Untrennbar* Nov. 1885; G. d'ANNUNZIO, *La città morta* R. 1898), Wahnsinn (G. d'ANNUNZIO, *Forse che sì, forse che no* R. 1909), einsames Dahinsiechen trotz klösterlicher Buße (E. STRAUSS, *Schwester Euphemia* Nov. 1909), beim Mann Homosexualität und Mordversuch am Rivalen nach sich (O. J. BIERBAUM, *Prinz Kuckuck* R. 1906/07) und ist im Ersten Weltkrieg Kennzeichen einer zu zucht- und zügelloser Willkür ausgearteten Jugend (F. v. UNRUH, *Ein Geschlecht* Dr. 1917). Das selektive Moment des Motivs wird durch Hervorhebung einer besonderen Erlebnissphäre betont: G. TRAKLS Gedichte (1913 und 1914) reihen die geliebte Schwester unter die rettenden Leitbilder des vom Sündengefühl gepeinigten lyrischen Ichs ein, das alte Geschwisterpaar bei G. HAUPTMANN (*Der Ketzer von Soana* Nov. 1918) führt in heidnischer Hirtenunschuld ein innerlich unangefochtenes Leben, die adligen baltischen Geschwister (F. THIESS, *Die Verdammten* R. 1923) akzeptieren ihre Leidenschaft und läutern sie durch Trennung und tätige Pflichterfüllung, ähnlich wie in L. FRANKS *Bruder und Schwester* (R. 1929) auch die Frau schließlich das Grauen überwindet und zu ihrem Bruder-Ehemann zurückkehrt; der Selbstmord der Schwester bei der plötzlichen Heirat des Bruders in W. S. MAUGHAMS *The Bookbag* (Nov. 1933) unterstreicht nur das zuvor genossene Glück, und die Liebesbeziehung der Halbgeschwister Van und Ada bei V. NABOKOV (*Ada, or Ardor* R. 1969) spielt auf einem ironisiert utopischen Planeten Anti-Terra. In A. NINS (*The House of Incest* 1936) ähnlich elitärem Konzept umfasst Inzest jede Liebe, weil wir im anderen uns selbst lieben. Das selektive Moment kann als Solipsismus eines snobistischen Paares (Th. MANN, *Wälsungenblut* Nov. 1921), als Kennzeichen einer morbiden Adelswelt (E. BOURGES, *Le crépuscule des Dieux*, R. 1884; Th. WILDER, *The Cabala* R. 1926), Indiz des Verfalls einer Familie (W. FAULKNER, *The Sound and the Fury* R. 1929), ihrer Inversion und ihres dünkelhaften Scheindaseins (J.-P. SARTRE, *Les Séquestrés d'Altona* Dr. 1959) gewertet werden, so wie bei F. SAGAN (*Château en Suède* Kom. 1960) die sexuelle Abhängigkeit der Schlossherrin von ihrem Bruder die Perversion des Lebens auf dem

Schloss andeutet. Allseitig ausgeleuchtet wurde die Ambiguität des Verhältnisses vor allem von J. COCTEAU (*Les Enfants terribles* Dr. 1929), bei dem das Motiv auch im Unterhaltungsstück angeschlagen wird (*La Machine à écrire* 1941), A. CAMUS (*Caligula* Dr. 1942), R. MUSIL (*Der Mann ohne Eigenschaften* R. 1930–43) und im Ansatz von I. BACHMANN (*Franza*-Fragment). COCTEAU entwickelte den langsamen Umschlag eines innigen Geschwisterverhältnisses in eine andere Bindungen ausschaltende Hörigkeit des Bruders, von der er sich nur durch Selbstmord befreien kann, CAMUS die durch den Tod der geliebten Schwester bedingte Wandlung des Cäsaren in einen nihilistischen Tyrannen, und MUSIL schilderte die inzestuöse Geschwisterliebe, die wie in den beiden vorgenannten Werken auf Gleichheit des seelisch-geistigen Ranges beruht, als eine zwar über die Konvention triumphierende freiheitliche Ordnung, aber doch als den äußersten Punkt einer Ich-Verstrickung des Helden; von der Romantik erprobte psychologische Kriterien wirken hier fort. Noch für Th. BERNHARD (*An der Baumgrenze* Erz. 1967; *Korrektur* 1975) steht der Inzest für Auserwähltheit, die freilich in *Vor dem Ruhestand* (Dr. 1979) in dubiosen Hochmut umschlägt. Ohne Sentimentalität erzählen I. MCEWAN (*The cement garden* R. 1978) und M. YOURCENAR (*Anna, soror* R. 1981) vom erotischen Begehren zwischen Bruder und Schwester. M. STREERUWITZ (*Partygirl* R. 2002) greift mit dem Geschwisterpaar Madeline und Roderick Ascher POES Erzählung *The Fall of the House of Usher* auf. C. MCCARTHY (*Outer Dark* R. 1968) zeigt ein Geschwisterpaar in bedrohlicher Umgebung: Die Schwester sucht das gemeinsame Kind, das ihr Bruder in der Wildnis ausgesetzt hat. Dabei wird sie von ihrem Bruder verfolgt.

O. Rank, Das Inzestmotiv in Dichtung und Sage, Wien [2]1926; A. H. Krappe, Über die Sagen von der Geschwisterehe im Mittelalter, (Archiv 167) 1935; P. L. Thorslev, Incest as a Romantic Symbol, (Comparative Literature Studies 2) 1965; I. Vielhauer, Bruder und Schwester, 1979; W. D. Wilson, Natural Law, and Unwitting Sibling Incest in Eighteenth-Century Literature, (Studies in Eighteenth-Century Literature 13) 1984; A. E. Schoene, »Ach, wäre fern, was ich liebe«. Studien zur Inzestthematik in der Literatur der Jahrhundertwende, 1996; D. von Hoff, Familiengeheimnisse. Inzest in Literatur und Film der Gegenwart, 2003; H. Weichselbaum (Hrsg.), Androgynie und Inzest in der Literatur um 1900, Salzburg 2005.

Kauz → Sonderling

Keuschheitsgelübde

In einer Reihe von Religionen, nicht nur des Abendlandes, waren und sind Keuschheitsgelöbnisse von Priestern und Laien für die Dauer des Lebens oder für eine gewisse Zeitspanne gebräuchlich. Das hängt damit zusammen, dass in diesen Kulturen der Bezirk des Geschlechtlichen als ein bestimmten Göttern oder Dämonen unterstehender Machtbereich aufgefasst wird, der die ihm Unterworfenen unfähig für andere Aufgaben macht. Wer sich einem anderen Machtbereich, etwa der Jagd oder dem Krieg, verschreibt, muss daher dem Geschlechtlichen abschwören, das ihn der anderen Kultsphäre gegenüber unrein macht. Sich der Überschneidung göttlicher Herrschaftsbezirke auszusetzen, bringt Gefahr; Enthaltsamkeit und Keuschheit sind dagegen wirksame Mittel der Krafterwerbung. In der mosaischen Religion war dem Hohen Priester zu kirchlichen Festzeiten Enthaltsamkeit auferlegt, und bei den Griechen schworen die Anhänger der Artemis der Liebesgöttin ab. Gestützt wird die Forderung der Keuschheit und Jungfräulichkeit außerdem durch die Vorstellung von der Minderwertigkeit des Leibes gegenüber der einem höheren Dienst sich weihenden Seele und des sinnlich-natürlichen Daseins gegenüber geistigen Zielen. Keuschheit stellt sich damit neben Enthaltsamkeit in Bezug auf irdische Genüsse überhaupt und neben freiwillige Armut, die der Überwindung des Leib-Seele-Problems und der Dissonanzen des Daseins dienen sollen. In der christlichen Kirche gab es auf der Basis eines so verstandenen asketischen Ideals schon in den ersten drei Jahrhunderten Fälle freiwilliger Ehelosigkeit, im 4. Jahrhundert befassten sich mehrere Konzile mit der Frage des Zölibats, das zuerst durch die Benediktinerregel 529 für das Mönchtum und dann 1074 durch Gregor VII. für alle Träger der höheren Weihen bei Strafe der Exkommunikation verbindlich wurde. Die katholische Kirche fordert das Zölibat nicht nur aus Zweckmäßigkeit, um den Priester von weltlichen Sorgen freizuhalten, seinen Dienstwillen zu steigern und die Macht der Kirche zu festigen, sondern auch in der Idee einer Virginität der Kirche. Die jungfräuliche Kirche will ein jungfräuliches Priestertum, und der Priester bringt sich in der Messe als Opfer Christus dar. Ein Verstoß gegen das Zölibat ist Raub an Gott, also Sünde.

Das Keuschheitsgelübde als literarisches Motiv hat stark dialektischen Charakter; bringt es doch den, der es ablegt, in Gegensatz nicht nur zu den übrigen Menschen, sondern auch zu einem Grundtrieb des menschlichen Wesens. Der Enthaltsamkeit Übende verzichtet nicht nur auf die Befriedigung des Sexus, sondern auch auf die Gründung einer Familie und auf Nachkommen, die oft ein Teil menschlicher Selbstverwirklichung sind. Der Kampf mit diesen unterdrückten Sehnsüchten, der bis zur Selbstvernichtung gehen kann, legt tragische Lösungen des Motivs nahe, aber klägliches Scheitern vor dem hohen Ziel, besonders im Falle nur befristeter Gelübde, sowie Umgehung des Gelöbnisses und Flucht in Betrug und Heuchelei machen auch komische Wirkungen denkbar.

Die Antike drückte die Überwältigung des Enthaltsamen durch den Trieb in der bildhaften Vorstellung aus, dass Aphrodite sich an den Liebesfeinden und Verächtern ihres Kultes räche. Der Artemis-Verehrer Hippolytos (Euripides, *Hippolytos* 428 v. Chr.) wird von der Liebesgöttin ins Unglück gestürzt, indem seine Stiefmutter ↑ Phädra sich in ihn verliebt und ihn eines Vergewaltigungsversuchs bezichtigt, als er sie abgewiesen hat. Der keusche Schäfer ↑ Daphnis (Theokrit, *Idyllen* 1; 3. Jh. v. Chr.) erliegt der Liebe zu einem ihm unerreichbaren Mädchen, das die gekränkte Göttin entsandt hat, und siecht vor Kummer dahin. Vergils (*Aeneis* 30/19 v. Chr.) im Waffenhandwerk erzogene Diana-Anhängerin und Eheverächterin Camilla wird zwar nicht ausdrücklich von Venus bestraft, bezahlt aber ihr Anderssein mit dem Schlachtentod, den die Göttin der Jagd durch eine Nymphe rächen lässt. Die Antike kannte auch schon das erzwungene Keuschheitsgelübde, das später in den christlichen Motivvarianten eine große Rolle spielte. Musaios (*Hero und Leandros* Epos 5./6. Jh.) gibt als Grund für die Heimlichkeit der Liebe zwischen ↑ Hero und Leander, die mit dem Tod des liebenden Schwimmers endet, an, dass Heros Eltern die Aphroditepriesterin zur Ehelosigkeit bestimmt hatten.

Lustspielhafte Züge entwickelt das Motiv, wenn das Keuschheitsgelübde nicht religiös verankert ist, sondern klugen Frauen zu erpresserischen Zwecken dient. So konnte die wegen der Durchsetzung eines Rachefeldzugs anberaumte Verweigerung der ehelichen Pflichten durch Alkmene (Pseudo-Hesiod, *Der Schild des Herakles*) zum Aufhänger des weltliterarisch fruchtbaren Stoffes von ↑Amphitryon werden und die mit entgegengesetzter Tendenz vollzogene Motivübernahme bei Aristophanes (*Lysistrata* 411 v. Chr.) einen gleichfalls zukunftsträchtigen Lustspielstoff ergeben, indem die athenischen Frauen unter Führung ↑ Lysistratas sich ihren Männern bis zur von ihnen geforderten Beendigung des Krieges versagen, an der ihnen sauer werdenden Verpflichtung zwar fast scheitern, aber dann doch mit den unter der gleichen Entbehrung leidenden Männern in

Verhandlungen eintreten und den Boykott erfolgreich beenden können.

Die frühchristliche Kirche ließ trotz ihrer asketischen Forderungen auch auf sexuellem Gebiet den Grundsatz gelten, dass im Himmel mehr Freude über einen reuigen Sünder ist als über neunundneunzig Gerechte. Dieser Vorstellung verdankt der Typus des zum Heiligen erhöhten Sünders seine Entstehung, wie er sich etwa in der *Legende von Genebaldus* (HINKMAR VON REIMS 9. Jh.) niedergeschlagen hat, der der Ehe absagt und ein hoher Geistlicher wird, aber von seiner Frau noch immer nicht lassen kann und auf seine Beichte hin sieben Jahre lang in seine Zelle eingeschlossen wird, bis ein Engel ihm Vergebung verkündet und er wieder in sein Amt eingesetzt wird. Noch zugespitzter findet sich das Motiv in der Legende von der Nonne ↑ Beatrix (CÄSARIUS VON HEISTERBACH, *Dialogus miraculorum* 1223), die sich entführen lässt, von ihrem Liebhaber verlassen lange Jahre als Hure lebt und, reuig in ihr Kloster zurückkehrend, feststellt, dass ihr Platz inzwischen von der in ihrer Gestalt amtierenden Jungfrau Maria verwaltet worden ist. Das Mittelalter kennt auch einen tragischen Fall des Versagens vor dem Zölibat, der in der Form des Briefwechsels zwischen ↑ Abälard und Héloïse Rang und Funktion einer bedeutenden Dichtung eingenommen hat: Abälard büßt die Entführung seiner gelehrten Schülerin mit dem Verlust seiner Mannheit, und beide sühnen durch lebenslange Entsagung.

Im Gegensatz zum Typus des sündigen Heiligen, an dem die dem Keuschheitsgelübde innewohnende Dialektik deutlich wird, deckt der im Zuge der Geistlichensatire des späten Mittelalters geschaffene Typ des buhlerischen Pfaffen diese Problematik zu. Die Geistlichenfiguren, die in den zahlreichen Varianten des → Hahnrei-Motivs die Rolle des Gegenspielers, also des ehebrecherischen Liebhabers, übernehmen, setzen sich nicht nur skrupellos über ihr Gelübde hinweg, sondern gehen auch meist als überlegene und unangefochtene Gewinner aus dem Kampf um die Frau hervor. Der Pfaffe-Liebhaber in GUÉRINS *Fabliau du prêtre qui abevete* (13. Jh.) narrt den bäuerlichen Ehemann mit dem Märchen, das Schlüsselloch sei verzaubert, und lässt ihn sehenden Auges den Ehebruch seiner Frau miterleben; der Geistliche in BOCCACCIOS *Decamerone* 3, 8 (1348/53) lässt den Ehemann durch einen Schlaftrunk »sterben« und im Fegefeuer für seine Eifersucht büßen, während er selbst zärtliche Beziehungen zu dessen Frau unterhält, und bei J. AYRER (*Die besessene Bäuerin mit ihrem Pfarrherrn buhlend* um 1600) wird der Bauer zur Heilung seiner Frau auf eine Betfahrt in vierzig Kirchen geschickt, damit der Pfarrherr ungestört mit der Frau beisammen sein kann. Allenfalls erhält der geistliche Liebhaber in dem zuerst von dem französischen Dominikaner JOHANNES JUNIOR (*Scala celi* 1. Hälfte 14. Jh.) erzählten, später von H. SACHS und anderen dramatisierten Schwank von dem als Zauberer auftretenden fahrenden Schüler eine gelinde Strafe, indem er als »Teufel in Mönchskleidung« ausgetrieben wird.

Während so komische Motivgestaltungen eine eigene Moral entwickelten und an der tieferen Problematik vorbeigingen, formulierte ein seit dem 14. Jahrhundert auftauchender Volksliedtypus, das sog. Nonnenlied, in Form eines einer Nonne in den Mund gelegten Rollengedichts die Abneigung gegen klösterliche Entbehrung, unverhüllte Sehnsucht nach Liebesgenuss und Anklagen gegen die Eltern, die das Gelübde erzwungen haben (*Gott geb ihm ein verdorben Jahr* 1359; *Wol uf, wir wellent jagen* 15. Jh.; *Ich sollt ein Nönnlein werden* 1603; *All mein Flachs und all mein Werch* um 1700). Die Liedgattung, die bis ins 19. Jahrhundert lebendig blieb, griff im 17. Jahrhundert auf die Kunstlyrik über, in der sie, um Züge aus der protestantischen Priester- und Klostersatire angereichert, zunächst frivolen, mit dem Gelübde Spott treibenden Charakter annahm (G. GREFLINGER, *Die weltliche Nonne* 1651; Ch. HOFMANN VON HOFMANNSWALDAU, *Auf eine Nonne* 1734; J. Ch. GÜNTHER, *Als sie ins Kloster ziehen wollte* 1739). Einer ähnlichen satirischen Verschärfung unterlagen im protestantischen Raum die erwähnten Hahnreischwänke. Diese Angriffe veranlassten die konfessionelle Gegenfront zum Überdenken ihrer Grundsätze, wie es in Frankreich Bischof J.-P. CAMUS mit erstaunlicher Einfühlungsgabe in die Problematik des zwischen Sinnenlust und Seelenfrieden gestellten Geistlichen unternahm. In *Dorothée* (R. 1621) schilderte er die Folgen des erzwungenen Eintritts eines Mädchens in ein Kloster, das zwar auf dem Prozessweg die Entbindung von dem Gelübde erreicht, deren Heiratsversprechen aber gleichfalls für nichtig erklärt wird; die Liebenden treten zur Rettung ihrer Liebe vor einer möglichen Zwangsheirat jeder in einen Orden ein, wo sich Christoval zu einem Vorbild entwickelt, nachdem er Dorothée auf ihrem Sterbebett hat wiedersehen und ihr geistlichen Beistand spenden können. Während hier mit der Kritik an der väterlichen Gewalt das Thema der Nonnenlieder aufgegriffen und der Kern der Klosterliteratur des 18. Jahrhunderts vorweggenommen wird, sind die Lebenswege der männlichen Helden dreier weiterer Romane ähnlich dem Christovals so angelegt, dass ihnen das Recht auf Liebe zugestanden, aber doch die Möglichkeit zur Selbstüberwindung aufgezeigt wird. Wo allerdings, wie in *Les Evénements singu-*

liers (1628), Verletzung des Keuschheitsgelübdes mit Ehebruch verbunden ist, indem der wohl der Figur ↑ Abälards nachgezeichnete Priester zu seiner Schülerin auch nach deren Heirat Liebesbeziehungen unterhält, bleibt nur die Bestrafung durch die schauerliche Rache des in seiner → Gattenehre gekränkten Mannes, der den getöteten Ehebrecher mit der lebendig auf ihm festgebundenen Frau in eine Höhle werfen lässt. Der Priester Guy in *L'Incontinence des yeux* (1643) dagegen kann die Befreiung von der nie eingestandenen Leidenschaft zu seiner inzwischen verstorbenen Angebeteten mit dem Tod erkaufen, indem er ihr Grab öffnet und sein Gesicht in den verwesten Körper presst, ein Zug, in dem GAUTIERS *Morte amoureuse* vorweggenommen scheint, und Philargyrippe (*Agathonphile ou les martyrs siciliens* 1623) schließlich gelingt es, der priesterlichen Aufgabe, der er sich nach dem plötzlichen Tod der Braut weihte, trotz der Verführungsversuche einer ihr ähnlichen Frau, trotz Verleumdung und ungerechter Bestrafung durch die Kirche treu zu bleiben und sie mit dem Märtyrertod zu krönen, gestärkt von der Hoffnung, die Unvergessene im Himmel wiederzusehen.

Mehr spielerisch konnte das Motiv behandelt werden, wo man es nicht als aktuell und wirklich empfand, sondern auf Anregungen durch antike Mythen zurückgriff. Die an klassischen → Amazonen-Gestalten und vor allem an VERGILS Camilla orientierten Virago-Typen des Renaissanceepos sind zwar in der Mehrzahl, wie Clorinda in TASSOS *La Gerusalemme liberata* (1575), heimlich Liebende, denen ihre Männerfeindschaft nicht ernst ist, sie können jedoch auch in ihrer Enthaltsamkeit von der Liebe Konsequenz zeigen und zu unberührbaren Kriegerinnen werden wie Marfisa bei BOIARDO (*Orlando innamorato* 1483–95) und ARIOST (*L'Orlando furioso* 1516) sowie Radigund bei E. SPENSER (*The Faerie Queene* 1589–96). Eine ähnliche Verbindungslinie lässt sich von den Artemis-Anbetern der Antike her zu den der Jagdgöttin anhängenden keuschen Nymphen und Hirten der Schäferdichtung ziehen, deren erste Vertreterin bereits mit der spröden Jägerin Silvia in TASSOS *Aminta* (1573) auf den Plan tritt, der dann Silvio in GUARINIS *Il pastor fido* (1590), die liebesfeindlichen, von Amor bestraften Hirten in A. HARDYS Schäferspielen *Corinne ou le silence* (1614) und *L'Amour victorieux et vengé* (1618) und schließlich die vom Amazonentyp eingefärbte ↑ Talestris in H. A. von ZIGLER UND KLIPHAUSENS Oper *Die lybische Talestris* (1696) folgen; die keuschen Helden der pastoralen Gattungen kapitulieren selbstverständlich alle endlich vor Amors Macht. Zu dieser Gruppe spielerischer Motivvarianten gehört auch die philosophische Akademie, die Ferdinand von Navarra und seine drei Herren in SHAKESPEARES *Love's Labour's Lost* (1589) gründen und deren Enthaltsamkeitsparagraph durch die Ankunft von vier Damen rasch außer Kraft gesetzt wird, während die amazonischen oder spröden Komödienheldinnen des spanischen Theaters durch die von der Geschichte vorgeprägte Gestalt der Schwedenkönigin Christine CALDERÓNS (*Afectos de odio y amor*) überragt werden, an der das Problem eines männlich schöpferischen, von Liebe unberührten Frauenlebens ernsthaft diskutiert wird, auch wenn die seelische Verhärtung der Herrscherin dann doch durch die standhafte Liebe eines politischen Gegners gelöst wird.

Das Jahrhundert der Aufklärung stand infolge seiner antiklerikalen Tendenzen und innerweltlichen Zielsetzungen asketischen Idealen verständnislos gegenüber, und seine Literatur zeichnete Menschen, die sich dem Zölibat unterwarfen, als Dummköpfe, als Heuchler oder allenfalls als Gutmütige, die sich abfinden. Die Bestrafung von Übertretungen des Keuschheitsgebotes wurde als brutale Machtmaßnahme hingestellt und die Gefangenschaft im Klosterkerker als effektvoller Zug wiederholt verwendet. Man prangerte vor allem das erzwungene Gelübde an, gegen das junge, unerfahrene Menschen bei der ersten Begegnung mit der Liebe verstoßen und daher straffällig werden. Die Verbreitung des Motivkomplexes ging offensichtlich von Frankreich aus, wo schon 1739 anonym anklägerische *Intrigues monastiques ou l'amour encapuchonné* erschienen, eine Sammlung von Zeugnissen über das Klosterleben; in Deutschland brachten J. G. ZIMMERMANNS Schriften *Über die Einsamkeit* (seit 1756) Hinweise auf Missbräuche in Klöstern. 1760 entstand DIDEROTS berühmter Roman *La Religieuse*, dessen Wirkung aber erst mit der Veröffentlichung 1796 anzusetzen ist, und etwa gleichzeitig fingierte J.-J. ROUSSEAU im Zusammenhang mit Gedanken über die religiöse Erziehung eines Jugendlichen (*Emile* R. 1762) die Lebensbeichte eines savoyischen Vikars, der auf Wunsch der Eltern Priester wurde, gegen das Keuschheitsgebot verstieß, eingekerkert, abgesetzt und ausgestoßen wurde und nun eine Art Naturreligion entwickelt, nach der Gott den Menschen von den Sinnen abhängig machte. Neben diese Erzählung trat das effektvolle Drama *Mélanie* (1770) von J.-F. de LA HARPE, das auf historischen Geschehnissen beruht und den Konflikt eines Mädchens darstellt, das auf seine Liebe verzichten und Nonne werden soll, um das Erbteil des Bruders zu vergrößern, und sich erhängt. Das Stück wurde im katholischen Frankreich nicht aufgeführt, hatte aber in Deutschland in der Bearbeitung F. W. GOTTERS

(*Marianne* 1776) bahnbrechende Wirkung, in deren Gefolge eine umfangreiche Klosterliteratur die Probleme des Keuschheitsgelübdes meist an einer Frau exemplifizierte, die wider Willen den Schleier nimmt. Die am meisten vertretene Lösung sind Flucht oder Entführung aus dem Kloster, die entweder sofort misslingen (J. A. LEISEWITZ, *Julius von Tarent* Dr. 1776; J. M. MILLER, *Siegwart – Eine Klostergeschichte* R. 1776; P. A. WINKOPP, *Seraphine, eine Klostergeschichte* R. 1783; ANON., *Zwei Opfer der Liebe oder Emilian und Cölestine* 1784) oder nur ein vorübergehendes Glück ermöglichen (Ch. M. WIELAND, *Clelia und Sinibald* Epos 1784; J.-B. LOUVET DE COUVRAY, *Emilie de Valmont* R. 1791; D. DIDEROT, *La Religieuse* R. 1796). Andere gewaltsam ins Kloster Verdammte enden in Wahnsinn und Selbstmord (A. M. SPRICKMANN, *Das Strumpfband* Erz. 1776). In der beliebten Spezies des Nonnenlieds erscheint häufig der schon in früheren Epochen verwendete Zug, dass die Nonne trotz aller Gebete und Kasteiungen das Bild des Geliebten in ihrer Seele nicht auslöschen kann (J. M. MILLER, *Nonnenlied* 1773; J. KOLLER, *Die Nonne an Luna* 1793; J. v. ALXINGER, *Bittre Tränen, deren Quelle* 1817). Am Ende des Jahrhunderts entstanden ganze Erzählsammlungen (A. M. SPRICKMANN, *Klostergeschichten* 1776; J. F. E. ALBRECHT, *Skizzen aus dem Klosterleben* 1786; U. KRAUS, *Klostergeschichten für Jünglinge und Mädchen* 1796), deren Absicht es war, vor dem Klosterleben zu warnen, und Biographien von ehemaligen Klosterinsassen (F. X. BRONNER, *Leben, von ihm selbst erzählt* 1795–97; J. B. SCHAD, *Das Paradies der Liebe* 1804) wirkten bestätigend. Die bedeutendste Gestaltung des Motivs trat 1796 mit D. DIDEROTS Roman *La Religieuse* an die Öffentlichkeit, dessen Heldin wie die LA HARPES zugunsten von Geschwistern zum Klosterdasein gezwungen wird; ihr Widerstand hat Einkerkerung und dann Versetzung in ein anderes Kloster zur Folge, in dem die Nachstellungen der lesbischen Oberin zu nicht geringerer Qual werden wie zuvor die Feindschaft einer Fanatikerin; Homoerotik als Folge des Keuschheitsgelübdes wurde hier wohl erstmalig literarisch behandelt. Die Flucht der Nonne führt dann zu ihrem menschlichen Ruin. Das Motiv drang von Diderot her in GOETHES einem ganz anderen Milieu angehörende, um das Motiv des → Vampirs zentrierte Ballade *Die Braut von Korinth* (1798) ein, denn als Vorgeschichte der Begegnung des Verlobten mit seiner verstorbenen Braut enthüllt sich, dass die Eltern ein ursprünglich gebilligtes Verlöbnis annullierten, nachdem sie Christen geworden waren, die Tochter dem Himmel weihten und den Jüngling mit einer zweiten Tochter abzufinden dachten; das Mädchen starb vor

Gram im Kloster und naht sich nun als Vampir der Szene, um das ihr zustehende Maß an Sinnenfreude nachzuholen. Im Gegensatz zu solchen tragischen Konsequenzen unterdrückter und ihr Recht fordernder Sinnlichkeit – die auch WIELAND, wiewohl mit ironischem, den Legendenton travestierendem Akzent, zum Thema einer klösterlichen Verserzählung (*Clelia und Sinibald* 1784) machte – konnte, wenn in des gleichen Dichters romantischem Epos ↑ *Oberon* (1780) die Keuschheitsforderung nicht von Klosteroberen, sondern von einem Elfenpaar gestellt wird, den Liebenden Hüon und Rezia die Nichteinlösung des Versprechens als menschliche Schwäche verstehend und lächelnd verziehen werden.

In dem schon erwähnten erfolgreichen, der Werther-Nachfolge zugehörigen Roman *Siegwart – Eine Klostergeschichte* von J. M. MILLER machte sich, verschmolzen mit den eben skizzierten Zügen des erzwungenen Gelübdes und der Flucht aus dem Kloster, eine neue, empfindsam romantisierende Einstellung zum Klosterleben und zu Weltflucht und Askese geltend. Der Held wird zwar durch die üblichen väterlichen Machenschaften von seiner Geliebten getrennt und deren Entführung aus dem Kloster endet mit ihrem (scheinbaren) Tod, aber voraus geht der tiefe positive Eindruck, den Siegwart vom Klosterleben gewonnen hat, und es folgt nach dem vorgeblichen Tod Mariannes der Entschluss Siegwarts, in ein Kloster zu gehen; auch die ihn unerwidert liebende Sophie nimmt den Schleier und verströmt ihre Lebenskraft in unmäßiger Andacht. Später findet Siegwart als Beichtvater die totgesagte Nonne auf dem Sterbebett wieder, reicht ihr die Letzte Ölung und stirbt willentlich den Tod des Erfrierens auf ihrem Grab. Das hier in die traditionelle Kritik an der zölibatären Existenz eingelassene Moment des resignierenden Rückzugs aus der Welt, das der mit dem Sturm und Drang einsetzenden und in der Romantik verstärkten Schwärmerei für Einsamkeit, für das Mittelalter und die katholische Kirche entstammt und vor allem der Lebensform des → Einsiedlers, weniger des Geistlichen, ein romantisierendes Interesse zuwandte, bildet einen ersten Ansatzpunkt, von dem aus man den asketischen Forderungen des geistlichen Standes und dem Keuschheitsgelübde Gerechtigkeit widerfahren lassen und sich mit ihm wirklich auseinandersetzen konnte.

Schon die sich um die Wende zum 19. Jahrhundert abzeichnende Verlagerung von der ihr Gelübde brechenden Nonne auf den Mönch und vor allem den Weltgeistlichen wandelte das Motiv von einem sentimentalischen zu einem mehr intellektuellen. Das

Keuschheitsgelübde einer Frau spielt nun im Vergleich zum 18. Jahrhundert nur eine geringe Rolle. H. v. KLEIST (*Das Erdbeben in Chili* Nov. 1807) stellte die Folgen der Entweihung des Klosterbezirks mit betonter Distanz dar, doch deutet die Schilderung der gewaltsamen Einweisung in ein Kloster, durch die auch hier ein Vater die Tochter von dem Geliebten trennt, und des Gemetzels, mit dem die fanatisierte Volksmenge den Bruch des Gelübdes straft, an, dass Kleist in der erzwungenen Entsagung eine Perversion erblickte. F. ROMANI/V. BELLINI (*Norma* Oper 1831) und F. GRILLPARZER (*Des Meeres und der Liebe Wellen* Dr. 1831) entaktualisierten das Problem, indem sie es in vorchristliche Zeit verlegten: Die Druidenpriesterin büßt ihre heimliche Ehe ebenso mit dem Tod wie ↑ Hero ihre heimlichen Zusammenkünfte mit Leander; Grillparzer verwandelte bezeichnenderweise die von MUSAIOS gegebene Motivierung der Ehelosigkeit durch eine Bestimmung der Eltern in ein mit dem Priesteramt auferlegtes und von der Priesterschaft überwachtes Gelübde.

Der dominierende Geistlichentyp der Romantik, vor allem der Trivialromantik, ist noch immer der durch das 18. Jahrhundert vorgeprägte intrigante, heuchlerische, machtgierige Vertreter der Kirche, der in der Unterhaltungsliteratur oft die Funktion des geheimbündlerischen Gegenspielers des Guten übernimmt. So verkuppelt der Mönch Tinto in J. F. E. ALBRECHTS noch stark aufklärerischem Reißer *Lauretta Pisana* (R. 1789) ein unschuldiges Mädchen seinem als Frauenhelden bekannten Bischof in der Absicht, es auf die schiefe Bahn zu bringen und schließlich selbst zu gewinnen, und der ursprünglich asketisch und heiligenmäßig lebende Abt Ambrosio in dem einflussreichen Roman *The Monk* (1796) von M. G. LEWIS wird durch die Verführung eines weiblichen Dämons zum → Teufelsbündner und zum Vergewaltiger und Mörder seiner ihm unbekannten Schwester, deren hinderliche Mutter er bereits vorher getötet hat; zwar rettet ihn sein teuflischer Partner vor dem Inquisitionsgericht, überliefert aber den um sein Seelenheil Gebrachten einem qualvollen Tod. Lewis wollte zeigen, dass gerade Enthaltsamkeit anfällig für Versuchung macht, und E. T. A. HOFFMANN (*Die Elixiere des Teufels* R. 1815–16) übernahm von ihm nicht nur das Motiv des → Teufelsbündners und des → Inzests, sondern auch das des ursprünglich überzeugt Entsagenden, der erst durch das Elixier sinnlicher Leidenschaft anheimfällt, aber im Gegensatz zu Ambrosio schließlich trotz zahlreicher Verbrechen im Tod Entsühnung findet. Am sinnfälligsten ist die Pervertierung durch das Zölibat und einseitig geistige Tätigkeit wohl von V. HUGO (*Notre-Dame de Paris* R. 1831) an dem gelehrten, ehrgeizigen Archidiakon Frollo dargestellt worden, dessen unerwiderte Liebe zu einer Tänzerin ihn verführt, erpresserisch und gewaltsam gegen sie vorzugehen und sie schließlich als Hexe verbrennen zu lassen. Romantische Dämonisierung der Korruption des Priesters findet sich auch in P. MÉRIMÉES frühem Drama *Une Femme est un diable* (1825), wenn der Seelsorger, der mit einer als Zauberin Angeklagten fliehen und um ihretwillen das Gelübde brechen will, sich so weit vergisst, dass er einen ihn ertappenden Mitpriester tötet, während H. de BALZAC (*Le Vicaire des Ardennes* R. 1822) trotz des auch von ihm genutzten → Inzest-Motivs die Pervertierung durch das Keuschheitsgelübde im Rahmen des Realistischen belässt, wenn sein Bischof um des Scheins der Keuschheit willen den Sohn in fremde Hände gibt und den mit seiner → Herkunft Unbekannten dadurch auch zum Bruch des Keuschheitsgelübdes veranlasst, ähnlich wie bei GEORGE SAND (*Lélia* R. 1833) die unerfüllte, vergebens bekämpfte Liebe zwischen Gott und seinem Priester steht und diesem die Kraft zur segensvollen Ausübung seines Amtes nimmt. Als offene Farce erscheint schließlich das Enthaltsamkeitsgelübde bei den beiden Hauptgestalten STENDHALS, von denen der Emporkömmling Julien Sorel (*Le Rouge et le Noir* R. 1830) den geistlichen Stand aus Ehrgeiz und Machthunger erwählt, der abenteuernde Fabrizio del Dongo (*La Chartreuse de Parme* R. 1839) durch die Gunst seiner Herkunft in ihn gelangt, beide aber ihr vermeintliches Recht auf Sinnengenuss skrupellos, dem Glauben des Autors an ein von individualistischem Glücksstreben bestimmtes Menschentum entsprechend, ausleben.

Neben die durch asketische Forderungen korrumpierten Gestalten traten mit dem der Kirche kritisch gegenüberstehenden Liberalismus des mittleren 19. Jahrhunderts solche, die sich mit den Forderungen ehrlich auseinandersetzen, aber scheitern. Der Mönch Ekkehard (J. V. v. SCHEFFEL, *Ekkehard* R. 1855) macht sich und seine herzogliche Schülerin durch die Unterdrückung seiner Liebe ebenso unglücklich wie Abbé Fervet (GEORGE SAND, *Mlle La Quintinie* R. 1863) sich und sein Beichtkind, das er aus Fehleinschätzung der eigenen Leidenschaft in eine Verzweiflungsheirat treibt. Finden auch beide in einsiedlerischer Zurückgezogenheit zur Glaubensstrenge zurück, so ähnelt diese Seelenruhe doch dem auf dem Grab der Liebe errichteten Scheinglück, das Abbé Aubain (P. MÉRIMÉE, *Abbé Aubain* Nov. 1846) in einem behaglichen Leben zu finden glaubt. Im Dienst der gleichen Tendenz führt B. AUERBACH (*Ivo der Hajerle* in

Schwarzwälder Dorfgeschichten I, 1843) seinen Helden noch rechtzeitig aus den Perversionen, die das Keuschheitsgelübde bei den Konviktualen auslöst, in sein Bauerntum zurück, so wie J. VALERA Y ALCALÁ CALIANO (*Pepita Jiménez* R. 1874) eine verführerische Frau mit der Aufgabe betraut, einen Seminaristen durch die Ehe von falschem Asketentum zu erlösen. Deutschlands bedeutendster Beitrag in dieser Epoche ist des Jungdeutschen K. GUTZKOW Roman *Der Zauberer von Rom* (1859–61) mit der Idealgestalt des Priesters Bonaventura, der zwar sowohl dem Werben der Intrigantin Lucinde wie der tiefen Liebe zu Gräfin Paula widersteht, aber doch innerlich so unbefriedigt ist, dass er als neugewählter Papst sofort ein Reformkonzil einberuft, das auch die Eheordnung der Priester ändern soll. Das Frustrationsthema, das in G. de MAUPASSANTS Novelle *Le Baptême* (1885) in den Tränen angedeutet ist, die der junge Priester an der Wiege seines neugeborenen Neffen weint, nimmt im Werk P. ROSEGGERS geradezu prävalenten Charakter an, ob es nun seine Lösung im Verzicht auf eine glänzende Laufbahn und Rückzug in ein weltfernes Hospiz (*Johannes der Liebling* Erz. 1882) oder in der fruchtlosen, sogar den Tod der Mutter herbeiführenden Lösung vom geistlichen Stand und endlichem Selbstmord (*Der Dorfkaplan* Erz. 1883) findet. Während sich in der naturalistischen Epoche die Kritik an dem für den Priesterstand signifikanten Keuschheitsgelübde mitunter zu Aggressivität steigerte, etwa bei dem Portugiesen J. M. EÇA DE QUEIRÓZ (*O crime do Padre Amaro* R. 1876), dessen Priester nach seinem Sündenfall, dem Tod der Geliebten und der Abschiebung des Kindes wieder in Selbstgerechtigkeit zurückfällt, oder bei L. ANZENGRUBER, dessen Geistliche an dem Eheverbot fast zerbrechen (*Der Pfarrer von Kirchfeld* Dr. 1870), durch Wunschversagung in moralischen Sumpf geraten (*Das Sündkind* R. 1878) oder aus schlechtem Gewissen zu Zeloten werden (*Der Einsam* Erz. 1881), gab der dem Motiv innerlich verhaftete C. F. MEYER ihm eine ausgewogenere Note, wenn die ehrlich bemühte Gertrudis durch ein → Gottesurteil vor dem Gelübde bewahrt wird (*Plautus im Nonnenkloster* Nov. 1882) oder der weltfremde Astorre nach erzwungenem Bruch des Gelübdes dem Ansturm der Leidenschaft erliegt (*Die Hochzeit des Mönchs* Nov. 1883–84).

Neben diese Gestalten, die am Keuschheitsgelübde scheitern, stellt sich die Reihe derer, die trotz Versuchungen zu ihrem Amt und seinen Forderungen stehen oder doch zu ihm zurückfinden. Die Überwinderfunktion, von der auch GUTZKOWS Bonaventura mitgeprägt ist, hat ihre Wurzeln in der romantischen Sympathie für die im Priester gesehene menschliche Vergeistigung. SCHILLERS Johanna (*Die Jungfrau von Orleans* Dr. 1801), obwohl zur Tradition des → Amazonen- und Virago-Typs gehörig, trägt auch priesterliche Züge, indem der ihr auferlegte Verzicht auf Liebe einem göttlichen Auftrag entspricht, den sie nicht durchführt, sondern von dem Charme des englischen Feldherrn Lionel zum Abfall von ihrer Sendung bewogen wird, jedoch durch Buße ihre Integrität wiederherzustellen, auf ihre Liebe zu verzichten und sich im Sinne ihrer Sendung zu opfern vermag. Um der höheren Idee willen opfern auch der junge Priester der S. COTTIN (*Malvina* R. 1800), der durch Zufall dazu ausersehen ist, die heimliche Heirat der von ihm begehrten Frau einzusegnen, und die Titelheldin von Mme de STAËLS Roman *Delphine* (1802), obgleich sie ohne Überzeugung den Schleier nahm und der Weg zu dem geliebten Mann für sie frei wurde, ihre Liebe ihrem Gelöbnis, während die verführte Nonne Rosatristis in C. BRENTANOS *Romanzen vom Rosenkranz* (entst. 1804–12) zwar reuig umkehrt, aber die Sühne den Töchtern überlassen muss, die durch Verzicht auf Liebesglück die Schuld der Eltern tilgen. Mehrfach taucht der Zug auf, dass der Same der Versuchung im Augenblick der Weihe oder der Primiz fällt, die Stunde der Umkehr dann am Totenbett der Geliebten schlägt, an dem der Geistliche das Sakrament der Letzten Ölung vollzieht (Ch.-A. SAINTE-BEUVE, *Volupté* R. 1834; A.-M.-L. de LAMARTINE, *Jocelyn* Verserz. 1836; Th. GAUTIER, *La Morte amoureuse* Nov. 1836). Noch ganz romantisch lässt LAMARTINE die unerlaubte Liebe des aus einer Zwangssituation Priester Gewordenen sich in Allliebe verwandeln; Gautiers Priester dagegen muss von seinem Liebesbund mit einem → Vampir durch die Schocktherapie eines Amtsbruders geheilt werden, der die verwesende Tote vor ihm ausgräbt. Mit einer ähnlichen Szene endet J.-A. BARBEY D'AUREVILLYS *Un Prêtre marié* (R. 1865), aber hier entreißt der in teuflischem Ehrgeiz von Gott abgefallene Priester selbst die geliebte, aus Enttäuschung über seine nur geheuchelte Bekehrung gestorbene Tochter der Erde und ertränkt sich mit der Getöteten. Romantisch dämonisiert erscheint auch bei Ch. READE (*The Cloister and the Hearth* R. 1861) der Ausbruch des Zeichners Gérard aus dem ihm aufoktroyierten Amt, dessen verpflichtende Kraft er später erkennt und dem er dann trotz der lockenden Nähe der ihm einst angetrauten Frau und des Sohnes treu bleibt. Mit wehmütig resignierendem Akzent variieren die Österreicher F. v. SAAR (*Innozens* Nov. 1865) und P. ROSEGGER (*Maria im Elend* Erz. 1882) das Thema des Verzichts an Priestern, die den höheren Auftrag vernehmen und deren Leidenschaft sich in fürsorgende und missionarische Liebe wandelt.

Das sich aus der Aufklärung herleitende Zölibat-Motiv in kritischer Funktion erschien abgegriffen und trat zurück, als die Auseinandersetzung mit der katholischen Kirche nicht mehr so sehr vom humanitären und moralischen wie vom naturwissenschaftlichen Gesichtspunkt aus geführt wurde (A. PALACIO VALDÉS, *La fe* R. 1892). Wo das Keuschheitsgelübde im Rahmen dieser Kritik literarisch noch virulent ist, wird es als Ursache nutzloser Opfer angesehen wie im Fall des Mädchens Alissa, das durch die schmale Pforte der Reinheit in das Paradies eingehen will (A. GIDE, *La Porte étroite* R. 1909), oder als Anlass zur Pervertierung von Liebe in seelische Vergewaltigung (R. VOSS, *Zwei Menschen* R. 1911). Es gilt als widernatürliches Ideal, das durch ein gesundes, »heidnisches« Sinnenleben überwunden werden (G. HAUPTMANN, *Der Ketzer von Soana* Nov. 1918; C. GOETZ, *Der Lügner und die Nonne* Kom. 1928; Th. MONNIER, *Ingrattière* R. 1950; J. AUDIBERTI, *La Fourmi dans le corps* Dr. 1961), aber auch den der Leidenschaft plötzlich Preisgegebenen das Leben kosten kann (J. PONTEN, *Die Insel* Nov. 1918). Noch ganz im Geiste des 18. Jahrhunderts bewegt sich eine Reihe vulgärliterarischer Werke, die um die Wende zum 20. Jahrhundert das überkommene Motiv noch einmal reißerisch aufbereitet darbieten (W. v. HILLERN, *Und sie kommt doch!* Erz. 1879; E. v. SALBURG, *Das Priesterstrafhaus* R. 1903; H. KIRCHSTEIGER, *Das Beichtsiegel* R. 1905; B. VEREDICUS, *Hinter geweihten Mauern* R. 1905; H. A. REWELS, *Der Mönch von Almissa* R. 1905).

Die von der Romantik ausgehende, in den gegenrealistischen Strömungen des 19. Jahrhunderts fortlebende, zunächst wesentlich ästhetisch begründete Vorstellung von der Hoheit des Priesteramtes erhielt am Ende des 19. Jahrhunderts durch den Renouveau catholique eine glaubensmäßig fundierte Verstärkung. Im Gegensatz zu der traditionellen Darstellung des Zölibatkonflikts durch R. GREINZ (*Allerseelen* R. 1910), der ihn durch Verknüpfung mit Ehebruch und → Inzest zu steigern glaubte, und der mehr humanitären Einstellung von H. H. EHRLER (*Die Reise ins Pfarrhaus* R. 1913), der die erotischen Konflikte seiner Priester durch Ersatzwerte wie Natur und Kunst sowie ein nachsommerliches Nebeneinander mit der geliebten Frau löste, verneinte der religiöse Moralist P. BOURGET (*Le Démon de midi* R. 1914) die Vereinbarkeit von Sinnlichkeit und Priestertum. Bei ihm und seinen oft an BARBEY D'AUREVILLY anknüpfenden Gesinnungsgenossen wird der Kampf mit Liebesleidenschaft zum Kampf mit dem Teufel, den bei G. DELEDDA (*La madre* R. 1920) mehr die Mutter für den sündigen Sohn führt, der sich unter dem Eindruck ihrer Vorwürfe zum Verzicht entschließt, während für den jungen Faverau F. MAURIACS (*La Chair et le sang* R. 1920) die Krisenstunde erst kommt, als er schon verzichtet hat, aber erfahren muss, dass die Frau seines Herzens sich nicht gemäß seinen Erwartungen von den geschlechtlichen Erfahrungen der Ehe abgestoßen fühlt und in seine Freundschaft flüchtet: Die Erkenntnis, dass ein Selbstmord ihn um die ewige Seligkeit bringen würde, führt ihn zur Bejahung seiner Berufung zurück. Das Keuschheitsgelübde bildet gleichsam das Gelenk, an dem göttlicher Auftrag des Priesters und seine Teilhabe an der menschlichen Sünde zusammenstoßen, einer Sünde, die doch den tiefsten seelischen Bezirk nicht zu vergiften vermag, sei es nun, dass bei dem Chilenen E. BARRIOS (*El hermano asno* R. 1920) der alte Bruder Rufinus, um nicht durch den Ruf seiner Heiligkeit der Sünde des Hochmuts zu verfallen, das Verbrechen auf sich nimmt, eine Besucherin des von Liebe verwirrten jungen Bruders Lazarus zu vergewaltigen und auch die Strafe dafür zu tragen, oder bei dem Argentinier M. GÁLVEZ (*Miércolo Santo* R. 1930) der Geistliche im Beichtstuhl von dem Mädchen, dessen Umarmung er einst standhaft abwies, erfährt, dass sie um dieser Enttäuschung willen Dirne geworden sei, die Versuchung, sich zu erkennen zu geben, im Gebet mit letzter Kraft niederringt und diesen Sieg über Satan mit dem Tod bezahlt, oder dass bei G. GREENE (*The Power and the Glory* R. 1940) ein im mexikanischen Bürgerkrieg seelisch verlassener und in Sünde gefallener Priester, den aber die Verantwortung gegenüber seinem Auftrag an seinen verlorenen Posten bindet, den Tod in Ausübung seines Amtes findet. Ein um der Liebesleidenschaft ausgebrochener Priester (J. WEINGARTNER, *Castelmorto* Nov. 1946) und ein nach Säkularisierung strebender Seminarist (R. PEYREFITTE, *Les Clés de Saint-Pierre* R. 1955) kommen am Sterbebett der Geliebten durch die dieser abgenommene Beichte bzw. durch die Erschütterung über den Tod eines geistlichen Vorbildes zur Einsicht in die Unaufkündbarkeit ihrer Verpflichtung. Eine neue Abwandlung des Motivs taucht bei dem Spanier R. L. FONSECA (*Turris eburnea* R. 1948) mit dem erzwungenen Verlust der Keuschheit und seinen Folgen auf. Für zwei von den fünfzehn Nonnen, die vergewaltigt aus China zurückkehren, ergeben sich lebenslange Konsequenzen: Die eine wird eine Hure, weil das Äquivalent für die eingebüßte Reinheit, die Mutterschaft, ausblieb, die andere, der dieser Ausgleich zuteilwird, muss im Interesse des Ordens und des Kindes auf die Anerkennung der Mutterschaft verzichten und darf sich erst auf dem Totenbett Mutter nennen hören.

Der Schwede P. Lagerkvist führte in dem Roman *Sibyllan* (1956) das Motiv wieder auf eine von aktuellen konfessionellen Problemen freie Grundform zurück: Die zur Pythia des olympischen Orakels Erwählte wird eine Verfemte, als sie das Keuschheitsgelübde verletzt hat, aber sie ahnt, dass nicht der geliebte Mann, sondern der unheimliche, rätselhafte Gott der Vater ihres Kindes ist, und nimmt ihr Schicksal an. In dem im England vor dem Ausbruch des Ersten Weltkriegs angesiedelten Roman von F. M. Ford (*Some do not* 1924) setzt der Protagonist den Eskapaden seiner Ehefrau Keuschheit, Selbstbeherrschung und Unnahbarkeit entgegen und wird von ihr der Untreue bezichtigt.

A. Debré, Die Darstellung des Weltgeistlichen bei den französischen Romantikern, Diss. Heidelberg 1912; M. Twrdy, Die Nonnenlieder in der deutschen Literatur, Diss. Wien 1914; E. Graf, Die Pfarrergestalt in der deutschen Erzählungsliteratur des 19. Jahrhunderts, 1922; H. Strauß, Der Klosterroman von Millers »Siegwart« bis zu seiner künstlerischen Höhe bei E.T.A. Hoffmann, Diss. München 1922; O. Rietschel, Der Mönch in der Dichtung des 18. Jahrhunderts, Diss. Leipzig 1934; P. Sage, Le »Bon prêtre« dans la littérature française d'Amadís de Gaule au Génie du Christianisme, Genf u. Lille 1951; I. Fürst, Die Gestalt des katholischen Priesters in der deutschen Literatur vom Realismus bis zur Gegenwart, Diss. Wien 1954; E. Trautner, Das Bild des Priesters in der französischen Literatur des 19. und 20. Jahrhunderts, Diss. München 1955; J. Terlingen, La novela del sacerdoto en las literaturas hispañas, (Clavileño 7) Madrid 1956; Ch. Kasper, Von miesen Rittern und sündhaften Frauen und solchen, die besser waren: Tugend- und Keuschheitsproben in der mittelalterlichen Literatur vornehmlich des deutschen Sprachraums, 1995.

Kind, Das ausgesetzte → Gegner, Der unerkannte; Herkunft, Die unbekannte

Kind, Das geraubte → Herkunft, Die unbekannte

Kind, Das untergeschobene → Herkunft, Die unbekannte; Inzest

Kind, Das vertauschte → Herkunft, Die unbekannte

Kindesmord → Verführer und Verführte

Kurtisane, Die selbstlose

Die Prostitution, zwangsläufig entstehendes Gegengewicht zur gesetzlich gesicherten Unantastbarkeit von Jungfrau und Ehegattin, ist ein abseits der Gesellschaft und doch eng mit ihr verklammert fungierendes Gewerbe, das denen, die es ausüben, eine soziologische Sonderstellung aufnötigt. Verdammt und doch geduldet, ja erwünscht, steht die Prostituierte außerhalb der etablierten, der – im weitesten Sinne – bürgerlichen Gesellschaft, und sie gehört in Ländern mit Kastenwesen den untersten Kasten an. Sie genießt nicht die Rechte der sonstigen – nicht einmal der ärmsten – Frauen, und fast alle Sozietätseinheiten haben Barrieren errichtet, die ihr den Übergang in eine ihre »Vergangenheit« auslöschende Ehe erschweren, wenn nicht gar unmöglich machen.

Das allgemeingültige Bild der Kurtisane als einer durch Anlage und Schicksal zur Außenseiterin Verdammten ist in der Literatur oft genug realistisch gespiegelt worden. Der Gegensatz, in dem sie sich grundsätzlich zu anderen Frauen befindet, indem sie das verkauft, was andere Frauen verschenken oder doch verschenken sollten, dann leidenschaftslos ist, wenn andere von Gefühlen beherrscht werden, und sich dort dem Zufall überlässt, wo bei anderen nur strengste Wahl – und sei es die der Eltern – entscheidet, lässt als ihre Haupteigenschaften Gefühlskälte und Selbstsucht sowie, aus diesen erwachsend, Vergnügungslust, Eitelkeit und eventuell gesellschaftlichen Geltungsdrang erscheinen; »intérêt et ambition« stellte die mit der Thematik besonders beschäftigte französische Literatur des 18. Jahrhunderts als typische Kurtisaneneigenschaften heraus. Von den frühen Konfigurationen des Typus an lässt sich jedoch eine entgegengesetzte Tradition aufzeigen, die bestrebt war, das realistische Bild in sein Gegenteil zu verwandeln. In dieser Motiventwicklung wurde der Gegensatz der Kurtisane zur weiblichen Umwelt annulliert und ihr Wesen den Wunschvorstellungen von weiblicher Tugend angepasst, indem gerade sie in kritischen Situationen sich als selbstlos und opferwillig erweist und sich sogar – häufig auf dem Wege über eine ihre unterdrückte Gefühlswelt lösende Neigung – von ihrem bisherigen Lebenswandel abwendet und Zugang zu dem weiblichen Normalschicksal einer Ehe findet oder entsagend, manchmal sogar sich opfernd ihre Vergangenheit büßt.

Der im Mittelpunkt dieser Tradition stehende Typ der Courtisane vertueuse oder rachetée legte nahe, unter den verschiedenen, in Deutschland für die Prostituierte eingebürgerten Benennungen den von der in der italienischen Renaissance geprägten Bezeichnung cortigiana (= eine zum Hof Gehörige) abgeleiteten, aus dem Französischen übernommenen Begriff Kurtisane zu wählen, der die Gebundenheit an eine höfische Sphäre verloren und stattdessen eine Spannweite erworben hat, die ihn auf Vertreterinnen des Standes in weit zurückliegender wie in neuerer Zeit anwendbar macht und außerdem den durch Umgangsformen, Lebensstil und mitunter auch durch Bildung gehobenen Typ bezeichnet, der das Motiv in erster Linie repräsentiert.

Eine höhere Einschätzung der Kurtisane in der griechischen Literatur war durch die gesellschaftlichen Verhältnisse gegeben. Da die Ehe im alten Athen ein rein wirtschaftlicher, nur zwischen einem athenischen Bürger und einer in strenger Abgeschlossenheit erzogenen athenischen Bürgerin möglicher und gefühlsmäßige oder gar geistige Bedürfnisse kaum befriedigender Vertrag war, entwickelte sich neben der Ehe schon seit dem 5./4. Jahrhundert eine Art irregulärer Verbindung mit fremden, meist ionischen, Frauen, deren Charme durch einen höheren Grad an Intelligenz und Bildung unterstützt wurde und die daher angenehmere »Hetairai« (= Gefährtinnen) sein konnten als die athenischen Ehegattinnen. Die Hetären waren Sklavinnen oder Freigelassene, lebten allein für sich und hielten sich zu ihrem Unterhalt mehrere Geliebte. Glückte es ihnen, als »Pallaké« in das Haus eines Geliebten einzuziehen und fortan nur mit diesem zusammenzuleben, so konnten sie es zu einer angesehenen, ehefrauähnlichen Stellung bringen, liefen aber immer Gefahr, verstoßen zu werden. Eine niedere Form der Prostituierten war die der »Pórne«, die an die – von Solon geschaffenen – Bordelle gebunden war.

Da die Stellung der Hetäre also wirklich eine gehobene sein konnte, ist die Tendenz der Dichtung, die Figur zu veredeln, verständlich. Die Hetäre gehört zur realistischen Personenskala des komischen Theaters und taucht schon in der mittleren attischen Komödie als ein durch Trunk- und Gewinnsucht, Liebe zum Luxus, Gerissenheit, auch geistige Überlegenheit ausgezeichneter Typus auf und wurde so von der römischen Komödie übernommen. Die Tendenz zur Hebung des Typus, die sich dann in der mittleren attischen Komödie bei MENANDROS (4./3. Jh. v. Chr.) bemerkbar macht, war am sinnvollsten da anzubringen, wo sich die Handlung um Kindesaussetzung oder -entführung drehte und sich die Hetäre oder angehende Hetäre schließlich als freigeborene athenische Bürgerin entpuppte. Die von einem Kuppler oder einer alten Hetäre für das

Gewerbe erzogenen Mädchen zeigen in diesen Fällen gar keine Neigung und Eignung zu ihrem Beruf, sondern sind ganz bürgerlich auf einen einzigen Jüngling fixiert, den sie dann nach der üblichen, am euripideischen Muster orientierten Erkennungsszene auch zum Mann erhalten (MENANDROS, *Die Geschorene, Die Samierin*; MENANDROS/PLAUTUS, *Cistellaria*; PLAUTUS, *Poenulus, Rudens, Curculio*). Einen Schritt weiter ging MENANDROS, als er in der echten Hetäre Thais (*Eunuchos*; bearb. v. TERENZ 166 v. Chr.) die selbstlose Helferin und Beschützerin eines jungen, in die Sklaverei verkauften Mädchens zeigte, die nicht nur bemüht ist, ihren Schützling den Eltern zurückzugeben, sondern auch deren leichtsinnigem Entehrer ins Gewissen redet. Ähnlich selbstlose Hilfsbereitschaft demonstrierte MENANDROS an der Hetäre Habrotonon (*Das Schiedsgericht* nach 304), die, statt ihren Vorteil bei dem mit seiner Ehefrau überworfenen Charisios wahrzunehmen, eine Intrige erfindet, um diese Ehe wieder in Ordnung zu bringen und dem vorehelichen, ausgesetzten Kind des Paares wieder zu seinen Eltern zu verhelfen. In drei Komödien des PLAUTUS (um 250–184 v. Chr., *Mercator; Mostellaria; Asinaria*) finden sich dann sogar treu liebende Hetären, die von ihren Liebhabern freigekauft werden. Als eine Kritik an dem veredelten Hetärentyp kann man den Tadel der alten Kupplerin Syra bei TERENZ (*Hecyra* 165 v. Chr.) auffassen, die der liebenden, aber von ihrem Liebhaber um einer bürgerlichen Ehe willen verlassenen Hetäre Bacchis Vorhaltungen wegen ihres vom Gefühl diktierten, vornehm verzichtenden Verhaltens macht: Liebhaber müssen ausgenommen werden. Die Gestalt der griechischen Hetäre wurde schließlich dadurch zu einer festen, der gesellschaftlichen Wirklichkeit enthobenen literarischen Prägung, dass LUKIANOS, an Milieu und Typen der neueren Komödie anknüpfend, in seinen *Hetärengesprächen* (um 150 n. Chr.) ohne moraliche Wertung athenische Kurtisanen zu Verkörperungen der ganzen Skala menschlicher Tugenden und Untugenden, vom Edelmut bis zur Skrupellosigkeit und von der Naivität bis zur Frivolität, machte, eine literarische Fixierung des Typs, die fünfzig Jahre später in den *Hetärenbriefen* des ALKIPHRON mit noch stärkerer Verklärung der altattischen Zeit wiederholt wurde.

Dass die Neigung griechischer und römischer Autoren zur Veredelung der Kurtisane in der indogermanischen Literatur nicht isoliert stand, belegt das bekannteste altindische, wohl im ersten nachchristlichen Jahrhundert entstandene, ŚŪDRAKA zugeschriebene Schauspiel *Mṛcchakaṭika*, das in Europa unter dem Titel *Vasantasenā* bekannt ist und in dem das Motiv der durch Liebe bekehrten Kurtisane eine zentrale Stellung einnimmt. Vasantasenā möchte frei sein von den Liebhabern, die kraft des Geldes über ihren Körper verfügen, weil ihre Liebe einem einzigen, dem durch Freigebigkeit verarmten Kaufmann Cārudatta, gehört, und weist daher den Schwager des Königs ab, der sie daraufhin erdrosselt und Cārudatta des Mordes bezichtigt. Da man bei Cārudatta wirklich die Juwelen der Kurtisane findet, die sie seinem Söhnchen geschenkt hatte, wird der Kaufmann zum Tode verurteilt, aber im letzten Augenblick durch das Zeugnis der geretteten Vasantasenā befreit, die durch einen neuen König aus dem Hetärenstand erhoben und Cārudatta als zweite Frau angetraut wird. Der buddhistische Legendenkranz *Divyāvadāna* (1. Jh.) enthält die Geschichte von der vergeblichen Werbung der Hetäre Vāsavadattā um den mönchischen Upagupta, der sich jedoch ihrer Seele erbarmt, als sie zur Strafe für die Ermordung eines Liebhabers verstümmelt worden ist, sodass sie die Unreinheit des Leibes erkennt, ihren Lebenswandel bereut und sterbend zu den Göttern eingeht. Eine ähnliche Tendenz vertritt noch die von dem Missionar A. Roger (Mitte 17. Jh.) einem Brahminen abgelauschte Geschichte von der Prüfung des Freudenmädchens durch einen als Liebhaber auftretenden Gott, der sich tot stellt, ihre selbstlose Treue an ihrer Bereitschaft, sich als seine Witwe mit ihm verbrennen zu lassen, erkennt und belohnt; der Stoff gelangte über P. Sonnerat (*Voyage aux Indes Orientales et à la Chine … 1774–81* 1782) zu Goethe (*Der Gott und die Bajadere* 1798).

Östliche Legenden von einer bekehrten Kurtisane berühren sich mit frühchristlichen Motivgestaltungen. Während sich jedoch in der indischen Literatur die beiden Beweggründe, die zur »Bekehrung« der Kurtisane führen, die echte Neigung zu einem Mann und die Einsicht in die eigene Fehlhaltung, vereinen, wird in der christlichen Tradition meist nur das zweite Moment wirksam. Als Präfiguration christlicher Sünderinnen kann die alttestamentliche (*Josua* 2) Hure Rahab aufgefasst werden, die in der Erkenntnis, dass der Gott Israels mächtig sei und das Land den Kindern Israels überliefert habe, zwei israelitische Kundschafter bei sich vor den Häschern des Königs von Jericho versteckt, ihnen über die Stadtmauer zur Flucht verhilft und sie bittet, ihrer nach der Eroberung der Stadt in Barmherzigkeit zu gedenken. Dieses Beispiel für die Gotteserkenntnis und Gottesfurcht gerade der Unterprivilegierten wurde in der christlichen Theologie früh Gegenstand typologischer Deutung, zumal neben Rahab die neutestamentliche Gestalt der ↑ Maria

Magdalena trat, zu deren Legende drei Personen aus den Evangelien Züge geliehen haben, von denen die der großen Sünderin (*Lukas* 7, 36–50) die für das Motiv entscheidende Farbe abgaben, die im 10. Jahrhundert noch dadurch verstärkt wurde, dass man das Leben der Maria Aegyptiaca mit dem ihren verschmolz. Die von SOPHRONIUS (gest. 638) fixierte Grundform der *Legende der Maria Aegyptiaca* berichtet, dass die alexandrinische Dirne sich einem Pilgerzug nach Jerusalem anschloss, um ihrem Gewerbe nachzugehen, aber von einer unsichtbaren Macht am Eintritt in den Tempel gehindert und von einer göttlichen Stimme in die Wüste geführt wurde, wo sie jahrzehntelang ein strenges Büßerleben führte, bis sie vom heiligen Zosimas gefunden und später auch bestattet wurde. In den gleichen frühchristlichen Raum gehört die *Legende von der heiligen Pelagia* (DIACONUS JAKOB Mitte 5. Jh.), die, als Schauspielerin in Antiochien von einem Bischof zu Reue und Buße bekehrt, in Mönchskleidern in einer Zelle am Ölberg lebte und sich erst kurz vor ihrem Tod zu erkennen gab. Zu den Eremiten-Biographien der *Vitae patrum* (5. Jh.), die später wegen ihres an TERENZ erinnernden, aber mit entgegengesetztem Vorzeichen versehenen Milieus von der Nonne HROTSVITH VON GANDERSHEIM (10. Jh.) dramatisiert wurden, zählen sowohl die *Pafnutiuslegende* mit der Hetäre Thais, die von dem als Liebhaber verkleideten Mönch Pafnutius bekehrt wird und in einer Reklusenzelle Buße tut, bis Gott ihre Begnadigung anzeigt, wie die *Legende des Eremiten Abraham*, der sich seiner verführten und in ein Bordell entlaufenen Nichte Maria im Soldatenkleid nähert, sich ihr dann zu erkennen gibt und sie auf den rechten Weg zurückführen kann (A. MIRA DE AMESCUA, *El ermitaño galán y mesonera del cielo* Mitte 17. Jh.). In der Zeit der diokletianischen Christenverfolgung ist die zuerst von VENANTIUS FORTUNATUS (*Vita S. Martini* um 575) skizzierte *Legende von Afra* angesiedelt, die in Augsburg einen Bischof und seinen Diakon gastlich aufnimmt und, durch die Gäste beeindruckt, ihr Leben bereut, sich mit ihrer Mutter taufen lässt, dem römischen Richter das heidnische Opfer verweigert und als Märtyrerin stirbt. Nach diesen frühchristlichen Mustern sind später weitere Legenden modelliert worden. Eine neue, reizvoll zugespitzte Variante erhielt das Motiv in der zuerst bei CÄSARIUS VON HEISTERBACH (1223) überlieferten Marienlegende von der Nonne ↑ Beatrix, die sich entführen lässt, von ihrem Liebhaber verlassen viele Jahre als Hure lebt und, reuig in ihr Kloster zurückkehrend, feststellt, dass inzwischen Maria in ihrer Gestalt ihr Amt und ihren Platz ausgefüllt hat.

Während die mittelalterliche Literatur dem Motiv mit der Variante der reuigen Sünderin einen Platz in der Legende, nicht aber in der weltlich-höfischen Literatur einräumte, machte sich das Motiv seit der Renaissance, teilweise durch Rückgriff auf antike Literatur bedingt, mit vielen Abschattierungen in Komödie, Novelle und Roman geltend. Beherrschend war zunächst der derb realistische, gesellschaftskritisch gemeinte, den wirtschaftlichen Egoismus herausstellende Typ, wie er durch P. ARETINO in *La cortigiana* (Kom. 1526) und seinen zwar an angelehnten, aber sehr selbständigen *Ragionamenti* (1534), »pädagogischen« Gesprächen von zwei Expertinnen über Wert und Aufgaben des Standes, herausgestellt wurde. Die Entwicklungslinie führt über die ränkevolle und verbrecherische Dirne der italienischen, spanischen und französischen Novelle (A. J. de SALAS BARBADILLO 1581–1635; P. SCARRON, *Historiettes espagnoles* 1650) und die von Besitzgier und Abenteuerlust getriebene Heldin des pikarischen Romans, die, auch wenn sie im bürgerlichen Hafen einläuft, keineswegs »bekehrt« ist (F. DELICADO, *Retrato de la Lozana andaluza* 1528; H. J. Ch. v. GRIMMELSHAUSEN, *Landstörtzerin Courasche* 1670; A. BEHN, *The Fair Jilt* 1688; A.-R. LESAGE, *Gil Blas* 1715; D. DEFOE, *Moll Flanders* 1722 und *The Fortunate Mistress: Roxana* 1724), bis zu den Kurtisanenmemoiren des mittleren 18. Jahrhunderts in Frankreich, in denen aus der Abenteurerin mit Kurtisanenerlebnissen eine Kurtisane mit abenteuerlichem Leben wurde (L.-Ch. FOUGERET DE MONTBRON, *Margot la ravadeuse* 1748).

Neben diesem dominierenden Typ entwickelte sich, zunächst zögernd, der Gegentyp der selbstlosen Kurtisane, der schließlich im Zuge der empfindsamen Strömungen der zweiten Hälfte des 18. Jahrhunderts zur Herrschaft gelangte. Man könnte in ARETINOS *Ragionamenti* des zweiten Tages, in denen die Kurtisane Nanna – man erinnere sich an die Syra des TERENZ – ihre Tochter anhand von Beispielen vor dem Misserfolg und dem tragischen Ende von Kurtisanen warnt, die sich ernstlich in einen Mann verlieben, den Ausgangspunkt der Entwicklung sehen, auf den sich J. DU BELLAY in dem Gedicht *La vieille courtisane* (in *Divers jeux rustiques* 1558) ausdrücklich bezog und die Warnung in Handlung umsetzte, indem sich Amor an der Kurtisane im Namen der von ihr schlecht behandelten Liebhaber rächt und sie der Verliebtheit in einen jungen Mann, den Qualen der Eifersucht und der durch Hinopferung ihres Vermögens verursachten Armut aussetzt. Einen Schritt weiter ging BANDELLO in der 50. seiner *Novelle* (1554), in der sich die durch Liebe verwandelte und den Verlust des Geliebten befürchtende Kurtisane

Malatesta durch einen Sturz ums Leben bringt, um ihre echte Liebe zu beweisen. Ist in dieser Selbstauslöschung bereits der Übergang von dem noch leicht komischen Typ der von Amor bestraften Kurtisane zur bekehrten vollzogen, so scheint das gleiche Ergebnis ohne tragischen Ausgang und mit mehr moralisierendem Akzent bei den Engländern Th. DEKKER/Th. MIDDLETON (*The Honest Whore* um 1630) erreicht, deren Hure Bellafront sich durch eine echte, wenn auch unerwiderte Liebe zu einem tugendhaften Leben bekehrt und sich in der Ehe mit ihrem ruchlosen Verführer zu einer wahren ↑ Griseldis verwandelt. Etwa gleichzeitig legte der Italiener G. BRUSONI die Motivvariante der durch Liebe Gewandelten im Titel einer Novelle *La cortigiana innamorata* (in *Le curiosissime novelle amorose* 1663) fest, die in J. de LA FONTAINES Nachdichtung (*La Courtisane amoureuse* 1671) eine äußerst pikante und reizvolle Ausgestaltung erfuhr: Die bisher so stolze, kalte Schöne, die sich im Haus des Geliebten verbirgt und ihm ihre Liebe gesteht, muss auf seine gleichgültige Reaktion hin befürchten, ihre Anziehungskraft verloren zu haben, demütigt sich in Wort und Tat, hilft ihm wie eine Dienerin beim Auskleiden und legt sich, da ihr kein anderer Platz bleibt, zum Schlaf zu seinen Füßen nieder, sodass er, nunmehr von der Echtheit ihrer Neigung überzeugt, sie zu sich und bald darauf als seine Frau in sein Haus nimmt.

Wesentlich tiefer setzte A.-F. PRÉVOST D'EXILES die psychologische Sonde mit seiner berühmten, wohl aus dem englischen Abenteuerroman vom Typ *Moll Flanders* entwickelten *Histoire du Chevalier des Grieux et de Manon Lescaut* (1731) an, deren Heldin ebenso wenig in die Schablone der halb verbrecherischen Picara wie zum sentimentalen Typ der Courtisane rachetée passt, sondern geradezu eine geborene Hetäre ist, welche die Liebe als steten Wechsel auffasst, mit Fatalismus das Kommende erwartet, dem Liebhaber nur so lange dient, wie er Geld hat, und doch gekränkt ist, wenn er sich von ihr lösen will. Jedoch rufen gerade diese erkennbaren Mängel die echte Liebe des ihr willenlos anhängenden Chevalier hervor, bis Manon schließlich, vom Unglück geläutert und durch die Liebe des Partners – nicht, wie im Fall der Courtisane amoureuse, der eigenen – überwunden, auf ihrem elenden Sterbelager den eigenen Unwert erkennt und Worte des Dankes für den Liebhaber findet, Züge, die sie in den Augen der Kritik und der Nachahmer in die Nähe büßerhaften Magdalenentums rückten. Die von Prévost wohl nicht beabsichtigte, aber von ihm mit ausgelöste Aufwertung der Kurtisane hängt einerseits mit der aufklärerischen Rehabilitierung unterprivilegierter Personen und Stände, andererseits mit den Konsequenzen aus der Säkularisation zusammen, die sich in der Vorstellung des »tugendhaften Verbrechers« niederschlugen. Wie bei Manon weniger die späte Umkehr als gewisse naive Züge ihre Wertschätzung bedingten, so legten nun auch andere Autoren Wert darauf, darzutun, dass die Kurtisane trotz ihres lasterhaften Lebens »Tugend«, d. h. eine sich durch Wohltätigkeit äußernde Selbstlosigkeit, besitze, die bis zur Selbstüberwindung und zum Selbstopfer gehen kann. Die fingierten Kurtisanenmemoiren des J.-B. GIMAT DE BONNEVAL (*Fanfiche ou les mémoires de Mademoiselle de* ... 1748) enden mit der Bekanntschaft zwischen der Heldin und einem armen Offizier, der sie trotz des Geständnisses ihres Vorlebens heiraten will, dem sie aber zum sozialen Aufstieg verhelfen möchte, weshalb sie auf die Ehe verzichtet und ihn nach seinem Kriegstod fern von der Welt betrauert. Ohne solchen demonstrativen Übergang zur Solidität taucht das Motiv der durch die verehrende Liebe eines Mannes in eine selbstlos Liebende verwandelten Kurtisane auch bei F.-Th. de BACULARD D'ARNAUD (*Le Bal de Venise* Nov. 1751) auf, bei dem Florella allerdings nach der Art Manons vorübergehend aus Geltungsdrang und Vergnügungssucht rückfällig wird. YON bog de BONNEVALS Plot in seiner Novelle *Rosalie* (in *Les Femmes de mérite* 1759) zu einem glücklichen Ende mit belohnender Ehe für die Wohltäterin um, aber etwa gleichzeitig übernahm J.-J. ROUSSEAU den entsagenden Schluss in die als Einschub in die *Nouvelle Héloïse* (1761) gedachte, aber nur in einer zusammenfassenden Inhaltsangabe erhaltene und erst mit der Veröffentlichung 1780 zur Wirkung gelangende Erzählung *Les Amours de Mylord Edouard Bomston* und ließ seine bekehrte römische Kurtisane Lauretta Pisana sich in ein Kloster zurückziehen. Der Deutsche J. F. E. ALBRECHT erprobte den Erfolg des so strukturierten Motivs in dem nach Rousseaus Skizze ausgewalzten, reißerischen Roman *Lauretta Pisana* (1789), und Mme de CHARRIÈRE (*Caliste* R. 1787) modellierte ihre tugendhafte Kurtisane, die durch das Wissen um ihre Vergangenheit an der Erfüllung ihrer Liebe scheitert, ebenfalls nach dem Muster Laurettas. Auch andere bekehrte Kurtisanen entschließen sich, aus Reue oder im Bestreben, das Glück des geliebten Mannes zu sichern, zum verzichtenden Rückzug ins Kloster (F.-Th. de BACULARD D'ARNAUD, *Julie ou l'heureux repentir* Nov. 1767; E. de BEAUMONT, *Lettres du Marquis de Roselle* R. 1764) oder in eine rousseauische Stadtferne (St. de BOUFFLERS, *Aline reine de Golconde* Erz. 1761) oder auch in ein anderes Land, in dem niemand sie kennt (P.-A. de la PLACE, *Les Erreurs de l'amour propre ou mémoires de Mylord D.* 1754). Bei B. IMBERT (*Lectures du matin et du soir ou historiettes nouvelles* 1782) verschwindet eine Kurtisane in der Anonymität, dient unerkannt als Magd ihrer Tochter und stirbt mit dem Gefühl der Entsühnung, weil sie diese zu einer guten Frau und Mutter erzogen hat, und die erste Kurtisanengestalt auf der französischen Bühne, Laure in A.-G. de MOISSYS *La nouvelle école des femmes* (Kom. 1758), verzichtet sogar liebenswürdig und wohl nicht allzu schweren Herzens auf den Galan zugunsten von dessen Ehefrau, der sie nicht nur Unterricht in Koketterie erteilt, sondern auch den Mann mit List von sich abzuwenden verspricht.

Schon an Manon Lescaut war eine durch das Laster nicht berührte Naivität das Entscheidende gewesen. Um diesen Wesenszug aufzuzeigen, muss das Schwergewicht auf dem Werdegang des Mädchens liegen, auf der Ahnungslosigkeit, durch die es in ein zwielichtiges Dasein gerät. So lässt sich das nach London verschlagene Landmädchen Fanny Hill in J. CLELANDS berühmtem Roman *Memoirs of a Woman of Pleasure* (1749) arglos als Hausangestellte für ein Bordell anwerben; aber zum Glück ist gleich der erste Bewerber um ihre Gunst ein ehrlich Verliebter, dem Fanny im Innern treu bleibt, als beide von dessen Vater getrennt werden und sie erneut Angehörige eines Bordells wird, sodass sie, wenn sie als reiche Erbin eines ihrer Liebhaber den verarmten Charles wiedertrifft, das Idyll mit ihm fortsetzen und ihn, nachdem auch sie seinen Heiratsantrag erst edelmütig abgewiesen hat, schließlich heiraten kann. Ihre positiven Eigenschaften lassen Fanny lediglich als Opfer ihrer fehlgelenkten Sinnlichkeit erscheinen, deren Ausschweifungen sie später noch dazu verabscheut. In sentimentalerer Form zeigen sich der gleiche Typ und ein ähnlicher Plot in N.-E. RESTIF DE LA BRETONNES Roman *Lucile ou les progrès de la vertu* (1768), dessen Heldin nach der Flucht aus dem Elternhaus ahnungslos in ein Bordell gerät und, obgleich dort auf den entsprechenden Beruf vorbereitet, so viel naive Integrität bewahrt, dass ihr erster Liebhaber sie, wie Charles seine Fanny, bilden und mit Hilfe seines Lehrers zu einer seiner würdigen Ehefrau umerziehen kann. Restif, den seine Grundfiguren lebenslang begleiteten, hat Typ und Plot der von zu Hause Entflohenen, die als Gegenstück zu P. J.-B. NOUGARETS *Lucette ou les progrès du libertinage* (1766) geplant waren, in späteren Werken wiederholt und seit der 2. Auflage der *Lucile* (1774) unter den von einer Manon-Lescaut-Dramatisierung (ANON., *La Courtisane vertueuse* 1772) übernommenen dialektischen Begriff der »tugendhaften« Kurtisane gestellt, deren Schutz und zugleich Gefährdung ihre Unwissenheit, ihr Ingénue-Charakter, ist und die durch Selbstüberwindung das Prädikat »vertueux« erringt. Die zweite durchgehende Kurtisanenfigur in Restifs durch die Prävalenz dieses Motivs gekennzeichnetem Werk ist die noch stärker idealisierte Zéphire, die zuerst in *Le Pornographe* 1769 aufscheint und die der Autor schließlich in seinem autobiographischen *Monsieur Nicolas* (1794) zu seiner Tochter erklärte, deren Story aber am ausführlichsten in *Le Paysan perverti* (R. 1775) wiedergegeben ist. Sie ist in einem anderen Sinn als Lucile »courtisane innocente«, denn sie übt den Beruf einer Kurtisane schon geraume Zeit aus, ist sich aber seines Makels nicht bewusst, da sie schon als Kind von ihrer Mutter zu deren Gewerbe angehalten wurde und in ihm einen Broterwerb wie jeden anderen sieht. Durch die Begegnung mit dem armen, in die Stadt verschlagenen Bauern Edmond wird ihr das Verwerfliche ihrer Tätigkeit deutlich – wieder ist der Geliebte der Erzieher und Bildner des Mädchens –, und durch die Liebe zu ihm werden die in ihr schlummernden Tugenden geweckt, die sich in ihrer Hilfsbereitschaft für den Erkrankten, ihrem Verzicht auf die Ehe mit ihm zugunsten einer sich ihm bietenden guten Partie und im opfervollen Entschluss zu einer ihm vielleicht hilfreichen eigenen Ehe mit einem reichen alten Mann zeigen, den sie aber keineswegs hintergeht und nach dessen Tod sie im Gedenken an den verschollenen Edmond der Wohltätigkeit lebt. In *Monsieur Nicolas* wird Zéphires Aufopferung am Krankenbett durch eine tödliche Krankheit gekrönt, die sie sich bei ihrer Hilfeleistung zuzieht; hier läutert weniger der Geliebte sie als sie den Geliebten, und Restif erhöht sie zur »courtisane vierge«, einem Typus, den er auch in den Kurtisanenviten von *Le Palais-Royal* (1790) mehrfach vorführt. Wenn in der Zéphire-Vita die verwandelnde Kraft der Liebe gegenüber dem Moment der im Laster bewahrten Selbstlosigkeit zurücktrat, so ging Restif bei einem dritten Typ sogar so weit, dass die Prostitution gleichsam schon einen Akt der Selbstlosigkeit darstellt: In der Erzählung *La Courtisane vertueuse ou la vertu dans le vice* (in *Les Contemporaines* 1780–82) prostituiert sich die Stiefmutter von sieben Kindern, um diese über Wasser zu halten, und ihre älteste Stieftochter folgt ihrem Beispiel. Auch D. Diderot huldigte dem modischen Motiv mit der in *Jacques le fataliste* (R. 1796) eingebauten, von Schiller 1785 aus dem Manuskript übersetzten Geschichte der Mme de la Pommeraye, in der eine verlassene Liebende aus Rache ihren Liebhaber einer verkappten Kurtisane ins Ehenetz treibt, die ihren Mann aufrichtig liebt, ihr vergangenes Gewerbe, zu dem sie nie rechte Neigung hatte, bereut und seine Verzeihung erhält. Die klischeehaft gewordene Dialektik des Motivs klingt noch in Titeln wie *La Courtisane amoureuse et vierge* (R. 1802) von C. LESUIRE und *Courtisane et Sainte* (Erz. 1842) von S.-H. BERTHOUD nach.

Zweifellos hat der Seitenblick auf die Stellung der griechischen Hetäre das seine zur Aufwertung der Kurtisane in der Literatur des 18. Jahrhunderts getan. Schon 1712 hatte Mme C. DURAND *Les belles Grecques ou l'histoire des plus fameuses courtisanes de la Grèce* erscheinen lassen, ein Buch, das die Fähigkeit der Hetären zu treuer Liebe oder zu musterhafter Eheführung unterstrich. In Deutschland griff Ch. M. WIELAND den Faden mit mehr Kenntnis und Einfühlungsgabe auf. Seine Danae (*Agathon* R. 1766), Musarion (*Musarion oder die Philosophie der Grazien* Verserz. 1768) und Lais (*Aristipp und einige seiner Zeitgenossen* R. 1801) sind zwar feinsinnige Vertreterinnen und Fürsprecherinnen sinnlichen Lebensgenusses, rücken aber doch, wenigstens Danae und Lais, in die Nähe des Typs der Bekehrten, denn sie erleben durch die Reinheit einer empfindsamen Liebe eine Läuterung, die sie zur Erkenntnis der eigenen Unwürdigkeit und zur Entsagung befähigt. J. J. W. HEINSE setzte Wielands gräzisierendes Hetärenbild in *Laidion oder die Eleusinischen Geheimnisse* (1774) fort, und ohne das von Wieland gegebene Vorbild ist auch SCHILLERS nach lebendem Muster modellierte Fürstenmätresse Lady Milford (*Kabale und Liebe* Dr. 1784) nicht zu denken, die sich wie Danae nicht nur als geistig überlegen, sondern auch als schöne Seele entpuppt, die auf den begehrten Mann und auf ihre gesellschaftliche Rolle zu verzichten vermag. Lady Milford stellt zugleich eine sentimentale Erweichung jenes nicht eigentlich zu den Kurtisanen zu zählenden Typs dämonischer »Buhlerinnen« dar, deren Stammbaum von der Millwood in G. LILLOS *The London Merchant* (Dr. 1731) über LESSINGS Marwood (*Miß Sara Sampson* Dr. 1755) und Gräfin Orsina (*Emilia Galotti* Dr. 1772), die Adelheid in GOETHES *Götz von Berlichingen* (Dr. 1773) bis zur Marquise de Merteuil in *Les Liaisons dangereuses* (R. 1782) von P.-A.-F. CHODERLOS DE LACLOS reicht.

Der nicht heroinenhafte, sondern naive, ambivalente Manon-Typus wirkte hinüber auf GOETHES Schauspielerin Mariane in *Wilhelm Meisters theatralische Sendung*, die ihren unerfahrenen Anbeter zwar betrügt, aber unter seiner gläubigen Liebe zu leiden und ihre falsche Position ihm gegenüber zu empfinden beginnt. Dieses Saatkorn des geheimen Leidens machte die »Rettung« möglich, die GOETHE dann in *Wilhelm Meisters Lehrjahre* (R. 1795/96) hinzufügte:

Die echte Neigung Marianes befähigt sie zum Verzicht auf einen anderen Liebhaber und dessen wirtschaftliche Hilfe, und so ist in dieser Fassung ihre Untreue gegenüber Wilhelm nur eine scheinbare. Die dem Erlösungsglauben der Klassik gemäße Rettung wiederholte Goethe im Anschluss an den von P. SONNERAT (*Voyage aux Indes Orientales et à la Chine … . 1774–81*, 1782) übermittelten indischen Stoff in der Ballade *Der Gott und die Bajadere* (1798), deren wieder kindhaft-naive Hauptfigur in ihrer Dienstwilligkeit an LA FONTAINES Kurtisane erinnert, deren nur rührende Züge sie aber durch ihr dem toten Geliebten gebrachtes Selbstopfer und die ihr von dem prüfenden Gott zuteilwerdende Erhöhung weit hinter sich lässt. Deutlich greifbar wird das französische Vorbild bei der Lisette-Handlung von F. SCHLEGELS *Lucinde* (R. 1799), die zweifellos auf einer Episode des *Paysan perverti* beruht, welche von der demonstrativen Selbstverletzung eines zu Unrecht der Untreue bezichtigten und deshalb von ihrem »entreteneur« verlassenen Mädchens handelt. Bei Schlegel ist der Vorwurf gegen Lisette gerechtfertigt, denn sie hält, obgleich sie Julius wirklich liebt, aus Besitzgier noch an anderen Liebhabern fest, begeht dann aber Selbstmord, als Julius sie verlassen hat. Dem gleichen nicht sentimentalisierten Typ gehört C. BRENTANOS (*Godwi oder das steinerne Bild der Mutter* R. 1801/02) Violette an, die, als Godwi sie wegen ihres Lebenswandels verlassen hat, bis zur Soldatendirne absinkt, aber nach der Wiederbegegnung vor Reue wahnsinnig wird und Selbstmord begeht, ehe er sie heiraten kann. Die bekannteste Kurtisanengestalt der literarischen Romantik, V. HUGOS Marion (*Marion Delorme* Dr. 1831), ist dagegen eine sich der französischen Tradition des späten 18. Jahrhunderts anfügende Courtisane rachetée oder sogar in einem neuen Sinne Courtisane vierge, denn ihr ahnungsloser, ihretwegen eines Duellmords schuldiger und darum zum Tode verurteilter Liebhaber erkennt trotz der nunmehr gewonnenen Klarheit angesichts seines Todes die Reinheit ihres Gefühls, das sie verwandelt und ihr gleichsam eine neue Jungfräulichkeit erworben habe. Die liebende, jetzt jedoch keine Gegenliebe findende Kurtisane begegnet in HUGOS Werk noch einmal als Schauspielerin La Tisbe (*Angelo, tyran de Padoue* Dr. 1835), die verwickelte Geschehnisse so zu entwirren weiß, dass sie der glücklicheren Nebenbuhlerin das Leben rettet, von dem sie des Mordes verdächtigenden begehrten Mann erstochen wird und sterbend dem Paar den Weg in die Freiheit weist. Weniger edel verhalten sich die in ihrer Leidenschaft enttäuschten Kurtisanen A. de MUSSETS, von denen die eine den sie verschmähenden Mann töten lässt (*Les Marrons du feu* Dr. 1829), die andere ihre Rivalin umbringt (*La Coupe et les lèvres* Dr. 1832). In den Kern der Motivdialektik stieß Musset jedoch, als er der fünfzehnjährigen Marion (*Rolla* Verserz. 1833) den ähnlich gefühlsgestörten Typ eines jungen Dandy zum Partner gab, der die letzte Nacht vor dem Selbstmord mit ihr verbringen will: Als sie ihm zur Rettung vor dem finanziellen Ruin und dem Tod ihren einzigen Besitz, ihr Kollier, anbietet, leert er den Giftbecher, küsst das Schmuckstück, »et pendant un moment, tous deux avaient aimé«. Marion ist auch der Name der Grisette in G. BÜCHNERS Drama *Dantons Tod* (1835), in dem an die Stelle der bekehrten Kurtisane ein illusionslos, aber nicht verurteilend gezeichneter Manon-Typus tritt: »Aber ich wurde wie ein Meer, das alles verschlang und sich tiefer und tiefer wühlte. Es war für mich nur ein Gegensatz da, alle Männer verschmolzen in einen Leib. Meine Natur war einmal so, wer kann darüber hinaus?« Die gleiche »Natur« besitzt die Prostituierte bei N. GOGOL' in *Nevskij Prospekt/Der Nevskij-Prospekt* (Erz. 1835), nur dass der idealistische Maler, vom schönen Schein geblendet, diese Natur nicht sieht, vergebens eine »Rettung« erstrebt und an dem Widerspruch von Schein und Sein zugrunde geht.

Gegenüber diesen differenzierten, oft ambivalenten Gestalten der Romantik bevorzugte das mittlere 19. Jahrhundert die sentimentale Variante der Bekehrbaren. Im Anklang an LA FONTAINE ließ H. de BALZAC (*La belle Impéria mariée* Erz. 1837) seine Imperia nicht nur ihrem Gewerbe und Besitz entsagen und den Geliebten heiraten, sondern später auch, um dem Mann Erben zu ermöglichen, Hand an sich selbst legen und der verlassenen Jugendgeliebten ihres Mannes Platz machen. Balzac wiederholte den opfermütigen Typ in Esther (*Splendeurs et misères des courtisanes* 1839–47), die sich in eine büßende Magdalena verwandelt und dann noch mit dem Tod für ihre Liebe zahlt, und auch GEORGE SAND trug mit der Titelheldin ihres Romans *Isidora* (1853) zur Festigung des Motivschemas bei, einer unglücklich Liebenden, deren aus Liebe unternommene Selbstschulung in Tugend nicht ausreicht, ihr den Geliebten zurückzugewinnen, sodass auch hier Entsagung am Schluss steht und die alte Erkenntnis, dass die Kurtisane dort gestraft wird, wo sie sündigte. Höhepunkt der Motiventwicklung im 19. Jahrhundert ist die berühmte, sich in vielen Zügen des Plots an PRÉVOST anlehnende *La Dame aux camélias* (R. 1848; Dr. 1852) von A. DUMAS fils, dessen bereits durch die Liebe von ihrem Lebenswandel bekehrte Marie Duplessis wie manche ihrer Vorläuferinnen aus Rücksicht auf die Familie des Geliebten auf seinen Besitz verzichtet, indem sie ihn durch einen fingierten Rückfall in ihre alte Lebensform von sich stößt. Während Dumas das Motiv in dem Drama *Le Demimonde* (1855) weniger optimistisch dahin gehend abwandelte, dass ein verblendeter Liebhaber vor der Ehe mit einer Kurtisane und dem → Duell mit einem ihn aufzuklären versuchenden Freund dadurch gerettet wird, dass er den Beweis für die Verführbarkeit der schönen Susanne erhält, wurde in A. VACQUERIES Text (Dr. 1838) zu der Oper *Proserpine* von SAINT-SAËNS (1887) bei einer zweiten Fassung (1899), der Tendenz zur Veredlung der Kurtisane entsprechend, die ursprüngliche Tötung der glücklicheren Nebenbuhlerin durch die verlassene Kurtisane in deren Selbstmord und ein verzichtendes »Seid glücklich!« geändert.

Auch wenn der konsequente Realismus von einer Sentimentalisierung der Kurtisane abrückte, passte das Motiv der selbstlosen Kurtisane doch zum literarischen Programm einer Aufwertung der Unterprivilegierten und der Rückführung ihres Schicksals auf gesellschaftliche Gegebenheiten. So erhielt z. B. bei F. M. DOSTOEVSKIJ (*Prestuplenie i nakazanie/Schuld und Sühne* R. 1866) gerade die Prostituierte Sonja die Aufgabe, den Studenten Raskolnikov auf die Tötung der gutmütigen Lizaveta als den Angelpunkt seiner Schuld zu verweisen und ihn schließlich zu veranlassen, dass er sich der Polizei stellt, und sogar eine so konsequente psychologische Studie wie E. de GONCOURTS *La fille Elisa* (R. 1877) verwandte wieder den überkommenen Zug der Überrumpelung einer abgebrühten, männerfeindlichen Dirne durch das Gefühl: Als der sie zunächst schüchtern verehrende Soldat sich als ebenso brutal wie andere Liebhaber erweist, stürzt ein Traum in Elisa zusammen, und sie ersticht den Mann im Zerstörungsrausch. Auch die verzichtende Rückkehr Fanny Legrands aus einer leidenschaftlichen Bindung an einen ihr alles opfernden Liebhaber in ein altes »Verhältnis« bei A. DAUDET (*Sapho* R. 1884) und die ähnlich entsagende Heirat der durch die opfermütige Haltung ihres einstigen Verführers bekehrten und zu echter Liebe erwachten Katja bei L. N. TOLSTOJ (*Voskresenie/Auferstehung* R. 1899) oder auch der Selbstmord Genias bei A. KUPRIN (*Jama* R. 1909–15), die ihr Programm, sich für die Infektion mit Syphilis durch Weitergabe der Krankheit zu rächen, angesichts eines unschuldigen Kadetten versagen sieht, bedeuten nur leichte Varianten eines alten Schemas. Th. FONTANE (*Cécile* R. 1886) und A. W. PINERO (*The Second Mrs. Tanqueray* R. 1893) widmeten sich dagegen dem seltener behandelten Problem der Frau, die noch in ihrer bürgerlichen Ehe von ihrer »Vergangenheit« verfolgt wird und sich nur durch Freitod retten kann: Cécile erkennt, dass sie für ihren Mann wie für ihren Verehrer bloß ein Objekt männlicher Eitelkeit ist und sie nur in dem geschmähten Liebesbund mit einem Fürsten Liebe und Achtung genoss, und Mrs. Tanqueray sieht ihre Position unhaltbar geworden, als ihr ein früherer Liebhaber als Verlobter ihrer Stieftochter begegnet.

Dass die »Hebung« der Kurtisane da besonders erleichtert wird, wo das Motiv in der klassischen Antike angesiedelt ist, hatte schon das 18. Jahrhundert erprobt. In dieser Tradition steht etwa E. AUGIERS Hetäre Lais (*Le Joueur de flûte* Lsp. 1850), die mit ihrem ganzen Besitz den um ihretwillen versklavten armen Liebhaber loskauft, oder die Aspasia-ähnliche Bilitis in den genialen Fälschungen ionischer Dichtung von P. LOUŸS (*Les Chansons de Bilitis* 1895) sowie des gleichen Dichters bestrickende Chrysis (*Aphrodite* R. 1896), die den Bildhauer Demetrios zum Verbrechen treibt, aber ihre und seine Missetaten mit dem Tode sühnt, als Demetrios um des Idealbildes willen, das er sich von ihr gemacht hat, auf sie verzichtet. Diese Linie reicht bis zu Th. WILDERS Roman *The Woman of Andros* (1930), in dem Chrysis einer Gruppe Jünglinge eine Art platonischer Philosophie verkündet und sterbend glauben kann, Überzeugte zu hinterlassen.

Naturalistische Abbildkunst, die den sozioökonomischen Bedingungen der Prostitution nachspürte, ließ keinen Raum für Überhöhung, aber die von C. LOMBROSO und O. WEININGER vertretene These von der geborenen Prostituierten ermöglichte sowohl die schonungslose Darstellung der männerverderbenden Lulu WEDEKINDS (*Erdgeist* Dr. 1895; *Die Büchse der Pandora* 1904) wie auch »erlösende« Dirnenfiguren, die einem neuen Lebensprogramm entsprachen. Der Expressionismus wagte es, der Dirne eben darum zu huldigen, weil sie so ist, wie sie ist. Schon 1894 hatte G. Steiger gedichtet: »... und würd verspotten jeden Narren, der sie zu retten hätt den Sparren«. Die Dirne stellt sich jedem Besucher als das dar, was er sehen will, sie gehört – sogar als einzig aufrichtige – in den *Reigen* (A. SCHNITZLER Dr. 1900) der vom Triebleben Gelenkten. In *Totentanz* (Dr. 1906) umriss WEDEKIND die ambivalente Position der Dirne als die des Lieblings einer Welt, die sie ausgestoßen hat, und als Verächterin einer Gesellschaft, durch die allein sie existieren kann, und für E. JERUSALEM (*Der heilige Skarabäus* R. 1909) war sie das Opfer des Glücks der bürgerlichen Frauen, Verschwenderin, Wesen ohne Zweck. Nicht selten findet sich der Vergleich der Hure mit einer Priesterin (C. CORRINTH, *Berlin, Potsdamer Platz* Erz. 1919), sogar mit der Madonna (K. STERNHEIM, *Busekow* Erz. 1914), einer Märtyrerin, die sich zum Opfer bringt (P. KORNFELD, *Himmel und Hölle* Dr. 1919). Für A. T. WEGNER (*Des Dichters Rede an die Dirnen* Gedicht 1917) ist sie Spenderin hoher Mysterien, E. STADLER erlebt in ihr Gottes Nähe und preist das erste Liebeserlebnis mit einer Dirne als »sanft, demütig und rein« (*Metamorphosen* in *Der Aufbruch* 1914).

Nach der expressionistischen Strapazierung des Motivs kehrte die Literatur wieder zu dessen erprobten Möglichkeiten zurück. Ob die Kurtisane als Schönheitsidol und beglückende Lehrerin der Sinnenlust mit selbstlosen Gesten ausgestattet (H. HESSE, *Siddharta* R. 1922; L.-F. CÉLINE, *Voyage au bout de la nuit* R. 1932) oder als Opfer ihres Milieus und einer zeitbedingten Gesellschaftsentwicklung (J. O'HARA, *Butterfield 8* R. 1935) geschildert wird, veredelnde Tendenzen sind auch da noch oder gerade da vorhanden, wo dargestellt wird, dass es aus diesem Milieu keine Umkehr gibt. Überkommene Züge der »rachetée« werden von E. O'NEILL (*Anna Christie* Dr. 1921) an der durch eine echte Neigung und die heilende Kraft des Meeres herbeigeführten Bekehrung Annas und von F. MAURIAC (*Le Désert de l'amour* R. 1925) an Marias aus einer Liebesenttäuschung erwachsendem Glauben an eine höhere Gnade demonstriert. An die Funktion der Prostituierten in *Schuld und Sühne* erinnert des Tschechen F. LANGER (*Peripherie* Dr. 1925) Anna, die ihr Leben opfert, damit ihr mit einer Gewalttat belasteter Geliebter zum Geständnis vor dem Richter bewogen wird, und hinter Gigis Erziehung zur Kurtisane bei S.-G. COLETTE (*Gigi* R. 1944) werden als Muster P. ARETINOS *Ragionamenti* und RESTIF DE LA BRETONNE sichtbar: Statt als Geliebte eines reichen Mannes Karriere zu machen, setzt Gigi es entgegen den Lehren ihrer Großmutter und Großtante durch, dass der junge Mann sie bürgerlich heiratet. Als eine Art gesteigerter Rahab agiert U. BETTIS Dirne Argia (*La regina e gli insorti* Dr. 1951), wenn sie eine Verwechslung mit der verfolgten Königin auf sich nimmt, an ihrer Stelle stirbt und damit eine königliche Haltung beweist. B. BRECHTS Straßenmädchen Shen Te (*Der gute Mensch von Sezuan* Dr. 1943) bedarf keiner Bekehrung, um Opferfähigkeit zu lernen, da sie als Vertreterin der untersten Volksschicht der gute Mensch schlechthin ist, den die Götter suchen. Sie gibt diesen nicht nur ein Nachtquartier wie die heilige Afra dem Bischof, sondern wird durch ihre Freigebigkeit das Opfer der Nachbarn und des unwürdigen Geliebten. Alle »rettenden« Eigenschaften, die der Kurtisane von der Literatur zugeschrieben wurden, sind in ihr vereint, und so dient ihr moralisches und wirtschaftliches Scheitern als Modell für die Unvereinbarkeit von ethischem Streben und irdischer Realität.

A. Japin (*Een schitterend gebrek* R. 2003) erzählt die Geschichte der klugen Prostituierten Lucia im Venedig des 18. Jahrhunderts, die, durch die Pocken entstellt und darum trickreich verschleiert, einem einstigen Liebhaber, Casanova, wieder begegnet. Der Protagonist im Roman von W. T. Vollmann (*Whores for Gloria* 1991), der Alkoholiker und Vietnam-Veteran Jimmy, sucht unter den Straßenhuren von San Francisco, die ihm ihre Geschichte erzählen, nach seiner Traumfrau Gloria. Bei N. Arcan (*Putain* R. 2001) entwickelt sich für eine Literaturstudentin die Prostitution von einer Geldquelle zum Beweis ihrer Weiblichkeit.

G. Paris, La source italienne de la »Courtisane amoureuse« de La Fontaine (in: Raccolta di studi critici ad Alessandro l'Ancona) Florenz 1901; R. Frick, Manon Lescaut als Typus, (Germanisch-Romanische Monatsschrift 7) 1915/1919; F. Landsittel, Die Figur der Kurtisane im deutschen Drama des 18. Jahrhunderts, Diss. Heidelberg 1923; A. Francé-Harrar, Die Courtisane, ihr Prophet und die Literatur, (Telos 2) 1925/26; H. Friedrich, Abbé Prévost in Deutschland, 1929; H. Hauschild, Die Gestalt der Hetäre in der griechischen Komödie, 1933; G. A. Nauta, Marion Delorme – Le chariot d'enfant, (Neophilologus 20) 1935; F. Sánchez-Castañer y Mena, La pecadora penitente en el teatro español, Diss. Madrid 1941; J. Charon, Les femmes légères en théâtre, (Les Annales 77) 1957; W. Schmähling, Die Dirne und die Stadt (in: W. S., Die Darstellung der menschlichen Problematik in der deutschen Lyrik von 1890 bis 1914), Diss. München 1962; K. Sasse, Zur literarischen Herkunft des Romans »Lucile« von Rétif de la Bretonne, (Hamburger Romanistische Studien 48) 1965; E. Dorn, Der sündige Heilige in der Legende des Mittelalters, (Medium Aevum 10) 1966; K. Sasse, Die Entdeckung der »courtisane vertueuse« in der französischen Literatur des 18. Jahrhunderts: Rétif de la Bretonne und seine Vorgänger, Diss. Hamburg 1967; Ch. Schönfeld (Hrsg.), Commodities of desire: the prostitute in modern German literature, Rochester/N.Y. 2000; K. N. Johnson, Sisters in sin. Brothel drama in America, 1900–1920, Cambridge 2006.

Liebesbeziehung, Die heimliche

Die heimliche Zusammenkunft zweier Liebender setzt Gegner dieser Liebesbeziehung voraus. Im harmlosesten Fall wollen Eltern, insbesondere Väter, die Jungfräulichkeit ihrer Tochter bewahren, voreheliche Liebesbeziehungen verhindern und das Mädchen durch Absperrung von der Außenwelt schützen. Gezielter ist die Gegnerschaft von Eltern, auch denen des Liebhabers, wenn sie sich aus

Feindschaft oder sozialem Vorurteil einer bestimmten, sogar auf eine Ehe abzielenden Verbindung ihres Kindes entgegenstellen, sodass den Liebenden, wenn sie nicht entsagen wollen, nichts anderes übrigbleibt, als ihrer Liebe ohne eheliches Band Erfüllung zu schaffen oder auch den Weg der »heimlichen Ehe« zu beschreiten. Schwerwiegender, da moralisch berechtigt, sind die Hindernisse, die sich einem den herrschenden sittlichen Vorstellungen widersprechenden Liebesbündnis entgegenstellen, sei es, dass es sich bei einem der Partner um den Bruch eines → Keuschheitsgelübdes, sei es, dass es sich bei einem oder auch bei beiden Partnern um bereits durch eine Ehe Gebundene handelt; im letzteren Fall verbindet sich das Motiv zwangsläufig mit dem der verletzten → Gattenehre. Unkeuschheit Nichtverheirateter ebenso wie Ehebruch war in fast allen höheren Kulturen strafbar und nach der christlichen Religion Todsünde, für die bestimmt der männliche Eindringling, oft aber auch die untreue Ehefrau mit dem Tode büßen muss.

Das Motiv gewinnt seinen Reiz nicht nur durch die mögliche Darstellung einer intimen Begegnung zweier Liebender, sondern vor allem durch die Gefahr, die die heimliche Zusammenkunft mit sich bringt. Der Realität entsprechend ist meist, besonders in älterer Zeit, das Mädchen oder die Frau der in seiner Bewegungsfreiheit gehinderte Teil, sodass das Stelldichein in der Mehrzahl der Fälle im Zimmer der Frau oder in dessen näherer Umgebung stattfindet. Wird es an einen dritten Ort verlegt und muss die Frau ihre Wohnung verlassen, so lauert die Gefahr beim Verlassen oder beim Wiederbetreten der häuslichen Zone oder in Gestalt heimlicher Verfolger. Eine Frau ist nach durchgängiger Anschauung immer der Verführbarkeit verdächtig, und da sie in älterer Zeit außerdem als Besitz der Eltern, vor allem des Vaters, und dann des diesen ablösenden Mannes betrachtet wurde, konnten diese Autoritäten auch ohne besonderen Anlass die Einsperrung des ihnen anvertrauten weiblichen Wesens verfügen und Wächter zu ihrer Beaufsichtigung ansetzen. Die hütenden Eltern und der eifersüchtig wachende Mann mit ihren Helfern bedeuten eine Bedrohung der Liebenden, besonders des Liebhabers, wenn er in den beschirmten Bereich der Frau vordringt. Die Aufpasser erfinden Fallen, um die Liebenden zu ertappen, und diese ersinnen Listen, um die Fallen zu umgehen, die Aufmerksamkeit der Bewacher zu täuschen und sich den Rückzug offenzuhalten. Das gefährliche Beisammensein kann mit der Überwindung aller Gefahren enden und in die legale Verbindung der Liebenden münden, es kann aber auch, vor allem im gravierenden Fall des Ehebruchs, mit dem Leben bezahlt werden. Eine besondere, in sich geschlossene Motiventwicklung ist für die schwankartigen Gestaltungen des Ehebruchthemas zu verzeichnen, die den Sieg der Liebeslisten über den → Hahnrei darstellen wollen.

Das Motiv der heimlichen Heirat, das zeitweilig das Motiv der heimlichen Liebesbeziehung ablöst, unterscheidet sich im Prinzip nicht von diesem. Es dient der moralischen Entlastung der sich heimlich treffenden Liebenden, indem es ihnen erlaubt, ohne Verletzung der Schicklichkeit ihrer Liebe voll nachzugehen. Es soll auch ihren Willen zu einer dauerhaften Bindung bekunden, ist aber eigentlich nur ein in die Form der Ehe gekleideter Triumph der freien Liebe wie die Grundform des Motivs. Handlungsmäßig ruft es die gleichen Verwicklungen hervor wie das der heimlichen Liebesbeziehung, es kompliziert sie eventuell sogar noch. Obwohl verheiratet, leben die Liebenden getrennt voneinander und sind den gleichen Anfeindungen und Ängsten ausgesetzt, die sie als Unverheiratete erdulden würden, da sie ja wegen der Heimlichkeit ihres Bundes, der keinen oder nur wenige Mitwisser hat, als nicht verheiratet gelten. Die Heimlichkeit der Ehe dient der Täuschung der Eltern, die diese Verbindung nicht wünschen und vielleicht eine andere Ehe für ihre Kinder projektiert haben, und meist auch der eines unerwünschten Freiers, der hingehalten werden muss, ohne dass das Geheimnis offenbar wird, das nur im Falle höchster Not gelüftet wird, eine Enthüllung, die eine besonders effektvolle Szene hergibt. Wegen ihres »romanesken« Charakters erfreute sich diese Sonderform des Motivs großer Beliebtheit, und sie dürfte in der Literatur weit häufiger verwendet worden sein, als heimliche Ehen im wirklichen Leben geschlossen wurden.

Klassisch im weitesten Sinn wurde für das Motiv die antike, im Kleinepos des MUSAIOS (5./6. Jh.) überlieferte Sage von ↑ *Hero und Leandros*, deren Held die mit der Priesterin Hero verbrachten Liebesnächte bei einem weiteren Versuch, nachts über den Hellespont zu ihr zu schwimmen, infolge des Erlöschens der wegweisenden Fackel Heros mit dem Tod bezahlt, in den ihm die Geliebte durch Sturz von ihrem Turm nachfolgt. Grund für die Geheimhaltung der Liebesbeziehung ist die der Priesterin von ihren Eltern auferlegte Verpflichtung zur Ehelosigkeit, sodass also ein Kausalnexus des Motivs mit dem des → Keuschheitsgelübdes besteht, der in der Stofftradition beibehalten, aber in neuerer Zeit von F. GRILLPARZER (*Des Meeres und der Liebe Wellen* Dr. 1831) als eine Vorbedingung des

Priesteramtes erklärt worden ist; daher ist hier ein Priester der Hüter von Heros Keuschheit, und er löscht absichtsvoll die Lampe, die dem frevlerischen Schwimmer leuchtet. Im ↑ Amphitryon-Mythos begegnet dagegen die mit Ehebruch verknüpfte Variante der heimlichen Liebesnacht, die allerdings dadurch eine Einschränkung erfährt, dass die Zusammenkunft nur für den einen Teil, den bei Alkmene eindringenden Liebhaber Zeus, eine unerlaubte und heimliche ist, während Alkmene ihren Gatten zu empfangen glaubt; weil der Liebhaber ein Gott ist, entfällt ein tragischer Ausgang, der betrogene Gatte muss sich dem Gott beugen und die Frucht der Liebesnacht akzeptieren. Dennoch ist die Begegnung von Zeus und Alkmene etwa bei PLAUTUS (*Amphitruo* um 200 v. Chr.) ganz nach dem Schema der heimlichen Liebesnacht gestaltet, und was bei vielen anderen Bearbeitungen des Motivs ein an die Sonne, den Mond, den Morgen- oder Abendstern gerichteter Wunsch bleiben muss, dass nämlich das Glück dieser Nacht lange dauern möge, kann der Gott Wirklichkeit werden lassen: Zeus befiehlt der Sonne, unterhalb des Horizonts stehen zu bleiben.

Die spontane, unabhängig von Diffusion jeder Zeit und an jedem Ort mögliche Entstehung des Motivs ist für den asiatischen Raum durch das dem ŚŪDRAKA (3. Jh.) zugeschriebene, in Europa unter dem Titel *Vasantasenā* bekannte Drama *Mṛcchakaṭika* mit der nicht erkauften, sondern aus Leidenschaft erwachsenden Liebesnacht des armen Kaufmanns Cārudatta und der → Kurtisane Vasantasenā belegt, die beiden durch den Neid eines abgewiesenen Bewerbers zum Verhängnis zu werden droht. Das nächtliche Geschehen, von dem nur der Auftakt und im nächsten Akt das Erwachen Vasantasenās sichtbar gemacht wird, liegt ähnlich im Mittelpunkt der zehnaktigen Handlung wie in des Chinesen WANG SHIH-FU Drama *Das westliche Zimmer* (13. Jh.) das Stelldichein zwischen dem Studenten und der Ministertochter, deren Besitz ihm trotz seines rettenden Einsatzes für ihr und anderer Leben von der Mutter verweigert worden ist. Für die heimliche Liebesbeziehung einer verheirateten Frau sei die in einer Volkserzählung des Pandschab überlieferte Liebesbeziehung der Frau des sagenumwobenen Radscha Rasālū zu König Hodi angeführt, dem es gelingt, zu ihr in den Palast zu dringen, und der von dem Radscha getötet wird; die magische Rache für die verletzte → Gattenehre, gemäß der Rasālū das Herz des Liebhabers seiner Frau als Speise vorsetzt, worauf sie wie Hero dem Geliebten nachstirbt, indem sie sich von der Zinne stürzt, wurde zum Ausgangspunkt des mittelalterlichen ↑ Herzmäre-Stoffes.

Die Wiederbelebung eines indischen Stoffes im europäischen Mittelalter hängt mit der dominierenden Stellung der mittelalterlichen Minnelehre zusammen, die für das Motiv eine Sternstunde und eine ganz spezifische Ausprägung ermöglichte. Obwohl, wie durch erschöpfende Registrierung motivverwandter Liebesgedichte vieler Völker nachgewiesen wurde, das Motiv der heimlichen Liebesnacht und des Scheidens nach ihr in der Lyrik international verbreitet ist, gewann es doch in dem Augenblick besondere Bedeutung, in dem der einer verheirateten Frau zu leistende Minnedienst – jedenfalls im fiktiven Raum der Dichtung – zur ritterlichen Standespflicht erhoben wurde. Die daraus erwachsenden lyrischen Gattungen – provenzalische Alba und deutsches Tagelied – präsentieren das Liebespaar beim – dialogisch gestalteten – Abschied in der Morgendämmerung und erreichen unter Verzicht auf episch Einführendes durch knappe Andeutung eine Vermittlung der dramatischen Situation, die sich vor dem stimmungsmäßig parallel verlaufenden Naturvorgang von Dämmerung und Sonnenaufgang vollzieht. Während sich das gleiche Ereignis in nichthöfischer Dichtung meist vor einer Freiluftkulisse abspielt und Schwalbe (Ostmittelmeergebiet), Hahn (Balkan) oder Nachtigall (Westeuropa) als Weckende fungieren, so wie auch noch das frühe Tagelied des DIETMAR VON AIST (um 1170) Liebesbaum und Liebesvogel einsetzt, verlegt die hochhöfische Dichtung die Situation in Burg und Schlafgemach der Frau, und der Wächter auf der Zinne (WOLFRAM VON ESCHENBACH 1200/05) übernimmt die Funktion des Weckenden, dessen Ruf allerdings nicht dem Liebespaar, sondern der Wohngemeinschaft der Burg gilt, aber für den in diese feindliche Gemeinschaft eingedrungenen Ritter Signal äußerster Gefahr bedeutet. Dichterische Wunschvorstellungen, aus dem Kodex höfischer Liebe entstanden, machten dann den Wächter, der in Wirklichkeit der gefährlichste Mann für den Liebhaber der Frau seines Herrn war, zum Komplizen und Beschützer der Liebenden: Sein Weckruf wird in einen Warnruf verwandelt, der dem Liebhaber das Zeichen zum Aufbruch gibt. In der Spätzeit taucht auch eine Dienerin der Dame als Beschützerin und Weckerin auf (ULRICH VON LICHTENSTEIN). Als WALTHER VON DER VOGELWEIDE dem Minnesang die »niedere« Minne seiner Mädchenlieder (um 1200) entgegenstellte, behielt er das beliebte Motiv der heimlichen Liebesnacht bei, von der im berühmten Rollenlied *Unter der linden ûf der heide* das Mädchen erzählt und deren Heimlichkeit wohl nur mit der Scham der beiden Partner, deren Beziehung ja eine flüchtige bleiben muss, begründet ist.

Der veränderten soziologischen Situation entsprechend erscheint erneut die Freiluftszenerie mit Liebesbaum und Liebesvogel.

Die spezifische Situation des Tageliedes, das von der Minnedoktrin gebilligte, nichteheliche Beisammensein zweier Liebender, findet sich mit entsprechender Ausführung der dramatisch-epischen Ansätze auch im Epos der höfischen Epoche. Die Situation macht sich jedoch auch, ähnlich wie in der Lyrik, für das unverheiratete Mädchen und ihren Liebhaber geltend. Zu dieser Variante gehört die sagenhafte Erzählung (*Chronicon Laurishamense* 12. Jh.) von dem nächtlichen Besuch des Schreibers ↑ Eginhard bei Karls des Großen Tochter Emma, die den Geliebten am nächsten Morgen wegen des inzwischen gefallenen Schnees auf ihrem Rücken zu seiner Wohnung trägt, damit er keine Fußspuren hinterlässt, eine List, die dem beobachtenden Kaiser das Geheimnis enthüllt und ihn veranlasst, die nicht standesgemäße Beziehung durch eine Ehe zu sanktionieren. Im Gegensatz zu diesem derberen, nichthöfischen Plot ist die heimliche Zusammenkunft des jungen ↑ Flore und seiner Jugendgespielin Blancheflur (älteste frz. Fassung um 1160) ganz der Situation des klassischen Minneverhältnisses angeglichen. Blancheflur ist zwar noch nicht Frau des heidnischen Admirals von Babylon, der sie ängstlich hütet, aber sie soll es werden, und so ist die List Flores, der die Wächter besticht und sich in einem Blumenkorb in den von der ahnungslosen Blancheflur bewohnten Turm tragen lässt, zweifellos gerechtfertigt; der Entdeckung folgt die Verurteilung zum Tode, schließlich aber verzichtet der Admiral auf Blancheflur, gerührt von dem Wettstreit der Liebenden, von denen jeder vor dem anderen und für ihn sterben will.

Bei den mit Ehebruch verknüpften Varianten ist ein versöhnlicher Ausgang selten möglich, so muss der das – in der Lyrik nur momentweise erfasste – klassische Minneverhältnis in seiner ganzen Problematik aufrollende ↑ Tristan-Stoff einem tragischen Ausgang zusteuern, wobei die Spannung der Handlung sowohl bei Eilhart von Oberge (um 1170) wie in den späteren Fassungen des Thomas von Bretagne (1160/65) und Gottfried von Strassburg (um 1210) aus dem Gegeneinander der Listen Markes sowie seiner Aufpasser und denen der Liebenden erwächst und ihren Höhepunkt in dem Isolde von Marke auferlegten → Gottesurteil und dem dagegengesetzten zweideutigen Eid der Angeklagten hat. Der am Ehemann verübte Betrug wird von Marke ebenso wenig geahndet wie im ↑ Lanzelot-Stoff seit Chrétien de Troyes (*Romans del chevalier de la charrette* um 1190) die ehebrecherische Beziehung des Helden zur

Frau des Königs von diesem aufgedeckt und gerächt wird. EILHART VON OBERGE variiert jedoch in seinem Tristan-Roman mit der Gariôle-Handlung das Zentralmotiv und unterstreicht mit dem siegreichen Kampf des Ehemanns gegen den Liebhaber, in dem auch Tristan die Todeswunde erhält, den grundsätzlich negativen Ausgang der ehebrecherischen Liebesbeziehung. Die von Kehenis begehrte Gariôle repräsentiert den Typ der vom Ehemann in einem Turm eingesperrten Frau, der etwa gleichzeitig auch im Eraclius-Stoff (GAUTIER D'ARRAS um 1165; OTTE um 1210) auftaucht, dessen Heldin erst durch die Gefangenschaft zur Untreue gereizt wird und sich in den Jüngling Parides verliebt, der gemeinsam mit seiner Mutter die List ersinnt, dass die Kaiserin vor seinem Haus einen Sturz vom Pferde fingiert, ins Haus getragen und von der als Ärztin fungierenden Mutter scheinbar gepflegt wird, in Wahrheit aber ein ungestörtes Zusammensein mit dem Geliebten genießt. Mit dem Eraclius-Stoff ist der provenzalische Versroman *Flamenca* (Fragment 1240/50) durch den Zug der zunächst grundlosen Eifersucht des behütenden Ehemanns verbunden, der trotz aller Bewachungskünste die durch einen in das Badehaus führenden unterirdischen Gang ermöglichten Zusammenkünfte seiner Frau mit ihrem Liebhaber nicht verhindern kann. Da hier der Akzent auf der Charakterstudie eines → Hahnreis liegt, kann es nicht bei der versöhnlichen Lösung bleiben, die der weise Heraclius dem kaiserlichen Herrn in Form der Scheidung abringt, sondern es scheint ein heiter-satirischer Ausgang erschließbar, bei dem sich die geheimen Zusammenkünfte in vom verblendeten Ehemann gebilligte verwandeln. *Flamenca* hat deutliche Berührungspunkte mit der erst im französischen *Dolopathos* (13. Jh.) dem Zyklus *Von den sieben weisen Meistern* einverleibten Inclusa-Geschichte, bei der die eine Doppelrolle spielende Frau unerkannt von ihrem Mann dem Liebhaber angetraut wird und mit diesem davonsegelt. Auch die Heldin des schon im 12. Jahrhundert in europäische Verhältnisse transponierten ↑ Herzmäre-Stoffes (*Vida* GUILHELMS DE CABESTAING 12. Jh.; KONRAD VON WÜRZBURG, *Herzemaere* 1255/60; JAKEMES, *Le Roman du chastelain de Couci et de la Dame de Fayel* 13. Jh.) ist eine argwöhnisch behütete Frau, die nach kurzem Liebesglück von ihrem Ritter durch den Ehemann getrennt wird, ahnungslos das ihr von diesem vorgesetzten Herz des Geliebten isst und ihm wie ihre indische Vorläuferin durch Sturz von der Zinne nachstirbt. Bezeichnend für die höfische Auffassung von einem durch die Minne diktierten Ehebruch ist es, dass in der altfranzösischen Reimdichtung *La Châtelaine de Vergi* (vor 1288) nur das

Verhältnis zwischen der ↑ Kastellanin von Vergi und dem Ritter sowie die dagegen gerichtete, den Untergang des Paares erzielende Intrige einer eifersüchtigen Frau eine Rolle spielt, der Ehemann der Kastellanin aber gar nicht in Erscheinung tritt. Die heimlichen Liebesnächte der beiden werden durch ein dem wartenden Ritter gegebenes Signal eingeleitet: Ein ihm entgegenlaufendes Hündchen zeigt an, dass das Beisammensein von keiner Gefahr bedroht ist. Als Nachklang der Minnedienst-Konstellation kann der von DANTE (*Divina Commedia* 1307/21) in der Literatur eingebürgerte, bewusst an dem Minnehelden ↑ Lanzelot orientierte ↑ Francesca-da-Rimini-Stoff gelten, dessen Heldin zusammen mit ihrem Geliebten und Schwager Paolo durch den Degen des sie beim Stelldichein überraschenden Gatten umkommt.

Die Tagelied-Variante des Motivs erlosch mit dem ausgehenden Mittelalter, und die Folgezeit bevorzugte zunächst das allgemeiner gültige Motiv der geheimen Liebesbeziehung zwischen zwei Unverheirateten, bei dem der Vater des Mädchens wieder die Rolle des Bewachers übernimmt wie BOCCACCIOS Fürst Tancred (*Decamerone* IV,1; 1348/53), der den durch einen unterirdischen Gang zu seiner Tochter gelangenden Höfling tötet und – deutlicher Anklang an den ↑ Herzmäre-Stoff – dessen Herz ↑ Ghismonda bringt, die sich vergiftet. Auch in des JUAN DE FLORES *Historia de Grisel y Mirabella* (Ende 15. Jh.) begegnet wieder die vom Vater in einen Turm eingeschlossene Tochter, und der edle Wettstreit der ertappten Liebenden erinnert an den von ↑ Flore und Blancheflur, jedoch wird der Ausgang dadurch ins Tragische gewendet, dass nach der Entscheidung des Gerichts, bei einer Verführung liege die größere Schuld immer bei der Frau, beide sich durch einen freiwilligen Tod der Vollstreckung des Urteils entziehen. Nicht durch väterliche oder gerichtliche Bestrafung endet die vom Tod der Kupplerin überschattete Liebesnacht in F. de ROJAS' *La Celestina* (Dr. 1499), sondern durch den tödlichen Sturz des im Morgengrauen über eine Leiter entkommenden Calixto und den Selbstmord der von Reue und Verzweiflung gepeinigten Melibea. Von *La Celestina* laufen Fäden zu dem verwandten Plot der *Comedia Himenea* (1517) des B. de TORRES NAHARRO, in der jedoch der die nächtliche Zusammenkunft störende Bruder Febeas sich durch die Lauterkeit der Absichten Himeneos gewinnen lässt.

Als Beispiel für die mit Ehebruch gekoppelte Variante des Motivs sei des E. S. PICCOLOMINI epochemachende Renaissancenovelle *De duobus amantibus historia* (1444) genannt, die, trotz einiger an einen → Hahnrei-Schwank gemahnender Züge, die große Leidenschaft zwischen Euryalus und der verheirateten Lucretia feiert, wenn diese auch schließlich an gesellschaftlicher Rücksicht scheitert und mit Lucretias Sehnsuchtstod und des Liebhabers Konventionsheirat endet. In M. BANDELLOS *Novelle* I, 44 (1554) dagegen wird die jahrelange geheime Liebschaft der Herzogin von Este mit ihrem Stiefsohn durch den in seiner → Gattenehre verletzten Herzog blutig geahndet, ein Plot, der von Lope de VEGA (*El castigo sin venganza* 1632) mit geheimem Bezug auf den ↑ Don-Carlos-Stoff dramatisiert wurde. Eine bis dahin kaum genützte Nuance des Motivs, bei der der Liebhaber der verheiratete Teil ist, bietet sich in dem seit dem 16. Jahrhundert verbreiteten Stoff von Fair ↑ Rosamond und Heinrich II. von England, der die Geliebte vor den Augen der Welt in einem als Liebesnest dienenden Labyrinth im Park des Schlosses Woodstock verbarg. Unter den Stoffen, die einen herkunftsbedingten → Liebeskonflikt an der nicht standesgemäßen Verbindung eines Fürsten sichtbar machen, bezieht dieser seine Problemstellung und seinen tragischen Ausgang besonders aus der Heimlichkeit der Liebesbeziehung.

Im 16. Jahrhundert entwickelte sich die Variante der heimlichen Heirat, die sich bis zur Mitte des 18. Jahrhunderts großer Beliebtheit erfreute. Die Gründe für eine heimliche Eheschließung gleichen denjenigen, die auch zu nicht »vor Gott« sanktionierten Liebesbündnissen führen: das Verbot durch die Familien und politisch-gesellschaftliche Hindernisse, deren Exponenten meist auch die Familien sind. So bezieht der mit dem ↑ Fair-Rosamond-Stoff verwandte, im 14. Jahrhundert beheimatete und im 16. Jahrhundert literarisch relevant werdende ↑ Inés-de-Castro-Stoff seine »rührenden« Momente aus der Tatsache, dass die Liebe des Infanten Dom Pedro zu der Hofdame seiner verstorbenen Frau zwar offensichtlich ist, ihre Eheschließung aber geheim bleibt, sodass der richtende König unwissentlich nicht die störende Geliebte, sondern die Frau seines Sohnes in dessen Abwesenheit hinrichten lässt. Aus einem verwandten, durch konträre Familienherkunft bedingten → Liebeskonflikt resultiert die heimliche Ehe der ↑ Herzogin von Amalfi M. BANDELLOS (*Novelle* I, 26; 1554) mit ihrem Majordomus, der die durch die Geburt von Kindern argwöhnisch gewordenen Brüder der Herzogin mit der Ausrottung der ganzen Familie ein Ende machen. Wie wenig sich heimliche Ehe und heimliche Liebesbeziehung in ihrer Funktion unterscheiden, zeigt sich daran, dass J. WEBSTER in seiner Dramatisierung des Stoffes (*The Duchess of Malfi* vor 1614) keinerlei Wandel in der Haltung der Brüder eintreten lässt, als sie erfahren, dass die Schwester sie nicht durch Unkeuschheit entehrt hat, sondern dass sie mit dem Unebenbürtigen verheiratet ist. Die berühmteste heimliche Ehe der Literatur ist wohl die zwischen ↑ Romeo und Julia, die schon in der Novelle des MASUCCIO (*Novellino* 1476) Ausgangspunkt der Tragödie war, seit L. da PORTO (*Historia novellamente ritrovata di due nobili amanti* 1524) mit der Feindschaft der Familien begründet wurde, und vor die M. BANDELLO (*Novelle* II 1554) die der Trauung vorhergehende Liebesnacht in Julias Zimmer einschaltete, die von SHAKESPEARE (Dr. 1595) in den Mittelpunkt der Handlung gestellt und im Stil der Tagelied-Tradition lyrisch grundiert wurde. In manchen Motivgestaltungen gilt die Schutzmaßnahme der heimlichen Ehe in erster Linie unwillkommenen Freiern des Mädchens, denen man sich entziehen möchte, sei es nun, dass der Vater des Mädchens diese Freier bevorzugt und den begehrten Verehrer ablehnt (J. PÉREZ DE MONTALBÁN, *No hay vida como la honra* um 1635), sei es, dass der unerwünschte Freier ein Bruder des erwünschten ist und man seine Gefühle durch die Heimlichkeit der Ehe schonen will (Th. OTWAY, *The Orphan or the Unhappy Marriage* Dr. 1680); in beiden Fällen kommt es dennoch zu ernsten Konflikten zwischen dem heimlichen Ehemann und dem verschmähten Bewerber, indem im einen Fall Don Carlos den Duelltod des Rivalen auf sein Gewissen lädt und nur durch das opfermütige Einstehen für seine ihres Ernährers beraubte, verarmte Frau die Gnade des Königs erlangt, und im anderen Fall der verschmähte Bruder Polydor den glücklicheren Bruder mit dessen Frau unerkannt betrügt und alle drei den Ausweg aus der Situation im Tode suchen.

In einer Anzahl von Motivverarbeitungen, besonders durch das spanische Drama, dient die heimliche Eheschließung lediglich als Voraussetzung eines Plots, d. h. sie liegt vor Beginn der Handlung, sodass die Liebesbeziehung selbst und ihre Heimlichkeit weniger zur Darstellung kommen, sondern, wie in SHAKESPEARES *Othello* (1604), die Folie für die spätere Entwicklung bilden. Auch bei dieser Variantengruppe entstehen die Konflikte meist durch Werbende, die die heimlich Gebundenen frei glauben, etwa nach dem schon im ↑ Kastellanin-von-Vergi-Stoff ausgebauten Schema durch Verknüpfung mit dem Motiv der → Nebenbuhlerin und der verschmähten → Frau, das aber bei Lope de VEGA (*El perseguido* 1602) eine versöhnliche Lösung findet, oder indem, wie bei Otway, eine Rivalität unter Männern, sogar unter Brüdern, entsteht, die mit Gift und Dolch endet (G. de CASTRO, *El amor constante* 1618/25). Gefahr droht gerade im spanischen Drama dann, wenn der Bewerber um eine heimlich verheiratete Frau ein sozial Höherstehender ist, der sich über bereits bestehende Bindungen hinwegsetzt und außerdem durch den Glanz seiner Stellung die Frau besticht (G. de CASTRO, *Allá van leyes dó quieren reyes* 1618/25), aber im glücklicheren Fall auch durch die Reize einer Stellvertreterin abgelenkt und zum Verzicht gebracht werden kann (F. GODÍNEZ, *Aún de noche alumbra el sol* Mitte 17. Jh.). Wie ein Vorgriff auf die rührenden Ausgänge im bürgerlichen Schauspiel des 18. Jahrhunderts wirkt die endliche Anerkennung der Ehe des geflohenen, in dienender Stellung lebenden Paares durch den anfangs feindlichen Bruder des Mädchens, die der Ehemann mit dessen Errettung vom Tod erreicht (Lope de VEGA (?), *Más vale salto de mata que ruege de buenos*). Die Aufhängerfunktion des Motivs kann so weit gehen, dass die heimliche Ehe das beliebte Motiv des vermeintlichen → Inzests auslöst (J. B. de VILLEGAS, *El marido de su hermana* 1. Hälfte 17. Jh.) oder lediglich als Voraussetzung für das Intrigenspiel um die aus der Ehe hervorgegangenen Kinder dient (G. de CASTRO, *La fuerza de la costumbre* 1618/25).

Auch das französische und das deutsche Drama des 18. Jahrhunderts haben aus dem Motiv der heimlichen Ehe tragische Konflikte entwickelt. J. Ch. BRANDES beutete die schon traditionelle Verknüpfung mit dem Motiv der → Nebenbuhlerschaft aus, die in *Olivie* (Dr. 1774) zwischen der heimlich verheirateten Stieftochter und der eifersüchtigen Stiefmutter entsteht, deren Intrige aber daran scheitert, dass sie selbst an dem für die Rivalin bestimmten Gift stirbt, während eine ähnliche Rivalität zwischen der heimlichen Ehefrau eines Erbprinzen und dessen standesgemäßer Verlobten bei B. Ch. d'ARIEN (*Natur und Liebe im Streit* Dr. 1780) mit der durch den Edelmut der Letzteren herbeigeführten Anerkennung der morganatischen Ehe endet. Einer der seltenen Fälle, in denen die Zerstörung der heimlichen Ehe durch die ursprünglich Liebenden selbst erfolgt, liegt mit DUMANIANTS *Les Intrigants* (Dr. 1787) vor: Der schurkische Ehemann zwingt die ihm heimlich Angetraute, als diese älter geworden ist, sich für seine Schwester auszugeben. Die Aufhängerfunktion des Motivs auch für diesem nicht inhärente Konflikte repräsentiert anschaulich P.-C. NIVELLE DE LA CHAUSSÉES vielgespielte Rührkomödie *Mélanide* (1741), in der ein Vater Rivale seines ihm unbekannten Sohnes aus der heimlichen Ehe mit einer längst totgeglaubten Frau wird, zu der er über diesen Konflikt zurückfindet.

Die in der spanischen Dramatik entwickelte knotenschürzende Funktion des Motivs konnte, wenn die ausgelösten Konflikte entsprechend entschärft wurden, ohne weiteres dem bürgerlichen

Schau- und Lustspiel des 18. Jahrhunderts eingepasst und mit harmonisierenden Lösungen versehen werden. Die Stelldichein-Situation trat dabei schon aus Gründen der Schicklichkeit zurück. Einer der Partner des heimlichen Ehebundes wird von einem anderen Bewerber zur Ehe begehrt und erwehrt sich der Werbung, ohne das Geheimnis zu verraten, bis im letzten Augenblick seine Enthüllung den Konflikt löst (L. de BOISSY, *Les Amours anonymes* 1735, *Le Mari garçon* 1742, *L'Epoux par supercherie* 1744; C.-J. DORAT, *Le Célibataire* 1775). Wird die Gegenhandlung weniger durch den Freier als durch einen Vater repräsentiert, der für sein Kind eine andere Heirat plant, so muss diesem schließlich die bereits vollzogene Verehelichung gestanden werden, wobei der Beichtende, um eine Enterbung zu vermeiden, taktvoll vorgehen, aber sich zugleich beharrlich zeigen muss, damit der Vater die Ehe nicht etwa für nichtig erklärt (Ph. N. DESTOUCHES, *Le Triple mariage* 1716; M. GUYOT DE MERVILLE, *Le Consentement forcé* 1738; J.-L. BROUSSE-DESFAUCHERETS, *Le Mariage secret* 1786). Ein typisches Beispiel für diese bürgerliche Konfliktstellung und ihre Lösung bietet D. CIMAROSAS einst beliebte Oper *Il matrimonio segreto* (1792): Die Liebe eines Adligen nicht zu der für ihn bestimmten zweiten, sondern zur älteren, bereits heimlich mit dem Buchhalter ihres Vaters vermählten Tochter eines Kaufmanns löst die Androhung von deren Einsperrung in ein Kloster, den Entführungsversuch durch den Ehemann, Eifersucht und Verdacht der jüngeren Tochter und das Erscheinen des Vaters bei dem Stelldichein des verdächtigten Mädchens aus, das nun zusammen mit ihrem Mann ihre Ehe bekennt, in die der Vater notgedrungen mit Rücksicht auf die Tüchtigkeit seines Angestellten einwilligt.

Mit der Gefühlsrevolution in der zweiten Hälfte des 18. Jahrhunderts gewann die nicht durch eine Ehe verbrämte verschwiegene Liebesbeziehung zwischen Unverehelichten wieder die entscheidende Rolle. Der Führer dieser Revolution der »natürlichen« Leidenschaften, J.-J. ROUSSEAU, stellte selbst eine solche Beziehung ins Zentrum seines Romans *Julie ou la Nouvelle Héloïse* (1761), indem er die Briefe der Liebenden und ihre immer intimer werdenden Begegnungen in einer nächtlichen Szene gipfeln lässt, in der beide der Gewalt des Gefühls erliegen, eine Verirrung, die Julie in einer – allerdings durch gegenseitige Hochachtung verklärten – Konvenienzehe, Saint-Preux mit Entsagung und zunächst auch Verbannung büßt. Wenn die Autoren der Sturm-und-Drang-Epoche heimliche Liebesbeziehungen vielfach unter das Motiv der Verführung stellten, so wurde es damit einer anderen Thematik untergeordnet, indem es nicht höchste, wenn auch oft zu tragischen Folgen führende Erfüllung der Sehnsucht zweier Menschen bedeutete, sondern den negativen Auftakt für die Auseinandersetzung zwischen → Verführer und Verführter darstellte. GOETHE, dessen ↑ Faust (Dr. entst. seit 1772) kein Verführer, sondern ein von Leidenschaft Hingerissener ist, sparte die Liebesnacht des Paares, die den Kulminationspunkt der sog. Gretchentragödie bildet, aus, aber in der Kerkerszene ersteht die erste Liebesnacht, aus der ihre Schuld und ihr Unglück erwuchsen, vor Gretchens innerem Auge, und deren Morgen verschmilzt in ihrer Phantasie mit dem Morgen der Hinrichtung. Umso intensiver gestaltete Goethe das verschwiegene Beisammensein in der den Memoiren des Marschalls von ↑ BASSOMPIERRE nacherzählten Geschichte (*Unterhaltungen deutscher Ausgewanderten* 1795) von der verheirateten Bürgersfrau, die sich dem Marschall selbst anträgt, sich aber weigert, ein zweites Mal zu dem zweifelhaften, sie erniedrigenden Ort des Stelldicheins zu kommen, und die der Marschall dann – wahrscheinlich – als Pesttote wiederfindet. Der Ehemann und seine möglichen Reaktionen sind ausgeklammert und das Geschehen ganz auf die einmalige, von Spekulationen auf eine Zukunft freie, ihren Lohn in sich selbst tragende Hingabe der Frau konzentriert, wie sie mit ähnlicher Sinngebung schon in WANG SHIH-FUS *Das westliche Zimmer* auftauchte und von der modernen Literatur wiederaufgenommen wurde.

Demgegenüber arbeiten Werke des mittleren 19. Jahrhunderts wieder mit dem bewährten Intrigenapparat, etwa durch Verknüpfung mit → Nebenbuhlerschaft, deren Spannung in F. ROMANI/V. BELLINIS Oper *Norma* (1831) dadurch gelöst wird, dass die Priesterin Norma sich den Geliebten, den Römer und Landesfeind Sever, durch Selbstaufopferung für die Rivalin zurückgewinnt, eine Restituierung und Enthüllung ihres Bundes, die allerdings nur noch im gemeinsamen Tod auf dem Scheiterhaufen verwirklicht werden kann. Bei E. SCRIBE/E. LEGOUVÉ (*Adrienne Lecouvreur* Dr. 1849) wird die gleiche Motivkombination so gewendet, dass das geheime Verhältnis zwischen dem Herzog von Sachsen und der Schauspielerin durch das vergiftete Bukett zerstört wird, das eine Rivalin dieser schickt. STENDHAL (*La Chartreuse de Parme* R. 1839) nutzte dagegen die Möglichkeit einer Verknüpfung mit dem Motiv des → Keuschheitsgelübdes, das den Geistlichen Fabrice del Dongo hindert, sein heimliches Liebesglück mit Clélia zu einem öffentlichen und dauernden zu machen, und ihn sogar veranlasst, es zu zerstören, indem er der inzwischen Verheirateten sein Kind raubt.

Gegen Ende des 19. Jahrhunderts formierte sich das Motiv zu einem Schema, das die heimliche Liebesbeziehung als Höhepunkt eines sonst unerfüllten oder früh verlöschenden Lebens erscheinen ließ. Um die Einmaligkeit des Erlebnisses und seine elementare Wucht glaubhaft zu machen, wurde der Vorgang fern der Frivolität des modernen Lebens angesiedelt. Für die distanzierend ins 17. Jahrhundert verlegte Binnenhandlung von *Aquis submersus* (Nov. 1876) nutzte Th. STORM und für das in der Bauernwelt Dalarnas spielende Drama *Die Kronbraut* (1902) A. STRINDBERG das Zusammenwirken des Motivs mit dem wahlverwandten des → Liebeskonflikts durch konträre Familienherkunft, das die Hoffnungslosigkeit der Liebe unterstreicht. Sowohl das Kind, das aus der gefahrumdrohten Liebesnacht im Turmzimmer hervorgeht, wie das der Gewissensehe von Kersti und Mats entstammende werden Opfer der durch Druck der Umstände mit Verzweiflung gepaarten Leidenschaft: Bei Storm ertrinkt es im Augenblick des verwirrenden späten Wiedersehens der Partner, bei Strindberg ermordet die Mutter das verheimlichte Zeugnis ihrer Liebesbeziehung, gerade als die Familien im Begriff sind, in die Heirat einzuwilligen. Gesellschaftliche Rücksichten sind es auch, die in Th. HARDYS *Two on a Tower* (R. 1882) ein sozial und altersmäßig ungleiches Paar bestimmen, eine heimliche Ehe einzugehen; die Verheimlichung zieht Betrug und Unglück nach sich. Ganz auf das Einmalige des Liebeserlebnisses gestimmt ist das Schicksal von P. LOTIS junger Türkin (*Aziyadeh* R. 1879), die nur für Stunden aus dem Harem des alten Händlers entkommen kann, um ihre Liebe dem fremden Marineoffizier zu schenken, und dann in den Wirren des Krieges untergeht, von M. HALBES naiv-sinnlichem Annchen (*Jugend* Dr. 1893), die gleich nach der Liebesnacht mit dem Studenten durch die diesem geltende Kugel ihres schwachsinnigen Bruders fällt, und von H. SUDERMANNS Notstandskind Heimchen (*Johannisfeuer* Dr. 1900), das mit dem künftigen Schwiegersohn des Gutsherrn die Erfüllung ihres Lebens erfährt, die von Beginn an den Stempel der Entsagung trägt. Sogar im satirischen Werk C. STERNHEIMS macht sich das »rührende« Motiv geltend, wenn Thekla Hicketier (*Bürger Schippel* Dr. 1913) in dem heimlichen Verhältnis mit einem Prinzen Selbstverwirklichung erlebt und entsagend in ihre kleinbürgerliche Existenz zurückkehrt. Die einmalige Liebeserfüllung in der Mittsommernacht, die schon Sudermann behandelte, kehrt wieder in des Finnen F. E. SILLANPÄÄ Roman *Sonne des Lebens* (1916), während ein ähnliches Erlebnis in M. FRISCHS Drama *Santa Cruz* (1946) als nie zur Frucht gelangtes Versprechen einer Südseenacht den sich später Wiederbegegnenden zur Gefahr zu werden droht. In die einzigartige Situation des Aufbruchs zum Tode stellte A. GOES (*Unruhige Nacht* Erz. 1950) das kurze Glück eines auf dem Wege nach Stalingrad befindlichen Offiziers, der im Schutz eines Feldgeistlichen in dessen Quartier die Hochzeitsnacht mit seiner Verlobten, einer Krankenschwester, begeht. Mit neuem gesellschaftskritischen Zündstoff geladen erscheint das Motiv, wenn H. BÖLL anstelle der herkömmlichen Gegner in Gestalt der Familienangehörigen die Gesellschaft setzt, für die das Liebesverhältnis zu einem sowjetischen Kriegsgefangenen (*Gruppenbild mit Dame* R. 1971), würde es offenbar, ein todeswürdiges Verbrechen wäre und die Liebesnacht mit einem polizeilich Gesuchten (*Die verlorene Ehre der Katharina Blum* Erz. 1974) Anlass zu Hetze und Ehrabschneidung wird, sodass die Geschmähte schließlich zu einer Mordtat Zuflucht nimmt. Auch in B. KIRCHHOFFS personenreichem Roman *Wo das Meer beginnt* (2004) tritt an die Stelle der Familienangehörigen ein Kollektiv, die Lehrerversammlung des Hölderlin-Gymnasiums, das wort- und argumentreich den Fall des bei einer Aufführungsprobe an seiner Partnerin sexuell schuldig gewordenen Schülers Haberland diskutiert.

L. Seibold, Studien über die huote, (Germanische Studien 123) 1932; W. C. Holbrook, Secret Marriage in XVIIIth Century Comedy, (Modern Language Notes 53) 1939; A. Th. Hatto, Das Tagelied in der Weltliteratur, (Dt. Vierteljahrsschrift für Literatur- und Geisteswissenschaft 36) 1962; ders., Eos, An Enquiry into the Theme of Lovers' Meetings and Partings at Dawn in Poetry, Den Haag/London/Paris 1965.

Liebeskonflikt, Der herkunftsbedingte

Zahl und Art der Hindernisse, die sich in literarischen Werken der Vereinigung von Liebenden entgegenstellen, sind unübersehbar. Unter ihnen stehen an erster Stelle die verschiedensten Einwände der Familien, hauptsächlich der Eltern. Widerstände strenger, besserwissender, habgieriger und schrulliger Väter oder auch Mütter, die vielleicht andere Ehen für ihre Kinder vorgesehen haben oder sie sogar für ihre eigenen Zwecke unverheiratet erhalten wollen, werden in der Literatur im Allgemeinen durch listenreiche Intrigen überwunden. Die Sympathien der Autoren und des Publikums sind auf Seiten der Jungen, Liebenden, die sich ohne Skrupel über die selbstischen Einwände der alten Generation hinwegsetzen. Solche heiter lösbaren Konflikte sind vor allem Domäne der Komödie und bilden beispielsweise häufig die Nebenhandlung molièrescher Werke.

Bedeutungsvoller werden Familienwiderstände, wenn sie ein gewisses Maß an objektivem Recht in sich tragen und die den Liebenden entgegenarbeitende Partei nicht Schrullen und egoistische Ansprüche vertritt, sondern allgemeiner gültige Prinzipien, deren Geltung auch die betroffenen Liebenden bis zu einem gewissen Grade anerkennen. Das ist der Fall, wenn die Partner ihrer Herkunft nach verschiedenen Völkern, Parteien, Kasten oder weltanschaulichen Doktrinen angehören, die sie bis zu dem Augenblick, in dem sie von Liebe zu einem der konträren Partei angehörigen Menschen ergriffen wurden, bejahten, sodass sie sich nun in einen echten Konflikt gestürzt sehen, der eine Entscheidung zwischen dem bisher anerkannten Prinzip und ihrem Gefühl verlangt. Sie wird für die Seite fallen, der vom Autor das größere Recht oder die – vielleicht nur vorübergehend – größere Macht zugesprochen wird, auf jeden Fall wird sie von dem sich Entscheidenden ein Opfer fordern oder, wenn er zu diesem Opfer nicht in der Lage ist, ihn zwischen den Parteien zerreiben. Die Entscheidung beinhaltet außerdem häufig eine exemplarische, zukunftsweisende Lösung bei der Auseinandersetzung zweier gegnerischer, über den Einzelfall hinausweisender Prinzipien. Das entwickelte literarische Schema kann auch die Folgen der Entscheidung und eine später einsetzende Reue umgreifen.

Die wahrscheinlich ältere und immer wieder gültige Konfliktlösung ergibt sich da, wo Liebende zwei Familien angehören, die im eigentlichen Sinn des Wortes verfeindet sind, sei es durch eine nationale oder eine private Fehde. Aus dem Zwang und der Verflechtung einer solchen Feindschaft kann sich der junge Angehörige eines Geschlechts schwer lösen, und wenn ihretwegen Blut seiner Familie geflossen ist, wird auch der Liebende kaum glauben, solche Wunden vergessen machen zu können. Er hat nicht nur mit dem geliebten Partner, sondern mit dessen Familie und seiner eigenen zu rechnen, und wenn er auch zunächst hofft, auf die Kraft seines Gefühls und die Unbeirrbarkeit des Partners bauen und diesen vielleicht von dessen Familie isolieren zu können, so brechen möglicherweise eines Tages die alten Gegensätze unversehens und sogar in ihm selbst wieder auf und sind dann nicht mehr zu überbrücken.

Zwei berühmte mythologische Frauengestalten der Antike üben aus Liebe Verrat an ihren Familien und erfahren die Rache des Geschicks. ↑ Ariadne (Hesiod, *Theogonie* 6. Jh. v. Chr.; Apollodors *Bibliotheke* 1. Jh. n. Chr.; Nonnos, *Dionysiaka* 5. Jh.) hilft dem Landesfeind Theseus, ihren Halbbruder, den Minotaurus, zu überwältigen und den Weg aus dem Labyrinth zurückzufinden, und flieht dann mit Theseus, der sie jedoch auf Naxos verlässt; ↑ Medea (EURIPIDES Dr. 431 v. Chr.; APOLLONIUS RHODIOS, *Argonautika* 3. Jh. v. Chr.) steht dem feindlichen Jason beim Raub des Goldenen Vlieses bei, begleitet ihn auf der Flucht, tötet und zerstückelt ihren Bruder Apsyrtos und wirft die Stücke ins Meer, um ihren Vater bei der Verfolgung aufzuhalten, aber die Bindung zwischen den national und kulturell ungleichen Partnern löst sich nach Jasons Rückkehr in die griechische Kulturwelt, und er verstößt seine Frau. Nach einer jüngeren Überlieferung zum troischen Zyklus, die HYGINUS (*Fabulae* 110, 2. Jh.) überliefert, geht der verliebte ↑ Achill unbewaffnet zu einem Stelldichein mit Polyxene, einer Tochter des Trojanerkönigs Priamos, in den Tempel Apolls und erliegt dort einem Anschlag des Paris. Diese Liebe zwischen Feinden inmitten einer kriegerischen Auseinandersetzung, die wohl zur Erklärung der in ihrer Begründung nicht mehr verständlichen Opferung Polyxenes für den toten Achill erfunden wurde, diente in der späteren, an DIKTYS (4. Jh.) anschließenden Stofftradition des ↑ Trojanischen Krieges der trojanischen Königsfamilie als bewusst eingesetztes Mittel, den feindlichen Heros in den Hinterhalt zu locken. Mit Einschränkung sei neben diese Fälle politischer Gegnerschaft von Familien der mögliche Fall einer privaten Feindschaft der Eltern von ↑ Pyramus und Thisbe gestellt, denn OVID (*Metamorphosen* IV 2/8 n. Chr.) gibt keinen Grund für das Veto der Väter gegen eine Verbindung der Liebenden an, deren tragisches Ende mit dem durch den vermeintlichen Tod der Geliebten ausgelösten Selbstmord des Liebhabers schon die Verwicklungen des ↑ Romeo-und-Julia-Stoffes vorwegnimmt.

Die am ↑ Ariadne- und am ↑ Medea-Stoff aufgezeigte Ausformung des Motivs, nach der die Frau dem Feind, in den sie sich verliebt hat, hilft und sich von ihm entführen lässt, kehrt in den germanischen Werbungs- und Brautraubsagen wieder. Der Vater will seine Tochter nicht hergeben und lässt sogar manchmal Boten und Werber des Freiers gefangen setzen und töten, aber die Tochter geht zum Feind über. Die auf einem alten Heldenlied fußende, von SAXO GRAMMATICUS (*Gesta Danorum* um 1200) überlieferte Geschichte von den durch die Kluft einer Sippenfehde getrennten Liebenden Hagbart und Signe gipfelt darin, dass der von Signes Vater im Kampf tödlich verwundete Hagbart sich an dem unerbittlichen Alten rächt, indem er dessen Tochter veranlasst, ihm nachzusterben, wodurch der Vater sein letztes Kind verliert. Auch der verlorene Anfang der ↑ Hilde-Sage lässt die Möglichkeit zu, dass eine Sippenrache zwischen Högni, dem Vater Hildes, und dem Freier Hedin steht, der deswegen nicht um Hilde werben kann, sondern sie entführen muss, sodass nun eine kämpferische Auseinandersetzung unvermeidbar wird, deren tragischer Ausgang später in der mittelhochdeutschen *Kudrun* (um 1240) in ein durch Hildes Vermittlung zustande kommendes versöhnliches Ende abgeändert wurde. Die aus dem Geist des Mittelalters vollzogene Milderung unerbittlicher Auseinandersetzungen zwischen Gleichwertigen erbringt die Verlagerung der Sympathien auf die Seite des Freiers, dem infolgedessen die Heimführung der Braut glückt, während der gegnerische Brautvater in einen Bösewicht verwandelt wird, der im Heldenepos *König Rother* (um 1150) als Typ des hochfahrenden und verschlagenen byzantinischen Kaisers und im vorhöfischen Legendenepos *König Oswald* (Ende 12. Jh.) als ähnlich charakterisierter heidnischer Herrscher den unerwünschten fremden Freiern entgegentritt. Das heidnisch-christliche Gegeneinander der Generationen lebt im höfischen Stoff von ↑ Flore und Blancheflur fort, wenn auch in gemilderter Form, denn Blancheflurs Mutter, die Christin, lebt als gern gelittene Gefangene am Hof des heidnischen Königs von Spanien, und die Gegensätze brechen erst auf, als das gefangene Christenmädchen und der Königssohn Flore sich ineinander verlieben, der König daraufhin seinen Sohn außer Landes schickt und das Mädchen an orientalische Kaufleute verkauft, sodass Flore es erst nach langer Suche wiederfindet und dann als Blancheflurs Gemahl natürlich auch Christ wird. Der Stoff wurde in der französischen Chantefable *Aucassin et Nicolette* (um 1200) unter Verwandlung der Liebesbeziehung in die zwischen einer aus dem islamischen Spanien entführten, bei dem Grafen von Beaucaire lebenden Sklavin und dessen Sohn weiterentwickelt, die vor dem Eheverbot des Grafen fliehen. Humanisiert erscheint der soziale Gegensatz in der *Fridjofs saga* (Ende 13. Jh.). Der Bauernsohn Fritjóf, der gegenüber der Königstochter Ingeborg die von Stand und Sitte gesetzten Grenzen überschritten hat, beweist später Treue gegenüber Ingeborgs Gemahl, König Hringr, sodass dieser ihn zum Erben von Reich und Frau einsetzt.

Die Unerbittlichkeit von Familienfehden gehörte, besonders im Süden Europas, zu den gesellschaftlichen Grunderfahrungen der Renaissance, die daher in dem Motiv erlebte Wirklichkeit gestaltet sah. So wurden die Hindernisse, die eine Vereinigung von ↑ Romeo und Julia schon in der Vorfassung bei MASUCCIO (*Novellino* 1476) unmöglich machen und zum Ausweg der heimlichen → Heirat führen, von L. da Porto (*Historia novellamente ritrovata di due nobili amanti* 1524) mit einer Verfeindung der Familien erklärt und Romeos Tötung eines Bürgers bezeichnenderweise in das todbringende → Duell mit einem Verwandten Julias verwandelt, das dann bei Shakespeare (Dr. 1595), obgleich zur Entlastung Romeos zum Racheakt für den erschlagenen Freund Mercutio gemildert, einen negativen Auftakt der Handlung abgibt, die infolge des durch die Feindschaft der Familien bedingten Zwanges zur Heimlichkeit der → Liebesbeziehung über Täuschung, Betrug und die daraus resultierenden Missverständnisse unter den Liebenden selbst unweigerlich zum tragischen Ende führen muss. Zur gleichen Zeit formierte sich der spanische Nationalstoff vom ↑ Cid in dem *Romancero* (1551) des L. de Sepúlveda. Hier ist allerdings von einer Liebe zwischen Rodrigo und Ximena, die vom König die Hand Rodrigos als Sühne für den Tod ihres Vaters fordert, den Rodrigo im Zweikampf aus Rache für den Raub der Herden seines Vaters erschlug, noch nicht die Rede. Erst G. de Castro (*Las mocedades del Cid* I Dr. 1612) stellte den klassischen Konflikt her, den P. Corneille (*Le Cid* Dr. 1636) psychologisierend und dialektisch zuspitzend übernahm. Grund der Feindschaft sind nicht mehr geraubte Herden, sondern eine Ohrfeige, die Rodrigos Vater von Ximenas Vater erhielt und die nach spanischer Anschauung Rodrigos → Blutrache fordert, der denn auch seine Familienehre über die Liebe zu Ximena setzt und deren Vater im Kampf tötet. Auch Ximena entscheidet sich für die Kindespflicht, fordert vom König das Blut des verdienten Helden, verrät jedoch unwillkürlich ihr wahres Gefühl, kommt damit den Absichten des Hofes entgegen und kann schließlich dem Geliebten die Hand reichen; ein außerordentliches Beispiel von Liebenden, die ihr Gefühl dem Gesetz der Familienehre, nach dem sie angetreten, unterordnen.

Sowohl die Motivkombination von ↑ *Romeo und Julia* wie die des *Cid* fand bewusste oder auch unbewusste Nachfolge. Die Fehde der Familien und andere Züge aus Shakespeares Tragödie wirken nach, wenn bei Th. Dekker/Th. Middleton (*The Honest Whore* Dr. 1604) ein herzoglicher Vater jedem der Liebenden den Tod des anderen vortäuscht, aber, dem Gesetz der Komödie entsprechend, dann doch überlistet wird und beiden seinen Segen gibt. Das vom Staatsdenken faszinierte 17. Jahrhundert zog jedoch im Allgemeinen die politische Feindschaft der privaten vor, und so kehren heroische Züge der Auseinandersetzung nach Art des *Cid* bei Calderón schon im Titel des Dramas *Afectos de odio y amor* (1664) wieder, in dem der treu werbende, aber mit der Schuld am Tode des Vaters der umworbenen Christine von Schweden belastete Kasimir von Russland erst, wie Rodrigo, nach langer Bewährung den Kampf zwischen Hass und Liebe in der Brust der königlichen → Amazone zu seinen Gunsten entscheiden kann, oder steigern sich in J. RACINES *Bérénice* (Dr. 1670) bis zum Verzicht der jüdischen Königin auf den Römer Titus, da der zum Kaiser Ausersehene keine Landfremde heiraten darf und ↑ Berenike sich dem Geliebten in einem höheren Sinn verbunden weiß. Die durch den ↑ Cid-Stoff in der spanischen Literatur in Umlauf gesetzte und schon von Calderón genutzte Nuance, dass der Liebhaber einen nahen Verwandten der begehrten Frau tötet, findet sich sowohl bei J. B. de VILLEGAS (*El discreto porfiado* 1. Hälfte 17. Jh.) wie bei Á. CUBILLO DE ARAGÓN (*Las muñecas de Marcela* 1654), bei denen der Sieger im → Duell jeweils unwissend in das Haus der Verwandten des Getöteten flieht, sich dort in ein Mädchen verliebt, deren nun aufbrechender Konflikt zwischen Rachepflicht und Liebe zum guten Ende geführt wird. Bei F. de ROJAS ZORRILLA (*El médico de su amor* Mitte 17. Jh.) kommt es durch die Zugehörigkeit zu zwei sich bekriegenden Fürstenhäusern sogar zum → Duell zwischen den Liebenden selbst. Um das beliebte Motiv werden auch Intrigen eigens zu dem Zwecke aufgebaut, die Liebe zweier junger Leute als Versöhnerin in einem alten Familienstreit (P. ROSETE NIÑO, *Los bandos de Vizcaya* Mitte 17. Jh.) oder des politischen Gegensatzes zwischen einem Usurpator und dem rechtmäßigen Thronfolger erscheinen zu lassen, der durch die Ehe mit der Tochter seines Gegners wieder in seine Rechte eingesetzt wird. Der vielbändige Roman *Die durchleuchtige Syrerin Aramena* (1669–73) des Herzogs ANTON ULRICH VON BRAUNSCHWEIG löste die Komplikationen, die durch die Feindschaft der Eltern für den Prinzen Marsius und die Prinzessin Delbois entstehen, schließlich dadurch, dass Delbois gar nicht die Tochter des Todfeindes ihres Anbeters ist.

Der Liebeskonflikt durch Verfeindung der Familien – meist an heroischen Geschlechtern, im Allgemeinen an regierenden Häusern, demonstriert – wurde auch in das Schäfermilieu übertragen. Der Hass zwischen den Eltern des Hirten Céladon und denen der Hirtin Astrée (H. d'URFÉ, *L'Astrée* R. 1607–27) führt dazu, dass Céladons Vater den schon als Knaben verliebten Sohn auf eine Reise schickt, eine Trennung, die als Vorspiel der zweiten, von Astrée selbst befohlenen Reise, fungiert. Ph. v. ZESEN (*Die adriatische Rosemund* R. 1645) vergeistigte den traditionellen Konflikt, indem er ihn in die konfessionelle Diskrepanz zwischen der Katholikin Rosemund und dem Protestanten Markhold verwandelte, die, nach der Forderung von Rosemunds Vater, die Töchter aus der Ehe sollten katholisch werden, Markholds Verzicht und Rosemunds Hinsiechen zur Folge hat. Sogar in der bäuerlichen Welt von J. van den VONDELS *De Leeuwendalers* (Kom. 1647) und der danach gearbeiteten *Die geliebte Dornrose* (1661) von A. GRYPHIUS setzte sich das Motiv durch, da das verliebte Paar zunächst erfolglos die starrköpfigen verfeindeten Alten zu erweichen sucht. Als Bauerntum später nahezu etwas Archaisches wurde, tauchte es gerade in diesem Milieu häufig auf.

Das 18. Jahrhundert zog der Variante der verfeindeten Familien die des sozialen Gegensatzes vor. Zwar wurde von der moralischen Erzählung auch das Motivschema der Familienfeindschaft angegangen und, mit der bewährten Verschärfung des Konflikts durch den Tod des Vaters von der Hand des Schwiegersohns, tragisch entwirrt (F. de BACULARD D'ARNAUD, *Les Epoux malheureux* Erz. 1745), aber in den Vordergrund trat es erst wieder, als Sturm und Drang und Romantik, vielfach auf altspanisches und altenglisches Motivgut zurückgreifend, urwüchsigen Antrieben erneut stärkere Aufmerksamkeit schenkten. F. M. KLINGERS berühmtes Drama *Sturm und Drang* (1776) lebt vom verblendeten Hass des Lord Berkley gegen die Familie Bushy, der er das Unglück der Berkleys zuschreibt, sodass eine eheliche Verbindung der jungen Generation unmöglich scheint, Bruder und Liebhaber sich bereits im → Duell gegenüberstehen, als plötzlich der totgeglaubte alte Bushy erscheint und seine Unschuld beweisen kann. H. v. KLEIST weitete das von SHAKESPEARES *Romeo und Julia* übernommene Zentralmotiv in *Die Familie Schroffenstein* (Dr. 1803) zur Tragödie menschlicher Fehlbarkeit aus, der die Liebenden Ottokar und Agnes zum Opfer fallen, indem jeder der Väter das Kind des anderen zu treffen glaubt und das eigene tötet. In KLEISTS *Die Verlobung in San Domingo* (Nov. 1811) ist es der Liebende selbst, der einer solchen Verblendung erliegt, indem der aufflammende feindliche Instinkt gegen die andere Rasse ihn die Rettungsabsicht der Geliebten verkennen und sie töten lässt, wogegen in A. v. ARNIMS *Der tolle Invalide auf dem Fort Ratonneau* (Erz. 1818) das durch den Fluch der Mutter eingesenkte Schuldgefühl der Partner einer deutsch-französischen Mischehe sich durch den todesmutigen Einsatz der Frau für ihren Mann löst und in W. HAUFFS *Das Bild des Kaisers* (Nov. 1828) das Vorurteil eines napoleonfeindlichen Onkels, das die Liebe eines jungen Paares bedroht, durch das positive Gegenbild eines Franzosen ausgeräumt wird. Dagegen erweist F.-R. de CHATEAUBRIAND (*Les Aventures du dernier Abencerage* Erz. 1826), das mittelalterliche Gegeneinander von spanischen Arabern und christlichen Spaniern wiederaufnehmend, dass ein der Familienfeindschaft gebrachtes Opfer des Gefühls gerade den Untergang der Familien besiegelt.

Private Familienfehden als Ehehindernis wurden dann wieder von dem Polen A. FREDRO in der Komödie *Die Rache* (1833) und seinem Landsmann A. MICKIEWICZ in der Verserzählung *Pan Tadeusz oder die letzte Fehde in Litauen* (1834) als zentrales Motiv verwendet. Während die Komödie mit dem alten Trick arbeitet, dass ein Onkel die Nachfahren der feindlichen Familien zu einer Ehe zu zwingen glaubt, die ihnen in Wirklichkeit höchst willkommen ist, findet in der Erzählung eine bewusste und echte Versöhnung statt, wenn die Enkelin eines Ermordeten in Liebe zu dem Sohn des Mörders findet. Als G. KELLER im Zuge des Realismus den ↑ Romeo-und-Julia-Stoff in bäuerliches Milieu übertrug (*Romeo und Julia auf dem Dorfe* Erz. 1856), verlor dieser keineswegs an erbarmungsloser Härte, denn der Bauernsohn Sali schlägt den Vater des geliebten Vrenli zum geistigen Krüppel und verhindert dadurch eine gemeinsame Zukunft, aber der gemeinsame Tod ist hier nicht mehr Verhängnis, sondern bewusst begangener Ausweg aus einem hoffnungslosen Leben. Wie die beiden alten Bauern Kellers durch Prozesse ihren Wohlstand zerstört haben, so ruiniert bei G. ELIOT (*The Mill on the Floss* R. 1860) ein Anwalt einen Müller, und der daraus erwachsende Hass unterhöhlt die Neigung der Kinder.

Das etwas phantastische und »romantische« Motiv der Liebe zwischen Angehörigen verfeindeter Familien setzt sich in der neueren Literatur meist da durch, wo es sich nicht um eine Alltagswelt handelt. Selbst als es E. ZOLA einmal aufnahm (*La Fête de Coqueville* Erz. 1883), geschah es nicht mit einem gesellschaftskritischen Plot, sondern mit einem heiter-irrealistischen, denn die Fischergemeinde, deren führende Familien sich durch Bewilligung einer Heirat versöhnen, ist durch übermäßigen Genuss von Alkohol aus einem havarierten Schiff der Wirklichkeit enthoben. Eine ähnlich schwerelose Atmosphäre strebte sowohl H. SUDERMANNS heitere Erzählung *Jolanthes Hochzeit* (1892), in der die Liebenden gerade noch vom Selbstmord zurückgehalten und das Mädchen aus einer Verzweiflungsheirat gelöst werden kann, als auch E. ROSTANDS Komödie *Les Romanesques* (1894) an, in der sich die Gartenmauer zwischen »feindlichen Häusern« nur als List zur Zusamenführung der Kinder erweist und dann auch das durch diese Erkenntnis ausgelöste Misstrauen in das eigene Gefühl überwunden werden kann. Ernster gemeint als heute aufgefasst war E. v. Wildenbruchs (*Die Rabensteinerin* Dr. 1907) Überbrückung der Feindschaft zwischen dem Geschlecht der Rabensteiner und der Reichsstadt Augsburg durch die Liebe des augsburgischen Eroberers zu der Verteidigerin von Rabenstein, die er vom Richtplatz zur Hochzeit führt, nachdem seine bürgerliche Braut gerade rechtzeitig umgekommen ist. Bewusst spielerisch löst dagegen ein spätes romantisches Drama G. Hauptmanns (*Die Tochter der Kathedrale* 1939) die Zwistigkeiten zweier mittelalterlicher Fürstenhäuser mit der Doppelhochzeit der Kinder. Der Motivtradition mit düsterem Ausgang folgen G. Flaubert (*Salammbô* R. 1863), der die Liebe der karthagischen Priesterin und des aufständischen Nubiers Matho an den politischen Gegensätzen scheitern und Salammbô dem gefangenen und gemarterten Matho nachsterben lässt, und C. F. Meyer (*Jürg Jenatsch* R. 1876), bei dem der politisch-konfessionelle Gegensatz noch durch den schon wiederholt beobachteten Zug verstärkt wird, dass der Vater der Frau mit der gleichen Axt getötet wurde, mit der Lukretia dann schließlich Rache an ↑ Jenatsch nimmt; erst Meyer fügte dem wiederholt behandelten Stoff das Motiv der Liebe zwischen Verfeindeten zu. Unter den gnadenlosen Aspekten des Zweiten Weltkriegs ist Versöhnung kaum denkbar, daher kann der Deutsche Sylvester mit der Französin Sylvaine nur im Sterben zusammenfinden (C. Zuckmayer, *Der Gesang im Feuerofen* Dr. 1950), und das Wissen um solche Gnadenlosigkeit wird auch im antiken Stoff reflektiert, wenn die durch eine List Neros frei gewordene skythische Prinzessin Aktis L. Durrells (*Actis* Dr. 1961), mit dem geliebten römischen Feldherrn Fabius zum zweiten Mal kriegerisch konfrontiert, ebenso in nationalen Fanatismus zurückfällt wie Fabius in römische Pflichtauffassung, die ihn die gefangene Geliebte enthaupten heißt. Durch die merkwürdige Gleichheit eines Details rücken die sonst so unterschiedlichen Motivvarianten des Spaniers J. Echegaray y Eizaguirre (*La esposa del vengador* Dr. 1876) und des Deutschen H. Stehr (*Der Heiligenhof* R. 1918) zusammen: Die Liebe des Mannes aus der feindlichen Familie erlöst das Mädchen von Blindheit, jedoch zu seinem Unglück. In dem Drama erkennt die Geheilte in dem Liebenden ihres Vaters Mörder, der unter falschem Namen um sie geworben und ihr versprochen hat, den Tod ihres Vaters zu rächen, sodass ihm nun trotz Auroras Verzeihung nur der Selbstmord bleibt; das sehend gewordene Heiligenlenlein sieht, dass der Geliebte gemeiner Sinnlichkeit verfallen ist, und sucht daher den Tod im Wasser.

In Bezug auf die Funktion im Kunstwerk, auf Spannungsbildung und Konfliktlösung unterscheidet sich die Motivvariante der Liebe zwischen Angehörigen verschiedener sozialer Schichten nur in wenigen Punkten von dem der Liebe zwischen Angehörigen verfeindeter Familien. Feindschaft ist im Fall sozial unterschiedlicher Familien nicht von vornherein gegeben, sondern erwächst aus Gleichgültigkeit oder sogar einer freundlichen Beziehung erst in dem Augenblick, in dem die Liebe den Konflikt heraufbeschwört. Die Partner der Liebesbeziehung fühlen sich jedoch im Allgemeinen weniger an die Prinzipien ihrer Familie gebunden als im Fall verfeindeter Familien; Standesvorurteile scheinen von ihnen leichter beiseitegeschoben zu werden als vergossenes Blut. Die Variante ist stärker von den sozialen Gegebenheiten der jeweiligen Epoche und den geistigen Reaktionen darauf abhängig, während die der Liebe zwischen Angehörigen verfeindeter Familien eine gewisse Zeitlosigkeit besitzt. Beide Varianten scheinen sich in einer Art Wechselbeziehung zueinander zu befinden: Romantische Epochen bevorzugen die Variante der Familienfeindschaft, realistische die des sozialen Unterschieds.

Die Antike interessierte sich für diese Variante des Motivs kaum. Wo sie etwa in der Komödie angespielt wird, löst man den Konflikt harmonisierend, indem sich der soziale Unterschied der Liebenden als Irrtum erweist. Das ständisch denkende Mittelalter, das keine Komödie besaß, konnte sich einen glücklichen Ausgang des Konflikts nur im Reich des Märchens denken, das HARTMANN VON AUE (*Der arme Heinrich* um 1195) betrat, als er das treue Bauerntöchterchen, das dem Herrn von Aue zur Genesung verholfen hat, diesen Ritter mit Zustimmung von dessen Verwandten und Lehnsleuten heiraten darf – bei aller Betonung ihrer Freibürtigkeit ein Wagnis, das nicht nur sachliche Anknüpfungspunkte in der Familiengeschichte derer von Aue, sondern auch die bewusste Anerkennung inneren Adels durch den Dichter voraussetzt. Das späte Mittelalter bevorzugte eine an historische Fakten anknüpfende tragische Spezies des Motivs in Form der Liebe eines Fürsten, seltener einer Fürstin, zu einem unebenbürtigen Partner. Der Standesunterschied wurde also durch das Moment der Pflicht zu einer politischen Heirat und zur Zeugung ebenbürtiger Nachfahren verschärft, das moralisches Gewicht hatte. Die Sage von ↑ Rosamond Clifford, der Geliebten Heinrichs II. von England, die nach den *Chroniques de Londres* (Mitte 14. Jh.) von der Königin beseitigt wurde, die Geschichte von der ↑ Jüdin von Toledo, die Alfons VIII. von seinen Pflichten abzog und die den Granden zum Opfer fiel (*Crónica general* 1284), von ↑ Inés de Castro, die der Vater des liebenden Infanten Pedro, Alfons IV. von Portugal, enthaupten ließ, von der Baderstochter Agnes ↑ Bernauer, die gleichfalls auf Befehl des regierenden Vaters ihres Mannes zum Tode verurteilt wurde, und von der Bauerntochter Karin Månsdotter, deren Heirat mit ↑ Erich XIV. von Schweden Anlass zu dessen Absetzung und ewiger Gefangenschaft war, bewegten nicht nur in mancherlei literarischer Gestalt die Gemüter der Zeitgenossen, sondern ergaben auch für spätere Zeiten vielbearbeitete Stoffe. Ihre Tendenz ist stets die Mahnung zur Entsagung. Versöhnlicher endet die Sage von Helena, Tochter Kaiser ↑ Heinrichs I. (HAJEK VON LIBOTSCHAN, *Böhmische Chronik* 1541), die mit ihrem nicht standesgemäßen Entführer und Liebhaber in dessen Burg von ihrem Vater belagert wird und diesen durch die Drohung, sie werde mit dem Geliebten sterben, zum Nachgeben bewegt. Dagegen zeigt sich der Vater der jungen Witwe ↑ Ghismonda in BOCCACCIOS Novelle (*Decamerone* IV,1; 1348/53) sowohl aus väterlicher Eifersucht wie aus Missbilligung des unebenbürtigen Geliebten seiner Tochter so enttäuscht, dass er diesen umbringen lässt und dadurch seine Tochter in den Tod treibt, die ehrgeizige Mutter der 8. Erzählung derselben Giornata verursacht durch die Trennung ihres Sohnes von seiner Liebsten beider Tod, und die Brüder von BANDELLOS (*Novelle* I, 26; 1554) ↑ Herzogin von Amalfi sind über die heimliche → Ehe ihrer Schwester mit einem Untergebenen, obgleich die Erbfolge durch einen Sohn aus erster Ehe gesichert ist, so empört, dass sie nicht nur ihn, sondern auch seine Kinder und ihre eigene Schwester ermorden lassen. *La tragedia por los celos* von G. de CASTRO (1569–1631) verwendete die in dieser Mutante mehrfach auftauchende Rolle der Ehefrau als Zerstörerin des Liebesbundes, die hier als inzwischen dem König angetraute Wahrerin ihrer Rechte die Jugendgeliebte des Mannes ersticht, während Lope de VEGA, der auch den ↑ Herzogin-von-Amalfi-Stoff dramatisierte, in einer Komödie (*Nadie se conoce* um 1618) den Konflikt dadurch zu entschärfen wusste, dass der einer Neigung seines Sohnes entgegenarbeitende Vater sich selbst in dessen nicht ebenbürtige Dame verliebt.

Zur gleichen Zeit, in der mit der *Herzogin von Amalfi* eine Lanze für das Recht der Frau auf Selbstbestimmung gebrochen und das vom Standesdenken diktierte Vorgehen der Brüder als empörende Brutalität gekennzeichnet wurde, begegnen in Deutschland erste Zeugnisse einer Diskussion des Liebeskonflikts aus Standesunterschied. J. WICKRAM, bewusst bürgerlicher und bewusst realistischer

Dichter, ließ in *Gabriotto und Reinhart* (R. 1551) zwei adlige Jünglinge am Kummer über die unerfüllbare Liebe zur Schwester des englischen Königs bzw. zur Tochter eines Grafen sterben und die Frauen ihnen im Tod nachfolgen. Er wagte es, in *Der Goldfaden* (R. 1557) den Hirtensohn Leufried die Stufen sozialen Aufstiegs hinauf- und der Ehe mit einer Grafentochter entgegenzuführen; mögen hierbei märchenhafte Bilder vom Hirten und der Königstochter Pate gestanden haben, so spielt sich die Überwindung der Kluft zwischen den Liebenden, die als solche keineswegs angegriffen wird, doch in einer durchaus realen Umwelt ab. Den umgekehrten, ungewöhnlicheren, aber nicht minder »fortschrittlichen« Weg der Bewährung geht der Grafensohn in Th. DEKKERS Drama *The Shoemaker's Holiday* (1600), indem er sich als Schustergeselle in der Werkstatt des Vaters seiner Angebeteten bewährt, als Schuhmachermeister Bürgermeister von London wird und den König bei sich empfängt, der das Paar vereinigt. Komödienhafte Umgehungen einer konsequenten Lösung ließen sich sowohl mit dem aus der Märchensphäre übernommenen Zug erreichen, dass der niedrig Geborene in Wirklichkeit ein Prinz ist, den die Umworbene nach langem Kampf gegen ihre vermeintlich unwürdige Neigung akzeptiert (J. de ZABALETA, *El hechizo imaginado* Mitte 17. Jh.), wie auch in der ironischen Verkehrung dieses Zuges, dem zufolge einer Gräfin durch den Diener ihres Sekretärs vorgetäuscht wird, dieser sei adliger Herkunft (Lope de VEGA, *El perro del hortelano* 1618). Wegen der Wirkung auf die Gestaltung der »ungleichen« Liebe und Ehe im 18. Jahrhundert sei hier MOLIÈRES Komödie *George Dandin* (1668) genannt, bei der es sich nicht um Liebe, sondern um eine von beiden Seiten aus Opportunismus geschlossene Ehe zwischen sozial Ungleichen handelt, deren zerstörerische Wirkung mit dem Selbstmord des Bauern Dandin belegt wird.

Während die Motivvariante für die höfisch ausgerichtete Barockepoche nur geringe Bedeutung hatte, erlebte sie ihre Blütezeit im 18. Jahrhundert, dessen bürgerliche Autoren entsprechend der sich verändernden Stellung von Adel und Bürgertum anfänglich einen höfisch-bürgerlichen, am Ende der Entwicklung einen bürgerlich-höfischen Kompromiss suchten. Zu den seltenen Autoren, die schon am Anfang des Jahrhunderts die Mésalliance uneingeschränkt befürworteten, gehört DESTOUCHES mit *L'Ingrat* (Kom. 1712), der sowohl die Heirat eines gesellschaftlich höherstehenden Mannes mit einer nicht ebenbürtigen Frau wie die einer reichen Bürgerstochter mit einem Adligen harmonisch ausgehen lässt. In Handlungselementen von DESTOUCHES, in der entgegengesetzten Tendenz aber von MOLIÈRES *George Dandin* beeinflusst, zeigt sich der GOTTSCHEDIN Schauspiel *Die ungleiche Heirat* (1745), in dem der reiche, sich ehrgeizig um die Tochter armer Landedelleute bemühende Kaufmannssohn rechtzeitig und jedenfalls vorläufig von seinen Plänen Abstand nimmt und damit vor einem Dandin ähnlichen Schicksal bewahrt wird. Auch das Modellpaar der großen Leidenschaft, J.-J. ROUSSEAUS (*Julie ou la Nouvelle Héloïse* R. 1761) Julie und Saint-Preux, werden in die Schranken des Standesunterschieds zurückverwiesen, selbst wenn Julie durch die Großzügigkeit ihres Mannes die Freundschaft mit dem Jugendgeliebten aufrechterhalten kann. In *Emile* (R. 1762) steckte der Anwalt der Leidenschaften dann die Grenzen ab, innerhalb deren ein Ehekompromiss zwischen den Ständen möglich sei: Er räumte den Eltern ein Mitspracherecht bei der Schließung einer Liebesehe ein und erkannte allenfalls dem Mann die Möglichkeit zu, unter seinem Stand zu heiraten, da er den Gesellschaftsstatus der Familie bestimme, während ein Mädchen durch eine Mésalliance ihren gesellschaftlichen Status verliere. Diesen Richtlinien entsprach etwa VOLTAIRES (*Candide ou l'optimisme* R. 1759) allerdings mit den Augen des fortschrittlichen Sozialkritikers gesehener adelsstolzer westfälischer Baron, der den bürgerlichen Verwandten, der seine Tochter liebt, aus dem Haus wirft, sodass diese erst als Vertriebene und Entehrte mit ihrem Liebhaber wiedervereint wird und mit ihm in einer rousseauschen Idylle ein spätes Glück findet. Speziell in J. M. MILLERS *Siegwart – Eine Klostergeschichte* (R. 1776), in der zwar das bürgerliche Mädchen die Ehe mit dem Adligen durchsetzen kann, ihr Bruder Xaver aber eine Vereinigung mit dessen Schwester nicht erreicht, scheint sich Rousseaus Anweisung niedergeschlagen zu haben. Das unglücklich liebende Paar kostet der Konflikt das Leben, ebenso wie in H. L. WAGNERS *Die Reue nach der That* (Dr. 1775) Adliger und Kutscherstochter der Intrige der adligen Mutter zum Opfer fallen. War D. DIDEROT in seinem bürgerlichen Rührstück *Le Père de famille* (1758) einer konsequenten Lösung des Konflikts noch ausgewichen, indem er die unstandesgemäße Geliebte des Sohnes sich als verwandt und daher ebenbürtig entpuppen ließ, so ging der deutsche Nachahmer O. Frhr. v. GEMMINGEN (*Der deutsche Hausvater* 1780) das Problem ehrlicher an, denn sein Lottchen ist wirklich nicht standesgemäß, und der Hausvater Graf Wodmar gibt die Einwilligung zur Ehe mit seinem Sohn nur, weil dieser ein leichtfertiges Eheversprechen gegeben und das Mädchen schwanger gemacht hat; der menschliche Anstand siegt über das Vorurteil des Vaters, der zugleich jedoch den Rat gibt, dass das Paar sich aufs Land und von der Gesellschaft, bei der es sich in Misskredit gesetzt habe, zurückziehen möge. So kann auch LESSINGS unabhängiger Graf Appiani sich die Ehe mit der Obristentochter leisten (*Emilia Galotti* Dr. 1772), weil er gesellschaftliche Vorrechte zu opfern bereit ist und sich auf seine Güter zurückziehen will. Eine ähnlich zwiespältige Stellungnahme bestimmt die Wiederaufnahme des ↑ Agnes-Bernauer-Stoffes durch A. v. TÖRRING (*Agnes Bernauerin* Dr. 1780), der die Unmöglichkeit einer dauernden Vereinigung der Liebenden durchaus als Verstoß gegen das natürliche Liebesrecht empfindet, sich als bayerischer Patriot jedoch für das Staatswohl und gegen das »Herz« entscheidet, wobei Agnes selbst in ihrem Anspruch auf Albrecht unsicher erscheint und nur das Bürgerglück als seine Ehefrau, nicht die Herzoginwürde anstrebt. Selbst in der extremsten zeitgenössischen Formulierung des Motivs, SCHILLERS *Kabale und Liebe* (Dr. 1784), findet sich diese konservative Haltung der bürgerlichen Frau: Luise will nicht die hergebrachte Ordnung stürzen und lieber ihr irdisches Glück opfern, während Ferdinand, der Adlige, der eigentlich mehr aufzugeben hat, als → Rebell gegen die Vorurteile auftritt, sich daher von Luise im Stich gelassen glaubt und der Intrige Wurms erliegt. Während sich gleichzeitig A. W. IFFLAND (*Verbrechen aus Ehrsucht* Dr. 1784) für das Scheitern des jungen Ruhberg an der Liebe zu einer Adligen nahezu der Argumente der Gottschedin bedient, steht wenig später gegen solche Voreingenommenheit, aber auch gegen Luises Ängstlichkeit die schöne, weder ständisch noch moralisch eingeengte Herzensüberlegenheit von GOETHES Klärchen (*Egmont* Dr. 1788): »Verworfen! Egmonts Geliebte eine Verworfene! Welche Fürstin neidete nicht das arme Klärchen den Platz an seinem Herzen!«

Der Konflikt erscheint vertieft, wo er nicht als äußerer Zwang, sondern als Gewissensprüfung erlebt wird: Der Held von S. RICHARDSONS *History of Sir Charles Grandison* (R. 1753–54) verweigert die von der Familie der katholischen Geliebten verlangte Konversion, und Clementina versagt sich ihm schließlich nach schwerer Krise aus Glaubenstreue.

Auch in der deutschen Klassik erhielt sich das Motiv, nicht nur in Randstellung und in stumpfer Funktion wie in SCHILLERS *Wallenstein* (Dr. 1798/99), da das unglückliche Ende der Liebe zwischen Max und Thekla ja nicht durch das Veto des ehrgeizigen Wallenstein, sondern durch Piccolominis Abkehr von dessen verräterischer

Politik ausgelöst wird, sondern auch in zentraler Funktion für die Position des Helden in GOETHES *Torquato Tasso* (Dr. 1790): Tasso verschließt sich der Einsicht der Prinzessin nicht, dass nur eine Beschränkung der Liebeserfüllung auf das ständisch Mögliche ihren Bund erhalten kann und daher nur erlaubt ist, was sich ziemt, aber er vergisst im Überschwang die gesetzte Grenze, nimmt als erlaubt, was gefällt, und zerstört so die Beziehung. Der Respekt vor der ständischen Ordnung, der am historischen Stoff nicht befremden konnte, behielt seine Gültigkeit jedoch auch im zeitgenössischen Stoff, wie aus dem Wunsch SCHILLERS erkennbar wird, die drei »Mesalliancen«, mit denen GOETHES *Wilhelm Meisters Lehrjahre* (R. 1795/96) schließen, möchten durch eine Erklärung des Aristokraten Lothario dem Publikum gegenüber gerechtfertigt werden.

Die Romantik bevorzugte das Motiv des Konflikts zwischen verfeindeten Familien und lokalisierte die durch Standesunterschied gegebenen Konflikte meist außerhalb der modernen Gesellschaft. Nur in märchenhaftem Rahmen ist die Verbindung des Ritters Wetter vom Strahl (H. v. KLEIST, *Das Käthchen von Heilbronn* Dr. 1808) mit der Bürgerstochter möglich und auch nur dadurch, dass sie sich als illegitime Tochter des Kaisers erweist. Gut illustrierbar waren Ungerechtigkeit und Tragik des Standeskonflikts an der Figur des indischen Paria, die sich das ausgehende 18. Jahrhundert als Symbol für die rechtlosen Klassen geschaffen hatte, als etwa J.-H. Bernardin de SAINT-PIERRE in *Le Chaumière indienne* (Erz. 1790) eine Brahminin schilderte, die den Glanz ihrer Kaste mit dem Elend an der Seite eines Paria vertauscht und dennoch glücklich wird. Auf eine derartige Idyllisierung verzichteten sowohl C. DELAVIGNE (*Le Paria* Dr. 1821), als er den verkappten, als Krieger verdienten Paria vom Volk steinigen und seine vornehme Braut sich zu ihm und seinem Vater bekennen ließ, wie M. BEER (*Der Paria* Dr. 1823), als er Paria und Radschatochter zu Opfern der Verfolgung durch deren Bruder machte. Beer symbolisierte im Paria zugleich das Judentum, und L. BÖRNE übernahm seinen Plot daher ohne indische Kostümierung (*Der Roman* Nov. 1823). Auch die Duchesse de DURAS kaschierte den selbsterlebten Standeskonflikt bei der ersten Gestaltung (*Ourica* R. 1823; dramatisiert von I. F. CASTELLI 1826, von P. HEYSE 1852) als Konflikt zwischen einer Farbigen und ihrem weißen Jugendgeliebten, während sie in ihrem nächsten Roman *Edouard* (1825) unverschleiert die Liebe zwischen Herzogin und Bürgerlichem behandelte, die mit dem Eingreifen der feindlichen Umwelt, Entsagung und Tod endet. Die mit dem Kastenwesen oder mit Rassenunterschieden gegebene Vertiefung der Kluft ließ sich auch durch Übertragung auf die Bedingungen der russischen Leibeigenschaft erreichen, durch die E. RAUPACH (*Isidor und Olga* Dr. 1825) die reißerischen Effekte eines Wettkampfs des legitimen und des illegitimen, von einer Leibeigenen geborenen Sohnes um den Besitz einer Frau gelangen, bei dem die Frau sich der Befreiung des Leibeigenen zum Opfer bringt. Auf dem Rassengegensatz wiederum basiert der Liebeskonflikt in F. M. PIAVE/G. VERDIS Oper *Die Macht des Schicksals* (1862), in der sich erneut der Zug des vom Liebhaber getöteten Vaters der Frau geltend macht, dessen rächender Sohn die Vereinigung des Paares verhindert.

Die Neigung, das aktuelle Problem durch Verlegung der Handlung in ein soziales Abseits zu dämpfen, führte zu dessen wichtiger Stellung in der sog. Dorfgeschichte, in der es entweder um den Gegensatz von reichem und armem Bauer (M. MEYR, *Wilhelm und Rosina* Verserz. 1835; J. GOTTHELF, *Geld und Geist* R. 1844) oder von Adel und Bauerntum (K. IMMERMANN, *Der Oberhof* Erz. 1838) geht; der Autor des *Oberhof* geht dadurch einer echten Lösung aus dem Wege, dass er die Handlung nur bis zur Eheschließung führt und die angedeutete Problematik der Ehe nicht darstellt. Ehrlicher und realistischer schildert der Provenzale F. MISTRAL (*Mirèio* Epos 1859) das vergebliche Ringen einer Bauerntochter um ihre Verbindung mit einem armen Korbflechter.

Spätromantische elegische Darstellungen zum Scheitern bestimmter Liebe zwischen Hoch und Niedrig finden sich bei dem Spanier J. E. HARTZENBUSCH (*Los amantes de Teruel* Dr. 1837), der im Rückgriff auf *Decamerone* IV, 8 den in der sozialen Hierarchie aufgestiegenen Liebhaber einen Tag zu spät zu der wartenden Frau zurückkehren lässt, bei V. HUGO (*Ruy Blas* Dr. 1838) als Neigung zwischen dem armen Studenten und der Königin, bei dem Portugiesen J. B. de Almeida GARRETT (*Um auto de Gil Vicente* Dr. 1838) als die zwischen Dichter und Infantin und noch in Th. STORMS Rahmennovelle *Aquis submersus* (1876) als Leidenschaft des Malers zu der Tochter seines adligen Gönners. Optimistisch-versöhnliche Lösungen des gleichen Konflikts geben GARRETT in einer Mutante des schon angegangenen Problems (*O alfageme de Santarém* Dr. 1842) mit der Erfüllung findenden Liebe zwischen einem Mädchen aus der Akademikerschicht und einem Schmied, J. V. v. SCHEFFEL in seiner einst beliebten Verserzählung *Der Trompeter von Säckingen* (1854), in der ein Burgtrompeter, nachdem er Marchese geworden ist, das Burgfräulein doch noch erringt, und R. D. BLACKMORE in dem ebenfalls populären Roman *Lorna Doone* (1869), der den Bauern auch erst zum Ritter avancieren lässt, ehe er ihn mit der Tochter des Adligen vereint.

Der zuerst von J. N. NESTROY (*Zu ebener Erde und erster Stock* Posse 1835) wieder in die zeitgenössische Wirklichkeit verlegte und durch lustspielhafte Vertauschung der wirtschaftlichen Situation von Parvenü und Kleinbürger gütlich gelöste Konflikt nahm im späten 19. Jahrhundert wieder ungeschminkt zeitkritische Tendenz an. Diese erhöhte sich bei F. M. DOSTOEVSKIJ (*Uniženneye i oskorblënnye/ Die Erniedrigten und Beleidigten* R. 1861) zu psychologisch fundierter Darstellung menschlichen Fehlverhaltens, wenn ein Fürst, der einst seine nicht standesgemäße Geliebte verließ und sie und ihr Kind der Armut preisgab, nun die Verbindung seines willensschwachen Sohnes mit einem sozial unter ihm stehenden Mädchen verhindert. In der deutschen Literatur kleidet sich das Thema häufig in den Zwiespalt zwischen Junker oder Offizier und Mädchen aus dem Volke (F. LEWALD, *Wandlungen* R. 1853). Th. FONTANES *Irrungen, Wirrungen* (Nov. 1887) löst ihn mit einsichtsvollem, aber nie vernarbendem Verzicht auf beiden Seiten, seine *Stine* (Nov. 1890) mit dem Selbstmord des Adligen, und auch der junge Offizier bei O. E. HARTLEBEN (*Rosenmontag* Dr. 1900) findet nicht den Mut, sich gegen die Konvention und die drohende Vernunftehe aufzulehnen, der beide Liebenden den Tod vorziehen. Dagegen fügte A. SCHNITZLER (*Liebelei* Dr. 1895) zu der sozialen Kluft die gefühlsmäßige Halbheit des Mannes, der sich daher dem Typ des → Verführers annähert, im → Duell wegen einer anderen »Liaison« fällt und das Mädchen mit in den Tod reißt. Auf dem Niveau der Trivialliteratur tut nicht immer nur das Happy End seine Wirkung (W. HEIMBURG, *Lumpenmüllers Lieschen* R. 1879), sondern auch die sentimentale Verzichtlösung, mit Gründen der Staatsräson eines Duodezfürstentums untermauert (W. MEYER-FÖRSTER, *Alt-Heidelberg* Dr. 1901). Was hier ernst gemeint war, wirkt doch ungleich ernster, wenn im Rahmen der antibürgerlichen Satire C. STERNHEIMS (*Bürger Schippel* Kom. 1913) Thekla Hicketier als einzige nichtkarikierte Gestalt in der heimlichen → Liebesbeziehung zu einem Fürsten Selbstverwirklichung erfährt und entsagend in ihre kleinbürgerliche Existenz zurückkehrt. H. SUDERMANN (*Die Ehre* Dr. 1889) wiederholte NESTROYS Zwei-Stockwerke-Thema in der modernen Mutante Vorderhaus–Hinterhaus und verlieh der Tochter aus dem Vorderhaus sowie dem Sohn aus dem Hinterhaus die Kraft, sich aus ihrem Milieu zu lösen und eine Ehe einzugehen, während die Beziehung des Vorderhaus-Sohnes zu der Hinterhaus-Tochter ein durch Abstandszahlung geregeltes »Verhältnis« bleibt. Noch in der Erfolgsgeschichte der Marie Katz, mit der Th. Hürlimann (*Vierzig Rosen* 2006) nach *Der große Kater* (1998) und *Fräulein Stark* (2001) sein Familienepos abschließt, beruht die Spannung auf der Überlebenskunst und der Anpassungsfähigkeit der einer Oberschicht angehörigen liebenden Frau, ohne die der etwas plumpe Aufsteiger Max nie Regierungschef geworden wäre.

Das 20. Jahrhundert demonstrierte die Motivvariante, weil vielleicht durch die schwindende Bedeutung von Ständen und Klassen überholt, vorwiegend an geschichtlichen Fällen oder an extremen Situationen des modernen Lebens. Bei W. v. Scholz (*Perpetua* R. 1926) gibt sie der Romanhandlung eine entscheidende Wendung, da der Junker, der Maria liebt, aber von ihrer Zwillingsschwester Katharina bestrickt wird, beide aus Standesgründen verlässt und sich mit einer Adligen verlobt. Wie nahezu alle Herrschergestalten, für deren literarische Behandlung das Motiv relevant ist, kann auch ↑Heinrich IV. (H. Mann, *Henri Quatre* R. 1935–37) seine Geliebte, Gabrielle d'Estrées, nicht heiraten und ihren Tod nicht verhindern. Überhaupt scheint trotz der Ausräumung von Vorurteilen der Glaube auch moderner Autoren an ein Glück auf einer diesen Vorurteilen enthobenen Ebene nicht groß, nur dass jetzt weniger äußere Widerstände als in den Liebenden selbst liegende Hemmungen als zerstörerisch angesehen werden. Der norwegische Bauernsohn (O. Duun, *Die Juwikinger* R. 1918–23), der entgegen der Sitte ein Mädchen mit Lappenblut geheiratet hat, kann später den Makel auf seinem Ansehen nicht ertragen und verstößt Frau und Kind, die durch einen von seinem Bruder arrangierten Unfall umkommen; die Weiße Ella und der Farbige Jim (E. O'Neill, *All God's Chillun Got Wings* Dr. 1924), die gegen den Widerstand der Umwelt heirateten, erleben beide den Rückfall in ihre angeborene Wesensart, der zu Entfremdung, Hass und Wahnsinn führt; die Gewissensehe der reichen Bauerntochter mit dem Häuslersohn (O. Gullvaag, *Es begann in einer Mittsommernacht* R. 1937) führt trotz Überwindung wirtschaftlicher Schwierigkeiten zu seelischen Belastungen, die die einstmals Liebenden auseinandertreiben. Dagegen zerstört nach altem Muster in der *West Side Story* von A. Laurentz/L. Bernstein (Musical 1957) Gruppenhass die Liebe zwischen einem Weißen und einer Farbigen. Jedoch kann auch das Gegenteil, der Verrat am Gefühl und der Verzicht auf eine Erfüllung der Liebe, Unglück nach sich ziehen, wenn die aus Rücksicht auf Privilegien und wirtschaftlichen Wohlstand unterdrückte Leidenschaft sich Bahn bricht und alle von der Fehlhaltung Betroffenen in den Abgrund reißt (F. García Lorca, *Bodas de sangre* Dr. 1933).

E. Castle, Die Isolierten – Varietäten eines literarischen Typus, 1899; O. Fuhlrott, Das Motiv der ungleichen Heirat in der deutschen Dramatik des 18. Jahrhunderts, Diss. PH Potsdam 1966.

Liebesnacht, Die heimliche → Liebesbeziehung, Die heimliche

Mädchen, Das verlassene → Verführer und Verführte

Märtyrer

Das griechische Wort »Martyros«, das lediglich »Zeuge« bedeutet und im frühen Christentum zunächst für die Apostel als Zeugen des Lebens Jesu galt, wurde um das Jahr 100 auf diejenigen Christen übertragen, die ihren Glauben trotz Verfolgung bezeugt hatten, und dann im 2. Jahrhundert auf diejenigen eingeengt, die – im Unterschied zu den »Confessores«, denen dieses letzte Opfer erspart blieb – für das Bekenntnis ihres Glaubens den Tod erlitten hatten, also »Blutzeugen« geworden waren. Seit dem 3. Jahrhundert wurden die Märtyrer als Fürsprecher und Heilige verehrt; ihre Worte galten als von Gott inspiriert und ihre Sünden als vergeben. Das Martyrium bedeutet die Vollendung gläubigen Lebens und ist, wie das des Vorbildes Christus, nur durch die Kraft des Heiligen Geistes vollziehbar. Die katholische Kirche hat die Anerkennung als Märtyrer nicht auf die Glaubenshelden der Frühzeit beschränkt, sondern erkennt auch das Märtyrertum neuzeitlicher Personen an.

Im Allgemeinen schließt Märtyrertum – dem christlichen Gebot der Friedfertigkeit entsprechend – den Tod auf dem Schlachtfeld als Blutzeugnis aus und verlangt ein passives, gewaltloses Bekennertum, dessen Größe gerade darin besteht, dass es der Unterdrückung nur das Wort und das Handeln nach diesem Wort entgegensetzt. Dennoch stilisierte christliche Dichtung in Zeiten, die das Christentum mit der Waffe verbreiten oder verteidigen zu müssen glaubten, den Miles christianus, der im Kampf gegen Ungläubige fällt, gern als Märtyrer. ↑ Roland und sein Freund Olivier in der französischen *Chanson de Roland* (um 1100) und vor allem im deutschen *Rolandslied* des Pfaffen Konrad (um 1170) werden als Märtyrer aufgefasst, und Wolfram von Eschenbach (*Willehalm* um 1215) sah in dem diesen alten Heidenbekämpfern verwandten Vivianz, der im Kampf gegen die Mauren fällt, einen Märtyrer. Wie den Kämpfern gegen die Mohammedaner in Spanien, so war später den Teilnehmern an den Kreuzzügen, wie WALTHER VON DER VOGELWEIDE in seiner *Elegie* (1227/28) verheißt, die Märtyrerkrone gewiss. Unter ähnlicher Perspektive wie der des *Rolandsliedes* wurde in der serbokroatischen Heldendichtung die Niederlage gegen die Türken auf dem Amselfeld in späterer Zeit mehr christlich als national akzentuiert; daher wählen im *Lied vom Untergang des serbischen Reiches* die Helden statt des irdischen Reiches das himmlische. Indessen vermied es zur Zeit der Renaissance TASSO in seinem Kreuzfahrerepos *La Gerusalemme liberata* (1580), die Idee des Märtyrertums über die des Rittertums zu stellen. Für die Entwicklung des Märtyrer-Motivs hat das des christlichen Ritters kaum Bedeutung, da der Typ ganz andere psychologische Merkmale hat und mit anderen Personenkonstellationen arbeitet.

Dagegen lässt sich der Begriff des Märtyrers ohne weiteres auch außerhalb des religiösen Geltungsbereichs auf Personen anwenden, die sich entweder vor Entstehen der christlichen Religion oder später unabhängig von ihr zu ihren philosophischen oder moralischen Lehren bekannten und dieses Bekenntnis mit dem Tod besiegelten. Der Geltungsbereich des Typus ergibt sich durch den – allerdings hauptsächlich durch das Christentum vertretenen – Standpunkt der Gewaltlosigkeit, der zum Wesen des Märtyrers gehört. Märtyrertum reinster Prägung repräsentiert schon mehrere Jahrhunderte vor Christus die Heldin der *Antigone* (441 v. Chr.) des SOPHOKLES, die trotz des Bewusstseins ihrer Ohnmacht entgegen dem Verbot des Machthabers das tut, was ihr Bruderliebe, Pietät und Humanität gebieten, und für ihr Handeln mit dem Tod einsteht. In ihrer Auseinandersetzung mit Kreon kristallisiert sich bereits die für das Motiv kennzeichnende Position Märtyrer–Tyrann heraus. Zu Recht kann man daher die an Senecas Stil orientierte Übersetzung der *Antigone* durch M. OPITZ (1636) als erstes deutsches Märtyrerdrama bezeichnen. Auch PLATONS Darstellung des Endes seines Lehrers ↑ Sokrates (*Apologia* und *Kriton* vor 388, *Phaidon* 388/366) ist mit der Verteidigungsrede vor den Geschworenen, dem darin enthaltenen Credo, der Entschlossenheit, auch im Angesicht des Todes auf dem gottgewollten Auftrag zu beharren, und dem Gespräch mit einem treuen Anhänger sowie der im *Phaidon* gegebenen Schilderung eines Augenzeugen vom standhaften Tod eine in allen Zügen mit der späteren Entwicklung übereinstimmende antike Formung des Märtyrer-Motivs, nur dass dem Gegenspiel, das für Platons Absichten uninteressant war, kaum Platz eingeräumt wird. SENECA, gleichfalls Opfer seiner philosophischen und politischen Haltung, verwandte in einigen seiner Dramen Züge stoischer Bewährung im Leiden – den selbstgewählten Flammentod im *Hercules Oetaeus*, die sühnende Selbstblendung im *Oedipus* und vor allem die freiwillige Annahme des verhängten Todes durch Polyxena in den *Troades* –, die zwar nicht voll dem Märtyrertum entsprechen, aber entscheidende Vorbilder für die Entwicklung des Motivs in der Tragödie des 16. und 17. Jahrhunderts ergaben.

Wie der Tod des Sokrates und des Seneca, so enthielt auch der anderer antiker Philosophen (Anaxarchos, Thrasea Phaetus, Helvidius Priscus, Rubellius Blandus), die für ihre Überzeugung starben und von denen scharfe, verurteilende Worte an die sie hinrichtenden Tyrannen überliefert sind, Ansatzpunkte zu literarischer Behandlung; es ist sogar anzunehmen, dass es eine spezielle Literatur über Opfer der Tyrannei gegeben hat, die Verachtung des Todes bewiesen.

Dennoch ist ein Einfluss dieser heidnischen »Präfigurationen« auf die christliche Märtyrerliteratur wenig wahrscheinlich; die Verwandtschaft der Zeugnisse beruht eher auf der Gleichheit der Grundsituation und des prozessualen Vorgangs. Die Akten christlicher Märtyrer, d. h. die Berichte von Augenzeugen oder doch Zeitgenossen über die Verurteilung und das Sterben christlicher Blutzeugen zur Zeit der Christenverfolgungen in Kleinasien, Ägypten, Karthago und Rom sind ein spezielles Genre christlicher Literatur, das in der Form eines Protokolls, Briefes oder auch kleinen Buches das Geschehnis berichtete, um die Erinnerung an Menschen und Ereignisse wachzuhalten, die man für beispielhaft hielt. Zentrales Geschehen ist – nach dem Muster des Prozesses Christi und des ersten Märtyrers Stephanus (*Apostelgeschichte* 6 u. 7) – die Gerichtsverhandlung mit dem Dialog zwischen Richter und Angeklagtem. Die Märtyrerakten sind ein spontanes Produkt der Situation und besitzen Wirklichkeitsnähe; man erkennt individuelle Züge und das jeweils Besondere des Milieus. Ob ihnen ein offizielles Dokument, ein amtliches Protokoll oder eine private Mitschrift, zugrunde lag, ist unsicher; dieses Dokument war dann aber jedenfalls durch mehrere Hände gegangen und hatte Retuschen erhalten, bis es sich aus einem juristischen Beweisstück zu Erbauungsliteratur entwickelt hatte und völlig auf die Person des Märtyrers konzentriert worden war.

Aus dem historischen Rohmaterial der Märtyrerakten erwuchs unter der seit Konstantin gänzlich veränderten Situation der Kirche auf der einen Seite eine durch Rhetorik und Sophistik beeinflusste

Kunstdichtung in Gestalt panegyrischer Märtyrerliteratur, vor allem in Form des Enkomions, das den Jahrestag des Märtyrertodes feierte und liturgischen Aufgaben diente. Solche Märtyrerdichtungen sind in den Werken des BASILIUS, EPHREM, GREGOR VON NAZIANZ, GREGOR VON NISSA und JOHANNES CHRYSOSTOMOS zu finden. In dieser Gattung wurden die speziellen Umstände des Märtyrerlebens als bekannt vorausgesetzt, die individuellen Eigenschaften ins Typische verwandelt. Nach den Zeugnissen der Märtyrerviten besitzen sie alle unbesiegbare Standhaftigkeit und übermenschlichen Mut, ihre Seele bleibt von den Qualen des Leibes unangefochten, und sie gehen zur Folter, die zum unabdingbaren Bestandteil des Märtyrertodes wurde, wie zu einem Fest.

Auf der anderen Seite entstanden aus dem gleichen Rohmaterial ebenfalls der Verherrlichung dienende erzählerische Märtyrerpassionen anonymer Herkunft, die auf jeden überhöhenden Ausdruck verzichten, kunstlos bis zur Schematik das Märtyrerschicksal als »wahre Begebenheit« erzählen und den Stil der Märtyrerakten ungeschickt nachahmen. Wie die Panegyrik stellen sie den Märtyrer als Menschen von übernatürlicher Größe dar, der deutlich im Schutz des Himmels steht; aber im Gegensatz zu der hymnischen Dichtung formen sie ein spezifisches, persönliches Märtyrerschicksal als Stoff, dessen Schema weiterwirken konnte. Personen der Handlung sind der Märtyrer mit seinen Gefährten und Anhängern, auf der Gegenseite als Richter der römische Kaiser, ein Prokonsul oder Magistratsbeamter, neben ihm Soldaten und Henker, dazu Zeugen und Zuschauer. Auch der Kaiser und seine Macht sind ins Überlebensgroße gesteigert, sodass aus Furcht vor ihm der Vater den Sohn, der Bruder den Bruder und der Freund den Freund denunziert. Die richtende Instanz zeichnet sich durch mangelnde Selbstbeherrschung und Zornausbrüche aus. Der Prozessablauf ist einfach, da der Angeklagte sofort gesteht. Auf sein Geständnis folgen weitere Drohungen des Richters, der die Haltung des Bekenners durch Folterung zu ändern sucht. Häufig wird der Prozess abgebrochen und vor einer höheren Instanz fortgeführt. Das Schicksal des Angeklagten entscheidet sich meist durch die Weigerung, den Göttern zu opfern oder bei ihnen zu schwören. Sein Ton den Richtern gegenüber ist überlegen, aufreizend, beleidigend. Sein retardierendes scheinbares Nachgeben kann die Funktion haben, dass auf sein Gebet hin Götterbilder stürzen und zerbrechen. Reden, Gebete, Visionen, übernatürliche Eingriffe und Wundertaten verlängern die Handlung. Der Märtyrer geht aus den ärgsten Folterungen gestärkt hervor, der Typ des »Märtyrers vom unzerstörbaren Leben« steht sogar vom Tod wieder auf. Zeugen oder Zuschauer werden bekehrt und gehen dem Hauptangeklagten im Tod voran, dessen Ende sogar oft durch Reue und Bekehrung des Richters, dem der Märtyrer sterbend vergibt, erhöht wird.

Diese durch Tradierung variierten, nach liturgischen Erfordernissen abgeänderten und auch von einer Gestalt auf die andere übertragenen Passionen bilden das Stoffreservoir christlicher Märtyrerdichtung, die als gelesene oder vorgelesene Erbauungsliteratur im Mittelalter verbreitet war und in den Legendensammlungen erfasst wurde (*Passiones et vitae Sanctorum* 7. Jh.; VINCENT DE BEAUVAIS, *Speculum majus* 13. Jh.; JACOBUS DE VORAGINE, *Legenda aurea* um 1270; *Passional* um 1300). Im Mittelalter wurden verhältnismäßig wenige Märtyrerviten zu Kunstdichtungen von Rang verwandelt, während rührende und liebliche Legendengestalten eher Eingang in die gehobene Literatur fanden. So ist es zum Beispiel bezeichnend, dass HROTSVITH VON GANDERSHEIM außer der als Patronin der Jungfrauen unabdingbaren heiligen Agnes nur unbedeutende, aber romanhafte Märtyrerfiguren zur Behandlung auswählte. Entsprechend dem Programm der dichtenden Nonne geht es bei ihren Legendengestalten nicht nur um christliches Bekennertum, sondern ebenso sehr um Wahrung der Virginitas, für die im Extremfall auch das Martyrium erlitten wird, ob es sich nun im Erzählzyklus (vor 962) um den Widerstand des schönen Jünglings Pelagius gegen die Gelüste eines Kalifen, um die Wahrung der geistigen Integrität des in Paris als Märtyrer sterbenden Dionysius, um die wegen Opferverweigerung in einem Bordell preisgegebene Agnes handelt, der niemand Schimpf anzutun wagt, oder im dialogisierten Zyklus (nach 962) um den Feldherrn Gallicanus, der nach seiner Bekehrung auf die Ehe verzichtet, um ein gottgefälliges Leben zu führen, und unter Julian Apostata getötet wird, um die Leiden dreier Schwestern, die zwar auf wunderbare Weise vor Schande bewahrt bleiben, aber ihr Leben hingeben, oder um die allegorische Mutante einer Märtyrerfigur in dem Schlusswerk der Hrotsvith, *Sapientia*, in dem die drei Töchter der Titelheldin, Fides, Spes und Caritas, ihre Opferverweigerung mit dem Tod büßen. Die hier programmatische Verknüpfung mit dem Motiv der → Frauennötigung taucht in der Tradition des Motivs immer wieder auf. Der nach der Überlieferung aus Kappadozien stammende, unter Diokletian zu hohen militärischen Ehren aufgestiegene St. Georg, Typ des Märtyrers vom unzerstörbaren Leben und – schon vor der Anreicherung durch das

Drachentöter-Motiv – eine der beliebtesten Heiligengestalten des Mittelalters, war bereits 896 Gegenstand einer Hymne (*Georgslied*), die zugleich auch Vita war und seine Standhaftigkeit vor Gericht pries. Bei Reinbot von Dürne (nach 1231) erschien St. Georg als höfischer Gottesstreiter, dessen Rittertum aber mit der widerstandslosen Hinnahme der Martern ebenso motivgerecht in Märtyrertum umschlägt wie die an Wolfram von Eschenbach orientierte maßvolle Haltung des heidnischen Gegners in die stereotype des blindwütigen Teufelsdieners. Weiter ragen die wegen ihres Vorlebens als → Kurtisane interessante Afra (Venantius Fortunatus, *Vita S. Martini* um 575), die das heidnische Opfer ebenso verweigert wie die zu elffacher Marterung verurteilte Martina (Hugo von Langenstein 1293), der durch wunderbare Heilungen auffällige, unter Maximilian gemarterte Arzt Pantaleon (Konrad von Würzburg um 1277), die eine Ehe mit einem Heiden verweigernde Margarete (Anon. um 1160/70; Wetzel von Bernau, nicht erhalten, um 1235) und der in die Reihe christlicher Märtyrer einbezogene ↑ Johannes der Täufer (Anon., *Johannes Baptista* um 1130) durch Viten von höherem literarischen Rang hervor.

Erst das Barock war die große Zeit der Märtyrerdichtung. Sie wurde zuerst von der Gegenreformation getragen und war als Mittel gedacht, die abtrünnige Christenheit wiederzugewinnen; aber auch protestantische Autoren griffen das der herrschenden Weltanschauung des christlichen Stoizismus entgegenkommende Motiv auf, dem sich die vom Zeitgeschmack bevorzugten krassen Farben und starken Spannungen abgewinnen ließen. Die Gegensätzlichkeit von leidversessenem Märtyrer und blutdürstigem Tyrannen verführte dazu, das Motiv vor allem in dramatischer Form zu präsentieren und welthistorisch interessante Partner auf die Bühne zu bringen: ↑ Johannes der Täufer (C. Buchanan, *Baptistes* 1544) hatte den schon im mittelalterlichen Drama zum Muster des Tyrannen ausgeformten Herodes zum Gegenspieler, Petrus (C. Rouillet, *Petrus* 1556) und ↑ Paulus (J. van den Vondel, *Peter en Pauwels* 1641) den als Christenverfolger bekannten Nero, die schon in Hrotsviths *Gallicanus* auftauchenden Märtyrer Johannes und Paulus den abtrünnigen Kaiser ↑ Julian (H. Drexel, *Summa der Tragödien von Kaiser Juliano* 1608). Die Gegensätze verstehen sich auf höherer Ebene so, dass der dem Heil aufgeschlossene Märtyrer die Werte dieser Welt als untergeordnet ansieht und deswegen auch das Leiden durch die Welt ertragen kann, die römischen Kaiser und ihre Handlanger sich aber durch die Welt der Erscheinungen blenden lassen, die Christen in falscher

Auslegung des Staatsinteresses verfolgen und damit unwissentlich die Sache des Christentums fördern. Auch weniger bedeutende Gestalten aus der Märtyrergeschichte waren von Interesse, wenn ihre Vita eine interessante Motivkombination bot, wie die des Eustachius (B. BARO, *Saint-Eustache martyr* 1637), der, verdienstvoller Soldat wie St. Georg, in Trajan einen Gegenspieler hatte, der nicht dem Typ des herkömmlichen Unterdrückers entsprach, sondern als Vertreter geläuterter Humanität ein dem christlichen ebenbürtiges Ethos entfalten konnte. Einen Höhepunkt der Märtyrerdichtung bildet CALDERÓNS nach dem *Flos Sanctorum* des A. de VILLEGAS dramatisierte Legende des hl. Cyprianus und der hl. Justina (*El mágico prodigioso* 1637), in der Satan Frauenschönheit zur Ablenkung des Wahrheitssuchers Cyprian vom Weg zum Glauben einsetzt und ihn zum → Teufelsbündner macht, der Held aber gerade über dieses Bündnis mit dem Bösen, der auch nur ein Werkzeug Gottes ist, und durch die Unverführbarkeit der Christin Justina zu Christus gelangt; der gemeinsame Märtyrertod wird gemildert durch die Kraft der Liebe, die im Jenseits zu finden hofft, was im Diesseits unerfüllbar war. Das Märtyrer-Motiv erwies sich als so wirksam, dass Lope de VEGA sogar seiner nach den *Confessiones* gearbeiteten Dramatisierung des Lebens des hl. Augustin (*El divino Africano* 1623) einen dem Motiv entsprechenden Abschluss durch einen dem Kirchenvater angedichteten Märtyrertod gab, den er als Bischof von Hippo während der Belagerung durch die Vandalen sucht und findet.

Unter den überlieferten Märtyrererzählungen mussten den Theaterinteressen des Barock und seiner Vorliebe für das Spiel im Spiel besonders die zur Gestaltung reizen, die von Bekehrung und Bekenntnis antiker Mimen, und zwar während einer Aufführung, berichteten. Der für das Jahr 248 überlieferte Märtyrertod des römischen Schauspielers Philemon wurde von dem Jesuiten J. BIDERMANN (*Philemon Martyr* 1615/18; Stoff erneuert von T. DORST, *Die Geschichte der Pfeile* 1995) zum Gegenstand eines Schauspiels gemacht, das den Helden als Übermütigen, vom Spieltrieb besessenen und in Geldnöten befindlichen Komödianten darstellt, der in der Maske des Christen Apollonius zu spielen unternimmt, was dieser nicht über sich bringt: das Opfer vor den Göttern. Auf dem Weg zur Opferung wird Philemon von einem Engel bekehrt, verweigert nun das Opfer, bekehrt durch seinen mutigen Tod seinen Richter und bewahrt dadurch wiederum Hunderte von Christen vor Verfolgung und Tod – ein gern als Triumph ausgespielter Zug aller Märtyrerdichtung. Einen anderen antiken Schauspieler, Genesius, über dessen

Bekehrung die Märtyrerakten sehr genaue Angaben machen, stellte zuerst Lope de VEGA (*El fingido verdadero* vor 1618) in den Mittelpunkt eines Bühnenstückes; er ließ ihn nicht, wie Bidermann seinen Philemon, dem Theater als etwas Unwürdigem abschwören, sondern sich aus einem weltlichen Schauspieler in ein himmlisches Mitglied der Compañía de Jesus verwandeln: Durch ein erstes Spiel im Spiel, bei dem sich die Flucht der Geliebten als Wahrheit erweist, seelisch aufgewühlt und dadurch vorbereitet für die Annahme der christlichen Lehre, die sich schon während der Probe für ein zweites Spiel vollzieht, bei dem Genesius die Rolle eines Märtyrers zu spielen hat, die er nach innerer Eingebung ohne Rücksicht auf die Mitspieler und mit einem echten Engel als Partner verkörpert, wird er in seinem doppelbödigen Spiel von Diokletian durchschaut, gemartert und zum Tode verurteilt. Von Lope angeregt, aber durchaus selbständig, dramatisierten DESFONTAINES (*L'Illustre comédien* 1645) und J. de ROTROU (*Le véritable Saint-Genest* 1647) erneut die Genestlegende. Bei Desfontaines spielt der Heide, um die Christen zu verhöhnen, die Geschichte seines Lebens, wobei sich seine gespielte Scheintaufe in eine wirkliche, durch einen Engel in einer Spielpause hinter den Kulissen vollzogene verwandelt. Von Desfontaines mehr als Propagator gesehen, tritt der Künstler Genest bei Rotrou wieder stärker in den Vordergrund, lässt sich, selbst weich und gefühlsbetont, von dem zu spielenden Part des klugen, soldatischen, sich zum Märtyrer entwickelnden Feldherrn Adrien faszinieren, identifiziert sich mit der Rolle und wächst an ihr, bis er auf dem Höhepunkt des drei Akte währenden Spiels im Spiel von dem für die Märtyrerrolle obligaten Credo gänzlich überwältigt wird. Den Märtyrertod auf offener Bühne hat Rotrou wie schon Lope geschmackvoll vermieden.

Von den durch die Dichtung bevorzugten »romantischen« Märtyrergestalten der Tradition war es nur ein kleiner Schritt zu selbsterfundenen. Ins heidnische Sizilien des 4. nachchristlichen Jahrhunderts verlegte Bischof J.-P. CAMUS die Handlung von *Agathonphile ou les martyrs siciliens* (R. 1623) und ließ dort drei Schiffbrüchige den Märtyrertod sterben: einen greisen Priester, der sterbend hofft, die von ihm lebenslang geliebte Frau im Jenseits wiederzusehen, und ein junges Paar, das er noch vor ihrem gemeinsamen Tod kirchlich zusammengeben kann. Die gleiche wirkungsvolle Verschmelzung von übersinnlichen und sinnlichen Reizen findet sich nicht nur in CALDERÓNS schon genanntem *El mágico prodigioso*, sondern auch in seinem etwa gleichzeitig entstandenen Drama *Los dos amantes del cielo* (um 1636), in dem der eben bekehrte Crisanto und die Heidin Daria zueinander und gemeinsam zu Gott finden, aber durch die Geisterstimme eines Märtyrer-Einsiedlers an der irdischen Erfüllung ihrer Liebe gehindert werden, sodass ihr gemeinsamer Märtyrertod zugleich ein auf himmlische Vereinigung ausgerichteter Liebestod ist. Auf ebendiesen Schlusseffekt ist auch noch J. F. Frhr. v. CRONEGKS aus TASSOS *La Gerusalemme liberata* entwickeltes, durch Lessings Kritik an der ganzen Gattung bekanntes Dramenfragment *Olinth und Sophronia* (1760, bearb. S. MERCIER 1771) zugeschnitten. Der wohl vor allem in Bezug auf die noble Haltung des römischen Gegenspielers Sévère von BAROS *Saint-Eustache martyr* beeinflusste *Polyeucte* (Dr. 1643) P. CORNEILLES führt über einen anderen Plot zu einem verwandten Abschluss, denn hier sichert der Bekennermut des nach dem Martyrium drängenden Helden diesem nicht nur ewigen Ruhm, sondern auch die Liebe und den Glaubensübertritt seiner Frau, deren Herz bis dahin ihrem Jugendgeliebten Sévère gehörte.

Der für eine Anzahl weiblicher Vertreterinnen des Märtyrertums durch die Legende belegte Widerstand gegen Verführung und → Nötigung, der im Werk HROTSVITHS leitmotivischen Charakter annahm und bei CALDERÓNS Justina wiederbegegnete, erwies sich auch weiterhin als wirkungsvoller Motivkomplex. Die bereits in HROTSVITHS *Agnes* geschilderte Verurteilung zur öffentlichen Prostitution kehrt sowohl in P. CORNEILLES Drama um die hl. Theodora (*Théodore* 1645) wie in dem Ph. MASSINGERS um die hl. Dorothea (*The Virgin Martyr* 1622) wieder, indem hier ein heidnischer Vater des in die Heidin verliebten Mannes, um dessen Liebe zu ersticken, die verhasste Christin zur Dirne zu machen sucht und im einen Fall dann doch zur gewaltsamen Beseitigung der Standhaften schreiten muss, im anderen seine Intrige vereitelt sieht, weil sich niemand findet, der sich an dem Mädchen vergehen will. Dorotheas Unbeirrbarkeit und ihre Standhaftigkeit vor Gericht vermögen die irdische Liebe des Anbeters in eine himmlische zu verwandeln, den Hauptverfolger der Christen zu bekehren und ihn zur Öffnung der Gefängnisse zu veranlassen. In dieser wirkungsvollen Mischung mit Frivolität stellt sich das Motiv auch in *Catharina von Georgien* (1655) des A. GRYPHIUS dar, dessen Heldin acht Jahre lang Glaubensverfolgung und erotische Nachstellungen durch den persischen Schah erdulden muss, sowie in J. Ch. HALLMANNS *Sophia* (Dr. 1671), deren Titelfigur Glauben und Keuschheit gegen die Gewalt Kaiser Hadrians verteidigt und ihr Martyrium so standhaft erduldet, dass sie die Kaiserin dem Christentum gewinnt. Nicht durch Koppelung mit einem erotischen Moment, sondern mit Mutterliebe erhält das Motiv bei dem Jesuiten N. CAUSINUS (*Felicitas* Dr. 1620; Übs. A. GRYPHIUS um 1635) zusätzliche Reize: Ehe Felicitas selbst in den Kerkern Mark Aurels zu Tode gequält wird, erlebt sie das Martyrium ihrer Kinder, das sie als ein Gott gebrachtes Opfer auffasst. Die Tugend der Constantia kann den glaubensstarken Frauen geradezu männliche Züge verleihen wie der Ursula J. van den VONDELS (*De maeghden* Dr. 1639), die – nachdem ein Versuch, dem Eroberer Europas gewaltlos entgegenzutreten, scheiterte – ihren Glauben und die christliche Stadt Köln gegen Attila verteidigt und den Schlachtentod zusammen mit 11 000 Jungfrauen erleidet, deren Seelen den Hunnen zur Umkehr zwingen, oder der gelehrten Spielart Katharina bei J. PUGET DE LA SERRE (*Le Martyr de Sainte-Catherine* 1643), die alle, die man als Proselytenmacher zu ihr ins Gefängnis schickt, mit klugen Argumenten bekehrt.

Schon vor der Blütezeit des Märtyrerdramas hatte F. ROBERTELLO (*In librum Aristotelis de arte poetica explicationes* 1548) Kritik an der Gattung geübt und geäußert, dass das Unglück eines gerechten Helden die Zuschauer an der Gerechtigkeit der Weltordnung zweifeln lasse, und A. S. MINTURNO (*Arte poetica* 1564) erweiterte diesen Ansatz nach der ästhetischen Seite, wenn er feststellte, dass unverschuldetes Unglück niemals Furcht und Mitleid erregen könne. Ähnliche Stimmen wurden zunächst durch den Sieg der Gattung, vor allem auf der Jesuitenbühne, zum Schweigen gebracht, erhoben sich jedoch bald wieder, sodass die Gattung das dritte Viertel des 17. Jahrhunderts kaum überlebte und LESSINGS durch den Nachzügler *Olinth und Sophronia* ausgelöste Kritik ihr eigentlich nur den Gnadenstoß gab. Im Zusammenhang mit der Erneuerung christlichen Gedankenguts zu Beginn des 19. Jahrhunderts taucht auch das Märtyrer-Motiv wieder auf, allerdings zunächst in der geeigneter erscheinenden Gattung des Romans. F.-R. de CHATEAUBRIAND (*Les Martyrs* 1809) machte die Märtyrer der Ära Diokletians zum Thema eines neuen christlichen Epos, nicht ohne dabei alte Züge wie den der vom Weg des Heils ablenkenden Liebe und des zu Gott führenden Märtyrertodes eines liebenden Paares zu verwenden, L. WALLACE (*Ben-Hur: A Tale of the Christ* R. 1880) und H. SIENKIEWICZ (*Quo vadis?* R. 1895/96) setzten das Motiv in Nebenfunktion in ihre Geschichtspanoramen ein, und noch im 20. Jahrhundert hatte es bei L. C. DOUGLAS (*The Robe* R. 1942) in der Geschichte des Tribunen, der sich Christi Rock erwürfelt, breiten Erfolg.

Im Allgemeinen bevorzugte die Literatur des 19. und 20. Jahrhunderts gegenüber den frühchristlichen Märtyrern Gestalten aus der neueren Religionsgeschichte, deren Märtyrertum die Dichtung oft erst entdeckte oder doch herausarbeitete. Es gehört in den Zusammenhang des antiklerikalen Freidenkertums der Jungdeutschen, wenn K. GUTZKOW am Fall des jüdischen Philosophen Uriel Acosta (*Uriel Acosta* Dr. 1846), dem er die jüdische Orthodoxie als »Tyrannen« gegenüberstellte, den Märtyrertod eines Freidenkers exemplifizierte, der zuerst aus Familienrücksichten seine Leugnung des Unsterblichkeitsdogmas widerruft, dann aber diesen Widerruf aufhebt und die Folgen trägt. Auch die Dichtungen um ↑ Savonarola streifen das Motiv, obgleich sie die stärkeren Impulse des als Ketzer Verbrannten in seinen sozialrevolutionären und kulturkritischen Ideen sehen und ihn meist als → Rebellen, selten als Märtyrer (C. v. BOLANDEN, *Savonarola* R. 1882) erscheinen lassen. Zweifellos war für die Darstellung der schillernden Gestalt ↑ Thomas à Beckets die Schwarzweißzeichnung einiger Jesuitendramatiker weniger zureichend als die mit psychologischer Verzahnung von Überzeugung, Eitelkeit und Machtwillen arbeitenden modernen Dichtungen. Vor allem in T. S. ELIOTS *Murder in the Cathedral* (Dr. 1935) und J. ANOUILHS *Becket ou l'Honneur de Dieu* (Dr. 1959) hat Becket weniger mit dem mächtigen äußeren Gegner als mit der Versuchung durch die Sünde des Stolzes und des Hochmuts zu kämpfen, die z. B. im Märtyrertum von CORNEILLES *Polyeucte* gar nicht als solche erkannt wird. Ganz in das Motivschema fügt sich E. G. KOLBENHEYERS Giordano Bruno (*Heroische Leidenschaften* Dr. 1928), wie Acosta das Opfer einer erstarrten Theologie; sowohl die Auseinandersetzung mit dem »Tyrannen«, Papst Clemens, wie der trotz einer Fluchtmöglichkeit gefasste freie Entschluss zum Tod gehören zu den unabdingbaren Zügen. Auch F. HOCHWÄLDER (*Das heilige Experiment* Dr. 1943) fand im innerkirchlichen Bereich einen Märtyrer in Gestalt des Jesuitenprovinzials, der in Paraguay mit der kirchlichen Lehre auch im sozialen Bereich Ernst machte, der Allianz von staatlicher Macht und Kirchenregiment weichen muss und den der Tod trifft, als er seine eingeborenen Landeskinder vom gewaltsamen Widerstand abhält, ihn daher zugleich von dem Konflikt zwischen Gehorsamspflicht und Mitleid mit den ihm Anvertrauten erlöst. Ähnlich steht in R. HOCHHUTHS *Der Stellvertreter* (Dr. 1963) gegen das Bündnis von weltlicher Macht und amtlicher Kirchlichkeit das »wahre« Christentum des Jesuitenpaters auf, der als der echte Stellvertreter Christi die todgeweihten Juden ins Konzentrationslager begleitet und dort umkommt. Neue Nichtchristlichkeit oder Antichristlichkeit schafft neue Märtyrer. G. v. LE FORT (*Die Letzte am Schafott* Nov. 1931; szeniert von G. BERNANOS, *Dialogues des Carmélites* 1949; F. POULENC Oper 1957) fand sie unter der Drohung der Guillotine: Die schwache Nonne Blanche überwindet ihre Angst und findet zu ihren verurteilten Mitschwestern zurück, während die sich zum Märtyrertum berufen glaubende Nonne überlebt. Die Ersetzung des herkömmlichen persönlichen »Tyrannen« durch eine feindliche Doktrin und ihre untergeordneten Repräsentanten kennzeichnet auch verwandte Positionen in zwei zusammengehörigen Romanen E. SCHAPERS (*Die sterbende Kirche* 1935, *Der letzte Advent* 1949): Von zwei Söhnen eines russisch-orthodoxen Priesters geht der eine geradlinig auf das Martyrium zu und stirbt bei der Bergung kirchlichen Geräts, der andere paktiert zunächst mit der weltlichen Macht, dann bekehrt er sich und stirbt ebenfalls den Märtyrertod. Unterstrich G. v. LE FORT, dass Gott in den Schwachen mächtig werden und sie zu Blutzeugen erwählen kann, wie es sich auch im barocken Typ des Schauspieler-Märtyrers manifestiert, so erscheint dieser Gedanke in noch zugespitzterer Form in G. GREENES (*The Power and the Glory* R. 1940) zum Landstreicher und Trunkenbold abgesunkenen Priester, der sich unter dem Druck der Verfolgung zum Bekenner entwickelt, als einziger Priester in dem von der Revolution überfluteten Land bleibt, bei der Ausübung seines Amtes verhaftet und dann exekutiert wird. Der Ring scheint sich zu schließen, wenn bei I. SILONE (*Pane e vino* R. 1937, *Il seme sotto la neve* R. 1943) ein zum Revolutionär gewordenes ehemaliges Mitglied des Priesterseminars in der Maske eines Priesters agitieren will, durch seine priesterlichen Handlungen von der revolutionären Doktrin weg und zum Mitmenschlichen geführt wird und schließlich das von ihm gepredigte Evangelium praktischer Nächstenliebe erfüllt, indem er sich anstelle eines Freundes verhaften lässt. Hier ist die Motivvariante des Schauspieler-Märtyrers, sicher ohne Beziehung zu ihren barocken Fassungen, wieder angeschlagen. Silones Spada steht der entlaufene Mönch Paco von St. ANDRES (*Wir sind Utopia* Nov. 1942) nahe, der sich seinem Priesteramt nicht zu entziehen vermag und statt einer mit Mord erkauften Freiheit den Tod wählt.

Schon das Barock hatte im Märtyrer-Motiv nicht eine spezifisch christliche Erscheinung, sondern eine allgemein menschliche gesehen, in der es die Hingabe des Lebens für eine Idee als eine höchste Stufe des Menschseins überhaupt anerkannte. Opfer des Lebens aus Treue gegen ein Tugendideal, eine Rechtsvorstellung oder politische Überzeugung war zugleich ein Akt der Selbstbewahrung. Die säkularisierte Vorstellung vom Märtyrer läuft – nicht ohne den Einfluss der stoischen Helden des Seneca – vom Anfang des 17. Jahrhunderts an neben der christlichen einher.

Als Märtyrer ihres Sittlichkeitsideals traten vor allem Frauen hervor. Wie bereits bei Hrotsvith verteidigen auch in *Virgin Martyr* von MASSINGER und *Catharina von Georgien* von GRYPHIUS die Frauen ebenso sehr ihre weibliche Ehre wie ihren Glauben, und beide sind mindestens so sehr Opfer der Leidenschaft wie der religiösen Intoleranz des Tyrannen; Stoa und Christentum mischen sich in ihrer Haltung. Der Untreue gegenüber dem Geliebten und der Ehe mit dem König zieht Nisida (G. de CASTRO, *El amor constante* Anf. 17. Jh.) das Gift vor, das dieser ihr reichen lässt, und Doña Sol (Lope de VEGA, *La corona merecida* 1603) verstümmelt mit einer Fackel den schönen Leib, um der → Nötigung durch den König zu entgehen. Die von dem Sultan Ibrahim verfolgte Ambre (D. C. v. LOHENSTEIN, *Ibrahim Sultan* Dr. 1673) will lieber sterben, als sich ihm hinzugeben, und wählt, als er sie vergewaltigt hat, den Tod. Die Motivschablone wirkte so stark, dass J. Ch. HALLMANN (*Die beleidigte Liebe oder die großmütige Mariamne* Dr. 1670) sogar die Heldin des ↑ Herodes-und-Mariamne-Stoffes als Märtyrerin ehelicher Treue darstellen konnte. Männlicher Repräsentant sittlichen Märtyrertums ist etwa J. van den VONDELS Palamedes (*Palamedes* Dr. 1625), der vor Troja durch seine Tugend den Neid der anderen erregt, fälschlich der Feindverbindung angeklagt und gesteinigt wird, oder auch der Ibrahim in D. C. v. LOHENSTEINS Jugenddrama *Ibrahim* (1653), der seine Frau und seine Ehe durch Flucht vor dem Sultan schützt und gegen den gleichfalls Anklage wegen Verrats und Verbindung mit dem Feind erhoben wird. In den beiden letztgenannten Dramen fehlt allerdings die freie Entscheidung der Helden zum Tod und die für den Märtyrertyp wesentliche Möglichkeit, sich durch Widerruf zu retten.

Auch den Märtyrer des Rechts kennt die Barockliteratur in verschiedenen Nuancen, sowohl als den Staatskanzler (J. PUGET DE LA SERRE, *Thomas Morus* Dr. 1642), der sich im Namen des Gewissens, des Glaubens und der Wahrheit der willkürlichen Abschaffung des überlieferten Glaubens durch den Souverän widersetzt und zu ewigem Schweigen verurteilt wird, wie als Rechtsgelehrten (A. GRYPHIUS, *Aemilius Paulus Papinianus* Dr. 1659), der sich weigert, seine Wissenschaft zur Rechtfertigung eines ungerechtfertigten Brudermordes zu missbrauchen, und diesen um des Königtums willen einem tyrannischen König geleisteten Widerstand mit dem Tod besiegelt, wie sogar als eine das Recht auf Selbstbestimmung wahrende

Frau (M. BANDELLO, *Novelle* I, 26; 1554; J. WEBSTER, *The Duchess of Malfi* Dr. vor 1614), die als eine Art Märtyrerin der Emanzipation dem Standesdenken ihrer Brüder zum Opfer fällt. Den Fall Morus und seines durchaus Aktualität besitzenden Widerstands gegen Rechtsbeugung griff in der Gegenwart R. BOLT (*A Man for All Seasons* Dr. 1960) wieder auf. Dem Märtyrer des Rechts verwandt ist der Märtyrer seiner wissenschaftlichen Erkenntnis, wie ihn B. BRECHT (*Leben des Galilei* Dr. 1943) in dem Astronomen Galilei zeichnete, der die letzte Bekenntnisprobe jedoch nicht besteht, weil er in seinem Beruf weniger Verantwortung als Genuss sieht, und daher nur den geistigen Tod des Gefangenen der Inquisition stirbt.

Die bereits im Gottesstreitertyp der mittelalterlichen Literatur und später etwa – mit Vorrang des religiösen Aspekts und vor allem der echten Märtyrerhaltung – in VONDELS *Maeghden* sichtbar werdende Verflochtenheit politischen und religiösen Opferwillens charakterisiert auch CALDERÓNS Prinz Fernando (*El príncipe constante* Dr. 1629), der, als Geisel in der Hand der Mauren, sich dem Plan widersetzt, seine Freiheit mit der Übergabe einer ganzen christlichen Stadt zu erkaufen, und stattdessen Sklaverei und Tod wählt. Das Fürstenideal Fernandos gleicht dem, für das bei A. GRYPHIUS (*Leo Armenius* Dr. 1650) der byzantinische Kaiser Leo Armenius eintritt, der zwar durch die → Verschwörung eines Usurpators fällt, aber sterbend gerechtfertigt erscheint, indem er das Kreuz berührt, an dem Christus starb. Auch für den Opfertod von D. C. v. LOHENSTEINS Epicharis (*Epicharis* Dr. 1665) rangiert der politische Impuls vor allen anderen, denn die Freigelassene, Mitglied der Pisonischen → Verschwörung gegen Nero, stirbt als unbestechliche Tyrannenfeindin. In das Tyrann-Märtyrer-Schema passten die Autoren des Barock auch zeitlich nähere und zeitgenössische Stoffe ein wie das Schicksal der ↑ Jungfrau von Orleans (F.-H. d'AUBIGNAC, *La Pucelle d'Orleans* Dr. 1640), das der von katholischer Seite gern als Glaubensmärtyrerin gesehenen ↑ Maria Stuart (A. de ROULER, *Stuarta Tragoedia* 1593; J. van den VONDEL, *Maria Stuart of gemartelte Majesteit* Dr. 1646; A. v. HAUGWITZ, *Schuldige Unschuld oder Maria Stuarda* Dr. 1683) und das protestantisch geprägte des Admirals Coligny (Ch. MARLOWE, *The Massacre of Paris* Dr. 1592; N. LEE, gl. Titel 1690; Th. RODIUS, *Colignius* Dr. 1615). A. GRYPHIUS (*Carolus Stuardus* Dr. 1650) stilisierte unter dem Eindruck der ersten neuzeitlichen Revolution ihr Opfer, ↑ Karl I. Stuart, ganz als Märtyrer und baute sogar in eine zweite Fassung eine von Karl abgelehnte Fluchtmöglichkeit ein, sodass der Gefangene tatsächlich für das monarchische Prinzip und zur Vermeidung von Blutvergießen den Tod auf sich nimmt.

Mit der fortschreitenden Säkularisation des Geisteslebens nahm der politische Märtyrer in der neueren Literatur immer mehr den ersten Platz ein. In der deutschen Literatur wurden beispielsweise Opfer Napoleons, wie der Buchhändler ↑ Palm und gelegentlich auch die Königin ↑ Luise, mit Märtyrerzügen ausgestattet. Die sozialrevolutionären Dichtungen des 20. Jahrhunderts zeigen wiederholt den Typ des gewaltlosen Bekenners und Widerständlers, der den weltanschaulichen Gegner ebenso zum Feind hat wie die Anhänger der Gewalt in den eigenen Reihen (E. Toller, *Masse Mensch* Dr. 1920, *Die Maschinenstürmer* Dr. 1922; R. Martin du Gard, *Les Thibault* R. 1922–40; F. Bruckner, *Timon* Dr. 1932), wobei der konsequente Sozialismus etwa B. Brechts (*Die Heilige Johanna der Schlachthöfe* Dr. 1932) gerade diesen Typ als bürgerlich-christlich ablehnt. P. Weiss hat in sein von ihm als »marxistisches Stück« bezeichnetes Drama *Die Ermordung Paul Marats* (1964) eine scharfe politische Pointe zugunsten Marats eingebaut. Tatsache ist, dass mit dem Anti-Tyrannen-Moment der älteren Märtyrerdramen immer nur der spezielle Einzelne gemeint war und sich in ihnen kaum je eine revolutionäre Überzeugung niederschlug. Die naheliegende Koppelung des Märtyrer-Motivs mit modernen pazifistischen Überzeugungen gewinnt bei Martin du Gard in dem Nonkonformisten Jacques Thibault Gestalt sowie bei W. Faulkner (*A Fable* R. 1954) in der Figur des mit Heilandszügen ausgestatteten Korporals, der im Ersten Weltkrieg die Truppe zur Meuterei aufruft. Auch der Widerstand unter Hitler lieferte der Literatur neue Märtyrerfiguren (P. Lothar, *Das Bild des Menschen* Hörsp. 1955; R. Hochhuth, *Die Berliner Antigone* Nov. 1964), in deren Konfrontation mit dem Gerichtsvorsitzenden sich die alte Grundsituation des Motivs wieder durchsetzt.

W. Krauss, Christlicher Ausklang in der klassischen Tragödie Frankreichs, (Sinn und Form 3) 1951; W. G. Marygold, The Development of the German Martyr Play in the 17th and 18th Centuries, Diss. Toronto 1953; H. Delahaye, Les Passions des Martyrs et les genres littéraires, Brüssel [2]1966; E. M. Szarota, Künstler, Grübler und Rebellen. Studien zum europäischen Märtyrerdrama des 17. Jahrhunderts, 1967; F. Pannewick (Hrsg.), Martyrdom in literature. Visions of death and meaningful suffering in Europe and the Middle East from antiquity to modernity, 2004; S. B. Montah, Martyrdom and literature in early modern England, Cambridge 2005.

Märtyrerin → Märtyrer

Mann zwischen zwei Frauen

Die nahezu selbstverständliche Auswahl, die sowohl in der Wirklichkeit wie in der Literatur einem Mann bei der Partnersuche zur Verfügung steht, ergibt eine zu unspezifische Situation, als dass sie sich zu einem einigermaßen konstanten Motivschema konsolidieren könnte. Gemeint ist daher mit dem Motiv des Mannes zwischen zwei Frauen nicht die Qual durch die Fülle der von außen herangetragenen Angebote, sondern das durch die gleichzeitige und gleich starke Neigung zu zwei Frauen in dem Mann ausgelöste Schwanken zwischen den beiden meist gegensätzlichen oder doch unterschiedlichen Objekten seines Begehrens, von denen er keines aufgeben und die er am liebsten in einer Person vereint sehen möchte. Der inneren Dialektik des Motivs entspricht die der äußeren Handlungsführung, durch die meist die jeweils gegenwärtige Frau die abwesende so lange in der Neigung des Mannes verdrängt, bis die abwesende zur gegenwärtigen wird und ihrerseits Szene und Mann beherrscht. Eine Konfrontierung beider bringt oft eine spontane Entscheidung des Mannes oder auch eine Katastrophe aus → Nebenbuhlerschaft.

Das Motiv des Mannes zwischen zwei Frauen taucht in der Dichtung früher und im Laufe ihrer Entwicklung häufiger auf als das entgegengesetzte der Frau zwischen zwei Männern. Das hängt einerseits mit der gesellschaftlichen Stellung der Frau zusammen, die in früherer Zeit bei der Wahl des Partners nur eine passive Rolle spielte und nach ihren Neigungen und Wünschen nicht gefragt wurde, sodass ein solcher Zwiespalt selten sichtbar werden konnte, andererseits mit den psychologischen Unterschieden, denen zufolge eine Frau mit gleichzeitigen Beziehungen zu mehreren Männern meist Ausnahmefall bleibt, der sich in extremer Form in der → Kurtisane konstituiert, während die polygame Veranlagung des Mannes eine Neigung zu mehreren Frauen nebeneinander als nicht außergewöhnlich erscheinen lässt.

Trotz dieser aus der männlichen Psychologie erklärbaren Lage des Mannes im Falle der Wahl erscheint er durch sein Schwanken fast immer als ein weicher, schwacher, ja womöglich unzuverlässiger Typ. Löst sich die Dreieckssituation, die dem Motiv inhärent ist, daher durch Konsolidierung des Dreiecks, d. h. durch die Permanenz der Unentschiedenheit des Mannes, so ist diese Lösung fast immer komisch und der Mann der Hauptexponent der Komik. Ernsthafte Lösungen verlangen im Allgemeinen die Verwandlung des Dreiecks in eine Zweierpartnerschaft, indem eine der drei Personen durch Verzicht, Selbstauslöschung oder gewaltsame Verdrängung ausscheidet. Das Ausscheiden des Mannes kann komische Wirkungen hervorrufen, wenn den beiden Frauen dadurch der Zankapfel genommen ist, es kann aber auch, wenn der umworbene Mann weniger als Zankapfel denn als Lebenserfüllung gesehen wird, einer Katastrophe gleichkommen. Der Konflikt ist verstärkt, wenn es sich nicht um die Wahl eines ledigen Mannes zwischen zwei Frauen handelt, sondern wenn eine der Frauen erst ins Spiel tritt, nachdem der Mann schon an die andere Frau gebunden ist, des Mannes Schwanken und der Frauen → Nebenbuhlerschaft also noch durch einen möglichen Ehebruch belastet werden. In diesem Fall wird öfter als bei der Partnerwahl des unverheirateten Mannes die gewaltsame Beseitigung eines der drei Betroffenen als Konfliktlösung auftauchen.

Die Doppelliebe des Mannes kann für diesen nur da zum Konflikt werden, wo die gesellschaftlichen Verhältnisse nur die Monogamie gestatten, während natürlich → Nebenbuhlerschaft und Eifersucht der Frauen auch in Verhältnissen, in denen Bigamie oder Polygamie zulässig sind, zum Ausbruch kommen können. Auch in der Antike, in der es die Möglichkeit der nichtlegitimen neben der legitimen Ehefrau gab, wird das Motiv im Wesentlichen nur für die Frauen, nicht für den Mann zum Problem, das Motiv kommt daher in der antiken Literatur nicht voll zum Zuge.

Wie selbstverständlich in der Antike die Neigung eines Mannes zu mehreren Frauen hingenommen wurde, zeigt die *Odyssee* (8. Jh. v. Chr.), die ↑ Odysseus trotz allen Heimwehs und trotz der Sehnsucht nach seiner Frau Penelope ein Jahr bei der Zauberin Circe und sieben bei der Nymphe Kalypso verbringen lässt, während von der auf seine Heimkehr wartenden Penelope mit der gleichen Selbstverständlichkeit berichtet wird, dass sie die eheliche Treue wahrt und sich der Freier erwehrt. Zu seiner vollen Entfaltung kommt das Motiv hier insofern nicht, als der umgetriebene Held nicht eigentlich vor eine Wahl gestellt wird, da die ferne Gattin ihm zunächst unerreichbares Idol bleiben muss. Weniger um Wahl zwischen zwei Frauen als um Ablösung einer Neigung durch die andere handelt es sich im Falle von ↑ Jason (EURIPIDES, *Medea* Dr. 431 v. Chr.; APOLLONIOS RHODIOS, *Argonautika* 3. Jh. v. Chr.), der seine Frau Medea, die ihm zur Gewinnung des Goldenen Vlieses verhalf, mit ihm floh, ihn vor Gefahren schützte und mit der er jahrelang in glücklicher Ehe lebte, schließlich verstößt, um König Kreons Tochter zu heiraten. Die bei Euripides nur an-, aber nicht ausgespielte und nicht überzeugende Begründung, dass er sich von Medea wegen ihres Barbarentums abgewendet habe, wurde erst von F. GRILLPARZER (*Das Goldene Vlies* Dr.-Tril. 1821), der die Nebenbuhlerin im Gegensatz zu Euripides auch auftreten ließ, ausgewertet, und bei ihm erscheint dann auch Jason motivgerecht als beeinflussbarer und unaufrichtiger Typ.

In den eben erwähnten heroischen Varianten des Motivs überwindet der Mann die Doppelbeziehung und entscheidet sich für eine der Frauen. Trifft er diese Entscheidung nicht, wird er zum lustspielhaften Opfer der Frauen wie in einer Fabel des PHAEDRUS (um 15 v. Chr. – um 50 n. Chr.), in der ein bereits alternder Mann zwei Geliebte – eine jüngere und eine ältere – besitzt, von denen jede ihn gern der eigenen Altersstufe anpassen möchte, indem ihm die eine bei jeder Zusammenkunft graue, die andere schwarze Haare ausreißt, bis er sich eines Tages kahl findet. J. de LA FONTAINE (*Fables* I, 17; 1668) verwandelte das Opfer wieder in einen Sieger insofern, als der hier vor eine wirkliche Wahl zum Zweck der Eheschließung gestellte Mann nach der Erfahrung mit den ausgerauften Haaren so klug ist, keine von beiden zu nehmen, da jede von beiden wünschen würde, dass er nach ihrer Fasson und nicht nach der eigenen lebe, und trotz seiner Kahlheit für die erhaltene Lektion Dank weiß. In die Nachbarschaft des Kahlkopfs der Fabel gehört der Weibersklave, in den schon die antike Tradition ↑ Sokrates verwandelte, wenn sie auf seine häusliche Misere unter dem Regiment der Xanthippe anspielte, das in einem Traditionsstrang (PLUTARCH, DIOGENES LAERTIOS) noch dadurch um komische Züge bereichert wurde, dass zu Xanthippe eine zweite Frau Myrto tritt, die sich mit Xanthippe verträgt und mit ihr gemeinsam den Mann beherrscht.

Die eddische Überlieferung des germanisch-mittelalterlichen ↑ Nibelungen-Stoffes bietet keine Klarheit darüber, ob für diese Sagenstufe Siegfried ein Mann zwischen zwei Frauen war, da es undeutlich bleibt, ob in Brünhild eine von ihm betrogene oder verschmähte → Frau zu sehen ist. Während das deutsche, höfisch orientierte *Nibelungenlied* (um 1200) den Helden von entsprechender Zweiseitigkeit, bzw. Zweideutigkeit, freispricht, macht die jüngere nordische Überlieferung (*Völsungasaga* um 1260) ihn eindeutig zum – wenn auch schuldlos – Treubrüchigen, da er seine Verlobung mit der Schildjungfrau durch einen ihm von den Burgunden eingegebenen Zaubertrank vergisst und sich der Burgundenprinzessin zuwendet. Erst die Nibelungendichtungen des 19. und 20. Jahrhunderts entwickelten die Stellung Siegfrieds zwischen den beiden gegensätzlichen Frauen, die oft außerdem zu Repräsentantinnen verschiedener Kulturstufen gemacht werden (F. Hebbel, *Die Nibelungen* Dr. 1862; P. Ernst, *Brunhild* Dr. 1909; M. Mell, *Die Nibelungen* Dr. 1943–51; R. Schneider, *Die Tarnkappe* Dr. 1951), zu einem tragenden Motiv des Stoffes.

Die sinnfälligste Formulierung des Motivs im Mittelalter, die in der Sage vom Grafen von ↑ Gleichen, nutzte die außergewöhnlichen Gegebenheiten der Kreuzzugszeit, sicherte den Plot im christlichen Sinne gegen den Vorwurf der Unmoral ab und schuf schon von der rechtlichen Lage her ein Gleichgewicht der drei Personen. Der Papst selbst muss dem in Gefangenschaft geratenen Kreuzfahrer, dem mit Hilfe einer Orientalin, der er die Ehe versprach, der Weg in die Freiheit gelang und den doch zu Hause die totgeglaubte, treu harrende Frau empfing, den Konsens zu einer Doppelehe geben. Die Verknüpfung mit dem → Heimkehrer-Motiv legt die Erinnerung an ↑ Odysseus nahe, der allerdings die Frauen, mit denen er in der Fremde Bindungen einging, nicht mit nach Ithaka bringen kann oder zu bringen Anlass hat.

Für die Barockzeit, die in Drama und Roman die Unerschütterlichkeit der großen Liebe feierte, war der schwankende Liebhaber ein Komödienmotiv, das mit allen Mitteln von Verkleidungen und Verwechslungen bis hin zum gewagten Spiel mit der Möglichkeit der Bigamie durchexerziert wurde und entsprechend komödiantische Lösungen erhielt, ob nun das Schwanken des Freiers einfach dadurch beendet wird, dass ihm sein Bruder eine der beiden umworbenen Schwestern wegnimmt (Gil Vicente, *Comédia do viúvo* 1514), ob es dem in seiner Wahl Unsicheren durch die Taktik eines → Bedienten gelingt, diejenige herauszufinden, die ihn trotz seiner angeblichen Armut wirklich liebt (G. de Aquilar, *El mercader amante* um 1600), oder ob bei Shakespeare (*The Two Gentlemen of Verona* Kom. 1590/94) der schon durch den Namen als unsicherer Kantonist gekennzeichnete Proteus mit dem Hinüberwechseln von der eigenen Geliebten zu der des Freundes sich als doppelt untreu erweist und erst durch den opfermütigen → Freundschaftsbeweis des Nebenbuhlers unvermittelt wieder in die ihm zukommenden Arme zurückgeführt wird. Sehr reizvoll sind zwei Ausprägungen der gleichen Variante, die beweisen soll, dass der Schwankende in den scheinbar verschiedenen Frauen immer nur die gleiche liebt: Fray A. Ramóns Don Bertram (*Las tres mujeres en una* Ende 16. Jh.) verliebt sich zweimal in die gleiche Frau, die ihm einmal verschleiert, einmal unverschleiert begegnet, verspricht außerdem seinem

Freund aus Dankbarkeit, dessen ihm unbekannte Schwester zu heiraten, und hat das Glück, dass alle drei identisch sind und er drei Eheversprechen mit einer Heirat einlösen kann, und TIRSO DE MOLINAS Rogiero (*Esto sí que es negociar* 1624/33) gibt nicht nur die Zusage zu einer Konvenienzehe mit einer Infantin, sondern verlobt sich außerdem sowohl mit seiner Jugendgeliebten Leonisa wie mit deren → Doppelgängerin, einer Herzogin, hinter der sich, als quasi dritte Lösung, auch wieder Leonisa verbirgt, und kommt schließlich an der gefürchteten Bigamie dadurch vorbei, dass Leonisa nicht nur mit der Herzogin identisch, sondern auch die Schwester der für ihn vorgesehenen Infantin ist, die anderwärtig entschädigt wird.

Das eigentliche Verständnis für eine so komplizierte seelische Lage wie die der gleichzeitigen Liebe zu zwei Frauen erwachte erst in der als Empfindsamkeit bezeichneten Epoche, die in den Sturm und Drang übergeht bzw. mit ihm verschiedene Gemeinsamkeiten hat. Zu den weichen, brüchigen, verführbaren, halben Helden, die in dieser Zeit literaturfähig werden, gehört auch der schwankende Liebhaber. Der Typ kommt von England, auch wenn ihn erstmals der nach England geflohene Franzose ABBÉ PRÉVOST (*Le Philosophe anglais ou Histoire de Monsieur Cleveland* R. 1731–39) mit seinem Cleveland präsentierte, der, als ihm die Frau entführt wird und er sie für untreu halten muss, der geliebten Cécile die Ehe verspricht, sich dann aber zu Fanny, deren Unschuld sich erweist, zurückwendet und damit zugleich einem → Inzest entgeht, da Cécile sich als seine Tochter entpuppt; während er seine Leidenschaft mühelos in Vaterliebe verwandelt, vermag die Tochter ihre nun sündige Liebe nicht zu überwinden und stirbt vor Gram. Prévost wurde durch seine Übersetzungen auch Mitbeteiligter an dem großen Einfluss der empfindsamen Romane S. RICHARDSONS, unter denen *Sir Charles Grandison* (1753–54) mit dem Titelhelden wieder einen Mann zwischen zwei Frauen vorführte, von denen Clementine della Porretta durch den Unterschied der Konfessionen von ihm getrennt ist, der er aber seine Gefühle erhalten zu müssen glaubt, auch als sich in ihm eine Neigung zu der von ihm aus Verführerhand geretteten Harriet Byron zu regen beginnt, und die ihm schließlich den Weg zu Harriet frei macht, indem sie den Schleier nimmt. Auch LESSINGS bürgerliches Trauerspiel *Miß Sara Sampson* (1755) ist am englischen Vorbild und Milieu orientiert, arbeitet aber im Gegensatz zu den eben genannten Romanen, deren Heldinnen an Edelmut und Selbstlosigkeit miteinander wetteifern, mit dem im Allgemeinen wirksameren Mittel des Kontrasts der Frauen, der leidenschaftlich-dämonischen

Marwood und der sanften Sara; das Stück setzt in dem Augenblick ein, in dem der haltlose Mellefont die erste Geliebte um der zweiten willen verlassen hat, er also nicht mehr zwischen beiden schwankt, aber es wird deutlich, dass er der dieser Epoche gemäße Typ des Mannes ist, der immer zwischen mehreren Frauen stehen wird und sich nur in lockerer Bindung wohlfühlt. Von ihm führt die Linie zu GOETHES Weislingen (*Götz von Berlichingen* Dr. 1773), der von Götzens Schwester Marie zu der bestrickenden Adelheid hinüberwechselt, ohne sein schlechtes Gewissen betäuben zu können, und sterbend noch einmal der Innigkeit Maries erliegt, sowie zu SCHILLERS ehrgeizig-perfidem Grafen Leicester (*Maria Stuart* Dr. 1800), dessen Schwanken zwischen den nicht nur politischen Rivalinnen Elisabeth und Maria damit endet, dass ihn dann doch sein schlechtes Gewissen sich der skrupellosen Siegerin entziehen lässt. Diese Stellung des Mannes zwischen einer edlen und einer zwar berückenden, aber verworfenen Frau wurde in der Trivialliteratur der Zeit zum routinemäßigen Schema, es beherrscht beispielsweise die historischen Romane der B. NAUBERT oder den reißerischen, nach Rousseaus Skizze ausgeführten Kurtisanenroman *Lauretta Pisana* (1789) von J. F. E. ALBRECHT.

Ist das gegensätzliche Frauenpaar zweifellos wirkungsvoll, so hat die Liebe eines Mannes zu zwei ähnlichen, zumindest nicht wertmäßig verschiedenen Frauen den Vorzug größerer Glaubwürdigkeit. Bei der Generation der kurz vor und nach 1800 schreibenden Autoren, die ihren Gefühlen nicht nur nachzuleben, sondern ihnen auch künstlerischen Ausdruck zu geben trachteten, ist wiederholt das eigene Erleben als Quelle der Motivgestaltung nachweisbar. Im Zusammenhang mit seinen Beziehungen zu Charlotte Buff und Maximiliane La Roche äußerte GOETHE sich zum Problem der Doppelliebe; Bürger, Schiller und Lenau erlebten Neigungen zu Schwesternpaaren, und bei vielen romantischen Autoren spielten Doppelneigungen eine Rolle. Diese Autoren suchten Verständnis für ihr Problem, indem sie beide Frauen als begehrenswert und gleichwertig, wenn auch manchmal von entgegengesetztem Temperament erscheinen ließen, wie sie schon von Prévost und Richardson gezeichnet wurden. Nicht ohne Grund knüpfte GOETHE in *Stella* (Dr. 1776) an die edelmütigen und verträglichen Frauen der Graf-von-↑ Gleichen-Sage an: Cäcilie, die von Fernando verlassene Gattin, ist ein älteres Ebenbild seiner Geliebten Stella, die sich auch für lange Zeit von dem haltlos Schwankenden verlassen sah, der sich von keiner der beiden lösen kann und den »romantischen« Ausweg der Ehe zu dritt findet, von dem sich Goethe allerdings in reiferen Jahren durch einen tragischen Schluss distanzierte. Die Krise in der Ehe von Goethes Freund F. H. JACOBI durch seine Liebe zu einer anderen Frau, einer der motivischen Anstöße für *Stella*, strukturierte als Motiv des Mannes zwischen zwei Frauen auch des Dichter-Philosophen eigenen Roman *Woldemar* (1779), der seine Lösung in der Klärung egoistischer Leidenschaft zu uneigennütziger Zuneigung fand. Als weich und schwankend, Goethes Fernando verwandt, zeigt sich der Held in B. CONSTANTS autobiographischem Roman *Cécile* (1811, ersch. 1951) zwischen einer beherrschenden und einer sanften, selbstlosen Geliebten, die schließlich das Opfer seines Egoismus wird. In H. v. KLEISTS *Das Käthchen von Heilbronn* (Dr. 1808) macht sich, da nun einmal die böse Fee zum Märchen gehört, in der Gestalt der dämonischen Adelheid wieder das Salz der Verführerinnen Marwood und Adelheid geltend, wenn auch der zwischen ihr und der Bürgerstochter Käthchen, die er zunächst unbewusst liebt, schwankende Wetter vom Strahl festeren Charakters ist als seine wetterwendischen Vorgänger.

Während bezeichnenderweise die beiden verschwisterten »Gemahlinnen« des jungen Spaniers in J. POTOCKIS *Manuscrit trouvé à Saragosse* (R. 1815), die zu keiner Wahl zwingen, da sie dem Islam angehören, wenig differenziert sind, setzt sich im Laufe der ersten Hälfte des 19. Jahrhunderts die Tendenz durch, die beiden zur Wahl stehenden Frauen zu Trägerinnen gegensätzlicher Prinzipien zu machen, vor allem der geistigen und der sinnlichen Liebe, wie sie die beiden Frauen in A. v. ARNIMS ↑ Gleichen-Drama (*Die Gleichen* 1819) verkörpern, die der Graf durch eine Doppelehe an sich zu binden sucht, wodurch er beide verliert, oder wie sie R. WAGNERS Oper *Tannhäuser oder der Sängerkrieg auf der Wartburg* (1845) in Elisabeth und Frau Venus gegenüberstellt und wie sie auch dem Helden von G. KELLERS Roman *Der grüne Heinrich* (1854/55) begegnen, der gleichzeitig verehrend die zarte Agnes und mit durchbrechender Sinnlichkeit die erfahrene Witwe Judith liebt, der er jedoch später im Bewusstsein der Bindung an die früh verstorbene Agnes entsagt. In E. MÖRIKES romantisch-düsterer Novelle *Maler Nolten* (1832) steht der Künstler sogar zwischen drei Frauen: Einem aus der Kindheit herrührenden geheimnisvollen Bund mit der Halbzigeunerin Elisabeth glaubt er durch eine Verbindung mit der unschuldigen Agnes zu entgehen, und er versucht sich von dieser wiederum, als er sie für treulos halten muss, durch die Beziehung zu der klugen Gräfin Konstanze zu lösen, wird aber von beiden durch Elisabeth getrennt, die sein Schicksal bis zu seinem geheimnisvollen Tod bestimmt. A. de Musset (*Les deux Maîtresses* Nov. 1837) vereinte die Varianten der gleichen und der ungleichen Geliebten, indem er seinen Helden zwischen zwei äußerlich gleichen, innerlich aber ungleichen Geliebten schwanken ließ, die er abwechselnd zum Stelldichein bittet und zwischen denen schließlich das Kissen, das die arme stickte und die reiche ihm schenkt, den Ausschlag zugunsten der armen gibt.

Die Frage nach der Bedeutung des Alters für die Wahl der Frau beantworteten sowohl F. Grillparzer (*Sappho* Dr. 1818) wie Goethe (*Der Mann von fünfzig Jahren* Nov. in *Wilhelm Meisters Wanderjahre* 1820–29) in dem Sinn, dass Gleiches sich zu Gleichem gesellen müsse: Der Jüngling Phaon entscheidet sich gegen die reife Frau und zugleich gegen die geistige Größe Sapphos für die jugendlich-naive Melitta, der Major gegen seine Nichte für die ältere Witwe. W. M. Thackeray dagegen (*The History of Henry Esmond, Esq.* R. 1852) lässt seinen Helden nach jahrelanger Unentschlossenheit statt der gleichaltrigen Tochter die charakterlich wertvollere Mutter wählen.

Wenn die Frequenz des Motivs am Ausgang des 19. Jahrhunderts wieder zunahm, so unter dem Vorzeichen einer Psychologisierung der Darstellung, die dem »halben« Helden ein Comeback bescherte, und einer Kritik an den Tabus, die das Problematische der Ehe aufzeigen wollte und gerade die am Rande der bürgerlichen Moral liegenden Erscheinungen aufsuchte. Das Motiv des Mannes zwischen zwei Frauen ist jetzt in die beliebte Ehebruchsthematik eingebettet; der Mann steht nicht vor der Wahl zwischen zwei möglichen Ehefrauen, sondern ist bereits verheiratet und pendelt zwischen Ehefrau und Geliebter. Dabei repräsentiert die Ehefrau fast immer das dem Mann ursprünglich Adäquate, Gewohnte und/oder unbewusst langweilig Gewordene, während die meist einem fremden Milieu angehörende Geliebte etwas Andersartiges, Neues und daher Reizvolles verkörpert und ungeahnte Leidenschaftlichkeit in das Dasein des Mannes bringt. In seltenen Fällen verbindet er sich endgültig mit dem Neuen, öfter wird ihm dessen Unangemessenheit nach einiger Zeit bewusst, und er kehrt, vielleicht resigniert, zu seiner Ehefrau zurück. H. Ibsens *Rosmersholm* (Dr. 1886) führt nur das Schlussstadium von Rosmers Zwiespalt vor, als seine Frau schon längst den Platz für Rebekka West geräumt hat, deren Werben er unbewusst erlegen war: In Erkenntnis dieses Zusammenhangs opfert Rosmer sich selbst und Rebekka in dem gleichen Mühlbach, in dem seine Frau den Tod suchte. Auch desselben Dichters *Hedda Gabler* (Dr. 1890) zeigt einen fast schon zur Ruhe gekommenen Lövberg, der in dem geistigen Bündnis mit Thea Halt gefunden hat, nun aber wieder der inzwischen verheirateten, dämonischen Hedda, die sich zwischen beide drängt, erliegt und von ihr in den Tod gejagt wird. Ähnliche Unbeständigkeit und Charakterschwäche kennzeichnen die zwischen einer vornehmen, aber etwas kühlen Ehefrau und einer faszinierenden Geliebten schwankenden Ehemänner in *Fortunata y Jacinta* (R. 1886–87) von B. PÉREZ GALDÓS und *Unwiederbringlich* (R. 1891) von Th. FONTANE: Bei Galdós obsiegt die Ehefrau, weil die Geliebte ihrer verzweifelten Leidenschaft selbst zum Opfer fällt, und wird von der Sterbenden durch Überantwortung von deren Kind in ihrem Recht anerkannt, und auch bei Fontane scheint die eheliche Beziehung durch eine Wiederverheiratung zu triumphieren, aber der von der kapriziösen Hofdame nach seiner Scheidung abgewiesene Holk und seine Frau finden die alte Übereinstimmung nicht mehr, sodass sie den Tod im Meer sucht. Nach dem Vorbild Ibsens legte G. HAUPTMANN sein Frühwerk *Einsame Menschen* (Dr. 1891) mit dem typischen »Boten aus der Außenwelt« an, der Studentin Anna Mahr, die durch Teilnahme an Vockeraths geistigen Interessen einen Riss in seine Ehe bringt, den er durch den Vorschlag eines Zusammenlebens im »Dreieck« zu flicken sucht, der von der opferbereiten Ehefrau akzeptiert, von Anna schließlich mit Verzicht quittiert und von ihm selbst nach Annas Flucht mit Selbstmord bezahlt wird. Den Freitod im Wasser wiederholt HAUPTMANN in dem Drama *Gabriel Schillings Flucht* (1912), in dem keine der Frauen auf den Mann verzichten will. Während in diesen beiden Werken der in seinem Schaffen getroffene Mann den Tod sucht, entscheidet sich der Schriftsteller Titus im *Buch der Leidenschaft* (R. 1930) für das Leben an der Seite der Geliebten, die für ihn Fruchtbarkeit im Schöpfertum verkörpert, und in der vierten Variante des dem Dichter erlebnismäßig naheliegenden Motivs, *Schuß im Park* (R. 1939), flieht der Mann aus einer den beiden ersten Gestaltungen verwandten Haltung heraus vor den beiden Frauen in die Wildnis Afrikas. Ähnlichkeiten mit dem Graf-von- ↑ Gleichen-Stoff in dem letzteren Roman Hauptmanns lassen erkennen, dass es sich außer um eine Motivprävalenz im Werk Hauptmanns auch um ein zeittypisches Motiv handelte, das sich in den verschiedenen neuromantischen Bearbeitungen der mittelalterlichen Gleichen-Sage dokumentierte, von denen die bekanntesten, W. SCHMIDTBONNS *Der Graf von Gleichen* (Dr. 1908) und E. HARDTS *Schirin und Gertraude* (Lsp. 1913), den geplanten Dreibund einmal an der Eifersucht der Gräfin, die ihre Nebenbuhlerin tötet, das andere Mal an dem Einverständnis der Frauen, die den Mann, statt ihn doppelt reich zu machen, ins Abseits verweisen, scheitern lassen.

Wie in den modernen Bearbeitungen des ↑ Gleichen-Stoffes die Last der Verantwortung und der Lösung bei der Gräfin liegt, so ist die um den Mann kämpfende Ehefrau auch in anderen Motivbearbeitungen der führende Teil. Sie rettet in G. d'ANNUNZIOS *La Gioconda* (Tr. 1899) eines der Bildwerke des Mannes vor der Wut der sich verlassen glaubenden Geliebten und verstümmelt sich dabei die Hände, ohne die Entscheidung des Mannes für die Geliebte hindern zu können; ihre selbstlose Größe in R. G. BINDINGS *Der Opfergang* (Nov. 1919) gewinnt ihr nach dem Tode des Mannes die Achtung der Rivalin, und ihre überlegene Geduld in R. SCHICKELES *Hans im Schnakenloch* (Dr. 1915) zerbricht erst bei der Entscheidung des Elsässers nicht nur gegen sie, sondern gegen seinen deutschen Wesensteil. Die Rolle der klug Verzeihenden erfüllt sie sowohl in E. v. KEYSERLINGS Erzählung *Beate und Mareile* (1903), in der ein Duell und die dabei erlittene Verwundung den Ehemann zu seiner Frau und der ihm adäquaten Welt zurückführen, als auch in M. DREYERS Drama *Die Siebzehnjährigen* (1904), in dem der Selbstmord des jungen Sohnes, der sich in die gleiche Frau verliebt hat wie sein Vater, die Eltern wieder zusammenführt. Die Ausdauer der leidenschaftlich kämpfenden Ehefrau holt bei H. JAMES (*The Golden Bowl* R. 1904) den Mann von seiner früheren, ihr Recht erneut geltend machenden Geliebten ebenso zurück, wie die geschickte Taktik der Virtuosengattin den Ehemann bei H. BAHR (*Das Konzert* Lsp. 1909) einer extravaganten Schülerin wieder abgewinnt. M. BUTORS Léon Delmont (*La Modification* R. 1957) erkennt in dem Augenblick, in dem er sich scheiden lassen will, dass an seiner Beziehung zu Cécile die stets nötige Reise und die Kulisse Roms entscheidenden Anteil hat, und kehrt in die Ehe zurück, so wie G. de BRUYNS (*Buridans Esel* R. 1969) versagend-entsagender Bibliotheksleiter sich wieder dem gewohnten Milieu seiner – inzwischen zerstörten – Ehe zuwendet; das titelgebende Argument des Scholastikers BURIDAN (14. Jh.) von dem Esel, der gleichmäßig von Hunger und Durst gepeinigt wird und sich weder für das Maß Hafer noch für den Eimer Wasser zu entscheiden vermag, könnte als Parabel für eine ganze Variantengruppe des Motivs stehen. Dass auf der anderen Seite die immer wieder diskutierte Lösung eines Lebens zu dritt auch bei einer modernistischen Konzeption der Liebe utopisch bleibt, erweist S. de BEAUVOIR (*L'Invitée* R. 1943) mit ihrer Neuprägung des Boten aus der Außenwelt, eines aus Naivität und Berechnung gemischten

Weibchens, der das scheinbar leidenschaftslose Miteinander von Pierre und Françoise so bedroht, dass diese schließlich den Gashahn zum Zimmer des »Gastes« hin öffnet. Auch den sich dem Konflikt zwischen Frau und Geliebter entziehenden Mann wiederholt die moderne Literatur (G. GREENE, *The Heart of the Matter* R. 1948) mit der neuen Nuance, dass der Selbstmord als Selbstverurteilung zu ewiger Verdammnis bewusste Sühne ist.

Die Motivvariante wird in jenen Werken leicht abgewandelt, in denen der Mann nicht zwischen Frau und Geliebter, sondern zwischen dem Andenken an eine erste Frau und der Bindung an eine zweite hin- und hergerissen wird. Sowohl bei G. RODENBACH (*Bruges la morte* R. 1892) wie bei G. HAUPTMANN (*Bahnwärter Thiel* Nov. 1892) tötet der Mann die zweite Frau, als sie sich über seinen Erinnerungskult lustig macht bzw. als sie in den gehüteten Bezirk der Toten einbricht und deren Kind durch ihre Fahrlässigkeit umkommen lässt. N. COWARD (*Blithe Spirit* Kom. 1941) verlegt das Motiv ins spielerisch Komödiantische, indem er die erste Frau als Spukgeist zur Fortsetzung der Ehe ins Haus zurückkehren lässt, aber ihrem tödlichen Anschlag fällt nicht der Mann, sondern die zweite Frau zum Opfer, die nun ihrerseits spukt und ihre Ansprüche geltend macht, sodass dem Mann nur die Flucht bleibt.

Ohne Verknüpfung mit Ehebruch, als Situation des Mannes bei der Wahl des Ehepartners, findet sich das Motiv der Doppelliebe mit dem Akzent auf der Altersfrage etwa bei M. PRÉVOST (*L'Automne d'une femme* R. 1893) in Form der Bindung des jungen Mannes an die ältere Geliebte, von deren Tochter er jedoch auch geliebt wird und erst durch einen späten Verzicht der Mutter zu der jüngeren findet, ähnlich bei Th. FONTANE (*Der Stechlin* R. 1897) im Schwanken des jungen Woldemar zwischen der älteren geistreichen und erfahrenen Witwe Melusine und ihrer jüngeren bescheidenen Schwester Armgard, die er dann als die dem eigenen Wesen gemäßere vorzieht, oder auch bei S.-G. COLETTE (*Le Blé en herbe* R. 1923), die den Jüngling Phil, wie Keller seinen grünen Heinrich, der Liebeskunst einer reifen Frau erliegen sieht, aber die mädchenhafte Jugendgeliebte keineswegs sterben, sondern auf den sehr modernen Einfall kommen lässt, Phil durch ihre Hingabe wieder an sich zu ketten. Bei P. STAMM (*An einem Tag wie diesem* R. 2006) mündet das Scheitern der Jugendliebe des Lehrers Andreas zu Fabienne in dessen Wandlung zu einem kalten Beobachter von Frauen, der die Leere seines »uneigentlichen« Daseins nicht auszufüllen vermag. Erst als er die Geliebte gealtert wiedertrifft und erkennt, dass sie nicht zusammenpassen, wird er frei für die bisher unterkühlt behandelte Beziehung zu Delphine.

Andere Autoren arbeiten mit dem traditionellen Gegensatz von geistiger und sinnlicher Liebe wie H. STEHR (*Peter Brindeisener* R. 1924) mit dem Gegeneinander von Heiligenlenlein und Magd Mathinka oder H. H. JAHNN (*Armut, Reichtum, Mensch und Tier* Dr. 1948) mit dem Gegensatz der ränkevollen, habgierigen Anna, der der Bauer verfällt, zu der verleumdeten Sofia, deren Wert er zu spät erkennt. Wenn H. v. HOFMANNSTHAL (*Andreas oder die Vereinigten* R.-Fragm. 1932) diese Gegensätzlichkeit der Frauen in der heiligenmäßigen Maria und der weltzugewandten, koketten Mariquita ausmalte, durch deren beider Liebe der jugendliche Andreas auch die Dissonanz seines eigenen Wesens überwinden soll, so bereicherte er das Alte durch neue, aus der Psychoanalyse gewonnene Erkenntnisse: Die zwei Frauen sind, ohne es zu wissen, die gleiche Person, die pathologisch in gegensätzliche Charaktere aufgespalten wurde – wie in der spanischen Komödie liebt der Held also in beiden nur eine. Hofmannsthals Figuren nahe stehen seines Landsmanns H. v. DODERER Zwillinge Editha und Mimi Pastré (*Die Strudlhofstiege* R. 1951), denn Editha braucht die Schwester als lebenswichtigen Kontrahenten, mit dessen Hilfe sie zeit ihres Lebens ein lügnerisches Doppelgängerspiel betreibt, dem der ahnungslose Major Melzer gerade noch glücklich entkommt und einen wesentlichen Teil seiner Selbstfindung verdankt. Auch in P. HÄRTLINGS Suite um das Leben Lenaus (*Niembsch oder der Stillstand* 1964) machen sich in der Stellung des Dichters zwischen Maria und Margarethe Winterhalter psychoanalytische Erkenntnisse über die Doppelliebe geltend. Eine solche Doppelliebe, d. h. eine auf zwei Frauen, die nichts voneinander wissen, gleichmäßig verteilte Zuneigung, hat W. GENAZINO in seinem Roman *Die Liebesblödigkeit* (2005) als »wunderbare Doppelverankerung in der Welt« gepriesen und aufrechterhalten. Altes Motivgut erhält in diesen Dichtungen durch moderne wissenschaftliche Theorien Unterbauung und Bestätigung.

A. Ludwig, Das Motiv vom kritischen Alter, (Euphorion 21) 1914; M. Grammont, L'homme entre deux âges et ses deux maîtresses, (in: Mélanges de Linguistique, offerts à Charles Bally) 1939; L. Mittner, Freundschaft und Liebe in der deutschen Dichtung des 18. Jahrhunderts (in: Stoffe, Formen, Strukturen. Studien zur deutschen Literatur, Hans Heinrich Borcherdt zum 75. Geburtstag) 1962.

Marionette → Mensch, Der künstliche

Melancholiker → Missvergnügte, Der

Mensch, Der künstliche

Der Gedanke, einen Menschen unter Umgehung des Geschlechtsakts künstlich herstellen zu können, gehört zu den menschlichen Wunschträumen. In ihm findet der Erfinder- und Schöpferdrang des Menschen Ausdruck, der sich oft seiner Verantwortung zu spät bewusst wird, dann sein intellektueller Stolz, der sich über den Zwang des Sexus erheben und den Zeugungsakt durch einen geistigen und künstlerischen ersetzen möchte, und schließlich des Menschen Herrschsucht und Nützlichkeitsdenken, die im künstlichen Menschen einen Gehilfen und Diener zu gewinnen wünschen. Das literarische Motiv des künstlichen Menschen konnte an Schöpfungsmythen einiger Völker anknüpfen, die den ersten Menschen auch ohne Zeugungsakt entstehen lassen. Diese unkreatürliche und meist durch göttliches Eingreifen bewirkte Schaffung des ersten Menschen nachzuvollziehen ist das vermessene Streben jener literarischen Gestalten, die es den Göttern gleichtun und Menschen herstellen wollen oder herstellen. Diese Schöpfer bilden den zweiten Brennpunkt des Motivs, dessen Spannungsfeld außer dem Geschöpf und seinem Schöpfer noch andere Mitmenschen umfassen kann. Da jedoch das Motiv psychisch nicht nur durch den Wunschtraum vom Schöpfermenschen gespeist wird, sondern auch durch die Angst, das Geschöpf des Menschen werde seinen Schöpfer überrunden und überwältigen, enden die meisten Geschichten um die Erschaffung eines künstlichen Menschen für den Schöpfer trotz anfänglicher Erfolge unglücklich. Entweder sind die Meister gezwungen, ihr eigenes, gefährlich werdendes Werk zu zerstören, oder es zerstört sich selbst und oft den Schöpfer oder andere Menschen zugleich.

Die Literatur der klassischen Antike kennt den künstlichen Menschen bezeichnenderweise hauptsächlich als einen durch einen künstlerischen Prozess dem natürlichen Vorbild nachgeschaffenen Androiden, der von Göttern oder Halbgöttern hergestellt oder zumindest belebt wird. Der Titan ↑ Prometheus formte nach Ovid (*Metamorphosen* X, 4; 2–8 n. Chr.) aus Lehm und Wasser Männer und Frauen und belebte sie. Zu den von ihm Geschaffenen gehört nach einer wahrscheinlich alten, aber erst in später Fixierung (Fulgentius 5. Jh. n. Chr.) erhaltenen Überlieferung die schöne, aber verderbenbringende ↑ Pandora, die nach Hesiod (*Werke und Tage* 6. Jh. v. Chr.) jedoch von dem Gott der Schmiedekunst Hephaistos auf Befehl des Zeus hergestellt und zum Verderben des Prometheus auf die Erde geleitet wurde, von diesem abgewiesen, bei seinem Bruder Epimetheus Aufnahme fand, dort das mitgebrachte Gefäß öffnete und Unglück über die Geschöpfe des Prometheus brachte. Hephaistos, der bei HOMER (*Ilias* 8. Jh. v. Chr.) selbst von kunstvoll geschaffenen goldenen Jungfrauen bedient wird, schuf für König Minos von Kreta den erzenen Riesen Talos, mit dem als dem Wächter der Insel die Argonauten (APOLLONIOS RHODIOS, *Argonautika* 3. Jh. v. Chr.) kämpfen müssen und der zu Fall gebracht wird, indem man den Zapfen herausstößt, der sein Adersystem verschließt, und ihn verbluten lässt. Der im Dienst des Minos stehende Schmied Daidalos stellte wunderbare bewegliche Figuren her, die man anbinden musste, damit sie nicht davonliefen. Während die letztgenannten Androiden schon eine Übergangsform zu den Automaten einer viel späteren Zeit darstellen, liegt der Akzent in OVIDS Erzählung von ↑ Pygmalion (*Metamorphosen* X) wieder auf dem künstlerischen Vorgang, durch den unter den Händen des Pygmalion eine so schöne Frauenstatue entsteht, dass der Künstler sich in sie verliebt und Aphrodite bittet, ihr Leben zu geben; Liebe ist der beseelende Faktor, der jedoch der Göttin als der eigentlichen Lebensspenderin bedarf. Im ↑ Pandora-Mythos hat die künstliche Frauengestalt die in der Geschichte des Motivs immer wieder verwendete Funktion, einen Menschen in Liebe an sich zu fesseln.

Aus der Spätantike sind dann auch Belege bekannt, bei denen sowohl der künstlerische Schaffensvorgang wie die belebende göttliche Macht fehlen und es sich um reine Zauberkünste handelt. Der Sophist APULEIUS (*Metamorphoses* 160/170), der selbst im Ruf eines Zauberers stand, berichtet von der Hexe Pamphile, durch deren Liebeszauber versehentlich nicht der geliebte Jüngling zu ihr hingezogen wurde, sondern Ziegenbälge sich belebten und in ihr Haus eindrangen, und LUKIANOS (*Philopseudes* um 150) erzählt von einem beliebigen Gerät, das man in menschliche Kleider stecken und durch Zaubersprüche zu menschenähnlichen Aktionen beleben kann. Rein zauberischen Charakters ist das Moment der Belebung auch in der jüdischen Tradition, der aufgrund des Gebots »Du sollst dir kein Bildnis machen!« das Moment der künstlerischen Gestaltung fehlen musste. Gott selbst schuf zwar den Menschen aus einem Erdenkloß und blies ihm den lebendigen Odem durch die Nase ein, aber als ein Mensch, Seths Sohn Enos, versucht, Gott nachzuahmen, schlüpft der Teufel in die Erdgestalt und regiert seitdem das Geschlecht des Enos. Die Zauberkraft, durch die Belebung erfolgt, kann nur mit Gottes Beistand und gerade am Ungestalteten wirksam werden, und Gott verleiht sie den frommen Rabbis, die in der in talmudischer Zeit (200–500) entstandenen und vom 14. bis 17. Jahrhundert in Deutschland in verschiedenen Varianten verbreiteten ↑Golem-Sage aus einem Erdklumpen oder einem Stück Holz den dienenden Golem schaffen. Ein magisches Zeichen, der »Schem«, belebt den »Ungestalteten«, und die Wegnahme des Zeichens vernichtet ihn. Seine Stummheit und seine Knechtfunktion zeigen an, dass das Geschöpf des Menschen im Vergleich zu dem Gottes von minderer Qualität ist, aber seine übernatürliche Kraft und Größe machen ihn gefährlich, sodass sein Schöpfer ihn meist vernichten muss.

Im Mittelalter lebten, wenn auch nicht in zentraler Position, die belebten steinernen oder erzenen Figuren der Antike fort. Nur schaffen und beleben jetzt nicht Götter diese Bilder, sondern ihre Belebung erfolgt durch menschliche Leidenschaften und Willensäußerungen, die der geheime Zauber des Bildes im Betrachter auslöst und durch die er an das dämonisierte Bildnis gebunden werden kann. William of Malmesbury (*De gestis Regum Anglorum libri quinque* 1124/25) berichtete als Erster die später vielfach variierte Geschichte von der Statuenverlobung, d. h. der unheimlichen Macht, die eine Venusstatue auf einen Jüngling ausübt, der ihr leichtfertig seinen Ehering an den Finger steckte. Die geschickten Künstler der Antike fanden in den sagenhaften Zauberergestalten des Mittelalters Nachfolger: Von dem in den Ruf eines Zauberers gelangten Theologen und Naturwissenschaftler Albertus Magnus (1193 (?) –1280) erzählt die Sage, dass er sich in mühevoller Arbeit einen sprechenden eisernen Kopf als Türhüter geschaffen habe, den aber sein Schüler Thomas von Aquin als gotteslästerliches Werk zerstrümmerte, und von dem in der mittelalterlichen Sage zum Zauberer umgeschaffenen Dichter Vergil berichtet der Erzählzyklus vom *Zauberer Vergil* (1. Hälfte 14. Jh.), dass dieser »Heide« für die Römer einen sprechenden, weissagenden Kopf und eine künstliche öffentliche Dirne aus Stein geschaffen habe.

Der Vorstellung einer durch die Lebenswahrheit des Kunstwerks gewissermaßen erzwungenen Belebung und der einer Belebung durch Zauberkraft steht eine dritte, mehr naturwissenschaftliche Vorstellung gegenüber. Eine Sage der Iraner lässt das erste Menschenpaar aus der befruchteten Erde hervorsprießen. Der gleichfalls aus dem Orient stammende Glaube an die geheime Kraft der menschenähnlichen Mandragorawurzel oder den Alraun nimmt in Deutschland die Form an, dass die Wurzel zu einem menschlichen Wesen belebbar sei, wenn sie unter besonderen Bedingungen ausgegraben wird. Sie wächst unter dem Galgen und ist aus dem Samen entstanden, den ein »reiner« junger Mann, der gehenkt wird, in Todesnot hervorbringt. Zu diesen halb biologischen Konzeptionen treten chemische, wenn die Sage vom Zauberer Simon (*Clementinische Recognitionen* 2. Jh.) ihrem Helden zuschreibt, dass er durch chemische Versuche einen Knaben gebildet habe, den er später wieder in Luft verwandelte, dessen Seele er aber als Gehilfen für seine Zaubereien benutzte. Während das Mittelalter es für frevelhaft hielt, das Werk des Schöpfers nachzuahmen, konnte in der frühwissenschaftlichen Epoche ↑ PARACELSUS (*De generatione rerum naturalium* um 1530) sich rühmen, einen Menschen aus menschlichem Samen, genährt durch Pferdedung, herstellen zu können. Nicht von ungefähr macht daher GOETHE des Paracelsus Art- und Zeitgenossen ↑ Faust zum Schöpfer des Menschleins in der Retorte, des Homunculus.

Die in dem Motiv mitschwingende Angst vor der Überwältigung des Schöpfers durch das Geschöpf trat in der Mitte des 18. Jahrhunderts zurück vor dem Glauben an die Bändigung und Verschönerung der Natur durch den Menschen und an die Macht künstlerischen Schöpfertums. Diese Sicherheit kam in den vielen Bearbeitungen des ja auch der antiken Vorlage nach optimistischen ↑ Pygmalion-Stoffes (J. J. BODMER, *Pygmalion und Elise* Erz. 1747; J. E. SCHLEGEL Kantate 1766; J.-J. ROUSSEAU Melodram 1770) zum Ausdruck, in denen der antike Mythos schließlich zum Symbol einer durch Gefühl möglichen Weltbemächtigung erhoben wurde. Dieser Optimismus befähigte die Zeit auch, sich ohne Schrecken an den Zukunftsträumen eines J. O. de LA METTRIE (*L'Homme machine* 1748) zu erfreuen, der es für möglich hielt, dass eines Tages rein mechanisch ein Androide gebaut werden würde, der stehen, gehen, sprechen und alle menschlichen Gebärden verrichten könne, und sich von automatisch bewegten Figuren wie dem »schachspielenden Türken« (1769) und der »Sprechmaschine« des Wolfgang Ritter von Kempelen oder dem »Flötenspieler« (1783) J. de Vaucansons faszinieren zu lassen. Das technische Zeitalter deutete sich mit der neuen Motivvariante des Automaten an.

Jedoch schon am Ausgang des 18. Jahrhunderts erkannte man die bedrohliche Kehrseite des dienstwilligen Automaten, und die Angst vor den Geistern, die man gerufen hatte und nicht wieder loszuwerden fürchtete, erwachte. Symptomatisch für die Veränderung der seelischen Lage ist die Entwicklung, die der alte Topos vom Leben als Theater, der Welt als Bühne und dem Menschen als Schauspieler in dieser Zeit durchmachte. Von EPIKTET bis de ROTROU war bei diesem Topos der Akzent auf die Aufgabe und Pflicht des Menschen gelegt worden, die Rolle zu spielen, die ihm die Vorsehung bzw. Gott zudiktiert hatte, und sie auch möglichst gut zu spielen, wie es in CALDERÓNS *El gran teatro del mundo* (Dr. 1645) besonders einprägsam formuliert wird. Nun jedoch empfand man seine Rolle weniger als Aufgabe denn als Zwang und Unfreiheit, und man ersetzte daher den Vergleich mit dem Schauspieler durch den mit einer Marionette. Das hängt natürlich mit der säkularisierten Vorstellung vom Leben zusammen, das nicht mehr als »nur Theater«, Vorläufigkeit und Vorspiel des Lebens nach dem Tode, sondern als verlockende und vielleicht einzige Arena aufgefasst wird, auf der man sich frei bewegen und nicht an unsichtbaren Drähten dirigiert werden wollte. In diesem Sinn tauchte der Marionettenvergleich in GOETHES *Die Leiden des jungen Werthers* (R. 1774) auf, in K. Ph. MORITZ' *Anton Reiser* (R. 1785–90), in L. TIECKS *Karl von Berneck* (Dr. 1797), seinem *William Lovell* (R. 1795–96) sowie seiner Erzählung *Die gelehrte Gesellschaft* (1796) und gewann in den *Nachtwachen* (»Von Bonaventura«, R. 1804) und später bei Georg BÜCHNER leitmotivische Funktion. Im Zuge des sich verstärkenden Gefühls menschlicher Determiniertheit wird er jedoch schon um die Jahrhundertwende manchmal durch den extremeren Vergleich mit der »Automate« ersetzt, während gleichzeitig SCHILLER (*Über Anmut und Würde* 1793) und H. v. KLEIST (*Über das Marionettentheater* 1810) die Marionette zum Symbol für die Freiheit des Spiels und der Welt des schönen Scheins aufwerteten.

Die Idee der eigenen Marionetten- und Automatenhaftigkeit führte zu Überlegungen über Freiheit und Bedingtheit des als Gleichnis der eigenen Situation empfundenen künstlichen Menschen, der in der Literatur der Jahrhundertwende in den Mittelpunkt der Diskussion rückt und unter Rückgriff auf die genannten verschiedenen volkstümlichen Traditionen in vielen Varianten entwickelt wird. Diese idealistisch bestimmte Zeit stellt sich gegen jede automatische Funktion eines Lebewesens. JEAN PAUL wies in *Auswahl aus des Teufels Papieren* (1789) und in *Die Frau aus bloßem Holz* (1789) satirisch auf die Möglichkeit hin, dass menschliches Tun und Reden durch Automaten ersetzt werden könnte, und zielte damit, wie Schoppes Wachsfiguren im *Titan* (1800–03), auf eine Gesellschaft, deren Automatismus in dieser Ersetzbarkeit aufschien. Als gefährlich zeigt sich der durch Zauber geschaffene künstliche Diener in GOETHES vom *Philopseudes* des LUKIANOS angeregter Ballade *Der Zauberlehrling* (1798): ein belebter Besen, der keinen Verstand und keine Fähigkeit zur Kommunikation mit seinem Schöpfer besitzt, durch automatisches Funktionieren dessen Kontrolle entgleitet und zerstört statt dient. Um dieses Moment der verderblichen Wirkung des Kunstprodukts auf den Menschen ging es auch E.T.A. HOFFMANN bei seiner wiederholten Verwendung des Motivs, zugleich aber auch um das Problem des Techniker-Magiers, dessen belebte Automaten Projektionen seiner Phantasie sind, die im »Erfassen« zerstört werden. Dämonischer Bösewicht ist Coppelius-Coppola in *Der Sandmann* (Erz. 1817), während das Wesen des Automatenschöpfers in *Die Automate* (Erz. 1819) undeutlich bleibt, obgleich eine betrügerische Manipulation mit der Weissagung seines sprechenden Türken zum Schaden des jungen Ferdinand denkbar ist. L. TIECK erfand für seine Vogelscheuche (*Die Vogelscheuche* Erz. 1835) keine automatische, wissenschaftliche oder betrügerische Belebung, sondern ließ sie sehr romantisch durch eine Elfe belebt werden, die sich auf der Flucht in der ledernen Puppe verbirgt, außerdem aber auch durch tellurische und magische Kräfte, die die Elfe an sich gezogen hat. Der neugebackene Herr von Ledebrinna spielt in der Gesellschaft eine Rolle, bis ihn der Besitzer der Scheuche erkennt und verklagt, sodass Ledebrinna das Nervenfieber bekommt, die Elfe mit allen ihren geistigen Wirkungsmöglichkeiten aus ihm entweicht und er nur aufgrund der elementaren Kräfte weiterlebt, die aus ihm und seinen mit der Tochter seines ehemaligen Besitzers gezeugten Nachkommen ein Geschlecht von Ledernen machen.

Die besondere Gefährlichkeit des künstlichen Menschen offenbart sich in der erotischen Fixierung eines lebendigen Menschen an ihn. Dieser Zug des Motivs weist sicher Zusammenhänge mit sexuellem Fetischismus auf, wie er in der bereits erwähnten künstlichen Dirne des *Zauberers Vergil* und in dem verbreiteten Märchentyp vom Grieß- und Zuckermann deutlich wird, den G. BASILES Erzählung *Pintosmalto* (1634) repräsentiert, in der ein Mädchen alle Männer ablehnt und sich aus süßem Teig einen schönen Jüngling knetet, den die Liebesgöttin belebt und der später ihr Mann wird. Diese Variante erscheint in der klassisch-romantischen Epoche zuerst in GOETHES *Der Triumph der Empfindsamkeit* (Dr. 1787) mit der Bindung Prinz Oronaros an eine Puppe, die für ihn allen Spöttern zum Trotz eine Seele hat und die er schmerzlich entbehrt, als man die Puppe mit ihrem lebendigen Urbild vertauscht, sodass man ihm dann seine Puppe wiedergibt. Ähnlich fixiert ist Marggraf in JEAN PAULS *Der Komet* (1822) an die Wachsbüste einer Prinzessin. Der Kaiser von China in

H. C. ANDERSENS Märchen *Die Nachtigall* (1843) entscheidet sich gegen den lebenden Vogel für einen künstlichen und wird krank, als das Kunstwerk entzweigeht; er gesundet jedoch durch den verschmähten Gesang des lebenden Vogels. Weit dämonischer und aktiver als die Puppe des goetheschen Prinzen ist bei A. v. ARNIM (*Melück Maria Blainville* Erz. 1812) die Kleiderpuppe, der der Graf einen Frauenrock anzog, um eine Stelle aus der *Phädra* besser deklamieren zu können, und die ihm dann Beifall klatscht, aber fortan sein Leben an sich zieht. Dagegen misslingt ein ähnlicher Anschlag auf Leben und Seele eines Menschen dem Alraun in A. v. ARNIMS *Isabella von Ägypten* (Erz. 1812), der sich hochmütig zur menschlichen Persönlichkeit emporschwindeln möchte, um Bellas Liebe zu erlangen, aber mit einem Golem abgespeist wird. Auch unter den Motivvarianten E.T.A. HOFFMANNS findet sich eine Puppe (*Der Sandmann* Erz. 1817), Olympia, deren Seelenlosigkeit Nathanael für weibliche Anschmiegsamkeit hält, während er schließlich in seiner Braut eine tote Puppe erblickt und, gefühlsverwirrt, wahnsinnig wird, ähnlich den Betroffenen in V. ODOEVSKIJS *Derevjannyj gost/Der hölzerne Gast* (Erz. 1833) und A. K. TOLSTOJS *Don Juan* (Dr. 1859/60). Zu den dämonischen Verzauberinnen menschlicher Seelen gehören stoffgemäß die belebten oder scheinbelebten Statuen und Bilder in den romantischen Bearbeitungen des Stoffes von der ↑ Statuenverlobung (J. v. EICHENDORFF, *Julian* Epos Druck 1852/53, *Das Marmorbild* Nov. 1819; W. v. EICHENDORFF, *Die zauberische Venus* Gedicht 1816; A. v. ARNIM, *Päpstin Jutta* Epos 1813, Druck 1848; E.T.A. HOFFMANN, *Die Elixiere des Teufels* R. 1815/16; P. MÉRIMÉE, *La Vénus d'Ille* Nov. 1837). Mit Einschränkung kann für diese Motivvariante auch die »schöne Kunstfigur« C. BRENTANOS (*Gockel, Hinkel, Gackeleja* Märchen ersch. 1838) genannt werden, die tanzende Puppe, in der eine Tanzmaus steckt und die als Medium der Bezauberung und Verführung fungiert, für das wertvolles Gut dahingegeben wird.

Schließlich schuf GOETHE (*Faust II* 1832) auch das Muster für einen dritten Aspekt des Motivs, der sich dem Innenleben des künstlichen Menschen zuwendet. Der auf wissenschaftlichem Wege von Faust geschaffene Homunculus, von dem Wagner rühmt, dass er durch Denken hervorgebracht sei und nicht durch den Zeugungsakt, der künftig den Tieren überlassen bleibe, ist gleich nach dem Entstehen erwachsen und gelehrt, besitzt aber keinen Leib und auch keine Seele, seine Existenz ist nur in der Retorte möglich, und seine Sehnsucht, ein vollkommenes Wesen zu werden, kann sich nur durch Selbstvernichtung erfüllen; sein Zerschellen am Wagen der Galatee bedeutet daher eine Art beseelenden Liebestodes. Dieses sehr romantische Motiv der Seelenlosigkeit, sonst mit dämonischen → Verführerinnen wie Nixen und Elfen verbunden, findet sich auch bei dem Golem in A. v. ARNIMS *Isabella von Ägypten*, einer von einem Juden aus Ton hergestellten → Doppelgängerin Bellas, die weder Geist noch Seele besitzt und ihr Urbild hasst, weil ihr an ihm zum Bewusstsein kommt, dass sie kein echtes Leben hat. Auch der von dem Studenten Frankenstein aus Teilen von sezierten Leichen zusammengesetzte künstliche Mensch in M. Wollstonecraft SHELLEYS berühmtem Roman (*Frankenstein* 1818) ist ein dem Homunculus verwandter Typ; er beseelt sich durch das Naturgesetz, wird aber wegen seiner Größe und Hässlichkeit von der Mitwelt abgelehnt. Als sein Schöpfer dem herangewachsenen Monster die begehrte Partnerin und die Möglichkeit, sich zu vermehren, verweigert, tötet es die Braut seines Herrn in der Hochzeitsnacht, den damit die Strafe für seine Hybris ereilt.

Am Ausgang der klassisch-romantischen Epoche taucht das inzwischen etwas verbrauchte Motiv in Randstellung mit der Absicht auf, eine Gesellschaft zu kritisieren, die den Umweg über die Automate wählt, um zwischenmenschliche Beziehungen zu klären, so wenn bei C. BRENTANO (*Ponce de Leon* Lsp. 1804) der unerkannt heimkehrende Vater sich seinen Kindern und künftigen Schwiegerkindern auf einem Maskenball in Automatenkostüm nähert, bei F. v. KURLÄNDER (*Der Mechanikus von Plundershausen* Lsp. 1825) ein Liebhaber eine mechanische Figur spielt und dadurch seinen künftigen Schwiegervater täuscht oder bei dem von Brentano beeinflussten G. BÜCHNER (*Leonce und Lena* Lsp. 1842) der → Narr Valerio das Thronfolgerpaar am Hof König Peters als Automaten vorstellt, die von Menschen nicht unterscheidbar seien. Auf der Linie JEAN PAULS bewegen sich mit ähnlicher satirischer Tendenz Hinweise auf die Ersetzbarkeit des Menschen durch Automaten bei K. IMMERMANN (*Die Papierfenster eines Eremiten* 1822, *Tulifäntchen* Verserz. 1830) und H. HEINE (Bericht über den englischen Mechanikus in *Zur Geschichte der Religion und Philosophie in Deutschland* 1835).

Der von Heine erneut verwandte Zug der Seelenlosigkeit des sonst einem Gentleman gleichenden Automaten, der seinen Schöpfer mit der Bitte um eine Seele verfolgt, war im späteren 19. Jahrhundert und weit in das 20. hinein Hauptfaktor des Motivs, da die fortschreitende Technik das Schreckbild einer Automatisierung des Menschen und die Verantwortung der Erfinder immer deutlicher machte. Die künstlichen Lebewesen, die der Mann der Zukunft als Arbeitssklaven benutzen wird (E. G. Bulwer, *The Coming Race* R. 1870), sind vom denkenden Menschen kaum zu unterscheiden, haben aber keine Seele, sind nicht einmal geschaffen, sondern entworfen, technisch konstruiert und fabrikmäßig hergestellt. Puškin (*Mednyj vsadnik/Der eherne Reiter* Verserz. 1833) stellte in der belebten Statue Peters des Großen ein Gefäß übermenschlicher Macht dar. R. Hamerlings in der Retorte erzeugter *Homunculus* (Epos 1888), der einer Dorfschulmeistersfrau zur Geburt in den Leib verpflanzt wurde, folgt seiner seelenlosen Wesensart, gründet einen Staat, dessen Bürger er zu Pessimismus und Selbstmord überreden will, wird aber von der Menschheit an seinen Weltverneinungsplänen gehindert und erkennt zu spät, dass ihm menschliche Erfahrungen gefehlt haben. Unter den Aspekt der Seelenlosigkeit bzw. Beseelbarkeit sind auch die neuromantischen Bearbeitungen des ↑ Golem-Stoffes gestellt, in denen der Golem an seinem Unvermögen, die Liebe der Tochter des Rabbis zu erringen, scheitert (R. Lothar Nov. 1899; A. Holitscher Dr. 1908; P. Wegener/H. Galeen Film 1914) oder doch schließlich Menschenwürde erlangt (F. Lion/E. d'Albert Oper 1926). Einen neuen Typ repräsentieren die Tiere, die Dr. Moreau (H. G. Wells, *The Island of Doctor Moreau* R. 1896) durch Operationen in menschenähnliche Wesen verwandelt und die er durch das Gesetz, dass sie weder Fleisch essen noch auf allen vieren gehen dürfen und ihn als Herrn anerkennen müssen, unter seiner Herrschaft halten will, die aber ihren Meister und seine Helfer umbringen. Ähnliche Zwitter entstehen auf experimentellem Wege in S. Maughams *The Magician* (R. 1908) und in G. Meyrinks *Des deutschen Spießers Wunderhorn* (Nov.-Slg. 1913). Aus der Automatenvorstellung ist dagegen sowohl das computerähnliche Wesen entwickelt, das bei K. Spitteler (*Olympischer Frühling* Epos 1900–06) die anstürmenden Menschen von der Burg des Weltherrn Ananke abwehrt, wie vor allem die Titelfigur in G. Gilberts Roman *Seine Exzellenz der Automat* (1907), deren Mechanik der Konstrukteur nicht mehr abstellen kann, weil der Automat auf Aggression entsprechend reagiert, darum ungehindert Großindustrieller und Minister wird, seinem Schöpfer die Braut abspenstig macht und erst, als seine Tätigkeit zur nationalen Katastrophe zu werden droht, im Kampf durch seinen Erfinder unschädlich gemacht wird. In anderen Fällen gelingt das Attentat des rebellischen und rachsüchtigen Kunstprodukts auf seinen Schöpfer, sei es, dass es sich rächt, weil es im Schachspiel mattgesetzt wurde (A. Bierce, *Maxon's Mas-*

ter Erz. 1880), sei es, dass ihm sein Schöpfer, der Alchemist, das Geheimnis verweigert, wie es sich Nachkommen schaffen kann (K. M. KLOB, *Homunculus* R. 1919), und der Mutter- und daher Seelenlose, mit Satans Hilfe Geschaffene sich diesem seinem zweiten »Vater« überantwortet, sei es, dass der einer Mode des 18. Jahrhunderts entsprechend als »künstlicher Gefangener« im Burgverlies Gehaltene mit seinem Herrn, einem Grafen, gewaltsam die Rolle tauscht (K. H. STROBL, *Der Automat von Horneck* Erz. 1924), oder dass eine an Tiecks Erzählung erinnernde Vogelscheuche als → Doppelgänger ihres Herrn diesen von seinem Platz im Leben verdrängt (O. H. A. SCHMITZ, *Herr von Pepinster und sein Popanz* Nov. 1912). Im Gefolge Bulwers führte R. HAWEL (*Im Reich der Hommunkuliden* R. 1910) in ein Zukunftsreich von Homunkuliden, in dem alles perfekt ist, die Frauen ausgestorben sind und die Männer in Fabriken nach Bedarf hergestellt werden, in dem aber die Gefühle nicht mehr existieren, und K. ČAPEK wiederholte den Einfall mit bedrohlicheren Akzenten in seinem Drama *R. U. R.* (= Rossums Universal Robots 1920), das zugleich eine neue Bezeichnung für die menschenähnliche Automate, den »Roboter«, in Umlauf brachte. Die alten Kennzeichen der Seelenlosigkeit und der aufsässigen Gewalttätigkeit wurden hier mit einem neuen sozialen Aspekt versehen: Von zwei Männern geschaffen, von denen der ältere durch seine Schöpfung die Nicht-Existenz Gottes beweisen, der jüngere an ihr verdienen will, wird der Roboter zum Feind und Verdränger des Arbeiters, und er vernichtet mit seinen Artgenossen die Menschen, statt sie, wie erhofft, durch seine billigere Arbeitskraft frei zu machen. Auch in K. L. SCHUBERTS Spiel *Ein Mensch* (1923) bringen die Maschinenmenschen der Menschheit den Untergang, statt sie von Sklaverei zu befreien. Moderne Varianten solcher Zukunftsvisionen kann man in I. ASIMOVS *I, Robot* (1950) und R. BRADBURYS *Marionettes, Inc.* (1951) sehen, Erzählungen, in denen die Automaten sich zu Herren gemacht und die Menschen in die den Automaten zugedachte Rolle von Sklaven abgedrängt haben. Im Zuge der Rehabilitierung der Unterprivilegierten kann jedoch die traditionelle Stoßrichtung des Motivs auch umgekehrt werden und der künstliche Mensch als Symbol der programmierten »Wohlstandsmarionette«, die wegen ihrer Aufsässigkeit verfolgt und diffamiert wird, Sympathie fordern (W. D. SIEBERT, *Frankenstein oder Einer der auszog und das Fürchten lernte* Dr. 1974).

Gegenüber den sozialkritischen Aspekten trat die erotische Dämonie des künstlichen Menschen in neuerer Zeit zurück. Nicht jedoch in den Romanen von M. HOUELLEBECQ (*Les particules élémentaires* 1998, *La possibilité d'une île* 2005). Hier spielt die Frage nach der Sexualität zukünftiger Menschen eine prominente Rolle: Im früheren Roman arbeitet einer der Protagonisten an einer zukünftigen geschlechtslosen Menschenrasse, die sich durch Klonen vermehrt, im späteren Roman sind die Protagonisten geklonte Neo-Menschen. Ähnlich wie Nathanael in E.T.A. HOFFMANNS *Der Sandmann* entscheidet sich bei V. de L'ISLE ADAM (*L'Ève future* R. 1887) der englische Lord, der sich über die seelische Stumpfheit seiner schönen Geliebten beklagt hat, für das von dem Forscher Edison hergestellte, mit dem Geist einer Somnambule beseelte galvanoplastische Ebenbild dieser Frau, aber Gott lässt den Eingriff in seine Schöpfung nicht zu, das Kunstprodukt fällt einer Schiffskatastrophe zum Opfer. An die volkstümliche Tradition des Alraunenglaubens knüpfte H. H. EWERS (*Alraune* R. 1911) mit seinem durch Befruchtung einer Dirne mit dem letzten Samen eines guillotinierten Mörders entstandenen vampartigen Wesen an, das, kalt und todbringend, alle Menschen in seinen Bann zieht, bis sich schließlich der Neffe seines Schöpfers durch Willensstärke davon befreit. Todbringend ist auch das Kunstgeschöpf in Th. v. HARBOUS *Heliopolis* (R. 1926). Moderne psychoanalytische Erkenntnisse und Märchenhaft-Folkloristisches fließen zusammen in dem von dem Schweizer H. SCHNEIDER (*Der Sennentuntschi* Dr. 1972) vorgeführten weibsteufelhaften Fetisch, den sich drei Sennen auf menschenferner Alm geschaffen haben und der Gewalt über sie zu erlangen droht.

E. Rapp, Die Marionette in der deutschen Dichtung vom Sturm und Drang bis zur Romantik, 1924; R. Majut, Lebensbühne und Marionette, 1931; M. Racker, Gestalt und Symbolik des künstlichen Menschen in der Dichtung des 19. und 20. Jahrhunderts, Diss. Wien 1932; D. Kreplin, Das Automaten-Motiv bei E.T.A. Hoffmann, Diss. Bonn 1957; R. Plank, The Golem and the Robot (Literature and Psychology 15) 1965; K. Völker (Hrsg.), Künstliche Menschen. Dichtungen und Dokumente über Golems, Homunculi, Androiden und liebende Statuen, 1971; Th. Ziolkowski, Disenchanted Images, Princeton 1977; P. Gendolla, Die lebenden Maschinen, 1980; L. Sauer, Marionetten, Maschinen, Automaten 1983; A. Hildenbrock, Das andere Ich. Künstlicher Mensch und Doppelgänger in der deutsch- und englischsprachigen Literatur, 1986; R. Drux, Marionette Mensch. Ein Metaphernkomplex und sein Kontext von Hoffmann bis Büchner, 1986; B. J. Dotzler/ F. Gendola/J. Schäfer, Maschinenmenschen, (Bibliographie) 1992; M. Böhmig, Das Motiv der lebenden Statue in der deutschen und russischen Literatur der Romantik, (Ricerche Slavistiche 39/40) 1992/93; P. Brunel u. a. (Hrsg.), L'homme artificiel, Paris 1999; G. Drux (Hrsg.), Der Frankenstein-Komplex: kulturgeschichtliche Aspekte des Traums vom künstlichen Menschen, 1999; M. Geier, Fake. Leben in künstlichen Welten. Mythos – Literatur – Wissenschaft, 1999; G. Ruppelt, »Keiner, den ein Weib geboren«: von schönen neuen Menschen und Klonen in der Literatur, 2002; G. Febel (Hrsg.), Menschenkonstruktionen: Künstliche Menschen in Literatur, Film und Kunst des 19. und 20. Jahrhunderts, 2004; Th. Tabbert, Menschmaschinengötter: künstliche Menschen in Literatur und Technik, 2004; C. Bauer-Funke (Hrsg.), Der automatisierte Körper: literarische Visionen des künstlichen Menschen vom Mittelalter bis zum 21. Jahrhundert, 2005.

Menschenfeind

Ein Menschenfeind hegt im Allgemeinen keine aktive Feindschaft gegen die Menschen, er unternimmt nichts gegen sie. Jedoch er hasst und verachtet sie, will nichts mit ihnen zu tun haben, sie nicht sehen und fern von ihnen leben. Menschenhass ist nicht wie Menschenscheu auf Veranlagung zurückzuführen, sondern auf enttäuschende Erlebnisse. Diese Erlebnisse können entweder objektiver Natur sein, indem der bis dahin Gutgesinnte und Vertrauensselige die Erfahrung von Undank und Bosheit seiner Mitmenschen macht, oder sie sind subjektiver Art, indem der mit zu hoch gespannten und weltfremden Forderungen an die Menschheit Herantretende durch die Konfrontierung mit der Realität in seinen Erwartungen und seinem Glauben enttäuscht wird. Der Menschenfeind kann durch seine absonderliche, zurückgezogene Lebensweise Züge mit dem → Sonderling gemeinsam haben, aber die Genese seiner Haltung und seine Feindseligkeit trennen ihn doch von dem mehr schrullig-liebenswürdigen Typ.

Das Interesse der Literatur an diesem Typenmotiv beruht auf der Spannung zwischen der entstehenden oder schon entstandenen ablehnenden Haltung des Misanthropen gegenüber den Mitmenschen und seiner notwendigen Bezogenheit auf sie. Er ist selbst ein Mensch und teilt die menschlichen Schwächen, die er bei sich selbst zu übersehen geneigt ist, und seine Existenz ist trotz der versuchten Isolierung auf Zusammensein und Zusammenarbeit mit ihnen angewiesen. Diese Dialektik macht das Menschenfeind-Motiv zum Gegenstand vor allem des Dramas, das synthetisch oder analytisch das Zustandekommen des seltsamen Typus darstellt und meist auch die »Heilung« des ja erst erworbenen Leidens in Szene setzt, indem des Menschenfeinds Abhängigkeit von anderen Menschen ihn zwangsläufig auf diese zurückgreifen und ihn bessere Erfahrungen machen lässt oder er das eigene Wesen im Spiegel ähnlicher Typen erkennen und verabscheuen lernt. Nur in sehr seltenen Fällen bezieht Menschenfeindschaft das eigene Ich mit ein und führt dann nicht zur Flucht in die Einsamkeit, sondern zum Selbstmord.

Die Geschichte des Menschenfeind-Motivs ist nicht zu lösen von der Stoffgeschichte der halb sagenhaften Gestalt, die in der antiken Literatur durch langsamen Aufbau vieler Einzelzüge allmählich zum Inbegriff des Menschenfeinds wurde: des Timon von Athen. Timon lebte im 5. vorchristlichen Jahrhundert, bekämpfte mit beißendem Spott die einreißende Sittenlosigkeit der Athener und erschien durch diese Aggressivität schon seinen jüngeren Zeitgenossen geheimnisvoll. Möglicherweise spiegeln sich bereits einzelne Charakterzüge seines mythisch übertriebenen Bildes in der nicht erhaltenen altattischen Komödie *Monotropos* (415/414 v. Chr.) des PHRYNICHOS mit ihrer Eigenbrötlergestalt, die ohne Familie, Freunde und selbst Sklaven lebt, auch keine Anteilnahme an der Politik zeigt. In den *Vögeln* (414 v. Chr.) des ARISTOPHANES findet sich eine Anspielung, zu der ein Scholion des VENETUS bemerkt, Timon habe nicht die Götter, sondern die Menschen gehasst, und eine andere Anspielung in des gleichen Autors *Lysistrate* (411 v. Chr.) sagt aus, dass Timon sich den Augen der Menschen entzogen habe, indem er einen Verhau von Dornen um seine Wohnung zog. Die Komödie *Timon* des ANTIPHANES (408/405–334/331) ist nur fragmentarisch erhalten, sodass die Funktion des Motivs nicht erkannt werden kann. Auch der Misanthrop unter den *Charakteren* des THEOPHRASTOS (um 371–287 v. Chr.) dürfte Berührungspunkte mit der Timon-Tradition haben; hier taucht zuerst der Erklärungsversuch auf, dass der Menschenhass und ein damit verbundener Groll gegen die Götter sich entwickelt habe, als der ehemals Reiche verarmte und von seinen vermeintlichen Freunden im Stich gelassen worden sei. Bekanntschaft mit der Charakterlehre des Theophrastos, vielleicht auch mit umlaufenden Timon-Anekdoten, gab wohl den Anstoß zu dem jüngst bis auf wenige Verse wiederaufgefundenen *Dyskolos* (317–316 v. Chr.) des MENANDROS. Das Reizvolle und wirklich Komödienhafte dieses Stücks liegt darin, dass es sich bei dem alten Knemon – der den Umgang mit den Menschen, auch mit seiner Frau, abgebrochen hat, von seiner Hände Arbeit lebt, weil er niemandem etwas schuldig sein und den Einflüssen der städtischen Zivilisation entgehen möchte, der aber, als ihn die verabscheuten Mitmenschen aus einem Brunnen retten, sein Unrecht einzusehen vorgibt – doch nur um eine Scheinheilung handelt, denn er droht in seine einsiedlerische Lebensweise zurückzufallen und kann nur durch einen Schabernack der Sklaven dazu bewegt werden, der Hochzeit seiner

Tochter beizuwohnen; seine Fehlhaltung wird durch die Kontrastfigur eines erfahrenen, menschenfreundlichen alten Mannes unterstrichen. Am Ende des ersten vorchristlichen Jahrhunderts gewann PLUTARCH (*Biographie des Antonius*) aus dem Vergleich zwischen dem treulosen Verhalten der Freunde des Antonius nach der Schlacht bei Aktium und dem der Gefährten des Timon sowie zwischen den verwandten Reaktionen der beiden Betroffenen neue Aspekte des Charakterbildes. Er erwähnt einerseits als Parallel- und Gegenfigur den auch von CICERO und ARISTOXENOS VON TARENT genannten Apemantes, den Kyniker und Misanthropen aus Profession, der weder Timons Überzeugung teilt noch ihm an düsterer Konsequenz ebenbürtig ist, auf der anderen Seite Timons Freundschaft mit Alkibiades, in dem Timon ein Werkzeug für seine gegen die Athener gerichteten verderblichen Wünsche gesehen habe und daher nach der Alkibiades zur Last gelegten Niederlage als Unglückswünscher in einen kausalen Zusammenhang zu dem Unglücksbringer gebracht worden sei. Hier erscheint also der Menschenhass aktiviert. s (120–180) *Timon-Dialog* ist die letzte, für die Tradierung entscheidende Fixierung des Stoffes in der Antike. Die Vorgeschichte, die Timon als reichen Verschwender zeigt, motiviert den Gefühlsumschwung des Verarmten, der, von allen verlassen, sein Brot im Tagelohn verdienen muss und den Menschen und Göttern zürnt, sodass Zeus ihm durch einen »Schatz im Acker« seinen Reichtum zurückgibt, woraufhin Timon einen Turm auf ihm errichtet, in dem er wohnt; die herbeieilenden Freunde verjagt er. Er bleibt in seinem Turm für sich allein; obgleich er auf die Zusammenarbeit mit den Mitmenschen angewiesen ist, weist er die um Hilfe bittenden Athener stolz ab und stirbt in einsamem Groll. Zeitgenossen berichten von seinem meerumspülten Grab und seiner menschenfeindlichen Grabschrift. Timons Turm wird auch in der *Beschreibung Griechenlands* von PAUSANIAS (2. Hälfte 2. Jh.) erwähnt.

Für das Mittelalter war weder das Menschenfeind-Motiv noch der Timon-Stoff anziehend. Menschenfeindschaft widersprach dem christlichen Gebot der Nächstenliebe, konnte nur teuflischen Ursprungs sein und charakterisierte daher sowohl den Teufel wie sein Werkzeug, den → Teufelsbündner. Der aus dem Menschenhass resultierende Hass gegen den Schöpfer und Lenker der Menschen, schon von den antiken Autoren an der Gestalt Timons diskutiert, gab den Ausschlag für die ablehnende Beurteilung des Typs im Mittelalter, für das sich Misanthropie nicht als soziales, sondern als metaphysisches Problem darstellte.

Erst das Interesse der Renaissance an antiken Stoffen und Ideen sowie die neu gesehene Problematik des Bösen verhalfen dem Motiv wieder zur Geltung. In engem Anschluss an s Dialog schrieben zuerst M. M. Boiardo (1494) und G. da Carretto (1498) Timon-Dramen, die mit der Verarmung Timons einsetzten. Boiardo sah den Grund für Timons Fall vor allem in seiner Abhängigkeit vom Gold, das ihn innerlich unfrei gemacht und sein Gefühl verhärtet habe; zwar verzichtet der verarmte Timon dann auf den gefundenen Schatz, verharrt aber bei seiner Menschenfeindlichkeit. Die sich hier anbahnende Moralisierung des Stoffes machte ihn für das Schul- und Jesuitendrama geeignet. Der Jesuit J. Gretser (*Timon comoedia* 1584), der den Dialog Lukians freier auswertete, zeigte Timon noch im Reichtum, deutete aber im ersten Akt den Umschwung dadurch an, dass Pluto als Bewahrer des Reichtums Timons Haus verlässt, und füllte die weiteren vier Akte mit der Enttäuschung durch die Freunde, der Arbeit des den Göttern Grollenden im Tagelohn, der anfänglichen Ablehnung des neuen Reichtums und der Wendung des erneut Reichen gegen die wiederkehrenden Freunde. Die Absicht, an dem Stoff die Folgen leichtsinnigen Lebensgenusses aufzuzeigen, führte bei Gretser zu einer Schwerpunktsverlagerung, die dann in dem Timon-Drama des Thorner Schulrektors S. Schelwig (1671) statt des Menschenfeind-Motivs das der → Goldgier in den Mittelpunkt rückte.

Dagegen handelt es sich bei Shakespeares Timon (*Timon of Athens* um 1607), der um 1600 einen Vorläufer in einem anonymen Drama gehabt hatte, um das psychologische Problem eines in seiner anfänglichen Gutmütigkeit und Freigebigkeit ebenso wie in seinem späteren Hass maßlosen Mannes, dessen aus Enttäuschung resultierende Menschenverachtung in dem Gastmahl des dritten Aktes gipfelt, zu dem er die Freunde eingeladen hat, um ihnen Wasser vorzusetzen, das er ihnen höhnend ins Gesicht gießt, ihnen schonungslos die Wahrheit zu sagen und sie dann davonzujagen. Von Plutarch übernahm Shakespeare die Beziehung zu dem landesverwiesenen Alkibiades, der einen Kriegszug gegen Athen vorbereitet und dem Timon einen Teil des gefundenen Goldes in der gleichen feindseligen Absicht gibt wie den Hetären, die Athens Männer korrumpieren sollen. Der Typus wird einerseits abgegrenzt gegen den aus Eitelkeit Menschenhass posierenden und seine Rolle genießenden Apemantus und andererseits gegen den treuen → Diener und Verwalter Flavius, der seinen Herrn schon anfangs gewarnt hat und ihn später in sein Elend begleiten will. Aber Timon, dessen

Menschenverachtung der ältere Shakespeare anscheinend weitgehend nachempfinden konnte, bleibt allein, weist die um Hilfe bittenden Athener brüsk ab und stirbt im Groll; von seinem meerumspülten Grab und seiner menschenfeindlichen Grabschrift wird berichtet.

Nach SHAKESPEARES *Timon of Athens*, dessen Einsträngigkeit und mangelnde Dramatik spätere Bearbeiter (Th. SHADWELL 1678; R. CUMBERLAND 1771; F. J. FISCHER 1778; W. H. v. DALBERG 1778; A. LINDNER 1871) nicht verbessern konnten, setzte sich das Motiv des Menschenfeindes zum ersten Mal unabhängig vom Timon-Stoff in MOLIÈRES *Le Misanthrope* (1666) durch. Es erschien hier in Verbindung mit ganz anderen Nebenmotiven und Zügen, denn der junge und beliebte Alcèste erlebt weder einen Wandel des Glücks noch Enttäuschungen durch Freunde, sondern er tritt mit einem Anspruch an seine Umwelt auf, der ihm von Beginn an Mängel und Scheinhöflichkeit der Mitmenschen im trübsten Licht erscheinen und seine Versuche, durch Tadel und eigene Aufrichtigkeit dagegen anzugehen, scheitern lässt. Seine übertriebenen und falsch angebrachten Forderungen machen ihn ebenso lächerlich wie seine Verehrung für eine Frau, die von anderen ihrer schlechten Eigenschaften wegen gemieden wird und die er weder zu bessern noch zu seinem Ideal eines Lebens fern von der menschlichen Gesellschaft zu bekehren vermag, sodass er seine Vorstellung allein in die Tat umsetzt und damit seine tadelnswerte Unfähigkeit, unter Menschen zu leben, beweist.

Wie alle Komödien MOLIÈRES rief auch diese Nachahmungen und Gegenstücke hervor. Während der nach dem Muster des Alcèste modellierte Stanford in Th. SHADWELLS Komödie *The Sullen Lovers* (1668) es aufgrund der Liebe einer gleichgesinnten Frau über sich gewinnt, seinen Menschenhass zu Gesellschaftshass zu dämpfen, behielt W. WYCHERLEY (*The Plain Dealer* Kom. 1677) Liebesenttäuschung als Grund der Misanthropie bei und ergänzte sie nach dem Muster des Timon-Stoffes durch Enttäuschung in der Freundschaft, aber dem Helden wird schließlich doch noch durch eine treue Frau ein Glück in dieser schlechten Welt bereitet. Als Gegenentwurf zu Molière war J.-F. MARMONTELS echt aufklärerische moralische Erzählung *Le Misanthrope corrigé* (in: *Contes moraux* 1765) gedacht, deren Titelfigur wie die Molières sich aufs Land zurückzieht, dort aber nicht nur durch eine liebenswerte Frau, sondern – ein neuer Zug – durch das abschreckende Beispiel eines anderen lächerlich wirkenden Menschenfeindes von seiner Misanthropie geheilt wird.

Das 18. Jahrhundert sah in Gesellschaft und Geselligkeit das Moment, das den Menschen erst zum Menschen macht, und sprach der Freundschaft und der Liebe sittliche Kraft zu. Schon aus diesen Gründen musste Misanthropie als Fehlhaltung erscheinen, vor allem aber widersprach sie dem vornehmsten Ideal der Epoche, der Humanität. So konnte in J. G. ZIMMERMANNS einflussreicher Schrift *Über die Einsamkeit* (1756) sogar der fromme → Einsiedler, weil menschenfern, wenn auch nicht menschenfeindlich, unter die Menschenhasser gezählt und verdammt werden. Gesellschaftsferne wurde allenfalls, wenn sie sich antihöfisch gab und der rousseauschen Idylle zuneigte, toleriert, so wie man die im Zuge empfindsamer Selbstbeobachtung hervortretenden Typen von → Missvergnügten, Käuzen, Hypochondern und Melancholikern zu entschuldigen wusste, soweit sie nicht ins Extrem der Menschenfeindschaft verfielen. In der Literatur musste der Typ des Menschenfeindes daher zum Objekt der Bekehrung und Heilung werden, als deren wirksamstes Mittel Freundschaft und Frauenliebe angesehen wurden, die schon von SHAKESPEARES Bearbeitern Th. SHADWELL und R. CUMBERLAND und von den Nachahmern MOLIÈRES in dieser Funktion eingesetzt worden waren. Timant, der Held von J. F. v. CRONEGKS Lustspiel *Der Mißtrauische* (1760), ist ein Hypochonder, dessen Leiden an der Welt so weit geht, dass er sich von ihr zurückgezogen hat und die Tür seines Zimmers mit Vorhängeschlössern versperrt, und der erst durch das Opfer eines Freundes, der um seinetwillen auf die Geliebte verzichtet, geheilt wird, nicht ohne erst noch eine Zeit der Selbstbestätigung zu benötigen. Fanias in Ch. M. WIELANDS *Musarion* (Verserz. 1786), durch Verrat falscher Freunde, Verlust des Geldes und Liebesenttäuschung zum Menschenfeind geworden, wird durch die Liebe Musarions geheilt und zum Lebensgenuss zurückgeführt, der mehr posierte als wirklich tief gehende Menschenhass von GOETHES Erwin (*Erwin und Elmire* Singsp. 1775) rasch durch die Liebe Elmires ausgelöscht und J. v. SODENS (*Der neue Timon* Lsp. 1789) vom Menschenfreund zum Menschenfeind gewandelter Minister durch ein Liebesglück fern vom Hof mit den Menschen versöhnt. Sogar dem zum Zweck einer Widerlegung einer »bestmöglichen aller Welten« demonstrierten Menschenhass Martins in VOLTAIRES *Candide* (R. 1759) ist ein Trost in Gestalt einer bukolischen Idylle und regenerierender Arbeit beschieden. In J. K. WEZELS deutschem Gegenstück, dem Roman *Belphegor* (1776), kann der an der Schlechtigkeit der Menschen gescheiterte Menschenfreund dennoch seinen Hang zu den Menschen nicht unterdrücken und stellt sich schließlich einer für die Freiheit kämpfenden Nation zur Verfügung. O. GOLDSMITH (*Asem the Manhater* Erz. 1765) dagegen heilte seinen Helden in einer überraschenden Variante nicht durch Konfrontierung mit der Realität, sondern mit der Idealität: Ein Genius führt ihn in eine vollkommene Welt, in der er aber so seltsame, aus der Güte der Menschen resultierende Fehlentwicklungen entdeckt, dass er sich in die alte Welt zurückwünscht.

In der deutschen Sturm-und-Drang-Epoche, die den überdurchschnittlichen Menschen, den »Kerl«, verherrlichte, können dem titanischen Gefühl auch aus dem Bewusstsein der Überlegenheit erwachsene Züge von Misanthropie beigemischt sein. Hierher sind etwa die menschenverachtenden Äußerungen Karl Moors in SCHILLERS *Die Räuber* (Dr. 1781) zu rechnen, während ähnliche Auslassungen seines andersgearteten Bruders Franz zweifellos Teil seiner → Tyrannis sind, denn die Sonderstellung des Tyrannen in der Gesellschaft beinhaltet immer auch ein Stück Misanthropie. Ähnlich werden die typischen Intrigantengestalten dieser Literaturepoche, Carlos in GOETHES *Clavigo* (Dr. 1774), Blum in F. M. KLINGERS *Das leidende Weib* (Dr. 1775) und Grimaldi in des gleichen Autors *Die Zwillinge* (Dr. 1776), zu ihren bösen Projekten teilweise durch Menschenhass verleitet. Wenn bei KLINGER (*Fausts Leben, Taten und Höllenfahrt* R. 1791) die Pervertierung des Menschenfreundes ↑ Faust in einen Menschen- und Gotthasser Ergebnis teuflischer Verschwörung und eines Teufelsbundes ist, so leitet diese Variante schon hinüber zu den Teufelsbündnergestalten der Romantik, deren satanisches Wesen sich in Menschenfeindschaft auswirkt; wie die mittelalterlichen → Teufelsbündner lassen sie es nicht bei der Verabscheuung der Menschen bewenden, sondern wirken zum Schaden der Menschheit.

Als Schöpfung des Humanitätszeitalters arbeitete dagegen SCHILLERS seit 1784 geplantes Schauspiel *Der Menschenfeind* (1802), in dessen ursprünglichem Titel *Der versöhnte Menschenfeind* (1790) das Bekehrungsmoment noch ganz deutlich ist, mit den Mitteln des aufklärerischen Besserungsstückes. Schillers Held, der im Geiste Rousseaus die Entartung der Schöpfung als Produkt menschlicher Fehlentwicklung hinstellt, hat der einzigen geliebten Tochter, die sich über die Niedrigkeit der übrigen Menschen erheben soll, das Versprechen abgenommen, zwar durch Anmut und Tugend die Männer zur Verehrung zu zwingen, aber nie einen Mann glücklich zu machen; ihr Liebhaber will jedoch die Verbitterung des Vaters besiegen, da es keinen ärmeren Mann gebe als den Menschenfeind, dessen

Menschenhass entweder der Selbstverachtung oder der Selbstüberhebung entspringe. Während aus Schillers Fragment nicht hervorgeht, was eigentlich die Misanthropie des Mannes hervorgerufen hat, motivierte A. v. KOTZEBUES 1789 von Schiller in Weimar besuchtes Schauspiel *Menschenhaß und Reue* (1789) den Menschenhass des mit seinen zwei Kindern fern von den Menschen lebenden Meinau durch den Ehebruch und die Flucht seiner Frau, die inzwischen durch Reue, Wohltaten und bescheidenen Dienst als Haushälterin ihre Verfehlungen gutzumachen suchte und von den Kindern schließlich mit dem zunächst widerstrebenden Misanthropen vereint wird. Merkwürdigerweise erfand Kotzebue, wie über zweitausend Jahre zuvor MENANDROS, als Wendepunkt des Plots einen Sturz ins Wasser, nur dass hier nicht der Menschenfeind stürzt, gerettet und bekehrt wird, sondern der Nachbar, zu dessen Rettung der Menschenfeind herbeieilt, womit der rührselige Autor die überdeckte Menschenfreundlichkeit seines Misanthropen unter Beweis stellen wollte.

Im Wiener Volksstück, das gleichfalls mit dem Moment der »Besserung« arbeitete, taucht das Menschenfeind-Motiv erstmals in K. MEISLS parodistischem Stück *Der Esel des Timon* (1813) auf, in dem der von Timon in die Einsamkeit mitgenommene Esel durch die Götter in den reichen Geldmann Midas verwandelt wird, der Timons Misanthropie durch Gold heilt; die Weisheit des Stückes gipfelt darin, dass der Mensch sich in die Welt schicken müsse, da diese sich schwerlich in ihn schicken werde. Bei J. A. GLEICH (*Ydor, der Wanderer aus dem Wasserreiche* 1820) bekehrt sich sogar ein Teufel durch die Erfahrung von Liebe und Freundschaft vom Menschenhass. Mit F. RAIMUNDS *Der Alpenkönig und der Menschenfeind* (1828) erwuchs aus der lokalen Tradition eine Motivvariante weltliterarischen Ranges. Bei Kenntnis sowohl der lokalen Vorgänger wie der Timon-Tradition und auch des schillerschen Torsos, dem er den Zug der einer Tochter verbotenen Ehe entnahm, stellte Raimund die Misanthropie nicht als Folge von Enttäuschung oder falsch angebrachten sittlichen Forderungen dar, sondern als Verblendung und Wahn seiner Zentralfigur, die bezeichnenderweise Rappelkopf heißt und in deren Einbildung sich sowohl die irrige Vorstellung von der Bosheit der anderen Menschen wie die der eigenen Liebenswürdigkeit, Gelassenheit und Gutmütigkeit eingenistet hat. Er ist sich selbst der größte Feind, zerschlägt aus Misstrauen gegen Familie und Hausgenossen seine Hauseinrichtung, flieht in die Einsamkeit der Berge, treibt dort mit sadistischer Freude eine arme Köhlerfamilie aus der von ihm gekauften Hütte, kann aber in seiner seelischen Verhärtung nicht durch die menschenfreundliche Bergeinsamkeit geheilt werden, sondern bedarf der Rosskur, die der Alpenkönig mit ihm vornimmt: Er begegnet seinem → Doppelgänger, in den der Alpenkönig sich verwandelt hat, und wird durch das Entsetzen über sein eigenes entmenschtes Gebaren und durch die Erfahrung der Güte seines Schwagers, der ihm sein Vermögen gerettet hat, geheilt. Der zur Timon-Tradition gehörige, im *Alpenkönig* aber ausgeschiedene Faktor des Sturzes in Armut gestaltete sich für Raimund zu einem eigenen Stoff in *Der Verschwender* (Dr. 1834).

Im epischen Bereich machte sich seit dem späten 18. Jahrhundert das Menschenfeind-Motiv vor allem in erzählerischen Kleinformen oder in Randfiguren geltend. Von der Typenkomödie führen Verbindungen zum komischen Roman etwa T. SMOLLETTS, dessen schrulliger Junggeselle Brambles (*The Expedition of Humphry Clinker* 1771) seine aus seelischer Verletzbarkeit geborenen misanthropischen Züge auf der Reise mit zunehmenden menschlichen Kontakten und abnehmender Anfälligkeit für sein gichtisches Leiden immer mehr zugunsten seiner Gutmütigkeit verliert. Aus dem komischen englischen Roman gingen viele Motive und Züge in das Werk JEAN PAULS ein, dessen skurriler Sonderling Leibgeber (*Ehestand, Tod und Hochzeit des Armenadvokaten F. St. Siebenkäs* 1796/97), der mit wesentlich verschärft psychopathischen Zügen im *Titan* (1800–03) als Schoppe wiederauftaucht, aus Kompromisslosigkeit alle endlichen Daseinsbedingungen und -formen des durch seine Existenz notwendig schuldigen Menschengeschlechts hasst. Im Anhang zum *Titan* wirft der Luftschiffer (*Des Luftschiffers Giannozzo Seebuch*) schließlich voller Hass den Ballast seines Ballons auf die Menschen herab und zerschellt im Gewitter, ähnlich wie der arme Poet in A. KLINGEMANNS *Nachtwachen von Bonaventura* (R. 1804) angesichts der menschlichen Schlechtigkeit sich selbst auslöscht. Der gleiche Weltekel kennzeichnet den Grafen Rudolf in J. v. EICHENDORFFS *Ahnung und Gegenwart* (R. 1815), da er sich in eine einsame Burg zurückgezogen und mit Narren umgeben hat, deren fixe Ideen das Einzige sind, dem er Geschmack und Vergnügen abgewinnen kann. Der sog. poetische Realismus des mittleren 19. Jahrhunderts bevorzugte wie die Aufklärung den heilbaren oder nur scheinbaren Misanthropen in der Art von A. STIFTERS Hagestolz (*Der Hagestolz* Erz. 1845), der seine aus Liebesenttäuschung vollzogene Absonderung von den Menschen längst bereut und nun seinem Neffen seine Lebenserfahrung als Lehre angedeihen lassen will, oder von W. RAABES Journalist Weitenweber (*Die Kinder von Finkenrode* R. 1857/58), in dessen kauziger Bissigkeit sich nur seine Verachtung alles Mittelmäßigen ausdrückt, wie sie schon mehrfach als psychologischer Grund des Menschenhasses in Erscheinung trat. Auch G. KELLERS (*Pankraz der Schmoller* Nov. 1856) an Rappelkopf erinnernder eingebildeter Unrechtleider wird noch rechtzeitig belehrt. Mit dem fortschreitenden 19. Jahrhundert verschärfen sich die Züge des Menschenfeindes und seines Schicksals wieder: Der Held von Th. STORMS *Bulemanns Haus* (Nov. 1864), der sich aus Menschenfeindschaft von der Welt abschließt, wird von seinen beiden übernatürlichen Katzen umgebracht, und die Bekenntnisse des selbstquälerisch rückblickenden Erzählers in F. M. DOSTOEVSKIJS *Zapiski iz podpol'ja/Aufzeichnungen aus einem Kellerloch* (Erz. 1864) lassen erkennen, dass hier Unzufriedenheit im Beruf und in der Beziehung zu Kameraden einen kontaktarmen Menschen zu lebens- und menschenfeindlichen Reaktionen – etwa in der Form des zynischen Spottes, den er mit der Prostituierten Liza treibt – und zum Verlust jeder menschlichen Bindung geführt haben. Während der Räsoneur im Kellerloch selbst sein Versagen ausleuchtet, beweist der Insel-Misanthrop in A. SCHMIDTS *Pharos oder von der Macht der Dichter* (Erz. 1975) seinem jungen Gefährten die intellektuelle Übermacht seiner Thesen, bis dieser ihn erschlägt. Dagegen analysieren in Th. BERNHARDTS Roman *Das Kalkwerk* (1970) dritte Personen vor einem imaginären Publikum die Motivationen eines monomanischen Misanthropen, der alle Bindungen opferte, um ein Werk über »Das Gehör« zu schreiben, das er jedoch auch in der Einsamkeit eines aufgelassenen Kalkwerks nicht bewältigen konnte, und der dann seine an den Rollstuhl gefesselte Frau erschoss. Auf teuflische Herkunft deuten dagegen die sadistischen Duftentnahmen des menschenverachtenden Mörders in P. SÜSKINDS Roman *Das Parfum* (1985).

Im Drama, das die bevorzugte Domäne des Motivs blieb, wirkten die großen Vorbilder fort. Bei E. LABICHE (*Le Misanthrope et l'Auvergnat* 1852) erwuchs aus dem von Shakespeare übernommenen Zug der Enttäuschung und dem von Molière bezogenen des Wahrheitsfanatismus ein Komödienplot um einen in der Schlinge seiner eigenen Forderungen gefangenen Moralisten: Der Misanthrop engagiert einen ehrlichen Mann aus der Auvergne, um immer die Wahrheit zu hören, aber der ständige Entlarver wird bald lästig, da er auch Lügen seines Brotherrn aufdeckt, der sich schließlich gezwungen sieht, den Wahrheitsverkünder zum Lügen zu veranlassen, und durch die Erkenntnis der eigenen Anfälligkeit von seinem selbstüberheblichen Menschenhass geheilt wird. F. RAIMUND hatte die in der Tradition des Timon-Stoffes gekoppelten Motive des Verschwenders und des Menschenfeindes in zwei voneinander unabhängigen Plots aufgefangen, bei W. TILLING (*Timon von London* Dr. 1876) finden sie sich auf zwei Personen der gleichen Handlung verteilt: Von zwei Brüdern ist der eine ein Verschwender, der durch seine Erfahrungen zum Menschenfeind wird, der andere von Beginn an ein Menschenfeind, allerdings nur ein vorgeblicher, der die Maske des Misanthropen angenommen hat, um den Verschwender vor allzu großer Vertrauensseligkeit und vor finanziellem Leichtsinn zu bewahren, was auch gelingt. Noch stärker liegt bei F. DÜMMLER (*Timon von Athen* Dr. 1917), ähnlich wie schon bei deutschen Dramatikern des 17. Jahrhunderts, der Akzent auf der Schuld der Geldvergeudung, die der in die Wälder Entflohene schließlich als Ursache seines Unglücks anerkennt. Dagegen gewinnt in dem Drama *Timon* (1932) F. BRUCKNERS die in vielen Motivvarianten mitschwingende Vorstellung die Oberhand, dass der vermeintliche Menschenhasser eigentlich ein Philanthrop sei, der im Fall dieser neuen Mutante des athenischen Mythos das Volk nicht dafür gewinnen kann, Geld für menschenfreundliche Zwecke statt für Krieg einzusetzen, der auch als Idealist nicht mit Geld umzugehen versteht und schließlich freiwillig mit seiner Vaterstadt untergeht, um das Scheitern seiner Weltverbesserungsabsichten nicht zu erleben. Wieder wird die Vorstellung von der idealen Forderung als Quelle der Enttäuschung und des Menschenhasses ins Spiel gesetzt, allerdings – im Gegensatz etwa zu MOLIÈRE – in einem solche Forderung bejahenden Sinne.

W. Bolin, Der Menschenfeind, (Euphorion 19) 1912; K. Kolisch, Timon von Athen im deutschen Drama, Diss. Wien 1935; G. Hay, Die Darstellung des Menschenhasses in der deutschen Literatur des 18. und 19. Jahrhunderts, 1970; B. Sorg, Der Künstler als Misanthrop, 1989; Ch. Lane, Hatred and civility: the antisocial life in Victorian England, New York 2004.

Misanthrop → Menschenfeind

Missvergnügte, Der

Mit einem etwas altväterischen Ausdruck soll möglichst weitmaschig ein Typ umgrenzt sein, der in den neuzeitlichen Jahrhunderten mit leichten Varianten und wechselnden Vorzeichen und Bezeichnungen auftritt und streckenweise zu einer zeittypischen modischen Erscheinung wurde. Der hier gewählte Begriff leitet sich von dem Positivum, dem »Genügen« des Menschen an seinem Schicksal, einer christlichen Tugend, ab, die sich im »Vergnügen« zu voller Zufriedenheit steigert, ein Wort, das im 17. Jahrhundert dann auch das Behagen an dieser Zufriedenheit ausdrückt. Schon im 16. Jahrhundert taucht als Negation, als Mangel an Genügen, der Begriff der »Unvergnügtheit« auf, der im 18. Jahrhundert die Bedeutung von Unzufriedenheit annimmt. Seit 1678 ist als stärkere Negation auch »Missvergnügen« bezeugt, das im Sprachgebrauch der Zeit Unzufriedenheit nicht nur mit den Verhältnissen, sondern mit dem Leben überhaupt, fehlende innere Ruhe und Befriedigung meint; die psychologische Komponente tritt dabei zunehmend in Erscheinung: mangelnde Freude, innere Missgestimmtheit, Verdrießlichkeit.

Der Typus des Missvergnügten erbringt für literarische Behandlung dort, wo er nicht nur in Randstellung kritischer Begleiter der Handlung ist, sondern zum Handlungsträger wird, eine Spannung zu den übrigen, »vergnügten« Personen, aber vor allem auch eine Spannung zu sich selbst. Er steht durch seine Haltung sich selbst, seinen Anlagen, im Wege, kreist um die eigene Person und gelangt nicht zum Ziel. Sein aktionshemmendes Wesen bedingt – sei der Autor nun Kritiker oder verständnisvoller Nachempfinder des Typs – eine Lösung der Spannung nur durch das Scheitern des Missvergnügten oder durch dessen Bekehrung und Besserung, wie das Lustspiel sie bevorzugt, wo es ihn nicht in ironisch-kritischer Absicht über das »gesunde« Empfinden der anderen triumphieren lässt.

Ohne Zweifel ist der Typ des Missvergnügten älter als der Begriff und auch als sein erstes Auftauchen in der Literatur. Er ist in antiker Dichtung, die aktivere Typen bevorzugte und ihn allenfalls in einer komödienhaften Nebenrolle hätte verwenden können, kaum zu finden, und für mittelalterliche Autoren konnte er nicht zum Problem werden, weil sie aus christlicher Sicht Missvergnügen als sündhafte Unfähigkeit des Menschen verurteilten. Erst das Interesse an »problematischen Naturen« brachte ihn auf den Plan.

Die erste Spezies des Missvergnügten, die sich in Leben und Dichtung der neueren Zeit abzeichnet, ist der Melancholiker. Melancholie war – wohl nicht unabhängig von der Feststellung des Aristoteles, dass alle großen Männer Melancholiker gewesen seien – eine psychologische Entdeckung und ein vielumworbenes Phänomen der Renaissance. Der Florentiner Marsilio Ficino (*De triplici vita* 1489) berücksichtigte neben dem zerstörerischen Aspekt auch schon den kreativen, eine Ambiguität, die in Dürers Kupferstich treffend eingefangen ist. Dass jedoch die negative Sicht auf das Melancholieproblem überwog, zeigt sich an dem Maß, in dem bereits die weltanschaulichen Parteien des Reformationszeitalters den Vorwurf der Melancholie zur Diskreditierung des Gegners benutzten. T. BRIGHT beschrieb 1598 in *A Treatise of Melancholy* die Melancholie als Waffe in der Hand des Satans, den Melancholiker als einen bei Erregung zu Gewalttaten neigenden Menschen. Wesentlicheres treffen die Kapitel *A Melancholy Man* und *A Disaster of the Time* in Th. OVERBURYS *Characters* (1614), die am Melancholiker seine Unstetheit unterstreichen, seine Unfähigkeit, sich der Umwelt anzupassen, quälende Vorstellungen abzuschütteln und sich zur Tätigkeit zu zwingen. Nach R. BURTON (*The Anatomy of Melancholy* 1621) schließlich sind Melancholiker »in ständiger Unruhe und Aufregung, seufzen, klagen, quälen sich, tadeln, bereuen, beneiden … unzufrieden entweder mit sich selbst oder anderen Leuten oder den öffentlichen Angelegenheiten, die sie nichts angehen, Vergangenem, Gegenwärtigem und Zukünftigem«. MILTONS *Il penseroso* eröffnete 1632 die Melancholie-Lyrik.

Während die Lyriker der Epoche den häufig der eigenen Stimmungslage entgegenkommenden Gemütszustand der Melancholie sich als einen positiven, schöpferischen Impuls zunutze machten, traten die beeinträchtigenden Seiten melancholischer Haltung in den pragmatischen Dichtungsgattungen stärker hervor, da diese es nicht nur mit der Stimmungslage zu tun haben, sondern diese an einem handelnden Typus demonstrieren müssen. Nach allgemeiner Anschauung wurde Melancholie vor allem durch unglückliche Liebe hervorgerufen. Der Liebesmelancholiker der Zeit litt an Lebensüberdruss, floh die Menschen, war elend und bleich. Dieser Typ bevölkert die Pastoraldichtung, ohne dass allerdings an seinem Schmachten immer das Pathologische greifbar wäre. TASSOS Aminta (*Aminta* Dr. 1573) macht einen Selbstmordversuch, G. B. GUARINIS Mirtillo (*Il pastor fido* Dr. 1590) ist zu jedem Opfer für das umworbene hartherzige Mädchen bereit, und H. d'URFÉS Céladon (*L'Astrée* R. 1607–27) stürzt sich aus Liebesverzweiflung in die Wellen. Auch in J. LYLYS romantisch-mythologischer Komödie *Midas* (1592) macht sich ein liebesmelancholischer Höfling als zeittypische Erscheinung geltend. Dem Kern des psychologischen Phänomens kam man näher, wenn man unglückliche Liebe als Auslöser ausschaltete oder doch in eine Nebenfunktion rückte und den Trübsinn als angeborenes Wesensmerkmal erfasste. Häufig wurden dann dem Melancholiker Züge des anderen »galligen« Typs, des Cholerikers, beigegeben. In diesem Sinne zeichneten Th. LODGE (*Rosalynde* Schäfergedicht 1590) den von seinem Bruder entwürdigend behandelten, rachebrütenden Rosander und Th. KYD (*The Spanish Tragedy* Dr. 1592) den mit angeborenen melancholischen Zügen ausgestatteten Hieronimo, dessen Wunsch, seinen Sohn zu rächen, an seinem Charakter scheitert. Er malt sich seine Tat in phantasievollen Bildern aus, er klagt und äußert sich mit beißender Ironie, aber er zögert, verzagt, verlässt sich auf Träume und Visionen, leidet am Bewusstsein seiner Unfähigkeit zum Handeln und flüchtet in das Spiel mit dem Wahnsinn. Kyd machte an ihm auch die positive Komponente der Melancholie sichtbar, denn er kennzeichnete ihn als begabt und den Künsten und Wissenschaften ergeben. Die Leiden der Melancholiker SHAKESPEARES wurden sorgfältig vom Autor motiviert, der die Melancholie mit einer dunklen Last vergleicht, die den Körper zerrütte und den Geist umnachte. Der Liebesmelancholiker Romeo (*Romeo and Juliet* um 1595) endet im Selbstmord, der an Einsamkeit und Musik hingegebene Herzog Orsino (*Twelfth-Night* 1601/02) spielt mit dem Gedanken, sich zu töten, und der landvertriebene Orlando (*As You Like It* um 1599) steht solcher Haltung nicht fern. Der Kaufmann Antonio (*The Merchant of Venice* 1596/97), der in seiner Passivität an Kyds Hieronimo erinnert, fühlt Traurigkeit, ohne zu wissen, warum, ist reich, vornehm, gebildet, ein zuverlässiger Freund, kennt jedoch keine Familienbindung und Frauenliebe; in seine Nähe gehören Richard II. (*The Tragedy of King Richard II* 1595/97) und der Schiffszimmermann Antonio in *Twelfth-Night*. Prinz Hamlet (*Hamlet* 1600/02) vereinigt in sich eine Fülle von Melancholikerzügen: Die Liebesmelancholie teilt er mit Romeo, das Misstrauen in andere Menschen, die seelische Abkapselung, Neigung zur Einsamkeit und die Unentschlossenheit mit seinem deutlichen Vorgänger, Kyds Hieronimo, aber auch mit anderen Melancholikergestalten Shakespeares; Bildung und Kunstinteresse verbinden ihn mit dem Kaufmann Antonio und z. B. auch mit dem Titelhelden von TIRSO DE MOLINAS *El Melancólico* (Kom. 1611), der sich den Büchern und Wissenschaften so sehr verschrieben hat, dass er weder Zeit noch Neigung besitzt, die Liebe kennenzulernen, aber natürlich komödiengemäß eines Besseren belehrt wird. Die Komik der Melancholikerzüge, die hier erfasst und diskutiert wird, steigert sich, wenn eine Figur solche Züge nur posiert, z. B. der Modemelancholiker Jaques in *As You Like It*, der wie ein moderner, seine Pose esoterisch genießender Dekadent wirkt, keine innere Zufriedenheit kennt, aber selbstgefällig und ablehnend über andere urteilt; zu keiner Liebe und Anhänglichkeit fähig, frönt er nach Verkauf seiner Güter seiner Reisepassion, interessiert sich für Kunst und Musik, hat aber keinen eigentlichen Lebensinhalt und bleibt untätig und passiv. Ben JONSON machte solche Modemelancholiker mehrfach zum Gegenstand der Satire (*Every Man in His Humour* 1598, *Every Man Out of His Humour* 1599, *Cynthias Revels* 1601).

Der Melancholie-Faktor bleibt in allen folgenden Varianten des Motivs wirksam. Er ist beteiligt schon an der nächsten Mutante des Motivs, dem »Unvergnügten«, dessen Leiden als »uneasiness« oder »malaise« um die Wende vom 17. zum 18. Jahrhundert zur modischen Erscheinung wurden. Während der englische Empirist J. LOCKE (*Essay Concerning Human Understanding* 1690) in Uneasiness eine zentrale Triebkraft der menschlichen Seele entdeckte, wollte der ihm verwandte deutsche Frühaufklärer Ch. THOMASIUS (*Einleitung zur Sittenlehre* 1692) noch im Sinne Luthers als Ursprung des Missvergnügens den falsch gerichteten Willen sehen. Im Gegensatz zum tatenlosen, die Menschen scheuenden Melancholiker ist nach Thomasius der Missvergnügte ein geschäftiger und auf der Suche nach der Nähe anderer Menschen begriffener Typ, der die Einsamkeit flieht, weil sich in ihr die Empfindung des Missvergnügens verstärkt bemerkbar macht. Beiden Mutanten gemeinsam ist die Unruhe und der Drang nach Veränderung, der in neuen Eindrücken Betäubung sucht.

Wie ein Vorgriff auf die Lehre des Thomasius wirkt des spätbarocken Autors Ch. WEISE Drama *Die unvergnügte Seele* (1688), dessen Held Vertumnus weder in der Liebe, noch in Gesellschaft, noch im Reichtum oder in der Philosophie Genüge finden kann und auf der Suche nach dauerndem Vergnügen den Fürsten Ferrante trifft, der, obgleich er die ihm gestellte Aufgabe, sein Volk glücklich zu machen, erfüllt hat, von ähnlichem Ungenügen wie Vertumnus ergriffen ist, sodass deutlich wird, dass Zufriedenheit nicht in der äußeren Welt, sondern in der eigenen Seele gesucht werden muss und dass das Ziel menschlichen Suchens nicht im Vergnügen, sondern in Genügsamkeit liegt. Ein Einsiedler zeigt den beiden Suchern ein Bauernpaar, das arm und einfältig, aber zufrieden ist, und so muss an die Stelle von des Vertumnus wiederholtem »Ich bin unvergnügt« die Formel »Gott und genung« treten. Auch J. Ch. GÜNTHER, dessen zu tragischem Leiden an der Welt gesteigertes Frustrationsgefühl sich in seiner Lyrik spiegelt – »kein Mensch, kein Himmel, keine Götter erfreun den unvergnügten Sinn« –, kann sich unmittelbar nach dem Fluch auf Gott und seine ungenügende Schöpfung doch reuig in dessen Vaterarme werfen. Die Aufklärungsdichtung steht ebenfalls im Schatten der Argumente des Thomasius und bricht so der Zeitkrankheit den tragischen Stachel oft aus. B. H. BROCKES schildert in dem Zeitgedicht *Der Ursprung des menschlichen Unvergnügens* (1720) das aus dem Stolz und der Unrast des Menschen resultierende weitverbreitete Leiden, für das er in seiner großen Gedichtsammlung *Irdisches Vergnügen in Gott* (1721–48) immer wieder als Heilmittel die Wunder der Natur empfiehlt, aus denen Gott spricht, als dessen abhängiges Geschöpf sich der Halt suchende Mensch erkennen muss. Gelassenheit und Sichfügen sind die Voraussetzungen dafür, auf Erden Vergnügen in Gott zu finden. Auch die in BROCKES' Zeitschrift *Der Patriot* 1724–26 ausgetragene Diskussion über das Missvergnügtenproblem zieht das Fazit, dass die Ursache in den unersättlichen Wünschen des Menschen und nicht etwa in einer unvollkommenen Schöpfung liege. Noch 1749 schloss sich M. v. LOËN (*Das Mißvergnügen*) der auf Thomasius zurückgehenden Beweisführung an und stimmte mit Brockes darin überein, dass Vergnügen letztlich ein Geschenk Gottes sei. Wer dieses Geschenk nicht erhalten hat, bei dem kann tief im Charakter eingebettetes Missvergnügen zur Quelle des Bösen werden: Der schwermütige Alcipp in J. F. v. CRONEGKS Komödie *Der Mißvergnügte* (1748) versündigt sich vor allem an den Mitmenschen, denen er sich durch Verstand und Herz überlegen glaubt, sodass er sie, schon nahe dem → Menschenfeind, nicht ertragen kann und nach Ostindien reisen würde, wenn er nicht im letzten Augenblick seine Überheblichkeit einsähe, und der Kain in S. GESSNERS *Der Tod Abels* (1758) wird durch sein im Innersten unmutvolles Naturell zum Neid auf das harmonischere Wesen des Bruders und schließlich zum Brudermord getrieben und vergeht sich so nicht nur gegen seinen Nächsten, sondern gegen Gottes Schöpfung. Sind hier abermals die Grenzen der Tragik gestreift, so bevorzugte die Aufklärung, für deren Glücksstreben Melancholie ein Hindernis bedeutete, die Belehrung und Besserung des Typs nach Art von Cronegks Komödie und damit die Wiederherstellung des »Vergnügens« als eines fundamentalen Lebenswertes: J. A. SCHLEGELS Agenor (*Der Unzufriedene* Lehrgedicht 1745) wird in seiner Unzufriedenheit durch Erfüllung all seiner Wünsche, die ihn schließlich wieder an den Ausgangspunkt zurückkehren lässt, ad absurdum geführt, und Ch. M. WIELANDS Zohor (*Der Unzufriedene*

Verserz. 1752) erlebt Ähnliches im Traum und erlangt dadurch die Einsicht in seine falsche Glücksvorstellung.

In den 1740er Jahren bot sich bereits wieder ein neuer Begriff an, der das Missvergnügtsein als seelische Krankheit und nicht als sündhafte Anmaßung kennzeichnete. Man entdeckte die Hypochondrie, deren Symptome zwar schon Hippokrates erfasst hatte, deren psychophysischen Zusammenhang man jedoch erst im 18. Jahrhundert, nachdem der Begriff 1668 in England aufgetaucht war, deutlicher sah; Hypochondrie wurde allerdings von Melancholie nicht deutlich geschieden. Literaturgeschichtlich zeigt sich mit diesem neuen Typ des Missvergnügten die Strömung der Empfindsamkeit an, deren pietistische, moralistische und psychologische Komponenten seine Entwicklung begünstigten. Wesentliches Merkmal des Hypochonders ist die aus Sensibilität hervorgehende Furcht vor Leid und Gefahr, besonders vor Krankheit, und zugleich ein genießerisches Auskosten des Leidens. Leiden wurde in dieser Epoche mit einem positiven Vorzeichen versehen, da es den Menschen empfinden lässt, dass er empfinden kann, dass er innerlich lebendig und beweglich ist. Hypochondrie wurde daher zur Krankheit der Empfindsamen, Gebildeten und Gelehrten und galt als Zeichen der Genialität; daher bemühte man sich, ihre Symptome zu erwerben. Tatsächlich hat eine Reihe bedeutender Autoren des 18. Jahrhunderts unter ihr gelitten, und ihr Wesen wurde in populärwissenschaftlichen Schriften diskutiert. Ch. F. Gellert benutzte in *Von den Annehmlichkeiten des Mißvergnügens* 1756) noch den alten Terminus Missvergnügen, aber die von ihm herausgestellte Ambivalenz der Gefühle, die »Leidlust«, deutet auf das Phänomen der Hypochondrie: Für viele Menschen sei die Unlust nötig, um in Bewegung gesetzt zu werden, und sie verhelfe ihnen zu der Vorstellung, dass sie durch Leiden vor anderen ausgezeichnet seien, schon weil sie eigentlich ein besseres Leben verdienten. H. v. Gerstenberg erzählte 1762 in der von seinem Freund J. F. Schmidt herausgegebenen Zeitschrift *Der Hypochondrist* unter Decknamen von der eigenen Hypochondrie, gegen die er sich durch Selbstironie zur Wehr setzte und von der er schließlich durch Heirat mit der ihm zunächst entglittenen Jugendgeliebten geheilt wurde, und H. P. Sturz schilderte in *Fragment aus den Papieren eines verstorbenen Hypochondristen* (1776) sarkastisch die Nutzlosigkeit der gegen die Hypochondrie angewendeten Kuren.

Der Hypochonder wurde zunächst wie so manche anderen abartigen Typen Gegenstand der aufklärerischen Besserungskomödie, in der er zuerst bei J. H. Quistorp (*Der Hypochondrist* 1745) in Gestalt eines stets niedergeschlagenen, von seinen Moralvorstellungen mit unnötigen Befürchtungen gequälten Mannes erscheint, die so weit gehen, dass er wegen eines vermeintlich verlorenen Geschenks seiner Braut Selbstmord begehen will, der aber schließlich durch den gesunden Menschenverstand dieser Verlobten und ihr »vernünftiges« Zureden kuriert wird; das Motiv wird durch eine Hypochondristin verdoppelt, die von ihrer eingebildeten Krankheit durch eine Reise befreit wird. Das nicht sehr ausbaufähige Motiv des Hypochonders hatte nur bei Quistorp zentrale Funktion; in anderen Komödien werden nur einzelne hypochondrische Züge von Figuren genutzt, vor allem bei Gelehrtengestalten, etwa bei LESSINGS Damis (*Der junge Gelehrte* 1748), dessen Schwermut auch durch eine Reise geheilt werden soll, oder bei seinem Adrast (*Der Freygeist* 1749), dessen Überempfindlichkeit und Verbohrtheit auf Hypochondrie deuten, sowie bei dem Helden von Ch. F. WEISSES *Der Mißtrauische gegen sich selbst* (1761), der aus Mangel an Selbstvertrauen und aus Angst, verspottet zu werden, sogar vor seiner Angebeteten davonläuft. Ein später Nachfahre dieses Typs ist P. KORNFELDS Palme (*Palme oder der Gekränkte* Kom. 1924). LESSING hat nicht nur die Typenkomödie bereichert, sondern mischte auch dem Charakter des unter erlittenem Unrecht leidenden, es aber übermäßig ausspielenden Majors Tellheim (*Minna von Barnhelm* Lsp. 1767) hypochondrische Züge bei, wenn sie auch nicht allein bestimmend sind und Tellheim dem positiveren Typ des → Sonderlings zuzurechnen ist.

Zur Entfaltung des hypochondrischen Charakters dienen auch die mehr oder weniger autobiographisch fundierten Ich-Erzählungen, da sie den Selbstbespiegelungsdrang des Hypochonders künstlerisch einsetzen. Der erste reisende Hypochonder begegnet in STERNES *Sentimental Journey through France and Italy* (1768), und auch der → Misanthrop Brambles (T. SMOLLETT, *The Expedition of Humphry Clinker* R. 1771) trägt hypochondrische Züge: Seine ängstlich gepflegte Gicht ist einer der Keime seines Menschenhasses und bessert sich auf einer Reise, die ihn mehr mit Natur und Menschen in Berührung bringt. Der deutsche Vertreter des Reiseromans, M. A. v. THÜMMEL (*Reise in die mittäglichen Provinzen von Frankreich* 1791–1805), lässt seinen hypochondrischen Gelehrten ebenfalls durch Heraustreten in die große Welt, durch die Natur und die französische Lebenskunst, aber auch durch schöne Mädchen geheilt werden. Anders als diese Reisenden, die sich über ihr Leiden leidlich hinwegsetzen können, vermögen sich die literarischen Ebenbilder der

Autoren H. JUNG-STILLING (*Heinrich Stillings Jugend* und Fortsetzungen 1777–1817) und K. Ph. MORITZ (*Anton Reiser* 1785–90) nicht von ihrer in ererbter Sensibilität, sozialen Minderwertigkeitsgefühlen und pietistischer Selbstbeobachtung wurzelnden Hypochondrie zu befreien und bleiben dem Schwanken zwischen Selbstgefühl und hypochondrischer Zaghaftigkeit ausgesetzt.

Versuche, das für den Hypochonder bezeichnende Moment der eingebildeten Krankheit ins Zentrum zu stellen, mussten im Schatten von MOLIÈRES überragender Darstellung eines eingebildet Kranken (*Le Malade imaginaire* Kom. 1673) bleiben, obgleich sein Argan weniger Opfer seiner Sensibilität als der Ärzte ist und der Plot weit mehr aus der Intrige als aus einer Hypochondrie der Titelfigur entwickelt wurde. Bei Ch. F. GELLERT (*Die kranke Frau* Nachsp. 1747) und J. F. JÜNGER (*Die Charlatans oder der Kranke in der Einbildung* Lsp. 1795) dominiert das Lügnerische, nicht das Hypochondrische der Personen. Dagegen erscheint das ja nicht auf seine modische Ausprägung beschränkte Motiv erneut in einer Novelle A. STIFTERS (*Der Waldsteig* 1845), in der ein »Leidlustiger« an den Strapazen gesundet, die er durchmachen muss, als er sich im Gebirge verirrt, und durch die Liebe eines Bauernmädchens vollends auflebt. Ob der exaltierte Hysteriker, den B. STRAUSS in *Die Hypochonder* (Dr. 1973) vorführte, wirklich diesem Typus angehört, sei dahingestellt, jedoch ist der Bezug auf die Motivtradition interessant, die sich auch bei dem Schweizer A. MUSCHG (*Rumpelstilz* Dr. 1968, *Albissers Grund* R. 1974) geltend macht, der seine ihr Missvergnügen auch politisch ausspielenden Scheinkranken die scheingesunden Moribunden überrunden lässt.

Der schrullige Hypochonder wurde am Ausgang des 18. Jahrhunderts durch den vehementeren Typ des von der Wirklichkeit enttäuschten und vom Weltschmerz verdüsterten »Zerrissenen« abgelöst. Sein literarischer Durchbruch mit GOETHES *Die Leiden des jungen Werthers* (R. 1774) löste eine Fülle von Nachahmungen aus, die seine Problematik meist sentimentalisierend veräußerlichten. Hinter der anfänglichen »Heiterkeit« ↑ Werthers verbirgt sich eine tief angelegte Überempfindlichkeit, die durch Enttäuschungen in Ekel und innere Leere umschlägt und zu Selbstvernichtung führt; solche Züge kehren, ins Pathologische gesteigert und als Teil der Dichterexistenz gewertet, in des Werther-Dichters *Torquato Tasso* (1790) wieder und treiben den »elegischen Charakter« Hyperions (F. HÖLDERLIN, *Hyperion* R. 1797–99) an den Rand des Selbstmords. Werther verwandt sind der melancholische Engländer von J. M. R.

Lenz (*Der Engländer* Dr. 1777), der sich aus unerwiderter Liebe erschießt, F. M. Klingers mit seinem Geschick hadernder Guelfo (*Die Zwillinge* Dr. 1776) sowie sein an der Welt leidender Blasius (*Sturm und Drang* Dr. 1776), der von sich selbst sagt: »Ich bin zerrissen in mir und kann den Faden nicht wiederfinden, das Leben anzuknüpfen«. Mit stark negativem Vorzeichen versehen tritt der Typ in L. Tiecks *William Lovell* (R. 1795–96) auf, dessen Titelheld die Sehnsucht nach Glück, Freundschaft und Liebe durch wachsenden Individualismus und moralische Skrupellosigkeit selbst zunichtemacht und im → Duell mit einem Mann endet, dessen Verlobte er verführt hat. Ähnliche Gestalten tauchen in der deutschen Romantik immer im Zusammenhang mit der »Nachtseite« dieser Kunstepoche auf, so in Gestalt von C. Brentanos unvergnügt-unersättlichem Godwi (*Godwi oder das steinerne Bild der Mutter* R. 1801), des nihilistischen Erzählers in A. Klingemanns *Nachtwachen von Bonaventura* (R. 1804), des zerrissenen Melancholikers Victor in J. v. Eichendorffs *Ahnung und Gegenwart* (R. 1815) und vor allem im Werk E.T.A. Hoffmanns: Der Musiker in *Ritter Gluck* (Nov. 1809) flüchtet aus dem Zwiespalt seiner Seele in den Wahnsinn, der Maler in *Die Jesuiterkirche in G.* (Nov. 1817) fühlt einen Riss in seinem Innern, seit er seine künstlerische Vision an die Realität verriet, der musische Krespel (*Rat Krespel* Nov. 1818) verbirgt die Dissonanz zur Bürgerwelt hinter Skurrilität, ähnlich wie Kapellmeister Kreisler (*Kreisleriana* 1810, *Lebensansichten des Katers Murr* 1820–22), dessen Zerrissenheit durch das → Doppelgänger-Motiv besonders sinnfällig wird. Die Bevorzugung der »schwarzen« Romantik durch die französische und englische Literatur ließ das Zerrissenen-Motiv hier stärker als in Deutschland in Erscheinung treten. Das Vorbild von Goethes *Werther* wird an F.-R. de Chateaubriands Novelle *René* (1802) sichtbar, deren jugendlicher, von Unruhe und Ungenügsamkeit umgetriebener Protagonist schließlich aus Europa in den amerikanischen Urwald flüchtet. Kranke, Düstere, Unverstandene vom Typ Renés finden sich dann als Hauptpersonen von E.-P. de Senancours *Obermann* (R. 1804), B. Constants *Adolphe* (R. 1816), Ch.-A. de Sainte-Beuves *Vie, poésie et pensées de Joseph Delorme* (1830) und von V. Hugos *Hernani* (Dr. 1830). Die eindrucksvollsten Repräsentanten des Motivs schuf der selbst diesem Typ zugehörige Lord Byron, bei dessen Harold (*Childe Harold's Pilgrimage* Epos 1812/13) und Manfred (*Manfred* Dr. 1817) ein allgemeiner Lebensekel selbstzerstörerische Neigungen zeitigt, denen mit Reisen und Naturschönheiten, zu denen frühere Missvergnügte

Zuflucht nahmen, nicht mehr zu helfen ist. Sie sind mit ↑ Satan, dem gefallenen Engel, verwandt, dessen Figur Byron wiederholt umwarb. Byrons Zerrissene und ihr Dandyismus, ihr »ennui«, färbten die Gestalten A. de MUSSETS ein, so den Helden von *Rolla* (Dr. 1833), der seinem vertanen Leben nach einer bei einer → Kurtisane verbrachten letzten Nacht mit Gift ein Ende macht, sowie von *Lorenzaccio* (Dr. 1834), der aus Lebensekel einen → Tyrannenmord begeht, an dessen Sinn er selbst nicht glaubt. Bei den jungdeutschen Kopien des Byronismus erstarrte der Weltschmerz oft zur Pose, hinter der seine psychologische Begründung zurückblieb, und das Ende in Verzweiflung, Wahnsinn oder Selbstmord erstarrte zum Klischee. Entsprechende Züge kennzeichnen Ch. D. GRABBES Sulla (*Marius und Sulla* Dr. 1827), K. GUTZKOWS Sadduzäer (*Der Sadduzäer von Amsterdam* Erz. 1834), seinen fried-, freud- und treulosen Liebhaber Cäsar (*Wally, die Zweiflerin* R. 1835) sowie eine diesem verwandte Liebhaberfigur in *Seraphine* (Nov. 1837). N. LENAU, rastloser Verfasser melancholischer Lyrik, verwandelte auch ↑ Faust (*Faust* Gedicht 1836) in einen Zerrissenen, dessen Untergangssehnsucht folgerichtig im Selbstmord endet, und E. MÖRIKES Schauspieler Larkens (*Maler Nolten* Nov. 1832), der einer Gespaltenheit seiner Seele zwischen Spiel und Ernst vergebens durch Flucht in die gültigere Sphäre des Handwerks zu entkommen sucht, greift gleichfalls zur Selbstauslöschung. Noch Ch. HEINS Malerin Paula (*Frau Paula Trousseau* R. 2007) mit ihren düster niederdrückenden Bildern ist der »schwarzen« Romantik zuzuordnen. Sie folgt einem individualistischen Lebensentwurf, verzichtet auf ihr Kind und alles, was der Verwirklichung ihres Traums, Künstlerin zu werden, hinderlich ist, zahlt dafür den Preis der Verhärtung gegen alle und alles, schließlich gegen sich selbst und liefert sich so dem Suizid aus. Blasiertheit und Degoût als Endphase der kritisch-zynischen Haltung finden sich in Deutschland zum ersten Mal in A. v. UNGERN-STERNBERGS symptomatischer Novelle *Die Zerrissenen* (1832) und sind musterhaft verkörpert in der Titelfigur von G. BÜCHNERS durch Musset beeinflusstem Drama *Dantons Tod* (1835), in deren Gefolge noch der politische Wühler Medon in K. IMMERMANNS *Die Epigonen* (R. 1836) oder Graf Bertram in F. HEBBELS *Julia* (Dr. 1851) zu nennen wären. Eine Überwindung der Zeitkrankheit demonstrierten W. ALEXIS an der jugendlichen Mittelpunktsfigur seines Romans *Zwölf Nächte* (1838), G. FREYTAG in *Graf Waldemar* (Dr. 1850) und in heiterer Form J. NESTROY mit der Posse *Der Zerrissene* (1844), in der ein reicher Herr an Gewissensbissen wegen eines vermeintlich begangenen Mordes lernt, was wirkliches Leiden ist, und seine Blasiertheit abtut.

Die politischen Realitäten der 1830er Jahre verliehen dem Typ des Missvergnügten jedoch auch konkretere Ursachen und Ziele. Seine althergebrachte Unruhe wird jetzt im Typ des Europamüden Gestalt. Rousseausche Flucht vor der Zivilisation in die Wildnis Amerikas war schon von J.-M. LOAISEL DE TRÉOGATE (*Florello* Erz. 1776), jedoch ohne nachhaltige Wirkung, dargestellt worden, klang als ein Schritt romantischen Tatendurstes oder der Sehnsucht nach unberührter Natur in D. SCHLEGELS *Florentin* (R. 1801) und J. v. EICHENDORFFS *Ahnung und Gegenwart* (R. 1815) an, wurde noch im ersten Teil von GOETHES *Wilhelm Meisters Wanderjahre* (1821) als »Grille« und »Wahn« abgetan, dann aber in Goethes endgültiger Ausgabe (1829) aufgrund der industriellen Krise als ernsthafter Ausweg der jungen Generation in Gestalt Lenardos aufgefasst, während annähernd gleichzeitig das Stichwort »europa-müde« in H. HEINES *Englischen Fragmenten* (1828) fiel. Im Zusammenhang mit dem Missvergnügten-Motiv taucht die Mutante in CHATEAUBRIANDS *René* auf, wenn der junge französische Aristokrat auch weniger der europäischen Zivilisation als dem eigenen Weltschmerz zu entkommen sucht, den er jedoch auch im Urwald nicht los wird. Europamüdigkeit macht sich dann in dem aristokratischen Exotismus des Grafen PÜCKLER-MUSKAU und in dem Amerika-Experiment LENAUS ebenso geltend wie in den um demokratischen Abbau sozialer Schranken bemühten Erzählungen H. ZSCHOKKES (*Die Prinzessin von Wolfenbüttel* 1804, *Die Liebe der Ausgewanderten* 1815, *Die Gründung von Maryland* 1820, *Der Creole* 1830, *Lyonel Harlington* 1844), der herkunftsbedingte → Liebeskonflikte erst im freien Amerika ihre Lösung finden lässt. Mit größerer Eindringlichkeit und weniger Romantik wird die Befreiung von Enge und Vorurteilen Europas in den Romanen des europaflüchtigen Ch. POSTL-SEALSFIELD (*Morton oder die große Tour* 1835, *Der Virey und die Aristokraten* 1835, *Die deutsch-amerikanischen Wahlverwandtschaften* 1839/40, *Süden und Norden* 1842) dargestellt, der die durch Bildung, Gemütsbetontheit und rückständige Auffassungen bedingte Unterlegenheit deutscher Einwanderer mehrfach betont. Europamüdigkeit war aufgrund der politischen Verhältnisse in besonderem Maße ein deutsches Problem. Bei E. A. WILLKOMM wurde schließlich 1838 das zeittypische Motiv zum Romantitel *Die Europamüden* und beinhaltet ein ganzes Spektrum von Auswandererschicksalen, deren heftig erstrebte, aber etwas unklare Ziele in wirtschaftlicher und religiöser Freiheit, Leben in unverfälschter Natur und sogar in der Schaffung einer neuen Poesie bestehen.

Auch gegenüber dem Leiden des Europamüden gibt es die »Besserungs«-Lösung. Schon GOETHES *Wanderjahre* stellten einen geheilten Europamüden in Lenardos Onkel vor, der nach Europa und seiner Kultur zurückkehrt; in H. LAUBES fortschrittlich akzentuiertem Roman *Das junge Europa* (1833–37) ist der zunächst des prosaischen, nivellierten Europa überdrüssige Hippolyt später von der amerikanischen Nüchternheit enttäuscht und wird von Amerikanern gelyncht, als er einen deutschen Arbeiter schützen will. B. AUERBACH behandelte wiederholt die Heilung vom Auswanderungswahn oder die im letzten Moment aufgegebene Auswanderungsabsicht (*Ivo, der Hajerle* Erz. 1873, *Der Viereckig oder die amerikanische Kiste* Erz. 1856, *Der Tolpatsch aus Amerika* Erz. 1876), F. GERSTÄCKER (*Die deutschen Auswanderer, Fahrten und Schicksale* R. 1847), Th. ROBINSON (*Die Auswanderer* R. 1852) und F. KÜRNBERGER, der sich in seinem Roman *Der Amerikamüde* (1855) auf die Amerikaerlebnisse LENAUS stützte, die Desillusionierung durch die wirtschaftliche Härte des amerikanischen Lebens. Für W. RAABE ist Auswandern Glücksrittertum, das zum Scheitern verdammt ist (*Die Leute aus dem Walde* R. 1863) oder zumindest Studentenunbesonnenheit (*Abu Telfan* R. 1868). G. KELLER korrigierte zwar die in der Skizze zur zweiten Fassung des *Grünen Heinrich* als enttäuschte Rückkehr geschilderte Heimreise Judiths in der endgültigen Fassung (R. 1879/80) in eine Rückkehr mit reichen Erfahrungen, führte aber in *Regine* (Nov. in *Das Sinngedicht* 1881) einen Rückkehrer aus Kultursehnsucht vor und bezeichnete in *Martin Salander* (R. 1886) das Auswandern als »Zeitkrankheit«, von der anfällige Menschen und »ausgelebte« Länder betroffen seien. Schon 1872 konnte A. F. Graf v. SCHACK die Rückkehr seines Orientreisenden in dem Epos *Nächte des Orients* mit den Worten einleiten: »Europa-Müdigkeit ist aus der Mode.« Dennoch hielt sie sich auch nach dem Abklingen des Auswandererfiebers als literarisches Motiv, vorwiegend mit einer den Auswanderer seiner Illusion beraubenden oder sie zumindest reduzierenden Lösung (M. HALBE, *Der Kämpfer* Nov. 1909; W. HEGELER, *Die frohe Botschaft* R. 1910; M. DAUTHENDEY, *Raubmenschen* R. 1911/12; F. MOESCHLIN, *Der Amerika-Johann* R. 1912).

Das Kennzeichen des »Müden« blieb dem Missvergnügten-Typus auch am Ende des 19. Jahrhunderts erhalten, als sich die Fin-de-Siècle-Lebensunlust in ganz Europa ausbreitete. Die zwiespältigen und »halben« Helden dieser Epoche haben noch etwas von romantischer Zerrissenheit, sind aber vor allem durch Dekadenz gekennzeichnet, tragen die Last von Generationen, und das Leben lastet schwer auf ihrem weichen Gemüt sowie auf ihrem schwachen Körper. Sie besitzen nicht mehr den rebellischen Zynismus der Weltschmerzträger vom Beginn des Jahrhunderts, ihr Lebensweg ist gekennzeichnet durch bloßes Danebenstehen, Zuschauen, Tatenlosigkeit. Muster-Beispiel einer solchen rein passiven Existenz wurde I. GONČAROWS lebensuntüchtiger *Oblomow* (R. 1859), dessen träges Hindämmern in völliger Apathie und sprichwörtlich gewordener »Oblomowerei« ihren Ausklang findet. Des Dänen J. P. JACOBSEN Niels (*Niels Lyhne* R. 1880) ist nur in seinen Träumen ein Täter und Dichter; er verschiebt hamletisch seine Aufgabe in die Zukunft, ist schließlich müde vom »beständigen Anlaufnehmen zu einem nie getanen Sprung«; aus zerronnenen Illusionen erwächst Todessehnsucht, und das Leben entgleitet ihm. Die schwermütigen Jünglinge des jungen H. v. HOFMANNSTHAL scheitern, ohne das Leben gelebt zu haben (*Gestern* Dr. 1891, *Der Tor und der Tod* Dr. 1893), der skeptische Anatol A. SCHNITZLERS (*Anatol* Dr. 1893) findet keinen Ausweg aus dem Konflikt zwischen Selbsttäuschung und Selbsterkenntnis. Erbbiologische Vorstellungen stützten das Dekadenz-Motiv: Der Nachfahr eines hochadligen Geschlechts (J.-K. HUYSMANS, *A Rebours* R. 1884) leidet an morbider Weltmüdigkeit, am Ekel vor dem Krämergeist der Zeit, verbirgt sich in der esoterischen Künstlichkeit seines Heims und greift im Zusammenbrechen nach dem Katholizismus; der letzte Spross einer Künstlerfamilie (R. HUCH, *Erinnerungen von Ludolf Ursleu dem Jüngeren* R. 1893) kann seine Talente nicht zur Leistung zusammenraffen, steht dem Leben verneinend gegenüber und flieht vor ihm; neben einem schaffenskräftigen Vater steht kränkelnd ein lebensuntüchtiger Sohn (M. GOR'KIJ, *Foma Gordeev* R. 1899). Christian Buddenbrook (Th. MANN, *Buddenbrooks* R. 1901), deutlich mit hypochondrischen Zügen ausgestattet, ist der leistungsunfähige Spätling eines Geschlechts, dessen Müdigkeit auch in seinem disziplinierteren Bruder Thomas durchschlägt. Die Gestalten des frühen H. HESSE sind von Mattigkeit gekennzeichnet, und ihr Konflikt zwischen einer Flucht von oder zu den Menschen wird im Sinn der Menschenflucht gelöst (*Peter Camenzind* R. 1904, *Unterm Rad* R. 1906). R. M. RILKES Malte (*Die Aufzeichnungen des Malte Laurids Brigge* R. 1910), dessen Kindheitseindrücke und Manneserlebnisse von einem ähnlichen Gefühl der Bedrohtheit durch die Wirklichkeit zeugen, ist ein Nachfahr Niels Lyhnes und seiner Tatschwäche; Rilkes Roman bedeutet Gestaltung und zugleich Überwindung der Dekadenz. Die fällige Satire gegen den Typ des Dekadenten präsentierte sich mit O. J. BIERBAUMS *Prinz Kuckuck* (R. 1907), dessen »Wollüstling« im Selbstmord endet.

Sucht man in der modernen Literatur nach einer Mutante des Missvergnügten-Motivs, so könnte man das aus dem Unbehagen an der zugewiesenen Existenz entstandene Widerstreben literarischer Figuren gegen diese Existenz als eine Neufassung des alten Schemas ansehen. Wiederholt taucht das Motiv einer Flucht aus dem Ich oder einer Spaltung des Ichs in zwei auseinanderstrebende Teile auf. In E. KREUDERS Roman *Die Unauffindbaren* (1948) verlässt ein Immobilienmakler plötzlich Beruf, Frau und Kinder und schließt sich der Gesellschaft der Unauffindbaren an, die dem geheimen Sinn des menschlichen Daseins jenseits der Alltagswirklichkeit nachspürt. Ist hier Sinnfindung, innere Erneuerung und Rückkehr in eine bessere Ordnung der Zielpunkt, so wird im Werk H. E. NOSSACKS (*Spirale* R. 1956, *Der jüngere Bruder* R. 1958) die Negierung des Normaldaseins und die Proklamierung einer echteren Welt des »Nichtversicherbaren« stärker betont. Die menschliche Fixiertheit auf eine bestimmte Rolle, der man nicht entgehen kann, wird für verschiedene Figuren M. FRISCHS (*Stiller* R. 1954, *Mein Name sei Gantenbein* R. 1964, *Biografie* Dr. 1967) zum tragischen Grundproblem und erscheint in der Reise von S. BELLOWS (*Henderson the Rainking* R. 1959) nach Afrika ausbrechendem und scheinbar befriedigt nach den Vereinigten Staaten zurückkehrendem Henderson ironisch gebrochen. Handfester bezog A. ANDERSCH (*Die Rote* R. 1960) das Ausbruchsmotiv auf eine neue Liebe und die Rückkehr zum »einfachen Leben«, während H. BÖLLS Schnier (*Ansichten eines Clowns* R. 1963) provozierend aus dem großbürgerlichen Milieu seiner Familie in die Existenz eines Pantomimen umsteigt. Grotesk ins Irrationale verzerrt erscheint der Ausbruchsversuch in der Komödie vom immer wieder lebendig werdenden Literaten, dem kein Tod beschieden ist (F. DÜRRENMATT, *Der Meteor* 1966). Politisch motiviert gibt sich der Ausbruch des enttäuschten Studenten in P. Schneiders *Lenz* (Erz. 1973), wogegen sowohl *Die Winterreise* (G. ROTH, Erz. 1978) als auch der »Abgang« (M. WERNER, *Zündels Abgang* R. 1984) eines Lehrers auf Verzweiflung und Verlorenheit beruhen.

G. A. Bieber, Der Melancholikertypus Shakespeares und sein Ursprung, 1913; F. Hirth, Der Zerrissene, (Literarisches Echo 20) 1917/18; W. Imhoof, Der »Europamüde« in der deutschen Erzählungsliteratur, 1930; G. Thrum, Der Typ des Zerrissenen, 1931; W. Busse, Der Hypochondrist in der deutschen

Literatur der Aufklärung, Diss. Mainz 1952; W. Eickhorst, Dekadenz in der neuen deutschen Prosadichtung, 1953; H. K. Küfner, Der Mißvergnügte in der Literatur der deutschen Aufklärung, Diss. Würzburg 1960; H. O. Burger, Die Geschichte der unvergnügten Seele, ein Entwurf, (Erlanger Universitätsreden NF 6) 1961; H. Frodl, Die deutsche Dekadenzdichtung der Jahrhundertwende, Wurzeln, Entfaltung, Wirkung, Diss. Wien 1963; H. G. Schmitz, Melancholie als falsches Bewußtsein, (Neue Rundschau 85) 1974; K. Obermüller, Zur Melancholie in der barocken Lyrik, 1974; L. Völker, Muse Melancholie – Therapeutikum Poesie, 1978; B. Steinbrink, Abenteuerliteratur des 19. Jahrhunderts in Deutschland, 1983; F. Loquai, Künstler und Melancholie in der Romantik, 1984; J. Mikoletzky, Die deutsche Amerika-Auswanderung des 19. Jahrhunderts in der zeitgenössischen fiktionalen Literatur, 1988; A. Kramer, Kultur der Verneinung. Negatives Denken in Literatur und Philosophie des 19. Jahrhunderts, 2005.

Mond, Der

Unter allen Naturerscheinungen wurde wohl der Mond am meisten von Mythos und Poesie umworben, seine Beziehung zum Menschen nach vielen Seiten hin ausgedeutet. Er erleuchtet die für den Naturmenschen kaum durchdringliche, gefahrendrohende Nacht, er teilt durch sein zwölfmaliges Umrunden des Himmelszelts das Jahr in zwölf gleiche Abschnitte, ist also Künder der Zeiten, Zeitmesser; die sprachliche Wurzel des Wortes Mond hängt mit dem Verbum »messen« zusammen. Wenn er als Vollmond im Zeichen der Jungfrau steht, kündigt er den Frühlingsanfang an, der später von der christlichen Kirche mit Ostern, dem Fest der Auferstehung, verschmolzen wurde. Eine besondere Beziehung hat der Mond zum Wasser. Er ist Herrscher des Meeres, denn er regelt die Gezeiten, Ebbe und Flut. Er ist Spender des fruchtbaren, lebenszeugenden »Mondwassers«, des Taus. Er spiegelt sich nachts in jedem Gewässer und verdoppelt so sein Licht.

Der Mond ist unter den Gestirnen der Erde am nächsten, er ist stummer Zeuge von Geheimnissen, von Liebesbeziehungen und Verbrechen. Dem einsam wie und wo auch immer gebetteten Menschen kann er zum Mitwisser seiner Leiden, zum Vertrauten, zum Partner werden. Er scheint nah und vertraut und ist doch weit fort, unerreichbar und ungerührt. »Im Mond liegen« bedeutet umgangssprachlich »unerreichbar sein«, »nach dem Mond greifen« so viel wie »ins Leere greifen«, »den Mond anbellen« meint, sich über jemanden oder etwas beschweren, dem man nicht schaden kann und dem unser Zorn gleichgültig bleibt.

Der Volksglaube hat schon früh mit dem Schein des Mondes und mit seinen Gestaltveränderungen, den Mondphasen, Werden und

Vergehen auf der Erde, Gesundheit und Krankheit ihrer Bewohner in Verbindung gebracht. Bestimmte nutzbringende oder schädliche Tätigkeiten können von Menschen, die eines Zaubers mächtig sind, nur bei Vollmond, Neumond oder auch abnehmendem Mond ausgeübt werden. Pflanzen und Säen, Herstellung und Verwendung von Arzeneien, Zeugung und Geburt von Mensch und Tier werden in Abhängigkeit von seiner Gestalt gebracht. Der weibliche Hormonhaushalt scheint von ihm her geregelt. Krankheiten werden dem sympathetischen Einfluss des Mondlichts zugeschrieben. Das Evangelium des Matthäus (4,24) erwähnt die Heilung von Mondsüchtigen, Epilepsie als »Mondkrankheit« taucht bei Aelian (Nat. an. 14,27 um 200 n. Chr.) auf, das Lateinische kennt die Bezeichnung »lunaticus« für verrückt, das Althochdeutsche gibt diesen Zustand mit »mānōdsioch« wieder. Das diffuse, trügerische Licht des Mondes verhext Dinge und Kreaturen. Der Ausdruck »Mondkalb«, der seit dem 16. Jahrhundert belegt ist, weist auf den unguten Einfluss des Mondes bei der Geburt eines missgestalteten Tieres. Die Sage bestraft Menschen für gewisse Vergehen, besonders solche gegen die Würde des Mondes, mit Entrückung auf den Mond; Holzfrevler und Diebe werden auf ihn versetzt. Die Sage vom Mann im Mond, den man aus der von Tälern und Gebirgen gebildeten Zeichnung auf der Mondscheibe herauslesen möchte, ist in vielen Ländern verbreitet und findet sich in Anspielungen bei DANTE und SHAKESPEARE.

Der Mensch hat von jeher versucht, die ihm fremden und unverständlichen Naturkräfte, von denen er sich im Guten oder Bösen abhängig fühlte, zu beseelen und in einen Zusammenhang mit der eigenen Existenz zu bringen. Sie besitzen für ihn eine emotionsweckende Qualität, die als Grundlage für die poetische Behandlung von Naturelementen angesehen werden kann. Ein erster Schritt zu solcher In-Bezug-Setzung ist die Mythologisierung. Die Griechen schufen sich den Mythos von dem schönen Schäfer ↑ Endymion, der von Silene, der Mondgöttin, geliebt wird, die nachts, wenn der Jüngling in seiner Höhle auf dem Berge Latmos schläft, ihren über dem Himmel ziehenden Wagen verlässt, um den Schläfer zu küssen; Selene, Schwester (auch Gemahlin) des Helios, ist in manchen Überlieferungen auch mit Artemis und mit Hekate verschmolzen worden. Wesentlich und für lange literarische Traditionsreihen bestimmend wurde das weibliche Geschlecht des Mondes und seiner Personifikationen im Griechischen (μήνμ) und Lateinischen (luna). Der Bezug des Gestirns zur Sphäre des Weiblichen, Mütterlichen, Fruchtbaren war entscheidend, seine mythischen Verkörperungen waren dem Reich des Emotionalen zugeordnet.

Für die Platoniker war der Mond Mittlerin zwischen der Geistwelt der Fixsterne und der Sinnenhaftigkeit des Irdischen, nach PLUTARCH steht er in Bezug zur Seele des Menschen, während die Sonne dem Geist und die Erde dem Körper verbunden ist. Der Mond ist Mittler zwischen Sonne und Erde, Olymp und Erde. CICERO hebt seine für die Erde lebensspendende Kraft hervor. Die Kirchenväter bauten diesen Gedanken einer Mittlerfunktion aus, indem sie dem Mond die Aufgabe der von der Sonne (= Christus) Licht empfangenden Kirche zuschrieben, die dieses Licht an die dunkle Erde und ihre Menschheit weitergibt. Bei EUSEBIUS, AMBROSIUS und AUGUSTINUS ist Selene eine Allegorie der mütterlichen Mittlerin Kirche, Symbol aller Geburt und allen Wachstums. Bei METHODIOS VON PHILIPPI (3. Jh.) wird die Parallele auf den Tod Christi als den Untergang der Sonne ausgedehnt, der zugleich den Aufgang des Mondes als des Wasserspenders bezeichnet, der die Wiedergeburt in der Taufe bedeutet. Im 7. Jahrhundert besingt ANASTASIUS SINAITA in *Anagogica Contemplatio in Hexaemeron* folgendermaßen die Kirche: »O geh uns nimmer unter im Dunkel des Neumonds, du immer strahlende Selene! Erleuchte uns den Pfad durch das göttlich unbegreifliche Dunkel der heiligen Schriften! O höre nicht auf, du Ehegemahl und Weggenossin des Helios Christus, der als dein Mondbräutigam dich umkleidet mit seinem Licht …« Noch in DANTES Charakterisierung des Aufstiegs in den seligen Bereich der »ewigen Perle«, der himmlisch ewigen Luna, schwingt diese frühchristliche Auffassung mit: Die Sphäre des Mondes ist wie eine mit Licht durchtränkte Wolke, wie quellklares Wasser, das vom feurigen Sonnenstrahl durchglüht ist, ein Symbol göttlicher Vereinigung, in die der menschliche Geist auf seiner Reise vom Dunkel zum Licht des ewigen Vaters heimstrebt (*Paradiso* II, Anf. 14. Jh.).

Unabhängig von solcher mythisch-theologischen Einkleidung und ihrem Handlungsansatz ist das literarische Mond-Motiv ein ausgesprochenes Stimmungsmotiv, das in epischen und dramatischen Texten immer nur Teile des Plots mitbestimmt, aber in lyrischen Texten zur Dominante werden kann. Das geschieht in der älteren europäischen Literatur noch ohne Bezug zur Gefühlslage des Menschen. Die Helligkeit des Mondes, durch die alle Umrisse der Landschaft klar hervortreten, wird in HOMERS Schilderung einer nächtlichen Szenerie (*Ilias* 8; 8. Jh. v. Chr.) genauso als wohltuend vermerkt wie in Gedichten der SAPPHO (um 600 v. Chr.), die nächtliche Feiern besingen, wenn »der schöne Mond, voll geworden, am meisten leuchtet«. Die Schönheit des Gestirns dient der Sappho zum Vergleich mit der Schönheit einer Freundin, die vor den Frauen Lydiens ähnlich hervortritt wie »die rosenfingrige Selanna die Sterne alle übertrifft«. Dagegen tat die altchinesische Dichtung schon den Schritt zur Verknüpfung des Naturbildes mit der Stimmung des Betrachtenden. In der kanonischen Lyriksammlung *Shih-ching* (8.–6. Jh. v. Chr.) wird dem Gestirn Gleichklang mit dem bekümmerten Menschen unterstellt: »O Sonne, ach Mond, wie seid ihr verändert und trüb«. LI-T'AI-PO (8. Jh.) weiß zwar, dass der Mond, der über eine unbegrenzte Zahl von Nächten verfügt, »kühl« das Treiben der »dauerlosen Menschen« betrachtet und sich unberührt weiter im Wasser spiegelt, wenn Städte in Trümmer fallen, aber in anderen Gedichten lädt er den Mond ein, sein Kumpan beim nächtlichen Trinkgelage zu sein, und der Anblick des Mondes, dessen Schein seine Kammer erfüllt, erregt in ihm Wehmut.

Die »objektive« Behandlung des Mond-Motivs wird natürlich auch von Späteren beibehalten. Sie taucht vor allem dort auf, wo im Naturbild Gottes Schöpfung gepriesen wird (Ph. v. ZESEN, *Abendlied*; M. CLAUDIUS, *Abendlied* 1779). In diesem Umkreis wagte man kaum, den Mond zum Gleichklang mit privaten Gefühlen herabzustimmen, wohl aber konnte die Trauer um den Tod Christi ein Mitgefühl der ganzen Natur, also auch des Mondes, auslösen: »Der helle Mond will untergon, für Leid nicht mehr mag scheinen« (F. v. SPEE, *Trutz Nachtigall* 1649). Häufiger dagegen wird der Mond als Zeuge nächtlichen Kummers bemüht, als Zeuge nächtlicher Liebesqual etwa bei Ch. HOFMANN VON HOFMANNSWALDAU (*Nächtliche Gedanken bei Erblickung des Monden* 1703), allgemeiner Not und Verzweiflung bei dem genialen und unglücklichen J. Ch. GÜNTHER: »Wie manche schöne Nacht sieht mich der blasse Mond in stiller Einsamkeit am Kummerfaden spinnen« (*Schreiben an seine Magdalis* entst. 1716). Als unerwünschte Zeugen von Liebesabenteuern (OPITZ, *Jetzund kommt die Nacht herbei*, 1624) können Mond und Mondlicht eine sinnlich-frivole Note bekommen, wie sie dort lange vorherrscht, wo für den im Deutschen ja männlichen Mond der lateinische Terminus Luna gebraucht wird. Renaissance und Barock haben für die Mond-Dichtung auf die antike Mond-Mythologie zurückgegriffen, deren Metaphern P. FLEMING in *An den Mon* (1635/36) aufzählt: »Hekate … Berezynthie … Komm, Phöbe, Tag der Nacht, Diane, Borgelicht, Wahrsägrin, Liederfreund: komm, Lune, säume nicht … Stromfürstin, Jägerfrau, Nachtauge, Horngesicht, Herab! izt fang ich an das süße Lobgedicht!« In England wurde seit Th. HOWELL (*Laemi* um 1567) und besonders seit J. LYLYS Drama *Endymion or the Man in the Moon* (1591) der ↑ Endymion-Mythos wiederbelebt, in dem die weibliche Mondgöttin als Selene, Diana, Cynthia, Luna die erotische Komponente des Motivs sicherte.

Eine burleske Note abseits lyrischer Ergriffenheit oder Galanterie konnte das Motiv aufweisen, seitdem Galilei 1610 den Mond mit Bergen und Tälern durch das Fernrohr erblickt und ihn als um die Erde kreisenden Weltkörper beschrieben hatte. Als Erster hat daraufhin der englische Bischof F. GODWIN in seinem utopischen Roman *The Man in the Moon* (1638) eine Reise nach dem Mond geschildert: Sein spanischer Abenteurer wird von Schwänen nach dem Mond getragen und bestätigt dabei ausdrücklich, dass die Erde sich unter ihm von West nach Ost drehte. Die dann weiter berichteten phantastischen Abenteuer unter den Mondbewohnern wirkten stark auf CYRANO DE BERGERACS berühmten Roman *Histoire comique contenant les estats et empires de la lune* (1657), dessen Autor erzählt, er habe auf dem Mond Bischof Godwins Helden getroffen. Die Linie der literarischen Mondreisen geht weiter zu BEFFROY DE REIGNY (*La Constitution de la lune – rève politique et moral* R. 1793), O. PANIZZA (*Eine Mondgeschichte* Nov. 1890) und H. G. WELLS (*The First Man in the Moon* R. 1901) und mündet bei Operette (H. BOLTEN-BECKERS/ P. LINCKE, *Frau Luna* 1899) und zu ihrer Zeit von Kindern bewundertem Märchenspiel (G. v. BASSEWITZ, *Peterchens Mondfahrt* 1911): Utopische und satirische Spekulationen über Mondbewohner fanden stets Interesse. Die Zitierung des Mannes oder der Frau im Mond in Titeln ist jedoch mitunter rein spielerisch (W. HAUFF, *Der Mann im Mond* R. 1826) oder symbolisch (B. FRISCHMUTH, *Die Frau im Mond* R. 1982) gemeint und hat mit dem Mond-Motiv nichts zu tun.

Die Aufklärung kennt die Stimmungslandschaft der folgenden Epoche noch nicht, der Mond ist ihr kein Medium für den Zugang zur Natur, sie wahrt den Abstand zwischen dem Ich und dem Unbeseelten. Für den bedeutenden Registrierer des Naturerlebnisses als *Irdisches Vergnügen in Gott* (1721ff.), B. H. BROCKES, ist der Mondschein wie alle Naturerscheinungen zum Preise Gottes da und ist darum schön (*Der Mond*). Wichtiger für die weitere Entwicklung des Motivs wurde, dass Brockes weniger den Mond selbst als die Wirkung des Mondlichts auf die Landschaft, das Licht-Schatten-Spiel, darzustellen wusste. Diesen Zauber der Mondlandschaft nimmt S. GESSNER (*Die Nacht* Prosa 1753, *Mirtil* Idylle 1756/72) auf, hier wird die Landschaft mit dem auf den Blättern der Bäume und im Wasser des Sumpfes glänzenden Licht zum Stimmungsträger, die kühle Mondnacht zum Raum schöneren Daseins als der Tag, zur arkadischen erotischen Szenerie, wie sie die Anakreontik, meist unter Verwendung der Bezeichnung Luna, gern nutzte (J. G. JACOBI, *Abend* 1769), wobei WIELAND wiederholt auf den Endymion-Mythos anspielt (*Der Frühling* 1752, *Aspasia oder die platonische Liebe* 1764). Die sinnliche, erotisierende Wirkung der Mondnacht reicht noch bis zu des jungen GOETHE erstem Leipziger Mondgedicht *Die Nacht* (1770), in dem noch immer Luna als Mondgöttin fungiert.

Einen tiefen Einschnitt in der Entwicklung des Mond-Motivs bedeuten E. YOUNGS berühmt gewordene *Night Thoughts on Life, Death and Immortality* (1742), der zu Beginn der dritten Nacht ein Bekenntnis zur Schwester des Tagesgottes, der Göttin mit den sanften Augen, als der Inspiratorin seiner Dichtkunst ablegte. Zum ersten Mal in der Geschichte der Dichtkunst, sagt Young, fleht ein Dichter die Mondgöttin als Muse an, und er hofft, dass andere Dichter ihm darin nacheifern werden. Das Thema seiner Dichtung – die Klage über den Tod des Narcissus – ist der Mondwelt adäquat: »A Theme so like thee; a quite lunar theme, soft, modest, melancholy, female fair«. Die Wirkung in England setzte fast unmittelbar ein: J. HERVEY (*Meditations among the tomb* Prosa 1748, *Contemplations on the night* 1748) versammelte um Mondaufgang und Mondschein ein Ensemble von weiterwirkenden Motiven wie Dämmerung, Eulenflug, Glühwürmchen, Nachtigall, und Th. GRAY (*Elegy written in a Country Churchyard* 1751) vollzog die enge Verbindung des Mond-Motivs mit Friedhof, Sterblichkeit, Erinnerung an die Abgeschiedenen. Die Wirkung der rasch (1751/52) ins Deutsche übersetzten Kontemplationen Youngs war einschneidend und andauernd, die Koppelung mit der melancholischen Toten- und Friedhofs-Motivik findet sich bereits in WIELANDS *Frühling* (1751), bei F. W. ZACHARIAE (*Die Tageszeiten* Epos 1756), bei J. F. CRONEGK (*Einsamkeiten* Gedicht 1758) und bei J. G. JACOBI (*Der Mond an einem Sommerabend* Gedicht 1764). Verstärkt wurde diese düstere Komponente des Motivs durch die gleichfalls von England ausgehende Wirkung von MACPHERSONS *Ossian* (1760), in dem die heldische britische Vorzeit und die Klage um die Toten mit schwermütigen Landschaftsbildern verbunden wurden, die von einem düsteren, wolkenumnebelten Mond beschienen waren. Im Gegensatz zu dem Trost und Ruhe spendenden Bild des Mondes am klaren Himmel wird von nun an der wolkenverhangene, nur teilweise sichtbare Mond zur Beschwörung dunkler und trauriger Stimmung eingesetzt; sie beherrschte besonders die Bardendichtung und die Ballade (BÜRGER, *Lenore* 1773).

Unter diesen Aspekten sind die von JEAN PAUL als »Seleniten-Jahrzehnt« apostrophierten, von Klopstock und dem Göttinger Hain, der bezeichnenderweise in einer Mondnacht gegründet wurde, geprägten 1770er Jahre zu sehen. Die Dichter beziehen nun die Natur auf sich selbst, haben ein subjektives Verhältnis zur Natur, der Empfindungsgehalt ihrer Dichtung wird aus dem Naturbild abstrahiert. Bei KLOPSTOCK (*Die frühen Gräber* 1764, *Die Sommernacht* 1771) und HÖLTY (*Hymnus an den Mond* 1771, *Die Ruhe* 1771, *Die Mainacht* nach 1772, *An den Mond* 1773) verbinden sich mit dem Mond die Themen Freundschaft, Erinnerung, Tod, Ewigkeit. Das Mondlicht wird als etwas Fließendes empfunden, seine durch zerrissene Wolken, die ihn verbergen wollen (KLOPSTOCK), oder durch die Zweige der Bäume blickende Gestalt scheint etwas Geheimnisvolles, Zwielichtiges zu haben, sie entspricht der melancholischen Stimmung der Autoren: »Weine durch den Wolkenflor hernieder wie dein Verlassener weint« (HÖLTY). Bei dem frommen M. CLAUDIUS dagegen herrscht mehr das Gefühl der Ruhe und Geborgenheit, die der Mondschein schenkt, vor (*Wiegenlied bei Mondschein zu singen* 1770, *Abendlied* 1779, *Das große Hallelujah* 1789): »und in der Dämmrung Hülle so traulich und so hold«. Auch galante und leicht ironische Töne tauchen auf, wenn CLAUDIUS im *Wandsbeker Boten* 1771/72 *Briefe an den Mond* als an ein Femininum richtet und wenn G. A. BÜRGER *Auch ein Lied an den lieben Mond* (1778) verfasst, an den Mond, von dem er nicht weiß, ob das Gestirn ein Mann oder ein Weib ist, das ihm aber auf jeden Fall einen trauten Nachtkumpan bedeutet. Auch dies Lied mündet jedoch in dem Anruf des Mondes als des Vertrauten bei des Dichters Liebeskummer so wie in J. M. MILLERS Roman *Siegwart, eine Klostergeschichte* (1776) der Mond der Zeuge von Liebe und Liebesleid ist und Siegwart schließlich im Mondschein tot auf dem Sarg der Geliebten liegt.

Die reiche Monddichtung Goethes unterliegt allen Phasen, die das Mond-Motiv in der deutschen Dichtung während der Dauer seines Lebens durchläuft und findet sehr bald eigene Akzente. Mit dem zweiten Mond-Gedicht *An den Mond* (1770), in zweiter Fassung *An Luna* betitelt, wird zwar noch die anakreontisch-sinnliche Nuance des Mond-Motivs angeschlagen, doch tauchen hier bereits ossianische Wolkenschleier um den Mond auf, die sich in dem »Wolkenhügel«, von dem der Mond schläfrig aus dem Duft hervorsieht, in *Willkommen und Abschied* (1770) wiederholen und in Werthers

Brief vom 12. Dezember 1772 ins Schauerliche gesteigert werden. Hier entspricht nach dem Konzept der Empfindsamkeit die Naturstimmung dem Zustand von Werthers zerrissenem Innern, während sich bald darauf im *Triumph der Empfindsamkeit* (Drama 1777) der Spott des Dichters gegen die empfindsame Naturschwärmerei wendet, die bis zur Benutzung einer künstlichen Mondlandschaft geht. Klopstocks »Gedankenfreund« taucht wieder auf in der Druckfassung des Weimarer Gedichts *An den Mond* (1789), in der der »Freund« mit seiner lindernden Wirkung die ursprünglich mit dieser Aufgabe betraute »Liebste« ersetzt. Hier ist nicht mehr eine schwärmerische Identifizierung von Seelenstimmung und Naturstimmung erstrebt, sondern Natur und Mond werden als Gegenkräfte empfunden. Die lösende, befriedende Wirkung des Mondes wiederholt sich bald darauf in *Jägers Abschied* (1776) und ist noch im *Abendgedicht* (*Chinesische Jahres- und Tageszeiten* 1830) erhalten. Die kühle und doch magisch auf die Herzen wirkende Gewalt des Gestirns scheint die Voraussetzung für ein Seelenbündnis, wie es die *Vollmondnacht* (*Westöstlicher Divan* 1819), wenn auch spielerisch verhüllend, feiert. Die Erinnerung an Vergangenes beim Anblick des Mondes wird in epischem Gewand bei der Schilderung des Lago Maggiore (*Wilhelm Meisters Wanderjahre*) beschworen ebenso wie in dem auf der Dornburg entstandenen letzten großen Mondgedicht *Dem aufgehenden Vollmonde* (1828), das auf die Vollmondnacht des Sulaika-Erlebnisses zurückweist und den Heraufstieg des Mondes über dem Saaletal wie einen Sieg über Schmerz, Trennung und Entsagung begrüßt.

Die Vollmondnacht des *Westöstlichen Divan*stellt sich mit dem dort eingefangenen Funkeln und Glühen des Mondlichts im Buschwerk in die Nähe ähnlicher romantischer Monddichtungen, etwa L. Tiecks »Mondbeglänzte Zaubernacht, die den Sinn gefangen hält« (1804). Die Romantik vollzieht den zunächst letzten Schritt auf dem Wege zur Beseelung der Naturphänomene, sie dämonisiert die Natur, die als Gegenwelt zur menschlichen Welt aufgefasst wird. Was der Mensch in sie als Stimmung projiziert, entnimmt er ihr wieder, er sucht in ihr Zuflucht, Harmonie, und erlebt sie doch zugleich als magischen Bereich von Verstrickung. Trügerisch ist der Stimmungszauber der Mondnacht in zwei Szenen von L. Tiecks *Genovefa* (Drama 1800) und in Gedichten Eichendorffs (*Mir träumt', ich ruhte wieder* 1833, *Lockung* 1834) sowie in seiner Novelle *Das Marmorbild* (1819). Daneben bleibt sowohl bei Eichendorff (*Der Mond ist trostreich aufgegangen* 1818, *Mondnacht* 1837) wie in der Lyrik C. Brentanos (*Wiegenlied* entst. 1811) und A. v. Arnims (*Ritt im Mondschein* entst. 1820) die volksliedhafte, auch gläubig-religiöse positive Stellung zum Mond als Tröster mit den traditionellen Attributen »still«, »mild«, »sanft«, »rein« erhalten, entsprechend dem um 1800 entstandenen anonymen Lied *Guter Mond, du gehst so stille*. Auch HÖLDERLIN kennt den »friedlichen« Mond (*Abbitte* 1796/98), nennt ihn das »Schattenbild unserer Erde« (*Brot und Wein* 1800/01). Reiche Varianten des Mond-Motivs finden sich in der Prosa JEAN PAULS, bei dem besonders die Wirkung des Mondes auf die nächtliche Landschaft, die fließen machende, verschmelzende Fähigkeit immer wieder abgewandelt wird (*Hesperus* 1795), dem Mond beruhigende magische Kräfte zugeschrieben werden, Liebesszenen häufig bei Mondlicht spielen und zarte Frauengestalten mondhafte Qualitäten haben.

Die von Empfindsamkeit und Romantik auf den Gipfel geführte deutsche Naturlyrik, in der Nacht und Mond als Zuflucht des Einsamen, als Möglichkeit zu einer Wendung nach Innen erscheinen, blieb für die Mondlyrik der Folgezeit sowohl in Deutschland wie auch in den benachbarten Literaturen vorbildlich. Wie stark dieses Vorbild wirkte, erkennt man am Beispiel H. HEINES, der zwar gelegentlich die Mondscheinmagie spöttisch entlarvt (»Doch der Mond, der lacht herunter …« *Verschiedene* II 1834), aber doch das verfügbar gewordene Motiv immer wieder spielerisch positiv einsetzt (*Lyrisches Intermezzo* IX–X 1823, *Die Nordsee: »Vollblühender Mond …«* 1827, *Neuer Frühling* XXIII, XXXII 1831), auch den Bezug zwischen der Geliebten und dem Gestirn wiederaufnimmt (*Die Heimkehr* XII, XL, LXXXVI 1826), sogar die Verbindung mit dem Kirchhof-Motiv erneuert (*Die Heimkehr* XXII, XXVIII). Eine zwiespältige Position nimmt W. RAABE ein, wenn er in *Der Hungerpastor* (Roman 1864) sich über die Mondscheinmotivik in der Trivialliteratur lustig macht und gleichzeitig den im Mondschein schlummernden, noch kindlichen Helden mit den gleichen Mitteln wie die Unterhaltungsschriftsteller verklärt und ihn in einen gewissermaßen kosmischen Zusammenhang rückt. Bei den bedeutenderen deutschen Lyrikern des 19. Jahrhunderts (N. LENAU, *Der Postillon* 1832/33, *Auf dem Teich, dem regungslosen* 1832; A. v. DROSTE-HÜLSHOFF *Durchwachte Nacht* 1846, *Mondes Aufgang* 1846; Th. STORM *Sturmnacht* 1849, *Mondlicht* 1851; A. HOLZ *Hinter blühenden Apfelbaumzweigen steigt der Mond auf* 1898; R. DEHMEL *Helle Nacht* 1896) tauchen immer wieder die gleichen Epitheta ornantia auf: silbern, weiß, mild, sanft, zitternd, fromm, gelegentlich auch – bei Lenau – in Anknüpfung an romantische Dämonisierung der Gedanke an Verlockung, Krankheit zum

Tode, Selbstmord. Auch der bedeutende amerikanische Naturlyriker W. Whitman spricht vom Mond als von »fair«, »sacred«, »unearthy«, »bright«, »longenduring pensive« (*Look down, fair moon* 1865, *On the beach, at night* 1871). Naturerlebnis wird immer wieder stellvertretend für Erlebnisse des Herzens und der Seele gesetzt oder mit ihnen in Einklang gebracht. So konnte bei dem Rumänen M. Eminescu der Mond zum durchgehenden Motiv seiner melancholischen Lyrik werden. Noch dem Bahnbrecher des französischen Symbolismus, P. Verlaine, sind die überlieferten Attribute und Wirkungen des Mondes zur Hand: »Au clair de la lune triste et beau, qui fait rêver les oiseaux dans les arbres et sangloter d'extase les jets d'eau« (*Clair de lune* 1869); in *La bonne Chanson* 6 (1870) sind sie zu höchster Musikalität zusammengefügt: »Une vaste et tendre Apaisement Semble descendre Du firmament Que l'astre irise C'est l'heure exquise«.

Es ist schon darauf hingewiesen worden, dass im Bereich der Volksballade mehr die unheimlichen, Schauder und Angst hervorrufenden Züge des Mond-Motivs zum Tragen kommen. So ist es wohl der Nähe zu dieser Gattung zuzuschreiben, wenn bei A. v. Droste-Hülshoff in der Ballade *Vorgeschichte* (1844) »des Mondes giftiger Hauch« und seine »Vampirzunge« evoziert werden, und nicht einer inneren Beziehung der Autorin zu der expressionistischen Vorstellung vom bösen Mond. Abgesehen von dem Überdruss an einem durch anderthalb Jahrhunderte überforderten Motiv ist es wohl vor allem der Verlust der Vorstellung, dass Kosmos und Natur eine Schöpfung Gottes und letztlich um den Menschen zentriert seien, der zu Beginn des 20. Jahrhunderts das Mond-Motiv plötzlich ins Negative umschlagen lässt. Der Mond ist nunmehr betont fern, fremd, ohne Beziehung zum Menschen, ja geradezu feindlich und böse. Die mondbeschienene Landschaft als verbindendes Glied zwischen Mensch und Gestirn fehlt, der Mond ist isoliert, mit neuen Farbwerten versehen, am fernen Himmel. A. Mombert scheint der Erste, der den Mond so gesehen hat: »Groß. Stumm. Weiß. Hoffnungslos weiß« (*Die Tat* 1896). Th. Däubler bietet eine breitere Skala von Mondattributen, unter denen »geheiligter Mond« (*Der neue Mond* 1916) noch der Tradition angehört, während die Feststellung in *Einfall* (1910) »Er lächelt nur: Wer weiß, ob du mich kennst? Sein Lächeln bleibt ... Die Welt ist jetzt ein riesiges Gespenst« den alten Vorwurf der Fremdheit verschärft und dann die Formulierung in *Mondlegende* (1915) »Der Mond, der alle Dinge überfriert mit Fingern, dran ein weißer Aussatz dorrt« den expressionistischen Horror voll zum Ausdruck bringt. Bei Ch. MORGENSTERN ist der Mond »eine große, glänzende Seifenblase« (*Mondaufgang* 1894/95), bei G. HEYM ist er der »kalte« Mond, der seine Gifte in das Blut der Schläfer »träuft« (*Die Schläfer* 1911), ihn hungert nach Blut, »in roter Tracht steht er, ein Henker, vor der Wolken Block« (*Luna* nachgelassenes Gedicht). Für G. ENGELKE schwimmt zitternd »blasser Mond tot im Teich« (*Späte Dämmerung* 1912/13), für G. TRAKL erscheint der Mond, »als trete ein Totes aus blauer Höhle« (*Abendland* 1914). Der Italiener F. T. MARINETTI veröffentlichte 1912 in der Zeitschrift *Der Sturm* sein *2. Manifest des Futurismus*, das er mit *Tod dem Mondschein* überschrieb und in dem geschildert wird, wie »dreihundert elektrische Monde durch ihre glänzenden kreidefarbigen Strahlen die alte, grüne Liebeskönigin verblassen« lassen. Wenn das auch nicht als literarkritische Anweisung gemeint war, so konnte es doch als Stütze bei der Entromantisierung des Mondscheins verstanden werden, zu der dann die Erlebnisse des Ersten Weltkriegs ein Übriges taten. Die negativen Attribute und Funktionen des Mondes mehrten sich: »Der fleischige stumpfe Totenkopf« (A. WOLFENSTEIN, *Lune* 1914), »eine Frucht, groß, blank und abgeschält« (H. PLAGGE, *Vorstadtabend* 1914), »rot umrandet, gequält, wie ein entzündetes Auge« (O. KANEHL, *Herbstnächtlicher Gang* 1914) oder »vom Himmel tropft ein Eiter, Mond. Es wacht kein Gott« (ders., *Sonnenuntergang* 1914), »der Mond ist tot« (R. HÜLSENBECK, *Untergang* 1914), »O roter Mond, du Schnee im Brand!« (J. R. BECHER, *O fände ich aus diesen Nächten* 1914). Y. GOLL nennt ihn eine »geschminkte Maske« (*Mond* 1918), bei R. LEONHARD stürzt der Mond »blaues flutendes Weinen auf einen nackten Leichnam« (*Das verlassene Dorf* 1918), und M. HERRMANN-NEISSE nennt ihn »der irre Mond« (*Notturno* 1919). H. ARP, der in dem Band *Mondsand* (1959) das Gestirn »andichtet«, meint von ihm, dass er »schon viel tausend Jahre stirbt«, dass er »den Schein widerhallen und den Widerhall scheinen läßt«, und diktiert ihm eine Fülle widersprüchlicher Attribute zu: er ist »eine Blume«, aber auch »eine große Träne«, »ein inniger unsinniger Mond«, »ein Mond aus Blut, ein Mond aus Schnee«, »stumm wild silbern lächelnd« (*Wortträume und schwarze Sterne* 1953).

Als die ästhetische Revolution und die Entromantisierung des Mondscheins verebbte, stellten sich mit einer neuen realistischen Sicht auf die Natur zwar nicht wieder die alten romantischen Epitheta, aber doch eine weniger krasse, weniger feindselige, gelegentlich auch freundlich zugeneigte Gestimmtheit bei Betrachtung des

Mondes ein: als eine »reife Mirabelle« erscheint der Mond im Raum (G. v. d. Vring, *Zwielicht*), er schwebt als »weiße Scheibe, flugbereit« (ders., *Aufgehender Mond* 1939), er »tritt aus seinem Sternentor« (A. v. Hatzfeld, *Mondaufgang* 1936), sein Schein »tränkt die dürstende Welt« (G. Britting, *Mondnacht am Main* 1939). Wie automatisch stellt sich dann der Bezug zur menschlichen Seelenlage wieder her (R. Huch, *Melodie*; J. Weinheber, *Mondnacht* 1917; H. Broch, *Mondnacht* 1932). Für E. Jünger ist der Mond ein »Freund der Einsamen, Freund der Helden, Freund der Liebenden« (*Sicilischer Brief an den Mann im Mond* 1934). Der alte Vorwurf der Unrührbarkeit wird wieder erhoben: G. Eich beklagt sich, dass der von unserem Kummer »ungerührte«, überall gleichmäßig scheinende Mond schweigt und nicht zu vertreiben ist: »Er ist so blind, er ist so taub, ihn kümmern Tränen nicht« (*Abend im März* 1948), und für G. Kunert steht er »aufgelöst und fremd ... im schwarzen Himmel« (*Das Gedicht vom Mond* 1955). Die seit Klopstock wiederholt hergestellte Beziehung zu den Gräbern der Verstorbenen wird angetönt, die bei G. v. d. Vring einen deutlichen Erlebnishintergrund hat, wenn er den Mond als »Kamerad von Flandern« anredet (*Dumpfe Trommel, schlag an* 1939). Die Bindung zur Vergangenheit (A. Zollinger, *Ode an den Mond* 1938) wird von I. Seidel in einem besonders umfassenden Sinne zum Ausdruck gebracht; für sie ist er ein »Gestirn der Erinnerung«, der Betrachter fühlt »jeden Blick, der an dir einst hing ... Augen beglänzen ihn sehnlich mit deinem Schein, niemals erblickte Augen blicken ihn an« (*Mond*).

Auffällig ist, dass mehrfach in der nachexpressionistischen Lyrik ganze Zyklen von Mondgedichten entstanden, ein Phänomen, das bisher in der Geschichte des Motivs, trotz der starken Frequenz um 1800, noch nicht angetroffen wurde. Wie schon erwähnt, stellte H. Arp einen Zyklus unter dem Titel *Mondsand* (1959) zusammen, G. Britting gab einer Gruppe seiner *Gedichte von 1919–39* den Titel *Der alte Mond*, in der auch wieder der Vergangenheitsbezug auftaucht: »Und ist doch immer der gleiche, der unsere Nächte erhellt und uns und unsern Vätern seit tausend Jahren gefällt«. Die Lyrik O. Loerkes enthält zahlreiche Mondgedichte, die Sammlung von 1916 bereits zwei, der Band *Die heimliche Stadt* (1921) drei und *Atem der Erde* (1930) das Gedicht *Mondfrost*, in dem von dem »gelben« Heiligen gesagt wird: »Dort oben hat auch Liebe nichts zu hoffen«. Eine besondere, philosophisch-religiös verankerte Funktion hat der Mond in der Lyrik Ch. Lavants, die schon in dem Band *Bettlerschale* (1957) ihre Hoffnung auf ihn setzte: »Ich leg, was mir das Liebste war, entschlossen in den Mond hinein«, um dann in dem Band *Spindel im Mond* (1959) ihre Besessenheit von dem Mond als einem dämonischen, widergöttlichen Prinzip, die sich zur Mondsüchtigkeit steigert, in immer neuen Ansätzen auszusagen: Der Mond ist »Herr der Zauberei«. Im Bewusstsein einer großen und zwiespältigen Tradition kann Mond-Lyrik schließlich fragen: »Bist du heute der Füllest wieder Busch und Tal mit Nebelglanz-Mond oder der giftig aufgeblähte, der über Auschwitz und Flandern hängt?« (M. HANNSMANN, *Mondnacht* 1958). Der Mond kann sogar zu einer Chiffre in poetologischen Überlegungen werden: »Ein Gedicht sollte sein wie der aufsteigende Mond … sich lösen wie der Mond sich Zweig um Zweig von nachtverstrickten Bäumen löst« (A. MACLEISH, *Poetry and Experience* 1961, dt. *Elemente der Lyrik* 1963).

Hat die Tatsache, dass im September 1959 die erste sowjetische Rakete den alten – auch poetischen – Traum von einer Mondfahrt wahr machte, die Position des Mondes in der Dichtung verändert, oder wird sie sie verändern? Zwei Jahre vor diesem Ereignis bekundete in M. FRISCHS Roman *Homo Faber* (1957) der Ingenieur Faber angesichts des Mondes über der texanischen Wüste seine gefühlsmäßige Unbetroffenheit: »Ich bin Techniker und gewohnt, die Dinge zu sehen, wie sie sind. Ich sehe den Mond über der Wüste, klarer als je, mag sein, aber eine erkennbare Masse, die um unseren Planeten kreist, eine Sache der Gravitation, aber wieso Erlebnis?« Diese Bekundung dient der Charakterisierung der Enge und nicht voll entwickelten Humanität eines Nur-Technikers, die es gewiss schon früher gab und immer geben wird. Zwei bald nach dem technisch-entdeckungsgeschichtlichen Ereignis entstandene Gedichte geben zwei unterschiedliche Positionen wieder. Das eine sieht aus der Sicht fortschrittsgläubigen Stolzes den Mond als künftigen Künder »von des Menschen Macht« und bleibt in dem alten optischen Eindruck verhaftet, dass er »lächelnd« in der Nacht am Himmel stehe (M. ZIMMERING), das andre, P. RÜHMKORFS *Variation auf »Abendlied« von Matthias Claudius* (1959/62), verwahrt sich spöttisch-skeptisch sowohl gegen fortschrittliche Ambitionen wie gegen das Geborgenheitsgefühl des frommen alten Autors: »Laßt mir den Mond dort stehen …«. Schon die Lyriker der empfindsam-romantischen Generationen wussten, dass der silberne Gedankenfreund, der ihnen die Seele löste, ein fernes, fühlloses Gestirn war und dass dessen auf den optischen Eindrücken beruhende Macht auf den Menschen einzig eine Schöpfung der Phantasie war. Der optische Eindruck bleibt auch nach den Erfolgen der Raumfahrt unverändert.

P. v. Tieghem, La poésie de la nuit et des tombeaux en Europe au XVIIIe siècle, (Académie Royale de Belgique, Classe des Lettres, Mémoires, 2, XVI) Brüssel 1921; H. Rahner, »Mysterium Lunae«. Ein Beitrag zur Kirchentheologie der Väterzeit, (Zeitschrift für katholische Theologie 63/64) 1939/40; A. Bettex, Der Mond in der Dichtung und im Volksglauben, (Du 7) 1947; B. Neske, Das Mondbuch, 1958 (Anthologie); G. Hübert, Abend und Nacht in Gedichten verschiedener Jahrhunderte, Diss. Tübingen 1963; D. Arendt, Die Umwertung des poetischen Mondbildes in der Moderne, (Welt und Wort XX) 1965; K. H. Spinner, Der Mond in der deutschen Dichtung von der Aufklärung bis zur Spätromantik, 1969; E. Neis, Der Mond in der deutschen Lyrik, 1970, ²1984; F. C. Delius, Der Held und sein Wetter, 1971; S. L. Montgomery, The moon and the Western imagination, Tucson/Arizona 1999, ²2001; D. Bode (Hrsg.), Siehst du den Mond? Gedichte aus der deutschen Literatur, 2002 (Anthologie).

Narr, Der weise

Narrentum als eine Art Berufsstand setzt voraus, dass die geistige und damit verbundene seelische oder auch nur körperliche Abnormität des zu diesem Stand Gehörigen nicht so weit geht, dass er sie und seine mit ihr eventuell verbundenen Fähigkeiten – akrobatische und mimische Künste, musikalisches Können, Kopieren und Karikieren anderer Menschen, Geschichten erzählen und witzige Antworten zur Verfügung haben – nicht zur Erwerbung seines Lebensunterhalts einsetzen kann. Er belustigt durch sie das Volk in Gasthäusern und auf Märkten, gelegentlich auch in Zusammenarbeit mit anderen Schaustellern; er wartet mit ihnen an den Tischen der Reichen auf wie der Parasit der griechischen und römischen Antike, der nicht immer nur ein schmarotzerischer Schmeichler, sondern auch ein Spötter war, der seinem Brotgeber und dessen Freunden unangenehme Wahrheiten sagte; er verdingt sich, sonst ein Wanderer und Unsteter, an die Höfe der großen und kleinen Regierenden als deren Lustigmacher und Ratgeber. Sein Auftreten erregt Gelächter und Schauder zugleich, er ist geliebt und auch gefürchtet, erreicht aber nie den Status eines normalen Mitglieds der Gesellschaft.

Der Typ des Närrischen, der aus einer höheren Weisheit lebt und in seiner Einfalt erkennt, was kein Verstand der Verständigen sieht, ist in seinen psychologischen Motivierungen schwer zu analysieren. Körperliche Mängel sind von vielen Narren der Geschichte überliefert; daher könnte ihr scharfer Witz sowie ihre Fähigkeit zu Selbstironie und Selbstprostitution als Gegengewicht gegen das sicher vorhandene Selbstmitleid des »armen« Narren und als Selbstverteidigung aufgefasst werden und ihre Kenntnis der menschlichen Seele als Folge ihres Außenseitertums, das Beobachten lehrt und in Kritik und Mahnung ein Betätigungsfeld findet. Die in den meisten Fällen outrierte oder – im Sinne von Beschränktheit – gar nicht vorhandene Narrheit dient dazu, Kritik und Witz zu dämpfen und zu kaschieren, die nicht verletzen, sondern ein befreiendes Gelächter auslösen, irdische Bedrängnisse überwindbar erscheinen lassen und Einsicht wecken sollen. Indem der Narr sich selbst zur Zielscheibe des Witzes und der Aggressivität macht und sich dem Gelächter aussetzt, um es unversehens wieder auf den Angreifer abzulenken, verwischt er den Ernst seines Anliegens, und seine Absichten werden leichter akzeptiert. Vielleicht provoziert er das Gelächter auch zur Selbstbestrafung für die eigene Aggressivität.

Warum jedoch von alters her und in vielen Kulturen Herrscher solche närrischen Männer offensichtlich nicht nur zur Belustigung, sondern auch als Vertrauenspersonen an sich heranzogen und der Hofnarr vielerorts eine feste Einrichtung wurde, ist umstritten. Schon Pharaonen der fünften Dynastie ergötzten sich am Besitz von Pygmäen, die den Tanz eines Gottes darzustellen verstanden; Philipp und Alexander von Makedonien, der Römer Augustus und seine Nachfolger hielten sich Lustigmacher; indische Fürsten der ersten nachchristlichen Jahrhunderte hatten den närrischen und missgestalteten Hausgenossen Vidusaka; der Hunnenkönig Attila, irische Fürsten vor- und frühchristlicher Zeit, Harun Ar-Raschid und sein Zeitgenosse ↑ Karl der Große, die normannischen Beherrscher Englands, ↑ Tamerlan (Timur) und die türkischen Sultane, aber auch in der Neuen Welt der Azteke Montezuma beschäftigten Hofnarren, und die Höfe der Kaiser, Fürsten und Adelshäuser des Mittelalters und der Renaissance sind ohne die buntscheckige Gestalt nicht denkbar. Eine gewisse Sensationslust und Freude am Bizarren mag bei dem Vergnügen an missgestalteten und kindisch wirkenden Figuren mitgespielt haben, man hat auch schon in römischer Zeit zwischen dem »natürlichen« und dem nur gespielten Narren unterschieden. Es muss jedoch in Erwägung gezogen werden, dass bizarre Kleinplastiken der römischen Spätzeit die Funktion von Maskottchen gehabt haben können und dass man Ähnliches auch mit dem Besitz lebendiger Missgestalten bezweckt haben kann. Die Vorstellung einer Beziehung des Närrischen zum Bezirk des Magisch-Göttlichen ist sicherlich anzunehmen, ob man nun in dem abnormen Hausgenossen einen Schutz gegen Unglück und bösen Blick oder, wie die indische Bezeichnung nahelegt, einen Prügelknaben und Blitzableiter oder auch, wie aus irischen Erzählungen hervorgeht, einen durch seine Beziehung zur Geisterwelt durch das zweite Gesicht ausgezeichneten prophetischen Narren-Dichter sich dienstbar machte. Sogar für christlich-mittelalterliches Denken bestand eine Beziehung zwischen dem Narren, den Gott ähnlich wie den → Bettler zur Prüfung des menschlichen Mitleids geschaffen hatte, und einer höheren Macht. Es galt für ehrenvoll und war sogar mitunter einträglich, einen Geistesbehinderten in sein Haus aufzunehmen, der nicht nur Obdach und Nahrung, sondern auch Schutz für sein Reden und Handeln, für das er nicht verantwortlich war, genoss und zur Kennzeichnung seiner Ausnahmestellung ein dem Frauengewand ähnliches langes Kleid trug. Wenn es sich um harmlose Geistesgestörte handelte, konnte ihr Gebaren und Reden der Belustigung dienen. Sogar bei bekannteren Narren an großen Höfen ist eine gewisse Abnormität anzunehmen, da sie praktischer und geistiger Betreuung durch Führer, Wärter und Lehrer bedurften.

Da jedoch Scherze »natürlicher« Narren ein unsicherer Faktor waren, bevorzugte man »künstliche« Narren, die sich in ihrer Funktion kaum von den Scurrae bei den Gastmählern der Römer unterschieden. Auch ihre Aufmachung schloss sich wohl an die Lappenjacke und den kahlgeschorenen Kopf des Narren im antiken Mimus oder die mit Eselsohren versehene Kapuze des närrischen römischen Hausklaven an. Von den natürlichen Narren erbten sie das Recht der Redefreiheit, konnten zu Vertrauten und zum lebenden Gewissen ihrer Herren aufrücken und wurden vom Gefolge des Herrschers respektiert. Außer dem offiziellen Hofnarren gab es manchmal Männer, die seine Aufgaben erfüllten, ohne den Titel zu tragen; Hofpoeten, Zeremonienmeister und Gelehrte waren oft vom Lustigmacher kaum entfernt. Man hat den Hofnarren als eine heilsame Institution absoluter Regime angesehen.

Im Unterschied zu dem in der Literatur in zahlreichen Varianten auftauchenden »natürlichen« Narren, Tölpel oder Clown, dessen Komik unfreiwillig passiv ist und das Publikum nur zum Gelächter auf seine Kosten reizt, besitzt der weise Narr die innere Dialektik zwischen gespielter Beschränktheit oder sogar echter Einfalt und tieferer Einsicht. Seine Komik ist sowohl aktiv, indem er andere bloßstellt, wie freiwillig passiv, indem er Dummheit, Ungeschick und Missverstehen heuchelt, teils um seine Existenz zu schützen, teils aus Spaß am Spaß. Die freiwillig passive Komik hat mit der aktiven die Absichtlichkeit gemein, denn der weise Narr ist Homo ludens, ganz auf andere bezogen, ohne Züge privater Existenz, ohne

Familie oder Heim, und geht als heimlicher Philosoph durch die Dichtung hindurch, zu der er eigentlich nicht gehört.

Das Motiv hat zwei Konstanten entwickelt: als erste den Typ des wandernden, in seiner Kritik auf alle Welt bezogenen Alleingängers, dessen Vita sich in zahlreichen Schwänken auskristallisiert, die in ihrer Gesamtheit ein – wenn auch widersprüchliches – Bild seiner Person ergeben. Er narrt den Durchschnittsmenschen, wird aber auch gern in geistigem Wettstreit mit den Herrschenden und den Weisen vom Fach gezeigt. Die älteste bekannte Gestalt eines solchen, von seinen schwankhaften Geschichten und Taten sein Leben fristenden Wanderers ist die des griechischen Fabeldichters Aisopos, um die sich schon im 6. vorschristlichen Jahrhundert ein Schwankzyklus bildete, der in hellenistischer Zeit zu einem in zwei Fassungen überkommenen *Aisopos-Roman* ausgeweitet wurde. Dieser sagenhaften Überlieferung nach war Aisopos ein hässlicher, verkrüppelter Sklave, der nach seiner Freilassung am Hof des Kroisos lebte, von diesem zu Periander in Athen und nach Delphi geschickt wurde, wo er wegen eines vorgeblichen Tempelraubes den Tod fand. Die Schwänke zeichnen ihn als närrischen Sonderling, aber mit nüchternem Verstand und mit Einsichten begabt, die er in Fabeln zu formulieren pflegte. Die Verbindung mit der Sage von den sieben weisen Meistern, an deren Stelle im späteren Roman der Philosoph Xanthos trat, gab die Möglichkeit, seinen Mutterwitz über die Schulweisheit triumphieren zu lassen. Die Sage von seiner Steinigung und Herabstoßung von einem Felsen bestätigt im Übrigen die These von der Sündenbockfunktion des missgestalteten Unterhalters, denn auf gleiche Weise wurden beim Reinigungsfest der Thargelien die Pharmakoi (= Zauberer) als Sühneopfer getötet. Eine verwandte Gestalt, aber weniger Geschichtenerzähler als inspirierter Heiliger, ist der mit Harun Ar-Raschid (9. Jh.) in Beziehung gebrachte Buhlul, ein unsteter und unbehauster Bewohner der Stadt Bagdad, deren Jugend ihn verspottet, der aber durch Schlagfertigkeit und Einsichten, die er dem Herrscher ungescheut ins Gesicht sagt, dessen Aufmerksamkeit und Wohlwollen erregt. Wie die über ihn umlaufenden Schwänke jahrhundertelang erhalten blieben, so auch die über seinen Landsmann Si-Djoha (10. Jh.), dessen Vita aber mit der des jüngeren Türken Nasreddin Hoca verschmolz und nur in einem türkischen Schwankbuch (14./15. Jh.) erhalten ist. Seine Gestalt trägt zwiespältige Züge, die zwischen denen eines armen, gelegentlich auch zu Betrügereien greifenden → Schelms und denen eines gelehrten, von Schülern umgebenen und dem Eroberer ↑ Tamerlan

(Timur) als Spaßmacher und Ratgeber dienenden Erleuchteten schwanken. Gleichfalls aus dem Orient stammt die Auseinandersetzung des weisen ↑ Salomo mit einem seine Weisheit bestreitenden Dialogpartner, die jedoch ursprünglich ernsthaften Charakters war und erst bei ihrem Auftauchen im westlichen Europa, und zwar unter dem Einfluss der Äsopsage, zu dem heiter grundierten Wettgespräch des Königs mit dem bäuerlichen und bauernschlauen Markolf wurde (*Dialogus Salomonis et Marcolfi* 12. Jh.), dessen nüchterne, spöttische Klugheit mehr Nutzen stiftet als die idealistische Weisheit Salomos. An nationale und temporäre Gegebenheiten assimiliert, feierte Markolf in anderen europäischen Schwankgestalten Auferstehung, etwa in dem italienischen Bertoldo (G. C. CROCE, *Bertoldo* Ende 16. Jh.), der als Spaßmacher des Langobardenkönigs Alboin fungiert, oder in dem englischen Scogin (*The Merry Jests and Witty Shifts of Scogin* 1626), und er hat auch Gemeinsamkeiten mit ↑ Eulenspiegel (H. BOTE, *Thyl Ulenspiegel* 1510/11), der gegenüber seinen rein schelmenhaften deutschen Vorgängern durch die närrischen Züge ausgezeichnet ist, an denen diese Epoche Freude hatte: Seine als Hofnarr gelernte Kunst, mit scheinbarer Demut die Torheit anderer bloßzulegen, wendet der Schalksnarr besonders gegenüber den Stadtbürgern an und erscheint wie ein lebendiger Beweis des von ERASMUS VON ROTTERDAM (*Moriae Encomium* 1511) vertretenen Gedankens, dass das menschliche Dasein nicht von Vernunft geleitet wird und geleitet werden kann, sondern die Narrheit braucht, um schöpferisch zu sein. Tills märkischer Nachfahr Hans Klauert (B. KRÜGER, *Hans Clawerts Werckliche Historien* 1587) vertritt den gleichen Typ des wandernden, mehr durch seine Einfälle als durch seine Gelegenheitsarbeit geschätzten Spaßvogels, der es zum lustigen Rat hoher Herren – hier des Herrn von Schlieben – bringt. Alle Lebensbeschreibungen dieses Typs haben Berührungspunkte mit der des → Picaro, tragen jedoch als Hauptmerkmal den aus Weisheit geborenen und daher das Gute beabsichtigenden Witz.

Standen die Mittelpunktsgestalten der Schwankbücher nur in lockeren oder vorübergehenden Beziehungen zu Höfen, so begegnet in altindischen dramaturgischen Werken und im Drama des BHĀSA (3. Jh.) die zweite Motivkonstante, der stereotype, hässliche und zwergenhafte Vidusaka, der eine Maske und Ohren aus Holz trägt und häufig den Prolog spricht, als seines königlichen Herrn steter Gefährte und Vertrauter, der trotz seiner Einfalt und Gefräßigkeit Treue, Mut und Lebenserfahrung beweist. In ähnlich enger Beziehung zum fürstlichen Helden steht der dem heroischen Charakter der Dichtung entsprechend ernstere, narrenhafte Gefolgsmann in nicht datierbaren altirischen Sagen, der prophetisch die Niederlage der Seinen und den eigenen Tod voraussagt und ihn als Erster in der Schlacht erleidet (*Togail Bruidne da Derga*) oder die Krieger in der Nacht vor dem Kampf unterhält und dann mit ihnen fällt (*Cath Almaine*). Auch der sonst als weiser Zauberer bekannte irische Sagenheld ↑ Merlin wird in einem *Life of St. Kentigern* (Mitte 11. Jh.) als Hofnarr König Rederichs dargestellt, der den Tod seines Herrn voraussagt und betrauert. Man kann Parallelen zu dem Typ in der altenglischen Literatur annehmen, wie sie möglicherweise Hunferth im *Beowulf* (8. Jh.) repräsentiert und wie sie dann im 7. Buch von J. Gowers *Confessio amantis* (1390) im Gefolge eines römischen Königs, dem der Narr als Einziger seiner Räte die Wahrheit sagt, erneut auftaucht.

Die Frequenz der Narrengestalt vor allem in der spätmittelalterlichen Literatur hängt mit der Ausgestaltung des Epiphanias- und Fastnachtbrauchtums zusammen. Die außergewöhnlichen Freiheiten, die antike Sklaven an den Saturnalien genossen, wiederholten sich im Mittelalter im närrischen Treiben der Schüler, Studenten und Geistlichen zur Zeit des Epiphaniasfestes, in der jedermann zum Narren erklärt war; auch bei diesem Brauchtum ist mit dem Element der Abreaktion und des Prügelknaben zu rechnen. Für die säkularisierte Fête des fous bildeten sich in Frankreich die Sociétés joyeuses, die in England weniger bedeutsame Entsprechungen, in Deutschland aber eine Parallele in den Fastnachtsgesellschaften hatten und die Gattung der Sotie schufen, einer Form dramatischen Spiels, das gesellschaftskritische Funktion hatte und in dem der Narr Figura und Thema war, d. h. nicht der Narr als Person, sondern die Narrheit als Symbol menschlicher Fehler, ob nun die Mère Eglise sich schließlich als Mère Sotte erwies (P. Gringoire, *Le jeu du prince des Sots et du mère Sotte* 1512) oder scheinbare Reformer sich als Narren herausstellten, über die schließlich die alte, abgedankte Welt triumphiert (*Farce des gens nouveaux* um 1461). Wo alle Figuren Narren sind, kann der Narr als Figur sich nicht abheben und die Vorstellung von einem weisen Narren nicht zum Motiv werden.

Der Narrenbegriff der Sotie ist dem des deutschen Moralsatirikers S. Brant (*Das Narrenschiff* 1494) nahe, der, von der christlichen Vorstellung ausgehend, dass Torheit Verstocktheit gegenüber Gott sei, die Vertreter solcher Schwächen und Laster als Narren darstellte, die dem Bereich der emotionalen Unbeherrschtheit und unkontrollierten Triebgebundenheit angehören. Brants allegorische Narrenfiguren haben nur in wenigen Fastnachtsspielen des H. SACHS (*Comedi mit dreien Personen zu spielen, nämlich ein Vater, ein Sohn und ein Narr* um 1531, *Das Narrenschneiden* 1557, *Der Narrenbrüter* 1568), P. GENGENBACHS und J. WICKRAMS (*Das Narrengießen* 1538) nachgewirkt, und die Steigerung des Narren zum Prinzip des Sündig-Teuflischen im Werk Th. MURNERS führte schon um die Mitte des 16. Jahrhunderts zum Umschlagen der Narren- in die Teufelsfigur.

Wenn der Hofnarr der Venus in P. GENGENBACHS Fastnachtsspiel *Die Gouchmat der Buhler* (1521) der schönen Zeit seines Aufenthalts an den Fürstenhöfen nachtrauert und sich über die vielen »uneigentlichen«, die Sündernarren, beschwert, die ihn aus seiner Position verdrängt hätten, so bedeutet das, dass die Narrenallegorie dem sich auf die realistische Komödie hin entwickelnden Fastnachtsspiel fremd war, weil es einen nicht närrischen, sondern didaktisch-moralisierenden Narrentyp ausgebildet hatte. In nahezu allen Spielen des späten 15. und frühen 16. Jahrhunderts nimmt der Narr eine Art Mittlerrolle zwischen szenischem Geschehen und Publikum ein, er interpretiert die Handlung, ist klug und bedächtig. Sein Auftreten, das von der Handlung gesehen nicht notwendig erscheint, symbolisiert das Spielerische, den Mimus, die Fiktion, das Als-ob. Er empfindet wie der anonyme Zuschauer und ist zugleich Sprachrohr des Autors, er rühmt sich oft, als Einziger die Wahrheit zu erkennen. Ähnlich wie im altindischen Drama fällt ihm die Aufgabe des Spieleröffners, vor oder nach dem Herold, zu, ferner die des Spielplatzbereiters, Ordners und Ruhegebieters und schließlich des Schlusssprechers. Er gehört also häufig zum Spielrahmen und ist, selbst wenn ihm eine Rolle in der Aktion gegeben wird, nicht völlig in diese integriert, sondern steht als meditierender Betrachter abseits oder sogar, wenn er auf den Ausgang des Plots hindeutet, beobachtend über dem Geschehen. Seiner Außenseiterposition in der Gesellschaft entspricht die im Spiel, die man mit der des Chors in der antiken Tragödie verglichen hat. Allerdings entwickelt sich die ursprüngliche Lehrfigur immer stärker zur Spielfigur hin. Als moralisierender Kommentator tritt der Narr im *Einsiedler St. Meinradsspiel* (1576) auf, ebenso in GENGENBACHS *Die Gouchmat der Buhler*, wo er als Torhüter der Venus die Besucher vor dem Treiben auf der Venuswiese warnt, im *Urner Tellenspiel* (Anf. 16. Jh.) und in H. SALATS *Von dem verlorenen … Son* (1537). Im Spiel *Von Fürsten und Herren* (nach 1486) tadelt er den zum Weibersklaven gewordenen Aristoteles, in *Vom Bapst, Cardinal und Bischoffen* (Ende 15. Jh.) die verschwenderischen Schwächen des Adels; in *Der Luneten Mantel* (Ende 15. Jh.) warnt er davor, die Ehrbarkeit der Frauen zu streng zu überprüfen, in *Henselyn oder van der rechtferdicheyt* (nach 1497) begleitet der treue Hausnarr die drei Brüder belehrend auf ihrer Suche nach der »rechtferdicheyt« und spricht das moralisierende Schlusswort. Die häufige Verwendung des Narren als Bote ist wohl von seiner Ansagerfunktion im Spielrahmen her zu erklären.

Eine größere Spielaufgabe erhielt der Narr im sich langsam aus dem Fastnachtsspiel lösenden deutschen Drama des 16. Jahrhunderts, in dem er das realistische Amt eines Hofnarren bekleidet. Wie er bei Gengenbach als Diener der Venus zum Gefolge des widergöttlichen Prinzips gehörte und doch die Venusnarren warnt, so erscheint er in geistlich-historischen Stoffen den bösen Herrschern, auch des *Alten Testaments*, attachiert, die er vergebens warnt und von ihrem Weg abzubringen sucht. So gibt es bei H. SACHS zweimal einen Hofnarren Ahasvers (Esther-Dramen von 1536 u. 1559) und einen des Königs Sedras (*Von König Sedras mit der Königin Hebebat* 1566), bei J. SCHOEPPER (*Johannes Decollatus* 1546) einen Hofnarren des Königs Herodes, der dann auch in den schweizerischen (J. AAL, *Tragoedia Johannis des Täufers* 1549) und englischen (N. GRIMALT, *Archipropheta* 1548) Bearbeitungen des ↑ Johannes-des-Täufer-Stoffes auftritt. Auch König Saul (V. BOLTZ, *Ölung Davidis* 1554), der Herrscher von Jericho (R. SCHMID, *Vom Zug der Israeliten durch den Jordan* 1580) und König Sanherib (G. GOTTHART, *Comoedia … Tobiae* 1619) wurden mit einem Hofnarren versehen, der sich im Gefolge der römischen Kaiser Valens (Ch. MURER, *Ecclesia Edessaena* um 1600) und Maximianus (J. WAGNER, *Mauritiana Tragoedia* 1581) schon eher denken lässt. Sooft der Narr auch in sittlichen Konflikten seines Herrn auf der Seite des Rechts steht, so fern sind ihm andererseits idealistische Vorstellungen: er wird von primitiven Bedürfnissen wie Trinken, Essen, Zank und Balgerei beherrscht, und sein Denken bleibt im Nüchtern-Allzumenschlichen befangen. So versteht er z. B. in J. AALS Johannes-Spiel die asketische Haltung des Täufers ebenso wenig, wie er in H. HABERERS *Spiel von dem gläubigen Vater Abraham* (1562) an die Gesinnungsreinheit des Erzvaters glaubt. Sein ambivalenter Charakter zeigt sich darin, dass er zwar durch seine Kritik und seine Ermahnungen Verständnis für die heteronome Bestimmtheit des Menschen beweist, dass er aber durch seine Abhängigkeit von materiellen Begierden der Sphäre des Ungeistigen verhaftet bleibt, was er selbst eingesteht. Er ergötzt sich zwar an der Dummheit anderer und fordert zum Spott über die auf, die seine Warnungen missachteten, aber man lacht doch auch über ihn, sein Unmaß, sein Ungeschick, sein

Pech. Er vermag anderen die richtigen Weisungen zu geben, nimmt sich selber aber von jeder ethischen höheren Verpflichtung aus und lebt in einer für das Metaphysische abgeblendeten Wirklichkeit.

Der aus dem Fastnachtsspiel entwickelte zweigesichtige Narr taucht auch noch bei Autoren auf, die schon den englischen Clown mit seinem eindeutig spaßhaften Charakter kannten und übernahmen, so in Spielen J. AYRERS (*Tragedi von Servy Tully Regiment, Tragedia von Kaiser Otten des Dritten und seiner Gemahlin Sterben und End, Valentino und Urso,* alle 1592/1602), bei dem sich jedoch auch Mischformen des englischen und deutschen Typs finden, so wenn etwa ein gescheiter Narr seinem Herrn bei einem Rollentausch die Verschreibung eines Guts ablistet (*Des Hoflebens kurzer Begriff*) oder sich der stereotype Zug der Treue zum Herrn (*Tragedi vom Regiment und schändlichen Sterben des türkischen Kaisers Machumets des anderen*) oder zur Herrin (*Comedia von zweien fürstlichen Räten ...*) geltend macht. Noch bei Herzog HEINRICH JULIUS VON BRAUNSCHWEIG zeigt der Narr in der Mehrzahl der Dramen die Fähigkeit, die Torheit der Welt und ihrer Repräsentanten zu durchschauen, die vermeintlich Klugen zu überrunden und die echten Werte zu erkennen (*Susanna* 1593, *Von einem Buler und Bulerin* 1593, *Vincentius Ladislaus* 1594).

Auch der Narr in der englischen Literatur war aus einer Lehrfigur hervorgegangen, die als Allegorie eines Lasters Ähnlichkeit mit den personifizierten Narrheiten der Sotie hat. Aus der Gestalt des »Vice« in den Moralitäten war die eines Schalks geworden, der das Narrenkostüm trug, ungeschickt wirkte, mutwillig falsch verstand und frivole Wortspiele machte. In der Figur der »Folly« in J. SKELTONS *Magnificence* (um 1516) und der Gestalt der »Sin« in Th. LUPTONS *All for Money* (1578) ist der die Menschen durchschauende und narrende Spaßvogel trotz clownhafter Züge auf den weisen Narren hin angelegt, und das Amt des Hofnarren übt Vice bereits in SKELTONS *Colyn Cloute* (um 1519) aus, indem er einem Kardinal derbe Wahrheiten sagt, sowie später, nach dem Muster J. SCHOEPPERS, in N. GRIMALTS *Archipropheta* (1548) der weise und moralisch intakte Ermahner des Herodes.

Das steigende Interesse des englischen Theaters an der Narrenfigur um 1600 hängt einerseits sicher mit der bevorzugten Stellung der Narren Heinrichs VIII. und Elisabeths I., andererseits mit dem engen Kontakt zwischen Theaternarr und Berufsnarr zusammen, der durch Persönlichkeiten wie R. ARMIN hergestellt wurde, der ein berühmter Clowndarsteller war und ein Buch über sechs bekannte Hofnarren schrieb (*Foole upon Foole* 1609), und durch R. Tarlton, der ebenfalls Schauspieler und zugleich lustiger Rat Elisabeths war. Heinrichs III. Narr Ralph Simnell (R. GREENE, *The Honourable History of Friar Bacon and Friar Bungay* 1594), Heinrichs VIII. berühmter Will Summer (Th. NASHE, *Summers Last Will and Testament* 1592; Th. ROWLEY, *When You See Me, You Know Me* 1605) und Elisabeths Hofnarr Charles Chester (Ben JONSON, *Every Man Out of His Humour* 1599) fanden sogar ein Nachleben als Bühnengestalten. Dennoch sind die Narrengestalten vor und neben denen SHAKESPEARES vergleichsweise unbedeutend, allenfalls lassen sich in J. PICKERINGS *Horestes* (1564/67) der Götterbote und Mahner zur Rache, in R. GREENES *The Scottish History of James IV* (1590) der treue Diener einer ungerecht behandelten Königin und in W. HAUGHTON/H. CHETTLE/Th. DEKKERS *Comedy of Patient Grisell* (1599) der anhängliche Knecht der verstoßenen Griseldis und Verfechter eines einfachen Lebens als gleich gestimmte Begleiterscheinungen dieses Motivhöhepunkts ansehen.

SHAKESPEARES närrische Figuren ergeben eine ganze Skala vom Stultus bis zum weisen Menschenkenner und bis zum menschenverachtend fingierten Narrentum Hamlets sowie Edgars in *King Lear.* Närrisch-weise rühren der Pförtner in *Macbeth* (um 1606) und der Totengräber in *Hamlet* (1600/02) mit ihren Scherzen unwissentlich an das Wesen der Geschehnisse, und auf verwandter Ebene bewegt sich des »Domestic Fool« Launcelot Gobbo (*The Merchant of Venice* 1596/97) Kritik an Jessica. An der Grenze zum Clown, doch mit mehr aktiver, sozialkritischer Komik ausgestattet, stehen Lavache in *All's Well That Ends Well*(1602) und die beiden Diener-Clowns in *The Two Gentlemen of Verona*(1594/95), die geistig bzw. sittlich ihren Herren überlegen sind, sowie Costard und auch Moth in *Love's Labour's Lost* (1595), der seinem verrückten Herrn die Wahrheit nur auf verrückte Weise zu verstehen geben kann. Den Höhepunkt der Motiventwicklung bilden Olivias Hausnarr Feste in *Twelfth-Night* (1601/02), Touchstone in *As You Like It*(1598/1600) und der Narr in *King Lear* (1605/06). Feste hat noch Eigenheiten des bezahlten Narren, denn er nimmt Trinkgelder, aber die Anhänglichkeit an seine Herrin, die er von Schwermut kuriert, macht ihn liebenswert, und seine Entlarvung der junkerlichen Scheingelehrsamkeit lässt seine Gescheitheit erkennen. Auch für Touchstone nimmt die Treue zu seiner Herrin ein, die er selbstlos in die Verbannung begleitet, aber darüber hinaus zeugt die Art, wie er sich dem Witz der Höflinge als Schleifstein darbietet, von der Weisheit eines lachenden Philosophen, der dem mit dem Narrentum kokettierenden Modemelancholiker Jaques weit überlegen ist. In *King Lear* ist Treue ein drittes Mal Charakteristikum des Narren, der dem verstoßenen König zur Seite bleibt, aber ihm zugleich durch bittere Scherze das Törichte seines Handelns vorwirft, bis Lear in der Heideszene als Wahnsinniger selbst sehend, weise und menschlich anrührend wird und der Narr wie im Rollentausch von der Szene abtritt.

Im 17. Jahrhundert verschwand das Narrenmotiv in der Literatur fast noch rascher, als die Bedeutung des Narren im höfischen Bereich zurückging. Bei Shakespeares Nachfolgern spielte es eine gewisse, aber ganz traditionelle, eingefahrene Rolle mit den typischen Charakteristika der kritisch-anhänglichen Haltung zum Gebieter (J. MARSTON, *Parasitaster or the Fawn* 1604) oder, rührender, zur Gebieterin (R. BROME, *The Queen and Concubine* 1635) oder des Redewettstreits mit einer anderen komischen Figur minderer Einsicht (F. BEAUMONT/J. FLETCHER, *The Double Marriage* Kom. 1647). Schon bei Ben JONSON, später bei FLETCHER finden sich Äußerungen gegen die mit einem realistischen Kunstprinzip kaum zu vereinende Figur, und bei Th. SHADWELL (*The Woman-Captain* Kom. 1680) taucht dann eine Szene auf, in der ein Adliger seinen Narren entlässt: »Ich will keinen Narren halten, es ist unmodern ... selbst auf der Bühne ist es überlebt.« In Deutschland wärmte Ch. WEISE unter dem Einfluss SHAKESPEARES die Figur noch einmal auf, ohne ihr andere Aufgaben als die der Überlistung des eigenen Herrn (*Der gestürzte Markgraf von Ancre* 1679), der politischen Kritik (*Masaniello* 1683) oder der Dienertreue (*Die unvergnügte Seele* 1688) geben zu können; etwaige Reste des aus englischer, italienischer und deutscher Tradition gemischten weisen Bühnennarren erlöschen mit GOTTSCHEDS Reform.

Es ist rückgreifend noch eine besondere Mutante des Narren-Motivs zu erwähnen, bei der ein »künstlicher« Narr die Rolle nicht aus Neigung oder zum Broterwerb, sondern um eines politischen, weltanschaulichen oder persönlichen Zieles willen spielt und sie nach Erreichung des Ziels auch wieder ablegt. Die Narrenmaske tarnt immer wieder politische Absichten. König ↑ David stellte sich vor Achis, dem König von Gath, wahnsinnig, um sein Leben zu retten. L. Junius Brutus spielte den Einfältigen, um seine gegen das Königshaus gerichteten Pläne unangefochten vorantreiben zu können, und Kaikhosraw im *Königsbuch* (1010) des Persers FERDAUSĪ stellte sich auf den Rat des Wesirs Pirān töricht, um den durch eine unheilverkündende → Weissagung hervorgerufenen Nachstellungen seines Großvaters zu entgehen. Solon gab vor, wahnsinnig zu sein, um unter dem Schutz der Narrenfreiheit die Athener zur Rückeroberung von Salamis aufzurufen, ähnlich wie Jahrhunderte später der Leibarzt König Manfreds von Sizilien wie ein Toller durch die Straßen lief und den Leuten mit einem Blasrohr ins Ohr rief, dass man am Nachmittag alle Franzosen totschlagen solle. Während dieser Stoff der Sizilianischen Vesper erst in der Romantik literarische Behandlungen auslöste (C. DELAVIGNE, *Les Vêpres siciliennes* Dr. 1819; E. SCRIBE/G. VERDI, *Les Vêpres siciliennes* Oper 1855), ist das Motiv des vorgetäuschten Narren aus dem Brutus-Stoff, der in seiner ursprünglichen Ausprägung immer im Schatten des mit ihm verbundenen ↑ Lucretia-Stoffes stand, schon als Bestandteil der ↑ Hamlet-Sage (SAXO GRAMMATICUS, *Gesta Danorum* 13. Jh.) fruchtbar geworden. Shakespeare, der nicht nur auf englische Übertragungen der dänischen Tradition, sondern zweifach auf Th. KYD zurückgreifen konnte, da dieser in seinem *Hamlet* (um 1589, verloren) den Stoff vorgeformt, außerdem aber das Motiv des seine Pläne hinter gespieltem Wahnsinn versteckenden Rächers in *The Spanish Tragedy* (1592) erprobt hatte, schuf in seinem Dänenprinzen das Muster des mit dem Wahnsinn spielenden, ihm manchmal fast erliegenden, die Umwelt täuschenden → Melancholikers, der noch A. de MUSSETS ↑ *Lorenzaccio* (Dr. 1834) einfärbte, dessen Held zum gleichen Zweck des → Tyrannenmordes einen närrisch-ungefährlichen, sittlich verkommenen Homo literatus spielt. Von Lope de VEGA (*El cuerdo loco* 1602) wurde das Motiv mit umgekehrter Stoßrichtung eingesetzt, indem ein Herrscher sich wahnsinnig stellt, um eine Verschwörung aufzudecken, während später J. de CAÑIZARES (*Yo me entiendo y Dios me entiende* Anf. 18. Jh.) einen Edelmann vorführte, dem es durch die gleiche Verstellung gelingt, sowohl dem vom Untergang bedrohten König wie seinem Nachfolger gerecht zu werden.

Seltener wird die Narrenmaske zu privaten Zielen eingesetzt. Wenn WOLFRAMS VON ESCHENBACH Herzeloyde (*Parzival* 1200–10) glaubt, der Spott der Welt über das Narrenkleid werde den Sohn, dessen »tumbheit« seinem Aufzug zunächst entspricht, zu ihr zurücktreiben, so wird in diesem seltenen Fall der Held durch die Liebe seines Nächsten in die Narrenrolle hineinmanövriert. ↑ Tristan ergreift sie dagegen bei EILHART VON OBERGE (um 1180) selbst, um unverdächtigt in die Nähe Isoldes zu gelangen, und spielt seine Rolle so gut, dass er Marke ungestraft sagen kann, er werde der Liebhaber von dessen Frau sein. Bei TIRSO DE MOLINA dagegen benutzt eine Frau (*La fingida Arcadia* 1621) gespielte Hirnverdrehtheit, um lästige Anbeter loszuwerden, und bei W. CONGREVE (*Love for Love* Kom.

1695) wiederum ein Mann, um sich und der Geliebten das Erbe zu erhalten. MORETO verwandte das theatralisch wirksame Motiv in der nach CERVANTES' gleichnamiger Novelle gearbeiteten Komödie *El licenciado vidriera* (Ende 17. Jh.), indem er die bei Cervantes echte Wahnidee des Lizenziaten in eine nur gespielte verwandelte, durch die der Held alles erreicht, was ihm seine Tüchtigkeit bis dahin nicht einbrachte.

Als Bußakt für begangene Missetaten schließlich erscheint fingiertes Narrentum in der *Sage von ↑ Robert dem Teufel* (2. Hälfte 13. Jh.), und eine verwandte Überlieferung berichtet von Robert von Sizilien, dass er zur Strafe für geistigen Hochmut in einen Narren verwandelt wurde und an seinem eigenen Hof den Spaßmacher spielen musste. Diese Variante scheint in F. WEDEKINDS *König Nicolo* (Dr. 1902) nachzuklingen, dessen Titelheld nach seiner Absetzung zur Einsicht in seine Fehler gelangt und bei einer wandernden Theatertruppe die als Satire gemeinte »Königsposse« so gut und ernsthaft spielt, dass sein Nachfolger ihn zu seinem Hofnarren und Berater ernennt, dem er sich erst sterbend zu erkennen gibt. Fingiertes Narrentum als Flucht aus einer als verkehrt und gefährlich erkannten Welt zeigte E. TOLLER in *Hoppla, wir leben* (Dr. 1927) und neuerdings F. DÜRRENMATT in *Die Physiker* (Dr. 1962).

Die bei Wedekind durch den König im Narrenkleid besonders deutlich werdende Funktion des Hofnarren als Korrektur des Königtums entsprach der mittelalterlichen Auffassung, dass der über der menschlichen Ordnung stehende Herrscher nur durch eine Person gemaßregelt werden könne, die dieser Ordnung gleichfalls nicht angehöre. Als diese Vorstellung erlosch und der Hofnarr neben wirklich politischen Beratern der Monarchen und vor dem sich verfeinernden Geschmack der Höfe nicht mehr bestehen konnte, verlangte gleichzeitig die Ästhetik, dass an die Stelle der stereotypen komischen Figuren Typen aus der zeitgenössischen Gesellschaft treten sollten.

Im Zuge des Interesses für mittelalterliche und antirationale Elemente griff die Romantik auf das Motiv zurück. Dabei konnte man sich an historische und poetische Vorbilder anlehnen, wie G. FREYTAG (*Die Brautfahrt* Kom. 1841) und H. HEINE (*Englische Fragmente* 1830) in ihren Anekdoten über Kunz von Rosen, der den jungen Kaiser Maximilian berät und den alten in der Gefangenschaft tröstet, oder wie Ch. de COSTER mit Ulenspiegel (*La Légende d' Ulenspiegel* R. 1868), einem Freiheitshelden, dessen Vita meist in Einzelschwänken erzählt wird. GOETHES gescheiter Hofnarr (*Faust II* 1832) verwandelt wertloses Papiergeld in wertbeständigen Grundbesitz. Dabei können auch bisher kaum diagnostizierte Züge auftreten, wie das Ressentiment von V. HUGOS intrigantem Triboulet (*Le Roi s'amuse* Dr. 1832, danach Oper von F. M. PIAVE/G. VERDI, *Rigoletto* 1851), der sich an Hof und König für seine Narrenrolle rächen will, indem er Franz I. zur Verführung der Frauen seiner Umgebung verleitet, bis die eigene behütete Tochter Geliebte des Herrschers wird. Das Motiv kann jedoch auch zu einer Relativierung von Narrheit und Vernunft im erasmischen Sinn erweitert werden, wenn etwa der Held der neuerdings A. Klingemann zugeschriebenen *Nachtwachen* (»Von Bonaventura«, R. 1804), der für Äußerungen, die nur den Dutzendmenschen als närrisch erschienen, ins Tollhaus gesteckt wurde, sich den Verrückten innerlich ebenso nahe fühlt wie dem hölzernen Hanswurst, den er bei einem Marionettenspieler dirigieren muss: In ihrer Narrheit steckt ein Kern Weisheit wie in der des Poeten, der in seiner Tragödie die Funktion des Chors dem Hanswurst überträgt. Als ironischer Umwerter zeitgenössischer Werte erweist sich G. BÜCHNERS Hofnarr Valerio (*Leonce und Lena* Lsp. 1842), der den heilenden Gegenpol zu des Prinzen Lebensangst, Melancholie und Intellektualismus bildet und ihm nach seinem Selbstmordversuch den Wert des Lebens und die Narrheit der Menschen klarmacht.

Auch die moderne Literatur kann den Narren als den eigentlich Weisen gegen die von Vernunft scheinbar beherrschte Welt ausspielen. Einen für den Narren tödlich ausgehenden Wettstreit des Königs mit der Narrenseele und des Narren mit dem königlichen Ehrgeiz stellte M. de GHELDERODE in *Escurial* (Dr. 1930) dar, und Ch. und G. WOLF schilderten in der Filmerzählung *Till Eulenspiegel* (1973) die eines Tages unter dem Druck der Geistlichkeit zerbrechende Brüderlichkeit »von Adam her« zwischen Eulenspiegel und dem jungen Kaiser, der seinem Narren nur das nackte Leben retten kann, indem er ihn als wahnsinnig bestätigt. Da zu einem »Königsdrama« ein Narr gehört, erhebt auch in P. HANDKES *Zurüstungen für die Unsterblichkeit* (1997) der Narr als »Der Idiot« seine Prophetenstimme.

Nicht eigentlich als weiser, wenn auch als »künstlicher« Narr ist der den Narren mimende Schauspieler oder Zirkusclown anzusehen, der nicht als Narr lebt, sondern nur für die Dauer seines Bühnenauftretens seine Maske trägt. BAUDELAIRE (*Le vieux Saltimbanque* und *Une mort héroique* in *Petits poèmes en Prose* 1862/63) erhöhte den Clown zum Sinnbild des Künstlers und zum Märtyrer der Kunst.

Vordergründiger ist die Divergenz zwischen einem traurigen Privatschicksal und berufsmäßig lachendem Gesicht, wie es schon auf Bildern Watteaus zu erkennen ist und seit R. Leoncavallos Oper *I Pagliacci* (1892) bis zu des Russen L. N. Andreev *Tot kto polučaet poščëčiny/Der, der die Maulschellen kriegt* (Dr. 1916) und zu den Filmen *The Singing Fool* (1928) und Ch. Chaplins *Limelight* (1952) Interesse erweckt hat. Bei J. B. Priestley (*Take the Fool Away* Dr. 1955) ist der Zirkusclown – wenn auch nur im Traum – der Einzige, der aus einer technisierten Welt auszubrechen und unter Aufopferung seines Lebens den Menschen einen Weg in ein schöneres Dasein zu öffnen vermag. Diesen Weg sucht H. Bölls Schnier (*Ansichten eines Clowns* R. 1963) in der Realität zu gehen; bei Böll verschmilzt der Bühnennarr wieder mit der älteren Figur des Berufsnarren, denn Schniers Clownexistenz ist nicht nur Schauspielerei, sondern Möglichkeit eines freiheitlichen Daseins in einer nivellierten und mechanisierten Welt, deren Kritiker und Widerpart Schnier im alten Sinn des Motivs ist.

E. Eckhardt, Die lustige Person im älteren englischen Drama, 1902; W. Gaedick, Der weise Narr in der englischen Literatur von Erasmus bis Shakespeare, Diss. Berlin 1928; E. Welsford, The Fool, his Social and Literary History, London 1935, Repr. 1966; J. T. MacCullen, The Functions or Uses of Madness in Elizabethan Drama between 1590 and 1638, Diss. Univ. of North Carolina 1949; W. M. Zucker, The Image of the Clown, (Journal of Aesthetics and Art Criticism 12) 1953/54; H. Wyß, Der Narr im schweizerischen Drama des 16. Jahrhunderts, Diss. Bern 1959; A. Schöne, Die weisen Narren Shakespeares und ihre Vorfahren, (Jahrbuch für Ästhetik und allgemeine Kunstwissenschaft 5) 1960; R. C. Simons, The Clown as a Father Figure, (Psychoanalytic Review 52) 1965/66; B. Könneker, Wesen und Wandlung der Narrenidee im Zeitalter des Humanismus, 1966; I. Meiners, Schelm und Dümmling in Erzählungen des deutschen Mittelalters, 1967; R. Ellis, The Fool in Shakespeare, (Critical Quarterly 10) 1968; L. MacEwen, The Narren-motifs in the Works of Georg Büchner, Bern 1968; J. Lefèbvre, Les Fols et la folie – Etude sur les genres du comique et la création littéraire en Allemagne pendant la Renaissance, Thèse Paris 1968; N. Lukens, Büchners Valerio and the theatrical fool tradition, 1977; A. Blavier, Les fous littéraires, Paris ^{2}2001.

Nebenbuhler, Nebenbuhlerin → Nebenbuhlerschaft

Nebenbuhlerschaft

Nebenbuhlerschaft bedeutet Wettstreit um Gunst und Besitz eines geliebten und begehrten Menschen. Wird dieser Konkurrenzkampf nicht rasch und eindeutig durch eine Entscheidung des Umworbenen entschieden, so erwacht das Bestreben, den hinderlichen und vermeintlich oder auch tatsächlich erfolgreicheren Gegner auf die eine oder andere Weise auszuschalten. Die Beseitigung des Rivalen entspringt unkontrollierter Eifersucht, einem Hassinstinkt, der den Gegner in der geheimen Hoffnung aus dem Weg räumen möchte, dass der begehrte Mensch dann dem Täter zufallen oder der Rivale wenigstens ebenso unglücklich sein werde, wie der Eifersüchtige sich selbst fühlt. Die Ausschaltungsabsicht kann auch vor Vernichtung des Gegners nicht zurückschrecken und nimmt in ihrem Egoismus und ihrer Kurzsichtigkeit oft auch keine Rücksicht auf die Gefühle des vorgeblich geliebten Menschen, der, wenn er seine Neigung wirklich dem Rivalen geschenkt hat, durch die Trennung von ihm ja leiden muss; Beseitigung des Nebenbuhlers ist mitunter sogar als Rache für die durch den Umworbenen erlittene Zurückweisung gedacht, vor dem der Hass des Beleidigten nicht haltmacht.

Das Motiv der Nebenbuhlerschaft, das auf der menschlichen Neigung zur Eifersucht beruht, zeigt sich als eine literarische Konstante, die sich unabhängig von politischen, sozialen und geistesgeschichtlichen Wandlungen in nahezu gleichmäßiger Frequenz durch die Jahrhunderte hinzieht. Der Eifersuchtstäter kann ein Mann oder eine Frau sein, allenfalls sind die Methoden seines Vorgehens gegen den Rivalen je nach Geschlecht verschieden. Er kann bereits durch eine Ehe gebunden sein oder nicht, Eifersucht setzt sich über solche Bindungen hinweg. Nur der eine Fall ist auszuklammern, in dem ein Ehemann den Liebhaber seiner Frau als seinen Rivalen beseitigt, da hier in der überwiegenden Zahl der Beispiele das Motiv der verletzten → Gattenehre ausschlaggebend ist, dem Eifersucht allenfalls verstärkend zur Seite tritt. Während jede andere Eifersuchtstat eines Mannes oder einer Frau ein Verbrechen ist, für das es wohl mitunter menschliches Verständnis, aber keine moralische oder rechtliche Entschuldigung gibt, galt bis an die Schwelle der Gegenwart das Vorgehen des Ehemanns gegen den Störer seiner Ehe nicht nur als Recht, sondern sogar als Pflicht. Seine Feindschaft trifft im Ehebrecher den, der ihn seines intimsten Besitzes, seiner Ehefrau, beraubte und damit seine Mannesehre verletzte; die Wiederherstellung dieser Ehre bezieht sich nicht nur auf den Rivalen, sondern auch auf die Frau, von der ein ehrverletzter Gatte sich zumindest distanziert, die zu strafen ihm das Recht aber auch in vielen Fällen zubilligt. Wenn dagegen eine verheiratete Frau ihre Rivalin, also die Geliebte ihres Mannes, beseitigte, so war diese Tat gleichwertig mit jedem anderen Eifersuchtsverbrechen eines Mannes oder einer Frau. Anders als der Mann mit seinem ihn verpflichtenden, aber zugleich auch schützenden Ehrenkodex konnte die Frau die Beseitigung der Rivalin nicht mit Wahrung und Wiederherstellung ihrer Ehre begründen, denn sie hatte nicht das gleiche Besitzrecht an ihm wie er an ihr, und ihre Ehre wurde durch außereheliche Beziehungen ihres Mannes gar nicht verletzt; hier wirkten auf Polygamie beruhende männliche Rechte nach. Die Frau konnte vormals den Mann allenfalls wegen Untreue verklagen; aber selbst im Fall erwiesenen Ehebruchs kam er mit leichter Buße davon. So blieb der Ehefrau gegenüber dem Ehemann, genau wie der Unverheirateten gegenüber dem schwankenden oder untreuen Geliebten, nur der Weg der Selbsthilfe durch das moralisch und in seinen Erfolgsaussichten zweifelhafte Mittel der Ausschaltung der Rivalin.

Das Motiv der Nebenbuhlerschaft organisiert sich nahezu unabhängig von der Personenkonstellation, also davon, ob der Eifersuchtstäter männlichen oder weiblichen Geschlechts, ob er verheiratet oder unverheiratet ist, auf ähnliche Weise. Machtpositionen, die dem Eifersuchtstäter eine ungleich größere Chance zur Beseitigung des Gegners geben als dem Machtlosen, haben zwar das Gesicht gewechselt, sind aber keineswegs verschwunden. Die Mittel, mit denen ein Eifersüchtiger sich eines Rivalen entledigt, sind Gewalt, Erpressung und Verleumdung, mitunter auch Schmeichelei, und sie erfordern ausgeklügelte Intrigen, bei denen weder das Opfer noch die umworbene Person die böse Absicht des Nebenbuhlers merken. Strukturbildend sind die Situation, aus der heraus, und das Ziel, um dessentwillen die Tat geschieht.

Handelt es sich um eine – mitunter im Affekt begangene – Verzweiflungstat, die von der Erkenntnis diktiert ist, dass keine Hoffnung besteht, den geliebten Menschen dem Rivalen auf legale Art abzujagen, so entlädt sich der Hass in unvertuschter Gewalt, die manchmal auch den begehrten Menschen einbezieht, der lieber nicht leben als einem anderen gehören soll, und bei der es dem Täter gleichgültig ist, was später geschieht. Hinter der Beseitigung des von Troja heimkehrenden ↑ Agamemnon durch seine Frau Klytaimestra und ihren Liebhaber Aigisthos ist ein ganzes Gespinst psychologischer Fäden denkbar, das in HOMERS *Odyssee* im Ganzen und im Besonderen für den Tatanteil Klytaimestras undeutlich bleibt, im *Agamemnon* des AISCHYLOS (458 v. Chr.) jedoch in dem Augenblick, als der → Heimkehrer die mitgebrachte ↑ Kassandra der Gattin anempfiehlt, klar deren Eifersuchtsaffekt erkennen lässt. Nach der Tat, die primär dem treulosen Gatten, dann aber auch der Rivalin gilt, daher stärker einen rächenden als einen eifersüchtig-abwehrenden Charakter trägt, bekennt die Reulose selbst, dass die Liebschaften ihres Mannes mit Chryseis und Kassandra ihren Hass entfacht haben. Nach SENECAS gleichnamiger Tragödie erscheint dagegen meist Aigisthos, dem es mehr um die Beseitigung des Rivalen in der Herrschaft als in der Liebe geht, als antreibender, wenn nicht gar ausführender Teilhaber des Verbrechens. Weit eindeutiger stellt sich die Beseitigung der korinthischen Königstochter Kreusa durch die eifersüchtige Ehefrau ↑ Medea (EURIPIDES, *Medeia* Tr. 431 v. Chr.) als Akt der Nebenbuhlerschaft dar. Medea verwendet zwar eine List – die Tötung geschieht also nicht unbedingt spontan –, aber die List dient nicht der Vertuschung des Mordes, sondern ermöglicht es Medea, ihres Opfers überhaupt habhaft zu werden: Sie schickt Kreusa ein vergiftetes Gewand, durch das diese verbrennt. Es ist eine Verzweiflungstat, denn Medea hat eingesehen, dass sie Jason nicht zurückgewinnen kann, und so will sie ihn in dem treffen, was ihm lieb ist, in seiner Verlobten und in seinen Söhnen, die ja zugleich Medeas Söhne sind. Um ihrer Eifersucht und Rache zu frönen, schont sie die eigenen Gefühle nicht, so wie Senecas Klytaimestra mit der Tötung des Gemahls, den sie noch immer liebt, sich selbst Schmerz zufügt.

Abänderungen der eben an zwei Beispielen der klassischen Antike gezeigten Ausgangssituation der auf eine Geliebte des Mannes eifersüchtigen Ehefrau müssen sich dort ergeben, wo erlaubte Bigamie Rechte und Gefühle der Frau einengen. In des Inders KĀLIDĀSA (4./5. Jh.) Drama *Mālavikā und Agnimitra* lässt die Hauptfrau des Königs Agnimitra eine ihrer Sklavinnen einkerkern, als sie eine sich anbahnende Neigung zwischen dieser und ihrem Mann entdeckt, führt dann aber diese selbst dem Agnimitra als Nebenfrau zu, nachdem sich herausgestellt hat, dass Mālavikā eine Prinzessin ist, da, wie abschließend betont wird, es Pflicht der Hauptfrau sei, den Mann mit neuen Frauen zu beglücken. Interpretiert man von dieser Pflicht her die anfängliche Ausschaltung der Nebenbuhlerin, so scheint sie nur der Wachsamkeit der Ehefrau über die Ehre ihres Mannes und der Ebenbürtigkeit seiner Frauen entsprungen zu sein – der betonte Hinweis auf diese Pflicht lässt jedoch vermuten, dass menschliche Eifersucht sich auch durch ein polygames Eheleben nicht ausschalten lässt und die Aktionen der Königin uneingestandenermaßen mit beeinflusst hat.

Auch die weitere Entwicklung der Motivvariante zeigt überwiegend Frauen als gewaltsam vorgehende Rivalinnen. Solange die Herzogin in der mittelalterlichen Verserzählung *La Châtelaine de*

Vergi (vor 1288) noch von keiner Nebenbuhlerin weiß, versucht sie, ihre Rache als verschmähte → Frau nach Art von Potiphars Weib dadurch zu erreichen, dass sie den sie verschmähenden Ritter bei ihrem Mann der versuchten Gewalt anklagt; als sie aber die geheime Beziehung des Ritters zu der Châtelaine erfährt, beschämt sie die Rivalin durch Anspielungen auf ihr Liebesverhältnis öffentlich, sodass diese tot umsinkt und ihr Geliebter sich an ihrer Seite tötet, worauf der Herzog an seiner Frau die gerechte Strafe vollzieht. Eine gewisse Verwandtschaft mit Medea zeigt das Vorgehen der Königin in L. GROTOS von SENECA beeinflusstem Renaissancedrama *Dalida* (1572), die sich eines bis dahin abgewiesenen Liebhabers, dem sie nunmehr ihre Gunst verspricht, bedient, um die Geliebte des Mannes mit dessen Kindern – die hier allerdings nicht die der Mordgierigen, sondern die der Geliebten sind – zu töten; die immer wiederkehrende Absicht, den Treulosen in dem, was er liebt, zu treffen, wird noch dadurch verstärkt, dass der Mann nach dem Muster des Atreusmahls das Fleisch seiner Kinder verzehren muss, und das Grausen endet damit, dass die entzweiten Gatten sich gegenseitig umbringen. Auch in Lope de VEGAS Behandlung des ↑ Jüdin-von-Toledo-Stoffes (*Las paces de los reyes y judía de Toledo* 1616) fällt der Königin und Ehefrau die halb mit Eifersucht, halb mit Staatsinteresse motivierte Aufgabe zu, antreibende Kraft bei der Beseitigung der Geliebten ihres Mannes zu sein, einer Tat, die ihr hier natürlich aus politischen Gründen nicht angelastet wird. Lopes Bewunderer de CASTRO ersann eine junge Königin (*Tragedia por les celos* 1618/25), die zunächst versucht, ihre Eifersucht zu unterdrücken und die Jugendgeliebte ihres Mannes durch Begünstigung und Heranziehen an die eigene Person von einer weiteren Beziehung zum König abzuhalten, sie warnt die Rivalin auch, keinen Anlass zu Verdacht zu geben, und erdolcht sie schließlich doch, als die Rivalin entgegen deren ursprünglicher Absicht Eifersucht erregt; der in seiner Neigung getroffene König trennt sich von seiner Frau und überlässt ihr einen Teil des Reiches.

Die Tat einer unverheirateten Frau, die die gleichfalls unverheiratete Nebenbuhlerin beseitigt, ist zwar funktional kaum anders in der Handlung verankert, wirkt aber noch weniger entschuldbar als die der gekränkten Ehefrau. Mit den neuen Möglichkeiten psychologischer Nuancierung ausgerüstet, wie sie die Epoche der Empfindsamkeit entwickelte, variierte und transponierte LESSING (*Miß Sara Sampson* Dr. 1755) den antiken ↑ Medea-Stoff, indem nicht eine Gattin, sondern eine verlassene Geliebte den wankelmütigen Mellefont seiner neuen Gefährtin abzujagen trachtet. Der Mord an Sara ist von der Marwood nicht geplant, sondern ergibt sich spontan, nachdem Letztere sowohl im Gespräch mit Mellefont wie mit Sara erkannt hat, dass ihr Vorhaben, Mellefont zurückzugewinnen, scheitern wird. Es ist, wie sie selbst sagt, die Tat eines getretenen Wurms, der den ihn Tretenden in die Ferse sticht. In ähnlichem Affekt richtet die sterbende Rosemunde in Ch. F. WEISSES Dramatisierung des ↑ Alboin-und-Rosamunde-Stoffes (*Rosemunde* 1763) den Dolch sogar auf die eigene Tochter. Weniger blutig, aber nicht weniger grausam entfernt die Priesterin Pythia in WIELANDS *Die Geschichte des Agathon* (R. 1766) ihre Dienerin Psyche von der Seite des auch von ihr selbst begehrten Agathon und verhandelt sie nach dem fernen Syrakus. SCHILLERS Lady Milford (*Kabale und Liebe* Dr. 1783), zu deren literarischen Ahnen die Marwood gehört, versucht gleichfalls erst, die Rivalin zu testen und ihr sogar scheinbar freundlich entgegenzukommen, doch die kritische Reaktion Luises veranlasst sie, die Maske fallen zu lassen und durch Drohungen – »Seligkeit zerstören ist auch Seligkeit« – Luises Verzicht zu erzwingen, um dann schließlich durch Luises Edelmut selbst zum Verzicht bewogen zu werden. Die Szene der durch die gedemütigte Rivalin selbst moralisch besiegten Eifersüchtigen wiederholte Schiller in der großen Frauenszene der *Maria Stuart* (Dr. 1801), hier allerdings mit dem Ausgang, dass die auf Marias Attraktivität und besonders auf ihre Beziehung zu Leicester eifersüchtige, wegen ihrer Niederlage rasende, jeder Einsicht unzugängliche Elisabeth das Todesurteil an der Gegnerin vollziehen lässt und zunächst auch Leicester mit dem Tode droht. Verlassene Geliebte, die eine Begünstigtere in der Wut der Eifersucht ermorden, finden sich bei den Romantikern A. de MUSSET (*La Coupe et les lèvres* Dr. 1832) und A. VACQUERIE (*Proserpine* Dr. 1838, Oper von SAINT-SAËNS 1887).

Mussets Zeitgenosse A. de VIGNY schrieb ein Drama mit doppeltem Nebenbuhlerschaftskonflikt (*La Maréchale d'Ancre* 1831), der sich daraus entwickelt, dass je ein Mann mit einer ungeliebten Frau verheiratet ist und die Frau des anderen begehrt, und so gelöst wird, dass die Rivalität der Frauen über Verleumdung zum Untergang der einen führt, während von den beiden Männern der Jugendgeliebte den Ehemann seiner Angebeteten umbringt, nachdem diese den Bewerber aus Treue zum Ehemann abgewiesen hat. Eine Mordwaffe erscheint in der Hand männlicher Eifersuchtstäter natürlich öfter als in der von weiblichen, und sei es, dass in mythischen Bereichen der Riese Polyphem den erfolgreichen Rivalen Acis mit einem Felswurf umbringt (L. de Góngora y Argote, *Fábula de Polifemo y Galatea* Verserz. 1612). Schon bei J. Dryden (*Aureng-Zebe* Dr. 1676) gab es die gleiche Ausgangsposition wie bei de Vigny, nur ahnt hier die in ihren Stiefsohn verliebte Kaiserin nichts von der Existenz einer Nebenbuhlerin, während der Kaiser seine Macht zu dem häufig verwendeten, hier aber letztlich versagenden Mittel benutzt, den Sohn und Nebenbuhler zu verbannen. Der machtlose Ferdinand Schillers (*Kabale und Liebe*) dagegen verfällt zunächst in seinem tief verletzten Gefühl nur auf den Ausweg, sich auf der Stelle mit dem vorgeblichen Rivalen Kalb zu duellieren, lässt den Erbärmlichen dann aber entwischen, um seine Rache gegen die vermeintlich treulose Luise zu richten. Wie bei Dryden stehen sich zweihundert Jahre später bei Dostoevskij (*Brat'ja Karamazovy/Die Brüder Karamasow* R. 1879–80) Vater und Sohn als Rivalen gegenüber, und Dmitrijs Vater- und Rivalenmord ist, seinem haltlosen, aber offenen Wesen entsprechend, als Gewalttat ohne Täuschungsmanöver geplant, als die sie ihm auch angelastet wird, obgleich er sie im letzten Augenblick nicht ausgeführt hat. Eine ähnliche Verzweiflungstat vollbringt im Falle der nicht weniger selten literarisch formulierten Rivalität von Brüdern der illegitime Sohn eines Fürsten bei J. Roth (*Beichte eines Mörders* R. 1936) an seinem legitimen Bruder dann tatsächlich, aber sie misslingt ihm, ohne dass er es weiß, bis der sich für einen Doppelmörder Haltende nach langen Jahren den Bruder und die einst vergeblich umworbene Geliebte des Bruders lebendig wieder antrifft.

Weit häufiger als Affekthandlungen machen sich in der Literatur Eifersuchtstaten geltend, die von langer Hand geplant werden, den Aufbau einer komplizierten Intrige verlangen und verschleiert vor sich gehen. Die hinter der Beseitigung des Rivalen stehende Hoffnung, nach dessen Ausschaltung den umworbenen Menschen zu gewinnen oder wiederzugewinnen, erfordert, dass der Gegner verschwindet, ohne dass der Umworbene etwas von der Ursache seines Verlustes ahnt, denn nur dann wird er sich von dem Täter gewinnen lassen. Dieser wird also alles darauf anlegen, vor dem Gegenstand seiner Neigung unbescholten und unverdächtigt dazustehen. Die Vertuschung der Tat dient nicht wie bei anderen Verbrechen dem Ziel, den Gerichten, sondern primär der umworbenen Person schuldlos zu erscheinen. In der spätmittelalterlichen Sage von Fair ↑ Rosamond (*Chroniques de Londres* Mitte 14. Jh.) wird die Schuld am frühen Tod der Geliebten Heinrichs II. von England dessen Frau zugeschrieben. Die Autoren der Elisabethanischen Zeit entwickelten aus diesem Hinweis eine Szene, in der die in das verborgene Schloss Woodstock eingedrungene Königin die behütete Rivalin zwingt, Gift zu trinken; der König entdeckt jedoch dann die Spuren ihrer Anwesenheit und bestraft die Mörderin mit lebenslänglicher Haft. Gift ist ein, wie die Kriminalistik weiß, von Frauen gern benutztes Tötungsmittel, das außerdem der Absicht, die Identität des Mörders im Unklaren zu lassen, dienlich ist. In dem bürgerlichen Drama *Olivie* (1774) von J. Ch. BRANDES nimmt die Stiefmutter, um den geliebten Marchese Leontio für sich zu gewinnen, nachdem der Versuch misslungen ist, dessen Beziehung zu ihrer Stieftochter zu zerstören, ihre Zuflucht zu Gift, stirbt aber selbst an dem für die Stieftochter bestimmten Trank, und die Herzogin von Bouillon in E. SCRIBE/E. LEGOUVÉS einst vielgespielter *Adrienne Lecouvreur* (1849) bringt die ihr bei dem Herzog Moritz von Sachsen im Wege stehende Schauspielerin durch ein mit Gift präpariertes Blumenbukett um. Noch in S. de BEAUVOIRS *L'Invitée* (R. 1943) steht das »altmodische« Motiv der Vergiftung einer Rivalin als Beweis für die Existenz unkontrollierbarer Leidenschaft auch in einer Welt, die ein unbelastetes Zusammenleben der Geschlechter einkalkuliert: Der Mord wird als zufälliger Tod durch Leuchtgas kaschiert.

Auch bei dieser Variante gehen die männlichen Täter mit gewaltsameren Mitteln als dem Gift zu Werke. A. MÜLLNERS Graf Oerindur (*Die Schuld* Dr. 1813) tötet seinen Freund Carlos, der unerkannt auch sein Bruder ist, meuchlings auf der Jagd und gibt den Hergang für einen Jagdunfall aus, um die Witwe für sich gewinnen zu können; der Heidereiter Baltzer Bocholt Th. FONTANES (*Ellernklipp* Nov. 1881) stürzt unentdeckt den eigenen Sohn vom Felsen in die Tiefe und kann dann unangefochten seine Pflegetochter heiraten, der Bettler Porgy (DuBose HEYWARD, *Porgy* R. 1925, Oper von G. GERSHWIN, *Porgy and Bess* 1935) glaubt die unbeständige Bess an sich ketten zu können, indem er heimlich ihren Geliebten ersticht, und erreicht es auch, dass weder sie noch das Gericht ihm etwas nachweisen können, aber während seiner Haft verschwindet Bess im Unbekannten.

Die raffinierteste Methode, einen Konkurrenten loszuwerden, ist zweifellos die, dass man ihm scheinbar etwas Gutes antut, ihn aber dadurch in dem für den Intriganten entscheidenden Punkt außer Gefecht setzt oder ihn sogar ins Verderben stürzt. Auf diese Weise merkt sogar nicht einmal der Betroffene, wenn er nicht sehr hellhörig ist, etwas von dem sich gegen ihn zusammenbrauenden Gewitter. Das bekannteste Beispiel hierfür ist der Schurkenstreich, den König

↑ David (*2. Samuelis* 11) an seinem treuen Soldaten Uria begeht. Während dieser am Krieg gegen die Ammoniter teilnimmt, verliebt sich der König in dessen Weib, das er vom Dach seines Hauses beobachtet, zu sich kommen lässt und zu seiner Geliebten macht. Um die sich einstellende Schwangerschaft der Bathseba dem Ehemann zuzuschieben, lässt David ihn aus dem Feldlager kommen, beschenkt ihn reich und heißt ihn nach Hause gehen. Uria aber will es nicht besser haben als seine Kameraden, übernachtet im Freien vor dem Palast und widersteht auch dem zweiten Versuch des Königs, der ihn einlädt und betrunken macht, ihn zu einem Besuch bei seiner Frau zu veranlassen, sodass David sich nun zur Beseitigung des Rivalen entschließt und ihm einen Brief an den Feldherrn mitgibt, in dem er befiehlt, Uria an exponierter Stelle einzusetzen und ihm auch bei Gefahr nicht beizustehen. Als Uria gefallen ist, macht David Bathseba nach Ablauf der Trauerfrist zu seinem Weib. So wie dieser Vorgang den später von Nathan aufgedeckten Abfall Davids von Gott anzeigt, so dient auch in anderen Fällen diese Motivvariante, die ja nahezu immer einen Machthaber als Täter in den Mittelpunkt stellt, der Kritik am Missbrauch obrigkeitlicher Macht. In einem erst spät überlieferten, aber dem alten indischen Sagenkreis um den Radscha Rasālū angehörigen Volksdrama aus dem Pandschab schickt der Radscha, den seines Freundes und Ratgebers Mahitā Lobpreisungen seiner keuschen Frau neugierig gemacht haben, diesen unter dem Vorwand auf Reisen, es müssten »Seepferde« zur Rettung vor einer geweissagten Flut beschafft werden, eine List, die Mahitā durchschaut. Er warnt seine Frau, kann jedoch nicht verhindern, dass der von seinem Papagei vergeblich zu Rechtlichkeit ermahnte Radscha zu der Frau vordringt, ohne allerdings sein Ziel zu erreichen. Einen ähnlich als Vorwand durchschaubaren und nahezu unerfüllbaren Auftrag gibt der Karl Martell der Sage (*Huon d'Auvergne* um 1341) dem Ehemann Ritter Huon, um ihn von seiner Frau zu entfernen: nämlich den Höllenfürsten aufzusuchen und ihn zu Unterwerfung und Tributzahlung zu bewegen, eine Aufgabe, die Huon mit Hilfe höherer Mächte dennoch erfüllt. Diese Mächte verurteilen dann den anmaßenden Regenten selbst zu einer Höllenreise. Geradezu zum politischen Zündstoff wird das Motiv in Lope de VEGAS Drama *Peribáñez y el comendador de Ocaña* (1614), wenn der Komtur einen seiner Bauern, in dessen Frau er sich verliebt hat, ihn verpflichtend und ehrend zum Hauptmann ernennt und mit dem Schwert gürtet, dem seine Absicht durchschauenden Untergebenen aber dadurch die sozialen Requisiten verleiht, die diesem nach dem ständischen Ehrenkodex Rache für den Vergewaltigungsversuch an der Frau ermöglichen. Möglicherweise ist Lopes älteres, aus der Karlssage entwickeltes Drama *El marqués de Mantua* (vor 1604) als eine Art Einübung in das Motiv zu betrachten: Dauphin Carloto macht dem Infanten Baldovino, dessen Frau er besitzen möchte, den freundschaftlichen und ehrenvollen Vorschlag einer gemeinsamen Reise und tötet ihn unterwegs im Wald, erreicht aber sein Ziel nicht, denn der Sterbende wird von einem Verwandten gefunden und gerächt. Nicht unbeeinflusst von diesen Intrigen Lopes dürfte die G. de CUÉLLARS sein (*Cada cual á su negocio* Mitte 17. Jh.), dessen König den Ehemann der von ihm begehrten Frau unerwartet mit Ehren überhäuft und als Gesandten nach Rom schickt, aber von dem argwöhnisch Gewordenen und nur scheinbar Abgereisten, der sich von der Treue seiner Frau überzeugt, durch plötzliches Erscheinen zum Verzicht gezwungen wird.

Gerade die Aufklärung hat ihre Fürstenkritik gern auf solchen aus menschlicher Schwäche resultierenden Missbrauch der Macht gestützt. Der Herrscher in J. M. v. LOËNS politisch-didaktischem Roman *Der redliche Mann am Hofe* (1740), der einen Grafen, ohne zu wissen, dass dieser sein Nebenbuhler ist, als Freiwerber zu einer Frau schickte, von der jener unverrichteter Sache zurückkehrte, lässt sich von Verdächtigungen der Neider beeinflussen, sein Abgesandter habe es an Fairness fehlen lassen, und setzt ihn gefangen. Als der Graf dann auch noch eine ihm nahegelegte Ehe mit einer anderen Frau ablehnt, schickt ihn der Fürst sogar wie David den Uria in den Krieg, muss sich aber schließlich als ein beschämter → Herrscher von der Redlichkeit des Grafen überzeugen. In dem wohl ersten deutschen bürgerlichen Schauspiel, L. MARTINIS *Rhynsolt und Sapphira* (1755), ist es nur ein Fürstengünstling, der die geliehene Macht dazu missbraucht, den Mann der von ihm begehrten Frau zunächst mit Ehrungen auszuzeichnen, dann aber, als er keine Erhörung findet, fälschlich anzuklagen; doch scheitert sein erpresserisches Vorgehen an der Standhaftigkeit der Frau und der Weisheit des unwissend missbrauchten, dann aber doch in Kenntnis gesetzten Fürsten. Stärker belastet, wenn auch durch den Einfluss Marinellis teilweise entschuldigt, erscheint der Prinz in LESSINGS *Emilia Galotti* (1772), der den Grafen Appiani, um dessen Verbindung mit Emilia zu verhindern, noch am Hochzeitsmorgen in diplomatischem Auftrag außer Landes schickt und erst, als Appiani ablehnt, zu verkappter Gewalt greift, indem er den Hochzeitswagen durch vorgebliche Räuber überfallen, Appiani erschießen und Emilia »retten«, d. h. in sein

Schloss entführen lässt. Auch Lady Milfords (SCHILLER, *Kabale und Liebe*) erster Versuch, Luise von Ferdinand zu trennen, besteht, wie schon erwähnt, darin, dass sie ihr die Möglichkeit sozialen Aufstiegs in Form einer Kammerjungferstelle bei ihr selbst in Aussicht stellt.

Zu den scheinbaren Wohltaten für den Rivalen gehört auch der Trick, ihn durch eine Verheiratung mit einem anderen als dem gewünschten Partner auszuschalten, wie etwa in I. S. TURGENEVS Komödie *Mesjac v derevne/Ein Monat auf dem Lande* (1850) die Mutter ihre Pflegetochter auf diese Weise »versorgen« will oder in L. N. TOLSTOJS Drama *Vlast' t'my/Die Macht der Finsternis* (1886) die skrupellose Anisja der Liebesbeziehung zwischen dem von ihr durch ein Verbrechen eroberten Nikita und ihrer Stieftochter dadurch ein Ende macht, dass sie ihn zwingt, das aus dieser Verbindung hervorgegangene Kind zu töten und die Stieftochter anderwärts zu verheiraten, doch bricht Nikita bei dieser Hochzeit zusammen und bekennt seine Missetaten. Nicht durch anderweitige Bindung des Nebenbuhlers kann der Schreiber Leonhard bei HEBBEL (*Maria Magdalene* Dr. 1844) der Gefahr begegnen, die von dem wiederaufgetauchten Jugendfreund seiner Braut seiner von ihm nur um der Mitgift willen und von ihr aus Gehorsam gegen die Eltern geschlossenen Verlobung droht, sondern indem er diese erpresserisch verführt und dadurch eine Kluft zwischen Klara und dem bürgerlichen Ehrenmann aufreißt, über die dieser nie hinwegkommen kann. Weit gedämpfter und nobler spielt sich bei H. JAMES (*The Golden Bowl* R. 1904) der Kampf einer jungen Frau gegen die Geliebte ihres Mannes ab, die auf ihr ahnungsloses Bemühen hin ihre Stiefmutter geworden ist: Ohne je aggressiv zu werden, bringt sie ihre Rivalin nur dadurch, dass diese der anderen »Wissen« begreifen muss, dazu, das Leben zu viert aufzugeben und mit ihrem Mann nach Amerika zurückzukehren.

Auch Verleumdung des unliebsamen Gegenspielers erfordert eine Intrige. Es müssen Gerüchte über ihn in Umlauf gesetzt werden, die ihn so verdächtig machen, dass dritte Kräfte eingreifen, um ihn zu strafen und dadurch aus dem Spiel zu werfen, oder dass die umworbene Person sich von ihm distanziert. Im ersten Fall ist der Effekt nicht viel anders, als wenn der Rivale ohne Vorwände beseitigt wird. Eine typische Verleumdungsintrige bietet das in Europa unter dem Titel *Vasantasenā* (1. Jh.?) bekannte Drama des Inders ŚŪDRAKA, nur dass es sich nicht um das Aus-dem-Weg-Räumen des Rivalen, sondern um eine Rache an ihm handelt, da der Eifersuchtstäter, des Königs Schwager, die ihn verschmähende → Kurtisane Vasantasenā in der Wut getötet zu haben glaubt und daher nicht mehr auf ihren Besitz hoffen kann. Er bezichtigt den als Rivalen erkannten armen Kaufmann Cārudatta des Mordes, da dieser es auf die Juwelen Vasantasenās abgesehen habe, und als man die Juwelen tatsächlich im Haus des Kaufmanns findet, weil die Kurtisane sie seinem Söhnchen schenkte, wird Cārudatta zum Tode verurteilt, aber von der geretteten Vasantasenā im letzten Augenblick befreit; der Verleumder erhält im Zuge eines politischen Umsturzes seine Strafe. Bei Lope de Vega tritt das Motiv wieder in Verbindung mit dem des in Spanien so beliebten des beschämten → Herrschers: Der König lässt den Mann der von ihm begehrten Frau als angeblichen Verräter gefangen setzen und mit Hinrichtung bedrohen, aber die Frau weiß den Monarchen dadurch abzuweisen, dass sie sich mit einer Fackel grässliche Wunden beibringt (*La corona merecida* 1603), und in einem ähnlichen Konflikt (*La llave de la honra* 1614/19), bei dem der erpresserische Verleumder, der den Ehemann durch falsche Zeugen ins Gefängnis bringt, aber nur ein Fürstengünstling ist, kann die Frau an die höhere Instanz des Königs appellieren. Während M. de Scudéry (*Ibrahim ou l'illustre Bassa* R. 1641) ihren verliebten und zur Gewalttat gegenüber dem Ehemann der angebeteten Isabelle entschlossenen Sultan Soliman sich zur Selbstüberwindung durchringen lässt, wendete J. C. von Lohenstein (*Ibrahim* 1650) die Dramatisierung des Stoffes ins Tragische: Soliman entschließt sich, seinen Feldherrn nicht nur einkerkern, sondern auch hinrichten zu lassen, und seine Reue kommt zu spät. Einen Höhepunkt barocker Eifersuchtsmotivik stellt Racines Drama *Britannicus* (1669) dar, dessen Protagonist Nero seinen jüngeren Bruder Britannicus vorgeblich aus politischen Gründen, in Wirklichkeit aber als den glücklicheren Rivalen in der Liebe zu einem jungen Mädchen verhaften lässt, dann sich scheinbar mit ihm aussöhnt, ihm aber einen vergifteten Versöhnungstrank reicht; an sein Ziel gelangt der werdende Tyrann nicht, denn Junie rettet sich in den vor seinem Zugriff sicheren Vestatempel. Den Ausgangspunkt für die oft zitierten Ehen in Ch. F. Gellerts *Das Leben der schwedischen Gräfin von G…* (R. 1747/48) bilden die Machenschaften eines Fürsten gegen den Mann der Gräfin, der vom Hofe verwiesen, wegen angeblicher Plünderungen im schwedisch-polnischen Krieg angeklagt und auf den schwedisch-russischen Kriegsschauplatz geschickt wird, von wo man seinen Tod meldet, sodass sich die Gräfin zunächst in den Schutz, dann in die eheliche Liebe von ihres Mannes Freund flüchtet. Wenn Schillers Prinzessin Eboli (*Don Karlos* Dr. 1786), durch die Abweisung des Infanten gekränkt und von Eifersucht auf die Königin ergriffen, diese bei deren Gemahl denunziert, so ist die Anschuldigung keine bewusste Lüge, denn die Eboli glaubt an die Schuld der Königin, aber die Funktion der Verleumdung ist die gleiche wie die einer lügnerischen: Die Liebenden werden getrennt; auch wird die niedrige Gesinnung der Eboli dadurch unterstrichen, dass sie sich – wie Berenice bei L. GROTO – dem Werkzeug ihrer Intrige selbst als Kaufpreis gibt. Um Verleumdung in gutem Glauben handelt es sich auch in de VIGNYS schon genanntem Drama *La Maréchale d'Ancre*, in dem die treue Ehefrau eines treulosen Mannes von ihrer Rivalin durch Anklage wegen Hexerei beseitigt wird. Politische Verleumdung räumt den Kapitän Dantès (A. DUMAS père, *Le Comte de Monte-Christo* R. 1844/45) aus der Bahn des rivalisierenden Mondego, während, dem bäuerlichen Milieu entsprechend, eine Verdächtigung wegen Kindesmords die Magd Sofia (H. H. JAHNN, *Armut, Reichtum, Mensch und Tier* Dr. 1948) ins Gefängnis bringt und der besitzgierigen Anna den Platz an der Seite des Bauern frei macht.

Nachhaltiger wirkt auf den, der einen geliebten Menschen aufgeben soll, eine Verleumdung, die den Liebenden von sich aus verzichten lässt: die Verdächtigung wegen Untreue. Wenn bei EILHART VON OBERGE (um 1170) die lange Zeit benachteiligte und sicherlich argwöhnische Isolde Weißhand dem todkranken ↑ Tristan verkündet, das Segel des nahenden Schiffes sei nicht weiß, so scheint die Beteuerung des Autors, dass sie die Zusammenhänge nicht wusste und »âne aller slachte valscheit« und »tumlîchen« log, dazu zu dienen, das Motiv stumpf zu machen und die ursprüngliche Absicht zu verdecken, dass die eifersüchtige Frau Tristan der Hoffnung auf die rettende Ankunft der blonden Isolde berauben und diese als treulos erscheinen lassen wollte, wenn sie sich dabei auch über den sich daraus ergebenden Tod Tristans nicht klar war. Das auch für die Pastoraldichtung typische, wenngleich meist harmonisierend gelöste Eifersuchtsmoment erscheint in Form des Nebenbuhlerschaft-Motivs in G. B. GUARINIS richtungweisendem Drama *Il pastor fido* (1590), in dem Coriscas Intrige Amarilli in den Verdacht einer Liebschaft mit dem Satyr bringt, weil Corisca ihr den Verlobten Silvio abspenstig machen möchte, ohne zu wissen, dass er nach dem Sinn des Orakels gar nicht der für Amarilli bestimmte Gatte ist. Der Versuch, durch Bezichtigung des Rivalen den betroffenen Partner für sich selbst zu gewinnen, misslingt der Gräfin in dem schon genannten Drama *Olivie* von BRANDES genauso wie dem Sekretär Wurm in SCHILLERS *Kabale und Liebe*, der mit dem Luise zudiktierten, ihre

Untreue dokumentierenden Brief ja nicht nur den Absichten des Präsidenten dienen, sondern auch die eigenen Heiratsabsichten fördern will. Entsprechende Intrigen spinnen mit Erfolg der Dachdecker Fritz Nettenmair bei O. LUDWIG (*Zwischen Himmel und Erde* R. 1856) wie der Deichvogt Peter Doorn bei M. HALBE (*Der Strom* Dr. 1903), die beide dem Bruder das Mädchen ausspannen, und das Freundespaar, der Banker Stuart und der Lehrer Oliver, bei J. BARNE (*Talking it over* R. 1993), das in Feindschaft zerfällt. Wenn zu komödienhafter Dekuvrierung eines mit Heiratsprojekten umgehenden Genießers der Rivale eine Falle baut, bei der er selbst, als Zofe verkleidet, das Objekt der Untreue des Hereinfallenden und Blamierten darstellt (H. v. HOFMANNSTHAL, *Der Rosenkavalier* Libretto 1911, R. STRAUSS, Oper 1911), so gehört dieser Plot ebenso zu den schwerelos heiteren Mutanten des Motivs wie Lope de VEGAS gewagter Einfall (*La prisión sin culpa* 1599/1603), einen Rivalen durch den eigenen Freund mittels gefälschter Todesnachricht mattzusetzen und den Betrogenen und zu spät Gekommenen mit der Schwester der ihm abspenstig gemachten Frau zu entschädigen.

R. Lloyd, Closer and closer apart: jealousy in literature, Ithaca/N.Y. 1995.

Nötigung → Frauenraub, Frauennötigung

Orakel → Weissagung, Vision, vorausdeutender Traum

Outlaw → Räuber, Der gerechte; Rebell

Pedant → Sonderling

Picaro → Schelm, Picaro

Priester → Keuschheitsgelübde

Prophezeiung → Weissagung, Vision, vorausdeutender Traum

Prostituierte → Kurtisane, Die selbstlose; Verführer und Verführte

Rache → Blutrache; Duell; Frauenraub, Frauennötigung; Gattenehre, Die verletzte

Räuber, Der gerechte

Der gerechte Räuber ist weder von seiner Veranlagung her noch in Bezug auf die Ausübung seines Metiers ein eigentlicher Verbrecher. Irrtum, Enttäuschung, Verleumdung oder allenfalls jugendliche Hitzköpfigkeit und Leichtsinn lassen ihn schuldig werden oder auch nur schuldig erscheinen, er verfällt infolgedessen gesellschaftlicher Ächtung und sogar gesetzlicher Strafe und Verfolgung, entzieht sich trotzig der Schmach und dem Gericht, um ein Leben als Outlaw zu führen, das sich in Wäldern, unzugänglichen Gebirgen, wüsten Gegenden oder auf einem Piratenschiff abspielt. Der sich zu Unrecht verfolgt Fühlende sucht sich auf eigene Faust Recht zu verschaffen, nimmt andere ungerecht Behandelte in seinen Schutz und wirft sich zu einer Art ausgleichender Gerechtigkeit auf, indem er das eigene Unglück zusammen mit dem der anderen an den gemeinsamen Bedrängern rächt. Zum → Rebellen fehlt dem gerechten Räuber das offene Auftreten und eine jenseits des Emotionalen gültige, überpersönliche Idee, auch wenn die Motivationen des gerechten Räubers denen des Rebellen verwandt sind und Rebellen zeitweilig gezwungen sein können, das Leben von Geächteten zu führen. Für den gerechten Räuber stellt sich meist der Augenblick der Reue und des Wunsches nach Umkehr ein, und es zeigt sich dann oft, dass die Bindung an die – nicht so »gerechten« – Gefährten seiner Taten ihm zum Hindernis wird.

An der Entstehung des literarischen Motivs haben sowohl die Realität wie das Wunschdenken Anteil. Den Hintergrund für seine Existenz bilden, wenigstens in älterer Zeit, weniger soziale als politische Spannungen. Die Eroberung eines Landes zwang verfemte Angehörige des unterworfenen Volkes oft, »in die Wälder« zu gehen, um sich zu retten, und sie waren bei dieser Untergrundexistenz auf die Hilfe der alteingesessenen Bevölkerung angewiesen, die meist mit ihnen sympathisierte. Auch Vasallen, die von einem Fürsten geächtet oder verbannt wurden, hatten, wenn sie das Land nicht verlassen wollten, keine andere Wahl, als im Untergrund zu leben, bis ihre Ächtung aufgehoben war. Edelmütige Taten, die solchen teilweise vom Raub lebenden Untergetauchten dann von der Volksdichtung zugeschrieben wurden, lassen sich aus der notwendigen Kollaboration erklären und sollten nicht dazu führen, solche Räuber stets als Kämpfer für soziale Gerechtigkeit aufzufassen. Soziale Missstände als Hintergrund für das Schicksal gerechter Räuber, die dann auch wirklich Männer aus dem Volk waren, sind erst seit den sozialen Spannungen des 18. Jahrhunderts anzusetzen.

Eine vom Feudalismus geprägte Zeit formte ritterliche → Rebellen gegen Fürstenmacht zu Vorbildsgestalten aus. Der ↑ Herzog Ernst der mittelalterlichen Dichtung (*Herzog Ernst* Epos um 1180) berührt sich in der Zeit seines im Schwarzwald geführten Widerstands gegen den Kaiser mit der Figur eines gerechten Räubers, obgleich sich in einem höfischen Epos räuberische Taten des Helden natürlich verbieten. In L. UHLANDS in einer Blütezeit des Motivs entstandenen Dramatisierung des Stoffes (1817) dagegen ernährt sich Ernsts Gefolgschaft vom Raub und wird daher zuerst für eine Räuberbande gehalten. Auch in der Karlssage stellte sich neben das für sie kennzeichnende → Rebellen-Motiv später die Spielart des gerechten Räubers, wenn in der aus dem niederländischen Raum stammenden, um 1320 ins Deutsche übersetzten Verserzählung *Karl und Elegast* ein durch Karl zu Unrecht verbannter Ritter einem Räuberleben verfällt, in das der Kaiser zur Strafe und Belehrung selbst einbezogen wird, indem er sich auf Befehl eines Engels zum Dieb und zum Gefährten Elegasts erniedrigt, der im Zusammenhang mit einem gegen den Kaiser gerichteten Mordanschlag ritterliche Treue offenbart.

Englische Outlaw-Romane des 13. Jahrhunderts weisen das Räuber-Motiv noch nicht auf, das sich dann wenig später in *The Tale of Gamelyn* (um 1340) und in *A Gest of Robin Hode* (1340/50) geltend macht. Gamelyn, der wegen seines ihm von seinem älteren Bruder vorenthaltenen Erbes gegen dessen Parteigänger gewaltsam vorging und von dem sich der Macht Anmaßenden dann geächtet wurde, wird als Anführer einer Räuberbande, die sich ihm anschloss, gefangen genommen und vor Gericht gestellt, reißt aber das Richteramt an sich und verurteilt seinen Bruder sowie alle, die ihn unterstützten, zum Tode. Der König sanktioniert seine Eigenmächtigkeit und setzt ihn in sein Erbe ein, ähnlich wie ein anderer Monarch in der gleichen höchstrichterlichen Funktion dem Räuber Hood und dessen Schützling, dem Ritter Richard, die eigenmächtige Tötung des ungerechten Sheriffs von Nottingham verzeiht. Die Romanze berichtet nicht, warum ↑ Robin Hood geächtet wurde und sich dem Räuberleben widmete, sie schildert nur seine Methode ausgleichender Gerechtigkeit, mit der er Reisende zwangseinzuladen und ihnen eine ihrem moralischen Schuldkonto entsprechende Geldbuße abzuverlangen pflegt, mit der er sich auch zum Anwalt des verarmten Ritters macht und ihm seine an ein Kloster verpfändeten Güter auslösen hilft. Neu an dieser klassisch gewordenen Figur ist die Neigung zum ungebundenen Waldleben, in das sie aus der beengenden Hofluft wieder entflieht. Während Hood in dieser alten Überlieferung als Verfechter der Rechte eines Feudalherren erscheint, identifizierte ihn das 17. Jahrhundert sogar mit einem Adligen, dem Earl of Huntington, der nach der Sage sein Erbe durchbrachte und in die Wälder fliehen musste (A. MUNDAY, *The Downfall of Robert, Earle of Huntington* und *The Death of Robert, Earle of Huntington* Doppeldr. 1601), und die romantisierende Sicht W. SCOTTS (*Ivanhoe* R. 1819) verwandelte ihn schließlich in einen Helfer der Sachsenpartei und des Königs Richard Löwenherz gegen die normannischen Eroberer.

Südslawische Heldenlieder verherrlichten die im unzugänglichen Gebirge vom Raub und von den Gaben der Bevölkerung lebenden Heiducken als Guerillakämpfer gegen die türkischen Unterdrücker. Auch diese Outlaws einer volkstümlichen Tradition sind ethische Nachfahren früherer Feudaler, die durch die Fremdherrschaft deklassiert wurden, und nur ihre untere Schicht begegnet in der Lebensform des Räubers, wogegen ihre bedeutenderen Vertreter zu → Rebellen und nationalen Befreiern hochstilisiert wurden.

Während die bisher angeführten Beispiele von gerechten Räubern in eine heroische Frühzeit zurückweisen und mit dem mittelalterlichen Feudalsystem verbunden sind, setzte sich im 17. Jahrhundert ein neuer, mehr in private als politische Konflikte verstrickter, »romantisch« wirkender Typ von edlem Räuber durch. SHAKESPEARES Valentine (*The Two Gentlemen of Verona* 1594/95), der vom Herzog von Mailand wegen der beabsichtigten Entführung von dessen Tochter verbannt worden und unter die Räuber gefallen ist, die ihn zu ihrem Anführer machten, wird dann doch vom Herzog als Schwiegersohn angenommen und erreicht auch die Begnadigung seiner Räuberkameraden, die meist Verbannte edler Herkunft sind. Das aus der ↑ Robin-Hood-Sage bekannte Lob des freien Waldlebens verbindet Valentine mit dem von seinem Bruder verdrängten und verbannten Herzog in *As You Like It* (um 1599), der mit den Getreuen im Wald von Arden nicht gerade ein Räuberleben, aber doch eine Existenz führt, die auf der Mitte zwischen einsiedlerischer Weltflucht und vagabundenhafter Freiheit liegt.

Das gelobte Land der Räuberromantik wurde Spanien, dessen Literatur gerechte wie auch ungerechte Räuber in einer Fülle von Varianten aufweist. Die Keime zu dieser Motiventwicklung liegen, wie in England, Serbien und wohl auch Deutschland, in der Volksballade, der Romanze, und sind dann in Roman und Drama voll entwickelt worden. Die Gründe für den Entschluss jugendlicher Helden, als Räuber aus der Normalgesellschaft auszuscheren, reichen vom Liebeskummer und der gekränkten Ehre über Menschenhass und Rachedurst bis zur Flucht vor gerichtlicher Strafe, liegen aber nicht bei verbrecherischen Anlagen wie vor allem der Habgier.

Aus Legendengut stammen zweifellos einige Räubergestalten der spanischen Dramatik, die als Exempla für die durch Reue mögliche Läuterung und Erlösung dienen. Bei L. VÉLEZ DE GUEVARA (*El niño diablo* Anf. 17. Jh.) missglückt dem Helden ein Entführungsversuch, weil dabei seine Geliebte stirbt, er wird aber von seinem in ihrer Gestalt agierenden bösen Dämon verlockt, mit dem Trugbild ins Gebirge zu gehen und als Anführer einer Räuberbande ein verbrecherisches Leben zu führen, von dem ihn trotz des Eingreifens himmlischer Mächte erst eine Strafexpedition des Königs und dessen Verzeihung abbringen können. A. MIRA DE AMESCUA (*El esclavo del demonio* 1612) machte die Motivkoppelung Bandit–Teufelsbündner dadurch noch eindrucksvoller, dass nicht ein zügelloser junger Mann, sondern ein angehender Heiliger, der gerade einem anderen einen Verführungsversuch ausgeredet hat, unter Einwirkung eines Dämons selbst eine Frau entführt und dann, an menschlicher und göttlicher Gnade verzweifelnd, mit der Entführten als Räuber im Gebirge lebt, sich aber schließlich durch Reue und Buße aus der Verstrickung löst. Nachdem J. PÉREZ DE MONTALBÁN (*Un gusto trae mil disgustos* um 1630) das → Teufelsbündner-Motiv sinnwidrig und funktionslos einsetzte, da seinem Banditenhelden trotz seiner Abhängigkeit von höllischen Ratschlägen irdisches Glück uneingeschränkt zuteilwird, erreichte der Motivkomplex äußerste geistige Zuspitzung in TIRSO DE MOLINAS Drama *El condenado por desconfiado* (1635), das die Unerforschbarkeit der Wege Gottes und die Unerschöpflichkeit seiner Gnade aufzeigen sollte: Dem frommen Eremiten Paulo wird durch Visionen zum Teil teuflischer Herkunft bedeutet, dass er trotz seiner großen Frömmigkeit der Verdammnis anheimfallen werde, er verzweifelt an der Gnade und geht als Räuber ins Gebirge, um wenigstens auch die genussreiche Seite eines sündhaften Lebens kennenzulernen; während er am Ende für seine Zweifel an Gottes Gnade von der Hölle verschlungen wird, erringt der Schwerverbrecher, mit dessen Schicksal das seine in Parallele gesetzt wird, auf dem schmalen Weg der Reue das Himmelreich.

Eine in der Entwicklung des Räubermotivs epochemachende Figur wurde der an ↑ Robin Hood erinnernde Strauchdieb Roque

Guinard im *Don Quijote* (1605 u. 1615) des CERVANTES. Er ist aus privatem Racheverlangen zum Räuber geworden und versucht, durch Höflichkeit, Gerechtigkeit und Großzügigkeit seine räuberischen Taten aufzuwiegen, indem er den Reisenden, die er überfallen lässt, zunächst Furcht einjagt, sie aber dann höflich bittet, ihm etwas Geld zu leihen, sich bei ihnen entschuldigt, dass seine missliche Lage ihn zu solchen Schritten zwinge, und sie mit dem Rest ihrer Habe weiterziehen lässt: Er gibt Armen und Pilgern auch etwas zur Wegzehrung mit und hofft, dass Gott ihm eines Tages den Weg aus seiner Verirrung zeigen werde. In CALDERÓNS frühem Drama *Luis Pérez el Gallego* wird dieses Vorbild Roque Guinards spürbar, wenn der Held, der wegen des einigen Verfolgten gewährten edelmütigen Schutzes in ungesetzliche Handlungen verwickelt wurde und fliehen musste, den überfallenen Wanderern sein Geschick erzählt und, sich entschuldigend, manchen Raub zurückerstattet. Er gerät, da er seiner bedrängten Schwester zu Hilfe eilt, aus ähnlichen Motiven in die Hand der Häscher wie J. PÉREZ DE MONTALBÁNS Pedro in dem erwähnten *Un gusto trae mil disgustos*, der sich erneut strafbar macht, als er seinen Banditenschlupfwinkel zur Rettung seines Vaters verlässt, während J. RUIZ DE ALARCÓNS berühmter Weber von Segovia (*El tejedor de Segovia* 1620), dessen letzte Zuflucht auch die Mitgliedschaft in einer Räuberbande ist, deren edel denkender Hauptmann er alsbald wird, aus seiner Outlaw-Existenz in dem Augenblick heraustritt, in dem er sich mit Hilfe seiner Räuberschar im Kampf gegen die Mauren verdient machen und samt seinen Gefährten die Rehabilitierung durch den König erreichen kann.

CALDERÓN verwandte das Motiv noch in drei weiteren seiner Werke, und zwar erstens in dem Drama *Un castigo en tres venganzas* (um 1628), in dem ein Adliger, der seinen Nebenbuhler im → Duell getötet hat und außerdem Mitglied einer Verschwörung gegen das Leben seines Herzogs ist, unter die Räuber geht, zweitens in der thematisch verwandten Tragödie *Las tres justicias en una* (um 1637), in der ein jähzorniger und haltloser junger Mann vor der Justiz ins Gebirge zu den Räubern flüchtet und später für eine Gewalttätigkeit gegen seinen vermeintlichen Vater vom König mit dem Tod bestraft wird, eine Maßnahme, die zugleich die beiden an seinem missratenen Leben Schuldigen treffen soll. Mit *La devoción de la cruz* (1634) hatte CALDERÓN das Motiv der Legendenatmosphäre den Dramen von VÉLEZ DE GUEVARA und MIRA DE AMESCUA angenähert: Eusebio führt, wie Clotaldo in *Un castigo en tres venganzas*, ein Räuberleben, weil er den Duelltod seines Bruders auf dem Gewissen hat, von dem er nicht weiß, dass es sein Bruder ist, so wie er in sündiger Liebe zu seiner Schwester entbrannt ist, ohne zu wissen, dass sie seine Schwester ist. Ihrer aller Vater will die Ehre seiner Tochter, die aus dem Kloster entflohen ist, an dem vermeintlichen Verführer rächen und erkennt zu spät an dem Muttermal in Kreuzesform auf der Brust des Sterbenden seinen Sohn, dem der nie erloschene Kreuzesglaube das Tor der Gnade öffnet. J. de MATOS FRAGOSO, der neben MORETO und J. CÁNCER Y VELASCO auch an einer glättenden Überarbeitung von MIRA DE AMESCUAS *El esclavo del demonio* (*Caer para levantar*) beteiligt ist, gibt sich mit der Strapazierung des Motivs in *La corsaria catalana* (2. Hälfte 17. Jh.) als Epigone zu erkennen, wenn hier die in den genannten Motivvarianten mehrfach auftauchende Teilhabe der Frau am Räuberleben zum beherrschenden Effekt wird: Eine → Verführte und Verlassene gibt sich aus Verzweiflung einem maurischen Korsaren hin, führt nach dessen Tod selbst das Piratenschiff, kann sich an ihrem Verführer rächen und fällt in einer Schlacht gegen ihren Vater, mit dem sie sich sterbend versöhnt.

Neben diesen phantastischen Räubergestalten wirkt eine nach der Wirklichkeit, wenn auch aus großem Abstand, modellierte Figur wie Ch. WEISES Masaniello (*Trauerspiel von dem Neapolitanischen Hauptrebellen Masaniello* Dr. 1682) ungleich härter. Allerdings ist der arme neapolitanische Fischer in erster Linie → Rebell und entspricht dem Motiv des gerechten Räubers nur insofern, als das Volk, auf das er sich stützt, zum Teil durch Banditen vertreten ist, die zwar Standesstolz und Berufsehre besitzen, denen ↑ Masaniello aber, wie mancher Räuberhauptmann vor und nach ihm, das Rauben und Plündern verbieten muss.

Die Züge auch des gerechten Räubers mussten sich ändern, als das mittlere 18. Jahrhundert erstmalig dem wirklichen Verbrecher Interesse zuwandte. Die Existenz asozialer Elemente fiel wie ein Schatten auf die aufklärerische Vorstellung von der besten der Welten, daher suchte man sich das Böse im Menschen nicht aus negativen Anlagen, sondern allein aus widrigen Umständen und einer falschen, änderbaren Rechtsordnung zu erklären. Das Bemühen der Zeit um dieses Problem äußert sich in F. G. de PITAVALS Sammlung berühmter Verbrechen (*Causes célèbres et intéressantes* 1734ff.) und in der literarischen Anteilnahme an zeitgenössischen Verbrecherschicksalen wie dem der Franzosen Cartouche (gest. 1721) und Mandrin (gest. 1755), des Deutschen J. F. Schwan, gen. der ↑ Sonnenwirt (gest. 1760), des Bayrischen ↑ Hiasl (gest. 1771), des Schinderhannes (gest. 1803) und des als Fra Diavolo bekannt gewordenen Italieners Michele Pezza (gest. 1806), die sich vor dem Hintergrund sozialer Missstände und Spannungen abspielten. Volkstümliches Schrifttum umgab diese Gestalten mit einem abenteuerlichen Nimbus, hob die Bravour hervor, mit der sie der Polizei zusetzten, und malte ihre Missetaten mit genüsslichem Entsetzen aus. Wo man nicht zu entschuldigen und zu veredeln versuchte, unterstrich man zumindest ihre Führungsgaben und ihre Treue zu den Genossen, die zu verraten auch die Folter nicht erzwingen konnte (M. A. LEGRAND, *Cartouche ou les voleurs* Kom. 1721). Unter diesem Zeichen eines allgemeinen Interesses am Verbrechen und an gesellschaftlichen Reformen ist die neue Beliebtheit des Motivs zu sehen, das seit dem letzten Viertel des 18. Jahrhunderts für ein halbes Säkulum eine wesentliche Komponente der europäischen Literatur bildete.

In der Novelle *Les deux amis de Bourbonne* von D. DIDEROT, einem der Schrittmacher »bürgerlicher« Literatur, deren deutsche Übersetzung von dem Dichter-Verleger S. GESSNER eher als die französische Ausgabe (1773) in *Moralische Erzählungen und Idyllen von Diderot und Geßner* 1772 erschien, zeigt sich zuerst jene neue Variante des Menschentyps, der mit der irdischen Gerechtigkeit in Konflikt gerät und sie gewaltsam zu korrigieren sucht, ohne eigentlich verbrecherische Neigungen zu besitzen. Zunächst aus Liebesenttäuschung und Lebensüberdruss in gefährliche Gewerbe wie den Schleichhandel geraten, von seinem Freund, der dabei sein Leben verliert, gewaltsam vom Richtplatz gerettet, kann Felix auch nach diesem warnenden Erlebnis seinen Hang zum Großen und Abenteuerlichen nicht in die Grenzen einer beengenden Welt zwingen; er gerät durch seine Einsatzbereitschaft für Menschen und Dinge immer wieder in Gegensatz zur Justiz und entkommt schließlich nach Preußen zu den Soldaten. Zu der empfindsamen Melodie der moralischen Erzählung trat zwei Jahre später der machtvolle Akkord des Sturm und Drang in GOETHES *Götz von Berlichingen* (Dr. 1774), der das zeitgenössische Wunschbild vom Outlaw als das eines »Selbsthelfers in anarchischer Zeit« formulierte. In die Aufbruchsepoche der Neuzeit projiziert und an einem ritterlichen Menschen exemplifiziert, der kein gemeiner Räuber, aber immerhin ein Raubritter ist und vor kühnen Übergriffen auf das morsche Ordnungsgefüge seiner Zeit nicht zurückschreckt, ohne je etwas Unehrenhaftes zu tun, bot sich das Motiv in einer gleichsam verklärten, distanzierten Gestalt dar, deren Züge man an dem harmloseren Singspiel-Banditen in *Claudine von Villa Bella* (1776) wiedererkennt. H. F. MÖLLER stellte in dem Rührstück *Sophie oder der gerechte Fürst* (1779) einen zeitnäheren, an

DIDEROT orientierten Typ vor, dessen Weg jedoch in umgekehrter Richtung wie der seines Vorbilds verläuft, denn der kühne Mutowsky ist zuerst ein tüchtiger Soldat, verlässt aber diesen Stand, als ihm bei der Beförderung zum Hauptmann ein anderer aufgrund von Beziehungen vorgezogen wird, übt als Räuberhauptmann in Polen ausgleichende Gerechtigkeit an seinen Mitmenschen, bis er ins Gefängnis gebracht wird, wo er jedoch Gelegenheit hat, die Gerechtigkeit eines Fürsten anzusprechen. Von den drei genannten Werken führen Verbindungslinien zum Motivkomplex von SCHILLERS Drama *Die Räuber* (1781), an dem jedoch auch Spiegelungen von ↑ Robin Hood und Roque Guinard zu erkennen sind. Das tragische Schicksal Karl Moors, der durch die Intrige seines Bruders vom Vater verstoßen wird und mit den Genossen seiner wilden Studentenjahre in die böhmischen Wälder geht, sich aber schließlich reuig den Gerichten stellt, ist konsequenter durchgeführt als das der meisten Räuber in den spanischen Dramen, die zuletzt wieder unangefochten in die Gesellschaft zurückkehren. Seine edelmütigen Züge sind wohl im Wesentlichen von ↑ Robin Hood übernommen: Dieser baut mit der Hälfte des den französischen Seeräubern abgenommenen Geldes ein Armenhaus, Karl gibt ein Drittel des Raubes an Waisenkinder; Robin verkleidet sich als alten Mann, um John zu retten, Karl geht in der Maske eines Kapuziners, um Roller aufzusuchen. Rollers gewaltsame Befreiung erinnert an DIDEROTS Novelle. Auch den gesellschaftskritischen Zug teilt Karl mit Diderots und auch mit MÖLLERS Helden, denn Robin Hood ist nicht revolutionär, sondern konservativ, und kämpft wie GOETHES Götz gegen das Bestehende, weil er am Alten hängt, während Karl die Gesellschaft erneuern will. Von Roque Guinard stammt die drakonische Strenge und peinliche Gerechtigkeit des Räuberhauptmanns, und die rivalisierenden Brüder waren in *Claudine von Villa Bella* zu finden.

Als SCHILLER 1786 in der Erzählung *Verbrecher aus Infamie* (1792 unter dem Titel *Der Verbrecher aus verlorener Ehre*) noch einmal auf das Motiv zurückgriff, stützte er sich stofflich auf die Erzählungen seines Lehrers Abel über den Räuber Schwan, gen. der ↑ Sonnenwirt, und kannte wahrscheinlich die seit 1772 umlaufende Volksliteratur über den Bayrischen ↑ Hiasl. Diesmal destillierte er aus dem Stoff keinen gerechten, sondern einen wirklichen Räuber, der sich auf unehrliche und gewaltsame Weise anzueignen sucht, was ihm das Schicksal versagte, aber schließlich sein Fehlverhalten einsieht und bereut. Schiller wollte hier nicht veredeln oder entschuldigen – es fehlen z. B. die Züge ausgleichender Gerechtigkeit, die dem Hiasl in der

Volksliteratur zugeschrieben wurden, da der passionierte Wilderer die Bauern von der Wildplage befreit –, aber der Dichter forderte den Mitmenschen und den Richtern ein größeres Verständnis für die Irrwege der menschlichen Seele ab.

Die sich etablierende Gattung des Räuberromans und Räuberdramas, die von populären Autoren wie C. G. Cramer, Ch. H. Spiess, A. G. Meissner, H. Zschokke und Ch. A. Vulpius gepflegt wurde, orientierte sich allerdings am gehobenen Typ des Götz und des Karl Moor. Spiess und Cramer verschmolzen das ältere Ritter- mit dem Räuberideal. Ritter und Räuber erhielten verwandte Funktionen, weil beide als naturnahe Vertreter der Kraft, der Treue und des Rechts einer entnervten und korrumpierten Gesellschaft gegenübergestellt wurden und als Schützer und Helfer der Schwachen und Bedrängten galten. Bezeichnend für die innere Verwandtschaft beider Ideale ist es, wenn in L. F. J. v. Baczkos *Der Ehrentisch oder Erzählungen aus den Ritterzeiten* (1793) eine *Beichte Liutbrands des Räuberhauptmanns* enthalten ist, in der das beliebte Motiv des erzwungenen → Keuschheitsgelübdes mit dem Räubermotiv gekoppelt wurde, indem der Held dem aufgezwungenen Mönchtum entflieht, Räuberhauptmann wird, die Tugend schützt und das Laster, das vor allem durch Mönche repräsentiert wird, straft, sich einem gerechten Fürsten unterstellt und so einer Rehabilitierung entgegensieht. Die Räuber der Vulgärliteratur sind überdurchschnittliche Männer, denen die bürgerliche Gesellschaft keinen Spielraum bewilligt und die darum auf den Weg illegalen Handelns gedrängt werden. Mit geschicktem Griff verlieh Zschokke in seinem dialogisierten Roman *Abällino, der große Bandit* (1794; Dr. 1795) der Räuberromantik italienisches Kolorit und verband das Motiv mit dem der politischen → Verschwörung, vor der Abällino-Flodoardo den Staat Venedig rettet. Denn er ist eigentlich kein Räuber, sosehr er sich in schmutzigen Banditenhöhlen als solcher gebärdet, sondern des Dogen Günstling, der sich den Verschwörern, die sich zur Beseitigung ihrer Gegner im Senat einer Mörderbande bedienen, in der Maske des Bandenführers nur deswegen zur Verfügung stellt, weil er die designierten Opfer retten und zuerst die Mörder, dann die Verschwörer unschädlich machen will. Zschokke behielt das italienische Milieu in zwei weiteren Werken der Gattung (*Coronata, der Seeräuberkönig* 1797, *Alamonte, der Galeerensklave* 1802) ebenso bei wie Ch. A. Vulpius in dem berühmten *Rinaldo Rinaldini* (R. 1798). Die nach einer italienischen Banditenvita gearbeiteten, in mehrere europäische Sprachen übersetzten, nur lose verbundenen Szenen aus dem Leben des edlen Rinaldo bieten hauptsächlich erotische Abenteuer mit Gräfinnen und Kurtisanen, aus denen ihn meist seine Räubergenossen heraushauen müssen. Rinaldo ist Sohn eines Prinzen, aber mit den Gesetzen seines Standes zerfallen und reagiert seinen Hass gegen ihn dadurch ab, dass er seine Opfer hauptsächlich im Adel sucht; er lebt, auch nachdem er in der Fortsetzung des Romans das Räubermetier aufgegeben hat, trotz gegenteiliger Vorsätze als Abenteurer und Außenseiter. Erste volkstümliche literarische Niederschläge vom Leben des Schinderhannes in Lied und Erzählung führten dem Motiv neuen Stoff zu, denn auch Schinderhannes wurde nachgesagt, dass er die Reichen verfolge, die Armen aber schone und beschenke, sodass er eine Art Gegenstück zu Rinaldo abgeben konnte (J. F. ARNOLD, *Der berühmte Räuberhauptmann Schinderhannes, Bückler genannt* 1802).

Der Einfluss von SCHILLERS *Die Räuber*, verstärkt durch das Ideengut der Französischen Revolution, wurde am Ausgang des Jahrhunderts auch in der Vulgärliteratur Englands und Frankreichs spürbar, wie etwa in W. GODWINS Erzählung *Things as They Are or The Adventures of Caleb Williams* (1794), die eine Diebesbande im Kampf gegen die Rechtspflege und gegen die Laster der Gesellschaft schildert, oder in R.-Ch. Guilbert de PIXÉRÉCOURTS Drama *L'Enfant de la forêt* (1798), in dem ein Findling, der gerade im Begriff ist, die Tochter eines Freiherrn zu heiraten, in einem von ihm besiegten Räuberanführer seinen Vater entdeckt, den er der bürgerlichen Gesellschaft wiedergewinnen will, der ihm aber erklärt, dass er im Dienste der Humanität die Armen gegen die Reichen verteidige, seinen Kameraden verpflichtet sei und bei ihnen bleiben wolle.

Nach seiner Vulgarisierung erlebte das Motiv in der ersten Hälfte des 19. Jahrhunderts noch einmal eine künstlerische Blüte. GOETHES Götz verwandt, mehr → Rebell als gerechter Räuber, besitzt H. v. KLEISTS Kohlhaas (*Michael Kohlhaas* Erz. 1810) doch einige Züge, die mit denen der gerechten Räuber übereinstimmen. Der Beweggrund seines Aufruhrs, dass ihm der Schutz der Gesetze versagt worden und er daher aus der Gesellschaft ausgestoßen sei, ist derselbe, den zahlreiche Räuber für sich in Anspruch nehmen, und die Ausführung seiner Rache in Form des Kleinkrieges um Wittenberg und Leipzig gilt, wie die Überfälle rächender Räuber, auch der Selbsterhaltung. Kohlhaas nennt sich den Statthalter des Erzengels Michael und will die Arglist, in die die ganze Welt versunken sei, bestrafen; daher sympathisiert das Volk sogar mit ihm und anerkennt die Strenge, mit der er Plündernde bestraft. Auch zwei Gestalten der Verserzählungen Lord Byrons, Selim in *The Bride of Abydos* (1813) und Conrad in *The Corsair* (1814; Oper von F. M. Piave/G. Verdi 1848), rächen erlittenes Unrecht, indem sie sich der Piraterie verschreiben. Selim, der den Tod seines Vaters an Pascha Giaffir rächen will, verliebt sich in dessen Tochter und wird bei einem Stelldichein überwältigt. Während hier die Räuberbraut an gebrochenem Herzen stirbt, tötet die Sklavin Gulnare im *Corsair* den ihr verhassten Pascha Seid und flieht mit dem Korsaren Conrad, der bei einem Überfall auf des Paschas Palast in dessen Hände gefallen war. Die Verachtung, mit der Conrad nicht nur der von ihm bekämpften Gesellschaft, sondern auch seinen Piratenkameraden gegenübersteht, erinnert an Aussprüche Karl Moors, der auch das Vorbild für Th. Körners Rudolf in dem Schauspiel *Hedwig* (1815) abgab, insofern als Rudolf durch eine Intrige aus einem Erbe verdrängt und verbannt wurde, während er sich andererseits im Gegensatz zu Moor völlig dem Bösen ausliefert und daher auch mit dem späten Versuch, sich durch die Liebe einer Frau in ein neues Leben zu retten, scheitern muss. Die ältere englische Motivtradition legte nahe, dass der Outlaw in den historischen Romanen Sir Walter Scotts seinen Platz fand. Neben der schon erwähnten Robin-Hood-Mutante in *Ivanhoe* (1820) steht die Titelgestalt von *Rob Roy* (1817), ein Outlaw, der, einst ein ehrbarer Viehhändler, durch Unglück und Ungerechtigkeit wie Kohlhaas in die Position eines mächtigen Bandenführers gedrängt wurde, der im unwirtlichen schottischen Gebirge die Regierungsagenten verfolgt, aber zugleich als Beschützer und Helfer der Bedrängten fungiert. Mehr als Randfigur verwandte Scott (*The Heart of Midlothian* 1818) den als Kind geraubten und unter Räubern aufgewachsenen vorehelichen Sohn eines Adligen, der, an der Seite seiner Kameraden kämpfend, unwissentlich den eigenen, auf der Suche nach ihm begriffenen Vater umbringt.

Der Vater als unerkannter und im Kampf mit dem Sohn erliegender Gegner ist auch eine zentrale Komponente von F. Grillparzers Jugenddrama *Die Ahnfrau* (1817), das zwar das Vorbild Schillers erkennen lässt, aber durch den bestimmenden Einfluss der beiden calderónschen Dramen *La devoción de la cruz* und *Las tres justicias en una* vor allem an die spanische Motivtradition anknüpft. Jaromir, der die eigene → Herkunft nicht kennende letzte Spross eines verfluchten Geschlechts, verheimlicht seine Räuberexistenz seiner Verlobten Bertha, die seine unerkannte Schwester ist, und seinem zukünftigen Schwiegervater, der ebenso unwissend sein Vater ist und den er, auf der Seite der Banditen kämpfend, tötet, während Bertha sich nichts ahnend durch einen Trunk aus einer von Jaromir hinterlassenen Flasche vergiftet. Auch in *La devoción de la cruz* liebt der Räuberhauptmann Eusebio seine ihm unbekannte Schwester und kämpft mit seinem ihn verfolgenden unerkannten Vater, und in *Las tres justicias en una* findet Don Lope, ähnlich wie Jaromir, einen Fürsprecher im Vater seiner Angebeteten, wird aber durch sein leidenschaftliches Temperament in sein Banditenleben zurückgeworfen; beide empfinden eine innere Warnung vor der Gewalttat an ihrem unbekannten Vater, begehren aber ungewarnt die Schwester zur Geliebten und Frau. W. Hauff (*Das Wirtshaus im Spessart* Märchen 1828) führte wieder einen stärker in der Schillernachfolge stehenden Räuber vor, der kein gemeiner Dieb und Halsabschneider, sondern ein Unglücklicher zu sein behauptet, den widrige Umstände zu seiner Rolle zwingen und der diese Angaben dadurch erhärtet, dass er eine Gräfin rettet, indem er mit ihr die Kleider tauscht. Sein Entschluss, aus der Diebesbande zu fliehen und zu den Soldaten zu gehen, hat Vorläufer in dem von Diderots Felix und Schillers Sonnenwirt, und das gentlemanlike Auftreten teilt er mit E. Scribe/D.-F.-E. Aubers als Kavalier auftretendem Banditen (*Fra Diavolo* Kom. Oper 1830), der aber in Wirklichkeit ein Verbrecher ist und daher auch von dem jugendlichen Liebhaber des Plots mitleidlos erschossen wird.

Einen der Höhepunkte in der Geschichte des Motivs bildet V. Hugos exemplarisch romantisches Drama *Hernani ou l'honneur castillan* (1830; Oper von F. M. Piave/G. Verdi 1844), dessen Titel auf die spanischen Vorbilder hinweist; doch haben auch die beiden byronschen Verserzählungen das Motivgeflecht mitgeformt. Hernani, der Räuber wurde, weil ihn die Rachepflicht für seinen vom Vater des Königs Carlos getöteten Vater in Gegensatz zu dem Monarchen brachte, liebt Doña Sol, die er entführen will, um sie ihrem Onkel und Freier Ruy Gomez zu entreißen, gerät dabei in Rivalität mit dem König, den er aber als einen Waffenlosen entkommen lässt und der nun seinerseits Doña Sol entführt. Mit gleicher Ritterlichkeit schützt wiederum Ruy Gomez den Outlaw vor dem König, verbindet sich sogar mit ihm in einer Verschwörung gegen Carlos, wobei sich Hernani verpflichtet, sich beim Klang eines Waldhorns zu töten. Diese Verpflichtung muss er dann am Tag seiner Hochzeit mit Doña Sol einlösen, denn er hat seinen Eid gebrochen, dem König den Dolch ins Herz zu stoßen, und hat sich mit ihm versöhnt, ist von ihm wieder in seine Rechte eingesetzt worden und hat Doña Sol zur Frau erhalten. Edelmut und Noblesse, die hier die Räuberfigur überhöhen, haben an dem ungleich realistischeren Bild der Räuber- und Bettlerbanden von Paris in HUGOS Roman *Notre-Dame de Paris* (1831) wenig Anteil, wenn sie sich auch, ihrem düsteren Ehrenkodex entsprechend, mit Leib und Leben für Verfolgte und Gefährdete unter ihnen einsetzen.

Noch die Nuancen des Motivs bei A. S. PUŠKIN stehen im Bannkreis der Romantik und Scotts. Ist der aufständische Kosakenführer Pugačëv (*Kapitanskaja dočka/Die Hauptmannstochter* R. 1836) auch mehr → Rebell als Räuber, so gleichen doch die edlen Züge, mit denen ihn der Dichter entgegen der offiziellen Historiographie ausstattete und die sich in der dankbaren Hilfe für einen gefangenen Fähnrich offenbaren, den stereotypen des gerechten Räubers, die Puškin dann in *Dubrovskij* (Erz. 1841) voll entfaltete: In ohnmächtigem Zorn über die Intrigen des Gutsnachbarn, der Dubrovskijs Vater um den Besitz und als Folge davon um das Leben brachte, äschert Dubrovskij das väterliche Anwesen ein und wird zum gefürchteten, aber edelmütigen Anführer einer Räuberbande, von der ihn erst neues Missgeschick, der Verlust der geliebten Frau, trennt. Der stolze, freiheitsliebende Typ des Briganten aus der Nachfolge Rinaldinis erstand dann noch einmal in F. Frhr. v. GAUDYS Novelle *Gianettino l'Inglese* (1838) und in F. HEBBELS Drama *Julia* (1851): Gaudys Gianettino wie Hebbels Antonio sind vornehmer Herkunft, durch Schicksalsschläge unter Räubern aufgewachsen und selbst Räuber geworden. Gianettino schlägt seiner Mutter, die ihn nach zwanzig Jahren Suche wiederfindet, den Wunsch ab, in ein geordnetes und reiches Leben zurückzukehren, da er seinen Kameraden, seiner inzwischen gegründeten Familie und vor allem der Freiheit des Banditenlebens zu tief verbunden ist, Antonio dagegen will wie der Räuber Moor, wie Jaromir und KÖRNERS Rudolf aus Liebe zu einer Frau in ein ehrenhaftes Leben zurückkehren. Was bei Hebbel in die Frage mündet, ob das mit bewusster und unbewusster Schuld beladene liebende Paar noch glücklich werden kann und darf, wird bei A. E. BRACHVOGEL (*Ein weißer Paria* Dr. 1851) unproblematischer mit der Rückkehr des Räubers, der seiner Mutter zu ihrem Recht verhalf und dem sein illegales Handeln verziehen wurde, in die bürgerliche Ordnung gelöst.

Während H. KURZ (*Der Sonnenwirt* R. 1854) seinen Räuber Schwan durch realistisch aktenmäßige Darstellung betont von Schiller und der Tradition des gerechten Räubers absetzte, nahm C. ZUCKMAYER in seinem Volksstück um den *Schinderhannes* (1927) diese Tradition bewusst wieder auf. Schinderhannes, der ein Entgleister und keineswegs der soziale und nationale → Rebell war, als der er sich im Kampf gegen die französische Gendarmerie gern gab, ist bei Zuckmayer entsprechend der volkstümlichen Tradition ein Anwalt der Gerechtigkeit, Helfer der Armen, Bekämpfer von Steuern und Zinstreiberei, dessen reines Gemüt in der Liebe zu einem Mädchen offenbar wird. Er will sich, wie DIDEROTS Felix, SCHILLERS Sonnenwirt und HAUFFS Räuberhauptmann, in den Soldatenstand retten, aber gerade in Preußen (der historische Schinderhannes ging zur kaiserlichen Armee) gilt die Gefährdung der öffentlichen Ordnung als schweres Verbrechen, und so wird Schinderhannes verraten, verhaftet und hingerichtet. In dem Roman von G. FUCHS (1986) bleibt Schinderhannes eine rätselhafte Figur auf der Szene einer Umbruchszeit. Während im Übrigen Räuberromantik in den Bereich der Operette absank (H. MEILHAC/L. HALÉVY/J. OFFENBACH, *Les Brigands* 1869; F. ZELL/R. GENÉE/K. MILLÖCKER, *Gasparone* 1894), konnte in der Neuen Welt eine historische Figur die alten Attribute eines »gerechten« Banditen und Rächers der Unterprivilegierten an sich ziehen (P. NERUDA, *Fulgor e muerte de Joaquín Murieta*, Dr. 1967).

M. PRINZ (*Der Räuber* 2002) zeigt in seinem Roman den Werdegang des Bankräubers und Marathonläufers Rettenberger, genannt Pumpgun-Ronnie, der sich auf seiner viertägigen scheiternden Flucht an Höhepunkte seiner Laufbahn erinnert. Während eines Verhörs flieht er durch einen Sprung aus dem Fenster. Seine Flucht scheitert an einer Straßensperre, er wird angeschossen und nimmt sich mit einer entwendeten Polizeiwaffe das Leben.

C. Müller-Fraureuth, Die Ritter- und Räuberromane, 1894; R. Frick, Hernani als Typus, Diss. Tübingen 1903; ders., Karl Moors Vorbilder und Nachläufer, (Korrespondenzblatt für die höheren Schulen Württembergs 14) 1907; ders., Hernanis Stammbaum, (Zeitschrift für vergleichende Literaturgeschichte NF XVII) 1909; I. Benecke, Der gute Outlaw – Studien zu einem literarischen Typus im 13. und 14. Jahrhundert, 1972; A. A. Abert, Räuber und Räubermilieu in der Oper des 19. Jahrhunderts (in: Die ›Couleur locale‹ in der Oper des 19. Jahrhunderts) 1976.

Ratgeber, Der falsche → Verräter

Rebell

Ein Rebell »nimmt den Krieg wieder auf«, widersetzt sich dem Überwinder, sagt einem Menschen oder einer Sache in der Gänze oder in einem Teilbereich die Gefolgschaft oder den Gehorsam auf.

Er kann durch Nichtbefolgung gegebener Anweisungen lediglich passive Resistenz leisten, er kann aber auch zu aktivem Widerstand und zur Gewaltanwendung gegen die von ihm nicht mehr anerkannte Autorität übergehen. Hinter seiner Auflehnung stehen kein Plan und kein Programm, er ist weder → Verschwörer noch Revolutionär, sondern seine Reaktion erfolgt spontan aus dem Gefühl heraus, dass eine ihm eingeborene Norm verletzt worden ist und Unrecht geschieht. Für seine Haltung spielt eine innere Disposition, sich verletzt zu fühlen, und ein empfindliches Gerechtigkeitsgefühl eine Rolle; es gibt wohl kaum einen geborenen Verschwörer, aber es gibt gewiss einen geborenen Rebellen.

Durch seine teilweise charakterologische Bedingtheit steht das Rebellen-Motiv auf der Grenze zwischen Situations- und Typenmotiv. Dennoch ist die Situation, der objektive Befund, dass Unrecht geschehen sei oder geschehe, der für das Motiv ausschlaggebende Faktor, denn wenn die Rebellenfigur ausgesprochen psychopathische Züge trägt, verliert ihr Handeln an Berechtigung. Mit dem Typenhaften des Motivs hängt andererseits zusammen, dass Rebellengestalten sich durch die Jahrhunderte hin ähnlich sehen und die Reaktionen der einzelnen Ausprägungen des Typs verwandt sind. Das Gerechtigkeitsgefühl des Rebellen kann sich gegen die ganze Weltordnung auflehnen, dann handelt es sich um einen metaphysischen Rebellen, es kann gegen ein politisches Regime oder eine Gesellschaftsordnung rebellieren, dann ist er ein politischer oder sozialer Rebell, und es kann sich gegen mehr private Anschauungen oder Handlungen von Menschengruppen oder deren Repräsentanten auflehnen, dann kann man ihn als intellektuellen Rebellen bezeichnen. Er ist in jedem Fall ein Idealist, der, oft ohne Rücksicht auf die Verwirklichungsmöglichkeiten seines rebellischen Vorhabens, meist im Alleingang, mitunter auch mit Gesinnungsgenossen, unter Einsatz seiner Existenz den Gehorsam verweigert. Weil sein Handeln der Integrität seines Sittenbegriffs entspringt, wird sein Ansatz ein gewisses Maß an Sympathie erringen, die er aber oft durch das Unangebrachte der Durchführung wieder verliert. Die Beurteilung seiner Haltung ist im Übrigen dem Wandel der weltanschaulichen und politischen Anschauungen ausgesetzt.

Dem in der Literatur am häufigsten vertretenen Typ des politischen oder sozialen Rebellen steht die Autorität des Staates und der Gesellschaftsordnung gegenüber, die dem Einzelnen zwar ein gewisses Widerstandsrecht gegen Missbrauch der obrigkeitlichen Gewalt einräumt, doch aufgrund ihrer Ordnungsvorstellungen und Gesetze dazu neigt, den Rebellen als Aufrührer zu bekämpfen. Rebellentum wird meist durch Sondersituationen ausgelöst, in denen sich der Rechtsweg verschließt. Für die christliche Ära galt das dem Christen von der Kirche eingeräumte Widerstandsrecht für den Fall, dass seine Gehorsamspflicht gegenüber dem Staat seinen religiösen Überzeugungen zuwiderlief. Allerdings ließ die Kirche, auf THOMAS VON AQUIN fußend, gewaltsame Beseitigung eines Regimes nur im Fall eines unrechtmäßigen → Usurpators zu, während sie dem christlichen Untertanen gegenüber einem entarteten legalen Regiment und seinen Ausführungsorganen nur die zwar standhaft bekennende, aber leidend duldende Haltung des → Märtyrers gestattete. Im Gegensatz zum Märtyrer aber reagiert der Rebell durch Handlungen und zur Not durch Gewalt. Die Frage der Anwendung von Gewalt ist das Problem seiner Existenz. Rebellentum bestreitet die unbegrenzte Macht, die einer Autorität gestattet, die Grenze der menschlichen Freiheit zu verletzen, aber sein Widerstand zwingt den Rebellen häufig, seinerseits die Freiheit und das Leben anderer, sogar Unschuldiger, zu verletzen und dem eigenen Ideal zuwiderzuhandeln. Bringt er sich so in Gegensatz zu seinem Ziel, kann er die Verletzung seiner Grundsätze nur durch das Opfer der eigenen Person entschuldbar machen.

»Die Bewegung der Revolte«, sagt A. CAMUS in seinem Essay *L'Homme révolté* (1951), »bricht am Ursprung plötzlich ab. Sie legt nur ein Zeugnis ab, ohne Folge.« Für die Funktion des Rebell-Motivs bedeutet das, dass die Aktion am Schluss des Plots stehen muss. Rebellendichtungen führen die Handlung meist bis zu jenem Zeugnisablegen, mit dem der Rebell tragisch scheitert, d. h. bei der Aktion stirbt, durch den Gegner überwältigt wird, ewiger Haft oder völliger Isolierung entgegengeht oder sogar, da er die Niederlage nicht überleben will, sein Leben durch Selbstmord beendet. Dennoch reizte es manche Autoren, jenen von Camus mit »ohne Folge« gesetzten Schlusspunkt zu überschreiten und die Frage nach dem Weiterleben des Rebellen im Falle des Sieges oder der Niederlage zu beantworten. Die Motivtradition bestätigt das Schicksal des überlebenden siegreichen Rebellen, das Camus im Zusammenhang mit seiner Abgrenzung von Revolte gegen Revolution zeichnete: Der Rebell wird zu einem von der Macht korrumpierten, pervertierten Empörer, zum → Tyrannen, weil die angestrebte Gerechtigkeit eines Tages die Aufhebung der Freiheit fordert, der neue, dogmatisch gewordene Glaube seinen Verfechter zum Gebrauch von Zwang, Gewalt und Mord verleitet, das Henkertum als unabdingbar und das

Schafott als Reinigungsinstrument angesehen und sogar durch eine Art Märtyrerhaltung seiner Handhaber verklärt wird. Überlebt der Rebell dagegen seine Niederlage und bleibt nicht in der Isolation des Gescheiterten, so muss er notwendig ein Angepasster werden, d. h. sein Ideal aufgeben und seinen Frieden mit dem Bestehenden machen.

Zum Scheitern sind vor allem die metaphysischen Rebellen bestimmt, deren sinnbildhafter Vertreter, der Titanensohn ↑ Prometheus, Urbild aller Empörer und Rebellen überhaupt, am Anfang der Geschichte des Motivs steht. Er fordert Macht und Sinn des göttlichen Mysteriums heraus, um zu einem Selbstverständnis zu kommen und sich gegenüber Gott zu behaupten. Nach HESIODS *Theogonie* (6. Jh. v. Chr.) betrügt er Zeus beim Opfer und holt den Menschen das ihnen von Gott entzogene Feuer zurück, wird deswegen auf Befehl des Zeus an einen Felsen im Kaukasus geschmiedet, wo ein Adler an seiner Leber frisst, die ihm nachts immer wieder nachwächst. Er verweigert Zeus sein Wissen um eine Gefahr, die den Göttern droht, und wird deswegen samt dem Felsen in den Tartaros gestürzt; aber nach Jahrtausenden wird der Felsen wieder aus dem Tartaros emporsteigen und eine Versöhnung mit Zeus stattfinden. *Der gefesselte Prometheus* (nach 470 v. Chr.), der einzig vollständig erhaltene Teil der Prometheus-Trilogie des AISCHYLOS, zeigt den angeschmiedeten Rebellen, der nicht nur das Feuer stahl, sondern sich auch dem Plan des Zeus, die Menschen zu vernichten, widersetzte, sich der Ewigkeit seiner Qual bewusst ist, aber die Gewissheit einer besseren Weltordnung in sich trägt. Gegenstück zu Prometheus ist im jüdisch-christlichen Mythos der Engel ↑ Satan, den Stolz und Hochmut, nach anderer Quelle auch der Neid auf den neugeschaffenen Menschen, zum Aufruhr gegen Gott treiben und der vom Erzengel Michael in den Abgrund gestürzt wird. Eine literarische Behandlung des Satan-Stoffes setzt ein gewisses Maß an Mitgefühl mit seinem verletzten Stolz, seinem Empörertum und seinen Leiden voraus und war daher erst im Barock und bei so überragenden Autoren wie H. GROTIUS (*Adamus exul* Dr. 1601), J. van den VONDEL (*Lucifer* Dr. 1654), CALDERÓN (*El divino Orfeo* Dr. 1663) und MILTON (*Paradise Lost* Epos 1667) denkbar, während die lange unterbrochene Laufbahn des Prometheus-Stoffes sogar erst mit VOLTAIRE (*Pandore* 1740) wieder einsetzte, um dann durch GOETHE (Dr.-Fragment 1773, *Pandora* Dr. 1809) und die Romantik (P. B. SHELLEY, *Prometheus Unbound* Dr. 1820) einem Höhepunkt zugeführt zu werden. Die Romantik verschmolz den griechischen und den biblischen

Empörer und rechtfertigte den gegen die Schöpfung aufbegehrenden Rebellen. Lord BYRON fügte als dritten metaphysischen Rebellen noch ↑ Kain hinzu (Dr. 1821). Dem Satan-Typ des Barock steht Ch. MARLOWES ↑ Faust (Dr. um 1588) nahe, dessen aus Wissensdurst geborener Teufelspakt im Bewusstsein der Konsequenzen vollzogen wird und eine Provokation Gottes bedeutet: Faust wird ein → Teufelsbündner aus Rebellion.

Die mittelalterlichen Empörerepen lassen ihre politisch-sozialen Rebellen nicht scheitern, sondern führen gemäß der politischen und ästhetischen Grundanschauung der Zeit zur Versöhnung zwischen Feudalherren und Feudalen. Erst das Zeitalter des Barock scheute sich nicht, scheiternde Rebellen vorzuführen. Der Spanier Á. CUBILLO DE ARAGÓN (*La tragedia del Duque de Berganza* um 1640) stellte sich, der realen Situation einer erstarkenden königlichen Zentralmacht entsprechend, auf die Seite des Königtums und gegen den um der Privilegien des Hochadels willen rebellierenden Herzog, den Duque de Berganza, der sich durch die Warnungen des Königs noch in seinem Rechtsanspruch bestärkt fühlt und auf dem Schafott endet. In anderen Nationalliteraturen ergreifen die Autoren Partei gegen die → Tyrannis, so wenn J. PUGET DE LA SERRE (*Thomas Morus* Dr. 1642) den Widerstand des Staatskanzlers Thomas Morus gegen die Ehescheidung seines Königs und die daraus resultierende Abschaffung des katholischen Glaubens als Märtyrertum inszeniert, A. GRYPHIUS (*Aemilius Paulus Papinianus* Dr. 1659) die Weigerung des Rechtsgelehrten Papinianus, den Brudermord des Kaisers Caracalla juristisch zu rechtfertigen, und die Besiegelung seiner Haltung durch den Tod als Stoizismus verherrlicht, und D. C. von LOHENSTEIN (*Epicharis* Dr. 1665) Epicharis, die Verfechterin der überkommenen republikanischen Freiheitsvorstellung, die – von den Genossen der → Verschwörung im Stich gelassen – dem Tyrannen ↑ Nero standhaft entgegentritt und sich schließlich mit ihrer Folterbinde erwürgt, als politische, opferbereite und tugendhafte Heldin feiert. Gegenüber diesen Märtyrern ihres Rechtsempfindens ist das Rebellentum des Grafen ↑ Essex nur die Trotzhandlung eines verwöhnten Höflings, zumal in den literarischen Behandlungen des Stoffes seit LA CALPRENÈDE (Dr. 1639) politische Beweggründe durch erotische Konflikte verstellt wurden.

Starke Impulse erhielt das Rebellen-Motiv im späten 18. Jahrhundert, als sich eine Ablösung alter Rechtsvorstellungen anbahnte. GOETHES Ritter Götz (*Götz von Berlichingen* Dr. 1773) betrachtete sich als Verteidiger des Rechts im Sinn des alten individualistischen

Faustrechts, mit dem der Adel in einer Zeit der Rechtsunsicherheit seine Ansprüche durchzusetzen pflegte und das Götz gegen die Übermacht des Bischofs von Bamberg zur Anwendung bringt. Abgesehen davon, dass aus diesem Recht inzwischen durch den von Kaiser Maximilian erlassenen »ewigen Landfrieden« Unrecht geworden war, überschreitet Götz die Grenzen des Rechts durch sein Bündnis mit den brennend und mordend vorgehenden Bauern, sodass sein Schicksal nur das eines Gebrochenen und von seiner Zeit Ausgeschiedenen sein kann. In vielen Rittergestalten bis hin zu E. v. WILDENBRUCHS *Die Quitzows* (Dr. 1888) wurde ähnliches, sich der vorwärtsschreitenden Zeit entgegenstellendes Rebellentum dargestellt. Im Gegensatz zu Götz steht SCHILLERS Karl Moor (*Die Räuber* Dr. 1781), durch die Härte seines Vaters in seinem Menschenglauben und Rechtsempfinden verletzt, in seinem Freiheitsfanatismus auf der Seite des Fortschritts, setzt sich aber ins Unrecht, indem er als gerechter → Räuber eine Rebellion im Auftrag einer höheren Macht durchzuführen vermeint, sich jedoch dadurch den Rückweg zu Familie und Gesellschaft abschneidet und von Henkershand stirbt. Götz und Moor verwandt ist H. v. KLEISTS Kohlhaas (*Michael Kohlhaas* Erz. 1810), an dem aber deutlicher als an seinen Vorgängern die Perversion des Rebellen durch die Macht aufgezeigt wird und der daher in den Zusammenhang der entsprechenden Motivvarianten gestellt werden muss. Von Kohlhaas abhängig ist wiederum der Jäger Renald in J. v. EICHENDORFFS *Das Schloß Dürande* (Erz. 1837), der unter Nutzung der Volksstimmung zu Beginn der Französischen Revolution eine Revolte gegen seine gräfliche Herrschaft entfacht, weil er fälschlich glaubt, dass der junge Graf seine Schwester entführt hat, dadurch den Tod des vermeintlichen Entführers und der eigenen Schwester verursacht und angesichts der Wahrheit seine Schuld durch Selbstmord büßt; durch den »Irrtum« ist seinem Handeln die Berechtigung entzogen, die Voraussetzung für ein wirklich tragisches Schicksal. A. PUŠKIN (*Kapitanskaja dočka/ Die Hauptmannstochter* R. 1836) stellte eine Rebellengestalt der russischen Geschichte, den Kosaken Pugačëv und seinen Aufstand von 1773 bis 1774, zur Diskussion und rechtfertigte sie im Gegensatz zur offiziellen Geschichtsschreibung zu einem Teil, indem er Pugačëvs Mut und Ritterlichkeit unterstrich.

Im Ansatz miteinander verwandt sind GOETHES *Egmont* (Dr. 1788) und SCHILLERS *Wilhelm Tell* (Dr. 1804), bei denen im Unterschied zu den bisher behandelten Fällen sozialen Rebellentums der Akzent auf dem nationalen Faktor liegt. In beiden Dramen führt das Rebellentum gegen eine anmaßende untergeordnete Instanz zur Empörung gegen das Reich und zum Abfall einer Provinz, für ihr eigenes engeres Blickfeld sind Egmont und ↑ Tell jedoch weniger Rebellen als Vaterlandsbefreier. Während die Tell-Sage den seltenen Fall einer gelingenden Rebellion darstellt, erlebt Egmont, an den Beginn des Abfalls der Niederlande gestellt, den Ausgang nicht und wird tragisches Opfer. Er ist der Typ des seinem Rechtsgefühl unbedingt und sorglos Folgenden, der die Vorstellung von schicksalhafter Verstrickung verdrängt, Verschwörertum vertrauensselig ablehnt und dadurch im Unterschied zu dem vorsichtig planenden Oranien geradezu zum Scheitern prädestiniert ist.

In der ersten Hälfte des 19. Jahrhunderts mit ihren revolutionären Erschütterungen wurden neue oder andersartig interpretierte Rebellenstoffe der Geschichte, vor allem solche um Vorkämpfer eines modernen Freiheitsbegriffes am Beginn der Neuzeit, reif für dichterische Bearbeitung. Der ↑ Rienzi-Stoff, den schon der Jakobiner F. LAIGNELOT 1791 dramatisch bearbeitet hatte, wurde von E. G. BULWER 1835 und im Anschluss an dessen Roman von R. WAGNER in einem Musikdrama (1842) aufbereitet, in dem der römische Gastwirtssohn, der aus Abneigung gegen die Adelsherrschaft und aus Begeisterung für die römische Antike Rom wieder eine Republik bescheren wollte, am Schluss völlig isoliert steht, verlassen vor allem vom Volk, das sein Geschenk nicht zu würdigen weiß. In seinen dem Liberalismus willkommenen antiaristokratischen und antiklerikalen Tendenzen ist der Rienzi-Stoff dem um den Dominikanermönch ↑ Savonarola verwandt, der in Florenz als Reformer auftrat und sich den Befehlen des Papstes widersetzte, ihm aber schließlich unterlag; sein Schicksal wurde in einem Epos N. LENAUS (1838) zu einem auch für spätere Bearbeiter mustergültigen Handlungsschema ausgemünzt. Der ↑ Florian-Geyer- und der ↑ Thomas-Münzer-Stoff, beide durch die *Allgemeine Geschichte des großen Bauernkrieges* (1841) des Liberalen W. ZIMMERMANN einer größeren Leserschaft bekannt geworden, wurden als Geschichte eines zwischen dem eigenen und einem diesem feindlichen Stand zermalmten, scheiternden Ideologen (W. GENAST Dr. 1857; G. HAUPTMANN Dr. 1896) bzw. als Schicksal eines Rebellen im Namen Christi (Th. MUNDT R. 1841) oder eines verfrühten Sozialrevolutionärs (C. ALBERTI, *Brot* Dr. 1888) dargestellt; für die Charakterisierung Münzers blieb die Gegenüberstellung mit ↑ Luther als dem Reformator, der die bestehende Ordnung letztlich nicht verrücken will bzw. sich im politisch-sozialen Bereich anpasst, bedeutsam. Einen aktuellen Stoff lieferte der schlesische ↑ Weberaufstand von 1844, der in der zeitgenössischen Lyrik sofort lebhaftes Echo fand (HOFFMANN VON FALLERSLEBEN, FREILIGRATH, HEINE) und dessen Motivik bis zu G. HAUPTMANNS Drama (1894) lebendig blieb. Die zeitgenössische Dichtung erfasste, dass diese Rebellion sich nicht nur gegen die unsozialen Arbeitgeber, sondern auch gegen die Maschine als bedrohliches Machtmittel richtete.

Neben die historisch vorgeprägten Rebellengestalten traten frei erfundene, aber meist vor eine historische Kulisse gestellte. Von einem mehr privaten Rebellentum handelt A. PUŠKINS Erzählung *Dubrovskij* (1841), in der ein junger Adliger, der seinen Vater und sich von einem Nachbarn ruiniert sieht, als gerechter → Räuber einen Privatkrieg führt, den er aufgibt, und resignierend ins Ausland geht, als sich auch seine Hoffnung auf die Tochter seines Feindes zerschlägt. V. HUGO (*Quatre-vingt-treize* R. 1874) verlegte die politisch-moralische Revolte seines jungen Helden in das Jahr 1793, in dem Gauvain, trotz adliger Herkunft überzeugter Anhänger der Revolution, als Offizier der Revolutionsarmee das Schloss seines Onkels belagern muss und angesichts der Menschlichkeit dieses Verwandten, der, schon entkommen, zur Rettung von drei Kindern zurückkehrt, seine Pflicht nicht mehr zu erfüllen vermag, den Onkel befreit und vor ein Standgericht gestellt wird, dessen Vorsitzender sein Lehrer und Freund ist. Er stirbt in der Hoffnung auf eine künftige Epoche der Menschlichkeit, und sein Lehrer folgt ihm freiwillig in den Tod. Das Schicksal Gauvains ist ein ähnliches Beispiel für die Grenzen des Rebellentums wie die in der gleichen Epoche spielende Geschichte der Madame Legros von H. MANN (*Madame Legros* Dr. 1913), die erst anlässlich des Bastillesturms die Befreiung eines Gefangenen, für den sie sich seit Jahren einsetzte, erreicht, bei dem gleichen Anlass aber ihren treuen Helfer, den Chevalier d'Angelot, durch den Tod verliert: Nur um den Preis von Gewalt und Blutvergießen ist der Rebellion Erfolg beschieden, aber die Hoffnung auf eine humanere Zukunft bleibt auch hier. Mit HUGOS Gauvain teilt der Student Neždanov in I. TURGENEVS Roman *Nov'/Neuland* (1877) das einzelgängerische Temperament, aber nicht den Zukunftsglauben: Er verzweifelt am Sinn und Erfolg seiner revolutionären Absichten und begeht Selbstmord. Zu diesen Gestalten kann man den Titelhelden von *Jakob Szela* aus M. v. EBNER-ESCHENBACHS *Dorf- und Schloßgeschichten* (1883) stellen, der zwar trotz seiner Teilnahme an einem Aufstand die Bindung an seinen gräflichen Herrn wahrt, aber nach Wiederherstellung der alten Ordnung von allen verlassen wird, da die Rebellion die Grenzen der Freiheit des Gegners nicht wahrte und Blut floss. Auch E. ZOLAS Etienne Lantier (*Germinal* R. 1884/85) repräsentiert den Typ des spontan aus dem Gefühl heraus handelnden Rebellen, der entgegen dem Rat nicht nur der Gemäßigten, sondern auch des konsequenten Revolutionärs Souvarine einen Streik organisiert, aber wegen Mangels an Hilfsmitteln zum Scheitern verurteilt ist und dabei beinah Opfer des Fanatikers Souvarine wird, der den Schacht zerstört, als Etienne und andere die Arbeit wiederaufgenommen haben. Aber aus der Erfahrung des Rebellen entwickelt sich ein Revolutionär: Etienne geht zur Organisation des Arbeiteraufstands nach Paris. Am Schluss dieses Abschnitts steht G. K. CHESTERTONS Roman *The Man Who Was Thursday* (1908), der die Zweideutigkeit und Interdependenz der Positionen von Rebell und Tyrann in grotesker Weise aufzeigt: Der Polizeiagent Syme tritt einer auf die Zerstörung der Welt hinarbeitenden anarchistischen → Verschwörung bei, deren Angehörige unter dem Namen von Wochentagen arbeiten, von einem Riesen namens Sunday geleitet werden, eines Tages entdecken, dass jeder von ihnen Polizeiagent ist, und gemeinsam Jagd auf Sunday machen, der sich schließlich als Urheber aller Ordnung und aller Anarchie, als der Gutes und Böses in eins verknüpfende »Frieden Gottes« erweist.

Das 19. Jahrhundert entwickelte den Typ des intellektuellen Rebellen, bei dem es nicht gleich zu Blutvergießen, Staatsstreichen oder einer Outlawexistenz kommt, sondern der sich in Handeln und Ansichten gegen seine Umgebung stellt und mit ihr einen waffenlosen Kampf führt, der auf seine Art lebensbedrohend sein kann. Diesen Typ repräsentiert, wenn auch nicht ganz rein, Julien Sorel in STENDHALS *Le Rouge et le Noir* (R. 1830), bei dem anfangs der Wille zum Aufstieg in eine höhere Schicht überwiegt, dem zuliebe er seine Aggressivität unterdrückt; aber der Karriereehrgeiz wird gleichsam annulliert durch den Wunsch, der Gesellschaft den Fehdehandschuh ins Gesicht zu werfen, und Julien ermordet seine frühere Geliebte, um zu provozieren und bei seinem Prozess große Abrechnung zu halten. Neben ihm nehmen sich der Adelshass und das fortschrittliche Rebellentum von F. SPIELHAGENS Oswald Stein (*Problematische Naturen* R. 1861/62) trotz des Todes auf den Berliner Märzbarrikaden etwas salonlöwenhaft aus.

Die Figur des intellektuellen Rebellen beherrschte vor allem die gesellschaftskritische Literatur des Nordens in der zweiten Jahrhunderthälfte, was vielleicht auf die dort herrschenden besonders engen, rückschrittlichen Verhältnisse zurückzuführen ist. Bei dem jungen

H. Ibsen handelt es sich zunächst in *Komödie der Liebe* (1862) um einen Protest gegen Ehe und Familie, in *Brand* (Dr. 1866) um die ideale Forderung des Alles oder Nichts gegenüber Staat, Gesellschaft und Kirche, die zum Scheitern und Opfertod führt, und in *Kaiser und Galiläer* (Dr. 1873) um ein von Ästhetizismus gespeistes Sendungsbewusstsein, das die Geschichte zurückdrehen möchte und ebenfalls zum Zusammenbruch verurteilt ist. In den dann folgenden Gesellschaftsdramen Ibsens verkörpert den Typ am besten Stockmann in *Ein Volksfeind* (Dr. 1882), der sich aus sozialer Verantwortung gegen die Geschäftsinteressen seiner Umgebung wendet und mit seinen Forderungen ebenso gegen eine Wand anrennt wie Brand. Von dem Modell Brand sind Rebellen des jungen Strindberg abhängig, Karl in *Der Freidenker* (Dr. 1870) und Arvid Falk in *Das rote Zimmer* (R. 1879). Neben dem strindbergschen Freidenker stehen der des Norwegers A. E. Garborg (*Ein Freidenker* R. 1878), ein gegen die glaubensmäßige Meinungsdiktatur ankämpfender Theologe, und der gleichfalls als Theologe scheiternde des Dänen K. A. Gjellerup (*Ein Jünger der Germanen* R. 1882). Deutsche Beiträge zu dieser Motivvariante sind z. B. der gegen ein frivoles Madonnenbild protestierende, mönchisch wirkende Jüngling in Th. Manns kurzer Erzählung *Gladius Dei* (1902), in dem Züge des ↑ Savonarola aus *Fiorenza* (Dr. 1906) vorweggenommen sind, der auf sexuellem Gebiet gegen die konventionelle Moral ankämpfende »Zwergriese« Karl Hetmann in F. Wedekinds *Hidalla* (Dr. 1904), der sich schließlich aus Zweifel an sich selbst erhängt, und die Titelgestalt von B. Brechts *Baal* (Dr. 1918, 1919, 1926), ein Dichter-Rebell, den der Autor im Laufe der Umarbeitungen des Werks zu einer nahezu mythischen Herausforderung an die bürgerliche Welt steigerte. Einflüsse von Nietzsches Übermenschenideal, schon bei Wedekind greifbar, prägten den Helden von H. Hesses *Demian* (R. 1919) und seinen Harry Haller in *Der Steppenwolf* (R. 1927). Harmloser wirkt dagegen der aus der gleichen Rebellensippe stammende Michael Vierkant in L. Franks *Die Räuberbande* (R. 1914), ein Selbstmörder, weil er im Gegensatz zu den Gefährten der gemeinsamen rebellischen Jugend, die sich an die bürgerliche Existenz anpassen, nicht zur Selbstverwirklichung findet. Die psychologische Komponente dieses zur Selbstzerstörung neigenden intellektuellen Typs arbeitete der Kroate M. Krleža in dem Roman *Ohne mich* (1938) heraus, dessen Rebell die Provokation der Gesellschaft durch eine Mordanklage so weit treibt, dass er sich selbst die Zwangsjacke einhandelt.

Wenn bei Krleža dem kompromisslosen Ankläger die Existenz selbst suspekt erscheint, so steht er an der Grenze zum metaphysischen Rebellentum wie auch manche der antiorthodoxen Theologen der nordischen Literatur. Dem einer Vollstreckung des Todesurteils entkommenen F. M. DOSTOEVSKIJ erweitert sich ichbezogenes, letztlich negativ gesehenes Rebellentum zwangsläufig zu einem Anrennen gegen eine höhere Ordnung. Der Student Raskolnikov (*Prestuplenie i nakazanie/Schuld und Sühne* R. 1866) behauptet genau wie später Ivan Karamazov (*Brat'ja Karamazovy/Die Brüder Karamasow* R. 1879–80), dass der hervorragende Mensch das Recht habe, sich seinen eigenen Moralkodex zu schaffen, denn alle solchen Kodizes seien dazu da, die Privilegien der Starken zu stützen und die Schwachen in Gehorsam zu halten. Unglaube und kriminelle Instinkte gehen bei beiden zusammen, und in Konsequenz davon werden beide zu Mördern, denn beide haben das Gewissen, das ihnen Richtschnur sein könnte, negiert. Während Raskolnikov zu langer Haft verurteilt wird, die ihm vielleicht die Überwindung des Nihilismus bringt, fällt Ivan in Wahnsinn, ebenso wie Kirilov in *Besy/Die Dämonen* (R. 1871–72), der sich eine Kugel in den Kopf schießen will, weil er durch die selbstherrliche Anberaumung seines Todes die Nichtexistenz Gottes beweisen zu können glaubt. Stattdessen liefert er jedoch den Beweis für die Sinnlosigkeit jeder Rebellion gegen Gott: Als der Mörder Verhovenskij von ihm die Unterzeichnung eines Schuldbekenntnisses verlangt, das ihn an Verhovenskijs Stelle als Mörder erscheinen lassen würde, verwirrt sich sein Geist durch diesen Zwang, die Todesangst und die Befürchtung, dass der Selbstmord nicht den gewünschten Erfolg haben könne, so sehr, dass der Wahnsinn ihn ergriffen hat, noch ehe die Kugel in sein Gehirn eindringt. St. ZWEIG hat Dostojewskijs Durchbruch zum Christentum in dem »heroischen Augenblick« des Dichters auf dem Richtplatz (1849) in Versen nachgezeichnet (*Sternstunden der Menschheit* 1927). Auch die selbstzerstörerische künstlerische Rebellion und Isolation Adrian Leverkühns in Th. MANNS *Doktor Faustus* (R. 1947) ist zugleich Empörung des Geschöpfs gegen sein Sosein; wie bei MARLOWE ist Faustus ein → Teufelsbündner aus Rebellion.

Seit dem Expressionismus wurde in zunehmendem Maße wieder der politische Rebell aktuell. E. TOLLERS sozialistische und doch von idealistischem Humanitätsglauben getragene Helden treten gegen Gewalt und Blutvergießen auf und werden Opfer dieses Protestes, der sie zwischen zwei Feuer stellt (*Masse Mensch* Dr. 1920, *Die Maschinenstürmer* Dr. 1922). Als Fackelträger, die auch vor Gewalt nicht zurückscheuen, aber von ihrer Mannschaft verlassen werden und den letzten Gang allein gehen, sterben dagegen die Zentralfiguren der Ende der 1920er Jahre erschienenen Werke von F. García Lorca (*Mariana Pineda* Dr. 1927), A. Seghers (*Aufstand der Fischer von St. Barbara* Erz. 1928) und F. Wolf (*Die Matrosen von Cattaro* Dr. 1930). Im Zug eigener Erfahrungen deutscher Autoren mit der Diktatur schälte sich für G. Kaiser (*Der Soldat Tanaka* Dr. 1940), F. Bruckner (*Denn seine Zeit ist kurz* Dr. 1943) und F. Wolf (*Was der Mensch sät* Dr. 1945, *Dr. Wanner* Dr. 1945, *Patrioten* Dr. 1946) als ein Kernproblem das der Entstehung des Rebellentums, d. h. der Wandlung ursprünglich friedfertiger, zur Hinnahme von Unterdrückung neigender Menschen zu überzeugten Widerständlern, heraus: Der kaisertreue Soldat wird zum Aufrührer gegen den Kaiser, als er erleben muss, dass seine Eltern seine Schwester aus Armut in ein Freudenhaus verkauften; der norwegische Pfarrer, der an dem Gebot, dem Übel nicht zu widerstreben, festhält, wird zu einem Soldaten Gottes, nachdem sein Amtsbruder als Geisel erschossen wurde; eine Gruppe deutscher Bürger kommt zu dem Entschluss, gegen das Übel zu protestieren und es zu bekämpfen, statt es zu leugnen; ein Franzose im besetzten Gebiet, der mit den Eroberern auskommen zu können glaubte, stößt zu gewaltsamem Widerstand vor; ein deutscher Arzt erwacht von der Pflichterfüllung seines humanitären Berufs zu rebellischer Aktivität. Die »im Untergrund« lebenden Personen in G. Weisenborns *Die Illegalen* (Dr. 1946) widmen sich gewaltloser Sabotage, und in C. Zuckmayers *Der Gesang im Feuerofen* (Dr. 1950) widerstehen Deutsche und Franzosen gemeinsam gewaltlos der Gewalt. Zuckmayers Oderbruch in *Des Teufels General* (Dr. 1946) dagegen, mehr → Verschwörer als Rebell, nimmt um der größeren Sache willen in Kauf, dass seiner Sabotage Unschuldige zum Opfer fallen.

In der Diskussion um die Anwendung von Gewalt, die in der Rückbesinnung nach 1945 eine bedeutende Rolle spielte, hat A. Camus seine Stimme entschieden für gewaltlosen Widerstand erhoben. Der eingangs erwähnte Essay *L'Homme révolté* (1951) fasst theoretisch zusammen, was sich in dem Drama *Les Justes* (1949) verkörpert hatte: Der idealistische Rebell Ivan Kaliayev, der sich von Unrecht reinhalten wollte, führt dennoch die Ermordung des Großfürsten aus und erkennt an dessen Witwe, die ihn im Gefängnis besucht, das menschliche Leid, das schwerer wiegt als das abstrakte Gesetz der Revolution; er bringt sich selbst als Sühneopfer dar, indem er seine Begnadigung ausschlägt. Der Camus nahestehende

E. Roblès (*Montserrat* Dr. 1948) macht die Stellung des Rebellen zwischen zwei Pflichten an dem Konflikt des Leutnants Montserrat deutlich, der sich auf die Seite des Widerstandes schlägt, dem Freiheitskämpfer Bolívar zur Flucht verhilft und bewusst sechs Geiseln opfert, indem er den Aufenthaltsort des Entkommenen nicht verrät, aber dadurch zugleich sich selbst dem Tod ausliefert. Durch die Bereitschaft, die eigene Person zu opfern, überwindet auch der pazifistische Meuterer in W. Faulkners *A Fable* (R. 1954) die äußerlich triumphierende staatliche Macht. Gegen diese Macht und ihre widersinnigen Verwaltungspraktiken rebellieren im Kleinformat der Soldat Gruhl und sein Vater (H. Böll, *Ende einer Dienstfahrt* Erz. 1966), deren Empörungsfanal, ein in Brand gesteckter Jeep der Bundeswehr, von der Umwelt entweder nicht verstanden oder schleunigst vertuscht wird.

Die Frage nach der künftigen Existenz eines erfolgreichen Rebellen warf in all den Fällen kein Problem auf, in denen es dem Autor auf eine Versöhnung der Gegensätze ankam. Wenn sich in mittelalterlichen Empörerepen Vasallen wegen ihnen vorenthaltener Rechte gegen ihren Fürsten erheben, so handeln sie dem Rechtsempfinden der Zeit und auch dem geschriebenen Recht gemäß, das ihnen Widerstand gegen unrechtmäßige Handlungen des Herrschers zugestand. Das Feudalwesen, das keinen Souverän im neueren Sinn kannte, sondern auf der gegenseitigen Abhängigkeit von Feudalherrn und Feudalen beruhte, musste im dichterischen Abglanz eine Wiederherstellung des Gleichgewichts als sinnvoll erscheinen lassen, und so steht am Ende der englischen Viten *Gesta Herwardi* (lat., 1224/50) und *Fauke Fitz Warin* (1256/64) ein Friedensschluss, bei dem der rebellische Vasall sein Lehen, der König aber einen getreuen Kämpfer zurückerhält. Die mit den englischen Outlaws verwandten Rebellen im deutschen Epos *Herzog Ernst* (um 1150) und den französischen Chansons de geste *Les Quatre fils Aymon* (um 1150) und *Girart de Roussillon* (um 1200) lassen trotz der heroischen und zugleich rührenden Züge, mit denen die Rebellen ausgestattet sind, zugleich Kritik an ihrem verblendeten Aufstand erkennen. *Herzog Ernst* und *Les Quatre fils Aymon* mögen ursprünglich sogar einen tragischen Schluss gehabt haben, in den erhaltenen Fassungen aller drei Werke ist die Versöhnung mit dem Monarchen jedenfalls durch einen Läuterungsprozess des Helden bedingt. Auch den spanischen Autoren der Goldenen Epoche ist an einem harmonischen Verhältnis zwischen Untertan und Herrscher gelegen, das nur durch zwischengeschaltete Instanzen gestört zu werden scheint. Die Situation der Bewohner von Lope de VEGAS *Fuente Ovejuna* (Dr. 1619), die sich gegen den Comendador, der ihren Bräuten und Frauen nachstellt, erheben und ihn töten, entspricht dem von Thomas von Aquino angeführten Fall, dass der unmittelbare Bedrücker von einem »superior« eingesetzt wurde, vor den die Klage der Untertanen hätte gebracht werden müssen. Darum hat der spanische König ein Recht, die unerlaubte Selbsthilfe seiner Untertanen und die Ermordung seines Beauftragten zu ahnden; er verzeiht jedoch, als die Einwohner auf der Folter einer nach dem anderen als Schuldigen den Ort Fuente Ovejuna angeben. Ist solche Versöhnung nicht das Ziel und befestigt der Erfolg sogar, wie in der ↑ Tell-Sage, die Gegensätze, so verlangt die Logik des Motivs, die sich schon vor SCHILLER in der schweizerischen Tradition durchsetzte, den einzelgängerischen Rebellen, der mit der Rütliverschwörung nichts zu tun hat, nach der Tat bescheiden von der Szene abtreten zu lassen: Auch er legt nur ein Zeugnis ab.

An einigen berühmten Fällen wird die Pervertierung des erfolgreichen Rebellen zum Tyrannen aufgezeigt, und erst diese Perversion führt seinen Sturz herbei. Ch. MARLOWES ↑ Tamerlan (*Tamburlaine the Great* Dr. 1590) ist deutlich ein aus der Unterschicht aufsteigender Rebell, dessen Ehrgeiz und Grausamkeit dann alles vernichtet, was sich ihm entgegenstellt. Der Neapolitaner ↑ Masaniello, der sich an der Spitze des einfachen Volks gegen den Steuerdruck empörte, ein Schreckensregiment führte und durch die eigenen Anhänger fiel, wurde schon von den frühen Bearbeitern des Stoffes, Ch. WEISE (Dr. 1683) und B. FEIND/R. KEISER (*Masaniello Furioso* Oper 1706), als sich überhebender und folglich stürzender → Usurpator aufgefasst, während später E. SCRIBE/C. DELAVIGNE/D. F. AUBER (*La Muette de Portici* Oper 1828) das Hauptmotiv durch das Motiv von dem → Verführer und der Verführten in den Schatten drängten. Die von Gräueln und Entrechtung der Gegner begleiteten Erfolge des ↑ Spartacus wurden in der Dichtung seit B.-J. SAURIN (Dr. 1760) bis zu A. KOESTLER (*Die Gladiatoren* R. 1940) als Beleg für das Umschlagen von Rebellion in Inhumanität dargestellt. Ganz ähnlich akzentuierte die Literatur Aufstieg und Fall des Wiedertäufers ↑ Johann von Leyden, bei dem das Tyrannentum noch extremere Formen annahm (Ch. B. SCHÜCKING, *Elisabeth* Dr. 1777; C. SPINDLER, *Der König von Zion* R. 1837; E. SCRIBE/G. MEYERBEER, *Le Prophète* Oper 1849). H. v. KLEISTS ↑ Kohlhaas (*Michael Kohlhaas* Erz. 1810) wandelt sich während der Zeit seines Erfolgs aus einem Rechtsfanatiker in einen Mordbrenner, dem Luther die Versöhnung mit dem

Himmel versagt. G. BÜCHNER (*Dantons Tod* Dr. 1835) zeigte einen Danton, der vom Gespenst der Septembermorde verfolgt wird, und einen ↑ Robespierre, der seine Blutschuld als Märtyrertum stilisiert. Neuere Gestalter des ↑ Savonarola-Stoffes, die in dem Reformer nicht mehr einen Vorläufer der Reformation sehen konnten, erkannten in seinem Gewaltregiment selbstische Züge (Th. MANN, *Fiorenza* Dr. 1906) und die Verführung durch ein Sendungsbewusstsein, das die reine Quelle seines Wollens trübt und zur Anwendung gefährlicher Machtmittel treibt (G. TRARIEUX, *Les Vaincus* Dr. 1899; A. SALACROU, *La Terre est ronde* Dr. 1938). M. FRISCH (*Graf Öderland* Dr. 1951) unterstrich das Zwanghafte an der Wandlung eines siegreichen Rebellen: Ein Staatsanwalt wandelt sich durch das Rätsel eines Mordfalles und durch den Eindruck der Ballade vom Aufrührer Graf Öderland in einen Rebellen wider die bürgerliche Ordnung, gründet eine Widerstandsbewegung, mit deren Hilfe er die Macht im Staate übernimmt, sich aber zu seiner Ernüchterung vor die Aufgabe gestellt sieht, nun von der Freiheit zur Ordnung übergehen und selbst Gesetze erlassen und Zwang ausüben zu müssen.

Das Problem des gescheiterten, aber überlebenden, angepassten Rebellen nimmt unter den Motivvarianten nur einen geringen Raum ein, da es nur von einer begrenzten Zahl psychologisch brüchiger Gestalten repräsentiert wird, die schon an den Typ des → Verräters grenzen. Ein merkwürdiger Fall von versuchter Anpassung und halbem Helden ist Jaffeir in Th. OTWAYS *Venice Preserved* (Dr. 1682), ein aus verletzter Ehre mit Verschwörern gegen den Senat von Venedig paktierender Mann, der die Vorstellung von künftigen Bluttaten so wenig ertragen kann wie die Vorhaltungen und Bitten seiner Frau, der Tochter eines Senators. Er rettet den Staat, indem er die Kameraden verrät, und wird von dem geretteten ↑ Venedig um den Preis seines Verrats, das Leben der → Verschwörer, betrogen, sodass er den Freund Pierre durch einen Dolchstoß nur noch vor Folterqualen bewahren und ihm im Tod nachfolgen kann. Harmlosere, etwas nach Happy End schmeckende Aussöhnungen mit dem Bestehenden begeben sich bei W. SCOTT (*Waverley* R. 1814, *Old Mortality* R. 1816), wenn der Offizier Waverley, der wegen einer ungerechten Behandlung zu den Jacobiten überging, nach der Niederwerfung der Stuartpartei wegen sonstigen Wohlverhaltens begnadigt, einer freundlichen Zukunft entgegengeht, und der junge Held von *Old Mortality*, der halb widerwillig auf die Seite der Covenanters geriet, hat das Glück, dass der von ihm gesuchte Ausgleich der Parteien durch Wilhelm von Oranien verwirklicht wird. Eine für die Entwicklung der eigenen Generation bezeichnende Art von Anpassung zeigte H. LAUBE an einer der Repräsentativfiguren seines Romans *Das junge Europa* (1833–37), dem jungen Valerius, auf, der sich nach dem Zusammenbruch des polnischen Aufstands und dem Verebben der liberalistischen Welle in eine bürgerliche Idylle rettet, während sein Freund Hippolyt durch seine Unfähigkeit zur Anpassung in den Tod getrieben wird. Aus der schwedischen Geschichte stellte der junge A. STRINDBERG (*Meister Olof* Dr. 1881) den Fall des Reformators Olaus Petri zur Diskussion, der sich als Sekretär und Abgesandter Gustav Vasas auf die Seite der königsfeindlichen, sozialrevolutionären Wiedertäufer schlägt, sich aber im Angesicht des Schafotts den Bedingungen des Königs unterwirft und seinen Abfall relativierend zu rechtfertigen weiß. Auch der gesellschaftliche Aufrührer Arvid Falk in STRINDBERGS *Das rote Zimmer* (R. 1879) versteht sich später zu arrangieren und sein Rebellentum mit wissenschaftlichen Studien abzutöten.

P. Heller, The Masochistic Rebel in Recent German Literature, (Journal of Aesthetics and Art Criticism 11) 1953; J. C. Loram, The Resistance Movement in the Recent German Drama, (German Quarterly 33) 1960; T. Stenström, Den Ensamme. En motivstudie i den moderna genombrottets litteratur, Stockholm 1961; G. C. Strem, The Theme of Rebellion in the Works of Camus and Dostoievsky, (Revue de Littérature comparée 40) 1966; G. Gillespie, The Rebel in the 17th Century Tragedy, (Comparative Literature 18) 1966; K. H. Bender, König und Vasall. Untersuchungen zur Chanson de geste des XII. Jahrhunderts, (Studia romanica 13) 1967; I. Benecke, Der gute Outlaw. Studien zu einem literarischen Typus im 13. und 14. Jahrhundert, 1972.

Rivale, Rivalin, Rivalität → Brüder, Die verfeindeten; Nebenbuhlerschaft; Vater-Sohn-Konflikt

Ruinen

Ruinen menschlicher Bauwerke entstanden und entstehen durch Versagen und Versäumnisse ihrer Betreuer, Unglücksfälle und Naturkatastrophen wie Brand und Überflutungen, Erdbeben und Vulkanausbrüche, durch politischen Umsturz und vor allem durch Kriege. Wo sie über den Zeitpunkt der Zerstörung erhalten blieben und als Trümmer Jahrzehnte, ja Jahrhunderte überdauerten, ist die Kunstfertigkeit ihrer Erbauer, Gebäude aus Stein zu errichten, die Voraussetzung. Bewunderung solcher Reste, Trauer über verschwundene Schönheit und Pracht, von denen sie Zeugnis ablegen, haben daher immer mit Kultur- und Geschichtsbewusstsein zu tun. Das Ruinen-Motiv in der Literatur entsteht aus einer zivilisatorischen Sicht, es ist ein ausgesprochen »sentimentalisches« Motiv. Zwar verschmilzt die nicht mehr bewohnte oder benutzte und kaum zu einer Verwendung dienliche Ruine mit der sie umgebenden Natur, wird zum Bestandteil einer Landschaft, wie sie sich auch immer wieder in der bildenden Kunst spiegelt, aber sie bleibt doch ein Indiz für menschliche Leistung oder für die Vergänglichkeit solcher Leistung. Das Ruinen-Motiv ist recht eigentlich ein Stimmungsmotiv, es kann ins Zentrum lyrischer Schöpfungen treten, aber auch in den pragmatischen Gattungen streckenweise die Rolle eines farbgebenden Mitspielers übernehmen.

»Wie liegt die Stadt so wüste, die voll Volks war!« Wenn der jüdische Prophet Jeremia die Zerstörung Jerusalems betrauert und der römische Feldherr Scipio Africanus minor auf den rauchenden Trümmern des von ihm zerstörten Carthago ahnungsvoll an eine mögliche Zerstörung der eigenen Vaterstadt Rom denkt und aus der *Ilias* die prophetischen, sowohl von dem Griechen Agamemnon wie von dem Troer Hektor ausgesprochenen Verse zitiert »Einst wird kommen der Tag, da die heilige Ilios hinsinkt«, so bedeutet dieses frühe Auftauchen des Ruinen-Motivs in der Dichtung nur die unter dem unmittelbaren Eindruck von Krieg und Zerstörung entstandene Klage um den Verlust eines bis dahin blühenden Zentrums menschlicher Kultur, das zugleich meist Heimat des Sprechenden ist. Die Trümmer selbst bedeuten nichts, hinter ihnen ist noch das Bild des Gewesenen, Unzerstörten lebendig, dessen Vernichtung betrauert wird. Das gilt auch noch für den Gallier RUTILIUS CLAUDIUS NAMATIANUS, der bald nach dem dann wirklich eingetretenen Fall Roms im Jahre 410, der die abendländische Welt erschütterte, das zerstörte Rom besang, aber der traurigen Wirklichkeit das dichterische Wunschbild einer Wiedergeburt der Stadt entgegensetzte: Urbs Roma als Mittelpunkt von Orbis, dem Erdkreis, habe eine ewige Aufgabe.

Die aller Welt bekannten und jedem Rompilger sichtbaren Ruinen Roms haben einen wesentlichen Anteil an der Konsolidierung des Ruinen-Motivs überhaupt. Das frühe Mittelalter allerdings sah in Rom vordringlich ein christliches Zentrum, die Stadt der Apostel, der Märtyrer und des Papsttums, stand der voraufgegangenen Antike ablehnend gegenüber, übersah ihre Ruinen und verdrängte sie im Bewusstsein. Mit dem immer größer werdenden Abstand zum antiken Rom gewannen seine Ruinen jedoch einen größer werdenden Anreiz zu Rückbesinnung, Bewunderung und Trauer, die nun freilich aus anderen Quellen gespeist wurde als aus dem unmittelbaren Verlust, wie er die Dichtung des Jeremias und des Namatianus kennzeichnet. Erstmals fanden in der zwischen 1100 und 1110 geschriebenen lateinischen Elegie *De Roma* des Franzosen HILDEBERT VON LAVARDIN die Sprache der Trümmer, ihr Überdauern als Kunstwerk und die aus ihrem Anblick resultierende Trauer dichterischen Ausdruck. Das römische Altertum ist ästhetisch und gedanklich erfasst und ins Idealische erhoben, wenngleich natürlich die Idee der Renovatio auf christlicher Grundlage die scheinbar endgültige Vernichtung aufzuheben vermag und in einem zweiten Gedicht des Autors *Item de Roma* die Roma christiana sich über die heidnische Welt, deren Sturz mit weltlicher Verstrickung begründet wird, triumphierend erhebt. Gerade das erste der Gedichte wurde jedoch von den Dichtern der italienischen Renaissance, die an altrömische Größe und Virtus anknüpften und die Wiedergeburt des alten Rom erstrebten, besonders geschätzt. Sie entdeckten die Ruinen Roms und anderer antiker Städte als Mahnmale einstiger nationaler Größe und erlebten durch sie das heroische Gefühl, auf bedeutendem historischen Boden zu leben. POGGIO verglich Rom mit dem verwesenden Leichnam eines Giganten. PETRARCA, dessen Denken zeitweise ganz von der Erinnerung an die frühere Größe beherrscht wurde, erhob in der *6. Canzone* die Ruinen zu Rufern nach Frieden und Befreiung, die Stadt selbst gebe mit den Trümmern der Vergangenheit den Forschern der Gegenwart Kunde von der Geschichte ihres Volkes. Von diesem Zeitpunkt an kann man die Verwendung des Ruinen-Motivs in der Dichtung und gleichzeitig auch in der Malerei als ein durchgehendes Element datieren. Im nächsten Jahrhundert ist das antiquarische Interesse an den Ruinen bereits so weit gefestigt, dass CRISTOFORO LANDINO (1424–98, *De Roma fere diruta*) den respektlosen Missbrauch der Trümmer beklagen kann.

Die eindrucksvollste und für die weitere Entwicklung wichtigste Verarbeitung des Ruinen-Motivs waren die 33 Sonette, die Joachim DU BELLAY 1558 unter dem Titel *Le premier livre des Antiquitez de Rome* erscheinen ließ. Er erneuerte den antik-heidnischen Fortuna-Gedanken, der bei Lavardin noch nicht auftauchte und der nun ein moralisierendes Element in das Motiv bringt und dessen antithetischen Charakter sichtbar werden lässt. Auf der einen Seite sind die Ruinen wie in der älteren Rom-Dichtung heilig als Zeugnisse großer Menschen und ihrer Leistungen, auf der anderen sind sie ein Dokument der Vanitas, der Eitelkeit und Vergänglichkeit menschlichen Strebens; Ruinen dokumentieren zugleich die Widerstandsfähigkeit menschlicher Schöpfungen gegenüber den Naturkräften und doch auch den Sieg der Zeit und des wechselhaften Schicksals über diese Werke. Die Dialektik wird besonders deutlich in dem optischen Eindruck, dass Bäume, Gebüsche und Rankenwerk Größe und Verfall zugleich bedecken. Bewunderung und Trauer mischen sich, beherrschend ist die Schwermut des Dichters und sein Erlebnis der Grandeur du rien, der Größe des Nichts; der Untergang ist unwiderruflich. Neu ist die Ruinen-Stimmung, die von nun an das Ruinen-Motiv zum bevorzugt lyrischen Strukturelement macht, eine Ruinen-Melancholie, die Termini der Vergänglichkeit wie Asche, Staub, Grab, Leichnam und Tod an das Motiv bindet.

Während etwa gleichzeitig mit Du Bellay der deutsche Neulateiner PETRUS LOTICHIUS SECUNDUS in seinen *Elegien* (1551) die Trümmer der Vorwelt als »herrlich« preist (*An Joachim Camerarius, Die Denkmäler von Nîmes*), setzte der französische Calvinist Jacques GRÉVIN mit seinen *Vingt-quatre sonnets sur Rome* (um 1570) dem deutlichen Humanismus Du Bellays die Betonung des durch Ehrgeiz und Entartung verschuldeten Untergangs, des berechtigten Verfalls, entgegen und negierte die heroische Komponente im Werk seines Vorgängers. Auch die unter Du Bellays Einfluss entstandenen Gedichte SPENSERS (*The Ruins of Time, Visions of the Worlds Vanitie*1591) unterstrichen den Fortuna-Gedanken und leiteten damit zur Vergänglichkeitsthematik und damit zum pessimistischen Grundgefühl des Barock über.

Eine bedeutende Ruinen-Dichtung hat das Barockzeitalter nicht geschaffen, doch taucht bei MARINO, Paul GERHARDT, A. GRYPHIUS (*Es ist alles eitel, Sonette* 3,VIII; *Erstes Straf-Gedicht*), HOFMANNSWALDAU, J. BALDE und Ch. GÜNTHER vereinzelt die Vanitas-Thematik im Gewand des Ruinen-Motivs auf und gemahnt an die Hinfälligkeit und Zerstörbarkeit des Irdischen: »Wo die stärksten Pfeiler waren, da liegt jetzt ein wenig Graus« (HOFMANNSWALDAU, *Eitelkeit*).

Im frühen 18. Jahrhundert tritt der Vanitas-Gedanke zurück. Die Ruinen der Antike, die nun von immer mehr Reisenden betrachtet und erlebt werden, gelten den humanistisch Gebildeten als Zeugnisse einer hohen Geschmackskultur, werden aber nicht als schön empfunden, sondern als barbarisch, chaotisch, verwirrend. Auf mittelalterliche Ruinen richtet sich das Auge noch nicht, geschweige denn, dass sie als Parallele zu den klassischen Ruinen empfunden würden. In den um die Mitte des Jahrhunderts aufkommenden deutschen parodistischen »Romanzen« tauchen sie gelegentlich versatzstückartig zur Erregung von Schauder, als Schauplatz früherer Untaten oder Aufenthaltsort von wilden Tieren auf (J. F. Löwen, *Hermin und Gunilde* 1777; J. F. W. Zachariae, *Der Mittag* 1778) und bilden damit eine Art Vorstufe zu ihrer späteren Funktion in der Schauerromantik.

Um die Mitte des 18. Jahrhunderts setzte sich durch die Schriften J. J. Winckelmanns eine neue Antiken-Begeisterung und Antiken-Sehnsucht durch. Künstler und Schriftsteller reisten nach dem Süden, um sich dort von den Resten antiker Kultur inspirieren zu lassen, man entdeckte die Landschaftsmalerei Claude Lorrains mit ihren malerisch verstreuten antiken Trümmern und ihren mythologischen Szenen, und man studierte die Serien von Rom-Ansichten, auf denen G. B. Piranesi die überkommenen Monumente düster-pathetisch überhöhte. Im Zusammenhang mit der sich ausbildenden Ästhetik des Pittoresken erhielt die Ruine eine besondere Funktion in der Landschaftsmalerei, Diderot forderte, dass Ruinenlandschaften wenig Staffage haben sollten und Abendbeleuchtung verlangten. Man glaubte, in der äußeren Wirrnis, als die Ruinenlandschaften sich darstellen, eine innere Ordnung zu entdecken, die durch die über die Ruinen wachsende Pflanzenwelt hervorgerufen werde; der Gegensatz von einstiger Vollkommenheit und jetzigem Verfall wird harmonisiert, Architektur und Pflanzenwelt verschmelzen zu einer neuen Einheit. Der neue ästhetische Ansatz für das literarische Ruinen-Motiv, gefördert und seelisch vertieft durch das modische Gefühl der Melancholie, ging von England aus, wo schon 1740 John Dyer mit dem Gedicht *The Ruins of Rome* den literarischen europäischen Sentimentalismus einleitete. Hier herrscht deutlich schon Ruinen-Romantik, ein Subjektivismus, der die Ruine erneut mit den Elementen des Untergangs, mit Nacht und Grab verbindet, in den Ruinen Roms einen majestätischen Totenacker sieht, die Wirkung des Colosseums bei Nacht lebhaft zu schildern weiß, jedoch den Untergang noch als Folge des römischen Luxus erklärt. Das Gleiche gilt für die seit dem letzten Jahrhundertviertel immer stärker zutage geförderten Ruinen Pompejis, an deren Erhaltung unter den Lavamassen Goethe sich erfreute und die Mme de Staël (*Corinne ou de l'Italie* R. 1807) bewunderte, in denen aber A. de Lamartine (*Graciella* Nov. 1816) und G. Leopardi (*La Ginestra* Gedicht 1834/37) eine Metapher für die Eitelkeit der Welt erblickten, während sie

Th. GAUTIER (*Arria Marcella* Nov. 1852) mit dem zeittypischen Motiv der → Statuenbelebung verknüpfte.

Nunmehr tritt die mittelalterliche Ruine hervor und verdrängt für eine Zeit die klassische Ruine. Mit der Wendung zur nationalen Frühzeit in England und Deutschland verbindet sich die Neigung, sich in alte »heroische« Zeiten zurückzuversetzen, man umschwärmt, nachdem HERDER 1773 der Gotik auch kunsthistorische Würdigung hatte zukommen lassen, die »gotische« Ruine, in der H. HOME (*Elements of Criticism* 1762) den Triumph der Zeit über die Stärke versinnbildlicht sah. Man bewunderte ihre bizarren Formen und setzte in den modischen Englischen Garten seit etwa 1750 sogar künstliche Ruinen von Burgen, Schlössern und Brücken, häufig verbunden mit Eremitagen. Nach dem Vorbild der Friedhofspoesie von Th. GRAY (*Elegy, written in a country churchyard* 1751) dichteten Nachahmer Ruinen-Gedichte, indem sie den Friedhof gegen die Ruine auswechselten (E. JERNINGHAM, *An Elegy Written among the Ruins of an Abbey* 1765; J. CUNNINGHAM, *An Elegy on a Pile of Ruins* 1766; O. GOLDSMITH, *Deserted Village* (1769). Für die deutsche Literatur lässt sich der Übergang zur sentimentalen Haltung schon bei Uz (*Die Burg als Dichtersitz* 1769) feststellen. Phantastische Landschaftsbilder der Vergangenheit, halb versunkene Totenmale und verfallene Burgen, von MACPHERSONS *Ossian* (1760) beeinflusst, wurden einem von Melancholie bestimmten Publikum vorgestellt. MALER MÜLLER, F. L. Graf zu STOLBERG, HEINSE und F. v. MATTHISON (*Elegie in den Ruinen eines alten Bergschlosses geschrieben* 1785) besangen die Ruinen des Heidelberger Schlosses, K.-Ph. CONZ, der 1818/19 eine zweibändige Gedichtsammlung mit dem Titel *Die Ruinen* erscheinen ließ, das *Schloß Württemberg* (1784), F. HÖLDERIN die *Burg Tübingen* (1793), J. H. VOSS besang sogar einen Riesenhügel, also wohl ein Hünengrab aus heidnischer Vorzeit (*Der Riesenhügel* 1779). MATTHISON wurde der hervorstechende Repräsentant der Ruinen-Romantik (*Die Einsamkeit* 1781, *Das Kloster, Abendlandschaft* 1787/93). Wehmut und Verehrung für eine heroische Vergangenheit hielten sich in diesen Dichtungen die Waage; die »gotische« Landschaft wurde bestimment und geradezu dämonisiert: Nächtliche Finsternis, Sturm, Tierlaute, z. B. von Eulen, Irrlichter, alte knorrige Bäume und Geistererscheinungen wurden mit den bemoosten Trümmern der Vergangenheit kombiniert.

Die Ruinenpoesie der Empfindsamkeit und des Sturm und Drang ging unmerklich, von einer neuen Welle der Mittelalter-Verehrung bestimmt, in die Ruinen-Dichtung der Romantik über. Auch aktuelle politisch-soziale Komponenten wie die Zerstörung vieler Adelssitze im revolutionären Frankreich und der durch wirtschaftlich-gesellschaftliche Wandlungen hervorgerufene Verfall von Burgen und Schlössern in Deutschland haben daran mitgewirkt, dass solche Ruinen nun auch strukturbildend in den pragmatischen Dichtungsgattungen Bedeutung erhielten.

Bei der breiten Auffächerung des Ruinen-Motivs in der Romantik muss berücksichtigt werden, dass die schon im Zusammenhang mit den aufklärerischen Romanzen erwähnte Schauerliteratur seit H. WALPOLES *The Castle of Otranto* (1764), genährt auch durch GOETHES *Götz von Berlichingen* (1773), mit ihrer Rückwendung zum Mittelalter sich verfallene Schlösser, Klöster und Kirchen als geeignete Folie für unheimliche bis phantastische Begebenheiten in reichem Maße zunutze gemacht hatte; MALER MÜLLER und sogar LESSING ließen den Teufelskonvent in ihren Faust-Dichtungen in einer zerstörten Kirche tagen. Das deutsche Ritter-Drama und der Ritter-Roman wirkten wiederum auf den Engländer M. LEWIS und seinen berühmten Roman *The Monk* (1796) und die englische Gothic Novel, andererseits auch auf W. SCOTT und die Anfänge des historischen Romans.

So ist es mehreren Strömungen und Einflüssen zuzuschreiben, wenn in der Romantik Religiös-Moralisches, Pittoreskes, Schaudererregendes und Hütten-Romantik zu einer neuen Variante des Ruinen-Motivs verschmelzen. Schon in Bernardin de SAINT-PIERRES einflussreichem Roman *Paul et Virginie* (1787) fungieren Ruinen als symbolschwerer Schauplatz der Handlung, bilden eine strukturelle Komponente des Werks: Die Überreste zweier einfacher Hütten erregen mit ihrer harmonischen Eingliederung in die Landschaft die Aufmerksamkeit des Erzählers, der unter ihrem melancholischen Eindruck die Geschichte ihrer ehemaligen Bewohner erzählt. Der nach *Werther* wirkungsstärkste Roman der Empfindsamkeit, J. M. MILLERS *Siegwart, eine Klostergeschichte* (1776), setzt neben einem großen Aufgebot an Kloster-Motiven auch die Klosterruine als Mittel zur Rührung über erzwungene und gebrochene Keuschheitsgelübde ein. In C. BRENTANOS Roman *Godwi oder das steinerne Bild der Mutter* (1801/02) lebt das Naturkind Otilie, in das sich Godwi verliebt, mit ihrem verstörten Vater und dem seltsamen Knaben Eusebio in der Reinhardstein-Ruine. Unter Pflanzen und Tieren wohnt Gockel in BRENTANOS Märchen *Gockel, Hinkel, Gackeleja* (1838) in einer Schlossruine. L. TIECK, dem eine Reise durch Franken und Thüringen im Jahre 1793 Eindrücke von »verehrungswürdigen« Ruinen dieser Landschaft, besonders den Burgen, vermittelt hatte, die er später in *Eine Sommerreise* (1833) beschreibt und die zum Teil auch in der Novelle *Der junge Tischlermeister* (1836) auftauchen, wurde durch die Ruine von Burg Berneck zu seinem frühen Ritterdrama *Karl von Berneck* (1797) angeregt. In seiner Novelle *Der Runenberg* (1804) bewegt sich die Handlung um ein verfallenes Gebäude auf einem Berg, von dem magische, verderbliche Anziehungskraft ausgeht, ähnlich wie später von der Burgruine in seiner »Gespenstergeschichte« *Die Klausenburg* (1836). Auch eine Ruine am Seegestade, deren Bewohner nach seinem Tod keine Ruhe findet, gibt es bei Tieck (*Abendgespräche* Nov. 1837). Hier ist der Einfluss der Schauerromantik erkennbar, außerdem auch die Einwirkung E.T.A. HOFFMANNS und seiner Novelle *Das Majorat* (1817), in der es um die Vorgeschichte einer Schlossruine am nunmehr für die Romantik entdeckten Ostseeufer geht, in der nachts ein Spuk geistert. Ähnlich wie in diesem Werk Hoffmanns deutet in KLEISTS Novelle *Das Bettelweib von Locarno* (1810) die Ruine eines Schlosses auf die Untat hin, die sich einst in dem Schloss abspielte und einen Spuk auslöste. A. v. ARNIM verwandte nicht nur in seinem Roman *Die Kronenwächter* (1817) den verfallenen mittelalterlichen Palast Barbarossas als einen der vielen symbolträchtigen Verweise auf die altdeutsche Kaiserherrlichkeit, sondern auch in seiner Novelle *Isabella von Ägypten* (1812) einen unheimlichen verfallenen adligen Sommersitz, in dem Zigeuner hausen und in dem der junge Kaiser Karl von Krankheit ergriffen wird. Variantenreich entwickelte sich das Motiv bei EICHENDORFF: Häufiger als die verfallene Burg, die er in dem Epos *Julian* (1853) einsetzt, verwendet er das neuzeitliche Schloss im Zustand des Verfalls, mit verwildertem Park und vernachlässigtem Statuenschmuck. In *Das Marmorbild* (1819) und in *Dichter und ihre Gesellen* (1834) nimmt es eine bedeutungsschwere Stellung ein, im letztgenannten Roman gibt es auch eine Klosterruine. Aus mittelalterlicher Tradition übernahm Eichendorff die Situierung alter heidnischer Götter in Ruinen. Eine besonders pittoresk-melancholische Neuschöpfung sind die verfallenen Wassermühlen in *Ahnung und Gegenwart* (1815) und in der Novelle *Die Entführung* (1839). Das Ruinen-Motiv im Werk Eichendorffs hängt mit dem für ihn wichtigen Thema von der »alten schönen Zeit« zusammen.

Die Verwendung des Ruinen-Motivs in der Dichtung war um die Wende vom 18. zum 19. Jahrhundert so präponderant, dass GOETHE, jeder Melancholie abhold, schon in dem Gedicht *Der Wan-*

derer (1771/72) über den Trümmern der Vorzeit mit ihrem typischen Bewuchs von Moos, Efeu, Eppich eine ländliche Idylle errichtete. In den Eingangsversen zu den *Römischen Elegien* (1795) bekannte er sich zur lebensbejahenden Kraft des Überdauerns, in den *Xenien* (1797) äußerte er mit leiser Ironie Neid auf Amerika, weil es keine verfallenen Schlösser habe, machte in seinem Gedicht *Bergschloß* (1801) die Ruine zum Treffpunkt eines Liebespaares, das bei Gesang und Wein neues Leben über den Verfall triumphieren lässt, und pries solchen Neubeginn schließlich in den Versen auf *Wilhelm Tischbeins Idyllen* (1821), die seine Abneigung gegen Ruinen-Melancholie zusammenfassen: »Würdige Prachtgebäude stürzen, / Mauer fällt, Gewölbe bleiben, / Daß nach tausendjährigem Treiben / Tor und Pfeiler sich verkürzen. / Dann beginnt das Leben wieder, / Boden mischt sich neue Saaten, / Rank auf Ranke senkt sich nieder; / Der Natur ist's wohl geraten.«

Es ist jedoch zu bemerken, dass in der klassisch-romantischen Epoche auch die antike Ruine wieder ihre Sänger findet. SCHILLERS »Aber Rom mit allem seinem Glanze ist ein Grab nur der Vergangenheit« (*An die Freunde* 1802) wiederholt sich in A. W. SCHLEGELS schwermütiger Elegie *Rom* (1805), während in der *Rom*-Elegie (1806) Wilhelm v. HUMBOLDTS das Überdauern das Vergehen verdrängt. F. SCHLEGEL dagegen hat der gotischen Ruine seinen Tribut gezollt mit den Gedichten *Am Rheine* (1802), *Wartburg* (in *Reise nach Frankreich* … 1803) und *Frankenberg bei Aachen* (1807).

Die Anziehungskraft der Ruine als Stimmungsmotiv der Lyrik erhielt sich bis etwa zur Mitte des 19. Jahrhunderts. H. HEINE, der Ruinen gern, wie schon EICHENDORFF, als Wohnung, als Unterschlupf der alten heidnischen Götter verstanden wissen wollte (*Florentinische Nächte* Nov.-Fragment 1836), verwendete das Motiv noch in seinem letzten Gedicht an die Mouche (*Es träumte mir von einer Sommernacht* 1856). Die melancholische Lyrik N. LENAUS kennt Burgen und Schlösser nur im Zustand des Verfalls als Mahnmale der Vergänglichkeit, die er dem Blühen der Natur entgegensetzt. Sie entsprechen seinem ihn beherrschenden Grundgefühl des Unbehaustseins und haben keine eigentlich »romantisch« rückwärtsbezogene und auch keine kulturkritische Funktion (*Vergänglichkeit* 1832, *Die Heidelberger Ruine* 1833). Für die Eingängigkeit der Ruinen-Wehmut legt F. KUGLERS volkstümlich gewordenes Lied auf die Rudelsburg, die schon NOVALIS zu einem Gedicht (*Der gefundene Schatz* 1789) anregte, sein *An der Saale hellem Strande* (1830) mit den »Burgen stolz und kühn«, den darüber ziehenden Wolken, dem Wind, der durch die Hallen streicht, und den »altbemoosten« Steinen Zeugnis ab.

In Frankreich, das in der Rom-Verehrung und Rom-Dichtung eine eigene Tradition entwickelt hatte, fügte Mme de STAËL dieser Tradition ein neues Glied an. In *Corinne ou de l'Italie* (R. 1807) bildet Rom, »la patrie des tombeaux«, den gleichgestimmten Hintergrund zu einer Geschichte von unerfüllter, schwermütiger Liebe. A. de LAMARTINE wiederholte diese Stimmung bei Betrachtung des nächtlichen Colosseums in dem Gedicht *La Liberté ou une nuit à Rome* (1823). Ungefähr gleichzeitig setzte F. R. de CHATEAUBRIAND in seinem Roman *Les Martyrs ou le triomphe de la religion Chrétienne* (1809) das Klagelied Jeremiae über die Ruinen Jerusalems als Symbol für den Niedergang des Römischen Reichs zur Zeit der Christenverfolgung ein, während er andererseits in dem wesentlich von ästhetischen Gesichtspunkten bestimmten Bekenntnis zum Christentum in *Le Génie du Christianisme* (1802) die Ruinen christlicher Baukunst und das den steinernen Malen durch die Natur zurückgegebene Leben hervorhob. In der eingeschobenen Novelle *René* besucht der Held bei dem Versuch, seiner inneren Krise, seinem Weltschmerz Herr zu werden, auch die Ruinen des Schlosses, in dem er aufgewachsen ist. Dagegen wandte V. HUGO sich im Geist der Jüngeren Romantik den vaterländischen Ruinen zu, die ihm ein Bindeglied zu einer großen Vergangenheit bedeuteten (*La Bande noire* 1824, *Aux Ruines de Montfort-l'Amaury* 1825, *Le Rhin* 1842). Er setzte sich für die Rettung französischer Ruinen ein; sie seien für die Poeten eine Quelle der Inspiration, für die Patrioten Zeugnisse ruhmreicher Vergangenheit.

Unter den in Italien lebenden Engländern am Beginn des 19. Jahrhunderts sind ähnliche Ansichten und Stimmungen lebendig wie bei Mme de Staël. SHELLEY sieht in Rom die »Stadt des Todes«, und Lord BYRON steht mit seinem im 4. Canto von *Childe Harold's Pilgrimage* (1812–16) entworfenen Rom-Bild in der Tradition des englischen Sentimentalismus: Roms Glanz ist ihm verdunkelt, er sieht es und das Grabmal der Caecilia Metella unter dem Aspekt des eigenen Weltschmerzes und der ihn bedrängenden Todesahnungen. Byron bezieht außerdem eine zweite italienische Stadt in seine Untergangsvisionen ein: Er entdeckt in dem schon mit anderen dunklen Metaphern belasteten Venedig (*Childe Harold's Pilgrimage*, Ode 1818) das Charakteristikum der »dissolutedness«; Venedig ist zwar keine Ruine, aber es befindet sich im Zustand des Verfalls, ist also mit Todesvorstellungen eng verbunden. »Her palaces are crumbling to the shore«, Venedigs Bauwerke werden von den Wassern verschlungen werden, aber es besitzt eine »dying glory«, die auf eine vielhundertjährige faszinierende Geschichte zurückweist.

Auch als konstitutives Motiv von Erzählungen behielt das Ruinen-Motiv bis in die Mitte des 19. Jahrhunderts hinein Geltung. Das in dem Motiv angelegte Moment der rückwärts in die Vergangenheit weisenden Handlung wurde sowohl von STENDHAL (*De l'Amour* 1822) genutzt, der rückgreifend erzählt, dass eine ehebrecherische Frau von ihrem Mann in der Ruine seines Schlosses gefangen gehalten wurde, bis sie aus Sehnsucht nach ihrem Geliebten starb, wie auch von BALZAC (*La grande Bretèche* 1832), der an ähnlichem Ort einen von dem eifersüchtigen Ehemann eingekerkerten Geliebten der Ehefrau sterben lässt. Ins Spukhafte geht das ähnlich angelegte Motiv bei Ch. NODIER (*Inès de Sierra* Erz. 1837) über: Die Ermordung einer Frau wird jährlich von den wiederauferstehenden Tätern wiederholt. Eine halluzinative Wiederbelebung des Zeitalters von Titus in den Ruinen von Pompeji vollzieht sich bei Th. GAUTIER (*Arria Marcella* 1852) und mit ähnlicher Absicht in mehreren der phantastischen Werke von G. de NERVAL (*Sylvie* Erz. 1853, *Octavie* 1853, *Isis* 1854). Von der in Ruinen gewissermaßen aufbewahrten Vergangenheit und von deren Wiederbelebung berichten auch A. DAUDETS *Les trois messes basses* (Erz. 1873) und ERCKMANN-CHATRIANS *Une Nuit dans les bois* (Erz. 1860), während ALAIN-FOURNIER (*Le grand Meaulnes* R. 1913) aus dem Besuch einer Schlossruine eine durch diese angedeutete Untergangsvision für das sie besitzende Geschlecht entwickelte. V. HUGO nutzte die strukturellen Möglichkeiten des Motivs auch für ein Drama (*Mangeront-ils* 1886): Die Klosterruine zwischen See und Wald ist nicht nur Kulisse für die Geschichte zweier Liebender, sondern auch Symbol ihres unausweichlichen Sterbens.

Nach dem Abflauen nicht nur der romantischen, sondern auch der historisierenden Strömungen des 19. Jahrhunderts beherrschten soziale und politische Gegenwartsfragen vornehmlich die Dichtung, der melancholische Blicke ins Vergangene weitgehend fernlagen. Jüngste Zeitereignisse brachten jedoch eine neue Epoche der Ruinen-Literatur mit sich, deren Grundsituation der Sicht des Jeremias und nicht der jener aus zeitlichem Abstand trauernden, empfindsamen und romantisierenden Dichter verwandt war. Die Totalität des Zweiten Weltkriegs hinterließ in Europa ein Trümmerfeld, vor dessen Hintergrund sich ein Teil der modernen Literatur abspielt.

Allerdings hat sich nur in Deutschland, wo die Zerstörung sehr umfangreich war, eine spezifische »Trümmer-Literatur« entwickelt.

Als eines der frühesten Zeugnisse für diese Thematik kann H. Leips schon 1943 im Simplizissimus veröffentlichtes Gedicht *Lied vom Schutt* angesehen werden, in dem bereits eine – damals gefahrbringende – pazifistische Tendenz hervortrat. Im letzten Stadium des Krieges, unter dem Schatten der Todesdrohung, im Moabiter Gefängnis, entstand A. Haushofers Sonett *Das Erbe* (1946), das aus dem Vergleich mit berühmten untergegangenen Städten wie Babylon, Theben, Ktesiphon und Angkor den resignierenden Schluss zieht: »Auch unser ganzes Erbe sind Ruinen … danach wird alles nur dem Efeu dienen«. Die unmittelbar nach Beendigung des Krieges entstandene Dichtung hält meist den Moment der Rückkehr von Soldaten und Emigranten in eine zerstörte Heimat fest: »Hier stand einst eine Stadt« (J. R. Becher 1947), »Da standen Städte. Doch jetzt liegen Steine« (D. Nick, *Städte* 1946). W. Hilbig (*Alte Abdeckerei* Erz. 1991, *Der Schlaf der Gerechten* Erz. 2003) fand in der durch Braunkohlenabbau und Krieg misshandelten Landschaft eine ergiebige Kulisse, H. Böll (*Der Engel schwieg* R. 1992) übernahm Szenen aus der Trümmerzeit in sein späteres Werk. Das Wiedersehen mit Berlin (H. Zinner, *Nun bin ich heimgekehrt* 1947, R. Leonhard, *Berlin* 1947), mit Frankfurt, seiner Oper, dem Goethehaus (M. L. Kaschnitz, *Rückkehr nach Frankfurt* 1947), die Erinnerung an das, was war, das Entsetzen über das, was übrig blieb, der Anblick der zerborstenen Mauern, der leeren Fensterhöhlen, der zersprengten Röhren, der Schuttberge, der über allem hängende Brandgeruch werden jedoch in den meisten Fällen durch die Hoffnung auf Zukunft und Wiederaufbau überwunden (J. R. Becher, *Gesang über den Ruinen* 1945; B. Brecht, *Rückkehr* entst. 1949): »Mauern und Menschen erheben sich wieder« (R. Leonhard). Bezeichnend ist, dass auch die 1949 als *Nationalhymne der Deutschen Demokratischen Republik* von J. R. Becher konzipierten Verse von dieser Thematik leben: »Auferstanden aus Ruinen und der Zukunft zugewandt.« Selten werden die Ruinen als endgültiger Zustand gesehen, das Moment der überwuchernden Natur wird wieder, wie in der älteren Tradition des Ruinen-Motivs, in die Optik eingebracht: »Und grün wird alles / rund um die Knochen und die Steine / die Wälder reichen wieder hinab zum Meer« (E. Fried, *Nachher* 1958).

Der Terminus »Trümmer-Literatur« umgreift jedoch auch epische und dramatische Werke der Nachkriegszeit. Im erweiterten Sinne gehört auch das Drama *Guernica* (1959) des Spaniers Arrabal zu ihnen, das, ebenso wie das berühmte Bild Picassos, der Erinnerung an die totale Zerstörung dieser Stadt gewidmet ist. Stellvertretend für alle in diesem Jahrhundert zerstörten Städte demonstriert Guernica die Sinnlosigkeit der Vernichtung, dargestellt am Untergang eines alten baskischen Paares, das sich um die Erhaltung des Baumes vor dem Fenster statt um die eigene bemüht. Die Situation der Menschen nach Kriegsende in den Ruinen Berlins entfaltet in zahlreichen Figuren und dem schließlichen Sieg des Lebens über die niederbrechenden alten Wohnstädte I. LANGNERS »Berliner Trümmerstück« *Heimkehr* (1949), wogegen H. PIERITZ skeptischer die hoffnungslose Situation einer *Trümmerfrau* (1981) skizziert, die, hungernd und bewusst sich abrackernd, nur noch den Tod sucht; dann setzt sich die Autorin (*Ein Fremder in der Goldstadt 1948*, 1981) mit den verschiedenen Silhouetten, die sich aus den Ruinen deutscher Städte entwickeln, auseinander und stellt gegen die »steinerne Wüste« Berlins, aus dessen Trümmern »nichts mehr zu holen ist«, die Ruinen der Kleinstadt Pforzheim, in die das Grün des Umlands hineinwächst. Berlins leer gebrannte Häuser mit ihren Zivilisationsresten und zufällig stehengebliebenen Wohnnestern dient G. KUNERTS jugendlichem → Picaro Henry (*Im Namen der Hüte* R. 1967) als Unterschlupf bei seinen erotischen Abenteuern, Schwarzmarktgeschäften und anderen Überlebensversuchen. Das zerbombte und noch kaum Spuren des Neuanfangs zeigende Köln mit seinen Schutthaufen, seinem Schmutz und seinen üblen Gerüchen gibt die adäquate Kulisse ab für das vom endgültigen Ruin bedrohte Leben des durch die Stadt streunenden Ehemanns in H. BÖLLS Roman *Und sagte kein einziges Wort* (1953), und in *Billard um Halbzehn* (1959) bildet die Ruine eines im letzten Augenblick des Krieges von den Deutschen gesprengten Klosters nicht nur ein Symbol, sondern auch ein realistisches Motiv, an das sich die Schicksale von drei Generationen einer Kölner Familie knüpfen.

G. BENN sagt in einem Gedicht, das in düsterer Vorahnung größerer Zerstörung als der jüngst erlebten die alten Komponenten des Motivs von Stolz und Trauer beim Anblick zerstörter menschlicher Kulturleistungen erneut beschwört und Berlin zum Anknüpfungspunkt solcher Gedanken macht: »Dieser Steine Male / bleiben Löwen noch im Wüstensand, / wenn die Mauern niederbrechen, / werden noch die Trümmer sprechen / von dem großen Abendland«. (*Berlin* entst. 1948).

E. Schmidt, Die Ruine als dichterisches Motiv, (Deutsche Literaturzeitung 33) 1912; H.-H. Stoldt, Geschichte der Ruinenpoesie in der Romantik, Diss. Kiel 1925; L. Kander, Die deutsche Ruinenpoesie des 18. Jahrhunderts bis in die Anfänge des 19. Jahrhunderts, Diss. Heidelberg 1933; R. Michéa, La Poésie des ruines au XVIIIe siècle, et la contribution de l'Italie à la sensibilité préromantique, (Etudes italiennes NS 5) 1935; W. Pabst, Satan und die alten Götter in Venedig, (Euphorion 49) 1955; W. Rehm, Europäische Romdichtung, 1960; A. Poli, Tivoli e la poesia della rovine tra preromanticismo e romanticismo, (Atti e Memorie della Società Tiburtina 39) 1966; R. Ginsberg, The Aesthetics of Ruins, (Bucknell Review 18) 1970; I. G. Daemmrich, The Ruins Motif as Artistic Device in French Literature, (Journal of Aesthetics and Art Criticism XXX und XXXI) 1971/72 und 1972/73.

Schelm, Picaro

Der Schelm (mhd. schelm = Aas, Henker, Abdecker, ehrloser Mensch) ist nach älterem deutschem Sprachgebrauch kein Verbrecher, aber er ist auch kein ehrenwerter Mensch, er hält die Mitte zwischen Schalk und Schurke. Er will nicht das Böse, ist auch nicht hemmungslos bösen Instinkten hingegeben, er reagiert nur auf die Bosheit der Umwelt ebenso böse und hat nicht den idealen Vorsatz, sich moralisch intakt durchzubringen, sondern er will überleben und auch nicht schlecht überleben. Der Schelm ist durch Herkunft oder Schicksalsschläge unter die Armen und die den Unbilden schutzlos Ausgesetzten geraten, darum kann seine Gegenwehr nicht frontal sein, sondern muss die List zu Hilfe nehmen: Er überlebt durch seine Schlauheit. Seine Stärke beruht auf der Kenntnis der menschlichen Schwächen, die er auch an den Etablierten und Hochgestellten durch seine Schachzüge ausnutzt und zugleich entlarvt. Er tut das ohne Plan, nur von Fall zu Fall, von Not gedrungen und von Verlockung verführt. Der Schelm hat kein Lebensziel, er will nicht zu einem höheren Standard aufsteigen, er möchte nur auf bequeme, ehrgeizlose Weise das Leben, besonders seine kulinarischen und sexuellen Reize, genießen. Er hat auch kein Programm und will die Welt nicht verbessern. Seine Ziele liegen nah, er baut sein Leben nicht, sondern lässt sich treiben und fühlt sich da unbehaglich, wo es stetig und nach Ordnungen zugeht. Er bindet sich an keine Sache und kaum an einen Menschen, er ist kein Abenteurer, aber sein Leben verläuft abenteuerlich. Da die negative Färbung des Wortes Schelm zur Moderne hin verblasste, wurde es im literarischen Bereich durch die international gültige spanische Bezeichnung Picaro ersetzt.

In der Literatur besitzt der Schelm eine heuristische Funktion. Als Instrument der Satire ist seine Figur auf zweite Personen bezogen, deren Schwächen er, ein scheinbar Naiver, mit den Mitteln der Verführung wirksam werden lässt, sodass er die Düpierung seiner Gegner sowie den eigenen öffentlichen oder geheimen Triumph herbeiführt. Er lacht und macht lachen, kann aber bei Rückschlägen auch Objekt von Gelächter sein. Daher ist der Schelm die gegebene Nebenperson in der Komödie, wie sie in Gestalt des listenreichen, überlegenen → Dieners von der Antike bis heute auf der Bühne erscheint. Als Hauptgestalt der Dichtung tritt er immer dann in den Vordergrund, wenn Gesellschaft und Ordnung brüchig geworden sind und Satire gefragt ist. Dann dient er dazu, eine nur noch scheinbar auf den Höhen wandelnde Menschheit und zugleich die Literatur, die entsprechende »hohe« Menschen zu ihren Helden macht, sowie die Ideologie, die eine Epoche verblendet hat, zu erschüttern und zu entthronen. Der durch den Schelm zu Wort kommende Realismus und die durch ihn vertretene einseitige Perspektive »von unten« zeigen die Menschen ihrer Scheinwürden entkleidet. Ob das Schelmentum in mehr negativem oder mehr positivem Licht erscheint, richtet sich nach der inneren Position des Autors: Der Schelm kann skrupel- und gewissenlos sein, weil die Menschen nun einmal so sind; er kann so geworden sein, weil die Bosheit der Menschen ihn dazu gemacht hat; möglicherweise ist er aber gar nicht so skrupellos, sondern leidet an der Welt und ihren Scheinordnungen, denen er sich jedoch nicht entziehen kann. Der Schelm ist Tunichtgut, Bösewicht, verkappter Moralist, je nach den Maßstäben seines zeitkritischen Schöpfers.

Ein die Urtümlichkeit des Typs belegender indianischer Mythos wurde von dem Brasilianer M. de ANDRADE zur Rhapsodie um den verschlagenen *Macunaima* (1926) erweitert. Von den Göttern der Griechen ist Hermes, Gott des »glücklichen Fundes«, der Diebe, der Kaufleute, der Diener und Redner, eine Art Schalk, der schon als Kind seinem Bruder Apoll eine Rinderherde stiehlt (*Hermes-Hymnos* 6. Jh. v. Chr.). Zu seinen Schützlingen gehört HOMERS listenreicher ↑ Odysseus (*Odyssee* 8. Jh. v. Chr.), der nur dann zur Waffe greift, wenn er mit Beredtheit und Klugheit nichts erreicht. Neben heroischen Zügen trägt er die aus vorhomerischer Märchenmotivik stammenden Charakteristika des Schelms: Mit der Erfindung des hölzernen Pferdes siegt seine List über trojanisches Heldentum und trojanische Festungsmauern, mit List täuscht »Niemand« die gewalttätigen Kyklopen. Das Überleben des griechischen Heeres und das seiner in der Höhle Polyphems gefangenen Kameraden ist ihm wichtiger als Untadeligkeit. Schelmenhafte Züge trägt der über die Schulklugheit der Sieben Weisen Griechenlands triumphierende Fabeldichter Aisopos, um dessen Gestalt sich schon im sechsten vorchristlichen Jahrhundert ein später zum *Aisopos-Roman* erweiterter

Kranz von Schwänken bildete, jedoch weisen ihn seine gespielte Torheit und die Weisheit seiner aus der jeweiligen Situation abgeleiteten Fabeln mehr dem Typ des weisen → Narren zu. Dem sich in der Äsopsage und bereits in den Abenteuern des Odysseus geltend machenden episodischen Element fügte G. PETRONIUS in seinem *Satiricon* (55/65) als zweites konstitutives Formprinzip des Schelm-Motivs das der Ich-Erzählung hinzu. Sein abenteuernder Nichtstuer Enkolpion, zugleich eine Parodie des Odysseus, der mit seinen Kumpanen, zwei Lustknaben und einem Dichter, ein Schmarotzerleben in der Gesellschaft der neronischen Zeit führt, dient der Satire auf den Kultur- und Sittenverfall der Epoche, besonders auf die protzenhaften Parvenüs, in ähnlicher Weise, wie der durch einen misslungenen Zauber in einen Esel verwandelte junge Lucius in des APULEIUS *Der goldene Esel* (160/170) als Gesellschafts- oder besser Menschenkritiker fungiert, indem er seine Erlebnisse und Beobachtungen im Dienst vieler Herren aus der Eselperspektive erzählt.

Die Form der Ich-Erzählung und die Reihung von Episodischem als die dem Schelm-Motiv adäquaten Darbietungsweisen finden sich auch im *Daśakumāracarita* (7./8. Jh.), mit dem DAṆḌIN dem altindischen Heldenepos das realistischere Werk einer Spätzeit an die Seite stellte: Der aus dem väterlichen Reich vertriebene Prinz Rājavāhana und seine neun hochgeborenen Jugendgefährten treffen nach der Rückeroberung des Reichs wieder zusammen und erzählen einer nach dem anderen die Geschichte ihres Überlebens mittels oft sehr unprinzlicher Gaunereien und Ausnutzung der Dummheit der Mitmenschen. Sie dekuvrieren damit die Moral der unteren Schichten Indiens, der Bauern, Kaufleute, Soldaten, Gauner, Diebe, Spieler und Prostituierten, während sie zugleich erkennen lassen, dass sie untereinander eine vertrauensvolle und verlässliche Kameradschaft aufrechterhalten.

Die schon im Falle der Äsopsage hervorgetretene Neigung des Schelm-Motivs, aus der episodischen Zelle, dem Streich, einen Zyklus von Streichen zu entwickeln, führte im Mittelalter, in dem die Äsopsage überlebte, zur Bildung mehrerer ähnlicher, zum Teil von ihr beeinflusster Schwankzyklen. Wie Äsop gehört Markolf (*Dialogus Salomonis et Marcolfi* 12. Jh.), der dem notorisch »weisen« ↑ Salomo mit ähnlich realistischer Lebensklugheit entgegentritt wie jener dem Philosophen von Profession Xanthus, eher zur Spezies weiser → Narr als zu den Schelmen. Dagegen ist der aus der äsopischen Fabeltradition entwickelte ↑ Reineke Fuchs (seit NIVARDUS, *Ysengrimus* um 1150) ein ebenso exemplarischer Schelm in Tiergestalt wie die Schelme im geistlichen Gewand, der Pfaffe Amis (DER STRICKER um 1240), der Kahlenberger (Ph. FRANKFURTER, *Des pfaffen geschicht und histori vom Kalenberg* 1473), der diesem nachgezeichnete Peter Leu (A. J. WIDMANN, *History Peter Lewen* um 1560) oder der ritterliche ↑ Neidhart von Reuenthal (*Neidhart Fuchs* um 1490), deren Streiche oft austauschbar sind und auch ausgetauscht wurden. H. BOTES *Thyl Ulenspiegel* (1510/11), der einen großen Teil älterer Schwänke auffing, entwickelte dadurch, dass er dem Schelm Züge des weisen Narren, vor allem den schon Äsop und Markolf charakterisierenden der wörtlichen Befolgung von Anweisungen, beifügte, aus dem reinen Schelm den Mischtyp des Schalksnarren. Alle diese Figuren sind auf ihre speziellen, meist ihnen übergeordneten oder sie doch an Stärke überragenden Gegner fixiert: Reineke auf den Wolf Isengrim und den Löwen Nobel, die Geistlichen und der Ritter Neidhart auf die feindseligen, geizigen Bauern und Eulenspiegel auf die Stadtbürger. Sie werden durch den wirtschaftlichen Existenzkampf und andere Notlagen zum Handeln gezwungen, und ihre siegreiche List besteht darin, dass sie sich scheinbar den Vorstellungen und Vorurteilen des Gegners anpassen, d. h. eine Maske tragen und aus dieser Tarnung heraus den Stoß führen. Satire auf die Weisheit der Philosophen und den Dünkel der Herrschenden, Bauernsatire, Geistlichensatire und Bürgersatire sind in allen Fällen zwar scharf und treffend, aber nicht böse. Auch Reineke ist in den frühen Fassungen des Stoffes noch nicht Inkarnation des Bösen. Er wehrt sich seiner Haut, narrt die Starken und Mächtigen und wird seinerseits von den noch Schwächeren genarrt. Seine Überlegenheit beruht vor allem auf seiner Rednergabe, die sich besonders in der Verteidigungsrede vor dem Hof offenbart. GOETHE hat seine Schelmenzüge dann wieder verstärkt. Auch die Schelme der anderen Zyklen besitzen Beredsamkeit. Ihre genarrten Gegner sind immer die rational weniger Gezügelten, sinnlichen Schwächen mehr Unterworfenen.

Andere, nicht zu den Zyklen gehörige mittelalterliche Schwänke beruhen auf der gleichen Struktur des Schelm-Motivs, das unabhängig von bestehenden Traditionen jeweils neu erfunden werden kann. Der Advokat in ↑ *Maître Pierre Pathelin* (Farce um 1464) zum Beispiel führt, um den Tuchkaufmann zu prellen, Schachzüge durch, die denen Reinekes ähneln, und wird wiederum, wie oft auch Reineke, von einem ihm an sich Unterlegenen, dem Schafhirten Agnelet, übers Ohr gehauen. Nicht viel anders sind die Taktiken von Pantagruels Gefährten, dem fahrenden Scholaren Panurge (RABELAIS,

Pantagruel R. 1532), einem Unbehausten und Schnorrer, dessen Entwicklung bis zum Verbrechen führt.

Als Nachfahren der mittelalterlichen Schelmenfiguren könnte man den Bürgerschreck Bomberg (J. WINCKLER, *Der tolle Bomberg* R. 1922) ansehen, dessen Streiche allerdings mehr dem Überschwang und der Schadenfreude als der Selbstverteidigung entspringen, aber wie die seiner Vorgänger zeitsatirische Funktion haben.

Ein geistiger Einschnitt ergab sich für das Schelm-Motiv in Deutschland, als durch S. BRANT (*Das Narrenschiff* 1494) menschliche Schwächen ebenso wie menschliche Bosheit als schuldhaftes Versagen unter dem Leitbegriff der Narrheit zusammengefasst wurden und die Moralsatire sowohl im Schelm wie im Genarrten ein Objekt der Bekämpfung und Bekehrung sah und damit dem Schelmenschwank den Boden entzog. Jedoch setzte sich die traditionelle Kategorisierung der Typen schon im späten 16. Jahrhundert wieder durch.

In der gleichen Epoche kam in Spanien eine neue zukunftsträchtige Gattung in Form des pikarischen Romans zur Geltung. Seine Entstehung ist vor dem Hintergrund des Verfalls der mittelalterlichen Ständeordnung zu sehen, der einen gesellschaftlichen Aufstieg lediglich durch Geld ermöglichte und damit die oberen Stände den unteren verdächtig machte sowie auf literarischem Gebiet die idealisierten Helden des traditionellen Ritterromans unglaubwürdig erscheinen ließ. Der in den komischen Partien geistlicher Dramen (S. de HOROZCO, *Representación de la historia evangélica del capítulo nono de Sanct Joan* vor 1548) und in den Intermedien (J. de TIMONEDA, *Turiana* 1564/65) entwickelte freche Diener und Picaro (= Schelm), der dann gelegentlich auch als Widersacher des aristokratischen Helden in den Mantel-und-Degen-Stücken auftauchte, erhielt im Roman seit dem anonym veröffentlichten *Lazarillo de Tormes* (1554) die Protagonistenrolle: ein Bursche niederer und dunkler Herkunft, der, ohne den Rückhalt einer Familie, zuerst Opfer, dann Kenner und durchtriebener Meister der Ränke einer verdorbenen Welt wird und sich mit allen erlaubten und vielen unerlaubten Mitteln durchs Leben schlägt. Er gehört zu den Skeptikern, aber nicht zu den Rebellen; seine Handlungen werden vom Hunger, nicht von einem ideologischen Programm ausgelöst; er weiß sein theoretisches Christentum mit seinen gaunerhaften Praktiken zu vereinen, indem er in Gott den hilfreichen Förderer seiner Streiche sieht, wie sein Name aussagt (Lazarus = Der Herr hat geholfen, nach *Lukas* 16). Er verwirft die Gesellschaft nicht, noch will er sie umstürzen, er ist ein

Anpasser. Jedoch kennt er, ähnlich wie die zehn Prinzen des *Daśakumāracarita*, das Gefühl menschlicher Solidarität, der Kameradschaft, deren Raum von seinen Tricks unberührt bleibt. Die Kette seiner Abenteuer, die nicht, wie im höfischen Roman, um ein Ziel, eine »Queste«, gebaut sind, sondern sich von Fall zu Fall ergeben, bringt jene Unruhe, Auflösung in Einzelbilder und räumliche Weite in den Roman, die auch die innere Form der Schwankzyklen bestimmten und hier dazu führen, dass die seelische Struktur des bindungslosen Picaros sich in der Struktur der Erzählung niederschlägt. Des Picaros dunkle Herkunft ist das parodistische Gegenstück zur geheimnisvollen Abkunft höfischer Helden, und sein Mentor, ein blinder Bettler, der ihn Doppelspiel und Betrug lehrt, ein verzerrtes Spiegelbild ritterlicher Mentoren. Lazarillos Lebensweg führt manchmal auf Höhen, meist aber in Tiefen, wo er Diebe, Hehler, Gaukler, Zigeuner und Piraten kennenlernt, denen er sich zeitweise anschließt. Echte Bindungen kennt er jedoch nicht, auch die Gemeinschaft mit dem armen Hidalgo, seinem einzigen liebenswerten Partner, ist nur vorübergehend; seine Liebeserlebnisse sind auf das Sexuelle reduziert und infolgedessen auch flüchtigen Charakters.

Die spanischen Nachfolger Lazarillos, deren vollständige Nennung hier nicht beabsichtigt ist, füllen das eben gegebene Schema aus und variieren es leicht. M. Alemáns *Vida del pícaro Guzmán de Alfarache* (1599 u. 1604) repräsentiert den Grenztyp zum nicht mehr in dienender Stellung befindlichen Verbrecher und erweitert entsprechend den räumlichen und sozialen Horizont, z. B. im zweiten Teil durch die wohl von A. de Rojas Villandrandos mit dem Picaro-Motiv verbundene Rahmenerzählung *El viaje entretenido* (1603) angeregte Mitgliedschaft Guzmáns bei einer Schauspielertruppe, bietet jedoch die ganze Vita als Lebensbeichte eines Reuigen dar und gibt statt Sozialkritik Moralisation. F. López de Úbedas *La Pícara Justina* (1605) überträgt das Motiv auf eine weibliche Heldin, deren Ziel der Fang möglichst vieler zahlungskräftiger Männer ist und deren Ehemann Guzmán de Alfarache wird. Bei J. de Alcalá Yáñez y Riveras *Alonso* (1624–26) und F. de Quevedo y Villegas' *Historia de la vida del Buscón* (1626) liegt der Akzent wieder auf der Gesellschaftssatire; Quevedo steht dem Buscón ablehnend gegenüber und zeichnet einen anlagemäßig unverbesserlichen Gauner.

In Frankreich übernahm Ch. Sorel (*La Vraie Histoire comique de Francion* 1623) den neuen Stoffkreis und den neuen »Helden«, der als Kontrastfigur zum schmachtenden Liebhaber Céladon in d'Urfés

L'Astrée Heiterkeit brachte, ähnlich wie die Prügeleien der Schauspieler und Provinzler in P. SCARRONS *Roman comique* (1651–57) als Parodie der Degenkämpfe in den Romanen der M. de SCUDÉRY belustigten – das Schauspielermilieu des spanischen pikarischen Romans ist hier in harmlosere Zusammenhänge gestellt. Scarron hatte schon in seiner Übersetzung des *Buscón* (1633) Charakter und Schicksal des Picaro gemildert. Ein gegenüber den spanischen Mustern ebenfalls zivilisierterer Picarotyp erschien dann mit LESAGES *Histoire de Gil Blas de Santillane* (1715–36). Wie Lazarillo wird Gil Blas durch Druck von außen zur Selbstbehauptung gezwungen und gerät durch Zufall immer wieder in sträfliches Milieu, das er gar nicht anstrebt, denn er ist im Unterschied zu Lazarillo nicht naiv, sondern besitzt die Fähigkeit, sich vom Schlechten zu distanzieren, und es gelingt ihm daher nicht ganz von ungefähr, sich schließlich in ein gehobeneres Dasein zu retten, sodass das Picaro-Motiv in der Zentralgestalt nur partiell und im Schlussteil überhaupt nicht mehr zur Entfaltung kommt, dafür umso stärker in dem Gaunerpaar, von dem Gil Blas sich trennt.

Das Formschema des pikarischen Romans, vor allem die Ich-Erzählung, übernahmen auch die deutschen Nachahmer der Gattung, aber die Titelfigur von GRIMMELSHAUSENS *Der Abenteuerliche Simplicissimus Teutsch* (1669) deckt sich mit dem Picarotyp nur für einige Strecken seines Soldatenlebens; seine religiöse Grundkomponente, sein Gewissen, sein Fragen nach einer höheren Ordnung trennen Simplicius vom Wesen des Picaro und machen aus der Reihung von Typischem die Entwicklung eines Individuums. Dagegen ist Grimmelshausens Landstörtzerin Courasche (*Trutz Simplex* R. 1670) eine echte Picara, die lebenshungrig, mutig, hart, gewissen- und reuelos ihren Weg geht und es auf sechs Liebhaber und fünf Ehemänner bringt – eine weibliche Spielart der pikarischen Ruhelosigkeit. In den Romanen J. BEERS erscheint Simplizianisches ins Mutwillig-Spielerische abgewandelt. Lediglich der faule Lorenz in *Das Narrenspital* (1681) kommt dem Picaro nahe, ohne allerdings dessen kriminelle Züge zu besitzen; mit dem im Sinn des frühen 16. Jahrhunderts verwendeten → Narren-Motiv macht sich eine moralisierende Besserungstendenz geltend. Spätere deutsche Mutanten der Picara neigen dem Typ der Abenteurerin zu, ausgenommen vielleicht die Titelfigur in J. K. WEZELS *Die wilde Betty* (R. 1779).

In England fand der pikarische Roman zunächst wenig Widerhall. Der Page Jack Wilton (Th. NASHE, *The Unfortunate Traveller or The Life of Jack Wilton* R. 1594), der schelmenartige Züge besitzt, vollbringt seine Streiche aus reinem Mutwillen und nicht aus Not und Selbsterhaltungstrieb, sodass Nashes Roman eher als Abenteuerroman anzusprechen ist. Stärker trat das Picaro-Motiv im 18. Jahrhundert als Ingrediens des sich etablierenden bürgerlichen Romans hervor, wobei der Schelm entweder zur Partei der Bösen gerechnet wird und in die Nähe des Verbrechers gerät oder ein nur zeitweiser oder scheinbarer Picaro ist, der im Zuge moralisierender Tendenzen »gerettet« wird. D. Defoes Moll (*Moll Flanders* R. 1722) hat zwar im ersten Teil des Romans mit seinen betont nüchtern wirkenden erotischen Abenteuern pikarischen Charakter, und ihr Leben wird auch in Form der episodisch aufgebauten Autobiographie dargeboten, aber im späteren Verlauf der Handlung schlägt ihr Schelmentum in zielbewusstes Verbrechertum um, sodass sie im Ganzen als weiblicher → Hochstapler anzusehen ist. In den ersten zwei Dritteln von T. G. Smolletts *Life and Adventures of Roderick Random* (1748) erlebt der Leser zwar einen Picaro in seiner verbrecherischen Umwelt, im letzten Teil aber den schmachtenden Liebhaber eines edlen Mädchens, der die pikarische Welt verlassen hat. Der letzte englische Roman des Genres, H. Fieldings *Tom Jones* (1749), benutzt das Pikarische nur noch als abenteuerliche Durchgangsstation, die den Helden, einen zu Unrecht verstoßenen jungen Mann, innerlich gar nicht berührt.

Russische Picaros standen in der Nachfolge des *Gil Blas*. Nach dem Muster weiblicher Schelmenbeichten in Lesages Roman schrieb M. Čulkov die Geschichte einer lasterhaften Frau aus der Unterschicht der Stadtbevölkerung (*Prigožaja povariha/Die schmucke Köchin* 1770) und die fiktive Autobiographie eines zum listen- und wortgewandten Schelmen umstilisierten historischen Verbrechers (*Van'ka Kain* 1775). V. T. Narežnyj schuf einen *Russischen Gil Blas* (*Rossijskij Žilblaz* 1814) und F. V. Bulgarin mit *Ivan Vyzigin* (1829) die zum satirischen Sittenbild ausgeweitete Lebensbeichte eines gehobenen Picaros vom Schlage des französischen Vorbildes.

Im Übrigen klingt im 19. Jahrhundert das Picaro-Motiv nur vereinzelt und mit motivfremden Beimischungen auf. Zu nennen wären etwa Lord Byrons *Don Juan* (Versepos 1821–23), der mit dem zielbewussten Verführertum des stofflichen Urbildes wenig gemein hat, sondern mehr ein passiv in amouröse Abenteuer hineinrutschender, allerdings skrupellos reagierender Typ ist; Mark Twains Huckleberry Finn (*The Adventures of Huckleberry Finn* R. 1884), dessen jugendliche Kritik an und Flucht aus der amerikanischen Provinzgesellschaft zu früh abgebrochen wird, als dass sie sich zur vollen pikarischen Lebensbeichte ausweiten könnte; STENDHALS Julien Sorel (*Le Rouge et le Noir* R. 1830), der durch seinen zielstrebigen Aufstiegswillen mehr zum Typ des Hochstaplers gehört; schließlich W. M. THACKERAYS Barry (*The Luck of Barry Lyndon* R. 1844), an dem sich nur in seinen Anfängen typische Situationen und Reaktionen des Picaro manifestieren. Die von Barry zeitweise gegebene, für den pikarischen Roman typische Darstellung moralisch korrupter höherer Schichten aus der Perspektive eines ebenso korrupten Dieners wurde dann in des gleichen Autors *The Yellowplush Correspondence* (R. 1837/38) zum durchgängigen Aspekt.

Die Gestaltung des Picaro-Motivs verlangt nicht nur den Mut, die Gesellschaft satirisch darzustellen, sondern auch, den ihr entgegengestellten »Helden« als frechen und skrupellosen Tunichtgut zu zeichnen. Der Leser muss ihn genauso ablehnen wie seine etablierten Gegner, und nur das Lachen, das er durch seine Streiche auslöst, kann mit der bitteren Gattung versöhnen. Darum war der Kunstgriff, den Schelm hinter der Maske des Fuchses zu verstecken, so erfolgreich: Das Herz blieb aus dem Spiel. Schelmendichtung will keine Sympathien erwecken. Das Wiederauftauchen von Motiv und Form des pikarischen Romans seit den 1920er Jahren und besonders nach dem Zweiten Weltkrieg ist erneut dem Zerfall der Gesellschaft und dem Unbehagen an ihr zuzuschreiben. Hauptanliegen der modernen Motivvariante ist die Kritik an der Mitwelt und die Herausstellung eines Typs, der sich mit ihr nicht konform erklären und überhaupt sich nicht an eine Ordnung oder verbindliche Idee anpassen kann, zu Opfern nicht bereit ist, sondern sich selber lebt und gegen jede Beschneidung seiner Selbstverwirklichung allergisch ist. Er neigt zum Anarchischen, was dem alten Picaro, der es sich wohl sein lassen wollte und der sich anpasste, fremd war. Diese Eigenschaften werden angesichts einer Gesellschaft, die allerdings weit mehr als die des 16. bis 18. Jahrhunderts träger Uniformität anheimfällt, als positiv gewertet. Der Picaro erscheint als Repräsentant des Menschlichen, ursprünglicher Unschuld und Integrität sowie gedanklicher Selbständigkeit, und er wird gelegentlich in die Nähe eines heimlichen Moralisten und positiven Helden gerückt. Daher geht mitunter seine Schelmenseite fast verloren: Er verübt keine Streiche mehr, geschweige denn Übeltaten, man kann nicht mehr über ihn lachen. Man hat sogar vom Typ eines pikaresken Heiligen gesprochen: Da ein vollkommener Heiliger heute künstlerisch nicht erträglich sei, habe man das Heilige humanisiert und säkularisiert. Die Kameradschaft zu seinesgleichen, die der alte Picaro empfand, ist zu leidenschaftlicher Anteilnahme am menschlichen Elend gesteigert, die bis zur Teilhabe an den Sünden der Mitmenschen geht, sodass das Heilige das Pikarische doch in den Schatten stellt (I. SILONE, *Bread and Wine* R. 1936; G. GREENE, *The Power and the Glory* R. 1940). Im Übrigen ist die Teilhabe an den menschlichen Sünden und ein gewisses Outsidertum den Heiligen und Kirchenvätern gar nicht so fremd (→ Märtyrer, → Einsiedler).

Bei den frühen Repräsentanten des modernen Picaros findet sich diese Idealisierung noch nicht. G. HAUPTMANNS Mutter Wolffen (*Der Biberpelz* Kom. 1893), mit der dem Dichter eine vollkommene Umsetzung des Motivs in den begrenzten Raum des Dramas gelang, betrügt und bestiehlt ihre Umwelt, will jedoch als eine Angepasste die Gesellschaft, die der Tummelplatz ihres Gaunertums ist, keineswegs zerstören. Der Knabe Kim R. KIPLINGS (*Kim* R. 1901) ist zwar liebevoller Begleiter eines heiligen Lamas, selbst aber ganz der Welt der Abenteuer zugewandt, eine Neigung, der der Autor durch Kims Tätigkeit für den Geheimdienst ein halbwegs ehrenhaftes Ansehen verleiht. Auch die Titelfigur von Th. MANNS schon vor dem Ersten Weltkrieg konzipiertem Roman *Bekenntnisse des Hochstaplers Felix Krull* (1954) liefert einen Beitrag zur Geschichte des Schelms, jedoch hat ihn der Autor durch die charakteristische Neigung zur höheren Gesellschaft und das Mimikrytalent der Spezies → Hochstapler zugewiesen. In J. HAŠEKS *Die Abenteuer des braven Soldaten Schwejk* (R. 1920–23) bringt es die Landserrenitenz des Schelms Schwejk gegenüber der Militärmaschinerie mit sich, dass der Akzent auf der politischen Satire liegt, während der mit Schwejk im Willen zum Überleben übereinstimmende Kriegsfreiwillige Bardamu L.-F. CÉLINES (*Voyage au bout de la nuit* R. 1932) wohl das Unstete des Picaros, aber kaum dessen Talent zum Lebensgenuss besitzt. Im Werk B. BRECHTS lag die ursprüngliche Neigung zum pikarischen, nonkonformistischen Typ später im Kampf mit dem Bekenntnis zu einem Programm, brach sich aber in seinen lebensvollsten Gestalten immer wieder Bahn: in der an Grimmelshausen angelehnten Courage (*Mutter Courage und ihre Kinder* Dr. 1941), dem Großgrundbesitzer Puntila (*Herr Puntila und sein Knecht Matti* Dr. 1948) und dem Richter Azdak (*Der kaukasische Kreidekreis* Dr. 1949). Der naive Schelm alten Stils, der um 1920 in seiner spanischen Heimat mit dem Typ des »Fresco«, dem frechen Nichtsnutz und egoistischen Zyniker der Komödiengattung des »Astracán«, eine Mutante zeitigte, fand außerdem im rauen, nicht sentimentalisierten Milieu amerikanischer Halbzivilisation neuen Lebensraum. Die Schelme von Tortilla Flat

(J. STEINBECK, *Tortilla Flat* R. 1935) sind dafür fast klassisch geworden, und ähnliche Unbeschwertheit kennzeichnet auch große Partien des unbehausten und abenteuerlichen Lebens von Augie March (S. BELLOW, *The Adventures of Augie March* R. 1953); Augies Irrwege sind allerdings letztlich Umwege zu seinem Selbst, das er sucht, sodass die innere Struktur des Romans der des Entwicklungs- oder Bildungsromans entspricht. »Gehobener«, weil als Lebensbeichte eines Malers dargeboten, und mit ernstem Unterton, weil von einem Gescheiterten auf dem Krankenbett verfasst, erscheint die pikarische Grundsubstanz in des Engländers J. CARY *The Horse's Mouth* (R. 1944).

In der deutschen Literatur wurden picaroartige Figuren nach dem Zweiten Weltkrieg häufig und seit *Die Blechtrommel* (R. 1959) von G. GRASS geradezu modisch. Die Erfahrung, dass Überleben in Deutschland kurz vor und nach 1945 oft nur mit illegalen oder doch halblegalen Mitteln möglich war, mag dazu beigetragen haben. Viele Menschen, denen das bürgerliche Leben weggebrochen war, fanden nicht mehr in ein solches zurück und wollten das wohl auch manchmal nicht. Die Abkehr vom Bürgerlichen hat den Picaro verständlicher gemacht und häufiger dazu geführt, ihn zu rechtfertigen. Die Hauptfigur von R. KRÄMER-BADONIS *In der großen Drift* (R. 1949) findet endlich in die bürgerliche Gesellschaft zurück und gibt die Picarohaltung auf, A. V. THELENS Vaganten-Literat Vigoleis (*Die Insel des zweiten Gesichts* R. 1953) dagegen nicht mehr. Schelmentum als Resultat politischen Drucks repräsentiert der Dichter-Picaro in R. KRÄMER-BADONIS *Die Insel hinter dem Vorhang* (R. 1955), dem als Spielraum seiner Menschlichkeit nur Kameradschaft und Freundschaft bleiben wie den Picaros des 17. Jahrhunderts. Das spielballartige Geschick des Lazarillo erneuert sich an G. GRASS' epochemachendem Oskar Matzerath (*Die Blechtrommel* R. 1959), der als Dreijähriger sein Wachstum einstellt, seine Beobachtungen aus der Zwergenperspektive macht, sich jeder Ideologie und jeder Rolle vor der Tribüne verweigert; ähnlichen Nonkonformismus zeigt er auf sexuellem Gebiet. Auch der Held von P. PÖRTNERS *Tobias Immergrün* (R. 1962) verhält sich kindhaft, ohne dass dies mit einem Wachstumsstopp erklärt wird, und H. KÜPPERS Simplizius (*Simplizius 45* R. 1963) ist wirklich ein Kind mit naiv kindlicher Perspektive; bei Pörtner lebt auch der ironisierte Herkommensmythos wieder auf, denn sein Held ist ein Findelkind. M. BIELERS auf seine Neutralität pochender, zwischen Ost und West pendelnder Bonifaz (*Bonifaz oder der Matrose in der Flasche* R. 1963) entzieht sich dem Zugriff der

Gewalten und Ideologien durch Namenswechsel. Auch G. KUNERTS (*Im Namen der Hüte* R. 1967) jungem Henry haftet eine etwas mysteriöse Herkunft an, die er neben seinem Überlebenskampf in den → Ruinen Berlins zu klären sucht. Zur bewussten Haltung wird das Pikarische dort gesteigert, wo sein Repräsentant ohne äußere Not aus der bürgerlichen Gesellschaft aussteigt, sich zu den Außenseitern gesellt und zu ihnen bekennt wie H. BÖLLS Schnier (*Ansichten eines Clowns* R. 1963), der sich aus dem Großbürgertum löst, und M. BEHEIM-SCHWARZBACHS Herr von Biswange (*Die diebischen Freuden des Herrn von Biswange* R. 1964), dem als einem Adligen dieser gegen die bourgeoise Gesellschaft gerichtete Entschluss sogar näherliegen dürfte. Bei beiden ist das Bewusste und Bekenntnishafte stärker, als es der Naivität des Picaro entspricht; beide sind geheime Moralisten und zählen mehr zur Kategorie des weisen → Narren und des → Sonderlings, wogegen G. SPÄTHS stark auf Grimmelshausen zurückweisende »tumbe« Erzähler ihrer schillernden Schicksale (*Unschlecht* 1970; *Stimmgänge* 1972; *Balzapf oder als ich auftauchte* 1977) wieder das Spitzbübisch-Schelmische hervortreten lassen, ähnlich dem in komisch-boshafter Umgangssprache geäußerten Bericht eines dreisten Berliner Jugendlichen, der die DDR »nicht mehr richtig ernst nimmt«, über den Fall der Mauer (Th. BRUSSIG, *Helden wie wir* R. 1995). Dagegen spiegeln die in einem Koffer zurückgelassenen Papiere des *Pepi Prohaska Prophet* (P. HENISCH 1986, überarbeitete Fassung 2006) drei Jahrzehnte österreichischer Geschichte bis zum Besuch des Papstes Johannes Pauls II. in Wien, bei dem der Prophet auf geheimnisvolle Weise verschwindet. Alle modernen pikarischen Romane bedienen sich der mustergültigen Form der »Bekenntnisse« und ihres durch die Ich-Erzählung gegebenen Vorteils psychologischer Auslotung.

J. Striedter, Der Schelmenroman in Rußland, 1961; R. Alter, Rogue's Progress. Studies in the Picaresque Novel, Cambridge/Mass. 1964; W. van der Will, Pikaro heute, 1967; I. Meiners, Schelm und Dümmling in Erzählungen des deutschen Mittelalters, 1968; H. Heidenreich (Hrsg.), Picarische Welt, (Wege der Forschung 163) 1969; F. Monteser, The Picaresque Element in Western Literature, Alabama 1975; R. Bjornson, The Picaresque Hero in European Fiction, Wisconsin 1977; P. Radin/K. Kerényi/C. G. Jung, Der göttliche Schelm, 1979; M. Bauer, Im Fuchsbau der Geschichten, Anatomie des Schelmenromans, 1993.

Senex amans → Alte, Der verliebte

Sonderling

Der Begriff des Sonderlings fasst eine Anzahl auf den ersten Blick disparat erscheinender Menschentypen unter dem gemeinsamen Merkmal zusammen, dass sie ein vom Durchschnittlichen abweichendes Verhalten, eine partielle Unangepasstheit und ein Eigenbrötlertum an den Tag legen, das ihnen ein hilflos-rührendes bis lächerliches Ansehen verleiht. Sonderlinge gehen bestimmten, nicht allgemein verbreiteten Neigungen nach, leben nach Ideen, die nicht oder nicht mehr die der Allgemeinheit sind, fühlen sich von Abneigungen oder Ängsten ergriffen, die andere Menschen zu überwinden vermögen, setzen sich, ohne aggressiv zu werden, über die Gesellschaft und ihre Maßstäbe hinweg und sehen ihre Selbstverwirklichung in anderen Lebensformen als den üblichen. Der weitgefassten und dehnbaren gemeinsamen Komponente des Typus entspricht also die Variabilität der ihn im Einzelnen auszeichnenden Neigungen, Absonderlichkeiten und Lebensgewohnheiten, sodass sich eine breite Variantenskala von Figuren mit vielen Übergangs- und Randerscheinungen ergibt. Außerdem ist er auch den allgemeinen kulturellen Wandlungen unterworfen. Es ist anzunehmen, dass der Typ so alt ist wie Sozietätseinheiten einer gewissen Höhenlage, dass aber Epochen, die eine von ihnen geschaffene Gesellschaft und Lebensform als Leistung und Sicherung und daher als vorbildlich ansahen, sich für von dieser Norm abweichende Typen nicht interessierten oder sie als tadelnswert, allenfalls als lächerlich werteten. Daher tritt der Sonderling als literarisches Motiv und als Begriff der Typenlehre erst dann voll in Erscheinung, wenn die gesellschaftlichen Normen nicht mehr als einzig gültig anerkannt werden, und bekommt seine positiven Akzente im Zuge einer Sozialkritik, die eine prästabilisierte Disharmonie von Individuum und Gesellschaft konstatiert und den abseitigen dem normalen Menschentyp vorzieht. Außerdem hängt die Entwicklung des Motivs mit dem Stil der Literatur und ihren Darbietungsmitteln zusammen; es ist nur von einer stark individualisierenden, nuancenreichen, mit psychologischer Detaillierung arbeitenden Kunst zu erfassen.

Die früheste Möglichkeit zur Gestaltung des Typs ist bei der antiken Komödie zu suchen. Die nicht erhaltene altattische Komödie *Monotropos* (414 v. Chr.) des PHRYNICHOS könnte mit der Titelfigur des »Einsamen«, des »Einzelgängers«, als Motivverarbeitung in Anspruch genommen werden, doch lassen die Angaben über den Inhalt der Komödie annehmen, dass es sich weniger um einen Menschenscheuen als um den negativeren Typ des → Menschenfeindes gehandelt habe, der dann in den *Dyskolos-Komödien* des Mnesimachos (Mitte 4. Jh. v. Chr.) und des Menander (316 v. Chr.) wiederbegegnet. Die Wahl abseitiger Charaktere zu Titelfiguren seiner Werke entsprang bei Menandros wohl der Bekanntschaft mit den *Charakteres* des Philosophen Theophrast (um 372–287 v. Chr.), der dreißig Definitionsskizzen zu allerdings durchweg negativen oder doch negativ beurteilten Charaktertypen gab, von denen sich vier als Titel von Komödien Menanders wiederfinden und die auch auf die spätere Entwicklung der antiken Komödie eingewirkt haben. Diese negative, exemplarisch gesellschaftsschädliche Typenreihe schließt den eher hilflosen Typ des Sonderlings aus. Immerhin wäre aufgrund von Menanders *Dyskolos* vorstellbar, dass hinter den Titeln *Agroikos* (Der Ungehobelte), *Apistos* (Der Misstrauische) und *Deisidaimōn* (Der Abergläubische) sonderlingsähnliche Typen zu suchen sind, und es ist sicher, dass in dem gleichfalls nicht erhaltenen *Misogynes* ein erstes Beispiel für die Sonderlingsspezies Weiberfeind auftrat, und zwar ein durch die Erfahrung einer vermutlich schlechten Ehe zum Frauenfeind Gewordener, der vor allem an dem Aufwand seiner Frau, sogar dem für fromme Zwecke, Anstoß nimmt und weder an ihr noch an einer anderen Frau ein gutes Haar lässt. Die römische Komödie setzte gerade diese Ansätze zu diffizileren Typen nicht fort.

In der heroischen bis höfischen Dichtung des Mittelalters und ihren normativen Vorstellungen hatte der Sonderling ebenso wenig Platz wie in der auf groben Effekten und eindeutigen Charakteren beruhenden Schwankdichtung dieser Epoche. Erst an der Schwelle der Neuzeit, im 16. Jahrhundert, machte sich zum ersten Mal ein Gespür für den Sonderling bemerkbar. Im gleichen Zeitraum, in dem bei Luther der erste Wortbeleg für »Sonderling« im Sinne eines Menschen, der sich im geistlichen Bereich absondert, also eines Sektierers, auftauchte, unternahm es S. Brant (*Das Narrenschiff* 1494), menschliche Laster und Schwächen, aber auch Sonderlingseigenschaften als allegorische Gestalten darzustellen, die er moralsatirisch als gegenüber Gottes Geboten verstockt verharrende Narren verurteilte, jedoch zu erkennen und umrisshaft zu zeichnen imstande war. Derartige, als Narren rubrizierte, unpersönlich bleibende Sonderlinge begegnen bis zu dem Frühaufklärer Ch. Weise (*Die drei ärgsten Erz-Narren in der ganzen Welt* R. 1672), der nunmehr Sonderlingseigenschaften weniger unter religiösem als unter »vernünftigem« Aspekt sah und sie von den »normalen« Wesenszügen des »politischen«, d. h. weltklugen Menschen abhob.

Weit stärker konkretisierte sich das Motiv in den Figuren der italienischen Komödie, die einerseits auf antiken Vorlagen fußte, andererseits Sonderlingszüge von Stammes- und Berufseigentümlichkeiten herleitete. Schon in den Anfängen der Renaissancekomödie bei P. ARETINO taucht in *Il marescalco* (1533) erneut die Spezies Misogyn auf, hier ein frauen- und ehefeindlicher Marschall, dem sein Herr, der Herzog von Mantua, eine Ehefrau aufoktroyiert, die sich als verkleideter Page entpuppt. In der Blütezeit des englischen Theaters begegnet der Frauenfeind erneut, jetzt in F. BEAUMONT/J. FLETCHERS Komödie *The Woman Hater* (1607) als durch schlechte Erfahrungen zum Hassenden gewordener, durch keine Verführung zu bekehrender und schließlich aus der Gegenwart der Frauen verbannter Witwer, nach dem dann G. E. LESSING (*Der Misogyn* 1755) seinen im Übrigen durch MENANDROS angeregten dreifachen Witwer Wumshäter benannte, dessen Frauenhass hauptsächlich die Funktion hat, die Heirat des Sohnes zu verhindern und eine entsprechende Intrige auszulösen. C. GOLDONI (*La locandiera* 1752) präsentierte dann den für die sog. Besserungskomödie bezeichnenden, langhin nachwirkenden Typ des durch Liebe bekehrten Frauenhassers.

Die italienische Commedia erudita ist auch Schöpferin des aus der humanistischen Kritik am mittelalterlichen Lehrbetrieb hervorgehenden »pedante«, des ältlichen, im Leben etwas zu kurz gekommenen Schulmeisters mit altmodisch langem Rock, den Attributen der Gelehrsamkeit und vor allem dem eitlen, bombastischen, gestelzten, von lateinischen Phrasen und Zitaten durchsetzten Redeschwall, wie ihn wahrscheinlich F. BELO (*Il pedante* 1529) einführte und wie er bald darauf als farbige Zutat P. ARETINOS schon erwähnte höfische Komödie *Il marescalco* ausschmückte und dann sogar als Handlungsträger von des gleichen Autors *Il filosofo* (1546) in Gestalt eines bibliomanen Trottels erscheint, der über den Büchern seine Ehefrau vergisst, die ihn natürlich narrt und betrügt. P. de LARIVEY, Vermittler des italienischen Theaters nach Frankreich, führte den Typ des »pédant« (*La Constance* 1611, *Le Fidelle* 1611) auf der französischen Bühne ein, der sich dort schon bald mit der verwandten Figur des lächerlichen Gelehrten der Commedia dell'arte, dem »dottore«, vermischte und die vielen stereotyp lächerlichen Gelehrten des französischen Theaters ergab: die würdevoll auftretenden und doch feigen, angeblich dem Geist ergebenen und doch sinnlichen Genüssen nachjagenden, weise sein wollenden und doch töricht handelnden

Büchermenschen, die einmal als gefoppte Väter, ein anderes Mal als abgeblitzte Liebhaber, vor allem aber als skurriles Ornament fungieren (N. Dupeschier, *La Comédie des comédies* 1629; A. Comte de Cramail, *La Comédie des proverbes* 1633; Le Vert, *Le Docteur amoureux* 1638; P. Scarron, *Le Capitaine matamore et Boniface pédant* 1647; S. Cyrano de Bergerac, *Le Pédant joué* 1654; Ph. Quinault, *Le Docteur de verre* 1655; Montfleury, *Le Mariage de rien* 1660; J. Chevalier, *Le Pédagogue amoureux* 1665; J. de la Thuillerie, *Crispin précepteur* 1680). Auch in den vergleichsweise wenigen deutschen Humanistendramen machen sich Ansätze zu dem Typ bemerkbar, der bei M. Hayneccius (*Hans Pfriem oder Meister Kecks* 1582) sogar schon zu einer reizvollen Variante ausgeformt ist: Der Sonderling erklärt alles für unmöglich und nicht existent, was der Vernunft widerspricht, muss aber schließlich die Widervernünftigkeit vieler Geschehnisse erkennen und begreifen, dass er in einer Welt der Ungereimtheiten und Widersinnigkeiten lebt.

Die Figur des Pedanten verlor allmählich ihr berufsmäßiges Vorzeichen und wurde zu einem von einer Charakterschwäche bestimmten Typus, dessen Tradition von der französischen Komödie her in die deutsche Typenkomödie des 18. Jahrhunderts eindrang und ein schauspielerisches Rollenfach prägte, das bis zum Anfang des 19. Jahrhunderts in Geltung blieb. Die Titelfigur von Lessings *Der junge Gelehrte* (1748) repräsentiert es ebenso wie der psychologisch feiner nuancierte Magister in Ch. F. Gellerts *Die zärtlichen Schwestern* (1747) und wie noch der prinzipienstrenge, lateinisch radebrechende Schulmeister Wenzeslaus in *Der Hofmeister* (1774) des Sturm-und-Drang-Dichters J. M. R. Lenz. Um den Zustrom skurriler Motive englischer Provenienz bereichert findet sich der Typ auch unter den Sonderlingsgestalten der spätaufklärerischen Erzählkunst, wenn etwa M. A. v. Thümmel (*Wilhelmine oder der vermählte Pedant* Verserz. 1764) von den Freiersqualen eines linkischen, weltfremden Dorfpfarrers erzählt, dem die attraktive Braut beinahe entgleitet.

Die spanische Literatur, die den Typ des Pedanten nicht übernahm, steuerte zu dem Motivbestand eine andere Variante bei: den in einer Idealwelt befangenen Schwärmer. Der unbekannte Autor des *Lazarillo de Tormes* (R. 1554) hob von den derben Gestalten seines Schelmenromans einen verarmten Hidalgo ab, der einen leeren Magen und nur ein einziges Hemd zum Wechseln hat, aber mit seinen Gedanken in einer Phantasiewelt edler Ritterlichkeit, höfischer Eleganz und pikanter Liebesabenteuer weilt. Respekt, Mitleid und

Rührung, die von der Gestalt ausgelöst werden, sind eine Art Vorgeschmack der Wirkung des Ritters von der traurigen Gestalt bei CERVANTES (*Don Quijote* R. 1605 u. 1615). Zwar ist auch ↑ Don Quijote wie alle frühen Sonderlingsgestalten noch Mittel zu pragmatischem Zweck und dient dem Autor dazu, mit dem verschrobenen Schwulst einer vergangenen Literaturperiode abzurechnen. Dem entspricht die Schlussbekehrung, bei der die Einsicht des Ritters genügt, um seine Torheit zu beenden, denn Cervantes argumentiert gegen die subjektive Phantasie des Helden auf Seiten der Vernunft und setzte die Wertakzente anders, als sie die Romantik später interpretierte. Wenn trotz dieser Absicht Don Quijotes Schwärmertum nicht als Narretei wirkt, so deswegen, weil seine menschliche Würde von den wirklichkeitsfremden Illusionen unbeeinträchtigt bleibt und seine Torheit dem unbeirrbaren Glauben an das Gute entspringt. Er trägt die bei den Gestalten mancher Heiliger und → Märtyrer angetönten, den jungen ↑ Parzival WOLFRAMS VON ESCHENBACH (Epos 1200–10) und später den jungen Simplicius GRIMMELSHAUSENS (*Der abenteuerliche Simplicissimus* R. 1669) als vorübergehende Folge ihrer mangelnden Erziehung kennzeichnenden Wesensmerkmale des reinen Toren, dessen Einfalt höher zu bewerten ist als weltliche Vernunft und der deswegen einer indirekten Kulturkritik dient. Diese Funktion übt in J. RUIZ DE ALARCÓN Y MENDOZAS *No hay mal que por bien no venga* (Kom. 1625) Don Domingo aus, der, statt sich modischen Torheiten und Gepflogenheiten zu unterwerfen, ein Original zu sein wagt, einen aufsehenerregenden unmodernen Hut trägt, keine festen Mahlzeiten einhält, statt der Fensterpromenaden vor dem Haus der Angebeteten den Kauf des Nachbarhauses tätigt, den Nebenbuhler nicht zum Duell fordert, sondern ihm das Mädchen abtritt, dem Prinzen eine Teilnahme am Stierkampf abschlägt, aber im Augenblick vaterländischer Gefahr Herz und Degen auf dem rechten Fleck hat. Auch bei ihm werden Schrullen durch menschliche Werte aufgewogen.

Die spezielle psychische Note des Sonderlings, der auf keine bestimmte Eigenart, sondern nur darauf festlegbar ist, dass bei ihm an sich harmlose Schwächen im Übermaß vorhanden sind, zum Tick oder zur Manie werden und sein seelisches Gleichgewicht gefährden, erlebte volle literarische Würdigung und Entfaltung in ihrer ganzen Variationsbreite, als im 18. Jahrhundert das Studium der menschlichen Seele zum Anliegen von Philosophie und Dichtung erklärt wurde, statt der guten und bösen die »gemischten« Charaktere hervortraten, wobei sich aufklärerische Toleranz mit scharfer psychologischer Nuancierungskunst verband, die Antriebe des Handelns als entscheidend galten und der Pietismus geistigem Außenseitertum einen gewissen Vorschub leistete.

In der ungebrochenen Tradition der Komödie wurden allerdings Sonderlinge noch immer als Gattungsexemplare angesehen, auch wenn sich im Zeichen des Menschenstudiums und des Menschenverständnisses ein differenzierteres Charakterbild und eine Wandlung vom Typ zum Individuum anbahnte, und sie wurden im Grunde vorgeführt, um wieder »normalisiert« zu werden. Das gilt für die schon erwähnten Pedanten bei LESSING, GELLERT und LENZ ebenso wie für Lessings und GOLDONIS Frauenfeinde oder für die äußerlich polternden, innerlich zärtlichen Väter bei H. L. WAGNER (*Die Kindermörderin* 1776) und J. M. R. LENZ (*Der Hofmeister* 1774, *Die Soldaten* 1776), und auch eine so sehr als Individuum wirkende Gestalt wie LESSINGS Tellheim (*Minna von Barnhelm* 1763), der in seiner Ehre gekränkte und sich darum fast zum Menschenfeind wandelnde preußische Offizier, wird in seiner krankhaften Empfindlichkeit mit dem Ziel vorgeführt, ihn an der warmen Menschlichkeit des sächsischen Fräuleins wieder natürliches Maß lernen zu lassen; wie bei *Don Quijote* überwiegt der Eindruck des menschlichen Wertes die Sonderlingsverstiegenheit.

Die entscheidende Neubewertung des Typs vollzog sich im Roman. L. STERNES *The Life and Opinions of Tristram Shandy* (1760–67) verfolgte nicht mehr pragmatische Zwecke, sondern entsprach der Sympathie des Autors für das Absonderliche, wobei epische Detailmalerei der Struktur des Motivs entgegenkam. Sonderlingswesen, das hier als Familienmerkmal auftritt, dokumentiert sich in den Steckenpferden der einzelnen Personen: den Grundsatzlehren des theorieversessenen Vaters, die der Wirklichkeit und Erfahrung widersprechen und gegenüber lebendigen Verpflichtungen versagen, und seinem Erziehungstraktat, das hinter der Erziehung des Sohnes herhinkt; der Flucht des ungleich liebenswerteren, spielerischen Onkels Tobias in die wissenschaftliche und später sandkastenmäßige Rekonstruktion seiner kriegerischen Vergangenheit. Handelt es sich bei Sternes Figuren um ein Leben aus der Imagination, so bei T. G. SMOLLETTS Mr. Bramble (*The Expedition of Humphry Clinker* 1771) um eine durch Vorurteile verstellte Existenz; Bramble wird nicht bekehrt, aber sein wahrer gütiger und geselliger Charakter stößt im Laufe einer Reise die Schalen von Hypochondrie, Menschenscheu und Zivilisationsfeindschaft ab.

Im deutschen Roman des späteren 18. Jahrhunderts schlägt sich eine Mischung von CERVANTES und STERNE nieder, wobei die von Cervantes bezogene Besserungstendenz überwiegt. Wie bei dem spanischen Muster schiebt sich ein literarisches Ideal vor den Zugang des Helden zur Wirklichkeit, wenn z. B. ein deutscher Adliger bei J. K. A. MUSÄUS (*Grandison der Zweite* 1760–62) sich bemüht, dem Romanhelden S. RICHARDSONS (*The History of Sir Charles Grandison* 1753–54), den er für eine lebende Person hält, nachzueifern, oder ein von Feenmärchen berückter Jüngling bei Ch. M. WIELAND (*Der Sieg der Natur über die Schwärmerei oder die Abenteuer des Don Sylvio von Rosalva* 1764) seine ihm unbekannte, vermeintlich in einen Schmetterling verwandelte Geliebte sucht, bis seine Schwärmerei durch eine echte Neigung überwunden wird. Auch der Held des *Anton Reiser* (1785–90) von K. Ph. MORITZ sucht in Dichtung und Theater Erlebnisersatz und wird dadurch für das Leben und seine Anforderungen unbrauchbar. Dichtung als Erlebnisersatz wird auch an anderen Sonderlingszügen erkennbar, so sind sie bei Reiser zum Teil seiner pietistischen Erziehung zuzuschreiben, so entstammen diesem Nährboden auch Absonderlichkeiten der Figuren Th. G. v. HIPPELS (*Lebensläufe nach aufsteigender Linie* 1778–81): die Kirchenliederbezogenheit der Mutter, der Vorsehungsglaube und die am geistlichen Rittertum orientierte Heldenverehrung des Vaters sowie der Traditions- und Formkult der kurländischen Barone. Zu den religiösen Sonderlingen gehört ferner der als reiner Tor konzipierte, in Glaubensdingen unbeugsame, aber einer merkwürdigen Zahlenmystik und philosophischen Schrullen huldigende, nach dem Muster Sternes gezeichnete Landprediger Ch. F. W. NICOLAIS (*Das Leben und die Meinungen des Herrn Magister Sebaldus Nothanker* 1773); andererseits berührt sich mit Hippels baltischen Junkern der pommersche, an Don Quijote angelehnte in J. G. MÜLLERS VON ITZEHOE *Siegfried von Lindenberg* (1779), dessen Landesvaterehrgeiz von einem Dorfschulmeister dazu ausgenutzt wird, dass er für ihn »Avise« über das eigene Ländchen verfasst und ihn in Illusionen verstrickt; die Bekehrung des harmlosen Grundherrn ist hier künstlerische Konsequenz aus der Tatsache, dass seine Verschrobenheit auf Verführung beruht. Dagegen ist der Held von J. K. WEZELS *Lebensgeschichte Tobias Knauts* (1773–76) durch die satirische Grundhaltung des Verfassers eher zu einer Karikatur des reinen Toren geraten: Durch einen psychopathischen Melancholiker und Misogyn, der sich durch Bücherlesen krank macht, und einen menschenfreundlichen Illusionisten wird der beschränkte und träge Knabe zu einem Original erzogen und soll die Imagination für das einzige Glück halten, ein Glaube, den er auch posiert, während in Wahrheit gutes Essen sein Glück ausmacht.

Die Galerie der Sonderlingsgestalten Jean Pauls, in denen die Motiventwicklung einen Höhepunkt erreichte, entstand aus dem Geist des Subjektivismus und zeigt Porträts von Menschen, die sich auf Grund von Schwächen und Schrullen nur »einsträngig« entwickeln konnten und als humoristische Gegenbilder der »hohen« Gestalten erscheinen, mit denen der Dichter irdische Begrenztheit zu überfliegen suchte. Die Zerstreutheit Freudels (*Des Amts-Vogts Josuah Freudel Klaglibell gegen seinen verfluchten Dämon* 1791), der Pedantismus und die Wissenschafts- und Buchgläubigkeit Fälbels (*Des Rektors Florian Fälbel Reise nach dem Fichtelberg* 1791), die vergebens verdrängte, zum Teil auf zu lebhafter Phantasie beruhende Furchtsamkeit Schmelzles (*Des Feldpredigers Schmelzle Reise nach Flätz* 1809), das pedantische Philologentum und die abergläubische Furcht vor dem vorbestimmten Todestag des Zettelkastenliebhabers Fixlein (*Leben des Quintus Fixlein, aus fünfzehn Zettelkästen gezogen* 1796), der krankhaft ehrgeizige Autorenwahn Fibels (*Das Leben Fibels* 1812) und der alles Gefühl ertötende naturwissenschaftliche Fanatismus Katzenbergers (*D. Katzenbergers Badereise* 1809) kennzeichnen Einbußen an Persönlichkeitswert, durch die das Menschliche auf unbedeutende Harmlosigkeit oder verknöcherte Gefühlsarmut reduziert wird. Zum liebenswerten Ausgleich gebracht sind die Sonderlingszüge bei der Titelfigur von *Das Leben des vergnügten Schulmeisterlein Maria Wuz in Auenthal* (1791), einem Lebenskünstler, der sich immer etwas zum Freuen für den nächsten Tag aufspart, sich die Bücher, die er nicht kaufen kann, selbst schreibt und die Erinnerung an die Kindheit als kraftspendenden Schatz pflegt. Zwar wird auch sein Lebensgefühl durch ein System des Lavierens und Sicherns reduziert, aber er erhält sich seine »Innerlichkeit« und Unberührtheit von der Welt bis zum Tod. In den *Flegeljahren* (1804/05) wird weltfremdes Schwärmertum sogar wie eine Schlacke ausgeschieden und die anfänglich sonderlingshafte Figur des Walt zu einer höheren Lebensform weiterentwickelt. Dagegen erscheint mit der Selbstironie des Siebenkäs (*Ehestand, Tod und Hochzeit des Armenadvokaten F. St. Siebenkäs* ...1796/97), der schließlich den eigenen Tod spielt, um dem Leiden am prosaischen Alltag zu entkommen, die Sonderlingsexistenz nach dem Tragischen hin geöffnet, und bei Leibgeber, der im *Titan* (1800–03) als Schoppe auftritt, verkrustet das Skurrile zu selbstzerstörerischer → Misanthropie.

Wie bei Jean Paul, so entspringt auch bei E.T.A. HOFFMANN das Sonderling-Motiv der eigenen Sonderlingsart, deren sich der Autor auch bewusst ist. Während jedoch bei Jean Paul auch da, wo er den Sonderling bejaht und mit einfühlender Wärme darstellt, die Selbstgeißelung spürbar bleibt, dient der Typ bei Hoffmann der Selbstrechtfertigung. Im Allgemeinen überbrückte die Romantik den Zwiespalt zwischen Imagination und Wirklichkeit durch den Glauben an die Ideenwelt und verwies den Sonderling in Nebenrollen, die in Weiterführung Jean paulscher Figuren der Kritik des Philisters dienen (L. TIECK, *Die Gesellschaft auf dem Lande* Nov. 1825, *Der Gelehrte* Nov. 1827, *Das Zauberschloß* Nov. 1830, *Die Übereilung* Nov. 1835; C. BRENTANO, *Die mehreren Wehmüller* Erz. 1838; A. v. ARNIM, *Die Majoratsherren* Erz. 1819). Für HOFFMANN war der Dualismus jedoch unüberbrückbar, und zwar sind ihm die Sonderlinge die besseren, tapfereren, wesentlicheren Menschen. Glückliche Ausgeglichenheit gelingt nur Märchengestalten wie dem Studenten Anselmus (*Der goldene Topf* Märchen 1814) und Peregrinus (*Meister Floh* Märchen 1822), die beide den Typ des reinen Toren repräsentieren und die innere Geborgenheit mancher Jean paulscher Figuren erreichen. Die anderen reiben sich am Gegensatz der Phantasie mit der Wirklichkeit wund, vor allem die Künstler und Kunstenthusiasten, deren künstlerische Welt nur in ihrer Einbildung Größe hat oder doch von der Welt nicht anerkannt wird (*Die Automate* Erz. 1819, *Der Baron von B.* Anekdote 1820, *Signor Formica* Erz. 1821). Sie sind dem Wahnsinn nahe (*Rat Krespel* Erz. 1818), werden wirklich wahnsinnig (*Ritter Gluck* Erz. 1809, *Der Artushof* Erz. 1816) oder enden im Selbstmord, weil sie glauben, ihren inneren Reichtum an die Welt verraten zu haben (*Die Jesuiterkirche in G.* Erz. 1817). Dieser Motivkomplex fand seinen bedeutendsten Ausdruck in den *Kreisleriana* (1814/15) und den *Lebensansichten des Katers Murr* (1820–22), doch sprengt hier die Hauptgestalt die Maße des Sonderlings und reicht hinein in die zeittypische Spezies des → Zerrissenen.

Die verdeckte Funktion der Selbstrechtfertigung des Dichters blieb den Sonderlingsfiguren in der Epoche des Biedermeier und des poetischen Realismus erhalten, und zwar nicht mehr als Verteidigung einer individuellen Absonderlichkeit, sondern der Sonderstellung einer ganzen Gruppe. Der Dichter und Denker verlor im Laufe des 19. Jahrhunderts seine gesellschaftliche Funktion, die Vita contemplativa wurde im Zeitalter des industriellen Fortschritts suspekt, und der aus der Innerlichkeit lebende Mensch sah sich in die Rolle eines Sonderlings gedrängt. Sonderlinge wurden nun nicht mehr durch ein skurriles Steckenpferd gekennzeichnet, sondern durch mangelnde Modernität, ihre Ideale verstießen mehr denn je gegen die gesellschaftliche Wirklichkeit, ihre Hingabe an Liebhabereien gegen die allseits geforderte Lebenstüchtigkeit, ihre Fixiertheit auf die Jugend oder eine noch frühere Vergangenheit widersprachen dem optimistischen Zeitgefühl. Sie waren meist rückwärtsgewandt und zogen dem lauten Zeittreiben den engsten Kreis, das Glück im Winkel und den Umgang mit der Natur vor.

Wo der Sonderling jedoch durch seinen Subjektivismus das soziale Leben zu stören droht, wird er wie im frühen 18. Jahrhundert »bekehrt«. Ein biedermeierlicher Autor wie K. L. IMMERMANN (*Münchhausen* R. 1838/39) kuriert den seinen Phantastereien und dem Lesen von Journalen hingegebenen alten Baron durch den Einsturz des Schlosses, sein etwas jüngerer Zeitgenosse A. STIFTER lässt den späten Nachfahren eines ritterlichen Geschlechts (*Die Narrenburg* Erz. 1843) die erbliche Neigung zu Überschwänglichkeit überwinden und den Frauenfeind (*Der Hagestolz* Erz. 1845) nicht im alten Stil überrumpelt werden, sondern die Lehre aus einem verfehlten Dasein ziehen und an seinen Neffen weitergeben. Trotz ihrer Bekehrung zu sozialer Verpflichtung bleiben der Hagestolz und der Held von *Die Mappe meines Urgroßvaters* (Erz. 1841/42) ihrer weltfernen Lebensart nach Sonderlinge. Auch G. KELLER zeigte in dem Erzählzyklus *Die Leute von Seldwyla* (1856–74) die Gefährlichkeit des Kauzigen an *Pankraz der Schmoller* und *Der Schmied seines Glückes* auf, wandelte die Sonderlinge zu nützlichen Gliedern der Gemeinschaft und ließ in den *Züricher Novellen* (1878) den Originalitätshascher Herrn Jacques darüber belehrt werden, was ein echtes und was ein falsches Original sei. Stifter und Keller lassen nur dem Typ des reinen Toren volle Gerechtigkeit widerfahren, STIFTER dem nur scheinbar geizigen, für seine Gemeinde, wenn auch ungeschickt, sparenden Pfarrer (*Kalkstein* Erz. 1853), KELLER dem Schneider in *Kleider machen Leute* (Erz. 1874) und dem Schulmeister in *Die mißbrauchten Liebesbriefe* (Erz. 1874), die jedoch beide noch einer kleinen Korrektur unterzogen werden. Zu reiner Heiterkeit entfaltete sich das Sonderling-Motiv bei Keller in der Gestalt des Junggesellen Salomon Landolt (*Der Landvogt von Greifensee* Nov. 1878), dessen Originalität unbewusst und dessen Entsagung frei von Ressentiment ist. Kellers Landsmann Th. HÜRLIMANN (*Das Lied der Heimat* Kom. 1998) lässt den Dichter zur Feier seines 70. Geburtstages statt eines ihm dargebrachten Hymnus eine Schnulze hören. Mit der Sonderlingsgestalt des *Kalkstein* stand STIFTER unter dem Einfluss von F. GRILLPARZERS

Der arme Spielmann (Erz. 1847), der wiederum an die mit schon schizophrenen Zügen ausgestatteten Künstler-Sonderlinge Hoffmanns anschließt. In diese Entwicklungslinie gehört auch *Ein stiller Musikant* (Nov. 1874/75) von Th. Storm, jedoch erscheint hier die Diskrepanz zwischen Imagination und Können gemildert, da nicht die musikalische Fähigkeit, sondern das Vermögen, sie in der Öffentlichkeit durchzusetzen, unzulänglich ist und zu einer abseitigen Lebensform führt. Storm variierte auch herkömmliche Typen wie den des vereinsamten Hagestolzes (*Drüben am Markt* Nov. 1860), des kompromisslosen Schönheitssuchers (*Eine Halligfahrt* Nov. 1870) und des reinen Toren (*Beim Vetter Christian* Nov. 1873). F. Th. Vischers mit der »Tücke des Objekts« ringender, philosophierender Sonderling (*Auch Einer* R. 1879) hält sich durch Humor die Übel des Lebens und den Wahnsinn vom Leibe.

Die vom Biedermeier vollzogene Einordnung des Sonderlings in die Gemeinschaft als deren nützliches Glied nimmt in W. Raabes Werk die Form eines Ausgleichs an, den seine abseits vom Gedränge der Welt lebenden, in irgendeinem Punkt verletzten und reduzierten Menschen vollziehen, indem sie einem anderen Schutzbedürftigen tätige Hilfe leisten, ihr Dasein daher nicht als unnütze Arabeske zu werten ist. Der Hagestolz und stille Gelehrte in *Die Chronik der Sperlingsgasse* (R. 1857) sorgt für das Kind seiner Jugendfreunde; der Idylliker und Sternseher Ulex sowie der Polizeischreiber Fiebiger in *Die Leute aus dem Walde* (R. 1863) greifen lenkend in das Leben eines überschwänglichen Jünglings ein; der gefühlvolle, leseeifrige Vater Unwirrsch und sein zur Spezies der »Polterer« gehörender unverheirateter Schwager geben dem reinen Toren Hans Unwirrsch (*Der Hungerpastor* R. 1864) die rechten Lehren mit auf den Weg; Ritter von Glaubigern, der noch an die Sendung des reichsunmittelbaren Rittertums glaubt, ist ein mutiger Vorkämpfer für das Seelenheil des Mädchens Toni (*Der Schüdderump* R. 1870); Ähnliches versucht der durch Blindheit aus der Laufbahn geworfene Theologe (*Meister Autor* Erz. 1872/73) an einem Mädchen, das er nicht retten kann; der Konrektor in *Horacker* (R. 1876) und der Magister in *Das Odfeld* (Erz. 1888) sind Lehrer, die unangefochten ihren Neigungen leben und doch in ihrer Beziehung zur Jugend ein ganz junges Herz zeigen. Der Held von *Stopfkuchen* (R. 1891) reizt schon die Schulkameraden zum Spott und bleibt auch weiterhin »hinter der Hecke liegen«, aber er reinigt einen Bauern vom Mordverdacht und schont den Täter, der nur aus Versehen tötet. Die Problematik der an die eigene glückliche Vergangenheit fixierten Sonderlingsexistenz wird in *Alte Nester*

(R. 1880) behandelt und die hemmungslose Leidenschaft für ein Forschungsgebiet, deren gefühltötende Wirkung schon Jean Paul an D. Katzenberger aufgewiesen hatte, als blinde Sammlerwut in *Wunnigel* (Erz. 1879). Bei Th. FONTANE finden sich dagegen nur am Rande des jeweiligen Geschehens komisch-schrullige Gelehrte (*Frau Jenny Treibel* R. 1892, *Cécile* R. 1886), aber auch verstehend hilfreiche Sonderlinge vom Schlage des Apothekers Gieshübler in *Effi Briest* (R. 1894–95).

Die Frequenz des Sonderling-Motivs in der deutschen Literatur des 19. Jahrhunderts, die zweifellos ihre eigene Tradition und ihren eigenen kulturhistorischen Grund hat, ist doch auch beeinflusst durch die Sonderlinge im Werk von Ch. DICKENS, der wiederum an den englischen komischen Roman des 18. Jahrhunderts anknüpfte. Die Don-Quijote-Gestalt des Mr. Pickwick (*The Posthumous Papers of the Pickwick Club* 1836/37), der durch seine weltfremde Naivität in viele Unannehmlichkeiten gerät, wirkte ebenso nach wie die Verschlagenheit des reichen Kauzes Chuzzlewit (*The Life and Adventures of Martin Chuzzlewit* R. 1843/44), der seinen Erben und Neffen auf die Probe stellt sowie die Erbschleicher narrt und dessen Handlungsfunktion Vorbild für ähnliche Erblasser werden konnte (M. JÓKAI, *Ein ungarischer Nabob* R. 1853).

Auf der anderen Seite strahlte E.T.A. HOFFMANNS Werk nach Russland und Frankreich aus, sodass man hoffmanneske Züge an dem armen, einsamen, verlachten und seine Verspottung demütig hinnehmenden Kanzleischreiber in N. V. GOGOL's Meisternovelle *Šinel'/Der Mantel* 1842) wiederfinden kann, dem der Sinn seines Lebens mit dem neuen Mantel, der ihm Symbol eines besseren Daseins ist, entschwindet. Eine ähnliche Demut und eine Lauterkeit, die das Achselzucken der Umwelt herausfordert, kennzeichnet F. M. DOSTOEVSKIJS Fürsten Myskin (*Idiot/Der Idiot* R. 1868/69), eine Verkörperung des reinen Toren. In der französischen Literatur zeugt z. B. der arme Musiker Pons in H. de BALZACS *Le Cousin Pons* (R. 1847) vom Weiterwirken Hoffmanns: Seine Zuflucht in einer kunstfeindlichen Welt sind die alten Kunstwerke, die er gesammelt hat, die aber, als sich ihr Wert herausstellt, zum Spekulationsobjekt der Menschen werden, die auf den Tod von Pons warten. Romantischer Nachzügler in einer Zeit, die realitätsnaher Darstellung und extremeren Charakteren zuneigte, ist der Cyrano E. ROSTANDS (*Cyrano de Bergerac* Dr. 1897), der, mit dem alten Sonderlingskennzeichen einer auffallenden Nase versehen, sich um dieser Hässlichkeit willen in seiner Lebensentfaltung gehemmt fühlt, seine Minderwertigkeitskomplexe mit scharfem Witz und Händelsuchen kompensiert, aber hinter der Haudegenfassade ein sensibles, ritterliches Herz verbirgt, das für den jüngeren Freund das Lebensglück opfert.

Der Glaube an die Existenzmöglichkeit eines aus der Innerlichkeit lebenden Menschen, philosophischer Rückhalt des Sonderling-Motivs, ist seit dem Ende des 19. Jahrhunderts schwächer geworden. Der kontaktarme Mensch endet in der modernen Literatur meist tragisch wie der eigenbrötlerische Junggeselle in H. de MONTHERLANTS *Les Célibataires* (R. 1934), oder er wird als komischer Pechvogel gesehen wie der einfältig-integre Schulbuchvertreter in Th. WILDERS *Heaven's My Destination* (R. 1934). In den Bereich der Groteske, daher in die Nähe Hoffmanns, rückte E. IONESCO (*Le Piéton de l'air* Dr. 1963) seinen unbeirrbar an die Möglichkeit des Fliegens glaubenden und sie daher verwirklichenden Schriftsteller Behringer und ließ ihn dadurch ganz im romantischen Sinne als Gegenfigur zum Spießertum erscheinen.

Die breite deutsche Tradition zeitigte auch im 20. Jahrhundert noch vereinzelte bedeutende Repräsentanten des Typs. Die aus dem Ideal einer vergangenen Ritterlichkeit lebenden soldatischen Gestalten R. G. BINDINGS (*St. Georgs Stellvertreter* Nov. 1909) und W. BERGENGRUENS (*Der letzte Rittmeister* R. 1952) sind ähnlich unzeitgemäß wie der »Schwierige« in H. v. HOFMANNSTHALS gleichnamiger Komödie (*Der Schwierige* 1920): Die neue, geschäftlich laute Gesellschaft ablehnend, der morbid gewordenen alten nicht mehr zugehörig, wurde Hans Karl Brühl mit seiner übertriebenen Selbstkritik und Gehemmtheit eine Art Tellheim des 20. Jahrhunderts. Aus dem gleichen geschichtlichen Boden erwuchsen die Sonderlinge im Romanwerk H. v. DODERERS, die etwas abseitigen, würdevollen und grundsauberen Gestalten »more austriaco-hispanico«, die alle noch in der alten Donaumonarchie verhaftet sind, wie der Amtsrat Ziehal, der Sektionsrat v. Geyrenhoff und auch die Zentralfigur der *Strudlhofstiege* (R. 1951), der »wackere« Major Melzer, ein reiner Tor. Ein mitteldeutsches Gegenstück schuf K. KLUGE (*Der Herr Kortüm* R. 1938) mit seinem weitgereisten Thüringer Gastwirt, dem Mann der großen Gebärde und großen Initiative, der, Don Quijote verwandt, im Kleinen hilflos und ungeschickt und gegenüber der Bosheit einer kleinlichen Umwelt schutzlos ist. Die versponnenen, aus der schöpferischen Phantasie lebenden Bewohner von E. KREUDERS Dachboden (*Die Gesellschaft vom Dachboden* Erz. 1946) sollten der Neuorientierung nach dem Zweiten Weltkrieg dienen, doch auch in des Autors späteren Kurzgeschichten (*Tunnel zu vermieten*

1970) setzte sich das Sonderling-Motiv in einer Reihe von Gestalten durch, die ihren einzelgängerischen Neigungen und ziellosen Träumen nachgehen, um sich einer an Tüchtigkeit und Leistung orientierten Welt zu entziehen. Kreuders Figuren verwandt ist der träumerische, zu Aktivität unfähige und scheiternde Nonkonformist in W. KOEPPENS *Das Treibhaus* (R. 1953). Dagegen erkennt der menschenscheue Wachmann Jonathan Noel in P. SÜSKINDS Novelle *Die Taube* (1987), der sich durch pedantische Korrektheit gegen die gesamte Außenwelt abschirmte, eines Nachts, dass er ohne die »anderen Menschen« nicht leben kann. Dagegen ist Einsamkeit in D. KEHLMANNS Roman *Die Vermessung der Welt* (2005) die natürliche Folge der überragenden Begabung und des Lebenseinsatzes der Naturwissenschaftler Humboldt und Gauß. Ihr bis in ihre letzten Stunden anhaltender Wissensdrang kennt nur eine einzige menschliche Beziehung: die zu dem in der Sache unverstandenen, aber in der Selbsthingabe verwandten Kollegen. J. M. COETZEES Protagonist, der Gärtner Michael, zieht durch das von Konflikten zerrissene Südafrika auf der Suche nach einem Garten (*Life and Times of Michael K.* R. 1983), bei P. NIZON lässt sich der Außenseiter Stolp durch Paris treiben (*Das Fell der Forelle* R. 2005).

U. E. Fehlau, Der deutsche Kauz in der Romantik und im Biedermeier, (Monatshefte für den deutschen Unterricht 33) 1941; Th. Kiener, Studien über die Gestalt des Sonderlings in der Erzählungsliteratur des ausgehenden 18. Jahrhunderts, Diss. Frankfurt 1942; H. Meyer, Der Typ des Sonderlings in der deutschen Literatur, Diss. Amsterdam 1943, Neudruck als: Der Sonderling in der deutschen Literatur, 1963; R. Horville, Le Personnage du pédant dans le théâtre préclassique en France 1610–1635, Thèse Lille 1966; B. Neubert, Der Außenseiter im deutschen Roman nach 1945, 1977.

Spekulant → Goldgier, Geldgier

Spieler

Glücksspiele gibt es in den meisten Kulturen. Im alten Indien wurden Würfelspiele mit zum Würfeln geeigneten Gegenständen wie Spänen, Nüssen und Kaurimuscheln betrieben, die Etrusker besaßen bereits einen sechsflächigen Würfel, Griechen und Römer spielten mit Knöcheln (Astragalen) oder Würfeln und kombinierten das Würfel- mit dem Brettspiel, die Germanen kannten sowohl Würfel- wie Brettspiel und dachten sich ihre Götter beim Spiel auf goldenen Spielbrettern. Das Schachspiel ist indischen Ursprungs, wird im *Kö-*

nigsbuch (um 1000) des Persers Ferdausī erwähnt und wurde durch arabische Vermittlung in den Mittelmeerländern bekannt. Spielkarten gelangten von Indien oder Zentralasien aus mit dem Buddhismus schon im 7. Jahrhundert nach China und Japan, im 13. Jahrhundert wahrscheinlich durch Kreuzfahrer nach Europa. Bei einer Anzahl von Völkern, z. B. den Indern, hatten Glücksspiele kultische Bedeutung, Schutzgötter standen den Spielern bei, und Zaubersprüche konnten das Glück bannen und wenden. Griechen und Römer benutzten den Astragalwurf als Orakel, für das besondere Kultstätten bestanden. Auch die Andeutung in der *Völuspá* der *Edda* (um 1240), dass die verjüngten Asen nach der Götterdämmerung ihre goldenen Spielbretter wiederfinden würden, deutet auf kultischen Bezug des Spiels.

Glück im Spiel gehört wie bei jedem anderen Wettkampf in den Bezirk des Heiligen, Magischen. Weit mehr als beim sportlichen Wettkampf ist jedoch beim Glücksspiel nicht der Gegner, sondern das Schicksal der eigentliche Partner des Spielenden. Spielen bedeutet eine Herausforderung an das Schicksal, bei der ein Spieler bereit ist, »alles auf eine Karte zu setzen« und ihn die Hoffnung beherrscht, das Ergebnis werde glückhaft sein. Der Einsatz kann symbolischer oder materieller Art sein, es geht jedoch dem von Spielleidenschaft Ergriffenen weniger um den Gewinn als um das Prestige des Sieges, Habsucht (→ Goldgier, Geldgier) ist nur ein sekundärer Antrieb. Tacitus (*Germania* 98 n. Chr.) berichtet von dem nüchtern und ernst, aber mit Leidenschaft betriebenen Würfelspiel der Germanen, die auf den letzten Wurf sogar Freiheit und Leben setzten und sich, wenn sie verloren, widerstandslos als Sklaven binden ließen. Das Wagnis des Glücksspiels erscheint dem Unbeteiligten deshalb so verzweifelt, weil dem Einsatz an Zeit, Energie und Geld kein irgendwie berechenbares Ergebnis gegenübersteht und weder Klugheit noch Geschicklichkeit, weder Kraft noch Mut die Antwort des Schicksals beeinflussen können. Tatsächlich ist Verzweiflung in vielen Dichtungen um das Spieler-Motiv der Grund zu diesem Wagnis, das den Gang des Geschicks in eine andere, glücklichere Bahn lenken soll. Ihn jedoch durch unlautere Tricks, durch Falschspiel, zu »korrigieren«, widerspricht dem Wesen des Spiels, weil der Betrug gerade das notwendige Risiko, sich dem Schicksal auf Gedeih und Verderb auszusetzen, umgeht.

Als Sinnbild schicksalhafter Verstrickung gehören Spiel und Spieler zum sehr alten Motivbestand der Dichtung. Die Haupthandlung des altindischen Heldenepos *Mahābhārata* (5. Jh. v. Chr. – 4. Jh.

n. Chr.) wird ausgelöst durch die Spielleidenschaft Yudiṣṭhiras, eines der fünf Söhne König Pandus, der seine Vettern herausfordert und in achtzehnmaligem Einsatz alle Schätze, die Freiheit seiner Brüder sowie seine eigene und schließlich Draupadī, die gemeinsame Ehefrau der fünf Brüder, als Einsatz bietet. Der Führer der Gegenpartei schenkt jedoch auf Draupadīs Bitte ihr und den fünf Brüdern die Freiheit, verbannt sie alle aber für dreizehn Jahre. Dagegen kommt der von seinem Bruder zum Spiel herausgeforderte, von einem neidischen Dämon besessene König Nala in der mit der Haupthandlung des Epos nur lose verbundenen Erzählung *Nala und Damajantī* in dem Augenblick zur Besinnung, als ihm der Bruder nach dem Besitz und dem Reich auch die Ehefrau Damajantī als Einsatz abverlangt; Nala legt seine Würde ab und geht mit Damajantī in die Fremde, kehrt aber nach Trennung und Leiden mit ihr zurück und setzt nun in der Gewissheit, dass sein Dämon ihn verlassen hat, die Frau gegen den Einsatz des Bruders, das Reich, ein und gewinnt überraschend. In den Jātakas, den wahrscheinlich schon vorbuddhistischer Zeit entstammenden Erzählungen, die nach dem *Suttapiṭaka* (3. Jh. v. Chr.) Buddha seinen Jüngern zur Belehrung erzählt haben soll, wird das Mitwirken magischer Kräfte beim Spiel und das Eingreifen von Schutzgeistern mehrfach erwähnt. Im 62. Jātaka bannt der Bodhisattva im Spiel mit seinem Hauptpriester durch ein Spiellied das Glück, sodass er den Priester immer besiegt und dieser sich zu seinem Schutz ein von der Außenwelt abgeschirmtes Mädchen heranzieht, denn eine treue Geliebte bringt Glück im Spiel; aber der König lässt das behütete Mädchen verführen und gewinnt nun erneut.

Während in der indischen Dichtung bereits die tragische Verstrickung durch das Spiel erfasst wurde, hat das Spieler-Motiv in der Literatur der klassischen Antike keinen nennenswerten Ausdruck gefunden, selbst in der Komödie nicht. Es ist denkbar, dass die durch zahlreiche Astragalenfunde in Gräbern erhärtete Beliebtheit des Spiels eben wegen dieser Verbreitung, vor allem unter Jugendlichen, nicht als abwegig empfunden wurde und vielleicht auch nicht zu ernsthaften Gefahren geführt hat, weil bei dem häufigsten Spiel, dem Meistwurfspiel, die Astragale des Verlierers den Gewinn ausmachten. Wo das Spiel einen öffentlichen Schaden heraufbeschwor, wie bei dem Würfeln um Gewinn mit vier Würfeln, wurde z. B. im Rom des 2. vorchristlichen Jahrhunderts durch ein Verbot eingeschritten. Auch in der altnordischen Dichtung spielt das Spieler-Motiv keine Rolle, und in der höfisch orientierten Dichtung des

Mittelalters dürfte vor allem das Ideal der »Mâze« dem Motiv abträglich gewesen sein.

Die zu den realistischen Elementen des geistlichen Epos und der geistlichen mittelalterlichen Spiele gehörende Szene, in der das in den *Evangelien* erwähnte Werfen des Loses um Christi Rock als Würfelspiel der Soldaten erscheint, dient nicht dazu, die Dämonie des Spiels und die Verstricktheit der Spieler, sondern die Unwissenheit und Gleichgültigkeit zum Ausdruck zu bringen, mit der die Soldaten den Besitz eines so kostbaren Gegenstandes vom Fall der Würfel abhängig machen.

Auch in der europäischen Schwankliteratur des Spätmittelalters sind Erzählungen, in denen Bürger und Bauern von Falschspielern geprellt werden, seltene Randerscheinungen. Bei BOCCACCIO kommt nur eine einzige Novelle (*Decamerone* IX, 4) vor, in der das Spieler-Motiv Bedeutung erlangt und in der zwar die Spielwut des falschen Freundes bis zum Verlust der Kleidung und bis zur Veruntreuung des Geldes seines ihm freundschaftlich verbundenen Herrn geht, der Akzent aber auf dem bösen Trick liegt, durch den der Spieler den anderen als einen Räuber und sich selbst als einen Beraubten auszugeben, sich dessen Pferd und Kleidung anzueignen und zu entkommen weiß. Würfel- und Kartenspiel sind im 16. Jahrhundert Indizien liederlichen Lebens, sowohl in den Dramatisierungen des Stoffes vom verlorenen ↑ Sohn wie in der Darstellung des Studenten- (Ch. STIMMELIUS *Studentes* Dr. 1545) und des Schülerlebens (J. RASSER, *Spiel von der Kinderzucht* Dr. 1573). Noch A. WICHGREF (*Cornelius relegatus* Kom. 1600) und J. G. SCHOCH (*Comedia vom Studentenleben* 1657) stehen in dieser Motivtradition.

Aus dem gleichen sozialkritischen Grund setzte sich das Spieler-Motiv im pikarischen Roman durch, seit M. ALEMÁN es zum konstitutiven Element seiner *Vida del pícaro Guzmán de Alfarache* (1599 u. 1604) gemacht hatte. Es passt zum zynischen Verbrechertum des Guzmán, dass er in der Schelmenwelt Madrids verschiedene Arten betrügerischen Spiels lernt und ihm so sehr verfällt, dass ihn diese ungezügelte Leidenschaft später seine Stellung im Hause des römischen Kardinals kostet, ihm andererseits aber ermöglicht, nach seinem betrügerischen Coup in Genua als reicher Mann in die Heimat zurückzukehren; Spiel als Faszination, die stärker ist als das kalte Kalkül des Picaros, ist hier in der neueren Literatur zum ersten Mal wenigstens umschreibend erfasst. Auch der Pablo des F. de QUEVEDO Y VILLEGAS (*Historia de la vida del Buscón* 1626) ist ein gewiegter Falschspieler, der falsche Karten und Würfel bei sich trägt und sich in der vertrauenerweckenden Maske eines Benediktinerbruders ans Spiel begibt, während es für die höhere moralische Qualität von V. ESPINELS Schildknappen (*Vida del escudero Marcos de Obregón* 1618) bezeichnend ist, dass er zwar dem Spiel, aber nicht dem betrügerischen, verfällt und dass dies für die Handlung auch unwesentlich bleibt. Im deutschen Schelmenroman H. J. Ch. v. GRIMMELSHAUSENS (*Der Abenteuerliche Simplicissimus Teutsch* 1669) machte sich das Motiv nur noch andeutungsweise mit dem moralisierenden Akzent des *Guzmán de Alfarache* bemerkbar, der dem Dichter in der Verdeutschung des Ägidius ALBERTINUS (1615) bekannt war: Im Lager vor Magdeburg wird Simplicius von seinem Hofmeister vor dem Spielplatz der Soldaten und dem möglicherweise betrügerischen Spiel gewarnt.

Wenn der Schildknappe ESPINELS gerade während des müßigen Lebens an einem Fürstenhof in Zaragoza dem Spiel verfällt, so deutet sich damit die Wendung an, die sich im 17. Jahrhundert mit der Geltung und Verbreitung des Spiels vollzog. War es bis dahin, wie auch die Resonanz in der Dichtung zeigt, ein Zeitvertreib von Schülern, Studenten und Soldaten und wurde es auf abgelegenen Adelssitzen zur Vertreibung der Langeweile gepflegt, so erlangte es am Hof Ludwigs XIV. die Bedeutung einer bevorzugten, ja pflichtmäßigen Unterhaltung, die sich geradezu epidemisch ausbreitete, auch weibliche Angehörige des Adels und des Bürgertums ergriff und zur Entstehung von gewerblich betriebenen öffentlichen Spielbanken führte. Gesetze, die das Spiel in seinen Auswüchsen unterbinden sollten, wurden seit der zweiten Hälfte des Jahrhunderts wiederholt erlassen, blieben aber weitgehend wirkungslos.

Das am stärksten in die Zukunft weisende literarische Instrument der Lasterverspottung im 17. Jahrhundert, die Komödie, nahm sich schon mit J. SHIRLEYS *The Gamester* (1633) des aktuellen Problems an. Hier wurde auf einen von der achten Novelle des *L'Heptaméron des nouvelles* (1558) der MARGUERITE DE NAVARRE übernommenen Plot um einen sich unwissentlich selbst zum → Hahnrei machenden Mann das Spieler-Motiv in der Weise aufgepfropft, dass der mit seinem jungen Mündel verabredete Ehemann Wilding aus Spielversessenheit seinen Freund zum Stelldichein schickt, das indessen nicht von dem umworbenen Mädchen, sondern von der mit diesem im Bunde stehenden Ehefrau wahrgenommen werden soll; als Wilding am nächsten Morgen von seiner Frau hört, dass sie die Stelle der Erwarteten eingenommen hatte, stiftet er rasch eine Ehe zwischen dem Freund und dem Mädchen, um dann zu erfahren, dass er doppelt betrogen wurde, das Stelldichein gar nicht stattgefunden und er sich ohne Not einer Geliebten beraubt hat. Der Konflikt zwischen Spiel und Liebe blieb für das Motiv auch weiterhin kennzeichnend. J.-F. REGNARD (*Le Joueur* 1696) lässt den leichtsinnigen jungen Valère immer nur dann, wenn ihm kein Spiel winkt, für die Geliebte Zeit haben, die sich schließlich, als er auch noch ihr kostbares Bild verpfändet, von ihm trennt, ein Verlust, über den er sich als echte Spielernatur im Spiel zu trösten weiß. Kaum von der Regnards abweichend wird die Handlung in DUFRESNYS *Le Chevalier joueur* (1697) geführt, während bei L. RICCOBONI (*Le Joueur* 1718) der Konflikt insofern abgeändert erscheint, als die Geliebte nichts von dem Laster ihres scheinbar seinen Studien ergebenen Freundes weiß und ihn verlässt, als sie die Täuschung entdeckt.

Ein härteres Urteil fällen die Komödien, die sich gegen weibliche Spielwut richten. Auch weibliche Spielernaturen setzen sich über Verluste leicht hinweg. Als erste Komödie mit dieser Thematik gilt J. de la FORGES *La Joueuse dupée ou l'intrigue des académiens* (1663), deren Heldin eine fanatische Spielerin ist, die Mann und Tochter vernachlässigt und sogar ihren weiblichen Charme einsetzt, um andere Spieler zu betrügen. Ähnlich enragiert ist Flavie in R. POISSONS *Les Femmes coquettes* (1670), die ihrem Onkel vorgeblich für fromme Stiftungen Geld abnötigt, das sie verspielt, sowie Madame Orgon in F.-C. DANCOURTS *La Désolation des joueuses* (1687), die über der Spielwut das Gefühl für Ehre und Anstand verloren hat, die Mitgift ihrer Tochter aufs Spiel setzt und diese selbst an einen Falschspieler verkuppeln will. Ähnliche weibliche Gestalten beherrschen die Szene in DANCOURTS *Les Bourgeoises à la mode* (1692). Neben den Spielbesessenen steht der Typ des Abenteurers und Falschspielers, etwa Toutabas bei REGNARD und der Chevalier in DANCOURTS *La Désolation des joueuses*, bei POISSON auch des professionellen Falschspielers, der dann als Nebenfigur sogar in Werken Verwendung findet, in denen das Spieler-Motiv nicht an zentraler Stelle steht (G. FARQUHAR, *Sir Henry Wildair* 1701; G. E. LESSING, *Minna von Barnhelm* 1763).

Die Spieler des Barock sind heiter, frönen unbekümmert und oft skrupellos ihrer Leidenschaft und wissen sich über menschliche Verluste zu trösten. Das 18. Jahrhundert mit seinem Glauben an Vernunft und Tugend sah das Problem anders. Im günstigen Fall konnte der Spieler gebessert werden, eine Tendenz, die an den REGNARD-Bearbeitungen besonders gut abzulesen ist: Bereits S. CENTLIVRE (*The Gamester* 1705) »rettete« den Spieler durch die verzeihende Liebe Angelicas, die ihm selbst, als Mann verkleidet, das Bild abgewonnen hat, und C. Goldoni (*Il giocatore* 1750) »besserte« ihn und konnte ihn daher auch zu einem Happy End in der Liebe führen; mit feinerem Kunstverstand übernahm dagegen der Deutsche J. G. Dyk (*Das Spielerglück* 1773) von Goldoni nur einige komische Züge und bewahrte den ironischen Schluss Regnards, steigerte ihn sogar noch dadurch, dass das Glück aller drei bei ihm auftauchenden Hasardeure trügerisch ist. Der unverbesserliche Spieler jedoch musste tragisch enden, da hemmungslose Leidenschaft gegen Ratio und Sittengesetz verstieß. Dabei wurde der Spieler so dargestellt, dass ihm das Mitgefühl des Publikums sicher war, wodurch wiederum die Rolle der Verführung und des Verführers wuchs, dem die größere Hälfte der Schuld zugeschoben wurde. So lässt sich bezeichnenderweise der unselige Held von A.-F. Prévost d'Exiles *Histoire du Chevalier des Grieux et de Manon Lescaut* (R. 1731) infolge seiner erotischen Hörigkeit von Manons Bruder in das Falschspiel einweihen, um sein und der beiden Geschwister kostspieliges Leben bestreiten zu können. Den entscheidenden Schritt zur Spielertragödie des 18. Jahrhunderts tat A. Hill (*The Fatal Extravagance* Dr. 1720), als er den Plot der anonymen, auf einem zeitgenössischen Ereignis fußenden *Yorkshire Tragedy* (1608), der Geschichte eines leichtsinnigen Hitzkopfes, mit dem in der Vorlage nicht vorhandenen Spieler-Motiv verknüpfte: Der Spieler Belmont ruiniert seine Familie und seinen treuesten Freund, versucht vergeblich, Frau und Kinder zu vergiften, um sie vor Schande zu bewahren, kann jedoch den Mann im Zweikampf töten, der ihn zum Spiel verleitete, und begeht dann Selbstmord, gerade ehe ihn die Nachricht von einer großen Erbschaft erreicht. Aus Hills Drama entwickelte E. Moore (*The Gamester* 1753) unter Beibehaltung des Effekts der auf den Selbstmord folgenden Erbschaft die berühmteste Spielertragödie des 18. Jahrhunderts, in der Beverley, der Verführte, ungleich edler, aber auch haltloser ist, der Verführer Stukely aber zu einem Intriganten und falschen → Ratgeber gesteigert erscheint, der mit der Verführung selbstische Zwecke verbindet, Beverleys Frau begehrt, sich selbst als ruiniert ausgibt und zu seiner angeblichen Rettung von Beverley den letzten Besitz seiner Frau, ihren Schmuck, verlangt. Der warnende Freund und zukünftige Schwager Beverleys, Lewson, soll von Helfershelfern Stukelys beseitigt werden, die jedoch, wenn auch für Beverley zu spät, die Absichten des Intriganten verraten.

Die Handlung von Moores bürgerlichem Trauerspiel erschien im gleichen Jahr auch als Erzählung, und zahlreiche Bearbeitungen des Werkes sorgten für die Popularisierung des Spieler-Motivs. Auf einer handschriftlichen Übersetzung D. DIDEROTS (1759) beruht die verbreitete Version von B.-J. SAURIN (*Béverlei* 1768), der die Intrige Stukelys mit einer alten → Rivalität um Beverleys Frau motivierte und in einer zweiten Fassung von 1769 den tragischen Schluss fallenließ: Beverley wird durch sein im Schlaf sprechendes Söhnchen vom Selbstmord abgebracht und erhält außerdem sein ihm von Stukely abgenommenes Vermögen zurück, da dieser von seinen Kumpanen getötet wird. An Saurin hielt sich die vielgespielte deutsche Bearbeitung von F. L. SCHRÖDER (1785) und ein anonym unter dem Titel *Die verdächtige Freundschaft* 1784 erschienenes Lustspiel, dessen Verfasser die Rollen von Stukely und Lewson in eine zusammenzog: Der Verführer ist in Wirklichkeit ein Freund, der Beverley sein Leben schuldet und ihn durch seine Intrige über das Schädliche des Spiels belehren will. Die Intrige gegen den Spielbesessenen als bloße pädagogische Maßnahme war kurz zuvor schon in einem Lustspiel G. MEISSNERS (*Der Schachspieler* 1782) eingesetzt worden, indem sich der unbekannte Sieger im Spiel schließlich, ähnlich wie bei S. Centlivre, als die Braut des Verlierers entpuppt, die dieser sogar als Preis gesetzt und verspielt hatte. A. W. IFFLAND dagegen lehnte in dem Rührstück *Der Spieler* (1798) die Dialektik der beiden Figuren an Moores schauerlich-rührende Situation an, da er den leicht verführbaren Baron Wallenfeld von dem Abenteurer Posert verleiten und betrügen ließ. Die moore/ifflandsche Motivmischung findet sich, mit Zügen aus Z. WERNERS Schicksalsdrama aufgeputzt, erneut in V. DUCANGE/J.-F. DINAUX' *Trente ans ou La vie d'un joueur* (1827; dt. Bearb. L. ANGELY).

IFFLANDS Posert repräsentiert nicht nur eine Mutante des für das bürgerliche Schauspiel charakteristischen Verführertyps, sondern zugleich eine Station in der Entwicklungslinie jenes professionellen Falschspielers, des »Grec«, der nicht in persönlicher Beziehung zu seinem Opfer steht, sondern auf beliebige Neulinge lauert, um sie auszunehmen. Diese Spezies ist bereits als Nebenfigur in Komödien des 17. Jahrhunderts und bei PRÉVOST bekannt, sie findet sich in L. HOLBERGS Komödie *Der elfte Junius* (1723) und als Paraderolle in LESSINGS *Minna von Barnhelm*. F. M. KLINGER (*Die Falschspieler* 1782) rückte sie in den Mittelpunkt einer Lustspielhandlung, die er aus Ch. F. D. SCHUBARTS *Zur Geschichte des menschlichen Herzens* (1775) ableitete, der gleichen Erzählung, aus der SCHILLER *Die Räuber* entwickelte. Der durch die Intrige des Bruders verdrängte Sohn wird hier nicht Räuber, sondern Falschspieler, versöhnt sich jedoch wieder mit seinem Vater und verliebt sich in seine Cousine, die er entführen will, wird daraufhin von seinem künftigen Schwager im Duell verwundet und durch die Verletzung gezwungen, dem Grec-Dasein zu entsagen – ob allerdings für immer, erscheint fraglich. Eine Neufassung von 1815 strich das Duell und den offenen Schluss: Die Liebe überwältigt den Abenteurer und »bessert« ihn. Auch der Schauspieler D. BEIL (*Die Spieler* 1785) ließ seinen ins Verbrecherische gesteigerten Falschspieler Graf Kurta schließlich bereuen, und zwar aufgrund des Edelmuts des von ihm betrogenen und verwundeten Gegners. Von Kurta führt die Entwicklungslinie des Grec dann zu Ifflands Posert. A. v. KOTZEBUE verwandte den professionellen Falschspieler nicht nur in dem HOLBERGS *Der elfte Junius* nachgezeichneten Lustspiel *Der Gimpel auf der Messe* (1805) mit der Episodenfigur des Barons Würfelknochen, sondern vor allem als Zentralfigur in dem Lustspiel *Blinde Liebe* (1806), in dem der Falschspieler Graf Qualm von seiner Braut entlarvt wird, aber bei Humor bleibt und sich über sein Missgeschick tröstet. Damit kehrt das Spieler-Motiv zu der von REGNARD erfundenen untragischen Variante zurück.

Die Nachbarschaft oder die ursächliche Beziehung des Spiels zu anderen Lastern wurde etwa in MALER MÜLLERS *Fausts Leben dramatisiert* (1778) dadurch aufgezeigt, dass der Ruin durch das Spiel zum Teufelspakt führt, und in IFFLANDS *Verbrechen aus Ehrsucht* (1784) dadurch, dass die Korrumpierung durch das Spiel den Boden für Schurkereien bereitet, ähnlich wie später in des Russen N. V. GOGOL' Komödie *Revizor/Der Revisor* (1836) und des älteren DUMAS Schauspiel *La Conscience* (1854).

Weit mehr Möglichkeiten, die Verflechtung von Spiel und sittlichem Verfall darzustellen, bot die erzählende Literatur, die dem Spieler-Motiv im 19. Jahrhundert einen gewissen, wenn auch nicht so hervorragenden Platz einräumte. Schon in SCHILLERS *Der Geisterseher* (R. 1787–89) gehören die Erregungen des Spieltischs zur Charakterisierung der dubiosen Gesellschaft, in die der Prinz in Venedig gerät. L. TIECKS zunehmendem moralischen Verfall zusteuernder Lovell (*Geschichte des Herrn William Lovell* R. 1795–96) gewinnt an englischen Spieltischen Reichtümer, die er an denen von Paris wieder verliert, und rettet sich durch Falschspiel aus einem Bettlerdasein. Die Faszination liegt für ihn im Auf und Ab, im rascheren Pulsschlag, den das Spiel verleiht, während er den Gewinn sogar manchmal den Verlierern zurückgibt. Die Spieler in den drei ineinandergeschachtelten Spielerschicksalen von E.T.A. HOFFMANNS aus dem eigenen Erlebnis unheimlichen Spielerglücks entstandener Novelle *Spielerglück* (1819) dagegen sind zugleich von → Geldgier ergriffen; wieder einmal schiebt sich Spiel trennend vor Liebe und treibt bis zu dem an altindische Vorbilder erinnernden Verspielen der Ehefrau. A. de MUSSET zeichnete zweimal junge Menschen, die der Spielleidenschaft verfallen sind und im Selbstmord enden (*Rolla* Dr. 1833) oder im Spiel selbst eine Art geistigen und seelischen Todes suchen, nachdem das Leben das höchste Glück geschenkt hat und danach schal geworden ist (*Le Fils du Titien* Nov. 1841). Die seit Tieck charakteristische Dämonie des Spiels beherrscht auch den jungen Offizier in A. PUŠKINS *Pikovaja dama/Pique-Dame* (Nov. 1834), der vor nichts zurückschreckt, um einer alten Dame das Geheimnis der drei glückbringenden Karten zu entreißen – das er dann vom Geist der vor Schreck Verstorbenen im Traum erfährt –, aber sich in der Karte vergreift, sein ganzes Vermögen verliert und im Irrenhaus endet. Ein Tod in Wahnsinn beschließt auch das Leben von Ch. DICKENS' Raritätenladenbesitzer Trent (*The Old Curiosity Shop* R. 1841), der seinen Besitz verspielt und sich und sein Enkelkind ins Unglück gebracht hat. Während das Glücksspiel nur eine Etappe auf dem Weg des Gentlemanspielers Barry (W. M. THACKERAY, *The Luck of Barry Lyndon* R. 1846) zum Verbrechen ist, trifft den durch das Spiel reich gewordenen Obristen (A. STIFTER, *Die Mappe meines Urgroßvaters* Erz. 1847) rechtzeitig der Vorwurf, dass er ein Lump sei und von Lumpengeld lebe, sodass er sich von dem gewonnenen Geld trennt und ein neues Leben beginnt. Biedermeierlich-bürgerliche Moral und Stifters eigne Ablehnung unkontrollierter Leidenschaft bestimmten hier die Motivgestaltung. Bei F. M. DOSTOEVSKIJ (*Igrok/Der Spieler* R. 1866, S. PROKOFJEV, Oper 1916) traten die romantisch-dämonischen Züge wieder hervor, wenn der Erzählende, der erlebt hat, wie das Erbe der von ihm umworbenen Polina verspielt wurde, sich nun selbst im Spiel versucht, aber von Polina samt seinem gewonnenen Geld abgewiesen wird, es mit einem zwielichtigen Mädchen verprasst und darauf in erneuter Hoffnung auf Polina noch einmal die Frage an das Spielglück stellt. In A. OSTROVSKIJS *Poslednaja žertva/Das letzte Opfer* (Dr. 1875) ist der Spieler Dultschin nur der Auslöser für die Opfertaten der ihn liebenden Frau. Gegenüber diesen tragischen Varianten des Motivs erinnern die betrogenen Betrüger und stehaufmännchenhaften Verlierer von E. NIEBERGALL (*Datterich* Posse 1841) und N. V. GOGOL' (*Igroki/Die Spieler* Kom. 1842) mehr an REGNARDS frühe Prägung.

Wenn das Interesse an dem Motiv auch gegenüber dem des 17. und 18. Jahrhunderts zunehmend zurückging, wurde es doch noch lange als Episode mit gesellschaftsanalytischer und gesellschaftskritischer Funktion verwendet (E. G. BULWER, *Pelham* R. 1828; H. de BALZAC, *La Peau de chagrin* R. 1831; G. FREYTAG, *Graf Waldemar* Dr. 1850), unter anderem auch da, wo es ein neues abenteuerliches Milieu wie den Wilden Westen zu verlebendigen galt (B. HARTE, *A Passage in the Life of John Oakhurst* Erz. 1870). Mit der nötigen Einschränkung könnte das Spieler-Motiv als »abgesunken« bezeichnet werden, da es in der modernen Literatur immer mehr zum Ingrediens von Unterhaltungsroman und Gesellschaftsstück wurde, in denen der Gentlemanverbrecher als Beherrscher der Spieltische von Monaco oder Venedig eine Faszination ausübt (R. VOSS, *Arme Maria* Dr. 1894; G. v. OMPTEDA, *Monte Carlo* R. 1900; B. FRANK, *Ein Abenteuer in Venedig* 1911; M. KRELL, *Der Spieler Cormick* R. 1922) und durch seine Tricks ebenso unterhält wie durch seinen schließlichen Sturz befriedigt (N. JACQUES, *Doktor Mabuse, der Spieler* R. 1921; S. GUITRY, *Mémoires d'un tricheur* R. 1935). Für St. ZWEIG stehen in *Vierundzwanzig Stunden aus dem Leben einer Frau* (Nov. 1927) Spiel und Spieler symbolisch für eine sich über jede Sitte hinwegsetzende Leidenschaft, in *Schachnovelle* (1943) dagegen tritt der Spielrausch, obgleich beim Schach unabhängig vom Glücksfaktor, doch bis an den Rand des Wahnsinns führend, wieder ins Zentrum. H. BÖLL (*Und sagte kein einziges Wort* R. 1953) wählte den Spielautomaten, Inbegriff der Spielsehnsucht des kleinen Mannes, zum Sinnbild der Haltlosigkeit und des mangelnden Realitätsbewusstseins seines dem Sog der Nachkriegslethargie noch glücklich entkommenden Fred.

G. Fritz, Der Spieler im deutschen Drama des 18. Jahrhunderts, Diss. Berlin 1896; A. Hübscher, Der Spieler in der Literatur, (Literarisches Echo 25) 1922/23; H. Lüders, Das Würfelspiel im alten Indien (in: H. L., Philologica Indica) 1940; L. O. Forkey, The Role of Money in French Comedy During the Reign of Louis XIV, Baltimore 1947.

Spröde, Die → Amazone

Stadt, Die

Schon im Altertum waren große Städte ein aufsehenerregendes und befremdliches Phänomen. Babylon, den Völkern der alten Welt ein Sinnbild von Größe und Reichtum, warf in den Aufzeichnungen der Israeliten deutlich bedrohliche Schatten von Verderbtheit und Verderbnis, angefangen bei dem urzeitlichen Versuch eines in Babel errichteten, bis zum Himmel ragenden Turmbaus, den Gott mit

Sprachverwirrung strafte, über den Götzendienst, den die Israeliten in der babylonischen Gefangenschaft miterlebten, bis hin zu jenem von JOHANNES (Offb. 17,5) seherisch-poetisch gefundenen Bild von der mit Purpur und edlen Steinen geschmückten Hure Babylon, mit der die Könige der Erde Hurerei treiben, der die Kaufleute und die Schiffer ungeheuren Reichtum zutragen und die doch von Gott in einem Nu vernichtet wird. Der Name dieser Stadt bleibt Epitheton für das sündige Wesen großer Städte, wird im 17. Jahrhundert auf Amsterdam und auf Paris übertragen und behält als »Sündenbabel« umgangssprachlichen Charakter.

Auch an Rom heftete sich, vor allem in der Kaiserzeit, das Charakteristikum der Sittenverderbnis, jedoch überwog bei den Dichtern Roms der Stolz auf Größe und Macht der Urbs aeterna (TIBULL), die auch von in Italien ansässigen Griechen wie der Dichterin MELINNO (2. Jh. v. Chr.) als Domina Roma besungen wurde. Ein zweites Ingrediens des Stadt-Motivs zeichnet sich im Zusammenhang mit dem Erlebnis des Daseins in einer Metropole wie Rom zum ersten Mal ab: der Unterschied zum Leben auf dem Lande. Auch wenn in einer Stadt wie Rom die durch das Umland geschaffene Kultur nur massiert und nicht umgeschaffen wurde und sie auf dieses Umland zurückstrahlte, empfindet der Römer HORAZ (*Epoden* 2) die in der Stadt vorherrschenden Negotia als Fessel, der die Aufgabe der Vorväter, mit eigenen Rindern die ererbte Scholle zu pflügen, vorzuziehen sei. Ein sentimentalischer Zug, der dieses »negotium« des Ackerbauers romantisch verklärt.

Das Stadt-Motiv in der Dichtung bedeutet also von Beginn an eine Auseinandersetzung mit der kulturellen und zivilisatorischen Leistung des Menschen. Die durch das Motiv erstrebte stimmungshafte Wirkung reicht von Bewunderung bis zu Entsetzen, von einer Art Stadtverliebtheit bis zu moralischer Entrüstung. Zu den konstitutiven Elementen des Stadt-Motivs gehört als Folie sowohl ein spöttisch herablassend gesehenes wie ein idealisiertes Bild des Landlebens und der Natur; Idyllik und Bukolik haben in Stadtabkehr ihre Wurzel. Für die pragmatischen Dichtungsgattungen bildet die Stadt einen häufig durch labyrinthische Züge gekennzeichneten Handlungsraum, der in der Epik eine bestimmende Funktion einnehmen kann.

Im Mittelalter, das kaum große Städte kannte, bedeutet die ummauerte Stadt zunächst Schutz, Sicherheit, Tuchfühlung mit anderen Menschen in einer sonst dünn besiedelten und gefahrumdrohten Welt. Städtisches Leben war mit wachsendem sozialen Standard und Selbstbewusstsein verbunden: »Stadtluft macht frei.« Städte verliehen Heimatgefühl und wurden als »schön« gepriesen (*O Straßburg, du wunderschöne Stadt; Innsbruck, ich muß dich lassen*); der Stadtbürger Hans SACHS dichtete einen Lobspruch auf die Stadt Nürnberg. Dagegen erneuerte sich im Barock, in dem nicht von ungefähr das → Arkadien-Motiv ausgebaut wurde und die Pastoraldichtung auf einen ihrer Höhepunkte gelangte, die Vorstellung von der Stadt, in der ja auch der Hof seinen Sitz hatte, als Inbegriff der Verderbtheit. Dieser Makel heftete sich jetzt vor allem an Paris. In Ph. v. ZESENS Roman *Die Adriatische Rosemund* (1645) wird Paris für den Helden Markholt der Ort der Versuchung, ähnlich wie in GRIMMELSHAUSENS *Simplizius Simplizissimus* (1669), wo der Protagonist in dieser Stadt der Lustseuche erliegt. Für den Moralsatiriker MOSCHEROSCH (*Gesichte Philanders von Sittewald* 1640/43) wird Paris zur Allegorie der Sittenlosigkeit und des Verderbens. Diese Kennzeichnung und die entsprechende Funktion im Handlungsgefüge bleibt der französischen Hauptstadt bis ins 19. Jahrhundert erhalten (L. TIECK, *William Lovell* 1795–96; C. F. MEYER *Das Amulett* 1873; R. M. RILKE, *Die Aufzeichnungen des Malte Laurids Brigge* 1910).

Das 18. Jahrhundert ist in Deutschland zwar betont bürgerlich-städtisch orientiert, aber nicht großstädtisch, weil es in Deutschland noch keine großen Städte gab. Auch Hamburg, das von BROCKES besungen wurde, ist noch keine Großstadt. Wenngleich die Stadt-Land-Antithetik durch den Rousseauismus lebendig erhalten wurde, werden die in deutscher Dichtung auftauchenden Handels- und Residenzstädte als Inbegriff von Ordnung und Form und als zusammenschließendes Element empfunden: »Regel wird alles und alles wird Wahl und alles Bedeutung« (SCHILLER, *Der Spaziergang* 1795/96). Bei JEAN PAUL bilden die kleinen Residenzstädte trotz ihres Philistertums den Lebensraum einer geistigen Elite und einen Sammelplatz von menschlichen Originalen.

Die Romantik individualisiert die kleineren Städte durch den Bezug auf ihre Geschichte und die sie umgebende Landschaft. In diese Idyllisierung und Idealisierung mischt sich öfter ein Gran Vergangenheitswehmut, so in HÖLDERLINS Heidelberg, TIECKS Nürnberg, BRENTANOS Straßburg, PLATENS Venedig, E.T.A. HOFFMANNS Berlin und Dresden. Auf der anderen Seite wertet die antiphiliströse Haltung größere Städte auf, bei Tieck, Brentano und E.T.A. Hoffmann finden sich Bekenntnisse zu der gerade sich entfaltenden Großstadt Berlin als Kristallisationspunkt von Künstlern und Intellektuellen. TIECK (*William Lovell* 1795–96, *Liebeszauber* 1811, *Der Pokal* 1811) und besonders E.T.A. HOFFMANN (*Der goldene Topf* 1814, *Das öde Haus* 1817, *Die Brautwahl* 1819, *Das Fräulein von Scuderi* 1820, *Prinzessin Brambilla* 1821) gewinnen dem Leben der Stadt, ihren Farben, Gerüchen und ihrer Unübersichtlichkeit neue Effekte ab. Diese Haltung bleibt in Deutschland mit kleinen Schwankungen bis weit ins 19. Jahrhundert hinein erhalten. W. RAABE rückte in *Die Chronik der Sperlingsgasse* (1857) nur eine biedermeierliche Enklave der Großstadt Berlin ins Bild, und in *Die Leute aus dem Walde* (1863) wird zwar der bedrückende Eindruck des »Ungeheuers Stadt« und des Städtertums als Verkörperung rücksichtslosen Selbsterhaltungstriebes deutlich gemacht, dieses Ungeheuer selbst aber wieder auf einzelne idyllische Spielorte reduziert. Die großen deutschen Realisten des 19. Jahrhunderts bevorzugten weiter die Provinzstädte, einzig Th. FONTANE setzte die inzwischen gewachsene Großstadt mit Einzelheiten ihrer örtlichen und sozialen Schichtungen in Szene und wusste den alten Gegensatz Stadt–Land durch das vermittelnde Moment der Landpartien zu überbrücken.

In den Ländern, in denen im 19. Jahrhundert bereits Großstädte existierten, haben die Autoren die Großstadt als literarisches Motiv früher entdeckt als in Deutschland. Zudem ergab sich eine überraschende Wahlverwandtschaft des Motivs mit der im 19. Jahrhundert vorherrschenden literarischen Gattung, dem Roman. Das Massengebilde Großstadt konnte, über seine Verwendung als Stimmungsmotiv der Lyrik hinaus, gerade im Roman eine adäquate Spiegelung finden: Großstadt und Roman sind komplexe, weiträumige Gebilde aus nebeneinander gelagerten, oft verschachtelten inhaltlichen Substanzen; die Romanhandlung in einer Stadt geht konform mit der Entdeckung und Erforschung dieser Stadt; die in einer Stadt wohnende Menschenmenge dient mit den von ihr ausgehenden Nachrichten, Mutmaßungen und Gerüchten der Anreicherung, Verwicklung und schließlich Klärung der Handlung. Man kann den Ansatz zu einer solchen Beziehung zwischen Gattung und Motiv bereits bei den ersten großen Vertretern der Gattung finden. Merkwürdigerweise machte A.-R. LESAGE in seinem ersten Großstadtroman *Le Diable boiteux* (1707, endgültige Fassung 1726) nicht Paris, sondern Madrid zum Schauplatz von Abenteuern, die ein Student unter Führung des Teufels erlebt, der ihn von wechselnden erhöhten Standpunkten in die durch Magie ihrer Dächer beraubten nächtlichen Häuser der Stadt blicken und das Treiben der Menschen beobachten und analysieren lässt. D. DEFOE schilderte 1722 in *A Journal of the Plague Year* das London des Pestjahres 1665 aus der Sicht eines mitbetroffenen Sattlermeisters, der die Ereignisse im Gefolge der Epidemie, die sich Stück für Stück in den Volks- und Stadtkörper einfrisst, nach eigenen Erkundungen und den ihm zugetragenen Gerüchten aufzeichnet, wobei die Wege des Totenkarrens in topographische Einzelheiten führen. Die Großstadt unterliegt einem außerordentlichen Zustand, durch den zugleich der Normalzustand aufgedeckt wird: Erst durch den Fortfall des nachbarlichen Zusammenlebens wird dieses als notwendig erkannt. In diesen beiden frühen Romanen fehlt jede Tendenz gegen die Großstadt, die in ihnen enthaltene Sittenkritik ist gegen menschliche Zustände überhaupt, nicht gegen typisch großstädtische gerichtet.

Der erste Großstadtroman des 19. Jahrhunderts, V. HUGOS *Notre-Dame de Paris* (1831), stößt noch nicht zu den die Zeit bedrängenden Großstadtproblemen vor, weil seine Handlung im Mittelalter und nicht in der Gegenwart spielt. Jedoch ist die hier wieder meist aus der Vogelschau, von den Türmen von Notre Dame, eingefangene räumliche Erscheinung der Stadt, der Zusammenhang von Architektur und Menschenmassen, die beide bildlich als Flut und Meer bezeichnet werden, in hohem Grade gelungen. In der Schilderung der Bettler- und Verbrecherwelt des Mirakelhofes kündigt sich die Sozialkritik an der Großstadt, der in der Folgezeit Großstadtromane dienen, bereits an. In H. de BALZACS groß angelegter Schilderung der großstädtischen Gesellschaft von Paris (*La Comédie humaine* 1829–54) zur Zeit des Bürgerkönigtums kommt die Stadt selbst mehr indirekt als Hintergrund der von Geld- und Spekulationssucht beherrschten Personen, unter denen Vertreter des Proletariats noch fehlen, ins Spiel, aber es zeichnen sich die verschieden strukturierten Stadtteile und entsprechend der bürgerlichen Thematik auch das Interieur der Häuser als charakterisierende Züge ab. Dagegen deckte E. SUE in seinem Sensationsroman *Les Mystères de Paris* (1842/43) die sozialen Missstände im Großstadtproletariat, die Verelendung und Kriminalität breiter Schichten infolge von Bevölkerungsüberdruck, Wohnungsnot, Industrialisierung und Bodenwucher sowie Ausbeutung durch den Frühkapitalismus zum ersten Mal schonungslos auf. Während in Hugos historischem Roman die asoziale Zone auf einen bestimmten Ort eingegrenzt war, ist Verbrechertum hier über die ganze Stadt gleich einem Aussatz verbreitet. Durch diesen Aspekt bereichert, hat HUGO in seinem zweiten Pariser Roman *Les Misérables* (1862) das Interesse gleichfalls auf das Elend der unteren Schichten konzentriert und das Paris von 1832 als eine Art Strudel dargestellt, der aus den Provinzen die unglücklichen und verbrecherischen Existenzen ansaugt, die in der Anonymität der Bevölkerungsmenge und in den Kloaken der Stadt, ihrem »Eingeweide«, verschwinden können; die Schicksale der Personen sind sowohl mit der historischen Entwicklung der Stadt wie mit ihren verschiedenen Schauplätzen verwoben. Etwa gleichzeitig hat in England Ch. Dickens (*Barnaby Rudge* 1841) die Hauptstadt London, die er nachts durchwanderte, ebenfalls unter dem Aspekt einer Massenrevolte beschrieben: London, bestimmt von Licht, Witterung, Jahreszeit und der Stimmung des beobachtenden Subjekts, London, für den aus der Ferne sich Nähernden wie eine Schattenmasse mit Lichthaube, London, auf den verschlungenen Wegen eines flüchtenden Mörders bis in entlegene Winkel durchforscht. Der rebellierende Mob wird auch von Dickens als »ozeanisch« bezeichnet. Zum ersten Mal taucht das für spätere Großstadtmotivik typische Moment der Einsamkeit inmitten von Volksmenge auf. Auch in seinem autobiographischen Roman *David Copperfield* (1849/50) zeigte Dickens die typische Großstadtmisere: Arbeitslosigkeit und Armut, Kinderarbeit, Schuldgefängnis, Verbrechertum, den Schmutz und die Abwasserprobleme, das Prostituiertenwesen, die Anonymität großstädtischen Lebens. Wieder ist die Großstadt ein neues Babylon, hat etwas Alptraumartiges, wirkt dämonisiert. Mit *Hard Times* (1854) drang Dickens dann noch tiefer in das Problem Großstadt ein. Weniger Amoralität und Verbrechertum als die unnatürlichen Bedingungen der Großstadtexistenz werden angeprangert. Die »Coketown« ist von Ruß überzogen, ein schwarzer, stinkender Kanal durchzieht sie, der Rhythmus der Fabrikarbeit regelt den Lebensrhythmus der ihr unterworfenen Menschen, tötet mit seiner Gleichförmigkeit jede spontane Regung. Mit *Bednye ljudi/Arme Leute* und *Dvojnik/Der Doppelgänger* hat auch Dostoevskij 1846 die Armen- und Elendsviertel seiner heimatlichen Kapitale für die Literatur entdeckt; wenn auch nur mehr Hintergrund, so spielt das »heimliche Petersburg« mit seinen Mietskasernen, in denen die wenig bemittelten Beamten, Studenten, Schriftsteller, Gelehrten und auch Prostituierten wohnen, doch in zahlreichen seiner Werke eine einfärbende Rolle und erhält mit seinen schwarzen Kanälen, dunklen Treppenhäusern, schmutzigen Kneipen und engen Zimmern jeweils eine andere Nuance, ob es sich nun um den kalten Petersburger Herbst (*Chozjajka/Die Wirtin* 1847) mit seiner verhangenen Atmosphäre (*Podrostok/Der Jüngling* 1875) oder um die Petersburger Frühlingsnächte (*Belye noči/Helle Nächte* 1848) oder auch um das schwüle und staubige Petersburg des Hochsommers (*Prestuplenie i nakazanie/Schuld und Sühne* 1866) handelt; die deprimierende Seite der Stadt ist vorherrschend (*Unižennye i oskorblennye/Die Erniedrigten und Beleidigten* 1861, *Zapiski iz podpol'ja/Aufzeichnungen aus einem Kellerloch* 1864).

Mit dem Schritt zum konsequenten Naturalismus E. ZOLAS und seinen auf genauen Beobachtungen beruhenden Schilderungen von Paris setzte sich eine Mischung von intensiver Bestandsaufnahme des Details und einer Überhöhung von modernen großstädtischen Errungenschaften wie den Markthallen (*Le Ventre de Paris* 1873) oder dem Bankhaus (*Au Bonheur des dames* 1883) zu von magischem Eigenleben erfüllten Symbolen des Fortschritts durch, die den einzelnen Menschen nur als Teil einer Kollektivkraft hervortreten lassen. In *Les trois villes* (1894–98) hat Zola es dann unternommen, durch Darstellung der drei unterschiedlichen Städte Lourdes, Rom und Paris eine Zeitdiagnose zu geben, in der die Menschen als geprägt von dem jeweiligen Charakter der Städte erscheinen, die Charaktere der Städte wiederum durch symbolische Schicksale von Personen illustriert werden. Der Einfluss der bedeutenden Beispiele auf die deutsche Literatur kann – wahrscheinlich aus Mangel an Anschauung – als bescheiden angesehen werden: Nachdem K. GUTZKOW in *Die Ritter vom Geist* (1850/52) unter Einfluss Sues wenigstens eine Schilderung des Berliner Proletariats versucht hatte und F. SPIELHAGENS Schilderung des zeitgenössischen Berlin (*Sturmflut* R. 1876) in einer ängstlichen Befangenheit gegenüber den modernen Phänomenen steckengeblieben war, schrieb M. KRETZER im Gefolge Zolas mit *Meister Timpe* (1888) einen Erfolgsroman, der am Schicksal des von der wachsenden Stadt verdrängten Handwerksmeisters die sozialen Konsequenzen der Großstadtwucherung aufwies; andere zeitgenössische Berlin-Romane (F. MAUTHNER, *Quartett* 1886–90; K. ALBERTI, *Wer ist der Stärkere* 1888; W. BÖLSCHE, *Die Mittagsgöttin* 1891) berührten das Problem nur am Rande. Eine ähnliche Haltung der Entwicklung gegenüber lässt M. G. CONRADS München-Roman *Was die Isar rauscht* (1887) erkennen, der als Gegenstück zu Zola konzipiert wurde und die industrielle Entwicklung als Gefährdung der Kulturwerte Münchens darstellte.

Auch in Norwegen gab es ein Echo der Großstadtschilderungen Zolas. Das eher kleinstädtische Kristiania erfüllte für die in Weltferne aufgewachsenen, aus der Einsamkeit der Provinz nach der Hauptstadt verschlagenen Landbewohner die gleiche Sog-Funktion wie die Weltstädte südlicher Länder für ihr Hinterland (A. GARBORG, *Bondestudentar* 1883; H. H. JÄGER, *Fra Kristiania-bohemen* 1885).

K. HAMSUNS hungernder Held (*Sult/Hunger* 1890), der ziel- und planlos durch Kristiania läuft, ist von dem Moloch Stadt bedroht, ohne eine soziale Anklage zu formulieren. Jedoch trägt bei Hamsun die Anonymität der städtischen Existenz, die Vereinzelung des Individuums hervorruft, dämonische Züge, die schon auf die Stadt-Erfahrungen des Expressionismus vorausweisen.

Parallel zu den großen französischen Stadt-Romanen entwickelte sich bei den Symbolisten und Impressionisten Frankreichs eine Großstadt-Lyrik. Schon der Romantiker A. de VIGNY hatte in seinem *Livre moderne* (1831) eine erneut aus der Vogelperspektive konzipierte Vision des nächtlichen Paris gegeben, das hier nahezu einer Dante'schen Höllenstadt gleicht. BAUDELAIRE lieh bereits einem Abschnitt seiner berühmten *Fleurs du mal* (1857) den Titel *Tableaux parisiens* und fasste später in *Le Spleen de Paris* (1864) Stimmungsbilder aus der »Landschaft« Paris zyklisch zusammen. Er gibt, im Gegensatz zu Zola, keine topographischen und baulichen Details, sondern zeigt, indem er sich als Flaneur durch die Straßen bewegt, flüchtige Begegnungen mit Prostituierten, Bettlern und Alten auf, wie sie in ihrer Flüchtigkeit und Undeutlichkeit nur in der Großstadt möglich sind. Unter den Großstadtlyrikern, die von seinen Impressionen gelernt haben, ragt A. RIMBAUD mit *Illuminations* (1872/73) hervor: *Ce sont des villes, L'Acropole officielle* und *Ville* halten Lärm, Schmutz und Verbrechen der Großstadt fest, in der keiner den anderen kennt und in der Lebensleere und Langeweile herrschen. In *L'Orgie parisienne* vergleicht Rimbaud Paris mit einer alternden Dirne, einem stinkenden Geschwür; dennoch preist der Dichter ihre Schönheit und segnet sie schließlich – die Ambivalenz ist damit wegweisend eingefangen. Dagegen ist für den Belgier E. VERHAEREN die Ur-Stadt London (*Londres, Au Loin, Les rues* in *Les soirs*, 1887) mit seinem Hafen, der ihm ein immer wieder durchskandiertes Motivreservoir bietet: schmutzige Bahnhöfe, Hafenkais, Laternen, Leuchtbuchstaben, verkommene Frauen, üble Gerüche, Rauch und Ruß; die Menschen nur ein Kollektiv. Die Kleinstadt ist für Verhaeren Inbegriff überholter Lebensformen, die Großstadt dagegen spornt zu höchster Kraftanstrengung an, fordert zu Auseinandersetzungen heraus. In *La Trilogie sociale*, deren erste zwei Teile, *Les Campagnes hallucinées* (1893) und *Les Villes tentaculaires* (1896), aus Gedichtzyklen bestehen, in denen sich die Auseinandersetzung der von der Stadt angezogenen Landbevölkerung mit den überlegenen Städtern vollzieht, zeigen, dass die Stadt, obgleich zunächst unheimlich und verderblich, doch die Zukunft für sich hat. Ihr Sieg über Tradition und Vergangenheit wird dann im dritten Teil, dem Drama *Les Aubes* (1898), gefeiert. Dieser Glaube an die Zukunft, deren Träger und Schöpfer die Stadt ist, wird auch in späteren Gedichten Verhaerens, in den Zyklen *Les Rhythmes souverains* (1910) und *Les Flammes hautes* (1917), oft unter mythischer Verdichtung, variiert.

Ganz anders als diese Großstadtlyrik des französischen Symbolismus, eher in der Nähe Zolas angesiedelt, bezog sich die in den 1880er Jahren in Deutschland entstehende naturalistische Stadt-Lyrik nicht auf das Erlebnis des sensiblen Einzelnen oder auf ein Menschheitsschicksal, sondern auf die Unterschicht, sie war soziale Dichtung. Mit der Reichsgründung war Berlin zu dem geworden, was Paris und London schon lange waren. Einerseits geistiger Anziehungspunkt, der gerade die junge Dichtergeneration in seine Mauern lockte, andererseits Sammelplatz von Gestrandeten, Elenden, Enttäuschten der Unterschicht. In den Gedichten, die diesem Erlebnis Ausdruck gaben, tritt jedoch die Zukunftshoffnung, das Ja zum technischen Zeitalter (J. HART, *Vom Westen kam ich* 1882, *Berlin* 1890; R. SCHICKELE, *Großstadtvolk* 1910), hinter der Absage an die durch das städtische Leben entstandene soziale Not deutlich zurück. A. HOLZ identifiziert sich selbst in *Phantasus* (1886) mit dem hungernden Poeten in der Dachstube und ihrem Vorstadtelend, das den Dichter inmitten der Menschenmenge allein lässt: Weltstadteinsamkeit. Die bei Holz immer wieder hervorbrechende Natur- und Landsehnsucht (*Großstadtmorgen* 1886) bildet auch bei Gedichten anderer Autoren die Folie zur Schilderung des großstädtischen Elends und moralischen Verfalls. Abscheu (*Predigt an das Großstadtvolk* 1893) und Bejahung städtischer Errungenschaften (*Venus Pandemos* 1907) führen bei R. DEHMEL zu einer zwiespältigen Haltung. Während bei ihm der soziale Akzent doch mehr aus konservativem Denken gespeist ist (*Der Arbeitsmann* 1893, *Zu eng* 1893), steht er bei B. WILLE im Zeichen sozialistischer Zukunftshoffnungen, die sich allerdings erst in einer verwandelten, kommenden Stadt erfüllen werden (*Die kommende Sonne* und *Wolkenstadt* in *Der heilige Hain* 1908), die gegenwärtige wird nur für Augenblicke durch die untergehende Sonne vergoldet und erscheint entzaubert, grau und tot, wenn das Gestirn untergegangen ist (*Entzauberung* ebd.). Auch K. HENCKELLS Großstadtdichtung ist im Wesentlichen soziale Anklage. Wie Holz beklagt er die Isolierung des Menschen, wie Wille entlarvt er den täuschenden Lichterglanz, hinter dem sich ein ordinärer Jahrmarkt der Lüste und Interessen verbirgt (*Berliner Abendlied* in *Moderne Dichtercharaktere* 1884). In *Von der Friedrichstraße* (1901/04) und *Das große*

Ungeheuer (1901/04) wird Berlin nahezu schon in der Art des Expressionismus als dämonisches, infernalisches Wesen erfasst, das die Menschen korrumpiert und verschlingt. Eine ähnliche Absage an die Großstadt findet sich bei Detlev v. LILIENCRON, seine Sorgen gelten aber weniger einer sozialen Schicht als dem Großstadtmenschen überhaupt (*Der schöne Glockenschlag, In einer großen Stadt, Der Traumbläser*), der über Gewinn- und Genusssucht die inneren Werte verliert und in Isolierung untergeht. Die Monotonie der Großstadt hat auf ihre naturalistischen Nachzeichner übergegriffen: Geht man das verwendete Vokabular durch, so findet man immer wieder Fabrik, Mietskasernen, Vorstadtelend, Schlote, Kaffeehaus, Häuserwall, Häuserzeilen, steinerne Schlucht, Gaslicht, Werkgetöse, Maschinen, Flammenherd, Felsenmeer, Bahnhofshalle, Gedröhn, Hasten, Dampf, Qualm, Dunst, Ruß, Schnaps, Branntwein, Dirnen, dumpf, steinern, fahl, bleiern, rauchumflort, engbrüstig, staubig, dunkel, lichthungrig, glühend. 1903 erschien die erste Sammlung deutscher Großstadtgedichte *Großstadtlyrik*, 1910 die zweite *Im steinernen Meer*, eingeleitet von Th. HEUSS.

Den Vertretern der deutschen Neuromantik und des Symbolismus lag das Großstadtmotiv, vor allem seine soziale Motivation, im Grunde fern, jedoch ließen sie unter dem Einfluss des französischen Symbolismus und im Zusammenhang mit ihrer Zivilisationskritik das Thema nicht völlig fallen. Die Massenhaftigkeit von Häusern und Menschen und die in ihnen herrschende Mentalität des Gewinnstrebens konnten ihnen die Großstadt nur als in ihrem Glanz trügerisch, als hässlich und verderbt erscheinen lassen (H. v. HOFMANNSTHAL, *Siehst Du die Stadt* 1810; R. M. RILKE, *Die großen Städte sind nicht wahr* 1905; St. GEORGE, *Die tote Stadt* 1907). Mit den *Aufzeichnungen des Malte Laurids Brigge* (1910), die durch die Bilder von Krankheit und »fabrikmäßigem« Tod in Pariser Hospitälern und der Crêmerie einen sich in der Großstadt vollziehenden Wandel der menschlichen Existenz aufzeigen, hat RILKE einen entscheidenden Schritt zur epischen Etablierung des Motivs getan.

Der zweite Höhepunkt der deutschen Großstadtlyrik entwickelte sich in der Epoche des Expressionismus zwischen 1910 und 1920. 1911 forderte K. HILLER die künftigen Dichter auf, die Großstadt zu ihrem Thema zu machen. Die expressive Stadtlyrik unterscheidet sich von der naturalistischen durch eine wesentlich andere Sehweise. Den Expressionisten galt nicht die Registrierung der Wirklichkeit, die treffende Milieuschilderung und auch nicht das soziale Mitgefühl mit der Unterschicht als entscheidend, bei ihnen stand das eigene Ich mit seiner Existenzangst im Mittelpunkt, das die Stadt visionär als Inbegriff der Zerstörung, des Untergangs, der tödlichen Bedrohung erlebte und damit zugleich eine Menschheitsangst zum Ausdruck brachte. Ihre Sensibilität steilte das Erlebnis über naturalistische Exaktheit hinaus ins Groteske und Schockierende von Bildern auf, wie sie expressionistische Maler schufen. Die Großstadt wurde dämonisiert, sie war Sinnbild einer von den Expressionisten gefürchteten und doch auch gewünschten Katastrophe der modernen bürgerlichen Welt (G. HEYM, *Die Dämonen der Städte, Der Gott der Stadt* 1911). Kahlheit und Härte bestimmen für G. TRAKL die »steinerne Stadt« (*Abendland 3*, 1914) ähnlich wie für P. ZECH (*Fabrikstraße tags* 1913), Hunger ist ihr Kennzeichen für J. R. BECHER (*Die hungrige Stadt* 1927), Lärm für G. ENGELKE (*Stadt* 1912), Leere für B. BRECHT (*Von der zermalmenden Wucht der Städte* um 1925); für F. WERFEL ist sie ein Irrsal (*Der rechte Weg* um 1919). Der Vergleich mit dem Meer, der schon bei Liliencron zum Topos für die Stadt geworden war, charakterisiert sie auch bei E. STADLER (*Dämmerung in der Stadt* 1911). Die von der Stadt, dem »Moloch«, über den Menschen verhängte Einsamkeit klingt immer wieder auf (WERFEL, *Angst* 1923; J. R. BECHER, *Stadt der Qual* 1914), ebenso jedoch die diesem Erlebnis entgegenstehende Attraktivität der Stadt, die bei aller Inhumanität eine spezifisch menschliche Schöpfung ist, ein Produkt menschlicher Erfindungskraft (J. WINKLER, *Eiserne Sonette* 1912). J. R. BECHER preist mit antikischer Geste in *De profundis III* (1914): »Singe mein trunkenstes Loblied auf euch ihr großen, ihr rauschenden Städte.« Öfter noch als bei den Naturalisten bricht die Sehnsucht nach Menschlichkeit, nach der verlassenen Natur durch, die sich mit der Hoffnung auf einen neuen Menschen verbindet (P. ZECH, *Der feurige Busch* 1919; A. T. WEGNER, *Gesang von den Straßen der Stadt* 1917; G. ENGELKE, *Ich will hinaus aus der Stadt* 1914). In der Anthologie *Menschheitsdämmerung* des Jahres 1920 nimmt die Großstadtlyrik eine beherrschende Stellung ein.

Zu einem unheimlichen, aller pittoresken Vertrautheit entkleideten Schauplatz rauschhafter Gesichte, der ihnen eine höhere, die eigentliche Wirklichkeit bedeutete, verwandelten die von ähnlichen Motivationen wie die genannten deutschen Autoren bestimmten französischen Surrealisten P. ELUARD, A. BRETON, L. ARAGON und B. PERET in ihren Werken unter Überspielung alles Realen sowie Rationalen das alte Kulturzentrum Paris.

Die Tradition des Stadtmotivs in der epischen Literatur fand neuen Anstoß durch die Erfassung der rasch aufstrebenden amerikanischen Städte, an denen die inhumanen Züge des technischen Fortschritts in besonders krasser Weise sichtbar wurden. Schon Ch. Dickens hatte 1844 in *Martin Chuzzlewitt* eine erste treffende, wenn auch karikierende Schilderung New Yorks gegeben mit Einzelzügen, die auch in späteren Darstellungen amerikanischen Stadtlebens wieder auftauchen. Am Beginn des neuen Jahrhunderts fand U. Sinclair (*The Jungle* 1906) in den Schlachthöfen Chicagos und der Behandlung der dort geschlachteten Schweine ein sozialkritisches Symbol für die Ausbeutung des Menschen durch den Menschen. Wiederum satirisch gestaltete S. Lewis in *Babbit* (1922) den Typ des fortschrittsgläubigen Spießers in einer imaginären Stadt des Mittelwestens mit ihrem Zwang zur Konformität. Den Höhepunkt amerikanischer Stadtromane bildet der zwischen dem Ende des 19. Jahrhunderts und dem Beginn der 1920er Jahre spielende Roman *Manhattan Transfer* (1925) von J. R. Dos Passos, in dem das Schicksal von dreißig Personen behandelt wird, die alle für bezeichnende Teile der Stadt stehen und ihre Existenz auf sie beziehen. Die Stadt erweitert sich im Laufe der fünfundzwanzig Jahre des Reports, ihre Lichter legen die Geschehnisse bloß, ohne aber das innere Dunkel der Menschen zu erhellen. Nichts ist echt, die Stadt scheint montiert, ein aus sich selbst funktionierender Mechanismus, von Menschen, aber nicht für Menschen gemacht; sie zwingt zur Konformität, man muss sich ihr anpassen oder sie verlassen. Positiver erscheint New York in Th. Wolfes Roman *Of Time and the River* (1935), der das Faszinierende dieser Stadt und des Lebens in ihr hervorhebt und die Eindrücke wie eine Lichtreklame vorbeiflimmern lässt.

Das vorrevolutionäre Petersburg als Ort der Aufstände von 1905 erfasste A. Belyj (*Peterburg* 1913/14) als prägenden Faktor für deren Vergeblichkeit: Die Widersprüchlichkeit der Vorgänge, die unsteten Tempi, das schwankende Licht, das, was geschieht und wie es geschieht, sind in dem Wesen der Stadt begründet. Die Stadt handelt durch die Personen hindurch, ist Antrieb und Störfaktor zugleich. Den wohl bedeutendsten Stadtroman schrieb J. Joyce mit *Ulysses* (1922), obwohl auch seine anderen Werke um seine Geburtsstadt Dublin kreisen. Das Irren des Annoncenakquisiteurs Bloom durch diese Stadt wird als Odyssee aufgefasst, und die Bewusstseinsströme, die Vorstellungsfolgen, die durch das Gehirn des modernen Großstädters ziehen, laufen parallel zu den äußeren Vorgängen und Einblicken in die Szenerie der Stadt. Die so oft betonte Großstadteinsamkeit wird als völlige Vereinzelung des seinem inneren Film

Hingegebenen deutlich. Das Vorbild von Joyce ist in den New-York-Schilderungen von Dos Passos nicht zu verkennen, es lässt sich auch in dem gleichzeitig mit *Manhattan Transfer* entstandenen Roman *Mrs. Dalloway* der Virginia WOOLF wiederfinden, der das fluktuierende Leben in den Straßen von London als Widerspiegelung im Bewusstsein und Gesichtswinkel der handelnden Personen einfängt. Kritischer, feindseliger wirkt das Bild von Paris, das L. ARAGON in *Le Paysan de Paris* (1926) erstehen lässt. In Fortsetzung der dämonisch-mythischen Stadtbilder des Expressionismus entwickelte Aragon eine Art riesigen, bedrohlichen Basars, der menschliche Beziehungen ausschließt oder versiegen lässt und Gewalttätigkeit auslöst; der Bauer steht betroffen vor dieser durch Technik bestimmten modernen Kultur, während der pikareske Held von I. CALVINOS *Marcovaldo* (1963) auszubrechen versucht und die Bewohner der Stadt in L. MALERBAS *Il serpente* (1966) sie als Belagerungszustand erfahren. In den Nachvollzug der Vorgänge eines Kriminalromans stellte M. BUTOR (*L'Emploi du temps* 1958) die Erkundung der englischen Stadt Bleston, in deren Undurchschaubarkeit ein Handlungsangestellter einzudringen versucht, wobei sich ihm Wirklichkeit und Fiktion vermischen und die Stadt die mythischen Züge des Grals annimmt.

Schon in seinem expressionistischen Frühwerk *Im Dickicht der Städte* (1923) hatte B. BRECHT dem Abscheu vor der Zivilisation und ihrer Inhumanität am Beispiel Chicagos Ausdruck gegeben, 1929 erfand er mit *Aufstieg und Fall der Stadt Mahagonny* das imaginäre Modell einer Hochburg des Kapitalismus, in der es nur Fressen und Gefressenwerden gibt. Entscheidender für die deutsche Großstadtliteratur als diese Werke Brechts, die als Dramen infolge ihrer Raumkonzentration und Dialogtechnik das massen-bestimmte Großstadt-Motiv nicht ausschöpfen konnten, wurde der gleichzeitig mit *Mahagonny* erschienene Roman *Berlin Alexanderplatz* (1929) von A. DÖBLIN, der die seit 1880 in der deutschen Literatur erarbeitete Großstadt-Motivik zusammenfasste. Berlin ist wieder die Hure Babylon, ein Zentrum der Gestrauchelten und Kriminellen, ein Moloch, dem sich der entlassene Strafgefangene Franz Biberkopf kaum entziehen kann. Er ist einer von vielen in einem Kollektiv, in dem es kein Einzelschicksal zu geben scheint, aber er kennt auch keine Welt außerhalb dieser Stadt. Die Vielen sind in diesem Kollektiv zusammengepfercht, ineinander verschachtelt und nicht herauslösbar wie die Häuser und Grundstücke um den Alexanderplatz. In die Tradition der großen New-York-Romane haben sich in letzter Zeit

U. JOHNSONS *Jahrestage* (1970–83) gestellt, in denen sich das Leben von Mutter und Kind, stets vor dem Vergangenheitshintergrund des Lebens in einer mecklenburgischen Kleinstadt, in einem exakt erfassten und topographisch ausgeloteten New York abspielt.

Verwandt mit der Haltung gegenüber der Großstadt in Döblins Roman ist die deutsche Großstadt-Lyrik der späten 1920er Jahre, die ihrem Thema gegenüber eine abgekühlte, untendenziöse, der »Neuen Sachlichkeit« entsprechende Einstellung zeigt und hauptsächlich einzelne Erscheinungsformen und Örtlichkeiten großstädtischen Lebens, darunter auch dessen »mondäne« Seiten, herausgreift (P. ZECH, *Romanisches Kaffee* entst. 1924, *Fünfuhr-Tee im Adlon* entst. 1924; J. RINGELNATZ, *Berlin – an den Kanälen* 1927, *Müde in Berlin* 1932; E. KÄSTNER, *Die Zeit fährt Auto* 1928, *Vorstadtstraßen* 1930, *Sozusagen in der Fremde* 1932; K. TUCHOLSKY, *Berliner Bälle* 1927; M. HERRMANN-NEISSE, *Bahnhof Zoo – Tiergarten* 1931; W. BERGENGRUEN, *Das Warenhaus* 1931). Entgegen dem Pathos des Expressionismus herrscht hier ein salopper oder leicht ironischer Ton vor, der auch Alltagssprache und Jargon einsetzt.

Stadt-Lyrik, nun im Allgemeinen nicht mehr das überwältigende und erschreckende Großstadt-Erlebnis formulierend, sondern beruhigte Einzelphänomene und auch einzelne Städte ins Bild bannend, erhielt noch einmal eine besondere Nuance, als der Zweite Weltkrieg die Zerstörung der Städte erleben ließ. Das Großstadt-Motiv verband sich in der sog. Trümmer-Literatur mit dem Motiv der → Ruinen. Die kurz zuvor noch beklagte und gefürchtete, ja dämonisierte Stadt wurde als Zeuge der Kultur, Erbe der Vergangenheit, Hort der Zivilisation und als Heimat beklagt und erhoben (J. R. BECHER, *Hier stand einst eine Stadt* 1947; A. HAUSHOFER, *Das Erbe* 1946; M.-L. KASCHNITZ, *Rückkehr nach Frankfurt* entst. 1946/47; R. LEONHARD, *Berlin* 1947; G. BENN, *Berlin* entst. 1948; W. BORCHERT, *Großstadt* 1949). Schon der Roman *Astarte* (1931) der Schwedin K. BOYE klang trotz aller Zivilisationskritik in ein Lob auf das »göttliche Gedicht der Kultur« aus. Später wurden auch Stimmen laut, die den Kulturverfall und die Unwirtlichkeit neuer Städte beklagten (R. W. FASSBINDER, *Der Müll, die Stadt und der Tod* Dr. 1987).

Eine Sonderrolle spielte das Stadt-Motiv hinsichtlich Berlins, dessen verspätete Entwicklung und unzulängliche Mythologie-Ansätze schon von P. MENDELSSON (*Fertig mit Berlin* R. 1930) und Chr. ISHERWOOD (*Goodbye to Berlin* R. 1939) getadelt wurden, dessen Einzigartigkeit aber erst durch die aufgezwungene Lage als Insel und gespaltene Einheit zum Problem wurde und auch nach deren Aufhebung noch seine Verletzlichkeit literarisch dokumentiert (W. Hilbig, *Ich* R. 1993; I. Liebmann, *In Berlin* R. 1994; G. Grass, *Ein weites Feld* R. 1995); ähnlich illustrierte I. Schulze (*Neues Leben* R. 2005) mit den über 700 Seiten füllenden Briefen des Theatermannes und Schriftstellers Enrico Türmer und seiner Briefpartner die Vor- und Nachwendezeit (Januar–Juli 1990) in der thüringischen Stadt Altenburg und ihrem »Wochenblatt«.

E. Küchler, Das Stadterlebnis bei Verhaeren, 1930; G. Hermann, Der Großstadtroman, 1931; G. Stella, Die Großstadt in der Lyrik, Diss. Wien 1935; H. Schelowsky, Das Erlebnis der Großstadt und seine Gestaltung in der neueren deutschen Lyrik, Diss. München 1937; H. Franke, Der Großstadtroman, (Bücherkunde 8) 1941; G. Guder, The Town as Symbol in some German Poems, (Modern Languages 38) 1957; F. Sengle, Wunschbild Land und Schreckbild Stadt, 1963; M. Thalmann, Romantiker entdecken die Stadt, 1965; H. Rölleke, Die Stadt bei Stadler, Heym und Trakl, 1966, [2]1988; W. Kohlschmidt, Aspekte des Stadtmotivs in der deutschen Dichtung, (Festschrift Albert Fuchs) 1967; V. Klotz, Die erzählte Stadt, 1969; K. Riha, Die Beschreibung der großen Stadt, 1970; F. Maierhöfer, Die unbewältigte Stadt, (Stimmen der Zeit 96) 1971; E. Ahearn, Imagination and the real: Rimbaud and the city in nineteenth century poetry, (Revue de littérature comparée 47) 1973; G. Willems, Großstadt- und Bewußtseinspoesie, 1981; S. Ledauff, Bildungsroman versus Großstadtroman, (Sprache im technischen Zeitalter H. 78) 1981; P. Tobin, The City in Postromantic Figuration, (Comparative Literature Studies 18) 1981; A. Freisfeld, Das Leiden an der Stadt, 1982; W. Rothe, Deutsche Großstadtlyrik vom Naturalismus bis zur Gegenwart (Anthologie), 1973; M. Winkler, Die Großstadt New York als Thema der deutschsprachigen Exilliteratur, (Colloquia Germanica 18) 1985; K. Versluys, The poet in the city (1800–1930), 1987; H. van Rheeden, Metropolis, the 1920's image of the city, (Avantgarde 1) 1988; Klaus R. Scherpe (Hrsg.), Die Unwirklichkeit der Städte, 1988; Ch. Forderer, Die Großstadt im Roman, 1992; A. Corbineau-Hoffmann, Kleine Literaturgeschichte der Städte, 2003; R. Galle (Hrsg.), Städte der Literatur, 2005; V. Tinkler-Villani (Hrsg.), Babylon or New Jerusalem? Perceptions of the city in literature, Amsterdam 2005.

Statuenbelebung → Mensch, Der künstliche

Sünderin, Die bekehrte → Kurtisane, Die selbstlose

Teufelsbündner

Überdurchschnittliche Leistungen und Erfolge eines Menschen, vor allem solche, die für das allgemeine Empfinden etwas Dunkles und Unheimliches an sich hatten und daher nicht gut mit göttlicher Hilfe oder Abstammung erklärt werden konnten, schrieb die Sage gern dämonisch-teuflischem Einfluss zu. Der Erfolggekrönte wurde in nahe Beziehung zu dämonischen Mächten gebracht, mit denen man sich ihn durch Herkunft oder durch einen förmlichen Pakt verbunden dachte.

Diese Zuordnung zum Reich des Bösen kannten allerdings nur Völker, die ein deutlich dualistisches Weltbild besaßen, wie die orientalischen Nationen, unter denen gerade das Judentum die Vorstellung einer gegengöttlichen Macht pflegte und an das Christentum weitergab. Die griechische und römische Antike dagegen kannte zwar Zauberer und Hexen, aber der Zauberer war nach dem römischen Zwölftafelgesetz nur strafbar, wenn er Magie zu bösen Zwecken anwandte, denn er bezog seine Kräfte und Kenntnisse nicht von widergöttlichen Instanzen, sondern von einer der vielen Gottheiten, besonders von Hekate und Diana, deren Anrufung allgemein gebräuchlich und erlaubt war. Das für das Teufelsbündner-Motiv typische Moment des Verrats an der göttlichen Welt, die Verpfändung des Seelenheils, fehlte in der Antike. Daher waren Hexen und Zauberer wohl gehasst, gefürchtet, verlacht, auch als Betrüger verachtet, aber nicht eigentlich teuflisch und schon gar nicht tragisch. Ihre Verurteilung war lediglich eine Folge ihrer möglichen Schadenswirkung, während die Teufelsbündner der christlichen Tradition oft sogar nützliche und gute Werke tun und doch wegen ihres Bundes mit dem Bösen verdammt werden. Auch im germanischen Mythos gab es den Gegensatz zwischen göttlicher und teuflischer Welt nicht, und Magie galt als eine Kunst, die von Göttern und Heroen ausgeübt wird, ohne dass sie sich dadurch schuldig machen.

Volkssage und Dichtung hefteten das Motiv meist an Gestalten, denen man mit einer gewissen ehrfürchtigen Scheu gegenüberstand und die man nicht ohne weiteres verdammen konnte. Ein Teil der Motivvarianten zeigt die Tendenz, den Teufelsbündner zwar mit des Bösen Hilfe große Taten vollbringen zu lassen, ihn aber schließlich von seiner Bindung an den Teufel zu befreien, und sei es durch einen Betrug an diesem. Zur uneingestandenen Sympathie für den außergewöhnlichen Menschen trat das Bestreben, nicht den Bösen, sondern das Gute triumphieren zu lassen und den Menschen zu retten, wozu man erlösende himmlische und irdische Kräfte bemühte oder auch menschliche List einsetzte. Die Absichten des Teufels bei dem Bündnis sind natürlich unlauter und dienen der Verführung zum Bösen, aber als Vertragspartner ist er gutgläubig und korrekt, sodass er zwar betrogen, nicht immer aber betrogener Betrüger ist. Der Teufelsbündner genießt zunächst die Vorteile der Partnerschaft und hofft außerdem meist, sich den eingegangenen Verpflichtungen entziehen zu können, zur Not mit unlauteren Mitteln. So gibt es neben den für ihren Abfall von Gott bestraften die geretteten Teufelsbündner. Im Tauziehen der Partner liegt der Spannungsreiz des Motivs.

Den orientalischen Ursprung des Motivs belegt die aus der mythischen Tradition Persiens stammende, in FERDAUSĪS *Königsbuch* (um 1000) eingegangene Geschichte vom Prinzen Zohak, der, von des Dämonen Iblis Versprechung, er wolle ihn höher stellen als die Sonne, verlockt und mit dessen Macht ausgerüstet, seinen Vater tötet und den Thron besteigt, später aber für seine Missetaten büßen muss. Eine Parallele dazu bildet die für die Entwicklung des Motivs in den christlichen Literaturen vorbildlich gewordene, im *Neuen Testament* (*Matthäus* 4) überlieferte, natürlich missglückende Versuchung des in der Wüste büßenden Christus durch den Teufel: »Der Teufel führte ihn auf einen sehr hohen Berg und zeigte ihm alle Reiche der Welt und ihre Herrlichkeit und sprach zu ihm: Das alles will ich dir geben, so du niederfällst und mich anbetest.« Denn es handelt sich bei dem Motiv nicht um ein Teufelsbündnis der Art, dass der Mensch lediglich durch seine Sünden dem Teufel Macht über sich einräumt, sondern um einen bewussten Abfall von Gott, der in der Abschwörung Gottes und in der Unterwerfung unter das Böse besteht, wobei der Teufel sich als Gott verehren lässt; Macht, Reichtum, Wissen und Liebeserfüllung sind die Gegengaben, mit denen er den Menschen belohnt. Für die Kirchenväter, die sich mit der theologisch-philosophischen Begründung und dem Wesen des Paktes beschäftigten, war er geglaubte Realität.

Da das Teufelsbündner-Motiv Elemente wie Sündenfall, Verdammnis und Bekehrung moviert, ist es in älterer Zeit vorwiegend Ingrediens der Legende. Die *Pseudoclementinen* (2. Jh.) spannen die in der *Apostelgeschichte* erwähnte Rivalität des Simon Magus und des Apostels Petrus aus, und die griechische Kaiserin EUDOXIA (5. Jh.) erweiterte die wohl im 4. Jh. ausgebildete *Cyprianuslegende* in einer Hexameterdichtung, die von der Bekehrung des CYPRIANUS durch das Zeichen des Kreuzes berichtet, mit dem die von ihm umworbene Christin Justina sich seiner erwehrt; der Bekehrungslegende wurden später Buße und Märtyrertum des Bischofs zugefügt. In die frühchristliche Zeit reicht auch die *Basiliuslegende* zurück, die dann in einer Legendenerzählung (um 960) HROTSVITHS VON GANDERSHEIM den Kirchenvater als rettenden Mittler für seinen Mitarbeiter und Schwiegersohn zeigt, der ein Bündnis mit dem Teufel geschlossen hat, um die Christus geweihte Tochter des Basilius erlangen zu können, und sie sich auch so gefügig machte, dass sie dem Vater die Heirat abtrotzte; Basilius gewinnt durch sein Gebet nicht nur der Kirche einen Gläubigen zurück, sondern erreicht auch, dass die Pakturkunde dem Sünder vom Himmel zurückgegeben wird. Die erst mit dem aufblühenden Marienkult entstandene und in griechischer sowie lateinischer Prosa fixierte ↑ *Theophiluslegende* fand gleichfalls durch die Nonne HROTSVITH ihre erste dichterische Fassung, in der der ursprünglich fromme und bescheidene, durch Amtsenthebung in seinem Ehrgeiz verletzte und deswegen zu teuflischer Hilfe greifende Priester durch Gott zur Reue geführt wird und mit Hilfe Marias den Abschwörungsbrief zurückerhält. Diese sich besonderer Beliebtheit erfreuende Legende wurde von GONZALO DE BERCEO (*Los Milagros de Nuestra Señora* 1. Hälfte 13. Jh.) mit einer mustergültigen nächtlichen Paktszene am Kreuzweg ausgestattet und der von Gott Abgefallene mit dem höllischen Kennzeichen des Verlusts der »guten Farbe« versehen.

Die des Teufelsbundes verdächtigten Gestalten der Profangeschichte, für die sich kein rettender frommer Mittler fand, erhielten ihre literarische Prägung in der Volkssage und der weltlichen Literatur. Schon ein syrischer Roman des 6. Jahrhunderts motivierte die Rückwendung des Kaisers ↑ Julian Apostata zum Heidentum mit maßlosem Ehrgeiz, der ihn zu einem Teufelspakt getrieben habe, und noch sechshundert Jahre später erzählte die deutsche *Kaiserchronik* (1135/50) vom Teufelsbund des Machtbesessenen. Der tyrannische ↑ Ezzelino von Romano wurde von der Sage in einen Teufelsspross verwandelt, dessen Schicksal in A. MUSSATOS Renaissancedrama *Ecerinis* (um 1300) zu einem Plot destilliert wurde, in dem der Held nach dem Geständnis seiner Mutter, dass er ein Sohn Satans sei, sich zu diesem Vater bekennt und als sein Sendbote auf die Weltherrschaft zuschreitet. Besonders verdächtig waren in der allgemeinen Vorstellung Männer, die sich den Naturwissenschaften widmeten und über unheimliche Kenntnisse verfügten. So machte die Unterstellung einer Verbindung mit dem Bösen auch vor einem Papst wie dem vor allem durch mathematische Kenntnisse ausgezeichneten Silvester II. nicht Halt, der nach der Sage (SIGEBERT VON GEMBLOUX, *Chronicon* Anf. 12. Jh.; WILLIAM OF MALMESBURY, *Gesta regum Anglorum* 1142; lat. Gedicht Anf. 13. Jh.) sein Wissen und seine Laufbahn einem Pakt mit Satan verdankte und sich eines höllischen Helfers bediente, bis der vom Tod Überraschte seine verpfändete Seele dem Teufel lassen musste. Harmloser erscheint der im Mittelalter zu einem Propheten und Zauberer umfunktionierte Dichter Vergil, dessen Ruf als Verfertiger zauberkräftiger Kunstwerke von Neapel, der Stadt seines Grabes, ausging und dessen Magierleistungen orientalischen Mustern nachmodelliert wurden. Schon bei JANSEN ENIKEL (*Weltchronik* um 1280) empfängt Vergil seine Belehrungen von einem Flaschenteufel; F. HEMMERLIN überlieferte um 1445, dass er die Zauberkunst Salomos und seine nigromantischen Schriften nach Italien gebracht und einen Flaschenteufel gezwungen habe, ihm die chaldäisch geschriebenen Bücher zu übersetzen, und das zyklisch zusammenfassende französische Volksbuch *Les Faicts merveilleux de Virgille* (16. Jh.) erzählt, dass er sich zum Zweck der Verjüngung von seinen Schülern zerstückeln und einsalzen ließ, aber nicht wieder zum Leben erweckt werden konnte, weil der entsetzte Kaiser den kundigen Famulus als vermeintlichen Mörder Vergils erstach. Die Rolle Vergils als Zauberer war ausgespielt, als der Humanismus die Vita und die Bedeutung des Dichters Vergil klarlegte.

Andere Teufelsbündnergestalten des Mittelalters, die mehr oder weniger erfabelt sind, werden aus ähnlichen Gründen zu ihrem Abfall von Gott gebracht. Besitzgier ist die treibende Kraft jenes durch Verschwendung verarmten Endo, von dem der Engländer W. MAP (um 1200) erzählt, dass er durch den Einfluss des Teufels zum Räuber und Mörder wurde, seine Sünden auch durch Buße nicht tilgen konnte und auf Befehl des Bischofs den Scheiterhaufen bestieg, geistiger Hochmut das Kennzeichen des Zauberers Klingsor aus Ungarland, der im *Singerkriec ûf Wartburc* (Epos um 1260) gegen den frommen Wolfram antritt, ihn aber nicht einmal mit Hilfe des Teufels Nasion im Rätselwettstreit besiegen kann. Auch die übermenschlichen Gaben des Zauberers ↑ Merlin (ROBERT DE BORON, *Merlin* Epos um 1200) liegen auf dem Gebiet der Magie und Prophetie, aber während er – obgleich wirklicher Teufelsspross und nach dem Ratschluss der Hölle ein Werkzeug zur Besiegung der Macht Christi – seine Kenntnisse zum Guten benutzt und als Initiator der Tafelrunde des Königs Artus zum Vorkämpfer für die Wiedergewinnung des Grals wird, ist ↑ Robert der Teufel (ETIENNE DE BOURBON 1. Hälfte 13. Jh.; ANON., *Robert le Diable* 13. Jh.), den die Mutter dem Teufel versprach, wenn dieser ihren Wunsch nach einem Erben erfüllen werde, von Geburt an teuflisch und gelangt erst über einen asketischen Bußweg zur Entsühnung.

Das Teufelsbündner-Motiv taucht gegen Ende des Mittelalters immer häufiger auf. Die religiöse Unruhe, die einen Zweifel an manchen Glaubenssätzen aufkommen ließ und schließlich zur Reformation führte, und die überraschenden Ergebnisse der aufstrebenden Wissenschaften brachten eine Unsicherheit mit sich, die den sich herausschälenden neuzeitlichen Menschentyp als fragwürdig und widergöttlich verdächtigte. Vertreter des neuen Denkens, wie ↑ Paracelsus, Nostradamus, Bacon, ↑ Galilei, gerieten in den Ruf der Teufelsbündnerei; der Hexenglaube verbreitete sich epidemisch. Unter diesem Vorzeichen erfuhr die Gestalt des ↑ Theophilus (deutsche *Theophilusspiele* des 14. u. 15. Jh.s) eine entscheidende Korrektur zum Bösen hin: Er ist schon anfangs kein mustergültiger Priester, sondern ein hochmütiger Fremdkörper im Klerus, dessen Amtsenthebung gerechtfertigt ist. Zwingt Theophilus kraft priesterlicher Macht den Teufel zur Dienstleistung, so stellt die einleitende Beratungsszene der Teufel in D. SCHERNBERGS *Spiel von Frau Jutten* (1480), in dem die seit dem 13. Jahrhundert bekannte Sage vom weiblichen Papst ihren künstlerischen Höhepunkt fand, die Fähigkeiten Juttas ähnlich wie ROBERT DE BORON die ↑ Merlins als Planung der Hölle dar, deren Gelingen durch Hochmut, Ehrgeiz und Wissensdurst des Mädchens gewährleistet wird. Wie Theophilus wird die mit der Tiara gekrönte Sünderin durch Fürbitte Marias, an die sich die Sterbende betend wendet, von der Hölle erlöst. Der menschliche Erkenntnisdrang, schon an sich verdächtig, erhielt durch die Verkörperung in einer Frau besonders frevelhafte Züge, und die schon in den Sagen um Papst Silvester zutage tretende Furcht vor einem möglichen Teufelsbündner in der Maske des Vaters der Christenheit machte sich auch hier geltend. Geistiger Hochmut als Medium teuflischer Verführung konnte jedoch auch, wie in dem niederländischen Mirakelspiel *Mariken van Nieumeghen* (1485/1510), an einem Mädchen aus dem Volk demonstriert werden, dem der Teufel eine Unterweisung in den Sieben Freien Künsten verspricht, dessen eigentliche Aufgabe es aber wird, zusammen mit dem Teufel in einem Gasthof zu Antwerpen Menschenseelen für die Hölle zu gewinnen. Durch die »moralische Anstalt« eines Wagenspiels, das Mariken bei einem Besuch in ihrer Heimat Nimwegen sieht und das die Begnadigung eines Sünders vorführt, wird sie zur Umkehr bewogen. Was in den Sagen um Silvester und die ↑ Päpstin Johanna Befürchtung war, stellte sich dem Protestanten Th. NAOGEORG (*Pammachius* Dr. 1538) als zeitgenössische Wirklichkeit dar, in der die römische Kirche sich in eine Dienerin Satans verwandelt habe. Er erfand eine heilsgeschichtliche Situation, in der die bei Christi → Höllenfahrt gefesselten Teufel wieder freigelassen werden, um die Menschen vor die Entscheidung für oder gegen Gott zu stellen, und ließ das Papsttum seine Entscheidung gegen Gott fällen: Es macht sich zum Anwalt der Menschen bei ihrer Forderung auf irdisches Wohlergehen. Das Gebet, das der Berater des Papstes in dessen Auftrag während der Paktszene an den Teufel richtet, ist eine Pervertierung der lutherischen Glaubenslehre. Der in der Paktszene ausbedungene Lebensgenuss bildet auch, neben Ruhm und Macht, in der polnischen Sage von Pan Twardowski, die schon im 16. Jahrhundert bezeugt, aber erst im 19. fixiert ist, den Anreiz zum Pakt, dessen Erfüllung der Teufel durch den Hinweis auf das »verbum nobile« des Adligen erzwingt; der durch den Gesang eines Marienliedes vor der Hölle Bewahrte schwebt seitdem zwischen Himmel und Erde. Twardowskis mögliches historisches Urbild könnte Zeitgenosse von ↑ Faust (*Historia von D. Johann Fausten* 1587) gewesen sein, dessen Ruhm den der anderen Teufelsbündner verdunkelte. Wie im Falle von ↑ Päpstin Johanna ist die Eigenmächtigkeit, die Faust bei seinem Schritt vom Wege zu haben glaubt, ein vom Teufel inszenierter Selbstbetrug, Fausts intellektuelle Vermessenheit und Forscherbesessenheit sind Fallstricke des Satans und Todsünden, die den Weg zu Gott für immer versperren. Fausts Hoffart ähnelt der des Xenodoxus, an dem der Jesuit J. Bidermann (*Cenodoxus* Dr. 1602) wenig später die Gefährdung des Menschen durch den emanzipierten Geist der Wissenschaft noch einmal, nun ohne ausdrücklichen Teufelspakt, darstellte.

Die im 17. Jahrhundert entstandene Sage vom Herzog von ↑ Luxemburg, dem schon während seiner Haft im Zusammenhang mit den Giftmordprozessen ein der Befestigung seiner Macht und dem Glück bei Frauen dienender Teufelspakt nachgesagt wurde (*Pacta und Verbündnis des zu Paris in Verhaft sitzenden Herzogs von Luxenburg* 1680), der ihn in späterer Überlieferung sein Seelenheil kostet, ist ein Nachzügler der an der Wende zur Neuzeit entstandenen Versionen des Teufelsbündner-Motivs, ebenso wie die in die gleiche Zeit zurückzuführende Sage vom Fliegenden ↑ Holländer, in dessen übermenschlichen seefahrerischen Leistungen noch etwas vom Geist des Zeitalters der Entdeckungen nachklingt, der aber erst im 19. Jahrhundert literarisch behandelt worden ist (R. Wagner Oper 1843).

Der junge Müßiggänger, der in der *Tragoedia von einem Buler und Bulerin* (1593) des Herzogs Heinrich Julius von Braunschweig sich dem Teufel verschreibt, um die Frau eines anderen zu besitzen, und dafür mit Leib und Seele bezahlen muss, ist in der deutschen Literatur jener Zeit eine singuläre Erscheinung, erinnert aber an die gleichzeitige reiche Motiventfaltung im spanischen Drama, das die Teufelsbündner fast immer in der Rolle jugendlich leichtfertiger Männer auftreten lässt, deren Pakt nur dem Zweck dient, in den Besitz einer geliebten Frau zu gelangen. Einerseits dient diese Leichtfertigkeit dazu, das Maß ihrer Sünde zu verringern, sodass sie durch das Eingreifen himmlischer Gestalten erlöst werden können, andererseits erscheint von ihrem Dämonenbündnis her auch ihre Leidenschaft in höllischem Licht. Schon in dem ersten, wenn auch wohl nicht für die Bühne bestimmten Drama der spanischen Literatur, F. de ROJAS' *La Celestina o Comedia de Calixto y Melibea* (1499), ruft zwar nicht der unglücklich liebende Calixto selbst den Teufel zu Hilfe, aber die von ihm bemühte Kupplerin Celestina erreicht mit teuflischem Beistand die Einwilligung Melibeas zu einem Stelldichein, das Calixto mit dem Tod bezahlen muss. Andere Liebende treten direkt mit dem hilfreichen, aber verderbenbringenden Dämon in Verbindung. In A. MIRA DE AMESCUAS (um 1577–1644) Drama *El amparo de los hombres* wendet sich zuerst der zurückgewiesene mittellose Federico, dann sein glücklicherer, aber inzwischen verarmter Rivale an den Dämon; der Erste büßt seinen Frevel als Mönch, dem Zweiten wird verziehen, weil er an seinem Marienglauben festgehalten hatte. Wesentlich glimpflicher kommt der verliebte Teufelsbündner bei J. PÉREZ DE MONTALBÁN (1602–38, *Un gusto trae mil disgustos*) weg, obwohl er sich zur Ermordung des Vaters seiner Angebeteten hat hinreißen lassen: Der Bruder der Umworbenen liebt die Schwester des Mörders und ist daher zur Versöhnung bereit. Dagegen wird der Liebhaber bei J. RUIZ DE ALARCÓN Y MENDOZA (1581–1639, *Quien mal anda, mal acaba*), der teuflische Hilfe für einen Ehebruch beansprucht, von der Inquisition durchschaut und verhaftet.

Das Motiv spitzt sich in der spanischen Dramatik dahin zu, dass die schon mehrfach erwähnte Anfälligkeit des Priesterlichen und Heiligen für das Böse an ihm diskutiert wird. MIRA DE AMESCUAS Nonne Doña María (*Vida y muerte de la monja de Portugal*) wird von einem ihr nachstellenden Dämon nicht nur dadurch in Versuchung geführt, dass er in Gestalt ihres Geliebten auftritt und auch wirkliche frühere Liebhaber in ihre Zelle bringt, sondern vor allem dadurch, dass er sie verleitet, falsche Wunder zu tun, sodass sie nur durch aufrichtige Buße der Inquisition und dem Griff des Dämons nach ihrer Seele entgehen kann. Noch weiter ging der Autor mit *El esclavo del demonio* (1612), indem er einen jungen Heiligen dämonischen Einflüsterungen erliegen ließ, sodass dieser, nachdem er gerade einem Adligen die Entführung eines Mädchens ausgeredet hat, dieses Mädchen selbst entführt, mit ihr als Räuber im Gebirge lebt und auch noch ihre Schwester besitzen möchte, dann jedoch, als ihn ein Eingriff des Himmels zur Besinnung bringt, seine Verfehlungen wiedergutzumachen sucht. Den Höhepunkt dieser Entwicklung bildet CALDERÓNS *El mágico prodigioso* (1637), die Bearbeitung der dem *Flos Sanctorum* (1580–1603) des A. de VILLEGAS SELVAGO entnommenen Cyprianuslegende. Der Teufelsbund des leidenschaftlich verliebten Philosophen führt nicht zum Ziel, da selbst der Böse nichts über die Gläubigkeit der Christin Justina vermag, worauf Cyprian sich von ihm lossagt, den größeren Christengott als seinen Herrn anerkennt und zusammen mit Justina den Märtyrertod stirbt. Calderón griff auch die weibliche Motivspielart auf, und zwar im Stoff der heiligen Eugenia von Alexandrien (*El José de las mujeres* 1660), dessen Heldin, ein hochgebildetes römisches Mädchen, zwischen zwei der Umwelt unsichtbare Gestalten, einen frommen → Eremiten und einen Dämon, gestellt und von Letzterem vergeblich zu geistlichem Hochmut verlockt wird. Ohne das Liebesmoment findet sich das Motiv auch bei A. M. del CAMPO (*El renegado de Francia* 17. Jh.), dessen Priester wegen eines begangenen Mordes die Hilfe des Dämons anruft und sich ihm mit seinem Blut verschreibt, aber Maria entreißt dem Teufel auch hier die schon sicher geglaubte Beute.

In der Epoche der Aufklärung trat das so wenig der Erfahrung und der Vernunft entsprechende Motiv zurück. Bezeichnenderweise klammerte LESSING in einem seiner beiden *Faust*-Pläne (1759) den Teufel aus, in dem anderen folgte er der alten Fabel, ließ aber die Teufel nur ein Phantom gewinnen, denn Faust und sein Wissensdrang – der »edelste Trieb« des Menschen – werden gerechtfertigt und der Teufelsbündner vor dem bösen Ende bewahrt.

Dennoch zieht sich ein dünner Traditionsfaden von den Motivgestaltungen des 17. Jahrhunderts bis zur Wiederbelebung des Motivs in der Goethezeit. Der harmlose Flaschenteufel, der bei L. VÉLEZ DE GUEVARA (*El diablo cojuelo* R. 1641) und seinem Bearbeiter A.-R. LESAGE (*Le Diable boiteux* R. 1707) aus Dank für seine Befreiung den Studenten Cleophas enthüllende Einblicke in die abgedeckten Häuser von Madrid tun lässt, hat lediglich die Funktion, vor dem Beschauer ein Sittenbild zu enthüllen, ohne dass dieser in Bindungen verstrickt würde. In J. CAZOTTES Roman *Le Diable amoureux* (1772) dagegen, dessen spanisches Milieu deutlich auf den von dort kommenden Traditionsstrang weist, erscheint der Teufel in der Gestalt der schönen Biondetta, die den jungen Offizier umgarnt, ohne ihn letztlich verführen und Macht über ihn gewinnen zu können, da ihn der Gedanke an seine Mutter vor Sünde bewahrt. Cazottes galant-abenteuerlicher Roman wurde für den Satanismus der schwarzen Romantik ebenso bedeutsam wie auf ganz anderer Ebene GOETHES *Faust* (Fragment 1790; 1. Teil 1808; 2. Teil 1832), in dem das ethische Prinzip des Sich-immer-strebend-Bemühens mit der »Liebe von oben«, in die menschlich-weibliche Liebe integriert ist, zur Erlösung des Helden zusammenwirken. In dem gleichzeitig mit der Frühstufe von Goethes Werk entstandenen Roman seines Freundes F. M. KLINGER, *Fausts Leben, Taten und Höllenfahrt* (1791), wird deutlich, dass die Überwindung des Bösen nicht immer für möglich gehalten wurde. Wieder einmal entwickelt sich hier die Teufelsbündnergeschichte aus einem Plan der Höllenbewohner, dem zufolge Leviathan dem Helden eine negative Ansicht der Welt gibt und ihn den »Faden der Langmut und Leitung des Ewigen« verlieren lässt: Nihilismus als Folge des Teufelspaktes. In die gleiche höllische Ausweglosigkeit führen Inzest und Mord in dem berühmten Schauerroman *The Monk* (1796) von M. G. LEWIS den Superior eines Klosters, der seine Seele für die ungehemmte Befriedigung seiner Leidenschaft verkauft. Mit einem Kulminationspunkt nihilistischer Weltsicht verbindet sich das Motiv dann in den A. KLINGEMANN zugeschriebenen *Nachtwachen* (»Von Bonaventura«, R. 1804), deren Ich-Erzähler unter Mitwirkung des Teufels gezeugt wurde, selbst oft ein Teufel zu sein glaubt und die Welt als Tollhaus empfindet, hinter dem das Nichts lauert.

An der Wende zum 19. Jahrhundert, als sowohl Kunst- wie Trivialliteratur das Motiv nicht mehr als geglaubte Wahrheit, sondern als Symbol der Sünde einsetzten, konnte F.-R. de CHATEAUBRIAND (*Le Génie du Christianisme* 1802) den Teufel von einer Art ästhetischer Renovatio des Christentums her als poetisches Attraktivum empfehlen. Die Faszination durch das Satanische löste Sympathien für den gefallenen Engel, noch mehr aber für den menschlich-allzumenschlichen Paktierer aus. Lord BYRON wagte es, ↑ Kain (*Cain* 1821) zum Schüler Satans zu machen. E. T. A. HOFFMANN schöpfte in seinem Erstling *Die Elixiere des Teufels* (R. 1815–16) aus der Trivialmotivik des Engländers Lewis. Wie in den *Nachtwachen* handelt es sich um einen durch Herkunft dämonisch belasteten Menschen, wie bei Lewis um einen Mönch, der dem Satan verfällt, durch Ruhmsucht zum Verbrecher wird und nur zögernd auf den rechten Weg zurückfindet, bis ihn der Tod der geliebten Frau endgültig entsühnt.

Während Ch. R. Maturin in *Melmoth the Wanderer* (R. 1820) seinen Melmoth, der den Teufelspakt aus Verzweiflung über das Leid der Menschen geschlossen hat, als Seelenfänger der Hölle in Verzweiflung enden lässt, da niemand ihn durch Stellvertretung zu erlösen bereit ist, bahnte sich mit L. Tiecks (*Der getreue Eckart und der Tannenhäuser* 1800) und E.T.A. Hoffmanns (*Der Kampf der Sänger* 1819) Teufelsbündnernovellen eine an die mittelalterlichen Gestalten ↑ Tannhäusers und ↑ Heinrichs von Ofterdingen anknüpfende, mehr märchennahe Motivtradition an. In beiden Erzählungen schließt der Minnesänger aus unglücklicher Liebe den Bund, der bei Tieck endgültig in den Venusberg führt, bei Hoffmann mit der Kündigung des Pakts durch Ofterdingen und dessen Rettung endet. Die geschickte Verknüpfung von Motiven aus beiden Novellen durch R. Wagner (*Tannhäuser und der Sängerkrieg auf Wartburg* Romantische Oper 1845) setzte den Aufenthalt im Venusberg einem Teufelspakt gleich, in dem der an seiner Erlösung Verzweifelnde erneut Zuflucht sucht, ehe ihn die Gnadenbotschaft erreicht. Dagegen wird F. Kind/C. M. v. Webers ↑ Freischütz (*Der Freischütz* Oper 1821), der sein Seelenheil wegen einer treffsicheren Kugel verscherzt und dessen Vorbild in einer Novelle J. A. Apels (1810) im Irrenhaus endete, durch die Liebe der Braut und die Fürsprache eines → Eremiten entsühnt. Auch der Tausch des mitfühlenden Herzens gegen ein steinernes (W. Hauff, *Das kalte Herz* Erz. 1828) wird durch Reue rückgängig gemacht. A. Mickiewicz (*Pani Twardowska* Ballade 1822) gab sogar dem Twardowski-Stoff in einer von Goethe beeinflussten Fassung mit dem Verzicht des Teufels auf die Pakterfüllung einen heiteren Schluss. Volkstümlicher Märchenmotivik nahe ist sowohl der Kauf des Flaschenteufels in Fouqués *Geschichte vom Galgenmännlein* (1810) wie der Schattenverkauf in A. v. Chamissos *Peter Schlemihls wundersame Geschichte* (1814): Das eingehandelte Gold bringt kein Glück, der Schattenverlust erregt Isolation, für die Wissenschaft und Natur kaum entschädigen.

Trotz der zunehmend realistischen Geschmacksrichtung brach die Tradition des Teufelsbündner-Motivs nach dem Abklingen der Romantik keineswegs ab. Es gehört zu jenen irrationalen Motiven der Literatur des 19. Jahrhunderts, die mit ihrer symbolisierenden Funktion ein Gegengewicht gegen den Detailrealismus bildeten. Das Geflecht der Beziehungen und Einflüsse in der Nachromantik ist dicht. Der Amerikaner W. Irving (*The Devil and Tom Walker* Erz. 1824) stand unter dem Eindruck deutscher Sagen, der Russe N. V. Gogol' (*Večer nakanune Ivana Kupala/Die Johannisnacht* Erz. 1831/32,

Portret/Das Bildnis Erz. 1835) ist von Hoffmann beeinflusst, H. de Balzac (*Le Centenaire ou les deux Behringheld* R. 1822, *La Peau de chagrin* Erz. 1831, *Melmothe réconcilié* Erz. 1835) von Hoffmann und Maturin, der ältere Dumas (*Don Juan de Maraña ou la chute d'un ange* Dr. 1836, *Le Meneur des loups* R. 1857) von Lewis, wobei krasse Effekte in seinem Don-Juan-Drama den von P. Mérimée (*Les Ames du purgatoire* Nov. 1834) stammenden, ohne Teufelsbund auskommenden Plot überwuchern. W. M. Thackeray (*The Devils Wager* Erz. 1833, *The Painter's Bargain* Erz. 1834) lässt französischen Einfluss erkennen, F. Soulié (*Les Mémoires du diable* R. 1837/38) übernahm vieles von Lesage und dem Schauerroman, und Z. Krasińskis historisch-philosophisches Drama *Iridion* (1836) zeigt den Einfluss von Goethes *Faust*. Noch J. Vernes Erzählung *Maître Zacharius* (1874) gibt sich hoffmannesk. Die seelischen Antriebe zum Pakt mit dem Bösen sind die alten, immer neu variierten. Hoffnungslose Liebe verleitet die Zentralfigur in *Večer nakanune Ivana Kupala* sowie ↑ Don Juan und seine geliebte Martha in *Don Juan de Maraña*, Besitzgier den Yankee in *The Devil and Tom Walker*, künstlerischer Ehrgeiz den Maler, dessen Porträt des Bösen allen späteren Besitzern des Bildes Unglück bringt, in *Portret* sowie den sich literarisch überhebenden Uhrmachermeister in *Maître Zacharius*, der Wunsch nach Lebensgenuss den Dichter in *The Painter's Bargain*. Der Zauberer in *Le Centenaire* will ewig leben, Balzacs Melmothe dagegen im Unterschied zu Maturins Melmoth den ersehnten Tod einhandeln. Frevelhafte Neugier ist der Ansporn von Souliés Teufelsbündner Armand, triebhafter Blutdurst der des sich in einen Werwolf verwandelnden Schuhmachers in *Le Meneur des loups*. Bei Krasiński wird die alte Vorstellung eines dem göttlichen Heilsplan entgegengesetzten Höllenplans, dessen Werkzeug der Held wird, erneuert.

Der deutschsprachige Beitrag der nachromantischen Zeit bestand weiterhin in der Erneuerung volkstümlich-sagenhafter Varianten des Motivs. E. Mörikes Ballade *Der Feuerreiter* (1824) verwandte bei der Darstellung jenes unheimlichen Mannes, der »freventlich die Glut besprochen«, ebenso Elemente des Volksglaubens wie J. Gotthelf in der Novelle *Die schwarze Spinne* (1842), in der die Bäuerin, die mit dem Pakt ihr Dorf von Fronlast befreien wollte, durch Kontraktbruch eine teuflische Plage über das Land bringt, die erst durch das Selbstopfer einer anderen Frau beendet wird. Auch der Rosstäuscher in A. v. Droste-Hülshoffs an die *Deutschen Sagen* (1816–18) der Brüder Grimm anknüpfende Ballade *Der Spiritus familiaris des*

Roßtäuschers (1844) kann sich nur durch Hingabe seines Lebens von dem höllischen Helfer befreien. Die mittelalterliche Sage vom Zauberer Vergil wurde durch W. ALEXIS (*Der Zauberer Virgilius, ein Märchen aus der Gegenwart* 1851) zeitgemäß so interpretiert, dass das Nachleben des Dichters als Zauberer eine Strafe dafür sei, dass er als Erster einen orientalischen Nimbus um das Haupt eines abendländischen Fürsten gewoben habe.

Im 19. Jahrhundert entstand eine Spezies, in deren Mittelpunkt ebenfalls das Teufelsbündner-Motiv steht, die aber aus der Betrachtung der Motiventwicklung ausscheidet, weil es ihr Anliegen ist, die Unmöglichkeit eines Teufelsbundes zu erweisen: die Dichtungen um Hexenprozesse. Die in ihnen dargestellten, nur vermeintlichen Hexen sollen belegen, dass der Glaube an Hexen irrig, oft sogar aus persönlicher Rache in Szene gesetzt ist, zumindest aber aus religiöser Engstirnigkeit und Fanatismus entstand und dass Hexengerichte und Hexenverbrennungen inhuman waren. Diese Tendenz, die sich erst mit dem endgültigen Schwinden des Hexenglaubens durchsetzen konnte, hat sich seit W. MEINHOLDS Roman *Maria Schweidler, die Bernsteinhexe* (1843) und den etwa gleichzeitig einsetzenden literarischen Behandlungen der Hexenprozesse im amerikanischen Salem (C. MATHEWS, *Witchcraft or the Martyrs of Salem* Dr. 1846; N. HAWTHORNE, *Young Goodman Brown* Erz. 1846; J. W. de FOREST, *Witching Times* R. 1857; H. W. LONGFELLOW, *Giles Corey of the Salem Farms* Dr. 1868; A. MILLER, *The Crucible* Dr. 1953) nicht geändert.

Eine motivliche Klammer verbindet den deutschen Romantiker HOFFMANN mit dem russischen Realisten und Seelenanalytiker F. M. DOSTOEVSKIJ. Stavrogin (*Besy/Die Dämonen* R. 1871–72) ist so sehr Beute des Satans, dass er in ihm sein zweites Ich, einen Doppelgänger, sieht und ihn das Grauen schließlich in den Tod treibt, und der Intellektuelle Ivan Karamazov (*Brat'ja Karamazovy/Die Brüder Karamasow* R. 1879–80) sieht den Teufel, den er in seiner Erzählung vom Großinquisitor als den siegreichen, »menschlicheren« Widerpart Christi beschworen hatte, leibhaftig vor sich sitzen, als er sich der Schuld seines geistigen Vatermordes voll bewusst wird – eine durch sein Nervenfieber hervorgerufene Halluzination und zugleich Symbol einer richtenden metaphysischen Macht. Der märchenhaft-volkstümlichen Spielart näher stehen R. L. STEVENSONS *The Bottle Imp* (Erz. 1891), J. MASEFIELDS *The Devil and the Old Man* (Erz. 1905) und des Dänen M. A. HANSEN *Jonathans Rejse* (R. 1941), in denen der Teufel um den ausbedungenen Gegenwert gebracht wird. Bei seinen Forschungen über ↑ Gilles de Rais und dessen Teufelskult gerät J.-K.

HUYSMANS' Schriftsteller-Held (*Là-bas* R. 1891) ebenso in den Bannkreis des Satanismus wie die drei Brüder in M. BARRÈS' *La Colline inspirée* (R. 1913), die vergeblich versuchen, aus einem »verwünschten« Ort eine christliche Kultstätte zu machen. Märchenhaft wirkt in Ch.-F. RAMUZ/I. STRAWINSKIJS Oper *Die Geschichte vom Soldaten* (1918) der Pakt zwischen dem Teufel und dem armen Soldaten, der sein höchstes Gut, seine Geige, gegen ein erfolgverheißendes Zauberbuch eintauscht, aber bald erkennt, dass seine Sehnsucht nach der Geige und der ihm versagten Heimat größer ist als die Angst vor der Hölle, der ihn der Teufel triumphierend überantwortet. Die gleichfalls aus russischer Tradition entwickelte Motivvariante in M. A. BULGAKOVS *Master i Margarita/Der Meister und Margarita* (R. entst. 1940, Druck 1966/67) hat stärker satirische Funktion, indem nicht nur das Erscheinen ↑ Satans im modernen Moskau zum Erweis des Übersinnlichen überhaupt dient, sondern Margaritas Bündnis mit ihm sogar »das Gute schafft«. In die nachromantische Tradition gehört A. MUSCHGS *Das Glockenspiel* (Erz. 1985): Die Teufelsbuhlerei, von der ein Priester durch die Beichte erfährt, rührt diesen zutiefst auf und wirft ihn aus der Bahn – ein Symbol der Revolutionswirren. Im Vorfeld der Revolution entwickelt der Mörder in P. SÜSKINDS *Das Parfüm* (R. 1985) seine auf teuflische Herkunft deutende abnorme Riechbegabung sowie die sadistische Anlage zu deren Befriedigung.

Jüngste politische Erfahrungen führten dazu, in der Macht eine Verlockung Satans zum Bündnis mit ihm zu sehen. General Harras in C. ZUCKMAYERS *Des Teufels General* (Dr. 1946) steht symbolisch im Sold des Teufels, aus dem ihn nur Selbstvernichtung befreien kann, und in Th. MANNS Erneuerung des ↑ Faust-Stoffes (*Doktor Faustus* R. 1947) wird der Teufelsbund im Willen zur Macht, im Paktieren der bürgerlichen Gesellschaft mit den totalitären Mächten der Zerstörung gesehen und am Schicksal des begabten Musikers Leverkühn sinnfällig gemacht, der eine durch teuflische Paralyse ermöglichte Formkunst dem Epigonentum vorzieht; wie bei Dostoevskij tritt der Teufel seinem Partner als zeitgenössischer Durchschnittsmensch gegenüber, halb Realität, halb Ausgeburt einer von der Krankheit schon infizierten Einbildungskraft. Die antiromantische Haltung verbindet Mann mit P. VALÉRY (*Mon Faust* Dr. 1946), dessen Teufel der Inbegriff alles Irrationalen, vom Menschen nicht Steuerbaren ist, das es zu überwinden gilt, und das Problem der Macht verbindet den deutschen Romancier mit L. DURRELLS »Moralität« *An Irish Faustus* (1963), in der Mephistopheles-Asmodi seinem Partner

Macht über die Menschen und Beherrschung der zerstörerischen Kräfte des Abgrunds verspricht, eine Verlockung, der Faustus nicht erliegt, wenngleich er damit den Teufel keineswegs überwunden hat, sondern immer wieder gegen ihn antreten muss. Indem M. Suter (*Der Teufel von Mailand* R. 2006) den Teufel des europäischen Märchens als sinngebende Instanz der Handlung zuordnet, macht er Brandstiftung und Mord als beherrschende Motive der das moderne Engadin bevölkernden Einheimischen und Badegäste erkennbar.

A. Graf, Il diavolo, Mailand 1889; M. J. Rudwin, The Devil in Legend and Literature, London 1931.

Tor, Der reine→ Sonderling

Traum, vorausdeutender→ Weissagung, Vision, vorausdeutender Traum

Tyrann → Märtyrer; Tyrannei und Tyrannenmord; Vater-Sohn-Konflikt

Tyrannei und Tyrannenmord

Tyrannei und ihre gewaltsame Beseitigung als Motive der Dichtung müssen im Zusammenhang mit der jeweils herrschenden Staatsform, dem geltenden Staatsrecht und dem Einfluss staatsphilosophischer Theorien gesehen werden. Schon das griechische Wort »Tyrannos« unterlag Bedeutungswandlungen, indem es ursprünglich lediglich einen Alleinherrscher bezeichnete und frei von moralischer Wertung war, im 7./6. Jahrhundert dann auf einen gewaltsam zur Regierung gelangten Herrscher angewandt wurde, ohne dabei einen Bezug zu seinen Herrscherqualitäten zu enthalten, und erst eines zusätzlichen Adjektivs bedurfte, um einen »bösen« Usurpator zu bezeichnen. Die Verschmelzung der Vorstellung vom Usurpator mit der des »Wüterichs« vollzog sich während der Polis-Epoche im 5./4. Jahrhundert, der ein Monarch schon an sich verabscheuungswürdig war und in der man z. B. in Athen die gewaltsame Beseitigung eines tyrannischen Herrschers als Bürgerpflicht ansah.

Platons Staatslehre (1. Hälfte 4. Jh. v. Chr.) stellte die moralische Bewertung über die staatsrechtliche, denn für ihn war jeder Herrscher ein Tyrann, der seine Macht in moralisch verwerflicher Weise ausübte, gleich, ob er sie rechtmäßig oder unrechtmäßig erworben hatte. Allerdings entwickelte er sein eindringliches Bild des von Macht besessenen Tyrannen hauptsächlich am Typ des Usurpators, der in Zeiten übermäßiger demokratischer Freiheit zunächst als Beschützer des Volks gegen die Besitzenden auftritt und erst allmählich zur Aufrechterhaltung seiner Stellung nach tyrannischen Mitteln greift; der allzu freiheitlichen Situation kommt des Tyrannen innere Disposition zur Machtergreifung entgegen. Aus verwandter politischer Konzeption entstand bei Platons Zeitgenossen XENOPHON (*Hieron*) eine Analyse der Seelenlage des Tyrannen, der durch Ehrgeiz, Eigennutz und Furcht an die Tyrannis gefesselt ist, weil er sich von ihr nicht lösen, sein Unrecht nicht wiedergutmachen und sich zu wahrer Vaterlandsliebe nicht durchringen kann; daher gibt es ihm gegenüber keine Treuepflicht, und seine Beseitigung gilt als Verdienst. Wie Platon entlieh ARISTOTELES (*Politeia* 2. Hälfte 4. Jh. v. Chr.) die Hauptzüge seines als Kontrast zu dem Bild eines rechtmäßigen Herrschers entworfenen Tyrannenporträts vom Demagogen, der sich durch Verleumdung der Aristokratie die Unterstützung des Volkes sichert, seine Herrschaft gegen den Willen der Regierten aufrechterhält und dem Einfluss von Gegnern durch Ablenkungskriege zu begegnen sucht; die mögliche Entartung des rechtmäßigen Regenten zum Tyrannen wird erwähnt, aber nicht näher untersucht.

Die Thesen der griechischen Staatsphilosophie zum Tyrannenproblem wirkten weiter nach Rom, wo vor allem in der Zeit der sich ankündigenden und dann vollzogenen Wandlung der Republik in ein Kaiserreich das Thema so brisant war, dass es nach dem Zeugnis des TACITUS (1./2. Jh.) eines der an den Rhetorenschulen am häufigsten behandelten Themen bildete, für dessen Diskussion verschiedenste Fälle, Situationen und Komplikationen, insbesondere auch das Hinzutreten persönlicher Motive für den Tyrannenmord, ausgeklügelt wurden. Der mitten in den großen Wandlungsprozess gestellte CICERO (*De officiis* 44 v. Chr.) betonte die Reziprozität von Furcht und Hass in der Seele des Tyrannen, sprach ihm jeden Anteil an der Humanitas ab und bejahte Tyrannenmord vom Standpunkt der politischen Utilitas, während der an Erfahrungen mit Tyrannen reiche SENECA (4 v. Chr. – 65 n. Chr.) in seinen philosophischen Schriften den Unterschied des Tyrannen zum guten Herrscher nicht in der mangelnden Legitimität, sondern in der pervertierten Art seines Machtgebrauchs und die Ursache seines »Wütens« nicht in der Überzeugung von der Notwendigkeit drakonischer Methoden, sondern in der Lust an Gewaltausübung sah; die Interdependenz von

Furcht und Hass trete nicht nur bei dem Gewaltherrscher, sondern auch bei den gewaltsam Regierten zutage.

Die anhaltende Beliebtheit des Tyrannenmord-Motivs in der Literatur beruht nicht nur auf seiner sich ständig erneuernden Aktualität, sondern auch auf seiner immanenten Dialektik, die es zur Domäne des Dramas macht. Dem bösen, argwöhnischen, seine Macht skrupellos und hämisch ausübenden Tyrannen tritt der Gegner und Verschwörer mit seinem unbedingten, aber verborgenen Freiheitswillen und seiner Verpflichtung zum Einsatz des Letzten gegenüber. Die durch die Geheimhaltung und Bedrohung von Verrat bewirkte Spannung steigert sich, wenn der Gegner in der Umgebung des Tyrannen lebt und sich sogar für seinen Anhänger ausgibt. Selten im Alleingang, meist im Bündnis mit anderen geplant und vollzogen, gibt eine Verschwörung Gelegenheit zu abstufender Nuancierung politischen Verhaltens, zum Einbau retardierender Momente, drohender Gefahren und misslingender Versuche. Die Hinzufügung persönlicher Rachemotive zu den politischen schwächt die ideelle Stoßkraft, erhöht aber das menschlich Anrührende des Unternehmens, und auch Kränkung nicht zur Verschwörung gehöriger Personen kann als auslösendes Moment verwendet werden.

Tyrannis braucht zu ihrer Charakterisierung ein Gegenspiel, den Typ des → Märtyrers, den vergeblich ratenden Weisen, selbstlose Freundschaft, weibliche Unschuld. So wurde die im Jahr 514 v. Chr. begangene Mordtat der Freunde Harmodios und Aristogeiton an Hipparchos, dem Bruder des athenischen Tyrannen Hippias, die eine öffentliche Beleidigung der Schwester des Harmodios rächen und auch den Tyrannen selbst richten sollte, für die jedoch beide Attentäter der Tod traf, schon bald nach der Vertreibung des Hippias (510 v. Chr.) durch ein offizielles Denkmal und die öffentliche Meinung in einen Tyrannenmord umgewandelt, was schon Thukydides (um 460 – um 400 v. Chr.) als Beispiel unkritischer Geschichtstradierung bezeichnete, die freilich deswegen für die motivgeschichtliche Erkenntnis wichtig ist und die literarische Realität des Stoffes nicht beeinträchtigt. Ebenfalls mit dem Motiv des → Freundschaftsbeweises gekoppelt und an den Tyrannen Dionysios II. von Syrakus geknüpft, nach dem ältesten Überlieferer, Aristoxenos von Tarent (4. Jh. v. Chr.), sogar diesem von dem gestürzten Tyrannen selbst erzählt, ist die Geschichte von ↑ Damon und Pythias (auch Phintias) strukturiert. Nach Aristoxenos beruhte sie nur auf einem von den Höflingen des Dionysios inszenierten Test des vielgepriesenen Zusammenhalts der Pythagoreer, indem man einen von ihnen eines Attentats auf Dionysios beschuldigte und zum Tod verurteilte, ein anderer sich als Bürge stellte, bis der Freund seine häuslichen Angelegenheiten geordnet hatte; den angeblichen Attentäter und den Bürgen habe der Tyrann zum Schluss umarmt und gebeten, ihn als Dritten in den Freundschaftsbund aufzunehmen, sie hätten sich jedoch nicht dazu bewegen lassen. Neben das dominierende → Freundschaftsbeweis-Motiv trat im Laufe der Tradierung zunehmend das Motiv der Tyrannenbekehrung, schon bei CICERO (*Tusculanae disputationes* 45, *De officiis* 44 v. Chr.) durch Fortfall der ablehnenden Schlussantwort, bei DIODORUS SICULUS (1. Jh. v. Chr.) durch Verwandlung des Tests in ein wirkliches Attentat, bei VALERIUS MAXIMUS (1. Jh.) durch Betonung der Tyrannenbekehrung, die von HYGINUS (2. Jh.) in der ausgesponnenen *Fabula* 257 beibehalten und in der auf ihm beruhenden Ballade (*Die Bürgschaft* 1798) SCHILLERS zum effektvollen, kaum als offen zu verstehenden Schluss genutzt wird: »Ich sei, gewährt mir die Bitte, in eurem Bunde der Dritte.«

Das griechische Drama bemächtigte sich des im anekdotischen Bereich aufbereiteten Tyrannenmord-Motivs noch nicht, stellte aber durchaus den Typ des tyrannischen Herrschers auf die Bühne, der gegen Humanitas und Pietas wütet und im Fall des Kreon bei SOPHOKLES (*Antigone* Dr. 441 v. Chr.) als Gegenspieler den → Märtyrer in Gestalt Antigones evoziert, im Fall des Pentheus bei EURIPIDES (*Die Bacchantinnen* 405 v. Chr.) verblendet mit Folter und Kerker gegen den in Menschengestalt erschienenen → Gott wütet; beide Herrscher werden von der Strafe ereilt.

Die altrömische Geschichte stellte den beiden griechischen Tyrannenerzählungen zwei von LIVIUS (um 59 v. Chr. – 17. n. Chr.) überlieferte ebenbürtige Texte an die Seite, in denen das schon in der Harmodios-Fabel auftauchende → Vergewaltigungs-Motiv seine Wahlverwandtschaft mit dem Tyrannenmord-Motiv geltend machte. Das Schicksal ↑ Lucretias, der von Sextus Tarquinius geschändeten treuen Ehefrau des Collatinus, wird zum Anlass für den Sturz der Königsherrschaft und die Gründung der Republik, und der Tod der ↑ Virginia, die von dem tyrannischen Dezemvirn Appius Claudius in ihrer Ehre und Freiheit bedroht und von ihrem Vater vorsorglich getötet wird, löst ebenfalls einen Regierungsumsturz aus.

Der zweimalige Zusammenstoß mit der Macht der Cäsaren dürfte dazu beigetragen haben, dass in den Dramen SENECAS der Tyrann als prävalentes Motiv hervortrat und Tyrannentum als latente Gefahr in jedem Herrscher diagnostiziert wurde. Der Untergang des Gewaltherrschers wird häufig prophezeit, aber es kommt in keinem Werk Senecas zum Tyrannenmord. Potenzieller Tyrann ist Pyrrhus (*Troades*), der den Sieg über die Trojaner mitleidlos auskosten möchte, und ein rechtmäßiger Herrscher mit tyrannischen Zügen Kreon (*Medea*), der aus Opportunismus auf der Ausweisung ↑ Medeas besteht, aber ihr inkonsequenter- und für ihn selbst verhängnisvollerweise einen Abschied von ihren Kindern gewährt. ↑ Ödipus in dem gleichnamigen Drama (*Oedipus*) erscheint als ein um die Gefahr der Macht wissender, aber von ihr verblendeter und ihr verhafteter, daher tragischer Tyrann, der erst nach Offenbarwerden seiner Schuld den Ehrgeiz abstreift und sich selbst verurteilt. Sein Sohn Eteokles (*Phoenissae*), der den Bruder aus der Herrschaft verdrängt und dem der Hass der Untertanen etwas Selbstverständliches ist, repräsentiert den vollkommenen Tyrannen ebenso wie Lycus (*Hercules furens*), ein »homo novus«, der durch Einheirat in die durch ihn ruinierte Familie des legalen Herrschers einen Schein von Legitimität erhaschen möchte und die Abweisung mit einem Hinrichtungsbefehl quittiert. Die tyrannischen Züge der Atriden, die in den griechischen Quellen vorgeprägt waren, zeigen sich bei ↑ Atreus (*Thyestes*) in der zur Sicherung der eigenen Macht vorgenommenen Ausrottung der Familie des Bruders, bei Ägisth (*Agamemnon*) in dem aus ererbtem Hass resultierenden Vorgehen gegen seinen Vetter Agamemnon, dessen Thron und Frau er an sich zu bringen und zu dessen Ermordung er die ehebrecherische Frau anzustiften weiß; seine erste Handlung nach dem Tod ↑ Agamemnons, die Einkerkerung ↑ Elektras, dokumentiert seine Herrscherqualität. In dem pseudosenecaischen Drama *Octavia*, in dem Seneca selbst als erfolgloser Warner des Tyrannen auftritt, verstößt Nero um einer Geliebten willen seine Frau, verurteilt sie nach einem zu ihren Gunsten entstandenen Aufstand zum Tode und lässt zur Einschüchterung des Volkes Rom brandschatzen.

Das frühe Christentum hatte es mit nichtchristlichen Herrschern zu tun, denen gegenüber Christi Wort galt, dass man dem Kaiser geben solle, was des Kaisers, und Gott, was Gottes sei. Paulus (*Römerbrief* 13) präzisierte dieses Verhältnis in dem Sinn, dass keine Gewalt sei, wenn nicht von Gott, und dass, wer der Gewalt Widerstand leiste, der Ordnung Gottes widerstrebe. Der Gehorsam gegenüber der heidnischen Obrigkeit musste sich allerdings mit dem Glauben vereinen lassen, und wo ein Gegensatz zum Glauben Widerstand forderte, konnte er, da das fünfte Gebot Menschentötung verbot, nicht in Mord, sondern nur in Märtyrertum bestehen. Als Widerpart des

→ Märtyrers tritt der Tyrann der Legendenliteratur in Gestalt von römischen Kaisern, Statthaltern und Richtern auf, geht oft als äußerlich siegreich, oft aber auch als gedemütigt und bekehrt aus dem Prozess hervor und kann in seinem Wüten sogar der Lächerlichkeit anheimfallen, da die christliche Partei mindestens geistig triumphieren muss. In der Fassung der *Irene-Legende* durch den heiligen ALDHELM (7. Jh.), die von HROTSVITH VON GANDERSHEIM für ihr Drama *Dulcitius* (nach 962) benutzt wurde, verliebt sich der Satrap Dulcitius in die ihm von Diokletian zum Verhör überantworteten Christinnen, lässt sie in der Küche unterbringen, schleicht nachts zu ihnen und umarmt in einer vom Himmel gesandten Verwirrung Pfannen und Töpfe, sodass er seines Amtes enthoben wird. Der im *Neuen Testament* durch die Tötung Johannes' des Täufers, die Verfolgung des neugeborenen Christus und den bethlehemitischen Kindermord als Tyrann vorgeprägte Herodes, der Prototyp des Wüterichs auf dem mittelalterlichen Theater, trägt mitunter komische Züge, wenn er seine bösen Absichten an der Weisheit der drei Könige scheitern sieht.

Gegenüber den seit Konstantin christlichen Herrschern der Spätantike und des Mittelalters erwarb sich die Kirche ein Aufsichts- und Widerstandsrecht und demonstrierte gelegentlich die Absetzbarkeit von Monarchen, aber für sie war nicht der ein Tyrann, der sein Volk unterdrückte, sondern der sich kirchlichen Ansprüchen widersetzte. AUGUSTIN (354–430) entwarf das entscheidende Bild des Rex iniustus et iniquus, ohne Tyrannenmord ausdrücklich zu billigen. Mit dem Anschluss an die antike Rechtstradition wurde zuerst bei JOHANN VON SALESBURY (12. Jh.) das Recht auf Tyrannenmord – sowohl am Usurpator wie am entarteten legitimen Monarchen – zugestanden, während die an Aristoteles orientierte Paulus-Interpretation des THOMAS VON AQUIN (1227–74) dieses Recht nur gegenüber dem Usurpator gelten ließ, weil seine Macht nicht von Gott komme und er selbst ein Aufrührer sei, durch dessen Beseitigung die Ordnung wiederhergestellt werde. Der legitime Monarch dagegen besitzt gottgewollte Autorität, die auch dann noch besteht, wenn sie entartet. Gegen solche Entartung muss die Publica auctoritas sich schützen, indem sie die Gewalt des Herrschers von vornherein einschränkt. Ist das nicht geschehen, so bleibt nur Dulden und Beten, denn es ist Gottes Sache, die von ihm eingesetzten Herrscher auch wieder zu stürzen. Ist der Bedrücker von einem Übergeordneten eingesetzt, so kann an diesen appelliert werden; versagt dieser Weg, so bleibt wieder nur das Ertragen des Jochs. Während die konstitutionelle Bindung des Herrschers an das Recht in England, Ungarn und Aragon völlig, im Reich nur teilweise gelang, machte ihn die ständig wachsende Souveränität in Frankreich allmählich zum Legibus solutus, wogegen der Majestätsverbrecher als der eigentliche Tyrann erschien, bis in der Revolution SAINT-JUST diese Vorstellung umkehrte und behauptete, der König sei Rebell und Usurpator, da er die Souveränität des Volkes an sich gerissen habe.

Die höfische Literatur des Mittelalters gab die Tyrannenrolle heidnischen oder zumindest nicht zur römischen Kirche gehörigen Fürsten wie dem Kaiser von Konstantinopel im *König Rother* (um 1150), der Rothers Werber einkerkern lässt, den heidnischen Königen in *Sanct Oswald* (um 1170) und *Wolfdietrich* (vor 1250), die ihre Töchter verweigern und deren Freier bedrohen und töten, oder dem orientalischen Gewalthaber im ↑ Flore-und-Blancheflur-Stoff, der seine Frauen nach einem Jahr hinrichten lässt: schematisch behandelte Randfiguren, an denen keine Problematik sichtbar wird.

Die Diskussion um das Tyrannenproblem wurde aktuell, als in der Renaissance durch den Rückgriff auf die Antike das ausschließlich monarchische Denken erschüttert wurde und in Italien einerseits eine Reihe von Kleinrepubliken entstanden, andererseits Stadtstaaten in die Hand von Usurpatoren gerieten. Monarchistische Humanisten erklärten sich gegen den Tyrannenmord, wie DANTE, der die Mörder Cäsars in die Hölle verbannte (*La Divina Commedia* 1306/21), republikanische wie PETRARCA und BOCCACCIO sprachen sich gegen Cäsar und für Cicero und Sueton aus. Während in der Frührenaissance unter dem Tyrannen häufig der Monarch überhaupt verstanden wurde, trennte die Spätzeit die Tyrannis auch begrifflich von der Monarchie, da Tyrannis auch in nichtmonarchischen Staatsformen möglich sei. Wieder setzte sich die Vorstellung durch, dass der legale Monarch ein guter und daher unantastbarer Regent, der Usurpator aber entgegen dem Recht und daher schlecht regiere und seine Beseitigung zu billigen sei (L. C. de SALUTATI, *De tyranno* 1400).

Renaissance und Barock waren unermüdlich in der Wiederentdeckung historischer und sagenhafter Tyrannengestalten, die durch den düsteren Glanz der Macht und die grelle Farbe der Ruchlosigkeit attraktiv waren. Das *Alte Testament* lieferte für J. van den VONDEL (*Pascha* Dr. 1612) und C. BRULOVIUS (*Moyses* Dr. 1621) die Skizze für den das Volk Israel mit Vernichtung bedrohenden Pharao, für H. SACHS (1557), J. MURER (1559), verschiedene Jesuitendramatiker und CALDERÓN (vor 1665) das Ende des Gotteslästerers ↑ Belsazar, für J. de LA TAILLE (1572), W. SPANGENBERG (1606), Th. RODE (1615), J. van den VONDEL (*De Gebroeders* Dr. 1640) und H. J. Ch. v. GRIMMELSHAUSEN (*Ratio Status* 1670) die psychologischen Umrisse für einen von Neid und Verfolgungswahn verdüsterten ↑ Saul und für RACINE (*Athalie* Dr. 1691) die Geschichte der von Jehova abgefallenen und schließlich durch den Hohenpriester gestürzten Königin Athalie. Die der Frühgeschichte Roms angehörigen, auch im Mittelalter nicht in Vergessenheit geratenen Gestalten des lüstern-brutalen Königssohnes Sextus Tarquinius, dessen Gewalttat an ↑ Lucretia das Ende des römischen Königtums auslöste (SHAKESPEARE, *The Rape of Lucrece* Epos 1594; Th. HEYWOOD, *The Rape of Lucrece* Dr. 1603/08), und des Appius Claudius mit seiner erpresserischen Intrige gegen die Plebejerin ↑ Virginia (B. ACCOLTI, *Virginia* Dr. 1513; J. de LA CUEVA, *Tragedia de la muerte de Virginia y Apio Claudio* Dr. 1588; J. WEBSTER, *Appius and Virginia* Dr. um 1609) wurden jetzt mit zunehmender Häufigkeit behandelt und blieben als exemplarische Verkörperungen des Motivs auch weiterhin in der Literatur lebendig. Aus der späteren römischen Geschichte boten sich vor allem ↑ Cäsar und seine Ermordung als Stoff an, der damals zuerst dichterisch ausgestaltet und seitdem nicht wieder beiseitegelegt wurde (A. MURET Dr. 1550; J. GRÉVIN Dr. 1561; SHAKESPEARE 1599; G. CHAPMAN, *Caesar and Pompey* Dr. 1631; VOLTAIRE, *La Mort de César* Dr. 1731). Unter den Nachfolgern Cäsars erhielt der durch die Christenverfolgungen berüchtigte Diokletian in den Dramen um den Schauspieler und → Märtyrer Genest eine repräsentative Tyrannenrolle (N.-M. DESFONTAINES, *L'Illustre comédien* 1645; J. de ROTROU, *Le véritable Saint-Genest* 1646); Lope de VEGA zeigte an diesem Stoff sogar den Werdegang des Kaisers vom jugendlichen, guten Monarchen zum ungerührten Gewaltherrscher auf (*El fingido verdadero* vor 1618).

An dem orientalischen ↑ Tamerlan-Stoff (Ch. MARLOWE, *Tamburlaine the Great* Dr. 1590; L. VÉLEZ DE GUEVARA, *La nueva ira de Dios y gran Tamerlán de Persia* Dr. 1624; Ser WOUTERS, *Den grooten Tamerlan* Dr. 1657; J. MAGNON, *Le grand Tamerlan ou la mort de Bajazet* Dr. 1647) reizte das gehäufte Maß von Grausamkeit, das sich in der allgemeinen Vorstellung mit dem orientalischen Despotismus verband und das auch das islamische Gegenspiel in den Dichtungen um den albanischen Türkenbekämpfer ↑ Skanderbeg charakterisierte (B. SCARMELLI, *Due canti del poema heroico di Scanderbeg* 1585; M. SARROCHI, *La Scanderbeide* 1606; U. CHEVREAU, *Scanderberg* R. 1644). Ähnlich wie in

Skanderbeg verschmolzen in der Zentralfigur serbokroatischer Heldenlieder, Marko Kraljević, die Züge des Tyrannenmörders mit denen des Vaterlandsbefreiers, da die türkischen Unterdrücker nicht eigentlich Usurpatoren, sondern volksfremde Eroberer waren; aber auch in diesen Zeugnissen eines erlebten Tyrannenhasses organisierte sich das Porträt des Tyrannen unter Mitwirkung herkömmlich mit ihm verbundener Motive wie des der → Vergewaltigung von Mädchen und Frauen (*Marko beseitigt die Heiratssteuer*).

Tyrannensturz diente im Barock zugleich der Illustrierung des Vanitas-Themas, der Vergänglichkeit irdischer Größe. Darum interessiert die Psychologie des Tyrannen die Dichter oft mehr als die seines als positiv aufgefassten Gegenspielers, sein Porträt ist nicht das eines klischeehaft Bösen, sondern man nuanciert die Zwanghaftigkeit seiner sich steigernden Grausamkeit, die Gewissenslast, die ihn manchmal seine Entscheidungen widerrufen lässt, und den Wunsch, nach vollbrachter Tat die Verantwortung von sich abzuwälzen. Geradezu ein Musterbeispiel für den von Plato vorgezeichneten Werdegang eines Tyrannen ist der von SHAKESPEARES Bolingbroke (*King Richard II* 1595/97), der echte Herrschergaben besitzt und dem das Unvermögen und der Autokratismus Richards II. den Weg ebnen, sodass er zunächst als Befreier von Missherrschaft erscheinen kann, aber durch die Absetzung und Tötung des legitimen Herrschers einen Bürgerkrieg heraufbeschwört, der ihn nie in den Genuss der durch Verbrechen erlangten Macht kommen lässt. Ihm verwandt, doch ins radikal Böse gesteigert, ist der Usurpator Gloucester (*King Richard III* vor 1597), der dem Brudermord zwangsläufig weitere Morde folgen lässt, die ihm aber den Weg zur Macht nicht frei machen, sondern verstellen, sodass er schließlich der Vereinigung der von ihm Geschädigten erliegt. Der brudermörderische Tyrann J. FLETCHERS (*The Bloody Brother* Dr. 1616/24) wird nicht nur von den Untertanen, sondern von der eigenen Mutter verflucht. Phokas, Tyrann von Konstantinopel, in dem nach einem italienischen Opernlibretto (N. BEREGANO für P. A. ZIANI, *L'Heraclio* 1671) gearbeiteten Schauspiel *Heraclius* (um 1680) von J. Ch. HALLMANN ist durch Beseitigung des legalen, vorbildlichen Herrschers auf den Thron gelangt, von dem er durch einen wiederum vorbildlichen Prinzen gestürzt wird. Eine ähnlich wie bei Bolingbroke zwanghafte Entwicklung zum Tyrannen vollzieht sich mit Kaiser Caracalla bei A. GRYPHIUS (*Großmütiger Rechtsgelehrter oder sterbender Aemilius Paulus Papinianus* Dr. 1659), der seinen gleichberechtigt an der Herrschaft beteiligten Bruder tötet, dann den eine Rechtfertigung dieser

Tat verweigernden Rechtsgelehrten Papinian seiner Ämter, Güter sowie seines Sohnes beraubt und schließlich ihn selbst hinrichten lässt, wonach sein Cäsarenwahn in Wahnsinn umschlägt. Auch Augustus in D. C. v. LOHENSTEINS *Cleopatra* (Dr. 1661) und Soliman in des gleichen Autors *Sophonisbe* (Dr. 1682) lassen Berater und Helfer hinrichten, ohne dadurch ihre Schuld loszuwerden.

Die Tyrannengegner und Verschwörer werden im Allgemeinen durch persönliche Motive zum Vorgehen bewogen. Söhne rächen ihre von einem Tyrannen getöteten Väter (G. CHAPMAN, *Alphonsus, Emperor of Germany* Dr. um 1622; H. KILLIGREW, *Pallantus and Eudora* Dr. 1634), Brüder die Verführung ihrer Schwester (F. BEAUMONT/J. FLETCHER, *The Maid's Tragedy* Dr. 1610), Liebende die Ehre und den Selbstmord ihrer Geliebten (ANON., *The Second Maiden's Tragedy* Dr. 1611), und für den berühmten Rächer Vindici C. TOURNEURS (*The Revenger's Tragedy* Dr. vor 1607) vereinen sich als Motivationen für die Vernichtung des korrupten herzoglichen Hauses: Blutrache für den Vater, Rache für die vom Tyrannen vergiftete Braut und Verteidigung der Ehre der Schwester. Die beiden exemplarischen Dramen des Spaniers Lope de VEGA, *Peribáñez y el comendador de Ocaña* (1614) und *Fuenteovejuna* (1619), arbeiten mit dem von THOMAS VON AQUIN angeführten »superior«, dem König, der den tyrannischen Comtur eingesetzt hat und vor den eine Beschwerde gebracht werden müsste. Aber der Bauer Peribáñez, der schon wegen der Dringlichkeit des Falls genötigt ist, zu handeln und der Vergewaltigung seiner Frau durch Tötung des Comturs zuvorzukommen, greift ebenso zur Selbsthilfe wie die Bewohner von Fuenteovejuna, die den Comtur erschlagen, der ihren Frauen nachstellt und die Hochzeit eines Mädchens mit Gewalt verhindern will. Der König billigt in beiden Fällen nachträglich die Eigenmächtigkeit, die im Fall der Einwohnerschaft dadurch des Verdachts der Illoyalität enthoben ist, dass die lokale Rebellion sich des königlichen Wappens als Feldzeichens bediente. Die immer wieder durchdringende Vorstellung vom Tyrannen als einem Wollüstling beherrscht sowohl das Nerobild in D. C. v. LOHENSTEINS Drama *Agrippina* (1665), in dem der Cäsar die seiner Verbindung mit Poppäa im Wege stehenden Frauen skrupellos beseitigt, wie das des Sultans Ibrahim in seinem *Ibrahim Sultan* (Dr. 1673), der die sich ihm verweigernde Ambre vergewaltigt und dann verstößt, aber dadurch den Grund zu seinem eigenen Sturz gelegt hat, den ihr Freitod auslöst. Die Gier, mit der Chaumigrem der Heldin Banise nachstellt, rückt H. A. v. ZIGLER UND KLIPHAUSENS (*Die Asiatische Banise* … R. 1689) Usurpator neben die Theatertyrannen der Zeit, eine Gemeinsamkeit, die durch das als Motivparallele in den Roman eingebaute Schauspiel *Heraclius* HALLMANNS unterstrichen wird und sich in den verschiedenen Bühnenbearbeitungen der *Banise* bestätigte.

Ein Höhepunkt wurde in den Motivgestaltungen des 17. Jahrhunderts dort erreicht, wo die Problematik sowohl der Tyrannen- wie der Verschwörerposition und die Interdependenz beider zutage trat. Die primitive Anschauung, dass ein Gewaltherrscher von Natur aus böse, sein Beseitiger aber edel und integer sei, machte hier der Vorstellung von einer tragischen Konstellation und Konfrontation Platz. S. CYRANO DE BERGERAC (*La Mort d'Agrippine* Dr. 1633) entwickelte ein Spiel um die Macht, bei dem der göttliche Verehrung beanspruchende Despot ↑ Tiberius dem gleichen amoralischen Individualismus huldigt wie die machtbesessene Gattenrächerin Agrippina und ihr Helfer, der skrupellose, anarchistische Emporkömmling Sejan, der sich selbst das Maß aller Dinge ist. Führt in Cyranos Werk der allseitige Egoismus zur Katastrophe, so näherte P. CORNEILLE in *Cinna ou la Clémence d'Auguste* (Dr. 1640) die Parteien durch Bändigung ihrer Leidenschaften einander an. Die Gewissensentscheidungen von Tyrann und Verschwörer evozieren jeweils entsprechende Entscheidungen des Gegenspiels: Cinnas Entschluss, den Kaiser zu töten, damit zugleich den Vater der geliebten Emilie zu rächen und diese an sich zu binden, wird durch die Erwägung des Kaisers, die Republik wiederherzustellen, in seiner Stoßkraft gehemmt, während andererseits Augustus durch die Entdeckung der gegen ihn gerichteten Verschwörung und der republikanischen Gesinnung seiner engsten Vertrauten vor die Frage eines etwaigen strafenden Eingreifens gestellt wird, aber sich dazu durchringt, nicht den Weg des Tyrannen, sondern den des großmütig Verzeihenden zu gehen. Von einer ähnlichen Vorstellung der möglichen »Bekehrung« des Tyrannen ausgehend, beendete A. GRYPHIUS (*Leo Armenius* Dr. 1650) die Palastrevolution gegen den byzantinischen Usurpator Leo Armenius damit, dass dieser im Augenblick des Todes märtyrerähnlich nach dem Kreuz greift, an dem Christus starb, und Gnade findet, während sein selbstherrlicher Mörder und Nachfolger bei seiner Thronbesteigung die Ketten innerer Unfreiheit trägt. Auch der aktuelle Tyrannenmord-Stoff der Zeit, die Hinrichtung Karls I. durch ↑ Cromwell, wurde durch die konservative Interpretation so dargestellt, dass der gestürzte Stuart als → Märtyrer erschien (A. GRYPHIUS, *Carolus Stuardus* Dr. 1650; A. FYFE, *The Royal Martyr or King Charles the First* Dr. 1705). Dagegen fiel bei einem zeitlich so entrückten Stoff wie dem von D. C. v. LOHENSTEINS *Epicharis* (Dr. 1666) der Märtyrerpart wieder in herkömmlicher Weise der Verschwörerseite zu, nur dass die selbstischen und treulosen Angehörigen der Pisonischen Verschwörung dem Tyrannen ↑ Nero an Charakterlosigkeit nicht nachstehen und einzig die Freigelassene Epicharis die Haltung eines konsequenten Revolutionärs und Blutzeugen besitzt. Zu den sensiblen Verschwörern vom Typ Cinnas gehört Jaffier in Th. OTWAYS *Venice Preserved* (Dr. 1682). Aus Scheu vor Gewalt und Blutvergießen verrät er seine Mitverschworenen, wird jedoch von der Tyrannis, die hier als Vielheit von Aristokraten erscheint, um den Preis seines Verrats, die Schonung seines Freundes, betrogen, kann diesen nur durch den Todesstoß vor Henkershand bewahren und sühnt die eigene Schwäche durch Selbstauslöschung. Wollte CORNEILLE den Kaiser an der Auseinandersetzung mit dem Gegner reifen lassen, so wird bei F. A. de BANCES CANDAMO (*El esclavo en grillos de oro* Ende 17. Jh.) ein Verschwörer durch den Herrscher zur Einsicht gebracht: Kaiser Trajan straft ihn dadurch, dass er ihn zum Mitkaiser ernennt und ihn die Last des Amtes dermaßen spüren lässt, dass jener auf die Bürde verzichtet. Konflikt und Gnadenakt aus *Cinna* erneuerte P. METASTASIO in *La clemenza di Tito* (Libretto 1730/40) mit der gleichen Ausgangsposition des Verschwörers zwischen der Geliebten, die ihn zum Attentat anspornt, und Kaiser Titus, dem er Treue schuldig ist.

In CORNEILLES *Cinna* zeichnete sich schon das Fürstenideal des 18. Jahrhunderts ab, das des durch Humanität gemäßigten Dieners seines Staates. Es charakterisiert den repräsentativen Fürstentyp der Aufklärungsliteratur, dem gegenüber der Tyrann in die zweite Reihe einer Kontrastfigur tritt. Die humanitäre und demokratische Komponente der Aufklärung schließt die Faszination durch Macht und Machtmenschen aus und setzt an die Stelle der hemmungslosen, aber doch kraftvollen und dämonischen Despoten des Barock Persönlichkeiten minderen Ranges, die durch Rachsucht, Feigheit, Wankelmut und Beeinflussbarkeit charakterisiert sind. Der Versuch Voltaires und seiner Nachahmer, das politische Problem rein darzustellen, indem sie einen zusätzlichen Liebeskonflikt vermieden, führte nur zu dessen Ersatz durch andere persönliche Motivationen (VOLTAIRE, *La Mort de César* Dr. 1771; J.-F. de LA HARPE, *Les Barmécides* Dr. 1778; V. ALFIERI, *Bruto secondo* Dr. 1788). Bezeichnend ist die erweiterte Funktion des intriganten Ratgebers, wie sie schon bei J. Ch. GOTTSCHED (*Die parisische Bluthochzeit Heinrichs IV. von Navarra* Dr. 1746) in Gestalt der den unentschiedenen König zum Bösen leitenden Mutter Katharina, bei Ch. F. Weisse (*Mustapha und Zeangir* Dr. 1763) in der einer intrigierenden Stiefmutter und bei Lessing (*Emilia Galotti* Dr. 1772) in der Marinellis auftritt, dessen Einflüsterungen der verantwortungslose Prinz erliegt und den der Prinz in die Verbannung schickt, um den eigenen Schuldanteil zu verkleinern.

Die Tragödien Weißes bilden mit ihrem antiabsolutistischen Akzent einen Übergang zum Tyrannenhass des Sturm und Drang, wobei in dem ohne Kenntnis des shakespeareschen Dramas geschriebenen *Richard III.* (1759) der ungebrochene Gewaltmensch des Barock wiedererstanden scheint, bei der Behandlung des ↑ Mustapha-Stoffes sich aber doch der oben erwähnte Einfluss einer Intrigantin auf den schwankenden Sultan Soliman in zeittypischer Weise bemerkbar macht. Im Sturm und Drang sind dann die Kraftnaturen nicht mehr auf der Tyrannenseite, sondern unter den Rebellen und Verschwörern zu finden. Die innere Dialektik zwischen der Forderung nach Freiheit und der Vergottung der starken Persönlichkeit führte dazu, dass die Tyrannengegner zu potenziellen Tyrannen wurden: »Die Freiheit brütet Kolosse aus.« Nachdem das Wesen des Tyrannen bei H. W. v. Gerstenberg (*Ugolino* Dr. 1768) nur indirekt aus den Gesprächen seiner Gefangenen bemerkbar geworden war, eröffnete dann F. M. Klingers *Otto* (Dr. 1775) die Porträtgalerie der Tyrannen des Sturm und Drang und ihrer freiheitsdurstigen Gegenspieler. Während der Held dieses klingerschen Erstlings erkennen muss, dass er sich in eine moralisch nicht gerechtfertigte Verschwörung gegen seinen Landesherrn eingelassen hat, misslingt in *Die neue Arria* (Dr. 1776) der berechtigte Anschlag auf einen des Giftmords an seinem legitimen Vorgänger schuldigen Usurpator und fordert das Selbstopfer der Besten, und in *Stilpo und seine Kinder* (Dr. 1780) wird der Hass des Volkes von der persönlichen Rache einer Familie vorwärtsgetragen und die Mordtat von einer Frau ausgeführt, die ihre beiden Söhne rächt. Schillers *Die Räuber* (Dr. 1781) bedeuteten den Höhepunkt der Motiventwicklung, auch wenn Graf Franz von Moor, Verdränger seines Bruders, Verderber seines Vaters, Wollüstling und Unterdrücker seiner Untergebenen, nur ein Miniaturtyrann ist. Im Jahr darauf griff J. M. v. Babo (*Otto von Wittelsbach* Dr. 1782) den historischen Tyrannenmord-Stoff der Tötung Philipps von Schwaben auf, der für den Autor trotz seiner tyrannischen Perfidie legitimer Monarch bleibt, an dem der jähzornige Mörder schuldig wird: »Fürstenmord ist Vatermord«. Der selbstherrliche Zug des Wittelsbachers wiederholt sich in der Titelfigur von Schillers

Die Verschwörung des Fiesko zu Genua (Dr. 1783) in solchem Maß, dass sich das Haupt der Verschwörung als Übertyrann entpuppt und von dem Republikaner Verrina dem gestürzten Doria in den Tod nachgeschickt wird. Schiller betonte, dass die mit der Verschwörung verquickten privaten Rachemotive die kalte, unfruchtbare Staatsaktion menschlicher machen sollten. F. L. Graf zu STOLBERG folgte Schiller mit der Figur eines konsequenten Republikaners, dem sogar ein politischer Brudermord nachgesehen wird (*Timoleon* Dr. 1784), und mit der Vorstellung, dass sich in Tyrannenmördern die größeren Tyrannen verbergen können (*Servius Tullius* Dr. 1787). KLINGERS lebenslange Überlegungen zum Tyrannenproblem wurden im Spätwerk, das sich nicht nur formal abklärte, zu der Überzeugung zusammengefasst, dass Verschwörung eine unehrenhafte Hinterhältigkeit und Beseitigung eines Herrschers eine Erschütterung des Staatsfundaments bedeute. Don Brankas (*Der Günstling* Dr. 1787), von dem durch einen Günstling missleiteten König in der Ehre seiner Braut verletzt, lässt sich durch die Reue des Königs versöhnen, Oriantes (*Oriantes* Dr. 1790) beauftragt seinen Sohn erst in dem Augenblick, als der Tod von Tyrannenhand ihm gewiss ist, mit der Rache für den Tod des Vaters und die Schmach der Mutter; Damokles (*Damokles* Dr. 1790) erleidet lieber den Tod, als dass er oder sein Jünger Gewalt gegen den Fürsten gebrauchen, und in *Roderico* (Dr. 1790) wird diese Haltung mit dem christlichen Argument, Gott werde den König strafen, und dem staatspolitischen, ein Mord an einem Tyrannen mache den Weg zur Gewalt auch gegen einen gerechten Herrscher frei, unterbaut.

Es sei angemerkt, dass die Tyrannen-Motivik sich in dieser Epoche erstarkenden demokratischen, aber auch nationalen Bewusstseins wiederholt auch in Stoffe kleidet, bei denen es sich nicht um innenpolitischen Umsturz, sondern um die gewaltsame Entmachtung eines fremden Eroberers handelt. Das zeigt sich z. B. in der spanischen Literatur an den wiederholten Bearbeitungen des nationalen ↑ Pelayo-Stoffes von A. SOLÍS (Epos 1754) bis M. J. QUINTANA (Dr. 1805), in Deutschland am literarischen Kult des ↑ Arminius von O. Frhr. v. SCHÖNAICH (Epos 1751) bis zu H. v. KLEISTS *Hermannsschlacht* (Dr. entst. 1808) sowie an Werken von WEISSE (*Die Befreiung von Theben* Dr. 1763) und Ch. Graf zu STOLBERG (*Belsazar* Dr. 1787, *Otanes* Dr. 1787). So viele Ähnlichkeiten solche Befreierdichtungen auch in der Konfliktbehandlung – besonders durch die Einbindung des → Vergewaltigungs-Motivs – mit denen um das Tyrannei-Motiv aufweisen, so ist dem Vaterlandsbefreier doch das Recht auf Gewaltanwendung unbestritten, das für den Umstürzler in Frage gestellt ist.

Die durch die Französische Revolution gewonnene Einsicht in die Interdependenz von Tyrannis und Freiheit dokumentierte sich in der romantischen Epoche primär an großen, mit neuer Einfühlsamkeit erfassten historischen Stoffen. Als Exponent einer englischen Stofftradition wagte es der Republikaner R. SOUTHEY (*The Battle of Pultawa* Gedicht 1798), den schwedischen Nationalhelden ↑ Karl XII. als Tyrannen zu zeichnen, der für die Unbarmherzigkeit gegenüber seinem Volk bestraft wird, und Sir Walter SCOTT (*Quentin Durward* R. 1823) entdeckte die finstere Dämonie eines Machtbesessenen in ↑ Ludwig XI. von Frankreich, die nach ihm dann V. HUGO (*Notre-Dame de Paris* R. 1831) und vor allem C. DELAVIGNE (*Louis XI* Dr. 1832) ausmalten; bei Delavigne verzichtet der Attentäter auf seine Tat, weil er das qualvolle Leben des Königs für eine größere Strafe hält als den Tod. Das Schicksal ↑ Napoleons, das viele Tyrannengestalten der Epoche mitgeprägt hat, veranlasste F. GRILLPARZER (*König Ottokars Glück und Ende* Dr. 1825), einen diesem ähnlichen Gewaltherrscher in ↑ Ottokar von Böhmen darzustellen, der dem rechtmäßigen Kaiser Rudolf weichen muss, aber einen ehrenvollen Schlachtentod sterben darf. Der Spanier A. GIL Y ZÁRATE (*Blanca de Borbón* Dr. 1835) wählte aus der Geschichte seines Landes den berüchtigten ↑ Pedro den Grausamen, um den Sturz einer durch Unrecht befestigten Macht zu demonstrieren. Den hier wieder ins Spiel gesetzten typischen Zug der Lüsternheit verwandte auch Z. KRASIŃSKI (*Iridion* Dr. 1836) für seinen aus der Spätantike bezogenen Cäsaren Heliogabal, dessen Gegner ihm sogar die eigene Schwester opfert, um seine Umsturzabsichten zu verwirklichen. Die Rechtsproblematik sowohl der Tyrannei wie auch des Tyrannenmörders wird stärker spürbar, wenn etwa SCHILLER (*Wilhelm Tell* Dr. 1804) am Beispiel des kaiserlichen Landvogts Geßler den schon von Lope de Vega durchdiskutierten Fall des von einem »superior« abhängigen Tyrannen aufrollte und durch Gegenüberstellung des aus Notwehr handelnden ↑ Tell mit dem machthungrigen Parricida die Rechtlichkeit des schweizerischen Helden deutlich machte. Auch die Führer der Adelsverschwörung gegen die Vormacht Richelieus bei A. de VIGNY (*Cinq-Mars ou une Conjuration sous Louis XIII* R. 1826) wollen nicht die legitime Macht des Herrschers, sondern nur seinen »Beauftragten« treffen, verurteilen sich aber selbst durch Paktieren mit dem Ausland. Den durch Platon beispielhaft gewordenen, als Volksbefreier zur Macht gekommenen Usurpator zeichnete V. HUGO in ↑ *Cromwell*

(Dr. 1827) und betonte die politische Klugheit, die den Emporkömmling auf die Krone verzichten lässt. Die Verschwörerszene, in der sich Kavaliere und Rundköpfe gegen den Diktator verbinden, wiederholte sich in Hugos Drama *Hernani* (1830), in dem sogar Rivalen sich zur Verschwörung gegen Karl V. zusammenfinden; den Abfall von der Verschwörung bezahlt Hernani mit dem Tod. Zeigte sich hier Karl nicht als der Tyrann, für den man ihn hielt, so kommt der herrschensmüde Sardanapal bei Lord BYRON (*Sardanapal* Dr. 1821) sogar den Plänen der Verschwörer durch Selbstmord zuvor. Andererseits wandelte sich unter den Händen des vom Byronismus beeinflussten A. de MUSSET (*Lorenzaccio* Dr. 1834) der historische Tyrannenmörder ↑ Lorenzaccio in einen müden, illusionslosen Täter, der verspielt hat, ehe er mordet. Die bekannteste künstlerische Gestaltung der Ermordung ↑ Gustavs III. von Schweden, A. SOMMA/E. SCRIBE/G. VERDIS Oper *Un ballo in maschera* (1859), dagegen ging an der Problematik vorbei, da hier ein beliebter Monarch der Rache eines in seiner → Gattenehre nur vermeintlich Gekränkten zum Opfer fällt.

Die Vorliebe der zweiten Hälfte des 19. Jahrhunderts für Pracht, satte Farben, schwüle Sinnlichkeit und Bombast gewann dem Motiv einen neuen Aspekt ab, den man als »Cäsarenwahn« bezeichnet hat. Dieses aus Abscheu und Faszination gemischte Interesse ist mit der Neigung des Barock für ähnliche Effekte verwandt, nur dass die neuen Gewaltmenschen sentimentalisch erfasst waren und die Merkmale der Dekadenz trugen. Der von geheimer Angst diktierte Despotismus von F. HEBBELS Herodes (*Herodes und Mariamne* Dr. 1849) trägt den Keim des Untergangs in sich. Im Allgemeinen lieferte das späte Rom die typische Tyrannenkulisse, z. B. für die Nero-Dichtungen, unter denen R. HAMERLINGS damals vielgelesenes Versepos *Ahasverus in Rom* (1865) mit seinem von Zynismus, Paradoxien und Untergangsstimmung bestimmten ↑ Nero die folgenden Dramen beeinflusste (R. BUNGE 1875; A. WILBRANDT 1876; M. GREIF 1877; K. WEISER 1881), und für die ↑ Tiberius-Dramen der Epigonen F. GREGOROVIUS (*Der Tod des Tiberius* 1851) und J. GROSSE (1876), in denen die Parteien einander an Verworfenheit überbieten. Das seinerzeit bekannte Gedicht *Der Tod des Tiberius* (1857) von E. GEIBEL benutzt als Kontrastfigur und Versprechen auf die Zukunft den germanischen Kriegsknecht, ähnlich wie F. HALM (*Der Fechter von Ravenna* Dr. 1856) dem degenerierten Despoten Caligula die gefangenen Germanen entgegensetzte, die sich dem Schaukampf durch Freitod entziehen. Sogar der jüngere Gracchus ist bei A. WILbrandt (*Gracchus, der Volkstribun* Dr. 1872) weniger ein Verfechter der Volksfreiheit als ein durch die Macht Bestochener und zu ihrem Missbrauch Verführter. Einen sonst meist als Volksaufstand gegen den Adel aufgefassten Stoff aus der Renaissance verwandelte H. KRUSE in *Marino* ↑ *Falieri* (Dr. 1876) so, dass er in ihm, wie SCHILLER im *Fiesko*, die Machtergreifung eines vorgeblichen Volksbefreiers und dessen Untergang aufzeigte. Den damals beliebten Typ des »Renaissancemenschen« verkörpert auch C. F. MEYERS ↑ Jenatsch (*Jürg Jenatsch* R. 1874), der zur Festigung seiner Macht mit immer höherem Einsatz spielt, bis er, als seine Ziele deutlich werden und auch die eigenen Parteigänger seinen Tod beschlossen haben, Lukretia Planta, der Rächerin ihres Vaters, zum Opfer fällt.

Literarischer Naturalismus und politischer Sozialismus setzten solcher Historienmalerei ein Ende und spürten Tyrannen nicht nur unter den Herrschern, sondern auch unter den sozialen Ausbeutern auf. Die Hilfestellung privater Rache beim Sturz von Tyrannen wurde zunehmend eliminiert. Die Reduzierung etwa des ↑ Weberaufstand-Stoffes auf die soziologischen Motivationen durch G. HAUPTMANN machten den Unterschied seiner *Weber* (Dr. 1894) zu früheren, durch private Konflikte angereicherten Darstellungen aus, und es gelang, hinter der Tyrannenfigur des Fabrikdirektors Dreißiger die ökonomische Entwicklung als den eigentlichen Veranlasser der Tragödie sichtbar zu machen. Vom impulsiven und daher scheiternden Handeln der Weber führt ein großer Schritt zur sozialistischen Konsequenz bei M. GOR'KIJ (*Vragi/Die Feinde* Dr. 1906), dessen von geschulten Funktionären geführte Arbeiter den Fabrikherrn als den Klassenfeind töten und den Gerichten einen falschen Täter ausliefern, der sich für das Gesamtwohl opfert. Die gleiche Hintanstellung persönlicher Sympathien und moralischer Skrupel beherrscht bei R. HUCH (*Der letzte Sommer* Erz. 1910) sowohl den Gouverneur, der die studentischen Aufrührer hinrichten lässt, wie den jungen Attentäter, der den Gouverneur, seinen Chef, trotz der von ihm erfahrenen Güte umbringt. Für den Tyrannen wie für seinen Gegner gilt seit je, dass er seinem Prinzip treu bleiben muss. Wer der scheinbaren Menschlichkeit des Tyrannen traut, liefert sich selbst und seine Gefährten ans Messer (H. MANN *Der Tyrann* Erz. 1908). Die Verschwörerin Mariana bei F. GARCÍA LORCA (*Mariana Pineda* Dr. 1927), die private Gefühle zugunsten der Hingabe an die Idee überwinden lernt, erinnert – wenn sie, von dem Geliebten verlassen und von der Gier des Richters verfolgt, auf dem Schafott steht – an LOHENSTEINS *Epicharis*, und das Auf und Ab von Machtergreifung, Sturz und erneuter Usurpation in dem Roman *Tirano Banderas* (1926) des Spaniers R. M. del VALLE-INCLÁN lässt an *Leo Armenius* von GRYPHIUS denken.

In den 1930er Jahren trat das Motiv aufgrund konkreter Erfahrung mit Tyrannis in eine neue Phase. Der Akzent verlagerte sich nicht nur wieder auf das politische Gebiet, sondern die ausgelösten Denkprozesse konfrontierten und verbanden das Motiv auch wieder mit den philosophischen Überlegungen früherer Jahrhunderte. Die Auseinandersetzung von Mitgliedern des deutschen Widerstandes mit der überkommenen, besonders vom Protestantismus vertretenen Lehre vom leidenden Gehorsam und ihre Überwindung durch das vom Gewissen diktierte Gebot des Widerstandes legen ebenso Zeugnis für ein lebendiges und durchlebtes Problem des Tyrannenmordes ab wie die Überwindung des nihilistischen Denkansatzes bei dem Résistance-Mitglied A. CAMUS. Weniger Tyrannenmord- als Fluchtgedanken stehen im Zentrum der Überlegungen der von H. MÜLLER (*Herztier* R. 1994) vorgestellten vier kameradschaftlich verbundenen Studenten einer südosteuropäischen Hochschule, die unter Einsatz des Lebens, aber unter Gewaltverzicht der Diktatur zu entkommen suchen und schließlich der Bedrohung durch Verrat, Spitzel, Durchsuchungen, Verhöre und Selbstmordgedanken erliegen.

Für die Entscheidung des Brutus bei B. v. HEISELER (*Cäsar* Dr. 1941) ist nicht die Genialität, die Freundschaft oder die untyrannisch wirkende Großzügigkeit Cäsars ausschlaggebend, sondern seine Absicht, Freiheit und Recht zu beugen. Wurzelt hier Cäsars Tendenz zur Alleinherrschaft in der Überzeugung von der eigenen Überlegenheit, so hat sie bei dem jungen Caligula von A. CAMUS (*Caligula* Dr. 1947) zwar die gleiche Basis, aber seine Tyrannei ist als verzweifelte Herausforderung des dem Nihilismus Verfallenen an seine Umwelt gemeint, will Rebellion und Verteidigung der Menschenwürde erzwingen, wird jedoch nur von einem Einzigen verstanden und durch Tötung des Cäsaren beantwortet. Eine solche Reinheit der Tat wird kaum noch gewahrt, wenn statt der entsühnenden Selbstrichtung der Attentäter, die einen russischen Großfürsten getötet haben, der Selbstmord einer Lebensmüden erfolgt, die dem Geliebten nachsterben will (CAMUS, *Les Justes* Dr. 1946). Um die Reinheit der Tat geht es auch in J.-P. SARTRES *Les Mains sales* (Dr. 1948), da der Attentäter sich dadurch, dass er letztlich aus Eifersucht geschossen hat und entsprechend den inzwischen geänderten Absichten seiner Auftraggeber auch weiter als Eifersuchtstäter gelten soll, um den

Sinn seiner Tat gebracht sieht, sich weigert, die politische Schwenkung mitzumachen und hierdurch seine Liquidierung herausfordert. Wie Sartres Hugo, so erliegt auch der Anarchist J. COCTEAUS (*L'Aigle à deux têtes* Dr. 1946) der Anziehungskraft seines Opfers, und die Interdependenz zwischen Tyrann und Verschwörer manifestiert sich in verstehender Liebe: Der Anarchist vergiftet sich, weil er aus Liebe und inzwischen gereifter Überzeugung seine Tat nicht ausführen zu können glaubt, und die Königin muss ihn erst mit einer Lüge provozieren, um durch den ihr zugedachten Tyrannenmord sterben zu können. Th. WILDER beharrt in seiner Neufassung des Cäsar-Stoffes (*The Ides of March* R. 1948) auf der immer wieder angestrebten Reinhaltung des Motivs von der Koppelung mit privaten Beweggründen: »The hand, that strikes him down, must be as passionless as justice.« Der unblutige Tyrannensturz durch eine Volkserhebung bleibt vorzuziehen (A. CARPENTIER, *Recurso del método* R. 1974).

R. v. Gottschall, Die Cäsaren-Dramen (in: R. v. G., Studien zur neueren deutschen Literatur) [2]1892; E. Walser, Die Gestalt des tragischen und des komischen Tyrannen in Mittelalter und Renaissance (in: Festschrift Walter Götz) 1927; D. Schulz, Das Bild des Herrschers in der deutschen Tragödie, Diss. München 1931; F. Schoenstedt, Der Tyrannenmord im Spätmittelalter, 1938; H. Opelt, Der Tyrann als Unmensch in der Tragödie des L. Annaeus Seneca, Diss. Freiburg 1950; J. Hermand, Zur Literatur der Gründerzeit, (Dt. Vierteljahrsschrift für Literaturwissenschaft und Geistesgeschichte XLI) 1967; D. Schlumbohm, Tyrannenmord aus Liebe, (Romanistisches Jahrbuch 18) 1967; A. Gómez Moriana, Derecho de resistencia y tiranicidio: Estudio de una temática en las comedias de Lope de Vega, Santiago y Compostela 1968.

Unterweltsbesuch

Mythen, die von einer mehr oder weniger gefahrvollen und gewaltsamen Reise in die Unterwelt, das Reich der Toten, erzählen, verdanken ihr Entstehen dem Wunsch des Menschen, etwas über die Region zu erfahren, in die er gemäß vielen Glaubensvorstellungen nach dem Tod gelangt, die den Lebendigen jedoch verschlossen ist und aus der noch nie jemand zurückkehrte. Nur Halbgöttern oder besonders begnadeten Menschen ist in den Mythen eine solche Reise vorbehalten, die ihnen durch ein Geschenk der Götter, heldische Kühnheit, Wissensdurst, aber auch durch Frevelmut ermöglicht wird. Diesen Auserwählten gelingt es, das Gesetz des Todes zu durchbrechen und dann der schaudernden Mitwelt Kunde zu geben von den Gefahren des dunklen Reiches, den Drohungen seiner Beherrscher und von der Existenz der Schatten oder Seelen ehemals Lebender in jenen unwirtlichen Regionen. Das Wagnis des Abenteuers, das meist an bestimmte Bedingungen geknüpft ist und die Möglichkeit einschließt, nicht wiederkehren zu können, sowie die Beschreibung des Daseins fremdartiger Wesen machen die Spannung und den düsteren Glanz des Motivs aus. Die Unterweltsfahrt gehört zu jenen dichterischen Motiven, die ohne jeden realen Anhalt allein aus dem Wunschdenken geschaffen wurden.

Im Rahmen des dualistischen Weltbildes des alten Orients bedeutet Unterweltsfahrt den Kampf der Mächte des Lichts gegen die der Finsternis, deren Unterwerfung sich zum Heil der abgeschiedenen und meist auch der lebenden Menschen auswirkt. Das 108. Kapitel des *Totenbuchs* (seit 16. Jh. v. Chr.) der Ägypter berichtet, wie der Sonnengott Re auf seiner Fahrt in der Sonnenbarke sich am Abend den Eingang in die Unterwelt durch den Sieg über die Schlange Apophis erkämpft, die Toten der Unterwelt das Licht begrüßen und Re um Befreiung bitten. In dem jüngeren *Osiris-Mythos* unterliegt Osiris der an die Stelle von Apophis getretenen Verkörperung des Bösen, Seth, triumphiert aber nach seinem Tod durch den siegreichen Kampf seines Sohnes Horus. Dramatische Vorführungen dieses Mythos scheinen mittelalterlich-christliche Descensus-Darstellungen vorwegzunehmen: Osiris – Herr des Todes und Verkörperung jedes Toten überhaupt – unterliegt bei seinem Eindringen in das Jenseits, erreicht dann aber siegreich das Tor der Paradiesmauern, das ihm nach Befragung über Namen, Wesen und Ziel aufgetan wird.

Der Descensus-Mythos der Ägypter war mit dem Tag-Nacht-Wechsel verbunden, die Unterweltsbücher *Amduat* und *Pfortenbuch* begleiten die Sonne nachts auf ihrer zwölfstündigen Fahrt durch das Totenreich. Verwandte Vorstellungen in Mesopotamien bezogen sich auf den Vegetationsrhythmus. Das belegt die schon von den Sumerern Ende des 3. Jahrtausends v. Chr. fixierte Mythe von *Inannas Gang in die Unterwelt*, die als Höllenfahrt der Fruchtbarkeitsgöttin Ischtar (7. Jh. v. Chr.) bei den Babyloniern erneut auftaucht. Ischtars Gang in die Unterwelt dürfte wohl die Absicht verfolgen, den verstorbenen Geliebten Dumuzi, den Vegetationsgott, wieder aus der Unterwelt heraufzuholen: Ischtar legt an den verschiedenen Toren der Hölle nacheinander ihre Kleidungsstücke ab und droht, die Hölle mit Gewalt aufzubrechen und die Toten an die Oberwelt zu bringen, wird jedoch von der zunächst erschrockenen Höllenkönigin Ereschkigal eingesperrt, sodass die Götter, um die verheerenden Folgen für die Vegetation abzuwenden, der Höllenkönigin einen Spielmann senden, der sie betört und ihr die Freilassung Ischtars ablistet, während Dumuzi preisgegeben wird. In *Nergals Höllenfahrt* (2. Jahrtausend v. Chr.) vollzieht sich eine richtige Eroberung der Hölle durch den Sonnengott, der die Höllenkönigin in seine Gewalt bringt, die ihm daraufhin die Herrschaft abtritt und seine Frau wird. Im babylonischen *Weltschöpfungsepos* (14. Jh. v. Chr.) besiegt der ursprünglich als Gott des Ackerbaus verehrte babylonische Stadtgott Marduk die Chaosmacht Tiamat und die sie unterstützenden Heere der Unterwelt, die er fesselt, dann aber wieder freigibt und das Licht erblicken lässt, was einer Erweckung zum Leben gleichkommt. Die Höllenfahrten der Vegetations- und Lichtgötter werden fortgesetzt in der Jenseitswanderung des halbgöttlichen Gilgamesch, Königs von Uruk, dessen Taten der in das 3. vorchristliche Jahrtausend zurückreichende, gegen Ende des 2. Jahrtausends zum sog. *Zwölftafelepos* zusammengeschweißte *Gilgamesch-Zyklus* erzählt: Durch das Sterben des Freundes Enkidu von Todesfurcht ergriffen, will Gilgamesch bei seinem Ahnherrn, dem durch Unsterblichkeit ausgezeichneten Sintfluthelden Utnapischtim, das Geheimnis des ewigen Lebens erfahren, kehrt aber, zum Teil durch eigene Schuld, unverrichteter Dinge zurück. Dem nur auf elf Tontafeln berechneten Epos wurde eine zwölfte Tafel hinzugefügt, die den als → Freundschaftsbeweis gedachten Unterweltsabstieg Enkidus enthält, von dem er nicht zurückkehren, sondern nur als Totengeist für kurze Zeit heraufkommen darf, um Gilgamesch einen Bericht über das Schicksal der Toten zu geben – eine Motivvariante von weitreichender Zukunft.

Der Dualismus der babylonischen Religion wirkte durch die ihn überlagernde iranische auf andere orientalische Völker und in den Mittelmeerraum weiter. Auch bei den Mandäern, einer vom orthodoxen Judentum abgespaltenen Sekte, gibt es eine geschlossene Descensus-Darstellung, und eine gleichsam ironische Verkehrung des heldischen Höllenabstiegs lässt sich in der *Jesaja* 14 dargestellten Höllenfahrt des Babylonierkönigs Naboned erkennen, der sich in der Unterwelt als schwacher, von ihren Bewohnern verlachter Mensch dekuvriert, während er sich im Leben für einen Gott gehalten hatte. Ein später Beleg für das Motiv im Orient ist der Höllenabstieg des Eroberers im tibetanischen *Ge-sar-Zyklus* (10. Jh.).

Die griechische und die römische Antike kannten ursprünglich den Dualismus orientalischer Religionen nicht und hatten den Gegensatz Olymp – Hades schon dadurch harmonisiert, dass sie sich die drei Reiche der Welt unter drei Götterbrüder aufgeteilt dachten.

Erst unter orientalischem Einfluss wurden der griechische Erebos, Hades oder Tartaros und entsprechend der römische Orcus zur Hölle, d. h. einem qualvollen Aufenthaltsort, und ihr Beherrscher Hades (Pluto) zu einer teufelähnlichen Figur. Man dachte sich den Hades als von verschiedenen finsteren, schluchtartigen Orten erreichbar, von mehreren Gewässern (Acheron, Styx) umflossen, über die der Fährmann Charon die Toten brachte. Auf dem anderen Ufer bewachte der Höllenhund Kerberos den Zugang zum Reich der wesenlosen Schatten, den unbestattete oder eines unnatürlichen Todes Gestorbene erst nach hundert Jahren Umherirrens finden. Die von den Totenrichtern für gut Erkannten gehen ins Elysium ein, die Frevler werden in den von einem Feuerstrom und dreifachen Mauern umgebenen eigentlichen Tartaros gestoßen.

Der Kampf mit den Mächten der Unterwelt ist im griechischen Mythos der eindeutige Beweis für Mut und Kraft eines Helden; aber das Eindringen in den Hades bedeutet nicht, wie in der orientalischen Tradition und später im Christentum, einen Sieg über die Mächte der Unterwelt, sondern allenfalls die Durchbrechung der Gesetze des Todes. Die Hadesfahrt kann reiner Mutbeweis sein, sie kann der Rückholung eines Verstorbenen oder von Pluto Gefangengehaltenen dienen, und sie kann dem Verlangen nach Aufklärung über die Geheimnisse der Unterwelt entspringen. Von Aias ist als Heldentat der Sieg über Unterweltsgottheiten überliefert. Als ein Bravourstück stellt sich das Unternehmen von ↑ Theseus und Peirithoos dar, die gemäß ihrer Verabredung, sich jeder eine Zeustochter zu erringen und sich dabei zu unterstützen, zunächst für Theseus die junge ↑ Helena entführt haben und nun in die Unterwelt eindringen, um für Peirithoos ↑ Persephone zu entführen, aber auf Befehl Plutos an einem Felsen festwachsen. Peirithoos muss für immer im Hades bleiben, während Theseus von ↑ Herakles bei dessen Unterweltsfahrt befreit wird. Die Überwindung und Heraufholung des Höllenhundes Kerberos ist die bedeutendste Tat des Plagenbekämpfers und bedeutet für den Zeussohn die Überwindung des Todes und Erringung der Unsterblichkeit (EURIPIDES, *Herakles* 421/415 v. Chr.). In SENECAS *Hercules furens* (Mitte 1. Jh.) gibt der befreite Theseus einen Bericht über die Leistung seines Befreiers, und das anschließende Chorlied feiert ihn als Erlöser der Toten, der das Gesetz der Unterwelt gebrochen hat. In des Dichters *Hercules Oetaeus* bildet die Befreiungstat die Voraussetzung dafür, dass die Flamme des Scheiterhaufens Hercules nicht verzehrt, sondern dass er zu den Göttern erhoben wird. In Angleichung an die erste Höllenbezwingung entstand der Mythos von Herakles' zweitem Erscheinen in der Unterwelt, bei dem er für den Freund Admet dessen für ihn den Opfertod gestorbene Frau ↑ Alkestis heraufholt (EURIPIDES, *Alkestis* 438 v. Chr.). Herakles gelingt die Rückholung einer Toten, die dem trauernden Sänger ↑ Orpheus (VERGIL, *Georgica* IV 37/29 v. Chr.; OVID, *Metamorphosen X* 2/8 n. Chr.) nicht glückt: Er vermag zwar in die Unterwelt einzudringen und ihre Beherrscher zu rühren, aber nicht die Bedingung einzuhalten, sich auf dem Weg in die Oberwelt nicht nach der ihm folgenden Gattin umzuwenden, und Euridike sinkt zu den Schatten zurück. Ovids eigener Erfindung entstammt wohl die Katabasis der Juno im 4. Buch der *Metamorphosen*, die zu den Erinnyen vordringt, um deren Hilfe bei der Ausrottung des Geschlechts von Kadmus zu erbitten. Fällt für die mächtige Göttin das Moment des Wagnisses fort, obwohl auch sie sich zu dem Gang Zwang antun muss und der Höllenhund auch sie mit drei seiner Köpfe anbellt, so stellt sich der Unterweltsabstieg der schutzlosen Psyche in des APULEIUS Märchen ↑ *Amor und Psyche* (2. Jh.) als Mut- und Treueprobe dar, da sie die Verzeihung der Venus durch die Erfüllung gefährlicher Aufgaben zu erringen hofft, deren schwierigste die ist, ein Schönheitskästchen Persephones aus dem Hades zu holen. Sie macht jedoch den Erfolg der Tat zunichte, als sie das Kästchen öffnet, das keinen Schönheits-, sondern einen Schlafzauber enthält, und in tödlichen Schlaf fällt, sodass der von ihrer Treue gerührte Amor ihr zu Hilfe kommen muss.

Die komische, fast parodistische Verkehrung des Motivs, die innerhalb der orientalischen Tradition schon bei JESAJA sichtbar wurde, taucht erneut in den *Fröschen* (405 v. Chr.) des ARISTOPHANES auf, wenn hier Dionysos im Gewand des Herakles mit seinem Diener Xanthias die Unterwelt aufsucht, um für die verwaiste Bühne Athens einen Dramatiker zurückzuholen, und die Überwindung der bekannten Fährnisse possenhaft verzerrt erscheint; der Wettstreit zwischen Euripides und Aischylos und des Letzteren Sieg lassen jedoch den Ernst des Anliegens erkennen. Mit der Episode bei JESAJA eng verwandt ist SENECAS *Divi Claudii Apocolocynthosis* (1. Jh.), da sich der göttliche Cäsar Claudius in ähnlicher Weise wie Naboned als durchaus Sterblicher enthüllt und sogar die auf ihn zustürzenden Seelen der von ihm Ermordeten für Huldigende hält, aber an dem Urteil des Totenrichters erkennen muss, wie tief er gesunken ist: Er wird Sklave eines ehemaligen Freigelassenen.

In der berühmten Nekyia des 11. Gesanges der *Odyssee* (8. Jh. v. Chr.) macht sich eine ganz andere Funktion des Motivs geltend, die sich aus einer alten Identität von Katabasis und Nekromantie ergibt. Obwohl auch hier der Gang ins Totenreich als mutige Tat erscheint, hat er doch keinerlei kämpferischen Charakter und bedeutet nicht Überwindung des Todes, sondern gibt Gelegenheit zu einem durch die prophetischen Gaben eines Toten eröffneten Blick in die Zukunft und zugleich durch die sich ergebende große Totenschau zu einem Rückblick in die Vergangenheit. Diese sich bietenden Perspektiven machten die Nekyia von nun an zu einem bedeutsamen Bestandteil der Epik. ↑ Odysseus steigt nicht in den Hades hinab, sondern veranlasst durch sein an dessen Eingang gebrachtes Sühneopfer die Seelen, heraufzusteigen und das Blut zu trinken. Als ihm der gesuchte Schatten des Teiresias geweissagt hat, lässt er auch die anderen Seelen trinken, die seiner Mutter und die der Helden des ↑ Trojanischen Krieges, die ihm ihre Schicksale erzählen, bis das tosende Nahen unbekannter Geister ihn in die Flucht jagt. In der kürzeren Nekyia des letzten Gesanges handelt es sich gar nicht um den Unterweltsabstieg eines Sterblichen, sondern um die Seelen der getöteten Freier Penelopes, die unter der Führung von Hermes in den Hades gelangen und dort mit anderen Schatten zusammentreffen. Die römische Nachahmung der *Odyssee*, VERGILS *Aeneis* (30–19 v. Chr.), hat ihre Nekyia im 6. Gesang, in dem Äneas auf Wunsch seines verstorbenen, ihm im Traum erschienenen Vaters Anchises die Unterwelt aufsucht, deren Eingang von der cumäischen Sibylle bewacht wird, die dem Helden die Zukunft verkündet, wie Teiresias dem Odysseus. Mit einem vom heiligen Baum der Juno gebrochenen Zweig mit goldenen Blättern kann er wirklich in den Orcus eindringen und gelangt, vorbei an den seinen Weg umlagernden Ungeheuern, zum Tartarus und den Bestraften, dann nach Elysium mit den Helden der Vorzeit, wo ihm Anchises die Zukunft seines Geschlechts zeigt. In der *Thebais* (79/90) des STATIUS gibt es wie bei Homer eine Beschwörung der Toten, die Erde öffnet sich, und Teiresias' Tochter Manto berichtet, was sie sieht. Außerdem führt im 2. Buch Merkur den Schatten des Laios in der Unterwelt, und im 8. Buch fällt Amphiaraos durch einen sich plötzlich öffnenden Erdspalt in den Hades, gerade vor die Füße des Unterweltsherrscherpaares, das ihn jedoch schließlich begnadigt. In dem Epos *Punica* (2. Hälfte 1. Jh.) des SILIUS ITALICUS begibt sich Scipio dem Beispiel des Äneas entsprechend nach Cumae, aber er steigt nicht hinab, sondern der Tartarus öffnet sich nach Art der Odysseus-Nekyia, die Seelen dringen heraus und werden von Scipio mit dem Schwert abgewehrt, bis die Sibylle ihm geweissagt hat, dann schließt sich eine

Heerschau der künftigen Größen römischer Geschichte an. Trotz des Fehlens der Totenschau kann auch der in den *Alexanderroman* des PSEUDO-KALLISTHENES (3. Jh.) eingebaute Zug ↑ Alexanders ans Ende der Welt, der durch unwegsame, düstere Gegenden führt, in denen die Sonne nicht scheint, als Wanderung des Helden durch die Unterwelt bis an die Grenzen des sich ihm verschließenden Elysiums gedeutet werden. Das an epischer Sprache und Metaphorik orientierte Lehrgedicht *Peri physeos* des PARMENIDES (um 500 v. Chr.) benutzt die Fahrt des Dichters durch das Reich der Schatten zu dem des Lichts lediglich als epischen Auftakt und zur Stützung der Authentizität seiner Lehre.

Fehlt die Einbettung ins Epische und damit die Gegensätzlichkeit zwischen handelndem Helden und Totenreich, so kann das Motiv zu einem handlungsarmen Rudiment reduziert werden, bei dem es nur noch um die Beschreibung des Jenseits geht. Als Darbietungsmittel eignet sich der Bericht eines vom Tode wieder zum Leben Erwachten, in den PLATON die auch in *Gorgias* und *Phaidon* als Abschluss benutzte Jenseitsmythe im Fall der *Politeia* (um 370 v. Chr.) zur Erhöhung der Glaubwürdigkeit kleidete und der seinen Platz im platonischen Schrifttum bis hin zu PLUTARCHS abschließender Jenseitsmythe (1./2. Jh., *De sera numinis vindicta*) behalten hat. Als eine auf solche Beweiskraft verzichtende Form ergab sich die Visio, sei es eines Träumenden, wie sie PROPERZ (1. Jh. v. Chr., *Elegien* IV, 7) als Traum von der toten Geliebten Cynthia darbot, oder eines Entrückten, wie sie bei PLUTARCH (*De genio Socratis*) als Mutante der oben erwähnten abschließenden Jenseitsmythe vorkommt. Bei dichterischen Gestaltungen des ↑ Demeter-Persephone-Mythos lag eine Schilderung des Hades als des Handlungsschauplatzes nahe, auf die OVID in den *Metamorphosen* verzichtete, die aber CLAUDIANUS (*De raptu Proserpinae* um 400) umso eindrücklicher nachholte, womit er besonders auf die Motivgestaltung in der Renaissance einwirkte.

Für die Verbreitung des Motivs zeugen die liebenswert parodistischen Übertragungen auf die Tierwelt, so wenn OVID in dem Gedicht auf den Tod des Papageis der Corinna eine Schilderung des Vogeljenseits oder das pseudovergilische Epillion *Culex* (1. Jh.) die Beschreibung der Unterwelt durch den Geist einer von einem Hirten erschlagenen Mücke gibt.

Die Höllenfahrt Christi steht deutlich in der orientalischen Tradition einer dualistischen Weltvorstellung. Sein von ihm selbst vorausgesagter dreitägiger Aufenthalt »mitten in der Erde« (*Matthäus* 12), der sich in der Zeit zwischen Tod und Auferstehung abspielt und bei

Matthäus 27 nur indirekt mit Sonnenfinsternis, Erdbeben, Zerreißen des Tempelvorhangs, Sichöffnen der Gräber und Auferstehung der Heiligen aus ihnen angedeutet wird, ist in das Credo als »hinabgestiegen in das Reich des Todes« eingegangen und hat als genau umrissenes Geschehen spätestens seit der Kirchenordnung des HIPPOLYTOS (Anf. 3. Jh.) einen Platz unter den Heilstaten Christi erhalten. Die glaubensmäßige Verankerung des Descensus beruht auf dem Gedanken, dass der Lebensfürst in den Hades – dem er durch seinen leiblichen Tod verfallen war – hinabgestiegen sei und die dort weilenden Seelen, vor allem die des Urhebers der Erbsünde, Adam, befreit habe. Eine solche Brechung der Macht des Todes kann der Höllenfürst nicht hinnehmen, Jesus muss daher mit Gewalt eindringen und Mauern und Tore zerbrechen. Die Höllenmächte geraten bei seinem Nahen in Furcht vor dem unbekannten Eindringling und werden allein durch den Anblick des Heilands überwältigt. Tod und Höllenfahrt bedeuten daher keine Niederlage, sondern den Anfang des Triumphs, den nicht mehr der leidende Mensch, sondern der Gottessohn erringt.

Hymnisch ausgeformt erscheint der Descensus schon in den *Oden Salomos* (1. Hälfte 2. Jh.), und ein ziemlich abgerundeter Mythos wird dann in den *Thomasakten* (3. Jh.) überliefert. Stoffliche Grundlage späterer dichterischer Gestaltungen wurde das *Evangelium Nicodemi* (um 425) mit der höllischen Ratsversammlung, dem Dialog Satan–Hades, der von der Ankunft Christi unterbrochen wird, den Verteidigungsmaßnahmen, der Rebellion der eingesperrten Seelen, dem Zusammenbruch der Höllenfestung, der Fesselung Satans, den Christus dem Höllenherrn Hades übergibt, und der Befreiung der Seelen, mit denen Christus gen Himmel fährt. Berühmte hymnische Darstellungen des Descensus stammen von AMBROSIUS (*Hymnus paschalis* 4. Jh.), VENANTIUS FORTUNATUS (*Kreuzeshymnus* 2. Hälfte 6. Jh.) und JOHANNES SCOTUS ERIUGENA (*Descensus ad inferos* 9. Jh.). Eine Antiphon der Auferstehungsliturgie und antithetisch formulierte Hymnen bildeten den Keim zu seit dem 9. Jahrhundert auftauchenden Dramatisierungen, die dann im *Klosterneuburger Osterspiel* (Anf. 13. Jh.), im *Osterspiel von Muri* (um 1250), im *Redentiner Osterspiel* (1464) und in der *Augsburger Agende* (1482) ausgebaut wurden.

Für die Weiterentwicklung des Descensus-Motivs in der europäischen Literatur ist die Mitwirkung der keltisch-irischen Vorstellung von in den Sid-Hügeln wohnenden chthonischen Gottheiten sowie des germanischen Mythos von der in Niflheim herrschenden Totengöttin Hel in Rechnung zu stellen. Die germanische Sage kennt wie die orientalische und die klassische Antike den Unterweltsabstieg zur Befreiung eines Toten (SNORRI STURLUSON, *Jüngere Edda* 1222/30), den auf Friggs Wunsch der Odinsohn Hermodr leistet, um den getöteten Baldr zu den Asen zurückzuholen, was an Hels Bedingung scheitert, dass alle Dinge der Welt um Baldr trauern müssten: Ein Riesenweib, in dem sich wahrscheinlich Loki verbirgt, verweigert die Tränen. Das Reich der Hel ist von einem Gitter umgeben, und es gilt, zuvor die Giöllbrücke zu überschreiten, die von einem Riesenweib bewacht wird, das ähnlich wie die Wächter im *Osiris-Mythos* nach Namen und Geschlecht des Ankömmlings fragt. Ein Riesenweib tritt auch der toten Brünhild (*Helreidh Brynhildar* der *Älteren Edda*) entgegen, vor dem sie sich trotzig verantwortet und dem sie am Schluss zu versinken befiehlt.

Erbauliche christliche Literatur des Mittelalters bediente sich der Visio-Variante des Motivs, die durch Ausmalung der Höllenstrafen zu gottesfürchtigem Leben anhalten sollte. Schon bei BEDA (*Historia ecclesiastica* 7. Jh.) berichtet ein wieder zum Leben erwachter Toter über Hölle, Fegefeuer und Paradies, und in der *Visio Tundali* (1149) handelt es sich um die Höllenbeschreibung eines zuvor wenig um sein Seelenheil bekümmertem Ritters, der nach drei Tagen aus einem todesartigen Zustand zurückkehrt und behauptet, unter Führung eines Engels das Jenseits durchwandert zu haben. Die Entwicklungslinie der Visio-Dichtungen, die besonders in Frankreich verbreitet waren, führt weiter zu RAOULS DE HOUDENC *Songe d'enfer* (13. Jh.), in dem der Dichter im Traum durch die allegorischen Orte der Laster und Begierden bis in die Hölle gelangt, wo er an einem Höllenmahl teilnimmt, bei dem der Teufel die Sünder verspeist, und zu dem von Raoul beeinflussten *Le Tournement Antechrist* (1235) des HUON DE MÉRY, der Darstellung einer Reise in das Reich des Teufels und eines Kampfes zwischen Lastern und Tugenden, bei dem der Antichrist besiegt wird. Diese allegorischen Traumdichtungen, die auch der satirischen Ausmalung von Höllenstrafen politischer Größen dienten, trivialisierten das Motiv, bildeten aber zugleich die Grundlage für DANTES *La Divina Commedia* (1306–21), die als Krönung dieser Gattung anzusehen ist und über Abschreckung und Satire hinaus die Verdeutlichung des göttlichen Heilsplans erstrebte. Der durch seine *Aeneis* als unterweltskundig ausgewiesene Vergil wurde von Dante zum Führer durch Hölle und Fegefeuer gewählt, wo die büßenden und sich läuternden Seelen wie bei den antiken Vorbildern dem Wanderer ihre Schicksale erzählen, während Luzifer entsprechend der christlichen Tradition in der tiefsten Hölle halb versunken im gefrorenen Boden steht. Nach Dante wird die immer stärker mit Allegorien arbeitende Motivvariante von GUILLAUME DE DIGULLEVILLE (*Le Pélerinage de la vie humaine* um 1325; engl. Übs. von J. LYDGATE als *The Pilgrimage of Man* um 1440), JEHAN DE LA MOTTE (*Voie d'enfer et de paradis* 1340) und CHRISTINE DE PISAN (*Livre de chemin de long estude* 1402) weitergeführt. Noch F. HABERTS *Le Livre des visions fantastiques* (1542), in dem Venus den Dichter veranlasst, in die Unterwelt hinabzusteigen, gehört trotz seiner antikischen Einschübe ebenso in diese Tradition wie die traumhafte Höllenfahrt Fausts in *Historia von D. Johann Fausten* (1587).

In der weltlichen Dichtung des Mittelalters herrschte der abenteuerliche Aspekt des Motivs vor, der mit den Übersetzungen von OVIDS *Metamorphosen* und den Bearbeitungen der Theben-, Troja- und Äneasromane aus der Antike übernommen werden konnte. Außerdem lebte in der höfischen *Matière de Bretagne* der keltische Totenreichsmythos fort, z. B. in CHRÉTIENS VON TROYES *Chevalier de la charrette* (1178/81), da der Held Lancelot in das Reich, »dont nul estranges ne retorne«, eindringt, um die dorthin entführte Königin Guinièvre und andere Gefangene dem wilden Maleagant zu entreißen; auch in dieser Unterwelt keltischer Provenienz lauern Gefahren und Versuchungen am Wege. Stärker christlich eingefärbt ist der wahrscheinlich einer französischen Vorlage nachgearbeitete Kampf des Wigalois (WIRNT VON GRAFENBERG, *Wigalois* 1202/05) mit dem heidnischen → Teufelsbündner Ruaz. Wigalois gelangt unterwegs in ein fegefeuerähnliches Gebiet mit einem Schloss, das jede Nacht von neuem in Flammen aufgeht und von den Seelen verstorbener Ritter bewohnt wird, in deren Innern gleichfalls höllisches Feuer brennt und die am Tage traurige Turniere ausfechten. Auch hier bringt der Sieg des christlichen Eindringlings über die teufelfreundlichen Gegner die – rein abenteuerlich aufgefasste – Erlösung der Leidenden. Bereits unter Dantes Einfluss steht das volkstümliche frankoitalienische Epos *Huon d'Auvergne* (1341), dessen Held seinem Herrscher Karl Martell bei dessen ehebrecherischen Absichten im Wege ist, daher von ihm in die Hölle geschickt wird, um Luzifer zur Unterwerfung und Tributzahlung zu zwingen, und dem sich Äneas am flammenden Höllenberg als Führer anbietet. Die Unterweltsfahrt des Äneas in den mittelalterlichen *Aeneis*-Bearbeitungen wurde so stark mit Elementen des Wunderglaubens und christlicher Verteufelung antiker Gottheiten durchsetzt, dass aus der Sibylle von

Cumae eine dämonische → Verführerin geworden ist (A. de' MANGABOTTI, *Guerino el Meschino* um 1400; ANTOINE DE LA SALE, *Le Paradis de la reine Sibylle* 1437/42).

Wirkliche Nachahmungen der antiken Unterwelt in neuen Stoffen entstanden erst in der Renaissance, als man den heidnischen Hades ohne Voreingenommenheit nachzuzeichnen wagte und die Diktatur der antiken Muster die Übernahme der Nekyia als Bestandteil des Epos verlangte. PETRARCAS fragmentarisches Epos *Africa* (1396) enthält den pflichtschuldigen Hadesabstieg Scipios ebenso wie P. de RONSARDS *Franciade* (1572) den von Hektors Sohn Francus, dem sagenhaften Ahnherrn der französischen Könige, der von der zauberkundigen kretischen Königstochter an den Unterwelteingang geführt wird, wo sie ihn sowohl die Schatten der griechischen Helden wie auch die künftigen Könige Frankreichs sehen lässt. Das nächste Glied der epischen Tradition, FÉNELONS *Les Aventures de Télémaque* (1699), deren Held seinen Vater auch in der Unterwelt suchen will, betraut, entsprechend Telemachs Abenteuern in der *Odyssee*, Minerva-Mentor mit dem Führeramt. Die Unterweltsschau, bei der Telemach seinen Vater nicht findet, dient, wie das ganze Epos, der Fürstenerziehung: Telemach sieht die vielen schlechten Herrscher in der Hölle, die wenigen guten in Elysium und erkennt die Nichtigkeit irdischer Macht. In einem der letzten Ausläufer vergilischer Tradition, VOLTAIRES *La Henriade* (1723), sind Unterweltsbewohner antiker Herkunft ausgeklammert: Der heilige Ludwig ist Führer Heinrichs IV. durch Himmel und Hölle und Kommentator der Heerschau künftiger französischer Größen.

Zu dem Unterweltsabstieg als epischer Episode trat im Barock die Katabasis als szenischer Effekt. Die zahlreichen Dramatisierungen des ↑ Amor-und-Psyche-Stoffes, des ↑ Persephone-Stoffes und vor allem des seit O. RINUCCINI/J. PERIS berühmter Oper *Euridice* (1600) immer wieder bearbeiteten ↑ Orpheus-Stoffes setzten die neuen Mittel der Bühnenmaschinerie zur Sichtbarmachung der Orte des Grauens ein. Neben der szenischen Attraktion konnte jedoch auch eine geistige Verschmelzung antiker und christlicher Züge gelingen, wenn, wie bei CALDERÓN (*El divino Orfeo* 1663), die Deutung des Mythos als Praefiguratio des Heilsplans zu einer funktionalen Einheit führte: Der bei dem Versuch, die von Luzifer verlockte und in sein Reich entführte Eva-Eurydike zu retten, von Lethe erschlagene Christus-Orpheus ersteht vom Tode auf, erzwingt sich den Zutritt zur Hölle und bringt die befreite Geliebte auf das Schiff des Lebens und der Kirche.

Der alte Seitentrieb satirisch-parodistischer Verwendung des Motivs musste in der Zeit einer mehr als dreihundertjährigen Strapazierung antiker Stoffe und Motive erneut aufblühen. Reizvoll wie in früheren Fällen ist die Übertragung auf das Tierreich durch J. Lemaire de Belges (*Epîtres de l'amant vert* 1505), der einen aus Kummer über die Abwesenheit seiner Herrin in Selbstmord geendeten Papagei brieflich die Unterwelt beschreiben lässt, die er unter Führung Merkurs betritt und deren Totenrichter ihn wegen seiner sittlichen Reinheit ins Elysium versetzt. Aus der Perspektive eines Riesen gibt dagegen bei Rabelais (*Gargantua et Pantagruel* R. 1532–34) Pantagruels Begleiter Epistemon, dem ein erst abgeschlagener Kopf wieder angeheilt wurde, einen an antiken Motiven orientierten Bericht über seinen Aufenthalt im Totenreich. In P. Corneilles Komödie *Mélite* (1629) handelt es sich sogar um die Vision eines Wahnsinnigen, der vor dem Totenrichter zu stehen vermeint, seine Schurkereien gesteht und schließlich die ihm auferlegten Strafen auch reuig annimmt. Der Calvinist A. d'Aubigné (*L'Enfer* um 1600) griff auf die schon vor Dante übliche Nutzung der Höllenvision zur Verunglimpfung von Gegnern zurück, indem er seine religiösen Feinde durch Beschreibung ihrer Höllenstrafen indirekt charakterisierte, ein auch in der Folgezeit beliebter Kunstgriff (G. B. Lalli, *Enéide travesti* 1633; P. Scarron, *Virgile travesti* 1648–52). Die Pervertierung von Plot und Motivik durch eine frivole oder zumindest galante Sinngebung reicht von A. Hardy (*Le Ravissement de Proserpine par Pluton* 1626) über die Brüder Perrault (*L'Enéide burlesque* 1649) und Ch. Coypeau Sieur d'Assouci (*Le Ravissement de Proserpine* 1653) bis zu dem berühmten Tragi-comédie-ballet *Psyché* von Molière/Corneille/Quinault/Lully(1671), in dem die von Venus in den Tartarus geführte Heldin dort ihre ehemaligen, ihretwegen ums Leben gekommenen Liebhaber trifft. Auch A. Hardy verwandte in *Alceste ou la fidélité* (1602) die komische Dissonanz zwischen dem überkommenen Thema und dem ungemäßen Verhalten der Figuren, der Angst des Pluto vor Herakles, der mit ihm über den Austausch der Alkestis gegen einen hundertmal des Todes Schuldigen verhandelt, und in A. Popes berühmtem komischen Epos *The Rape of the Lock* (1714), in dem es um die Rückgabe einer Frauenlocke geht, ist der ganze mythische Apparat samt dem obligaten Unterweltsabstieg auf die Ebene galanten Spiels projiziert. Die Linie kann bis zu P.-J. de Bérangers Gedicht *La Descente aux enfers* (1812), das ein fröhliches Genussleben in der Hölle mit dem Teufel als Gastgeber zeichnet, zu J. Offenbachs Hades-Travestie *Orpheus in der Unter-*

welt (Operette 1858), die in dem von Pluto für die inspizierenden Götter gegebenen rauschenden Fest gipfelt, und zu SHAWS ↑ Don Juan (*Man and Superman* Dr. 1903), dem die Hölle zu kulinarisch ist, durchgezogen werden.

Eine späte Sondergruppe der satirischen Verwendung von Unterweltsmotiven bilden die in Anlehnung an s *Mortuorum dialogi* (2. Jh.) am Ende des 17. Jahrhunderts in Mode gekommenen Totengespräche, die aber keinen eigentlichen Unterweltsabstieg enthalten, sondern die Hades-Szenerie als Stimmungsrahmen der Gespräche verwenden, dabei jedoch eines der entscheidenden Interessen an dem Motiv befriedigen, indem sie über die Schicksale Toter aussagen. Die Gattung hat bei N. BOILEAU-DESPRÉAUX (*Dialogue des héros de roman* entst. 1665, Druck 1713) literarsatirischen, bei FONTENELLE (*Dialogues des morts* 1683) allgemein zeitsatirischen Charakter und bei FÉNELON (*Dialogues des morts* 1700–18) die Funktion eines Fürstenspiegels. FONTENELLES Anhang *Jugement de Pluton sur les Dialogues des morts* schildert die Wirkung seines Werks in der Unterwelt, Plutos Zorn und die Gerichtssitzung der Totenrichter.

Die merkwürdige Verfugung orientalisch-christlicher und klassisch-antiker Unterweltsvorstellungen, die dem Motiv eine breite Variantenskala bescherte, blieb auch in der neueren Zeit erhalten. Allerdings trat das Interesse an dem düsteren Tableau der Vision zurück hinter dem an Sinn und Funktion eines Unterweltsabstiegs, der etwa in W. BECKFORDS Erzählung *The History of Caliph Vathek* (1786) auf dem verblendeten Fürwitz eines Ruchlosen beruht und entsprechend bestraft wird, in vielen Fällen aber Katharsis-Bedeutung hat. Orests Hadesvision bei GOETHE (*Iphigenie auf Tauris* Dr. 1787), die einem von Gewissensqualen in den Wahnsinn getriebenen Gemüt entspringt, das schon ins Totenreich eingekehrt zu sein glaubt, ist ein heilender Schock, bei dem der von Furien Geschüttelte seine Ahnen versöhnt sieht und sich selbst vom Fluch seines Geschlechts befreit fühlt; der christliche Erlösungsgedanke ist in die antike Situation eingeschmolzen. Die alte Fabel von der Heraufholung eines Toten erneuerte Goethe an ↑ Faust (*Faust II* 1832), der Helena zu den Lebenden zurückbringen will, was im höheren Sinn einen Ausgleich geistiger Gegensätze bezweckt. Die Sibylle Manto, die schon bei Statius diese Rolle hatte, ist seine Weiserin: »Hier hab ich einst den Orpheus eingeschwärzt; benutz es besser! Frisch! Beherzt!« Zuvor, bei der Heraufholung des Schemens Helena zur Belustigung des Kaisers, erfand Goethe eine eigene, vieldiskutierte Unterwelt, das Reich der Mütter, die im Unbetretenen, nicht zu Betretenden, Unerbetenen, nicht zu Erbittenden hausen und von denen Faust nach der Rückkehr sagt: »Euer Haupt umschweben des Lebens Bilder, regsam, ohne Leben. Was einmal war in allem Glanz und Schein, es regt sich dort; denn es will ewig sein. Und ihr verteilt es, allgewaltige Mächte, zum Zelt des Tages, zum Gewölb der Nächte.« Ein Reich also nicht der wirklichen Seelen, sondern der Bilder, der Schemen des Gewesenen, weder christliche Hölle noch antiker Hades. Auch der ↑ Heinrich von Ofterdingen des NOVALIS (*Heinrich von Ofterdingen* R. 1802) steigt ins Reich der Toten hinab, um die ihm entrissene Mathilde zu suchen; die Andeutung der Kapitel *Ein Kloster* oder *Der Vorhof* des fragmentarischen zweiten Teils des Romans weisen entsprechend dem Gesamtthema auf mittelalterlich-christliche Tradition. Die gleiche weltanschauliche Voraussetzung gilt noch hundert Jahre später für P. CLAUDEL (*Le Repos du septième jour* Dr. 1901), dessen ostasiatischer Kaiser in die Unterwelt hinabsteigt, um die durch Heraufdrängen der Toten gefährdete Ordnung auf Erden wieder herzustellen, sich als »Vorläufer« des »hinreichenden Opfers« versteht, die Pforten der Totenwelt verschließt und die Menschen über ihre Verfehlungen aufklärt. Motive DANTES und Eindrücke von zeitgenössischen zerbombten Städten verschmolzen in der eine Art Purgatorium darstellenden Ruinenstadt H. KASACKS (*Die Stadt hinter dem Strom* R. 1946), deren Erforscher und Chronist tatsächlich an sich eine Katharsis erfährt und aus der Deutung der Toten eine Deutung der Lebenden entwickelt.

Die Aktualität, die das Motiv des Unterweltsabstiegs, das die Grenze zwischen Diesseits und Jenseits öffnet, im Zeitalter der Psychoanalyse, der Existenzialphilosophie und des Surrealismus erlangte, erweist sich vor allem an den häufigen Bearbeitungen des ↑ Orpheus-Stoffes (J. COCTEAU Dr. 1926, Film 1949; Sem BENELLI Dr. 1928; J. ANOUILH Dr. 1941; A. MODENA Dr. 1951; V. Mello de MORÃES Dr. 1956, danach Film von M. CAMUS 1958), aber auch ↑ Fausts Gang in die Hölle erscheint in neuer Deutung (L. DURRELL, *An Irish Faust* Dr. 1963) als eine Art Opfergang, der die Vernichtung des Symbols atomarer Gewalten zum Ziel hat, aber trotz des Gelingens den immer neu erstehenden Teufel nicht ausschalten kann. Lockerer mit der Katharsisfunktion des Motivs verbunden sind die aus der Vorstellung einer Verflochtenheit von Schönheit, Eros und Tod entwickelten symbolischen Hadesfahrten in Th. MANNS *Der Tod in Venedig* (Nov. 1913) und *Die Betrogene* (Erz. 1953), die, im Glauben an ein sich eröffnendes neues Glück unternommen, deutlich als schon dem Unterirdischen verhaftet erscheinen und irdische

Ziele nicht mehr erreichen. Der Unterwelt verhaftet ist auch der Graphologe und Romantik-Spezialist Johanser in H. KRAUSSERS Roman *Thanatos* (1996), dessen Verbrechen von dem auf der Höhe über dem Fluss »Acher« sitzenden Thanatos überwacht und der Strafe zugeführt werden.

O. H. Moore, The Infernal Council, (Modern Philology XVI u. XIX) 1918/19 u. 1921/22; J. Kroll, Gott und Hölle. Der Mythos vom Descensuskampfe, 1932; E. Krause, Antike Unterweltsbilder in der französischen Literatur bis zum Ende des 17. Jahrhunderts, Diss. Kiel 1950; E. Heydenreich, Eros in der Unterwelt (in: Interpretation und Vergleich, Festschrift W. Pabst) 1972; I. Platthaus, Höllenfahrten: die epische Katábasis und die Unterwelten der Moderne, 1994; M. Herzog (Hrsg.), Höllenfahrten. Geschichte und Aktualität eines Mythos, 2006.

Usurpator → Tyrannei und Tyrannenmord

Utopia → Arkadien; Inseldasein, Das erwünschte und das verwünschte

Vampir → Verführerin, Die dämonische

Vater-Sohn-Konflikt

Die Erkenntnis, dass der Konflikt zwischen Vater und Sohn ein archaisches und in jeder Generation neu entstehendes Motiv sei, bedarf nicht der Stützung durch einen »Ödipuskomplex«. Es handelt sich ganz einfach um einen Machtkampf, der ausbricht, wenn die junge Generation zu Selbständigkeit herangereift ist, die alte aber die Herrschaft noch in Händen hält und auch noch die Fähigkeit besitzt, sie auszuüben. Bei den Herden besitzenden Nomaden und den Grund besitzenden Ackerbauern ist nur für einen Mann Platz zum Besitzen und Befehlen, und normalerweise fügt sich der Junge in die Abhängigkeit, bis der Alte willens oder durch Schwäche gezwungen ist, abzutreten. Ob die zwangsläufigen Reibungen zum offenen Konflikt führen, hängt von dem Temperament der Beteiligten, dem geltenden Sittengesetz und den sozialen Gegebenheiten ab; der Kampf eines gegen den anderen oder die Vernichtung eines durch den anderen ist jedenfalls kein Naturgesetz. Bei nahezu allen Kulturnationen mit vaterrechtlicher Prägung gilt im Gegenteil liebevolle Fürsorge auf der einen, pietätvoller Gehorsam auf der anderen Seite als naturgemäß. »Vater« ist das häufig verwendete Epitheton für

Gottheiten und Staatsoberhäupter, Streit zwischen Vater und Sohn erscheint abnorm und als Indiz für abnorme Zeitläufte. Interessant ist auch die Beobachtung, dass nur der sich ungekränkt seiner Herrschaft erfreuende Vater die Gegnerschaft des Sohns herausfordert, während in ihrer Ehre gekränkte, verfolgte, missachtete, tote oder fern vom Sohn lebende Väter die liebende Verehrung des Sohns erregen, wie sie im Motiv der → Vatersuche zum Ausdruck kommt.

Die Beziehungen zwischen Vater und Sohn erleiden meist erst in der Zeit des Reifens der jungen Generation Störungen: Jetzt erst erkennt der Vater, dass der Sohn nicht so wurde, wie er ihn sich erhoffte, und der Sohn begreift, dass der Vater nicht dem Ideal seiner Kindertage entspricht. Je größer die Liebe des einen oder des anderen Partners oder beider war, umso größer ist die Enttäuschung und Erbitterung. Ähnlichkeit der Charaktere kann genauso zur Feindschaft führen wie deren Gegensatz, und Ähnlichkeit der Temperamente bei Verschiedenheit der Begabungen ist ebenso gefährlich wie Ungleichheit der Temperamente bei Gleichheit der Begabungen. Die Unähnlichkeit kann auf Erbfaktoren von mütterlicher Seite beruhen; nicht immer sind Charakterzüge, die bei der Ehefrau reizvoll waren, beim Sohn willkommen, und oft waren als fremd empfundene Züge auch schon an der Mutter nicht gern gesehen. Treten geistesgeschichtliche Umwälzungen zwischen die Generationen, bei denen sich der Junge in der Regel dem Neuen anschließt, so verstärkt sich die Kluft und erweitert sich zur weltanschaulichen und politischen Gegnerschaft. Dabei fällt dem Vater als dem an Erfahrung Reicheren die größere Last zu, denn er muss das Alte gegen das Neue abwägen, während der Sohn nur das mit ihm und seinen Altersgenossen heraufgekommene Neue sieht. Im Vater lebt das Streben nach Selbstbewahrung, das zugleich Bewahrung des Überkommenen ist; es drängt sich ihm aber auch der Schutz für die Jugend auf, der er das Leben gegeben hat und die die Fortsetzung seiner selbst ist, auch wenn sie sich gegen ihn wendet. Er möchte den Sohn zu sich hinüberziehen, denn er weiß, dass dessen Vernichtung ihn selbst und sein Fortleben zerstören würde. So wird in den meisten Fällen der Junge der Erreger des Konflikts, dessen verblendetes und tragisches Opfer er werden kann, und der Vater ist der sehende, leidende Gegenspieler. Die Bewertung der immer als tragisch empfundenen Situation verschob sich im Zuge moderner emanzipatorischer Bestrebungen zuungunsten des Vaters.

Der Vater-Sohn-Konflikt schlug sich in der älteren Literatur und in den aus dieser Frühschicht stammenden Stoffen vor allem als

Kampf um die Herrschaft, die Thronfolge, nieder, der gemäß der dem Pater familias zukommenden Machtstellung mit dem Triumph des Alten endete. Schon am Beginn der Zeiten verschlingt nach Hesiod (*Theogonie* 6. Jh. v. Chr.) der Titan Chronos seine eigenen Kinder, weil ihm geweissagt worden ist, dass er durch eines von ihnen die Herrschaft verlieren werde, was dann allerdings später sein heimlich geretteter Sohn Zeus wahr macht. Mit weit humaneren Mitteln siegt König ↑ David (*2. Samuelis* 13–19) über den Sohn Absalom, dem er den Brudermord verzieh und der trotzdem »das Herz der Männer Israels« dem Vater stahl und sich empörte. Die Erzählung ist ganz darauf angelegt, die rechtmäßigen Ansprüche, Demut und Großmut des Königs, der seinen Sohn schonen möchte und seinen Tod beweint, zu unterstreichen und seinen Sieg als wohlverdient darzustellen. Bedeutende literarische Stofftraditionen knüpften sich an Herrscherpersönlichkeiten der neueren Geschichte, die ihren unliebsamen und vielleicht auch gefährlichen Thronfolger beseitigten: an Soliman II., der seinen Sohn ↑ Mustapha töten ließ, ↑ Philipp II. von Spanien, dessen Infant auf ungeklärte Weise im Kerker umkam, und ↑ Peter den Großen von Russland, dessen aufständischer Sohn hingerichtet wurde.

Anders liegt der Fall bei Vätern, die dem Sohn nicht das Erbe verwehren, sondern ihn für das Erbe erziehen wollen und dessen individuelle Neigungen ersticken zu müssen glauben, sodass ihr Bild in der Literatur schwankt und auch als das eines Tyrannen widergespiegelt wurde. Alfons IV. von Portugal, der aus politischen und dynastischen Gründen die Geliebte seines Sohnes Pedro, ↑ Inés de Castro, töten ließ und dem sich der Sohn nach anfänglicher Rebellion unterwarf, erscheint in den Dramen von A. Ferreira (*A Castro* 1587) und L. Vélez de Guevara (*Reinar después de morir* 1. Hälfte 17. Jh.) als tragische Gestalt, und Verarbeitungen des ähnlich strukturierten ↑ Agnes-Bernauer-Stoffes, in dem sich der Sohn auch den politischen Zielen des Vaters beugt, haben fast immer Gerechtigkeit für beide Seiten erstrebt. Mit einem endlichen Brückenschlag zwischen den Parteien arbeiteten viele Dichtungen, die Fahnenflucht und Verurteilung des späteren preußischen Königs ↑ Friedrich des Großen zum Muster eines Vater-Sohn-Konflikts ausformten und die Unterordnung von König und Kronprinz unter den Staat als die beide verbindende Idee darstellten (P. Ernst, *Preußengeist* Dr. 1915; J. v. d. Goltz, *Vater und Sohn* Dr. 1921).

Trotz der im Recht verankerten Vormachtstellung des Vaters kennt auch die Frühzeit schon Sympathie für den aufsässigen Sohn.

HERODOT (*Histories apodexis III* 5. Jh. v. Chr.) berichtet von Lykophron, dem Sohn des korinthischen Tyrannen Periandros, dass er in dem Vater den Mörder der Mutter hasste und so lange in Ablehnung gegen den einsamen Alten verharrte, bis Periandros sich zur Abdankung entschloss; da ereilte der Tod Lykophron, und Periandros starb ohne Erben in Gewissensnöten. Der konservativ denkende K. L. IMMERMANN behandelte den Stoff noch zu Anfang des 19. Jahrhunderts als Tragödie des Vaters (*König Periander und sein Haus* Dr. 1823), für den Verehrung und Ordnung die Grundpfeiler des Staates sind, während der Sohn es als Naturgesetz ansieht, dass das Alte vom Jungen verdrängt werde, und H. LILIENFEIN formte aus ihm neunzig Jahre später (*Der Tyrann* Dr. 1912) das tragische Gegeneinander Gleichgearteter, die sich erst versöhnen können, als sie räumlich voneinander getrennt sind. Die für den Periandros-Stoff bezeichnende, durch den Sohn erzwungene Abdankung des Vaters konnte F. J. H. Graf v. SODEN als Tat eines »unnatürlichen Sohnes« auch am Schicksal des Saliers ↑ Heinrich IV. (*Leben … Heinrichs IV.* Dr. 1787) diagnostizieren, aber zu Beginn des 20. Jahrhunderts stellte sich dann das von SODEN und IMMERMANN verurteilte Verfahren als bejahtes Recht dar: Der vom Vater als Thronfolger herbeigeholte Sohn beschleunigt den Thronwechsel durch einen Aufstand, verbannt und tötet den Vater (H. SCHNABEL, *Die Wiederkehr* Dr. 1912) oder schlägt aller Pietät ins Gesicht, indem er die allgemeine Trauer um den Verstorbenen verbietet (F. v. UNRUH, *Stürme* Dr. 1922). Ein bezeichnendes Beispiel aus der mittelalterlichen Literatur ist das Epos von ↑ *Herzog Ernst*, in dem Elemente des Aufstands Liudolfs von Schwaben gegen seinen Vater Otto I. sowie Ernsts von Schwaben gegen seinen Stiefvater Konrad II. zusammenflossen und das schon in der ersten Fassung (um 1180) den für den Aufständischen tragischen Ausgang vermied und zugunsten des mit Sympathie gezeichneten → Rebellen einen die Gegensätze harmonisierenden Ausgang herbeiführte. Wie sich Ernst im Büßergewand seinem kaiserlichen Stiefvater naht, so ermöglicht auch in einem Drama der Goldenen Epoche Spaniens, M. BENEYTOS *El hijo obediente* (1608), die pietätvolle Haltung des Thronfolgers die Versöhnung mit dem Vater, der nur Prinzgemahl gewesen ist, sich nach dem Tod seiner Frau weigert, seinem Sohn die Herrschaft abzutreten, und ihm nach dem Leben trachtet, obgleich dieser die Krone ausgeschlagen und an den Vater zurückgegeben hat; erst die durch Opferung seiner eigenen Liebe erkaufte Rettung des Vaters aus Verräterhand vermag diesen zu überzeugen. In G. HAUPTMANNS

Drama *Indipohdi* (1920) ist es der Vater, der durch sein Opfer dem feindseligen Sohn die Augen öffnet: Für den, der ihn einst entthront und vertrieben hat, leidet er stellvertretend den ihm von den Inselbewohnern bestimmten Tod. Das Moment innerer Verwandtschaft leitet hier das Motiv des Vater-Sohn-Konflikts in das der → Vatersuche über.

Die neuere Literatur verlegte den Kampf um das Erbe, falls sie nicht auf mythische und historische Stoffe zurückgriff, vielfach in bäuerliches oder diesem verwandtes Milieu. Sie modellierte den Typ des lebensstarken, harten Alten heraus, der die Herrschaft nicht abtreten will. Bei L. ANZENGRUBER (*Der Meineidbauer* Dr. 1871) hat er den Besitz durch Testamentsfälschung erschlichen, schießt zu dessen Erhaltung sogar auf den eigenen Sohn und zahlt dafür mit Wahnsinn und Tod, bei K. SCHÖNHERR (*Erde* Dr. 1908) entscheidet sich der Kampf zugunsten des sich hohnlächelnd wieder vom Krankenbett erhebenden Alten und gegen den »zum Knecht geborenen« Sohn, den auch die nach eigenem Boden strebende Geliebte verlässt. Bei dem Polen W. S. REYMONT (*Die Bauern* 1903–08) und bei L. THOMA (*Der Wittiber* R. 1911) begehrt der Sohn auf, weil eine zweite Heirat des Vaters sein Erbe zu schmälern droht. Thoma lässt den Alten durch seine Selbstherrlichkeit seine Familie zerstören: Der Sohn tötet die Geliebte des Alten und kommt ins Gefängnis, der Alte verfällt dem Trunk. Reymont steigert den Gegensatz durch Rivalität zwischen Vater und Sohn, der die zweite Frau des Vaters vor ihrer Ehe geliebt hat; aber dennoch finden Vater und Sohn im Zeichen der Generationen verbindenden »Scholle«, die an die Stelle des Staates in den Thronfolgerdichtungen getreten ist, im Kampf gegen die Gutsherrschaft zusammen, und der Sohn rettet dem Alten das Leben, das er ihm eigentlich nehmen wollte. S. STREUVELS' Herrenbauer (*Der Flachsacker* R. 1907) kauft dem Sohn einen anderen Hof, um die neben ihm aufstrebende Kraft loszuwerden, und tötet am gleichen Tag durch einen zu heftigen Schlag diesen seinen Erben im Jähzorn über dessen erste Unbotmäßigkeit. Eine interessante Mutante des Erbproblems bot C. DANES *Broome-Stage* (R. 1931) mit dem sich durch mehrere Generationen erstreckenden Vater-Sohn-Konflikt in einer Schauspieler- und Theaterleiterfamilie: Der Kampf bricht aus, als die Verehrung des Sohns für das Talent des Vaters sich in den Willen wandelt, es ihm gleichzutun und sich Platz für die eigene Leistung zu schaffen, und als die Freude des Vaters über die Begabung des Sohns in Eifersucht auf das aufsteigende Talent umschlägt, das das seine verdunkeln wird.

Die Liebe des Sohns zur Mutter, die dazu führte, dass aus einem Stoff, in dem eigentlich keine Vater-Sohn-Feindschaft besteht, eine solche als unbewusst vorhanden, als »Ödipuskomplex«, abgeleitet werden konnte, trägt in vielen Plots zur Verschärfung der Gegensätze bei. In den meisten Fällen rivalisieren jedoch Vater und Sohn nicht in der Liebe der Mutter, sondern der Sohn ergreift für die Mutter gegen einen ihr abgeneigten Vater Partei. HERODOTS Lykophron fühlte sich, wie erwähnt, als Rächer seiner vom Vater zu Tode misshandelten Mutter, aus dem gleichen Grund erwächst in Ph. MASSINGERS Dramatisierung des Beatrice-Cenci-Stoffes (*The Unnatural Combat* 1639) die Feindschaft zwischen Vater und Sohn, der im »unnatürlichen« Zweikampf gegen seinen Erzeuger umkommt, und in H. S. WALPOLES Roman *Fortitude* (1913) kann der Sohn den Hass gegen den am Tod der Mutter schuldigen Vater nicht überwinden, verlässt dessen Haus und überwältigt den ihn hindernden Vater im Ringkampf. Weniger gewalttätig ist die Abrechnung des für die Mutter eintretenden Sohns bei A. E. BRACHVOGEL (*Ein weißer Paria* Dr. 1851), sie hat jedoch den Selbstmord des Vaters zur Folge. Warum in der berühmten altschottischen Ballade *Edward* die Mutter dem Sohn geraten hat, den Vater umzubringen, bleibt unklar, der reuige Vatermörder flucht jedoch der Anstifterin. Das von S. FREUD in die Diskussion gebrachte → Inzest-Motiv wirkte dann seit dem ersten Viertel des 20. Jahrhunderts auf literarische Gestaltungen des Vater-Sohn-Konflikts ein, so auf *Sons and Lovers* (R. 1913) von D. H. LAWRENCE und *Vatermord* (Dr. 1920) von A. BRONNEN.

Liebesrivalität zwischen Vater und Sohn bezieht sich zwar selten auf die Mutter, oft aber auf eine andere Frau. Allerdings entwickelte sich das Liebesverhältnis zwischen der zweiten Frau des Vaters und ihrem Stiefsohn, dem sie altersmäßig oft näher steht als ihrem Mann, zu einer besonderen literarischen Konstante, die auch zur Geschichte des → Inzest-Motivs gehört. Wenngleich die Vater-Sohn-Rivalität im *Hippolytos* (428 v. Chr.) des EURIPIDES nur eine scheinbare ist und das Verlangen des Hippolytos nach seiner Stiefmutter ↑ Phädra von der verschmähten → Frau dem Ehemann nur vorgespiegelt wird, so erleidet der Sohn doch den Tod wegen der Eifersucht des Vaters. Dagegen ist PLUTARCHS Prinz Antiochos (*Demetrios Poliorketes* Anf. 2. Jh.) wirklich in seine Stiefmutter ↑ Stratonike verliebt, aber der drohende Konflikt mit dem Vater löst sich versöhnlich, weil dieser dem liebeskranken Sohn die Frau und die Hälfte des Reichs abtritt. Der tragische (J. RACINE, *Phèdre* Dr. 1677) wie der versöhnliche Plot (J. Ch. Hallmann, *Die merkwürdige Vaterliebe oder der vor Liebe sterbende Antiochus* Dr. 1684) wirkten langhin nach. Tragisch endende Vater-Sohn-Rivalität findet sich auch in eddischen Varianten der Ermanarichsage (*Hamðismál; Guðrúnarhvǫt*), die von der *Vǫlsungasaga* (um 1260) und von Saxo Grammaticus (*Gesta Danorum* um 1200) breiter erzählt wurden und nach denen Jörmunrek die untreue Frau von Pferden zerreißen und den Sohn hängenlässt, der noch den Vater darauf hinweist, dass er sich der Nachkommenschaft beraubt. Bei Saxo holt der Sohn Randver seines Vaters Braut heim, ähnlich wie in Lope de Vegas Drama *El castigo sin venganza* (1632), der seinen Stoff Bandellos *Novelle* I, 44 (1554) über das Liebesverhältnis des jungen Ugo d'Este mit seiner Stiefmutter entnahm, aber mit diesem Plot wahrscheinlich die aktuellen Ereignisse um das Ende des ↑ Don Carlos kaschierte, dem wie dem Helden von Bandello und Lope die Frau des Vaters ursprünglich zugedacht gewesen war. Bei Schiller (*Don Karlos* Dr. 1786) lässt dann die durch die Historiographie vorbereitete Idealisierung des Don Karlos es zu keiner strafwürdigen Handlung kommen, Karlos wird wie Hippolytos, wenn auch nicht von der Stiefmutter, verleumdet, und die Eifersucht des Vaters hat teil an seinem Tod. Lord Byron (*Parisina* Verserz. 1815) griff wieder auf den von Bandello und Lope behandelten Stoff zurück und unterstrich den Hass des Bastardsohns gegen den Vater, an dem er durch den → Inzest Rache für seine Mutter nimmt. Auch in E. O'Neills *Desire Under the Elms* (Dr. 1924) entspringt das Inzestvergehen des Sohns mit der Stiefmutter teilweise einer Rache für die Mutter, und die lebensgierige, nach dem Phädratyp modellierte Stiefmutter wiederum erinnert an Renée in E. Zolas *La Curée* (R. 1871), nur dass bei Zola die Straffälligen sich nicht dem Gericht überantworten, sondern der Vater und Ehemann um der Dehors willen den Sohn verheiratet und die Frau erpresst, sodass sie zu ihrem Vater zurückkehrt.

Wenn der Sohn nicht die Rechte des Vaters verletzt, sondern beide sich wetteifernd um eine Frau bemühen, verlangt die Logik des Sujets im Allgemeinen, dass die Jungen zueinanderfinden und der verliebte → Alte den Kürzeren zieht. Exemplarisch für eine ernste Variante dieses Schemas ist J. Racines Drama *Mithridate* (1673), das Mithridate zum Rivalen von sogar zwei Söhnen macht, von denen der eine zum politischen Empörer wird, der andere zum Verzicht bereit ist, aber durch den Selbstmord des Vaters die Geliebte erlangt und von dem Sterbenden gesegnet wird. Der in neueren Werken oft auftauchende Sieg des Vaters fungiert als Beweis für dessen größere

Vitalität oder Brutalität. In I. Turgenevs *Pervaja ljubov'/Erste Liebe* (Nov. 1860) muss der träumerische Knabe dem willensstarken, egoistischen Vater die triebhafte Zinaida überlassen, und in M. Dreyers *Die Siebzehnjährigen* (Dr. 1904) begeht der bei seiner ersten Liebe vom Vater Ausgestochene Selbstmord. Der Heidereiter Bocholdt von Th. Fontanes *Ellernklipp* (Nov. 1881) erobert das Mädchen, indem er den Sohn beseitigt. Der Bauer Mateusz in den schon genannten *Bauern* von W. S. Reymont kann als zweite Frau die heimliche Geliebte des verheirateten Sohns heimführen. Die Antastung der Braut des Jungen führt bei G. d'Annunzio (*La figlia di Jorio* Dr. 1904) zum Vatermord, bei P. Raynal (*Le Tombeau sous l'Arc de triomphe* Dr. 1923) gilt sie als Indiz für die Korruptheit der Vätergeneration, die der junge Frontkämpfer innerlich und äußerlich überwindet. Während der Liebestriumph des Sohnes bei Molière (*L'Avare* 1668) die Aufgabe hatte, Harpagons → Geldgier und seine Unfähigkeit zur Liebe zu beweisen, verwendet neuere Unterhaltungsliteratur gern des Vaters Sieg über den Sohn als ironischen Coup (G.-A. de Caillavet/R. de Flers, *Papa* Dr. 1872; G. Trarieux, *La Dette* Dr. 1911). F. Mauriac (*Le Désert de l'amour* R. 1925) lässt dagegen den Alten wie den Jungen leer ausgehen, da das durch beider Werbungen enttäuschte Mädchen sich zu einem anderen Liebhaber bekennt. Auch in Dostoevskijs Roman *Brat'ja Karamazovy/Die Brüder Karamasow* (1879–80), in dem alle Möglichkeiten des Vater-Sohn-Konflikts durchgespielt werden, fällt die Femme fatale Grušenka weder dem Vater noch dem ebenso zügellosen Sohn Dmitrij zu, aber die rivalisierende Liebe der beiden wird Anlass zur Ermordung des Alten, die Dmitrij nur zufällig nicht ausführt, die der Nihilist Ivan wünscht und die der beschränkt-berechnende illegitime Sohn Smerdjakov vollzieht.

Nicht nur zwischen Vater und Sohn stehende Menschen verursachen oder steigern den Konflikt, sondern auch geistige Kräfte, Ideen, Parteien. Einer von ihnen oder beide fühlen sich einem höheren Gesetz verpflichtet als den Familienbanden. Der Vater kann zum Richter des Sohnes, der Sohn zu dem des Vaters werden. Nach Livius verurteilte der ältere ↑ Brutus seine beiden Söhne, als sie sich an einer Verschwörung zur Wiedereinsetzung der von ihrem Vater vertriebenen Tarquinier beteiligten – ein gern genutzter »römischer« Stoff (Voltaire, *Brutus* Dr. 1730; J. C. Hirzel, *Brutus* Dr. 1761). Der ↑ Hildebrand des *Hildebrandsliedes* (810/820) achtet das Gesetz der Kriegerehre höher als die Blutsverwandtschaft und zieht das Schwert gegen den ihn nicht erkennenden und ihn beleidigenden Sohn, obwohl er ahnt, dass er in dem Kampf sein Geschlecht ausrotten wird. Als ein zweiter Brutus muss ein spanischer Stadtrichter bei J. B. DIAMANTE (*Juan Sánchez de Talavera* Dr. um 1670) den eigenen Sohn wegen eines Mordes verfolgen und den Gefangenen, der ihn während der Verfolgung vom Ertrinken gerettet hat, zum Tode verurteilen. N. V. GOGOL's Kosakenoberst (*Taras Bul'ba* R. 1834) tötet den Sohn, der aus Liebe zum Überläufer geworden ist; der greise Kaiser Rudolf F. GRILLPARZERS (*Ein Bruderzwist in Habsburg* Dr. 1872) beseitigt den illegitimen Don Cäsar wegen seines ungezügelten Wesens wie einen geilen Trieb am Stamme Habsburg, und der General des Ersten Weltkriegs bei W. FAULKNER (*A Fable* R. 1954) verurteilt in dem gleichfalls illegitimen Sohn einen Widersacher der überkommenen Wertordnung, der doch zugleich das eigene verlängerte Leben ist.

Der Sohn als Richter des Vaters vollzieht in der Legende vom Ungarnkönig *Albanus* (lat. Redaktion des Mönchs TRANSMUNDUS 2. Hälfte 12. Jh.) eigenhändig das Todesurteil an dem des Inzests schuldigen Vater und der Mutter, die zugleich Schwester des Albanus ist, als beide in Sünde zurückfallen. Christliche Söhne bekämpfen in mittelalterlichen Epen (*La Bataille d'Aliscans* um 1200; WOLFRAM VON ESCHENBACH, *Willehalm* um 1215; *La Prise de Pampelune* 1325) ihre im Heidentum verharrenden Väter. Der junge Adlige in dem unter Lope de VEGAS Verfasserschaft laufenden Drama *El pleito por la honra* (1630) fühlt sich durch den Verdacht, seine Mutter sei wegen Untreue von seinem Vater getötet worden, so verletzt, dass er den Vater in vollem Bewusstsein von dessen Gefährdung vor Gericht bringt, wo der Verdächtiger zum Glück seine Beschuldigung zurückzieht, sodass das über den Vater verhängte Todesurteil nicht vollstreckt wird. SCHILLERS Ferdinand (*Kabale und Liebe* Dr. 1784) wird durch die Intrigen seines Vaters gegen die Familie Miller gezwungen, ihm mit der Aufdeckung seiner unsauberen Karriere zu drohen, und der Idealist Max (*Wallenstein* Dr.-Trilogie 1798–99) trennt sich von seinem hinterhältigen Vater und geht den Weg des Selbstopfers. Der Offizier in M. G. CONRADS *Erlösung* (Nov. 1891) zwingt den Vater, der durch sein ruchloses Leben die Ehre des Sohns gefährdet, zum Selbstmord, ein Generalssohn (F. COPPÉE, *Pour la couronne* Dr. 1895) tötet den Vater, um dessen Verrat zu verhindern, und der Kriegsheimkehrer Edward in A. DÖBLINS *Hamlet oder die lange Nacht nimmt ein Ende* (R. 1956) wirft sich mit hamletischem Wahrheitsdrang zum Richter der Eltern auf und versöhnt sich mit dem Vater erst an dessen Sterbelager.

Im Allgemeinen steigern sich die ideologischen Vater-Sohn-Konflikte in der modernen Literatur aber nicht bis zur Richterfunktion einer der Parteien, sondern stellen sich als dauernde Auseinandersetzung und Feindschaft dar, bei der die Väter das Althergebrachte, aber auch das Eingefahrene und Kompromisslerische, die Söhne die neuen oder jugendlich unbedingten Ideen vertreten. Es kann sich um neue Glaubensvorstellungen handeln, wie die Verehrung des Molochs, die den jungen Teut in F. HEBBELS Dramenfragment *Moloch* (1847) von seinem Vater trennt, dem er sich aber später reumütig beugt, oder wie den Darwinismus, der Johannes Vockerath (G. HAUPTMANN, *Einsame Menschen* Dr. 1891) seinem pietistischen Vater entfremdet, um humanitäre Ideen, die den Troubadour Sordello (R. BROWNING, *Sordello* Verserz. 1840) von seinem der Machtpolitik verschriebenen Vater scheiden, ferner – in modernem bürgerlichem Milieu – um Vorurteilslosigkeit, Sauberkeit und Gerechtigkeit auf der einen, Geschäftsgeist, Korruption und starre Konvention auf der anderen Seite (H. SUDERMANN, *Die Ehre* Dr. 1890; H. GRANVILLE-BARKER, *The Voysey Inheritance* Dr. 1905; J. WASSERMANN, *Der Fall Maurizius* R. 1928; A. MILLER, *All My Sons* Dr. 1947; H. BÖLL, *Billard um halbzehn* R. 1959). Seit dem späten 19. Jahrhundert schlägt sich der Gegensatz häufig in des Sohnes Parteinahme für den Sozialismus und des Vaters konservativer, militaristischer und kapitalistischer Haltung nieder (J. VALLÈS, *L'Enfant, Le Bachelier, L'Insurgé* R.-Trilogie 1879–81; G. KAISER, *Die Koralle* Dr. 1917; F. WERFEL, *Nicht der Mörder, der Ermordete ist schuldig* Nov. 1920; Sir Philip GIBBS, *Young Anarchy* R. 1926). Einer der seltenen Fälle, in denen der rebellisch-fortschrittliche Sohn schließlich des Vaters schwermütige Ansicht vom Wert des Vergangenen teilt, wird in Th. WOLFES Drama *Mannerhouse* (1948) gestaltet, in dem Vater und Sohn von den Trümmern ihres südstaatlichen Herrenhauses erschlagen werden. Selten findet sich eine Vertauschung der Rollen, sodass der Junge auf der Seite der Unfreiheit steht, wie der von Liebe bestochene Sohn in F. M. KLINGERS *Damokles* (Dr. 1788) oder – entsprechend den historischen Tatsachen – wie der gegen das Reformwerk seines Vaters Peter an der Rückschrittlichkeit des alten Russland festhaltende Zarewitsch ↑ Alexis in K. L. IMMERMANNS *Alexis* (Dr. 1832).

Je stärker mit der zunehmenden Psychologisierung der neuzeitlichen Literatur die zuerst erahnte, dann biologisch begründete Möglichkeit einer naturgegebenen Disharmonie zwischen Vater und Sohn ins Bewusstsein trat, desto häufiger wird diese Disharmonie aus den Charakteren, sei es gegensätzlichen oder gleichen, entwickelt. SHAKESPEARES Heinrich IV. (*King Henry IV* um 1597) hat nur ein verständnisloses Kopfschütteln für die so andere Art seines Sohnes, dem er im Übrigen das Recht auf freie Entwicklung zugesteht. In der zweiten Hälfte des 18. Jahrhunderts entsteht das typische Gegeneinander vom empfindsamen Jüngling und nüchternen Vater, der in dem Sohn nur die Untüchtigkeit sieht (GOETHE *Wilhelm Meisters Lehrjahre* R. 1795/96; J. J. ENGEL, *Herr Lorenz Stark* R. 1801). Durch Koppelung mit dem Motiv der verfeindeten → Brüder ergibt sich die Variante, dass der eine der Brüder sich vom Vater zurückgesetzt fühlt (F. M. KLINGER, *Otto* Dr. 1775, *Die Zwillinge* Dr. 1776, *Stilpo und seine Kinder* Dr. 1777), der andere in einem guten Verhältnis zum Vater steht, aber durch die Intrige des Bruders daraus verdrängt werden kann (SCHILLER, *Die Räuber* Dr. 1781). Das Schicksalsdrama Z. WERNERS (*Der vierundzwanzigste Februar* Dr. 1810) sucht die Vater-Sohn-Dissonanz, die in älteren Fassungen des Plots häufig mit dem → Geiz des Vaters motiviert wurde, zu einem durch Generationen vererbten Fluch der Gewalttätigkeit zu steigern, eine erbliche Belastung, wie sie, ohne als Fluch bezeichnet zu sein, auch an den drei Generationen von Ch. D. GRABBES *Herzog Theodor von Gothland* (Dr. 1827) hervortritt. Bei J. STEINBECK (*East of Eden* R. 1952) resultiert neidvoller Brudermord aus der mangelnden Liebe des Vaters. J. GALSWORTHY dagegen erklärte den Bruch zwischen den Generationen mehrfach mit dem Gegensatz einer idealistischen oder künstlerischen Lebensauffassung zu einer nüchtern praktischen (*The Forsyte Saga* R. 1906–17, *The Patrician* R. 1911), der auch in L. BLOYS *Le Désespéré* (R. 1886) und Th. MANNS *Buddenbrooks* (R. 1901) eine Rolle spielt. Der selbst an der Enttäuschung durch einen Sohn leidende Th. STORM hat das Motiv mehrfach variiert und ist auch der psychologisch reizvollen, aus der Gleichartigkeit der Charaktere oder Begabungen resultierenden Spannung nachgegangen. Lässt er einen stärker begabten Sohn (*Der Herr Etatsrat* Nov. 1881) im Schatten der mathematisch-technischen Erfolge des Vaters verkümmern, so wird bei G. HAUPTMANN (*Michael Kramer* Dr. 1900) der zwar künstlerisch geniale, aber untüchtige Sohn durch den Fleiß und die Ermahnungen des auf dem gleichen Felde tätigen Vaters in den Selbstmord getrieben, da er ebenso wenig Kraft zur Rebellion hat wie der musikalisch talentierte Knabe bei E. STRAUSS (*Freund Hein* R. 1902), den ein ähnlich begabter Vater gegen die Verführungsgewalt der Musik abhärten möchte. Auch in moralischer Laxheit kann die eigene verwandte, aber vor der Umwelt verborgene

Anlage bekämpft werden (L. ANZENGRUBER, *Stahl und Stein* Dr. 1886). Der Vater erkennt möglicherweise die eigene Prinzipientreue am Sohn nicht wieder (J. GALSWORTHY, *The Country House* R. 1907), weil sie sich in dessen Treue zu der einmal gewählten, vom Vater abgelehnten und vom Sohn auch nicht mehr geliebten Verlobten dokumentiert, und wenn er seine innere Verwandtschaft zum Lebenstrotz des Sohns erkennt (S. WALPOLE, *The Cathedral* R. 1922), kann er nicht ertragen, dass diese Haltung sich in einer Mesalliance und entsprechendem öffentlichen Skandal auswirkt. In S. WALPOLES älterem Roman *Fortitude* (1913) vollzieht sich diese Erkenntnis innerer Gleichheit auf Seiten des Sohnes und steigert sich zur Furcht, dem Vater gleich zu werden und seinen Lastern zu verfallen. Das Bewusstsein der Wesensgleichheit führt bei Walpole und bei R. MARTIN DU GARD (*Les Thibault* R. 1922–29) zur Flucht aus dem Vaterhaus, bei A. BELYJ (*Peterburg/Petersburg* R. 1913) bis zur von politischen Gegensätzen ausgelösten Tötungsabsicht.

Dieses Spektrum von Motivvarianten, die durch die Jahrhunderte gleich zu bleiben scheinen, allenfalls entfaltet und schärfer herausgearbeitet werden, unterlag jedoch seit der Mitte des 18. Jahrhunderts dem allgemeinen Abbau der Autorität. Die bis dahin gültige Forderung der Pietät hatte den sich vom Vater emanzipierenden Sohn als den durch das neutestamentliche Gleichnis bekannten »verlorenen« Sohn gekennzeichnet, d. h. den gesunkenen, verkommenen, möglicherweise reuig zurückkehrenden. Ein solcher Typ ist der Bauernsohn Helmbrecht (WERNHER DER GARTENAERE, *Meier Helmbrecht* Verserz. 1250/80), der in frecher Anmaßung seinen ihn ermahnenden Vater schweigen heißt; seine Entwicklung, in der sich allgemeine soziale Wandlungen andeuten, wird nicht, wie im biblischen Muster, verziehen, sondern gerichtet, und zwar nicht nur, weil sie zum Raubrittertum führte, sondern weil sie aus Pietätlosigkeit erwuchs. Gerade das 16. Jahrhundert, in dem der moderne Mensch zuerst zum Selbstverständnis fand, hat das Problem der Sohnespflicht sowohl am biblischen Gleichnis als solchem wie an Nachahmungen (J. RASSER, *Spiel von der Kinderzucht* 1573; HEINRICH JULIUS VON BRAUNSCHWEIG, *Von einem ungeratenen Sohn* Dr. 1594) und auch an den verwandten Stoffen von ↑ Joseph in Ägypten, ↑ David und Absalom, ↑ Brutus dem Älteren mit dem Ziel der Abschreckung exemplifiziert und seine Sympathie für die väterliche Autorität bekundet, auch wenn es dem verlorenen Sohn mehr Anteilnahme widmete als seinem selbstgerechten Bruder. Auf höherer künstlerischer Ebene finden sich der Vater und die ungleichen Brüder in SHAKESPEARES

(*King Lear* Dr. 1604/05) Gloucester und seinem treuen, aber verkannten Sohn Edgar sowie dessen schurkischem Bastard-Bruder Edmund wieder, dessen pietätlose Haltung als Beginn des Umsturzes aller Ordnung gewertet wird. Ein den Vater ohrfeigender Sohn verdient auch noch bei Lope de VEGA (*La fianza satisfecha* 1612/15) und CALDERÓN (*Las tres justicias en una* 1636/37) die Todesstrafe, und gegen den Vater gerichtete Mordgelüste bedürfen der tiefen Erfahrung von der Scheinhaftigkeit des Daseins, um ausgerottet zu werden (CALDERÓN, *La vida es sueño* 1631/32).

Mit den Literaturwerken, die um die Mitte des 18. Jahrhunderts erstmals Pietät und Sohnespflicht in Frage stellten, wurde die Vater-Sohn-Beziehung an sich zum Problem. Vorerst brauchte man noch die mangelnde Liebe eines Vaters, um einen Angriff auf ihn als den Exponenten aller Väter rechtfertigen zu können. Sowohl in D. DIDEROTS *Le Père de famille* (Dr. 1758) als auch in S. JOHNSONS *Rasselas* (R. 1759) werden Väter als Tyrannen angeklagt, die das Recht, ihre Kinder zu erziehen, verwirkt haben und denen die Pietät aufgesagt wird. Ähnliche Beispiele väterlicher Tyrannis erstellte Ch. F. WEISSE in zwei seiner Dramen (*Krispus* 1760, *Mustapha und Zeangir* 1761), und die Erziehungsvorstellungen sowohl J.-J. ROUSSEAUS (*Emile ou de l'Education* R. 1762) wie VOLTAIRES (*Zadig ou la Destinée* R. 1748) bemessen die väterlichen Rechte nicht nach ihrer von Gott gegebenen Autorität, sondern nach ihren pädagogischen Fähigkeiten.

Wenn sich in der sonst so revolutionären Sturm-und-Drang-Epoche eine gegenteilige Tendenz zeigt, so markiert sich damit der nicht nur von der Literaturwissenschaft, sondern auch von der Jugendpsychologie festgestellte Wechsel von vaterfeindlichen und vaterfreundlichen Generationen, der schon in früheren Jahrhunderten erkennbar ist, aber infolge des übergeordneten Pietätsgrundsatzes nicht so deutlich hervortritt; von der Mitte des 18. Jahrhunderts an bringt jedoch jede neue antiautoritäre Welle nach dem Wellental einen weiteren Abbau der Autorität. Die Betonung der Pietät innerhalb der Familiensphäre hängt im Sturm und Drang auch mit der rückwärtsgewandten, an »bessere« Zeiten anknüpfenden Tendenz zusammen. Bevorzugt werden liebevolle Jünglinge, bei denen die Vaterliebe mehr spontane Kraft als Pflichtübung ist, sowie verehrungswürdige Väter, und fast immer sind es die schlechten Söhne, die vaterfeindliche Anschauungen vertreten (J. C. BRANDES, *Miß Fanny* Dr. 1766; J. M. R. LENZ, *Die beiden Alten* Dr. 1776; L. TIECK, *Geschichte des Herrn William Lovell* R. 1795–96). Die weiße Locke des alten Moor, die vor dem himmlischen Richter die Waagschale zuungunsten Franz Moors (SCHILLER, *Die Räuber*) senkt, symbolisiert diese Anschauung. Immerhin bleibt das Recht tyrannisierter Söhne, sich gegen ihre unväterlichen Väter zu empören, in dieser antityrannischen Zeit gültig (F. J. G. Graf v. SODEN, *Inez de Castro* Dr. 1784; SCHILLER, *Kabale und Liebe* 1784), und der Infant Karlos (SCHILLER, *Don Karlos* 1786) formuliert: »Sprich mir von allen Schrecken des Gewissens, von meinem Vater sprich mir nicht!«

Der nächste Stoß gegen die Vaterautorität lässt sich als Nachwirkung der Französischen Revolution erkennen. Im Zusammenhang mit seinem Atheismusprogramm forderte P. B. SHELLEY, der zweimal einen Vatermord dichterisch gestaltete (*Zastrozzi* R. 1809, *The Cenci* Dr. 1819) und im leiblichen Vater ein verkleinertes Abbild Gottvaters sah, die Ablehnung der väterlichen Autorität. Ein furchtbares Strafgericht wird bei L. ROBERT (*Die Macht der Verhältnisse* Dr. 1819) an einem Vater vollzogen, der durch tyrannische Erziehung den Tod des unehelichen Sohns indirekt, des ehelichen direkt veranlasst. Um die Mitte des 19. Jahrhunderts traten wieder mehr konservative Anschauungen in den Vordergrund, die dem Vater eine tragische Rolle zuwiesen, da er vielleicht durch Strenge und Verbot, aber auch durch zu große Nachgiebigkeit Fehler machen kann und dafür büßen muss, und den Sohn wieder als »verlorenen« charakterisierten (Th. STORM, *Carsten Curator* Nov. 1878, *Hans und Heinz Kirch* Nov. 1882; W. M. THACKERAY, *The Newcomes* R. 1853–55; M. KRETZER, *Meister Timpe* R. 1887). Sogar in dem wohl vaterfeindlichsten Buch dieser Zeit, G. MEREDITHS *The Ordeal of Richard Feverel* (R. 1859), in dem der Sohn aufgrund der strengen Erziehung und des mangelnden eigenen Widerstandes im späteren Leben scheitert, ist das Objektiv des Autors vor allem auf den Vater, seine Enttäuschung durch eine gescheiterte Ehe, seine zur Tyrannei ausartende Bezogenheit auf den Sohn und seine Negation des Leiblich-Irdischen gerichtet. Die in I. TURGENEVS *Otcy i deti / Väter und Söhne* (R. 1862) als ein Charakteristikum des Nihilisten Basarov fungierende Ansicht vom Recht auf Widerstand gegen die Väter kehrt in DOSTOEVSKIJS *Brat'ja Karamazovy / Die Brüder Karamasow* R. (1879–80) als Kennzeichen des Nihilisten Ivan wieder, und seine Argumente gegen den Pietätsanspruch seines absichtsvoll als unväterlich gezeichneten Vaters entsprechen Ivans Argumenten gegen Gott, deren gedankliches Resultat die falsche Vaterschaft des Großinquisitors ist.

Annähernd gleichzeitig mit dem Erscheinen des konsequent christlich orientierten Romans von Dostoevskij wurde bereits die unter dem Einfluss der Vererbungslehre entstehende Auffassung von einem unlösbaren Gegensatz zwischen Vater und Sohn vertreten. Für A. STRINDBERG (*Das rote Zimmer* R. 1879) und L. ANZENGRUBER (*Das vierte Gebot* Dr. 1881) sind Eltern nicht als solche zu schätzen, sondern nur, wenn sie es als Menschen verdienen, und bei H. IBSEN (*Gespenster* Dr. 1881) kann sich Vaterverehrung als eine von der Mutter lügnerisch suggerierte Idealisierung eines Unwürdigen herausstellen. C. ALBERTI (*Die Alten und die Jungen* R. 1889) warf zum ersten Mal das Motiv des »verworfenen Erbes« in die Debatte: Der Junge darf nicht gezwungen werden, Berufs- und Geschäftsnachfolger seines Vaters zu werden, sondern hat das Recht, seinen eigenen Weg zu gehen. Da das biologische Erbe nicht verworfen werden kann, hat die Kettung an die Familie Neurose oder Tod zur Folge (G. HAUPTMANN, *Das Friedensfest* Dr. 1890), und nur Flucht in ein von autoritären Repressalien freies Leben kann Rettung bringen (F. WEDEKIND, *Frühlings Erwachen* Dr. 1891). Kennzeichnend für die Stimmung dieser Zeit ist R. DEHMELS Lied *An meinen Sohn* (1893) mit den damals aufsehenerregenden Versen: »Und wenn dir einst von Sohnespflicht, mein Sohn, dein alter Vater spricht, gehorch ihm nicht, gehorch ihm nicht!« Daher ist Trennung von Elternhaus und Vater geradezu Pflicht (S. BUTLER, *The Way of All Flesh* R. 1903; R. ROLLAND, *Jean Christophe* R. 1904–12; Sir Edmund GOSSE, *Father and Son* R. 1907), und nur der Schwächling und der Zelot bleiben unter dem väterlichen Dach (A. GIDE, *Le Retour de l'enfant prodigue* R. 1907), denn nun erhofft nicht mehr der reuig Heimgekehrte die Verzeihung des Vaters, sondern der frei gewordene Sohn verzeiht dem Vater dessen Missgriffe (E. HARDT, *Der Kampf ums Rosenrote* Dr. 1903). Nur durch brutalen Angriff auf Besitz und Leben des Erzeugers kann man diesen ausschalten und zur Selbständigkeit gelangen (B. BJÖRNSON, *Dagland* Dr. 1904; J. M. SYNGE, *The Playboy of the Western World* Dr. 1907), und wo die Kraft zur Auflehnung nicht vorhanden ist, sind die unterdrückten Wünsche des Sohnes nicht weniger mörderisch (A. BENNETT, *Clayhanger* R. 1910).

Theoretisch gestützt wurde diese Entwicklung durch emanzipatorische Bücher wie E. KEYS *Das Jahrhundert des Kindes* (1900) und später P. FEDERNS *Die vaterlose Gesellschaft* (1919) sowie durch S. FREUDS Theorie eines naturgegebenen, auf inzestuöser Neigung zur Mutter beruhenden Hasses gegen den Vater (Ödipuskomplex), die sich zunächst in der vaterfeindlichen Haltung des Expressionismus niederschlug: Vater und Sohn sind Archetypen, ihr Hass gegeneinander ein weder individualpsychologisch noch soziologisch oder moralisch zu erklärender Urhass. Der Sohn will den Vater töten, nicht weil er böse, sondern weil er Vater ist. Die Wünsche der Jungen prägen den monologischen Charakter vor allem der expressionistischen Dramen, in denen die zur Schablone erstarrte Vaterfigur nur noch der Widerstand ist, an dem sich die Revolte entzündet (W. HASENCLEVER, *Der Sohn* Dr. 1914; G. KAISER, *Die Koralle* Dr. 1917; A. WILDGANS, *Dies irae* Dr. 1918; A. BRONNEN, *Vatermord* Dr. 1920; F. WERFEL, *Nicht der Mörder, der Ermordete ist schuldig* Nov. 1920, *Spiegelmensch* Dr. 1920; J. v. d. GLOTZ, *Vater und Sohn* Dr. 1921; H. MANN, *Der Gläubiger* Nov. 1923; H. LERSCH, *Kassops Vater* Erz. 1926). Dabei ist es im Grunde gleichgültig, ob zur Veranschaulichung der Härte des Kampfes der Vater wirklich vom Sohn getötet wird (BRONNEN, WERFEL), ob der Vater dem durch einen Schlaganfall zuvorkommt (HASENCLEVER), ob nur ein Gedankenmord vorliegt (WERFEL, *Spiegelmensch*), ob der Vater stirbt, als er gerade den Sohn erschlagen will (LERSCH), ob der Sohn Selbstmord begeht (WILDGANS) oder ob die Jungen den totalen Triumph über die Alten und ihr Werk davontragen (F. v. UNRUH, *Ein Geschlecht* Dr. 1917, *Stürme* Dr. 1922; J. WASSERMANN, *Christian Wahnschaffe* R. 1919). Die Verwerfung des Erbes wird auf die Ansichten, Wertvorstellungen und Tabus, besonders die sexuellen, der Vätergeneration ausgedehnt, die Lossagung vom Vater steht häufig im Zusammenhang mit dem Gefühl sexueller Mündigkeit. Bei einigen Autoren der auf den Expressionismus folgenden Neuen Sachlichkeit weitet sich der Privathass zum Kollektivhass, und die Jungen suchen die Schuld am Ersten Weltkrieg und seinen Folgen bei der alten Generation, den Machthabern des Vorkriegs (E. GLAESER, *Jahrgang 1902* R. 1928, *Frieden* R. 1930; E. M. REMARQUE, *Im Westen nichts Neues* R. 1929).

Die Ende der 1920er Jahre einsetzende, etwa dreißig Jahre anhaltende Dämpfung der aggressiven Tendenz bedeutet kein Verschwinden des Problems, sondern ein vorübergehendes Bemühen um größeres gegenseitiges Verständnis. HASENCLEVER konnte 1927 in dem Lustspiel *Ein besserer Herr* ironisch auf sein frühes Drama anspielen. Völlig verstummt waren konservative Stimmen schon vorher nicht. Der Vatermord in P. CLAUDELS Drama *Pain dur* (1918), das eine ähnliche Schlusslösung wie HASENCLEVERS *Der Sohn* hat, war als scharfe Kritik an der zeitgenössischen Pietätlosigkeit gemeint, deren Wurzeln CLAUDEL dann in *Le Père humilié* (1920) bloßlegen wollte, indem er als Konsequenz der Vaterfeindlichkeit eine Absetzung des Papstes vor sich gehen ließ. Eine in persönlichen Glaubensvorstellungen und Erfahrungen begründete Variante des Motivs liegt im Werk F. KAFKAS vor, der die Lieblosigkeit der Väter anklagte (*Die Verwandlung* Erz. 1915, *Amerika* R. 1927), den Vaterhass aber als eine Art Sünde verdammte und den mit Mordgedanken spielenden Sohn sich dem Todesurteil des Vaters willig unterwerfen ließ (*Das Urteil* Erz. 1913). In den 1930er Jahren zeigen die Söhne dann etwa bei D. DU MAURIER (*The Loving Spirit* R. 1931, *I'll Never Be Young Again* R. 1932) ein Bemühen um Verständnis für den Vater und seine Leistung, auch wenn sie den Bruch nicht vermeiden, und andererseits ernten bei H. SPRING (*O Absalom* R. 1938) liebevolle, aber in ihren Erziehungsmitteln eigenwillige Väter das Scheitern und den Untergang der jungen Generation. Die neuere englische Dramatik (J. MORTIMER, *A Voyage Round My Father* 1970; P. NICHOLS, *Forget-Me-Not Lane* 1971) zeigt Beispiele für die Einsicht in die Unausweichlichkeit des väterlichen Erbes. Dagegen zeigt Y. REZA in ihrem ersten Roman (*Une désolation* 1999) einen alten, »vom Leben abgehängten« Mann, der sich in bitterböser Rede über seinen faul am Strand liegenden Sohn beklagt und mit der Umwelt und ihrem »Humanismus« abrechnet.

Die jüngste antiautoritäre Welle in Deutschland knüpfte z.T. an den Expressionismus an. Erneut wird die Schuld der Väter bei ihren »falschen« Wertsetzungen, bei ihrer Mitwirkung an Vorkrieg und Krieg und ihrer mangelnden Bewältigung dieser Vergangenheit gesucht. Die schon bei den expressionistischen »Söhnen« hervortretende Kontaktarmut und Isolation wird jetzt, ohne den einstigen Glauben an einen »neuen« Menschen, mit anderen stilistischen Mitteln modisch unterkühlt und hart formuliert, das »Erbe« total verworfen (R. RASP, *Ein ungeratener Sohn* R. 1967; S. LENZ, *Deutschstunde* R. 1968; B. VESPER, *Die Reise* Romanessay 1977); der Hass des Sohnes (P. HÄRTLING, *Hubert oder die Rückkehr nach Casablanca* R. 1978) auf den der Tyrannei hörigen, übermächtigen Vater führt zu einer Handlungsschwäche, die den Sohn hindert, sich von der Erinnerung an den Vater zu lösen und ihn stattdessen der Phantasiewelt von unerreichbaren Filmhelden zutreibt. Mitunter bahnt sich auch ein Wille zum Verständnis an (P. KERSTEN, *Der alltägliche Tod meines Vaters* Erz. 1978; P. HÄRTLING, *Nachgetragene Liebe* 1980); P. MERCIERS im revolutionären Portugal angesiedelter Roman *Nachtzug nach Lissabon* (2004) berichtet von der schwierigen Liebe eines freiheitlich gesinnten Sohnes zu seinem dem tyrannischen Regime anhängenden, unter schwerer Krankheit leidenden Vater, der sich aus Angst vor der Verurteilung durch den Sohn schließlich das Leben nimmt.

Dagegen entwickelt sich der lebenslange Machtkampf zwischen dem hilfsbereiten, aber behinderten Vater und dem wegen seiner Verbrechen öffentlicher Ächtung anheimgefallenen Sohn bei Th. LANG (*Am Seil* R. 2006) schließlich zu gegenseitiger Duldung.

K. Kossow, Der Gegensatz von Vater und Sohn im deutschen Drama, Diss. Rostock 1925; H. Gläsener, La Malédiction paternelle dans le théâtre romantique et le drame fataliste allemand, (Revue de Littérature comparée 10) 1930; K. Wais, Das Vater-Sohn-Motiv in der Dichtung, T. I bis 1880, T. II 1880–1930, 1931; G. Eichbaum, Väter und Söhne in der deutschen Dichtung der Gegenwart, (Hochschulwissen 8) 1931; G. Patt, Der Kampf zwischen Vater und Sohn im englischen Roman des 20. Jahrhunderts, 1938; A. S. Kerr, Victorian Parents and Children, Diss. Columbia Univ. 1952; J. de Vries, Das Motiv des Vater-Sohn-Kampfes (in: K. Hauck [Hrsg.], Zur germanisch-deutschen Heldensage) 1961; A. Fischer, Das Vater-Sohn-Verhältnis in der französischen Literatur des 19. und 20. Jahrhunderts, Diss. München 1963; J. Hermand, Oedipus Lost: Oder der im Massenerleben der Zwanziger Jahre »aufgehobene« Vater-Sohn-Konflikt des Expressionismus (in: R. Grimm/J. Hermand [Hrsg.], Die sogenannten Zwanziger Jahre) 1970; U. Ruf, Franz Kafka. Das Dilemma der Söhne, 1974; H. Tellenbach, Das Vaterbild im Abendland, Bd. II 1978.

Vatermord → Vater-Sohn-Konflikt

Vatersuche

Wie der → Vater-Sohn-Konflikt ein Urphänomen familiärer Beziehungen ist, so erweist sich auch sein Gegensatz, die Verehrung des Vaters und das Streben, ihm ebenbürtig zu sein, als archetypische Spielart menschlichen Verhaltens. Während enges Zusammenleben und der Zwang zur Unterordnung unter den Pater familias oft Reibungen heraufbeschwören, erregen unglückliche, verfolgte, ferne, unbekannte oder auch schon verstorbene Väter im Sohn meist Mitgefühl, Parteinahme, Stolz, Sehnsucht, Idealisierung.

Die vaterbezogene Haltung eines jungen Helden hat sich in dem dichterischen Motiv seiner Suche nach dem fernen, ihm allenfalls dem Namen nach bekannten Erzeuger niedergeschlagen. Die Gründe für eine vaterlose Erziehung sind verschieden. Der Mythos koppelt das Motiv oft mit dem der unbekannten → Herkunft: Der Vater des Helden ist ein Gott, der dem Sohn ein hervorragendes Schicksal als Gründer eines neuen Staates oder Herrschergeschlechts vorherbestimmte. Im Zuge der Rationalisierung solcher Herkunftsmythen verloren sich die mythischen Bezüge weitgehend; allenfalls die übernatürliche Schönheit, Tapferkeit und Klugheit des Sohnes blieben als Zeugnisse seiner hohen Abkunft bestehen, und es formten sich zwei Varianten des Vatersuche-Motivs heraus, die sich wechselseitig immer wieder beeinflussten. Bei der einen wächst der Knabe gänzlich ohne die Eltern, die ihn ausgesetzt haben, auf, wird von Tieren oder einfachen Leuten am Leben erhalten und zieht, als er groß geworden ist, in die Welt hinaus, um seine Eltern, vor allem den Vater, zu suchen; die Aussetzung des Kindes soll meist der Erfüllung einer unheilvollen → Prophezeiung entgegenarbeiten. Im anderen Fall wächst der Knabe bei seiner Mutter auf, die das Kind von einem fremden Helden empfangen hat, der sie vor oder kurz nach der Geburt des – fast immer illegitimen – Kindes verließ und ihm ein Erkennungszeichen (Gnorisma) zueignete, das ihn später dem Vater erkennbar machen soll; der Herangewachsene erfährt von der Mutter das Geheimnis seiner Geburt und begibt sich entweder auf die Suche nach dem Vater oder auf einen Rachefeldzug gegen die Verdränger oder Mörder des Vaters. Der symptomatische Zug, dass ein Mann in der Fremde einen Sohn zeugt, hängt möglicherweise mit dem bei vielen Völkern herrschenden Gebot der Exogamie zusammen, aber auch diese soziale Voraussetzung erscheint in der Dichtung schon rationalisiert: Der Vater befindet sich bei seinem Liebesabenteuer auf einem Kriegszug oder auf der Jagd.

Die Auffindung des Vaters wird in der älteren Literatur fast immer mit einem Zweikampf gekoppelt, der die Ebenbürtigkeit des Sohns beweist. Nur selten kann der Sohn durch Bestehen einer anderen Prüfung die Anerkennung seines Erzeugers erringen. Dieser Vater-Sohn-Kampf hat mit dem Motiv des → Vater-Sohn-Konflikts nichts gemein, denn der Sohn ist nicht von Hass gegen den Vater, sondern von dem sehnlichen Wunsch geleitet, mit diesem berühmten Helden bekannt zu werden und ihm zu gleichen, und nimmt zum Erweis seiner Tüchtigkeit den Kampf mit jedem ihm Entgegentretenden und schließlich auch mit dem ihm unbekannten Vater auf. Der Kampf zwischen Vater und Sohn kann auch nicht als Ausfluss eines verdrängten Hasses interpretiert werden, denn beide kennen sich bei ihrer Begegnung nicht einmal. Die adäquate Lösung des Konflikts ist tragisch: Die Verwandtschaft der Kämpfer klärt sich zu spät auf, und ein grausames Spiel des Schicksals will es, dass die, die sich lieben – denn nicht nur sucht der Sohn den Vater, sondern der Vater erwartet oft auch sehnsüchtig den Sohn –, sich umbringen; meist tötet der Vater den Sohn. Die erstaunliche Verbreitung der einander sehr nahe stehenden Varianten des Motivs in der heroischen indogermanischen Dichtung von Persien über Griechenland nach Russland, Germanien und Irland ist in ihrer Genese umstritten und sowohl mit

Entlehnung wie mit spontaner Entstehung erklärt worden, wobei die Wanderungsthese die meisten Anhänger hat, weil die jeweiligen Abweichungen bei den verschiedenen Nationen sich aus kultur- und literarhistorischen Verschiedenheiten erklären lassen.

Die Schicksale des umgetriebenen Seefahrers ↑ Odysseus kamen dem Vatersuche-Motiv in einem Umfang entgegen, dass es in diesem Sagenkreis gleich in dreifacher Variation erscheint. Bei HOMER (*Odyssee* 8. Jh. v. Chr.) zieht der legitime, durch die Zustände im väterlichen Haus beunruhigte Erbe auf Befehl Athenes aus, um Gewissheit über das Schicksal des Vaters zu erlangen und ihn möglichst zur Hilfe herbeizuholen, findet den → Heimkehrer dann bei der eigenen Rückkehr und vereinigt sich mit ihm, der harmonischen Familienzusammenführung des Schlusses entsprechend, bei der Vernichtung der Freier und der Wiederherstellung der Ordnung. Ein späterer Teil des Troischen Zyklus, die dem EUGAMON VON KYRENE (6. Jh. v. Chr.) zugeschriebene *Telegonie*, erfand entsprechend der in der *Odyssee* enthaltenen → Prophezeiung, dass dem Odysseus der Tod »vom Meer her« drohe, den von der See her kommenden, mit Circe gezeugten Sohn Telegonos, der auf seiner Vatersuche nach Ithaka kommt und den sich ihm abwehrend gegenüberstellenden unbekannten Vater tödlich mit einem Rochenstachel, einer aus der See gewonnenen Waffe, verwundet. Der *Telegonie* setzte schließlich ein noch späterer Autor mit der *Euryalossage*, die von SOPHOKLES dramatisch behandelt worden, aber nur bei PARTHENIOS VON NIKAIA *Erōtika pathēmata* 1. Jh. v. Chr.) überliefert ist, eine den Tod von Sohneshand gleichsam rechtfertigende, entgegengesetzte und dem tragischen Grundschema entsprechende Situation voran: Der von der vergewaltigten epirischen Königstochter Euippe geborene Sohn Euryalos wird bei seinem dem verehrten Vater geltenden Erscheinen auf Ithaka von dem ahnungslosen Odysseus auf Rat der argwöhnischen Penelope getötet.

Als anreichernder und die Weiterentwicklung des Motivs befruchtender Stoff muss hier die Ödipussage (SOPHOKLES, *König Ödipus* 428 v. Chr.) genannt werden, die ohne das Vatersuche-Motiv auskommt, weil ↑ Ödipus sich für den Sohn des korinthischen Königs, bei dem er aufgewachsen ist, hält und daher keinen Anlass zur Vatersuche hat. Jedoch treibt sein Schicksal wie das vieler Vatersuchender auf die symptomatische tätliche Konfrontation mit dem Vater zu: Aufgrund der falschen Deutung eines → Orakels flieht er den vermeintlichen Vater, um ihn nicht zu gefährden, und eilt dadurch der Tötung seines ihm unbekannten wirklichen Vaters entgegen.

Vor allem die Motivation der Kindesaussetzung mit einer unheilverkündenden → Prophezeiung ergab einen immer wieder benutzten Baustein für den Motivkomplex.

Am deutlichsten tritt das tragische Grundmodell des Motivs in den beiden räumlich entferntesten Fassungen zutage, in dem liedhaften Einschub von *Rustam und Suhrab* im *Königsbuch* des Persers FERDAUSĪ (um 1000) und in dem zum Ulsterzyklus gehörigen irischen Gedicht von *Cu Chulain und Conla* (9./10. Jh.). In beiden sind sowohl das Gnorisma, an dem der Vater den unerkannten → Gegner zu spät erkennt, wie der Zug der verweigerten Namensnennung von Bedeutung. Die ursprüngliche magische Bedeutung der Namensnennung als eine von jedem Kämpfer zu vermeidende Preisgabe seiner Person hat hier die Bedeutung der Preisgabe des Makels der unehelichen Geburt angenommen; daher hat die Mutter dem ausziehenden Sohn die Nennung seines Namens verboten. In beiden Dichtungen ahnt der Vater, dass der bereits bewährte Gegner sein Sohn ist, und kämpft zunächst zögernd, greift aber dann, als der Sieg sich dem Jungen zuzuneigen scheint, zu einem letzten kämpferischen Mittel und tötet den Gegner. Etwas erweitert durch Verdoppelung des Kampfes und mit dem Akzent auf der Schande der Herkunft erscheint der gleiche Plot in der vielfach variierten russischen Byline von *Il'ja und Sokol'niček*: Der Sohn tötet, als der Vater ihn im Zweikampf überwunden, am Gnorisma erkannt und über seine außereheliche Herkunft aufgeklärt hat, die Mutter und will den schlafenden Vater ermorden, um seine Schande zu tilgen, aber der Vater kommt ihm zuvor und reißt den Unehrenhaften in Stücke. Im althochdeutschen *Hildebrandslied* (810/820) wurde der Plot dem Handlungszusammenhang der Dietrichsage und germanischer Ehrvorstellung assimiliert: Nicht der Sohn sucht den Vater, sondern der nach langer Verbannung mit Dietrichs Streitmacht heimkehrende Vater trifft auf den inzwischen herangewachsenen Sohn, der mit einem Heer die Landesgrenze verteidigt und stolz seinen Namen nennt, da er ehelich geboren ist und sich seines für tot gehaltenen Vaters rühmen darf. Aus den Gnorismata des suchenden Sohnes sind Ringe und Armspangen geworden, die ↑ Hildebrand zur Beilegung des Streits vergeblich anbietet, denn die Verständigung scheitert am Misstrauen und Hochmut des Jungen, der nicht glauben will, dass der »alte Hunne« sein Vater ist, sodass dieser wissend gegen den Sohn und Erben die Waffen gebrauchen muss. Der Tod des Sohnes, den das fragmentarische *Hildebrandslied* nicht enthält, ist durch die nordische *Ásmundar saga kappabana* (14. Jh.) und die färöische *Snjólskvaeði* überliefert.

Bereits Homer hatte eine versöhnliche Variante des Motivs entwickelt. Als Athen sich in ↑ Theseus einen Nationalhelden schuf und ihn aus einem halbgöttlichen Sohn des Poseidon in einen attischen König umwandelte, erfand man nach dem Muster des Ödipus-Stoffes ein unglückverkündendes → Orakel, dem zu Trotz Aigeus den Sohn in der Fremde mit Aithra zeugt. Die Bewährung, die zur Anerkennung durch den Vater führt, ist auf zwei Stationen verteilt: die Kraftprobe eines wegzuwälzenden Steins, die Theseus in den Besitz der vom Vater hinterlassenen Gnorismata setzt, und die Überwindung des Misstrauens des von der Zauberin ↑ Medea gegen ihn beeinflussten Aigeus, der dem Ankömmling den Giftbecher reichen will, ihn aber im letzten Augenblick am Schwert erkennt. Damit das aus der Ödipussage übernommene Orakel sich bewahrheitet, ohne dass der Nationalheld zum Vatermörder wird, vollzieht sich später der Tod des Vaters mit gewisser Mitschuld des Sohnes, indem dieser das verabredete weiße Segel zu setzen vergisst, der Vater ihn daher für tot halten muss und sich ins Meer stürzt.

Unter dem Einfluss des Christentums enden in mittelalterlichen Dichtungen Vatersuche und kämpferische Konfrontation von Vater und Sohn fast immer mit Erkennen und Versöhnung. Die Pflicht des Ritters zu Barmherzigkeit, Gnade und Mäßigung gegenüber einem unerkannten → Gegner, der nicht eigentlich eine negative feindliche Gestalt, sondern mehr ein Objekt der Bewährung war, ließ einen tödlichen Ausgang vermeiden. Am deutlichsten zeigt sich diese Wandlung am versöhnlichen Ausgang des ↑ Hildebrands-Stoffes, wie ihn die *Þiðrekssaga* (um 1250) und das in Fassungen des 16. Jahrhunderts erhaltene *Jüngere Hildebrandslied* mit der Heimkehr der durch Hildebrands aufklärende Namensnennung Versöhnten zu Mutter und Gattin aufweisen.

In die höfischen Artus- und Gralsepen mit ihren Aventiuren und »Questes« fügte sich das Motiv vorzüglich ein und wurde dabei sowohl im Ganzen wie in Einzelzügen neu begründet. Vatersuche mit versöhnlich endendem Kampf findet sich zuerst in dem zur Karlssage gehörigen *Lai de Milun* (um 1160) der Marie de France, in dem die Versöhnlichkeit sogar noch über das Kampfende hinausgeht, weil der Sohn den besiegten Vater Milun wieder mit dessen einstiger Geliebter, des Siegers Mutter, versöhnen möchte. Die Zusammenführung von Vater und Mutter taucht auch im französischen *Yder*-Roman (nach 1200) auf, in dem Vater und Sohn, ohne sich zu kennen, für die Ehre einer Dame miteinander kämpfen, um derentwillen sich der Sohn auch weigert, dem Gegner seinen Namen preiszugeben. In den meisten übrigen mittelalterlichen Epen ist das magische Motiv der Namensnennung bzw. -verweigerung in dem Sinne neu interpretiert worden, dass Nennung des Namens das Eingeständnis der Niederlage bedeutet. In WOLFRAMS VON ESCHENBACH Epos *Parzival* (1200–10), das Suche und Bewährungskampf – hier in Abweichung vom Grundschema mit dem Halbbruder – dem im Morgenland gezeugten heidnischen Feirefiz zuweist, verweigert der durch Zerbrechen seines Schwertes dem Halbbruder ausgelieferte Parzival die Namensnennung, und es ist ein Zeichen für die »Hövischeit« des Siegers, dass er seinen Namen nicht verschweigt, sondern zuerst nennt. Wie hier das Gespräch der Kämpfenden die Verwandtschaft klärt und Verwandtenmord verhindert, so auch in der dem PSEUDO-WAUCHIER (um 1200) zugeschriebenen Fortsetzung von CHRÉTIENS DE TROYES *Perceval*, in der Wigalois mit seinem Vater Gauvain, der ihn einst mit einem in einem Zelt schlafenden Mädchen zeugte, nach langem Suchen kämpfend aufeinandertrifft und von ihm in einer Kampfpause erkannt wird. WIRNT VON GRAFENBERG (*Wigalois* 1202/05), der den gleichen Stoff nach unbekannter französischer Vorlage bearbeitete, lässt Vater und Sohn am Artushof in ein Lehrer-Schüler-Verhältnis treten und sich später ohne Kampf erkennen. Dagegen beendet im *Wigamur* (um 1250) wieder ein versöhnlich endender Kampf die Vatersuche des als Kind seinen Eltern geraubten und bei einem »Meerwunder« aufgewachsenen Titelhelden. Auszug und Aventiurenweg des jungen Galaad im französischen *Vulgatzyklus* der Gralssage (Anf. 13. Jh.) stehen stärker im Zeichen der Grals- als der Vatersuche, denn Galaad wurde von ↑ Lanzelot und seiner Mutter, der Königstochter Pelle, die seiner Sendung bewusst ihre Jungfernschaft opferte, zu dem ausdrücklichen Zweck gezeugt, dass er das Gralsgebiet vom Fluch erlöse; auch ist das Motiv hier dadurch reduziert, dass dem Vater Aufenthaltsort und Schicksal seines Sohnes bekannt sind.

Das modisch gewordene Motiv drang im späten Mittelalter auch in Stoffe der Heldenepik ein, in deren festeres Handlungsgefüge es sich ungleich schwerer einpassen ließ als in das der höfischen Epen und in denen es sich Verbiegungen und Doppelungen gefallen lassen musste, um untergebracht werden zu können. Dem anonymen Autor von *Galiens li restorés* (13. Jh.) gelang es allerdings, dem Motiv nicht nur einen effektvollen tragischen Ausgang, sondern auch eine die Handlung verknüpfende Funktion zu verleihen: Der von Rolands Freund Olivier während ↑ Karls des Großen Orientfahrt mit der Tochter des Königs von Konstantinopel gezeugte Sohn Galiens findet den gesuchten Vater erst als einen Sterbenden auf dem Schlachtfeld von Roncesvalles, sodass seine »Queste« im Komplex der Karlssage als Bindeglied zwischen Orientfahrt und Roncesvallesschlacht dient. Von einer Frühfassung des *Galiens* scheinen Einflüsse auf den offensichtlich später angefügten zweiten Teil der spanischen *Leyenda de los infantes de Lara* (11. Jh.) ausgegangen zu sein, in der das Vatersuche-Motiv als Seitenstütze für das Hauptmotiv der → Blutrache fungiert: Der in der Gefangenschaft mit einer Maurin gezeugte illegitime Sohn findet mit dem entsprechenden Gnorisma zum Vater, als diesem seine sieben ehelichen Söhne getötet worden sind, die zu rächen nun Aufgabe ihres Halbbruders wird. *Galiens* und *Los infantes de Lara* begründen den alten Zug vom in der Fremde gezeugten Sohn zeitgemäß neu vor dem Hintergrund der Maurenkämpfe und Kreuzzüge, wie er auch in WOLFRAMS VON ESCHENBACH *Parzival* als Verbindung des Franzosen Gahmuret mit der Mohrenkönigin Belakane und dem Sohn Feirefiz auftaucht. Während in der *Leyenda* und in abgeschwächter Form auch im *Parzival* die ursprüngliche Situation, in der sich die fremde Frau dem Ritter selbst anbietet, durchscheint, ist die Prinzessin im *Galiens* durch eine Wette ihres Vaters gezwungen, sich Olivier hinzugeben. Der wie die *Leyenda* in der Sphäre der Maurenkriege spielende, aus einer Chanson de geste entwickelte *Willehalm* (um 1215) WOLFRAMS VON ESCHENBACH enthält ebenfalls, wenn auch nur am Rande, das Motiv der Vatersuche, da sich Rennewart mit seinem ihm unbekannten Vater Terramer misst, den er zu hassen glaubt und dem er innerlich doch durch sein Verharren im Heidentum verbunden ist. In ULRICHS VON TÜRHEIM *Rennewart* (1240/50) dagegen weiß der hier getaufte Rennewart, dass sein Kampfgegner sein Vater ist, und er versucht vergeblich, ihn zu bekehren. Ulrich wiederholte das Motiv in dem Kampf Rennewarts gegen seinen ihm früh geraubten und unbekannten Sohn Malefer, den er während einer Kampfpause im Gespräch erkennt und über ihrer beider Situation aufklärt; der Kampf des Sohns gegen den Vater hat den Durchbruch des Jungen zu seinem Selbst und zu seinem ursprünglichen Glauben zur Folge und darüber hinaus den Sieg der christlichen Partei. Die den Stoff von den vier ↑ Haimonskindern behandelnde italienische Dichtung *La Regina Ancroja* (15. Jh.) führt den im Morgenland gezeugten Sohn Rinaldos bei seiner Vatersuche an den Hof ↑ Karls des Großen, wo er dessen Ritter übermütig herausfordert und während des Kampfes mit seinem Vater seine Identität enthüllt. Dagegen versetzt der Verfasser des anonymen Epos *Baudouin de Sebourg* (14. Jh.) seinen Helden noch kurz vor Schluss des Werkes in den Orient, um das Motiv des Vater-Sohn-Kampfes anbringen zu können. Hier nämlich zieht der Vater aus, um seine einst im Orient gezeugten Söhne zu suchen, von denen eine ganze Anzahl im feindlichen Heer steht und von denen er einen besiegt und sich ihm zu erkennen gibt. Die spätere, wohl aufgrund des Einflusses der dem Autor bekannten russischen *Il'ja-Sage* vollzogene Einführung des Vatersuche-Motivs zeigt sich im *Ortnit* (um 1250) an der mangelnden Verknüpfung mit dem übrigen Plot: Die Hilfe, die der Elbenfürst Alberich dem von seiner → Herkunft nichts ahnenden Sohn bei dessen Brautfahrt zukommen lassen will, könnte auch ohne vorhergehende Vatersuche und den Kampf des wissenden Vaters mit seinem künftigen Schützling geleistet werden. Die nach dem Vorbild des *Wigalois* gestaltete Vatersuche in *Biterolf und Dietleib* (1260/70) beruht mit ihrem kämpferischen Höhepunkt lediglich auf einem Irrtum, da der wie sein Vater dem Heer Etzels angehörige Sohn den unbekannten Vater für einen Vertreter der feindlichen Partei hält; die Erkennung wird durch einen anderen Ritter Etzels herbeigeführt. Diese Unangepasstheit des Motivs steigert sich in der mittelenglischen Romanze *Sir Triamour* (um 1400) zu dessen völliger Entstellung, denn hier erfährt der Sohn erst nach dem ehrenvollen und versöhnlichen Ausgang des Kampfes und nach Rückkehr zu seiner Mutter von seiner verwandtschaftlichen Beziehung zu seinem Gegner, den er nun brieflich zu sich bittet, und in dem späten französischen Prosaroman *Tristan de Nanteuil* (Ende 14. Jh.) wird das Motiv so oft eingesetzt, dass sich die Hauptpersonen ständig auf der Suche nacheinander befinden, auch muss der Titelheld von seinem eigenen als Sarazene aufgewachsenen Sohn erst auf den Tod verwundet werden, um ihn sterbend erkennen und zur Taufe bewegen zu können; der tragische Schluss überrascht in dieser rein abenteuerlichen Kompilation.

Vatersuche ist, wenn nicht ein mythisches, so doch ein abenteuerliches Motiv, fügt sich nur in abenteuerliche Stoffe ein und setzt eine Gesellschaftsordnung voraus, in der Fremdheit zwischen Vater und Sohn keine Seltenheit ist. Mit der Vorherrschaft bürgerlicher Ordnung und bürgerlicher literarischer Thematik wurde das Motiv daher seltener. Jedoch gab und gibt es immer wieder literarische Epochen und Gattungen, in denen es mit jeweils neuen Fundierungen wieder seinen Reiz ausübt. Die Grundsituation der Suche mit ihren Um- und Abwegen ordnet das Motiv vor allem dem Epos und Roman zu, doch findet sich z. B. unter Lope de VEGAS Dramen ein hübsches Beispiel theatralischer Umsetzung (*El hijo sin padre* 1613/18), das zugleich die »Queste« der Rittergeschichten in leicht ironisches Licht stellt. Der Vorwurf illegitimer Herkunft und die damit verbundene Entthronung veranlassen Graf Carlos, in die Bretagne zu reisen, deren Markgrafen man ihm als seinen vermutlichen illegitimen Vater bezeichnet hat, der aber die Vaterschaft abstreitet und ihn an den König von Leon verweist, welcher ihn wiederum zum König von Navarra als dem wahrscheinlichen Vater schickt. Dieser ist gerade gestorben, und die drei Thronprätendenten haben sich geeinigt, zugunsten des ersten ihnen begegnenden Ritters auf die Herrschaft zu verzichten, sodass der gerade auftauchende Carlos König von Navarra wird und als solcher auch sein angestammtes Reich zurückerobert.

FÉNELON lehnte sich mit *Les Aventures de Télémaque* (R. 1699) nicht nur an eine klassische epische Prägung des Motivs an, sondern baute sie sowohl handlungsmäßig wie ideologisch aus, indem er an ihr das vorbildliche Verhalten eines Sohnes und Thronfolgers exemplifizierte. Telemach überwindet alle politischen und erotischen Versuchungen um des Ziels der Vatersuche willen und nimmt sogar einen → Unterweltsbesuch auf sich, um alle Möglichkeiten, den Vater zu finden, auszuschöpfen. Eine erhöhte Frequenz zeigt das Motiv dann erst wieder seit der Romantik, deren Rückgriff auf mythische und historische, vor allem mittelalterliche Stoffe seiner Verwendung günstig war. In C. BRENTANOS frühem Roman *Godwi oder das steinerne Bild der Mutter* (1801/02) findet der elternlose Römer schließlich seine Eltern in dem alten Godwi und dessen einstiger Geliebter Molly Hodefield, wogegen der junge Godwi sich dem leiblichen Vater gegenüber fremd fühlt, aber sich in einer Art geistiger Sohnesliebe zu dem → Einsiedler Werdo Senne hinneigt, der sein Vater hätte werden können, weil er der eigentliche Auserwählte seiner Mutter gewesen war. Auch in der *Chronika eines fahrenden Schülers* (1818) wollte BRENTANO das Schicksal eines seines Vaters früh beraubten Knaben schildern, der auf Wunsch der sterbenden Mutter auszieht, den verschollenen Vater zu suchen. Das Fragment enthält jedoch nur die ersten Schritte auf diesem Weg. Bei Sir Walter SCOTT (*Redgauntled* R. 1824) dient die Reise, die der junge Held zur Aufklärung seiner → Herkunft und des Schicksals seines Vaters unternimmt, in herkömmlicher Weise dazu, ihn in Abenteuer, d. h. eine Stuart-Verschwörung, zu verstricken, und M. ARNOLD entmythisierte in der Verserzählung *Sohrab and Rustum* (1853) den Plot FERDAUSĪS, indem er ihn »romantisierte«: Die Mutter Sohrabs ist keineswegs eine ferne Geliebte seines Vaters, sondern dessen Ehefrau, die jedoch Rustum gegenüber ihr einziges Kind, um es vor dem Kriegertum zu schützen, als Mädchen ausgegeben hat, sodass die »Fremdheit«, die zum Vater-Sohn-Kampf und zum tragischen Ausgang führt, auf dieser mütterlichen Schutzlüge beruht. Als eines der spätromantischen Elemente des jungdeutschen Romans *Der Zauberer von Rom* (1858–61) von K. GUTZKOW kann man die Vaterbezogenheit und Vatersuche des Priesters Bonaventura ansehen, dessen Vater nur vorgeblich am Großen Sankt Bernhard umgekommen ist und sich in Wirklichkeit zu den Waldensern zurückgezogen hat; die endliche Begegnung mit dem Vater an dessen Sterbelager bedeutet für den Sohn eine Bestätigung seines Priesterweges und eine Bekräftigung der Reformideen, die er als Papst durchführen wird. Dagegen vollzog F. M. DOSTOEVSKIJ (*Podrostok/Der Jüngling* R. 1875) die Transponierung des Motivs in die realistische Welt des zeitgenössischen Petersburg, wo die Suche nach einem sich ihm verweigernden Erzeuger einen illegitimen Sohn durch die verschiedensten Milieus führt, bis der zwischen Stolz und Selbstverachtung Schwankende im Räderwerk einer Intrige untergeht.

Moderne Dichtung setzt das Motiv weniger zur Auslösung von Abenteuerreihen ein als – wie es seiner archetypischen Funktion entspricht – zur Anbahnung der Selbstverwirklichung. O. F. WALTER (*Der Stumme* R. 1959) siedelte es in den Randbezirken der modernen Gesellschaft an und lässt den Halbwüchsigen Lothar Ferro, den der Schreck über die vom Vater im Rausch an der Mutter verübte Gewalttat, die deren Tod zur Folge hatte, stumm machte, in verzweifelter Liebe zur Suche nach dem Vater aufbrechen, den er als Haftentlassenen bei einem Trupp Straßenarbeiter im Gebirge wiederfindet und der ihn nicht erkennt. Die Wiederbegegnung bedeutet für den Jungen eine erneute Konfrontation mit den Kindheitserlebnissen und zugleich deren Überwindung: Freiwillig nimmt er die Schuld an einem Diebstahl des Vaters auf sich, als dieser den Verdacht auf ihn gelenkt hat, und vollführt die ihm von den anderen Arbeitern zur Sühne auferlegte Sprengung. Der Vater, der in dem Stummen plötzlich den Sohn erkennt, will ihm helfen und findet den Tod, während der erneute Schock dem Sohn die Sprache wiedergibt; sogar das alte Moment des Gnorismas tritt in Gestalt eines Zündschlüssels wieder in Funktion.

Die sich in der neueren Literatur abzeichnende mehr geistige als abenteuerliche Vatersuche musste sich besonders in den Fällen geltend machen, wo es sich um einen toten Vater handelt, den nicht in der Realität, aber in der Seele zu suchen Aufgabe des Sohns im Sinne der Selbstfindung ist. So steht vor der Seele von SHAKESPEARES Dänenprinzen (*Hamlet* Dr. 1602) das Bild des verehrten, durch einen rätselhaften Tod hingerafften Vaters wie eine stete Mahnung, die sich, dem Geist der Zeit entsprechend, als Aufforderung zur → Blutrache formuliert; doch das weiche Gemüt Hamlets ist durch die vom Vater gestellte Bewährungsprobe überfordert und zerbricht an der Unmöglichkeit, den Vorstellungen des Ermordeten zu entsprechen. Nicht durch die schockartige Wirkung der Erscheinung des Vatergeistes, sondern langsam, sich im epischen Handlungsablauf klärend, wird das geistige Bild des Vaters und die Notwendigkeit einer Imitatio dem Helden von J. Ch. v. GRIMMELSHAUSENS *Der Abenteuerliche Simplicissimus Teutsch* (R. 1669) bewusst: Der gleich nach seiner Geburt von den Eltern getrennte und bei primitiven Bauern Aufgewachsene erhält die entscheidende geistige Prägung durch seinen ihm unbekannten und gleichfalls von der Verwandtschaft nichts ahnenden → Einsiedler-Vater und trägt auf seinem weiteren Lebensweg die geheime Sehnsucht nach diesem menschlichen Leitbild in sich, bis er sich selbst zur Weltentsagung durchringt und nun auch erfährt, wer dieses Streben in ihm angelegt hat. Allein schon diese Idee und dieses Ziel erheben Grimmelshausens Werk über den üblichen Schelmenroman, der zwar ironisch mit dem Motiv der unbekannten → Herkunft des Helden spielt, das der Vatersuche aber ausschließt, weil der → Picaro keiner Zielsetzung und keines ethischen Strebens fähig ist.

Vor dem Hintergrund der romantischen Erneuerung des Motivs und als dessen zynisch-nihilistische Verzerrung muss die Gestaltung der geistigen Vatersuche in den neuerdings A. KLINGEMANN zugeschriebenen *Nachtwachen* (»Von Bonaventura«, R. 1804) gesehen werden, deren Ich-Erzähler, ein Findelkind, schließlich erfährt, dass sein Vater, ein Alchemist, ihn in dem Augenblick mit einer Zigeunerin zeugte, als er den Teufel beschwor, der dann die Patenschaft für das Kind übernahm. Der Leichnam des eben erst identifizierten Vaters zerfällt bei der Berührung in nichts – statt zur Selbstfindung führt die Vatersuche zum endgültigen Verlust des Ich-Bewusstseins. Ähnlich negativ endet die Enthüllung des Vaterbildes für Oswald in H. IBSENS *Gespenster* (Dr. 1881), da sich die Mustergültigkeit des Erzeugers als ein von der Mutter künstlich errichtetes Lügenbild erweist und der Sohn keinen Segen, sondern den Fluch eines tückischen Leidens von ihm geerbt hat, dem er erliegt. Auch Stephen Daedalus in J. JOYCES Roman *Ulysses* (1918–20) läuft einem falschen Ideal nach, wenn er sich einen dädalischen Künstler als Vater erträumt, findet aber, hierin dem Godwi BRENTANOS ähnlich, einen Beschützer und geistigen Vater in Bloom, der freilich ein ganz durchschnittlicher Anzeigenwerber ist; auch für Stephen ist die archetypische Situation der Vaterfindung mit Selbstfindung verbunden. Um die Anerkennung des väterlichen Prinzips – hier im Gegensatz zur Welt der Mutter – geht es wiederum in E. BARLACHS Drama *Der tote Tag* (1912), in dem sich der bei der Mutter aufgewachsene Sohn, durch einen mystischen Boten aus der Vaterwelt alarmiert, von der mütterlichen Aufsicht befreien will und diesen Versuch, den die Mutter zu verhindern sucht, mit dem Leben bezahlt.

Die Auflösung der bürgerlichen Ordnung in den Kriegen und Revolutionen des 20. Jahrhunderts haben Möglichkeit und Notwendigkeit der Vatersuche aus dem mythisch-sagenhaften Bereich in den der Gegenwart gerückt. G. KUNERT schildert in *Im Namen der Hüte* (R. 1967) das Überleben eines halbwüchsigen Jungen, dessen Mutter den unehelichen Sohn eines jüdischen Vaters in einem konfessionellen Heim vor dem Zugriff der Verfolger versteckt hatte und selbst in den letzten Kriegstagen umgekommen war, im zerstörten und eroberten Berlin, in dessen Ruinen ihn der Gedanke an den unbekannten Verschollenen und an die Möglichkeit einer Begegnung gleichsam leitmotivisch begleitet. Sowohl bei P. KERSTEN (*Der alltägliche Tod meines Vaters*Erz. 1978) wie bei P. HÄRTLING (*Nachgetragene Liebe* 1980) wandelt sich Fremdheit des Sohnes gegenüber dem Vater zu einer Einsicht in dessen Liebe; bei Th. HÜRLIMANN (*Das Gartenhaus* Nov. 1989) leistet der Vater Trauerarbeit am Grab des einzigen Sohnes und in des gleichen Autors Roman *Der große Kater* (1998) opfert der Vater am Sterbebett des Sohnes seinen Lebenswillen. Dagegen fühlen sich Geschwister von der Erblast eines toten Bruders (H.-J. ORTHEIL, *Abschied von den Kriegsteilnehmern* R. 1992) und von der Mitschuld einer Schwester (U. HAHN, *Unscharfe Bilder* R. 2003) befreit. Im Gegensatz dazu fühlt sich der Knabe in G. HERBURGERS *Die Messe* (R. 1969) durch das Andenken an den Vater, von dem es heißt, dass er Kommandant eines Konzentrationslagers gewesen sei, bedrückt und glaubt dieses Gefühl durch die Wahl eines fremden Vaters, eines ehemaligen KZ-Häftlings, überwinden zu können. Doch gelingt es ihm nicht, sich durch Verurteilung des Vaters von diesem zu lösen, und der Misserfolg seiner Vatersuche steht auch seiner Heilung und Selbstfindung im Wege. Jedoch kann die Suche nach der Vergangenheit (B. SCHLINK, *Die Heimkehr* R. 2006) auch zur Aufhellung des Schicksals eines Vaters führen und zur Klärung von wichtigen Problemen der politischen Theorie beitragen.

An die mythischen Frühformen des Motivs erinnert die furiose Vatersuche von F. ARRABALS Knaben Fando (*Baal Babylon* R. 1959, *Viva la muerte* Film 1971), dem von seinem durch die Mutter an das Franco-Regime verratenen republikanischen Vater nur eine Tabakspfeife – ein Gnorisma – und die Erinnerung an eine Kindheitsszene am Badestrand übrigblieben. Seine Phantasie häuft visionäre Bilder über des Vaters mutmaßliches Schicksal und hassvolle Vorstellungen über die Mutter, die dem Kind das Leitbild raubte.

A. van der Lee, Zum literarischen Motiv der Vatersuche, Amsterdam 1957.

Verführer und Verführte

Verführung, d. h. die durch Versprechungen, Drohungen, Alkoholeinfluss oder Erregung der Sinnlichkeit erzielte Willfährigkeit eines unbescholtenen Mädchens zum Geschlechtsverkehr, wird meist dann zum Problem, wenn das Liebesverhältnis nicht zu einer dauernden Bindung führt, sondern vom Mann, indem er das Mädchen verlässt, abgebrochen wird. Dieser Fall dürfte in der Frühzeit der indogermanischen Kulturentwicklung, als die gesellschaftlichen Verhältnisse noch mehrere Spielarten einer dauernden Bindung zwischen Mann und Frau zuließen, weniger häufig vorgekommen sein als seit der Vorherrschaft der Monogamie. In vorchristlicher Zeit gab es nebeneinander die »legale« und die »natürliche« Frau und ihre jeweiligen Kinder. Die legale Ehe basierte auf Besitzrechten – die legale Frau war zum Wittum berechtigt, und ihre Kinder erbten –, die natürliche Frau und ihre Kinder genossen zwar diese Rechte nicht, aber es standen ihnen ebenso wie den legalen der Schutz und die Fürsorge des Mannes und Vaters zu. In dieser Einrichtung des Konkubinats genoss daher ein verführtes, d. h. mit eigener Einwilligung ihres Jungfrauentums beraubtes Mädchen den Schutz einer Institution, die es nicht als ehrlos preisgab. Die selteneren Fälle, in denen geschlechtliche Verbindungen nicht zur Ehe oder zum Konkubinat führten, sondern »Hurerei« blieben, wurden allerdings genau wie → Vergewaltigung einer Frau oder → Ehebruch bei vielen Völkern mit schweren Strafen belegt. Die aus dem Konkubinat hervorgegangenen Kinder galten wie die ehelichen als (veräußerlicher) Besitz der Eltern, vor allem des Vaters, der das Recht zu Aussetzung oder Tötung hatte, wenn Armut, zu großer Kinderreichtum oder die Lebensuntüchtigkeit des Kindes eine gemäße Erziehung nicht gewährleisteten. Antike Mythen berichten vielfach von illegitimen Kindern, ohne dass von einem Makel an Mutter oder Kind die Rede wäre. Daher dürfte zu Kindsmord im spezifischen modernen Sinne keine Veranlassung gewesen sein, jedenfalls kennen ihn weder das römische Recht noch frühe deutsche Rechtsquellen.

Das verführte und verlassene Mädchen ist eine Folgeerscheinung der christlichen, im Wesentlichen auf PAULUS beruhenden Einehe, die als einziger Status, in dem »unheilige« und »unreine« Gelüste ungestraft befriedigt werden konnten, ein Zugeständnis an die fleischliche Schwäche des Menschen war. Das Konkubinat bedeutete für die Kirche eine Negierung der geforderten Monogamie (obwohl sie es in Einzelfällen zuließ) und fiel unter den Begriff der Hurerei, eine der Haupt- und Todsünden, die eine christliche Gemeinde beleidigten und nur durch öffentliches Bekenntnis und öffentliche Buße zu tilgen waren. Die Schwere der Strafe fiel dabei besonders auf die Frau, die schon an sich als Tor des Teufels galt und deren Verfehlung an der Frucht ihrer Tat erkannt werden konnte, während der Mann nur bestraft wurde, wenn man ihn ertappte und überführte; ein Eheversprechen vor Zeugen, später ein schriftliches, konnten ihn haftbar machen. Der Kindestötung, wie sie in der Antike kraft elterlichen Rechts geübt wurde, schob AUGUSTINS Lehre, dass ein ungetauftes Kind nicht in den Himmel komme, einen Riegel vor und bildete auch später ein Gegengewicht gegen die Furcht der unehelichen Mutter vor demütigender Kirchenbuße und öffentlicher Schande.

Die für Jahrhunderte maßgebende *Carolina*, Karls V. *Peinliche Halsgerichtsordnung* (1532), bestrafte Unzucht mit Pranger, Auspeitschung und Vorenthaltung der Rechte, die einem unbescholtenen Mädchen zustanden, mit Ehrlosigkeit, die auch den Verführer traf und Arbeitslosigkeit und Armut zur Folge hatte, und ahndete den seit dem 15. Jahrhundert in weltlichen Stadt- und Landrechten auftauchenden Kindsmord mit Tod durch Lebendigbegraben-Werden, Pfählen, Säcken (in einem Sack ertränkt werden). Der französische König Heinrich II. erließ 1556 ein Edikt zur Vorbeugung gegen Kindsmord, nach dem eine »Gefallene« ihre Schwangerschaft anzeigen musste und das mit Abwandlungen von anderen Staaten, z. B. später von Preußen, übernommen wurde. Verheimlichung der Schwangerschaft wie der Geburt galt als Nachweis des Vorsatzes, der Prämeditation, und wirkte strafverschärfend.

Zwei vereinzelt stehende Dichtungen aus vor- bzw. nichtchristlichen Kulturkreisen können als Beispiele für wichtige Strukturmöglichkeiten des Motivs gelten. Im Falle des ↑ Ariadne-Stoffes formuliert es sich in CATULLS Epyllion (*Carmina 64* um 60 v. Chr.) und bei OVID (*Ariadne Theseo* Heroide 20/10 v. Chr.) als Klage der betrogenen Frau, die statt der Hochzeitslieder und des Lebensbundes das Schicksal der Verlassenheit erlebt. Solange die Männer etwas erreichen wollen, scheuen sie sich nicht vor Schwüren, sparen sie nicht mit Versprechungen, aber wenn ihr Begehren gestillt ist, denken sie nicht mehr an ihre Worte; Ariadne hätte nicht einmal Anspruch auf den Rang einer legitimen Gattin erhoben, sondern sich mit der Rolle einer Magd im Haus des Theseus begnügt. Der Anreiz zur elegischen Fixierung des Motivs lag wohl in der besonders ruchlosen, an der aufopfernden Lebensretterin begangenen Art des Treubruchs.

Im Fall des nach einer älteren epischen Tradition (*Mahābhārata, Padmapurana*) von dem Inder KĀLIDĀSA (*Śakuntalā* Dr. 4./5. Jh.) voll ausgebreiteten Handlungsgefüges des Śakuntalā-Stoffes handelt es sich um einen ähnlichen, jedoch irrtümlich begangenen und daher korrigierbaren Verrat, den der König, der Śakuntalā in einer Einsiedelei getroffen und sich ihr nach dem Gandhava-Ritus, einer Art Verlöbnis, verbunden hat, an ihr begeht, als er sie zurückweist, weil er unter dem Einfluss eines Fluches die Erinnerung an sie und das ihr gegebene Versprechen verloren hat und sie ihm auch das ihr übergebene Erkennungszeichen, einen Ring, nicht vorweisen kann. Das Schicksal der sich betrogen Glaubenden wird erschwert durch die Existenz des unehelichen Kindes, das sie – wie viele ihrer Leidensgefährtinnen in späteren Dichtungen – in Waldeinsamkeit heimlich zur Welt bringt. Die griechische wie die indische Verführte sind halbgöttliche Wesen und die den Mythen zugrunde liegenden sittlichen Anschauungen von den später geltenden sehr verschieden. Dennoch sind hier bereits Grundschemata des Motivs entwickelt.

Auch in der mittelalterlichen und frühneuzeitlichen Literatur spielte das Motiv noch keine große Rolle. Zudem brachten es die stark herausgebildeten Standesunterschiede mit sich, dass die Verführung eines Mädchens, das nicht »von Stande« war, literarisch nicht ins Gewicht fiel oder als Überlistung einer »Naiven« stilisiert wurde, sodass komische Wirkungen zu erzielen waren. Dieser Typ reicht etwa von BOCCACCIOS Novelle von Alibech (*Decamerone* III,10; 1348/53) bis zu J. de LA FONTAINES Verserzählung *Comment l'esprit vient aux filles* (*Nouveaux contes* 1674), in der ein Mädchen bei einem Pater lernt, wie man zu »esprit« kommt. In beiden Fällen ist die Naivität des Mädchens, das in ganz anderen Dingen belehrt werden will und auch der Meinung ist, eine solche Belehrung empfangen zu haben, nahezu unglaubwürdig, in beiden Fällen der Verführer ein Geistlicher, in beiden Fällen gehen die Verführten dank ihrer Naivität seelisch intakt, daher »rein«, aus der Belehrung hervor. Das Tragische an der Situation der Verlassenen wurde da gesehen und gestaltet, wo es sich um eine »Dame« handelte, wie etwa in BOCCACCIOS *Elegia di Madonna Fiametta* (entst. 1342/43, Druck 1472) und in den anonym erschienenen *Lettres portugaises* des G.-J. de Lavergne, Comte de GUILLERAGUES. Beides sind monologische Dichtungen, in deren einer Fiametta Erinnerung, Enttäuschung und Hoffnung ähnlich variiert, wie sich in der anderen die portugiesische Nonne in fünf Briefen Verzweiflung, Auflehnung, Stolz und Wunschbilder von der Seele schreibt. Sie lehnen sich mit der elegischen Ausprägung des Motivs an die im Barock in Nach- und Weiterdichtungen verbreiteten Ariadne-Gedichte CATULLS und OVIDS an.

Während im ernsten deutschen Barockdrama Heldinnen, die sich verführen lassen, undenkbar sind und Verführungskünste der Männer an der stoischen Haltung von Märtyrerinnen scheitern (GRYPHIUS, *Catharina von Georgien* 1655; LOHENSTEIN, *Ibrahim Sultan* 1673), gewinnt das Motiv, meist lustspielmäßig abgesichert, in der spanischen Literatur der Goldenen Epoche breiten Raum. Die Doñas der spanischen Komödien geben für ein Eheversprechen leicht ihre Ehre preis, aber sie oder ihre Angehörigen sorgen auch dafür, dass diese Ehre durch Einlösung des Versprechens oder durch blutige Rache wiederhergestellt wird. Meist werden die Entehrten selbst sehr aktiv und folgen verkleidet dem flüchtigen Verführer, um ihn an die Einhaltung seines Wortes zu mahnen (M. de CERVANTES, *Las dos doncellas* Nov. 1613) oder durch eine Intrige dazu zu zwingen. Die Entehrte erscheint z. B. unter falschem Namen und facht durch ihre Ähnlichkeit mit der Verlassenen die Neigung des Ungetreuen neu an (TIRSO DE MOLINA, *Esto sí que es negociar* Kom. 1635), sie setzt ihm sogar in mehreren Maskierungen zu (TIRSO DE MOLINA, *Don Gil de las calzas verdes* 1617, *La villana de Vallecas* 1627), oder sie erwirkt dem Verführer für ein anderes Vergehen die königliche Gnade, wofür der König ihn zur Einhaltung seines Eheversprechens verpflichtet (A. MORETO Y CAVANA, *El valiente justiciero* 1657). TIRSO, der das Motiv in vielen Varianten erprobte, hat auch die nicht lustspielmäßige Lösung mit einer unter Untreue und Ehrverlust leidenden, zurückschlagenden Frau, die als Straßenräuber ihre Beleidigung am ganzen männlichen Geschlecht rächt (*La condesa bandolera o la ninfa del cielo* 1613, *La dama del olivar* Druck 1636) oder den wortbrüchigen Liebhaber selbst tötet (*Bellaco sois, Gómez* 1643), ein Konfliktausgang, der sich auch bei L. Vélez de Guevara (*El amor en vizcaíno, los celos en francés y torneos de Navarra* 1. Hälfte 17. Jh.), und zwar im Rahmen eines Turniers, findet. Die Rächerin ihrer Ehre als Räuberin übernahm J. de Matos Fragoso in *La corsaria catalana* (Mitte 17. Jh.), dessen Heldin den untreuen Geliebten mit seiner Frau an einsamer Küste aussetzt, so wie sie von ihm einst, ↑ Ariadne ähnlich, an einsamem Strand verlassen worden war, und in dem mit D. de Villaviciosa zusammen geschriebenen Drama *A lo que obliga un agravio*, in dem zwei verführte Schwestern als Räuber an den Männern Rache nehmen und dabei die Gunst und den Beistand des Königs gewinnen, der die Verführer zur Einlösung ihres Wortes zwingt. Bezeichnend für die Wertung des Motivs durch das spanische Publikum ist es, dass F. de Rojas Zorrillas *Cada cual lo que le toca* (um 1640) ausgepfiffen wurde, weil er es gewagt hatte, ein verführtes Mädchen sich mit einem anderen Mann verheiraten zu lassen, ohne dass ihre befleckte Ehre wiederhergestellt war.

Das Motiv erhält andere Akzente, wenn zur Untreue des Verführers dessen Standeshochmut tritt, wie in Calderóns Drama *El alcalde de Zalamea* (1610), in dem sich allerdings das Interesse von den verführten Bauerntöchtern auf deren Vater verlagert, der als Dorfrichter die wortbrüchigen Offiziere zwingt, die Mädchen zu heiraten, und sie hinrichten lässt, als sie nach der Hochzeit fliehen wollen, ein Urteil, das vom König nachträglich gebilligt wird. Die wohl berühmteste Verführerfigur, ↑ Don Juan, ist von Tirso (*El burlador de Sevilla y convidado de piedra* 1630) noch als brutaler erotischer Abenteurer gezeichnet und überlistet vier Frauen: eine Herzogin, ein adliges Fräulein, eine Fischerin und ein Bauernmädchen. Der Herzogin und dem Fräulein naht er sich im Dunkel der Nacht in der Maske ihrer Liebhaber und kann dadurch ihre Gunst erschleichen. Die Ehre der Herzogin muss er auf Befehl des Königs durch eine Heirat wiederherstellen, sodass sie nach seinem Tode den Mann ihrer Wahl heiraten kann; bei dem Zusammensein mit dem Fräulein ist es gar nicht zur Verführung gekommen, sodass auch ihrer Ehe nichts im Wege steht, für die beiden »villanas«, die sich durch Eheversprechen blenden ließen, wird keine Rehabilitierung versucht, weil sie keine »Ehre« zu verlieren haben und die Verführung ihre Heiratschancen nicht beeinträchtigt. Die Haltung Tirsos ist im Gegensatz zu der Lopes, der auch Bauerntöchtern eine Ehre und die Möglichkeit von deren Verletzung zubilligt, wohl die für die Epoche typische.

Erst die moralischen und sozialen Forderungen des Aufklärungsjahrhunderts machten die Kluft deutlich, die zwischen einem traditionell übernommenen Normzweck und der gesellschaftlichen Wirklichkeit entstanden war. Die kirchliche und weltliche Pönalisierung der außerehelichen Sexualbetätigung ging unter dem Ansturm humaner und toleranter Ideen langsam zurück, und die jetzt in den Mittelpunkt des Interesses rückenden Gestaltungen des Motivs verwandelten die gutgläubige Naive älterer Prägung in eine im Sinne des paradiesischen Urzustandes »Unschuldige«, die man gern in den unterprivilegierten Schichten fand, während der teuflische Verführer häufig, wenn auch nicht immer, einem höheren Stand angehörte. Diese Einlassung des Standesunterschieds in das Motiv ist eine rein literarische Erfindung, nach neuesten Untersuchungen der gerichtsnotorischen Fälle waren in der Realität Verführer und Verführte fast immer gleichen Standes. Nicht zufällig taucht das Motiv in dem später vielvariierten und ausgesponnenen ↑ Inkle-und-Yariko-Stoff (Sir Richard STEELE im *Spectator* 1711) auf, dessen indianische Heldin den schiffbrüchigen Weißen vor ihren eigenen Landsleuten rettet, seinen Schwüren traut, ein Kind gebiert, aber bei erster Gelegenheit von dem Liebhaber verlassen und sogar in die Sklaverei verkauft wird. Das Motiv des edlen → Wilden steigert hier die Dialektik zwischen Verführer und Verführter. Ebenso symptomatisch ist das erneute Auftauchen des Motivs, nun mit optimistischer Lösung, in dem Durchbruchswerk des bürgerlichen Trauerspiels, G. LILLOS *The London Merchant or The History of George Barnwell* (1731), in dem Lord Falkland auf der vergeblichen Suche nach der früheren Geliebten, die er wegen der Heirat mit seiner reichen, inzwischen verstorbenen Frau verlassen hat, und im Begriff, Selbstmord zu begehen, mit dem aus finanziellen Gründen von der gleichen Absicht geleiteten Mann seiner ihm unbekannten unehelichen Tochter zusammentrifft, eine Begegnung, die zur Aufhebung der beiderseitigen Kümmernisse führt. Die für die Ausformung des Motivs bahnbrechenden Romane S. RICHARDSONS (*Pamela or Virtue Rewarded* 1740, *Clarissa or The History of a Young Lady* 1747/48) stellten die Verführung und ihre Vorgefechte breit dar, sodass trotz der moralischen Gesamttendenz der Leser auf die Kosten seiner erotischen Neugier kam. Die »Unschuld« und Ahnungslosigkeit Pamelas gegenüber den Absichten ihres Dienstherrn geht wie bei ihren »naiven« Vorgängerinnen bis zur Unglaubwürdigkeit, und ihre löbliche Absicht, sein Haus zu verlassen, wird durch die Tatsache, dass sie bleibt, entwertet; entscheidend für die Wirkung war das Fazit, dass ein Mädchen durch Gesinnungsreinheit und Charakterfestigkeit den zum Ehemann gewinnt, der es zunächst nur verführen wollte.

In *Clarissa* kommt es wirklich zu einer Verführung oder eher → Vergewaltigung, denn das Mädchen ist von Lovelace durch einen Schlaftrunk betäubt. Der Autor konnte daher behaupten, dass Clarissa aus dem Ereignis seelisch »rein« hervorgegangen, wenn auch leiblich geschändet sei. Die Heldin liebt gläubig den Mann, den ihr ihre sozial höherstehende Familie versagt hat und der sie dann geradezu aus Rache für die erhaltene Abweisung verführt. Während das Motiv in dem deutschen empfindsamen Roman Ch. F. Gellerts, *Das Leben der schwedischen Gräfin von G ...* (1747/48), nur in einer Randposition erscheint – die verlassene voreheliche Geliebte des Grafen wird mit ihrem Kind von der vorurteilslosen Gräfin ins Haus aufgenommen –, steht es in dem deutschen Musterbeispiel des bürgerlichen Trauerspiels, G. E. Lessings *Miß Sara Sampson* (1755), im Zentrum der Handlung. Wie Richardsons Clarissa erscheint Sara, die sich mit vollem Bewusstsein verführen und entführen ließ, unschuldig und tugendhaft. Sie glaubt, den Verlust ihrer Geschlechtsehre durch eine Heirat wettmachen zu können, aber der wankelmütige Mellefont hält sich für ungeeignet zum Ehemann, und das Publikum ahnt, dass, wenn nicht Saras Tod den Konflikt endete, er auch dieser zweiten Geliebten untreu würde, ähnlich wie der verführerische Prinz in Lessings späterem Trauerspiel *Emilia Galotti* (1772), dem seine Mätresse Gräfin Orsina wünscht, dass die von ihm Verlassenen ihm gemeinsam das Herz herausreißen sollten, das er jeder zu schenken versprach und das er keiner gab. M.-J. Riccoboni hatte die eng an *Clarissa* angelehnte Verführungsintrige seiner *Histoire de Miss Jenny* (1762) durch die Nuance der scheinbar heimlichen, in Wirklichkeit betrügerischen Eheschließung erweitert, die bei ihm durch das Erscheinen der Ehefrau des Betrügers dekuvriert wird. Das gleiche Täuschungsmanöver findet sich in O. Goldsmiths berühmtem *The Vicar of Wakefield* (1766), wo sich die fingierte Heiratszeremonie später entgegen der Absicht des Squire Thornhill als legal herausstellt, sodass Ehre und Recht der Pfarrerstochter gesichert sind, während die Titelfigur von S. von La Roches *Geschichte des Fräuleins von Sternheim* (R. 1771/72) von dem Betrüger, in dessen Garn sie gerät, als sie dem Schicksal einer Fürstenmätresse zu entkommen sucht, später verschleppt und beinahe beseitigt wird. J.-F. Marmontel (*Laurette* in *Contes moraux* 1765) lenkte das Motiv lediglich, dem Gesetz der moralischen Erzählung entsprechend, zum versöhnlichen Schluss einer Ehe zwischen dem Grafen und dem von ihm verführten Bauernmädchen, bei S. Mercier (*L'Indigent* Dr. 1773) dagegen findet sich eine ausweichende

Verbiegung des Motivs, da er den reichen Finanzmann in der Fabrikarbeiterin, die dieser verführen wollte und die ihn und seine Geschenke abwies, die verlorene Schwester entdecken lässt, mit der er das Erbe nicht hatte teilen wollen und für die er nun auf diesem Umweg sein brüderliches Herz entdeckt.

Seit dem Jahr 1774 massierte sich dann das Motiv in der Dichtung des Sturm und Drang, die ihm durch das zusätzliche Moment des Kindsmords einen besonders anklägerischen Charakter verlieh. Die Autoren unterstützten mit ihrer Darstellung der seelischen Nöte von Kindsmörderinnen die Bemühungen von Politikern und Volkspädagogen wie Friedrich II., v. Sonnenfels, C. de Beccaria, Voltaire und Pestalozzi um eine Milderung der Strafe für Kindsmord, der noch immer als Sonderfall des Deszendentenmordes angesehen und erst allmählich fallweise weniger schwer bestraft wurde, bis Anfang des 19. Jahrhunderts Kindestötung als privilegiertes Delikt, auf das nicht mehr die Todesstrafe stand, vom Verwandtenmord abgetrennt wurde. Wie alle Motivgestaltungen des 18. Jahrhunderts, so arbeiten auch die der Stürmer und Dränger mit dem Moment der »Unschuld« der Verführten, die ihr Kind aus Furcht vor dem Verlust der Geschlechtsehre, aus Scham, Verzweiflung, Mitleid mit dem als »verächtlich« geltenden unehelichen Kind tötet und nicht etwa, wie die Prostituierte, um ihrem Gewerbe ungehindert nachgehen zu können. Der »Fehltritt« wird häufig mit einem erhaltenen Eheversprechen entschuldigt, die Drohungen der Eltern, die das Mädchen aus dem Haus treiben, die Schmerzen und die geistige Verwirrung in der Stunde der einsamen Geburt des Kindes, das häufig die Züge des verhassten Verführers trägt und zum Mord inspiriert, werden geltend gemacht.

In der von J. G. Herder für 1773 vorbereiteten Volksliedersammlung sind einschlägige Lieder mit Zügen anzutreffen, die dann in der Kunstdichtung wiederkehren. In *Vom Herren und der Magd* eilt der reuige Ritter zu spät zu dem verlassenen Mädchen, begegnet ihrer Bahre und stößt sich das Messer ins Herz, eine Modellsituation für den Schluss von Goethes Drama *Clavigo* (1774), in dem die Reue des rückfälligen Ehrgeizlings Clavigo auch zu spät kommt, als die vom Leid verzehrte und vom Racheaffekt ihres Bruders erschreckte Marie bereits gestorben ist. In *Es fuhr ein Fuhrknecht über den Rhein* fühlt sich der Bruder, dessen Schwester ein uneheliches Kind geboren hat, in seiner Ehre gekränkt und ersticht sie, und in *Der Wirtin Töchterlein* wird der Mutter ein Schlaftrank eingegeben, damit das Liebespaar freies Spiel hat, Handlungszüge, die in Goethes *Urfaust*

Spuren hinterlassen haben, da Gretchen am Tod der Mutter und des Bruders eine Mitschuld trägt, die allein schon zum Ausbruch des Wahnsinns bei der zum Tod Verurteilten genügen würde; wie Clavigo kehrt Faust zu spät reuig zurück. Auch der Einfluss der Schicksale Clarissas und Pamelas auf das Gretchens ist nachweisbar.

Von den einschlägigen Liedern in PERCYS und HERDERS Sammlungen gingen Traditionsstränge der Kunstballade aus, die das Motiv von einzelnen Situationen her erfassen. Der Leser erlebt den herzlosen Abschied des treulosen Verführers von dem entehrten Mädchen (G. A. BÜRGER, *Der Ritter und sein Liebchen* 1775, *Graf Walter* 1789), Erinnerungsbilder der Verlassenen (BÜRGER, *Des armen Suschens Traum* 1773; Ch. F. D. SCHUBART, *Hannchen und Wilhelm*), ihre Vision des vom Gewissen geplagten Mannes, dem das tote Mädchen erscheint (L. Ch. H. HÖLTY, *Adelstan und Röschen*), den Vorschlag des Skrupellosen, das Verhältnis auch nach seiner Heirat fortzusetzen (MALER MÜLLER, *Das braune Fräulein* 1776) oder die Geliebte mit einem seiner Leute zu verkuppeln, um weiter mit ihr Umgang zu haben (BÜRGER, *Des Pfarrers Tochter von Taubenhain* 1781), den Selbstmord der Kindsmörderin (G. C. PFEFFEL, *Agnes und Lyda* 1790), ihre Verfluchung des Verführers (G. F. STÄUDLIN, *Seltha die Kindermörderin* 1776; A. M. SPRICKMANN, *Ida* 1777; A. G. MEISSNER, *Die Mörderin*), den Weg der Verurteilten zur Richtstatt (F. SCHILLER, *Die Kindsmörderin* 1782) und die Verhütung des Mordes durch Reue des Mannes (SCHUBART, *Das schwangere Mädchen*).

Nahezu die gleichen Situationen verarbeiten auch Drama und Erzählung dieser Jahre. Während der Hofmeister Läuffer (J. M. R. LENZ, *Der Hofmeister* Dr. 1774) sein unheilvolles Techtelmechtel mit der Tochter seines adligen Brotgebers ehrlich büßt sowie bereut und das ebenso leichtsinnige Gustchen nicht nur durch die Güte des Vaters vor dem Selbstmord gerettet wird, sondern auch durch die Großherzigkeit des Verlobten für sich und ihr Kind ein Zuhause findet, kommt des Leutnants v. Gröningseck (H. L. WAGNER, *Die Kindermörderin* Dr. 1776) Wandlung vom ruchlosen Verführer zum ehrlich Liebenden zu spät, um das Kind vor dem Tod und Evchen vor der Verurteilung zu bewahren. Marie Wesener (LENZ, *Die Soldaten* Dr. 1776) gleitet nach der ersten Verführung von Stufe zu Stufe bergab, und es ist nicht sicher, ob ihre Entwicklung durch die verzeihende Liebe des Vaters aufgehalten werden kann. Trifft Maries Verführer die Strafe von der Hand des enttäuschten Bräutigams, so tötet Zerbin (LENZ, *Zerbin oder die neuere Philosophie* Erz. 1776) sich selbst, nachdem das Mädchen, das er ausgenutzt, entführt, sitzengelassen und in Armut gebracht hat, wegen Verhehlung der Schwangerschaft und der Geburt eines toten Kindes hingerichtet worden ist. In allen vier genannten Werken wird die Lektüre zeitgenössischer schöngeistiger und philosophischer Werke mitverantwortlich für das Unglück gemacht. Das Interesse ist gleichmäßig auf Verführer und Verführte verteilt, denn die Verführerpsychologie ist für die Zeit ebenso interessant wie die der verführten Unschuld. Den Verführer kann bereits beim Anblick der zur Richtstätte Geführten Reue ergreifen und zum Geständnis veranlassen, das ihn dann gleichfalls vor den Richter bringt (MALER MÜLLER, *Das Nußkernen* Gedicht 1776), er kann noch nach Jahrzehnten – wie schon in *The London Merchant* – seine Untreue gutmachen, die Verlassene heiraten und dadurch eine Ehe seiner unehelichen Tochter ermöglichen (A. M. SPRICKMANN, *Die natürliche Tochter* Lsp. 1774); es kann ihm aber auch passieren, dass die Wiedergefundene, die nicht ohne innere Beziehung auf der Bühne Lessings Marwood spielt, sich rächt und seine Heirat mit einer anderen hintertreibt (J. M. MILLER, *Geschichte Karls von Burgheim und Emiliens von Rosenau* R. 1778/79). Auch dem Vater des Verführers kann die Aufgabe zufallen, dafür zu sorgen, dass sein Sohn seinen Pflichten nachkommt und dadurch einen Kindsmord verhütet (O. H. Frhr. v. GEMMINGEN, *Der deutsche Hausvater* Dr. 1780).

Verführungs-, Entführungs- und sogar Bordellszenen um die tugendhafte Heldin gehören in der Literatur des ausgehenden 18. Jahrhunderts fast zu den obligaten Ingredienzien. Dabei ist das Vorbild RICHARDSONS für modische Romanautoren wie J. T. HERMES (*Geschichte der Miß Fanny Wilkes* 1766) und J. C. F. SCHULZ (*Albertine* 1789) noch immer bestimmend, und auch die Entehrung Angelikas während des Augenblicks der Bewusstlosigkeit in F. M. KLINGERS *Fausts Leben, Taten und Höllenfahrt* (1791) kann auf *Clarissa* zurückgeführt werden, während ihre Hinrichtung nach ihrer verheimlichten Niederkunft an *Zerbin* erinnert. Die von Richardson ausgehende Tradition gewissenloser Verführergestalten erreichte einen neuen Höhepunkt in *Les Liaisons dangereuses* (1782) von CHODERLOS DE LACLOS und *Les Amours du chevalier de Faublas* (1787–90) von J.-B. LOUVET DE COUVRAY, deren negativer Held im einen Fall nach dem Muster Richardsons im rächenden Duell umkommt, im anderen durch die seinen Seelenfrieden zerstörende Erinnerung an die von ihm geopferten Frauen bestraft wird. Letzter Spross an diesem Traditionsast ist die Titelfigur von L. TIECKS *Geschichte des Herrn William Lovell* (R. 1795–96), Verführer des Naturkindes Rosaline, dem er eine Komödie vom einfachen Leben vorgespielt und dessen Bräutigam er umgebracht hat. Rosaline stürzt sich in den Tiber, und Lovells zweites Opfer, die Braut seines Freundes, bezahlt die Hoffnung, dem Wüstling durch die Liebe den Glauben an die Menschheit wiedergeben zu können, mit einem elenden Tod. Aus speziellem stofflichem Fundus gespeist, vervollkommnet und fixiert L. da PONTE/W. A. MOZARTS *Don Giovanni* (Oper 1787) das Bild des zynischen Verführers – diesmal eines bis zum bitteren Ende in Trotz verharrenden – am Ausgang des 18. Jahrhunderts und gibt dem 19. eine zu vielfacher Ausdeutung anregende Symbolfigur. Bei D. DIDEROT (*Histoire de Mme de la Pommeraye* in *Jacques le Fataliste* R. 1796) tritt dagegen wieder einmal der Typ der sich rächenden Frau in den Vordergrund, einer verführten Witwe, die den Treulosen in die Ehe mit einer verkappten → Prostituierten treibt – den gemeinen Mann zur gemeinen Frau –, ein Manöver, das im Übrigen zum Segen für das Paar wird. Das bürgerliche Rührstück bevorzugte die Motivvariante der späten Reue und Wiedergutmachung, deren Motor das unehelich geborene Kind ist (F. L. SCHRÖDER, *Der Fähndrich* 1782, *Viktorine oder Wohltun trägt Zinsen* 1784; A. v. KOTZEBUE, *Das Kind der Liebe* 1791).

Das Motiv des Verführers und der Verführten, wie es das 18. Jahrhundert entwickelte, besitzt eine sozial- und moralkritische Note auch dort, wo es sich nicht um vordergründige Anklage gegen den höheren Stand handelt, dem der Verführer angehört. Die Stellung des Mädchens in der Gesellschaft, die Schande der unehelichen Mutter und der Makel des unehelichen Kindes sowie die für die Geschlechter geltende doppelte Moral wurden kritisiert und dem Mitgefühl des Publikums nahegelegt, ohne dass, abgesehen von der Strafmilderung für Kindsmord, die Möglichkeit einer Änderung gesehen wurde. Die Kritik an der Ehelosigkeit von Offizieren, Studenten, Hofmeistern konnte nur einen Teil des Übels treffen, und der Appell richtete sich letztlich an das Verantwortungsgefühl und die Noblesse der Männer. Mit dem Akzent auf dieser männlichen Verpflichtung blieb das Motiv bei starkem Rückgang seiner Frequenz und Wegfall der sozialanklägerischen Tendenz in den ersten Jahrzehnten des 19. Jahrhunderts erhalten. In A. v. ARNIMS Drama *Der echte und der falsche Waldemar* (1814) bedeutet die Untreue an der Geliebten eine Sündenschuld des Mannes, durch die er fast in eine zweite Sünde, den → Inzest mit seiner ihm unbekannten Tochter, gerät, die er aber durch Verschwinden von der politischen Bühne und schließlich durch Heirat mit der trotz verbrieften Eheversprechens von ihm Verratenen sühnt. Um die Frage des Gewissens geht es auch in C. BRENTANOS *Geschichte vom braven Kasperl und dem schönen Annerl* (1817), in der Annerl den Namen des adligen Verführers, dessen Kind sie aus Angst vor Schande tötete, standhaft verschweigt, ihr aber der in einen ähnlichen Konflikt verstrickte, in seinem Gewissen getroffene Herzog Pardon gewährt; der Bote, der mit der Gnadenbotschaft zu spät eintrifft, erinnert an den Schluss des Volksliedes *Joseph, lieber Joseph, was hast du gedacht, als du die schöne Nannerl ins Unglück gebracht* (Anf. 17. Jh.). Ähnlich legte V. HUGO (*Le Roi s'amuse* Dr. 1832, Opernbearbeitung F. M. PIAVE/G. VERDI, *Rigoletto* 1851) den Akzent auf die Schuldverstrickung der Beteiligten, denn der an den Verführertaten seines Herrn mitschuldige Narr wird in seiner eigenen Tochter gestraft, die vom König verführt wird, diesen wirklich liebt und gern ihr Leben für ihn opfert, obgleich sie von ihm betrogen worden ist. Auch dem Landmädchen Rosette bei A. de MUSSET (*On ne badine pas avec l'amour* Dr. 1834) erscheint das Leben sinnlos, als es erfährt, dass es nur als Lückenbüßerin und Mittel zur Erregung von Eifersucht gedient hat; es stirbt vor Schmerz. Von der sozialen Komponente befreit findet sich das Motiv in fast unveränderter Position hundertfünfzig Jahre später sowohl bei dem Schweizer U. WIDMER (*Der Geliebte der Mutter* R. 2000), dessen Heldin Clara sich, von dem Verführer nahezu übersehen, für dessen Werk opfert und im Selbstmord endet, wie in B. SCHLINKS Roman *Der Vorleser* (1995), dessen junger Jurist die Wiederbegegnung mit der schuldig gewordenen früheren Geliebten mit deren Selbstmord und der eigenen Lebensschwäche bezahlt.

Im Realismus der Jahrhundertmitte und zunehmend zum Naturalismus hin trat das sozialanklägerische Moment wieder hervor. Im Zentrum steht die Gestalt der Verführten, deren Reaktionen sich in einer breiten Skala auffächern lassen. Unter ihnen ist der Selbstmord die häufigste. Ihn wählt das von einem leichtsinnigen Fremden verlassene Vefele B. AUERBACHS (*Des Schloßbauers Vefele* Erz. 1843) ebenso wie F. HEBBELS Klara (*Maria Magdalene* Dr. 1844), die der enttäuschte Mitgiftjäger sitzenließ, und wie P. BOURGETS Charlotte (*Le Disciple* R. 1889), deren Geliebter sein Wort, mit ihr zu sterben, nicht hält. Auch H. SUDERMANNS Klärchen (*Sodoms Ende* Dr. 1890) tötet sich, nachdem der Maler Janikow sie noch eben vor seiner reichen Heirat verführte, Maggie (St. CRANE, *Maggie: a Girl of the Streets* Nov. 1893), die sich vergeblich als Straßenmädchen durchzubringen suchte, Christine (A. SCHNITZLER, *Liebelei* Dr. 1895), deren Geliebter um einer anderen Frau willen im Duell fiel, und die Geisha Cho-Cho-

San (J. L. Long/D. Belasco, *Madame Butterfly* Dr. 1900, Oper von G. Puccini 1904), die der amerikanische Offizier mit Geld abfinden und der er das Kind nehmen will. Zum Kindsmord greifen die von dem künftigen Gutsherrn verführte, eitle Hetty Sorrel (G. Eliot, *Adam Bede* R. 1859) und die von der Gier der Männer und der eigenen Scham gehetzte Rose Bernd (G. Hauptmann, *Rose Bernd* Dr. 1903). Der Prostitution und dem Laster verfallen Germinie (E. u. J. Goncourt, *Germinie Lacerteux* R. 1865), Gervaise Macquart (E. Zola, *L'Assommoir* R. 1877) und Katja Maslova (L. N. Tolstoj, *Voskresenie/Auferstehung* R. 1899), die jedoch schließlich den Weg aus dem Laster findet. Die Bauerntochter Dahlia (G. Meredith, *Rhoda Fleming* R. 1865) lässt sich unter dem Einfluss ihrer Schwester in die Ehe mit einem Schurken drängen, Nastas'ja Baraskova (F. M. Dostoevskij, *Idiot/Der Idiot* R. 1874) verliert durch ihre frühe Verführung die natürliche Liebesfähigkeit, und Tess (Th. Hardy, *Tess of the D'Urbervilles* R. 1891) tötet schließlich den Verführer, der sie nicht nur einst im Stich gelassen hat, sondern später auch ihre Verbindung mit einem wertvollen Menschen stört. Zu den wenigen, die ihren Fall überwinden und für sich oder für sich und das Kind ein neues Leben aufbauen, gehören H. Sudermanns Magda (*Heimat* Dr. 1893), die auch den späteren Heiratsantrag des Verführers ablehnt, als er sein Kind nicht mit in die Ehe nehmen will, G. Moores Esther (*Esther Waters* R. 1894), O. Wildes »Frau ohne Bedeutung« (*A Woman of No Importance* Kom. 1893), für die eines Tages der um sie werbende Geliebte auch »ohne Bedeutung« ist, und Janáčeks Jenufa (G. Preiss/L. Janáček, *Jeji pastorkyňa* Oper 1904), die, ohne Schuld am Tod ihres Kindes, in Laca Ersatz für den treulosen Stewa erhält. Den Weg in die Zukunft finden auch B. Björnsons Mary (*Mary* R. 1906), die die Erfahrung machte, dass der Verlobte durch ihre Hingabe die Achtung vor ihr verlor und sie wie eine Dirne behandelte, und M. P. Arcybaševs Lida (*Sanin* R. 1907), der der Bruder den Nacken gegen die Vorurteile der Familie steift und ihr das Problem der doppelten Moral überwinden hilft. F. Wedekinds Klara Hühnerwadel (*Musik* Dr. 1907) bekommt von ihrem Musikprofessor und Geliebten den Rat, sich das Kind abtreiben zu lassen, hat jedoch nach der für die Abtreibung verbüßten Gefängnisstrafe die Kraft, das Verhältnis fortzusetzen und ein zweites Kind auszutragen, bis dessen Tod sie zusammenbrechen lässt. An mitteleuropäische Motivvarianten des 18. Jahrhunderts erinnern aufgrund verwandter sozialer Voraussetzungen die vom Gutsherrn verführten und zur bequemeren Fortsetzung des Verhältnisses an einen von seinen Arbeitern verkuppelten Mädchen in des Russen V. G. KOROLENKO *Les šumit/Der Wald rauscht* (Erz. 1886) und des Katalanen A. GUIMERÀ *Terra baixa* (Dr. 1896, Opernbearbg. R. LOTHAR/E. d'ALBERT, *Tiefland* 1903), deren Verführer die Rache der getäuschten Männer ereilt.

Einen Seitentrieb des Motivs stellt eine Gruppe von Werken dar, in denen das aus der illegitimen Beziehung stammende Kind handlungsmäßig in den Vordergrund tritt, aber die Funktion hat, dass der Vater durch die Frucht der Verführung bestraft wird. Der uneheliche Sohn kann es ablehnen, einen Vater anzuerkennen, der ihn einst einem traurigen Schicksal überließ (L. FULDA, *Die Zeche* Dr. 1899); seine feine Rache kann so weit gehen, dass sein Erzeuger ihm die Rettung aus finanzieller Not danken muss (A. DUMAS fils, *Le Fils naturel* Kom. 1858; E. AUGIER, *Les Fourchambault* Dr. 1878), und die illegitime Tochter eines Fürsten (F. M. DOSTOEVSKIJ, *Unižennye i oskorblënnye/Erniedrigte und Beleidigte* R. 1861) verzichtet stolz darauf, von ihrer ihr erst spät bekannt gewordenen fürstlichen Abstammung Gebrauch zu machen und Nutzen zu ziehen. Als späte Strafe des Mannes für seine hartherzige Behandlung der Geliebten enthüllt sich dem Bauern der Vagabund, den er von der Polizei ausheben ließ, sterbend als sein Sohn (L. ANZENGRUBER, *Stahl und Stein* Dr. 1886); andere gewissenlose Väter erleben die Wiederholung des Verführtenschicksals an der eigenen Tochter (K. E. FRANZOS, *Der Präsident* Erz. 1884; L. FULDA, *Maskerade* Dr. 1904). Die uneheliche Tochter eines indischen Nabobs enttäuscht den Vater durch ihr Bekenntnis zu ihrer ihr als Dienerin beigegebenen Mutter und erhofft eine Ehe der Eltern (P. HEYSE, *Das Recht des Stärkeren* Dr. 1883).

Dem Verführer als Inkarnation sinnlicher Genialität, wie ihn ↑ Don Juan repräsentiert, stellte im 19. Jahrhundert der dänische Philosoph S. KIERKEGAARD in der einer Abgrenzung von ästhetischer und ethischer Lebensanschauung gewidmeten Studie *Entweder – Oder* (1843) mit der eingelassenen Erzählung *Das Tagebuch des Verführers* den Typ des »reflektierten« Verführers gegenüber, der außerhalb der Liebesergriffenheit steht, in voller Bewusstheit seine Intrige entwirft und in jede erotische Beziehung das ästhetische Moment des Genusses hineinträgt, wobei ihm die Partnerin nur dazu dient, die erwarteten Reaktionen zu erleben und eine poetische Situation zu erzeugen, die der Arrangeur genießt. Zu diesem Typ gehört schon JEAN PAULS Roquairol (*Titan* 1800–03), dessen Verführungskünste Selbstinszenierungen sind, gehört Julien Sorel (STENDHAL, *Le Rouge et le Noir* R. 1830), der mit kaltem Vorsatz verführt, dann

David Copperfields faszinierender Schulfreund Steerforth (Ch. DICKENS, *David Copperfield* 1849/50), der die naive Emily ver- und entführt und im Elend verlässt, sowie eine so zwiespältige Figur wie Th. FONTANES preußischer Offizier von Wuthenow (*Schach von Wuthenow* R. 1882), der die schöne Mutter liebt, aber die hässliche Tochter verführt und sich dann erschießt, um der Konvenienzehe zu entgehen. An ihn und an Sorel erinnert der Hauslehrer Greslou in P. BOURGETS schon erwähntem *Le Disciple*, der aus psychologischer Neugier und sozialem Ressentiment die Tochter seines adligen Brotgebers verführt und den durch ihn ausgelösten Selbstmord des Mädchens mit dem Tod sühnt. Schwereloser, hochstaplerischer verfährt G. de MAUPASSANTS Georges Duroy (*Bel ami* R. 1885), wenn er die siebzehnjährige Tochter des Besitzers der Zeitung, für die er schreibt, in sein Netz lockt, worauf die Mutter des Mädchens, die er zuvor zu seiner Geliebten gemacht hat, wahnsinnig wird. Das von Kierkegaard betonte ästhetische Moment tritt in H. SUDERMANNS *Sodoms Ende* (Dr. 1891) hervor, das der mangelnden Hingabe an das Gefühl in SCHNITZLERS schon erwähnter *Liebelei*. Schnitzlers »Liebe ohne das Bedürfnis der Treue« spielt in der Literatur der Jahrhundertwende eine große Rolle und nimmt sowohl in des Autors eigenen Behandlungen des ↑ Casanova-Stoffes (*Casanovas Heimfahrt* Erz. 1918, *Die Schwestern oder Casanova in Spa* Lsp. 1919) wie in H. v. HOFMANNSTHALS Abenteurertypen Gestalt an (*Der Abenteurer und die Sängerin* Dr. 1899, *Cristinas Heimreise* Kom. 1910), ferner in G. GUNNARSSONS Pfarrer Ketil (*Die Leute auf Borg*, R. 1912–14), der seine Ziehschwester verführt und diese Tat seinem Vater anlastet, oder in dem Maler Strickland bei W. S. MAUGHAM (*The Moon and Sixpence* R. 1919), der seine Unfähigkeit zur Bindung mit dem Recht des Genialen entschuldigt, so wie B. BRECHTS Baal (*Baal* Dr. 1920) die von ihm faszinierten Frauen ohne innere Anteilnahme hinnimmt und dann beiseiteschiebt. Die amüsante, spielerische Seite des Motivs repräsentiert J. ANOUILHS eitler, sich in Abenteuern betäubender Genießer (*Ornifle ou le courant d'air* Dr. 1955), den sein unehelicher Sohn mit der Pistole zur Rechenschaft ziehen will, den aber ein Herzschlag ereilt, als er gerade dessen Braut verführen will, während das Verführertum von F. MAURIACS Gradère (*Les Anges noirs* R. 1936) ins Teuflische gesteigert ist, da er die von ihm verführte Adila nur heiratet, um mit ihrer Mitgift seine Beziehung zu einer Dirne aufrechtzuerhalten, die er später ermordet. Während Gradère durch einen Geistlichen vor dem seelischen Ruin gerettet wird, weist Stawrogin bei A. CAMUS (*Les Possédés* Dr. 1959) die Vermittlung der Kirche ab und erhängt sich, so wie Chance Wayne bei T. WILLIAMS (*Sweet Bird of Youth* Dr. 1959) willig die über ihn von den zornigen Bürgern verhängte Strafe der Kastration hinnimmt, weil ihm in der Geliebten sein besseres jugendliches Ich entschwindet.

Das Interesse am Verführertyp, seinen Motivationen und seiner Taktik liegt auch dem Drama zugrunde, das das klassische Verhältnis von Verführer und Verführter quasi auf den Kopf stellte, A. STRINDBERGS *Fräulein Julie* (Dr. 1888). Allerdings ist das Interesse in gleichem Maß auf die Verführte gerichtet, sodass das Werk die Mitte zwischen weiblich und männlich betonten Motivvarianten hält. Entscheidend ist, dass hier nicht das naive Mädchen womöglich geringen Standes vom intellektuell überlegenen Mann, womöglich aus dem Adel, überrumpelt wird, sondern dass das geistig überlegene, aber durch Herkunft und Erziehung in seinem Gefühlsleben gehemmte adlige Fräulein der brutalen Sinnlichkeit eines subalternen Mannes sowohl körperlich wie geistig erliegt, denn dieser vermag Julie sogar von der Notwendigkeit einer Sühnung ihres Fehltritts durch Selbstmord zu überzeugen. Verführertum als Abreaktion sozialer Minderwertigkeitskomplexe spielte schon bei STENDHAL, BOURGET und MAUPASSANT eine Rolle, hier aber stellt es die traditionelle sozialkritische Stoßrichtung in Frage.

Im 20. Jahrhundert war Verführung zu einer nicht strafbaren Privatsache geworden und nur noch im Fall einer unbescholtenen Minderjährigen klagbar; die Strafen für Abtreibung und Kindestötung wurden milder, sodass das Schicksal einer Verführten zweifellos an Härte verloren hatte. Dennoch lieferte deren gesellschaftliche und ökonomische Belastung dem Motiv noch Nahrung genug. M. ANDERSEN NEXÖS Ditte (*Ditte Menschenkind* R. 1917–21), selbst uneheliches Kind, geht in Armut und Sorge um ihre unehelichen Kinder zugrunde, ebenso die Heldin von P. M. ROSSO DI SAN SECONDOS *La bella addormentata* (Dr. 1923), obgleich ihr in dem Jugendfreund ein Helfer und Wiederhersteller ihrer Ehre ersteht. Th. DREISERS Roberta (*An American Tragedy* R. 1925) ertrinkt, ehe der untreue ehrgeizige Liebhaber sie ertränken kann; die aus kleinbürgerlichen Verhältnissen stammende Frau Sartoris (E. SCHMITTER, *Frau Sartoris* R. 2000) ist zweimal schmählich sitzengelassen worden, als sie sich um einen Mann der höheren Schicht bemühte; sie erkennt auf der Straße vor ihrem Auto den Verführer und Zuhälter ihrer einzigen Tochter und gibt Gas; die Hysterikerin Mouchette (G. BERNANOS, *Sous le soleil de Satan* R. 1926) begeht Selbstmord, nachdem sie ihren adligen Verführer niedergeschossen und ein totes Kind zur Welt gebracht hat; die von ihrem selbstgerechten Vater mit dem ihr zwangsweise vermählten Verführer nach Amerika abgeschobene Dorothea Angermann (G. HAUPTMANN, *Dorothea Angermann* Dr. 1926) sinkt auf die Stufe der Dirne, des Lockvogels und schließlich der Mörderin ihres Lebensgefährten, und die mit ihren Jungmädchenillusionen an den Falschen geratene Marianne (Ö. v. HORVÁTH, *Geschichten aus dem Wienerwald* Dr. 1931) heiratet dann doch den ihr bestimmten sentimentalen Rohling von Fleischer, der sich seines »Verzeihens« rühmt. Die in den zuletzt genannten Werken noch einmal stark vordringende sozialkritische Tendenz erscheint in B. BRECHTS moritatähnlicher Ballade *Von der Kindesmörderin Marie Farrar* (in *Hauspostille* 1927) wie in einem Konzentrat. Als zentrales Moment der Anti-Stadt-Thematik verwandte das Motiv R. BILLINGER (*Der Gigant* Dr. 1937) im Schicksal der verlassenen Bauerntochter, die den Tod im Sumpf sucht. A. MORAVIAS Adriana (*La Romana* R. 1947) wird eine von der Liebesunfähigkeit der Männer enttäuschte Einsame, des gleichen Autors mit vierzehn Jahren verführte Celia (*La noia* R. 1960) ein schillernder, gefühlloser Vamp; Sigurlina bei H. K. LAXNESS (*Salka Valka* R. 1931) verliert die Lebenskraft und begeht Selbstmord. Während die ländlichen Mädchengestalten des Finnen F. E. SILLANPÄÄ (*Sonne des Lebens* R. 1916, *Silja, die Magd* R. 1931) ihr kurzes Liebesglück trotz seiner Folgen als verklärten Höhepunkt ihres Lebens bejahen und K. DUVES (*Dies ist kein Liebeslied* R. 2002) benachteiligte Anne die ihr aus Mitleid zuteilgewordene dürftige Erfüllung ihrer Wünsche als die Nacht preist, auf die sie »hingelebt« hat, rächt sich F. DÜRRENMATTS Claire Zachanassian (*Der Besuch der alten Dame* Dr. 1956) mit ausgeklügelter, grausamer Intrige an ihrem Verführer.

Auf dem Racheakt einer einst wegen eines unehelichen Kindes Verstoßenen beruht auch die heiter-ironische Version des Motivs in der Komödie *Das Haus in Montevideo* (1953) von C. GOETZ: Die zur Erbtante Aufgerückte vermacht ihr Vermögen der ehrenwerten, vielköpfigen Familie ihres Bruders unter der Bedingung, dass sich in ihr der Fall der unehelichen Mutter wiederholt, und das vergebliche Bemühen, diese Forderung zu erfüllen, wird durch die Entdeckung beendet, dass der Bruder unwissentlich in einer ungültigen Ehe lebt und alle seine Kinder unehelich sind. Während sogar in dieser Komödie noch Verfemung an dem Hochmut der Tugendhaften gerächt werden musste, haben sich seither die Aspekte des Motivs durch die fortgeschrittene Emanzipation der Frau grundlegend geändert. Zwar gibt es noch immer anklagende Versionen (P. TURRINI, *Kindsmörderin* Dr. 1973), die selbst die moderne Frau als Projektion und Opfer einer von Männern regierten Welt ansehen, im Allgemeinen ist jedoch im Zeitalter der sexuellen Freiheit, der Lockerung der Abtreibungsparagraphen und der erbrechtlichen Gleichstellung eines unehelichen Kindes weder die Verführung eines »unbescholtenen« Mädchens noch ein »lediges« Kind ein Unglück, das zu Kindestötung oder Selbstmord Anlass gäbe. Eine Transponierung von HEBBELS *Maria Magdalene* in die Gegenwart (F. X. KROETZ, *Maria Magdalene* Dr. 1973) setzt voraus, dass der heutige Verehrer Klaras sehr wohl über deren Fehltritt hinwegkäme, wenn man diesen durch eine zu baldiger Scheidung bestimmte Scheinehe legalisierte; es ist sogar anzunehmen, dass, trotz Scheitern dieses Projekts, die beiden doch noch zusammenkommen, wenn erst Betroffene und Mitwelt sich mit der Existenz des unerwünschten Kindes abgefunden haben.

R. Lohan, Das natürliche Kind im deutschen Drama, Diss. Wien 1906; F. Radel, Die uneheliche Mutter in der Dichtung und im Leben, (Kultur und Fortschritt 416/17) 1912; O. H. Werner, The unmarried Mother in German Literature, New York 1917; J. M. Rameckers, Der Kindesmord in der Literatur der Sturm-und-Drangperiode, Rotterdam 1927; E. Schröder, Die Pfarrerstochter von Taubenheim, Kiel 1933; St. B. Liljegren, The English Sources of Goethe's Gretchen Tragedy, A Study in the Life and Fate of Literary Motives, Lund 1937; H. Petriconi, Die verführte Unschuld, Bemerkungen über ein literarisches Thema, (Hamburger Romanistische Studien A. 38) 1953; B. Weber, Die Kindsmörderin im deutschen Schrifttum von 1770–1795, 1975; F. Schröder, Die Gestalt des Verführers im Drama Hugo v. Hofmannsthals, 1988.

Verführerin, Die dämonische

Unter den verschiedenen Rollen, die eine Frau bei einer Liebesbeziehung spielen kann, hat die Literatur auch diejenige zu einem traditionsbildenden Schema ausgeformt, die der Frau einen magisch-dämonischen Charakter, eine verführerische Anziehungskraft und gefährliche vampirische Fähigkeiten zuschreibt, durch die sie den Mann nicht nur beherrscht, erotisch an sich bindet und lenkt, sondern auch seine Moral untergräbt und ihn meist ins Unglück stürzt. Allerdings ist diese Bindung nicht immer rein negativ, sondern häufig ambivalenter Art, indem sie dem verführten Mann ein Höchstmaß an Liebeserfüllung beschert.

Schon die altbabylonische Fassung (um 1800 v. Chr.) des *Gilgamesch-Epos* enthält eine Art Vermenschlichung des als Gilgameschs

Rivalen und Gefährten geschaffenen »Tiermenschen« Enkidu durch eine ihm auf Befehl Gilgameschs geschickte Dirne, die ihn durch ihre sexuellen Künste den Tieren entfremdet und ihn verleitet, die Stadt Uruk aufzusuchen, wo er mit Gilgamesch zusammentrifft – ein Verführungswerk, das Verlust und Gewinn des durch den Eros Verwandelten deutlich werden lässt. Einer verwandten Vorstellungswelt gehört in der biblischen Schöpfungsgeschichte die Verführung ↑ Adams, des ersten Menschen, durch Eva an, die für die abendländische Geistesgeschichte zum Symbol des ruinösen Einflusses der Frau wurde. Zwar ist die Verführerrolle im *I. Buch Mose* (10. Jh. v. Chr.) auf zwei Figuren – Eva und den Teufel in Gestalt der Schlange – verteilt, aber Eva ist eben Sprachrohr des Bösen gegenüber dem Mann, der als das Opfer ihrer Überredung erscheint. Dieses sinnfälligste Beispiel für die Frau als Verführerin, das noch durch andere eindrucksvolle Erzählungen des *Alten Testaments* – der Geschichte von Potiphars Weib und ↑ Joseph, der von Dalilas Verrat an ↑ Simson und der von der Weiberknechtschaft des weisen ↑ Salomo – gestützt wird, bildete trotz der wesentlich anderen Haltung der *Evangelien* gegenüber der Frau in der christlichen patristischen Literatur die Grundlage für die Einordnung der Frau als rein sexuelles und daher sündhaftes Wesen. Zu dieser frühchristlichen Auffassung trug die frauen- und ehefeindliche Haltung des Apostels PAULUS wesentlich bei.

Wie der Vordere Orient, so entwickelte auch die griechische Antike sehr früh die Funktion der Frau als Verführerin. ↑ Pandora wird nach der Schilderung HESIODS (*Werke und Tage*um 700 v. Chr.) als Fallstrick und Werkzeug göttlicher Rache zu dem Feuerräuber ↑ Prometheus geschickt, dessen Verführung ihr nicht gelingt, aber dessen Bruder Epimetheus ihr erliegt, sodass sie durch Öffnen ihrer »Büchse«, die alles Unheil enthält, Verderben über die Geschöpfe des Prometheus, die Menschen, bringt und so auch eine Vertreibung aus dem Paradies auslöst. ↑ Helena, die nach Aussage der *Kyprien* aus dem zum Unheil der Menschen geschlossenen Liebesbund zwischen Zeus und Leda hervorging, Freund und Feind fasziniert, auch die trojanischen Greise durch ihre Schönheit für sich einnimmt und nach dem Fall Trojas sogar ihren gehörnten Ehemann Menelaos besänftigt, begreift sich selbst bei HOMER (*Ilias* 8. Jh. v. Chr.) als tragisches Verhängnis für die Männer. Auch das wohl zuerst von STESICHOROS (um 600 v. Chr.) zu Helenas Rechtfertigung verwandte Motiv vom »Trugbild«, das statt ihrer mit Paris nach Troja geflohen sei, belegt den dämonischen Charakter der Halbgöttin. Gestalten wie die der ↑ Circe und der Sirenen in HOMERS *Odyssee* (8. Jh. v. Chr.), die den → Heimkehrer vom Wege abziehen wollen, tragen die gleichen Züge von erotisch attraktiven Männerverderberinnen.

In der Komödie bis hin zu PLAUTUS sind einerseits Ehefrauen zwar tugendhaft, aber Hausdrachen, die den Mann unglücklich machen, andererseits als → Kurtisanen zwar vergnüglich, aber geldgierig und treulos, Frauen also in jeder Weise Fallstricke der Natur. Selbst die Lyrik der römischen Elegiker CATULL, TIBULL und PROPERZ mit ihrer Darstellung der Abhängigkeit des Mannes von bestrickenden, aber unwürdigen Frauen halfen mit, eine Tradition ambivalenter Frauenfiguren zu schaffen, die sogar neben Minnesang und Petrarkismus nicht erlosch.

Auch schuf sich die Antike schon regelrechte weibliche Dämonen – zwischen Gott und Mensch stehende Wesen mit übernatürlichen Kräften –, die den hypnotischen, vampirischen Zügen der Frau Gestalt gaben. PHLEGON VON TRALLES (*Peri thaumasiōn kai makrobiōn* 2. Jh.) erzählt vom Geist einer verstorbenen jungen Frau, der einige Monate nach ihrem Tod einen Liebesbund mit einem Gastfreund ihres Elternhauses einging, den die Frau im Leben anscheinend geliebt hatte und der sich vor Gram tötete, als die Beziehung durch die Eltern der Toten gestört wurde. Wie hier das Gespenst einer Toten dem Mann zum Verhängnis wird, so bei FLAVIUS PHILOSTRATOS II. (*Das Leben des Apollonios von Tyana* um 200) die Empuse, die den Jüngling Menippos umgarnt und zur Heirat bewegt. Auch in diesem Fall wird die Verbindung durch Hinzutreten eines Dritten gestört, durch des Jünglings Lehrer Apollonios, der entdeckt hat, dass Menippos durch die Liebe aufgezehrt wird, und die Frau am Hochzeitstag anklagt, eine nach Menschenfleisch und -blut trachtende Empuse oder Lamie zu sein, worauf sie Gespenstergestalt annimmt und gesteht. Grundzüge dieser beiden spätantiken Varianten leben bis in die neueste Literatur fort.

Neben der spezifisch biblisch-christlichen und klassisch-antiken Tradition liefert ein international verbreiteter Märchentyp einen Beitrag zur Formung des Motivs auch in der Kunstliteratur. Es handelt sich um den Typ der sog. Mahrtenehe, bei dem Liebes- oder auch Ehebande zwischen einem Mann und einem Elementarwesen, einem Vogelmädchen, einer Wasserfrau oder einer Fee, unter Bedingungen geschlossen werden, die sich dann für den Sterblichen als unerfüllbar erweisen, weil sie ein großes Maß blinden Vertrauens verlangen. Die Übertretung des Gebots macht den Bund zunichte, und das Elementarwesen kehrt zu seinen Ursprüngen zurück. Zwar gibt es innerhalb dieses Typs auch Varianten, in denen der männliche Partner der Dämonenwelt angehört, aber vorherrschend und wohl auch älter ist die dämonische Rolle der Frau. Vogelmädchen und Wasserfrauen sind ehefeindlich und treulos, sie entwischen dem Mann, der sie, meist durch Raub ihres Kleides, an sich gebunden hat, gern wieder, wie die Schwanjungfrauen der *Völundarkviða* der *Edda* Wieland und seine Brüder nach sieben Jahren verlassen; Feen dagegen sind liebesgierig, lassen den Mann nicht wieder aus ihrem Netz und rächen sich für Abweisung wie die Elfin in der berühmten dänischen Volksballade *Erlkönigs Tochter*, die den zu seiner Hochzeit reitenden Oluf durch einen Schlag aufs Herz in einen Todkranken verwandelt. GOETHE (*Der Erlkönig* Ballade 1782) hat gerade die weiblichen Züge des tödlich umgarnenden elbischen Wesens weitgehend getilgt.

Die vielleicht älteste Fixierung des Mahrtenehe-Typus ist die von PINDAROS (*Nemeen* Mitte 5. Jh. v. Chr.) und später von STATIUS (*Achilleis* 80–92) überlieferte Sage von Peleus, der die Nereide Thetis im Ringkampf, bei dem sie immer neue Gestalten annimmt, besiegt und mit ihr den ↑ Achilleus zeugt, den sie durch Baden im Styx unsterblich machen will, dabei von Peleus überrascht wird und daraufhin wieder in den Palast ihres Vaters Nereus verschwindet. Ist in dieser griechischen Variante zwar nicht ausdrücklich gesagt, dass Peleus ein Tabu verletzt hat, so stellt die Göttin Gangā im indischen *Mahābhārata* (5. Jh. v. Chr. – 4. Jh. n. Chr.), die sich dem König Pratipa angetragen hat, aber dann dessen Schwiegertochter wird, ihrem Gemahl Sāntanu die Bedingung, dass er sie nicht tadeln und an nichts hindern darf, ein Gebot, das er erst verletzt, als sie auch das achte der von ihr geborenen Kinder ins Wasser wirft; sie erklärt ihm, dass sie die Kinder zur Erlösung der Götter von einem Fluch geopfert habe, dass er dieses achte Kind behalten, sie aber verlieren werde, und entschwindet. Eine etwas abweichende Version enthält das *Rigveda* (2. Jh. v. Chr.) mit der Geschichte von *Pururavas und Urvaci*, einer Nymphe, die bei der Eheschließung verlangte, dass ihr Gemahl Pururavas sich ihr nie nackt zeigen dürfe. Als feindliche Mächte erreichen, dass sie ihn nachts beim Strahl eines Blitzes nackt erblickt, entschwindet sie und weist den Verzweifelnden, als er sie nach langer Suche wiedergefunden hat, mit den für ihren Charakter kennzeichnenden Worten ab: »Mit Weibern gibt es keine Freundschaft, sie haben Herzen wie Hyänen.«

In jüngeren, in die Kunstdichtung eingegangenen Varianten des Märchentyps wurde den dämonischen Frauen eine Erlösungssehnsucht, der Wunsch nach dem Besitz einer menschlichen Seele, zudiktiert, eine wohl christliche Uminterpretation. Die Erlösung muss durch den Geliebten erfolgen, der einer Prüfung unterzogen wird, bevor eine endgültige Bindung eingegangen werden kann oder eine Bindung sich als dauerhaft erweist. Die Prüfung scheitert häufig an der menschlichen Unzulänglichkeit des Mannes oder auch an dessen Liebe zu einer menschlichen Rivalin. In diesen Fällen ist die Verführerin positiver gezeichnet, doch bleibt die Liebesbeziehung zu ihr ambivalent. Das Motiv erweist sich als eine merkwürdige Mischung von Alptraum und Wunschtraum, wie sie GOETHE (*Der Fischer* Ballade 1779) in der Formulierung »Halb zog sie ihn, halb sank er hin« charakterisierte. Die vorherrschende Art des Verbots, dass der übernatürliche Partner nicht vollständig oder nur zu gewissen Zeiten gesehen werden darf, beruht auf der Geheimhaltung nichtmenschlicher körperlicher Merkmale; in der Erzählung von *Pururavas und Urvaci* hat also bereits eine sinnwidrige Vertauschung der Rollen stattgefunden. In der ↑ Melusine-Sage (JEAN D'ARRAS, *Histoire de Lusignan* 1387/94) muss der Ehemann die Nixe samstags meiden, weil sie sich dann in ein Schlangenweib zurückverwandelt, und als Ritter Raimond sie dennoch belauscht und ihren Makel entdeckt hat, bedarf es nur einer Stunde des Unmuts, in der ihm ein Vorwurf entfährt, dass er seine Frau auf immer verliert, deren Söhne gewisse Kennzeichen nichtmenschlicher Abkunft an sich tragen. Der Ritter Partonopier (DENIS PYRAMUS, *Partonopeus de Blois* vor 1180; KONRAD VON WÜRZBURG, *Partonopier und Meliur* um 1275) soll die schöne Meliur, die sich in einem fremden Schloss nachts zu ihm legt, während dreier Jahre nicht sehen und erst dann ihr Gatte werden; seine Mutter, die er nach dem ersten und nach dem zweiten Jahr des Zusammenlebens besucht, hält ihn für verhext und lässt ihn durch einen Geistlichen ermahnen. Als er daraufhin sein Versprechen bricht und sieht, dass Meliur keine Teufelin ist, wird er von ihr verstoßen und erst nach langer Bewährung wiederaufgenommen. Ähnlich ist der Ablauf in dem epigonalen Epos *Friedrich von Schwaben* (Anf. 14. Jh.), in dem es sich um ein Vogelmädchen handelt, das der Held ein Jahr lang nicht sehen und von dem er auch nicht sprechen darf; die Wiedervereinigung beider nach dem Verstoß gegen das Gebot erbringt wie im *Partonopier* die Verwandlung des Vogelmädchens in einen Menschen. Auch die »rauhe Else« im *Wolfdietrich* (um 1250) ist ganz nach der Formel »Erlösung durch treue Liebe« modelliert. Nebenbuhlerschaft zu einer menschlichen Gefährtin des Mannes spielt bereits im irischen

Ulster-Zyklus (9./10. Jh.) eine Rolle, in dem Cu Chulain von der Frau des Meergottes Mananaan verführt und dadurch seiner Frau Emer entfremdet wird, zu der er später zurückkehrt. Die Dreieckssituation bestimmt auch den gleichfalls auf keltisches Sagengut zurückgehenden *Lai de Lanval* (vor 1167) der MARIE DE FRANCE: Lanval darf von seiner Beziehung zu einer Fee nicht sprechen, als er aber die ihm angetragene Liebe der Königin Guinevere verschmäht, entlockt man ihm das Geheimnis, das er unter Beweis stellen muss; er wird daraufhin von der Geliebten verlassen, springt jedoch hinter ihr aufs Pferd, und beide verschwinden im Feenland. Nah verwandt ist die Motivversion in den beiden anonymen *Lai de Graelent* und *Lai du Désiré*, der englischen Version *Sir Launfal* (14. Jh.) sowie in den deutschen Versromanen *Seifrit von Ardemont* des ALBRECHT VON SCHARFENBERG und *Gauriel von Muntabel* des KONRAD VON STOFFELN (beide spätes 14. Jh.). Wo das märchenhaft optimistische und auch christlich getönte Erlösungsthema ausgeschieden wurde, wie in der wohl von EGENOLF VON STAUFFENBERG verfassten Geschlechtersage *Peter von Stauffenberg* (um 1320), kommt die verderbenbringende Seite der Dämonenbuhlschaft wieder stärker zum Vorschein: Die Fee kann als heidnisches Naturwesen keine Ehe eingehen und verlangt, dass er das Liebesverhältnis verheimlicht und nicht heiratet. Als er – ähnlich wie Lanval – eine ehrenvolle Verbindung ausschlägt und sein Geheimnis preisgibt, veranlassen ihn die Drohungen der Geistlichkeit zur Heirat mit der Fee, worauf ihm diese den Tod prophezeit, der drei Tage nach der Hochzeit eintritt. F. de la Motte FOUQUÉS an diese Sage anknüpfende *Undine* (1811) führte im Geist der Romantik wieder den Wunsch der Nixe nach einer Seele ein und schob die Schuld am tragischen Ende dem Ritter zu, da er sich von Undine ab- und einer gewöhnlichen Menschenfrau zuwendet. Enttäuschte *Nixenliebe* (F. RÜCKERT, 1812) wie gefühlskalte (G. KELLER, *Seemärchen* 1854) wirken in spätromantischen Gedichten nach.

Andere dämonische Verführeringestalten ergaben sich vielfach aus der Pervertierung antiker Mythen und ihrer Verschmelzung mit germanischen und keltischen Vorstellungen. Das von PHLEGON VON TRALLES berichtete Liebesbündnis mit einer Toten taucht in der Karlssage als Bestrickung ↑ Karls des Großen durch seine verstorbene Geliebte (*Karlmeinet* um 1320; PETRARCA, Brief v. 21.6.1333) auf, die in einer Version des 14. Jahrhunderts sogar als Nymphe bezeichnet wird, von bürgerlichem Geschmack allerdings in eine Ehefrau verwandelt wurde, die eine neuere Überlieferung mit Fastrada identifizierte: Ein in ihrem Haar oder unter ihrer Zunge verborgener Zauberstein übt den Liebeszauber aus, bis ein Geistlicher ihn nach Öffnung des Sarges entfernt und Karl von seiner sündhaften Bindung erlöst.

Dämonisierungen der Göttin Venus und ihrer Statuen führten zu der zuerst von WILLIAM VON MALMESBURY (*De Gestis regum Anglorum libri quinque* 1124/25) erzählten Sage vom Venusring oder der ↑ Statuenverlobung, in der ein Ring, beim Spiel an die Hand einer Venusstatue gesteckt, zur Bindung an die Liebesgöttin führt, die den Ehevollzug des Römers verhindert. Der Stoff ist in der Romantik weitergebildet worden. Eine Dämonisierung erfuhr auch die aus VERGILS *Aeneis* bekannte Gestalt der Sibylle von Cumae, die bei ANDREA (de' Mangabotti) DA BARBERINO (gest. um 1431, *Guerino il Meschino* Druck 1473) und A. de LA SALLE (*Le Paradis de la reine Sibylle* in *La Salade* um 1440) zur männerberückenden Beherrscherin des Sibyllenberges geworden ist, die abenteuernde Ritter in ihren Bann zieht und deren Liebe den Verlust der ewigen Seligkeit zur Folge hat. Während Guerino die Absolution des Papstes erhält, wird der Ritter bei de La Salle nicht losgesprochen, kehrt in den Berg zurück und ist der Hölle endgültig verfallen, bevor die päpstliche Gnadenbotschaft eintrifft. Verwandtschaft und wohl auch Einfluss der in Deutschland beheimateten Venusberg- und ↑ Tannhäusersage sind ebenso wenig zu bestreiten wie der Autoren Bekanntschaft mit dem französischen Roman *Huon d'Auvergne* (um 1341), in dem der Held auf der Suche nach dem Weg zur Hölle der Dämonenfürstin ins Netz geht, von deren Spukwelt er sich nur durch Anrufung Christi befreien kann. Durch Kontamination von Sibyllenberg und Venusberg in der deutschen Literatur des 15. Jahrhunderts wurde die Motivvariante populär, fand ihren bedeutendsten Niederschlag im *Tannhäuserlied* (1515) und wurde ebenfalls in der Romantik erneut fruchtbar. In die Nachfolge spätmittelalterlicher Buhlteufel gehört ↑ Armida in TASSOS *Gerusalemme liberata* (1581), die vom Höllenfürsten zu dem ausdrücklichen Zweck ausgesandt ist, die christlichen Ritter zu bestricken und vom Kampf gegen die Heiden abzuhalten. ↑ Fausts Verbindung mit ↑ Helena (*Historia von D. Johann Fausten* 1587), einer gleichfalls »verteufelten« antiken Gestalt, gehört zu den Liebesbeziehungen, die der Teufel statt einer christlichen Ehe erlaubt und ermöglicht. Noch die schöne Biondetta in J. CAZOTTES *Le Diable amoureux* (R. 1772) ist eine durch die Verwegenheit des Helden ins Leben gerufene Inkorporation des Teufels, von deren Reizen sich Don Alvare nur mit Mühe lösen kann.

Echte Dämonen aus dem Zwischenreich zwischen Göttern und Menschen werden mit dem Barock seltener, stattdessen nehmen Frauen menschlicher Herkunft dämonische Züge an, das Dämonische wird psychologisiert. Gern heften sich diese Züge an Figuren der Antike, die schon zu ihrer Zeit magische Kennzeichen trugen. Das Verhältnis zwischen Antonius und ↑ Kleopatra bei SHAKESPEARE (*Antony and Cleopatra* Dr. 1607) wie bei LOHENSTEIN (*Cleopatra* Dr. 1661) zeigt den für das Motiv typischen Charakter dämonischer Verstrickung, und die Heldin verfügt über raffinierte Verführungskunst. ↑ Semiramis entdeckt bei CALDERÓN (*La hija del aire* Dr. 1664) selbst ihr dämonisches Vermögen, dem König und Vasall verfallen sind, und wird von ihm bis zur unmenschlichen Aufopferung ihrer Liebhaber getrieben; die Agrippina (*Agrippina* Dr. 1665) und die ↑ Sophonisbe (*Sophonisbe* Dr. 1680) D. C. v. LOHENSTEINS vereinigen in sich die furchterregende, scheinbar übernatürliche Zauberkraft, die aus mythischem Bereich stammt, mit einer Schönheit, die als magisch empfunden wird. J. MILTON zeigte in *Samson Agonistes* (Dr. 1671) die verführerische, verderbliche Macht Dalilas und die Hassliebe zwischen ihr und ↑ Simson. An der Angehörigen eines beargwöhnten Volkes wie den Juden Spaniens dämonische Verführungskunst darzustellen, legte die Beziehung zwischen Alfons VIII. und der ↑ Jüdin von Toledo der spanischen Literatur nahe: Verfallenheit des Königs und seine Entzauberung durch einen Engel schilderte schon die älteste Fassung in der Romanze des L. de SEPÚLVEDA (1551) und daran anschließend Lope de VEGAS Drama *Las paces de los reyes y judía de Toledo* (1616). Auch in den seltenen, mehr oder weniger zeitgenössischen Stoffen tauchte der dämonische Frauentyp auf. J. MARSTON (*The Insatiate Countess* Dr. 1613) zeichnete in Countess Isabella eine Männerverderberin großen Stils. Während sie um ihren ersten Mann »trauert«, verführt sie vier Ehrenmänner, wobei sie den vierten durch das Angebot ihrer Gunst dazu bringt, den zweiten und dritten, deren Freundschaft durch Eifersucht nur vorübergehend getrübt worden ist, zu töten. A. GRYPHIUS (*Cardenio und Celinde* Dr. 1657) stellte Celinde als eine mit allen Mitteln arbeitende Verführerin dar, die eine bis zur Raserei und Verzweiflung gehende Liebe einzuflößen vermag.

Der Rationalismus des 18. Jahrhunderts war an dämonischen Figuren wenig interessiert. Er sah vor allem Verführungskunst mehr auf der Seite des Mannes und bevorzugte die Korrelation zwischen einer weniger dämonischen als intriganten zerstörerischen Männlichkeit und weiblicher leidender Unschuld, also die Partner → Verführer und Verführte im Stil der Romane RICHARDSONS. Was vom weiblichen Dämon übrigblieb, war das »Machtweib«, die bis zum Verbrechen leidenschaftliche Frau, der aber das eigentlich Zauberische meist fehlt. Die Reihe der Machtweiber wird von G. LILLOS skrupelloser Lebedame Millwood (*The London Merchant* Dr. 1731) eröffnet, die den unschuldigen Lehrling Barnwell zum Betrug an seinem Lehrherrn anstiftet und ihn dann selbst der Polizei denunziert. Die durch sie angeregte Marwood in G. E. LESSINGS *Miß Sara Sampson* (Dr. 1755), die, von unbürgerlicher Leidenschaft und dem Ressentiment der alternden Frau getrieben, die jugendliche → Nebenbuhlerin und Rivalin beseitigt, ist teilweise auch nach der zauberkundigen antiken ↑ Medea modelliert und trägt sogar Merkmale der mittelalterlichen Frau-Welt-Allegorie. Nicht dämonisch, nur leidenschaftlich und mit einem Einschlag nach der »schönen Seele« hin ist die durch ihr Schicksal als Verlassene ähnliche Gräfin Orsina in LESSINGS *Emilia Galotti* (Dr. 1772), während Gräfin Bardonia in J. Ch. BRANDES' *Olivie* (Dr. 1774) ganz zum Stammbaum Millwood-Marwood des bürgerlichen Trauerspiels gehört, indem sie ihren eigenen Mann, ihren Helfer Riccaldo und ihre Stieftochter als ihre Konkurrentin töten lässt oder zu töten versucht, um die Liebe des Marchese Leontio zu gewinnen, aber versehentlich selbst an dem für andere bestimmten Gift stirbt. Im Zusammenhang mit den bürgerlich-realistischen Genres zu sehen ist auch D. DIDEROTS *Ceci n'est pas un conte* (Teildruck 1773, vollst. 1798) mit der ihre Verehrer kalt lächelnd ausnehmenden, seelisch unberührt bleibenden Mme Reymer. Ch. M. WIELANDS »liebenswürdige« Verführerin Danae (*Die Geschichte des Agathon* R. 1766) dagegen weist weniger gewaltsame als naturhaft zauberische Züge auf und bedeutet für den Helden eine ↑ Circe und »griechische Armide«, und auch bei Wielands Lais in *Aristipp und einige seiner Zeitgenossen* (1800/01) wirken geistige Fähigkeiten und sinnliche Reize bei der Verführung der Männer zusammen.

Die für den Sturm und Drang typische und vorbildhafte Gestalt der Adelheid in GOETHES *Götz von Berlichingen* (Dr. 1774) ist zwar einerseits ohne die Vorgängerinnen Marwood und Orsina nicht denkbar, repräsentiert aber andererseits wieder einen an barocke Tradition anschließenden Typ von schlechthin verderbenbringender Natur, der weder aus Machtstreben davor zurückschreckt, einen Mann seinem Freund und seiner Verlobten abspenstig zu machen, noch zur Befriedigung der Sinnenlust davor, sich von ebendiesem Mann durch Ehebruch und Gattenmord mit einem Lächeln für den nächsten Liebhaber zu befreien. Adelheid wirkte nicht nur auf entsprechende Frauenfiguren der Sturm-und-Drang-Dichter – auf F. M. KLINGERS Kurtisane Gianetta (*Otto* Dr. 1775), die als politischer Lockvogel dient, auf MALER MÜLLERS Markgräfin Mathilde (*Golo und Genovefa* Dr. 1776), die sich ihren geheimen Geliebten zum hörigen Werkzeug macht, und auf W. HEINSES edler wirkende Fiordimona (*Ardinghello und die glückseligen Inseln* R. 1787), die im Gefolge ihrer Liebesaffären eine Fährte von Kabalen, Racheakten und Morden hinterlässt –, sondern sie spiegelt sich auch noch in vielen Verführerinnen der romantischen Literatur. Sie lässt sich wiedererkennen in der mit den Männern spielenden Fortuna des Trivialromans (J. F. E. ALBRECHT, *Lauretta Pisana* 1789; F. BOUTERWEK, *Graf Donamar* 1791–93) und in Comtesse Blainville, der Verführerin in der frühromantischen *Geschichte des Herrn William Lovell* (1795–96) von L. TIECK.

Die Zusammenhänge mit Motiven der Trivialliteratur, die an *William Lovell* erkennbar sind, gelten auch für die Hochromantik und deren Beziehungen zur Volkssage, bei denen die Trivialliteratur häufig Mittlerin war und den verschütteten Zugang zu den nun wieder in der Literatur willkommen geheißenen Teufelinnen, Dämoninnen und Wesen aus der Naturmythologie öffnete. Aus dem Volksglauben, und zwar dem des Balkans, stammen die in diesen Jahren literarisch entdeckten Vampire, Nachfahren der Lamien und Empusen der Antike, der gängigen Vorstellung nach Verstorbene, die Opfer des Teufels geworden sind, ihr Dasein verlängern und nicht verwesen, da sie sich vom Blut der Lebenden nähren; mit ihrem Blutdurst verbinden sich perverse sexuelle Gelüste. Der – in der Literatur meist weibliche – Vampir begegnet zuerst als Episode in R. SOUTHEYS *Thalaba the Destroyer* (Verserz. 1797), eindringlicher in GOETHES »vampirischem Gedicht« *Die Braut von Korinth* (1798), in dem das Gespenst der von der Mutter Gott geweihten Tochter eine Nacht mit dem ehemaligen Bräutigam verbringt und ihm scheidend den Tod ankündigt, da sie sein Herzblut gesaugt hat; das »Vampirische« ist Goethes Zutat zu dem von PHLEGON übernommenen Plot. Inhaltlich nahe steht dieser Ballade die Erzählung *Die Totenbraut* bei J. A. APEL/F. A. LAUN (*Gespensterbuch* 1810–12), in der die Verstorbene in Gestalt ihrer lebenden Schwester den Grafen verlockt, diese zu heiraten, aber in der Hochzeitsnacht deren Platz einnimmt und den untreuen Liebhaber tötet. Des Engländers S. T. COLERIDGE rätselhafte Lady Geraldine (*Christabel* Verserz. 1816) lässt sich im nächtlichen Wald von der jungen Christabel mitnehmen und strebt nach enger menschlicher Berührung, durch die sie zusehends kräftiger und schöner wird und den Vater Christabels umgarnen kann, und Coleridges Zeitgenosse J. KEATS (*La belle dame sans merci* Ballade 1820) lässt ähnliche vampirische Züge an der Fee erkennen, die dem Ritter auf den Wiesen begegnet, ihn in eine Grotte führt und in Schlaf lullt: Im Traum sieht er bleiche Könige und Ritter, die ihn vor der Schönen warnen, und beim Erwachen findet er sich allein, bleich und fiebrig; Keats schuf auch eine Versbearbeitung der Lamiengeschichte des PHILOSTRATOS (*Lamia* 1820). Der Graf in *Cyprians Erzählung* von E.T.A. HOFFMANN (in *Die Serapionsbrüder* 1819) muss eines Tages entdecken, dass die Frau, die sich mit ihrer Mutter bei ihm einnistete und die er heiratete, sich nachts auf dem Friedhof von einer Leiche ernährt, und er wird von ihr, als er ihr dies vorhält, mit den Zähnen angefallen; er schleudert sie zu Boden, sie stirbt, er wird wahnsinnig. Von der Liebesbeziehung zu seiner verstorbenen Ehefrau, die sich von des Ehemanns und seiner Kinder Blut ernährt, erzählte E. RAUPACH in *Laßt die Toten ruhn!* (Erz. 1823), und Th. GAUTIER behandelte ein verwandtes Thema mit weniger aufgesetzten Effekten und größerer psychologischer Wahrscheinlichkeit in der Novelle *La morte amoureuse* (1836): Von der Liebe zu einer Toten bewegt, küsst der Priester Romouald ihre Leiche und verbindet sie sich dadurch, sodass sie von nun an seine nächtliche Geliebte ist und ihre Existenz von seinem Blut fristet, das er sie trinken lässt; erst dadurch, dass ein befreundeter Priester die vermodernde Leiche vor den Augen des Liebenden ausgräbt, wird der Bann gebrochen. Nicht um wirklichen, sondern um psychologischen Vampirismus handelt es sich in der Erzählung *Berenice* (1835) des von den englischen Romantikern, besonders Coleridge, beeinflussten E. A. POE, wobei offenbleibt, ob das Vampirische an Berenice nicht nur als Zwangsvorstellung des Erzähler-Ichs zu deuten ist.

Neben der fast modischen Vampirvariante kamen auch die aus der Volksdichtung stammenden Verkörperungen des Motivs wieder zur Geltung. Die Teufelin Mathilde, die in dem Schauerroman *The Monk* (1796) von M. G. LEWIS in Gestalt einer Novize den frommen Abt zum Bruch des → Keuschheitsgelübdes verführt, gehört in die Tradition der Buhlteufel, die dem Autor durch zwei Erzählungen der populären deutschen Autorin B. NAUBERT (*Der Fischer* 1792, *Ottbert* 1793) vermittelt wurde. »Zauberin« nennt C. BRENTANO (*Lore Lay* Ballade 1801) das schöne Mädchen, das die Männer zu deren Unglück an sich zieht und das gern sterben möchte, um diesen Fluch zu brechen; in einer späteren Dichtung Brentanos und bei

H. HEINE (Gedicht 1824) ist ↑ Lorelei dann eine Fee oder Wasserfrau, die den Rheinschiffern verderblich wird. Als verkappte Wasserfrau und Frau-Welt-Dämonin enthüllt sich auch das dem Ritter Wetter vom Strahl so gefährlich werdende Fräulein Kunigunde von Thurneck in H. v. KLEISTS *Das Käthchen von Heilbronn* (Dr. 1808), und F. de La Motte FOUQUÉS liebenswerte Nixe (*Undine* Erz. 1811) verstrickt zwar den Ritter Huldbrand nicht in böser Absicht, bringt aber doch Unglück über den ihr innerlich Fremden. Zwischen Göttin und Dämonin steht J. v. EICHENDORFFS Gräfin Romana (*Ahnung und Gegenwart* R. 1815), deren Lockruf und zauberische Umgebung für Graf Friedrich ähnlich bedrohlich werden wie die magische Schönheit der Gräfin Diana für den Grafen Gaston (*Die Entführung* Nov. 1839), der dem von ihr gelegten Feuer, das beide vernichten soll, ernüchtert entkommt. Teuflische Verführung übt auch das als Zauberin angeklagte Mädchen in P. MÉRIMÉES *Une Femme est un diable* (1825) auf einen jungen Priester aus, der um ihretwillen einen Amtsbruder tötet. Die romantische Erneuerung des mittelalterlichen Stoffs der ↑ Statuenverlobung oder doch der Darstellung der magischen Faszination eines Bildes oder Monuments wurde schon erwähnt (EICHENDORFF, *Das Marmorbild* Nov. 1819; MÉRIMÉE, *La Vénus d'Ille* Nov. 1837). E.T.A. HOFFMANN (*Der Elementargeist* Erz. 1822) wählte als dämonischen Liebespartner eines Offiziers einen Teraphim, eine Puppe, die sich nachts in eine bestrickende Frau verwandelt und deren Besitz Viktor die ewige Seligkeit kosten würde, wenn nicht ein frommer → Bedienter ihn zweimal dem Bann entrisse; Hoffmann bezieht sich ausdrücklich auf CAZOTTE.

Die von der Romantik geschaffenen spukhaften Verführerinnen wirkten bis in den Realismus hinein fort. Der nicht mehr wegzudenkende vampirische Grundzug, den H. HEINE auch der Sphinx, die ihn küsst und zugleich mit ihren Tatzen zerreißt (Einleitungsgedicht zu *Buch der Lieder*[3] 1835), sowie der Frau Venus (*Tannhäuser* in *Neue Gedichte* 1844) und der an ↑ Johannes des Täufers Tod schuldigen Herodias (in *Atta Troll* 1847) beilegte, erhielt prononcierteren Charakter in Gedichten von Ch. BAUDELAIRE (*Le Vampire, Les Métamorphoses du vampire* in *Les Fleurs du Mal* 1857 u. 1861) und A. Ch. SWINBURNE (*Satia te sanguine* 1866) sowie in I. S. TURGENEVS unheimlicher Erzählung *Prizraki/Gespenster* (1864), in der das egoistische, liebesuchende Wesen Ellis das Erzähler-Ich nachts im Fluge über die Welt trägt, ihm dabei das Blut aussaugt und immer lebendiger und körperhafter wird, bis der Tod es einholt und der Mann krank zurückbleibt. Der lesbische Einschlag von COLERIDGES Lady

Geraldine taucht in J. Sh. LE FANUS *Carmilla* (Erz. 1872) wieder auf. Unter die Nachtmahren kann man die jugendliche Verführerin in GOGOL's *Vij/Der Wij* (Erz. 1835) rechnen, die nachts als Hexe herumreitet und einen Studenten zwingt, drei Nächte lang an ihrer Leiche die Totengebete zu sprechen, während sie aus dem Sarg aufsteht und ihn erfasst, bis er in der dritten Nacht seiner Angst und den von ihr mobilisierten Unholden erliegt. Die »Grüne« in H. IBSENS *Peer Gynt* (Dr. 1867) gehört in das nordische Sagenreich der Trolle, zieht den Helden von seiner Geliebten ab in eine Bindung, die ihm für immer im Wege steht.

Mit dem Abstand zur Romantik traten mythische Varianten zurück und präsentierte sich das Dämonische mehr in psychologisierter Form, ob die »Femme fatale« nun als tyrannische Hysterikerin auftrat (Ch. DICKENS, *Barnaby Rudge* R. 1841), ob als exotisch attraktive Asoziale, die den Mann um Ehre und Selbstachtung bringt (P. MÉRIMÉE, *Carmen* Nov. 1849; Oper von G. BIZET 1875), ob als Dame der Gesellschaft (I. S. TURGENEV, *Dym/Rauch* R. 1867; E. ZOLA, *Nana* 1880), als Liebeszauberin → Maria Stuart, deren Liebhaber sein Todesurteil als Erlösung ansieht und die Begnadigung durch die Geliebte zerreißt (A. Ch. SWINBURNE *Chastelard* Dr. 1865), als heimliche Verbrecherin (M. E. BRADDON, *Lady Audleys secret* R. 1862), als erlösungsbedürftige Gralsbotin (R. WAGNER, *Parsifal* Oper 1882), als berückende Tänzerin ↑ Salome (O. WILDE Dr. 1893; Oper R. STRAUSS 1905), als sphinxhafte Mondäne (J. K. HUYSMANS, *A Rebours* R. 1884) oder auch als früh verführtes, missbrauchtes Mädchen, das sich an den ihm verfallenden Männern rächt (F. M. DOSTOEVSKIJ, *Brat'ja Karamazovy/Die Brüder Karamasow* R. 1879–80).

Den unheilbringenden Frauen in der Literatur des Fin de Siècle entsprach ein passiver Männertyp. Schon bei H. IBSEN ist außer in *Peer Gynt* auch in den Gesellschaftsdramen die Verderberin anzutreffen, sei es als → Amazone mit hysterischen Zügen (*Hedda Gabler* Dr. 1890), sei es als trollartig mutwillige, das Alter verführende Jugend (*Baumeister Solneß* Dr. 1892). Bei F. v. SAAR (*Requiem der Liebe* Nov. 1896) besteht die Falle für den sensiblen reifen Mann in einer kalten, durch bürgerliche Ehe getarnten Männergenießerin. Eine ganze Skala verführerischer Frauen weist G. HAUPTMANNS Werk auf, in das viel Selbsterfahrenes eingegangen ist: das neuromantisch elbische Rautendelein, halb befeuernde Muse, halb verderblicher Abgrund (*Die versunkene Glocke* Dr. 1896), als Höhepunkt naturalistischer Charakterisierungskunst die triebhafte, habsüchtige und treulose Magd Hanne Schäl (*Fuhrmann Henschel* Dr. 1898), eine spinnenhaft ihr Netz stellende halbreife Tänzerin (*Atlantis* R. 1912), eine somnambulische Empuse und Doppelgängerin einer geliebten Toten (*Winterballade* Dr. 1917). Der nixenhafte Typ findet sich bei dem Norweger B. BJÖRNSON (*Laboremus* Dr. 1901) wieder, bei dem er sich zur Bezauberung der Männer des Klavierspiels bedient, während der Russe V. J. BRJUSOV (*Ognennyj angel/Der feurige Engel* R. 1908, S. PROKOFJEV, Oper 1919–27) vor historischem Hintergrund eine mit hypnotischen Kräften ausgestattete Hysterikerin zeichnete, deren Verurteilung als Hexe nicht ganz zu Unrecht erfolgt.

Ohne Beihilfe von Magie, allein durch die Gewalt des Sexus ruiniert Conchita Perez bei P. LOUŸS (*La Femme et le pantin* R. 1898) alte und junge Liebhaber, ähnlich wie die erst durch den eigenen Mann zu Verführungskunst und Sinnlichkeit angereizte Schmugglersfrau von K. SCHÖNHERR (*Der Weibsteufel* Dr. 1914), die dann sowohl den Ehemann als auch dessen Gegner vernichtet. Die bekannteste Repräsentantin des so gewandten Motivs in der modernen Literatur schuf F. WEDEKIND (*Der Erdgeist* Dr. 1895, *Die Büchse der Pandora* Dr. 1902) mit Lulu, Abglanz der griechischen Urverführerin und zugleich Prototyp des modernen Vamps. Den untersten Schichten entstammend, repräsentiert sie den nackten Geschlechtstrieb, durch den sie ohne Rücksicht auf sittliche Werte und Ordnungen eine Reihe intellektueller Männer ruiniert, um dann auf das Niveau der Straßendirne abzusinken und der Rache der Männer in Gestalt eines Lustmörders zu verfallen. Vom Schlage Lulus sind H. MANNS »Künstlerin« Kathi Fröhlich (*Professor Unrat oder das Ende eines Tyrannen* R. 1905), die aus dem ehrbaren Schulmann einen lächerlichen verliebten → Alten und rachsüchtigen Anarchisten macht, ferner die sich den Nimbus der Schönen Seele gebende und mit der geistigen Potenz ihres impotenten Mannes schmückende Alpha R. MUSILS (*Vinzenz und die Freundin bedeutender Männer* Posse 1924), die knabenhafte, kalte Studentin Temple Drake W. FAULKNERS (*Sanctuary* R. 1931), das herzlose Callgirl N. WESTS (*The Day of the Locust* R. 1939), die behexende Femme fatale H. MILLERS (*Sexus* R. 1949) und die ähnlich bestrickende Tanja B. LEBERTS (*Kannst Du* R. 2006). Dagegen entlastete Ch. WOLF (*Medea – Stimmen* R. 1996) die dämonische Täterin der Antike von ihren Untaten und verwandelte sie in ein Opfer feindlicher Diskriminierung.

Die Tradition der mythischen Dämoninnen blieb jedoch auch jenseits der Neuromantik lebendig. Sie führt von der ambivalenten Gestalt der Bergkönigin H. v. HOFMANNSTHALS (*Das Bergwerk von Falun* Vorspiel 1906, Tr. 1933) und der modernen Variante der Melusine-Gestalt bei Y. Goll (Dr. 1922, danach Oper von C. H. Henneberg/A. Reimann 1971) über eine vampirartige Figur wie die Jugendgeliebte Nathanaels bei H. Stehr (*Nathanael Maechler* R. 1929) zu dem wirklichen weiblichen Vampir, von dem bei L. Durrell (*Balthasar* R. 1958) Pusewarden erzählt, dass sein Freund ihm auf einem venezianischen Maskenball begegnet und von seiner Liebe beglückt gewesen sei, bis des Mannes von Bissen entstellter Leichnam den Unsegen seines Liebesglücks dokumentierte. Die schon von P. Heyse (*Der Salamander* Nov. 1867) dem Klangzauber ihrer Worte zugeschriebene Anziehungskraft einer sich andrängenden »Sirene« erneut sich – mit zeitgemäßen Mitteln – bei D. Wellershoff (*Die Sirene* Nov. 1980) in der Telefonstimme einer Verborgenen, die einen Professor in seiner Arbeit bedroht und zu Hörigkeit zwingt, oder als »Medusa« (*Zikadengeschrei* Nov. 1995) ihren Betrachter zu »versteinern« trachtet; auch bei dem von einer früheren Liebesbeziehung schuldig-unschuldig abhängigen Juristen (B. Schlink, *Der Vorleser* R. 1995) wirkt das Erlebte auf seine Zukunft zerstörerisch. Dagegen beruht der unheimliche Reiz, den in H. M. Enzensbergers Erzählung *Josefine und ich* (2006) eine fünfundsiebzigjährige Sängerin auf einen dreißigjährigen Wirtschaftsexperten ausübt, auf einem rätselhaften Erlebnis, das der Erzähler kommenden Generationen empfiehlt.

E. Tegethoff, Studien zum Märchentypus von Amor und Psyche, (Rheinische Beiträge u. Hilfsbücher zur Germanischen Philologie u. Volkskunde 4) 1922; A. H. Nethercot, The Road to Tryermaine, A Study of … Coleridge's ›Christabel‹, Chicago 1939; O. Dinges, Peter von Stauffenberg, Diss. Münster 1948; E. R. Clapp, La belle dame as Vampire, (Philological Quarterly 27) 1948; W. Pabst, Venus und die mißverstandene Dido, (Hamburger Romanistische Studien 40) 1955; K. S. Guthke, Die Herkunft des weltliterarischen Typs der »Femme fatale« aus der deutschen Volkssage, (Germanisch-Romanische Monatsschrift NF 6) 1956; W. Stammler, Frau Welt, Eine mittelalterliche Allegorie, (Freiburger Universitätsreden 23) 1959; L. Röhrich, Die gestörte Mahrtenehe (in: L. R., Erzählungen des späten Mittelalters) Bern 1962; D. Sturm/K. Völker (Hrsg.), Von Vampiren und Menschensaugern, 1968; U. Frieß, Buhlerin und Zauberin in der deutschen Literatur des 18. Jahrhunderts, 1970; H. Fritz, Die Dämonisierung des Erotischen in der Literatur des Fin de siècle (in: Fin de siècle, Hrsg. R. Bauer u. a.) 1977; C. Lecouteux, Das Motiv der gestörten Mahrtenehe als Widerspiegelung der menschlichen Psyche (in: Vom Menschenbild im Märchen) 1980; M. Vogel, ›Melusine … das läßt aber tief blicken‹. Studien zur Gestalt der Wasserfrau, Bern 1989; C. Hilmes, Die femme fatale, 1990; F. R. Max, Undinenzauber (Anthologie), 1991; C. Bork, Femme fatale und Don Juan, 1992; J. Blänsdorf (Hrsg.), Die »Femme fatale« im Drama, 1999.

Vergewaltigung → Frauenraub, Frauennötigung

Verleumdung → Frau, Die verschmähte; Gattin, Die verleumdete; Nebenbuhlerschaft; Verräter

Verräter

Etwas verraten bedeutet, ein Geheimnis einem anderen Menschen mitzuteilen. Das braucht an sich nicht moralisch belastend zu sein und könnte geschehen, ohne dass der Verratende in einer näheren Beziehung zu dem Geheimnis und seinem Bewahrer steht. Das Substantiv Verräter hat jedoch eine eindeutig negative Bedeutung und besagt, dass der Verratende an die Sache oder die Menschen, die er verrät, durch ein Treueverhältnis gebunden ist, aber nicht mehr zu dieser Treue steht, vielleicht nie gestanden hat, und in böser Absicht geheimes Wissen, das ihm anvertraut ist, an Menschen weitergibt, die dieses Wissen zum Schaden der Menschen oder der Sache, an die der Verräter gebunden ist, benutzen. Im nicht buchstäblichen Sinne kann Verrat jedoch auch bedeuten, dass ein Mensch sich von einer Person oder Sache, der er sich verpflichtet hat, abwendet, ohne sie einem Dritten auszuliefern, sondern sie auf eigene Faust hintergeht, sie zu ihren Ungunsten beeinflusst und ihre Zielsetzungen vereitelt.

Selten vollzieht sich Verrat als offener Parteiwechsel, denn der Verräter muss damit rechnen, dass seine bisherige Partei seine Tat zu verhindern sucht. Seine Rolle setzt daher die Fähigkeit zur Verstellung voraus. Der Verräter verschleiert gegenüber denjenigen, die er verrät, seine wahren Absichten, ist doppelzüngig, trägt eine Maske. Um Vertrauen bei seinem ahnungslosen Opfer zu erwecken, muss er Ehrlichkeit, Gutwilligkeit, Treue und ähnliche positive Eigenschaften vortäuschen, muss also diese Qualitäten kennen. Er ist fähig, den Charakter und die Absichten der Menschen, die er verrät, sowie derer, denen er verrät, zu erfassen und ihre Schwächen auszunutzen. Im Unterschied zum triebhaften Verbrecher besitzt er bewusst den Vorsatz zum Bösen, im Unterschied zum → Hochstapler trägt er seine Maske nicht aus Lust an Spiel und Mimikry, sondern zum bösen Zweck. Triebfedern des Verrats können sein: Ehrgeiz und Machtstreben, die eine bestimmte Position wünschenswert erscheinen lassen, Missgunst, die mehr darauf aus ist, dem anderen zu schaden als für sich selbst Vorteile zu erringen, Leidenschaft und Eifersucht, die zur Beseitigung eines → Rivalen treiben, → Geldgier, denn Verrat wird meist bezahlt, schließlich von denen des Verratenen abweichende Ziele und Gesinnungen, die den Verrat als in einem höheren Dienst notwendig begründen könnten.

Die Funktion des Verräters im wörtlichen Sinne ist die eines Mannes zwischen zwei Parteien, in der sich die Aufgaben des Zwischenträgers und des falschen Ratgebers vereinen und die meist einer Nebenfigur zufällt. Allerdings kann seine Rolle so viel Bedeutung gewinnen, dass er die Partei, der er zuträgt, gewissermaßen verdeckt und statt ihrer fungiert. Diese Position ergibt sich von selbst, wenn es sich um einen Verräter im erweiterten Wortsinn handelt, der nicht für eine Gegenpartei, sondern nur im eigenen Interesse arbeitet, nicht Zwischenträger ist, sondern nur die Aufgabe des falschen Ratgebers erfüllt. Er wird automatisch zum Gegenspieler dessen, den er verrät. Da Tätigkeit und Funktion des Verräters auf seiner Verstellung beruhen, ist seinem Wirken im Augenblick seiner Demaskierung ein Ende gesetzt. Er wird in diesem Moment entweder zum offenen Gegner, oder die Strafe ereilt ihn; seine Aufgabe ist in jedem Fall erfüllt. Häufig fällt seine Entlarvung mit dem Dénouement des ganzen Plots zusammen und steht daher am Schluss der Handlung.

Für die klassische Antike bedeutet Verrat primär Abfall von den Interessen der Res publica und ihrer demokratischen Struktur. Die wenigen Beispiele für das Motiv in der klassischen Literatur sind in diesem Sinne markant. Der in halb mythischer Zeit spielende Landesverrat des ↑ Coriolan (Dionysios von Halikarnassos, *Rōmaikē archaiologia* 7 v. Chr.; Livius, *Ab urbe condita* 27 v. Chr. – 14 n. Chr.; Plutarchos, *Bioi parallēloi* 2. Jh.) war der beispielhafte Verrat eines Ehrgeizigen, der wegen der ihm verweigerten Konsulatswürde zum Landesfeind übergeht, mit dem Heer der Volsker vor die Heimatstadt zieht, sich nun jedoch auf Anraten seiner Mutter um Frieden bemüht und von den enttäuschten neuen Bundesgenossen erschlagen wird. Im Gegensatz zu diesem Egoisten und potenziellen Tyrannen ist Brutus d.J. ein republikanischer Idealist, der um der Idee willen den ihm vertrauenden Freund, den seinerseits sich zum Verräter an der Republik entwickelnden ↑ Cäsar, ermordet: eine ambivalente Gestalt, die wegen ihrer Hintanstellung der persönlichen Treuepflicht hinter die politische von den Gestaltern des Stoffes sehr unterschiedlich gewertet wurde, denn ist Verrat am Verräter entschuldbar? Wo dagegen Alleinherrschaft etabliert ist und persönliche und politische Treuepflicht zusammenfallen, muss Bruch dieser Pflicht eindeutig als Verbrechen erscheinen. Im *Alexanderroman* des Pseudo-Kallisthenes (3. Jh.) wurde der Vita ↑ Alexanders des Großen der verräterische Kämmerer Jolus eingefügt, der sich wegen einer von Alexander erhaltenen Züchtigung für den von seinem Vater, dem makedonischen Reichsverweser Antipatros, ausgegangenen Mordplan gewinnen ließ und unter Beihilfe seines Liebhabers, Alexanders Freund Medeios, den Herrscher vergiftet; der als Racheakt gekennzeichnete Verrat wird durch das Hineinspielen homoerotischer Beziehungen kompliziert.

Als Werk des in ihn gefahrenen Teufels erklären die Evangelisten LUKAS und JOHANNES den Verrat des ↑ Judas Ischarioth, der für das christliche Abendland der Prototyp des Verräters wurde. Da diese Begründung nicht viel mehr meint als den durchaus bösen Charakter der Tat, hielten sich die kirchlichen Lehrer und entsprechende Darstellungen in Epos und Drama des Mittelalters an die Tatsache, dass Judas sich den Verrat mit dreißig Silberlingen bezahlen ließ, und sahen Habsucht als treibende Kraft an. Die sich vom Dogma lösende Interpretation neuzeitlicher Dichtung deutet die Tat des Judas auch als die eines enttäuschten jüdischen Patrioten oder, wie schon ältere russische Legenden, als die Tat des notwendigen Partners in einem heilsgeschichtlichen Drama, die eine Voraussetzung des Erlösungswerks war und daher im Sinne Jesu, wenn nicht in seinem Auftrag, geschah.

Die Jüngerschaft der Schüler des Rabbi Jesu, als »Gefolgschaft« interpretiert, war eine Brücke für das Verständnis des Evangeliums im germanischen Raum, in dem auch der Verräter sofort als solcher erfasst wurde. Leben und Denken im Rahmen der Gefolgschaft legt die Vorstellung von Verrat an einer solchen auf persönliche Treue gegründeten Gruppe nahe, und germanische Sagen kannten bereits eine Fülle von Abtrünnigen, Zwischenträgern und falschen Ratgebern. Sogar unter den Göttern der *Edda* (um 1240) gibt es einen Verräter, den klugen, aber doppelgesichtigen Loki, der dem blinden Hödr den Rat gibt, den als Pfeil benutzten Mistelzweig auf Baldr zu schießen, sich nach Baldrs Tod endgültig den Feinden der Götter zuwendet, den Riesen beim Burgbau hilft und schließlich vom bösen Rat offen zur bösen Tat übergeht, sodass er in Ketten gelegt und erst beim Weltuntergang wieder frei wird.

Zu den Hochverrätern der germanischen Sage gehört der Thüringer Iring, der sicher Thema eines Heldenliedes war, das sich hinter dem Bericht WIDUKINDS VON CORVEY (*Rerum gestarum Saxonicarum libri tres* 973) verbirgt: Durch Drohungen und Versprechungen des feindlichen Frankenkönigs verführt, lockt er seinen Herrn, den König von Thüringen, in eine Falle und erschlägt ihn, wird aber wegen dieser Tat von seinem neuen Gönner, dem Frankenkönig, verstoßen und rächt sich und den Erschlagenen nun wiederum an dem Franken. ↑ Dietrich von Berns Kampfgefährten Witege und Heime werden durch Gunstbeweise Ermanrichs bewogen, von Dietrich abzufallen, und töten im Kampf gemeinsam die ihnen nicht gewachsenen, Dietrichs Schutz anvertrauten Etzelsöhne und Dietrichs Bruder Diether, Witege allein erschlägt den jungen Alphart. In der skandinavischen Dichtung lassen die aus SAXO GRAMMATICUS (*Gesta Danorum* um 1185) rekonstruierbaren Lieder um Starkad einen schicksalhaft zum Verrat bestimmten, tragischen Helden erkennen, unter dessen Taten die Ermordung König Oles, von dessen Feinden er sich hat kaufen lassen, die bezeichnende Handlung eines Überläufers ist. Die Aufforderung des wehrlos im Bad sitzenden Königs, vor dessen Blick der Mörder zurückweicht, seine Aufgabe auszuführen, erinnert an Christi Haltung gegenüber ↑ Judas, zumal auch Starkad später von Reue ergriffen wird, den Judaslohn nicht anrührt und sich willig von einem seiner Gegner umbringen lässt. Hagen, schon als Högni der *Edda* der Mörder Sigurds, verspricht im *Nibelungenlied* (um 1200) mit geheuchelter Treue Kriemhild den Schutz ihres Mannes, verleitet sie, das verhängnisvolle Zeichen auf Siegfrieds Gewand zu nähen, und verrät diesen Mann, ihm noch bis zuletzt Waffenbrüderschaft vortäuschend, um der beleidigten Brünhild und der vermeintlichen Ehrkränkung Gunthers willen, wobei sich diesen höheren Beweggründen Neid und Rivalentum beimischten. Er wächst sowohl dem Charakter wie der Funktion nach über die Nebenrolle des Gefolgsmannes hinaus und repräsentiert das Gegenspiel Siegfrieds stärker als die ebenso verräterischen Könige. Die Rolle Hagens scheint gelegentlich die des ↑ Judas eingefärbt zu haben: Wie Hagen um den Schutz Siegfrieds gebeten wird, so wird im *Haller Spiel* (seit 1430) Judas von Maria um Fürsorge für ihren Sohn gebeten.

Zu den noch frühgermanischer Zeit angehörigen Verrätergestalten tritt in der Karlssage der Verräter Ganelon der *Chanson de Roland* (um 1100), der aus privatem Hass gegen seinen Stiefsohn ↑ Roland zum Vaterlandsverräter wird, als offizieller Unterhändler bei dem Maurenfürsten ein geheimes Abkommen zur Vernichtung der von Roland geführten Nachhut trifft, ↑ Karl den Großen in Sicherheit wiegt und ihn zum Abzug aus Spanien bewegt. Mit Ganelon wird seine ganze Sippe bestraft, deren verräterische Züge gleichsam biologisch verankert sind. Auch Isembard (*Gormond et Isembard* um 1130) rächt sich für die Kränkung seines Ehrgeizes, indem er zu den

Mauren übergeht und mit einem heidnischen Heer in Frankreich einfällt. Das Paktieren mit den Heiden, das besonders verabscheuungswürdig erscheint, weil es nicht nur Verrat am Gefolgsherrn, sondern auch am Glauben bedeutet, findet sich als Verräterkennzeichen auch in der spanischen Literatur. Der letzte Westgotenkönig ↑ Rodrigo und sein Reich gehen nach der *Chronica Gothorum* (11. Jh.) unter, weil der von Rodrigo beleidigte christliche Berberführer Olian (Julian) sich mit den aus Afrika einfallenden Arabern unter Muza verbindet. PEDRO PASCUAL (13. Jh.) fügte der Geschichte dieses Verrats als Charakteristikum des falschen Ratgebers hinzu, dass Julian den König veranlasst hatte, alle Waffen in Spanien zu vernichten. In den Zusammenhang der Parteiungen unter ↑ Karls des Großen Vasallen und des für sie bezeichnenden → Rebell-Motivs gehört der Verrat König Yons (*Les Quatre fils Aymon* um 1150) an seinen Schützlingen, den Haimonskindern, die er aus Angst dem mächtigen Kaiser Karl auf hinterhältige Weise ausliefert. Die Ritterromane des Spätmittelalters bewahrten solche vorgeprägten Verräter-Motive: Treubrüchige Paktierer mit den Heiden finden sich z. B. bei ELISABETH VON NASSAU-SAARBRÜCKEN sowohl im *Herpin* wie in *Loher und Maller* (beide 1430/37).

Das Verräter-Motiv wandelt sich in dem Fall, in dem der Verräter nicht jemand an einen Dritten verrät, sondern in eigener Sache verräterisch handelt, aus einer Dreieckssituation in eine Spannung zwischen zwei Personen, die gelegentlich wieder dadurch in eine Dreierkonstellation verwandelt wird, dass dem bösen ein guter Ratgeber gegenübertritt. Das *Bjarkilied* (11. Jh.) führt einen solchen zu eigenen Gunsten arbeitenden Verräter in Hjörward an, der sich von seiner Frau, der Schwester Rolf Krakis, verleiten lässt, zum Verräter an seinem Lehnsherrn zu werden, um selbst den Dänenthron zu gewinnen. Er bittet um Stundung der Steuer und verwendet das Geld zur Anwerbung eines Heeres, mit dem er anlässlich der angeblichen Steuerabgabe den König Rolf und seinen Anhang überfällt und tötet. Über den schon erwähnten Starkad bewahrte SAXO GRAMMATICUS ein Lied, das von dem ersten, unter göttlichem Einfluss begangenen Verrat des Wikingers an König Vikar, seinem Ziehbruder, berichtet, bei dem Starkad aus einer rituellen Scheinopferung Vikars Ernst werden lässt und den Wehrlosen mit dem Speer durchbohrt. Es erscheint als fluchhaftes Verhängnis, dass Starkad die auf ihn bauenden Gefolgsherren betrügen muss. Eine ähnlich unheilvolle Rolle wird dem Bösewicht des frühhöfischen ↑ *Herzog Ernst* (um 1180), dem Pfalzgrafen Heinrich, zugeschoben, denn er ist nicht darum

Verräter, weil er den ihm missliebigen Stiefsohn des Kaisers ausschalten will, sondern weil er durch die Verleumdung Ernsts Verrat am Kaiser begeht, ihm den Befehl zu einer Strafexpedition ablockt und eine Art Bürgerkrieg heraufbeschwört, dessen Leidtragender der Kaiser ist. Eine merkwürdig zwielichtige Beratergestalt ist der ehemals »treue« Sibiche der *Dietrichsage* (1230/1300), der sich an seinem Herrn Ermanrich für die Entehrung seiner Frau dadurch rächt, dass er ihn in einer Art Zerstörungswut zum Bösen, d. h. zur Vernichtung seines Geschlechts, zur Tötung der Harlungen und zur Feindschaft gegen ↑ Dietrich von Bern antreibt; die → Goldgier Ermanrichs hilft ihm dabei, diesen willfährig zu machen. Auch der Regin der nordischen *Fafnismál* glaubt Sigurds → Goldgier ansprechen zu können, als er ihn ausschickt, Regins Bruder Fafnir, den Drachen, zu töten, um dann Sigurd nach vollbrachter Tat zu beseitigen und den Schatz selbst zu besitzen; Vögel verraten dem der Vogelsprache kundigen Sigurd den heuchlerischen Plan. Als Ränkeschmied bei einem Familienzwist in der noch aus gotischem Geist entwickelten spanischen *Leyenda de los siete Infantes de Lara* (11. Jh.) fungiert wie Sibiche Ruy Velásquez, der die sieben Neffen seiner Frau samt ihrem alten Erzieher umbringen lässt, während sie gegen die Mauren kämpfen. Der Sippenbindung ähnlich ist die der Blutsbrüderschaft, daher erhält die in der englischen Verserzählung *Athelston* (um 1350) geschilderte Verratshandlung eines von vier Blutsbrüdern, der einen der anderen lügnerisch bezichtigt, er trachte dem von ihnen, der inzwischen König geworden ist, nach dem Leben, ein solches Gewicht, dass sie durch ein → Gottesurteil in ihrem schurkischen Charakter entlarvt werden muss. Das Denken in Sippenbezügen zeigt sich auch darin, dass der Verräter Sabene des *Wolfdietrich* (vor 1250) ein Sohn des ungetreuen Sibich ist. Er sucht als Majordomus an König Hugdietrichs Hof in dessen Abwesenheit die Königin zu verführen und bezichtigt sie aus Rache für die erhaltene Abweisung eines Einverständnisses mit dem Teufel und ihren Sohn Wolfdietrich der Bastardschaft. Diese Anschuldigung beherrscht das Schicksal Wolfdietrichs, der jedoch nicht Rache an seinen von Sabene getäuschten Brüdern, sondern nur an dem Verräter selbst nimmt. Das hier auftauchende, in der mittelalterlichen Dichtung in zahlreichen Varianten erzählte Motiv der verleumdeten → Gattin ist notwendig mit einem Verleumder und Verräter vom Schlage Sabenes verbunden. Er taucht als »ungetreuer Marschall«, also als Verräter, Freund oder Bruder des betrogenen und verratenen Ehemanns in der Sage von Königin ↑ Sibylle und der ↑ Crescentiasage, als verräterischer Steward in der englischen Ballade von *Sir Aldingar* und vor allem als Golo in der ↑ Genovefa-Legende auf. Auch in serbokroatischen Heldenliedern ist dieser Verrätertyp als »ungetreuer Brautwerber« häufig vertreten. Zu ihm ist außerdem der Mordred der Artussage zu rechnen, obwohl die zwielichtige Königin Guinevere, die ihm von seinem Onkel ↑ Artus anvertraut wurde und die er während dessen Abwesenheit nebst der Herrschaft des Landes in seine Gewalt bringt, wohl kaum zu den verleumdeten Frauen zu zählen ist. Ein zweites Beispiel für Verrätertum als Familienmerkmal bildet jener zur Klärung des geheimnisvollen Todes ↑ Friedrichs des Streitbaren von Österreich erfabelte Verräter aus der Familie der Frangipani, die durch den Verrat an dem Hohenstaufen ↑ Konradin bekannt geworden war.

Das Motiv des Verräters gehörte in erster Linie der politischen Sphäre an, nur dass es sich nach dem Zurücktreten des Gefolgschafts- und Lehenswesens weniger um Abfall von der Person eines Herrschers als um den von einer Partei, einer Sache, handelte. Seit der Reformation erlebte man Parteiungen, geistige Fronten, Gewissensentscheidungen stärker als vorher. Schon 1532 spielte Th. NAOGEORG (*Judas Ischariot tragoedia nova*) mit der Figur des ↑ Judas auf Verräter an der evangelischen Sache an, und ein Verrat von großen Ausmaßen wie der Karls IX. von Frankreich an den Hugenotten, die er in der ↑ Bartholomäusnacht 1572 hinrichten ließ, fand rasch Resonanz in der Dichtung (Ch. MARLOWE, *The Massacre of Paris* Dr. 1592; Th. RHODIUS, *Colignius* Dr. 1615), während andere zwielichtige Wanderer zwischen den Fronten dieser Epoche wie ↑ Moritz von Sachsen und Jürg ↑ Jenatsch erst aus historischem Abstand zum literarischen Stoff geformt wurden.

Das Barock neigte dazu, den Bösewicht, zu dessen Kennzeichen oft Verrat und Treulosigkeit gehören, als großen Gegenspieler oder sogar als Hauptfigur einzusetzen. Der Jude Barabas in Ch. MARLOWES *The Jew of Malta* (Dr. 1589/90) arbeitet zwar für wechselnde Parteien, diese selbst sind jedoch kaum profiliert, sodass er als unbestrittener Protagonist die Szene beherrscht, bis der klügere Gouverneur von Malta seinem verräterischen Spiel ein Ende setzt. Während SHAKESPEARE im *Julius Caesar* (1599) keinen der Charaktere, selbst den des → Tyrannen ↑ Cäsar nicht, zu der im Barock üblichen gewaltigen Größe emporsteilt und die Verschwörer so als eine wirklich demokratische Gruppe erscheinen, von der sich Brutus nur durch seine freundschaftliche Stellung zu Cäsar als spezifischer Verräter abhebt, steht in *Coriolanus* (1608) den die republikanische Seite vertretenden Volkstribunen ein überragender Verräter und hochfahrender → Tyrann gegenüber, der weniger für die Volsker, an die er Rom verraten hat, als für sich selber agiert. Der im ↑ *Coriolan* wie im *Juden von Malta* aufgezeigte Verrat nach allen Seiten kennzeichnet auch ↑ Lorenzaccio in der Farbgebung J. SHIRLEYS (*The Traitor* Dr. 1631), bei dem er zwar den Herzog tötet, aber demokratische Gesinnung nur vorspiegelt und selbst Herzog werden will. Eine ähnliche Konstellation findet in J. MARSTONS *The Malcontent* (Kom. 1604) eine komödiengerecht heitere Lösung, da die beiden Verratenen, der abgesetzte Herzog und der Usurpator seines Throns, sich gegen den Verräter vereinigen und ihn unschädlich machen. In der spanischen Literatur ist immer noch die Motivvariante der Paktierer mit dem islamischen Erzfeind lebendig, die in Gestalt des Suero Paláez und seines Sohnes Julian bei J. RUIZ DE ALARCÓN Y MENDOZA (*El tejedor de Segovia* Dr. um 1620) den König an die Mauren verraten, aber die Tat einem Unschuldigen unterschieben und dadurch die Haupthandlung um den verleumdeten Weber von Segovia in Gang setzen. Das Problem des Verrats am Verräter lebt wieder einmal auf in G. de CASTROS 2. Teil von *Las mocedades del Cid* (Dr. 1613), wenn die durchaus negativ gesehene Figur des Bellido de Olfos doch zugleich zum Werkzeug des rächenden Schicksals wird, indem er den Gewaltherrscher Sancho beseitigt.

Bei denjenigen Repräsentanten des Typs, die nicht einer dritten Partei mit ihrem Verrat dienen, wird eine fast mythische Beziehung zum Bösen um des Bösen willen denkbar, wie sie in Darstellungen des ↑ Judas und bei dem Wikinger Starkad sichtbar wurde. Wenn Jago in SHAKESPEARES *Othello* (1604) den leidenschaftlichen Mohren durch alle Feuer der Eifersucht jagt, so begründet er das zwar damit, dass er Cassio, den er fälschlich einer Beziehung zu Desdemona anklagt, und Othello hasse, weil Othello ihm Cassio bei einer Beförderung vorgezogen habe, aber man möchte fast annehmen, dass vielmehr die Missgunst seine Seele so vergiftet hat, dass die Qualen des anderen ihm zur Lust werden. Das blieb ein Einzelfall. Machtgier ist wieder einmal die Triebfeder, die den Berater des Kaisers von Griechenland in M. BENEYTOS *El hijo obediente* (Dr. um 1600) veranlasst, diesem die Beseitigung seines Sohnes als eines möglichen Usurpators anzuraten, denn er glaubt, beide Regenten, von denen der Sohn noch dazu sein → Rivale in der Liebe ist, beseitigen und selbst den Thron besteigen zu können; doch macht die Versöhnung von Vater und Sohn seiner Intrige ein Ende. Ganz ähnlich fungiert das Motiv in *Großmütiger Rechtsgelehrter ... Aemilius Paulus Papinianus* (Dr. 1659) von A. GRYPHIUS: Laetus veranlasst seinen Kaiser, den eigenen Bruder umzubringen, da er glaubt, dass ein Brudermörder sich nicht auf dem Thron halten könne und dann ihm selbst die Regierung zufallen werde; da hier der Verwandtenmord wirklich ausgeführt wird, gerät dadurch die eigentliche Tragödie ins Rollen. Noch bei VOLTAIRE gibt es eine Verrätergestalt von barocker Größe, denn der Titelheld von *Le Fanatisme ou Mahomet le prophète* (Dr. 1742) repräsentiert selbst das Motiv: Er verrät Zuneigung und Glaubensfanatismus seines Schülers Zéide, indem er ihn mit der Ermordung eines konfessionellen Gegners beauftragt, der des Jünglings Vater ist, ohne dass der Täter es weiß. J. W. v. BRAWE baute Personenkonstellation und Verratshandlung Voltaires in einem Drama um den jüngeren ↑ Brutus (*Brutus* 1768) nach.

Mustergebend für die im 18. Jahrhundert wieder in das zweite Glied der Dramatis personae zurückgenommene Rolle des Zwischenträgers und falschen Beraters wurde RACINES *Britannicus* (Dr. 1669) mit dem verräterischen »confident« des Britannicus, Narcisse, der seines Herrn Liebesbeziehung dessen eifersüchtigem Bruder Nero verrät und diesem so teuflische Ratschläge gibt, dass sich aus dem labilen Jüngling der grausame Kaiser zu entwickeln beginnt. Ihm entgegen arbeitet vergeblich Neros eigener Vertrauter, Burrhus – ein raffiniertes und oft nachgeahmtes Spiel auf der Ebene der Nebenrollen. Entsprechend der Bedeutung, die dem intriganten Einflüsterer im 18. Jahrhundert eingeräumt wird, sind die negativen Gegenspieler des Helden nicht mehr von barocker Größe, sondern schwankende und verführbare Charaktere. Als Nachfahren von Racines Narcisse können z. B. Pharnaces in J. Ch. GOTTSCHEDS *Der sterbende Cato* (1731) und Segest in J. E. SCHLEGELS *Hermann* (1743) gelten. Es geht in etwa gleichem Maße um Verrat an Personen wie an Überzeugungen. Der Sohn des älteren ↑ Brutus bei VOLTAIRE (*Brutus* 1730) wird zum Verräter an der Republik und daher von seinem Vater als ihrem Mitschöpfer selbst ausgemerzt, der überzeugte Republikaner ↑ Brutus d. J. in des gleichen Autors *La Mort de César* (Dr. 1731) dagegen verrät und ermordet nicht nur seinen Freund, sondern unwissentlich auch seinen Vater ↑ Cäsar. Erscheint durch diese Schuldhäufung der Verrat des Brutus als etwas unbedingt Böses, so rechtfertigen ihn andere Autoren wiederum aus freiheitlichem Standpunkt (J. J. BODMER, *Julius Cäsar* Dr. 1763; V. ALFIERI, *Bruto secondo* Dr. 1788). Auch zur Neuinterpretation der Verratstat des ↑ Judas setzte die Epoche an: F. G. KLOPSTOCK (*Der Messias* Epos 1748–73) zeigte ihn als Zweifler, der Christus durch seinen Verrat zwingen will, seine Macht zu zeigen oder seine Ohnmacht einzugestehen, und GOETHE (*Der Ewige Jude* Fragm. 1774) beabsichtigte, ihn als enttäuschten Patrioten darzustellen.

In die Sphäre des realistischen Dramas des mittleren bis späten 18. Jahrhunderts fügte sich der Verführer zu bösen Taten gut ein, und das Rollenfach des Intriganten wurde zum unabdingbaren Bestandteil der Theaterpraxis bis ins beginnende 19. Jahrhundert. GOTTSCHED hatte noch 1745 in *Agis* einen verräterischen Fürstenberater gezeigt, der aus Eigennutz seinem Herrn von einer Agrarreform abrät und ihn dadurch in eine politische Katastrophe stürzt, dem Personenkreis und dem Milieu der Literatur gemäßer aber erscheint nun der Verräter in Liebesdingen. Freunde, die den Freund verrieten, tauchten vorher nur vereinzelt auf, etwa als Verleumder (Th. HEYWOOD, *The English Traveller* Dr. 1633) oder als ungetreue Bewahrer von des Freundes Vermögen und Braut (W. WYCHERLEY, *The Plain Dealer* Dr. 1676). Mit Stukeley in E. MOORES erfolgreichem Schauspiel *The Gamester* (1753) kommt diese Variante nun in bürgerlichem Milieu zum Zuge: Stukeley will des Freundes Frau besitzen und ruiniert ihn durch das Spiel, um ihn mit ihr zu entzweien. Ähnlich organisierte sich das Motiv in Ch. L. MARTINIS *Rhynsolt und Sapphira* (1753), in dem der Verräter zwar wieder Ratgeber eines Fürsten, der Plot aber bürgerlich ist: Mit dem Ziel, des Kaufmanns Danfeld Frau zu erobern, rät Rhynsolt erst eine ebenso unbegründete Erhöhung Danfelds an, wie er dem Fürsten später Entscheidungen zu Danfelds Ruin und Tod abnötigt. Leidenschaft bewegt neben Rachsucht und Ehrgeiz die Verräterfiguren in F. M. KLINGERS frühen Dramen *Otto* (1775) und *Die Zwillinge* (1776): Graf Normann verbündet sich mit dem seinem Herzog feindlichen Bischof zum Verderben der herzoglichen Familie, und Grimaldi hetzt den ihm vertrauenden Guelfo gegen dessen Zwillingsbruder Ferdinando, weil er selbst zu feige und morbid ist, um an Ferdinando Rache für die Trennung von der Geliebten und für deren Tod zu nehmen. Eine von diesen erotisch begründeten Verräterplots abweichende interessante Version brachte J. W. v. BRAWES Drama *Der Freygeist* (1757) mit dem Bösewicht Henley, der aus Neid und Ressentiment den moralisch überlegenen Freund Clerdon mit allen Mitteln von dessen biederem Vater und dessen wahrem Freund zu trennen sucht und ihn in einen freigeistigen Nihilismus treibt, der zu Mord und Selbstmord führt. Durch den Nihilismus steht Henley SCHILLERS Spiegelberg (*Die Räuber* 1781) nahe, der von Anfang an Karls geheimer Widersacher ist, weil man nicht ihn selbst zum Räuberhauptmann gewählt hat, der Karls Menschlichkeit und Manneszucht als Fessel empfindet und schließlich durch einen Mordanschlag zum Verräter an seinem Hauptmann und dessen Freunden wird. Dagegen scheiden die in ihrer Funktion so ähnlichen berühmten Intrigantenfiguren des Marinelli (G. E. LESSING, *Emilia Galotti* Dr. 1772), des Carlos (GOETHE, *Clavigo* Dr. 1774) und des Wurm (SCHILLER *Kabale und Liebe* Dr. 1784) aus dieser Betrachtung aus, weil sie an ihrem Herrn oder Freund keinen Verrat üben, sondern in seinem Sinne zu handeln glauben.

Neben die nachgeordneten Figuren der Intriganten stellten sich seit dem Sturm und Drang, durch das Interesse am »Kerl« begünstigt, auch wieder große Verräter. Adalbert von Weislingen in GOETHES *Götz von Berlichingen* (Dr. 1773) überragt alle Gegenspieler des Götz – mit Ausnahme des »Machtweibs« Adelheid –, obgleich er, einem beliebten und gerade in Goethes Werk häufigen Zeittypus entsprechend, nicht durchaus böse, sondern wankelmütig und beeinflussbar ist und daher von der Hofatmosphäre und den Reizen Adelheids bestrickt und zum Verrat an Götz bewogen wird, indem er die Reichsexekution über ihn verhängt und ihn zum Tod verurteilen lässt; erst im Angesicht des eigenen Todes kassiert er auf Bitten der von ihm verlassenen Schwester Berlichingens das Urteil. Neben den niederträchtigen Intriganten in KLINGERS *Otto* steht der machtvolle Otto selbst als ein durch Eifersucht und Misstrauen zum Verrat Verführter, und bei J. M. v. BABO (*Otto von Wittelsbach* Dr. 1782) taucht in der Gestalt des eigenmächtigen Kaisermörders wieder das Problem des Verrats am Verräter auf, doch bekennt sich der Wittelsbacher nach der Tat selbst als schuldig. Auf ganz anderer künstlerischer Höhe stellt sich die letztgenannte Problematik in SCHILLERS *Wallenstein* (Dr. 1798/99) dar, denn Wallenstein kann den Bruch seines dem Kaiser geschworenen Eides mit ebenso achtbarer politischer Überzeugung rechtfertigen wie Octavio Piccolomini den Verrat an seinem Feldherrn und Freund. In Octavio verschmelzen abermals Zwischenträgerfunktion und Gegenspiel zu einer Einheit, denn er handelt zwar für den Kaiser, ist aber – bis auf den nebensächlichen Questenberg – des Kaisers einziger Repräsentant und entscheidet nahezu selbständig. Er verwahrt sich gegenüber seinem Sohn gegen den Vorwurf der Heuchelei, da er Wallenstein zwar sein wahres Herz verberge, ihm aber nie ein falsches vorgespiegelt habe, aber Max weiß, dass Octavios Schweigen den ihm blind Vertrauenden in seinen verräterischen Plänen bestätigen muss: »Ihr könnet ihn, weil ihr ihn schuldig wollt, noch schuldig machen.«

Der Historismus des 19. Jahrhunderts machte eine Fülle einschlägiger Stoffe zugänglich, besonders für den historischen Roman, nachdem zuvor das Drama in erster Linie Domäne des Verräter-Motivs gewesen war. Der an der Vorzeit vor allem Schottlands interessierte Sir Walter SCOTT wusste in die Darstellung einer jacobitischen Verschwörung (*Rob Roy* R. 1817) auch einen Verräter, Rashley, einzubauen, der seine Parteigenossen aus Egoismus an die Regierungstruppen verrät. Autoren, deren Blickfeld nicht mehr konfessionell begrenzt war, gingen jetzt den psychologischen Gründen für den Parteiwechsel ↑ Heinrichs IV. von Frankreich in der ↑ Bartholomäusnacht (E. MOHR, *Coligny* Dr. 1857; O. DEVRIENT, *Zwei Könige* Dr. 1867) und für den machtpolitischen Zickzackkurs von ↑ Moritz von Sachsen (E. WICHERT Dr. 1873; H. HÖLTY Dr. 1884) nach. Sowohl das durch Machtstreben bedingte Verrätertum Jürg ↑ Jenatschs (R. 1876) wie der zwielichtige Frontwechsel ↑ Thomas à Beckets (*Der Heilige* Nov. 1879) vom königstreuen Vasallen zum königsfeindlichen Bischof fanden in Werken C. F. MEYERS bleibende Prägung. Nach Meyer und dem erfolgreichen Drama A. Lord TENNYSONS (*Becket* 1884) zog der von Geheimnis umwitterte und mit dem Märtyrertod besiegelte Verrat Beckets immer wieder Autoren an (T. S. ELIOT, *Murder in the Cathedral* Dr. 1935; J. ANOUILH, *Becket ou l'Honneur de Dieu* Dr. 1959; Ch. FRY, *Curtmantle* Dr. 1961). A. MICKIEWICZ steuerte aus der polnischen Geschichte den heroischen Verräter Wallenrod (*Konrad Wallenrod* Versepos 1828) bei, der mit dem Ziel der Vernichtung des Deutschen Ordens dessen Mitglied und Großmeister wird und ihn einer vernichtenden Niederlage zuführt, A. STRINDBERG aus der schwedischen Geschichte den ambivalenten Olaus Petri (*Meister Olof* Dr. 1881), der ein Sendbote Gustav Vasas ist, sich aber in heimlichem Einverständnis mit den Wiedertäufern befindet und diesen im Angesicht des Schafotts abtrünnig wird, um durch Unterwerfung unter die Bedingungen des Königs sein Leben zu retten. Verräterfiguren aus der neuesten Geschichte sind z. B. Creveaux in C. ZUCKMAYERS *Der Gesang im Feuerofen* (Dr. 1950), der eine Gruppe von Widerstandskämpfern an die SS verrät, die dann lebendig in einem Schloss verbrennen, oder der als Prototyp des Menschen unserer Zeit gemeinte Zienhammer in H. v. DODERERS *Der Grenzwald* (R. 1967), der durch seine Undezidiertheit für Verrat anfällig ist, in russischer Gefangenschaft seine Kameraden denunziert und später den vermeintlich einzigen Mitwisser dieser Tat umbringt.

Die Funktion des falschen Ratgebers wurde, bevor sie im Zuge des Abbaus alles billig Intrigenhaften nahezu verschwand, von der Romantik noch einmal durch dämonische Züge aufgewertet. L. Tiecks Lovell (*Geschichte des Herrn William Lovell* R. 1795–96) wird auf seinem Wege zu Immoralismus, Nihilismus und Verbrechen heimlich von seinem Freund Andrea gelenkt, der ein ehemaliger Liebesrivale von Lovells Vater ist und sich an dem Sohn rächt; die Beziehung des Romans zur Spätaufklärung zeigt sich auch an dieser Motivvariante, die an v. Brawes *Freygeist* erinnert. Direkte teuflische Einflüsse machen Seger und seine bösen Ratschläge in A. v. Arnims *Die Kronenwächter* (R. 1817) zum Verderber des Staufernachkommen Anton; der Jägerbursche Caspar in F. Kind/C. M. v. Webers Oper *Der Freischütz* (1821) ist → Teufelsbündner und überredet unter dem Schein der Freundschaft den Titelhelden zum Betrug und sagt dessen Seele dem Teufel zu, um die eigene, dem Pakt verfallene zu retten; der farbige Sklave Zanga in F. Grillparzers *Der Traum ein Leben* (Dr. 1834) wird in der Traum-Binnenhandlung zum bösen Engel Rustans gesteigert, der sich auf Zangas Rat mit falscher Tat schmückt und dadurch gezwungen wird, des Königs wirklichen Retter und schließlich diesen selbst zu töten. Sir Walter Scott verzichtete zwar auf übernatürliche Einflüsse, aber sein Lord Delgarno (*The Fortunes of Nigel* R. 1822) hat die gleiche Funktion, wenn er Nigel auf böse Wege lockt, ihn von Hof und König trennt und seinen Ruf untergräbt.

Die Romantik hat als erste Epoche auch das Problem des Verrats an sich selbst gesehen, wie noch im Falle von P. Härtlings Tschechin *Božena* (Nov. 1996), die ihre Liebe zu ihrem deutschen Arbeitgeber keineswegs als Verrat betrachtet, obgleich ihre Familie in ihr bei aller Sympathie doch auch die Vaterlandsverräterin und Kollaborateurin sieht, als die sie von den Vertretern des Staates betrachtet und bestraft wird. Wo ein solcher Verrat wirklich nur das eigene Ich betrifft, etwa in Form des Abfalls von Lebensidealen oder dem künstlerischen Werk, wie ihn besonders E. T. A. Hoffmann als Gefahr (*Der goldene Topf* Nov. 1814) und auch als vollzogene Selbstzerstörung (*Die Jesuiterkirche in G.* Nov. 1817) dargestellt hat, gehört er nicht in den Rahmen des vorliegenden Motivschemas, denn der Verräter seiner selbst ist kein Bösewicht, der eine Maske trägt und doppelzüngig redet, sondern ein Schwacher und Unglücklicher, der zum Opfer seiner Unzulänglichkeit wird. Wo allerdings die eigenen Ideale mit denen einer größeren Gruppe zusammengehen, entsteht ein Grenzfall des Motivs, der sich bei N. V. Gogol's *Portret/Das Bild-*

nis (Nov. 1835) darin andeutet, dass dem Verrat an der Kunst zwar der Maler selbst zum Opfer fällt, dass sein Porträt aber fortzeugend Böses gebiert. Auch von Acosta bei K. GUTZKOW (*Uriel Acosta* Dr. 1846) könnte man sagen, dass der aus Rücksicht auf seine Nächsten erfolgte vorübergehende Widerruf seines Bekenntnisses den anderen Menschen Erkenntnisse verschließt und eine freiheitliche Entwicklung verhindert, wie etwa B. BRECHT (*Leben des Galilei* Dr. 1943–57) an dem in neuerer Zeit mehrfach behandelten ↑ Galilei-Stoff demonstrierte, dass der Forscher durch Zurücknahme seiner Forschungsergebnisse mit der Wissenschaft zugleich seine gesellschaftliche Verantwortung verraten habe.

K. Plath, Der Typ des Verräters in den älteren Chansons de geste, Diss. Halle-Wittenberg 1934; A. Kraemer, Der Typus des falschen Ratgebers, des Hoch- und Landesverräters im altdeutschen Schrifttum, Diss. Bonn 1941; H. Knorr, Wesen und Funktion des Intriganten im deutschen Drama von Gryphius bis zum Sturm und Drang, Diss. Erlangen 1951; A. Andres, Die Figur des Bösewichts im Drama der Aufklärung, Diss. Freiburg 1955.

Verschwörer, Verschwörung→ Tyrannei und Tyrannenmord

Vision → Weissagung, Vision, vorausdeutender Traum

Weibersklave → Alte, Der verliebte

Weissagung, Vision, vorausdeutender Traum

In dem Glauben an vorausdeutende, von guten oder bösen überirdischen Mächten gesandte Zeichen scheint der Wunsch des Menschen, etwas über die Zukunft zu erfahren, eine wenigstens begrenzte Erfüllung zu finden. In die Zukunft weisende Bilder und Worte dokumentieren das Hineinreichen des übersinnlichen Bezirks in den irdischen, so wie Mythos und Literatur auch direkte, eindeutige Botschaften der Gottheit an den Menschen kennen, wenn etwa im *Alten Testament* der Engel des Herrn Jakob im Traum erscheint, Gott selbst sich Mose im brennenden Busch offenbart, im *Neuen Testament* Joseph im Traum durch einen Engel den Befehl erhält, nach Ägypten zu fliehen, oder in VERGILS *Aeneis* (30–19 v. Chr.) Merkur Botschaften Jupiters an Äneas übermittelt und in der mittelalterlichen Legendenliteratur göttliche Botschaften an die Heiligen ergehen. Im Gegensatz zu diesen direkten Weisungen sind jedoch die dem Menschen zuteilwerdenden prophetischen Andeutungen verschlüsselt, mehrdeutig und symbolhaft. Sowohl die spontanen Weissagungen der Propheten und Sibyllen wie die auf Befragung antwortenden Orakel, die Visionen der mit dem Zweiten Gesicht Begabten und die Vorstellungen der Träumenden bedürfen der Deutung. Die problematischste Form der Vorausdeutung ist die im Traum geschaute, die in den frühen Kulturen für ein wirkliches Erlebnis der während des Schlafes eine Sonderexistenz führenden menschlichen Seele gehalten wurde. Trotz dieses Glaubens war man unsicher, wann die Gottheiten durch den Traum sprachen und wann nicht; schon HOMER unterschied zwischen bedeutungsvollen und täuschenden Träumen, das *Alte Testament* zwischen von Gott gesandten und trügerischen, und die Traumbücher der klassischen Antike kannten »natürliche« und »übernatürliche« Träume, eine Unterscheidung, die sich im Mittelalter und bis in das Barock erhalten hat.

Gesichte, Orakelsprüche und Traumbilder bedürfen wegen ihrer Verschlüsselung des Deuters, der seine Wissenschaft vor allem auf die Kenntnis der immer wieder auftauchenden Symbole – menschliche Personen, Naturmächte, Tiere, Pflanzen und Gegenstände – stützt. Schon aus dem Beginn des 2. vorchristlichen Jahrtausends ist ein ägyptisches Traumbuch überkommen, und auch bei den Babyloniern, den Chinesen und in der klassischen Antike waren berufliche Traumdeuter tätig und Traumbücher in Gebrauch. Die Germanen hatten spezielle Weise, vor allem Frauen, die Träume deuten konnten. Die in der germanischen Dichtung besonders auffällige Tiersymbolik ist darauf zurückzuführen, dass die Germanen glaubten, die Seele verlasse den Schlafenden in Gestalt eines Tiers und erscheine so einem anderen Schlafenden, nur Verstorbene erschienen in menschlicher Gestalt. Göttererscheinungen wie in der Bibel und in der antiken Dichtung gab es als Traumbilder im germanischen Bereich erst im Gefolge der Auseinandersetzung mit dem Christentum. Gerade das Tier als Symbol eines – nicht erkennbaren – Menschen verlangte den Deuter, der schon immer den »manifesten Trauminhalt« auf den »latenten Trauminhalt« untersuchte.

Weissagungen, Visionen und Träume gehören der gleichen Erlebniskategorie an. Träume können als Antwort auf Gebete und Fragen an die Götter in besonderen Heiligtümern erwartet werden. Tempel, Kirchen, Wallfahrtsorte, die Gräber der Vorfahren oder berühmter Helden gelten als auserwählte Orte, an denen der Fragesteller zur vorbestimmten Stunde den Inkubationsschlaf hat, und seine Träume können durch berauschende Getränke, Tanz und Kasteiungen induziert werden, wie es die keltische Mythologie überliefert. In solchen Fällen hat der Traum den Charakter einer Vision oder verzückter

Entrückung. Auch kann ein Einzelner für eine ganze Gemeinschaft einen Traum oder einen Orakelspruch in einem Heiligtum einholen. Noch heute gelten im Volksglauben die Stunden nach Mitternacht und die Heiligen Nächte zwischen Weihnachten und Neujahr als die Zeit der Wahrträume. Besonderen Wert maß man den Träumen Schwangerer bei, die wiederholt in der Dichtung eine Rolle spielen. Die Mutter träumt, ein Tier oder eine Pflanze, einen Stern oder sonst einen Gegenstand zu gebären, der die künftigen guten oder schlechten Eigenschaften, auch Beruf und Berufung des Kindes ankündigt, oft symbolisiert. Verwandt damit ist der Traum eines Mädchens oder einer Frau, dass sie durch ein übernatürliches Wesen zur Mutter gemacht werde. Zahllose Viten von Heiligen, z. B. die Buddhas, und von Helden wurden mit dem Vorspiel eines solchen Traums der Mutter versehen. In ebenso vielen Fällen erfolgt vor, bei oder kurz nach der Geburt der prophetische Ausspruch eines Weisen über die Bedeutung des Kindes, so etwa der Simeons bei der Darstellung Jesu im Tempel (*Lukas* 2).

Über den Reflex des Volksglaubens und der gesellschaftlichen Situation hinaus bedeutet das Motiv des vorausdeutenden Zeichens in der Dichtung ein spezifisch »poetisches« Ingrediens sowie einen strukturellen Faktor sowohl des Erzählens als auch der theatralischen Darbietung und der lyrischen Stimmungsgebung. Das Motiv, das die Zukunft der handelnden Personen andeutet, dient als Spannungsmittel und künstlerisches Movens. Die Verschlüsselung der Prophezeiung erhöht den Reiz, denn nicht nur bleibt der Wahrheitsgehalt der Vorausdeutung, der Glaube an sie, sowohl für die Figuren der Handlung wie für den Leser und Zuschauer ein schwankender Faktor, da die übersinnliche Herkunft der Vorausdeutung nicht sicher ist, sondern es ist oft nicht einmal auszumachen, ob die Zeichen Glück oder Unglück anzeigen. Die Ahnung und Auffassung des Träumers selbst divergiert oft schon von der des ersten Befragten, und bei Hinzuziehung weiterer Deuter mehren sich die Widersprüche. Zeichen und Träume können in der Dichtung durch Wiederholung Verstärkung und Bestätigung erfahren, von der sich der Betroffene überzeugen lässt oder auch nicht. Träume haben in der Dichtung grundsätzlich immer »Bedeutung«. Wo sie keinen Einfluss auf die Handlung ausüben, haben sie doch atmosphärische Funktion für die Personen der Handlung ebenso wie für den Leser; wo sie die Handlung bestimmen, können sie auf sehr verschiedene Weise strukturbildend sein; wo sie der Erhellung der Seelenlage des Träumenden dienen, also psychologische Funktion haben – wie vor allem in der neueren Dichtung –, sind sie nur zum geringen Teil das, was die Psychoanalyse in ihnen sieht, nämlich ein Ausfluss der psychologischen Vergangenheit des Träumers, sondern mehr ein Spiegelbild seiner augenblicklichen inneren Situation. Die Funktion eines Hinweises auf zukünftige Ereignisse, die dem Traum bis in die modernste Dichtung erhalten blieb, scheint in neuesten Thesen der Psychologie und Parapsychologie eine Stütze zu finden, die dieser Funktion eine physiologische Basis geben, indem sie im Traum einen vorwegnehmenden erklärenden Bewältigungsprozess der dem Menschen offenstehenden Möglichkeiten sehen und von diesem Ansatz aus auch die Präkognition des Wahrtraums als erklärbar annehmen.

An allen Arten übersinnlicher Zukunftsmitteilung in der Dichtung interessiert vor allem die Beantwortung der Fragen: Wie wird sich die betroffene Person zu der Botschaft verhalten, und auf welche Weise wird die Prophetie sich bewahrheiten? Die technische Darbietung der Prophetie – ob als direkt verkündetes oder referiertes Orakel, ob als mimisch-szenische Darbietung vor dem Zuschauer oder Leser, als im Schlaf oder in Trance andeutend gesprochene HInweise einer Figur oder als Bericht einer Person an die andere und damit an das Publikum – ist für Plot und Handlungsmotivation belanglos. Warnträume und Warnvisionen haben zwar keinen im engeren Sinne prophetischen, aber doch einen vorausdeutenden Charakter und werden daher im Folgenden den echten Prophetien gleichgesetzt.

Eine große Anzahl von warnenden oder prophetischen Hinweisen hat auf das Handeln der Personen gar keinen Einfluss. Sie scheinen mehr der Information des Lesers zu dienen, der Andeutungen über Rettung oder Untergang einer Figur braucht, als derjenigen der handelnden Personen, die, ob gut oder böse, dem Gesetz, nach dem sie angetreten, folgen, und denen die Prophetien eine Bestätigung ihrer Ahnungen, aber auch eine Quantité négligeable bedeuten. Diese Art Prophezeiungen entsprechen den betroffenen Charakteren, sind auf ihre Wünsche und Ängste abgestimmt und vereinigen den prophetischen mit dem psychologischen Faktor. Sie haben atmosphärische Funktion, und ihre Tendenz bewegt sich parallel zur Richtung des Geschehens. In der Antike und auch im germanischen Altertum mag diese mangelnde Reaktion der Personen auf die Prophetie auch durch den Glauben gestützt worden sein, dass das Schicksal übermächtig sei und der Mensch sich ihm so oder so stellen müsse, sich ihm nicht entziehen könne; allenfalls blieb ihm die Hoffung, die Zeichen könnten missdeutet worden sein.

In der Zwölftafelfassung des *Gilgamesch-Epos* (Ende 2. Jahrtausend v. Chr.) erfährt Gilgamesch in zwei Träumen von seiner späteren Freundschaft mit Enkidu, dem er sich aber zunächst willig im Kampfe stellt, Enkidu wiederum wird später in beunruhigenden Träumen der Tod angekündigt, und beide Prophezeiungen gehen rasch in Erfüllung. Im *Alten Testament* erfolgt die Ermordung König ↑ Belsazars (*Daniel* 5) unmittelbar, nachdem ihm der Prophet Daniel die geheimnisvolle Inschrift als »gewogen und zu leicht befunden« gedeutet hat. In HOMERS *Odyssee* (8. Jh. v. Chr.) wird wiederholt Erscheinen und Verhalten von Vögeln als in die Zukunft weisendes Zeichen gedeutet, das sich bald bestätigt. Die antike Tragödie verwendet häufig prophetische Zeichen als Vorbereitung auf gleich danach eintreffendes Unheil. Atossa, die Mutter des Perserkönigs (AISCHYLOS, *Die Perser* 472 v. Chr.), träumte, dass ein Weib in dorischer Kleidung den Kriegswagen ihres Sohns umstürzte und dass ein Geier einen Adler zerfleischte, und schon kommt die Nachricht vom Untergang des Perserheeres. ↑ Klytaimestra (AISCHYLOS, *Die Choephoren* 458 v. Chr.) berichtet, sie habe im Traum einen Drachen geboren und ihm die Brust gereicht, aus der schwarzes Blut gequollen sei; gleich darauf treffen Elektra und Orest zusammen, der seine Mutter zu töten beschließt. Auf ihn selbst bezügliche Weissagungen, die ↑ Herakles (SOPHOKLES, *Die Trachinierinnen* 435 v. Chr.) vor seinem Fortgang für seine Frau Deianeira aufgezeichnet hat, scheinen beim Eintreffen seiner Botschaften widerlegt; dann aber zerschlagen sich durch die Enthüllungen des ersten Boten Deianeiras Hoffnungen, und das Schicksal nimmt seinen Lauf, ↑ Iphigenie (EURIPIDES, *Iphigenie bei den Taurern* 412 v. Chr.) sieht im Traum den heimatlichen Palast durch ein Erdbeben zerstört und nur eine restliche Säule von menschlicher Gestalt, kurz darauf erfährt sie das Ende ihrer Eltern; dieser Traum klingt noch in der allerdings weit weniger symbolisch darstellenden rezitativen Traumerzählung am Beginn von GLUCKS Oper *Iphigénie en Tauride* (1779) nach. Das Hinüberwirken dieser Motivvariante auf die antike Komödie belegt etwa *Rudens* (211/205 v. Chr.) des PLAUTUS, in dem Daimones im Traum auf die bald darauf vor sich gehende Entführung zweier Mädchen durch einen Kuppler hingewiesen wird, von denen das eine seine langgesuchte Tochter ist: Er verweigert dem Affen, der ein Schwalbennest ausnehmen will, im Traum genauso die Hilfe wie dann in der Realität dem Kuppler. Ebenso zwanglos fügte sich das Motiv einem Epos wie VERGILS *Aeneis* (30–19 v. Chr.) ein, in dem ein allegorischer Traum ↑ Dido ihre künftige Verlassenheit ankündigt; Vergil verdoppelte und verstärkte das Motiv durch die warnende Erscheinung des verstorbenen Mannes der Dido, ohne dass eine der Warnungen Didos Handeln ändert. Die weissagende Erscheinung eines Schattens begegnet wieder in des VALERIUS FLACCUS *Argonautica* (1. Jh.), wo sie dem Aietes vergebens den Raub des Goldenen Vlieses und das von ↑ Medea drohende Unheil ankündigt, sowie in M. A. LUCANUS' *Pharsalia* (60/65), als Pompeius durch den eifersüchtigen Geist Julias den Misserfolg seiner geplanten Unternehmungen erfährt. Diese Geisterprophezeiung mit typisch stimmunggebender Funktion wurde zum wirkungsvollen Bühneneffekt, wenn etwa in der pseudosenecaischen Tragödie *Octavia* (um 50) der Geist Agrippinas ihrem Sohn Nero den Untergang verkündet.

Wie in der klassischen Dichtung treffen auch in der germanischen Prophezeiungen rasch und genau ein. In der *Edda* träumen Brünhild (*Brot af Sigurðarkviðu*) vom Untergang der Giukunge und Atli (*Guðrûnarkviða önnur*) von dem eigenen und dem seiner Söhne. Da es gilt, dem Schicksal ins Auge zu sehen, ist es besser, es zu kennen; daher reitet Sigurd (*Grîpispâ*) zu dem weisen Gripir, befragt ihn über die Zukunft und erhält die gewünschte Auskunft, ohne dann etwas gegen das drohende Unheil zu unternehmen: »Das Geschick bezwingt man nicht.« Der Warntraum Hagens in dem aus germanischen Quellen gespeisten *Waltharius* (Ende 9. Jh.), ein Bär werde ihn und Gunther schwer verletzen, kümmert den von Habgier zum Kampf getriebenen Gunther nicht, ebenso wenig wie sich der gierige Wolf in der Tierdichtung *Ecbasis captivi* (um 1040) von der Traumdeutung der Otter berühren lässt. Während diese Warnträume kompositorischen und psychologischen Zwecken im Hinblick auf die Orientierung des Lesers dienen, haben die in den Sagas üblichen Träume über die Zukunft eines Geschlechts und die schon eingangs erwähnten Prophezeiungen über den Werdegang eines eben geborenen Helden einen die Erwartung des Lesers spannenden und den Gegenstand der Darstellung erhöhenden Effekt. Die Mutter Wilhelms des Eroberers (WACE, *Geste des Normans* 12. Jh.) träumt einen regelrechten Stammbaumtraum, die Ruodliebs (*Ruodlieb* Eposfragment Mitte 11. Jh.) träumt von dem kriegerischen und ehrenvollen Weg ihres Sohnes, und die prophetischen Worte über den verderblichen Einfluss des Kindes Hallgerdr am Beginn der *Njalssaga* (13. Jh.) haben eine ähnliche, jedoch warnende Funktion.

Während christliche Himmelsbotschaften und Himmelsvisionen in der Dichtung des Mittelalters nach biblischem Vorbild unverschlüsselt dargeboten wurden, erschienen andere Vorausdeutungen, oft in den gleichen Werken, in Form vorchristlicher Tiersymbolik, die durch die Volks- und Heldenepik bewahrt wurde. In des Pfaffen KONRAD *Rolandslied* (um 1170) sieht ↑ Karl der Große im Traum, wie in der Aachener Pfalz ein Bär sich losreißt und ihn anfällt – eine Vorausdeutung auf Ganelons Verrat. Rabe und Adler im Traum Minolts (*Orendel* 1180/1200) deuten auf die Ankunft von Feinden. Der Falke, der die Kaiserstochter übers Meer entführt, versinnbildlicht im *König Rother* (um 1150) ähnlich den Freier und künftigen Gatten wie derjenige, von dem ↑ Kriemhild im *Nibelungenlied* (um 1200) träumt, dass er ihr von zwei Adlern zerrissen wurde. Während Siegfried die dunklen Träume seiner Frau vor seiner Ermordung aus Arglosigkeit und Unbekümmertheit ablehnt, negiert der weitsichtigere Hagen die Angstträume Utes vor dem Burgundenauszug aus Ehrgefühl und erprobt trotzig die Prophezeiung der Donaunixen, dass nur dem Kaplan Heimkehr beschieden sei, indem er diesen im Strom zu ertränken sucht. Wenn der junge Helmbrecht (WERNHER DER GARTENAERE, *Meier Helmbrecht* 1250/60) die symbolischen Warnträume seines Vaters leichtsinnig in den Wind schlägt, soll das seinen Hochmut und seine menschliche sowie ständische Fehlhaltung verdeutlichen. Diese überlieferten Motive bedrohlicher Träume sind dann von der spätmittelalterlichen Ballade übernommen worden.

Symbolik und atmosphärische Funktion von Prophetien änderten sich auch in der frühneuzeitlichen Literatur nicht. Clarence in SHAKESPEARES *King Richard III* (1593) erzählt, dass ihn im Traum sein Bruder Gloucester mit sich über Bord gerissen habe und er ins Totenreich gelangt sei – gleich nach der Erzählung nahen die von Gloucester gedungenen Mörder. Solche als Warnbojen an Angelpunkten der Handlung angebrachten, aber von den Betroffenen nicht beachteten Träume wurden im Drama manchmal nicht nur berichtet, sondern szenisch dargestellt, so etwa der Auftritt der drei Schicksalsfrauen am Lager des schlafenden Endymion (J. LYLY, *Endimion* 1591) oder die als Dumpshow auftretenden Geister in SHAKESPEARES *King Richard III*, die sowohl dem schlafenden Richard wie seinem Gegner Richmond in der Nacht vor der Schlacht erscheinen und eine jeweils entgegengesetzte psychologische Wirkung erzeugen; das Erscheinen der von ihm Ermordeten am Lager Richards weist auf die sich regende Stimme seines Gewissens hin, hat jedoch nicht die Bedeutung einer reinen Phantasiegeburt, sondern ist zugleich Symbol der obwaltenden vergeltenden Macht, die schließlich siegt. CALDERÓN (*Los cabellos de Absalón* um 1650) ließ die Angst des träumenden David vor seinem Sohn Absalom durch abgerissene Worte des Schlafenden dem lauschenden Salomo (und dem Publikum) deutlich werden; noch während der Erwachte seinen Traum berichtet, wird Absalom vom Volk zum König ausgerufen. Auch der Traum Ambres bei D. C. v. LOHENSTEIN (*Ibrahim Sultan* Dr. 1673), dass der Geifer einer Schlange sie besudele, erfüllt sich umgehend in Form ihrer Vergewaltigung durch den Sultan, und bei Ch. WEISE (*Regnerus König von Schweden* 1685) bewahrheitet sich Ulvilds Traum, ein hässlicher Käfer hindere sie am Pflücken einer Lilie, in Gestalt ihres Bruders, der ihren Plan einer Usurpation des Throns durchkreuzt.

Das Barockdrama entwickelte in Anlehnung an SENECA und die ihm zugeschriebene *Octavia* als eine besondere Spezies das prophetische Auftreten von Geistern Verstorbener, die vor allem gewaltsamen Tod, Umsturz und andere Katastrophen ankündigen. Dem Bösewicht erscheinen zu diesem Zweck, wie schon im Fall von *King Richard III* erwähnt, die Geister von ihm Ermordeter. So sieht Brutus bei SHAKESPEARE (*Julius Caesar* 1599) und noch bei J. W. v. BRAWE (*Brutus* 1768) den Geist Cäsars, Kaiser Domitian (Ph. MASSINGER, *The Roman Actor* 1629) die Geister zweier unschuldig von ihm hingerichteter Römer, Malefort (MASSINGER, *The Unnatural Combat* 1639) die Schatten seiner von ihm ermordeten Frau und seines Sohnes; dem byzantinischen Kaiser Leo Armenius (A. GRYPHIUS, *Leo Armenius* 1650) tritt der Geist eines in der Verbannung gestorbenen Patriarchen entgegen, dem Solyman in D. C. v. LOHENSTEINS Drama *Ibrahim* (1650) der ihn verfluchende Geist Mustaphas; der Brudermörder Caracalla (GRYPHIUS, *Großmütiger Rechtsgelehrter … Aemilius Paulus Papinianus* 1659) erkennt in der Erscheinung seinen sich von ihm lossagenden Vater, Mithridates (N. LEE, *Mithridates* 1678) seine Söhne. Bemitleidenswerten Helden dagegen wird das Unglück meist von verstorbenen Verwandten, vor allem Vorfahren, angekündigt. Kaiserin Theodosia erhält bei GRYPHIUS (*Leo Armenius*) die Nachricht vom Ende der Herrschaft ihres Mannes durch den Geist ihrer Mutter, in des gleichen Dichters *Carolus Stuardus* (1650) kündigt Maria Stuart dem Enkel an, dass er wie sie auf dem Schafott enden werde, Mariamne (J. Ch. HALLMANN, *Die beleidigte Liebe oder die großmütige Mariamne* 1670) erfährt ihr Schicksal durch den Schatten ihres von ihrem Mann umgebrachten Bruders, Almeyda (J. DRYDEN, *Don Sebastian* 1690) wird durch den Geist ihrer Mutter vor der Ehe mit Don Sebastian gewarnt, die sich später als → Inzest herausstellt, in N. LEES *Tragedy of Nero* (1675) warnt der sympathisierende Geist des von ↑ Nero ermordeten Cyara Neros Bruder Britannicus, und der Karthagerin ↑ Sophonisbe (D. C. v. LOHENSTEIN, *Sophonisbe* 1680) prophezeit die sagenhafte Gründerin Karthagos, Dido, den Untergang der Stadt.

Die neuere Literatur verwendet Natur- und Tiersymbole seltener und lässt den Träumer öfter sich selbst, seine Nächsten oder auch fremde Personen als Handlungsträger der Prophetie erleben. G. E. LESSINGS Sara (*Miß Sara Sampson* Dr. 1755) wird im Traum von einer Frau getötet, die sie dann in ihrer Rivalin Marwood wiedererkennt. Des gleichen Autors Emilia (*Emilia Galotti* Dr. 1772) träumt dreimal, dass der ihr von ihrem Verlobten geschenkte Brautschmuck sich in Perlen, die dem Volksglauben nach Tränen bedeuten, verwandelt, und sieht bald darauf ihre Hochzeit durch Appianis Ermordung vereitelt. Die Eltern ↑ Fausts bei MALER MÜLLER (*Fausts Leben* Dr. 1778) träumen von dem moralischen Fall ihres Sohnes, ohne dass ihre Erzählung Eindruck auf ihn machte. SCHILLERS Johanna (*Die Jungfrau von Orleans* Dr. 1801), selbst prophetischen Geistes, weiß, dass sie ihren Sieg mit dem Tod bezahlen muss, und setzt ihren kriegerischen Weg auch nach der warnenden Erscheinung des schwarzen Ritters fort. Der am Beginn der Komödie mitgeteilte Traum des Dorfrichters Adam bei H. v. KLEIST (*Der zerbrochene Krug* 1808), in dem Adam vor einen Richter gebracht und von diesem, in dem er sich selbst erkennt, verurteilt wird, fasst die verstrickte Handlung und den Gehalt des gesamten Werkes zusammen. Die im Traum erlebte Racheforderung des von ihm ermordeten Bruders erfüllt sich an dem → Usurpator Gothland (Ch. D. GRABBE, *Herzog Theodor von Gothland* Dr. 1827) genauso wie die den eigenen Untergang vorausnehmenden Träume von ↑ Judith und Holofernes (F. HEBBEL, *Judith* Dr. 1840), oder Klaras (HEBBEL, *Maria Magdalene* Dr. 1844) Traum von den drei Särgen, oder auch Eriks (R. WAGNER, *Der fliegende Holländer* Dr. 1843) Traum, der fliegende Holländer ziehe Senta mit sich fort übers Meer. Die vorübergehende Hoffnung einer Fehldeutung, die schon bei SOPHOKLES in den *Trachinierinnen* auftauchte, nutzte L. FULDA effektvoll in einem Traumspiel (*Der Traum des Glücklichen* 1908), in dem der Erwachende glaubt, dass sein Traum gelogen habe, aber die geträumte Szene des Ehebruchs seiner Frau gleich noch einmal in Realität erlebt. Die Aufgabe des Motivs, Atmosphäre zu schaffen bzw. zu verdichten, wird selbst von dem Realisten E. HEMINGWAY (*For Whom the Bell Tolls* R. 1940) eingesetzt, über dessen

Freiheitskämpfer Robert Jordan die kaum angedeutete Prophezeiung der Guerillera Pilar wie eine drohende Wolke hängt, bis sie sich in seiner Todesstunde erfüllt.

In die Beziehung zwischen dem Betroffenen und der von ihm handlungsmäßig nicht berücksichtigten Prophetie kann größere Spannung gebracht werden, wenn der Träumer zwar Befürchtungen hegt, ihm diese aber von einer anderen Person mit dem Hinweis, dass Träume Ausgeburten erregter Phantasie, »Schäume«, seien, ausgeredet werden. In der *Edda* (*Atlamál*) schiebt Högni die Warnträume seiner Frau mit einer harmlosen Auslegung beiseite, und die bereits mit Racheplänen beschäftigte Gudrun (*Guðrúnarkviða II*) interpretiert absichtlich bagatellisierend den unheilverkündenden Traum ihres Mannes Atli. Mittelalterliche Bearbeitungen des ↑ Trojanerkrieg-Stoffes fügten in die große Szene zwischen Hektor und Andromache eine energische Abweisung von Andromaches Angstträumen durch Hektor ein, die sich in der Tradition lange hielt (BENOÎT DE SAINTE-MAURE 1161; J. LYDGATE, *Troy Book* um 1420; SHAKESPEARE, *Troilus and Cressida* Dr. 1602; Th. HEYWOOD, *The Iron Age* Dr. 1632). In der Chanson de geste *Huon de Bordeaux* (um 1220) redet Huon seinem Bruder eine ihm prophezeite Gefahr aus, Lord Hastings (SHAKESPEARE, *King Richard III* 1593) lehnt die Warnungen Lord Stanleys als auf Trugbilder gegründet ebenso ab wie der Herzog von Woodstock (ANON., *The Reign of Richard II or Thomas of Woodstock* 2. Hälfte 16. Jh.) die seiner Frau. In der elisabethanischen Tragödie wird die Motivvariante des missachteten vorausdeutenden Traums geradezu als Instrument tragischer Ironie benutzt: Arden (ANON., *Arden of Feversham* 1592) lässt sich den Glauben an seinen Traum von einem Freund wegdiskutieren und läuft umso sicherer in sein Unglück, und ↑ Cäsar (SHAKESPEARE, *Julius Caesar* 1599) wird von seinem künftigen Mörder Brutus mit hinterhältigem Spott überzeugt, dass er trotz der Träume seiner Frau die Senatssitzung besuchen müsse. Ben JONSONS Lady Wouldbe (*Volpone* Dr. 1605) verspottet Volpones Angst wegen eines Traums, der das Ende seiner Schurkereien andeutete. Ein Hoffräulein redet Catharina (A. GRYPHIUS, *Catharina von Georgien* Dr. 1651) die niederdrückende Bedeutung eines Traums aus, aber die negativen Zeichen bewahrheiten sich. In GOETHES *Götz von Berlichingen* (Dr. 1773) ist es der Held selbst, der sich über seine erste düstere Ahnung hinwegsetzt: Als Weislingen um die Hand seiner Schwester anhält, glaubt er den Traum, in dem Weislingen ihm die eiserne Hand abgebrochen hatte, so auslegen zu können, dass der Freund ihm statt der eisernen eine lebendige Hand einsetzen werde, und findet erst nach dessen Verrat die richtige Deutung des Symbols. Auch SCHILLERS Franz Moor (*Die Räuber* Dr. 1781) sucht selbst nach einer freundlichen Deutung seines Traums vom Jüngsten Gericht und bemüht sich, entgegen dem Aufruhr seines Gewissens und den Bedenken des Dieners Daniel – die herkömmlichen Rollen des Geängstigten und des Beruhigenden sind vertauscht –, sein Erlebnis krampfhaft ins Lächerliche zu ziehen. Die Szene liegt, wie in der *Jungfrau von Orleans*, direkt vor der Katastrophe, die nicht nur von außen in Gestalt der rächenden Räuber gegen das Schloss anbrandet, sondern auch in Form höchster Gewissensangst über Franz herfällt, sodass er seinem Leben ein Ende macht.

Das Spannungsmoment des Prophezeiungsmotivs liegt darin, dass es festlegt, was letztlich geschehen wird, aber nicht, wie und wann es geschehen wird. In den bisher behandelten Fällen war die Prophezeiung auf Atmosphäre und Entwicklung der Handlung abgestimmt und erfüllte sich kurz nach der Verkündigung. Sie kann aber auch, besonders in epischer Dichtung, wie eine Harpune auf einen sehr fernen Zielpunkt gerichtet sein, der erst im Laufe der Handlung herangeholt und in schärferen Umrissen sichtbar wird. Sie scheint zunächst der Situation nicht zu entsprechen und unglaubwürdig, die Handlung entwickelt sich eher von ihrer Erfüllung weg, und doch nähert sich das harpunierte Ziel unbemerkt und unaufhaltsam. Im 24. Abenteuer der *Kûdrun* (Epos um 1240) kommt zu der am Ufer waschenden Heldin ein von Gott zu ihrem Trost geschickter Schwan, der geheimnisvolle Andeutungen über ihre Rettung macht. Aber die Situation der Gefangenen gestaltet sich zunächst keineswegs freundlicher, sondern nur noch härter, bis dann die Rettung in Gestalt von Bruder und Verlobtem erfolgt. Im *Tannhäuserlied* (1515) verweigert der Papst dem reuigen ↑ Tannhäuser wegen seiner Venusbuhlschaft die Vergebung und versteigt sich zu der prophetischen Verdammung: Nur wenn der dürre Stab in seiner Hand grüne, könne ihm vergeben werden, sodass Tannhäuser, an seinem Seelenheil verzweifelnd, in den Venusberg zurückkehrt. Aber das Adynaton rächt sich an seinem Urheber: Nach drei Tagen grünt der Stecken in der Hand des Papstes – für den rückfälligen Sünder freilich zu spät. Die Basis der Handlung von G. B. GUARINIS *Il pastor fido* (Dr. 1590) bildet die fluchhafte Verpflichtung des Landes → Arkadien, jährlich eine Jungfrau auf dem Altar der Diana zu opfern, und in der Verheißung, diese Verpflichtung werde aufgehoben, wenn zwei Personen aus göttlichem Geschlecht sich in Liebe verbänden. Die allem Anschein nach zur Erfüllung des Orakels bestimmte Verlobung der Amarilli aus dem Geschlecht des Pan mit Silvio, dem Sohn des von Herakles abstammenden Priesters Montano, muss erst an der Liebe Amarillis zu dem Schäfer Mirtillus zerbrechen, Amarilli der Untreue angeklagt und zur Opferung bestimmt werden, Mirtillus sich zum stellvertretenden Opfer anbieten, also das ganze Handlungsgewebe in scheinbare Verwirrung geraten und zur Katastrophe drängen, ehe sich herausstellt, dass all dies der Erfüllung des Orakels vorgearbeitet hat: Mirtillus ist ein zweiter Sohn des Montano, und seine Ehe mit Amarilli erfüllt die Bedingung des Orakels. Das Orakel-Motiv wurde seit Guarini zum konstituierenden Element der Schäferdichtung und ist auch in dem stark schäferlich eingefärbten heroisch-galanten Roman *Die Asiatische Banise* (1689) von H. A. v. ZIGLER UND KLIPHAUSEN wiederzuerkennen, in dem es die vielsträngige politische Handlung wie eine Klammer zusammenhält. Die Klammerfunktion wird besonders deutlich an den zwei Prophezeiungen in SHAKESPEARES *Macbeth* (Dr. um 1606), von denen die erste das Geschehen teils bis zur Mitte der Handlung, teils bis zum Schluss, die zweite lediglich den zweiten Teil der Handlung umgreift. Die erste Prophezeiung, dass Macbeth König, Banquo aber Vater von Königen sein werde, erfüllt sich in der Mitte des Dramas mit der Königswahl Macbeths und der Flucht von Banquos Sohn, der dann Ahnherr der Stuarts wird, die zweite, die die Adynata enthält, dass kein vom Weibe Geborener Macbeth schaden könne und er so lange herrschen werde, bis der Wald von Birnam sich auf sein Schloss zubewege, bewahrheiten sich in der Schlusskatastrophe.

Zum Wesen des Schicksalsdramas gehört die Blindheit der Personen gegenüber vorausdeutenden Zeichen. A. v. ARNIM (*Der Auerhahn* Dr. 1813) verknüpfte durch eine Weissagung den Untergang des thüringischen Landgrafengeschlechts mit dem Tod eines Auerhahns, ließ den letzten Landgrafen unwillentlich seine beiden Söhne töten und den unerwünschten Erben aus Bastardblut ebenso unwillentlich den Auerhahn erlegen. In ähnlicher Weise entspricht in F. GRILLPARZERS Schicksalsdrama *Die Ahnfrau* (1817) der Charakter der Familie der ihr durch fluchhafte Prophezeiung bestimmten Selbstausrottung. Weder der Graf noch seine Tochter wissen, dass der Räuber, den der Graf verfolgt und tötet, und der Lebensretter, den Bertha liebt, die gleiche Person und ihr Sohn und Bruder ist. Eine ähnliche Blindheit gegenüber der Prophetie waltet noch in A. v. DROSTE-HÜLSHOFFS Erzählung *Die Judenbuche* (1842), denn der Mörder Friedrich Mergel kann die hebräische Inschrift »Wenn du dich diesem Orte nahst, so wird es dir ergehen, wie du mir getan hast« gar nicht lesen und kehrt doch an den Ort seiner Tat zurück und erhängt sich an der Buche. Dass das Motiv auch in moderneren Stoffen verwendbar ist, bewies Th. FONTANES Roman *Vor dem Sturm* (1878), in dem eine Grabschrift, die auf den jungen Helden Eindruck macht, und ein alter Spruch, der die Zukunft des Hauses Vitzewitz verkündet, in Zusammenklang gebracht werden, sodass sie sich in Lewins Schicksal erfüllen, sosehr dieser zunächst anderen Glücksvorstellungen nachstrebt. Dazu muss freilich ein liebenswertes, von Fahrenden ins Dorf gebrachtes Findelkind als die »Prinzessin« der Weissagung erklärt werden. In diesem additiv gebauten, vielschichtigen Roman hat die Prophetie wieder die Funktion einer Klammer, deren Verankerung an allen Extremsituationen des Helden spürbar wird und diese mit dem Ende verbindet. Sogar für den elternlosen, zwischen den Kulturen schwankenden indischen → Picaro Kim R. KIPLINGS (*Kim* R. 1901) erklärt sich eine dubiose Prophezeiung als zielsetzend: Der rote Stier auf grünem Feld, der ihm Glück bringen soll, erweist sich als Fahnensymbol von seines verstorbenen Vaters Regiment, das ihm eine Ausbildung und sinnvolle Betätigung ermöglicht. Die fast märchenhafte Verwirklichung einer auf ein altes Geschlecht bezogenen Spruchweisheit kehrt bei dem auch sonst von FONTANE beeinflussten Th. MANN in *Königliche Hoheit* (R. 1909) wieder: Das unsinnig klingende Orakel, dass ein modrig duftender Rosenstock wieder Rosenduft gewinnen und ein Fürst mit einer Hand mehr geben werde als andere mit zweien, bewahrheitet sich, als der Prinz mit der verkrüppelten Hand seine nur repräsentative Existenz überwindet und zum Wohl des Volkes eine amerikanische Millionärstochter heiratet, die gleichfalls durch den Volksmund zur »Prinzessin« erhöht wird.

Movierende, in die Handlung eingreifende Prophezeiungen sind in der Dichtung wohl ebenso zahlreich wie die rein atmosphärischen. Der Weisungscharakter ist im Fall der movierenden Prophetien deutlicher, sie sind meist als Rat, Warnung oder Befehl formuliert und bestimmen fortan das Handeln des Betroffenen. Utnapischtim im *Gilgamesch-Epos* (Ende 2. Jahrtausend v. Chr.) führt den ihm in einem Traum, der ihn auf die Sintflut vorbereitet, gegebenen Rat aus und baut ein Schiff. Orest (EURIPIDES, *Iphigenie bei den Taurern* Dr. 412 v. Chr.) folgt dem Befehl des Delphischen Orakels, das ihm Heilung vom Fluch des Muttermordes in Tauris zugesagt hat, und erlangt sie – unter aktivem Beistand Athenes –, obwohl ihm zunächst der Tod unter dem Opfermesser droht. Muster eines durch

Gesichte gelenkten, wiederholt seine Richtung ändernden Lebenslaufs ist der von VERGILS Äneas (*Aeneis* 30–19 v. Chr.): Während der Eroberung Trojas rät ihm der Geist Hektors zur Flucht, die Penaten verkünden ihm seine Rolle als Gründer Roms, in Karthago erscheint ihm – hier mit direkter, unverschlüsselter Botschaft von Jupiter – zweimal Merkur, um ihn zur Abfahrt zu mahnen, in Sizilien gibt ihm der Geist seines Vaters Anchises den Auftrag, zunächst einen → Unterweltsbesuch zu unternehmen und sich dann nach Italien zu begeben, und am Ufer des Tiber erscheint ihm schließlich Tiberinus mit Weissagungen über den Krieg gegen Turnus. Seit Vergil wurde das Weissagungsmotiv für die römische Dichtung kanonisch und blieb in der europäischen Epik auch weiterhin wirksam. In G. TRISSINOS Epos *L'Italia liberata dai Goti* (1547) erscheint dem Kaiser Justinian ein Engel mit dem Befehl, die Goten aus Italien zu vertreiben, und noch in CAMÕES' *Os Lusíadas* (1572) erhält Vasco da Gama durch Merkur Botschaften.

Die prophetischen Nachrichten, die in mittelalterlichen Dichtungen vom christlichen Himmel ausgehen, sind an biblische sowohl wie an antike Vorbilder angelehnt. Schon der alttestamentliche ↑ Joseph, der von Jugend an Gesichte über seinen Aufstieg gehabt hat, erfüllt Gottes Willen, als er Pharaos Traum deutet, ihm Ratschläge gegen die drohende Hungersgefahr erteilt und damit zugleich den entscheidenden Schritt zur eigenen Erhöhung tut. Die Weltherrschaft des Christentums selbst beruht auf der getreuen Befolgung der an Kaiser Konstantin als Inschrift eines Kreuzes ergehenden Traumanweisung »In hoc signo vinces«, von der ein angelsächsisches Gedicht (CYNEWULF, *Elene* 8./9. Jh.) berichtet. In der englischen Ballade *Sir Aldingar* (in Th. PERCYS *Reliques of Ancient English Poetry* 1765) schickt Gott der verleumdeten → Gattin und Königin einen Traum, der ihr Rettung verheißt und aufgrund dessen sie ihre Unschuld in einem → Gottesurteil erhärtet. Engel oder – seltener – Geister Verstorbener als Überbringer von Befehlen oder Ratschlägen an Heilige gehören zum Bestandteil der Legendenliteratur.

Diese etwas simplen Anweisungen aus dem Jenseits treten in anspruchsvollerer Literatur hinter chiffrierten, symbolisierten Zeichen zurück. In GOTTFRIEDS VON STRASSBURG *Tristan* (Epos um 1210) wird Isoldes Mutter durch einen Traum veranlasst, den Aussagen des Truchsesses nachzugehen und seinen Betrug aufzudecken, und auf der gegnerischen Seite entdeckt Marjodo, durch einen Traum geleitet, die heimlichen Zusammenkünfte von ↑ Tristan und Isolde. Der Traum Herzeloydes bei WOLFRAM VON ESCHENBACH (*Parzival* Epos

1200–10) von dem gewalttätigen Charakter des Sohnes, den sie gebären werde, löst ihre Abkehr von der Welt aus und bestimmt dadurch die Jugendschicksale ↑ Parzivals. Ein frühes Beispiel für eine starke psychologische Komponente in einem movierenden Traum ist die Empfindung ↑ Didos (HEINRICH VON VELDEKE, *Eneid* 1170/90), dass Äneas in ihren Armen liege, während sie beim Erwachen nur das »deckelachen« umschlungen hält; der Trugtraum ist insofern handlungsbestimmend, als sich Dido durch ihn klar wird, dass weiterer Widerstand gegen ihre Liebe vergeblich ist, und sie sich nun ihrem Gefühl hingibt. Visionen und Träume des elisabethanischen Dramas decken Mordtaten auf und fordern Rache (SHAKESPEARE, *Hamlet* 1602; J. MARSTON, *Antonio's Revenge* 1602), enthüllen Ehebruch und lösen Eifersuchtstragödien aus (J. FORD, *Love's Sacrifice* 1633; J. DRYDEN, *Aureng-Zebe* 1676). RACINES Athalie (*Athalie* Dr. 1691) erblickt im Traum einen ihr unbekannten Feind, dem sie nachforscht, alsbald begegnet und nachstellt, womit sie ihren Untergang einleitet. Auch ein Drama der Aufklärung wie J. F. v. CRONEGKS *Codrus* (1760) kann die Handlung völlig von Orakeln und Gesichten abhängig machen, denn König Codrus exponiert zweimal sein Leben, damit sich der Orakelspruch erfülle, das durch Feindeshand vergossene Blut eines Königs werde dem Vaterland den Sieg sichern. Die seit dem Sturm und Drang zur Romantik hin ansteigende Frequenz des Motivs beginnt etwa mit Gustchens Traumvision vom Tode ihres Vaters bei J. M. R. LENZ (*Der Hofmeister* Dr. 1774), die sie veranlasst, sich in den Teich zu stürzen, und der im Wachtraum gesehenen Entführung Blankas bei J. A. LEISEWITZ (*Julius von Tarent* Dr. 1776), die Julius veranlasst, sie wirklich zu entführen und dadurch die Katastrophe heraufzubeschwören. In der Romantik wird das Motiv durch die Bevorzugung märchen- und sagenhafter Stoffe begünstigt, aber nicht auf sie eingeengt. Die sehr spät in die Handlung eingeschleuste Prophezeiung der Zigeunerin in H. v. KLEISTS *Michael Kohlhaas* (Erz. 1810) verklammert zurückliegende Ereignisse mit dem letzten Teil der Erzählung und zielt auf den Schluss, obgleich ihre Verheißung, der geheimnisvolle Zettel werde Kohlhaas das Leben retten, nicht erfüllt wird, weil er dieses Mittel zur Fristung seines Lebens nicht einsetzt, sondern es lieber zur Rache an dem sächsischen Kurfürsten benutzt. Kaiser Oktavian (L. TIECK, *Kaiser Octavianus* Lsp. 1804) findet durch die Befolgung des Traums, der ihm einen Dombau befiehlt, seinen Sohn wieder; Phryxus wird durch einen Traum im Orakel von Delphi (F. GRILLPARZER, *Das Goldene Vlies* Dr.-Trilogie 1821) angestiftet, das Goldene Vlies zu rauben, und löst damit eine Kausalkette blutiger Taten aus; Fürst Hoanghu (F. RAIMUND, *Moisasurs Zauberfluch* Dr. 1827) wird durch einen Traum zur Rettung seiner Frau inspiriert; drei Herumtreiber (J. N. NESTROY, *Der böse Geist Lumpazivagabundus oder das liederliche Kleeblatt* Lsp. 1833) werden bewogen, ein bestimmtes, Reichtum bringendes Lotterielos zu kaufen; der Schuhmachergeselle Seppe (E. MÖRIKE, *Das Stuttgarter Hutzelmännlein* Erz. 1853) gewinnt durch Befolgung der Weisungen des Hutzelmännleins schließlich das von diesem verheißene Glück, Herrengunst und Frauenliebe, obgleich seine Wanderschaft ihn zunächst von dem Segen wegzuführen scheint und er fast in die Ehe mit einer männermordenden Meisterin stolpert. R. WAGNER, der das Prophetie-Motiv in vielen Varianten einsetzte, ließ Elsa in ↑ *Lohengrin* (Oper 1847) nicht einen der anwesenden Ritter als Kämpfer für das → Gottesurteil wählen, sondern auf den warten, den ihr der Traum verhieß. Im *Parsifal* (Oper 1882) wandelte er die in WOLFRAMS VON ESCHENBACH Werk immanente Auserwähltheit ↑ Parzivals zum Gralskönig, von der der Held erst spät erfährt, in eine schon im ersten Akt referierte Vision des Amfortas um – »Aus Mitleid wissend, der reine Tor, harre sein, den ich erkor« –, die eine ähnliche Funktion wie die Verheißung im *Lohengrin* hat. Die schon mehrfach beobachtete Klammerfunktion des Motivs in epischen Werken erfüllt es in G. KELLERS Zyklus *Das Sinngedicht* (1881) durch Verbindung der Rahmenhandlung, in der die prophetische Weisung ausgesprochen wird, mit den Binnenerzählungen, in denen ihre Realisierbarkeit reflektiert wird, bis dann das Ende des Werks, wieder im Rahmen, die fast schon aus den Augen verlorene Erfüllung bringt und die Geliebte beim ersten Kuss errötend lacht.

Die Funktion des movierenden Traums kann verengt werden, wenn sie in den Dienst einer Besserung der betroffenen Person gestellt wird, einer moralisierenden Tendenz, die besonders dem Aufklärungszeitalter gemäß war. Allerdings hat die Erzählung *Le Blanc et le Noir* (1764), mit der VOLTAIRE diesem Typus vorbildliche Form gab, eine lange Ahnenreihe, deren erstes Glied, die Erzählung *Der Weg nach Hantan* des Chinesen SHEN CHI-CHI (8. Jh.), dem Franzosen vielleicht direkt oder indirekt bekannt war. Ihre Kernhandlung besteht in der Bekehrung eines mit seiner Lage unzufriedenen Bauern durch einen Traum, in den ihn ein taoistischer Priester versenkt und in dem er sich, zwischen Glanz und Schmach schwankend, auf dem Weg zu einer großen Karriere sieht. Die Erzählung wurde im 13. Jahrhundert von MA CHI-YÜAN (*Das Leben ist ein Traum*) mit einem bereits auf abschüssigem Weg befindlichen Studenten als Helden dramatisiert und im 17. Jahrhundert von P'u Sung-Ling mit verstärkter Betonung des Schuldmoments wieder in eine Erzählung aufgelöst. Zu solchen klärenden Träumen, in denen der Handlungsträger der Realitätsebene und der Traumebene der gleiche ist und sich im Bewusstsein des Träumers beide Ebenen vermischen, gehört das Traumgesicht des durch Schuld in eine Identitätskrise gestürzten Iwein Hartmanns von Aue (*Iwein* um 1200), das ihm seine ritterliche Bestimmung vor Augen führt. Calderón erprobte den moralischen und dramatischen Effekt in *La Vida es sueño* (1635); bei ihm handelt es sich jedoch um eine als Prüfung inszenierte Traumfiktion – auch der taoistische Priester hatte den Traum ja induziert. Voltaire trug trotz der Erzählform der Wirklichkeitsvortäuschung Rechnung, indem der Leser erst durch das Erwachen des Helden erfährt, dass es sich bei dessen Erlebnissen um einen Traum handelte. Etwa gleichzeitig mit Voltaire, sodass eine Beeinflussung durch diesen ausgeschlossen ist, taucht die Motivvariante in der ersten Erzählung von *The Tales of the Genii* (1764) des Engländers Ch. Morell (d. i. J. Ridley) auf, die im islamischen Indien spielt und in der ein Mann durch einen mehrtägigen Traum von → Geldgier geheilt wird. Von Voltaire übernahm die Besserungsfunktion F. M. Klinger, dessen *Geschichte Giafars des Barmeciden* (R. 1792–94) mit zwei Büchern Traumerlebnissen beginnt, in denen Giafar durch den Teufel Leviathan zum Zweifel an seinen sittlichen Bestrebungen verführt werden soll, aber sich beim Erwachen in seiner Überzeugung von der sittlichen Freiheit des Menschen bestätigt fühlt und seine geträumten Fehler vermeidet. Dann griff F. Grillparzer (*Der Traum ein Leben* Dr. 1834), von Voltaire und Calderón, wohl auch von Ridley und vielleicht noch von einer aus dem Chinesischen schöpfenden spanischen Zauberposse (M. A. Ygual, *Sueños hay que lecciones son o efectos del desengaño* 1817) oder einem deutschen Besserungsstück (C. F. van der Velde, *Die Heilung der Eroberungssucht* 1816) angeregt, Form und sittliche Tendenz auf: Der durch Wunschtraumerfüllung geheilte Rustan stößt sein Wunsch-Ich, das sein schlechteres Ich ist, ab. Sein besseres Ich hat gesiegt, so wie schon Lessings ↑ *Faust* (Dr.-Fragment 1753) in seinem Streben nach Wahrheit durch einen Traum bestärkt wird, in dem er erfahren hat, wie gefährlich der Teufel um ihn wirbt. An die spanische Tradition der Motivvariante schließt sich der Duque de Rivas an, dessen Dramentitel *El desengaño en un sueño* (1842) an die oben erwähnte Zauberposse erinnert. Ein Nachfahre von Grillparzers die Realitäts-

Rahmenhandlung mit der Traum-Binnenhandlung verschränkendem Besserungsdrama ist P. APELS *Hans Sonnenstößers Höllenfahrt* (Dr. 1911) mit seiner abschreckenden Traumreise durch die Hölle des Philisteriums. Die Variante taucht im 19. Jahrhundert auch in moralischen Erzählungen auf (J. GOTTHELF, *Dursli der Branntweinsäufer* 1839, *Anne Bäbi Jowäger* 1843).

Wo nicht gütige Götter und eine gnädige Vorsehung am Werke sind, sondern feindselige Gottheiten, Dämonen und Teufel, ist der Traum kein Wahrtraum, der zur Besserung, sondern ein lügnerisches Gesicht, das ins Verderben führt. Die Götter der Antike sind parteiisch, daher kann Jupiter (SILIUS ITALICUS, *Punica* Epos 80/100) Träume schicken, die Hannibal seinen Triumphmarsch auf Rom vorgaukeln, sogar die ihm wohlwollend von Juno geschickten sind täuschend, sodass er sich in falschen Hoffnungen wiegt; und auch die von einem Geist in der Maske des Teiresias dem ↑ Eteokles (STATIUS, *Thebais* um 92) vorgespiegelten feindseligen Pläne seines Bruders und die eigenen Siegesaussichten sind von Jupiter zur Entfachung des Krieges gesandt worden. In *Love Crowns the End* des englischen Dramatikers J. TATHAM (1640) entfachen trügerische Träume ungerechte Eifersucht und lösen einen Mord aus. Im biblischen Drama KLOPSTOCKS (*David* Tr. 1772) ist es natürlich der Teufel, dessen Traumbotschaften ↑ David zum Ungehorsam gegen Gott anstiften, und nicht minder geeignet erscheint der Teufel in N. LENAUS religionsgeschichtlichem Epos *Die Albigenser* (1842) als Erreger von Träumen, die den Papst zur Abkehr von christlicher Liebe und zum Glaubenskrieg veranlassen. In K. Ph. MORITZ' Fassung des Memorabiles von den Mordeltern (*Blunt* Dr. 1781) verlockt ein dämonischer Verführungstraum den alten Blunt zur Ermordung des reichen Fremden, der sein Sohn ist. Der trügerische Traum ist auch in SCHILLERS *Wallenstein* (Dr. 1798/99) Mittel tragischer Ironie, nur dass der Dichter sich nicht auf die Eindeutigkeit teuflischer Herkunft festlegte. Wallensteins Vertrauen zu Octavio Piccolomini beruht auf der Antwort, die ihm ein Traum in der Nacht vor der Schlacht bei Lützen auf den Wunsch gab, den für den treusten seiner Anhänger halten zu dürfen, der ihm am nächsten Morgen zuerst mit einem Liebeszeichen entgegenkomme – worauf er im Traum erlebt, wie Octavio ihn, den gestürzten, vor den Hufen der Reiterei rettet. Tatsächlich bittet ihn Octavio am nächsten Tag, ein anderes Pferd als den Schecken zu reiten, der dann auch samt dem Reiter in der Schlacht umkommt. Diese Prophetie ist strukturiert wie die in KLEISTS *Michael Kohlhaas*: Ein Teil der Prophezeiung erfüllt sich umgehend und verleiht Glauben auch an die langfristige Vorhersage. Aber bei Schiller stimmt diese nicht, ohne dass der Grund deutlich würde. Der Wallenstein von Eger ist nicht mehr der von Lützen, in die Freundschaft mit Octavio hat Wallensteins Verrat etwas Trennendes gebracht; sein ganzes Schicksalsgefühl ist unstimmig geworden, denn er vertraut dem untreuen Octavio und missachtet die Angstträume der treuen Gräfin Terzky.

Nicht nur Götter und Dämonen lenken Menschen in der Dichtung durch Träume, auch die Mitmenschen können durch Traumfiktionen versuchen, eine Person im Guten oder Bösen zu beeinflussen. Um einen Menschen vor einer Gefahr zurückzuhalten, die dieser nicht erkennt, gibt ein ihm Nahestehender vor, einen Warntraum gehabt zu haben, wie König Sverri (KARL JÓNSSON, *Sverrissaga* 1185/1210), um einen von ihm nicht gebilligten und dann tatsächlich auch misslingenden Angriff zu verhüten. Öfter dient eine solche List aber der Einwirkung auf Gegner, wenn z. B. König Pelias (VALERIUS FLACCUS, *Argonautica* 70/90) dem ↑ Jason, um ihn loszuwerden, erzählt, er habe im Traum den Geist des Prixus gesehen, oder eine Frau dem ihr nachstellenden Lord (J. SHIRLEY, *The Example* Dr. 1637), er sei in ihrem Traum von höherer Hand gestraft worden. Die Traumfiktion ist vor allem ein Mittel in der Hand schlauer Frauen, Intrigen einzufädeln und die Männer zu lenken. Die → Hetäre Philocomasium (PLAUTUS, *Miles gloriosus* Kom. um 206 v. Chr.) erzählt zur Vorbereitung ihrer Doppelrollenintrige dem sie belauernden Sklaven, sie habe geträumt, ihre Zwillingsschwester sei mit ihrem Liebhaber nach Ephesos gekommen; die Kaisertochter, die sich in König Rother verliebt hat (*König Rother* Epos um 1150), gibt vor, aufgrund eines unglückverheißenden Traums entweder eine Bußfahrt machen oder den gefangenen Boten König Rothers etwas Gutes antun zu müssen; Salme, die untreue Frau König ↑ Salomos (*Salman und Morolf* Epos um 1160), gewinnt sich die Neigung ihres Mannes zurück, indem sie ihm vorspiegelt, ihm im Traum einen Sohn geboren zu haben. In OTTES *Eraclius* (Epos um 1210) macht eine Kupplerin den fingierten Sturz ihrer Herrscherin vom Pferd dadurch glaubhafter, dass sie von einem auf das Unglück hindeutenden Traum erzählt. J. WEBSTERS Vittoria ↑ Accoromboni (*The White Divel* Dr. 1612) lügt, sie sei im Traum von ihrem Mann und der Herzogin von Bracchiano bedroht worden, und erreicht damit, dass ihr Geliebter beide aus dem Weg räumt. Nicht um einen nachträglich erzählten, vorgeblichen, sondern um einen mit lebenden Personen, mit Jungfrau, Lorbeerkranz und Kette, vom Großen Kurfürsten auf der nächtlichen

Schlossrampe vor dem somnambulen Prinzen inszenierten Traum handelt es sich in H. v. KLEISTS *Prinz Friedrich von Homburg* (Dr. 1821); was jedoch als Scherz gedacht war, wird für den ehrgeizigen Schwärmer zum ernsten, handlungsbestimmenden Zukunftsbild.

Wie die atmosphärischen gehen auch die movierenden Träume erst nach Ab- und Umwegen in Erfüllung und verursachen, dass sich der Movierte in falscher Richtung bewegt und erst durch Neudeutung der Zeichen ihren Sinn erkennt. Da ↑ Ödipus (SOPHOKLES, *König Ödipus* Dr. 428 v. Chr.) sich für den Sohn des Königs von Korinth hält, muss er auf den Spruch des Delphischen Orakels, er werde seines Vaters Mörder und seiner Mutter Gatte werden, so reagieren, dass er nicht nach Korinth zurückkehrt und dadurch geradenwegs auf die Erfüllung der Weissagung zugeht. Die weitverbreitete, bereits von dem arabischen Dichter TAMÎHI (gest. 995), dem persischen Dichter RÛMI (gest. 1273) und in der Sammlung *Tausendundeine Nacht* (8.–16. Jh.) erzählte, dann in Deutschland am besten im *Karlmeinet* (um 1320) wiedergegebene Wandersage vom *Schatz auf der Brücke* bietet eine heitere, in ihrer Pointe immer gleich bleibende Version einer umwegigen Prophetieerfüllung, denn der Bauer, der in Paris auf der Brücke sein Glück finden soll, erhält dort von einem befragten Passanten zunächst eine Ohrfeige für seinen Aberglauben: Er, der Passant, habe auch geträumt, im Dorf Balduch (aus dem der Bauer kommt) sei da und da ein Schatz vergraben, habe aber wegen solcher Albernheit keinen Fuß gerührt; der Bauer kehrt in sein Dorf zurück und hebt den Schatz. Durch Neuinterpretation gerade des Orakels bei EURIPIDES gelang GOETHE eine moderne Sicht auf den ↑ Iphigenie-Stoff (*Iphigenie auf Tauris* Dr. 1787). An seinem Orest erfüllt sich die Verheißung Apolls, er werde »im Heiligtum der Schwester Trost und Hilf' und Rückkehr« finden, zum Teil schon in der Mitte des Dramas, aber an dem Auftrag des Gottes, die Schwester nach Griechenland zurückzubringen, scheint die Rückkehr zu scheitern, bis Orest im letzten Augenblick erkennt, dass nicht das Bild der Schwester des Gottes, sondern die eigene lebende Schwester gemeint sei: »Das Bild, o König, soll uns nicht entzweien!« Das Denken von JEAN PAULS Albano (*Titan* R. 1800–03) kreist um die Klärung der ihm verheißenen Krone und Geliebten, aber er kann die Prophezeiungen nicht enträtseln, irrt mehrfach in der Wahl seiner Angebeteten, hält einen Falschen für seinen Vater und zweifelt andererseits die Stimmigkeit verfremdeter Bilder von Mutter und Schwester an; die Klammer des Motivs umgreift einen bewegten Lebenslauf bis zu einem vorbestimmten späten Tag, an dem Albano die

Reife für seine Berufung erreicht hat und sich alles entwirrt. In H. v. KLEISTS *Das Käthchen von Heilbronn* (Dr. 1808) hält Wetter vom Strahl eine Zeitlang die böse Kunigunde für die ihm vom Himmel zugesagte Kaisertochter, ein Moment tragischer Ironie, das die Handlung zu einem Umweg zwingt; erst als Käthchen ihren parallelen Traum erzählt, erkennt er in ihr die Auserwählte.

Eine für die Handlungsführung besonders reizvolle Motivmutante ist die der umgangenen Prophezeiung, d. h. des Versuchs, ihrer Erfüllung entgegenzuarbeiten, der damit endet, dass die Voraussage trotz aller Vorkehrungen oder gerade durch sie eintrifft. Am häufigsten kommt diese Mutante im Zusammenhang mit unheilvollen Prognosen bei der Geburt eines Kindes vor. Die älteste Fixierung einer scheiternden Umgehung findet sich bei HESIOD (*Theogonie* um 700 v. Chr.) als Vorspann der Cyrusvita, dem zufolge Astiage, der Großvater des Cyrus mütterlicherseits, zweimal träumte, das Kind seiner Tochter Mandane werde seines Großvaters Reich an sich bringen, daher seine Tochter unter Bewachung hielt und befahl, das neugeborene Kind zu töten, das aber ausgesetzt und von der Frau eines Hirten anstelle ihres eigenen totgeborenen Kindes erzogen wurde; Cyrus beherrschte tatsächlich später auch seines Großvaters Reich. Sogar den Tod von des Enkels Hand fürchtet in der bei HYGINUS (*Fabulae* 2. Jh.) überlieferten Danaesage der Großvater Akrisios und sperrt die Tochter in eine unterirdische Wohnung, in die aber der liebende Zeus als goldener Regen eindringt. Danaes Sohn Perseus gibt später dem Großvater das Versprechen, ihn nicht zu töten, verletzt ihn aber versehentlich tödlich bei der Vorführung des von ihm erfundenen Diskus. Nicht der Großvater, sondern sogar der Vater, Laios, soll in der berühmtesten Fassung des Motivs, *König Ödipus* (428 v. Chr.) von SOPHOKLES, Opfer des erwarteten Sohns werden, der auch trotz Aussetzung am Leben bleibt, durch ein zweites Orakel veranlasst wird, seine Pflegeeltern zu fliehen, den ihm unbekannten Laios unterwegs erschlägt und dann auch noch orakelgemäß seine verwitwete Mutter heiratet. P. CORNEILLE fügte später (*Œdipe* Dr. 1659) noch eine dritte Orakelumgehung hinzu: Der Orakelspruch für die pestgeplagte Stadt heißt hier, dass das »Blut des Laios« Schuld sei; infolgedessen will sich das einzige bekannte Kind des Laios, Dirke, opfern, worauf wiederum ihr Verlobter, um die Erfüllung des Orakels zu verhindern, sich für den Sohn des Laios ausgibt, was die Auffindung des echten Sohns und die Vollziehung der Sühne beschleunigt. Als Unglücksbringer für Familie und Vaterland kennzeichnet ein Orakel, wie APOLLODOROS VON ATHEN (*Chronike* 2. Jh.

v. Chr.) nach einer Dichtung des *Troischen Zyklus* überliefert, Paris, der aber trotz seiner Aussetzung durch sein Urteil im Streit der Göttinnen den Untergang Trojas verursacht; ein ähnliches Omen gilt für ↑ Judas Ischarioth (*Legenda aurea* 2. Hälfte 13. Jh.), den die geängstigte Mutter gleichfalls aussetzt, ohne die Welt vor seiner unheilvollen Tat retten zu können, und CALDERÓNS (*La vida es sueño* Dr. 1635) Königssohn Sigismund, der, aus menschenferner Verbannung auf Probe entlassen, sich tatsächlich als der angekündigte Tyrann erweist. Calderón ging es jedoch um den Beweis der menschlichen Willensfreiheit und die Möglichkeit der Besserung, daher zeigt sich der Prinz, der sein Herrschaftserlebnis für einen Traum hält, nach seiner Inthronisierung als ein neuer, maßvoller Mensch. Zur Prüfung eines Vorurteils abgeschwächt wurde die Absperrung im Turm von F. A. de BANCES CANDAMO in dem von Calderón beeinflussten Drama *La inclinación española* (2. Hälfte 17. Jh.), in dem König Heinrich von England – um die sprichwörtliche kriegerische Neigung der Spanier zu testen – ein spanisches Kind in einem Turm aufziehen lässt und nach fünfzehn Jahren glaubt, das Vorurteil widerlegen zu können, weil der von ihm vorgefundene Jüngling die kriegerische Probe nicht besteht; dieser ist aber ein in den Turm geflüchteter Schotte, während der Spanier sich längst im Krieg so ausgezeichnet hat, dass er nicht nur das allgemeine Urteil bestätigt, sondern auch die Königstochter zur Frau gewinnt. Dass die Motivvariante auch vom Volksstück, natürlich mit Happy End, verarbeitet wurde (J. F. v. KURZ, gen. Bernardon, *Bernardon der Einsiedler* 1757), sei nur am Rande erwähnt, wichtiger war ihre Erneuerung durch die Schicksalstragödie. Bei SCHILLER (*Die Braut von Messina* Dr. 1803) gilt die unheilbringende Prophetie der Tochter, die das Geschlecht vernichten werde und die der Vater töten lassen will, die Mutter aber in einem Kloster verbirgt. Das Unheil vollendet sich auf ungeahnte Weise, indem die verfeindeten → Brüder beide die unbekannte Schwester lieben, Don Cesar aus Eifersucht den Bruder tötet und dann Selbstmord begeht. Bei A. MÜLLNER (*Die Schuld* Dr. 1813) bezieht sich die Prophezeiung auf den zweiten Sohn einer Spanierin, der den erstgeborenen erschlagen werde, was auch geschieht, obgleich die Mutter das verderbenbringende Kind der norwegischen Gräfin Oerindur abgetreten hat und der vermeintliche Graf Oerindur den ihm befreundeten Carlos aus Leidenschaft zu dessen Frau tötet, ohne zu wissen, dass es sein Bruder ist.

Nicht zur Vernichtung oder doch Ausschaltung des Kindes, sondern zu seinem Schutz vor einer gefährlichen Zukunft hält Thetis ihren Sohn ↑ Achilleus in den Styx, der ihn unverwundbar machen soll (*Kyprien*), und verbirgt ihn später in Mädchenkleidung auf Skyros, um seine Teilnahme am ↑ Trojanerkrieg zu verhindern, gibt Josaphats Vater (↑ *Barlaam und Josaphat* Legende 6. Jh.) seinen Sohn einem Einsiedler zur Erziehung, damit er nicht Christ werde, zieht sich Herzeloyde (Wolfram von Eschenbach, *Parzival* 1200–10) in die Einsamkeit zurück, um ↑ Parzival vom Rittertum fernzuhalten, erzieht Liriope (Calderón, *Eco y Narciso* Dr. 1661) ↑ Narziss fern von den Menschen, damit er nichts höre und sehe, und kann doch nicht verhindern, dass der Gesang der Nymphe Echo und der Anblick des eigenen Spiegelbildes ihm den Untergang bringen. Aus der Welt des Märchens sei Dornröschen angeführt, aus deren Nähe vergebens alle gefahrbringenden Spindeln entfernt werden.

Auch dem einer Person im späteren Leben geweissagten Unglück sucht man, und zwar meist der Bedrohte selbst, entgegenzuarbeiten. Die Vorkehrung der Asen zum Schutze des durch todkündende Träume vom Schicksal gezeichneten Baldr – das großartige Beispiel aus der germanischen Göttersage (*Völuspá* der *Edda*; Snorri Sturluson, *Jüngere Edda* 1222/30) – schlagen fehl, weil Frigg, die alle irdischen Dinge und Wesen unter Eid nimmt, damit sie Baldr schonen, die eine Mistel ausließ, die dann auf Rat des → Verräters Loki in den Händen des blinden Hödr zur tödlichen Waffe wird und nicht nur dem einen Gott den Tod bringt, sondern die Götterdämmerung auslöst. Umsonst will die junge ↑ Kriemhild des *Nibelungenliedes* (um 1200) zum eigenen Schutz unvermählt bleiben, als ihr die Mutter frühes Leid durch den Tod des geliebten Mannes weissagt, umsonst vertraut sie, als ihr später böse Träume Angst einjagen, gerade dem Verderber Hagen den Gatten an, vergebens flieht Julianus Hospitator (*Legenda aurea* 13. Jh.) wie Ödipus das Elternhaus nach einer durch einen Hirsch verkündeten Prophetie, er werde der Eltern Mörder werden. Die Vergeblichkeit der Flucht vor dem eigenen mordfixierten Ich ist in der Neufassung durch G. Flaubert (*La Légende de Saint-Julien l'Hospitalier* 1877) besonders herausgearbeitet worden und durch zwei weitere Prophezeiungen bei Julians Geburt unterstrichen. Ptolemäus von Alexandrien bei G. Chapman (*The Blind Beggar of Alexandria* Dr. 1596) bemüht sich erfolglos, die Ehe seiner Tochter mit dem Mann, der ihm die Herrschaft rauben wird, zu hintertreiben, und bei G. E. Lessing (*Der Horoskop* entst. 1758) will der designierte Vatermörder sogar Selbstmord begehen, um seinem Schicksal zu entfliehen, aber der Schuss tötet den herbeieilenden Vater. In heiterer Abwandlung der Pointe lässt O. Wilde (*Lord Arthur*

Savile's Crime Erz. 1887) seinen vom Schicksal zum Mörder bestimmten Lord der Tat nicht ausweichen, sondern den unumgänglichen Mord möglichst rasch hinter sich bringen. Aber zwei gegen Verwandte gerichtete Mordversuche scheitern, und der in der Verzweiflung begangene Mord an dem Wahrsager wird als Selbstmord diagnostiziert, sodass Savile zwar ein Mörder, doch ein straffreier, wird.

Die psychologische Funktion hat als letzte Eingang in die tradierten Motivschemata gefunden. Zwar gab es Ansätze, etwa im Bereich des Traums mit moralisierender Funktion, schon in früherer Zeit, doch wandte sich erst die Romantik aus- und nachdrücklich diesem Aspekt zu. Sie entwickelte eine neuartige Theorie des Traums, als deren Initiator im Wesentlichen der Philosoph G. H. SCHUBERT gilt, dessen Dresdener, später in Buchform (*Ansichten von der Nachtseite der Naturwissenschaft* 1808, *Die Symbolik des Traumes* 1814) erschienene Vorträge die dichtenden Zeitgenossen stark beeinflusst haben. Nach ihm fliegt die Seele des Menschen im Traum auf jene Höhe, die ihre ursprüngliche Heimat ist, und nur in diesem Zustand einer Lösung der Seele vom Leib kann der Mensch der Seele innerstes Wesen erfahren. Höhere Kräfte durchziehen dann die Seele, sie vermag bis in die Eingeweide der Welt vorzudringen, wo Subjekt und Objekt verschmelzen, und auf diesen Fähigkeiten und Kontakten beruht die prophetische Kraft des Traums. Während der ältere, zunächst von Schubert nicht beeinflusste L. TIECK von einer Poetisierung des Lebens als eines Traums, einer Traumhaftigkeit der Welt ausging, welche die Grenze zwischen Traum und Wachen verschwimmen ließ, standen die Gedankengänge des NOVALIS denen Schuberts nahe, indem er die höhere Existenz des Menschen in seiner Traumwelt sah: »Die Welt wird Traum, der Traum wird Welt.« Das entscheidend Neue war, dass der Traum jetzt weniger charakterbeeinflussend als charakterenthüllend wirkte, das entscheidend Gleichbleibende aber war, dass im Traum weiterhin eine Öffnung ins Irrationale, Jenseitige gesehen und ihm seine vorausdeutende Aufgabe belassen wurde.

Die neue psychologische Komponente bedingte eine dem echten Träumen abgelauschte Unwirklichkeit, Verschwommenheit und Sprunghaftigkeit des Traums, während die Träume in der älteren Literatur vielfach die Folgerichtigkeit einer im Wachen erlebten Begebenheit besessen hatten. Traum war für die Romantik etwas der Poesie Verwandtes, Träumen ein Sinnbild des künstlerischen Prozesses. Schon durch die Mischung von Zukunftsträchtigkeit, psychologischer Aussagekraft und Stimmungsgebung steht der romantische

Traum auf einer neuen künstlerischen Stufe und erhält durch seine Geltung als »wirklichere« Welt eine Sonderstellung. Er ist nicht mehr vereinzelte Botschaft eines fernen, überirdischen Reichs, sondern Kundgebung eines ständig gegenwärtigen, eng benachbarten zweiten Lebens, dessen Emanationen dauernd hinüberdringen. Leben und Traum sind ineinander verschränkt, die Übergänge fließend, das irdische Leben erscheint durchlässig für eine andere Wirklichkeit, und seine Prophetien sind eine höhere Wahrheit, die sich fast auf natürliche Weise darbietet.

Schon in GOETHES der Romantik nahestehendem und für sie vorbildlichen Bildungsroman *Wilhelm Meisters Lehrjahre* (1795/96) fungiert der Traum Wilhelms, der ihm im Augenblick seines Eintretens in Lotharios Kreis die Gestalten seiner früheren und seiner künftigen Umgebung zeigt, sowohl als Vorausdeutung wie als Enthüllung von Wilhelms innerem Standort. An ähnlichen Handlungspunkten stehen bei NOVALIS Heinrich von Ofterdingens (*Heinrich von Ofterdingen* R. 1802) Träume von der blauen Blume und von Mathilde; beide Träume haben dabei stark movierende Funktion, sodass man aus ihnen Wesentliches über den Fragment gebliebenen zweiten Romanteil entnehmen kann. Eingängiger, dabei aber schwebender, unprogrammatischer sind die Träume der Helden L. TIECKS, die unglückkündenden des alten → Dieners in der *Geschichte des Herrn William Lovell* (R. 1795–96), der Traum vom Feenreich in der Erzählung *Die Freunde* (1797), aus dem der Held in Sehnsucht nach der Erde sich selbst verbannt, der glückverheißende, konfliktlösende des Franz in *Franz Sternbalds Wanderungen* (R. 1798), der irreführende von den Schätzen im Berge, der in *Der Runenberg* (Erz. 1804) Christian von Haus und Hof fortlockt, der Unglück und Rettung zugleich verheißende des Simon in *Ritter* ↑ *Blaubart* (Dr. 1797) und der künftige Ereignisse und Unbewusstes zugleich enthüllende der jungen ↑ Genoveva (*Leben und Tod der heiligen Genoveva* Dr. 1800). Wie hier der Gatte die Unschuld Genovevas im Traum sieht, so verkündet in A. v. ARNIMS *Armut, Reichtum, Schuld und Buße der Gräfin Dolores* (R. 1810) ein Traum dem Grafen die Untreue seiner Frau. Damit werden Möglichkeiten der Telepathie in die Wahrträume mit einbezogen, außersinnliche Wahrnehmungen der seelischen Vorgänge in anderen Menschen, wie sie sich besonders in Parallelträumen eng verbundener Menschen manifestiert: In H. v. KLEISTS *Das Käthchen von Heilbronn* (Dr. 1808) haben der Ritter und Käthchen einen vom Himmel geschickten Doppeltraum, der ihnen ihre gemeinsame Zukunft zeigt, in A. v. ARNIMS Novelle *Isabella von Ägypten, Kaiser*

Karls des Fünften erste Jugendgeliebte (1812) sieht Isabella ihr von Karl V. stammendes Kind und dessen künftigen Herrscherruhm, während Karl einen ähnlich prophetischen Traum hat, in des gleichen Autors *Päpstin Johanna* (Epos 1813) enthüllt ein Doppeltraum sowohl die Gefühle der beiden Träumer, Johannas und des Pfalzgrafen, wie das ihnen beiden verborgene wirkliche Geschlecht Johannas. In A. v. Arnims *Die Kronenwächter* (R. 1817) baut Berthold sein Glück auf dem Schatz auf, dessen Fundort er im Traum gesehen hat, in *Die Majoratsherren* (Erz. 1819) geschehen alle wesentlichen Ereignisse im Traum und belegen damit dessen Übergewicht über das reale Leben, und der verstoßene Joseph in *Die Gleichen* (Dr. 1819) nimmt im Traum sein besseres Leben vorweg. Die Idee des NOVALIS vom Traum als Symbol des Weltzusammenhangs prägte C. BRENTANOS *Romanzen vom Rosenkranz* (entst. 1804/12), deren Traumauftakt, Thema und Symbolik des Werkes intonierend, sich in späteren Träumen der Figuren fortsetzt, denen sie zukünftige Aufgaben und Gefahren enthüllen. In Brentanos mythischem Drama *Die Gründung Prags* (1815), in dem die das höhere Leben versinnbildlichende Traumwelt auf der überirdischen Herkunft der Schwestern beruht, häufen sich die prophetischen Träume teils persönlichen, teils politischen und kulturkritischen Charakters von Akt zu Akt. Das bei Kleist und Arnim beobachtete telepathische Moment kehrt bei J. v. EICHENDORFF wieder, der in *Ahnung und Gegenwart* (R. 1815) einen sich wiederholenden Traum einsetzt, der dem Grafen Friedrich Weggang und Aufenthalt seines Bruders anzeigt, und in *Ezelin von Romano* (Dr. 1828) deutet sich die Nähe zu Kleist noch stärker in dem szenischen Nebeneinander des Visionärs Ugodin und des ihn ausfragenden Ezelino an. E.T.A. HOFFMANN entwickelte seine Prophetien und Träume weniger aus der Vorstellung eines eingreifenden göttlichen Willens als aus der einer Zweipoligkeit der menschlichen Existenz, bei der das geistige Prinzip dem irdischen Leben übergeordnet ist und sich durch Träume unablässig in dieses einschaltet. Am traditionellsten ist seine Motivbehandlung noch in *Die Elixiere des Teufels* (R. 1815–16), in denen es ähnlich wie in BRENTANOS *Romanzen* um Erlösung von Erbschuld geht und die Gnade, die der sündige Mönch schließlich im Traum von Christus erlangt, auch im Wachen gültig bleibt. Das Problem der gespaltenen Existenz macht sich am stärksten in *Prinzessin Brambilla* (Erz. 1821) geltend, da hier Held und Heldin so sehr in den Traum von einer höheren Existenz versponnen sind, dass sie beim Erwachen keine Enttäuschung über die Wirklichkeit empfinden, sondern den

Traum als das »Eigentliche« ansehen. Der Student Anselmus (*Der goldene Topf* Erz. 1814) dagegen scheitert fast daran, dass er nicht die Kraft besitzt, seinen Traumgesichten zu folgen, die doch tief in die Seele eingesenkte Wirklichkeiten sind, eines Tages heraufsteigen und Gestalt gewinnen, wie z. B. in mehreren Erzählungen Hoffmanns das vorausgeschaute Bild der Geliebten (*Die Jesuiterkirche in G.* 1817, *Die Automate* 1819, *Die Bergwerke zu Falun* 1819).

Das romantische »Schauen der Geliebten«, das bei Hoffmann besonders auffällt, taucht schon bei Mme de Staël auf, in deren *Corinne* (R. 1807) sich die neue Geliebte mehrmals im Traum Oswald zeigt, dann bei F. Grillparzer in *Sappho* (Dr. 1818), da in Phaons Traum Sapphos Antlitz von dem Melittas verdrängt wird, und vor allem in dem hierin noch ganz romantischen *Maler Nolten* (Nov. 1832) E. Mörikes: Der Knabe Nolten sieht die Zigeunerin Elsbeth im Traum, bevor er ihr in Wirklichkeit begegnet, und weiß, dass sie sein Schicksal ist. Ein später Vertreter romantischer Traumauffassung ist G. de Nerval, in dessen *Aurélia ou le Rêve de la vie* (R. 1855) alle entscheidenden Ereignisse im Traum vor sich gehen und das, was im Traum erlangt wird, auch in der Realität gültig bleibt.

Dass die Traumgestaltung der Romantiker die in eine außersinnliche Welt hineinreichende Dimension des Traums nicht negierte, wahrte die Möglichkeit, durch die er sich in der Dichtung neben Weissagung und Vision stellt. Erst die von S. Freud (*Die Traumdeutung* 1900) vollzogene Überführung der Traumproblematik in naturwissenschaftliche Aspekte, durch die Träume als Bloßlegung des Unbewussten der menschlichen Seele, vor allem des Trieblebens, erklärt wurden, benahm der schönen Literatur die Vorstellung von »prophetischen« Träumen und ließ Traumgesichte nur noch als Angst- und Wunschträume gelten.

A. Koberstein, Über die poetische Benutzung des Glaubens an vorbedeutende Träume (Ms.), 1860; W. Henzen, Über die Träume in der altnordischen Sagaliteratur, 1890; O. Rank, Der Mythos von der Geburt des Helden, 1909; J. Bolte, Zur Sage vom Traum vom Schatz auf der Brücke, (Zeitschrift des Vereins für Volkskunde 19) 1909; M. Arnold, Die Verwendung des Traummotivs in der englischen Dichtung von Chaucer bis auf Shakespeare, Diss. Kiel 1912; J. Struve, Das Traummotiv im englischen Drama des 17. Jahrhunderts, Diss. Kiel 1913; A. Wiesner, Der Traum im Drama der Romantik, Diss. Basel 1921; J. B. Stearns, Studies in the Dream as a Technical Device in Latin Epic and Drama, Lancaster 1927; F. Lanzoni, Il sogno presago della madre incinta nella litteratura medievale e antica, (Analecta Bollandica 45) 1927; W. Oberleitner, Der Traum in der Technik des deutschen Dramas bis zur Mitte des 19. Jahrhunderts, Diss. Wien 1931; M. Geffner, Die Vaticinatio ex eventu im deutschen Drama des 18. Jahrhunderts, Diss. Wien 1931;

W. Schmitz, Traum und Vision in der erzählenden Dichtung des deutschen Mittelalters, 1934; E. Sartorius, Der Traum und das Drama, Diss. Bonn 1936; A. Béguin, L'Ame romantique et le rêve, 1937; E. Ettlinger, Precognitive Dreams in Celtic Legend, (Folklore 59) 1948; E. L. Ludwig, Der Traum im Alten Testament, 1953; U. Berninghaus, Der Traum in der Dichtung des Biedermeier, Diss. München 1953; B. T. Stewart, The Misunderstood Dreams in the Plays of Shakespeare and his Contemporaries (in: Essays in Honour of W. C. Curry) Nashville 1954; R. Stern, Der Traum im modernen Drama, Diss. Wien 1955; J. Bousquet, Les Thèmes du rêve dans la littérature romantique, Paris 1964; W. Wagner, Die Technik der Vorausdeutung in Fontanes »Vor dem Sturm« und ihre Bedeutung im Zusammenhang des Werkes, 1966; R. Immerwahr, Das Traum-Leben-Motiv bei Grillparzer und seinen Vorläufern in Europa und Asien, (Arcadia 2) 1967; D. Cvitanovic, El sueño y su representación en el barroco español, Bahía Blanca 1969; P. Schach, Symbolic Dreams of Future Renown in Old Icelandic Literature, (Mosaic 4) 1971/79; St. R. Fischer, The Dream in the Middle High German Epic, Bern 1978; P.-A. Alt, Schlaf der Vernunft. Literatur und Traum in der Kulturgeschichte der Neuzeit, 2002; E. Hauser, Der Traum in der phantastischen Literatur, 2005.

Wilde, Der edle

Der edle Wilde ist ein jüngerer Bruder des arkadischen Schäfers. Auch im edlen Wilden hat, obschon etwas weniger direkt als in den Bewohnern von → Arkadien, die Vorstellung vom Goldenen Zeitalter eine poetische Gestalt hervorgebracht. Gedanken an die Goldene Frühzeit spielen sicher mit, wenn, wie DIODOROS (1. Jh. v. Chr.) überliefert, die griechischen Autoren EUHEMEROS (*Hiera Anagraphe* um 300 v. Chr.) und IAMBULOS (um 100 v. Chr.) von kulturell unberührten Völkern auf »glückseligen« Inseln des Indischen Ozeans berichteten, wenn PLINIUS d.Ä. (*Naturalis historia* 77 n. Chr.) einen frühen Zustand der menschlichen Gesellschaft, in dem sie unschuldig und glücklich war, schilderte und TACITUS (*Germania* 8 n. Chr.) in einer Zeit sich abzeichnenden sittlichen Verfalls mit politisch-pädagogischer Absicht die Germanen so beschrieb, wie später Rousseau den »natürlichen« Menschen beschrieben hat. Ursprung der Vorstellung vom edlen Wilden ist das mit einer Art Schuldgefühl durchsetzte Unbehagen an der Zivilisation, das den naturnahen, von den Errungenschaften und Schäden des Fortschritts noch nicht berührten Menschen eine glücklichere und auch ethisch bessere Lebensführung zuschreibt. Es möchte an die Stelle politischer und moralischer Ordnungen den ursprünglichen, unverdorbenen, jeweils das Richtige empfindenden und ausführenden Impuls des Menschen setzen. Dieses psychologisch begründete Anliegen lässt im Zuge antizivilisatorischer Zeitströmungen und unter dem Eindruck neuer Modelle immer wieder Mutanten des Typus entstehen.

Unabhängig von den antiken Ansätzen, die noch keine ausgeformte poetische Figur erbrachten, ergaben sich für das Motiv neue Kristallisationspunkte, als das mittelalterliche Rittertum mit den Mauren in Spanien und auf den Kreuzzügen mit den Arabern in Berührung kam. Wenn auch im Fall der islamischen Eroberer keineswegs von »Wilden« gesprochen werden kann, so ist doch sicher, dass christliche Ritter gegenüber den »Heiden« eine Überlegenheit empfanden, die den Gegner im Allgemeinen zum Barbaren verzerrte, jedoch gelegentlich auf der Basis des gleichen ritterlichen Ethos der Erkenntnis Platz machte, dass ein »edler« Heide denkbar sei, der mit dem christlichen Ritter nicht nur in Bezug auf kriegerische Tüchtigkeit rivalisieren konnte. WOLFRAM VON ESCHENBACH (*Parzival* Epos 1200–10) steigerte ritterliche Qualitäten zu wirklich humanen bei seinem farbigen Ritter Feirefiz, der den Halbbruder und Gralserben Parzival nicht nur im Zweikampf besiegt, sondern auch hinsichtlich des ritterlichen Edelmuts schlägt, und die romanischen Literaturen entwickelten den großen Feind und Besieger der Christen, Sultan Saladin, zu jener überlegen-hochherzigen Gestalt, an der man die Überzeugung des Mittelalters ablesen kann, dass gewisse menschliche Werte auch außerhalb der christlichen Welt vorkommen. DANTE (*La Divina Commedia* 1307/21) lobt seine Freigebigkeit und verdammt ihn als einzigen Muselmanen nicht in die Hölle, von den *Cento novelle antiche* (Ende 13. Jh.) bis zu BOCCACCIO (*Decamerone* 1348/53) ist er die großherzige, tolerante Mittelpunktsgestalt anekdotischer Erzählungen, von denen die sog. Ringparabel die bekannteste ist, und die Geschichten des Spaniers Don JUAN MANUEL (*Libro de Patronio o Conde Lucanor* 1335) steigerten ihn zum Muster des gerechten, »wesentlichen« Menschen.

Die Entdeckung Amerikas und seiner Eingeborenen wirkte auf das Zeitalter der geistigen Wiedergewinnung der Antike und der Sehnsucht nach der Wiedergeburt des Menschen wie eine Bestätigung des Mythos vom Goldenen Zeitalter. Bereits die Berichte des ↑KOLUMBUS prägten erste Vorstellungen von den karibischen Wilden, ihrer Schönheit, Nacktheit, Eigentumslosigkeit und rednerischen Würde. In der ersten, noch im Stil der Ritterromane geschriebenen Geschichte der Entdeckungen von PIETRO MARTIRE D'ANGHIERA (*De rebus oceanicis et orbe novo* 1516 u. 1530), der Kolumbus und andere Entdecker kannte, werden das gastliche Verhalten der Indianer, die Kolumbus empfingen, sowie ihre Naivität, Sanftmut und Gemessenheit hervorgehoben, obgleich ihr Kannibalismus nicht verschwiegen wird. Amerigo VESPUCCI (*Quattuor navigationes* 1507) zog den Vergleich der Eilande mit den seligen Inseln. Vielleicht ist der Abglanz der Gerüchte, die in Europa umliefen, in dem Preis des natürlichen Glücks und der natürlichen Tugenden durch ERASMUS VON ROTTERDAM (*Stultitiae laus* 1511) zu finden; gewiss ist, dass der Engländer Th. MORUS, als er das Idealbild eines Staats auf der *Insula Utopia* (1516) entwarf, von solchen in Briefen an ihn formulierten Gedanken des Erasmus ebenso inspiriert wurde wie von Berichten über südamerikanische Wilde. Die vielbeachtete Schrift des Priesters Bartolomé de LAS CASAS (*Brevísima relación de la destruyción de las Indias* 1552) gegen die Versklavung der Indianer und sein Zeugnis für ihre Zärtlichkeit, Treue und Bescheidenheit trug dazu bei, dass weitere Expeditionsberichte die Neue Welt als Gegenbild Europas darstellten und das Bild des edlen Wilden abrundeten. Die Schilderung der gastfreien Wilden im *Leben Christoph Wagners* (1593) beruht auf Las Casas. Des Mönchs A. THÉVET Schrift über die französischen Niederlassungen in Brasilien (*Les Singularités de la France antarctique autrement nommée Amérique* 1558), der den Wilden trotz seines Abscheus vor ihrer Kriegslust doch die Tugend der Gastfreundschaft zugestand, wurde ergänzt durch Beobachtungen des protestantischen Pfarrers J. de LÉRY (*Historie d'un voyage faict en terre du Brésil autrement dit Amérique* 1578) aus dem gleichen Gebiet, die ein sympathisches glückliches Menschentum bezeugen; die Thévets Buch beigegebenen Bilder rückten die nackten Krieger in die Nähe antiker Heldengestalten, wie denn überhaupt das ästhetische Moment bei der Formierung des Motivs nicht zu übersehen ist. Auch die Berichte über Sir Francis DRAKES Entdeckungsfahrt nach Kalifornien im Jahre 1579 und die Sir Walter RALEIGHS nach Guayana 1594 schildern die Wilden mit Sympathie; bei Raleigh (*Discovery of the Large, Rich and Beautiful Empire of Guiana* 1596) findet sich bereits der Typus des alten weisen Kaziken, wie vorgeprägt für die Übernahme in die schöne Literatur.

Seit J. de Léry in Begleitung eines Trupps von Indianern nach der Heimat zurückgekehrt war, wuchs in Frankreich die Sympathie für die roten Eingeborenen des neuen Kontinents, die von nun an für nahezu dreihundert Jahre das Modell des edlen Wilden abgaben, den die Zivilisation, statt ihm zu nützen, seiner besseren Eigenschaften zu berauben drohte. In Gedichten der Zeit, die oft mehr als versifizierte Kulturkritik denn als bildhafte Fixierung anzusehen sind, werden solche Gedanken laut, etwa in E. JODELLES *Ode à Thévet* (1558), die den Dichter auf Seiten der Eingeborenen zeigt, denen vieles zu verzeihen sei und denen gegenüber sich besser zu dünken man kein Recht habe, oder in P. de RONSARDS *Discours contre Fortune* (1559) mit seiner Stellungnahme für das Recht der Roten und gegen die Grausamkeit der Eroberer, die eine schlechte Zivilisation brächten; Ronsard beneidet der Indianer glückliches Leben und wünscht, dass es ihnen lange erhalten bleibe. Den Höhepunkt dieser Entwicklung bilden M. de MONTAIGNES Essays *Des Coches* und *Des Cannibales* (1580), in denen die Essenz der Entdeckerberichte mit der Wunschvorstellung vom Goldenen Zeitalter verschmolz: Die Indianer verkörpern die reine Naivität, von der die Sänger des Goldenen Zeitalters träumten, in ihnen sind Besitzlosigkeit, stoisches Ideal, Freiheit von staatlicher Bindung und Unberührtheit von Bildung Wirklichkeit geworden.

In der gleichen Zeit, in der Montaigne den Typ des edlen Wilden geistig durchstrukturierte, beginnt sein Einzug in die schöne Literatur, die Umsetzung in Gestalt und Handlung, und zwar bei der eigentlichen Entdeckernation, den Spaniern. Die Haltung der Spanier zum Eingeborenen der von ihnen eroberten Länder war zwiespältig und vorwiegend feindselig und verachtungsvoll. Daher wurde hier zunächst der Typ des Kannibalen geschaffen (JORGE DE MONTEMAYOR, *Los siete libros de la Diana* R. 1559), der häufig eine Sklavenstellung innehat und als am ganzen Körper behaart dargestellt wird, ein Kennzeichen, das von der literarischen Figur des büßenden → Einsiedlers auf ihn übertragen wurde und als Schutz gegenüber den Unbilden der Wildnis, aber auch als Symbol der Befangenheit in Sünde und des teuflischen Einflusses galt. Diese pittoreske Gestalt erhielt in Aufzügen, Karussells und Festspielen einen festen Platz und hat sich als Typ des grausamen Wilden neben dem edlen auch immer erhalten. G. GIL POLO (*Diana enamorada* R. 1564) zeigte dann zum ersten Mal einen stolzen Wilden, der bei einem Bootsturnier die Ehre seiner Mannschaft verteidigen will, und A. de ERCILLA Y ZÚÑIGA ergriff in dem Epos *La Araucana* (1569–89) uneingeschränkt Partei für die um ihre Freiheit kämpfenden Einwohner des Araucotals in Chile, an deren Unterwerfung er selbst teilgenommen hatte, und für ihren heldenhaften Anführer, dessen qualvolle Hinrichtung geschildert wird.

In der französischen Romanliteratur machte sich die Neue Welt, und zwar das französische Kolonialland Kanada, als Milieu zum ersten Mal in A. de PÉRIERS *Les Amours de Pistion* (1601, dramatisiert von J. DUHAMEL unter dem Titel *Acoubar* 1603) geltend, wogegen der erste große exotische französische Roman, des Sieur de GOMBERVILLE »bergerie exotique« *Polexandre* (1629–37), der den Helden und den Leser durch alle Erdteile führte, wieder auf das literarisch schon eingeführte Mexiko als amerikanischen Schauplatz zurückgriff und auch einen gefangenen edlen Häuptlingssohn vorführte. Nicht der eigentliche »Wilde«, sondern Vertreter einer höheren Kultur waren dem Stil der mit stark exotischen Zügen versehenen heroisch-galanten Gattungen gemäß, die mühelos Inkas und Azteken neben ritterliche Mauren, Inder und Türken stellten. Es ist kein Zufall, dass die erste Verwendung des Terminus »Noble Savage« einem edlen, im »freien« Afrika aufgewachsenen Mauren galt, der sich später noch dazu als verlorenes Kind eines spanischen Generals entpuppte. Der Verfasser von *The Conquest of Granada* (Dr. 1670), J. DRYDEN, hatte zuvor wahrscheinlich schon Anteil an R. HOWARDS *The Indian Queen* (Dr. 1665) gehabt, dessen aztekische Helden ohne spezifische Farbe blieben, dann aber im gleichen Stil der von Frankreich übernommenen exotistischen Mode mit *The Indian Emperor* (Dr. 1667) für das Motiv eine Bresche geschlagen, indem er als Erster den Untergang des Aztekenkaisers ↑ Montezuma in einer Dichtung von Rang behandelte: Montezuma weist den Übertritt zum Christentum stolz von sich und begeht Selbstmord, als die Lage der Azteken hoffnungslos ist, während sein Sohn die Beteiligung an der Herrschaft durch die Spanier ablehnt, um lieber fern von Mexiko arm, aber frei zu leben. Dryden erfasste schon den später symptomatischen indianischen Stolz, der bei seinen Nachfolgern (Sir William DAVENANT, *Cruelty of the Spaniards in Peru* Dr. 1658; J. DENNIS, *Liberty Asserted* Dr. 1704) zunächst trotz Parteinahme für die unterjochten Indianer zugunsten einer gegen die kolonialen Konkurrenten, die Spanier und die Franzosen, gerichteten Tendenz zurücktrat. Die Vorzüge von Dennis' indianischem Helden liegen weniger in seiner Urwüchsigkeit als in seiner Europäisiertheit, wie er sich letztlich auch als Halbeuropäer herausstellt. Auch die Qualitäten des »königlichen«, nach Amerika verkauften farbigen Sklaven von A. BEHNS berühmtem Roman *Oroonoko, the Royal Slave* (1688) bestehen eigentlich darin, dass er – vor allem äußerlich – nicht ist wie andere Farbige, sowenig wie die von ihm umworbene Imoinda, der selbst weiße Männer nachseufzen; das Ganze ist im Grunde ein tragisch endender galanter Roman. In der Dramatisierung Th. SOUTHERNS (1695), in der Imoinda in eine als Kind nach Afrika verschlagene Weiße und Oroonoko in eine Art Othello verwandelt wurde, fällt der Plot vollends in das heroisch-exotistische Genre zurück.

Othello-Züge trägt auch der gefangene Mohrenprinz in E. Youngs *The Revenge* (Dr. 1721).

Ein Hindernis für die endgültige Idealisierung und literarische Etablierung des edlen Wilden war lange Zeit die religiöse Gebundenheit ihrer europäischen Beurteiler, deren innerer Zwiespalt sich deutlich in den Missionarberichten aus Mittel- und Südamerika (F.-M. Claude d'Abbeville 1614; S.-M. Yves d'Evreux 1614; J.-B. du Tertre 1654) und aus Kanada (G. Sagard 1632; P. Lejeune 1632ff.; J. de Brébeuf 1636–37) zeigt und nur durch einen Sieg der Toleranz zu überwinden war. Die Neigung der Missionare für die »unschuldigen« Bewohner der Wildnis, die christliche Tugenden wie Besitzlosigkeit, Güte, Hilfsbereitschaft und antik-stoische wie Mut, Standhaftigkeit, Weisheit und Beredsamkeit besaßen, lag im Widerstreit mit der Tatsache, dass diese Tugenden Ungetauften zugesprochen werden mussten. Die Absicht der Berichte war, die Wilden den eigenen Landsleuten als Muster hinzustellen, sie sogar als bessere Christen gelten zu lassen, auf die Gefahr hinzuweisen, die diesen Tugenden durch die europäische Zivilisation drohe, und damit Kritik an Gesellschaft, Staat und Kirche im Abendland zu üben. Die Entwicklung auf die Toleranz zu zeigt sich etwa darin, dass noch 1609 der Jurist M. Lescarbot (*Histoire de la nouvelle France*) die Indianer zwar den Spartanern der Antike an die Seite stellte, aber die Landnahme der Weißen rechtfertigte, weil die Wilden als abgefallene Kinder Gottes nicht Besitzer sein könnten, und dass fast ein halbes Jahrhundert später dann der Dominikanerpater J. B. du Tertre (*Histoire générale des isles* … 1654) betonte, dass die Indianer bestimmte Tugenden besäßen, nicht obgleich, sondern weil sie nicht zivilisiert seien.

Die kulturkritisch-pädagogischen Berichte der Missionare setzten sich in der schönen Literatur in Satire um. Seinen autobiographischen *Voyages* (1703) fügte L.-A. Baron de Lahontan einen *Dialogue curieux entre l'auteur et un sauvage de bon sens qui a voyagé* ein, in dem der seitdem sprichwörtliche »Hurone«, der mit Freuden in seine Heimat zurückgekehrt ist, seinem Erstaunen über die Paradoxien der Zivilisation Ausdruck gibt und in dem der Schluss gezogen wird, dass die Wilden die freieren und vernünftigeren Menschen auch in ihren Argumenten gegen die christliche Religion seien. Ebenso effektvoll war die Kulturkritik des Wilden, die sich als Notizen oder Briefe eines nach Europa gelangten Wilden ausgab, wie sie erstmals nach dem Besuch indianischer Häuptlinge in London 1710 im *Spectator* (1711) aus der Feder J. Addisons erschienen und besonders den Mangel an

Religion unter den Europäern hervorhoben. Addisons Fiktion geht vielleicht auf eine Anregung J. SWIFTS zurück, der später im 4. Buch von *Travels ... by Lemuel Gulliver* (1726) Phantasien von einem in Pferdemaske agierenden Naturvolk, den Houynhnhnms, im großen Stil ausspann, während gleichzeitig Ch. Baron de MONTESQUIEUS *Lettres persanes* (1721) Addisons Form der kulturkritischen Aufzeichnungen eines Nichteuropäers mit ungeheurem Erfolg fortsetzten, die dann von J.-B. de BOYER Marquis d'Argens einem wirklichen Wilden (*Lettres d'un sauvage dépaysé* 1738) und von Mme F. de GRAFFIGNY (*Lettres d'une péruvienne* 1747) einer nach Paris gebrachten Peruanerin in die Feder gelegt wurden, die in der neuen Umgebung ihrer Herkunft und ihrem peruanischen Verlobten treu bleibt. Ein den Dialog de Lahontans durch Elemente der *Lettres persanes* modisch aufbereitendes Lustspiel (E. DELISLE DE LA DREVETIÈRE, *Arlequin sauvage* 1721) ließ seinen Huronen an der Pariser Gesellschaft unbefangen Kritik üben, und die liebende Verbindung der aus der *Beggar's Opera* bekannten Polly (J. GAY, *Polly* Oper 1729) mit einem edlen Wilden in Westindien diente auf dem Londoner Theater ähnlicher Kulturkritik. Die kritische Funktion des edlen Wilden ist sowohl an dem enttäuschenden England-Besuch Cannessategos in J. SHEBBEARES *Lydia* (R. 1755) als auch am Titel von des Dänen E. PANTOPPIDAN Roman *Menoza, ein asiatischer Prinz, welcher die Welt umhergezogen, Christen zu suchen* (1742/43) abzulesen, dessen Schema J. M. R. LENZ (*Der neue Menoza* 1774) mit weniger religions- als sittenkritischer Absicht wiederaufnahm. Der asiatische Prinz von Lenz entpuppt sich ebenso als nur unter Wilden aufgewachsener Europäer wie VOLTAIRES Hurone (*L'Ingénu* R. 1767), der trotz bitterer Erlebnisse mit den Intrigen des französischen Staatsapparats in Europa bleibt und ein treuer Soldat des Königs wird – hier meldet sich bereits eine ungläubige Gegenstimme gegen Rousseaus Evangelium. Auch die modischen Totengespräche griffen die satirische Motivvariante auf: Schon ihr Schöpfer, Sieur de FONTENELLE, hatte ↑ Montezuma und Cortéz mit deutlicher Sympathie für den Ersteren als Dialogpartner (*Néuveaux dialogues des morts* 1683) verwandt, der Engländer G. LYTTELTON (*Dialogues of the Dead* 1760) präsentierte einen Duellanten und einen Indianer, dessen Sitte des Skalpierens seiner Feinde für weniger schändlich angesehen wird als das Duell mit einem Freund. Der satirische Traditionsstrang läuft etwa mit A. v. KOTZEBUES Lustspiel *Die Indianer in England* (1789) aus, in dem die satirischen Züge allerdings zugunsten sentimentaler und der komisch-naiven des Indermädchens Gurli zurücktreten.

In den Umkreis der pädagogischen, wenn auch nicht der satirischen Funktion des edlen Wilden gehört noch der Karibe Freitag (D. DEFOE, *Robinson Crusoe* R. 1719), der, ein treuer → Diener seines Herrn, für diesen keineswegs ein Vorbild ist – ebenso wenig wie die Wildnis für Robinson einen Ort des Entzückens und das → Inseldasein einen Glückszustand bedeuten kann –, der aber doch mit seinen schlichten Tugenden dessen Anerkennung gewinnt, weil der Europäer selbst zuvor gelernt hat, den Ballast der Zivilisation abzutun.

Das Missbehagen an der Zivilisation ist daher schon lange vor Rousseau anzusetzen. In England hatte J. LOCKE (1632–1704), MONTAIGNE ähnlich, die Natur als Norm gesetzt und daraus die Vorstellungen von natürlichem Recht, natürlicher Vernunft und natürlicher Religion abgeleitet. Die Moralischen Wochenschriften propagierten ähnliche Werte. Im gleichen Jahr, in dem ADDISON im *Spectator* die fingierten kulturkritischen Aufzeichnungen eines Indianers publizierte, erschien dort auch Sir R. STEELES bahnbrechende Fassung des ↑ Inkle-und-Yariko-Stoffes, den schon 1617 J. MOCQUET in *Voyages en Afrique, Indes orientales et occidentales* erzählt hatte und in dem sich die Sentimentalisierung des Motivs vorbereitete: Die Indianerin Yariko rettet einen schiffbrüchigen Weißen vor der Barbarei ihrer Stammesgenossen, traut seinen Treueschwüren und gebiert ein Kind, wird aber dann beim Eintreffen eines rettenden Schiffs von Inkle verlassen und sogar in die Sklaverei verkauft. Nachdem schon Abbé PRÉVOST D'EXILES (*Le Philosophe anglais ou Histoire de M. Cleveland* R. 1731–39) sympathische Indianergestalten in den sentimentalen Roman eingearbeitet hatte, wiederholten *Les Aventures du Sieur C. Le Beau* (C. Lebeau 1738) den Konflikt von Inkle und Yariko in leichter Variante; bei LEBEAU versucht die Betrogene jedoch, sich zu rächen. Eine an die Liebesfreiheit → Arkadiens erinnernde Freiheit der Liebe unter Indianern führte 1735 ein Ballett (M. FUSELIER/J.-Ph. RAMEAU, *Les Indes galantes*) den Parisern vor Augen, und im Jahr darauf sahen sie in der an die heroische Tradition des 17. Jahrhunderts anknüpfenden klassizistischen *Alzire* (Dr. 1736) VOLTAIRES die Beständigkeit eines verlobten Inkapaares, die schließlich den grausamen christlichen Eroberer zu rühren vermag. Obwohl schon FRIEDRICHS II. Operntext *Montezuma* (Musik C. H. GRAUN 1755) mit deutlicher Wendung gegen die christliche Kirche in dem Aztekenkaiser den aufgeklärten Herrscher verherrlichte, dessen Macht auf der Liebe seiner Untertanen beruht und dem seine edle Schwäche zum Verhängnis wird, so kann das Epos *Ferdinand Cortez* (1766) des Theologen J. F. W. ZACHARIAE als Ausdruck der in Deutschland noch herrschenden antiprimitivistischen Strömung gelten, die sowohl den götzendienerischen ↑ Montezuma wie den besitzgierigen und bigotten Cortéz verdammt. Dass diese Strömung jedoch unter dem Einfluss Rousseaus zum Verebben verurteilt war, beweist die Rücksendung des Gedichts durch Ch. F. WEISSES *Bibliothek der schönen Wissenschaften*, die eine freundlichere Darstellung Montezumas verlangte, wie sie ihm etwa E. JERNINGHAM (*The Fall of Mexico* Gedicht 1775) zukommen ließ. In die heroische Tradition stellt sich MARMONTELS durch die *Comentarios Reales que tratan del origen de los Incas* (1609) des Halbindianers GARCILASO DE LA VEGA inspiriertes Epos *Les Incas* (1777), das sowohl H. M. WILLIAMS (*Peru* Epos 1784) wie KOTZEBUE (*Die Sonnenjungfrau* Dr. 1789, *Die Spanier in Peru oder Rollas Tod* Dr. 1795), SHERIDAN (*Pizarro* Dr. 1799) und W. L. BOWLES (*The Missionary of the Andes* Verserz. 1815) mit Stoff versorgte.

ROUSSEAUS epochemachender *Discours sur l'origine et les fondements de l'inégalité parmi les hommes* (1754) stand in der Nachfolge von MONTAIGNE, und das Ideal des natürlichen Menschen in einer natürlichen Umgebung war die Frucht langjährigen Studiums der einschlägigen Reiseberichte. Das Neue an Rousseaus Thesen und damit sein Irrtum lag darin, dass er ein »Zurück« zu diesem Zustand für möglich hielt. Insofern bedeutet sein Auftreten keinen Neuansatz des Motivs, sondern lediglich eine Verstärkung, die im Lauf der nächsten Jahrzehnte noch durch den amerikanischen Unabhängigkeitskrieg und das durch ihn erhöhte Interesse an dem neuen Kontinent intensiviert wurde. Außer Indianern repräsentieren gelegentlich auch Inder und nach der Entdeckung und Beschreibung der Südseeinseln (seit 1763) vor allem auch Bewohner von Tahiti den Typus des edlen Wilden, zumal seine nichtheroischen Mutanten.

Das Motiv formte sich im 18. Jahrhundert in ganz bestimmten Typen und Situationen aus, die traditionsbildend wurden. In Umkehrung des Motivs vom Wilden in Europa ergab sich die meist durch Gefangenschaft erfolgte Versetzung des Weißen unter die Wilden und seine Sympathie für sie. In die Nachfolge des liebenden Naturkindes Yariko und der Marie aus *Les Aventures du Sieur C. Le Beau* gehören z. B. die junge Indianerin in J.-F. MARMONTELS moralischer Erzählung *L'Amitié à l'épreuve* (1761; dramatisiert von Ch. F. WEISSE 1767), die nunmehr Betty genannte Heldin in N. CHAMFORTS Dramatisierung des ↑ Inkle-und-Yariko-Stoffes (*La jeune Indienne* 1764, dt. Übs. G. K. PFEFFEL 1766), Hirza in L.-E. BILLARDON DE SAUVIGNYS *Hirza ou les Illinois* (Dr. 1767), A. v. KOTZEBUES peruanische

Sonnenpriesterin Cora (*Die Sonnenjungfrau* Dr. 1789), das Indianermädchen in F. D. HEMANS' Gedicht *The American Forest Girl* und vor allem CHATEAUBRIANDS Atala (*Atala* Erz. 1801), dann die Inderinnen Gurli bei KOTZEBUE (*Die Indianer in England* Dr. 1789) und Immalee bei Ch. R. MATURIN (*Melmoth the Wanderer* R. 1820) und auf der Südseeszene Iddeah und Christina in M. R. MITFORDS Gedicht *The Maid of the South-Seas* (1811) sowie Neuha in Lord BYRONS Versdichtung *The Isle* (1823). Häufig anzutreffen ist auch der mutige, hilfsbereite, den Europäer eine bessere Moral lehrende Krieger, der als Lebensretter fungiert. Er beeindruckt in LE BLANC DE GUILLETS Schauspiel *Manco Capac* (1763), in H. MACKENZIES Roman *The Man of Feeling* (1773), in MARMONTELS *Les Incas*, in Mrs. MORTONS *Onabi; or, the Virtues of Nature* (Verserz. 1790). Während Kotzebue den Edelmut seines Peruaners Rolla übersteigerte, hat der Traditionsstrang in J. G. SEUMES früher vielzitiertem Gedicht *Der Wilde* (1801) auch in Deutschland einen markanten Vertreter gefunden. Einen führenden Part hat der rettende und warnende Outalassi in Th. CAMPBELLS Verserzählung *Gertrude of Wyoming* (1809). Dankbarkeit und Gastfreiheit der Indianer veranlassen bei MACKENZIE (*The Man of the World* R. 1773) und Ch. Turner SMITH (*The Old Manor House* R. 1793) den gefangenen Weißen, lange bei ihnen zu bleiben, und noch R. SOUTHEY (*Oliver Newman a New England Tale* Fragm. 1828) setzt ihre Dankbarkeit gegenüber einem Missionar als rührenden Zug ein. Der weise, stolze alte Häuptling, meist als Dialogpartner oder Redner genutzt, dessen Tradition bis in die Berichte der frühen Entdecker zurückreicht, erfüllt seine Rolle in MACKENZIES *Man of the World*, KOTZEBUES *Die Spanier in Peru*, in der deutschen Oper *Inkle und Yariko oder Er war nicht ganz Barbar* (ANON. 1798; Dramatisierung von N.-S. R. de CHAMFORT) und beeindruckt in Gestalt des greisen Chactas in CHATEAUBRIANDS *René* (Erz. 1802).

Neben den Zügen des Edelmuts und der Weisheit hat für das Bild des Indianers das Heroische immer eine stärkere Rolle gespielt als bei anderen Repräsentanten des edlen Wilden. Es fand besonders in der Situation des stolz am Marterpfahl sterbenden Kriegers oder des gelassen Abschied nehmenden Alten Ausdruck. Des Amerikaners J. WARTON Gedicht *The Dying Indian* (um 1760) war wohl das älteste der Gattung, große Verbreitung fand dann 1787 das anonym erschienene Rollengedicht *Death Song of a Cherokee Indian*, und in Deutschland steuerten Ch. F. D. SCHUBART (*Der sterbende Indianer und sein Sohn*) und SCHILLER (*Nadowessische Totenklage* 1805) Gedichte bei. In

Southeys *Madoc* (Verserz. 1805) ist ein aztekischer Begräbnisgesang enthalten, und auch in seinen *Songs of the American Indian* (1800) finden sich Beispiele des Genres; in Campbells *Gertrude of Wyoming* stimmt Outalassi einen Sterbegesang an; *The Complaint of a Forsaken Indian Woman* (1798) von Wordsworth gibt die Klage einer kranken Squaw wieder, die von ihren Genossen im Schnee verlassen wurde, damit sie sterben soll, und in F. D. Hemanns' *The Aged Indian* (1808) bittet ein bejahrter Indianer seine Stammesbrüder um den Tod. Überhaupt wurden die Indianer zu Trägern von Ur- und Volkspoesie gemacht, wie es wenig früher die Barden gewesen waren. Ihre schon von Kolumbus und Raleigh überlieferten rednerischen Fähigkeiten fanden literarischen Niederschlag in den von Würde, Pathos und Bilderreichtum getragenen Reden, Gesängen und monologischen Gedichten, die bis hinein in die Indianerbücher der Jugendliteratur fortwirkten.

Einen Höhe- und zugleich Endpunkt in der Idealisierung des Indianers bedeuten Chateaubriandsschon genannte Erzählungen *Atala* (1801) und *René* (1802) sowie sein Prosaepos *Les Natchez* (entst. 1794–99, Druck 1826), die miteinander in inhaltlichem Zusammenhang stehen und deren stoffliche Grundlage die Ausrottung der Natchez in Louisiana um 1730 ist. Chateaubriands Indianer sind Verkörperungen rousseauscher Ideen, ihre Sentimentalität unterscheidet sich kaum von der des europamüden Weißen René, dem allerdings als dem Ersten in der Reihe der → Europamüden die Unmöglichkeit des »Zurück zur Natur« bewusst wird; hier wird die exotistische Idee brüchig. Fast gleichzeitig wurde das sentimentalische Bild des edlen Wilden durch die erwähnten Werke der Engländer Wordsworth und Southey gestützt, von denen Southey (*A Tale of Paraguay* Verserz. 1825) Chateaubriand nahesteht, da auch er an der Simplizität der Indianer die innere Nähe zum Christentum schätzt. Dagegen bilden einschlägige Gedichte der Deutschen A. v. Chamisso (*Der Stein der Mutter oder der Guahiba-Indianerin, Rede des alten Kriegers Bunte Schlange im Rate der Creek-Indianer, Das Mordtal*) und N. Lenau (*Der Indianerzug, Drei Indianer*) schon einen Nachklang. Aus empfindsam-romantischem Geist konzipiert ist allerdings noch des Amerikaners H. W. Longfellow Versepos *The Song of Hiawatha* (1855), das insofern einen Neuansatz darstellt, als es einen frühzeitlichen indianischen Mythos aufzubauen sucht: Der halbgöttliche Reformer Hiawatha zieht sich beim Erscheinen der Weißen auf die Inseln der Seligen zurück. Im Großen und Ganzen tritt der Indianer als Repräsentant des edlen Wilden um 1820 von der Szene ab.

Der Gegenschlag mit J. F. COOPERS *Leatherstocking Tales* (1823–41) hatte die Entwicklung eines realistischen Indianertyps zum Ziel, auch wenn der letzte Mohikaner Unkas und sein Vater Chingachgook dem heutigen Leser durchaus noch als Vertreter des edlen Wilden erscheinen und die hier negativ gesehenen Huronen lediglich eine Fortsetzung der Tradition des barbarischen Wilden bedeuten. Es ging Cooper nicht nur um die Überwindung von CHATEAUBRIANDS romantischen Gestalten, sondern auch um die Zurückdrängung des europäischen Einflusses überhaupt und die Besinnung auf eigenständige Motive, wie sie sich gleichzeitig im Süden in J. J. de OLMEDOS Ode *A la victoria de Junín* (1824) und in des Mexikaners J. J. FERNÁNDEZ DE LIZARDI *El Periquillo Sarniento* (R. 1816) und *Noches tristes y día alegre* (Dialog 1818) durchzusetzen begann, ohne dass auch hier der europäische romantische Einfluss verleugnet werden könnte. Die Motivik der Indianer- und Südseeliteratur des 18. Jahrhunderts war – in Ablösung der Pastoraldichtung – die der Idylle. Das Bewusstsein, dass dieser Idyllik durch die europäische Zivilisation der Untergang drohe und der Europäer das Zurück vielleicht nicht fände, war dabei nie zum Schweigen gekommen, doch erschien der Naturmensch als der glücklichere, beneidenswerte. Seit Cooper setzte sich nun das Gefühl durch, dass der Naturmensch bedauernswert und zum Sterben verurteilt sei. Auch die Konzeption der »reinen« Natur verlor durch härtere Vorstellungen von ihr die idyllischen Züge. So zeigte etwa F. LEWALD in dem satirisch gegen die Kollegin Gräfin v. Hahn-Hahn gerichteten Roman *Diogena* (1847) den Wilden im harten Licht der Wirklichkeit: Der Indianerhäuptling hat kein Verständnis für die Extravaganzen der in ihn verliebten europamüden Schriftstellerin und behandelt sie mit der ihm natürlichen Brutalität. Die neue Gattung der Wildwestgeschichte wollte heroisch, nicht idyllisch sein. Daher sind in der volkstümlichen Indianerliteratur des 19. Jahrhunderts, in Deutschland durch Ch. SEALSFIELD, F. GERSTÄCKER, F. A. STRUBBERG, B. MÖLLHAUSEN und F. PAJEKEN vertreten, die arkadischen Züge getilgt, wogegen Härte und Abenteuer zunehmend betont wurden. Dem nach dem Ersten Weltkrieg in den südamerikanischen Literaturen aufkommenden Indianismo musste schon wegen des ökonomisch-sozialen Blickwinkels, unter dem das Indianerproblem gesehen wurde, das Motiv des edlen Wilden fremd sein. Das schließt nicht aus, dass neben den rohen und verschlagenen, auch durch Zivilisationseinflüsse moralisch degradierten »Rothäuten« der edle Krieger doch wieder auftauchte und im Wildwest-Roman K. MAYS (*Winnetou* R. 1893–

1910) fröhliche Urständ und einen erstaunlichen Erfolg feierte. Für das lang anhaltende Echo sind wohl weniger die dem selbstherrlichen Erzähler-Ich und seinem indianischen Freund zugeschriebenen erfabelten Heldentaten verantwortlich als die Sympathie für den »roten Gentleman« und das Mitgefühl mit der sterbenden Rasse, das sich bei weißen Amerikanern zu jenem schlechten Gewissen steigern kann, das H. H. JACKSONS Roman *Ramona* (1884), in dem der edle Indianer und Liebende von Weißen getötet wird, ebenso inspirierte wie noch A. KOPITS Drama *Indians* (1968), das den Ausgang des Völkermordens und den letzten Vertreter des »Noble Savage«, Sitting Bull, beschwört.

Der Farbige verdankt seine Aufnahme unter die Repräsentanten des edlen Wilden merkwürdigerweise seinem Sklavenlos. Während dem freien Schwarzen Afrikas kaum Interesse zugewendet wurde, ergab das Schicksal des Gefangenen eine weitere Möglichkeit zur Kritik an der europäischen Zivilisation und dem von ihr beanspruchten Recht auf Sklavenhandel, der besonders unter dem Einfluss von HERDER seit etwa 1779 diskutiert wurde. Bis zum Ende des Jahrhunderts erschienen allein vier deutsche Dramen mit dem Titel *Die Negersklaven* (G. F. K. v. STEINSBERG 1779; K. v. GRUBER 1790; K. v. REITZENSTEIN 1793; A. v. KOTZEBUE 1796), zu deren Thematik vom Los der Verkauften, durch Verkauf Getrennten und Leidenden noch F. KRATTERS *Die Sklavin von Surinam* (1801) beitrug. Ein anonymer Roman *La Négresse couronnée* (1786/87; dt. *Reisen einer Negerin* 1790) macht mit den Erfahrungen einer Farbigen in Europa und ihrer Gründung eines afrikanischen Musterstaats die kritische Tendenz deutlich. Im Zeichen einer durch die Sklavenaufstände (seit 1791) erhöhten Aktualität sind HERDERS fünf *Neger-Idyllen* (*Briefe zur Beförderung der Humanität* 10. Slg. 1797) zu sehen, die Mut und Seelengröße der farbigen Sklaven unter Beweis stellen wollen. Ihr Los ergab, besonders wenn der Sklave nach dem Muster Oroonokos ein Prinz war (Th. DAY/A. BICKNELL, *The Dying Negro* Gedicht 1773), Möglichkeiten zu Kontrastsetzungen, die wiederholt erprobt wurden (R. BURNS, *The Slaves Lament* Gedicht 1786; W. ROSCOE, *The Wrongs of Africa* Verserz. 1787/88; J. MONTGOMERY, *The West Indies* Verserz. 1809). Der sterbende Sklave (W. L. BOWLES, *The Dying Slave* Gedicht 1837) hofft, dass ihn der Tod in sein Vaterland zurückführen werde. Erst H. Beecher STOWE (*Uncle Tom's Cabin*R. 1851/52) setzte diesem zur heroisch-stoischen Ausprägung des Motivs gehörigen Typ den realistisch, wenn auch sentimental gesehenen gutmütig duldenden Onkel Tom entgegen, dem eine entscheidende Rolle in der

Auseinandersetzung zwischen Nord- und Südstaaten zufiel. Für N. S. LESKOV (*Na kraju sveta/Am Ende der Welt* Erz. 1875/76) lag es näher, den edlen Wilden in dem Angehörigen eines heidnischen sibirischen Stammes zu finden, der dem Bischof die Treue hält, ihn aus Lebensgefahr rettet und zu der Einsicht bringt, dass die Ethik der ungetauften Wilden auf höherer Stufe stehe als die mancher Vertreter der Kirche.

Als besonders widerstandsfähig erwies sich die Motivvariante der Begegnung zwischen dem europamüden Weißen und dem »Naturkind«. Bei A. STIFTER (*Die Narrenburg* Erz. 1843) fungiert als solches ein indisches Pariamädchen, bei G. KELLER in *Pankraz der Schmoller* (Erz. 1856) ist es eine indische Witwe, in *Don Correa* (Erz. 1881) die Afrikanerin Zambo, in KELLERS *Die Berlocken* und in der an diese Erzählung angelehnten Geschichte *Mayo* (1884) von P. LINDAU wieder eine junge Indianerin. Während das Liebesbündnis in den beiden ersten Erzählungen Kellers als Ersatz für Enttäuschungen in Europa bejaht wird, macht sich in der letzten, wie zuvor schon bei Stifter, das Illusionäre des rousseauschen Ideals geltend, findet jedoch bei Keller eine heitere Lösung, die Lindau traditionsgerecht wieder in eine tragische änderte. Auch in der Südseeliteratur ist der Verbindung zwischen dem Weißen und der naiven, hingebungsvollen Bewohnerin der Insel Tahiti keine Dauer beschieden, und »Loti« (P. LOTI, *Le Mariage de Loti* R. 1880) weiß, dass er zur Schuld des Verlassens noch die der moralischen Korrumpierung der Geliebten gefügt hat. Das ↑ Inkle-und-Yariko-Schema mit herzlosem Verführer und gläubigem Opfer schuf sich am Ausgang des 19. Jahrhunderts erneut in japanischem Milieu Figuren und Fabel. P. LOTIS hartherzige Schilderung einer Geisha-Ehe (*Madame Chrysanthème* R. 1887) regte den Amerikaner J. L. LONG zu einer Novelle *Madame Butterfly* (1898) an, die den Plot auf das um Liebe und Glauben gebrachte Mädchen konzentrierte, von D. BELASCO mit tragischem Ausgang dramatisiert wurde und in der Opernfassung G. PUCCINIS (1900) wieder einmal einem gerührten Publikum Tränen über den edlen Wilden ablockte: Die Geisha tötet sich, als sie des weißen Mannes Untreue und Grausamkeit erkennt und nicht mehr in Ehren leben zu können glaubt. Dagegen hat die kurze Zeit deutscher Kolonialherrschaft in Südwestafrika kaum Spuren hinterlassen. H. GRIMMS zahlreiche Veröffentlichungen bemühen sich im Wesentlichen um den deutschen Anteil an dieser Herrschaft, selten um das Schicksal der in Freiheit lebenden Eingeborenen (*Südafrikanische Novellen* 1913, *Volk ohne Raum* R. 1926). Eine der seltenen, dem Herero-Aufstand von 1904 gewidmeten Erzählungen (G. SEYFRIED, *Herero* R. 2003) gilt dem Porträt eines in Dämonenzauber befangenem, in seinem Endschicksal nicht mehr aufspürbaren jungen Herero-Kriegers.

Eine veränderte Sicht auf den »Wilden« ergibt sich, wenn moderne mittel- und südamerikanische Autoren sich als blutsmäßige oder doch geistige Nachfahren der eingeborenen Völker empfinden, wobei ihre Projektion auf die Ureinwohner nur auf zurückliegende Zeiten und untergegangene Kulturen bezogen werden kann. Sie erheben die Gestalt des Indianers oder Mischlings zur nationalen Identifikationsfigur, verlebendigen seine von Europa unabhängige Kultur in mythisch-magischen Elementen und beklagen seinen Untergang (J. ZORRILLA DE SAN MARTIN, *Tabaré* Gedicht 1888; C. ALEGRIA BAZAN, *El mundo es ancho y ajeno* R. 1941; M. A. ASTURIAS, *Hombres de maiz* R. 1949; C. FUENTES, *Terra nostra* R. 1979).

G. Chinard, L'Exotisme américain dans la littérature française au XVIe siècle d'après Rabelais, Ronsard, Montaigne etc., Paris 1911; ders., L'Amérique et le rêve exotique dans la littérature française au XVIIe et au XVIIIe siècle, Paris 1913; F. E. Farley, The Dying Indian, (in: Kittredge Anniversary Papers) Boston 1913; H. Naumann, Der wilde und der edle Heide (in: Festgabe G. Ehrismann) 1925; B. Bissell, The American Indian in English Literature of the Eighteenth Century, Yale 1925; H. N. Fairchild, The Noble Savage, New York 1928, [2]1961; E. Beutler, Inkle und Yariko (in: E.B., Essays um Goethe I) [3]1947; G. Langenfeldt, The Noble Savage until Shakespeare, (English Studies 36) 1955; A. Schmidt, Sitara und der Weg dorthin. Eine Studie über Wesen, Werk und Wirkung Karl Mays, 1963, [2]1985; E. E. Reed, The Ignoble Savage, (Modern Language Review 59) 1964; H. Wollschläger, Karl May. Grundriß eines gebrochenen Lebens, 1965; B. Harris-Schenz, Black Images in Eighteenth-Century German Literature, 1981; U. Sadji, La traite des noirs sur les scènes germanophones du XVIIIe siècle und Die reisende und gekrönte Negerin, (Etudes Germano-Africaines) 1984/85; H. Fink-Eitel, Die Philosophie und die Wilden, 1994.

Wucherer → Goldgier, Geldgier

Zeitalter, Goldenes → Arkadien

Zigeuner

Das vermutlich aus Nordwestindien stammende Wandervolk wird heute offiziell seinen eigenen Bezeichnungen entsprechend »Sinti« für die mitteleuropäischen und »Roma« (von rom = Mensch, außerhalb Deutschlands auch als übergreifender Sammelname verwendet) für die südosteuropäischen Gruppen genannt. Der traditionellen Bezeichnung »Zigeuner« entsprechen im Italienischen »cingari« oder »cingani« und im Portugiesischen »ciganos«. Im Französischen sind neben »tsigane« die Bezeichnungen »bohémien« (weil Zigeuner mit königlichem Schutzbrief aus Böhmen kamen) und »gitan« nach der bis zum 18. Jahrhundert vermuteten und von den Zigeunern behaupteten Herkunft aus Ägypten (danach auch englisch »gipsy« und spanisch »citano«) gebräuchlich. Auf eine Verwechslung mit den Tataren gehen die niederdeutschen (und skandinavischen) Tartaren oder Tatern zurück.

Die Sprache der Zigeuner gehört dem Indogermanischen an, zeigt Verwandtschaft mit dem Sanskrit und deutet, wie auch der Menschentypus (dunkler Teint, schwarze Haare und Augen), auf ihre Herkunft aus Nordwestindien. Wohl zwischen 800 und 1000 wanderten sie unter dem Einfluss einströmender arabischer Volksstämme aus, zunächst nach Persien, auf den Balkan und nach Osteuropa, um 1400 erreichten sie Westeuropa, dann England (um 1500) und Nordamerika (1715). Aus dem Kontakt mit den verschiedenen Völkern und Kulturen entstanden zahlreiche Lehnwörter; die Religion, die den gläubig verehrten »großen Gott« und den gefürchteten Teufel sowie Erd- und Luftgeister kennt, nahm gemäß dem Aufenthaltsort islamische oder auch christliche Züge an. Erwerbsquellen erschlossen sich die Zigeuner durch Handel, Handwerk und Musik sowie Naturheilkunde, Wahrsagerei und Zauberpraktiken. Sie leben bis heute in Großfamilien und Stämmen mit eigener Gerichtsbarkeit zusammen. Nach außen hin regeln »Hauptleute« den Umgang mit der Umgebung, die eigentlich beherrschende Stellung nimmt jedoch die »Stammesmutter« ein, die über den strengen Sittenkodex und seine Einhaltung wacht.

In Europa stießen die Zigeuner zunächst auf Interesse und Neugier, ihr exotisches Aussehen, ihre tänzerische Eleganz und ihre Musikalität gewannen ihnen Sympathien. Einem – nicht überlieferten – Schutzbrief Kaiser Sigismunds von 1423 folgten weitere von anderen Landesfürsten. Allerdings wurden bereits in der zweiten Hälfte des 15. Jahrhunderts negative Urteile über die Lebensweise der Einwanderer laut. Auf dem Reichstag 1496/97 wurden sie für vogelfrei erklärt, es folgten Vertreibungsedikte in Frankreich, Spanien und Portugal. Nach der Gründung des Deutschen Reiches setzte seit 1899 eine systematische Bekämpfung der Zigeuner ein; unter der Herrschaft der Nationalsozialisten wurden nach Schätzungen Hunderttausende von Zigeunern in Konzentrationslagern, besonders in Auschwitz, ermordet. Seit 1995 sind die Zigeuner einbezogen in das europäische Rahmenabkommen zum Schutz nationaler Minderheiten.

Tanz, Musik und seine pittoresk-farbige Erscheinung öffneten dem Zigeuner als literarischer Figur zuerst eine Rolle im aufstrebenden europäischen Theater. Die wohl älteste theatralische Umsetzung des Zigeuner-Motivs ist die *Farça das Ciganas* (1521) des Portugiesen Gil VICENTE, der, von spanischen Vorbildern angeregt, unter zwei Herrschern für den portugiesischen Hof arbeitete und dessen Feste betreute. Seine Farça ist kein eigentliches Bühnenstück, sondern eine späteren französischen Inszenierungen verwandte Ballettszene, in der vier Zigeuner tanzen, singen und nach Art von Huldigungen in Zigeuner-Sprache wahrsagen, wobei alle Tätigkeiten und Praktiken, die in den folgenden Jahrhunderten im Zusammenhang mit Zigeunern ins Spiel gebracht werden, z. B. der Pferdehandel, bereits angesprochen wurden. Der Spanier Lope de RUEDA lässt bereits Berührungen mit der italienischen Entwicklung erkennen: Von Gigio Antonio GIANCARLI übernahm er in *Comedia Eufemia* (ca. 1550) das für das Zigeuner-Thema der folgenden Jahrhunderte konstituierende Motiv des Kindsraubs, das hier mit der freundlichen Rückgabe des schönen Mädchens an die Eltern gelöst wird. Juan TIMONEDAS *Comedia llamada de Aurelia* (um 1560) hält sich vor allem an das gleichfalls durchgehende typische Motiv der Wahrsagekunst, das durch eine ganze Gruppe von Zigeunern repräsentiert wird, wie sie auch etwas später in einigen Entremeses des CERVANTES auftreten. Der in Spanien beheimatete pikarische Roman bot durch sein Milieu verkommen-krimineller Existenzen einen für das Zigeuner-Motiv geeigneten Raum, wenn auch im *Guzmán de Alfarache* (1599 u. 1604) von M. ALÉMAN und in F. DELICADOS *La lozana andaluza* (1528) nur für die Nebenrolle des vom Pikaro ausgetricksten Zigeuners Gelegenheit geschaffen wurde. In ESPINELS *Escodero Marcos de Obregon* (1618) und Estebanillo GONZALES' *La vida y hechos escrita par el mismo* (1646) sind Zigeuner Hauptakteure nicht nur betrügerischer Machenschaften beim herkömmlichen Pferdehandel, sondern auch von gewalttätigen Raubüberfällen; harmloser ist die List, auf die eine Dame bei einem betrügerischen Liebeszauber hereinfällt (Gonzalo de CESPEDES Y MENESES *Il soldado Pindaro* 1626).

Die Ausarbeitung des Zigeuner-Motivs begann in Italien etwa gleichzeitig mit der in Spanien, jedoch entwickelte sich das Motiv hier aus der spezifischen Verbindung der Zigeuner zur Wahrsagerei durch Handlesen zu einem eigenen literarischen Genre. Die in der italienischen Geschichte und Kulturgeschichte vorhandene, etwa in den Sybillensagen hervortretende Tradition einer Neigung zu Prophezeiungen, verschmolzen mit der Figur der wahrsagenden Zigeunerin, ergab ein Genre der dramatischen Literatur, die sog. »Zingaresca«, die seit Mitte des 16. Jahrhunderts bis über das 19. hinaus lebendig blieb. Die Zingaresca ist eine metrisch bestimmte Wechselrede bzw. ein Streitgespräch zwischen einer Zigeunerin und einer anderen Person, das durch Einwürfe weiterer Figuren erweitert werden konnte und das sich letztlich zu einem Lobpreis der Zukunftsaussichten vornehmer Personen, vor allem schöner Damen, entwickelte; es wurde zum Karneval vorgetragen. Ein erstes anonymes Beispiel datiert aus Siena von 1520: *Contentione di un villano e d'una Zingara.* Auf diesem Ansatz fußend entwickelte M. M. BOIARDO seine *Commedie di un villano e d'una Zingara,* die 1540 und 1580 gedruckt wurden. Die Zingara erzählt von ihren Wanderwegen und steigert sich zu Lobhudeleien für den Partner und dessen Zukunft. Damit wird erstmalig die Mentalität der Wahrsagerin ins Auge gefasst und ein Charakterbild entworfen, das als Grundmuster späterer Zigeuner-Porträts dienen kann. Die Entwicklung führt zu Giovanni BRICCIOS *La bella negromantessa* (1670) und hat auch seriöse Ausprägungen gefunden, so im Huldigungsgedicht des als »neuer Pindar« gelobten Gabriello CHIABRERA an *»Giulia ed Aurelia Garotta, mascherate alla Zingaresca«* (um 1600) oder in G. MURTULAS Versen auf eine Zigeunerin, die ein Gemälde von Caravaggio (1604) darstellt.

Neben den »Zingaresci« entwickelten sich auch im eigentlichen Bühnenstück Zigeuner-Rollen, so in Pier Antonio dello STRICCA LEGACCIS Farce *Straccole* (1547), in der zwei Zigeunerinnen, die als einzige Personen des Stückes nicht toskanischen Dialekt sprechen, im Schlussballett auftreten, ähnlich in dem anonymen Schäferspiel *Venatoria* (1547), das auch in Siena aufgeführt wurde. Gigio Arthemio GIANCARLI schuf mit *La Zingara* (1545) eine echte Lustspielfigur, die zwar das Kleinkind den italienischen Eltern entführt, es ihnen aber zurückgibt und, getreu den *Menaechmi* des PLAUTUS, auch alle übrigen Verwicklungen löst. Ganz auf der Linie der zeitgenössischen Vorstellung vom Zigeuner bewegt sich die alte betrügerische Zigeunerin in G. B. MARZIOS *La Furba* (1610), Oberhaupt einer Zigeunerbande und Wirtin einer Verbrecherherberge, die schließlich mit ihrer Bande verhaftet wird. Die Zingaresca war um 1800 noch voll literaturfähig – die Heldin hatte sich jedoch aus einer Bettlerin in ein romantisches Naturwesen verwandelt; der Endpunkt liegt etwa bei Giovanni Battista FAGIUOLIS *Zingana* (1738). Sie lebte im Dialekttheater weiter.

In der französischen Literatur, die dem pittoresken Auftreten von Zigeunerfiguren vor allem in zahlreichen Balletten Raum bot, beginnt deren Darstellung dennoch mit einem Sonderfall von pikarischem Roman, der *Vie généreuse des mercelots, gueuz et Boesmiens* (1596), den zweifellos biographischen Aufzeichnungen eines sich hinter dem Pseudonym PECHON DE RUBY versteckenden Mannes, der im Alter von neun Jahren von zu Hause entlief und nacheinander drei verschiedenen Truppen von Vagabunden angehörte, deren letzte er in ihren Tricks kenntnisreich darstellt: in ihren Kämpfen mit den Sesshaften, den Bauern, die sie durch Raub, Diebstahl und Falschmünzerei zu schädigen suchen. In die Nachfolge dieses authentischen Berichts gehören die romanhaften Ereignisse in J.-P. CAMUS' *L'innocente Egyptienne* (1630), in denen die nicht ohne Kenntnis von Cervantes gezeichnete Scheinzigeunerin Olive des Diebstahls verdächtigt und vom Volk erschlagen wird. Ähnlich Barbarisches widerfährt der Mutter von LESAGES *Gil Blas* (1715–36), die als Halbzigeunerin der Zauberei angeklagt und von der Inquisition eingekerkert wird. Seit Beginn des Jahrhunderts gehören Zigeuner, wie andere »Farbige«, zur üblichen Ausstattung der großen Hofballette (1610 *Ballet des Bohémiens*, 1615 *La belle Egyptienne*, 1644 *Ballet de la nuit*, 1658 *Ballet de Lotérie*, in dem fünf Zigeunerinnen Edelsteine stehlen und abgeführt werden, 1661 *Ballet Royale de l'Impatience*, unter Mitwirkung des Königs). Der schon in die Nähe der Oper führende Auftritt von Zigeunern ist auch an MOLIÈRES *L'Etourdi ou les Contretemps* (1653), an den *Fourberies de Scapin* (1671) und dem Zwischenspiel von *Le malade imaginaire* (1673) abzulesen. Das Intermezzo *La Zingara* in der Vertonung des RINALDO DA CAPUA wurde 1753 in Paris aufgeführt und von Ch.-S. FAVART gleich zweimal bearbeitet, zuerst als *La Bohémienne parodie* (1755), womit Favart die Zingara der Bouffons parodierte, dann als Komödie *La Bohémienne, traduite de la Zingara* (1755), die mit großem Erfolg in ganz Europa aufgeführt wurde und Nise, eine junge gerissene Zigeunerin, zur Heldin hat. Nach südlichem Vorbild kann die Zigeunerin auch für verschlüsselte Huldigungen an umworbene Schönheiten dienen (G. de SCUDÉRY, *La belle Egyptienne* 1649).

Die Spiegelung der Zigeuner-Wirklichkeit in der deutschen schönen Literatur ist im Vergleich zu der in den südeuropäischen Ländern dürftig. In Sprichwörtern und Dialog-Literatur ist ihr Bild nicht deutlich gegen das der Türken abgegrenzt, bei S. BRANT und P. GENGENBACH findet eine Verschmelzung von Zigeuner- und Gaunertum statt, die Benennung als »Tatern« ist üblich. Schwank,

Fastnachtsspiel und Satire des 16. Jahrhunderts prägen erstmals eine Konstante des männlichen Zigeuners aus, dessen Züge aber von der Gesamtkomik des Textes abhängig sind. Das früheste Beispiel dürfte in J. PAULIS *Schimpf und Ernst* (1522) zu finden sein, eine Betrugsgeschichte, in der sowohl der Zigeuner wie sein Partner schlecht wegkommen. Gegenstand der Kritik ist vorwiegend die Wahrsagekunst, die als Schwindel entlarvt (FISCHART, *Aller Praktik Großmutter* 1572) und vor deren Folgen gewarnt wird (S. WILD, *Vom klugen Knecht* 1566; Th. BIRK, *Ehespiegel* 1598). H. SACHS (*Die Rockenstube* 1536) zeigt einen listig-boshaften Zigeuner, der mit seinen Weissagungen Zank in die Häuser trägt oder mit einem Mediziner in Konkurrenzstreit gerät (*Das Narrenschneiden* 1557), findet aber auch einfühlsame Worte für das traurige Wanderleben des Fremdlings (*Fünf elende Wanderer* 1539). Zum Wahrsagen gehört lügnerisches Aufschneiden: In G. ROLLENHAGENS *Froschmäuseler* (1595) erklärt ein Alchemist, dass er das Goldmachen von einem Zigeuner gelernt habe. Im 17. Jahrhundert tritt die Gestalt langsam aus dem Schatten des Schwankes heraus. 1649 gibt HARSDÖRFFER in den *Gesprächsspielen* eine Erzählung wieder, die einen Anschluss an die europäische Motivtradition herstellt: Ein Mädchen ist als Kind von Zigeunern geraubt worden, ein Edelmann flieht unter Mordverdacht in die gleiche Bande und heiratet es; sie finden nicht mehr in ihr angestammtes Milieu zurück. 1656 liefert J. RIST eine deutsche Bearbeitung von CERVANTES' *Gitanilla.*

Auch in England verzögert sich das Auftauchen bedeutenderer Zigeuner-Figuren gegenüber deren Fülle in den Literaturen Südeuropas. In die Nähe spanisch-italienischer Bearbeitungen gehört das in szenischen Anweisungen ausgewiesene Erscheinen von »Gyptians« in G. WHETSTONES Verskomödie *Promos and Cassandra* (1578) und die Charakterisierung von Figuren in der gleichfalls versifizierten Satire *Mother Hubbers Tale* von SPENSER. Anspielungen auf Existenz und Gebaren von Zigeunern sind auch am Werk SHAKESPEARES abzulesen (*Romeo and Julia* 1597; *As You like it* 1599; *Antonius and Cleopatra* 1606/07), von denen die Worte des Mohren in *Othello* (1604), der seiner Frau das ihr einst geschenkte Taschentuch abfordert, am deutlichsten etwas über die Funktion und Wirkung zigeunerischer Weissagung aussagt: »... dies Tuch gab meiner Mutter ein Zigeunerweib; eine Zaubrin war's, die in den Herzen las! So lange sie's bewahrte, sprach das Weib, würd' es ihr Reiz verleihn und meinen Vater an ihre Liebe fesseln; doch verlöre oder verschenkte sie's, satt würde dann sein Blick sie scheun, sein lüstern Auge spähn nach neuem Reiz; sie sterbend, gab es mir, und hieß mir's, wenn mein Schicksal mich vermählte, der Gattin geben. Dies geschah: Nun hütet's mit zarter Liebe, gleich dem Augenstern. Verlört ihr's oder gabt es fort, es wäre ein Unheil ohne Maß … In dem Gewebe steckt Magie …« Desdemona: »Dann wollte Gott, ich hätt es nie gesehn.«

Das Jahr 1613 bedeutet einen Wendepunkt in der Geschichte nicht nur des spanischen, sondern auch des europäischen Zigeuner-Motivs. In den *Novelas Ejemplares* erschien des CERVANTES' Novelle *La Gitanilla* und mit ihr zum ersten Mal eine psychologisch durchgeformte, mit Sympathie dargestellte Zigeuner-Figur – allerdings eine Schein-Zigeunerin. Preciosa ist das von Zigeunern geraubte Kind vornehmer Eltern, das, mit seiner Herkunft unbekannt, als Zigeunerin aufwächst und von einer alten Zigeunerin alle Betrugskniffe lernt, echte Freude an Diebsbeute hat und mit Stolz ihr Stammesbewusstsein vertritt, auch nur einen Zigeuner als Liebhaber oder Ehemann annehmen will; der sie umwerbende Juan (Andres) muss Stammesmitglied werden, um sie zu erringen. Trotz kecken Auftretens äußert Preciosa sich im Sinne strenger Jungfräulichkeit. Die schließlich erfolgende Aufklärung ihrer Herkunft und die Rückkehr in die angestammte Familie ist nichts anderes als der literarische Kunstgriff, nach dem edle Gesinnung immer edler Herkunft entspringt und Aschenputtel sich immer als Prinzessin entpuppt, wobei zugleich die Möglichkeit zu bunter, abenteuerlicher Milieuaufbereitung gegeben ist. Kindesraub und Scheinzigeunertum haben seitdem das Zigeuner-Motiv strukturierend beherrscht.

Durch Bearbeitungen, Dramatisierungen und Übersetzungen wurde die anmutige Gestalt der Preciosa in ganz Europa bekannt. Schon 1655 wurde die Novelle von C. BARLAEUS in lateinische Verse übersetzt. Fast unmittelbar nach dem Erscheinen der *Novellas* kam A. HARDYS Dramatisierung *La belle Egyptienne* (1615) heraus, mit der die Hauptgestalt ins Sentimentale abgleitet, indem sie ihr Zigeunerleben als unwürdig empfindet, was bei der abstoßenden Geldgier der sie betreuenden Alten verständlich erscheint. Ähnliche Klagen über ihre niedrige Stellung werden von der idealistisch angelegten *Belle Egyptienne* (um 1630) des A. de SOLIS laut, während in SALLEBRAYS gleichnamiger Komödie (1642) sozialkritische Äußerungen gegen die höheren Stände und für ein natürliches Leben zu hören sind. Die *Gitanella de Madrid* des J. PÉREZ DE MONTALBÁN (um 1660) ist verloren. Der Einakter *La Force de l'Amour*, der 1722 auf dem Théatre de la Foire aufgeführt wurde und dessen Bearbeiter LE SAGE/D'ORNEVAL auf de SOLIS fußten, verwandelten die Heldin wieder in eine Schein-

Zigeunerin: Gesang und Tanz wurden von Schauspielern in Zigeuner-Maske gespielt, den gleichzeitigen Balletten des Hofes verwandt.

Die Verehrung der Romantik für Cervantes führte zu einer Erneuerung des Stoffes, zuerst durch des Schauspielers P. A. WOLFF *Preciosa* (1812), die durch C. M. v. WEBERS Vertonung ein großer Erfolg wurde und in A. SMARAGLIAS Oper (Text F. FULGENIO) eine Fortsetzung fand. Zu den romantischen Erneuerern gehört auch der Amerikaner H. W. LONGFELLOW mit dem Drama *The Spanish Student* (1842), das die Handlung mit Motiven aus Cervantes' *La fuerza de la sangre* auffüllte und wiederum Anregungen für W. BALFES Oper *The Bohemian Girl* (Text A. BUNN 1843) lieferte. G. ESTRELLAS Drama *La Gitanilla de Madrid* (1851) gibt einer sozialen Anklage zugunsten der Zigeuner breiten Raum.

Über solche Bearbeitungen, meist dramatischer Struktur, ist die Wirkung der Preciosa-Novelle an vielen Einzelzügen in der Motiventwicklung der Folgezeit zu erkennen. CERVANTES selbst hat schon vor der Veröffentlichung der Novellen eine Komödie *Pedro de Urdemalas* spielen lassen, die die Nähe des Verfassers zu den Problemen seiner Novelle erkennen lässt, obgleich die Heldin Belica hier unter ihrer Stellung leidet und sich aus ihr befreien will. Sehr deutlich ist der Einfluss der Mädchen-Gestalt des Spaniers dann an der Komödie *The Spanish Gipsey* (1653) von T. MIDDLETON/W. ROWLEY auszumachen, die hier jedoch von ihrem Onkel entführt worden ist, der vor der Justiz fliehen musste und ein Leben unter Zigeunern bevorzugte. Zigeuner-Balladen, die zunächst ganz unter dem Einfluss der spanischen Gestalt stehen (*The brave english Gipsey* um 1630), haben meist die Aufgabe des Wahrsagens übernommen, so wie dramatische Spiele im italienischen Stil, die am Ende des Jahrhunderts wieder auftauchen (Ch. DIBDIN, *Gipsies* 1778; *The Norwood Gipsies* 1799). Lyrisch-musikalische Komponenten des Motivs haben sich aufgrund der offenbaren musikalischen Begabung der Zigeuner immer wieder durchgesetzt; der Sage nach sind die Zigeuner schon im 9. Jahrhundert als Sänger in Persien eingewandert.

Auch ohne die Reize der vorherrschenden jugendlichen Zigeunerin können in den Abenteuergeschichten des 18. Jahrhunderts die düsteren Zigeunerlager und die noch düstereren alten Zigeunerinnen das Motiv bestimmen. D. DEFOE lässt den Helden von *The Life, Adventures and Pyracies of the famous Captain Singleton* (1720) erzählen, dass er als Kind von zwei Jahren an eine Bettlerin verkauft wurde und schließlich in die Hände seiner »good gipsy mother« geriet, bei der er bleibt, bis er schließlich gehängt werden soll. Die hier von Defoe ausgebreiteten, z.T. lehrhaft vermittelten Kenntnisse über das Zigeunerleben erweiterte er in den *Fortunes and misfortunes of the famous Moll Flanders* (1722), deren Schicksal es gleichfalls war, als Kind im Zigeunerwagen umherzuziehen. Neben diese weibliche Pikara sei – trotz des zeitlichen Abstandes – die deutsche Landstörzerin GRIMMELSHAUSENS (*Landstörtzerin Courage* 1670; *Der seltsame Springinsfeld* 1670) gestellt: Seine Heldin ist ein Mädchen aus böhmischem Hochadel, goldblond an Haar und schneeweiß an Haut, das aus Sinnlichkeit und Besitzgier von einem Liebesabenteuer zum nächsten geführt wird. Nachdem sie ein halbes Dutzend Männer, unter ihnen Simplizius, verbraucht hat, heiratet sie einen Zigeuner-Offizier und wird Wahlzigeunerin: Durch Salben und Haarfärbemittel erhält sie »des Teufels Leibfarb«, lernt in weniger als sechs Wochen »unsere Diebs-Sprach«, dazu alle typischen Zigeuner-»Handgriffe«, vor allem das Wahrsagen. Erst nachdem sie unter den Zigeunern aller Ehre und Tugend abgesagt hat, offenbart sie ohne Scheu und voller Triumph ihren Lebenslauf, den sie einem jungen Schreiber diktiert. Simplizius erkennt den Sprössling, der aus beider Verbindung hervorgeht, nicht an, er will lieber den Sohn einer Kammermagd als den einer Zigeunerin haben – einer Zigeunerin, die doch nur eine eingefärbte ist.

Der nächste abenteuernde Held, der sich auf ein Zigeunerleben einlässt, ist FIELDINGS Tom Jones (*The History of Tom Jones* 1749), nun wieder ein männlicher »Foundling«, der von der gerade eine Hochzeit feiernden Bande und ihrem absolut herrschenden »König« freundlich aufgenommen wird und seinen Lesern einige Besonderheiten aus dem Leben seiner Wirte mitteilen kann. Mit der Jacinte WIELANDS (*Don Silvio de Rosalva* 1764) ist der Schritt zurück zum altbekannten Motiv der als Kind entführten schönen Schein-Zigeunerin getan, die, wie ihre Vorgängerinnen, wieder von einer Alten betreut wird und von dieser verkuppelt werden soll. Im Gegensatz zu Preciosa empfindet sie ihre Lage und die ihr als »Großmutter« aufoktroyierte Alte als schmählich, widersetzt sich ihrer Schaustellung und angeblichen Wahrsagekunst, die darin besteht, dass sie das prophezeit, was der Kunde schon ausgeplaudert hat. Am Schluss waltet Gnade: Der Kindsraub wird nicht bestraft.

Die Philanthropie der Aufklärung und die Schwärmerei des Rousseauismus für Naturvölker haben um die Mitte des 18. Jahrhunderts die Haltung der Gastvölker gegenüber dem Wandervolk geändert, dem sie bis dahin teils mit Neugier, teils mit Abscheu, teils mit Furcht begegnet waren. Von staatlicher Seite meinte man mit pädagogischen Vorstellungen an das Problem herangehen zu können. Um eine Assimilation an die übrige Bevölkerung zu erreichen und das Nomadendasein zu unterbinden, haben Maria Theresia und Josef II. Reformen eingeleitet, die die Annahme einer offiziellen Religion verlangten, den Schulzwang durchsetzen wollten und gegen Übertretungen der allgemeinen Ordnung mit harten Strafen angingen, vor allem den Kindsraub ahndeten, wobei die erzieherischen Mittel (*De regulatione Zingarorum* 1782) als »paternelle« zum Schutz der Untertanen eingeschätzt wurden. Friedrich II. (1775) und Friedrich Wilhelm II. (1790) von Preußen versuchten die Zigeuner in Dorfgemeinschaften anzusiedeln, die Söhne ins Militär einzugliedern. Nur in Andalusien gelang seit einem Duldungsedikt Karls III. von 1782, das die Zigeuner den spanischen Andalusiern gleichstellte, eine gewisse Sesshaftmachung und Angliederung an das Gastvolk. Aus der Vorstellung einer Fürsorgepflicht erwuchs eine ernsthafte »Zigeunerkunde«, die die meist phantastischen Vorstellungen früherer Jahrhunderte beiseiteräumte. Ihr entscheidender Vertreter und Bahnbrecher war der in Göttingen lehrende H. M. G. GRELLMANN, der 1783 ein Buch *Die Zigeuner* erscheinen ließ, das er 1784 verbessert als *Historischer Versuch über die Zigeuner* neu herausgab und in dem er mit wissenschaftlichem Ernst aus verschiedenen Quellen alles Erreichbare über die Zigeuner zusammentrug: ihre Verteilung in den verschiedenen Ländern, ihre Sprache, ihr Aussehen, ihre stammesmäßige Organisation, ihre Familien, Ehen, ihre Kleidung und Beschäftigung, ihre Wohnweise, ihre Kindererziehung, ihre religiösen Vorstellungen. Das Buch wurde als erstes grundlegendes Werk zu diesem Thema in Deutschland sehr verbreitet und auch in andere Sprachen übersetzt.

Es ist schwer auszumachen, ob die Forschungen Grellmanns schon vor der Veröffentlichung, eventuell auch vom Hörensagen, bekannt wurden, erstaunlich bleibt das Interesse der jungen Dichtergeneration der 1770er Jahre, bei der das Motiv geradezu modisch wurde. LENZ wagte es sogar, eine Zigeunerin in einer sehr negativen Rolle in eine seiner Plautus-Varianten (*Die Türkensklavin* 1774) einzubringen, MALER MÜLLER (*Die Schafschur* 1775) ließ eine Zigeunerin als Märchenerzählerin bei einer Kirchweih fungieren und gab in einem anderen seiner dörflichen Gespräche (*Das Nußkernen* 1775) das grausame Schicksal einer Pfarrerstochter zum Besten, die von zu Hause zu ihrem Zigeunerliebhaber entflieht und wegen ihrer Attraktivität von den eifersüchtigen Zigeunerinnen ermordet wird.

Den Einfluss Grellmanns möchte man an der kenntnisreich gezeichneten düsteren Gestalt der Sylvia in PESTALOZZIS *Lienhard und Gertrud* (R. 1781–87) vermuten, an deren immer wieder durchbrechendem Zigeunerblut die Erziehungskünste des pädagogischen Romanziels scheitern. Die reizvolle junge Zigeunerin in KLINGERS *Otto* (1775) ist schon dem Eindruck von Goethes Ritterdrama zuzuschreiben. Ganz aus dem freiheitlichen Geist des Sturm und Drang schrieb bereits 1771 F. v. HAGEDORN sein *Lob des Zigeuners*, dessen Vaterland die weite Welt ist.

Als Beginn einer veränderten »romantisierten« Zeichnung gelten nach allgemeinem Urteil die Zigeuner-Szenen in GOETHES *Götz von Berlichingen* (1773). Gerade was das Zigeuner-Motiv betrifft, ist jedoch die Urfassung von 1771 reicher an magischen, zauberisch trügenden Zügen und sprachlich lautmalenden Ansätzen, vor allem im Gesang der Zigeuner, als die überarbeitete Druckfassung. Sie ist bestimmt von der Absicht, die verführerische Wirkung Adelheids auf das Naturvolk zu zeigen – der junge Zigeuner wird sogar tätlich –, während in der Druckfassung die Beziehung der Szene zu dem Helden Götz stärker hergestellt ist: Die Zigeuner verteidigen im düsteren Waldlager den geflohenen Ritter, können aber seine Gefangennahme nicht verhindern. Eine Sympathie der Ausgegrenzten mit dem Rebellen wird deutlich: »O Kaiser, Kaiser! Räuber beschützen deine Kinder!« Auffällig ist das Fehlen einer jungen Zigeunerin unter den Personen. Goethe hat später die Szene als Indiz für die Auflösung des Rechts im Deutschen Reich gedeutet. Auf die voranliegende Geschichte des Motivs weist die Tatsache zurück, dass bei der Uraufführung in Berlin die Szene mit einem Zigeuner-Ballett ausgeschmückt wurde.

Die Gesänge in der Urfassung des *Götz* legen fast eine mythische Verwurzelung der Glaubensvorstellungen nahe. Die Entwicklung solcher mythischen Bezüge lassen sich die auf den *Götz* folgenden Bearbeiter des Motivs angelegen sein. Schon bei GOETHE streift das Wirken der Figuren den Bereich des Okkulten, obwohl offenbleibt, was von dem Wahrsagen der alten Zigeunerin zu halten ist. A. Klingemanns *Nachtwachen von Bonaventura* (R. 1804) lassen die Nähe zur Trivialliteratur zwar deutlich erkennen, erheben aber die Figuren der Zigeunerin und ihres Helfershelfers, des Alchemisten, die Eltern des Helden, zu Werkzeugen des Schicksals, Vermittlern des Transzendenten: der Sohn erkennt sich selbst als erblich belastet, auf die Nachtseite des Lebens gestoßen, dem Nihilismus verfallen. Auch das Erscheinen der Zigeunerin am Ende von KLEISTS *Michael Kohlhaas*

(1810) muss als Botschaft des Transzendenten verstanden werden. Ihr stehen übermenschliche Mittel zu Gebote, die den Kurfürsten von Sachsen vor das Tribunal der Geschichte ziehen und den Rebellen, der seine Rettung ausschlägt, zum Richter des Fürsten machen.

Eine besondere Beziehung zum Zigeuner-Motiv kennzeichnet die Dichter-Freunde Arnim und Brentano. ARNIM brachte aus Italien eine Ballade *La Zingara* mit, die Brentano für die *Zeitung für Einsiedler* (1808) übersetzte und die die Einkehr der Heiligen Familie bei einer armen Zigeunerin in Form eines Dialogs zwischen dieser und Maria zum Thema hat. Beide Autoren verlegen die Beziehungen des Wandervolkes zu seiner Umgebung in die Geschichte. ARNIMS Novelle *Isabella von Ägypten, Kaiser Karls des Fünften erste Jugendliebe* (1812) greift zurück auf den mythischen Auftrag Isabellas, der Tochter des letzten erhängten Zigeuner-Königs, ihrem Volk einen König zu gebären und es nach Ägypten zurückzuführen. In dem nicht ausgeführten zweiten Teil seines großen Romans *Die Kronenwächter* wollte ARNIM eine Verbindung zwischen einem Hohenstaufenspross und der Nachfahrin der Zigeunerin Isabella herstellen. Wird bei Arnim stark mit märchenhaften Elementen gearbeitet, so führt BRENTANO die Geschichte einer Zigeuner-Familie bis in antikische Zeiten zurück: Die Vita der Ahnherrin wird zwar nur andeutungsweise berichtet (*Die Romanzen vom Rosenkranz*, entst. 1803–12, Druck 1852), aber die Schicksale ihrer Söhne Kosme und Abano als Ahnherren eines sündigen und zu entsühnenden Geschlechts bilden dann den Inhalt des fragmentarischen Zyklus. Dagegen bedeutet der Roman von Schillers Schwägerin C. v. WOLZOGEN (*Die Zigeuner* 1804) kaum mehr als die Umwandlung des Preciosa-Schicksals in das eines männlichen Findelkindes, wobei jedoch auffällt, dass die übliche alte Kindsräuberin Leona sich zu ihrem Stamm und zu dessen Lebensweise bekennt und die Lügenhaftigkeit der Zivilisation ablehnt. Eine ähnliche Haltung vertritt die zauberische Mitidika BRENTANOS (*Die mehreren Wehmüller* Erz. 1817), die in keinem gemauerten Haus und mit keinem anderen Mann als einem Zigeuner leben will, und die Chiara E.T.A. HOFFMANNS (*Lebensansichten des Katers Murr* 1820–22), die freiwillig in ihre Rolle bei dem Mechanikus Abraham zurückkehrt, bis sie von Ordnungskräften des Staates festgesetzt wird. Die Klammerfunktion des Motivs, die wiederholt erscheint, wird besonders in MÜLLNERS Schicksalstragödie *Die Schuld* (1813) dramaturgisch eingesetzt, sodass alle Unheilstaten aus dem Fluch der Zigeunerin entspringen, der ein Almosen versagt wurde. Sie regiert sogar die Ereignisse in dem ungleich bedeutenderen *Maler Nolten* (R. 1832) von MÖRIKE. Die schuldig-unschuldige Abhängigkeit des Helden vom Schicksal der Zigeunerin hängt mit dem Erlebnis schuldhafter Verstrickung zusammen, die der Dichter in dem Gedichtzyklus *Peregrina* (1838) bekannt hat. Noltens Schicksal basiert auf dem seines Onkels, der in Böhmen bei einer Zigeunertruppe lebte, mit einem Mädchen entfloh, es heiratete, aber im Kindbett verlor. Das Kind, die Halbzigeunerin Elisabeth, wird flüchtig und tauscht mit ihrem Vetter, dem Titelhelden Nolten, eine Art Gelübde aus, das sie, wiederholt seinen Weg kreuzend, einfordert, bis es Wahnsinn und Tod über ihn und seine unschuldige Geliebte bringt.

Von der deutschen Romantik und ihren Zigeuner-Figuren führen Wege nach England zu Sir Walter SCOTT, der GOETHES *Götz* übersetzte. Die bedeutendste Zigeuner-Figur seines Werks ist Meg Merrilies in *Guy Mannering* (R. 1815), die auf einem historischen Vorbild des mittleren 18. Jahrhunderts beruht, Jean Gordon von Yetholm, die auch von KEATS in dem Gedicht *Old Mag, she was a gipsy* (1817) besungen wurde. Bei SCOTT ist sie die treue Helferin des um sein Erbe betrogenen und als Kind von Schmugglern entführten Henry Bertram, ersetzt ihm das von ihren Leuten gestohlene Geld, bedroht die Verbrecher und bezahlt schließlich ihre Anhänglichkeit an die Familie Bertram mit dem Leben. Gegenüber dieser in ihrer Selbstaufopferung fast überzogen wirkenden Gestalt ist die zweite Zigeuner-Figur SCOTTS, der Wahrsager Hagraddin in *Quentin Durward* (1823), weit nüchterner gesehen: ein schlauer Spion – eine Tätigkeit, die seinem Volk oft zudiktiert wird –, dem es um das Geld für seine Dienste zu tun ist, sieht er mit stoischer Ruhe dem Galgen entgegen. Auch in BULWERS *Eugen Aram* (1832) geht es um die von Scott populär gemachte Zusammenführung einer Familie und bei F. MARRYAT (*Japhet in Search of a Father* R. 1836) um die Identität eines Mädchens und das Wiederfinden eines Vaters. Mit *Rookwood* (1834), der Schreckensgeschichte des Räuberhauptmanns Turpin, holte sich W. H. AINSWORTH seine ersten Lorbeeren, ein Erfolg, an dem die alte Wahrsagerin Barbara, eine Kopie von Scotts Old Mag, deren Stamm die Verbrecher um Turpin freundlich aufnimmt, wesentlichen Anteil hatte. Der gleichfalls mit populären historischen Romanen reüssierende G. Payne Reinsforth JAMES lieferte mit *The Gipsy* (1835) einen würdigen Beschützer alteingesessener Familien, der die Herkunft von *Guy Mannering* deutlich werden lässt, obgleich »Mother Gray« der Selbstlosigkeit durchaus ermangelt. In einer späteren Zeit, aber noch aus dem Geist der Romantik und unter dem Einfluss von Arnims Isabella entstanden ist G. ELIOTS Versepos *The Spanish Gipsy* (1868), dessen Heldin auf die Liebe zu einem spanischen Herzog verzichtet, um ihr Volk nach Afrika zu führen.

In Frankreich vollzog sich der Einfluss des Romantisme langsamer. Noch herrschte der italienische Einfluss des Théâtre de la Foire vor, wo man 1794 die *Zingari in fiera* spielte. Das galante Feenmärchen, das Singspiel mit Tanz (MONTALEMBERT, *La Bohémienne surprise* 1786; J. CAZOTTE, *La Belle par Accident* 1788; PIXÉRICOURT, *Victor ou l'Enfant de la forêt* 1801) warten mit den alten szenischen Mitteln und Überraschungen auf. C. CUVILIER À L'AMBIGUS *C'est le Diable ou la Bohémienne* (1797) bietet wieder die Schein-Zigeunerin, Schwester eines Grafen, die als Kind im Wald ausgesetzt wurde und der der treue Geliebte dann, ganz nach Cervantes, ins Zigeunerlager folgt. M. CAIGNIEZ (*La petite Bohémienne* 1816) bezog seine Fabel um das sehr moralische einstige Töchterlein eines Edelmannes von KOTZEBUE (*Lazarilla* 1810) und gab sie an DONIZETTI (Text L. A. TOTTOLA, *La Zingara* 1822) weiter. E. SCRIBE/MÉLESVILLE (*La Bohémienne ou l'Amérique en 1775*, 1829) entnahmen die Liebesgeschichte zwischen der als Spionin arbeitenden Scheinzigeunerin und dem Freiheitshelden Lionel Lincoln einem dramatisierten Roman von J. F. COOPER (*Lionel Lincoln* R. 1825). Schließlich versuchten J. E. ALBOIN DE PUJOL/E. O. FOUCHER (*El Gitano ou Villes et Montagnes* Dr. 1836) eine – recht unglaubwürdige – Umkehrung der Preciosa-Fabel: Ein Zigeuner-Hauptmann verlässt seinen Stamm, um einer Grafen-Tochter in ihr Leben zu folgen.

Auch die bekannteste Gestaltung des Motivs, mit der die Romantik auch die französische Literatur erreicht, bleibt bei der stereotypen Figur der Schein-Zigeunerin: V. HUGOS *Notre-Dame de Paris* (R. 1831) zeigt inmitten des Wirbels von Verbrechern, Zigeunern und Bettlern im Paris des ausgehenden 15. Jahrhunderts die tanzende junge Esmeralda, Kind einer Dirne und Raub von Zigeunern, als Verkörperung naiver Reinheit. Verliebt in einen Offizier, der sie verschmäht, angebetet und beschützt von dem verwachsenen Glöckner, begehrt und verfolgt von dem Kleriker Frollo, wird sie der Hexerei und des Mordes angeklagt und auf Befehl Ludwigs XI. dem Henker ausgeliefert. Der Autor des Erfolgsromans selbst hat in einer Dramatisierung (*La Esmeralda* 1836) den herkömmlichen Zug edler Abkunft getilgt und Esmeralda in eine echte Zigeunerin verwandelt, die gemeinsam mit ihrem Geliebten in den Tod geht (das Drama P. FOUCHERS *Notre Dame de Paris* 1850 blieb näher an der

Roman-Fassung). HUGO hat auch in *Le Roi s'amuse* (Dr. 1832, Oper *Rigoletto* von VERDI, 1851) ein verbrecherisches Zigeuner-Geschwisterpaar eingebaut: Dem Bruder, einem käuflichen Mörder, fällt die Aufgabe zu, im Auftrag des Narren den ihm unbekannten König zu töten, der Schwester die Aufgabe, das Opfer zu umgarnen; aus Mitleid vertauscht sie das Opfer.

In die Nachbarschaft HUGOS gehört sowohl die Heldin von DÉADDÉ/VEYRATS Comédie historique *Les Gitanos ou le Prince de Chevrier* (1836), die bei dem Stamm bleibt, obwohl sie ihm nur halb zugehörig ist, als auch die Zora von LAURENCIN/DESVERGES Vaudeville *La Gitana* (1839), die sich aus der vornehmen Welt löst und einen Zigeuner heiratet. BEAUMONT/NUITTERS Preciosa-Oper (1858) verwandelte sogar Preciosa in eine echte Zigeunerin, die einen Zigeuner heiratet; die Musik wurde von C. M. v. WEBER übernommen.

Trotz des geringeren zeitlichen Abstandes zu Hugos Esmeralda gehört PUŠKINS Zenfira (*Die Zigeuner*, Verserz. 1824) und der mit ihr verbundene Konflikt mehr in die Nähe der *Carmen* von MÉRIMÉE, der das Gedicht Puškins wahrscheinlich kannte. Esmeralda bietet Gringoire nur zu seinem Schutz eine formelle Ehe an, und er akzeptiert, dass sie ihn nicht liebt; PUŠKINS Aleko und MÉRIMÉES José aber glauben, bei der geliebten Zigeunerin ein dauerndes Glück zu finden; jedoch sowohl Zenfira wie Carmen sind untreu und treiben den eifersüchtigen Geliebten in den Mord. Während José der Strafe des Gesetzes verfällt, wird Aleko aus dem Stamm vertrieben, weil er nur seine eigene Freiheit gesucht und die freiheitliche Lebensweise der Zigeuner missachtet hat.

Diese Vorstellung von der mangelnden Verlässlichkeit einer Liebesbeziehung zwischen Zigeunern und Nicht-Zigeunern, die seit der Mitte des Jahrhunderts in den Gestaltungen des Motivs festzustellen ist, hängt wohl mit dem Einfluss einiger historischer und ethnologischer Schriften zusammen, die das romantische Bild des Wandervolkes ablösten. Nach den allmählich veraltenden Darstellungen Grellmanns hatte schon Charles Joseph Prince de LIGNE 1827 sein *Mémoire sur les Egyptiens dits Bohémiens* veröffentlicht; einflussreicher jedoch wurden Publikationen des Engländers George BORROW, dessen Erkenntnisse das Ergebnis ausgedehnter Reisen waren. In *Lavengro* (1851) und der Fortsetzung *The Romany Rye* (1857) gab er in einer Mischung von Autobiographie und phantasievollen Einfällen einen Bericht über das Vagabundenleben in den Zelten der Wandernden, ihre Pferdeliebhaberei, ihre Musik, Sprache, ihr Stammesbewusstsein, das die Treue in der Ehe ein- und Käuflichkeit der Frauen ausschließt. Ihre Gewandtheit im Lügen und Stehlen werden als nahezu angeborene Eigenschaften gesehen. Borrows speziell auf Spanien abgestelltes *The Zincali or an Account on the Gypsies of Spain* (1841, frz. Übs. 1845) wurde wenig später noch durch das Kapitel *Les Gypsies et la vie errante* in Alphonse Esquiros *L'Angleterre et la vie anglaise* (1859) gestützt.

P. Mérimée hat sich den Ethnologen insofern angeschlossen, als er seiner Novelle *Carmen* (1845) eine völkerkundliche Studie beigab, in der er das Thema des moralischen Außenseiters mit dem des gesellschaftlichen Außenseiters in Verbindung brachte. Der als Mörder gesuchte ehemalige Soldat Don José erzählt ihm im Gefängnis von seinem durch die zerstörerische Liebe zu der in einer Tabakfabrik arbeitenden Zigeunerin Carmen bestimmten kurvenreichen Lebenslauf: Er ließ sie entkommen, statt sie zu verhaften, schloss sich dann ihrer Schmugglerbande an, erstach deren Führer, ihren Mann, um dann schließlich sie selbst, deren kalte Herausforderungen er nicht mehr erträgt, zu töten. Nach Vorstudien Mérimées zu diesem moralisch-sozialen Porträt in der Schauspielerin Gazul (*Le Théâtre de Clara Gazul* 1825) und der frechen Marketenderin in *Chronique du règne de Charles IX* (1829) hatte hier das Motiv einen realistischen Höhepunkt erreicht, der in Bizets Komposition (sehr abweichender Text von H. Meilhac/L. Halévy 1875) Weltruhm erlangte.

Die Wandlung der Zigeuner-Figur von einem romantisch-geheimnisvollen, jenseits der Gesellschaft existierenden Wesen zu einem Outsider, der den Maßstäben von Gesetz und Ordnung widerstrebt, ist in den verschiedenen Literaturen abzulesen und entspricht den durchgreifenden zivilisatorischen Ordnungsmaßnahmen in den einzelnen Staaten, die das Wanderdasein von Unbehausten nicht mehr dulden wollten. Das von Mérimée entworfene Bild der kalten, männerverzehrenden Dämonin kam dem allgemeinen Empfinden entgegen und deckte das zärtliche Bild Preciosas weithin zu.

Nahezu gleichzeitig mit der Gestalt Mérimées entstand in England E. Brontës (*Wuthering Heights* 1847) düsteres Bild eines zigeunerischen Racheengels: Der dunkle Knabe, den ein gutherziger Landbesitzer mit seinen Kindern erziehen ließ, entwickelt sich zum Verderber zweier Familien, als er von der heimlich geliebten Haustochter hört, dass sie ihn nie heiraten würde: Er zerstört ihre Ehen und benutzt den eigenen Sohn als Rachewerkzeug, indem er ihm keine Erziehung zukommen lässt. Auch in anderen englischen Romanen des späten 19. Jahrhunderts scheitern die Liebesbeziehungen zwischen Einheimischen und Zigeunern. Vergleichsweise harmlos enden die Abenteuer des jungen Richmond (G. MEREDITH, *The Adventures of Harry Richmond* 1871), der in seiner Internatszeit, vom Wanderblut seines Vaters, eines Schauspielers, ergriffen, sich einer Zigeunertruppe und der jugendlichen Kiomi anschließt, sich aber bald von ihrer nichtsnutzigen Lebensweise abgestoßen fühlt. Zelda, deren Liebesbeziehung zu einem Engländer zerbricht (R. E. FRANCILLON, *Zeldas Fortune* R. 1873), nimmt Gift, Jane Lee (G. J. W. MELVILLE, *Black but Comely* R. 1879) bestiehlt ihren Verlobten, wird Schauspielerin und verfehlt ihr Leben, während Tyra, MELVILLES zweite Zigeunerin (*A Story of Exmoor* R. 1875), der Eifersucht eines Stammesgenossen zum Opfer fällt. J. M. BARRIE (*The little minister* R. 1891) gestaltete das Motiv von dem ererbten Temperament her, das immer wieder zum Ausbruch aus der Sesshaftigkeit verleitet und die Beziehung des Zigeunermädchens zu einem Geistlichen gefährdet. Ähnlich spukt das Blut einer berühmten Zigeuner-Ahnin in den Adern von Th. WATTS-DUNTONS Helden Aylwin (*Aylwin* R. 1898), während der mit G. Borrow vertraute Autor in *The Comedy of Love* (Versdichtung 1897) die Liebesgeschichte der schönen Rhona Boswell idealisierte.

In Frankreich war der Eindruck von Carmen zu groß, als dass er sich nicht als Schatten über Produktionen gelegt hätte, die bezeichnenderweise der Trivialliteratur zuzurechnen sind, also das Motiv nur verbreiteten, nicht aber entscheidend veränderten oder vertieften. E. SUES *El Gitanos* (R. 1858) erzählte die Geschichte eines schon als Knabe aus Italien geflohenen Rächers seines von der Inquisition getöteten Vaters, der als Bekämpfer jeder Art von religiösem Fanatismus den gesamten Mittelmeerraum unsicher macht, Sues Konkurrent P. H. FÉVAL (*Le Roi des Gueux* R. 1859) knüpfte an die Bettler-Motive Hugos an, X.-A. Comte de MONTÉPIN (*Mademoiselle de Kerven* R. 1860) zeigte eine eiskalte Verbrecherin in den Spuren Carmens, A. DUMAS fils (*La Maison de Glace* R. 1860) eine sinnverwirrende Halbzigeunerin, die Selbstmord begeht, um die Karriere des Geliebten nicht zu gefährden, ein Zug, den Dumas englischen Vorbildern entlehnt haben könnte und dem man gleich darauf in der Comtesse DASH *La jolie Bohémienne* (1864) wiederbegegnet. Auch GEORGE SAND (*La Filleule* 1864) steuerte etwas zu dieser Thematik bei: Ihre Halbzigeunerin wird Frau eines Zigeuner-Komponisten und eine berühmte Sängerin; der Akzent ist hier deutlich auf die rassische Andersartigkeit gelegt. 1866 kommt mit X. de MONTÉPIN/J. DORNAYS *La Magicienne du Palais Royal* das absolute Gegenstück zu den Preciosas und Esmeraldas auf die Bühne: die Halbzigeunerin,

Dämonin mit dem Angesicht eines Engels, Vertreterin einer »verfluchten Rasse«, die entlarvt wird und Selbstmord begeht. In ihre Nachbarschaft gehören mehrere Gestalten des PONSON DU TERRAIL (u. a. *La Bohémienne*, 3 Bde. 1867) und Ch. DESLYS verbrecherische *Zingara* (1882). Mit J. CLARETIES *Le Prince Zilah* (1884), M. SCHWOBS *Les Bohémiens* (1891) und J. RICHEPINS *Miarka, la fille de l'ourse* (1910) sind wir dann beim reißerischen Trivialroman.

Die exotische Schönheit und dunkle Rätselhaftigkeit der Figuren, ihre abgesonderte Lebensart und geheimen Künste erscheinen – ob in Gestalt idealisierter Helden oder dämonischer Verbrecher – für einen auf Sensationen orientierten Geschmack attraktiv und fordern die Wiederholung des in ständigen Variationen schon Bekannten heraus. Auch in der deutschen Literatur des späten 19. Jahrhunderts beherrschte, gerade im Gegensatz zum aktuellen Realismus, dieser Geschmack breite Schichten und kann an entsprechenden Sammlungen von Trivialliteratur nachgewiesen werden. Die anspruchsvollere Literatur ging mit dem Motiv zurückhaltend um. Groß ausgeführte Zigeuner-Porträts fehlen, Zigeuner sind meist Nebenfiguren, oft nur Farbtupfen. Sie stellen sich dort ein, wo Romantisches noch lebendig ist, so bei LENAU, wenn der alte Zigeuner-Geiger den Tod seiner Enkelin an dem Verführer rächt (*Mischka an der Marosch*, Gedicht 1835–42) oder Krähen für die Schändung des Kruzifixes blutige Strafe vollziehen (*Die Albigenser* Versepos 1840/41), sowie bei J. ROSEN (*Die blaue Blume* Gedicht 1863), der sich an Arnims Ägypten-Traum orientierte. Dagegen bringen W. RAABE (*Die Kinder von Finkenrode* R. 1859) und G. FREYTAG (*Die verlorene Handschrift* R. 1864) Zigeunerfamilien in aller Fülle in ihre Gegenwartsromane ein, wobei in Raabes Darstellung die Sympathien der städtischen Nachbarn trotz deutlicher Kritik an den Fremden überwiegen, während Freytag ein sehr negatives Bild der Zigeuner im ländlichen Umkreis entwickelt, dann aber, als er seine gesamte Erzählung in ein anti-höfisches Bild umkippen lässt, die alte Zigeunerin in eine Mitwisserin entsprechender Verbrechen verwandelt.

Teilhabe an menschlichen Schicksalen ist der stereotypen Alten durch ihre prophetische Gabe gesichert (F. HEBBEL, *Barbier Zitterlein* Erz. 1835), drohendes Unheil zeigt ihr Erscheinen bei STORM (*Immensee* Erz. 1850), bei H. KURZ (*Der Sonnenwirt* R. 1854) und M. v. EBNER-ESCHENBACH (*Der gute Mond* Erz. 1881) an. Die veränderte politisch-soziale Stellung der Zigeuner, die ihnen eine Genehmigung ihres Gewerbes und den Nachweis eines festen Wohnsitzes auferlegte, färbt bei den realistischen Erzählern den Hintergrund ein, so etwa in dem Bild der armen Verlassenen in SPIELHAGENS Zeitroman *Problematische Naturen* (1861). Den Ausweg in die Historie suchte A. E. BRACHVOGEL (*Friedemann Bach* R. 1858), der das Schicksal des genial-haltlosen Bachsohnes um eine Teilhabe an der Zigeuner-Existenz und deren Doppelspiel als Spion anreicherte, und R. HAMERLING (*Der König von Sion* Erz. 1869), der den Widertäufern in Gestalt ihrer Königin Divara ein intrigantes und verräterisches Haupt gab. STIFTERS kurze Skizzen von den musizierenden Zigeunern vor einem ungarischen Herrenhaus (*Brigitta* Nov. 1844) sowie der Beileid bezeigenden Schar in der *Mappe meines Urgroßvaters* (Nov. 1843) sind freundlich-bildhaft; wie stark das hilfreiche »braune Mädchen« (*Katzensilber* Nov. 1853) eine Mignon-Reminiszenz ist, wie weit ein Porträt aus des Dichters Familie, dürfte strittig sein.

Zwischen der europäischen Romantik und ihren Wiederbelebungs- und Erneuerungsversuchen am Übergang zum 20. Jahrhundert steht des Schweden V. RYDBERG »fantasi« *Singoalla* (1857, Neufassung 1865). Rydbergs Absicht war, die literarisch schon vielfältig erprobte tragische Begegnung zwischen einem jungen Adligen und einer Zigeunerin einer neuen Lösung zuzuführen, was er in einer mehrschichtigen Handlung erreichte: Die Tage des Schlossherrn Erlend gehören der Ehe, die er ohne Bewusstsein einer älteren Bindung geschlossen hat, die Nächte gehören der wiedergefundenen, mit magischen Kräften ausgestatteten Singoalla. Erlend stürzt durch die Ermordung von Singoallas Sendboten, des Knaben Sorgbarn, in Schuld, Singoalla rettet seinen Sohn vor der Pest in den Orient, von wo er später als Magier und Weiser zu seinem Vater zurückkehrt. Diese spätromantische Variante des Motivs, die Berührungspunkte mit der Ägypten-Tradition hat, blieb ohne Nachfolge.

Um die Jahrhundertwende häuft sich das Motiv in der Lyrik geradezu zu einer zweiten Romantik. Auslösender Faktor ist das von den Zigeuner-Figuren selbst eingebrachte künstlerische Erbe, die Musik. Sicher ist das Carmen-Thema aus Bizets Oper, das aus Intervallen der Zigeuner-Tonleiter gebildet ist und sich durch das ganze Werk zieht, mit anregend gewesen, sodass auch andere Komponisten Typisches aus der Zigeuner-Musik übernahmen. Das bekannteste Beispiel dürften LENAUS *Die drei Zigeuner* (1838) in der eingängigen Vertonung von LISZT sein, wobei das dreimalige Verachten des Lebens wohl eher der Stimmung des Autors als der der Zigeuner entspricht. Das Zigeuner-Mädchen, das auf den Liebsten wartet (J. v. EICHENDORFF, *Die Zigeunerin* 1837, Musik H. WOLF), der Zigeunerbube, der sich nach dem Süden sehnt (E. GEIBEL, *Der Zigeunerbube im Norden*

1840) oder jener, der das Handgeld veruntreut und gehängt werden soll (E. GEIBEL, *Zigeunerliedchen* 1852, Musik R. SCHUMANN), schließlich die Lieder eines Zigeuners über das »ungetreue Mägdlein« (Hugo CONRAD, *Zigeunerlieder*, Musik J. BRAHMS 1887) haben viel dazu beigetragen, ein liebenswürdig-romantisches Bild der Zigeuner zu festigen: Sogar in die Fahrten-Liederbücher der Jugend fanden zigeunerische Weisen Eingang (Fritz SOTKE, *Wilde Gesellen, vom Sturmwind durchweht*). Zu den musikalisch gestützten Motiven sind auch eine Anzahl von Operetten zu rechnen, die um die Jahrhundertwende Furore machten und sich schon zuvor in den Opern von E. DEVRIENT (*Die Zigeuner* 1834), W. BALFE (*The Bohemian Girl* 1843) und VERDI (*Der Troubadur* 1854) ankündigten. Den Durchbruch brachte J. STRAUSS' nach einer ungarischen Erzählung gearbeitete Operette *Der Zigeunerbaron* (1885), in der wieder einmal eine junge Zigeunerin in Wirklichkeit Tochter aus vornehmem Hause ist, womit die Gleichsetzung der hilfreichen Zigeuner mit den Ungarn angepeilt wird. Auf Strauß folgte LEHÁRS *Zigeunerliebe* (Text A. M. WILLNER/R. BODANSKY 1910), in der Zorika, Tochter eines Bojaren, erkennen muss, dass der von ihr geliebte Zigeuner Józsi nicht zu ihr passt und Zigeunerliebe nur ein Traum ist. Außer der stereotypen Weiterbildung des Motivs bei E. KÁLMÁN (*Der Zigeunerprimas* 1912) und einer zweiten Zigeuner-Operette LEHÁRS (*Frasquita* 1922) ist der interessante Versuch von B. SZAKESI-LALATOS *Die rote Karawane* (Text G. CSEMER 1974) zu erwähnen, der den alten Hass zwischen Ungarn und Zigeunern durch die gesellschaftlichen Wandlungen, die der Sozialismus gebracht hat, überbrücken und das Wandervolk zu einer neuen Lebensform heranbilden möchte. Den Höhepunkt der lyrisch-musikalischen Entwicklung bildet JANÁČEKS *Tagebuch eines Verschollenen* (1919), das nach den Aufzeichnungen eines Unbekannten gestaltete Tagebuch-Lamento eines jungen Mannes, der durch die Begegnung mit einer Zigeunerin aus der Lebensbahn geworfen wurde und seine Heimat verlor.

Einen besonderen Weg hat das Motiv in der spanischen Literatur eingeschlagen. In Spanien, speziell in Andalusien, wurde der Zigeuner nicht als ein fremder Einwanderer, sondern als ein Bestandteil der Bevölkerung gesehen und dargestellt. Zwar lebten die alten Motivbestandteile, vor allem der Kindsraub, noch fort, aber sie wurden aus anderer Optik interpretiert. In GARCÍA GUTIÉRREZ' Drama *El Trovador* (1838, Oper von S. CAMMARANO/L. E. BARDARE, Musik G. VERDI 1853), das mit dem gleichen Recht auch nach der führenden Gestalt der Azucena betitelt werden könnte, wird der Troubadour, der sich für den Sohn der Zigeunerin hält, aber nur im Schutz Azucenas aufgewachsen ist, durch seinen eigenen Bruder hingerichtet und damit die Rache Azucenas für ihre als Hexe verbrannte Mutter erfüllt. Dient hier noch das Rachethema zur Rechtfertigung der Zigeunerin, so verzichtet die Heldin Salerosa in J. M. PALACIOS Roman *La Gitanilla de Lavapies* (1850) – auch wieder ein geraubtes Kind vornehmer Eltern – auf jede Art von Wiedergutmachung; sie zieht sich mit ihrem Zigeuner-Ehemann auf eines der ihr überlassenen Güter zurück, in zorniger Ablehnung der herrschenden Klasse. Das sozialistische Klassenbewusstsein und die Liebe zu den »Lowest of the Low« erreicht bei V. BLASCO-IBÁÑEZ und dessen populären Schilderungen einen Höhepunkt, der trotz allem auch an die Celestina-Figur anknüpft (*La Barraca* 1898, *La Horda* 1905, *La bodega* 1905). Alte Muster behielten ihren Trivialreiz, und es gelang Salvador RUEDA (*La Gitana, Idilio en la Sierra* 1892), dem Konflikt eine heitere Lösung abzugewinnen, indem er dreißig Männer einer Jagdgesellschaft in Liebe für die schöne Küchenmagd, die Zigeunerin Mercedes, entbrennen lässt.

In Zusammenhang mit der Entwicklung des Zigeuner-Motivs ist die lyrische Spezies der kurzen »Cantes Flamencos« zu sehen, die zwar meist von Zigeunern vorgetragen, aber nicht von ihnen geschaffen wurden. Längere dialogische Versdichtungen mit Beteiligung von Zigeuner-Figuren stammen von J. TIMONEDA (*Consejo que dió una Gitana* 1892). In Spanien wie in Frankreich gibt es volkstümliche Bühnendramatik, die »Sainctes«, die herkömmliche Züge der spanischen Zigeuner-Rolle bewahren, und Romanzen, die an alte Traditionen anschließen, so A. CASAS Y BRICIO (*Tu Gitano y yo Gitana* 1936), dessen Heldin Rocio, eine eifersüchtige Halbzigeunerin, um ihren Liebsten kämpft, während ihre Mutter von den Stammesgenossen wegen ihrer Liebe zu einem Nicht-Zigeuner getötet wurde. So sind die *Cantes gitanos* (1907) des Bachillers KATACLÁ einer berühmten Zigeuner-Sängerin gewidmet und decken dennoch deren Wesenszüge schonungslos auf: ihren Stolz, ihre Melancholie, ihre Geldgier, ihre Eifersucht. Unter den Verherrlichern der spanisch-zigeunerischen Lyrik (M. MACHADO Y RUIZ, F. VILLAESPESA) hat F. GARCÍA LORCA Weltruhm erlangt. Sein *Romancero Gitano* (1928) lebt aus einem selbst erfahrenen und aus der Wirklichkeit zum Traum weiterentwickelten Lebensgefühl, das sich zu tragisch-melancholischer Resignation steigert.

Abgesehen von der Sonderentwicklung in der spanischen Literatur sind sich die Motivgestaltungen in den europäischen Literaturen des 20. Jahrhunderts sehr ähnlich. Kritik und Sympathie für das Wandervolk sind ziemlich gleichmäßig verteilt. Das Zigeuner-Motiv besitzt eine merkwürdige Konstanz, was vielleicht mit der für den Außenstehenden schwer durchdringlichen Fassade der Zigeuner-Existenz zusammenhängt. Immer wieder, von GOETHES *Götz* bis zu LILIENCRON (*Zigeunertreiben* Gedicht 1909) und noch bis zu SCHNURRE (*Zigeunerballade* 1988) verlockt das Bild der Lagerfeuer im nächtlichen Wald zu farbigen Skizzen, immer wieder wird versucht, die Anziehungskraft der fremdländisch glutvollen, »vor Trauer unsterblichen Augen« (I. BACHMANN, *Der gute Gott von Manhattan* Dr. 1958) zu beschreiben; man könnte eine in ihrer geringen Varianz interessante Liste von Augen-Impressionen aufstellen. Neben der Waldkulisse wird gern der alljährliche bunte Einzug der Zigeuner in ein Dorf oder eine Kleinstadt mit den entsprechenden Abwehrmaßnahmen der Einwohner dargeboten: Bei G. FREYTAG (*Die verlorene Handschrift* R. 1864) mit allen sozialgeschichtlich bemerkenswerten Einzelheiten, bei G. GRASS (*Das Treffen in Telgte* Erz. 1979) nur andeutungsweise, bei Ch. HEIN (*Horns Ende* R. 1985) dient das Auftreten der Fremdlinge als Parallele für die Outsider-Existenz politisch Verfemter. Bei G. SPÄTH (*Balzapf* R. 1977) wird die Funktion der Zigeuner als Neuigkeitsträger hervorgehoben, die GARCÍA MÁRQUEZ (*Hundert Jahre Einsamkeit* R. 1967) für südamerikanische Gepflogenheiten bestätigt.

Die Unstetheit der Zigeuner, die von jeher als ihr markantes Merkmal verwendet wurde, stieß zu Anfang des 20. Jahrhunderts auf das Interesse der Jugendbewegung und ihrer Sympathie für Fahrende und Landstreicher. G. HAUPTMANNS Eulenspiegel (*Till Eulenspiegel* R. 1927) schließt sich auf seinen Wanderungen eine Zeit lang einer Zigeunertruppe an, seines Bruders Carl umtriebiger Einhart (*Einhart der Lächler* R. 1907), Sohn einer als Kleinkind adoptierten Zigeuner-Mutter, entflieht, schmutzig und ungepflegt, dem Elternhaus, um Maler zu werden, aber immer ein Zigeuner zu bleiben, und der diesem Künstler sehr ähnliche Goldmund HESSES (*Narziß und Goldmund* R. 1930) wurde zu einer Kultfigur der Jugend: Eine Zigeunerin als »Urmutter« erlöst ihn aus dem Kloster und bringt ihn auf den Weg zu sich selbst.

Die für das 19. Jahrhundert bezeichnende, tragisch ausgehende Liebesbeziehung zwischen Zigeuner und Nicht-Zigeuner tritt jetzt fast völlig zurück. Nur flüchtig erwähnen die *Cien años de soledad / Hundert Jahre Einsamkeit* des GARCÍA MÁRQUEZ, dass José Arcadio mit seiner schönen Geliebten bei dem jährlichen Zigeuner-Rückzug mit in die Ferne zieht. Der Engländer D. H. LAWRENCE (*The Virgin and the Gipsy* R. 1930) lässt die backfischhafte Verliebtheit seiner jungen Pfarrerstochter in einer Naturkatastrophe enden, bei der der Zigeuner diese zwar durch Körperkraft und Körperwärme vor den Fluten rettet, aber sich selbst unbeschadet aus jeder Versuchung und Verantwortung stiehlt. Die einzige ausführliche Darstellung einer von steten Dissonanzen bedrohten Liebesbeziehung gab T. KINKEL (*Die Puppenspieler* R. 1995) mit den Abenteuern eines jungen Kaufmanns im Dienste der Fugger und seiner eigenwilligen, vor italienischen Hofleuten tanzenden Saviya.

Liebesbeziehungen zu Zigeunern haben von Beginn an etwas Flüchtiges. Die schönen schwarzhaarigen und schwarzäugigen Mädchen bewegen sich tanzend, sind nicht festzuhalten, kommen und gehen mit den Jahreszeiten, sodass sie für D. v. LILIENCRON die Verkörperung der ihn bannenden norddeutschen Heidelandschaft bilden (*Fatinga* Gedicht 1889; *Der Haidegänger und andere Gedichte* 1890; *Zigeunertreiben* Gedicht 1809).

Dagegen hat das Submotiv des vertauschten, geraubten oder auch untergeschobenen Kindes eine breite Entfaltung erreicht, die von der liebenswürdigen Gestalt der Gitanilla wegführt, aber immer noch deren romantisch-geheimnisvolle Züge aufweist. Bei G. GRASS (*Hundejahre* R. 1963) schieben Waldzigeuner einem Steine sammelnden Oberlehrer ein »Bündel« unter, dessen Herkunft nie geklärt wird, dessen blonder Inhalt sich aber deutlich als nicht zigeunerisch erweist. Auch bei S. LENZ (*Heimatmuseum* R. 1978) bleibt die Herkunft der sich später als begnadete Teppichwirkerin entwickelnden Sonja Türk ungeklärt: Sie ist mit der jährlichen Zigeunerinvasion, in einem Trance-Zustand auf einem ihrer Wagen sitzend, gekommen, gehörte aber nicht zu ihnen und trennte sich von ihren Fahrten. Bei G. SPÄTH (*Balzapf* R. 1977) ist die Herkunft des von einer Zigeunerin im Kloster geborenen und sich selbst überlassenen Knaben erkennbar; er wird von der Familie des jugendlichen Vaters akzeptiert und sorgt später für deren Wohlstand. Von seiner Zigeuner-Mutter vor einem Krankenhaus ausgesetzt wird auch die Sidonie E. HACKLS (*Abschied von Sidonie* Erz. 1989), die zwar liebevolle Pflegeeltern findet, aber dann doch dem Grauen der Vernichtung ausgesetzt wird. Nicht minder grauenhaft als die Vernichtung in Konsequenz einer Doktrin ist die aus Herzlosigkeit und Gewinnsucht, die G. FALKE in der Ballade *Das Opferkind* (1904) anprangerte: Für tausend Taler gibt die Zigeunerin ihr Kind her, damit es als lebendiger Baustein einen Dammbruch verhüte. Das Kind der Gewalt

(M. FRITZ, *Das Kind der Gewalt und die Sterne der Romani* R. 1980), die ein Bauer an einer Zigeunerin verübte, verhilft zwar dem Stamm zur Flucht, aber die Mutter legt es neun Monate später auf dem Altar der Dorfkirche nieder.

Die – bezweifelbare – Fähigkeit der Zigeuner zur → Weissagung dient in der Literatur von jeher als Spannungsmittel und künstlerisches Movens, wobei meist in der Schwebe gelassen wird, ob die Figuren des Textes und auch sein Leser die meist verschlüsselte Aussage für wahr halten sollen. Sehr intensiv ist die Wahrsage-Szene, die sich dann auch deutlich erfüllt, in H. LANGES *Ulanenpatrouille* (Erz. 1940) ausgebreitet. Sie ereignet sich auf dem Ritt der Ulanen ins Manöver und ist der zwielichtigen Stimmung des Ganzen angepasst, die, obwohl in den Herbst des Jahres 1913 gesetzt, schon auf den Kriegsausbruch des nächsten Jahres hindeutet. Ganz flüchtig nur ist dagegen der drohende Tod durch den Spruch der Zigeunerin in St. ANDRES' *Wir sind Utopia* (Erz. 1942) angedeutet, er wird durch das größere Gewicht der Verkündigung eines Geistlichen bestätigt. In Zweifel gezogen werden offensichtlich die Beteuerungen einer Zigeunerin an der Stätte eines Autounfalls (G. SPÄTH, *Stimmgänge* R. 1972): »Ich habe das Unglück kommen sehen. Ich sehe jedes Unglück voraus.« Dazu der Fahrer: »Die machen das so. Autobahnhuren!« Dennoch widmet der Autor dieser »unglaublich schönen« Gioconda ein Gedicht: »Hast du auch mein Unglück lange schon vorausgesehen?« Die Zigeunerin in I. BACHMANNS Hörspiel *Der gute Gott von Manhattan* (1958) schweigt beredt, als sie in die Hand der zum Tod bestimmten Liebenden blickt, während sie ihrem Liebhaber ein langes Leben voraussagt. Ein Zigeuner kann auch einer verdeckten Wahrheit ans Licht verhelfen, ohne geradezu wahrsagen zu wollen. Der lebenslang zwischen zwei Frauen schwankende Jäger in H. LÖNS' *Das zweite Gesicht* (R. 1911) fragt den mit seinen beiden Frauen umherziehenden Zigeuner-Häuptling: »Vertragen sie sich denn?« und erhält die Antwort: »Wollt sie kuranzen, wenn nicht!«

Der dicke Zigeuner-Chef bei Ch. HEIN (*Horns Ende* R. 1985), der auch zwei bis drei Frauen sein Eigen nennt, hat in der Kleinstadt nur Kontakt zu den ganz wenigen anderen Outsidern, mit denen er mal einen Abend verbringen kann; seine soziale Ausklammerung ist eine Parallele zu der des politisch Verfemten. Mit der Rolle des Abgeschobenen findet sich der bei einer Gruppe von Guerilleros untergekommene Zigeuner Rafael (E. HEMINGWAY, *For Whom the Bell Tolls* R. 1940) verhältnismäßig leicht ab, weil er deren politische Ziele nicht teilt und den Makel eines spielerischen Nichtsnutzes gleichgültig auf sich nimmt. Auch in der Ansammlung gestrandeter Figuren am Rande der Wüste, die T. WILLIAMS in *Camino Real* (Dr. 1953) präsentiert, findet eine geschäftige Zigeunerin mit ihrer Tochter ein Betätigungsfeld: Es gelingt ihnen jedoch nicht, den Matrosen festzuhalten, der Esmeralda enttäuscht verlässt. In ein vergleichbares Völker- und Konfessionsgemisch an der deutsch-russischen Grenze des späten 19. Jahrhunderts versetzt J. BOBROWSKI (*Levins Mühle* Erz. 1964) seinen Zigeuner Habedank, der die Zustände jedoch überlegen durchschaut, die Gefahren und Vorteile seiner Isoliertheit erkennt und sich anzupassen weiß.

Obgleich aus ernstem Anlass, der Trauer um einen in Auschwitz umgekommenen Jugendfreund, niedergeschrieben, ist es W. SCHNURRE mit der *Zigeunerballade* (1988) gelungen, ein liebenswert überlegenes, sogar humorvolles Buch zu ersinnen. Achtzig Prosa-Skizzen berichten aus der Optik eines anonymen Chronisten über Leben und Tätigkeiten eines Zigeuner-Stammes: Handel mit Gebrauchtwagen und Schrott (nicht mehr mit Pferden), Findengehen der Frauen, Konkurrenzgebaren der Babas (Großmütter), Liebschaften, Ehen, Eifersucht, Trauer eines Jungen um seinen Vater, Rechtsprechung, Auseinandersetzungen mit den Gadsche (Nicht-Zigeunern), über Geister, Dämonen, Krankheiten, Teufel und Tod. Dagegen werben die in A. BARTELS Erzählsammlung *Das Mädchen von der Quelle* (2005) eingebauten Repräsentanten von Sinti und Roma um das Verständnis für ihren seit Jahrhunderten betriebenen Alleingang, der, eingerahmt vom Vielvölkergemisch der gemeinsamen Heimat Siebenbürgen, bei allen zutage tretenden liebenswürdigen Zügen doch nicht über das Gefühl der Fremdheit gegenüber dem Anders-Sein, Anders-Denken und Anders-Handeln der tief in ihrer Heimat verwurzelten hinwegtäuschen kann, wie es etwa gleichzeitig der Ire C. MCCANN in seinem Roman *Zoli* (2007) versucht, der die Zigeuner-Heldin weit aus den balkanischen Verhältnissen heraus in das moderne Paris und Europa hinein »vom Wohnwagen ins Parlament« entführt.

W. Ebhardt, Die Zigeuner in der hochdeutschen Literatur bis zu Goethes »Götz von Berlichingen«, Diss. Göttingen 1928; W. Boas, Die Zigeunerromantik im Englischen Roman, Diss. Erlangen 1929; E. O. Winstedt, Hans Sachs and Grimmelshausen on the Gypsies, (Journal of the Gypsy Lore Society 3, Ser. 14) 1935; F. Baldensperger, L'Entrée pathétique des tziganes dans les lettres occidentales, (Revue de Littérature Comparée 18) 1938; H. Berger, The Changing Image of the Gypsy in German Literature of the Nineteenth Century, Diss. Univ. of Waterloo/Can. 1973; B. Leblon, Les Gitans dans la Littérature espagnole, Toulouse 1981; F. Dougherty, The Gypsy in Western

Literature, Urbana/Illinois 1982; H.-D. Niemandt, Die Zigeunerin in der romanischen Literatur, 1992; A. Kuchinke-Bach, Heinrich von Kleists »Michael Kohlhaas«. Anmerkungen zum Zigeuner-Motiv, (Germ.-Roman. Monatsschrift NF 43) 1993; R. Djurič, Roma und Sinti im Spiegel der deutschen Literatur, 1995; C. Breger, Ortlosigkeit der Fremden. »Zigeunerinnen« und »Zigeuner« in der deutschsprachigen Literatur von 1800, 1998.

Register

Bei der alphabetischen Einordnung werden mehrteilige Stichwörter wie *ein* Wort behandelt; bestimmte und unbestimmte Artikel am Anfang von Werktiteln bleiben unberücksichtigt.
Bei musikalischen Bühnenwerken werden zuerst der/die Librettist(en) genannt, an letzter Stelle der Komponist.